उत्तर प्रदे
सामान्य अध्ययन

भाग – I

मुख्य परीक्षा, पेपर–V

डॉ. मनीष रंजन (IAS)

प्रभात एग्जाम
www.prabhatexam.com

प्रकाशक

प्रभात एग्जाम

प्रभात प्रकाशन प्रा. लि. का उपक्रम

4/19 आसफ अली रोड, नई दिल्ली-110002

फोन : 23289555 • 23289666 • 23289777 • हेल्पलाइन/ 7827007777

ई-मेल : prabhatbooks@gmail.com ❖ वेब ठिकाना : www.prabhatexam.com

मूल्य

चार सौ पचास रुपए

अ.मा.पु.स. 978-93-5488-948-6

मुद्रक

संजय प्रिंटर, साहिबाबाद

★

UTTAR PRADESH SAMANYA ADHYAYAN
BHAG-I
MUKHYA PAREEKSHA, PAPER–V
Dr. Manish Rannjan (IAS)

ISBN 978-93-5488-948-6

₹450.00

समर्पण

आदरणीया माता जी, स्व. पिता जी,
आध्यात्मिक गुरू परम पूज्य श्री लक्ष्मीप्रपन्न जीयर स्वामी जी महाराज तथा
परम पूज्य हंस देवराहा बाबा महाराज एवं
शैक्षणिक गुरू डॉ. सुभाष महापात्रा जी,
धर्मपत्नी डॉ. अनिता रंजन, पुत्री वैष्णवी, पुत्र वेदवित को समर्पित,
जिनके स्नेह और आशीर्वाद ने मुझे जीवन-जगत से परिचित कराया तथा
मानवता की सेवा और लोककल्याण के मार्ग पर चलने की प्रेरणा दी

-डॉ. मनीष रंजन

भूमिका

प्राचीन काल से ही बौद्धिक एवं सांस्कृतिक प्रतिभा का केंद्र उत्तर प्रदेश प्राचीन शहरों, ऐतिहासिक धरोहरों, पवित्र नदियों, महाकवियों और तीर्थों की भूमि वाला भारत का महत्त्वपूर्ण राज्य है। अपनी नैसर्गिक सुन्दरता, पर्यटन तथा आध्यात्मिक महत्त्व के कारण उत्तर प्रदेश विश्व में अनन्य स्थान रखता है। वर्तमान समय में यह एक्सप्रेस वे, औद्योगिक विकास, अंतरराष्ट्रीय हवाई अड्डों, शिक्षा और चिकित्सा की उत्कृष्टता तथा स्वदेशी उत्पादों के कारण देश की अर्थव्यवस्था का प्रमुख सहयोगी बनकर निरंतर प्रगति कर रहा है।

प्रस्तुत पुस्तक **उत्तर प्रदेश सामान्य अध्ययन, भाग-I** उत्तर प्रदेश लोक सेवा आयोग द्वारा आयोजित विभिन्न प्रतियोगी परीक्षाओं की तैयारी कर रहे अभ्यर्थियों के लिए अत्यंत उपयोगी है। पुस्तक को UPPSC की मुख्य परीक्षा के सामान्य अध्ययन प्रश्न-पत्र (पेपर-V) के नवीनतम पाठ्यक्रम के अनुरूप 21 अध्यायों में विभाजित किया गया है। पुस्तक में उत्तर प्रदेश का इतिहास, संस्कृति, सामाजिक संरचना, शासन प्रणाली, भूमि सुधार, शिक्षा, कानून व्यवस्था, चिकित्सा, योजनाएँ, एन.जी.ओ., पर्यटन इत्यादि प्रमुख विषयों पर परीक्षोपयोगी सामग्री का संकलन किया गया है।

यह पुस्तक युवा वर्ग को मेरी तरफ से नववर्ष का एक उपहार है जिनकी आँखों में कुछ सार्थक करने की स्वप्निल आकांक्षा है और जो अपनी निष्ठा, परिश्रम और श्रमसाध्य संकल्प से अपना जीवन समाज और राष्ट्र के विकास के लिए समर्पित करने को समुत्सुक और प्रतिबद्ध हैं।

मुझे पूर्ण विश्वास है कि यह पुस्तक उत्तर प्रदेश की विभिन्न प्रतियोगी परीक्षाओं की तैयारी कर रहे अभ्यर्थियों की सफलता में आधारशिला सिद्ध होगी। पुस्तक की भाषा सहज, सरल और बोधगम्य है, जो अभ्यर्थियों के लिए स्वाध्याय में सक्षम होगी, ऐसा मेरा दृढ़ विश्वास है। पुस्तक के सन्दर्भ में अभ्यर्थीगण के किसी भी परामर्श का सदैव स्वागत है।

—डॉ. मनीष रंजन (IAS)

विषय-सूची

उत्तर प्रदेश

सामान्य अध्ययन

भाग–I

मुख्य परीक्षा, पेपर–V

1 उत्तर प्रदेश का इतिहास, सभ्यता, संस्कृति एवं प्राचीन नगर

इतिहासकारों ने भारतीय इतिहास को मूल रूप से पाँच अवधियों/गुणों में वर्गीकृत किया है। फिर भी भिन्न-भिन्न वर्गीकरणों की अवधियों में मतभेद हैं। सबसे मुख्य वर्गीकरण (क) **वैदिक काल,** (ख) **पौराणिक अथवा महाभारत काल,** (ग) **प्राचीन काल अथवा हिंदु काल,** (घ) **मध्यकाल** और (ङ) **आधुनिक काल** है। यह पर्याप्त रूप से स्पष्ट है कि 1921 से पहले वैदिक काल की सभ्यता प्राचीनतम मानी गई थी, क्योंकि वैदिक काल से पहले का इतिहास अज्ञात था। तथापि, हड़प्पा एवं मोहनजोदड़ो, जो अब पाकिस्तान के क्रमश: पंजाब एवं सिंध प्रदेश में स्थित हैं, उसके बाद पुरातत्त्व विभाग द्वारा बड़े पैमाने पर की गई खुदाई से सिंधु घाटी की सभ्यता प्रकाश में आई। तब यह माना गया कि सिंधु घाटी सभ्यता अधिक पुरानी है और सिंधु घाटी सभ्यता का समय सामान्यत: **3000 ई.पू.** पुराना माना जाता है। यह सभ्यता 1500 ई.पू. तक चली। इसे **प्रागैतिहासिक युग** (3000 ई.पू.-1500 ई.पू.) के रूप में वर्गीकृत किया गया है, परंतु यह सभ्यता कैसे लुप्त हो गई, इस बारे में आज भी केवल अनुमान ही लगाया जा सकता है। इतिहासकारों द्वारा इस विषय में निरंतर प्रयास जारी हैं।

उत्तर प्रदेश का इतिहास वैदिक काल से ही उपलब्ध है। तथापि, मेरठ में **आलमगीरपुर** तथा **हस्तिनापुर** में की गई खुदाइयों एवं गवेषणाओं ने संपूर्ण इतिहास में नए आयाम जोड़ दिए हैं। भारत की प्राचीनतम **हड़प्पा सभ्यता** का विस्तार पश्चिमी उत्तर प्रदेश तक पाया गया था। इसी प्रकार मिर्जापुर, सोनभद्र, बस्ती, गोरखपुर में सौहगौरा, प्रतापगढ़ में सरायनाहर क्षेत्र और बुंदेलखंड आदि में हुई खुदाई में प्राचीन एवं नए प्रस्तर युग के हथियार एवं औजारों की खोज हमें सुदूर प्राचीन काल में वापिस ले जाते हैं और पूर्वी उत्तर प्रदेश में **मानव विकास** के व्यवस्थित साक्ष्य उपलब्ध कराते हैं। गंगा, यमुना दोआब की कौशांबी में हुई खुदाइयों ने ऐतिहासिक काल के नगर नियोजन को प्रकाश में लाकर और इस क्षेत्र में कला के विकास के विभिन्न पहलुओं को उजागर कर उत्तर प्रदेश में प्राचीन वास्तुकला के अध्ययन में और भी महत्त्वपूर्ण योगदान दिया है। अब ऐसा पूर्णत: प्रमाणित हो चुका है कि प्राचीन काल से यह भारत के अत्यधिक लोकप्रिय क्षेत्रों में से एक रहा है, जबकि इसका क्षेत्रफल एवं नाम समय-समय पर बदलता रहा है। इस राज्य ने अपना वर्तमान रूप एवं नाम अनेक शताब्दियों की लंबी यात्रा के पश्चात् प्राप्त किया है। वैदिक काल में यह मध्य देश के नाम से जाना जाता था। इस विषय में **पद्म पुराण** का उद्धरण बहुत संगत प्रतीत होता है, जो निम्न प्रकार है–

गंगा यमुनेर मध्ये मध्यदेशो अति विश्रुत

(गंगा एवं यमुना के बीच स्थित प्रदेश **'मध्य देश'** कहलाता था)

उसके बाद समय-समय पर शासकों के परिवर्तन के साथ इसका नाम बदलता रहा, परंतु शांति और सम्मान के लिए इसकी गौरवान्वित भावना सदैव अपरिवर्तित रही। कुछ लेखकों ने उत्तर प्रदेश राज्य की सीमा को विशेषकर हर्षवर्धन के शासनकाल (606-647) में प्राचीन कान्यकुब्ज (कन्नौज) के समानांतर बताया है। **डॉ. आर.एस. त्रिपाठी** ने **कन्नौज** की सत्ता का वर्णन इन शब्दों में किया है–

"समय के साथ-साथ जब हर्ष ने पूर्ण रूप से सभी विरोधों का सामना करते हुए अपनी स्थिति सुरक्षित कर ली थी, तब उसने अपनी राजधानी को औपचारिक रूप से थानेश्वर से कन्नौज स्थानांतरित कर दिया और शाही उपाधि धारण करके स्वयं को साम्राज्य का प्रभुसत्ता संपन्न शासक घोषित कर दिया, जो उसके अभिलेखों में लिखा हुआ है।"

उपलब्ध साहित्य में उत्तर प्रदेश के कुछ अन्य नाम भी अंकित हैं। जैसे–बनारस क्षेत्र (1775), विजयी एवं समर्पित जिले (1801-1803), उत्तरी-पश्चिमी प्रदेश (1834), आगरा और अवध का संयुक्त प्रदेश (1902) और उत्तर प्रदेश (1950)।

विभिन्न कालों में राज्य की स्थिति

प्रागैतिहासिक काल (Pre-Historical Period)

मानव सभ्यता का आरंभ पाषाण काल से माना जाता है, इसे तीन कालों में विभाजित किया गया है—

1. पुरापाषाण काल (Paleolithic Age)
2. मध्यपाषाण काल (Mesolithic Age)
3. नवपाषाण काल (Neolithic Age)

पुरापाषाण काल में मानव पूरी तरह 'असभ्य, बर्बर एवं जंगली' (Paleolithic Savagery) था। वह प्रायः नदियों के किनारे अथवा गुफाओं में रहता एवं शिकार कर भोजन संग्रह का कार्य करता था। इस युग के अनेक महत्वपूर्ण स्थल उत्तर प्रदेश में प्राप्त हुए हैं, जिनसे भारत के प्रारम्भिक इतिहास का पता चलता है। इन पुरापाषाण कालीन स्थलों में प्रमुख नाम हैं- 'बेलन घाटी'।

बेलन घाटी दुनिया के उन प्राचीनतम स्थलों में से एक है, जहां मानव का प्रथम बसाव हुआ। यह सोनभद्र से निकलने वाली और यहां बहने वाली बेलन नदी (टोंस की सहायक नदी) की घाटी में स्थित है। यहां पुरापाषाण काल के तीनों काल-निम्न पुरापाषाण काल (The Lower Paleolithic Age), मध्य पुरापाषाण काल (Middle Paleolithic Age) तथा उच्च पुरापाषाण काल (The Upper Paleolithic Age) के अवशेष प्राप्त हुए हैं।

बेलन घाटी पुरास्थल की खोज एवं उत्खनन कार्य का श्रेय इलाहाबाद विश्वविद्यालय के पूर्व अध्यक्ष प्रो. जी. आर. शर्मा को जाता है। यहां लोंहदा नाले के समीप अस्थिनिर्मित 'मातृदेवी' (Mother Goddess) की एक सुन्दर मूर्ति मिली है। इस तरह की मूर्ति भारत में अन्यत्र कहीं नहीं प्राप्त हुई हैं। यहां के निवासी आरम्भ में आखेट आदि के लिए क्वार्टजाइट (कठोर एवं रूपांतरित पत्थर) से बने औजारों का प्रयोग करते थे, किन्तु कालांतर में जैस्पर एवं चर्ट आदि चमकीले पत्थरों की सहायता से 'फलक-औजार' (Flake tools) बनाये जाने लगे।

- पुरापाषाण कालीन अवशेष सोनभद्र स्थित सिंगरौली घाटी तथा वाराणसी क्षेत्र के चकिया (जनपद-चंदौली) में भी प्राप्त हुए हैं।

उत्तर प्रदेश में मृदभांड संस्कृतियां (Pottery Cultures in U.P.)

प्राचीन इतिहास की जानकारी पुरातात्विक स्रोतों पर निर्भर है। पुरातात्विक स्रोतों में मृदभांड (मिट्टी के बर्तन) महत्वपूर्ण स्थान रखते हैं। उत्खनन में किसी स्थान पर प्राप्त मृदभांड से अनुमान लगाया जाता है कि वहां के निवासियों की तत्कालीन परिस्थिति, जीवन-स्तर, समाज संरचना, व्यक्तिगत व सामाजिक सोच आदि कैसी थी। उत्तर प्रदेश में कई काल के मृदभांड प्राप्त हुए हैं-

- **गैरिक मृदभांड संस्कृति (OCP)**

  काल- 2000 ई.पू. से 1500 ई. पू. तक

  स्थल-बिषौली (बदायूँ), राजपुर, परसू, मायापुर, साईपई, अतरंजीखेड़ा, हस्तिनापुर, अहिच्छत्र, बिठुर आदि।

यहां कच्ची ईंटों से बने वर्गाकार एवं गोलाकार मकान मिले हैं। इस काल में घर सरकण्डों से बनाए जाते थे, जिन पर मिट्टी का लेप कर दिया जाता था। इस संस्कृति का पतन कदाचित बाढ़ के कारण हुआ।

- **काले एवं लाल मृदभांड संस्कृति (BRW)**

  काल- हड़प्पाकालीन

  स्थल- अतरंजीखेड़ा, अहिच्छत्र, हस्तिनापुर, आलमगीरपुर आदि।

- **चित्रित घूसर मृदभांड संस्कृति (PGW)**

  काल- वैदिक काल (ऋग्वैदिक एवं उत्तर वैदिक)

  स्थल- अहिच्छत्र, आलमगीरपुर, हस्तिनापुर, अतरंजीखेड़ा जोखेड़ा, मथुरा आदि।

- **उत्तरी काले पॉलिश युक्त मृदभांड संस्कृति (NBP)**

  काल- उत्तर वैदिक काल से मौर्यकाल (500-100 ई.पू.)

  स्थल- अहिच्छत्र, हस्तिनापुर, अतरंजीखेड़ा, कौशाम्बी, श्रावस्ती आदि।

- उत्तर प्रदेश में मध्य पाषाण काल के प्रमुख स्थल हैं-सराय नाहर राय, महदहा, दमदमा एवं चौपानी माण्डो। सराय नाहर राय, महदहा एवं दमदमा वर्तमान प्रतापगढ़ जनपद में स्थित हैं। सराय नाहर राय और महदहा से स्थायी झोपड़ियां बनाकर रहने के साक्ष्य मिले हैं।
- सराय नाहर राय में झोपड़ी का फर्श एवं 'अस्थाई निवास स्थान' के अवशेष मिले हैं। यहां 14 शवाधान एवं 8 गर्त चूल्हे (Pithearths) भी प्राप्त हुए हैं। शवों का सिर पश्चिम और पैर पूरब में रखा गया है।

प्रागैतिहासिक इतिहास (Pre-Historic)

- पुरापाषाण काल (Paleolithic Age) (5,00,000–10,000 ई.पू.)
  - निम्न पुरापाषाण काल (Lower Paleolithic Age) (5,00,000–50,000 ई.पू.)
  - मध्य पुरापाषाण काल (Middle Paleolithic Age) (50,000–40,000 ई.पू.)
  - उच्च पुरापाषाण काल (Upper Paleolithic Age) (40,000–10,000 ई.पू.)
- मध्यपाषाण काल (Mesolithic Age) (10,000–6,000 ई.पू.)
- नवपाषाण काल (Neolithic Age) (6,000–1,000 ई.पू.)

- **सराय नाहर राय में युद्ध अथवा बाह्य मानवीय आक्रमण के स्पष्ट साक्ष्य मिले हैं।** चूल्हों से पशुओं की अधजली हड्डियां प्राप्त हुई हैं, जिससे यहां के निवासियों के खान-पान का पता चलता है।
- महदहा में कुछ **युगल समाधियां** भी प्राप्त हुई हैं, अर्थात स्त्री एवं पुरूष को एक साथ कब्र में दफनाया गया है। यहां हड्डियों से बने **बाणाग्र** (Arrowheads) एवं **आभूषण** मिले हैं। दोनों स्थलों पर लघु पाषाण उपकरण प्राप्त हुए हैं।

दमदमा में 41 शवाधान एवं कुछ गर्त चूल्हे मिले हैं। इनमें **5 युगल समाधियां** (दो शवों को एक साथ दफनाना) हैं, जबकि एक समाधी में **तीन मानव शवों** को एक साथ रखा गया है। यहां भी लघु पाषाण उपकरण के साथ-साथ हड्डियों से बने आभूषण प्राप्त हुए हैं। प्रयागराज के निकट **लेखहिया** नामक शिलाश्रय से सर्वाधिक **17 मानव कंकाल** प्राप्त हुए हैं।

प्रदेश के नवपाषाण कालीन स्थलों में **प्रयागराज में बेलन नदी के तट** पर स्थित कोलडिहवा, महदहा एवं पंचोह के अतिरिक्त संत कबीरनगर जनपद के **लहुरादेव** का नाम प्रमुख है। इन पुरास्थलों से कृषि, कच्ची ईंट तथा घास-फूस से बने आवास के प्राचीनतम साक्ष्य प्राप्त हुए हैं।

कोलडिहवा में जहां 7000-6000 ई.पू. धान की खेती के साक्ष्य मिले हैं, वहीं नवीनतम शोध के आधार पर लहुरादेव को भारतीय उपमहाद्वीप में **कृषि के प्राचीनतम स्थल** के रूप में स्वीकार किया जाने लगा है। यहां 9000–8000 ई. पू. में धान की खेती के साक्ष्य मिले हैं।

आद्य ऐतिहासिक काल (Proto-Historical Period)

इस काल में मनुष्य ने धातुओं का प्रयोग आरम्भ किया। सर्वप्रथम **तांबा** का प्रयोग हुआ, बाद में कांसा और फिर लोहे का उपयोग शुरू किया गया। आरम्भिक दिनों में मनुष्य ने पाषाण उपकरणों के साथ ही तांबा का उपयोग किया। इसे **'ताम्र पाषाणिक संस्कृति' (Chalcolithic Culture)** कहा गया। इसका समय 3000–500 ई.पू. निर्धारित किया जाता है। इस संस्कृति का बड़ा भाग **हड़प्पा संस्कृति (सिंधु सभ्यता)** के रूप में जाना जाता है।

- उत्तर प्रदेश में इस काल के महत्वपूर्ण पुरास्थल **मेरठ** और **सहारनपुर** में प्राप्त हुए हैं।

ताम्रपाषाणिक संस्कृति की अवधि में तांबा में टिन मिलाकर **'कांसा'** बनाने की विधि विकसित हुई, जिसने पहले **ताम्र-कांस्य युगीन संस्कृति** और फिर **कांस्ययुगीन सभ्यता** को जन्म दिया। 'हड़प्पा संस्कृति' इसी युग का प्रतिनिधित्व करती है। यह **दक्षिण एशिया की 'प्रथम नगरीय संस्कृति'** थी, जिसका समय रेडियोकार्बन काल निर्माण विधि से 3500–1300 ई.पू. के मध्य निर्धारित किया गया है। इसका परिपक्व चरण 2600–1900 ई.पू. माना जाता है।

हड़प्पा संस्कृति की अब तक **1400** से अधिक बस्तियों का पता लगाया जा चुका है। इसका सबसे पूर्वी स्थल था उत्तर प्रदेश के मेरठ जनपद अंतर्गत यमुना की सहायक हिण्डन नदी के तट पर बसा नगर **आलमगीरपुर**। इस पुरास्थल की खोज 1958 में यज्ञदत्त शर्मा ने की। इसे **'परसाराम का खेरा'** नाम से भी जाना जाता है।

आलमगीरपुर में मनके, रोटी बेलने की चौकी तथा कटोरी के अनेक टुकड़े मिले हैं। मिट्टी के बर्तनों पर मोर, गिलहरी आदि के चित्रों के अतिरिक्त कुछ लिपि भी प्राप्त हुई है, जिससे ज्ञात होता है कि यहां के निवासी लेखनकला से परिचित थे।

- आलमगीरपुर के अतिरिक्त उत्तर प्रदेश में हुलास (सहारनपुर), बड़ागांव (बागपत), मानपुरा (बुलन्दशहर), कैराना (शामली) तथा माण्डी गांव (मुजफ्फरनगर) आदि स्थलों की पहचान हड़प्पाकालीन बस्तियों के रूप में की गई है।

आर्य युग

आर्य सभ्यता का तर्कपूर्ण ऐतिहासिक लेखा-जोखा वेदों में मिलता है। इसलिए इसे वैदिक सभ्यता भी कहा जाता है। ऋग्वेद के अनुसार आर्य सबसे पहले सप्तसिंधु में बसे थे अथवा वह क्षेत्र जिसे सात नदियों (अविभाजित पंजाब) अर्थात् सिंधु (Indus) वितस्ता (झेलम), अस्किनी (चेनाब), परुष्णी (रावी), विपासा (व्यास), शतुद्री (सतलुज) और सरस्वती अब (राजस्थान के रेगिस्तान में लुप्त हो गई है) न सींचा था। पुरू, तुरवसु, यदु, अनु और द्रुह-ये पाँच आर्यों के कुल अथवा घराने थे, जो पंचजन के रूप में जाने जाते थे। इसके अतिरिक्त एक अन्य प्रमुख कुल भरत के नाम से जाना जाता था।

शतपथ ब्राह्मण में अभिलिखित है कि धीरे-धीरे सप्तसिंधु का महत्त्व और महिमा कम होती गई। अत: आर्यों ने कौशल (अवध) एवं विदेह (उत्तरी बिहार) पर विजय प्राप्त करके अपने राज्य क्षेत्र का विस्तार किया और नए राज्य (जनपद) तथा केंद्रों की स्थापना की। परिणामस्वरूप दोआब क्षेत्र अर्थात् गंगा एवं यमुना के मैदानी भाग संस्कृति एवं समृद्धि का केंद्र बन गए तथा यह क्षेत्र कुरु, पांचाल, काशी और कौशल साम्राज्यों के शासकों के अधीन रहा।

दो सर्वाधिक पवित्र नदियाँ गंगा एवं यमुना से मिलकर बने दोआब यानी मध्यदेश (वर्तमान उत्तर प्रदेश) की अत्यधिक उपजाऊ भूमि इन दो नदियों तथा सरस्वती नदी का संगम स्थल प्रयाग कहलाता था, जो सर्वाधिक पवित्र स्थान माना जाता था। इस स्थान का आध्यात्मिक वायुमंडल ऐसा है कि यदि कोई संगम में एक बार स्नान कर ले, तो उसके पाप एवं बुरे कर्म मिट जाते हैं। वैदिक काल का यह विश्वास आज भी प्रचलित है। आर्य युग में समूचे मध्य देश का, विशेषकर प्रयाग, काशी एवं मथुरा का महत्त्व अपनी पराकाष्ठा पर था। मर्यादा पुरुषोत्तम राम और लोकरंजक कृष्ण जो भगवान के अवतार माने जाते हैं, का जन्म भी इसी क्षेत्र की पवित्र धरती पर हुआ था। उस समय की महत्त्वपूर्ण घटनाओं का वर्णन क्रमशः संस्कृत के महाकाव्यों 'रामायण' एवं 'महाभारत' में अभिलिखित है। इनकी रचना भी इसी प्रदेश में की गई थी। रामायण की रचना का श्रेय महर्षि वाल्मीकि को जाता है। सदियों से इसे प्राचीनतम काव्य रचना या 'आदिकाव्य' माना जाता है। दूसरे महाकाव्य अर्थात् महाभारत की रचना का श्रेय महर्षि व्यास को जाता है। यह एक लाख श्लोकों की महान कृति है। ये तथा अन्य वैदिक साहित्य इस बात के पर्याप्त प्रमाण हैं कि इस क्षेत्र के निवासी बहुत ही सुसंस्कृत थे तथा सभी विधि-विधानों से बिना किसी त्रुटि अथवा कमी के पूर्णत: परिचित थे। वैदिक काल से लेकर वर्तमान समय तक चली आ रही इस क्षेत्र की अटूट उच्च सांस्कृतिक परंपरा लोक समितियों से बनी है जिन्हें वैदिक युग में सभा अथवा समिति कहा जाता था। ये समितियाँ न केवल धार्मिक जीवन में बल्कि राजनीतिक, सामाजिक एवं आर्थिक कार्यकलापों में भी प्रमुख भूमिका निभाती थीं।

वैदिक साहित्य में कुरु, कौशल, काशी और पांचाल राज्यों के कार्यों का वर्णन मिलता है। पांचाल राज्य में बरेली, बदायूँ, एटा, फर्रुखाबाद और रूहेलखंड के जिले तथा दोआब के केंद्रीय भाग आते हैं। महाभारत में पांचाल के दो भागों यथा–उत्तरी पांचाल और दक्षिणी पांचाल, जिनकी विभाजक रेखा गंगा थी, का उल्लेख मिलता है। इन दोनों भागों की राजधानी क्रमशः अहिच्छत्र और कांपिल्य थी। द्रौपदी का स्वयंवर समारोह इसी कांपिल्य नगर में ही आयोजित किया गया था।

उत्तर आर्य युग

एक लंबी अवधि के उत्तरवर्ती इतिहास के लिए इतिहासकारों को पुराणों एवं अन्य उपलब्ध हिंदू धर्मग्रंथों के आधार पर भिन्न-भिन्न ऐतिहासिक घटनाओं के बीच सामंजस्य तथा क्रमबद्ध संबंध स्थापित करने में अनेक कठिनाइयों का सामना करना पड़ा। इस अज्ञान अवधि के बाद छठी शताब्दी ई.पू. में इतिहास फिर से अपने रूप में आ गया, जब भारत 16 महाजनपदों (राज्यों) में विभाजित हुआ जो श्रेष्ठता के लिए एक-दूसरे से कड़ी स्पर्धा कर रहे थे।

छठी शताब्दी ई.पू. के राज्य तथा उनके क्षेत्र एवं राजधानियाँ

क्र.सं.	राज्य	क्षेत्र	राजधानी
1.	कुरु	मेरठ, दिल्ली एवं थानेश्वर	इंद्रप्रस्थ, (दिल्ली के निकट इन्द्रपाल)
2.	पांचाल	बरेली, बदायूँ और फरुखाबाद	अहिच्छत्र (बरेली के पास रामनगर) और कांपिल्य
3.	शूरसेन	मथुरा के आस-पास का क्षेत्र	मथुरा
4.	वत्स	प्रयागराज और इसके आस-पास का क्षेत्र	कौशांबी (प्रयागराज के पास कौसम)
5.	कौशल	अवध	साकेत (अयोध्या) और श्रावस्ती (सहेत-महेत)
6.	मल्ल	जिला देवरिया	कुशीनगर (कासिया) और पावा (फाजिलनगर-पडरौना)
7.	काशी	वाराणसी	वाराणसी
8.	अंग	भागलपुर	चंपा
9.	मगध	दक्षिण बिहार	गिरिव्रज (बिहार शरीफ के पास राजगृह-राजगीर)
10.	वज्जि	दरभंगा, मुजफ्फरपुर तथा वैशाली के जिले	मिथिला, जनकपुर (नेपाल बॉर्डर पर) और वैशाली (मुजफ्फरपुर जिले में बसाढ़)
11.	चेदि	बुंदेलखंड क्षेत्र	शक्तिमति (संभवत: बांदा के पास)
12.	मत्स्य	जयपुर	विराट (जयपुर के पास)
13.	अश्मक	गोदावरी घाटी	पोतन (स्थान ज्ञात नहीं)
14.	अवंति	मालवा	उज्जयिनी (उज्जैन)
15.	गांधार	उत्तर-पश्चिमी क्षेत्र	तक्षशिला (रावलपिंडी के पास) क्षेत्र अब पाकिस्तान में
16.	काम्बोज	राजपुर (स्थान ज्ञात नहीं)	

उपर्युक्त सारिणी इस प्राचीन क्षेत्र (उत्तर प्रदेश) की विशिष्टता को पर्याप्त रूप से दर्शाती है क्योंकि 16 राज्यों का **50 प्रतिशत** अर्थात कुरु, पांचाल, शूरसेन, वत्स, कौशल, मल्ल, काशी और चेदि यहीं पर थे। इसके अतिरिक्त कपिलवस्तु का **शाक्य राज्य**, सुंसुमारगिर का **भग्ग राज्य** और **पावा** (पडरौना) एवं **कुशीनगर** का मल्ल राज्य भी इसकी सीमाओं के भीतर थे।

इन राज्यों के बीच उग्र प्रतिस्पर्धा ने इन्हें कभी न समाप्त होने वाली युद्ध के लिए बाध्य कर दिया और अंतत: एक राज्य का दूसरे राज्य में विलय होता चला गया। काशी राज्य पर कौशल राज्य का कब्जा हो गया और अवंति ने वत्स राज्य को हथिया लिया। कौशल तथा अवंति राज्यों ने पड़ोस के छोटे-छोटे राज्यों का स्वयं में विलय कर लिया और ये भारत के सबसे अधिक शक्तिशाली राज्य बन गए, यद्यपि उनकी सर्वोच्चता चिरकाल तक नहीं रही। ये एक-एक करके अन्य राज्यों के अधीन होते गए। मगध ने सोलह राज्यों (पोडष जनपद) पर आधिपत्य प्राप्त किया। अवंति के राजा **प्रद्योत** मगध के **बिंबिसार** और **अजातशत्रु** के समकालीन थे। चौथी शताब्दी ई.पू. में **चंद्रगुप्त मौर्य** (322 ई.पू.-298 ई.पू.) ने अवंति पर विजय प्राप्त की और उसे अपने राज्य में मिला लिया। इसी प्रकार कौशल राज्य को उस समय मगध के राजा **अजातशत्रु** (494-467 ई.पू.) ने मगध राज्य में मिला लिया। जैसाकि वेदों में उल्लेख है मगध बहुत प्राचीन राज्य था। इस पर **हर्यक, शिशुनाग** और **नंद** वंशियों द्वारा शासन किया गया। बिंबिसार, जिसने छठी शताब्दी ई.पू. के दौरान शासन किया और कौशल, वैशाली तथा मद्र के साथ वैवाहिक संबंध स्थापित किए, मगध का एक बहुत प्रसिद्ध राजा था। उसने न केवल वैवाहिक संबंधों की स्थापना द्वारा बल्कि युद्ध द्वारा भी अपने साम्राज्य का विस्तार किया। उसने **अंग, आधुनिक भागलपुर** एवं **मुंगेर** जनपद पर विजय प्राप्त की और उसे अपने राज्य में मिला लिया। ये जैन धर्म के प्रवर्तक वर्धमान

महावीर एवं बौद्ध धर्म के प्रवर्तक गौतम बुद्ध के समकालीन थे। ऐसा माना जाता है कि इन्होंने लगभग 25 वर्ष तक शासन किया। बिंबिसार का वंश तीन अथवा चार पीढ़ियों तक चला।

बिंबिसार के वंश का अंत होने के बाद मगध पर नंद वंश (343 ई.पू.-322 ई.पू.) का शासन हो गया। इस वंश के राजा महापद्म नंद ने मगध के अधिकार क्षेत्र का विस्तार पूर्व में कलिंग (उड़ीसा) से पश्चिम में पंजाब के व्यास तक किया। राजा पुरू की सशस्त्र सेना के साथ हुई मुठभेड़ ने सिंकदर की फौज को आगे बढ़ने से मना करने को विवश कर दिया था और उसे वापिस जाने पर मजबूर कर दिया।

चंद्रगुप्त मौर्य भारत का सर्वोपरि प्रभुसत्तासंपन्न प्रथम सम्राट था, जिसने नंद वंश को पराजित किया और चौथी शताब्दी के अंतिम वर्षों में मगध को एक महत्त्वपूर्ण स्थान दिलाया। यूनानी राजदूत मैगस्थनीज को इसके दरबार में भेजा गया था। उसका लेख प्रबंध 'इंडिका' और चंद्रगुप्त के प्रधानमंत्री चाणक्य अथवा कौटिल्य द्वारा रचित ग्रंथ 'अर्थशास्त्र' प्रशासन पद्धति की झलक प्रस्तुत करते हैं कि चंद्रगुप्त ने अपने साम्राज्य को किस तरह से सँभाला तथा किस प्रकार उसने 24 वर्षों तक 322 ई.पू.-298 ई.पू. तक पूर्ण सफलता के साथ शासन किया था। चंद्रगुप्त और उसके बेटे बिंदुसार के शासन काल 298 ई.पू.-273 ई.पू. और उसके पोते अशोक के शासनकाल 273 ई.पू.-232 ई.पू. में समूचे उत्तर प्रदेश क्षेत्र ने बहुत उन्नति की और यह निरन्तर प्रगति करता रहा। अशोक स्तंभ (सारनाथ अजायबघर में संरक्षित हैं) पर उसके चिह्न को भारत सरकार ने राष्ट्रीय प्रतीक के रूप में अपना लिया है। अशोक के स्तंभ सारनाथ के अलावा उत्तर प्रदेश के भिन्न-भिन्न स्थानों जैसे-प्रयागराज, मेरठ, कौशांबी, संकिसा, कालसी, सिद्धार्थनगर और मिर्जापुर में भी पाए गए हैं। धर्मराजिका स्तूप भी अशोक द्वारा बनवाया गया था। चीनी यात्री फाह्यान और युआन च्यांग (ह्वेन सांग), जो पाँचवीं और सातवीं शताब्दी ई. में भारत आए थे, उनके पास पत्थर पर बने आदेश-पत्र थे। अशोक ने अपने 'अभिलेख' चट्टानों, पत्थर के स्तंभों और गुफाओं में खुदवाए थे। प्रत्येक स्तंभ के शीर्ष पर एक अथवा अधिक जानवरों की गोलाकार आकृतियाँ हैं, जो एक शीर्षफल पर टिकी हैं जिसके नीचे एक उल्टा कमल है। इन शिखरों की कलापूर्ण खूबियाँ विशेषकर सारनाथ शिखर की अत्यधिक प्रशंसा की जाती रही है। सर जॉन मार्शल के अनुसार प्राचीन विश्व में निर्मित कोई भी कलाकृति इससे श्रेष्ठ नहीं है।

अशोक के राज्यकाल में मगध साम्राज्य का उत्तर-पश्चिम में हिंदुकुश तक, पूर्व में बंगाल तक और उत्तर में हिमालय की तलहटी से दक्षिण में पनार नदी तक विस्तार था। 232 ई.पू. में उसकी मृत्यु के साथ मौर्य वंश का पतन शुरू हो गया। मौर्य वंश का अंतिम शासक बृहद्रथ था, जिसका उसके सेनापति पुष्यमित्र शुंग द्वारा 185 ई.पू. में वध कर दिया गया था। वही शुंग वंश का संस्थापक था और उसने 38 वर्षों तक शासन किया। उसके पुत्र एवं उत्तराधिकारी अग्निमित्र एवं उसका पौत्र वसुमित्र, दोनों महान योद्धा थे। प्रख्यात वैयाकरण पतंजलि, जो उसके राज्यकाल में जीवित थे, ने यूनानियों द्वारा साकेत (अयोध्या) को छीनने का उल्लेख किया है। उसके साम्राज्य पर दक्षिण-पूर्व से उड़ीसा के राजा खारवेल ने और उत्तर से इंडो-ग्रीक राजा मीनांडर ने आक्रमण किया था। पुष्यमित्र ने उन दोनों को खदेड़ दिया और अपने विशाल साम्राज्य को अखंड बनाए रखा। तथापि, मीनांडर के साम्राज्य में मथुरा लंबे समय तक प्रमुख शहर रहा। मीनांडर ने लगभग 140 ई.पू. तक शासन किया।

73 ई.पू. में शुंग वंश के बाद मगध पर कण्व अथवा कण्वयान का अधिकार हो गया। इस वंश की स्थापना शुंग वंश के अंतिम राजा देवभूति के ब्राह्मण मंत्री वासुदेव ने की थी। कण्व वंश में उसके संस्थापक सहित चार शासक हुए, जिन्होंने 45 वर्षों तक शासन किया और इनके अंतिम राजा सुशर्मा को लगभग 28 ई.पू. में सातवाहन अथवा आंध्र वंश के संस्थापक सिमुक ने पराजित कर दिया।

शक जो मूलतः मध्य एशिया के खानाबदोश लोग थे, अनेक समूहों में भारत आए और प्रथम शताब्दी ई.पू. के समाप्त होने तक गांधार, पंजाब, काठियावाड़, मथुरा और यहाँ तक कि सुदूर महाराष्ट्र में स्थापित हो गए। उनके नेताओं ने क्षत्रप अथवा महान 'क्षत्रप' की उपाधियाँ प्राप्त कर लीं। प्रथम शक राजा मनेस था, जिसकी 38 ई.पू. में मृत्यु हो गई। अंतिम शक प्रमुख उज्जयिनी के महान क्षत्रप रूद्रसिंह तृतीय थे। प्रथम शताब्दी ईसवी में पार्थियनों ने उत्तरी भारत पर आक्रमण किया और शकों को परास्त करना प्रारंभ कर दिया।

कुषाण वंश

कुषाण भी यू-ची जाति के खानाबदोश लोगों में से ही थे, जिन्होंने ईसा पूर्व प्रथम शताब्दी में भारत पर आक्रमण करना

प्रारंभ किया था। ये विभिन्न भागों में विभाजित थे, जिनमें से एक थे-कुषाण, जिन्होंने कुजुल कदफिसेस के नेतृत्व में चार भागों पर अंततः अपना आधिपत्य स्थापित कर लिया। सरदार बनने के बाद उसने भारत में कुषाण वंश की स्थापना की और भारतीय इतिहास में कदफिसेस-प्रथम के नाम से जाना गया। कुषाणों ने भारत में एक विशाल साम्राज्य की स्थापना की और संभवतः 48 ई. पू. से 220 ई. तक शासन किया।

कदफिसेस-प्रथम का पुत्र वीम कदफिसेस अथवा कदफिसेस- द्वितीय अगला राजा बना जिसने गंगा घाटी तक अपना साम्राज्य बनाया। कनिष्क जो कदफिसेस-द्वितीय का उत्तराधिकारी था, कुषाण वंश का सर्वाधिक लोकप्रिय राजा था। उसका शासन 78 ई. से प्रारंभ हुआ, जिस वर्ष से शक संवत् प्रारंभ हुआ था। कुछ चीनी और तिब्बती इतिहासकारों के अनुसार, कनिष्क ने सोकेद (साकेत) पर आक्रमण किया और इस क्षेत्र को अपने साम्राज्य में मिला लिया, जिसका प्रमाण उत्तर प्रदेश में भिन्न-भिन्न स्थानों पर भारी मात्रा में हुई खुदाई से प्राप्त हुए अभिलेख और सिक्के हैं। उसने मथुरा को असंख्य उत्कृष्ट इमारतों से सजाया, जिन पर कलात्मक प्रतिमाएँ बनी हुई थीं और संभवतः वह गांधार कला शैली का जनक था। उसने गांधार के कलाकारों के साथ-साथ अन्य प्रांतों के कलाकारों को भी शाही संरक्षण प्रदान किया और सारनाथ एवं मथुरा में कला एवं मूर्तिकला की महत्त्वपूर्ण शैली का विकास किया, जो उसके साम्राज्य के अंतर्गत आता था। कनिष्क की राजधानी पुरुषपुर अथवा पेशावर थी और दूसरी राजधानी मथुरा थी। उसके अधिकार क्षेत्र में गांधार (पूर्वी अफगानिस्तान), कश्मीर और सिंधु तथा गंगा की घाटियाँ शामिल थीं। उसका उत्तराधिकारी उसका पुत्र हुविष्क और उसके पश्चात् पौत्र वासुदेव थे।

दूसरी शताब्दी के मध्य से लेकर चौथी शताब्दी में गुप्त शासकों के काल तक का इतिहास बहुत स्पष्ट है। तीसरी शताब्दी ई. के प्रारंभ से मध्य देश में कुषाणों का आधिपत्य समाप्त हो चुका था और फिर से कुछ छोटे-छोटे राज्यों ने जन्म ले लिया था। इस अवधि के दौरान शासन करनेवाला सबसे शक्तिशाली राजवंश 'नागवंश' था जो नर्मदा घाटी के आदिवासी लोग थे। समुद्रगुप्त के प्रयागराज अभिलेखों में गणपति नाग नामक एक राजा का उल्लेख मिलता है। इसी अवधि में भारशिव नाम के एक अन्य नाग वंशी शासक ने भी शासन किया। मथुरा एवं क्रांतिपुरी इन शासकों के मुख्यालय थे। अहिच्छत्र (उत्तरी पांचाल की राजधानी) के पांचालों ने भी संभवतः अपने साम्राज्य का मथुरा तक विस्तार किया। बौद्ध साहित्य से यह ज्ञात होता है कि दुर्मुख नामक एक प्रसिद्ध पांचाल राजा ने चारों ओर विजय प्राप्त की।

गुप्त वंश

गुप्त वंश की स्थापना श्रीगुप्त ने 240 ई. में की थी। उसके बाद उसका पुत्र घटोत्कच 280 ई. में शासक बना। चंद्रगुप्त-I प्रथम शक्तिशाली शासक के रूप में 319 ई. में मगध के सिंहासन पर आसीन हुआ। वह न केवल संपूर्ण मगध का राजा बना, बल्कि उसने गंगा घाटी के साथ प्रयाग और अवध तक अपने अधिकार क्षेत्र का विस्तार किया। उसने महाराजाधिराज की उपाधि प्राप्त की और एक नया संवत् प्रारंभ किया, जो गुप्त संवत् कहलाया जो 319 ई. से प्रारंभ हुआ। गुप्त वंश के छः महान राजाओं में समुद्रगुप्त (335-375 ई.), चंद्रगुप्त द्वितीय (380-415 ई.), कुमारगुप्त प्रथम (415-455 ई.), स्कंदगुप्त (455-467 ई.), नरसिंहगुप्त बालादित्य (467-473 ई.), कुमारगुप्त द्वितीय (473-476 ई.) शामिल थे। गुप्त वंश का उत्तरकालीन इतिहास भ्रांतिपूर्ण है। 467 ई. में स्कंदगुप्त की मृत्यु के बाद गुप्त वंश का आधार समाप्त होने लगा था। वास्तव में कुमारगुप्त के बाद यह साम्राज्य नष्ट ही हो गया, लेकिन कभी प्रतिष्ठित रहे गुप्त वंश के उत्तरकालीन गुप्त उपनाम के राजकुमारों ने मगध और मालवा जैसे भारत के अलग-अलग भागों में कुछ समय और शासन चलाया।

गुप्त वंश का भारतीय इतिहास में एक विशिष्ट स्थान रहा है। इसी शासनकाल में भारत में राजनीतिक एकता पुनः स्थापित हुई और मध्य देश (उत्तर प्रदेश) में चहुँमुखी विकास हुआ और शांति एवं समृद्धि देखने को मिली। जैसाकि उत्तर प्रदेश के झाँसी और कानपुर जिलों में पाए गए गुप्त वंश के स्मारकों से पता चलता है कि इस कला की वास्तुकला, मूर्तिकला, चित्रकला और धातुकर्म की कलाएँ अत्यंत उन्नत थीं।

गुप्त वंश के पतन के बाद छठी शताब्दी ई. में सत्ता का एक बार फिर से विकेंद्रीकरण हुआ। 554 ई. के आस-पास ईशानवर्मन ने मौखरी वंश की स्थापना की और महाराजाधिराज की उपाधि धारण की। उसके क्षेत्राधिकार में मध्य देश (उत्तर प्रदेश) का पूर्वी भाग और मगध का गया क्षेत्र आता था।

कन्नौज के मौखरियों ने भी कुछ समय तक मध्य देश के एक बृहद भाग पर शासन किया और अगली एक चौथाई शताब्दी तक मौखरी वंश का ऊपरी गंगा घाटी में सबसे प्रबल शासन था। मौखरी वंश की छठी पीढ़ी में **गृहवर्मन** अंतिम शासक था, जिसने लगभग 606 ई. तक शासन किया। उसने थानेश्वर के प्रभाकर वर्धन की पुत्री **राज्यश्री** से विवाह किया। कन्नौज उसकी राजधानी थी। 606 ई. के आस-पास मालवा के राजा देवगुप्त ने उसे परास्त करके उसका वध कर दिया। उसकी कोई संतान नहीं थी। उसका वंश उसी के साथ समाप्त हो गया। तत्पश्चात् कन्नौज उसके साले **थानेश्वर** के राजा **हर्षवर्धन** के हाथों में चला गया।

हर्षवर्धन ने **606 ई.** से **647 ई.** तक (41 वर्ष) शासन किया। प्रारम्भिक काल में कन्नौज और थानेश्वर उसके शासन में थे, परंतु बाद में उसने उत्तर की बर्फीली पहाड़ियों से दक्षिण में नर्मदा तक और पूर्व में गंजाम से पश्चिम में वल्लभी तक अपने साम्राज्य का विस्तार किया। इस विशाल साम्राज्य, जिसकी राजधानी **कन्नौज** थी, का हर्ष ने दक्षतापूर्ण प्रशासन चलाया, उसे महाराजाधिराज की उपाधि मिली। शताब्दियों तक कन्नौज उत्तरी भारत का प्रमुख नगर रहा और उसी प्रतिष्ठा और गौरव का पात्र रहा जैसे पहले पाटलिपुत्र अथवा मुगल काल में आगरा थे। कन्नौज **'महोदयश्री' के नाम से लोकप्रिय हुआ** अत: हर्ष के बाद के हिंदू शासकों के लिए इस पर अपना आधिपत्य स्थापित करना एक लक्ष्य बन गया। इसी समय **चीनी यात्री ह्वेनसांग** भारत आया। उसने कन्नौज का सजीव चित्रण प्रस्तुत किया है।

अशोक की भाँति हर्ष ने भी यात्रियों, गरीबों और बीमार लोगों के हित के लिए अपने समस्त साम्राज्य में परोपकारी संस्थानों की स्थापना की। हर्ष द्वारा प्रयाग **पंचवर्षीय सभाएँ** आयोजित की जाती थीं, जहाँ वह पिछले चार वर्षों में संचित किए गए अपने समस्त खजाने को दान कर देता था। चीनी यात्री **ह्वेन सांग** ने 643 ई. में इसी शृंखला की छठी सभा में भाग लिया था, जो हर्ष की समृद्धि और दानवीरता का स्पष्ट प्रमाण है।

हर्ष का कोई औपचारिक उत्तराधिकारी नहीं था, क्योंकि उसका कोई पुत्र नहीं था। परिणामस्वरूप उत्तरी भारत सहित उसके समस्त साम्राज्य में अशांति की स्थिति उत्पन्न हो गई। समकालीन शासकों ने उसके साम्राज्य के विभिन्न भागों पर कब्जा करने के उद्देश्य से एक-दूसरे के साथ युद्ध करना प्रारंभ कर दिया। यह स्थिति 75 वर्षों तक बनी रही। तथापि, इस विषय में अभिलेख एवं सामग्री के अभाव में क्रमबद्ध इतिहास का वर्णन करना संभव नहीं है। इतिहासकारों ने इसे **अस्थिरता का युग** अथवा **अज्ञात युग** का नाम दिया था।

उपलब्ध साक्ष्यों के आधार पर पता चलता है कि आठवीं शताब्दी की प्रथम तिमाही में एक यशस्वी शासक **यशोवर्मन** हुआ, जिसने कन्नौज पर अपना अधिकार स्थापित कर लिया। उसने लगभग समस्त भारत पर अपना अधिकार कर लिया और एक बार पुन: कन्नौज को एक भव्य नगर बना दिया। उसने कश्मीर के **ललितादित्य मुक्तपीड़** के साथ मैत्री संबंध स्थापित करके अपनी सेना को तिब्बत भेजा और महत्त्वपूर्ण सफलता प्राप्त की। दस वर्ष बाद ललितादित्य ने उसे अपदस्थ कर उसका वध कर दिया। बाद में बंगाल के पाल दक्षिण के राष्ट्रकूट और पश्चिमी भारत के गुर्जर प्रतिहार शासकों ने कन्नौज पर कब्जा करना अपना लक्ष्य बना लिया। पाल वंश के दूसरे राजा **धर्मपाल** ने, जो इस वंश का सबसे महान राजा था, कन्नौज पर विजय प्राप्त की। उसी प्रकार राष्ट्रकूट वंश के सातवें राजा अर्थात् **इंद्र तृतीय** ने केवल दो वर्षों के लिए शासन किया, परंतु इतने कम समय में ही उसने कन्नौज पर सफलतापूर्वक आक्रमण किया और गुर्जर प्रतिहार राजा महिपाल को अपदस्थ कर दिया। उसके बाद महिपाल ने कन्नौज को पुन: प्राप्त कर लिया, परंतु उसका शासन अत्यधिक कमजोर पड़ गया था। अनुवर्ती शासकों यथा-भोज द्वितीय, विनायकपाल, महेंद्रपाल, महिपाल द्वितीय और विजयपाल ने 1019 ई. तक उसके साम्राज्य पर अस्थिर रूप से अधिकार बनाए रखा और फिर उस समय का शासक **'राज्यपाल'** सुल्तान महमूद गजनवी ने जब कन्नौज पर कब्जा किया और लूटा, के आक्रमण से पूर्व वह भाग गया। **जेजाकभुक्ति** अथवा **जयहोती** (वर्तमान बुंदेलखंड) के चंदेल शासकों ने महमूद गजनवी के आक्रमण का सफलतापूर्वक सामना किया। नवीं शताब्दी में चंदेल वंश के संस्थापक नन्नुक चंदेल ने गुर्जर प्रतिहार सरदार को पराजित किया और वर्तमान बुंदेलखंड क्षेत्र के दक्षिण भाग का स्वामी बन गया। उत्तराधिकारी क्रम में **यशोवर्धन** सातवाँ राजा था, जो इस वंश का वास्तव में प्रथम स्वतंत्र शासक था। उसने कालिंजर के प्रसिद्ध किले पर आधिपत्य स्थापित किया।

उसका पुत्र धंग (950–1003 ई.) एक श्रेष्ठ चंदेल राजा था। उसने समस्त बुंदेलखंड पर अपना राज्य कायम किया। उसने सौ वर्ष तक का जीवन पाया और प्रयाग के संगम में जल समाधि लेकर अपना जीवन समाप्त कर दिया। 14वीं शताब्दी के प्रारंभ होने तक चंदेल राजा बुंदेलखंड के केवल स्थानीय सरदार बने रहे और अंतिम राजा **हमीरवर्मन** की मृत्यु के साथ इस वंश का अंत हो गया।

मध्य देश में **गहड़वाल वंश** के उत्थान के साथ शांति और समृद्धि का एक नया युग पुनः स्थापित हुआ, जो गुर्जर प्रतिहार वंश के पतन के बाद लंबे समय तक अशांति एवं अव्यवस्था की चपेट में था। दो प्रतिष्ठित गहड़वाल शासकों में से एक **गोविंदचंद्र, चंद्रदेव** (गहड़वाल वंश के संस्थापक) का पौत्र था और उसने 1114 ई. से 1154 ई. तक एक राजा के रूप में शासन किया। उसने अपने अभिलेखों में स्वयं का कुशिका (कन्नौज), काशी, उत्तर कौशल (अयोध्या) एवं इंद्रस्थान (दिल्ली) जैसे पवित्र स्थलों के संरक्षक के रूप में वर्णन किया है। उसने वर्तमान उत्तर प्रदेश और बिहार के वृहद भाग सहित विस्तृत साम्राज्य पर शासन किया। उसने अपनी राजधानी कन्नौज की प्रतिष्ठा को कुछ हद तक पुनः प्रतिष्ठित किया। काशी **'गहड़वालों'** की दूसरी राजधानी थी। उसका पौत्र राजा **जयचंद्र** (राजा जयचंद) एक अन्य लोकप्रिय राजा था। उसकी सुंदर पुत्री **संयोगिता** को अजमेर, सांभर और दिल्ली का चौहान राजा पृथ्वीराज लगभग **1175 ई.** में जबरदस्ती उठाकर ले गया था। वह एक महान योद्धा था, जिसने चंदेल राजा परमाल को परास्त किया और 1182 ई. में उसकी राजधानी महोबा पर कब्जा कर लिया। उसके प्रेम एवं बहादुरी के किस्सों का वर्णन प्रसिद्ध भाट चंदबरदाई ने, **'पृथ्वीराज रासो'** में किया है। उसके इस कृत्य से दो राजकुमारों के बीच इतनी गहरी शत्रुता ने जन्म लिया कि जयचंद ने पृथ्वीराज की तब भी कोई सहायता नहीं की, जब उसके राज्य पर मुस्लिमों का आक्रमण हुआ। **1192 ई.** में वह **मुहम्मद गौरी** से **तराईन** के **द्वितीय युद्ध** में परास्त हुआ और उसका वध कर दिया गया। दो वर्ष बाद 1194 ई. में जयचंद भी **इटावा** स्थित **चंदावर के युद्ध** में शहाबुद्दीन मुहम्मद गौरी के हाथों परास्त हुआ और उसका वध कर दिया गया। उसकी राजधानी कन्नौज को मुस्लिमों ने लूटा और नष्ट कर दिया और गहड़वाल वंश का अंत हो गया। उसके बाद मेरठ, कोइल (अलीगढ़), असनी, कन्नौज और वाराणसी आक्रमण ıकारियों के शिकार बने। **परमर्दिदेव** अथवा वीर परमाल (1166–1203 ई.) जेजाकभुक्ति के अंतिम चंदेल राजा थे। दिल्ली के सुल्तान कुतुबुद्दीन ऐबक ने बुंदेलखंड पर आक्रमण किया और परमर्दिदेव को कालिंजर किले में कैद कर समर्पण के लिए बाध्य कर दिया और संभवतः **1203 ई.** में मार डाला। उसकी मृत्यु के साथ ही चंदेल वंश का अंत हो गया।

सल्तनत काल

दिल्ली का सिंहासन 1194 ई. में मुहम्मद गौरी के सत्ता में आने से लेकर 1857 ई. में मुगल वंश के अंतिम प्रतिनिधि बहादुरशाह जफर तक लगभग **660 वर्षों** तक मुस्लिम शासकों के अधीन रहा।

देश में मुस्लिम शासन मुहम्मद गौरी के साथ (1194 ई. से 1206 ई.) प्रारंभ हुआ। चूँकि उसका कोई पुत्र नहीं था, अतः **कुतुबुद्दीन ऐबक** उसका उत्तराधिकारी बना, जिसने भारत में दास वंश (गुलाम वंश) की स्थापना की और 1206 ई. में दिल्ली के सिहांसन तक पहुँचा। उसने 1210 ई. तक शासन किया। दास वंश के अन्य महत्त्वपूर्ण शासक अल्तमश या इल्तुतमिश (1211–1236 ई.), रजिया सुल्तान (1236–1240 ई.) और गयासुद्दीन बलबन (1265–1287 ई.) थे। मुहम्मद जलालुद्दीन खिलजी (अथवा खिलजी) ने खिलजी वंश स्थापित किया, खिलजी वंश ने 1290 से 1320 ई. तक शासन किया। दिल्ली के खिलजी सुल्तानों में सबसे प्रसिद्ध और योग्य सुल्तान जलालुद्दीन (1290.1296 ई.), अलाउद्दीन (1296–1316 ई.) और मुबारक खिलजी (1316–1320 ई.) थे। खिलजी वंश के बाद गयासुद्दीन तुगलक ने तुगलक वंश (1320–1414 ई.) की स्थापना की में नौ सुल्तान हुए। तथापि, मुहम्मद तुगलक के शासन काल में दिल्ली सल्तनत का अधिकतम विस्तार हुआ। उसने कम समय के लिए ही सही, हिमालय की तलहटी से **केप कोमोरिन** तक समस्त भारत पर शासन किया। खिलजी और तुगलक साम्राज्य में वर्तमान उत्तर प्रदेश भी शामिल था। हालाँकि संभल, कड़ा और बदायूँ महत्त्वपूर्ण सामंतवादी शासकों के अधीन रहे, परंतु सब मिलाकर समूचा राज्य दिल्ली के सुल्तानों का विरोध करता रहा। इस संदर्भ में कटेहर, कंपिल, भोजपुर और **पटियाली** के नाम मुख्य रूप से उल्लेखनीय हैं।

मध्यदेश का इतिहास तेरहवीं एव चौहदवीं शताब्दी में एक ओर शौर्यपूर्ण विरोधों और दूसरी और बर्बरतापूर्ण दमन के उदाहरण प्रस्तुत करता है। जब तुगलक वंश का पतन प्रारंभ हुआ, तब मलिक सरवर, जो फिरोज शाह तुगलक का वजीर था, को पूर्वी क्षेत्र में 'मलिक-उस-शर्क (पूर्व का राजा)' की उपाधि से सम्मानित करके तैनात किया गया। यह उपाधि प्राप्त करने के बाद उसके उत्तराधिकारी शर्की कहलाए। शर्कियों ने अपना स्वतंत्र राज्य स्थापित किया और जौनपुर में अपनी राजधानी तथा शर्की वंश की स्थापना की, जो एक शताब्दी से कम समय तक रही। इस वंश के शासक अपने शासनकाल (1394-1479 ई.) में दिल्ली के सुल्तानों से अनवरत संघर्ष करते रहे और कन्नौज एवं सीमावर्ती क्षेत्रों में उनके प्रभुत्व का जोरदार विरोध करते रहे। इस वंश को 1479 ई. में सुल्तान बहलोल लोदी ने पराजित किया। शर्की शासकों ने कला और संस्कृति को संरक्षण प्रदान किया और जौनपुर में एक विशेष प्रकार की वास्तुकला का विकास किया, जिसे शर्की शैली के नाम से जाना गया। जौनपुर में अटाला मस्जिद शर्की शैली में निर्मित भवन का एक ज्वलंत उदाहरण है। इब्राहिम इस वंश का सबसे महान शासक था, जिसके आधिपत्य में जौनपुर शिक्षा का महत्त्वपूर्ण केंद्र बना। 'भारत के सिराज' की उपाधि प्राप्त करने वाले जौनपुर में ही मलिक मोहम्मद जायसी भी रहते थे।

18 दिसंबर 1398 को समरकंद के अमीर तैमूर (जिन्हें तैमूरलंग भी कहते हैं) ने भारत पर आक्रमण किया और दिल्ली को तहस-नहस कर दिया। इससे दिल्ली की सल्तनत को भारी झटका लगा और शीघ्र ही 1414 ई. में दिल्ली में तुगलक वंश का अंत हो गया। तैमूर द्वारा लूटमार का यह दौर कई दिन तक चला। यद्यपि दिल्ली और पंजाब को तैमूर की बर्बरता का सबसे अधिक आघात सहना पड़ा। उसके इस विध्वंसकारी आक्रमण की मार दोआब क्षेत्र, विशेष रूप से हरिद्वार, मेरठ और कटेहर को झेलनी पड़ी। 1414 से 1526 ई. तक दिल्ली की बागडोर सैयद और लोदी सुल्तानों के हाथों में रही। सिकंदर लोदी के शासनकाल के दौरान (1489-1517 ई.) आगरा को उपराजधानी का दर्जा मिला। लोदी वंश का अगला शासक अर्थात् इब्राहिम लोदी (1517-1526 ई.) था, वह इस वंश का अंतिम शासक सिद्ध हुआ, क्योंकि 21 अप्रैल 1526 को पानीपत की पहली लड़ाई में बाबर के हाथों उसे पराजय का सामना करना पड़ा और उसका वध कर दिया गया जिसके परिणामस्वरूप, भारत में मुगल वंश की स्थापना हुई।

मुगलकाल

मुगल वंश की स्थापना लोदी सुल्तान इब्राहिम पर विजय प्राप्त करने के परिणामस्वरूप जहीरुद्दीन मुहम्मद बाबर द्वारा 1526 ई. में की गई। इस विजय के कारण बाबर ने दिल्ली और आगरा पर अधिकार प्राप्त कर लिया। बाबर की सेना को पूर्वी उत्तर प्रदेश के अफगानों ने आगे बढ़ने से रोका, किंतु कालांतर में उनके कड़े विरोधों के बावजूद उन्हें बहुत से मुख्य केंद्र यथा–संभल, जौनपुर, गाजीपुर, कालपी, इटावा और कन्नौज पर से अधिकार छोड़ना पड़ा। 1530 ई. में बाबर की मृत्यु के बाद उसका पुत्र हुमायूँ बादशाह बना, जिसने 1530 से 1540 ई. तक और पुनः 1555 से 1556 ई. तक शासन किया। हुमायूँ ने शेर खान, जिसे शेरशाह सूरी के नाम से जाना जाता था, से युद्ध किया परंतु शेरशाह ने 1539 ई. में गंगा के किनारे चौसा के युद्ध में उसे पराजित कर दिया। परिणामस्वरूप उससे बिहार और बंगाल छिन गया। हुमायूँ ने 1540 में पुनः आक्रमण किया, परंतु वह बिलग्राम की लड़ाई (कन्नौज के पास) में शेरशाह से बुरी तरह परास्त हो गया और अपनी राजधानी हार गया इसके पश्चात शेरशाह पूर्णतः सम्राट बन गया, लेकिन कालिंजर के किले पर घेरा डालते समय एक विस्फोट के परिणामस्वरूप 1545 ई. में उसकी मृत्यु हो गई और मध्यकाल के क्षितिज पर चमकता हुआ सितारा अस्त हो गया।

1555 ई. में हुमायूँ ने शासन की बागडोर पुनः अपने हाथों में ले ली, परंतु केवल एक वर्ष बाद जनवरी 1556 ई. में दिल्ली में पुस्तकालय की सीढ़ियों से अचानक गिरने से हुमायूँ की मृत्यु हो गई। हुमायूँ की मृत्यु के 10 महीने बाद 5 नवंबर 1556 को पानीपत की दूसरी लड़ाई लड़ी गई, जिसमें अकबर ने दिल्ली और आगरा पर अपना अधिकार कर लिया और अगले तीन सौ वर्षों के लिए मुगल शासन के लिए मार्ग प्रशास्त कर दिया।

पश्चिम में काबुल पूर्व में बंगाल और उत्तर में हिमालय की तलहटी से दक्षिण में नर्मदा तक अकबर (1556 से 1605 ई.) का विस्तृत साम्राज्य रहा। अकबर ने अपने साम्राज्य को 15 सूबों अथवा प्रांतों में बाँटा, जिनमें से आगरा, अवध और प्रयागराज सबसे महत्त्वपूर्ण सूबे थे। अकबर न केवल एक महान विजेता था, बल्कि एक योग्य प्रशासक भी था। अकबर ने मैत्री एवं उदारता की नीति को अपनाया, जिससे उसे हिंदुओं और मुसलमानों का एक समान सम्मान और विश्वास

मिला। नि:संदेह वह मुगल साम्राज्य का सर्वाधिक शक्तिशाली शासक था। 1605 ई. में अकबर की मृत्यु हो गई।

अकबर द्वारा तैयार की गई युद्धनीतियाँ तथा अन्य नीतियाँ इतनी व्यावहारिक थीं कि उसके उत्तराधिकारियों विशेषकर जहाँगीर (1605-1627 ई.) और शाहजहाँ (1628-1658 ई.) ने उनका ही अनुसरण किया। मुगल शासन के दौरान आगरा को राजधानी बनाया गया। बाद में शाहजहाँ ने दिल्ली को राजधानी बनाया। बीरबल और टोडरमल जिनको सम्राट अकबर द्वारा राजा की उपाधि से सम्मानित किया गया। उन्होंने उनके मंत्री के रूप में भी कार्य किया, वे भी उत्तर प्रदेश के निवासी थे। समकालीन लेखकों की दृष्टि में भारत को शांति, प्रगति, समृद्धि एवं गौरव के शिखर तक पहुँचाने में उत्तर प्रदेश की भूमिका अत्यंत महत्त्वपूर्ण थी।

सम्राट अकबर द्वारा अपनाए गए सिद्धांतों एवं रणनीतियों ने सर्वत्र अद्वितीय ख्याति, शांति एवं गौरव फैलाने एवं सभी जातियों एवं संप्रदायों का स्नेह और समर्थन प्राप्त करने में सफलता प्राप्त की किंतु भारत के छठे मुगल शासक औरंगजेब के शासनकाल के दौरान उन्हें व्यावहारिक रूप से उलट दिया गया। इस कारण मुगल वंश को अपूरणीय क्षति पहुँची। जवाहरलाल नेहरू ने 'दि डिस्कवरी ऑफ इंडिया' में औरंगजेब और उसकी नीतियों से साम्राज्य को हुई क्षति का इन शब्दों में वर्णन किया है–

"औरंगजेब के लिए वर्तमान को समझना तो दूर, वह निकटतम अतीत को समझ पाने में भी असमर्थ था। उसने अपने पूर्वजों द्वारा किए गए कार्यों को पलटकर रख दिया तथा अपनी हठधर्मिता और हिंदुत्व के विरोध से सब कुछ बिगाड़ दिया। औरंगजेब एक हठधर्मी, निष्ठुर और नियमनिष्ठ शासक था। उसे कला और साहित्य से कोई लगाव नहीं था। उसने हिंदुओं पर पुन: घृणित जजिया कर (टोल-टैक्स) लागू कर दिया और अनेक मंदिरों को नष्ट करके अपनी अधिकांश प्रजा को क्रोधित कर दिया था। उसने राजपूतों का भी बहुत अपमान किया, जो मुगल साम्राज्य के आधार स्तंभ थे। उत्तर में उसने सिक्खों को भड़काया जो शांतिप्रिय संप्रदाय होते हुए भी उसके अत्याचार एवं दबाव के कारण सैन्य भ्रातृ संघ के रूप में परिणत हुए। भारत के पश्चिमी तट के पास उसने प्राचीन राष्ट्रकूट वंशजों तथा युद्धकुशल मराठों तक को क्रुद्ध किया।"

परिणामस्वरूप, 1707 ई. में दक्कन के बुरहानपुर में उसकी मृत्यु से पूर्व ही मुगल साम्राज्य के विघटन के लक्षण दिखाई देने लगे। 1627 ई. में दक्कन में शिवाजी ने अपना स्वतंत्र मराठा साम्राज्य स्थापित किया। 1669 ई. में मथुरा और उसके आस-पास के क्षेत्र के जाट और उनके बाद 1671 ई. में मालवा और बुंदेलखंड के बुंदेला, पटियाला राज्य में नारनौल के सतनामी और 1692 ई. में अलवर क्षेत्र के मेवाती विद्रोही हो गए। अवध के स्थानीय सूबेदार सआदत अली खाँ ने 1732 ई. में स्वतंत्रता की घोषणा कर दी, जब अवध के तत्कालीन नवाब ने उन्हें ईस्ट इंडिया कंपनी की सहायता से पराजित कर दिया था। मराठों ने गंगा-यमुना दोआब क्षेत्र में स्वयं को प्रतिष्ठित करने की कोशिश की थी, लेकिन 1761 ई. में पानीपत की तीसरी लड़ाई में अवध के नवाब शुजाउद्दौला की सहायता करके अहमद शाह अब्दाली ने मुगल सम्राट शाह आलम और मराठों को भारी शिकस्त दी, जिसके परिणामस्वरूप मराठों के विजय अभियान को बहुत धक्का लगा और मुगल साम्राज्य के मार्ग में निर्णायक बाधा आई। बहादुरशाह द्वितीय अंतिम तथा नाममात्र का मुगल सम्राट था, जो वस्तुत: ईस्ट इंडिया कंपनी का पेंशनभोगी था। 1862 ई. में उसकी मृत्यु हो गई।

उत्तर प्रदेश : महत्वपूर्ण ऐतिहासिक नगर

अतरंजीखेड़ा : अतरंजीखेड़ा उत्तर प्रदेश में काली नदी के तट पर एटा जिले में स्थित है। यहाँ से गैरिक मृदभाण्ड संस्कृति से लेकर गुप्त युग तक के अवशेष प्राप्त हुए हैं। ह्वेनसांग (चीनी यात्री) ने अपने यात्रा विवरण में 'अतरंजीखेड़ा' को 'पि-लो-शा-न' कहा है। अतरंजीखेड़ा से गैरिक मृदभाण्ड तथा कृष्ण लोहित मृद्भाण्ड संस्कृतियों के अवशेष मिले हैं। यहाँ से प्राप्त अवशेष मुख्यतया चित्रित धूसर मृद्भाण्ड संस्कृति से सम्बद्ध हैं। इस युग में 1000 ई.पू. के लौह-प्रयोग, धान की खेती, वृत्ताकार अग्निकुण्ड तथा कटे निशान वाले पशुओं की हड्डियाँ प्राप्त **हुई हैं**। इस युग को उत्तर वैदिक युग से सम्बद्ध स्वीकार **किया जाता है**। उत्तरी काली ओपदार मृद्भाण्ड संस्कृति के चरण में अतरंजीखेड़ा एक नगर के रूप में उभरा था। यहाँ के लोग प्राय: कृषिजीवी और स्थिर प्रवृत्ति के थे। अतरंजीखेड़ा से शुंगों, कुषाणों तथा गुप्तों से सम्बद्ध अवशेष भी प्राप्त हुए हैं।

अयोध्या : अयोध्या उत्तर प्रदेश में फैजाबाद (अब फैजाबाद जिले का नाम अयोध्या हो गया है) जिले में सरयू नदी के तट पर स्थित है। इसका प्राचीन नाम **अयाज्सा** था। अयोध्या उत्तर प्रदेश के उपजाऊ मैदान में स्थित है, इस कारण अयोध्या की एक आर्थिक पृष्ठभूमि भी रही है। यही कारण है कि अयोध्या में उत्तरी **काली ओपदार मृद्भाण्ड संस्कृति** से लेकर गुप्तकाल तक के साक्ष्य मिले हैं। महाजनपद युग में अयोध्या कोशल जनपद की प्रमुख नगरी थी। बौद्ध परम्परा के अनुसार यहाँ अशोक ने एक स्तूप का निर्माण कराया था। जैन ग्रन्थों में आदिनाथ सहित **पाँच तीर्थंकरों** का जन्मस्थल अयोध्या को ही माना गया है। रघुवंशी **भगवान राम** का जन्मस्थल भी अयोध्या को स्वीकार किया जाता है। अयोध्या पर बैक्ट्रियाई यूनानियों के आक्रमण हुए थे। अयोध्या से पुष्यमित्र शुंग का एक लेख प्राप्त हुआ है। गुप्तों के काल में अयोध्या प्रमुख नगरी थी। **साकेत** इस क्षेत्र का ही नाम है। **ह्वेनसांग** ने अयोध्या में अनेक **बौद्ध मन्दिरों** का उल्लेख किया है।

अहिच्छत्र : अहिच्छत्र की समता (पहचान) उत्तर प्रदेश के **बरेली जिले** में स्थित **रामनगर** से की गयी है। उत्तर प्रदेश के उपजाऊ मैदान में स्थित होने के कारण अहिच्छत्र में नागरिक विकास के तत्व उभरे थे, इस कारण यहाँ से मृद्भाण्ड संस्कृतियों से लेकर गुप्तोत्तर युग तक के साक्ष्य प्राप्त होते हैं। अहिच्छत्र से **चित्रित धूसर मृद्भाण्ड** तथा **लाल मृद्भाण्ड** संस्कृति के अवशेष मिले हैं। महाजनपद युग में यह **उत्तरी पांचाल** की राजधानी थी। अशोक ने यहाँ एक स्तूप का निर्माण कराया था। ई.पू. 100 से 300 ई. के मध्य वाले स्तरों से मृण्मूर्तियाँ प्राप्त हुई हैं। इसी समय के **'मित्र'** उपाधि वाले राजाओं के सिक्के भी मिले हैं। कुषाणों के सिक्के भी प्राप्त हुए हैं। गुप्तकाल में **अहिच्छत्र** एक नगर के रूप में प्रसिद्ध था। अहिच्छत्र के शासक अच्युत को सम्राट समुद्रगुप्त ने पराजित किया था। यहाँ से गुप्तकालीन यमुना की एक मूर्ति प्राप्त हुई है। 350 ई. से 750 ई. के मध्य के मन्दिर, देवकक्ष भी प्राप्त हुए हैं।

आलमगीरपुर : आलमगीरपुर उत्तर प्रदेश के **मेरठ** के समीप स्थित है। आलमगीरपुर के उत्खनन से प्राप्त अवशेष सैन्धव सभ्यता के पूर्वी विस्तार की पुष्टि करते हैं। यह स्थल उत्तर-हड़प्पा सभ्यता का भी केन्द्र था। आलमगीरपुर से **कपास उत्पादन** के साक्ष्य प्राप्त हुए हैं।

आगरा : आगरा उत्तर प्रदेश में **यमुना नदी** के तट पर स्थित महान नगर है। आगरा की स्थापना **1504 ई.** में सुल्तान **सिकन्दर लोदी** ने की थी, उसने इसे सामयिक महत्व का स्थान घोषित कर सैनिक-राजनीतिक केन्द्र बनाया था। मध्य युग में राजस्थान तथा दक्षिण में मालवा की ओर जाने वाले मार्ग पर स्थित होने के कारण आगरा का राजनीतिक-आर्थिक-व्यापारिक महत्व स्थापित था। मुगल साम्राज्य के संस्थापक बाबर ने आगरा को ही अपनी राजधानी बनाया था। मुगल सम्राट अकबर, जहाँगीर, शाहजहाँ, औरंगजेब की भी यह राजधानी रही थी। जहाँगीर के काल में नूरजहाँ ने आगरा में अपने पिता **एत्माद्दौला** का शानदार मकबरा निर्मित कराया था। शाहजहाँ ने किले में अनेक भव्य भवन निर्मित कराकर आगरा को वैभव प्रदान किया था। इन भवनों में जहाँगीरी एवं अकबरी महल प्रमुख थे। शाहजहाँ द्वारा निर्मित ताजमहल एवं **मोती मस्जिद** स्थापत्यकला के सर्वश्रेष्ठ प्रतीक हैं। मुगलकाल में आगरा मुस्लिम **शिक्षा** का प्रमुख केन्द्र था। यह व्यावसायिक केन्द्र के रूप में समस्त भारत में चर्चित था। आगरा के समीपवर्ती क्षेत्रों में **नील** की खेती होती थी। सभी यूरोपियन यात्रियों (राल्फ फिच, बर्नियर, आदि) ने आगरा के वैभव की प्रशंसा की है।

कन्नौज : प्राचीन भारत में **कान्यकुब्ज** के नाम से चर्चित कन्नौज उत्तर प्रदेश के महत्वपूर्ण नगरों में स्वीकार किया जाता है। वर्तमान में यह प्रदेश का जनपदीय नगर है और गंगा नदी तट पर स्थित है। गंगा-यमुना दोआब क्षेत्र में स्थित होने के कारण कन्नौज का आर्थिक महत्व ईसा पूर्व शताब्दियों से रहा था। कन्नौज का उल्लेख टॉलेमी के **'द ज्योग्राफी'** एवं **पतंजलि के महाभाष्य** तथा सभी पुराणों, महाभारत एवं चीनी यात्रियों (फाह्यान, ह्वेनसांग) के यात्रा-विवरणों में प्राप्त होता है। कन्नौज में पहली बस्ती के साक्ष्य उत्तरी काले मृद्भाण्ड युग से कुषाण युग तक के प्राप्त हुए हैं। गुप्तों और मौखरियों के समय यह प्रमुख नगर था। पुष्यभूति शासक हर्षवर्द्धन के समय कन्नौज की सर्वांगीण उन्नति हुई थी। ह्वेनसांग ने तत्कालीन वैभव की भूरि-भूरि प्रशंसा की है। उस समय कन्नौज **'नगरमहोदय श्री'** कहलाता था। हर्षोत्तर युग में कन्नौज पर अपनी प्रभुता स्थापित करने के लिए गुर्जर प्रतिहारों, पालों एवं राष्ट्रकूटों के मध्य हुए **त्रिदलीय संघर्ष** का कारण इस नगर का वैभव व आर्थिक-राजनीतिक महत्ता थी। गुर्जर प्रतिहारों ने सर्वाधिक समय तक अपना प्रभुत्व कन्नौज में स्थापित रखा था। **1018-1019 ई.** में महमूद गजनवी ने कन्नौज पर आक्रमण किया था। मुहम्मद गौरी के समय कन्नौज का शासक **जयचन्द गहड़वाल** था। कन्नौज शैक्षणिक एवं सांस्कृतिक गतिविधियों का ऐतिहासिक केन्द्र लगभग 1000 वर्षों तक बना रहा था। यहाँ हिन्दू व बौद्ध दोनों प्रकार की शिक्षा-विधि प्रचलित रही थी। यहाँ के बौद्ध महाविद्यालय में चीनी यात्री ह्वेनसांग ने अध्ययन-अध्यापन किया था। **राजशेखर, भवभूति, बाण** कन्नौज से सम्बद्ध रहे थे। ह्वेनसांग के अनुसार

कन्नौज में अशोक ने स्तूप निर्मित कराया था। इस प्रकार कन्नौज प्राचीन व मध्यकाल का चर्चित नगर था।

कपिलवस्तु : कपिलवस्तु की पहचान उत्तर प्रदेश के **सिद्धार्थनगर** जिले के **पिपरहवा** से की गयी है। भगवान **बुद्ध की जन्मस्थली लुम्बिनी** (नेपाल) इसके समीप ही है। यह क्षेत्र तराई में है। कपिलवस्तु के विषय में पालि एवं संस्कृत ग्रन्थों तथा पुरातात्विक अवशेषों से विशेष प्रकाश पड़ता है। कपिलवस्तु का अर्थ **कपिल ऋषि के वास** (स्थान) से लगाया गया है। बौद्धकाल में कपिलवस्तु शाक्य गणराज्य की राजधानी थी। यहाँ उत्तरी काले ओपदार मृद्‌भाण्ड युग के अवशेष प्राप्त हुए हैं। मौर्य सम्राट अशोक ने इस पवित्र स्थल की यात्रा की थी। कुषाणों के सिक्के **कपिलवस्तु** के उत्खनन में प्राप्त हुए हैं। कपिलवस्तु श्रावस्ती-वाराणसी मार्ग तथा वैशाली-पुरुषपुर मार्ग का प्रमुख केन्द्र स्थल रहा था, इसलिए कपिलवस्तु में आर्थिक-व्यापारिक सक्रियता के साक्ष्य मिलते हैं। **महावस्तु** ग्रन्थ के अनुसार कपिलवस्तु में अनेक प्रकार के शिल्प प्रचलित थे।

काम्पिल्य : काम्पिल्य उत्तर प्रदेश के **बदायूँ** और **फर्रुखाबाद** के मध्य गंगानदी तट पर स्थित है। महाजनपद युग में यह प्रमुख नगर रहा था। **काम्पिल्य पांचाल महाजनपद** के दक्षिणी क्षेत्र की राजधानी थी। जैन ग्रन्थों, बौद्ध जातक साहित्य तथा महाभारत से काम्पिल्य के सम्बन्ध में विस्तृत जानकारी उपलब्ध होती है। काम्पिल्य प्राचीनकाल में **शिक्षा** का महत्वपूर्ण केन्द्र रहा था।

कुशीनगर : कुशीनगर की पहचान उत्तर प्रदेश के **देवरिया जिले** में स्थित **कसिया स्थल** से की गयी है। दिव्यावदान, दीघनिकाय, अशोक के आठवें वृहद् शिलालेख, कनिष्क के सिक्कों तथा फाहियान एवं ह्वेनसांग के यात्रा-विवरणों से कुशीनगर की विस्तृत जानकारी प्राप्त होती है। **कुशीनगर** मल्ल गणराज्य की राजधानी थी। भगवान बुद्ध का **महापरिनिर्वाण** (483 ई. पू.) कुशीनगर में ही हुआ था। गुप्तकाल तथा कुशीनगर का प्रमुख महत्व स्थापित रहा था। श्रावस्ती-वाराणसी मार्ग का प्रमुख केन्द्र होने के कारण इसका आर्थिक-व्यापारिक महत्व स्थापित था। प्रमुख बौद्ध नगरी होने के कारण अशोक के समय में कुशीनगर में अनेक स्थापत्य कृतियाँ निर्मित हुई थीं। यह स्थापत्य निर्माण गुप्तकाल में भी खूब रहा था। अशोक ने यहाँ **स्तूप** व **विहार** निर्मित कराये थे। कुशीनगर से **कनिष्क के सिक्के** प्राप्त हुए हैं। कुमारगुप्त के समय हरिबल ने भी स्तूप एवं विहार निर्मित कराये थे। कुशीनगर के व्यापारियों एवं शिल्पियों के द्वारा मुद्रा-परिचालन के साक्ष्य भी प्राप्त हुए हैं। हूणों के कुशीनगर पर आक्रमण के साक्ष्य भी प्राप्त होते हैं।

कौशाम्बी : कौशाम्बी की पहचान उत्तर प्रदेश के इलाहाबाद के समीप यमुना नदी के तट पर स्थित **कोसम** नामक गाँव से की गयी है। वर्तमान में यह जनपद के रूप में जाना जाता है। जैन, बौद्ध साहित्य तथा पुरातात्विक अवशेषों से कौशाम्बी पर विस्तृत प्रकाश पड़ता है। **फाहियान** तथा **ह्वेनसांग** के यात्रा-विवरणों में कौशाम्बी की विस्तृत चर्चा की गयी है। कौशाम्बी को आद्य-नगरीय स्थल भी स्वीकार किया जाता है। महाजनपद युग में कौशाम्बी वत्स महाजनपद की राजधानी थी। मगध साम्राज्य के उत्कर्ष के पश्चात् कौशाम्बी आर्थिक तथा धार्मिक महत्व का केन्द्र स्थल बन गयी थी। कौशाम्बी **उत्तरापथ** और **दक्षिणापथ** का पड़ाव स्थल थी। मौर्योत्तर युग तक यह महत्वपूर्ण नगर रहा था; यहाँ से **विमकडफिसस** तथा कनिष्क के सिक्के प्राप्त हुए हैं। मघों ने कौशाम्बी को राजधानी बनाकर दूसरी-तीसरी शताब्दी ई. में इसे राजनीतिक-आर्थिक महत्व प्रदान किया था। कौशाम्बी को हूण नेता **तोरमाण** के आक्रमण से विशेष क्षति पहुँची थी। इस प्रकार दीर्घकाल तक कौशाम्बी का सांस्कृतिक-आर्थिक-राजनीतिक-सामयिक महत्व स्थापित रहा था। यह बुद्ध की कार्यस्थली के रूप में सदैव चर्चित रही थी। यह थेरपन्थ का प्रमुख केन्द्र थी। **घोषितारामविहार**, अशोक का प्रयाग स्तम्भ इसके सांस्कृतिक महत्व के साक्ष्य हैं।

कड़ा : कड़ा उत्तर प्रदेश में इलाहाबाद से **64 किमी.** पश्चिम में गंगा तट पर स्थित है। गंगा-यमुना दोआब तथा प्रमुख व्यापारिक मार्ग पर अवस्थित होने के कारण कड़ा का आर्थिक महत्व रहा था। इस कारण सल्तनत काल एवं मुगल काल में कड़ा महत्वपूर्ण इक्ता (सूबा) था। सुल्तान जलालुद्दीन खिलजी के समय कड़ा का सूबेदार **अलाउद्दीन खिलजी** था। कड़ा से ही अलाउद्दीन खिलजी ने 1296 ई. में अपना सफल अभियान (देवगिरि अभियान) सम्पन्न किया था। 1296 ई. में ही कड़ा में सुल्तान **जलालुद्दीन खिलजी** की हत्या अलाउद्दीन खिलजी ने करवाई थी और अपने को दिल्ली सल्तनत का सुल्तान घोषित कर दिया था। कड़ा क्षेत्र में सुल्तान मुहम्मद बिन तुगलक ने **स्वर्गद्वारी** की स्थापना की थी। शहजादा सलीम ने **1602 ई.** में अकबर के विरुद्ध विद्रोह करके कड़ा दुर्ग में ही शरण ली थी। **1765 ई.** में सन्धि के अनुसार अवध के नवाब शुजाउद्दौला ने अंग्रेज कम्पनी को कड़ा सौंप दिया था। भक्त सन्त **मलूकदास** की जन्मस्थली कड़ा थी।

कालिंजर : उत्तर प्रदेश के बाँदा जनपद में कालिंजर दुर्गीकृत स्थल है। पूर्वमध्य युग में कालिंजर में राजपूतों का शासन था। बारहवीं शताब्दी के बाद से कालिंजर तुर्कों, अफगानों, मुगलों के आक्रमणों से प्रभावित रहा था। 1022 ई. में महमूद गजनवी ने कालिंजर को पदाक्रान्त किया था। 1202 ई. में कुतुबुद्दीन ऐबक ने चन्देल शासक परमार्दिदेव को कालिंजर में पराजित किया था। 1545 ई. में कालिंजर के सैन्य अभियान में बारूद विस्फोट से शेरशाह सूरी की मृत्यु हो गयी थी। मुगल सम्राट अकबर ने 1569 ई. में कालिंजर के शासक रामचन्द्र को पराजित कर कालिंजर पर आधिपत्य स्थापित कर लिया था। कालिंजर का सदैव सामयिक महत्व स्वीकार किया जाता रहा था।

काल्पी : काल्पी उत्तर प्रदेश के जालौन जिले में यमुना नदी के तट पर स्थित है। गंगा-यमुना के दोआब क्षेत्र में स्थित होने के कारण इसका आर्थिक महत्व स्वीकार किया जाता रहा था। दसवीं शताब्दी ई. में काल्पी में चन्देलों का शासन स्थापित था। बारहवीं शताब्दी के अन्त में कुतुबुद्दीन ऐबक ने काल्पी को दिल्ली सल्तनत का अंग बना लिया था। फिरोजशाह तुगलक के पश्चात् काल्पी एक स्वतन्त्र मुस्लिम राज्य बन गया था। 1435 ई. में मालवा के हुशंगशाह ने काल्पी पर अधिकार कर लिया था। अकबर के समय काल्पी प्रमुख नगर था। राजा बीरबल काल्पी के ही थे। काल्पी में बीरबल का रंगमहल तथा मुगल टकसाल के अवशेष प्राप्त हुए हैं।

कोइल : कोइल अथवा कोल उत्तर प्रदेश के अलीगढ़ जिले में स्थित है। भारत में तुर्कों के आगमन के समय कोइल पर राजपूतों का प्रभुत्व स्थापित था। कुतुबुद्दीन ऐबक ने 1192 ई. में कोइल पर अधिकार स्थापित किया था। इब्नबतूता कोइल के नगर वैभव की प्रशंसा करता है। सुल्तान बहलोल लोदी के समय कोइल का स्थानीय शासक ईसा खाँ था, जिसने बहलोल की अधीनता स्वीकार कर ली थी।

काशी (अब 'वाराणसी') : काशी प्राचीन नगरी थी, जो आधुनिक वाराणसी क्षेत्र में स्थित थी। काशी महाजनपद के नाम से छठी शताब्दी ई. पू. में चर्चित था, जिसकी राजधानी वाराणसी थी। काशी का अस्तित्व वैदिक ग्रन्थों में उल्लिखित है। काशी का सर्वप्रथम उल्लेख अथर्ववेद में प्राप्त होता है। महाभारत तथा रामायण में भी काशी राज्य का उल्लेख है। षोडष महाजनपदों में काशी प्रमुख महाजनपद था। बुद्ध काल के ग्रन्थों में काशी की विस्तृत चर्चा प्राप्त होती है। महाभारत के अनुसार काशी की स्थापना दिवोदास नामक राजा ने की थी। काशी विद्या के केन्द्र के रूप में हजारों वर्षों से प्रसिद्ध रही है। काशी शैव धर्म का प्रमुख केन्द्र थी तथा हिन्दू धर्म की महत्वपूर्ण धार्मिक नगरी के रूप में सदैव प्रतिष्ठित रही है। हिन्दुओं का यह पवित्र तीर्थ स्थल है।

खजुहा : खजुहा उत्तर में इलाहाबाद (प्रयागराज) के समीप अवस्थित है। इसका सम्बन्ध मुगल-उत्तराधिकार युद्ध से है। 5 जनवरी, 1659 ई. को औरंगजेब ने इस युद्ध में शाहशुजा को पराजित कर उत्तराधिकार युद्ध में निर्णायक सफलता प्राप्त कर ली थी।

गढ़कुण्डार : उत्तर प्रदेश के झाँसी जिले में अवस्थित गढ़कुण्डार मध्यकालीन अवशेषों, ऐतिहासिक साक्ष्यों को संजोए हुए है। पूर्व मध्यकाल में परमारों ने गढ़कुण्डार पर आधिपत्य स्थापित कर रखा था। आठवीं शताब्दी के अन्त में यहाँ चन्देलों का शासन हो गया; पृथ्वीराज चौहान के समय गढ़कुण्डार का चन्देल शासक परमाल था। चन्देलों को पराजित कर पृथ्वीराज ने गढ़कुण्डार पर अधिकार कर लिया था। पृथ्वीराज चौहान के सेनानायक खेतसिंह ने यहाँ खंगार राज्य की स्थापना की थी। सुल्तान बलबन के समय (1265-1287 ई.) गढ़कुण्डार पर बुन्देलों ने अधिकार कर लिया था। 1531 ई. तक गढ़कुण्डार बुन्देलों की राजधानी रही थी।

गढ़वा : गढ़वा उत्तर प्रदेश के इलाहाबाद (प्रयागराज) जिले में स्थित है। यहाँ से गुप्त शासकों, कुमारगुप्त प्रथम के दो शिलालेख तथा स्कन्दगुप्त का एक लेख प्राप्त हुए हैं। कुमारगुप्त के शिलालेखों में गुप्त संवत् 98 की तिथि अंकित है। शिलालेखों से दानगृह को दान देने की सूचना प्राप्त होती है। स्कन्दगुप्त के शिलालेखों में गुप्त संवत् 148 की तिथि अंकित है। इस लेख से विष्णु की प्रतिमा की स्थापना एवं पूजा के लिए दान दिये जाने की सूचना मिलती है।

चन्दावर : चन्दावर उत्तर प्रदेश में कन्नौज एवं इटावा के मध्य स्थित था, चन्दावर में ही 1194 ई. में कन्नौज के गहड़वाल नरेश जयचन्द को मुहम्मद गौरी ने पराजित किया था।

चुनार : चुनार उत्तर प्रदेश में विन्ध्य के पहाड़ी क्षेत्र में गंगानदी के तट पर मिर्जापुर जिले में स्थित है। मध्यकाल में चुनार सामयिक महत्व के कारण सदैव चर्चित रहा था; चुनार से पूर्वी भारत पर नियन्त्रण रखा जा सकता था। चौदहवीं शताब्दी में चुनार में चन्देलों का शासन स्थापित था। मुगल सम्राट बाबर ने चुनार पर अधिकार कर लिया था। शेरशाह सूरी के दमन के क्रम में हुमायूँ ने चुनार के किले की घेराबन्दी की थी परन्तु शेरशाह ने ही चुनार पर अपना नियन्त्रण स्थापित कर लिया था।

जौनपुर : उत्तर प्रदेश में गोमती नदी के तट पर स्थित जौनपुर जिला मुख्यालय है। जौनपुर की स्थापना सुल्तान फिरोजशाह तुगलक ने 1358 ई. में मुहम्मद तुगलक उर्फ जौना खाँ के सम्मान में की थी। तुगलक वंश के पतन के समय जौनपुर मलिक हुसैन शर्की के नेतृत्व में स्वतन्त्र हो गया और शर्की सल्तनत की जौनपुर में स्थापना हुई। 1492 ई. में सिकन्दर लोदी ने पुन: जौनपुर को दिल्ली सल्तनत का अंग बना लिया था। जौनपुर अपनी सांस्कृतिक गतिविधियों एवं स्थापत्य कला के लिए चर्चित रहा था। साहित्य, स्थापत्य कला (अटाला मस्जिद), संगीत कला के लिए जौनपुर के शर्की सुल्तानों का योगदान चिरस्मरणीय रहा। इसी विशेषता के कारण जौनपुर को 'शीराज-ए-हिन्द' कहा जाता था।

झाँसी : उत्तर प्रदेश का जिला नगर झाँसी मध्यकालीन नगर है, झाँसी की स्थापना 1613 ई. में ओरछा शासक बीर सिंह बुन्देला ने की थी। 1732 ई. में जैतपुर युद्ध के बाद झाँसी स्थानीय ओरछा शासक छत्रसाल द्वारा पेशवा बाजीराव प्रथम को सौंप दी गयी थी। तत्पश्चात् झाँसी पर मराठों का प्रभुत्व स्थापित रहा था। रानी लक्ष्मीबाई झाँसी के स्वतन्त्र राज्य के शासक गंगाधर राव की पत्नी थी, जिन्होंने 1857 ई. के महान् विद्रोह में अपनी वीरता व साहस का लोहा अंग्रेजों से स्वीकार कराकर भारत के स्वतन्त्रता संग्राम में वीरगति प्राप्त की थी। झाँसी में लक्ष्मीबाई का महल, महादेव मन्दिर, मेंहदी बाग प्रसिद्ध ऐतिहासिक स्मारक अवशेष सुरक्षित हैं।

देवगढ़ : देवगढ़ उत्तर प्रदेश के ललितपुर जिले में स्थित है। देवगढ़ से प्राप्त पुरातात्विक साक्ष्यों गुप्तकाल के विशेष स्थापत्य एवं मूर्तिकला संस्कृति की जानकारी ज्ञात होती है। देवगढ़ में मूर्तियों सहित मन्दिर प्राप्त हैं जो गुप्तकालीन हैं। इनमें दशावतार मन्दिर सर्वाधिक उल्लेखनीय है, यह भगवान विष्णु का मन्दिर ईंट-स्थापत्य का सुन्दर प्रतीक है। देवगढ़ से जैन तीर्थंकर ऋषभदेव की पुत्री ब्राह्मी द्वारा उत्कीर्णित लिपियों का अभिलेख मिला है। यहाँ से चन्देलों के अभिलेख भी प्राप्त हुए हैं।

प्रयागराज : प्रयागराज (पूर्व में इलाहाबाद) उत्तर प्रदेश में गंगा-यमुना के संगम पर स्थित है। मौर्योत्तर युग के पश्चात् के कालखण्ड में जब व्यापारिक ठहराव की स्थिति रही, उस समय दोआब की उपजाऊ भूमि में स्थित प्रयाग का राजनीतिक, सामाजिक, आर्थिक तथा धार्मिक महत्व बहुत बढ़ता चला गया। गुप्त युग से प्रयाग का धार्मिक-राजनीतिक महत्व बहुत बढ़ गया था। प्रयाग से अशोक स्तम्भ पर हरिषेण द्वारा रचित समुद्रगुप्त का प्रशस्ति लेख प्राप्त हुआ है। प्रयाग प्रशस्ति से समुद्रगुप्त की सैनिक एवं कलात्मक गतिविधियों की जानकारी मिलती है। एस. आर. गोयल का कथन है कि पाटलिपुत्र के पूर्व प्रयाग गुप्त सामन्तों की राजधानी भी रही थी। गुप्तों के सम्राट बनने के उपरान्त प्रयाग उनकी धार्मिक-सांस्कृतिक राजधानी बनी रही। गुप्तों के पतन के पश्चात् हर्षवर्द्धन, गुर्जर प्रतिहारों, चन्देलों, गहड़वालों का आधिपत्य प्रयाग पर स्थापित रहा था। अकबर बादशाह ने प्रयाग की पुनर्स्थापना कर 'इलाहाबाद' नाम दिया जो आज सर्वाधिक प्रचलित-चर्चित है। प्रयाग का धार्मिक महत्व (त्रिवेणी संगम) के कारण सदैव रहा है। इसे तीर्थराज कहा जाता है। हर्षवर्द्धन प्रति पाँचवें वर्ष प्रयाग में महामोक्ष परिषद् का आयोजन करता था। कालिदास, कल्हण, अल्बरूनी ने प्रयाग के धार्मिक-सांस्कृतिक महत्व की चर्चा की है।

फतेहपुर सीकरी : फतेहपुर सीकरी उत्तर प्रदेश के आगरा के समीप स्थित है। मध्यकाल में अकबर ने इसे प्रसिद्धि प्रदान की थी। अकबर यहाँ के प्रसिद्ध शेख सलीम चिश्ती के कारण इसको पवित्र भूमि मानते थे। सलीम (जहाँगीर) का जन्म यहीं हुआ था। तत्पश्चात् अकबर ने यहाँ शानदार स्थापत्य स्मारक बनवाये। 1573 ई. से 1588 ई. तक फतेहपुर सीकरी मुगल साम्राज्य की राजधानी रही थी। फतेहपुर सीकरी के शानदार स्थापत्य प्रतीकों में शेख सलीम चिश्ती का मकबरा, बुलन्द दरवाजा, जामा मस्जिद, जोधाबाई का महल, दीवान-ए-खास, बीरबल का महल, मरियम का महल, पंच महल, आदि बहुत प्रसिद्ध हैं।

बाँसखेड़ा : उत्तर प्रदेश में शाहजहाँपुर जिले में गंगा नदी के तट पर स्थित बांसखेड़ा से प्राप्त हर्षवर्द्धन का 628 ई. का ताम्रपट्ट लेख इतिहास स्रोत है। इससे हर्ष की वंशावली, प्रशासनिक संरचना की जानकारी प्राप्त होती है। बांसखेड़ा अभिलेख में पुष्यभूति के अतिरिक्त हर्ष के समस्त पूर्वजों का उल्लेख है। राज्यवर्द्धन के सैनिक अभियानों का भी वर्णन है। इस अभिलेख में प्रशासनिक इकाइयों, अधिकारियों एवं दातव्य गाँवों पर लगने वाले करों की जानकारी मिलती है। इस अभिलेख में हर्षवर्द्धन द्वारा अहिच्छत्र भुक्ति के मर्कटसागर गाँव को कर-मुक्त करके दो ब्राह्मणों को दान देने का उल्लेख है, साथ ही इस अभिलेख में हर्ष के हस्ताक्षरों की अनुलिपि उत्कीर्ण है।

बदायूँ : बदायूँ उत्तर प्रदेश का जिला मुख्यालय है। दिल्ली सल्तनत काल में यहाँ सर्वाधिक महत्वपूर्ण इक्ता स्वीकार की जाती थी। सुल्तान बनने से पूर्व इल्तुतमिश बदायूँ का ही इक्तादार था। सूफी सन्त शेख निजामुद्दीन औलिया बदायूँ के ही थे। अकबर के समय का प्रमुख इतिहासकार अब्दुल कादिर बदायूँनी भी बदायूँ

का था। दिल्ली-लखनौती मार्ग का यह प्रमुख केन्द्र स्थल था अतः इसका व्यापारिक-आर्थिक महत्व था। दोआब का प्रमुख क्षेत्र होने के कारण इसका कृषि उपज में भी महत्व स्थापित था।

बरन : बरन उत्तर प्रदेश के **बुलन्दशहर** जिले में स्थित है। यहाँ के राजपूत शासकों ने मुस्लिम आक्रान्ताओं का डटकर मुकाबला किया था। 1018 ई. में **महमूद गजनवी** ने बरन को पदाक्रान्त किया था। 1193 ई. में कुतुबुद्दीन ऐबक ने बरन के शासक को पराजित कर अधिकार कर लिया था। प्रसिद्ध इतिहासकार **जियाउद्दीन बरनी** बरन का ही निवासी था।

भीतरगाँव : भीतरगाँव उत्तर प्रदेश के **कानपुर** जिले में स्थित है, इसका सम्बन्ध गुप्तकालीन मन्दिर निर्माण शैली से है। गुप्तकाल में छोटी-पकी ईंटों एवं पत्थरों से निर्मित यहाँ के मन्दिर के अवशेष ऐतिहासिक महत्व रखते हैं। यह मन्दिर **चन्द्रगुप्त द्वितीय विक्रमादित्य** के काल में बना था। भीतरगाँव के मन्दिर की उल्लेखनीय विशेषता इसमें **शिखर** का होना तथा **ऊँचे चबूतरे** पर निर्मित होना है। मन्दिर की छत पिरामिडाकार है, इसकी बाहरी दीवारों को देवी-देवताओं की मूर्तियों से उकेरा गया है।

मथुरा : मथुरा उत्तर प्रदेश का जिला नगर है। उत्तर भारत के केन्द्र में एवं व्यापारिक मार्गों पर स्थित होने के कारण मथुरा का विभिन्न कालों में ऐतिहासिक महत्व रहा था। महाजनपद युग में मथुरा **शूरसेन** महाजनपद की राजधानी थी। यह कुषाणों की पूर्वी साम्राज्य की राजधानी थी। मथुरा से बैक्ट्रियाई-यूनानी मिनांडर के सिक्के भी प्राप्त हुए हैं। समुद्रगुप्त ने मथुरा के **गणपति नाग** को निर्मूल कर दिया था। फाहियान ने भी अपने यात्रा विवरण में मथुरा का उल्लेख किया है। मोर्योत्तर युग में मथुरा एशिया में **रेशम मार्ग** से सम्बद्ध था। शाटक वस्त्र निर्माण का यह प्रमुख केन्द्र था। मथुरा **भगवान कृष्ण** की जन्मभूमि मानी जाती है। श्वेताम्बर जैनियों का भी केन्द्र स्थल मथुरा नगरी थी। बौद्धमत की **सर्वास्तिवादी** विचारधारा का जन्म व विकास मथुरा में ही हुआ था। मथुरा में विकसित मथुराकाल को बुद्ध की प्रथम मूर्ति बनाने का श्रेय है। मथुरा **'मथुरा कला की शैली'** का प्रमुख केन्द्र लगभग 300 वर्षों तक रही थी। उत्तर प्रदेश में यमुना नदी के तट पर स्थित मथुरा मध्यकाल में भी सक्रिय गतिविधियों का केन्द्रस्थल रही थी। 1018 ई. में महमूद गजनवी ने यहाँ के मन्दिरों को ध्वस्त कर लूट-पाट की थी। 1670 ई. में औरंगजेब ने यहाँ के प्रसिद्ध कृष्ण मन्दिर को (बीर सिंह बुन्देला द्वारा निर्मित) ध्वस्त कर दिया था। औरंगजेब के विरुद्ध विद्रोह करके जाटों के नेता **सूरजमल** ने अपने भरतपुर राज्य की राजधानी मथुरा ही घोषित की थी।

महोबा : महोबा उत्तर प्रदेश का जिला है। 831 ई. में चन्देल राजपूतों ने महोबा को अपनी राजधानी बनाया था। उस समय चन्देलों का राज्य **जेजाकभुक्ति** (जुझौती) के नाम से प्रसिद्ध था। चन्देलों द्वारा निर्मित स्थापत्य अवशेष इसकी ऐतिहासिकता प्रकट करते हैं, तेरहवीं शताब्दी के प्रारम्भ में यहाँ तुर्कों का आधिपत्य स्थापित हो गया था।

मेरठ : उत्तर प्रदेश के जिला नगर के रूप में चर्चित मेरठ प्राचीन काल से ऐतिहासिक घटनाओं से सम्बद्ध रहा है। मध्यकाल में राजपूत सरदार **हरदत्त** ने यहाँ एक किला निर्मित कराया था। बारहवीं शताब्दी के अन्त में कुतुबुद्दीन ऐबक ने मेरठ को दिल्ली सल्तनत का भाग बना लिया था। फिरोजशाह तुगलक ने **अशोक स्तम्भ** मेरठ से उठवाकर दिल्ली में स्थापित कराया था। 10 मई, 1857 को भारत के **महान विद्रोह** का विस्फोट मेरठ से ही हुआ था।

राजघाट : राजघाट उत्तर प्रदेश के वाराणसी जिले में गंगा नदी के तट पर स्थित है। राजघाट ऐतिहासिक महत्व से युक्त जानकारियों से सम्बद्ध पुरातात्विक प्रमाण प्रस्तुत करता है। वर्तमान में राजघाट वाराणसी नगर का उपभाग है। राजघाट से उत्तरी काले मृद्भाण्ड संस्कृति के अवशेष प्राप्त हुए हैं। वाराणसी महाजनपद युग में **काशी महाजनपद** की राजधानी थी। यहाँ के शिल्प और व्यापारी समृद्ध थे, जिन्होंने नगर में अपने सिक्के प्रचलित किये थे। विविध प्रकार के शिल्पों का यहाँ विकास हुआ था। पतंजलि ने यहाँ के **रेशम वस्त्र शिल्प** का उल्लेख किया है। यह मध्य एशिया और यूनानी-रोमन संसार से व्यापारिक सम्पर्क रखता था। **ह्वेनसांग** ने भी यात्रा विवरण में इसका विस्तृत उल्लेख किया है। गुप्तकाल में इसका अत्यधिक राजनीतिक, सांस्कृतिक तथा आर्थिक महत्व था। शिक्षा, दर्शन का केन्द्र स्थल था: **अल्बरूनी** भी इसके सांस्कृतिक प्रभाव से मुग्ध था।

लखनऊ : उत्तर प्रदेश की राजधानी लखनऊ **गोमती** नदी के तट पर स्थित है। लखनऊ की प्रसिद्धि उत्तर मुगल काल से प्रारम्भ हुई, जब अवध के सूबेदार **सआदत खाँ** ने अपनी स्वतन्त्र सत्ता स्थापित की थी। नवाब **आसफउद्दौला** के समय अवध की राजधानी फैजाबाद से लखनऊ स्थानान्तरित हो गयी और तब से 1856 ई. तक (वाजिद अली शाह तक) लखनऊ सांस्कृतिक गतिविधियों का केन्द्र रही थी। यहाँ का इमामबाड़ा, भूलभुलैया, छतरमन्जिल, मकबरे प्रसिद्ध स्थापत्य स्मारक हैं। **कत्थक** का यह केन्द्र रहा है।

1857 ई. के महान् विद्रोह की प्रमुख वीरांगना **बेगम हजरत महल** ने इतिहास रचा था। लखनऊ महानगर **शिया सम्प्रदाय** का प्रमुख केन्द्र है। ईरान में इस्लामी क्रान्ति के नेता इमाम **खुमैनी** के पूर्वज लखनऊ से ईरान गये थे। हिन्दुस्तान में रहने के कारण उन्हें ईरान में **'हिन्दल'** कहा जाता था। आज भी लखनऊ, बाहर से आने वाले शिया सम्प्रदाय के लिए एक पवित्र नगर है।

सरायनाहर राय : सरायनाहर राय उत्तर प्रदेश के **प्रतापगढ़** जिले में स्थित है। यहाँ के उत्खनन से प्राप्त अवशेषों के आधार पर इस स्थानीय सभ्यता की तिथि लगभग **8000 ई.पू.** मानी गयी है। मध्यपाषाण युग तथा स्तम्भगर्त के सर्वाधिक प्राचीन साक्ष्य यहाँ से मिले हैं।

श्रावस्ती : श्रावस्ती उत्तर प्रदेश का जिला है। श्रावस्ती की पहचान बहराइच-गोण्डा जिलों के मध्य **सेहट-मेहट** गाँव से हुई है। श्रावस्ती से महाजनपद युग से गुप्तोत्तर युग तक के अवशेष प्राप्त हुए हैं। महाजनपद युग में कोशल महाजनपद की राजधानी **श्रावस्ती** थी। श्रावस्ती तीन प्रमुख व्यापारिक मार्गों (उत्तरापथ, दक्षिणापथ, मध्यपथ) के केन्द्र में स्थित होने के कारण आर्थिक, सामयिक एवं राजनीतिक महत्व रखती थी। श्रावस्ती भगवान बुद्ध की **प्रिय नगरी** थी। यहाँ के साहूकार **अनाथपिण्डक** ने **जेतवनमहाविहार** बौद्धों को अनुदान में दिया था। जैन तीर्थंकर **सम्भवनाथ** एवं **चन्द्रप्रभु** श्रावस्ती से सम्बद्ध थे। आजीवक सम्प्रदाय के महान् प्रवर्तक **मक्खलि गोसाल** की जन्मस्थली श्रावस्ती थी। श्रावस्ती से कनिष्क के दो अभिलेख प्राप्त हुए हैं। **फाहियान** तथा **ह्वेनसांग** ने अपने यात्रा-विवरणों में श्रावस्ती का विस्तृत उल्लेख किया है।

संकिसा : उत्तर प्रदेश के फर्रुखाबाद के समीप स्थित संकिसा ऐतिहासिक महत्व का प्रमुख स्थल रहा है। महाभारत, बौद्ध साहित्य, चीनी यात्रियों के विवरणों में इसका उल्लेख है। महाजनपद युग में संकिसा **पांचाल जनपद** का प्रमुख नगर था। बौद्ध परम्परा के अनुसार संकिसा में भगवान बुद्ध इन्द्र व ब्रह्मा जी के साथ स्वर्ग से धरती पर आये थे। महात्मा बुद्ध ने यहीं संघ में स्त्रियों की प्रवज्या की अनुमति दी थी। भिक्षुणी **उत्पलवर्णा** दीक्षा पाने वाली प्रथम स्त्री थी। इसकी नगर भित्ति के अवशेष सुरक्षित हैं। संकिसा से स्कन्दगुप्त का सिक्का भी मिला है। चीनी यात्री फाहियान ने संकिसा की यात्रा की थी, जिसका उल्लेख उसने यात्रा-विवरण में किया है। अशोक द्वारा निर्मित सिंह स्तम्भ का उल्लेख ह्वेनसांग ने अपनी संकिसा यात्रा के विवरण में किया है।

सारनाथ : उत्तर प्रदेश में वाराणसी नगर से 12 किमी. दूर स्थित सारनाथ प्राचीनकाल में **इसिपतन मिगदाय** (ऋषिपत्तन मृगदाव) के रूप में प्रसिद्ध था। यह बौद्ध सम्प्रदाय एवं मौर्यकला से सम्बद्ध स्थल है। भगवान बुद्ध का **धर्मचक्र प्रवर्तन** सारनाथ में हुआ था। मौर्य सम्राट अशोक ने सारनाथ में एक सिंह-शीर्ष प्रस्तर स्तम्भ बनवाया था। स्वतन्त्र भारत का राज चिह्न इसी सिंह-शीर्ष को अपनाया गया है। यह मौर्य प्रस्तर कला का उत्कृष्ट उदाहरण है। सारनाथ के स्तम्भ पर अशोक का लघु लेख भी उत्कीर्ण है। फाहियान ने सारनाथ की यात्रा की थी, इसका विस्तृत उल्लेख उसने अपने यात्रा-विवरण में दिया है। ह्वेनसांग के समय सारनाथ **थेरवाद** का प्रमुख केन्द्र था, अपने यात्रा-विवरण में ह्वेनसांग ने इसका वर्णन किया है। मध्य युग में गहड़वाल शासक की **रानी कुमारदेवी** ने यहाँ विहार और संघाराम बनवाये थे। उत्खनन में सारनाथ से गुप्तकालीन धमेख स्तूप के अवशेष प्राप्त हुए हैं।

सोहगौरा : सोहगौरा उत्तर प्रदेश के **गोरखपुर** जिले में स्थित है। यहाँ से उत्तरी काली ओपदार मृद्भाण्ड संस्कृति के तथा मौर्योत्तर काल के सिक्के भी मिले हैं। कुषाणों के सिक्के तथा लौह वस्तुएं भी प्राप्त हुई हैं।

सम्भल : उत्तर प्रदेश का सम्भल जिला मध्यकालीन भारत में महत्वपूर्ण ऐतिहासिक स्थल था। सल्तनत काल में यह महत्वपूर्ण इक्ता मानी जाती थी। मुगलकाल में भी **सम्भल** महत्वपूर्ण स्थल था, इसका सामयिक महत्व सदैव बना रहा था। बाबर की मृत्यु के बाद सम्भल का क्षेत्र हुमायूँ ने अपने भाई **अस्करी** को प्रदान कर दिया था। बाबर ने यहाँ एक जामा मस्जिद का निर्माण कराया था।

सामूगढ़ : उत्तर प्रदेश में आगरा से 16 किमी. पूर्व में स्थित **सामूगढ़** शाहजहाँ के उत्तराधिकार संघर्ष का प्रमुख स्थल रहा था। 29 मई, 1658 ई. को यहाँ हुए युद्ध में **औरंगजेब-मुराद** की संयुक्त सेना को विजय प्राप्त हुई थी तथा दारा के नेतृत्व में शाही सेना की पराजय हो गयी थी; युद्ध में विजय प्राप्त होने के उपरान्त औरंगजेब ने शाहजहाँ को आजीवन नजरबन्द कर दिया था तथा अपने को बादशाह घोषित कर दिया था।

सिकन्दरा : उत्तर प्रदेश में आगरा के समीप स्थित सिकन्दरा मुगल बादशाह **अकबर के मकबरे** के लिए चर्चित है। अकबर ने अपने जीवनकाल में इसका निर्माण प्रारम्भ कर दिया था परन्तु 1613 ई. में इसे जहाँगीर के राज्यकाल में पूरा निर्मित किया जा सका था। इस मकबरे में **बौद्ध कला** की स्थापत्य शैली का प्रभाव भी दृष्टिगत होता है।

हस्तिनापुर : हस्तिनापुर उत्तर प्रदेश के मेरठ जिले में स्थित है। हस्तिनापुर के पुरातात्विक स्थल से ही हमें सर्वप्रथम ऊपरी गंगाघाटी की संस्कृतियों के अनुक्रम की जानकारी प्राप्त हुई थी। यहाँ से मृद्भाण्ड संस्कृतियों से लेकर मौर्योत्तर युग तक के साक्ष्य मिले हैं। हस्तिनापुर से चित्रित धूसर मृद्भाण्ड तथा लाल मृद्भाण्ड संस्कृतियों के अवशेष प्राप्त हुए है। हस्तिन नामक शासक ने हस्तिनापुर की स्थापना की थी। महाभारत युग में यह कौरवों की राजधानी थी। मौर्योत्तर युग में (शुंग काल के) अवशेष, प्रस्तर प्रतिमाएँ, मथुरा के दत्तवंशी शासकों, कुषाणों तथा यौधेयों की मुद्राएँ प्राप्त हुई हैं।

हुलास : हुलास उत्तर प्रदेश के सहारनपुर जिले में स्थित है। यहाँ से उत्तर हड़प्पा युग से सम्बद्ध अवशेष प्राप्त हुए हैं। उत्तरी काली ओपदार मृद्भाण्ड संस्कृति के प्रमाण भी मिले हैं। शुंगों और कुषाणों के समय में भी हुलास में आवासीय बस्तियाँ थीं।

हुलासखेड़ा : हुलासखेड़ा उत्तर प्रदेश के लखनऊ जनपद में स्थित है। हुलासखेड़ा से कुषाणकाल से गुप्त युग तक के भौतिक अवशेष प्राप्त हुए हैं। कुषाणकालीन अवशेषों में सर्वाधिक उल्लेखनीय हैं– 200 मीटर लम्बी सड़क, सुनियोजित जल निकासी की व्यवस्था, कार्तिकेय की स्वर्णप्रतिमा, चाँदी के आहत सिक्के और तीन कुषाण शासकों के ताम्र सिक्के। हुलासखेड़ा से जो गुप्तकालीन अवशेष प्राप्त हुए हैं, उनमें दुर्ग के भग्नावशेष, ताँबे-चाँदी के सिक्के, गुप्तलिपि में लिखी कुछ मुहरें, हाथीदाँत की कंघी, मोहर छापे, 17 छड़ों वाली लोहे की अण्डाकार वस्तुएँ प्रमुख हैं।

❑❑❑

2 उत्तर प्रदेश की वास्तुकला, उसकी महत्ता एवं रख-रखाव, संग्रहालय, अभिलेखागार एवं पुरातत्व

गंगा के मैदानों के मध्य में स्थित, उत्तर प्रदेश भारत के लगभग हर उत्तर भारतीय राज्य के इतिहास में हमेशा एक केंद्र बिंदु रहा है। आमतौर पर, हम इसके इतिहास को पांच अलग-अलग अवधियों में विभाजित कर सकते हैं- प्रागैतिहासिक युग, बौद्ध-हिंदू काल, मुसलमानों का शासन, ब्रिटिश शासन और आधुनिक युग (स्वतंत्रता के बाद)। कहानी प्रागैतिहासिक काल से शुरू होती है, जिसके बारे में हमें प्रतापगढ़ में पाए गए जीवाश्मों से मानव अस्तित्व के प्रमाण मिलते हैं, जो 10,000 ईसा पूर्व के इतिहास की तारीख का दावा करते हैं। रामायण और महाभारत सहित वैदिक साहित्य (7वीं शताब्दी ईसा पूर्व) भी गंगा के मैदान के रूप में इसके अस्तित्व की व्याख्या करते हैं। इस अवधि के बाद चंद्रगुप्त, अशोक, समुद्रगुप्त और चंद्रगुप्त द्वितीय जैसे विभिन्न शासकों ने इस क्षेत्र पर शासन किया। छठी शताब्दी ईसा पूर्व में, लोग ब्राह्मणवाद में विकसित हुए जिसके बाद बौद्ध धर्म को लोकप्रियता मिली क्योंकि भगवान बुद्ध ने इस क्षेत्र में अपने उपदेशों का प्रचार करना शुरू किया।

सम्राट अशोक के शासनकाल के दौरान इस क्षेत्र में कई जन हितकारी काम हुए। मगध शासन के दौरान इस क्षेत्र में बौद्ध और जैन धर्म का प्रचार-प्रसार हुआ। इस कालखंड को प्रशासनिक और आर्थिक उन्नति के लिए भी याद किया जाता है। इसके बाद राजसत्ता नन्द वंश और फिर मौर्य वंश के हाथों में गई। हालांकि इस क्षेत्र की प्रसिद्धि महाराज हर्षवर्धन के शासनकाल में अपने चरम पर पहुंची। उत्तर प्रदेश की ऐतिहासिक पृष्ठभूमि में मुस्लिम शासकों का भी बहुत बड़ा हाथ है। यह वह दौर था जब राजपूतों का साम्राज्य उतार पर था। उन दिनों राजपूत राजस्थान के कुछ हिस्सों तक ही सीमित रह गए थे। अगर यह कहा जाए कि मुग़ल शासन खासकर बादशाह अकबर के शासनकाल में उत्तर प्रदेश ने समृद्धि के शिखर को छुआ तो कतई गलत नहीं होगा। ब्रिटेन की ईस्ट इंडिया कंपनी अवध के तीसरे नवाब के जरिये अवध शासकों के संपर्क में आई। इस लिहाज़ से देखें तो यह कहने में कोई अतिश्योक्ति नहीं है कि ब्रिटिश शासन से पहले और बाद में उत्तर प्रदेश का इतिहास देश के समग्र इतिहास के साथ-साथ ही आगे बढ़ा है। इसके साथ ही यह भी सच है कि राष्ट्रीय स्वतंत्रता आंदोलन में उत्तर प्रदेश ने भी बढ़-चढ़ कर हिस्सा लिया। 1857 में ब्रितानी हुकूमत के खिलाफ पहले विद्रोह में भी यूपी ने महत्वपूर्ण भूमिका निभाई थी।

मौर्यकालीन वास्तुकला एवं स्थापत्यकला

मौर्य काल की कला-कृतियों को हम चार भागों में विभक्त कर सकते हैं:

1. स्तम्भ
2. स्तूप
3. वेदिका
4. गुहा-विहार।

1. स्तम्भ

स्तम्भ मौर्ययुगीन वास्तु कला के सबसे अच्छे उदाहरण हैं। सर जान मार्शल, पर्सी ब्राउन, स्टेला कैम्रिश जैसे विद्वान इन्हें ईरानी स्तम्भों की अनुकृति बताते हैं। किन्तु यह समीचीन नहीं है क्योंकि हमें ईरानी तथा अशोक के स्तम्भों में कई मूलभूत अन्तर दिखाई देते हैं। इनमें कुछ इस प्रकार हैं-

अशोक के स्तम्भ एकाश्मक अर्थात् एक ही पत्थर से तराशकर बनाये गये हैं। इसके विपरीत ईरानी स्तम्भों को कई मण्डलाकार टुकड़ों को जोड़कर बनाया गया है।

1. अशोक के स्तम्भ बिना चौकी या आधार के भूमि पर टिकाये गये हैं, जबकि ईरानी स्तम्भों को चौकी पर टिकाया गया है।
2. ईरानी स्तम्भ विशाल भवनों में लगाये गये थे। इसके विपरीत अशोक के स्तम्भ स्वतंत्र रूप से विकसित हुए हैं।
3. अशोक स्तम्भों के शीर्ष पर पशुओं की आकृतियाँ हैं, जबकि ईरानी स्तम्भों पर मानव आकृतियाँ हैं।

4. ईरानी स्तम्भ **गड़ारीदार** हैं किन्तु अशोक के स्तम्भ **सपाट** हैं। अशोक के स्तम्भों के शीर्ष पर लगी पशु मूर्तियों का एक विशेष प्रतीकात्मक अर्थ है जिसकी समुचित व्याख्या भारतीय परम्परा में ही सम्भव है। किन्तु ईरानी स्तम्भ शीर्षकों में कोई प्रतीकात्मकता नहीं है।
5. अशोक के स्तम्भ नीचे से ऊपर की ओर क्रमशः पतले होते गये हैं, जबकि ईरानी स्तम्भों की चौड़ाई नीचे से ऊपर तक एक जैसी है।

पिपरहवा बौद्ध स्तूप की धातुगर्भ-मंजूषा, पटना की यक्ष प्रतिमायें, लोहानीपुर से प्राप्त जैन तीर्थंकरों के धड़ आदि सभी में चमकीली पालिश लगाई गयी है। इस सम्बन्ध में एक उल्लेखनीय तथ्य यह है कि पूर्व मौर्य युग के उत्तर भारत के विभिन्न स्थलों से काले रंग के **चमकीले भाण्ड** मिलें हैं जिनका समय ई. पू. 600-200 निर्धारित है। इन्हें एन. बी. पी. (Northern Black Polished Ware) कहा जाता है। यह बर्तनों पर पालिश करने की प्राचीनता को ईसा पूर्व छठी शताब्दी में ले जाता है। ऐसी दशा में स्तम्भों पर पालिश करने का ज्ञान **ईरान** से लेने की भारतीयों को कोई आवश्यकता ही नहीं थी।

अशोक के स्तम्भों की संख्या निश्चित नहीं है। **फाहियान** ने छः तथा **हुएनसांग** ने पन्द्रह स्तम्भों का उल्लेख किया है। किन्तु वास्तविक संख्या इससे अधिक थी। यह लगभग तीस रही होगी। इनमें से पन्द्रह सुरक्षित हैं जबकि कई अन्य नष्ट हो गये हैं।

स्तम्भ दो प्रकार के हैं:

1. स्तम्भ जिन पर धम्म-लिपियाँ खुदी हुई हैं,
2. स्तम्भ जो बिल्कुल सादे हैं।

पहले प्रकार में दिल्ली-मेरठ, दिल्ली-टोपरा, इलाहाबाद, लौरिया नन्दनगढ़, लौरिया अरेराज, रमपुरवा (सिंह-शीर्ष), संकिस्सा, साँची, सारनाथ, लुम्बिनी, निगाली सागर आदि के स्तम्भ आते हैं। दूसरे प्रकार में रामपुरवा (बैल-शीर्ष), बसाढ़, कोसम आदि प्रमुख हैं। सभी स्तम्भ चमकदार, लम्बे, सुडौल तथा एकाश्मक (एक ही पत्थर के बने हुए) हैं। ये नीचे से ऊपर की ओर क्रमशः पतले होते गये हैं।

स्तम्भ के मुख्य भाग इस प्रकार हैं -

1. यष्टि
2. यष्टि के ऊपर अधोमुख कमल (घण्टे) की आकृति
3. फलका
4. स्तम्भ को मण्डित करने वाली पशु-आकृति।

स्तम्भों की यष्टि एक ही पत्थर को तराश कर बनाई गई है। इन पर इतनी बढ़िया पालिश है कि वे आज भी शीशे की तरह चमकते हैं। यष्टि के सिरे पर उल्टे कमल की आकृति है। कुछ विद्वान इसकी तुलना **पर्सिपोलिस** (हखामनी सम्राटों की राजधानी) के **घण्टाशीर्ष** से करते हैं। इसके ऊपर फलक ताँबे की कीलों द्वारा स्थापित है। यह कुछ स्तम्भों में चौकोर तथा कुछ में गोल और अलंकृत है। फलक पर भिन्न-भिन्न पशुओं की आकृतियाँ, जैसे- हंस, सिंह, हाथी, बैल आदि मिलती है।

बसाढ़ के स्तम्भ के ऊपर सिंह, संकिसा के ऊपर हाथी, रमपुरवा पर वृषभ, **लौरिया नन्दनगढ़** पर सिंह तथा साँची और सारनाथ के स्तम्भों के ऊपर एक साथ चार सिंहों की आकृतियाँ मण्डित की गयी हैं।

अशोक स्तम्भ वास्तु तथा तक्षण दोनों ही दृष्टियों से अनुपम है। वे सभी स्तम्भ अपने-आप में पूर्ण स्वतंत्र हैं तथा बिना किसी सहारे के खुले आकाश के नीचे खड़े हैं। सभी चुनार के बलुआ पत्थर से बने हैं। ऐसा लगता है कि चुनार (मिर्जापुर) में स्तम्भों के निर्माण का कारखाना रहा होगा। स्तम्भों की लम्बाई 35 से 50 फीट तथा प्रत्येक का वजन लगभग **50 टन** तक है।

सारनाथ

स्तम्भशीर्षों में **सारनाथ** के स्तम्भ का **सिंहशीर्ष** सर्वोत्कृष्ट है। इसके फलक पर चार सजीव सिंह पीठ से पीठ सटाये हुए तथा चारों दिशाओं की ओर मुँह किये हुए बैठे हैं। सिंहों के तने हुए शरीर की माँसपेशियां, लहलहाते हुए केश तथा गठीले अंग-प्रत्यंग अत्यन्त सूक्ष्मता एवं चतुरता के साथ बनाये गये हैं। ये चक्रवर्ती सम्राट अशोक की शक्ति के प्रतीक हैं। इनसे चारों दिशाओं में उसके राज्य तथा धर्म के प्रचार की सूचना मिलती है, अथवा इन्हें **शाक्य-सिंह-बुद्ध** की शक्ति का प्रतीक माना जा सकता है जो जन्मना चक्रवर्ती थे। सिंहों के मस्तक पर **महाधर्मचक्र** स्थापित था जिसमें मूलतः **32 तीलियाँ** थीं। यह शक्ति के ऊपर धर्म की विजय का प्रतीक है जो बुद्ध तथा अशोक दोनों के व्यक्तित्व में दिखाई देता है। सिंहों के नीचे की फलका पर चारों दिशाओं में चार चक्र बने हुए हैं जो **धर्मचक्रप्रवर्तन** के प्रतीक हैं। इसी पर चार पशुओं- गज, अश्व, बैल तथा सिंह की आकृतियाँ उत्कीर्ण हैं जिन्हें चलती हुई अवस्था में दिखाया गया है। इनके प्रतीकात्मक अर्थ के विषय में अनेक मत दिये गये हैं। **वोगेल** का विचार है कि ये अलंकरण की वस्तु मात्र हैं जिनका कोई प्रतीकात्मक अर्थ नहीं है।

कुछ इतिहासकारों ने चार हिन्दू देवताओं- इन्द्र, सूर्य, शिव तथा दुर्गा का प्रतीक माना है क्योंकि हिन्दू धर्म में हाथी इन्द्र का, अश्व सूर्य का, वृष शिव का तथा सिंह दुर्गा का वाहन माना गया है। उनके अनुसार इनके अंकन के पीछे शिल्पी का उद्देश्य यह था कि इन्हें बुद्ध के वशवर्ती दिखाया जाये। वहीं कुछ लोगों का यह भी मानना है कि ये पशु बुद्ध के जीवन की चार महान् घटनाओं का प्रतिनिधित्व करते हैं। जिसमें हाथी उनके गर्भस्थ होने (जिसमें उनकी माता माया ने एक श्वेत हाथी को स्वर्ग से उतर कर अपने गर्भ में प्रविष्ट होते हुए देखा था), वृष जन्म (बुद्ध की राशि वृष थी), अश्व गृह-त्याग तथा सिंह बुद्ध का प्रतीक है (जो स्वयं में शाक्य सिंह थे)।

वहीं कुछ इतिहासकारों की यह भी मान्यता है कि इन पशुओं को किसी संकीर्ण दायरे में सीमित करना उचित नहीं प्रतीत होता क्योंकि इनकी परम्परा सिन्धु घाटी से लेकर उन्नीसवीं शदी तक मिलती है। भारत के बाहर लंका, बर्मा, स्याम, तिब्बत आदि में भी इनका अंकन मिलता है। महावंश में इन्हें **'चतुष्पद पंक्ति'** कहा गया है।

इन सब से एक बात तो स्पष्ट है कि लोक भावना में इन चार पशुओं को मंगल सूचक माना जाता था। हिन्दू तथा जैन परम्परा में भी इन चारों पशुओं को मांगलिक द्रव्यों में स्थान दिया गया है। बौद्ध परम्परा में ये चारों पशु **ब्रह्माण्ड** के प्रतीक अनवतप्त सरोवर, जिसमें बुद्ध ने स्नान किया था, के चार द्वारों के रक्षक कहे गये हैं जहाँ से चार महानदियाँ निकलती हैं।

2. स्तूप

महात्मा बुद्ध के महापरिनिर्वाण के बाद उनकी अस्थियों को आठ भागों में बाँटा गया तथा उन पर समाधियों का निर्माण किया गया। सामान्यत: इन्हीं को **स्तूप** कहा जाता है। स्तूप के निर्माण की प्रथा बुद्ध काल के पूर्व की है। **'स्तूप'** संस्कृत के **'स्तूप'** धातु से बना है जिसका अर्थ है एकत्र करना अथवा ढेर लगाना। इसके लिये प्राकृत शब्द **'थूप'** मिलता है। **'स्तूप'** का शाब्दिक अर्थ होता है **'ढेर'** या **'थूहा'**। चूँकि यह चिता के स्थान पर बनाया जाता था, अत: इसका एक नाम **'चैत्य'** भी हो गया।

'चैत्य' शब्द **'चि'** धातु से निकला है जिसका अर्थ है चयन करना। इसमें पत्थर या ईंट चुनकर भवन तैयार किये जाते थे (चीयते पाषाणादिना इति चैत्यम्)। इस शब्द का संबंध चित् तथा चिता से भी है। स्तूप तथा चैत्य में मुख्य भेद यह दिखाई देता है कि चैत्य पर्वत गुफाओं में खोदा जाता था। इसमें स्तूप का आकार वर्तमान रहता था तथा उसमें अवशेष नहीं रखे जाते थे। इसके विपरीत स्तूप के भीतरी भाग में पात्र में अवशेष रखकर भवन बनाया जाता था।

स्तूप समतल भूमि में ईंट पत्थर की सहायता से बनाये जाते थे। **'स्तूप'** का उल्लेख सर्वप्रथम **ऋग्वेद** में प्राप्त होता है जहाँ अग्नि की उठती हुई ज्वालाओं को स्तूप कहा गया है। शुक्ल यजुर्वेद में समाधि के चारों ओर मिट्टी का ऊंचा टीला बनाने की बात कही गयी है। इसका उद्देश्य श्मशान की पवित्रता बनाये रखना था। शतपथ ब्राह्मण से पता चलता है कि मृत व्यक्ति की शरीर धातु पर मिट्टी का चौकोर तथा गोल थूहा बनाया जाता था। सूत्र काल में अस्थिकलश में शरीर धातु को रखकर जमीन में गाड़ने तथा उसके ऊपर ऊँचा टीला बनाने की प्रथा थी।

रामायण से पता चलता है कि महापुरुषों तथा सम्राटों की स्मृति में **चैत्य** (स्तूप) निर्मित किये जाते थे। इस प्रकार बुद्ध के पहले ही स्तूप का सम्बन्ध महापुरुष के साथ जुड़ गया था। बुद्ध ने स्वयं महापुरुषों की शरीर धातु पर समाधि बनाने को कहा था। उन्हें चक्रवर्ती राजाओं की समाधि का ज्ञान था। इसी कारण उन्होंने अपने प्रिय शिष्य आनन्द को चौराहे पर स्तूप निर्मित करने का आदेश दिया था। ऐसा लगता है कि अपने मौलिक रूप में स्तूप का सम्बन्ध मृतक-संस्कार से था। शव-दाह के बाद बची हुई अस्थियों को किसी पात्र में रखकर मिट्टी से ढँक देने की प्रथा से स्तूप का जन्म हुआ। कालान्तर में बौद्धों ने इसे अपनी संघ-पद्धति में अपना लिया। इन स्तूपों में बुद्ध अथवा उनके प्रमुख शिष्यों की धातु रखी जाती थी, अत: वे बौद्धों की श्रद्धा और उपासना के प्रमुख केन्द्र बन गये।

स्तूप चार प्रकार के बताये गये हैं:

1. **शारीरिक** - इनमें बुद्ध तथा उनके प्रमुख शिष्यों की अस्थियों तथा उनके शरीर के विविध अंग (दन्त, नख, केश आदि) रखे जाते थे।
2. **पारिभौगिक** - इनमें बुद्ध द्वारा उपयोग में लाई गयी वस्तुयें (भिक्षा पात्र, चरण-पादुका, आसन आदि) रखी जाती थीं।
3. **उद्देशिक** - इनमें वे स्तूप आते थे जिन्हें महात्मा बुद्ध के जीवन की घटनाओं से संबन्धित अथवा उनकी यात्रा से पवित्र हुए स्थानों पर स्मृति रूप में निर्मित किया जाता था। ऐसे स्थान बोधगया, लुम्बिनी, सारनाथ, कुशीनगर आदि हैं।

4. **संकल्पित** – ये छोटे आकार के होते थे और इन्हें बौद्ध तीर्थ स्थलों पर श्रद्धालुओं द्वारा स्थापित किया जाता था। बौद्ध धर्म में इसे पुण्य का काम बताया गया है।

स्तूप का प्रारम्भिक रूप अर्ध-गोलाकार मिलता है। इसमें एक चबूतरे (मेधि) के ऊपर उल्टे कटोरे की आकृति का एक थूहा बनाया जाता है जिसे 'अंड' कहते हैं। स्तूप की चोटी सिरे पर चपटी होती थी जिसके ऊपर धातु-पात्र रखा जाता था। इसे 'हर्मिका' कहते हैं। यह स्तूप का सर्वाधिक महत्वपूर्ण भाग होता था। हर्मिका का अर्थ देवसदन अथवा देवताओं का निवास-स्थान होता है। हर्मिका के बीच में एक यष्टि लगाई जाती थी। यष्टि के ऊपरी सिरे पर तीन छत्र लगाये जाते थे।

स्तूप को चारों ओर से बाड़ अथवा दीवार से घेर दिया जाता था। इसे 'वेदिका' कहते हैं। स्तूप तथा वेदिका के बीच परिक्रमा करने के लिये जो खाली स्थान होता था उसे 'प्रदक्षिणापथ' कहा जाता था। कालान्तर में वेदिका के चारों दिशाओं में प्रवेशद्वार बनाये गये।

प्रवेशद्वार पर मेहराबदार तोरण बनाये जाते थे। इस प्रकार मेधि, वेदिका, अण्ड, प्रदक्षिणापथ, हर्मिका, यष्टि, क्षत्र, तोरण आदि स्तूप वास्तु के प्रमुख अंग होते थे। वी. एस. अग्रवाल ने स्तूप को त्रिलोक का प्रतीक बताया है। उनकी मान्यता है कि प्रदक्षिणापथ, मेधि तथा हर्मिका की वेदिकायें क्रमशः पृथ्वी, अन्तरिक्ष तथा द्युः (आकाश) की द्योतक है। वे स्तूप वास्तु की तुलना वैदिक कालीन यज्ञीय यूप-वास्तु से करते हुए इसे विविध अंगों, जैसे मेधि, अण्ड, हर्मिका तथा छत्र को क्रमशः पितृ लोक, मनुष्य लोक, देवलोक तथा साध्य देवों के प्रतीकात्मक अंगों से समीकृत करते हैं जो कालान्तर में हिन्दु मन्दिरों के चार अंगों-जंगल गर्भगृह, शिखर तथा आमलक के रूप में व्यक्त हुई।

मौर्य काल के पूर्व बुद्ध की शरीर धातु पर निर्मित कराये गये आठ स्तूपों में से केवल पिपरहवा स्तूप के अवशेष ही प्राप्त होते हैं। स्तूप निर्माण का वास्तविक कार्य अशोक के समय में प्रारम्भ हुआ तथा रूपों का विस्तार सम्पूर्ण देश में किया गया।

बौद्ध परम्परा अशोक को 84 हजार स्तूपों के निर्माण का श्रेय प्रदान करती है। सातवीं शताब्दी ईस्वी के चीनी यात्री ह्वेनसांग ने तक्षशिला, श्रीनगर, थानेश्वर, मथुरा, कन्नौज, प्रयाग, कौशाम्बी, श्रावस्ती, वाराणसी, सारनाथ, वैशाली, गया, कपिलवस्तु आदि स्थानों में इन रूपों को देखा था। परन्तु दुर्भाग्यवश आज ये सभी नष्ट हो चुके हैं। प्रारम्भिक स्तूपों में सांची का स्तूप प्रसिद्ध है। साँची की पहाड़ी, मध्य प्रदेश के रायसेन जिला मुख्यालय से 25 कि. मी. की दूरी पर ऐतिहासिक नगरी विदिशा के समीप स्थित है। 1818 ई. में सर्वप्रथम जनरल रायलट ने यहाँ के स्मारकों की खोज की थी। 1888 ई. में मेजर कोल ने पहाड़ी के ऊपर का जंगल साफ करवाया तथा स्तूप संख्या-1 को भरवाने के साथ ही उसके दक्षिणी-पश्चिमी तोरण द्वारों तथा स्तूप के तीन गिरे हुए तोरणों को पुनः खड़ा करवाया था। यहाँ से एक बड़ा तथा दो छोटे स्तूप मिले हैं। इस महास्तूप का निर्माण अशोक के शासन-काल में हुआ था। यह ईंटों का बना था जिसके चारों ओर लकड़ी का बाड़ लगाया गया था। इसके अतिरिक्त सारनाथ तथा तक्षशिला स्थित 'धर्मराजिका स्तूप' का निर्माण भी मूलतः अशोक के समय में ही करवाया गया था जिन्हें परवर्ती शासकों ने परिवर्धित करवाया। मौर्यकालीन स्तूप ईंटों के बने थे।

सारनाथ स्थित धर्मराजिका स्तूप के चारों ओर छोटे-छोटे पूजार्थक स्तूप बनवाये गये थे जिनके ध्वंसावशेष मिलते हैं। उसी के पास अशोक का स्तम्भ लेख है। दोनों रूपों के ध्वंसावशेष यह सूचित करते हैं कि इनका आकार काफी विशाल रहा होगा।

3. पाषाण वेदिका

मौर्ययुगीन स्तूप तथा विहार वेदिकाओं से घिरे होते थे। इनमें से कुछ के भग्नावशेष प्राप्त हुए हैं। अशोक अपने रूमिन्देई (लुम्बिनी) स्तम्भ लेख में स्वयं कहता है कि उसने पत्थर की विशाल दीवार (शिला विगड भीचा) बनवाई थी। घोसुण्डी लेख में इस प्रकार के बाड़े को 'प्रकार' कहा गया है।

बोधगया से भी एक वेदिका के अवशेष मिले हैं। इनका निर्माण अशोक के समय में हुआ था। इसे 'बोधिमण्ड' कहा जाता है। वेदिका के खम्भों तथा उनके जोड़ने वाली लम्बी पाषाण शिलापट्टिकाओं पर कमल की आकृति बनी है। कहीं-कहीं अश्व, हाथी, मकर आदि की आकृतियाँ भी उत्कीर्ण मिलती हैं। सारनाथ से भी अशोक के समय की एक पाषाण वेदिका मिली है। इसे एक ही पत्थर में काटकर चौकोर बनाया गया है।

इसके दो स्तम्भों के बीच में तीन सूचियाँ हैं तथा स्तम्भों के ऊपर उष्णीश हैं। यह आकर्षक, सुन्दर एवं चिकनी है। पाटलिपुत्र की खुदाई से तीन वेदिकाओं के टुकड़े मिले हैं जो अपनी चमकीली पालिश के कारण मौर्ययुगीन माने जाते हैं। साँची से मौर्ययुगीन स्तूप की ईंटों के अतिरिक्त पाषाण का एक खण्डित छत्र भी प्राप्त होता है। पाषाण वेदिकाओं के अवशेष इस बात के प्रमाण हैं कि इस समय वास्तु में पत्थर का प्रयोग प्रारम्भ हो गया था।

4. गुहा-विहार

मौर्ययुग में पर्वत गुफाओं को काटकर निवास-स्थान बनाने की कला का पूर्ण विकास हुआ। अशोक तथा उसके पौत्र दशरथ के समय में बराबर तथा नागार्जुनी की पहाड़ियों को काटकर आजीविको के लिये आवास बनाये गये थे। इन गुफाओं की छतों और दीवारों पर चमकीली पालिश हैं। अशोक के समय बराबर पहाड़ी की गुफाओं में 'सुदामा की गुफा' तथा 'कर्ण चौपड़' नामक गुफा सर्वप्रसिद्ध है। प्रथम गुफा का निर्माण अशोक ने अपने शासन-काल के बारहवें वर्ष में तथा द्वितीय गुफा का उन्नीसवें वर्ष में करवाया था।

सुदामा की गुफा में दो कोष्ठ हैं। इनकी छत ढोलाकार है। दोनों कोष्ठों की दीवारों तथा छतों पर शीशे के समान चमकीली पालिश हैं। इससे सूचित होता है कि इस गुफा की रचना अशोक के समय में ही की गयी थी। दशरथ के समय बनी गुफाओं में 'लोमश ऋषि' नाम की गुफा उल्लेखनीय है। यह बराबर-समूह की सबसे प्रसिद्ध गुफा है जिसका वास्तु-विन्यास सुदामा की गुफा के ही समान है। अन्तर केवल यही है कि इसका आन्तरिक कोष्ठ वर्गाकार न होकर अण्डाकार है। इसका निर्माण-कार्य बड़ी सावधानी से हुआ है तथा यह कालान्तर के चैत्यगृहों के अग्रभाग को सुसज्जित करने वाले अलंकरणों की हद योजना के प्रारम्भ का प्रतिनिधित्व करने की दृष्टि से महत्वपूर्ण है। इस गुफा का प्रवेशद्वार सर्वोत्तम है। दोनों पंखों पर तिरछे खड़े दो स्तम्भ है जिनके ऊपर गोल मेहराब बने हुए हैं। इनके बीचों-बीच एक स्तूप तथा दोनों किनारों पर हाथियों की आकृतियाँ उत्कीर्ण हैं। हाथी स्तूप की पूजा करते हुए दिखाये गये हैं। बराबर पहाड़ी की चौथी गुफा को 'विश्व झोपड़ी' कहा जाता है। इसका निर्माण भी अशोक के शासन काल के बारहवें वर्ष हुआ था। इसमें दो कोष्ठ हैं। इनकी दीवारों पर चमकीली पालिश मिलती है। नागार्जुनी पर्वत पर कुल तीन गुफायें खोदी गयी है। नागार्जुनी समूह में 'गोपिका गुफा' महत्वपूर्ण है जिसे दशरथ ने अपने अभिषेक-वर्ष में बनवाया था। यह सुरंग के आकार की है जिसके दोनों सिरों पर दो गोल-मण्डप बने हैं। इनमें एक गर्भगृह तथा दूसरा मुखमण्डप जान पड़ता है। इसमें मौर्यकालीन गुहा-स्थापत्य की सभी विशेषतायें प्राप्त होती हैं।

दूसरी वहियक तथा तीसरी वडधिक नाम से जानी जाती है। वहियक में केवल एक प्रकोष्ठ है जिसके सम्मुख छोटा मुखमण्डप बना है। तीसरी अर्थात वडधिक गुफा भी लम्बाई में वहियक के ही समान है किन्तु इसकी दीवारें वक्राकार हैं।

मूर्ति-कला

मौर्ययुगीन मूर्तिकला के सर्वोत्तम नमूने अशोक स्तम्भों को मण्डित करने वाली विभिन्न पशुओं की आकृतियों में दर्शनीय है। उड़ीसा की धौली चट्टान को काटकर बनाई गयी हाथी की आकृति पाषाण मूर्तिकला की उत्कृष्टता को सूचित करती है। हाथी अत्यन्त विशाल आकार का है जिसके अग्रभाग को उकेरा गया है। उसके सूँड, पैर आदि की गढ़न अत्यन्त स्वाभाविक है। ऐसा प्रतीत होता है कि यह अपनी सूँड में कोई वस्तु लपेट कर उठा रहा है। हाथी चट्टान से बाहर निकलते हुए जान पड़ता है। इसी प्रकार कालसी (देहरादून उ. प्र.) की चट्टान पर एक हाथी की आकृति खुदी हुई मिलती है। हाथी के पैरों के बीचों-बीच मौर्यकालीन ब्राह्मी लिपि में 'गजतमे' (गजोत्तमः) अर्थात सर्वोत्तम हाथी खुदा हुआ है। हाथी की दोनों ही आकृतियाँ उत्कीर्ण (रिलीफ) मूर्तिकला का सुन्दर उदाहरण प्रस्तुत करती हैं।

लोककला

मौर्ययुगीन कलाकारों ने लोकरुचि की वस्तुओं का भी निर्माण किया। इनका तत्कालीन सामाजिक-धार्मिक जीवन में अत्यन्त महत्वपूर्ण स्थान था। लोककला के अन्तर्गत हम सर्वप्रथम विभिन्न स्थानों से मिली हुई पाषाण निर्मित विशालकाय यक्ष-यक्षिणी प्रतिमाओं का उल्लेख कर सकते हैं। इनका विवरण इस प्रकार है-

- मथुरा जिले के परखम ग्राम से मिली यक्ष मूर्ति जिसे 'मणिभद्र' कहा गया है
- मथुरा जिले के बड़ोदा ग्राम से मिली यक्ष-प्रतिमा
- मथुरा के झींग-का-नगर ग्राम से प्राप्त यक्षी की प्रतिमा
- मथुरा से प्राप्त यक्ष प्रतिमा
- पदमावती (ग्वालियर, म. प्र.) से प्राप्त यक्ष-प्रतिमा
- पटना नगर में दीदारगंज से प्राप्त चामर ग्राहिणी यक्षी की प्रतिमा
- पटना से प्राप्त दो यक्ष प्रतिमायें
- बेसनगर (विदिशा) से प्राप्त यक्षी की प्रतिमा
- राजघाट (वाराणसी) से प्राप्त त्रिमुख यक्ष की प्रतिमा
- विदिशा से प्राप्त यक्ष-प्रतिमा
- शिशुपालगढ़ (उड़ीसा) से प्राप्त यक्ष प्रतिमायें
- कुरुक्षेत्र से प्राप्त यक्ष-प्रतिमा
- मेहरौली से प्राप्त यक्षी की प्रतिमा

उपर्युक्त सभी प्रतिमायें विशाल आकार-प्रकार की हैं जिन्हें सभी ओर से तराशकर तैयार किया गया है। इनके शरीर पर वस्त्र

तथा आभूषण अत्यन्त मनोहर हैं। विद्वानों का विचार है कि इन्हीं यक्ष-यक्षी प्रतिमाओं के आधार पर कालान्तर में बुद्ध, बोधिसत्व तथा जैन तीर्थंकरों की विशाल मूर्तियों का निर्माण किया गया था। यक्ष-यक्षी प्रतिमायें लोकधर्म का प्रमुख आधार थीं। इन्हें सर्वत्र देवी-देवताओं के रूप में पूजा जाता था। इन मूर्तियों के अतिरिक्त पटना के निकट **लोहानीपुर** से दो जैन दिगम्बरों की प्रतिमाओं के धड़ तथा सारनाथ से दो पुरुष मूर्तियों के मसाक प्राप्त होते हैं जिनकी चिकनी पालिश तथा चुनार के बलुए पत्थर के आधार पर उन्हें **मार्शल**, **आर. पी. चन्दा**, **कुमारस्वामी** आदि विद्वानों ने मौर्यकालीन बताया है।

इसी प्रकार सारनाथ, अहिच्छत्र, मथुरा, हस्तिनापुर, कौशाम्बी, बुलन्दीबाग, बसाढ़, कुम्हरार आदि अनेक स्थानों से विभिन्न पशु-पक्षियों जैसे हाथी, घोड़ा, बैल, भेड़, कुत्ता, हिरण, पक्षियों तथा नर-नारियों की बहुसंख्यक मिट्टी की मूर्तियाँ मिली हैं जिन्हें हाथ से साँचे में ढालकर बनाया गया है। इतिहासकार इन मृण्मूर्तियों को भी मौर्यकालीन मानते हैं।

गुप्तकालीन वास्तुकला

गुप्त काल का समय काल लगभग **240 से 550 ई.** के मध्य है। गुप्त काल राजनीतिक और आर्थिक रूप से स्थिर और समृद्ध था। इसकी समृद्धि इसके व्यापार के कारण थी और इसका श्रेय गुप्त काल के योग्य शासकों को जाता है। इसी समय भारत के सबसे समृद्ध **वास्तुकला** अपने चरमोत्कर्ष पर थी। गुप्त काल की वास्तुकला अन्य वास्तुकला से इस मायने में अलग है की इसमें विदेशी तत्वों का प्रभाव नहीं दिखता है। वास्तु कला का विकास जैसा गुप्त काल में हुआ है वैसा इतिहास के किसी और काल में नहीं हुआ।

आरंभिक गुप्त बौद्ध थे। इसलिए उनके शासनकाल में बौद्ध वास्तुकला जारी रही। किन्तु मंदिरों की वास्तुकला का विकास उत्तरवर्ती गुप्त काल के हिन्दु शासकों के संरक्षण में हुआ। इस अवधि में मंदिरों की वास्तुकला अपने शिखर पर पहुँच गयी। इसके अतिरिक्त जैन एवं बौद्ध परंपरा भी अपने शिखर पर पहुँच गई।

उत्तरवर्ती गुप्त शासक मुख्य रूप से ब्राह्मण थे। फिर भी उन्होंने अन्य धर्मों के साथ धार्मिक सहिष्णुता का परिचय दिया। इस काल में भारत के उत्तरी और मध्य भाग में भगवान विष्णु, भारत के दक्षिणी भाग में शिव तथा भारत के पूर्वी भाग और मालाबार समुद्र तट या दक्षिण-पश्चिम समुद्र तटीय क्षेत्र में शक्ति और इन तीन देवों की पूजा की जाती है।

गुप्तकालीन वास्तुकला को मुख्य रूप से राज प्रसाद या राजमहल, स्तंभ, स्तूप, बिहार, गुफाएं और मंदिर में बांटा जाता है। गुप्तकालीन वास्तुकला पूर्ण रूप से **स्थानीय कला** है। स्तंभ और स्तूप निर्माण में इसकी झलक मिलती है।

स्तंभ

गुप्तकालीन वास्तुकला में स्तंभों की मुख्य विशेषता इनका गोल आकार के साथ-साथ चारों तरफ ज्यामितीय आकृतियों का उपयोग भी किया गया है। षट्भुज, अष्टभुज इत्यादि आकृतियों का कार्य भी देखने को मिलता है।

- महरौली का लौह स्तंभ, भिलसद स्तम्भ, कहौम और भीतरी स्तंभ, एरण स्तंभ इत्यादि गुप्त काल की वास्तुकला का नमूना है।
- **महरौली का लौह स्तंभ** चंद्रगुप्त द्वितीय के द्वारा बनवाया गया था। इसकी खास विशेषता यह है कि इस पर कभी भी जंग नहीं लगता है और सैकड़ों वर्षो से विभिन्न प्रकार के मौसम में यह अडिग खड़ा है।
- **भीलसद स्तंभ** का निर्माण लाल बलुआ पत्थरों के द्वारा कुमारगुप्त प्रथम के काल में हुआ था। यहां पर 4 स्तंभ अभिलेख मिलते हैं।
- **कहौम** और **भीतरी** स्तंभ स्कंद गुप्त के द्वारा बनवाए गए थे।
- **एरण स्तंभ** बुध गुप्त और भानु गुप्त के द्वारा बनवाए गए थे।

सारनाथ का धमेख स्तूप

सारनाथ का धमेख स्तूप मौर्य काल में बनाए गए स्तूपों से अलग है जहां मौर्यकालीन स्तूपों का निर्माण ऊंचे चबूतरे पर किया गया है वही धमेख स्तूप का निर्माण धरातल पर किया गया है। मौर्यकालीन स्तूप का शीर्ष अर्ध गोलाकार है जबकि गुप्तकालीन धमेख स्तूप का शीर्ष दंड आकार शिखर का है। इस स्तूप का निर्माण **500 ईसवी** के आसपास किया गया था। इस स्तूप की दीवारों पर उन्नत किस्म की चित्रकारी की गई है।

मंदिर

गुप्तकालीन मंदिर कला का सर्वात्तम उदाहरण **'देवगढ़ का दशावतार मंदिर'** है। इस मंदिर में गुप्त स्थापत्य कला अपने पूर्ण विकसित रूप में दृष्टिगोचर होती है। यह मंदिर सुंदर मूर्तियों से जड़ित है, इनमें झांकती हुई आकृतियां, उड़ते हुए पक्षी व हंस, पवित्र वृक्ष, स्वास्तिक फूल पत्तियों के डिज़ाइन, प्रेमी युगल एवं बौनों की मूर्तियां नि:संदेह मन को लुभाते हैं। इस मंदिर की विशेषता के

रूप में इसमें लगे 12 मीटर ऊँचें शिखर को शायद ही नज़रअंदाज़ किया जा सके। सम्भवतः मंदिर निर्माण में **शिखर का यह पहला प्रयोग** था। अन्य मंदिरों के मण्डप की तुलना में दशावतार के इस मंदिर में चार मण्डपों का प्रयोग हुआ है।

गुप्तकालीन मंदिर वास्तुकला की प्रमुख विशेषताएँ-

- गुप्तकाल के मंदिरों में गर्भ गृह बनाने का प्रचलन प्रारंभ हुआ, इस गर्भ गृह के चारों ओर **परिक्रमा मार्ग** बनाया गया।
- प्रारंभ में इन मंदिरों के शीर्ष **सपाट** बनाए जाते थे, बाद में इनमें शिखर बनाए जाने लगा।
- देवगढ़ का दशावतार मंदिर पहला **शिखर** वाला मंदिर है।
- इन मंदिरों का निर्माण मुख्य रूप से ईंटों से किया गया है।
- भीतरगांव का **लक्ष्मण मंदिर** पूरी तरह ईंटो से बना है।
- मंदिरों को ऊंचे चबूतरे पर बनाया गया है और चबूतरे के चारों दिशाओं से चिड़ियों का निर्माण किया गया है।

मूर्तिकला

गुप्तकालीन कला का सर्वोत्तम पक्ष उसकी **मूर्तिकला** है। इनकी अधिकांश मूर्तियाँ हिन्दू देवी-देवताओं से संबंधित है। गुप्तकला की मूर्तियों में कुषाणकालीन **नग्नता** एवं **कामुकता** का पूर्णतः लोप हो गया था। गुप्तकालीन मूर्तिकारों ने शारीरिक आकर्षण को छिपाने के लिए मूर्तियों में वस्त्रों के प्रयोग को प्रारम्भ किया। गुप्तकालीन बुद्ध की मूर्तियों को सारनाथ की बैठे हुए बुद्ध की मूर्ति, मथुरा में खड़े हुए बुद्ध की मूर्ति एवं **सुल्तानगंज** की **कांसे की बुद्ध मूर्ति** उल्लेखनीय है। इन मूर्तियों में बुद्ध की शांत-चिन्तन मुद्रा को दिखाने का प्रयत्न किया गया है। कूर्मवाहिनी यमुना तथा मकरवाहिनी गंगा की मूर्तियों का निर्माण इस काल में ही हुआ। भगवान शिव के **'एकमुखी'** एवं **'चतुर्मुखी'** शिवलिंग का निर्माण सर्वप्रथम गुप्त काल में ही हुआ था। शिव के **'अर्धनारीश्वर'** रूप की रचना भी इसी समय की गयी। विष्णु की प्रसिद्ध मूर्ति देवगढ़ के दशावतार मंदिर में स्थापित है।

भवन निर्माण कला

गुप्तकाल में भवन-निर्माण कला में अनेक प्रकार के **नए तत्व** समाहित हुए। इस काल में आकर भवनों में **ईंटों** तथा **पत्थरों** का प्रयोग अधिक होने लगा, जबकि इसके पूर्व भवनों में अधिकांशतः लकड़ियों का उपयोग किया जाता था। दुर्भाग्यवश हूणों से लेकर तुर्कों तक भारत पर जितने भी आक्रमण हुए, उनमें गुप्तकालीन स्थापत्यों को भारी क्षति पहुंचायी गयी। इन आक्रमणों के कारण गुप्तकालीन स्थापत्य के नमूनों का विनाश हो गया, परन्तु फिर भी गुप्तकाल के स्थापत्य के कुछ नमूने आज भी सुरक्षित हैं। इनमें भुमरा का शिव मंदिर, झांसी जिले में देवगढ़ का मंदिर, कानपुर के निकट भितरी गांव का मंदिर, जबलपुर जिले में तिगवा का विष्णु मंदिर, **नचना कुठार का पार्वती मंदिर** आदि विशेष रूप से उल्लेखनीय हैं। ये सभी मंदिर आकार में छोटे हैं तथा इनकी छतें चपटी हैं। गुप्तकाल में **मठों** तथा **स्तूपों** का निर्माण भी किया गया। सांची तथा गया में गुप्तकालीन दो बौद्ध मठ प्राप्त हुए हैं। इस काल में गुफा कला का पर्याप्त विकास हुआ। गुप्तकाल की गुफाओं में अजंता की गुफाएं विशेष रूप से उल्लेखनीय है।

इस्लामिक वास्तुकला

भारत में इस्लाम का आगमन करीब **7वीं शताब्दी** में हुआ था और तब से यह भारत की सांस्कृतिक और धार्मिक विरासत का एक अभिन्न अंग बन गया है। हिंदू राष्ट्र भारत में इस्लाम के आगमन ने ना सिर्फ भौगोलिक और आर्थिक परिवर्तन किया, बल्कि यहां की वास्तुकला में भी बहुत बड़ा बदलाव लाया। आज इस्लामिक वास्तुकला के कई नमूने हमारे देश में उनकी विरासत के रुप में मौजूद हैं। हालांकि इस्लामिक वास्तुकला को पूरे दुनिया में देखा जा सकता है। लेकिन भारत एक ऐसा देश है, जहां इस्लामिक वास्तुकला को वास्तव में बड़ी प्रसिद्धि हासिल हुई। साथ ही भारत के आर्थिक उदय और सांस्कृतिक प्रभुत्व में इस्लामिक वास्तुकला ने अपनी भूमिका भी निभाई।

शर्की शैली

शर्की वंश की स्थापना **ख्वाजा जहान** ने की थी, जो कि महमूद के दरबार में वजीर के पद पर नियुक्त था। बनारस के उत्तर पश्चिम में स्थित जौनपुर राज्य की नींव **फिरोजशाह तुगलक** के द्वारा डाली गई थी। यह नगर **गोमती नदी** के किनारे स्थापित किया गया था। शर्की सल्तनत का अस्तित्व लगभग 75 वर्ष तक ही बना रहा। अपनी उन्नति के काल में इस सल्तनत की पश्चिमी उत्तर प्रदेश के अलीगढ़ से उत्तरी बिहार के दरभंगा तक और उत्तर नेपाल की सीमा से दक्षिण में बुंदेलखण्ड तक थी। शर्की सुल्तान दिल्ली को भी जीतना चाहते थे, किन्तु इसमें वे सफल नहीं हुए।

शर्की शैली की विशेषता

1. शर्की मस्जिदों की मुख्य विशेषता मेहराब के साथ विशाल आयताकार तोरण (प्रवेश द्वार) है।
2. वे पत्थर से बने होते हैं और उनमें नक्काशी और जालीदार काम होता है।

3. इसी अवधि की दिल्ली मस्जिदों के विपरीत, कोई मीनारें नहीं हैं।
4. यहां की इमारतों की अनूठी विशेषता प्रार्थना हॉल के केंद्र और साइड में विशाल दीवार पर चित्रित बलशाली पात्रों का उपयोग है।
5. जौनपुर की प्रसिद्ध अटाला मस्जिद, दरवाजा मस्जिद और जामा मस्जिद के निर्माण में वास्तुकला की एक ही शैली "शर्की" का प्रयोग किया गया है।

शर्की शैली की वास्तुकला

अटाला मस्जिद- अटाला मस्जिद का निर्माण कार्य 1377 ई. में शुरू हुआ था जो 1408 ई. में जाकर इब्राहिम शर्की के शासनकाल में पूरा हुआ। यह मस्जिद शर्की वास्तुशिल्प के प्रारंभिक और सबसे बेहतरीन उदाहरणों में एक है। मस्जिद की सबसे प्रमुख विशेषता इसके अग्रभाग में उठा हुआ प्रार्थना कक्ष है। मस्जिद के तीन तोरण द्वार हैं जिनमें सुंदर सजावट की गई है। बीच का तोरण द्वार सबसे ऊंचा है और इसकी लंबाई 23 मीटर है। सांप काटने पर लोग यहां पर दवा पिने के लिए आते हैं।

जामा मस्जिद-जौनपुर की इस सबसे विशाल मस्जिद का निर्माण हुसैन शाह ने 1458-78 ई. के बीच करवाया था। एक ऊंचे चबूतरे पर बनी इस मस्जिद का आंगन 66 मीटर और 64.5 मीटर का है। प्रार्थना कक्ष के अंदरूनी हिस्से में एक ऊंचा और आकर्षक गुंबद बना हुआ है।

खालिस मुखलिस मस्जिद-यह भी एक जौनपुर शैली की मस्जिद है, जो काफी हद तक अटाला मस्जिद के समान दिखती है, हालांकि रूप और संरचना में यह छोटी और सरल है। इसके उदाहरण सामने के स्तम्भों और सजावट में देखे जा सकते हैं। इसकी संरचना सरल और सेवाभावी है जो कि उच्च प्रोपीलोन (Propylon), गुंबददार विशाल कक्ष, दो छोटे कक्ष और लगभग 66 फीट गहरे एक बड़े वर्गाकार घेरे के साथ बनी है। इसमें एक समतल छत भी है, जिसे हिंदू शैली में बने कुछ स्तंभों की दस पंक्तियों ने वहन किया हुआ है। मस्जिद को 'दरबिया मस्जिद' के नाम से भी जाना जाता है।

मुगलकालीन वास्तुकला

मुगलकाल में कला के विभिन्न आयामों का विकास हुआ, जिनमें चित्रकला, मूर्तिकला, संगीत कला तथा स्थापत्य कला प्रमुख थे। विभिन्न मुगल सम्राटों ने अपने शासनकाल में इन कलाओं के कमोबेश विकास में योगदान किया। अकबर और शाहजहां ने मुख्य रूप से इन कलाओं को प्रश्रय दिया तथा स्थापत्य कला के कई नमूने अपने शासनकाल में प्रस्तुत किए। स्थापत्य कला के क्षेत्र में मुगल शासकों ने विशेष रूचि दिखाई तथा कई किलों, मकबरों, मस्जिदों, नगरों और महलों का निर्माण कराया था। उन्हे बागवानी का भी बहुत शौक था अतः उन्होंने कई उद्यान बनवाए थे, जिनमें से कुछ अभी भी अस्तित्व में हैं। मुगल वास्तुकला इंडो-इस्लामिक स्थापत्य का अंतिम पड़ाव है, जिसमें ईरानी तत्व, तूरानी तत्व, ट्रांस आक्सियाना तत्व तथा सल्तनत-कालीन तत्व भारतीय तत्व के साथ सम्मिलित हुए हैं।

मुगल वास्तुकला की मुख्य विशेषताएँ

1. मुगल स्थापत्य में बल्बनुमा गुम्बद, चार कोनों पर गुंबदों वाली पतली मीनारें, विशाल हॉल, विशाल धनुषाकार द्वार और उत्तम अलंकरण हैं।
2. औरंगजेब को छोड़कर, सभी शुरुआती मुगल शासक मास्टर आर्किटेक्ट थे। मुगलों के आने के बाद भारतीय वास्तुकला फारसी रूपों से काफी प्रभावित थी। मुगलों के मकबरे, मस्जिदें, किले, बगीचे और कस्बे सभी शानदार थे। संरचना और चरित्र दोनों में, मुगल संरचनाएं एक सुसंगत पैटर्न का पालन करती हैं।
3. मुगल वास्तुकला एक विशिष्ट इंडो-इस्लामिक स्थापत्य शैली है जो मुगल सम्राटों के संरक्षण में 16वीं से 18वीं शताब्दी तक उत्तरी और मध्य भारत में उभरी।
4. यह फारसी, तुर्की और भारतीय वास्तुकला का आश्चर्यजनक रूप से सममित और सजावटी मैश-अप है।
5. मुगलों को फारसी चारबाग शैली में भव्य उद्यान विकसित करने के लिए भी जाना जाता हैं, जिसमें चतुष्कोणीय उद्यानों को पैदल मार्ग या बहते पानी द्वारा चार छोटे भागों में विभाजित किया गया था।
6. मस्जिद में तीन स्तरों वाले गुंबद भी हैं, जो प्राचीन फ़ारसी और तैमूर वास्तुकला में आम हैं।
7. लाल बलुआ पत्थर का उपयोग एक और विशेषता है जो पूरे मुगल साम्राज्य की वास्तुकला में पाई जा सकती है। इस बलुआ पत्थर का विशिष्ट लाल रंग पूरे साम्राज्य में विभिन्न उल्लेखनीय इमारतों में पाया जा सकता है, जिसमें उचित शीर्षक वाला लाल किला भी शामिल है।

8. मुगल वास्तुकला में खुरदरे पत्थर, लाल बलुआ पत्थर तथा संगमरमर तीनों का इस्तेमाल हुआ है। मुगल वास्तुकला में मीलों घेरा वाले किले की प्रवृत्ति आम हो गई थी। किलों के भीतर ही पूरा शहर समा सकता था।
9. भवन निर्माण में घुमावदार, कोणदार और रंगी मेहराब का इस्तेमाल मुगलकालीन वास्तुकला की पहचान है। पित्रादुरा तकनीक (संगमरमर पत्थर पर जवाहरात का जड़ाऊ काम) मुगल वास्तुकला की अपनी पहचान/विशेषता है। मुगल स्थापत्य में भव्यता, विशालता पर जितना ध्यान दिया गया उतना ध्यान सजावट, अलंकरण व बारीकियों पर भी दिया गया।

मुगलकालीन वास्तुकला के कुछ उदाहरण

ताज महल- इसका निर्माण 'उस्ताद ईसा खाँ' (शाहजहाँ की देख-रेख में) द्वारा सम्पन्न करवाया गया था। मकबरे की योजना 'उस्ताद अहमद लाहौरी' ने तैयार की थी। शाहजहाँ ने लाहौरी को 'नादिर-उल-अस्त्र' की उपाधि प्रदान की थी। ताज के निर्माण में सहायता के लिए लाहौरी ने बगदाद तथा शिराज से हस्तकला विशेषज्ञ, कुस्तुनतुनिया से गुम्बदकला विशेषज्ञ, बुखारा से फूल-पत्ते की खुदाई विशेषज्ञ, समरकन्द से शिखर निर्माण एवं बाग-बगीचा निर्माण विशेषज्ञों को बुलाया था। ताज में भारत, ईरान तथा मध्य एशिया की भवन निर्माण शैलियों का सामंजस्यपूर्ण संयोजन हुआ है। ताज का रूपांकन तथा कार्यान्वयन पूर्णतया नवीन नहीं था। इसके कुछ विशेष तत्व शेरशाह और हुमायूँ के मकबरों में उपलब्ध हैं। इसके अंदर के भाग में पित्रा ड्यूरा शैली का बखूबी प्रयोग हुआ है। अर्जूमन्द बानू बेगम (मुमताज महल)की स्मृति में बने ताजमहल का निर्माण कार्य 1631 ई. में आरंभ हुआ तथा 1653 ई. में सम्पन्न हुआ।

फतेहपुर सीकरी- आगरा के पास अकबर की राजधानी फतेहपुर सीकरी का निर्माण, उनकी बेहतरीन स्थापत्य उपलब्धि थी। चारदीवारी वाला शहर, जिसे 1569 और 1574 ईस्वी के बीच बनाया गया था, जिसमें कुछ सबसे शानदार इमारतें शामिल थीं- दोनों धार्मिक और धर्मनिरपेक्ष - जो सामाजिक, राजनीतिक और धार्मिक एकीकरण स्थापित करने के सम्राट के लक्ष्य की गवाही देती हैं। बुलंद दरवाजा, फतेहपुर सीकरी का उच्च प्रवेश मार्ग, सबसे शानदार मुगल संरचनाओं में से एक है। यह 1601 ई. में सम्राट अकबर के शासनकाल के दौरान गुजरात की मुगल विजय की स्मृति में बनाया गया था, और यह भारतीय विरासत की एक उल्लेखनीय कृति है। बुलंद दरवाजा फतेहपुर सीकरी की रखवाली करता है, जो अब एक परित्यक्त शहर है जो पहले अपनी भव्यता में बेजोड़ था। इसके नाम का अनुवाद "शान्ति के द्वार" के रूप में किया जाता है। इसे पूरे भारत में सबसे खूबसूरती से तैयार की गई संरचनाओं में से एक माना जाता है। यह लाल बलुआ पत्थर से संगमरमर के बेड़े से बना है और कुरान से सुंदर नक्काशी और लिखित छंदों से सजाया गया है। इस कॉम्प्लेक्स के भीतर भी कुछ संरचनाओं का निर्माण किया गया है जो इस प्रकार हैं-

- पंचमहल- 'हवा महल' के नाम से भी जाना जाने वाले पिरामिड के आकार वाले इस स्मारक की पाँच मंजिलें हैं। महल के खम्भों पर फूल-पत्तियों तथा रूद्राक्ष के दानों से सुन्दर सजावट की गई है। इस महल में हिन्दू धर्म तथा बौद्ध विहारों का स्पष्ट प्रभाव दिखायी देता है।
- बुलंद दरवाजा- बुलंद दरवाजे का निर्माण सम्राट अकबर ने गुजरात पर विजय प्राप्त करने की स्मृति में 1602 ई. में करवाया। इस दरवाजे के प्रवेश द्वार के पूर्वी तोरण पर आज भी फारसी में शिलालेख अंकित हैं, जो 1601 ई. में दक्कन पर अकबर की विजय अभिलेख से संबंधित हैं। इसके 42 सीढ़ियों के ऊपर स्थित बुलंद दरवाजा 53.63 मीटर ऊंचा और 35 मीटर चौड़ा है। यह लाल बलुआ पत्थर से बना है जिसे सफेद संगमरमर से सजाया गया है। दरवाजे के आगे और स्तंभों पर कुरान की आयतें खुदी हुई हैं। यह दरवाजा एक बड़े आंगन और जामा मस्जिद की ओर खुलता है। समअष्टकोणीय आकार वाला यह दरवाजा गुम्बदों और मीनारों से सजा हुआ है।
- जामा मस्जिद- 542 फीट लम्बी तथा 438 फीट चौड़ी आयताकार यह मस्जिद मक्का की प्रसिद्ध मस्जिद से प्रेरित है। इस मस्जिद के मध्य में शेख सलीम चिश्ती का मकबरा, उत्तर में इस्लाम खाँ का मकबरा तथा दक्षिण में बुलन्द दरवाजा निर्मित है। इसी मस्जिद से अकबर ने 1582 ई. में 'दीन-ए-इलाही' की घोषणा की थी। फर्ग्यसन ने इसे 'पत्थर में रूमानी कथा' कहा है।

आगरा का किला- अकबर ने 1565 ईस्वी में आगरा किले का अधिकांश निर्माण शुरू किया और 1574 ईस्वी में इसे समाप्त कर दिया। यह यमुना नदी के तट पर स्थित एक बड़ा और सुंदर भवन है। ठोस लाल बलुआ पत्थर की 2.5 किलोमीटर लंबी और 21 मीटर ऊंची घुमावदार दीवार किले की विशेषता है। पत्थर लोहे के छल्ले से जुड़े होते हैं जो एक साथ इतने करीब होते हैं कि एक बाल भी नहीं गुजर सकता। किले तक दो पोर्टलों के माध्यम

से पहुँचा जा सकता है। मुख्य द्वार, जिसे दिल्ली गेट के नाम से जाना जाता है, किले के औपचारिक प्रवेश द्वार के रूप में कार्य करता था। गेट के दोनों ओर दो विशाल हाथियों के कारण दूसरे छोटे प्रवेश द्वार को **हाथी पोल** या **हाथी गेट** के रूप में जाना जाता है, और इसे शहर को घुसपैठियों से बचाने के लिए डिज़ाइन किया गया था। कोष्ठकों की विस्तृत वास्तुकला लकड़ी के काम की नकल प्रतीत होती है। किले की योजना और निर्माण से पता चलता है कि राजपूत स्थापत्य शैली को स्वतंत्र रूप से अपनाया गया था। बालकनी के ऊपर की इमारत में धनुषाकार अवकाश पाए जा सकते हैं। रंगीन टाइलों के सुंदर पैनल और संगमरमर की जड़ाई का काम प्रवेश द्वार को सुशोभित करता है।

मोती मस्जिद- मुगल सम्राट **शाहजहाँ** द्वारा इस मस्जिद का निर्माण 16वीं शताब्दी में किया गया था। मस्जिद के निर्माण के लिए शुद्ध सफेद पत्थरों का इस्तेमाल किया गया था, जिसके कारण यह मोती के समान चमकदार सफेद मखमली दिखाई पड़ती है। मोती मस्जिद में 7 खण्ड है, जिनको खंडदार मेहराब और खम्बो ने सहारा दे रखा है, आगे प्रत्येक को फिर से तीन गलियारों में विभाजित किया गया है। मस्जिद की छत पर 3 गुंबद बने हैं, जिन्हें सफेद संगमरमर से बनाया गया हैं। गुम्बद की दीवारों को लाल बलुआ पत्थर से बनाया गया हैं। यह मस्जिद मुगल शासनकाल में बनी सबसे महँगी वास्तुकलाओं में से एक है।

हिन्दू और इस्लामी वास्तुकला में अंतर

1. हिंदू वास्तुकला हिंदू धर्म और उसके दर्शन से प्रेरित है, जबकि इस्लामी वास्तुकला इस्लामी धर्मशास्त्र और संस्कृति से प्रभावित है।
2. हिंदू वास्तुकला अपनी जटिल नक्काशी, मूर्तियों और अलंकृत सजावट के लिए जानी जाता है, जबकि इस्लामी वास्तुकला ज्यामितीय पैटर्न, सुलेख और टाइलों और मोजाइक के उपयोग पर जोर देती है।
3. हिंदू वास्तुकला में खुली हवा के आंगन और उद्यान शामिल हैं, जबकि इस्लामी वास्तुकला में अक्सर संलग्न स्थान और कमरे होते हैं।
4. हिंदू वास्तुकला में आमतौर पर लोड-असर वाली दीवारें और स्तंभ होते हैं, जबकि इस्लामी वास्तुकला खुले और हवादार स्थानों को बनाने के लिए मेहराब, गुंबद और मीनारों का प्रयोग करती है।
5. हिंदू वास्तुकला पारंपरिक रूप से ईंट, पत्थर और लकड़ी जैसी सामग्रियों का उपयोग करती है, जबकि इस्लामी वास्तुकला अक्सर संगमरमर, टाइल और मोजेक जैसी सामग्रियों को नियुक्त करती है।

आधुनिक काल की वास्तुकला

- आधुनिक काल में स्थापत्य का निर्माण मुख्य रूप से अवध के नवाबों तथा अंग्रेजों द्वारा कराया गया है। वाराणसी में 18वीं शताब्दी में निर्मित **काशी विश्वनाथ मंदिर** एवं **दुर्गा मंदिर** स्थापत्य कला के उत्कृष्ट नमूने हैं।
- आधुनिक काल में स्थापत्य लखनऊ कला के उदाहरण आसफुद्दौला का इमामबाड़ा, कैसरबाग स्थित मकबरा, लाल बारादरी, रूमी दरवाजा, हुसैनाबाद का इमामबाड़ा, छतर मंजिल, केसरबाग स्थित महल, दिलकुशा उद्यान, रेजीडेंसी, सिकंदरताग आदि हैं।
- लखनऊ कला का सर्वाधिक उत्कृष्ट उदाहरण आसफुद्दौला द्वारा निर्मित बड़ा **इमामबाड़ा** का मेहराबदार हॉल है।
- लखनऊ में आधुनिक कालीन स्थापत्य कला की प्रमुख विशेषताएं द्वार पर मकराकृति, स्वर्ण छतरी से जड़ा गुम्बद, मेहराब, बारहदरियां, तहखाने तथा भूलभुलैया हैं।
- आधुनिककालीन स्थापत्य में भवन निर्माण में ब्रिटिश तथा मुगल स्थापत्य का समन्वय भी देखने को मिलता है।

अयोध्या का राम मंदिर

अयोध्या में राम जन्म भूमि पर एक नवीन उत्कृष्ट स्थापत्य कृति निर्माणाधीन है। मंदिर की योजना उत्तर भारत की पारम्परिक नागर शैली के अनुरूप बनायी गयी है। मंदिर के लिए पत्थर राजस्थान की बंशी पहाड़ियों से लाये गये हैं। मंदिर को एक ऊंचे चबूतरे पर निर्मित किया जायेगा, जिसे **जगती** कहते हैं। गर्भगृह अष्टकोणीय होगा तथा यह एक वक्रित पिरामिड आकार वाले शिखर से युक्त होगा। शिखर के शीर्ष पर एक अमलक और कलश लगेगा। अमलक एक नक्काशीयुक्त तश्तरी की भांति होता है।

गर्भगृह और प्रवेश द्वार के बीच कुल पांच मंडप होंगे। ये मंडप हैं-कुडु मंडप, नृत्य मंडप, रंग मंडप, कीर्तन मंडप और प्रार्थना मंडप। कीर्तन और प्रार्थना मंडप दोनों किनारों पर होंगे, जबकि कुडु नृत्य और रंग मंडप क्रमशः गर्भगृह और प्रवेश द्वार के बीच अवस्थित होंगे। मंडप के ऊपर के शिखर का आधार आयताकार व रूपरेखा सरल, रमणीय होगा।

मंदिर की ऊंचाई 161 फीट, चौड़ाई 235 फीट और लम्बाई 360 फीट होगी। इसमें तीन मंजिलें और 366 स्तम्भ (160 भूतल पर, 132 प्रथम तल पर और 74 द्वितीय तल पर) होंगे। प्रत्येक स्तम्भ में 16 मूर्तियां होंगी, जिसमें **'दशावतार'**, **'चौसठ योगिनी'**, **'भगवान शिव के सभी अवतार'** और **'देवी सरस्वती के 12 अवतार'** सम्मिलित होंगे। मंदिर की नींव में एक 22.6 किलोग्राम की चांदी की ईंट रखी गई है। मंदिर में मुख्य स्थापत्यकार प्रसिद्ध पालिताना सोनपुरा परिवार के चन्द्रकांत सोमपुरा हैं। इस परिवार को गुजरात के सोमनाथ तथा दिल्ली के अक्षरधाम समेत अनेक प्रसिद्ध मंदिर बनाने का श्रेय प्राप्त है।

उत्तर प्रदेश की शिल्पकला

उत्तर प्रदेश की कला व शिल्प न केवल भारत में अपितु पूरे विश्व में प्रसिद्ध है। सिल्क साड़ियों से लेकर मिट्टी के बर्तन, कालीन बुनाई से लेकर चिकनकारी तक उत्तर प्रदेश सदैव हस्तशिल्प के मोर्चे पर अग्रणी रहा है। इनमें से कुछ इस प्रकार हैं-

लखनऊ की चिकनकारी- कढ़ाई की इस कोमल कला का उद्‌गम नवाबों की नगरी में हुआ। इस कला का नाम फारसी भाषा के शब्द **"चिकन"** से लिया गया है जिसका अर्थ है **"सुइयों के प्रयोग से गढ़ा गया कपड़ा"**। पूर्व में यह एक दरबारी कला के रूप में उभरा परंतु कालांतर में कला प्रेमियों के उत्साही प्रयासों से इस कला को प्रसिद्धि मिली और यह एक महत्वपूर्ण व्यापारिक गतिविधि में परिवर्तित हो गई। चिकनकारी के विविध प्रकार यथा मूरी, लेरची, कीलकंगन तथा बखिया प्रचलन में हैं। इस कला का आकर्षण इसकी बारीकी, एकरूपता तथा सम्पूर्ण उत्कृष्टता साथ ही साथ सफेद कपड़े पर सफेद कढ़ाई में है। चिकनकारी रूपांकन में भवनों के मुगल वास्तुशिल्प डिज़ाइन से लेकर बेल (लेस) और पक्षियों से लेकर जानवरों तक की आकृतियाँ सम्मिलित हैं। चिकनकारी आम तौर पर साड़ी व कुर्ता पायजामा पर की जाती है तथा यह गर्मियों के लिए सर्वाधिक उपयुक्त होता है।

वाराणसी का जरी कार्य अथवा किंकाब- वाराणसी में महीन रेशम अथवा सूती कपड़े से निर्मित साड़ी के पल्लू तथा सम्पूर्ण साड़ी पर सुनहरे तथा चांदी के रंग के धागों से उकेरे गए जरी के कार्य का कोई सानी नहीं है। चांदी की पृष्ठभूमि पर सुनहरा धागा वैभव को परिभाषित करता है तथा **"बूटीदार"** व **"जाल"** पद्धति इसकी सुंदरता को और बढ़ा देती है। भारतीय नववधुओं में एक परिपाटी बन गई है कि उन्हें अपने विवाह परिधानों में कुछ बनारसी साड़ियाँ अवश्य चाहिए विशेषकर जो गहरे लाल रंग व सुनहरी जरी वाली हों। इन जरी डिजाइनों का मूल भाव जटिल पुष्प व पत्तों, कलगा तथा बेल की आकृतियाँ हैं व साड़ी के पल्लुओं और दुपट्टों में ऊपर की ओर उठी हुई पट्टियों की आकृति, जो **"झालर"** कहलाती है, का तंता प्रयोग किया जाता है। डिजाइन का मूल भाव कपड़ों की मजबूती के अनुसार भिन्न भिन्न होता है।

प्रस्तर कला- भारत में पाषाण कला का केंद्र आगरा में है, जिसका सर्वोच्च उदाहरण ताज महल है। संगमरमर की पतली पट्टियों को तराश कर महीन जाली बनाना शिल्पकारों के लिए सर्वाधिक कठिन कार्य है। झब्बेदार झालरों जैसे किनारों वाले दर्पण के फ्रेम, नक्काशीदार जंगले, प्याले, बगीचे के फ़र्नीचर इत्यादि संगमरमर के अन्य उत्पाद आगरा में उपलब्ध हैं। आगरा की अन्य विशेषता रंगीन व मूल्यवान पत्थरों को संगमरमर पर जड़ कर मोज़ैक की बहुलता को बनाना है।

पीतल के बर्तन- उत्तर प्रदेश में मुरादाबाद शहर पीतल के बर्तनों की बड़ी मात्रा उत्पादित करता है। यह नगर तामचीनी चढ़ाने व बर्तनों पर जटिल नक्काशी के लिए प्रसिद्ध है। नक्काशी की दो विधाएँ यहाँ प्रचलित है जिनमें से एक जो **"नकशी"** कहलाती है वह टिन की सतह पर की जाती है जबकि दूसरी विधा को **"खुदाई"** कहा जाता है जो लाखीकृत पॉलिश विहीन पीतल पर की जाती है। **"खुदाई"** हेतु इस्पात की बनी हुई नुकीली पेंसिल का प्रयोग किया जाता है। पीतल की बनी हुई वस्तुओं में परंपरागत गमले, गणेश, हँसते हुए बुद्ध, स्टूल, ट्रे, तथा समकालीन सुंदर प्याले निर्मित किए जाते हैं। **"नटराज"** की मूर्ति पीतल की बनी वस्तुओं में सर्वाधिक आकर्षक है जिसे उपहार के रूप में दिया जाता है व एक सजावटी वस्तु के रूप में भी रखा जाता है।

मिट्टी के बर्तन- यूपी के खुर्जा, चुनार और रामपुर चीनी-मिट्टी के बर्तनों के लिए भी जाने जाते हैं। सफेद बैक ग्राउंड पर नीले-हरे डिजाइन वाले ग्लेज़ बर्तन चीनी-मिट्टी के बर्तन कहे जाते हैं। चुनार काली मिट्टी के बर्तन के लिए भी प्रसिद्ध है, जिसमें डिजाइन को उकेरने के लिए सिल्वर पेंट की मदद ली जाती है। खुर्जा सस्ते और टिकाऊ खाने के बर्तनों के लिए प्रसिद्ध है। चावल के खेतों की मिट्टी से बनने वाले पाउडर काबीज से बने बर्तनों के लिए निज़ामाबाद का एक अलग स्थान है।

कालीन- फ़ारसी व अरबी कालीनों के बाद भदोही, शाहजहाँपुर व मिर्ज़ापुर में निर्मित हमारे स्थानीय कालीनों का वर्णन आता है। इस क्षेत्र की बड़ी जनसंख्या कालीन बुनाई के पेशे

से जुड़ी हुई है। वनस्पतियों व पुष्पों, ताज महल, "केथरी वाला जाल" "जामाबाज़", "कंधारी" इत्यादि के अनोखे डिज़ाइनों से युक्त इस उद्योग ने न केवल राष्ट्रीय बाजारों को आकर्षित करने में सफलता पाई है अपितु कुछ आकर्षक चीनी डिजाइनों के कारण अंतर्राष्ट्रीय बाज़ार में भी स्वयं को स्थापित किया है।

काँच- फिरोजाबाद काँच की वस्तुओं का पर्यायवाची बन गया है। पहले यहाँ केवल काँच की चूड़ियाँ बनती थीं, परंतु जटिल मशीनों के प्रयोग द्वारा यहाँ काँच की वस्तुएँ पूर्ण रूपेण निर्मित की जाने लगीं। यहाँ की सम्पूर्ण जनसंख्या इस उद्योग में लिप्त हैं। वाराणसी काँच की बीड्स बनाने में विशेषज्ञ है और अपना बहुतायत उत्पाद निर्यात कर देता है। इसी प्रकार यहाँ काँच की पतली प्लेटें तैयार की जाती हैं जिन्हें बाद में छोटे-छोटे टुकड़ों में काट लिया जाता है, जो "टिकलू" कहलाते हैं और जिन्हें महिलाएं अपने कपड़ों को अलंकृत करने में प्रयोग करती हैं। सहारनपुर में काँच के जटिल खिलौने निर्मित किए जाते हैं जिनमें रंगीन द्रव्य भरा जाता है, इस कला को "रचकोरा" कहा जाता है, तथा यहाँ हुक्का के माउथ पीस तैयार किए जाते हैं।

हस्तशिल्प विकास के लिए उत्तर प्रदेश सरकार की योजनाएँ

1. एक जिला-एक उत्पाद (ODOP)

इस योजना के अन्तर्गत जिले में कुछ विशिष्ट उत्पादों/शिल्पों का चयन करके उनके उत्पादन और विपणन की सुविधाएं विकसित की जा रही हैं। इसके निम्न उद्देश्य हैं-

- स्थानीय शिल्पों का संरक्षण और विकास
- स्थानीय स्तर पर रोजगार और आय की बढ़ोतरी
- उत्पादकता में वृद्धि और कौशल विकास
- पैकेजिंग एवं ब्रांडिंग में सुधार कर उत्पाद में बदलाव
- उत्पाद को पर्यटन के साथ जोड़ना
- ODOP की अवधारणा को राष्ट्रीय और अंतर्राष्ट्रीय स्तर पर ले जाना

उत्तर प्रदेश के भौगोलिक संकेतक टैग प्राप्त शिल्प

1. लखनऊ की चिकनकारी
2. बनारसी जरी का काम और साड़ी
3. भदोही के हस्तनिर्मित कारपेट
4. आगरा की दरियां
5. फर्रुखाबादी छपाई
6. लखनऊ की जरदोजी
7. फिरोजाबादी कांच
8. कन्नौज का इत्र
9. कानपुरी चमड़े की काठी
10. मुरादाबाद का धातु का काम
11. सहारनपुर का लकड़ी का काम
12. मेरठ की कैंचियां
13. खुर्जा का कुम्हार शिल्प
14. बनारस की गुलाबी मीनाकारी
15. बनारस की लकड़ी का रोगन और खिलौने
16. मिर्जापुर की हस्तनिर्मित दरियां
17. निजामाबाद के काले मिट्टी के बर्तन
18. बनारस का धातु का उभारदार काम
19. बनारसी कांच मनका
20. गाजीपुर का वॉल हैंगिंग
21. बनारस का मुलायम पत्थर का जाली का काम
22. गोरखपुर का टैराकोटा का काम

2. यूपी डिजाइन संस्थान (UP Institute of Design)

इसे राष्ट्रीय डिजाइन संस्थान के मार्गदर्शन में हस्तशिल्प और हथकरघा क्षेत्रों के लिए प्रशिक्षित डिजाइनरों की उपलब्धता सुनिश्चित करने हेतु स्थापित किया गया है।

3. विशिष्ट हस्तशिल्प प्रादेशिक पुरस्कार योजना
4. प्रशिक्षण और कौशल विकास के लिए डिजाइन वर्कशॉप स्कीम
5. विशेषज्ञ कारीगरों के लिए पेंशन स्कीम
6. हस्तशिल्प विपणन प्रोत्साहन योजना
7. विश्वकर्मा श्रम सम्मान योजना
8. मुख्यमंत्री हस्तशिल्प पेंशन योजना
9. इंडस्ट्रियल स्टेट योजना
10. जिला उद्योग केंद्र योजना
11. उद्यमिता विकास प्रशिक्षण कार्यक्रम
12. संत कबीर हथकरघा पुरस्कार योजना
13. मुख्यमंत्री हथकरघा बुनकर सम्मान योजना

चित्रकला

ब्रज शैली-इस शैली के चित्र मथुरा में एक समृद्ध पृष्ठभूमि पर चित्रित किए गए हैं। इस शैली को **'मथुरा शैली'** भी कहा जाता है। इस शैली में प्रेम, प्रकृति एवं भावनात्मक अभिव्यक्ति को जीवन्तता प्रदान की जाती है।

मुगल शैली- इसे आगरा शैली के नाम से भी जाना जाता है। बाबर और हुमायूं के काल में निर्मित चित्रों पर **फारसी प्रभाव** की झलक स्पष्ट रूप से दिखाई देती है। इस शैली में सर्वप्रथम दृश्यों तथा छवियों को चित्रित करने के उपरांत भवनों, व्यक्तियों प्राकृतिक सौंदर्य तथा अंत में युद्ध व शिकार के दृश्यों को चित्रित किया जाता है। अकबर के काल में एक नवीन शैली का विकास हुआ। जो भारतीय व फारसी शैलियों का मिश्रण था। जहांगीर के काल में चित्रकला की मुगल शैली अपने चरम पर थी। इस शैली के चित्रों में प्रमुख रूप से युद्ध, पशु - पक्षियों, फूल-पत्तियों, पौराणिक गाथाओं व मुगल राजदरबारों के चित्र हैं। इस शैली के चित्रकारों में बसावन, मीर सैयद अली, अब्दुस्समद, केसुदास, दसवंत आदि प्रमुख है।

कन्दरा शैली अथवा मिर्जापुर शैली- विंध्याचल के शैलाश्रयों व गुफाओं से प्राप्त चित्रों को राज्य के मिर्जापुर जिले में कन्दरा अथवा **मिर्जापुर शैली** के चित्र की संज्ञा दी जाती है। इन चित्रों में आखेट, नृत्य तथा युद्ध की गतिविधियों के चित्रण की झलक देखने को मिलती है।

बुंदेल शैली- राज दरबार से प्रभावित चित्रकला की यह शैली 15वीं शताब्दी के बाद अपने अस्तित्व में आई, इस शैली की प्रमुख विशेषता यह है कि इसके चित्रों में खाली स्थान को भरने के लिए गहराई का एहसास कराया जाता है।

राजपूती शैली- इस शैली का विकास मुख्य रूप से कन्नौज तथा बुंदेलखंड के चंदेल राजाओं द्वारा हुआ। इस शैली में जनसामान्य के जीवन को दर्शक माना है। प्रेम कथाएं, लोक कथाएं, धार्मिक रीति-रिवाज के विषयों पर चित्रकारी की गई है।

आधुनिक कालीन चित्रकला- उत्तर प्रदेश में 20वीं शताब्दी के आरंभ में आधुनिक चित्रकला का विकास हुआ। वर्ष 1911 में लखनऊ में कला एवं शिल्प महाविद्यालय स्थापित किया गया तथा इसके प्रथम प्रधानाचार्य **नेथेलियन हर्ड** (वर्ष 1911-1925) बनाए गए। वर्ष 1925 में कला एवं शिल्प महाविद्यालय का प्रथम भारतीय प्रधानाचार्य अमित कुमार हल्दार को बनाया गया। ये रवींद्रनाथ टैगोर तथा अवनी बाबू के शिष्य थे। इनके द्वारा चित्रकला की **वाश** तथा **हेम्पा** नामक दो शैलियां आरंभ की गई, जो बाद में लखनऊ शैली के रूप में विकसित हुई। वर्ष 1945 में ललित मोहन सेन कला एवं शिल्प महाविद्यालय के प्रधानाचार्य बने। इन्होंने **पेस्टल** तथा **ऑयल पेस्टल** से चित्रण पर बल दिया। इन्होंने चित्रकला की ग्राफिक विद्या को जन्म दिया। वर्ष 1950 में नियुक्त प्राधानाचार्य **सुधीर रंजन** को **'कला एवं शिल्प महाविद्यालय का सूर्य'** कहा जाता है। ये वर्ष 1963 में हरिहर लाल मेढ़ महाविद्यालय के प्रधानाचार्य बने तथा इन्होंने वाश शैली में चित्रित मेघदूतम श्रृंखला के लिए ख्याति प्राप्त की।

उत्तर प्रदेश के संग्रहालय

उत्तर प्रदेश में ऐतिहासिक, पुरातात्विक, धार्मिक, कलात्मक, साहित्यिक एवं अन्य विशिष्ट धरोहरों को सुरक्षित एवं संरक्षित करने के लिए राज्य संस्कृति निदेशालय के अंतर्गत कई राजकीय संग्रहालय हैं। यह सभी संग्रहालय 31 अगस्त 2002 को नवगठित उत्तर प्रदेश संग्रहालय निदेशालय के अधीन आ गए हैं। उत्तर प्रदेश के राजकीय संग्रहालय निम्न प्रकार हैं-

राजकीय संग्रहालय, लखनऊ- यह उत्तर प्रदेश का सबसे पुराना एवं बड़ा बहुउद्देशीय संग्रहालय है। इसकी स्थापना वर्ष 1863 में हुई थी। यह संग्रहालय लखनऊ में बनारसी बाग के प्राणी उद्यान में स्थित है।

राजकीय संग्रहालय, मथुरा- इस संग्रहालय की स्थापना वर्ष 1874 में हुई थी। मथुरा स्थित यह संग्रहालय अंतर्राष्ट्रीय ख्याति प्राप्त है। यह मथुरा की कुषाण एवं गुप्त युगीन संस्कृति का एकमात्र संग्रहालय है। इस संग्रहालय में प्रारंभिक काल से लेकर 12 वीं शताब्दी तक की भारतीय कला की विशिष्ट एवं अद्‌भुत कला संपदा संग्रहीत है। इसी संग्रहालय में नेहरू जी और शास्त्री जी के अस्थि कलश भी रखे गए हैं।

राजकीय बौद्ध संग्रहालय, गोरखपुर- इस संग्रहालय की स्थापना गोरखपुर स्थित रामगढ़ परियोजना के तहत वर्ष 1988 में हुई थी। इस संग्रहालय में संग्रहीत कलाकृतियों में बौद्ध, जैन एवं हिंदू धर्म से संबंधित प्रस्तर मूर्तियां, मृण्मूर्तियाँ, वास्तु कला के अवशेष, धातु प्रतिमाएं, लघु चित्र, थंका एवं सिक्के विशेष रूप से उल्लेखनीय है। इस संग्रहालय में जनसामान्य के अवलोकन के लिए **5 वीथिकाएं** (Galleries) खुली हुई हैं।

राजकीय संग्रहालय, झांसी- इस संग्रहालय की स्थापना उत्तर प्रदेश संस्कृति विभाग द्वारा वर्ष 1978 में की गई थी। इस संग्रहालय की स्थापना संरक्षण, अभिलेखीकरण, प्रदर्शन, प्रकाशन, अधिग्रहण एवं शोध करने के उद्देश्य से की गई थी।

लोक कला संग्रहालय, लखनऊ- इस संग्रहालय की स्थापना **फरवरी 1989** में की गई थी। यह संग्रहालय लखनऊ **केसरबाग** में स्थित है। इस संग्रहालय की स्थापना लोक कलाओं के संकलन, संरक्षण एवं प्रदर्शन के लिए की गई है। इसमें ऐसी बहुत सी उत्कृष्ट एवं दुर्लभ कलाकृतियों का संग्रह है जिनका प्रचलन आजकल या तो लगभग समाप्त प्राय है या जिनका मूल स्वरूप परिवर्तित हो गया है। इस संग्रहालय में लोक नृत्यों के डायरमा, लोक आलेखन, लोक वाद्ययंत्र, लोक आभूषण, मुखोटे, बर्तन, खिलौने, पोशाक, लकड़ी, पत्थर एवं लोहे वस्तुएँ प्रदर्श आदि संग्रहीत हैं। इसमें क्षेत्रवार अलग-अलग प्रदर्शन के उद्देश्य प्रदेश के पांच प्रमुख क्षेत्रों की अलग-अलग 5 वीथिकाओं अवध, भोजपुरी, बृज, बुंदेलखंड एवं रुहेलखंड का निर्माण कराया गया है।

अंतर्राष्ट्रीय रामकथा संग्रहालय एवं आर्ट गैलरी, अयोध्या- इस संग्रहालय की स्थापना वर्ष 1988 में **तुलसी स्मारक भवन** अयोध्या में की गई थी। इस संग्रहालय में रामकथा विषयक चित्रों, सचित्र पांडुलिपियों, मूर्तियों, रामलीला व प्रदर्श कलाओं से संबंधित सामग्री, अयोध्या परिक्षेत्र के पुरावशेष आदि संग्रहीत हैं।

जनपदीय संग्रहालय, सुल्तानपुर- इस संग्रहालय की स्थापना वर्ष 1989 में उत्तर प्रदेश के सुल्तानपुर जिले में की गई थी। इस जिले में अनेक महत्वपूर्ण पुरास्थलों जैसे शनिचरा कुंड, भांटी, सोमना भार और कालू पाठक का पुरवा आदि स्थानों पर पुरा-सांस्कृतिक संपदा बिखरी पड़ी है। इसके अलावा आसपास के जनपदों में भी धरती के गर्भ से बराबर अतीत की धरोहरें निकलती रहती है। इन सभी संपदाओं को संकलित एवं सुरक्षित करने के लिए इस संग्रहालय की स्थापना की गई थी।

राजकीय बौद्ध संग्रहालय, कुशीनगर- इस संग्रहालय की स्थापना संस्कृति विभाग, उत्तर प्रदेश द्वारा वर्ष 1995 में की गई थी। इस संग्रहालय में वनरसिया कला, कोपिया, देवदह आदि बौद्ध पुरास्थल एवं पावा नामक जैन स्थल से प्राप्त पुरावशेष संग्रहीत हैं।

राजकीय पुरातत्व संग्रहालय, कन्नौज- इस पुरातत्व संग्रहालय की स्थापना स्थानीय स्तर पर वर्ष 1975 में की गई थी, जिसे 1996 में राजकीय पुरातत्व संग्रहालय बना दिया गया। इस संग्रहालय में प्रागैतिहासिक अस्थि उपकरण, महाभारतकालीन सिलेटी भूरे चित्रित पात्र, उत्तरी कृष्ण मार्जित मृदभांड, मूर्तियाँ, सील, सिक्के, हाथी दांत की कलाकृतियां, मनके, पाषाण प्रतिमाएं संग्रहीत हैं। यह संग्रहालय प्रतिहार काल की कलाकृतियों के लिए विश्वविख्यात है।

स्वतंत्रता संग्राम संग्रहालय, मेरठ- इस संग्रहालय की स्थापना वर्ष **1996-97** में हुई थी। इसका औपचारिक लोकार्पण 10 मई 2007 को किया गया था। इस संग्रहालय में प्रदेश के स्वतंत्रता संग्राम सेनानियों के योगदान के प्रदर्शन एवं उनसे जुड़ी सामग्रियों को संग्रहीत किया गया है।

राजकीय बौद्ध संग्रहालय पिपरहवां, सिद्धार्थनगर- इस संग्रहालय की स्थापना **1997** में की गई थी। इस संग्रहालय में बुद्ध के अस्थि अवशेषों से भरा हुआ कलश, जिस पर ब्राह्मी एवं खरोष्ठी लिपियों में लेख लिखा है, रखा गया है। इस संग्रहालय में बौद्ध धर्म से संबंधित अतीत की संपदाओं को संग्रहित किया गया है।

डॉ. भीमराव अंबेडकर संग्रहालय एवं पुस्तकालय, रामपुर- इस संग्रहालय की स्थापना 21 अगस्त 2004 को की गई है। यह संग्रहालय आधुनिक व्यवस्थाओं एवं सुविधाओं से सुसज्जित है। इस संग्रहालय को दो वीथिकाओं में विभाजित किया गया है। प्रथम वीथिका में बौद्ध धर्म से संबंधित कालों में अनेक स्थानों से प्राप्त अनुकृतियों को कालक्रमानुसार **पेडेस्टल** पर प्रदर्शित किया गया है तथा दूसरी वीथिका में डॉक्टर भीमराव अंबेडकर के जीवन से संबंधित घटनाओं पर आधारित चित्रों को प्रदर्शित किया गया है। इस संग्रहालय के मुख्य द्वार पर डॉक्टर भीमराव अंबेडकर के जीवन की महत्वपूर्ण घटनाओं को कालक्रमानुसार लिपिबद्ध कर प्रदर्शित किया गया है।

अभिलेखागार एवं पुरातत्व

संस्कृति विभाग द्वारा उत्तर प्रदेश की गौरवमयी धरोहर एवं परम्पराओं, पुरावशेषों एवं स्मारकों तथा लोक एवं शास्त्रीय कलाओं के विकास में अपने तीन निदेशालयों यथा- उ.प्र. संस्कृति निदेशालय, उ.प्र. पुरातत्व निदेशालय एवं उ.प्र. संग्रहालय निदेशालय तथा अपनी अशासकीय संस्थाओं के माध्यम से महत्त्वपूर्ण भूमिका का निर्वहन किया जा रहा है। प्रदेश की लोक संस्कृति की लुप्त होती विधाओं को गाँव-गाँव पहुँचाना, मंच प्रदान करना एवं इनसे संबंधित सर्वेक्षण/दस्तावेजीकरण आदि का कार्य भी क्षेत्रीय सांस्कृतिक केन्द्रों के माध्यम से विभाग द्वारा किया जा रहा है।

उ.प्र. सरकार के विभिन्न विभागों एवं अर्द्धशासकीय एवं व्यक्तिगत अधिकारों व स्रोतों से प्राप्त अप्रचलित अभिलेखों के स्थानान्तरण एवं समुचित संरक्षण का कार्य उ.प्र. राजकीय अभिलेखागार, लखनऊ एवं उसकी इकाइयों द्वारा आधुनिक

उपकरणों के माध्यम से वैज्ञानिक ढंग से किया जा रहा है। दुर्लभ पाण्डुलिपियों एवं प्रपत्रों के डिजिटाईजेशन संबंधी कार्य भी सम्पादित किया जा रहा है।

प्रदेश के विभिन्न भागों व अंचलों में बिखरी पड़ी प्राचीन संस्कृति व सम्पदा के अवशेषों को प्रकाश में लाने एवं भावी पीढ़ियों के लिये उन्हें संरक्षित करने, ऐतिहासिक एवं पुरातात्विक महत्त्व के स्थलों/स्मारकों/पुरावशेषों का सर्वेक्षण, प्राचीन स्मारकों के जीर्णोद्धार एवं परिरक्षण, पुरातात्विक महत्त्व के स्थलों का उत्खनन डाक्यूमेन्टेशन एवं प्रकाशन आदि का कार्य भी उ.प्र. राज्य पुरातत्व निदेशालय द्वारा किया जा रहा है। पुरातत्व की महत्ता के प्रति सामान्यजन में अभिरुचि उत्पन्न करने हेतु पुरातत्व निदेशालय द्वारा विविध कार्यक्रम आयोजित किये जाते हैं।

विभागों के अधीन प्रदेश में 15 संग्रहालय कार्यरत है। जनपद लखनऊ एवं मथुरा संग्राहालय को अपने संग्रह के लिये अन्तर्राष्ट्रीय स्तर पर भी ख्याति प्राप्त है। इन संग्रहालयों में प्रस्तर कलाकृतियां, मृणमूर्तियां, लघुचित्र, सिक्के, हस्तलिखित अभिलेख, पाण्डुलिपियां, धातु, चर्म, कास्ट तथा हाथी दाँत आदि की कलावस्तुएँ भी उपलब्ध हैं। संग्रहालयों द्वारा सांस्कृतिक सम्पदा, पुरातात्विक एवं ऐतिहासिक धरोहरों का अनुरक्षण, संरक्षण तथा प्रदर्शन का कार्य किया जाता है। 03 नवीन वीथिकाओं क्रमशः मृणमूर्ति कला वीथिका, मुद्रा वीथिका एवं प्राणिशास्त्र वीथिका का निर्माण कार्य प्रचलन में है। जनसामान्य में संग्रहालय की महत्ता के प्रति जागरूकता उत्पन्न करने के उद्देश्य से विविध कार्यक्रम आयोजित किये जाते हैं।

उ.प्र. राजकीय अभिलेखागार

उ.प्र. राजकीय अभिलेखागार की स्थापना सन् 1949 में सेन्ट्रल रिकार्ड आफिस के रूप में शिक्षा विभाग, उ.प्र. इलाहाबाद के कार्यालय में हुई थी, जिसे पृथक इमारत का आवंटन 53 महात्मा गांधी मार्ग, इलाहाबाद में सन् 1951 में किया गया। उ.प्र. राजकीय अभिलेखागार अपने नवनिर्मित भवन जो कि बी-44, महानगर विस्तार, लखनऊ में स्थित है, जुलाई 1973 को स्थानान्तरित हुआ। 1973 से ही उ.प्र. राजकीय अभिलेखागार, लखनऊ ने अपना विस्तार प्रारम्भ किया जब इसी वर्ष क्षेत्रीय अभिलेखागार व पाण्डुलिपि पुस्तकालय, इलाहाबाद की स्थापना की गयी। विस्तार की यह प्रक्रिया क्षेत्रीय अभिलेखागार, वाराणसी (1976), नैनीताल (1977), आगरा व देहरादून (1980) की स्थापना के साथ ही निरन्तर चलती रही। क्षेत्रीय अभिलेखागार, नैनीताल व देहरादून वर्तमान समय में उत्तराखण्ड राज्य में हैं। उ.प्र. राजकीय अभिलेखागार में सन् 1803 से अभिलेख संरक्षित हैं तथा व्यक्तिगत अधिकार से प्राप्त सन् 1540 से अभिलेख संरक्षित हैं। इसके मुख्य उद्देश्य निम्नलिखित हैं:-

1. उत्तर प्रदेश सरकार के विभिन्न विभागों, मण्डलीय एवं जिला स्तर के कार्यालयों एवं अर्द्धशासकीय संस्थाओं में उपलब्ध ऐतिहासिक एवं प्रशासनिक दृष्टिकोण से महत्त्वपूर्ण अभिलेखों का स्थानान्तरण तथा स्थानान्तरित अभिलेखों का वर्गीकरण तथा समुचित वैज्ञानिक संरक्षण करके सुव्यवस्थित ढंग से कार्टन बाक्स में रखना।
2. शोध-छात्रों को शोध हेतु ऐतिहासिक महत्त्व के अभिलेख एवं शासन को आवश्यक सूचनायें उपलब्ध कराना।
3. अभिलेखों की माइक्रोफिल्मिंग एवं फोटोकापी से सम्बन्धित सुविधायें और व्यक्तिगत अधिकारों से दुर्लभ पाण्डुलिपियों एवं प्रपत्रों को प्राप्त करना है।
4. उक्त कार्यों की सम्पूर्ति हेतु समय-समय पर विभिन्न सरकारी कार्यालयों के अभिलेखों का सर्वेक्षण करना।
5. उ.प्र. राजकीय अभिलेखागार, शासकीय कार्यालयों, स्वायत्तशासी संस्थाओं एवं व्यक्तिगत अधिकार में रखे गये अभिलेखों को सुव्यवस्थित ढंग से रखने एवं उनके वैज्ञानिक संरक्षण के लिए परामर्श भी देता है।
6. मौखिक इतिहास योजना के अन्तर्गत विशिष्ट व्यक्तियों के संस्मरण टेप कराकर संरक्षित करना।
7. राज्य के विभिन्न कार्यालयों के अभिलेख कक्षों में कार्यरत कर्मचारियों को दो सप्ताह का अभिलेख संरक्षण का प्रशिक्षण भी दिया जाता है।
8. अभिलेखागार द्वारा समय-समय पर संरक्षित अभिलेखों पर आधारित महत्त्वपूर्ण प्रकाशन भी किये जाते है।
9. प्रदेश के समृद्ध सांस्कृतिक विरासत के एक महत्त्वपूर्ण अंग-अभिलेखीय धरोहर के प्रति जन-सामान्य एवं छात्र-छात्राओं में जागरूकता उत्पन्न करने के निमित्त समय-समय पर प्रदेश के विभिन्न स्थानों पर अभिलेख प्रदर्शनियों एवं संगोष्ठियों आदि का आयोजन किया जाता है। इसके अतिरिक्त जनपद के विभिन्न विद्यालयों के छात्र-छात्राओं हेतु अभिलेख अभिरुचि कार्यक्रम के अन्तर्गत अभिलेखागार भ्रमण एवं अभिलेखों पर आधारित प्रश्नोत्तर कार्यक्रम आयोजत किये जाते हैं।

अयोध्या शोध संस्थान

अयोध्या शोध संस्थान की स्थापना संस्कृति विभाग, उ.प्र. शासन द्वारा अयोध्या ऐतिहासिक तुलसी स्मारक भवन में 18 अगस्त, 1986 को की गयी। यह संस्कृति विभाग की स्वायत्तशासी संस्था है। अयोध्या के प्रमुख संतों की विशेष मांग पर जहां गोस्वामी तुलसीदास जी ने मानस की रचना

प्रारम्भ की थी, उक्त स्थान पर गोस्वामी तुलसीदास जी की स्मृति में तुलसी स्मारक भवन के निर्माण की मांग शासन से की गई। अयोध्या के संतों की मांग का सम्मान करते हुए उ.प्र. सरकार ने अयोध्या में तुलसी स्मारक भवन का निर्माण वर्ष 1969 में करवाया गया। इस भवन में गोस्वामी तुलसीदास की स्मृति को संजोये रखने हेतु उनकी रामायण लेखन मुद्रा में सांगों-पांग प्रतिमा स्थापित है अयोध्या शोध शोध संस्थान की स्थापना के प्रमुख उद्देश्य निम्नवत हैं:

प्रमुख उद्देश्य

1. सामान्य रूप से अवध और विशिष्ट रूप से अयोध्या की कला संस्कृति, साहित्य, लोकसाहित्य, इतिहास और परम्पराओं की पाण्डुलिपियों तथा वस्तुओं और शिल्प तथ्यों का संग्रह, संरक्षण और अध्ययन करना है।
2. अवध की सांस्कृतिक विरासत से सम्बंधित नष्ट और विलुप्त हो रही पुरालेखीय सामग्री को सुरक्षित रखना।
3. अवध की भारतीय विद्या, कला, संस्कृति और इतिहास में विशेष रूप से अयोध्या, रामायण और तुलसीदास के साहित्य और दर्शन से सम्बंधित शोध कार्य को प्रोत्साहन देना और पूरा करना।
4. सामाजिक, धार्मिक, साहित्यिक, कलात्मक और ऐतिहासिक महत्त्व की पाण्डुलिपियों, पुरालेखीय सामग्री और अन्य वस्तुओं का उनके उन्नयन, संरक्षण और अध्ययन हेतु एक संग्रहालय स्थापित करना।
5. वैष्णव भक्ति, भक्ति आन्दोलन, कला, संस्कृति और सम्बद्ध भाषाई और भारतीय विद्या से सम्बंधित अन्य विषयों में विशेष से अवध और राम की दन्त कथा के संदर्भ में शोध कार्य करना और स्नातकोत्तर अध्ययन संचालित कराना।
6. महत्त्वपूर्ण मूल पाठों की सूचियों, आलोचनात्मक संस्करणों और अनुवादों तथा शोध कार्यों के परिणामों को प्रकाशित कराना तथा अन्य उपयोगी प्रकाशनों को प्रकाशित कराना।
7. उपर्युक्त उद्देश्यों को प्राप्त करने और आगे बढ़ाने के लिये भारत और विदेशों के विश्वविद्यालयों संग्रहालयों, पुस्तकालयों और शिक्षा संस्थाओं से सहयोग करके कार्य करना।
8. व्याख्यानों, संगोष्ठियों, उत्सवों, सम्मेलनों और अन्य शैक्षिक तथा सांस्कृतिक क्रियाकलापों क आयोजन कराना तथा इस सोसायटी के उद्देश्यों से सम्बंधित क्रिया-कलापों में लगे हुये शोध छात्रों और लेखकों को छात्रवृत्तियाँ, वृत्तिकाएं और पुरस्कार प्रदान करना।
9. धन, वस्तु या सम्प्रति के रूप में अनुदानों, चन्दों, उपहारों, अंशदानों को स्वीकार करना। अयोध्या शोध संस्थान का अपना संविधान है। संस्थान के पदेन अध्यक्ष, प्रमुख सचिव, संस्कृति विभाग, उ.प्र. शासन हैं। संस्थान के संचालन हेतु सामान्य सभा, कार्यकारिणी परिषद्, शोध एवं विकास समिति तथा वित्त समिति गठित है।
10. रोजगार परक योजनाओं का संचालन, वस्त्र मंत्रालय भारत सरकार तथा राज्य सरकार विभिन्न शिल्प और विकास योजनाओं का संचालन। अयोध्या शोध संस्थान प्रमुख रूप से शोध छात्रों के लिये पुस्तकालय का संचालन महत्वपूर्ण शोध कार्य तथा शोध के परिणामों को प्रकाशित करने हेतु प्रकाशन सहायता शोध पत्रिका का प्रकाशन, महापुरुषों की जयन्ती का आयोजन, प्रशिक्षण कार्यशालाओं का आयोजन व प्रस्तुति करवाना तथा हस्तशिल्प में देश के विभिन्न कोनो में रामकथा का संकलन टेराकोटा के माध्यम से विभिन्न शैलियों में रामकथा अंकन तथा विभिन्न चित्र शैलियों में रामकथा का चित्रांक राष्ट्रीय तथा अन्तर्राष्ट्रीय संगोष्ठीयों का आयोजन करवाया जाना है। इसी के क्रम में नित्य परम्परिक राम लीला का मंचन तथा मैदानी रामलीला का दस्तावेजी शोध कार्य हेतु करवाया जा रहा है।

उत्तर प्रदेश जैन विद्या शोध संस्थान, लखनऊ

उ.प्र. जैन विद्या शोध संस्थान की स्थापना 31 जनवरी, 1991 में संस्कृति विभाग, उ.प्र. अधीन स्वायत्तशासी संस्था के रूप में की गई है। संस्थान का मुख्य उद्देश्य भारत के विभिन्न भागों में प्रचलित जैन विधाओं का राष्ट्रीय संदर्भ में अध्ययन एवं तत्सम्बन्धी शोध करना तथा तीर्थकरों की सांस्कृतिक महत्त्व की परम्परागत एवं आधारभूत मान्यताओं, मानवीय मूल्यों, कला कौशल का संरक्षण करना।

संस्थान द्वारा जैन धर्म से सम्बन्धित पर्वों पर व्याख्यान माला, वाद विवाद प्रतियोगिता, पेंटिंग प्रतियोगिता, निबन्ध प्रतियोगिता,

परिचर्चा, व्याख्यान, राष्ट्रीय एवं अन्तर्राष्ट्रीय संगोष्ठी आदि का आयोजन करना।

उद्देश्य

राष्ट्रीय और अन्तर्राष्ट्रीय स्तर पर उपलब्ध जैन संस्कृति से सम्बन्धित सामग्री का संकलन शोध कार्य, उससे सम्बन्धित ग्रन्थों का विकासात्मक अध्ययन एवं उपलब्ध सामग्री का भारतीय भाषाओं तथा अंग्रेजी में प्रमाणित भाषान्तर कार्य आदि।

1. जैन विद्या सामग्री के सुसम्बद्ध अध्ययन हेतु विभिन्न सांस्कृतिक महत्त्व की परम्परागत मान्यताओं की जानकारी के लिए रचनात्मक कार्य एवं शोध कार्य को प्रोत्साहित करना।
2. जैन विद्या सम्बन्धी आधारभूत और भारतीय मूल्यों को जिसे सदियों से भारत में संजोए रखा गया है इस प्रकार से सुरक्षित रखना ताकि नष्ट न हो।
3. जैन धर्मायतनों का संरक्षण करना।
4. भारतीय संस्कृति के दर्शन का जैन दर्शन के साथ समन्वित्त अध्ययन को प्रोत्साहित करना।
5. जैन विद्या के अन्तर्राष्ट्रीय संदर्भ में ग्रन्थ सूची, समीक्षात्मक अध्ययन, अनुदान, शोध पत्रिका, शब्दकोश आदि ग्रन्थों का प्रकाशन।
6. संबंधित और संदर्भित ग्रन्थों, पाण्डुलिपियों, माइक्रोफिल्मों आदि का पुस्तकालय स्थापित करना।
7. जैन तीर्थ क्षेत्रों के विभिन्न केन्द्रों में घरो, घाटों, सरोवरों, कुण्डों और सांस्कृतिक व वास्तुकला के महत्त्व के अन्य स्मारकों का सुधार और अनुरक्षण करना।
8. जैन तीर्थ क्षेत्रों व सांस्कृतिक केन्द्रों की मार्यदा, पवित्रता और सामान्य स्वच्छता सुनिश्चित करने के लिए आवश्यक कार्य करना।

उ.प्र. राज्य पुरातत्व निदेशालय, लखनऊ

सम्पूर्ण उत्तर प्रदेश में पुरातात्विक गतिविधियों का संचालन उत्तर प्रदेश राज्य पुरातत्व निदेशालय द्वारा किया जाता है। पुरातत्व निदेशालय के अन्तर्गत गठित क्षेत्रीय इकाईयों के कार्यों पर नियंत्रण, प्रदेश के विभिन्न भागों में बिखरी पुरासम्पदा की खोज हेतु सर्वेक्षण, महत्त्वपूर्ण पुरास्थलों का उत्खनन, राज्य संरक्षित स्मारकों/स्थलों का अनुरक्षण व रख-रखाव एवं पुरावशेषों के प्रति जन चेतना जागृत करना पुरातत्व निदेशालय के प्रमुख उद्देश्य हैं।

सर्वेक्षण/निरीक्षण

1. जनपद-लखनऊ अन्तर्गत तहसील-मलिहाबाद स्थित ग्राम पाराभदराही में मंदिर का निरीक्षण।
2. जनपद-मथुरा स्थित कुसुमवन सरोवर एवं पोतरा कुण्ड का स्थलीय निरीक्षण।
3. जनपद-कानपुर नगर के बिठूर स्थित संरक्षित स्मारक बाल्मीकि आश्रम का निरीक्षण।

अनुरक्षण

1. राज्य संरक्षित स्मारक सन्त कबीर की समाधि एवं मजार - मगहर का अनुरक्षण कार्य।
2. कार्यदायी संस्था उ.प्र. राजकीय निर्माण निगम द्वारा गोरखपुर जनपद में निर्माणाधीन बहुउद्देश्यीय ऑडीटोरियम भवन का निरीक्षण।
3. जनपद-फैजाबाद स्थित संरक्षित स्मारक गुप्तार घाट मंदिर का अनुरक्षण कार्य।
4. जनपद सीतापुर अन्तर्गत राज्य संरक्षित स्मारक कल्पादेवी एवं आस्तिक बाबा का अनुरक्षण कार्य।

उत्खनन एवं सर्वेक्षण

1. जनपद-प्रतापगढ़ में सई नदी का ग्राम स्तरीय पुरातात्विक सर्वेक्षण कार्य किया जा रहा है।
2. जनपद-गोण्डा अन्तर्गत तहसील तरबगंज में विकासखण्ड-वजीरगंज का ग्राम स्तरीय पुरातात्विक सर्वेक्षण का कार्य किया जा रहा है।
3. जनपद-बरेली अन्तर्गत विकासखण्ड-मीरगंज का ग्राम स्तरीय पुरातात्विक सर्वेक्षण का कार्य किया जा रहा है।

अन्य कार्य

1. शासन द्वारा समय-समय पर आहुत बैठकों में भाग लिया गया एवं मांगी गयी सूचनाओं को समय से प्रेषित किया गया।
2. सूचना विभाग द्वारा प्रकाशित की जाने वाली पुस्तक उ.प्र. सन्दर्भ विषयक सूचना हिन्दी एवं अंग्रेजी में तैयार कर प्रेषित की गयी।
3. विभागीय वादों का अनुश्रवण किया गया।
4. पर्यावरण संरक्षण दिवस के अन्तर्गत विभाग के अधिकारियों/कर्मचारियों द्वारा वृक्षारोपण किया गया।

5. पुरातत्व परामर्शदात्री समिति-2018 में लिये गये निर्णय के क्रम में स्मारकों/स्थलों से सम्बन्धित कुल 3 स्मारकों/स्थलों में से 13 स्मारक स्थल की प्रथम अधिसूचना जारी करायी गयी एवं शेष स्मारक/स्थलों की प्रथम अधिसूचना जारी कराये जाने हेतु शासन को निर्धारित प्रारूप तैयार कर प्रेषित किया गया।

उ.प्र. संग्रहालय निदेशालय (राज्य संग्रहालय परिसर), लखनऊ

प्रदेश के समस्त संग्रहालयों के विकास एवं संवर्द्धन, स्वतंत्र नियंत्रण एवं प्रभावी पर्यवेक्षण, नये संग्रहालयों की स्थापना, उनके भवनों का निर्माण, आधुनिकीकरण एवं सुदृढ़ीकरण, कलाकृतियों एवं पुरावशेषों के क्रय, उनके प्रदर्शन तथा कला अभिरुचि के विकास, व्याख्यान, प्रशिक्षण आदि योजनाओं के उन्नयन हेतु 31 अगस्त, 2002 को उ.प्र. संग्रहालय निदेशालय की स्थापना की गई, जो राज्य संग्रहालय, बनारसीबाग, लखनऊ के परिसर में स्थापित है। निदेशक, उ.प्र. संग्रहालय निदेशालय, विभागाध्यक्ष के कार्यों व दायित्वों के साथ-साथ राज्य संग्रहालय, लखनऊ के निदेशक के कार्यों एवं दायित्वों का निर्वहन भी करते हैं।"

❑❑❑

3 भारत के स्वतंत्रता संग्राम में 1857 से पहले एवं बाद में उत्तर प्रदेश का योगदान

स्वाधीनता आन्दोलन : उत्तर प्रदेश की भूमिका (1857 से पहले)

औरंगजेब की मृत्यु के उपरान्त पचास वर्षों में कुल आठ मुगल शासक दिल्ली की गद्दी पर बैठे। 1757 तक वर्तमान उत्तर प्रदेश में पाँच स्वतंत्र राज्य स्थापित हो चुके थे। मेरठ तथा बरेली के उत्तर में नाजिव खान नामक पठान सरदार, मेरठ तथा दोआब क्षेत्र में रुहेलों के अन्तर्गत रुहेलखण्ड, फर्रुखाबाद के नवाव के अन्तर्गत मध्य दोआब का क्षेत्र, वर्तमान अवध तथा पूर्वी जिलों पर अवध के नवाब तथा बुन्देलखण्ड पर मराठों का शासन स्थापित था। दिल्ली में मुगलों के पराभव के साथ ही इन सभी स्वतंत्र राज्यों में वर्चस्व का संघर्ष जारी हो गया। **1761** के **तीसरे पानीपत के युद्ध** में मराठों, जाटों तथा राजपूतों की पराजय ने तथा बक्सर के युद्ध (1764) में ईस्ट इण्डिया कम्पनी द्वारा अवध के नवाब शुजाउद्दौला तथा बंगाल के नवाव मीर कासिम की पराजय ने उत्तर भारत का भाग्य निर्धारित कर दिया। अंग्रेज प्रयागराज तक बढ़ आये थे। अवध के नवाब ने मराठों को बुन्देलखण्ड से सहायता के लिए बुलाया परन्तु कानपुर के निकट जाजमऊ में नवाव व मराठों की सम्मिलित सेना अंग्रेजी सेना से पराजित हो गयी। निर्वासित मुगल सम्राट शाह आलम को प्रयागराज तथा कोरा (प्रयागराज, कानपुर तथा फतेहपुर) के साथ-साथ बंगाल के राजस्व से **26 लाख** वार्षिक का कर दान देना ईस्ट इण्डिया कम्पनी ने तय किया। जबकि अवध के नवाब ने अंग्रेजों को **50 लाख** का मुआवजा देना स्वीकार किया।

1773 में अंग्रेजों ने रुहेलखण्ड में मराठों को पराजित कर दिया तथा उन्हें दोआब से निष्कासित कर दिया। प्रयागराज अवध के नवाब को इस आधार पर सौंप दिया गया कि शाह आलम ने इसे मराठों को सौंप दिया था। 1774 में अंग्रेजी सेनाओं ने रुहेल सरदार रहमत खान को शाहजहाँपुर में पराजित कर रुहेलखण्ड को अवध के नवाब को सौंप दिया।

1775 में **शुजाउद्दौला** की मृत्यु के पश्चात् **आसफउद्दौला** अवध का नवाब बन गया। अंग्रेजों के साथ की गयी एक नई संधि में उसने बनारस क्षेत्र का आधिपत्य अंग्रेजों को सौंप दिया। बनारस क्षेत्र इस समय राजा चेत सिंह के अधिकार में था। राजा चेत सिंह ने 1780 में जब सैनिक टुकड़ियों तथा धन की अतिरिक्त माँग को ठुकरा दिया तब गवर्नर जनरल वारेन हेस्टिंग्स राजा को सबक सिखाने स्वयं बनारस पहुँच गया। राजा चेत सिंह के नेतृत्व में हुये बनारस विद्रोह को दबाकर अंग्रेजों ने महीप नारायण सिंह को बनारस का राजा बना दिया। इसके साथ ही बनारस पर ब्रिटिश प्रशासन सुनिश्चित हो गया।

सन् 1797 में आसफउद्दौला की मृत्यु हो गयी। तत्पश्चात् उसका भाई सादात अली अवध का नवाब बन गया। उसने प्रयागराज का किला अंग्रेजों को सौंप दिया तथा बाह्य आक्रमण से सुरक्षा के बदले में प्रतिवर्ष **76 लाख** रुपये ईस्ट इण्डिया कम्पनी को देने का आश्वासन भी प्रदान कर दिया।

19वीं सदी के प्रारम्भ पर अंग्रेजों के पास इस प्रान्त में सिर्फ बनारस क्षेत्र (मिर्जापुर के अतिरिक्त) तथा प्रयागराज का किला था। 1801 में अवध के सादात अली ने सुरक्षा की गारन्टी के एवज में गोरखपुर क्षेत्र, रुहेलखण्ड क्षेत्र, प्रयागराज, फतेहपुर, कानपुर, इटावा, एटा, दक्षिणी मिर्जापुर तथा कुमायूँ का तराई परगना अंग्रेजों को प्रदान कर दिया। अगले ही साल फर्रुखाबाद के नवाब ने अपना इलाका भी अंग्रेजों को दे दिया। इस प्रकार इस समय तक उत्तर को छोड़ कर शेष सभी तरफ से अवध अंग्रेजों द्वारा शासित क्षेत्रों से घिर चुका था। **1803** में **लार्ड लेक** ने मराठों को पराजित कर अलीगढ़, दिल्ली तथा आगरा पर अधिकार कर लिया। इस युद्ध के परिणामस्वरूप अंग्रेजों ने मराठों से मेरठ, आगरा, झाँसी के पड़ोसी जिले बाँदा, हमीरपुर, जालौन, गोहाड़ तथा ग्वालियर का क्षेत्र भी हथिया लिया। परन्तु बाद में अंग्रेजों ने गोहाड़ तथा ग्वालियर सिन्धिया को वापस कर दिया। 1816 के गोरखा युद्ध में अंग्रेजों को कुमायूँ तथा देहरादून भी प्राप्त हो गये।

इस समय तक यह सारा क्षेत्र बंगाल प्रेसीडेन्सी का ही हिस्सा रहा तथा इस पर गर्वनर जनरल का ही शासन बना रहा। 1833 में इसे बंगाल प्रेसीडेन्सी से अलग कर आगरा प्रेसीडेन्सी का नाम दिया गया साथ ही एक गर्वनर की नियुक्ति भी कर दी गई। 1836 में जब इस प्रान्त का नाम उत्तर पश्चिमी प्रान्त किया गया तब इस प्रान्त में आगरा, झांसी, जालौन के साथ-साथ दिल्ली तथा अजमेर के क्षेत्र भी शामिल थे। बाद में मारवाड़, बुन्देलखण्ड तथा हमीरपुर भी इसमें शामिल कर लिये गये। 1856 में अवध को भी इसमें शामिल कर लिया गया। 1857 की क्रान्ति के बाद दिल्ली पंजाब को, तराई के कुछ हिस्से नेपाल को, बरेली तथा मुरादाबाद के कुछ इलाके इलाके रामपुर के नवाब को तथा सागर मध्य प्रान्त को दे दिये गये। 1871 में अजमेर व मारवाड़ भारत सरकार को हस्तान्तरित कर दिये गये।

उ.प्र. में अंग्रजों के खिलाफ प्रारंभिक विद्रोह- अंग्रेजी शासन के स्थापना वर्ष 1757 के बाद सौ वर्षों में विदेशी राज्य तथा उससे संलग्न कठिनाइयों के खिलाफ अनेक आंदोलन, विद्रोह, एवं सैनिक विप्लव हुए। जिसके कारण अपनी स्वतंत्रता खो जाने पर स्वशासन में विदेशी हस्तक्षेप बड़ा और इसमें कई प्रशासनिक परिवर्तन आए जिससे जनता पर अत्यधिक करों की माँग बढ़ी और यहाँ की अर्थव्यवस्था लगभग भंग सी हो गई जिससे ग्रसित भारतीय जनता अंग्रेजों के खिलाफ विद्रोह के लिए उठ खड़ी हुई। और इस विद्रोह के दमन के लिए अंग्रेजों द्वारा अपनाए गए तरीकों के परिणामस्वरूप विद्रोहों का सिलसिला प्रारंभ हो गया। तथा इन छोटे-छोटे विद्रोहों के कारण वर्ष 1857 में एक संगठित राष्ट्रीय विद्रोह की उत्पत्ति हुई जिसे सिपाही विद्रोह के नाम से भी जाना जाता है।

बरेली विद्रोह (1816 ई.)

वर्ष 1816 में बरेली का विद्रोह हुआ, यहाँ की जनता ने अंग्रेज अधिकारियों की ज्यादतियों के खिलाफ हिंसक विद्रोह किया था, जिसमें दोनों पक्षों के सैंकड़ों लोग हताहत हुए। इस विद्रोह का तात्कालिक कारण, अंग्रेजों ने स्थानीय लोगों पर चौकीदारी-कर (टैक्स) आरोपित कर दिया था। और इस कर को वसूल करने के सख्त निर्देश दिए थे। इस विद्रोह का नेतृत्व मुफ्ती मुहम्मद एवाज नामक व्यक्ति द्वारा किया गया था।

अलीगढ़ विद्रोह (1817 ई.)

यह विद्रोह वर्ष 1817 में आगरा प्रांत के अंतर्गत अलीगढ़ क्षेत्र में हुआ था। यहाँ के किसान, जमींदार एवं सैनिक ईस्ट इंडिया कंपनी के प्रशासनिक फेरबदल से असंतुष्ट थे। इसी कारण जब कंपनी ने मालगुजारी बढ़ाने का निर्णय लिया, तब उनका असंतोष विद्रोह के रूप में फूट पड़ा। इस विद्रोह का नेतृत्व हाथरस के तालुकेदार दयाराम और मुरसान के तालुकेदार भगवंत सिंह कर रहे थे।

देश के स्वतंत्रता संग्राम आंदोलन के समय उ.प्र. (संयुक्त प्रांत) की भूमिका बहुत अहम मानी जाती है। भौगोलिक स्थिति के अनुसार उ.प्र. देश का एक मुख्य राज्य है और इसकी देश के स्वतंत्रता संग्राम में महत्वपूर्ण भूमिका रही है। इस क्रम में वर्ष 1857 का विद्रोह हो या गाँधीजी के नेतृत्व में चला स्वतंत्रता संग्राम हो, इन सभी आंदोलनों को उ.प्र. में भरपूर समर्थन मिला।

1857 का विद्रोह

1757 के बाद से अंग्रेजों ने भारत के राजनीतिक, आर्थिक, सामाजिक, सांस्कृतिक, प्रशासनिक इत्यादि सभी क्षेत्रों में प्रत्यक्ष हस्तक्षेप करने की नीति अपनाई और इसके परिणामस्वरूप भारतीयों में धीरे-धीरे असंतोष पनपता रहा। इसकी परिणति लगभग 100 वर्षों के बाद 1857 के विद्रोह के रूप में हुई।

1857 के विद्रोह के कारण

'सहायक संधि प्रणाली' द्वारा भारतीय राज्यों पर नियंत्रण, 'व्यपगत की नीति' द्वारा भारतीय राज्यों को हड़पना प्रमुख राजनीतिक कारण रहे। व्यपगत नीति के तहत डलहौजी ने सतारा, जैतपुर, संभलपुर, बघाट, उदयपुर, झांसी और नागपुर का अधिग्रहण किया था। इसी व्यवस्था के तहत लॉर्ड डलहौजी ने झांसी की रानी लक्ष्मीबाई का राज्य भी हड़प लिया था। भारतीयों को प्रशासन में उच्च पदों से वंचित रखा जाना, भारतीयों के साथ निरंतर असमान बर्ताव करना आदि 1857 के विद्रोह के प्रमुख प्रशासनिक कारण थे। तीनों भू-राजस्व नीतियाँ-स्थाई बंदोबस्त, रैयतवाड़ी बंदोबस्त और महालवाड़ी बंदोबस्त, निर्यात कर में वृद्धि, आयात कर में कमी, हस्तशिल्प उद्योगों का पतन, धन की निकासी आदि आर्थिक कारकों ने 1857 के विद्रोह के उदय में प्रमुख भूमिका निभाई।

ईसाई मिशनरियों का भारत में प्रवेश, सती प्रथा का अंत, विधवा पुनर्विवाह को कानूनी मान्यता, भारतीय सैनिकों को समुद्री यात्रा के लिए विवश करना 1857 के विद्रोह के प्रमुख सामाजिक-धार्मिक कारण थे। भारतीय सैनिकों के साथ असमान व्यवहार, उच्च पदों पर नियुक्त करने से वंचित, यूरोपीय सैनिकों की तुलना में कम वेतन, डाकघर अधिनियम पारित निःशुल्क डाक सेवा की समाप्ति आदि 1857 के विद्रोह के प्रमुख सैन्य कारण थे। 'चर्बी वाले कारतूस का मुद्दा' 1857 के विद्रोह का तात्कालिक कारण बना।

1857 के विद्रोह का आरंभ और घटनाक्रम

इतिहासकारों के अनुसार, 1857 के विद्रोह की योजना बिठूर में नाना साहब और अजीमुल्ला खां ने तैयार की थी। उनकी योजना के अनुसार, 31 मई, 1857 का दिन क्रांति के लिए निश्चित किया गया था। **'कमल'** और **'रोटी'** को 1857 के विद्रोह के प्रतीक के रूप में चुना गया था। बैरकपुर छावनी के एक सिपाही मंगल पांडे ने 29 मार्च, 1857 को चर्बी वाले कारतूस का प्रयोग करने से मना कर दिया और अपने दो अधिकारियों लेफ्टिनेंट जनरल ह्यूसन और लेफ्टिनेंट बाग की हत्या कर दी थी। 10 मई, 1857 को मेरठ छावनी की 20वीं नेटिव इन्फेंट्री में भी चर्बी वाले कारतूस का प्रयोग करने से मना कर सशस्त्र विद्रोह किया। इसी के साथ 1857 का विद्रोह आरंभ हो गया।

1857 के विद्रोह का प्रसार

10 मई, 1857 को विद्रोही मेरठ में सशस्त्र विद्रोह का ऐलान करने के बाद दिल्ली की ओर रवाना हो गए थे और 11 मई, 1857 को भोर में ही विद्रोहियों ने दिल्ली पर कब्जा कर लिया था। दिल्ली पहुँचने के बाद विद्रोहियों ने तत्कालीन मुगल बादशाह बहादुर शाह जफर को विद्रोह का नेता तथा भारत का सम्राट घोषित कर दिया था यह विद्रोह कानपुर, लखनऊ, अलीगढ़, इलाहाबाद, झांसी, रुहेलखंड, ग्वालियर, जगदीशपुर में फैल गया। दिल्ली में बहादुर शाह जफर के प्रतिनिधि **बख्त खां** ने इस विद्रोह को नेतृत्व प्रदान किया था। कानपुर में इस विद्रोह को नाना साहब ने नेतृत्व प्रदान किया। इस दौरान तांत्या टोपे ने नाना साहब की मदद की थी। लखनऊ में बेगम हजरत महल ने नेतृत्व किया और अपने अवयस्क पुत्र **बिरजिस कादिर** को लखनऊ का नवाब घोषित कर दिया।

झांसी में रानी लक्ष्मीबाई ने नेतृत्व किया। इस युद्ध में अंग्रेजी सेना को जनरल ह्यूरोज ने नेतृत्व प्रदान किया था। जगदीशपुर में **कुंवर सिंह** ने रुहेलखंड में **खान बहादुर खान**, फैजाबाद में **मौलवी अहमदुल्लाह** और ग्वालियर में **तांत्या टोपे** ने नेतृत्व किया। इस प्रकार, इस विद्रोह का प्रसार लगभग पूरे उत्तर भारत में हो गया था। पंजाब प्रांत तथा लगभग पूरा दक्षिण भारत इस विद्रोह से अछूता रहा था। इस विद्रोह में बंगाल के जमींदारों ने इस विद्रोह को कुचलने के लिए अंग्रेजों को सहायता प्रदान की थी। भारत के शिक्षित वर्ग, व्यापारी वर्ग आदि ने इस विद्रोह में भागीदारी नहीं की थी।

1857 के विद्रोह की असफलता के कारण

इस विद्रोह की कोई एक सुनियोजित योजना नहीं थी। अतः यह दिशाहीन हो गया। क्योंकि यह सुव्यवस्थित संगठन था और पर्याप्त संसाधन नहीं थे। विद्रोहियों के पास अंग्रेजों की तुलना में कम गुणवत्ता वाले हथियार थे। भारतीय विद्रोहियों के पास तांत्या टोपे, रानी लक्ष्मीबाई जैसे कुछ ही बेहतर नेतृत्व मौजूद थे, लेकिन अंग्रेजों के पास निकोलस आउट्रम, हैवलॉक, हडसन जैसे एक से एक कुशल सैन्य नेतृत्व मौजूद थे।

इसके अलावा, भारतीय पक्ष की तरफ विभिन्न गद्दार व्यक्ति भी मौजूद थे, जिन्होंने भारत के कुशल नेताओं की सूचना अंग्रेजों को दी थी। विद्रोहियों के पास कोई एक निश्चित राजनीतिक दृष्टि नहीं थी। वे निजी स्वार्थ के वशीभूत होकर युद्ध कर रहे थे। देशी शासक विद्रोह को कुचलने में अंग्रेजों की मदद कर रहे थे।

1857 के विद्रोह का स्वरूप

1857 के विद्रोह के स्वरूप के संबंध में विभिन्न मत प्रचलित हैं। इस विद्रोह के स्वरूप को निर्धारित करने के बारे में विभिन्न विद्वानों ने अपने अपने विचार प्रकट किए हैं। कुछ इतिहासकार इसे सैनिक विद्रोह घोषित करते हैं, तो कुछ इसे असैनिक विद्रोह की संज्ञा देते हैं। सर जॉन सीले कहा था कि **"1857 का विद्रोह महज एक सैनिक विद्रोह था।"** लेकिन **जॉन सीले** के विचार को स्वीकार नहीं किया जा सकता है। यदि हम गहराई से परीक्षण करें तो देखेंगे कि इस विद्रोह में सिर्फ सैनिकों की ही भागीदारी नहीं थी, बल्कि देश का मजदूर वर्ग, किसान वर्ग, जन सामान्य इत्यादि इस विद्रोह से जुड़ा हुआ था। ऐसे में, इस विद्रोह को केवल सैनिक विद्रोह करार देना तर्कसंगत प्रतीत नहीं होता है।

कुछ इतिहासकार इसे भारत का पहला **राष्ट्रीय विद्रोह** भी करार देते हैं, लेकिन हमें इस बात का ध्यान रखना चाहिए कि इस विद्रोह के सभी नेता बेशक अंग्रेजों के विरुद्ध लड़ाई लड़ रहे थे, किन्तु उनमें एक राष्ट्रवादी दृष्टि का अभाव था। उनमें से किसी के पास भी ऐसी कोई योजना नहीं थी कि विद्रोह में सफलता के बाद भारत को एक राष्ट्र के रूप में किस प्रकार की राजनीतिक स्थिति प्रदान की जाएगी। इस दृष्टि से इस विद्रोह को राष्ट्रीय विद्रोह कहना भी उचित नहीं लगता है। 1857 के इस विद्रोह में देश के विभिन्न वर्ग के लोगों ने अपनी भागीदारी दर्ज कराई थी। इसमें शामिल होने वाले लोगों में हिंदू, मुसलमान, किसान, मजदूर, महिलाएँ, बुजुर्ग, युवा इत्यादि विभिन्न वर्ग शामिल थे। इस लिहाज से कहा जा सकता है कि यह विद्रोह समाज के विभिन्न स्वरूप से युक्त था और चूँकि यह विद्रोह अंग्रेजों की साम्राज्यवादी नीति के विरुद्ध था, इसीलिए इस विद्रोह के स्वरूप को साम्राज्यवाद विरोधी स्वरूप भी कहा जा सकता है।

1857 के विद्रोह के परिणाम

1857 के विद्रोह के बाद भारत से ब्रिटिश ईस्ट इंडिया कंपनी का शासन समाप्त कर दिया गया था और ब्रिटिश ताज ने भारत का शासन सीधे अपने हाथ में ले लिया था। इस विद्रोह के पश्चात् कंपनी पर नियंत्रण स्थापित करने के लिए गठित किए गए **'बोर्ड ऑफ कंट्रोल'** तथा **'कोर्ट ऑफ डायरेक्टर्स'** नामक दोनों संस्थाओं को समाप्त कर दिया गया था तथा इनके स्थान पर एक भारत सचिव तथा उसकी 15 सदस्य इंडिया काउंसिल की स्थापना की गई थी। यह भारत सचिव ब्रिटिश सरकार का भारत संबंधी मामलें देखने वाला एक मंत्री होता था।

1857 के विद्रोह के बाद एक **'भारत शासन अधिनियम'** पारित किया गया था। इसके माध्यम से **'भारत के गवर्नर जनरल'** को **'भारत का वायसराय'** बना दिया गया था। चूँकि इस अधिनियम के पारित किए जाने के समय लॉर्ड कैनिंग भारत का गवर्नर जनरल था, इसलिए लॉर्ड कैनिंग भारत का अंतिम गवर्नर जनरल तथा भारत का पहला वायसराय बना। इस विद्रोह के बाद ब्रिटिश शासन ने भारत में साम्राज्य विस्तार करने की नीति का त्याग कर दिया था तथा लोगों के सामाजिक और धार्मिक मामलों में हस्तक्षेप नहीं करने की नीति अपनाई थी। इस विद्रोह के बाद ब्रिटिश सरकार के द्वारा भारतीय सेना के पुनर्गठन के लिए एक **'पील आयोग'** गठित किया गया था। इस आयोग ने ब्रिटिश सरकार को अपनी रिपोर्ट सौंपी थी। उस रिपोर्ट के आधार पर भारतीय सेना में भारतीय सैनिकों की तुलना में यूरोपीय सैनिकों का अनुपात बढ़ा दिया गया था। 1857 के विद्रोह के पश्चात् एक **'रॉयल आयोग'** का गठन भी किया गया था। इस आयोग ने ब्रिटिश सरकार को सिफारिश की थी कि भारतीय सेना में अब जाति, समुदाय और धर्म इत्यादि के आधार पर रेजिमेंटों का गठन किया जाना चाहिए और इसका अनुसरण करते हुए ब्रिटिश सरकार ने यही नीति अपनाई। इस नीति का मूल उद्देश्य भारतीय समाज को विभाजित करना था तथा उन पर अपने शासन को निरंतर बनाए रखना था। ब्रिटिश सरकार की ऐसी ही नीतियों को **'फूट डालो और राज करो की नीति'** कहा जाता है।

उ. प्र. का 1857 के भारतीय स्वतंत्रता संग्राम में योगदान

उ.प्र. प्राचीन काल से ही भारतीय राजनीति एवं शासन सत्ता का केंद्र बिंदु रहा है। भारतीय इतिहास में उ.प्र. के बगैर भारतीय इतिहास की कल्पना अधूरी है। इलाहाबाद, आगरा, फतेहपुर सीकरी, कन्नौज आदि विभिन्न कालों में विभिन्न राजाओं की राजधानी रही है। इस प्रदेश के निवासियों ने सदैव ही कई क्षेत्रों में उल्लेखनीय भूमिका निभाई है। इसी प्रकार भारतीय स्वतंत्रता संग्राम के विभिन्न आंदोलनों में उ.प्र. की अग्रणी भूमिका रही है। वर्ष 1857 में हुए प्रथम स्वतंत्रता आंदोलन की शुरुआत ही उ.प्र. से हुई जिससे भारतीय इतिहास बहुत प्रभावित हुआ तथा यहाँ से ही भारत की आजादी का मार्ग प्रशस्त हुआ।

वर्ष 1857 में विद्रोह की शुरुआत उ.प्र. के **मेरठ** से हुई थी। इस विद्रोह के माध्यम से आजादी की क्रांति का जो बिगुल बजा उसमें योगदान हेतु उ.प्र. की जनता उत्साहित थी। यहाँ की जनता अंग्रेजी ईस्ट इंडिया कंपनी की आर्थिक शोषण की नीति से दुखी थी तथा बाद में ब्रिटिशियों द्वारा देश की राजनीति में हस्तक्षेप करना प्रारंभ कर दिया गया। जैसा कि अंग्रेजो द्वारा **सहायक संधि प्रणाली** को प्रारंभ करना। इस संधि के अंतर्गत राजा को अपने खर्चे पर अंग्रेजो की सेना अपने राज्य में रखनी होती थी। इससे राज्य के दिन-प्रतिदिन के कार्य में सेना का हस्तक्षेप बढ़ गया और इसी क्रम में गोद प्रथा की समाप्ति ने नि:संतान राजाओं को बच्चा गोद लेने की प्रथा पर रोक लगा दी थी। तथा वर्ष 1856 में अवध राज्य का धोखें से विलय होने से संबंधित अंग्रेज सरकार के कदम ने आम जनता और अन्य राजघरानों को चिंता में डाल दिया था। अंग्रेजों के द्वारा सामाजिक, धार्मिक, आर्थिक क्षेत्रों में किए गए कार्यों ने आम जनमानस को व्यथित कर दिया था। जनता इन सब कार्यो को अपनी जिंदगी में हस्तक्षेप मानने लगी।

उ.प्र. में उमड़े जनाक्रोश ने विस्फोटक रूप ले लिया, जिसकी परिणति सर्वप्रथम **10 मई, 1857** को **मेरठ** में हुए विद्रोह से हुई। जब अंग्रेजी सेना में सर्वप्रथम सैनिक विद्रोह प्रारंभ हो गया। बाद में यह सैनिक विद्रोह शनै:-शनै: प्रदेश के झांसी, कालपी, कानपुर, लखनऊ, बिठुर, अवध, वाराणसी, बलिया एवं आज़मगढ़ आदि स्थानों में फैल गया। विद्रोह को दबाने के लिए अंग्रेजों ने यथासंभव प्रयास किए जिसके परिणामस्वरूप उ.प्र. में अनेक वीर स्वतंत्रता सेनानियों का उदय हुआ जिनमें झाँसी की रानी लक्ष्मीबाई, बिठूर के नाना साहब एवं तात्या टोपे एवं उनके सहायक अजीमुल्ला खाँ व अवध की बेगमें, राणा बेनीमाधव एवं मौलवी अहमदुल्ला शाह आदि प्रमुख थे।

हालाँकि 1857 ई. में भारत के स्वतंत्रता संग्राम की शुरुआत उ.प्र. के मेरठ जिले से हुई थी, परंतु इस संग्राम का सबसे बड़ा केंद्र **कानपुर** बना जब कानपुर के अंतिम पेशवा बाजीराव द्वितीय

के दत्तक पुत्र धोंडूपंत जो नाना साहब के नाम से प्रसिद्ध थे, ने स्वयं को स्वतंत्र घोषित कर भारत के संम्राट बहादुर शाह जफर को गर्वनर के रूप में मान्यता दी और नाना साहब ने अंग्रेजों का बखूबी सामना किया। बाद में वे पराजित होकर नेपाल चले गए और वहाँ से आजीवन अंग्रेजों के खिलाफ लड़ते रहे और अंततः नाना साहब ने अंग्रेजों को चुनौती देते हुए कहा कि- जब तक मेरे शरीर में प्राण है, मेरे और अंग्रेजों के मध्य जंग जारी रहेगी। चाहे मुझे मार दिया जाए, या फिर कैद कर लिया जाए या फाँसी पर लटका दिया जाए, पर मैं हर बात का जवाब तलवार से दूंगा।

मई माह में अवध अपेक्षाकृत शान्त रहा, परंतु इस माह के अंतिम दिन यहाँ पर विद्रोह की शुरुआत हो गई। जिसके परिणामस्वरूप अवध में उपस्थित ग्रेज अफसरों को भागना पड़ा। इस विद्रोह की शुरुआत तब हुई जब वहाँ के नवाब वाजिद अली शाह की मृत्यु हो गई। इसके बाद उनकी विधवा पत्नी बेगम हजरत महल ने अपने नाबालिग पुत्र बिरजिस कादिर को अवध का नवाब घोषित कर दिया। परंतु अंग्रेजों ने डलहौजी द्वारा घोषित विलयीकरण की नीति के अंतर्गत अवध को अपने अधीन कर लिया तथा उसे अपनी रेजीडेंसी घोषित कर वहाँ पर अंग्रेज रेजीडेंट अफसर की नियुक्ति कर दी। ऐसी स्थिति में अवध की रानी एवं जनता में रोष फैलना स्वभाविक था। फलस्वरूप जून, 1857 को अंग्रेजों के खिलाफ यहाँ पर विद्रोह प्रारंभ हो गया। अवध से लगभग 15 कि.मी. दूर **चिनहट** में अंग्रेज रेजीडेंट हेनरी लॉरेंस ने विद्रोहियों को हराने का प्रयास किया, लेकिन अवध की रानी एवं फैजाबाद के मौलवी अहमदुल्ला के नेतृत्व में स्वतंत्रता सेनानियों ने अंग्रेजी सेना को हरा दिया। और **हेनरी लॉरेंस** को वापस लौटना पड़ा। इस स्थिति को देखकर अंग्रेजों ने हैवलॉक को हेनरी लॉरेंस की सहायता के लिए भेजा था, लेकिन वह अपने प्रथम प्रयास में असफल रहा। लेकिन 25 सितंबर 1857 को जनरल हैवलॉक एवं आऊट्रम ने पुनः अवध पर आक्रमण कर दिया। परंतु नवंबर 1857 में नए मुख्य सेनापति सर **कॉलिन कैंपबेल** जो इंग्लैंड से भेजे गए थे, ने गोरखा रेजीमेंट की सहायता से नगर में प्रवेश किया और यूरोपीय लोगों की रक्षा की। अंततः मार्च 1858 में नगर पर अंग्रेजों का पुनः अधिकार हो गया।

4 जून, 1857 को झांसी में रानी लक्ष्मीबाई ने विद्रोह प्रारंभ कर दिया, जहाँ वे अपने राज्य के पतन तक लड़ती रही। यहाँ से रानी ग्वालियर चली गई और तांत्या टोपे के साथ विद्रोह को नेतृत्व प्रदान किया। वह अनेक युद्धों को जीतने के बाद 17 जून, 1858 को जनरल हयूरोज से लड़ते हुए वीरगति को प्राप्त हो गई। इसी संदर्भ में **जनरल हयूरोज** ने **लक्ष्मीबाई** के बारे में कहा था कि भारतीय क्रांतिकारियों में यह सोयी हुई औरत अकेली मर्द है।

फैजाबाद में मौलवी अहमदुल्ला ने विद्रोह का झंडा बुलंद किया और आहवान किया कि सभी लोग अंग्रेज का फिरों के खिलाफ खड़े हो जाओं और उन्हें भारत से बाहर खदेड़ दो। उनकी गतिविधियों से परेशान होकर अंग्रेज सरकार ने उन पर पचास हजार रुपए का इनाम घोषित कर दिया था। उन्हें 5 जून, 1858 को पोवायां (रुहेलखंड) में गोली मार दी गई। अंग्रेजों ने मौलवी अहमदुल्ला के विषय में कहा कि अहमदुल्ला साहस से परिपूर्ण और दृढ संकल्प वाले व्यक्ति तथा विद्रोहियों में सर्वोत्तम सैनिक है।

भारतीय स्वतंत्रता संग्राम में रुहेलखंड में खान बहादुर खान ने विद्रोह को नेतृत्व प्रदान किया। जिन्हें मुगल सम्राट बहादुर शाह ने सूबेदार नियुक्त किया था। इसी क्रम में कई स्थानों पर स्थानीय नेता सामने आए, जैसे- इलाहबाद में लियाकत अली, गोरखपुर में गजाधर सिंह, फर्रुखाबाद में तफज्जल हुसैन, सुल्तानपुर में शहीद हसन, मथुरा में देवी सिंह और मेरठ में कदम सिंह सहित अन्य कई लोगों ने स्वतंत्रता संग्राम को गति प्रदान की।

जब स्वतंत्रता सेनानियों की हर जगह पराजय होने लगी जिससे उनकी सेना एवं हथियारों को भी बहुत क्षति पहुँची। तब विद्रोहियों ने गुरिल्ला (छापेमार युद्ध) की शुरुआत की तथा जंगलों में छिपकर आवश्यकतानुसर अंग्रेजों पर आक्रमण करने लगे। झाँसी की रानी लक्ष्मीबाई ने अंग्रेजी फौजों का डटकर सामना किया। और अंततः युद्ध में लड़ते-लड़ते युद्ध में वीरगति को प्राप्त हो गई जिससे अंग्रेजो को 1857 के विद्रोह को दबाने में बहुत मदद मिली। विद्रोह के अनय कर्णधार बेगम हजरत महल, नाना साहब एवं अन्य ब्रिटिश फौजों का सामना न कर पाए और नेपाल की सीमा के पास छिप गए, जहाँ पर **लॉर्ड क्लायड** के नेतृत्व में ब्रिटिश फौजों ने उन्हें नेपाल की सीमा में शरण लेने हेतु मजबूर कर दिया। अतः फिर भी इन स्वतंत्रता सेनानियों का उत्साह अपूर्व था तथा उनके संघर्ष ने अंग्रेजी सेना के पुनः संगठित करने की ओर एकाएक ब्रिटिश शासकों का ध्यान आकर्षित किया।

यदि सभी विद्रोहों से अलग हटकर देखा जाए तो पूर्वी उ.प्र. में कुँवर सिंह द्वारा किया गया विद्रोह भी अहम था। इन्होंने 26 मार्च 1858 को ब्रिटिश **कर्नल मिलमैन** को आजमगढ़ में हराकर मिर्ज़ापुर, बाँदा, आजमगढ़ आदि भागों पर कब्जा कर लिया। अतः कुँवर सिंह की वीरता एवं कुशल युद्ध कौशल का अनुमान इसी

से लगाया जा सकता है कि वे अपनी मुट्ठी भर सेना के साथ 15 अप्रैल 1858 तक ब्रिटिश फौजों से जमकर टक्कर लेते रहे लेकिन उन्होंने अंततः हार न मानी और ब्रिटिशों से लड़ते-लड़ते कुँवर सिंह 9 मई, 1858 को वीरगति को प्राप्त हो गए। तभी अंग्रेज इस क्षेत्र पर अपना कब्जा जमा पाए। तथा इसके साथ ही प्रथम स्वतंत्रता संग्राम के पश्चात् अपनी नीतियों में आमूल-चूल परिवर्तन किए और सरकार ने शासन व्यवस्था को पुनः संगठित किया। इस प्रकार वर्ष 1861 में उ.प्र. से नर्मदा एवं सागर जिलों को अलग कर दिया गया और धीरे-धीरे दिल्ली, अजमेर व मारवाड़ को भी पृथक कर दिया गया। फिर बाकी बचे क्षेत्रों को वर्ष 1902 में पुनर्गठित कर आगरा एवं अवध का **संयुक्त प्रांत** नाम दिया गया। इसके उपरांत इसे संयुक्त प्रांत ही रहने दिया।

भारत के स्वतंत्रता संग्राम में 1857 के बाद उ.प्र. का योगदान

1857 ई. में देश के विभिन्न भागों में हुए संगठित एवं असंगठित विद्रोहों को देश की स्वतंत्रता के आंदोलन का पहला चरण माना जाता है। इसके पश्चात इसी दिशा में किए गए प्रयासों को इस आंदोलन का द्वितीय चरण या 1857 के बाद के आंदोलन के रूप में जाना जाता है। इसमें वर्ष 1885 में भारतीय राष्ट्रीय कांग्रेस की स्थापना अंग्रेज अधिकारी **ए.ओ. हयूम** के प्रयासों से हुई। हयूम उस समय उ.प्र. के इटावा जिले के कलेक्टर थे। कांग्रेस की स्थापना के बाद स्वतंत्रता आंदोलन की घटनाएँ इसी के इर्द-गिर्द घटित हुई।

भारतीय राष्ट्रीय कांग्रेस की प्रथम बैठक में उत्तर प्रदेश से शामिल होने वाले नेताओं में प. मदन मोहन मालवीय, अवध के रामपाल सिंह, प. मोतीलाल नेहरु, मौलाना शौकत अली, मुहम्मद अली, तेजबहादुर सप्रु, पुरुषोत्तम दास टण्डन, सी.वाई. चिंतामणि, गणेश शंकर विद्यार्थी, प. गोविंद बल्लभ पंत, रफी अहमद किदवई, आचार्य नरेंद्र देव, संपूर्णानंद, प. जवाहरलाल नेहरु, लाल बहादुर शास्त्री आदि थे। राष्ट्रीय स्तर के प्रमुख नेताओं का उदय हुआ जिन्होंने केवल उ.प्र. में ही नहीं बल्कि संपूर्ण देश में चल रहे भारत के स्वतंत्रता संग्राम आंदोलन का नेतृत्व किया और उसे सफल बनाने के लिए निरंतर प्रयासरत रहें।

स्वतंत्रता संग्राम के दौरान ब्रिटिश सरकार के खिलाफ किए गए असहयोग आंदोलन एवं सविनय अवज्ञा आंदोलन में उ.प्र. की महत्त्वपूर्ण भूमिका रही और उ.प्र. में 1 जून 1920 को हिंदू एवं मुस्लिम नेताओं की एक बैठक इलाहाबाद में हुई जिसमें केंद्रीय खिलाफत कमेटी द्वारा पारित असहयोग आंदोलन को चलाए जाने की पुष्टि की गई। इस सभा में महात्मा गाँधी, लाला लाजपत राय, पं. मोती लाल नेहरु, तेजबहादुर सप्रू, वी.सी. पाल, सत्यमूर्ति, पं. मदनमोहन मालवीय, सी. राजगोपालाचारी, पं. जवाहर लाल नेहरु एवं चिंतामणि जैसे प्रसिद्ध नेताओं ने भाग लिया था। इस प्रस्ताव के पारित होने के बाद देशभर में ब्रिटिश सरकार के खिलाफ विभिन्न स्तरों पर असहयोग आंदोलन प्रारंभ कर दिया गया जिसका उद्देश्य शान्तिपूर्वक विरोध कर अंग्रेजों को उनकी नीतियों के कारण जनसाधारण में उत्पन्न रोष से अवगत कराना था। यह आंदोलन उस समय चरम स्थिति पर पहुँच गया था। लेकिन तभी 5 फरवरी, 1922 को उ.प्र. के गोरखपुर जिले में स्थित **चौरी-चौरा** नामक स्थान पर इस आंदोलन ने हिंसक रूप धारण कर लिया जिसमें आंदोलनकारियों ने पुलिस थाने में आग लगा दी जिसमें पुलिस के 22 जवानों की जान चली गई। ऐसी स्थिति देख महात्मा गाँधी ने आंदोलन को किसी भी स्थिति में स्थगित करने का निर्देश दे दिया। क्योंकि वे आंदोलन को किसी भी स्थिति में हिंसक रूप धारण नहीं करने देना चाहते थे।

असहयोग आंदोलन ब्रिटिश सरकार के खिलाफ भारतीय जनता द्वारा बड़े पैमाने पर किया गया प्रथम संगठित अहिंसक आंदोलन था जिसमें उ.प्र. अग्रणी राज्य बनकर रहा। फिर भी उ.प्र. के कई स्थानों पर हिंसा की वारदातें हुई। क्योंकि जनमानस में ब्रिटिश सरकार के खिलाफ तीव्र असंतोष व्याप्त था। तथा वह किसी भी प्रकार से ब्रिटिश सरकार की नीतियों का विरोध करना चाहती थी। इसी संदर्भ में उ.प्र. के रायबरेली एवं फैजाबाद जिले में जनता ने अविवेकपूर्ण ढंग से लगाए गए करों का विरोध किया एवं जमीदारों के खिलाफ हिंसक व अहिंसक आंदोलन चलाया। इसी बीच मुंशीगंज जेल में पुलिस व जनता के मध्य संघर्ष हुआ जिसमें दस हजार से भी अधिक स्वतंत्रता संग्राम के सेनानियों ने पुलिस के साथ संधर्ष किया। इसी आंदोलन के दौरान फैजाबाद के **गोसाईगंज** नामक स्थान पर हजारों लोगों ने रेलवे लाइन पर धरना दिया। इस पर सुरक्षाकर्मियों को गोली चलानी पड़ी।

वर्ष 1930 में सविनय अवज्ञा आंदोलन ने काफी जोर पकड़ा। लेकिन महात्मा गाँधी एवं इरविन के मध्य हुए समझौते के उपरांत यह आंदोलन स्थगित कर दिया गया। अतः वर्ष 1921 से 1930 तक उत्तर प्रदेश में अनेक क्रांतिकारी नेताओं का उदय हुआ। जिसके फलस्वरूप यहाँ पर काकोरी षडयंत्र केस, मेरठ षडयंत्र

केस, मैनपुरी षडयंत्र केस तथा बनारस षडयंत्र केस आदि हुए। तत्कालीन हिंदुस्तान सोशलिस्ट रिपब्लिकन सेना के सेनानी चंद्रशेखर आजाद ने ब्रिटिश पुलिस को बहुत परेशान कर रखा था। फलस्वरूप इलाहाबाद के निकट **एल्फ्रेड पार्क** में वीर चंद्रशेखर आजाद ने पुलिस मुठभेड़ में खुद पिस्टल से गोली मार ली और शहीद हो गए।

पं. जवाहर लाल नेहरु के नेतृत्व में उ.प्र. में प्रारंभ किया गया किसान आंदोलन ने स्वतंत्रता संग्राम में बहुत सहयोग दिया, क्योंकि इस आंदोलन से प्रेरित होकर गरीब, मजदूर एवं किसान कांग्रेस के झण्डे तले एकत्र हो गए। जिसके परिणामस्वरूप वर्ष 1942 में महात्मा गाँधी द्वारा प्रारंभ किए गए भारत छोड़ो आंदोलन में उ.प्र. सर्वाधिक प्रभावशाली राज्य के रूप में उभर कर सामने आया। इसी समय उ.प्र. के अधिकांश भागों में विशेषकर पूर्वी उ.प्र. के बलिया, आजमगढ़, बस्ती, मिर्ज़ापुर, गाजीपुर फैजाबाद, सुल्तानपुर, गोरखपुर, जौनपुर, बनारस आदि जिलों में इस आंदोलन की व्यापकता बहुत बढ़ गई थी। इसी समय बलिया में **चित्तू पांडे** के नेतृत्व में राष्ट्रीय सरकार की स्थापना की गई। बनारस में स्थित हिंदू विश्वविद्यालय के छात्रों ने अपने स्वतंत्र शासन की घोषणा कर दी। और यह आंदोलन धीरे-धीरे पहाड़ी जिलों में फैलता चला गया। फिर पश्चिमी उ.प्र. के आगरा, अलीगढ़, एटा, मैनपुरी के साथ-साथ लखनऊ, कानपुर एवं फर्रुखाबाद आदि स्थानों पर फैल गया।

वर्ष 1942 के उपरांत भारत छोड़ो आंदोलन तीव्र गति से जोर पकड़ता गया, जिसके फलस्वरूप अंग्रेजों को भारत छोड़ने पर विवश होना पड़ा। इसी क्रम में तत्कालीन उ.प्र. की विधान सभा ने **जमींदारी प्रथा** को हटाने के लिए समिति की घोषणा की, क्योंकि इसी प्रथा के खिलाफ जनसाधारण कांग्रेस के समर्थन में एकत्र होकर आंदोलनरत हो गया था। और अंततः वर्ष 1951 में उ.प्र. में जमींदारी उन्मूलन एवं भूमि सुधार अधिनियम के लागू होने पर इसका व्यापक सुधार किया गया। अतः यह कहा जा सकता है कि स्वतंत्रता प्राप्ति की दिशा में किए गए वर्ष 1857 के प्रथम आंदोलन से लेकर इसकी प्राप्ति तक प्रदेश की जनता ने अपना सक्रिय योगदान किया।

ब्रिटिश शासन के दौरान और बाद में देश के इतिहास में उ.प्र. का योगदान महत्वपूर्ण रहा है सर्वविदित है कि भारतीय स्वतंत्रता संग्राम में उ.प्र. राज्य के लोगो का योगदान अभूतपूर्व रहा है। उल्लेखनीय है कि इस प्रदेश ने हिंदुस्तान को एक दो नहीं बल्कि 8 प्रधानमंत्री दिए, जो क्रमशः पं. जवाहरलाल नेहरु, राजीव गाँधी, विश्वनाथ प्रताप सिंह, चंद्रशेखर एवं अटल बिहारी वाजपेयी है। इनके अलावा उ.प्र. ने ऐसे राजनीतिज्ञ दिए जो देश की राष्ट्रीय राजनीति में सक्रिय रूप से छाए रहे। जो इस प्रकार है- पीतांबर दास, दीनदयाल उपाध्याय, आचार्य नरेंद्र देव, डॉ. राममनोहर लोहिया, गोविंद बल्लभ पंत, नारायण दत्त तिवारी, कमलापति त्रिपाठी, हेमवतीनंदन बहुगुणा, मुलायम सिंह यादव एवं सुश्री मायावती आदि हैं।

राष्ट्रवाद का अंकुरण

1857 की क्रान्ति के कारण अंग्रेजी राज का रवैया इस प्रान्त के प्रति पक्षपातपूर्ण हो गया था। परिणामस्वरूप, शिक्षा तथा सामाजिक सुधारों के क्षेत्र में यह प्रान्त बंगाल, बम्बई तथा मद्रास आदि से पिछड़ता चला गया। इसके साथ ही साथ धार्मिक व सांस्कृतिक आन्दोलनों के मामले में भी यह प्रान्त पिछड़ा ही रहा। जिस दौर में बंगाल, ब्रह्म समाज तथा रामकृष्ण मिशन, पंजाब, आर्यसमाज तथा बम्बई व पूना, प्रार्थना समाज व सत्यशोधक मण्डल जैसी सामाजिक-बौद्धिक संस्थाओं के कारण सांस्कृतिक व बौद्धिक रूप से उद्वेलित हो रहे थे, उत्तर प्रदेश एक सांस्कृतिक शून्य के दौर से गुजर रहा था। इस दौर में आर्य समाज की सिर्फ दो शाखाएँ उत्तर प्रदेश में स्थापित हो सकी थीं। इस अपेक्षाकृत शान्त माहौल में भी बनारस के भारतेन्दु बाबू हरिश्चन्द्र, 19वीं सदी के उत्तरार्ध में अपने **'कवि वचन सुधा'** नामक पत्रिका के माध्यम से बंगाल के स्वदेशी आन्दोलन के समर्थन में मुहिम जारी रखे हुए थे।

इसी दौर में सर सैयद अहमद खान ने मुसलमानों के बीच एक प्रगतिशील आन्दोलन की नींव रखी। 1869 में ब्रिटेन से लौटने के बाद उन्होंने **'तहजीब उल अखलाक'** नामक पत्रिका के माध्यम से मुस्लिम समाज के मध्य पाश्चात्य ज्ञान विज्ञान का आन्दोलन प्रारम्भ कर दिया। 1875 में उन्होंने अलीगढ़ में **'मोहम्मडन एंग्लो ओरियंटल विद्यालय'** की स्थापना की जो बाद में अलीगढ़ विश्वविद्यालय बन गया। **'अलीगढ़ आन्दोलन'** के नाम से विख्यात यह आन्दोलन उत्तर प्रदेश के आधुनिक इतिहास का एक महत्त्वपूर्ण अध्याय है।

सोमवार 28 दिसम्बर, 1885 को **'गोकुलदास तेजपाल संस्कृत कालेज, बम्बई'**, में भारतीय राष्ट्रीय कांग्रेस का प्रथम अधिवेशन सम्पन्न हुआ। इस स्थापना अधिवेशन के कुल 72 प्रतिनिधियों में उत्तर प्रदेश का प्रतिनिधित्व गंगा प्रसाद वर्मा, प्राणनाथ पंडित, मुंशी ज्वाला प्रसाद, जानकीनाथ घोषाल, रामकली चौधरी, बाबू जमुनादास, बाबू शिव प्रसाद चौधरी तथा लाला बैजनाथ आदि ने किया था।

कलकत्ता में सम्पन्न कांग्रेस के दूसरे अधिवेशन में उत्तर प्रदेश के प्रतिनिधियों की संख्या 74 पहुँच गयी थी। दादा भाई नौरोजी की अध्यक्षता में प्रारम्भ इस अधिवेशन में कुल 431 प्रतिनिधियों ने हिस्सा लिया था। कांग्रेस के दूसरे ही अधिवेशन में इतना अधिक प्रतिनिधित्व बढ़ जाने का कारण सुरेन्द्रनाथ बनर्जी द्वारा कांग्रेस में सम्मिलित हो जाने के लिए राजी हो जाना था। सुरेन्द्र नाथ बनर्जी तथा इण्डियन एसोसियेशन द्वारा अधिवेशन में सम्मिलित होने का निर्णय लेते ही बंगाल के अन्य राजनैतिक संगठनों ने भी इसमें खुलकर हिस्सा लिया। ए. ओ. ह्यूम को कांग्रेस का महासचिव बनाया गया तथा कांग्रेस की स्थानीय समितियों को गठित करने का निर्णय लिया गया। इस अधिवेशन में कांग्रेस ने सार्वजनिक सेवाओं से जुड़े प्रश्नों पर विचार के लिए सत्रह सदस्यीय समिति का गठन किया जिसमें अकेले उत्तर प्रदेश से पाँच सदस्यों को चुना गया था। लखनऊ के गंगाप्रसाद वर्मा, प्राणनाथ, मौलाना हामिद अली तथा नवाब रज़ा अली खान और प्रयागराज के मुंशी काशी प्रसाद इस समिति में शामिल थे।

मद्रास के तीसरे अधिवेशन में बदरुद्दीन तैयब अली द्वारा घोषित सब्जेक्ट कमेटी में उत्तर प्रदेश से राजा रामपाल सिंह, मौलवी हामिद अली, रामकली चौधरी एवं पं. मदनमोहन मालवीय को सम्मिलित किया गया था। कांग्रेस के इसी सत्र में पार्टी के संविधान तथा कार्यपद्धति को निर्धारित करने के लिए एक विधि समिति का निर्माण भी किया गया था जिसमें लखनऊ के गंगा प्रसाद वर्मा, विशन नारायण व मौलाना हामिद अली को शामिल किया गया था। यह अधिवेशन अपने पूर्ववर्ती दोनों अधिवेशनों से अधिक सफल सिद्ध हुआ। इसमें 607 प्रतिनिधियों ने भाग लिया तथा पहली बार प्रतिनिधियों के रहने के लिए एक सभास्थल स्वीकार कर लिया गया। इसी अधिवेशन से कांग्रेस को एक जन संगठन बनाने का प्रयास प्रारम्भ हुआ।

कांग्रेस का चौथा अधिवेशन जार्ज यूल की अध्यक्षता में प्रयागराज में सम्पन्न हुआ। इस प्रान्त के गवर्नर सर आकलैण्ड कॉल्विन ने जी जान से यह कोशिश की कि इस प्रान्त में न तो कांग्रेस का प्रचार ही होने पाये और न वह आवश्यक चन्दे का ही संग्रह कर सके। और तो और, प्रयागराज में अधिवेशन के लिये कांग्रेस को कोई जगह भी न मिल पाये, यह भी प्रयास किया गया। अंग्रेजी शासन के इस कड़े रुख के कारण मद्रास के तीसरे अधिवेशन में कांग्रेस द्वारा अंग्रेजी प्रशासन के विरुद्ध की गयी कटु आलोचनाएँ ही थीं। अंग्रेजों के इस कड़े रुख के साथ-साथ सर सैय्यद अहमद खाँ तथा बनारस के राजा शिव प्रसाद 'सितारे हिन्द' ने भी कांग्रेस का विरोध प्रारम्भ कर दिया था। सर सैय्यद अहमद ने मुसलमानों को कांग्रेस से दूर रहने को कहा। परन्तु उनके विरोध के बाद भी भारतीय मुस्लिम समाज में कांग्रेस के प्रति आकर्षण निरन्तर बढ़ ही रहा था। इसके अधिवेशनों में मुस्लिम प्रतिनिधियों की संख्या 1885 में 2, 1886 में 33 और 1887 में 79 तक बढ़ चुकी थी। कांग्रेस में मुसलमानों के बढ़ते प्रभाव को देखकर सर सैय्यद ने 'मुहम्मडन एज्यूकेशनल कांग्रेस' और 'यूनाइटेड पैट्रियाटिक एसोसिएशन' नामक दो संस्थाओं की स्थापना कर कांग्रेस के विरुद्ध प्रचार प्रारम्भ कर दिया। सर सैय्यद के साथ-साथ राजा शिवप्रसाद 'सितारे हिन्द' ने भी कांग्रेस के विरुद्ध प्रचार में उनका पूरा साथ दिया। 'ब्रिटिश इण्डियन एसोसिएशन' तथा सर दिनशा मानक जी पेटिट जैसे धनिक पारसियों ने भी कांग्रेस को कमजोर करने की पूरी कोशिश की। इन बाह्य विरोधों के बाद भी प्रयागराज का अधिवेशन पहले तीन अधिवेशन से अधिक सफल सिद्ध हुआ। इसमें कुल 1248 प्रतिनिधियों ने हिस्सा लिया। इनमें 964 हिन्दू, 222 मुसलमान, 7 पारसी, 11 जैन, 6 सिक्ख, 16 ईसाई, 2 यूरोपियन और 20 अमरीका निवासी भारतीय थे। इन प्रतिनिधियों में से 11 नवाब, 1 शहजादा, 2 मुगल राजकुमार, 3 अन्य राजकुमार, 388 जमींदार, 448 वकील, 77 पत्रकार, 143 आयुक्त, 58 शिक्षक तथा 10 किसानों ने हिस्सा लिया था। यद्यपि संख्या की दृष्टि से प्रयागराज का अधिवेशन एक सफल अधिवेशन था परन्तु इसमें सामन्तों तथा अभिजात्यवर्गीय प्रतिनिधित्व का वर्चस्व इतना अधिक बढ़ गया कि अंग्रेजी राज के प्रति कांग्रेस का रुख पहले की तुलना अधिक नरम होने लगा। इस नरम रुख का नेतृत्व रानाडे और गोखले आदि कर रहे थे। इस नरम रुख के परिणास्वरूप ही 1892 का अधिवेशन लंदन में करने का निर्णय लिया गया था हालाँकि बाद में इसे प्रयागराज में करने का निर्णय लिया गया। उत्तर प्रदेश में कांग्रेस का यह दूसरा अधिवेशन था। उत्तर प्रदेश में कांग्रेस का तीसरा अधिवेशन 1899 में लखनऊ में हुआ, जिसमें कांग्रेस के संविधान को स्वीकार किया गया तथा इसी अधिवेशन में प्रादेशिक कमेटियों के गठन का निर्णय भी लिया गया।

कांग्रेस के इस नरम रुख के विरुद्ध कांग्रेस के अन्दर ही एक उग्रवादी धारा प्रवाहित होने लगी जिसका नेतृत्व तिलक तथा अरविन्द घोष कर रहे थे। बम्बई से प्रकाशित होने वाले 'इन्दु प्रकाश' में अरविन्द घोष ने कांग्रेस के इस नये रुख के विरुद्ध जमकर लिखा। 1895 के पूना कांग्रेस में तिलक ने यह सीधा आरोप लगा दिया

कि वह इसे आम जनता तक नहीं ले जाना चाहते हैं। 1905 तक कांग्रेस पर यद्यपि नरम और गरम पंथियों का ही वर्चस्व स्थापित रहा परन्तु धीरे-धीरे तिलक की बढ़ती लोकप्रियता ने नरम और गरम पंथ के मध्य दूरी को बढ़ाना प्रारम्भ कर दिया था। 1905 के बंगाल विभाजन ने कांग्रेस के इस आन्तरिक मतभेद को अत्यधिक बढ़ा दिया। बंग भंग आन्दोलन में दिये गये बहिष्कार, स्वदेशी तथा राष्ट्रीय शिक्षा के नारे के प्रश्न पर कांग्रेस में तीखे मतभेद उत्पन्न हो चुके थे। ऐसे माहौल में कांग्रेस का 25वाँ अधिवेशन बनारस में हुआ। इन दोनों समूहों में पहला टकराव बनारस में ही हुआ। इस विवाद का प्रथम कारण **'प्रिंस आफ वेल्स'** का स्वागत प्रस्ताव था। नरम पंथी इस प्रस्ताव को पारित कराना चाहते थे, जबकि तिलक आदि इसके विरुद्ध थे। बाद में 1906 के कलकत्ता अधिवेशन में जब तिलक दल ने **'बहिष्कार'** आन्दोलन को अखिल भारतीय स्तर पर प्रारम्भ करने का प्रस्ताव किया तो नरम दल ने इसका जमकर विरोध किया। इस अधिवेशन का प्रारम्भ ही कटुताओं से हुआ था। वास्तव में, गरम दल वाले लाला लाजपत राय को अध्यक्ष बनाना चाहते थे, जबकि नरम दल ने 81 वर्षीय दादाभाई नौरोजी को ब्रिटेन से बुलाकर तीसरी बार कांग्रेस का अध्यक्ष बना दिया था। इसका विरोध गरम दल न कर सका था। **'स्वदेशी'** आन्दोलन को लेकर भी दोनों दलों में विरोध प्रारम्भ हो गया था। इन सब का परिणाम 1907 के सूरत कांग्रेस में उस समय सामने आया जब यह विरोध अपनी चरम सीमा में पहुँच गया तथा कांग्रेस दो हिस्सों में विभाजित हो गयी।

इस समय स्वदेशी, बहिष्कार एवं राष्ट्रीय शिक्षा के आन्दोलनों के विरुद्ध सरकारी दमन चक्र भी अपने चरम सीमा पर था। तिलक को 24 जून 1908 को केसरी में प्रकाशित दो लेखों के लिए 6 वर्ष की सजा दे दी गयी। बंगाल के प्रसिद्ध नेताओं अश्विनी कुमार दत्त और कृष्ण कुमार मित्र को देश निकाला दे दिया गया। कांग्रेस अब पूरी तरह नरम दल वालों के हाथ में आ चुकी थी क्योंकि विपिनचन्द्र पाल तथा अरविन्द घोष भी सक्रिय राजनीति से निकल गये थे।

यू. पी. कांग्रेस कमेटी

उत्तर प्रदेश (यूनाइटेड प्राविंसेज़) में कांग्रेस कमेटी का पहला सम्मेलन पं. मोतीलाल नेहरू की अध्यक्षता में प्रारम्भ हुआ। 1907 के सूरत विभाजन में उत्तर प्रदेश के पं. मोतीलाल नेहरू तथा पं. मदनमोहन मालवीय ने नरम पंथियों का साथ दिया था। 1909 में प्रदेश कांग्रेस का राजनीतिक सम्मेलन पुनः मोतीलाल नेहरू की अध्यक्षता में आगरा में शुरू हुआ। 1910 तक कांग्रेस संगठन का विस्तार प्रदेश के अनेक जिलों तक हो चुका था। 1907 में गरम दल के निष्कासन से 1914 के प्रथम विश्वयुद्ध के प्रारम्भ तक कांग्रेस नरम दल वालों के हाथ में रही।

इस बीच तिलक बर्मा के माण्डले जेल में रहे। जून 1914 में तिलक के छूटने तथा गोखले व फिरोजशाह मेहता की मृत्यु के बाद गरम दल फिर से कांग्रेस में प्रवेश पा गया। सितम्बर 1914 में प्रथम विश्वयुद्ध प्रारम्भ हो गया और नवम्बर में आटोमन खलीफा ने मित्र राष्ट्रों के विरुद्ध केन्द्रीय शक्तियों का साथ देना स्वीकार कर लिया था। तुर्की द्वारा जर्मनी का साथ देने का निर्णय लेते ही पूरे ब्रिटिश साम्राज्य के मुस्लिम समाज में ब्रिटिश विरोधी भावनाओं का संचार प्रारम्भ होने लगा था।

भारत में भी मौलाना अब्दुल कलाम आजाद, मौलाना मुहम्मद अली और शौकत अली जैसे नेताओं के प्रयास से मुस्लिम लीग ने अपने उद्देश्यों व नीतियों में थोड़ा परिवर्तन किया और ब्रिटिश सरकार के प्रति वफादारी की जगह पर भारत में स्वशासन की स्थापना को मुस्लिम लीग का उद्देश्य घोषित कर दिया। इसके साथ ही तिलक, एनी बेसेन्ट तथा जिन्ना के प्रयासों से कांग्रेस और मुस्लिम लीग का अधिवेशन एक साथ मुम्बई में हुआ। इन दोनों के प्रतिनिधियों ने संयुक्त रूप से हिन्दू-मुस्लिम भोज का आयोजन किया। इन्होंने चाँद और कमल दोनों चिह्नों वाले बैज लगा रखे थे जो हिन्दू-मुस्लिम एकता के प्रतीक थे। जिन्ना इस समय तक **'हिन्दू-मुस्लिम एकता के राजदूत'** कहे जाने लगे थे।

अगले वर्ष 1916 में एक बार फिर कांग्रेस और मुस्लिम लीग का अधिवेशन एक साथ लखनऊ में सम्पन्न हुआ। इस समय मुस्लिम लीग के नेता स्वयं जिन्ना थे जो 1904 से ही कांग्रेस के नेता थे। लखनऊ कांग्रेस के अध्यक्ष अम्बिका चरण मजुमदार थे। यहाँ पर कांग्रेस और लीग की एकता ने मूर्त रूप धारण किया। इन दोनों ने मिलकर जो योजना तैयार की वह **'कांग्रेस-लीग समझौता'** के नाम से प्रसिद्ध हुई। कांग्रेस का यह अधिवेशन इसलिए भी महत्वपूर्ण था कि 1907 के बाद पहली बार तिलक कांग्रेस अधिवेशन में सम्मिलित हो रहे थे। तिलक की लोकप्रियता इस सीमा तक पहुँच चुकी थी कि लखनऊ स्टेशन से अधिवेशन स्थल तक उन्हें जिस घोड़ागाड़ी में लाया गया उसे घोड़ों के बदले लखनऊ विश्वविद्यालय के छात्रों ने खींचकर पाण्डाल तक पहुँचाया था।

इस समय तक भारतीय राजनीति में एक ऐसे व्यक्ति का पदार्पण हो चुका था जो भारत की आजादी का मसीहा बनने वाला था। मोहनदास करमचन्द गांधी नामक इस महात्मा ने दक्षिणी अफ्रीका में अप्रवासी भारतीयों के अधिकारों के संघर्ष का सफलतापूर्वक नेतृत्व करने के कारण अन्तर्राष्ट्रीय ख्याति प्राप्त कर ली थी। भारत के स्वतंत्रता संग्राम में गांधी के प्रवेश के साथ ही भारतीय राष्ट्रवाद में एक नयी दिशा का दौर प्रारम्भ हो गया। गांधीवादी राष्ट्रवाद मात्र भारत के राजनैतिक आजादी तक सीमित नहीं रहा बल्कि इसने भारत की आर्थिक, धार्मिक, सांस्कृतिक तथा सामाजिक क्रांति का नवीन दर्शन भी निरूपित किया। भारत की राजनैतिक आजादी मात्र इसकी पहली सीढ़ी थी। इस सर्वांगीण क्रान्ति के दर्शन को गांधी ने **"अहिंसा"** के चरखे पर **"सत्य"** के धागों से बुना था। गांधी के इस क्रान्तिकारी खादीवाद समाज में औद्योगिक, राजनीतिक तथा धार्मिक पूँजीवाद के लिए कोई स्थान नहीं था। इस समाज तक पहुँचने का एकमात्र मार्ग **"सत्याग्रह "** था।

सन् 1914 में गांधी भी दक्षिण अफ्रीका से भारत आ चुके थे। उनके आने के पूर्व ही उनके सत्य, अहिंसा व सत्याग्रह की ख्याति भारत पहुँच चुकी थी। चम्पारण में नील की खेती करने वाले किसानों पर गोरों द्वारा किये जाने वाले अत्याचारों के विरुद्ध तथा गुजरात के खेड़ा जिले के अकालग्रस्त किसानों पर लगने वाले लगान के विरुद्ध गांधी ने सत्याग्रह प्रारम्भ कर दिया। फरवरी 1919 में सरकार द्वारा **"रौलट कमेटी"** की सिफारिशों को लागू करने की घोषणा के बाद गांधी ने क्षण भर भी इन्तजार नहीं किया। इस कानून के अन्तर्गत क्रांतिकारी राष्ट्रवादियों पर राजद्रोह का मुकदमा चलाकर उन्हें बिना कारण बताये गिरफ्तार किया जा सकता था तथा भारत रक्षा कानून के अन्तर्गत नज़रबंद व्यक्तियों को कानून समाप्त हो जाने के बाद भी बन्द रखा जा सकता था। इसमें किसी प्रकार की अपील की संभावना नहीं थी। विश्वयुद्ध के समाप्त हो जाने के बाद भी इस कमेटी के प्रस्तावों को स्वीकार करने के विरुद्ध गांधी ने सत्याग्रह सभाओं की स्थापना कर 30 मार्च से देशभर में हड़ताल तथा उपवास की घोषणा कर दी। बाद में हड़ताल का दिन 6 अप्रैल 1919 कर दिया गया। गांधी की सत्याग्रह सभाओं ने जवाहरलाल नेहरू सहित अनेक युवकों को अपनी तरफ आकर्षित किया।

अक्टूबर 1920 में यू.पी. कांग्रेस का प्रान्तीय सम्मेलन मुरादाबाद में आयोजित हुआ। इस सम्मेलन की अध्यक्षता डॉ. भगवान दास ने की। सम्मेलन में गांधी, मालवीय, मोतीलाल, जवाहरलाल, श्रद्धानंद, हकीम अजमल खाँ, मौलाना शौकत अली, मौलाना मुहम्मद अली तथा मौलाना हसरत मोहानी जैसे राजनीतिक हस्तियों की उपस्थिति ने इसे एक महत्वपूर्ण सम्मेलन बना दिया था। इस सम्मेलन ने गांधी के प्रस्ताव को स्वीकार कर लिया। दिसम्बर 1920 का नागपुर अधिवेशन गांधीमय अधिवेशन में बदल चुका था। उनके असहयोग का प्रस्ताव यहाँ बहुमत से पारित हो गया। इस सम्मेलन में कांग्रेस का एक नया संविधान भी स्वीकार किया गया जिस पर गांधी की नीतियों का प्रभाव स्पष्ट था। कांग्रेस के अन्दर खादी, अस्पृश्यता निवारण, नशाबन्दी तथा राष्ट्रीय शिक्षा जैसे रचनात्मक सामाजिक कार्यों का प्रारम्भ यहीं से हुआ। भारत के इतिहास में पहली बार किसी एक व्यक्ति के आह्वान पर पूरा देश एक साथ खड़ा हो गया। छात्रों ने स्कूल छोड़ दिये और सरकारी नौकरों ने अपनी नौकरियाँ। राष्ट्रीय शिक्षा के विकास के लिए पटना, अहमदाबाद तथा पूना की तरह बनारस में काशी विद्यापीठ और अलीगढ़ में मुस्लिम विद्यापीठ की स्थापना की गई। मोतीलाल नेहरू, देशबन्धु चितरंजन दास, बाबू राजेन्द्र प्रसाद, आसफ अली तथा राजगोपालाचारी जैसे प्रमुख वकीलों ने अपनी वकालत छोड़ दी। विदेशी कपड़ों की होली जलायी जाने लगी। हजारों की संख्या में सत्याग्रही गिरफ्तार कर लिये गये। गांधी को छोड़कर देश के सभी बड़े-बड़े नेता गिरफ्तार कर लिये गये। गांधी को गिरफ्तार करने का साहस अंग्रेजी शासन नहीं कर पा रहा था। उन्होंने प्रान्तीय समितियों को स्थानीय स्तर पर सत्याग्रह आन्दोलन प्रारम्भ करने की स्वीकृति दे दी। बिहार और उड़ीसा की तरह उत्तर प्रदेश में अवध प्रान्त के किसानों ने भी गैर कानूनी उगाही के विरुद्ध आन्दोलन कर दिया। इसी समय ब्रिटेन के राजकुमार वेल्स ने भारत यात्रा प्रारम्भ की। अक्टूबर 1921 में उत्तर प्रदेश कांग्रेस का राजनीतिक सम्मेलन मौलाना हसरत मोहानी की अध्यक्षता में आगरा में प्रारम्भ हुआ। इस सम्मेलन में ब्रिटिश युवराज के बहिष्कार को पूरी तरह सफल बनाने का निश्चय किया गया।

जनवरी 1922 के सर्वदल सम्मेलन के अनुरोध पर गांधी ने एक माह के लिए आन्दोलन स्थगित करवा दिया, परन्तु सरकारी दमन जब फिर भी नहीं रुका तब गांधी ने बारडोली में सामूहिक आन्दोलन प्रारम्भ करने का निर्णय लिया। परन्तु बारडोली का आन्दोलन आरम्भ होने के पूर्व ही उत्तर प्रदेश के चौरीचौरा नामक स्थान पर एक ऐसी घटना हो गयी जिसने स्वतंत्रता संग्राम के इतिहास को एक नया मोड़ दे दिया।

उत्तर प्रदेश (संयुक्त प्रान्त) के गोरखपुर जिले के एक छोटे से कस्बे चौरीचौरा में 5 फरवरी 1922 को सत्याग्रहियों का एक

जत्था अपराह्न में आयोजित होने वाली एक जनसभा में भाग लेने के लिए सभा स्थल की तरफ जा रहा था। यहाँ पर सायंकाल तक एक राष्ट्रीय नेता के आने की सूचना थी। सत्याग्रही अत्यन्त उत्साहित थे। स्वयंसेवक खादी की बनी टोपियाँ खरीद और बेच रहे थे। थाने के सिपाहियों द्वारा गाली देने पर इस जत्थे और पुलिसवालों में झगड़ा हो गया। सिपाहियों ने इस जत्थे के सत्याग्रहियों को पीटना प्रारम्भ कर दिया। सभास्थल पर एकत्रित लोगों को इसकी सूचना मिलते ही क्रोधित भीड़ ने सिपाहियों को घेर लिया। सिपाहियों ने तत्काल गोली चलानी प्रारम्भ कर दी। गांधी जी के शब्दों में, "उनके (पुलिस) पास थोड़े से कारतूस थे; वे चुक गये। तब वे सुरक्षा के लिए थाने में घुस गये। मेरे संवादप्रेषक की सूचना के अनुसार भीड़ ने तब थाने में आग लगा दी। थाने के अन्दर बन्द सिपाहियों को तब अपनी जान बचाने के लिए बाहर आना पड़ा और तब उनके टुकड़े-टुकड़े कर दिये गये और उनकी लाश के लोथड़ों को आग में झोंक दिया गया।"

इन सिपाहियों की कुल संख्या 22 थी। इस घटना ने गांधी को अत्यन्त आहत किया। उन्होंने इस घटना को अपने सिद्धान्तों तथा कार्यक्रमों के विपरीत बताया तथा 12 फरवरी को बारडोली में कांग्रेस की बैठक बुलाकर तत्काल प्रत्येक प्रकार के आन्दोलन को समाप्त कर देने की घोषणा कर दी। कांग्रेस का कोई भी नेता इस अवसर को हाथ से नहीं जाने देना चाहता था। सभी ने गांधी के निर्णय का विरोध किया। चितरंजन दास, लाला लाजपत राय, मोतीलाल नेहरू, जवाहरलाल नेहरू और सुभाष चन्द्र बोस आदि सभी गांधी के इस निर्णय से हक्के-बक्के रह गये। निश्चय ही अपने सिद्धांतों की रक्षा के लिए इतना बड़ा त्याग करने का साहस मात्र गांधी में ही था। इस अवसर का लाभ उठाकर गांधी को गिरफ्तार कर लिया गया। उनके ऊपर राजद्रोह का मुकदमा चलाया गया तथा छह वर्ष के लिए जेल भेज दिया गया।

स्वराजवादी

आन्दोलन के प्रारम्भ से ही गांधी के अहिंसा और सत्याग्रह में पूर्ण आस्था न रखने वाले भी गांधी के साथ जुड़ने पर मजबूर हो गये थे परन्तु गांधी की गिरफ्तारी तथा आन्दोलन की वापसी के बाद इस वर्ग ने 1922 के गया कांग्रेस अधिवेशन में विधान परिषदों में प्रवेश का प्रस्ताव रखा। यह असहयोग के घोषित कार्यक्रम के विपरीत एक प्रस्ताव था। चितरंजन दास तथा मोतीलाल नेहरू के नेतृत्व में इस वर्ग की यह दलील थी कि आन्दोलन के वापस हो जाने के बाद आन्दोलन के कार्यक्रम भी समाप्त हो गये। अब यह वर्ग विधान परिषदों में पुन: प्रवेश कर अन्दर से संघर्ष जारी रखने की नीति अपनाना चाहता था। इनके विपरीत दूसरा वर्ग गांधी की अनुपस्थिति में आन्दोलन के किसी कार्यक्रम में कोई परिवर्तन नहीं करना चाहता था। इस प्रकार गया कांग्रेस परिवर्तनवादियों और परिवर्तन विरोधियों नामक दो घटकों में विभाजित हो गया। परिवर्तन विरोधियों का नेतृत्व राजगोपालाचारी तथा राजेन्द्र प्रसाद आदि कर रहे थे। चितरंजन दास का प्रस्ताव 860 के विरुद्ध 1740 मतों से गिर गया। चितरंजन दास ने अध्यक्ष पद से त्यागपत्र दे दिया तथा मोतीलाल नेहरू, विट्ठलभाई पटेल, मदनमोहन मालवीय और जयकर को लेकर कांग्रेस के अन्दर ही एक अन्य दल **"स्वराज पार्टी"** की स्थापना कर दी।

इस दल ने 1923 के चुनाव में हिस्सा लिया। मध्य प्रान्त में इस दल ने बहुमत प्राप्त किया। बंगाल में भी इसे दूसरा स्थान मिला। परन्तु संयुक्त प्रान्त तथा बंगाल में इसे स्पष्ट बहुमत नहीं मिल सका। केन्द्रीय विधान परिषद् में इन्होंने 101 जगहों में से 42 जगह प्राप्त कीं। सरकार के समक्ष स्वराजियों ने माँग रखी कि सभी राजनीतिक बन्दियों को रिहा कर दिया जाय, क्रूर कानूनों को निरस्त किया जाय तथा प्रान्तों को स्वायत्तता प्रदान कर परिषदों द्वारा सरकार चलायी जाय। इसके लिए इन्होंने गोलमेज सभा आयोजित करने की माँग रखी।

फरवरी 1924 में गांधी जी स्वास्थ्य के आधार पर जेल से रिहा कर दिये गये। जेल से छूटने के बाद उन्होंने स्वराजवादियों के चुनाव लड़ने के निर्णय को अपना समर्थन दे दिया। परिवर्तन विरोधियों के अनुसार स्वराजवादियों के समक्ष यह गांधी का आत्मसमर्पण था। 16 जून 1925 को चितरंजन दास की मृत्यु के बाद मोतीलाल नेहरू स्वराजवादियों के एकमात्र नेता बन गये। परन्तु मदनमोहन मालवीय से उत्पन्न उनके मतभेद ने स्वराजवादियों को विभाजित कर दिया। मालवीय ने जयकर तथा लाजपत राय के साथ मिलकर **"नेशनलिस्ट पार्टी"** के नाम से एक नयी पार्टी बना ली। 1926 के चुनावों में इसे संयुक्त प्रान्त में काफी सीटें प्राप्त हुईं और स्वराजवादी पूरी तरह टूट गये। मोतीलाल नेहरू के अनुसार मालवीय-लाला गैंग कांग्रेस पर कब्जा करने का प्रयास कर रहा था और उसे बिड़ला की धनशक्ति का भी सहयोग प्राप्त था।

अक्टूबर 1927 में ब्रिटेन की सरकार ने 1919 के भारत सरकार अधिनियम की उपलब्धियों की जाँच के लिए एक आयोग की नियुक्ति की जिसके सभी सदस्य अंग्रेज थे। इस आयोग के

अध्यक्ष सर साइमन थे। इस आयोग में किसी भी भारतीय के न होने के कारण कांग्रेस ने आयोग के विरोध का निर्णय कर लिया। फरवरी 1928 में यह आयोग मुम्बई पहुँचा। हर नगर में **"साइमन वापस जाओ"** के नारे गूंजने लगे। एक बार फिर से असहयोग का वातावरण जीवन्त हो उठा। कांग्रेस ने मार्च 1928 में एक सर्वदलीय सम्मेलन का आयोजन दिल्ली में किया तथा इसमें साइमन आयोग के बहिष्कार के साथ-साथ मोतीलाल नेहरू की अध्यक्षता में एक समिति गठित की। इस समिति को 1 जुलाई 1928 से पहले भारत के संविधान के सिद्धान्तों का प्रारूप तैयार करना था। **'नेहरू रिपोर्ट'** के नाम से प्रसिद्ध इस प्रारूप में अधिराज्य अथवा औपनिवेशिक स्वराज को आधार बनाया गया था।

अगस्त में एक बार फिर सर्वदलीय सम्मेलन लखनऊ में आयोजित किया गया। यह सम्मेलन राजा महमूदाबाद के भव्य महल के बाग में आयोजित किया गया। **'नेहरू रिपोर्ट'** के विरोध स्वरूप जवाहरलाल नेहरू तथा सुभाष बोस ने इस सम्मेलन में न कोई प्रस्ताव रखा, न बहस में हिस्सा ही लिया। जवाहरलाल तथा सुभाष चन्द्र बोस ने **"इंडिपेन्डेन्स फॉर इंडिया लीग"** की स्थापना की थी। पिछले कुछ वर्षों में संगठन ने अनेक युवकों, मजदूरों तथा कृषक संगठनों को अपनी ओर आकर्षित किया था। सोवियत क्रान्ति की सफलता से उत्साहित तथा मार्क्स-लेनिन के सिद्धान्तों से चमत्कृत नेहरू इस विद्रोही युवा वर्ग के नेता बन चुके थे। उनके नेतृत्व में इस समूह ने नेहरू रिपोर्ट का जमकर विरोध किया। अपने पिता के निर्देशों पर जिस रिपोर्ट को उन्होंने स्वयं लिखा था उसी को जवाहरलाल नेहरू ने इस सम्मेलन में पूरी तरह खारिज कर दिया कि यह रिपोर्ट हिन्दू सम्प्रदायवादियों की जीत के समान है न कि प्रतिक्रियावादी ब्रिटिश साम्राज्यवादियों की। खिलाफत आन्दोलन के समापन तथा उसके बाद प्रारम्भ हिन्दू-मुस्लिम दंगों के कारण अली बन्धु का मोह भी अब कांग्रेस से पूरी तरह समाप्त हो चुका था। मोतीलाल नेहरू ने बहुत प्रयास किया कि जिन्ना उनकी रिपोर्ट का समर्थन कर दें, परन्तु जिन्ना उनके पुत्र नहीं थे जो अपने पिता की भाँति तत्परता से विचार परिवर्तन कर दिया करते थे। मोतीलाल नेहरू तथा हिन्दू महासभा के उनके समर्थकों ने जिन्ना की इस माँग को पूरी तरह अस्वीकार कर दिया कि केन्द्रीय विधान सभा में मुसलमानों को एक तिहाई प्रतिनिधित्व मिलना चाहिए।

30 अक्टूबर 1928 को साइमन आयोग के पंजाब आगमन के विरोध में एक बहिष्कार जुलूस का आयोजन लाहौर में किया गया था। इस जुलूस का नेतृत्व 64 वर्षीय लाला लाजपत राय कर रहे थे। इस जुलूस पर पुलिस द्वारा किये गये लाठीचार्ज में लाला लाजपत राय इतने घायल हो गये कि कुछ सप्ताहों बाद हृदय गति रुक जाने से उनकी मृत्यु हो गयी। उनके असामयिक मृत्यु से पूरा देश शोकग्रस्त व क्रोध से भर उठा।

नवम्बर के अन्तिम दिनों में साइमन आयोग को लखनऊ आना था। उसी समय लखनऊ विश्वविद्यालय में उपाधि वितरण समारोह भी होना था जिसमें आयोग के समारोह में बहिष्कार करने की अपील की। लखनऊ में आयोजित आयोग विरोध जुलूस का नेतृत्व करते हुए उन्हें भी पुलिस की लाठियाँ खानी पड़ीं। अगले दिन रेलवे स्टेशन पर किये गये विरोध प्रदर्शन का नेतृत्व भी जवाहरलाल ने किया। यहाँ भी उन्हें पुलिस की लाठियों का सामना करना पड़ा। लखनऊ में पुलिस की लाठियाँ खाने के बाद नेहरू की राजनीतिक प्रतिष्ठा को चार चाँद लग गये।

दिसम्बर 1928 के कलकत्ता अधिवेशन में बोस ने रिपोर्ट में संशोधन पेश कर कांग्रेस के लक्ष्य को पूर्ण स्वाधीनता करने का प्रस्ताव रखा। नेहरू ने इसका समर्थन किया। परन्तु गांधी के हस्तक्षेप के बाद यह समझौतापरक प्रस्ताव स्वीकार कर लिया गया कि यदि 31 दिसम्बर 1929 तक भारत को औपनिवेशिक स्वराज न प्रदान किया गया तो कांग्रेस असहयोग आन्दोलन तथा करबन्दी का आन्दोलन प्रारम्भ कर देगी। इस एक वर्ष में सरकार की तरफ से कोई ठोस आश्वासन तक नहीं प्राप्त हो सका। इसी बीच 28 दिसम्बर 1926 को लखनऊ में ए.आई.सी.सी. की बैठक हुई जिसमें जवाहरलाल नेहरू को कांग्रेस का अगला अध्यक्ष निर्वाचित किया गया। अन्ततोगत्वा दिसम्बर 1929 में कांग्रेस का अधिवेशन जवाहरलाल नेहरू की अध्यक्षता में लाहौर में प्रारम्भ हुआ। इस अधिवेशन में पूर्ण स्वाधीनता को कांग्रेस का लक्ष्य घोषित किया गया तथा नेहरू रिपोर्ट को रद्द कर दिया गया। 31 दिसम्बर की आधी रात को प्रतिनिधियों ने पण्डाल से बाहर निकलकर पूर्ण स्वाधीनता का झण्डा फहराया। एक बार फिर पूरा देश गांधी की तरफ देखने लगा था।

क्रान्तिकारी आन्दोलन और संयुक्त प्रान्त

सन् 1917 से 1921 के मध्य का काल भारत में कम्युनिस्ट आन्दोलन की तैयारी का समय था। 1917 की सोवियत क्रान्ति तथा मानवेन्द्रनाथ राय, अवनिनाथ मुखर्जी, वीरेन्द्रनाथ चट्टोपाध्याय व भूपेन्द्रनाथ दत्त के प्रयासों से भारत में साम्यवादी दल की स्थापना का मार्ग प्रशस्त हो गया था। कानपुर के **"प्रताप"** तथा **"प्रभु"**

नामक अखबार बोल्सेविज्म के प्रचार में जोर-शोर से लगे थे। सितम्बर 1924 में कानपुर के एक पत्रकार सत्यभक्त ने **"भारतीय कम्युनिस्ट पार्टी"** की स्थापना कर दी थी। इस दल ने यह घोषणा की कि इसका कोई भी सम्बन्ध कामिनतर्न तथा विदेशों में सक्रिय क्रान्तिकारी दलों से नहीं है। इस दल का पहला सम्मेलन दिसम्बर 1925 में कानपुर में हुआ, जिसकी अध्यक्षता पेरियार ने की। पार्टी के दूसरे अधिवेशन तक इसमें कामिनतर्न के साथ सम्बन्धों के प्रश्न पर पर्याप्त मतभेद उत्पन्न हो चुका था। कलकत्ता के इस अधिवेशन में सत्यभक्त ने यह घोषणा की कि पार्टी अपना राष्ट्रीय चरित्र बनाये रखेगी। परन्तु प्रतिनिधियों का बहुमत इसके विरुद्ध था फलस्वरूप सत्यभक्त ने त्यागपत्र देकर **"राष्ट्रीय कम्युनिस्ट पार्टी"** की स्थापना कर दी। इसके विपरीत **"भारतीय कम्युनिस्ट पार्टी"** ने अपना लक्ष्य क्रान्तिकारी संगठन की स्थापना तथा साम्राज्य विरोधी नीति को बनाया।

संयुक्त प्रान्त में गांधी का आन्दोलन प्रारम्भ होने के पूर्व लखनऊ तथा लखनऊ के आस-पास के जिलों में किसानों के बीच एक जनान्दोलन चल रहा था। **"एका"** आन्दोलन नामक इस जनान्दोलन का नेतृत्व किसान मदारी पासी कर रहे थे। यह आन्दोलन लखनऊ, मलिहाबाद, हरदोई, उन्नाव, फतेहपुर तथा फर्रुखाबाद तक फैला हुआ था। इस आन्दोलन का उद्देश्य किसानों के बीच साम्प्रदायिक एकता बनाए रखना तथा एकजुट होकर जमींदारों के शोषण का विरोध करना था। इस आन्दोलन से जुड़े मुखिया कृषकों को अपनी बैठकों में निमंत्रित करने के लिए सुपारी का उपयोग करते थे। इन बैठकों को मदारी पासी संबोधित करते थे। यह सभी किसानों को गीता तथा कुरान पर हाथ रखकर आपसी एकता बनाये रखने तथा बन्दी कृषक परिवारों को सहायता प्रदान करने की शपथ दिलवाते थे। सरकारी दमन के कारण यह आन्दोलन बहुत शीघ्र ही समाप्त हो गया। इसी दौर के प्रारम्भ में गांधी के असहयोग आन्दोलन ने अवध के किसानों तथा शहरी निम्न मध्यम वर्ग के नवयुवकों को अपनी तरफ आकर्षित करना प्रारम्भ कर दिया था। परन्तु चौरीचौरा काण्ड के बाद जब गांधी ने असहयोग आन्दोलन वापस ले लिया तो इन निराश निम्न मध्यमवर्गीय युवाओं को क्रान्तिकारी सैन्यवाद ने अपनी तरफ आकर्षित करना प्रारम्भ कर दिया। परिणामस्वरूप बंगाल, पंजाब तथा संयुक्त प्रान्त में क्रान्तिकारी गतिविधियाँ जोर पकड़ने लगीं।

संयुक्त प्रान्त में इन्हीं क्रान्तिकारी गतिविधियों का परिणाम था 9 अगस्त 1925 को लखनऊ के निकट काकोरी ट्रेन डकैती की सुप्रसिद्ध घटना। इस घटना के तत्काल बाद पूरे संयुक्त प्रान्त में क्रान्तिकारियों की धरपकड़ प्रारम्भ हो गयी। इसके अभियुक्तों रामप्रसाद बिस्मिल, अशफाक उल्ला खाँ तथा रोशन सिंह को फाँसी की सजा हुई तथा रामप्रसाद खत्री, मन्मथनाथ गुप्त सहित अनेकों क्रान्तिकारियों को लम्बे कारावास की सजायें सुनायी गयीं। क्रान्तिकारियों की तरफ से इस मुकदमे को बिना फीस लिये लड़ने के लिए जब कोई बड़ा वकील नहीं तैयार हुआ, तब चन्द्रभानु गुप्त नामक युवा वकील ने अपनी नि:शुल्क सेवाएँ अर्पित कीं। बाद में यही चन्द्रभानु गुप्त उत्तर प्रदेश के मुख्यमंत्री भी बने।

गिरफ्तारी से बचे क्रान्तिकारियों ने दिल्ली में फिरोजशाह कोटला के खण्डहरों में एक गुप्त बैठक आयोजित की। इनका उद्देश्य बिखर चुके क्रान्तिकारियों को पुन: संगठित करना था। इस ऐतिहासिक बैठक में संयुक्त प्रान्त का प्रतिनिधित्व शिववर्मा, जयदेव कपूर, सुरेन्द्र पाण्डे तथा विजय कुमार सिन्हा ने किया था। अन्य प्रतिनिधियों में पंजाब से सरदार भगत सिंह और सुखदेव, राजस्थान से कुन्दन लाल तथा बिहार से फणीन्द्र घोष व मनमोहन बनर्जी ने हिस्सा लिया। बंगाल से कोई भी प्रतिनिधि नहीं आ सका था। कोटला बैठक के समय एकत्रित क्रान्तिकारी संयुक्त प्रान्त व पंजाब के दो समूहों में विभाजित थे। इन दोनों समूहों ने एक सामूहिक नेतृत्व में कार्य करने का निर्णय लिया। इस समूह का नाम **"हिन्दुस्तान सोशलिस्ट रिपब्लिक एसोसिएशन"** (एच. एस. आर. ए.) रखा गया तथा चन्द्रशेखर आजाद को इस संगठन का सेनापति चुना गया। एक केन्द्रीय समिति का निर्वाचन भी किया गया जिसमें पंजाब से भगत सिंह व सुखदेव, संयुक्त प्रान्त से शिव वर्मा व विजय कुमार सिन्हा, राजस्थान से कुन्दनलाल तथा बिहार से फणीन्द्र घोष चुने गये। संगठन का मुख्यालय आगरा को बनाया गया तथा नीतिगत रूप से यह स्वीकार किया गया कि धन एकत्रित करने के लिए आम नागरिकों के यहाँ डकैतियाँ नहीं डाली जाएंगी।

साइमन आयोग के विरोध के समय लाला लाजपत राय पर जिस प्रकार पुलिस ने लाठियाँ बरसायी थीं और जिसके कारण उनका देहावसान हो गया था, उसे एच. एस. आर. ए. ने एक राष्ट्रीय अपमान माना तथा उसका बदला लेने का निर्णय लिया। 19 दिसम्बर, 1928 को सरदार भगत सिंह ने जे. पी. साण्डर्स नामक पुलिस अधिकारी की हत्या कर इस अपमान का बदला लिया। इस क्रान्तिकारी कार्य में भगत सिंह के साथ चन्द्रशेखर आजाद व राजगुरु आदि भी शामिल थे। साण्डर्स की हत्या के बाद एच. एस. आर. ए. के सदस्यों ने गुप्त रूप से लाहौर में स्थान-स्थान पर इस

आशय का हस्तलिखित पोस्टर भी चिपकाया जिसमें उस राष्ट्रीय अपमान का बदला लेने की बात घोषित की गयी थी। यह पोस्टर एच.एस.आर.ए. के सेनापति की तरफ से जारी किया गया था।

भारत में क्रान्ति के लिए आवश्यक जनता का सहयोग प्राप्त करने का ध्येय बनाकर इन क्रान्तिकारियों ने अपनी गतिविधियों का स्वरूप बदलने का निर्णय किया। गुप्त रूप से कार्य करने की अपेक्षा अब इन्होंने जनता के बीच में कार्य करने का विचार बनाया। इस नीति के अन्तर्गत केन्द्रीय विधान मण्डल में बम फेंक कर भारत की सोयी जनता को जगाने का निर्णय लिया गया। इस कार्य की जिम्मेदारी सरदार भगत सिंह और बटुकेश्वर दत्त पर डाली गयी। हालांकि, इस मिशन पर भगत सिंह को भेजने के पक्ष में कोई नहीं था क्योंकि यह सभी को पता था कि उनको भेजने का अर्थ उन्हें मौत के मुँह में भेजने के समान था। साण्डर्स हत्याकाण्ड में पुलिस को उनकी तलाश थी। उनके पकड़े जाने का अर्थ उन्हें फाँसी के तख्ते पर भेजने जैसा ही था। परन्तु भगत सिंह का मानना था कि पकड़े जाने पर क्रान्तिकारियों के पक्ष को उनसे बेहतर अन्य कोई नहीं रख सकता था। मजबूर होकर संगठन ने इस कार्य की जिम्मेदारी भगत सिंह और बटुकेश्वर दत्त पर डाली। 9 अप्रैल 1926 को इन दोनों क्रान्तिकारियों ने केन्द्रीय विधान मंडल में बम फेंक दिया। यह बम **"श्रमिक विवाद प्रस्ताव"** तथा **"जन सुरक्षा संशोधन प्रस्ताव"** की घोषणा के विरुद्ध फेंका गया था। बम के साथ-साथ इन दोनों ने पर्चे भी फेंके तथा नारे भी लगाये। भागना संभव होने पर भी इन दोनों ने गिरफ्तार हो जाना उचित समझा जो उनकी पूर्व निर्धारित नीतियों का ही एक अंग था।

भगत सिंह और बटुकेश्वर दत्त के इस मिशन में सहयोग हेतु जिन दो अन्य क्रान्तिकारियों को चुना गया था वे दोनों संयुक्त प्रान्त के थे। इन दोनों को विधान मंडल के बाहर तक पहुँचाने का कार्य शिव वर्मा तथा जयदेव कपूर ने किया था। इसके तत्काल पश्चात् शिव वर्मा भगत सिंह का एक फोटोग्राफ तथा सुखदेव के नाम पर एक पत्र लेकर लाहौर चले गये। वह फोटोग्राफ 7 अप्रैल की शाम को ही लाहौर प्रेस को सौंप दिया गया था, जिसने 8 अप्रैल के बम काण्ड के बाद इसे सर्वप्रथम प्रकाशित किया था।

भगत सिंह तथा बटुकेश्वर दत्त दोनों पर बम फेंकने और भगत सिंह पर साण्डर्स की हत्या का मुकदमा कायम किया गया। पूरे देश में क्रान्तिकारियों की गिरफ्तारी का दौर प्रारम्भ हो गया। शिव वर्मा तथा जयदेव कपूर को सहारनपुर में क्रान्तिकारियों द्वारा संचालित बम फैक्ट्री के साथ गिरफ्तार कर लिया गया। **"द्वितीय लाहौर षड्यंत्र मुकदमे"** के नाम से इतिहास में प्रसिद्ध इस मुकदमे में इन चारों के अतिरिक्त सुखदेव, राजगुरु, डॉ. प्रसाद कटियार, विजय कुमार सिन्हा, किशोरी लाल तथा कुन्दनलाल आदि भी अभियुक्त थे। चन्द्रशेखर आजाद अन्त तक नहीं पकड़े गये। 27 फरवरी 1931 को प्रयागराज के अल्फ्रेड पार्क में वह एक पुलिस मुठभेड़ में बहादुरी के साथ लड़ते हुए शहीद हो गए। 23 मार्च 1931 को भगत सिंह, सुखदेव तथा राजगुरु को फाँसी दे दी गयी। शेष सभी उपरोक्त अभियुक्तों को आजीवन कारावास की सजा सुनायी गयी। इस मुकदमे के दौरान क्रान्तिकारियों ने अपने बयानों से पूरे देश की सहानुभूति व समर्थन अर्जित करने में सफलता पा ली थी।

इस समय तक भारत में गांधीवादी आन्दोलन का दूसरा दौर आरम्भ हो चुका था। क्रान्तिकारी संगठनों की गतिविधियों में जो ठहराव अब आया वह गांधीवादी राष्ट्रवाद के दूसरे दौर के कारण फिर अपनी पुरानी तीव्रता नहीं पा सका। परन्तु इसमें कोई संदेह नहीं है कि इन बहादुर क्रान्तिकारियों के साहसिक कारनामों ने जनचेतना को आन्दोलित कर दिया था।

नमक आन्दोलन

1929 के लाहौर अधिवेशन में कांग्रेस ने पूर्ण स्वाधीनता को अपना लक्ष्य घोषित किया था। गांधी ने वायसराय इरविन के सामने एक 11 सूत्री मांगपत्र रखा। इरविन से निराश होने के बाद उन्होंने सविनय अवज्ञा आन्दोलन प्रारम्भ करने का निर्णय लिया। उन्होंने 12 मार्च 1930 को प्रातःकाल साबरमती आश्रम से कूच किया। उनके साथ कुल 78 सत्याग्रही थे। 24 दिन में 200 मील की यह महान यात्रा पूरी कर वह 6 अप्रैल को डांडी के समुद्र तट पर पहुँचे। नियत समय पर डांडी तट से नमक उठाकर उन्होंने सर्वशक्तिमान ब्रिटिश साम्राज्य के नमक कानून को तोड़कर उसे खुली चुनौती दे डाली। इस अवसर पर दुनिया भर के प्रेस रिपोर्टर वहाँ उपस्थित थे। केवल भारत ही नहीं पूरे विश्व की नजर इन 24 दिनों तक गांधी पर टिकी रही थी। गांधी द्वारा नमक कानून का उल्लंघन होते ही पूरे देश में बिजली सी कौंध गयी। लोग स्थान-स्थान पर नमक बनाकर यह कानून तोड़ने लगे। गांधी के इस अहिंसक सत्याग्रह ने एक क्रान्तिकारी रूप धारण कर लिया। पुलिस का दमन चक्र भी बढ़ता चला गया। कांग्रेस के सभी प्रमुख नेताओं को गिरफ्तार कर लिया गया। 5 मई को गांधी को भी गिरफ्तार कर लिया गया।

25 जनवरी 1931 को गांधी सहित कांग्रेस के सभी नेता रिहा कर दिये गये। 4 मार्च 1931 को गांधी व इरविन के मध्य समझौता

हो गया। तत्पश्चात् 31 मार्च को कांग्रेस का वार्षिक अधिवेशन अत्यन्त कटुतापूर्ण माहौल में करांची में प्रारम्भ हुआ। भगत सिंह, राजगुरु व सुखदेव को फाँसी के केवल 6 दिन बाद प्रारम्भ होने वाले इस सम्मेलन में गांधी का स्वागत गांधी विरोधी नारों के साथ किया गया। जो भी हो, इस अधिवेशन ने गांधी-इरविन सन्धि पर अपनी मोहर लगा दी। करांची अधिवेशन का सबसे महत्वपूर्ण योगदान भारतीय नागरिकों के मौलिक अधिकारों तथा कांग्रेस की आर्थिक नीतियों के प्रस्ताव को स्वीकृति प्रदान करना था। 17 अप्रैल 1931 को इरविन के स्थान पर लॉर्ड विलिंगडन ने वायसराय का पद लिया। 29 अगस्त गांधी लन्दन में आयोजित होने वाले द्वितीय गोलमेज सम्मेलन में हिस्सा लेने के लिए भारत से रवाना हो गये। इसी मध्य जवाहरलाल नेहरू ने इलाहाबाद में करबन्दी का आन्दोलन प्रारम्भ करने का निर्णय ले लिया था। इस समय तक नेहरू के सहयोगी के रूप में जयप्रकाश नारायण और लालबहादुर शास्त्री नेहरू के साथ जुड़ चुके थे। हालांकि, गांधी ने उन्हें फिलहाल इंतजार करने की हिदायत दे रखी थी तथा वल्लभभाई पटेल ने भी गांधी के भारत वापसी तक ऐसा करने से रोका था। गांधी के वापस लौटने के एक दिन पूर्व ही 26 दिसम्बर को ही वह गिरफ्तार किये जा चुके थे। गांधी ने अपनी गिरफ्तारी के एक दिन पूर्व वायसराय को आन्दोलन प्रारम्भ करने की मजबूरी से अवगत करा दिया था। इस बार जो आन्दोलन प्रारम्भ किया गया, उसने अलग-अलग प्रान्तों में अलग-अलग स्वरूप ग्रहण कर लिया। संयुक्त प्रान्त तथा बिहार में करबन्दी का आन्दोलन चलाया गया। इसी प्रकार अन्य कई प्रान्तों में भी आन्दोलन प्रारम्भ हो गये।

ब्रिटिश सरकार की तरफ से प्रधानमंत्री **रैमजे मैकडोनाल्ड** ने इसी बीच साम्प्रदायिक अधिनिर्णय (कम्युनल एवार्ड) की घोषणा कर दी। इस घोषणा में दलितों (अछूतों) के लिए पृथक् निर्वाचन क्षेत्रों की व्यवस्था की गयी थी। इस घोषणा ने दलितों को एक अल्पसंख्यक वर्ग मानकर पृथक् निर्वाचन का हकदार मान लिया दी परन्तु था। यरवदा जेल में बंदी गांधी ने इसके विरुद्ध 20 सितम्बर से आमरण अनशन की घोषणा कर उन्होंने पृथक् निर्वाचन को मुद्दा नहीं बनाया। उनका कहना था कि सवर्ण हिन्दू जातियाँ अपनी कट्टरता से बाज आएं। हिन्दू नेताओं ने एक सम्मेलन किया जिसमें सप्रू जयकर, राजगोपालाचारी, राजेन्द्र प्रसाद, एम.सी. राजा, डॉ. अम्बेडकर, सर चिमनलाल सितलवाड़, एन. एस. एनी, डॉ. मुंजे, पी. बालू, कुंजरू व ए.वी. ठक्कर सहित लगभग सौ प्रतिनिधियों ने हिस्सा लिया। इस सम्मेलन में यह निर्णय लिया गया कि किसी भी कीमत पर गांधी के जीवन की रक्षा करनी है तथा शीघ्रातिशीघ्र अस्पृश्यता के धब्बे को मिटा देना है। मंगलवार 20 सितम्बर को गांधी ने अपना अनशन प्रारम्भ किया। गांधी हरिजनों के लिए पृथक् निर्वाचन के क्षेत्रों के स्थान पर संयुक्त निर्वाचन के क्षेत्रों में ही अधिक प्रतिनिधित्व देने की माँग कर रहे थे। इस बार के अनशन में गांधी की हालत बहुत शीघ्र ही तेजी से गिरने लगी थी। छह दिनों में ही उनकी हालत एक मरणासन्न व्यक्ति जैसी हो गई। हरिजनों के प्रतिनिधि के रूप में डॉ. भीमराव अम्बेडकर ने गाँधी जी से विचार-विमर्श कर पृथक निर्वाचन मण्डल बनाए जाने की माँग छोड़ दी। यह डॉ. अम्बेडकर का दलितों के मध्य बढ़ता प्रभाव ही था जिसमें सवर्ण हिन्दू नेताओं की अस्पृश्यता मिटाने का निर्णय लेने के लिए बाध्य किया। यरवदा जेल के अन्दर ही 24 सितम्बर 1932 गांधी-अम्बेडकर समझौता हुआ और 26 सितम्बर को ब्रिटिश सरकार की कैबिनेट ने भी इस समझौते को अपनी मंजूरी देते हुए साम्प्रदायिक अधिग्रहण की घोषणा वापस ले ली। यह सूचना प्राप्त होने के बाद गांधी ने अपना अनशन तोड़ दिया। पूना पैक्ट या यरवदा पैक्ट के नाम से प्रसिद्ध इस समझौते के बाद गांधी ने हिन्दू समाज में छुआछूत की अमानवीय प्रथा को समाप्त करने के लिए **"मन्दिर प्रवेश"** का आन्दोलन प्रारम्भ कर दिया। इस आन्दोलन के कारण सनातनी हिन्दू वर्ग गांधी से काफी नाराज हो गया। जेल से छूटने के बाद गांधी राजनीति से अलग हो गये तथा अछूतोद्धार जैसे सामाजिक कार्यों में लग गये। उन्होंने सविनय अवज्ञा आन्दोलन भी वापस ले लिया। वास्तव में गांधी कांग्रेस के अन्दर बन चुके वाम व दक्षिणपन्थी गुटों की आपसी खींचतान से अत्यन्त खिन्न हो चुके थे। अक्टूबर 1934 में तो उन्होंने कांग्रेस छोड़ने तक की घोषणा कर दी।

कांग्रेस सोशलिस्ट पार्टी

पूरी दुनिया में इस समय समाजवाद का दौर चल रहा था। 1917 की रूसी क्रान्ति के बाद मार्क्सवाद तथा लेनिनवाद का प्रभाव यूरोप सहित उपनिवेशवाद से ग्रसित समस्त देशों में युवा वर्ग को अपनी तरफ आकर्षित कर रहा था। कांग्रेस भी इसके प्रभाव से अछूती नहीं बची थी। इस समय नेहरू भी समाजवाद के रोमांस से आप्लावित थे। फरवरी 1927 में वे ब्रूसेल्स में अन्तर्राष्ट्रीय दमित राष्ट्रीयताओं का सम्मेलन भी कर चुके थे। अपने क्रान्तिकारी व वामपंथी विचारों के कारण वह कांग्रेस के अन्दर समाजवाद से प्रभावित युवा वर्ग के नेता बन चुके थे। इस बीच जुलाई 1931 में जयप्रकाश नारायण,

फूलन प्रसाद वर्मा तथा राहुल सांकृत्यायन ने बिहार सोशलिस्ट पार्टी की स्थापना कर ली थी। इसका उद्देश्य भारत में एक ऐसे समाजवादी राज्य की स्थापना करना था जिसमें निजी सम्पत्ति के लिए न कोई स्थान था न भूमि व पूँजी पर व्यक्ति के स्वामित्व का। इसी तर्ज पर संयुक्त प्रान्त में सम्पूर्णानन्द, परिपूर्णानन्द, कमलापति त्रिपाठी तथा तारापद भट्टाचार्य ने और युसुफ मेहर अली, एम. आर. मसानी, अच्युत पटवर्धन तथा कमला देवी चट्टोपाध्याय ने बाम्बे में समाजवादी दलों की स्थापना कर ली थी। 1933 में नासिक जेल में बन्द कांग्रेस के अनेक युवा समाजवादियों ने कांग्रेस के अन्दर एक अखिल भारतीय समाजवादी संगठन बनाने का विचार किया। इस विचार को प्रारम्भ करने वालों में प्रमुख थे- जयप्रकाश नारायण, अच्युत पटवर्धन, एम. आर. मसानी, एन. जी. गोरे, अशोक मेहता, एस. एम. जोशी तथा एम.एल. दाँतवाला। अप्रैल 1934 में अखिल भारतीय कांग्रेस समिति के सदस्य सम्पूर्णानन्द ने बनारस में एक पर्चा लिखा। भारत के लिए एक प्रायोगिक समाजवादी दल निर्मित करने की आवश्यकता पर बल दिया। यह कांग्रेस में प्रभावशाली हो चुके पूँजीवादी और सामन्तवादी तत्वों को चुनौती देने के लिए आवश्यक था। इसमें यह बात भी स्पष्ट रूप से उल्लिखित थी कि जब कभी भी समाजवादियों के हाथ में सत्ता आयेगी जमींदारी प्रथा का उन्मूलन कर दिया जाएगा तथा उद्योगों, बैंकों व भूमि का राष्ट्रीयकरण कर दिया जाएगा। 1934 में कांग्रेस के एक समूह के द्वारा विधान परिषदों में प्रवेश का समर्थन करने के बाद कांग्रेस के समाजवादियों ने एक अलग दल बनाने का मन बना लिया। 17 मई 1934 को आचार्य नरेन्द्र देव की अध्यक्षता में समाजवादियों का एक सम्मेलन पटना में आयोजित किया गया। अपने अध्यक्षीय भाषण में आचार्य जी ने कांग्रेस के अन्दर नये स्वराजवादी दल के स्थापना की आलोचना करते हुए कांग्रेस समाजवादी दल की प्रासंगिकता को स्पष्ट किया। इस दल के सचिव की हैसियत से जयप्रकाश नारायण ने अन्य प्रान्तों में भी इसके प्रचार के लिए देश का दौरा प्रारम्भ कर दिया।

कांग्रेस समाजवादी दल का प्रथम वार्षिक सम्मेलन 21-22 अक्टूबर 1934 को सम्पूर्णानन्द की अध्यक्षता में बम्बई में हुआ इसमें 13 प्रान्तों के 150 प्रतिनिधियों ने हिस्सा लिया। इसकी राष्ट्रीय कार्यकारिणी में जयप्रकाश नारायण (मुख्य सचिव), एम. आर. मसानी, मोहनलाल गौतम, एन.जी गोरे तथा ई. एम. एस. नम्बूदरीपाद (सहायक सचिव) तथा आचार्य नरेन्द्र देव, सम्पूर्णानन्द, श्रीमती कमला चट्टोपाध्याय, पुरुषोत्तमदास, त्रिकमदास, पी. वी. देशपाण्डे, राममनोहर लोहिया, एम. एम. जोशी, अमरेन्द्र प्रसाद मिश्रा, चार्ल्स मस्करिनास, नवकृष्ण चौधरी तथा अच्युत पटवर्धन (सदस्य) निर्वाचित किये गये। इस सम्मेलन में दल का संविधान तथा कार्यक्रम भी तय किया गया। यद्यपि जवाहरलाल नेहरू तथा सुभाष चन्द्र बोस ने कांग्रेस सोशलिस्ट पार्टी की स्थापना का समर्थन किया परन्तु दोनों में से किसी ने भी इसकी सदस्यता नहीं ग्रहण की। कांग्रेस के दक्षिणपन्थी गुट ने इसका जमकर विरोध किया। वल्लभभाई पटेल ने इसे एक मूर्खतापूर्ण कार्य बताया।

कांग्रेस समाजवादी आन्दोलन के प्रति कृषकों, मजदूरों व छात्रों का आकर्षण तेजी से बढ़ने लगा। प्रो. एन. जी. रंगा, इन्दुलाल याज्ञनिक, स्वामी सहजानन्द आदि के प्रयासों से लखनऊ में अखिल भारतीय किसान सम्मेलन का आयोजन 1936 में किया गया। इस सम्मेलन में सामन्तवाद के उन्मूलन तथा लगान व कर्जों में छूट की माँग रखी गयी। इस प्रकार कांग्रेस के अन्दर समाजवाद के प्रति आस्था रखने वालों की संख्या तेजी से बढ़ने लगी थी। इसके साथ ही कांग्रेस स्पष्ट रूप से वामपंथी व दक्षिणपंथी गुटों में लामबन्द होने लगी। वामपंथियों का नेतृत्व यदि नेहरू कर रहे थे तो दक्षिणपंथियों का पटेल। गांधी यद्यपि समाजवादियों के मार्क्सवादी और लेनिनवादी रुझान के कारण उनकी आलोचना कर रहे थे परन्तु वह दक्षिणपंथियों के साथ भी नहीं थे। यही कारण है कि उन्होंने कांग्रेस से त्यागपत्र दे देना ही उचित समझा था।

इसी बीच 2 अगस्त 1935 को ब्रिटिश संसद ने 1935 के अधिनियम को मंजूरी दे दी थी। यद्यपि कांग्रेस ने सर्व सम्मति से इस अधिनियम को खारिज कर दिया था परन्तु अब यह स्पष्ट हो चुका था कि कांग्रेस का दक्षिणपंथी गुट इसके अन्तर्गत पदों को स्वीकार करने का मन बना बैठा था। जबकि समाजवादियों के नेतृत्व में कांग्रेस का वामपंथी गुट इस अधिनियम के विरुद्ध असहयोग आन्दोलन चलाने तक की बात कर रहा था। कांग्रेस के इसी गुटबंदी के दौर में इसका वार्षिक सम्मेलन अप्रैल 1936 में लखनऊ में हुआ। जवाहरलाल नेहरू की अध्यक्षता में सम्पन्न इस सम्मेलन ने यद्यपि 1935 के अधिनियम की कड़ी आलोचना की परन्तु इसके अन्तर्गत चुनावों में हिस्सा लेने की बात को भी इसने स्वीकार कर लिया। कांग्रेस के अन्दर समाजवादियों की यह एक करारी हार थी।

1937 का प्रान्तीय मंत्रिमंडल

कांग्रेस का 50वाँ वार्षिक अधिवेशन 27-28 दिसम्बर, 1936 को फैजपुर (महाराष्ट्र) में सम्पन्न हुआ। इस अधिवेशन के लिए एक बार फिर जवाहरलाल नेहरू को ही पुन: अध्यक्ष निर्वाचित किया

गया। इसमें कांग्रेस का चुनाव घोषणा पत्र स्वीकार किया गया। चुनाव प्रचार लखनऊ के सम्मेलन के बाद ही प्रारम्भ हो गया था। उन चुनावी सभाओं में नेहरू को सुनने के लिए नहीं बल्कि देखने के लिए अगर भीड़ जुटती थी। राजतंत्र की मानसिकता से ग्रस्त, भारत की निर्धन एवं अनपढ़ जनता, खूबसूरत और प्रभावशाली व्यक्तित्व के मालिक नेहरू में अपने भावी शासक के दर्शन के लिए उमड़ रही थी, न कि उनके वैज्ञानिक समाजवाद से ओत-प्रोत भाषणों को सुनने के लिए, जिसे समझने में वह पूरी तरह असमर्थ थी। जो भी हो, जनवरी 1937 में सम्पन्न प्रान्तीय विधानसभाओं के चुनाव मंन कांग्रेस को भारी सफलता हाथ लगी। सभी प्रान्तों के कुल 1585 स्थानों में से 714 पर कांग्रेस ने विजय प्राप्त की। संयुक्त प्रान्त के कुल 228 में से 134 स्थानों पर कांग्रेस को सफलता हाथ लगी। इन 228 स्थानों में 64 मुस्लिम और 164 सामान्य (24 विशेष) स्थान थे।

1935 के अधिनियम के अन्तर्गत भारत के प्रान्तों में नयी संवैधानिक योजना को 1 अप्रैल 1937 तक लागू कर देना था। तत्कालीन संवैधानिक प्रावधानों में शामिल गर्वनर के अपार अधिकारों का विरोध कर रही कांग्रेस सरकार बनाने को तैयार नहीं थी। इसलिए ब्रिटिश सरकार ने कांग्रेसी बहुमत वाले प्रान्तों में 1 अप्रैल को अल्पमत की सरकारों का गठन कर दिया। संयुक्त प्रान्त के राज्यपाल सर हैरी हेग ने नवाब छतारी के नेतृत्व में यहाँ भी एक अल्पमत की सरकार का गठन कर दिया। इस मंत्रिमंडल में सलेमपुर के राजा भी शिक्षा मंत्री के रूप में शामिल थे। अन्त में गवर्नर-जनरल लार्ड लिनलिथगो ने 22 जून को एक समझौतापरक परन्तु अस्पष्ट वक्तव्य देकर कांग्रेस को सरकार बनाने के लिए राजी कर लिया।

संयुक्त प्रान्त में चुनाव के पूर्व से ही इस प्रकार की संभावना बनने लगी थी कि यहाँ कांग्रेस तथा मुस्लिम लीग की मिली-जुली सरकार बन सकती है। हालांकि औपचारिक रूप से ऐसा कुछ तय नहीं हुआ था परन्तु चुनावों में कांग्रेस को स्पष्ट बहुमत मिलने के बाद कांग्रेस ने किसी भी प्रकार के गठबन्धन की संभावना को पूरी तरह नकार दिया। यद्यपि संयुक्त प्रान्त में मोहनलाल सक्सेना जैसे कांग्रेस के महत्वपूर्ण नेता अभी भी मुस्लिम लीग के साथ गठबन्धन के पक्षधर थे परन्तु जवाहरलाल नेहरू इसके बिल्कुल विरुद्ध थे। संयुक्त प्रान्त में मुस्लिम लीग के सुप्रसिद्ध व प्रभावशाली नेता चौधरी खलिकजुमा 12 मई 1937 को नेहरू से मिलने प्रयागराज भी गए। नेहरू ने भारत के हिन्दू-मुस्लिम समस्या के पीछे चन्द पढ़े-लिखे सामन्ती मुसलमानों का हाथ बताते हुए मुसलमानों के लिए किसी अन्य दल की आवश्यकता को पूरी तरह नकार दिया था। इसी बीच झांसी से निर्वाचित के. बी. हबीबुल्ला की मृत्यु के बाद वहाँ जून 1937 में जो उपचुनाव हुआ उसमें जमातुल उलेमा के विरोध के बावजूद मुस्लिम लीग का प्रत्याशी विजयी हो गया। इस समय तक जमात तथा कांग्रेस में समझौता हो चुका था। इस प्रकार कांग्रेस और मुस्लिम लीग के मध्य दूरी और अधिक बढ़ गयी।

22 जून को गवर्नर जनरल द्वारा दिये गये वक्तव्य के बाद 5 जुलाई को कांग्रेस कार्यकारिणी की बैठक वर्धा में सम्पन्न हुई जिसमें कांग्रेस ने सरकार बनाने का निर्णय कर लिया। इस बैठक में जाते समय गोविन्दवल्लभ पंत ने लखनऊ में रुककर चौधरी खलिकजुमाँ से मुलाकात की तथा यह पूछा कि यदि कांग्रेस और मुस्लिम लीग की गठबन्धन सरकार बनती है तो वह कैबिनेट में कितने स्थान का दावा करेंगे। चौधरी ने जवाब दिया 9 में 3 या 6 में 2 अर्थात् कुल संख्या का एक तिहाई। वर्धा की कार्यकारिणी की बैठक के बाद मौलाना आजाद लखनऊ आए और 12 जुलाई को चौधरी खलिकजुमाँ से मिले। उन्होंने चौधरी से गठबन्धन सरकार में शामिल होने वाले दूसरे सदस्य के बारे में बात की। चौधरी ने बताया कि वह नवाब इस्माइल खाँ होंगे। 15 जुलाई को मौलाना और गोविन्दवल्लभ पन्त दोनों चौधरी से मिले। उन्होंने चौधरी से इस वक्तव्य पर हस्ताक्षर करने को कहा जिसमें यह लिखा था कि संयुक्त प्रान्त विधान सभा में मुस्लिम लीग एक अलग गुट के रूप में कार्य नहीं करेगा। चौधरी ने उस पर हस्ताक्षर करने से मना कर दिया। कांग्रेस और मुस्लिम लीग के मध्य पड़े इस दरार ने आगे चलकर एक विकराल रूप ले लिया जिसका परिणाम बाद में भारत विभाजन के रूप में सामने आया।

अन्त में कांग्रेस ने संयुक्त प्रान्त में अकेले ही सरकार बनायी। इस सरकार में प्रधानमंत्री गोविन्दवल्लभ पन्त के साथ रफी अहमद किदवई, कैलाश नाथ काटजू, श्रीमती विजय लक्ष्मी पंडित, प्यारे लाल शर्मा तथा मोहम्मद इब्राहिम शामिल थे। लक्ष्मीनारायण को संसदीय सचिव बनाया गया। इस प्रकार संयुक्त प्रान्त में कांग्रेस की सरकार ने जुलाई के दूसरे सप्ताह से कार्य करना प्रारम्भ कर दिया। कांग्रेस कार्य समिति ने अपनी वर्धा बैठक (27 फरवरी से 1 मार्च 1937) में कांग्रेस के मंत्रिमंडलों के लिए एक चौदह सूत्री कार्य आचार संहिता का निर्माण किया था। इसके साथ ही गांधी **'हरिजन'** में अपने वक्तव्यों के द्वारा समय-समय पर इन्हें निर्देश दिया करते थे।

कांग्रेस सरकारों का सबसे पहला उत्तरदायित्व 1935 के अधिनियम के विरुद्ध प्रस्ताव पारित करना था जिसके अन्तर्गत

स्वयं इन सरकारों की स्थापना हुई थी। संयुक्त प्रान्त में यह प्रस्ताव स्थानीय निकाय मंत्री श्रीमती विजयलक्ष्मी ने 2 सितम्बर 1937 को विधानसभा में रखा। 2 अक्टूबर को इस विषय पर होने वाली बहस में प्रधानमंत्री पन्त ने सभी संशोधनों का जवाब दिया जिसमें एक संशोधन मुस्लिम लीग ने भी रखा था। यह प्रस्ताव अपने मूल रूप में ही उसी दिन पारित हो गया। 29-31 अक्टूबर 1937 को कलकत्ता में सम्पन्न अखिल भारतीय कांग्रेस समिति में यह प्रस्ताव पारित किया गया था कि सभी कांग्रेस प्रान्तों में 1935 के अधिनियम में

प्रस्तावित संघीय योजना के विरुद्ध प्रस्ताव पारित होना चाहिए। इसी प्रस्ताव के अनुरूप संयुक्त प्रान्त में भी 20 जनवरी 1938 को एक प्रस्ताव पारित किया गया।

कांग्रेस के चुनाव घोषणा-पत्र में राजनैतिक बन्दियों की रिहाई प्रारम्भ करने की बात सोची गई परन्तु इस प्रश्न को लेकर संयुक्त प्रान्त तथा बिहार में समस्या उत्पन्न हो गई। फरवरी 1938 तक संयुक्त प्रान्त में अभी भी 15 राजनैतिक बन्दियों का मामला विचाराधीन था। इन दोनों प्रान्तों के राज्यपाल इनकी रिहाई के पूर्व यह सुनिश्चित करना चाहते थे कि प्रान्त की शान्ति व्यवस्था पर इसका क्या असर पड़ेगा। 1935 के अधिनियम की धारा 126 (5) के अन्तर्गत गवर्नर जनरल ने भी उन राज्यपालों को यह निर्देश दे दिया कि वे किसी भी राजनीतिक दबाव के आगे आत्मसमर्पण न करें। परन्तु इन दोनों प्रान्तों के प्रधानमंत्रियों ने सभी बन्दियों को एक साथ रिहा करने के अपने अधिकार पर जोर दिया जिसे राज्यपालों ने नहीं माना और इन दोनों मंत्रिमंडलों ने त्यागपत्र दे दिया।

यह संकट उस समय सामने आया जब 19-21 फरवरी 1938 को हरिपुरा में कांग्रेस का 51वाँ अधिवेशन चल रहा था। कांग्रेस ने इन दोनों मंत्रिमंडलों के निर्णयों को स्वीकार कर लिया। गांधी ने सरकार के इस रवैये के विरुद्ध एक वक्तव्य भी जारी किया। 22 फरवरी को गवर्नर जनरल ने अपनी स्थिति साफ करते हुए एक वक्तव्य जारी किया, जिसके बाद 23-24 फरवरी को संयुक्त प्रान्त के प्रधानमंत्री ने राज्यपाल से मिलकर इस संकट के समझौतापरक उपायों पर विचार किया। दोनों पक्षों ने मिलजुल कर एक स्वस्थ परम्परा निर्मित करने की आवश्यकता पर जोर दिया। इस प्रकार यह संकट किसी प्रकार टल सका। अन्त में मार्च 1938 तक सभी राजनैतिक बन्दी रिहा कर दिये गये।

संयुक्त प्रान्त की इस सरकार ने अक्टूबर 1939 में एक विस्तृत अधिनियम के द्वारा काश्तकारों की समस्याओं के समाधान का प्रयास किया। इस अधिनियम के द्वारा आगरा और अवध क्षेत्रों के भूमिधरी अधिकारों में समरूपता लाने का प्रयास किया गया। इस सरकार ने प्रान्त में कुटीर उद्योगों के विकास की नींव रखने के लिए भी कुछ कदम उठाये। गांधी के घोषित आदेशों के अनुरूप प्रान्त में मद्य निषेध लागू करने के लिए सर्वप्रथम 1 अप्रैल 1938 को एटा व मैनपुरी जिलों को चुना गया। इसके साथ ही साथ जौनपुर, बिजनौर, प्रयागराज तथा लखनऊ में आबकारी दूकानों को सीधे आबकारी विभाग के अन्तर्गत कर दिया गया। हालांकि मद्य निषेध की यह नीति पूरी तरह असफल सिद्ध हुई। इसी प्रकार बेसिक शिक्षा के क्षेत्र में किये जाने वाले चन्द प्रयास भी सफल न हो सके। उच्च शिक्षा के क्षेत्र में इस सरकार ने इतना अवश्य किया कि काशी विद्यापीठ तथा जामिया मिलिया की उपाधियों को अन्य विश्वविद्यालयों के स्नातक उपाधि के समकक्ष मान्यता प्रदान करा दिया।

1937 से 1939 के मध्य कांग्रेस प्रशासन के दौरान हरिपुरा (गुजरात) तथा त्रिपुरी (मध्य प्रान्त) में कांग्रेस के दो वार्षिक अधिवेशन हुए। 19 से 21 फरवरी 1938 को सम्पन्न हरिपुरा के 51वें अधिवेशन की अध्यक्षता सुभाष चन्द्र बोस ने की थी। मार्च 1939 में होने वाले अगले अधिवेशन के लिए अध्यक्ष का चुनाव कांग्रेस के लिए एक बहुत बड़े संकट के रूप में सामने आया। कांग्रेस का दक्षिणपंथी गुट सुभाष चन्द्र बोस के पुनर्निर्वाचन का विरोधी था। इस गुट ने पट्टाभि सीतारमैया को अपना प्रत्याशी बनाया था। जबकि स्वयं बोस इस पद पर किसी ऐसे व्यक्ति को चाहते थे जो 1935 के अधिनियम में प्रस्तावित संघीय योजना का विरोधी हो। अपने पुनर्निर्वाचन का विरोध होने पर उन्होंने इस पद के लिए आचार्य नरेन्द्र देव का नाम भी सुझाया था। परन्तु नेहरू ने अपनी तरफ से मौलाना आजाद का नाम गांधी को सुझा दिया था। बाद में जब मौलाना ने अपना नाम वापस ले लिया तो बोस व पट्टाभि सीतारमैया के मध्य चुनाव हुआ। 29 जनवरी 1939 के इस चुनाव में बोस को 1850 तथा पट्टाभि सीतारमैया को 1277 मत प्राप्त हुए। बोस के पुर्ननिर्वाचित होने के बाद कार्यसमिति के 15 में से 12 सदस्यों ने त्यागपत्र दे दिया। नेहरू ने अपना त्यागपत्र अलग से दिया। 10 मार्च 1939 को त्रिपुरा में अधिवेशन प्रारम्भ हुआ। गांधी राजकोट के आन्दोलन में व्यस्त होने के कारण यहाँ नहीं आ सके थे। अध्यक्ष सुभाष चन्द्र बोस स्वयं बीमार थे। ऐसे में गांधी की अनुपस्थिति का लाभ उठाकर तथा बिना उन्हें बताए यह प्रस्ताव पारित कर दिया गया कि बोस अपनी कार्यसमिति के सदस्यों का चुनाव गांधी की इच्छानुसार ही करें। इस प्रस्ताव ने ही बोस द्वारा

कांग्रेस को त्यागने की भूमिका लिखी। यह प्रस्ताव संयुक्त प्रान्त के प्रधानमंत्री पन्त ने रखा था। बोस अपनी कार्यसमिति का चुनाव करने में असमर्थ रहे क्योंकि गांधी ने उन पर अपनी राय लादने से मना कर दिया था। फलस्वरूप बोस के पास त्यागपत्र के अतिरिक्त अन्य कोई रास्ता शेष नहीं बचा था।

1 सितम्बर 1939 को जर्मनी ने पोलैण्ड पर आंक्रमण कर दिया। इसके साथ ही ब्रिटेन ने जर्मनी के विरुद्ध युद्ध की घोषणा कर दी। यूरोप में युद्ध प्रारम्भ होते ही वायसराय लिनलिथगो ने एक उद्घोषणा में भारत को भी इसमें शामिल कर लिया। इस घोषणा के पूर्व उन्होंने किसी भी राजनैतिक दल से कोई सलाह तक नहीं ली थी। 5 सितम्बर को वायसराय ने गांधी से मुलाकात की। गांधी ने व्यक्तिगत रूप से मित्र राष्ट्रों के प्रति अपनी सहानुभूति दिखायी परन्तु कांग्रेस की तरफ से कुछ भी कहने से मना कर दिया। कांग्रेस कार्यसमिति ने फासीवाद तथा नात्सीवाद की भर्त्सना तो की लेकिन साथ में यह भी कहा कि ब्रिटिश सरकार **"युद्ध के उद्देश्यों"** को स्पष्ट करे। ब्रिटिश सरकार ने 17 अक्टूबर के अपने श्वेत पत्र में एक **"परामर्शदायी गुट"** की स्थापना तथा भविष्य में कभी **"औपनिवेशिक दर्जा"** देने की बात कही। साथ ही साथ 1935 के संविधान को निरस्त कर दिया गया। भारत में एक व्यक्ति का शासन लागू हो गया। इसके जवाब में कांग्रेस ने 29 अक्टूबर को सविनय अवज्ञा आन्दोलन का प्रस्ताव पारित कर दिया। इसके साथ ही साथ कांग्रेस की सभी आठों सरकारों ने त्यागपत्र दे दिया। सरकार ने इन विधानसभाओं को भंग नहीं किया क्योंकि वह इस अवसर पर चुनाव का खतरा नहीं मोल लेना चाहती थी। उन्होंने उन्हें सिर्फ मुअत्तल कर दिया तथा समस्त अधिकार अपने हाथों में ले लिया।

भारत छोड़ो आन्दोलन तथा बलिया की अस्थायी सरकार

इस यूरोपीय युद्ध ने शीघ्र ही विश्वयुद्ध का रूप ले लिया। यूरोप में जर्मनी का विजय अभियान जारी था। लंदन स्वयं नाजी बमवर्षकों के निशाने पर आ चुका था। जर्मनी में यहूदियों के खिलाफ हिटलर का नस्लवादी अत्याचार अपनी चरम सीमा पर था। मित्र राष्ट्र हर मोर्चे पर पीछे हटने को मजबूर हो रहे थे। ऐसे में नेहरू सहित कांग्रेस में सहयोग विरोधी अभियान तेज होता जा रहा था। उन्हें जुलाई में गिरफ्तार कर लिया गया था। गांधी की अहिंसा इस युद्ध में किसी भी प्रकार के भौतिक सहयोग के विरुद्ध थी। उनका अन्तःकरण धीरे-धीरे एक स्वरूप ग्रहण करने लगा था। अभी तक वह सहयोग के विरुद्ध नहीं थे परन्तु अचानक वह पूरी तरह से युद्ध में सहयोग को हिंसा मानने लगे थे। उन्होंने कांग्रेस से अपना नाता तक तोड़ लिया। कांग्रेस के एक गुट ने एक और प्रयास किया और सरकार के समक्ष राष्ट्रीय सरकार बनाने का प्रस्ताव रखा। राजगोपालाचारी का यह फार्मूला राष्ट्रीय स्वाभिमान के बिल्कुल विरुद्ध था परन्तु इसी बहाने नाजीवाद से लड़ने का अवसर प्राप्त हो जाने की उम्मीद में नेहरू ने इसे स्वीकार कर लिया। इसी बीच चैम्बरलेन के स्थान पर चर्चिल ब्रिटेन के प्रधानमंत्री बन चुके थे और जेटलैण्ड के स्थान पर एमरी भारत के सचिव बन चुके थे। सरकार ने कांग्रेस के इस फार्मूले को भी अस्वीकार कर दिया।

एक बार फिर कांग्रेस के सामने गांधी के अतिरिक्त और कोई विकल्प शेष नहीं बचा। गांधी को पुनः कांग्रेस का निर्विरोध नेता मान लिया और कांग्रेस ने व्यक्तिगत सत्याग्रह प्रारम्भ कर दिया। धीरे-धीरे कांग्रेस के सभी नेताओं की गिरफ्तारी प्रारम्भ हो गयी। बोस ने जेल में ही अनशन प्रारम्भ कर दिया। उन्हें जेल से निकालकर घर में ही नजरबन्द कर दिया गया, तभी जून 1941 में जर्मनी ने सोवियत संघ पर आक्रमण कर दिया। इस आक्रमण के बाद भारत के साम्यवादी नाजीवाद और फासीवाद के सबसे बड़े विरोधी बन गये। इसी माह सुभाष बाबू अंग्रेजों के अजेय चक्रव्यूह को चकमा देकर काबुल के रास्ते देश के बाहर निकल गये। उनका उद्देश्य किसी प्रकार जर्मनी तथा जापान का सहयोग प्राप्त कर भारत को आजाद कराना था। सुभाष बाबू का पलायन अपने समय का सबसे बड़ा धमाका था। देखते-ही-देखते वह देश के सर्वाधिक चर्चित नेता हो गये। दिसम्बर 1941 में पर्ल हार्बर पर जापानी हमले के साथ ही इस युद्ध ने एशिया में भी प्रवेश किया। युद्ध सीमाओं के निकट आता जा रहा था। इस अवसर पर अप्रैल 1942 में ब्रिटिश सरकार ने क्रिप्स आयोग को भारत भेजा। परन्तु इस आयोग के पास भारत को देने के लिए कुछ भी नहीं था। क्रिप्स के जाने के बाद कांग्रेस कार्यसमिति की बैठक प्रयागराज में हुई। इसमें मीरा बेन द्वारा प्रस्तुत गांधी के प्रस्ताव ने सभी को सकते में डाल दिया। इस प्रस्ताव में गांधी ने स्पष्ट किया था कि जापान को भारत से कोई दुश्मनी नहीं है। वह भारत पर यदि आक्रमण करेगा तो इसलिए कि भारत ब्रिटेन का उपनिवेश है। उन्होंने कहा कि ब्रिटेन यदि भारत छोड़ दे तो स्वयं भारत की अस्थायी सरकार, अपनी पूरी ताकत से, अपनी रक्षा के लिए, संयुक्त राष्ट्रों के साथ सहयोग करेगी। इस प्रस्ताव को वर्धा में अन्तिम रूप दिया गया। यही प्रस्ताव 8 अगस्त 1942

को "भारत छोड़ो" प्रस्ताव के रूप में बम्बई के अखिल भारतीय कांग्रेस सम्मेलन में पारित किया गया। इस प्रस्ताव के पारित होने के बाद गांधी ने "अंग्रेजों भारत छोड़ो" तथा "करो या मरो" का नारा दिया। गांधी ने अपने भाषण में यह स्पष्ट किया कि जापान यदि भारत पर हमला करता है तो उसकी असली कीमत जनता को ही चुकानी होगी। युद्ध की उस भयंकरता में अहिंसा के लिए कोई स्थान नहीं होगा। हिंसा के उस तांडव से मुक्ति का एक अवसर अभी शेष बचा था कि अंग्रेज भारत छोड़ दें तो जापान संभवत: आक्रमण न करे। इस एक अवसर का उपयोग करने के लिए ही उन्होंने "करो या मरो" का नारा देते हुए बताया कि कुछ न करने का अर्थ सिर्फ मौत है चाहे वह जापानियों के हाथ से आये या अंग्रेजों के। गांधी ने इस प्रकार दुविधा की इस अभूतपूर्व स्थिति में भी अहिंसा का मार्ग तलाश ही लिया। वास्तव में गांधी प्रारम्भ से ही इसी अहिंसा की बात कर रहे थे जो कायरों की नहीं बहादुरों की अहिंसा थी।

अगले ही दिन सुबह गांधी समेत कांग्रेस के सभी नेताओं को गिरफ्तार कर लिया गया। लोहिया किसी तरह बच निकले और भूमिगत हो गये। पूरा भारत करो या मरो के नारे से गूँजने लगा। नेताओं की अनुपस्थिति में स्थानीय लोगों, विशेषकर छात्रों ने आन्दोलन की कमान थाम ली थी। यूँ तो देश का हर प्रान्त आन्दोलित हो चुका था लेकिन कुछ जिलों में तो आन्दोलनकारियों ने पूरे ब्रिटिश प्रशासन को ही समाप्त कर अस्थायी रूप से स्वतंत्र प्रशासन की स्थापना कर दी थी। संयुक्त प्रान्त (उत्तर प्रदेश) में बलिया, महाराष्ट्र में सतारा तथा बंगाल के तुमलुक आदि ऐसे स्थान थे जहाँ ब्रिटिश सेना को इन्हें पुन: विजित करना पड़ा।

बम्बई में गांधी की गिरफ्तारी की सूचना मिलते ही 10 अगस्त को बलिया नगर में हड़ताल हो गई। सभी स्कूल-कालेज बन्द हो गये। 11 अगस्त को लगभग 15000 लोगों के एक जुलूस ने बलिया कचहरी की तरफ कूच कर दिया। इस जुलूस पर हुए पुलिस हमले ने लोगों को आपे से बाहर कर दिया। 13 से 16 अगस्त के बीच अनेकों रेलवे स्टेशन जला दिये गये तथा पुलिस थानों पर अधिकार कर लिया गया। 16 अगस्त को बलिया जेल से कैदियों को छुड़ा लिया गया तथा कांग्रेस के स्थानीय नेता चित्तू पाण्डे के नेतृत्व में बलिया में एक अस्थायी सरकार की स्थापना कर दी गई। इस सरकार ने शपथ ग्रहण करने के बाद 20 अगस्त को हनुमानगंज कोठी में एक सार्वजनिक बैठक की। आम लोगों ने सरकार को चलाने के लिए हजारों रुपये एकत्रित किये तथा सरकारी अधिकारियों को पुलिस लाइन में बन्द कर दिया गया। इस नयी सरकार को जनता का अपार नैतिक समर्थन प्राप्त था। इस नैतिक सत्ता के आधार पर ही इस सरकार ने एक जाँच कमेटी का गठन कर लोगों से यह अपील की कि सभी प्रकार की लूटी हुई सम्पत्ति सरकार को वापस कर दें। लोगों के आश्चर्य का ठिकाना नहीं रहा जब यह देखा गया कि लोगों ने न केवल अपनी भूलों को स्वीकार किया बल्कि लूटी गयी सम्पत्ति भी वापस कर दी। रेवती क्षेत्र की एक विधवा ने इस सरकार से अपील की कि उसके रु.3000/- मूल्य के जेवरात लूट लिये गये हैं तथा पुलिस चोरों का पता नहीं लगा सकी है। नयी सरकार ने न केवल इस लूट का पता लगा लिया बल्कि उसके जेवरात भी वापस दिला दिये। यह नयी सरकार कुछ ही दिन चल सकी लेकिन इस बीच न किसी सरकारी अधिकारी की सम्पत्ति लूटी गई न किसी के साथ दुर्व्यवहार ही किया गया। इस समय सरकारी खजाने में डेढ़ लाख रुपये जमा थे परन्तु किसी ने भी इस पैसे के अवैधानिक उपयोग की बात सोची भी नहीं।

22 अगस्त से बलिया पर अंग्रेज सरकार का दमन प्रारम्भ हो गया। विद्रोहियों के घरों को गया और सैकड़ों घरों को जला दिया गया। आम जनता पर 12 लाख का आम जुर्माना लगाया गया परन्तु 29 लाख से अधिक की वसूली की गई। 17 स्थानों पर गोली चलायी गयी जिसमें 46 से अधिक लोगों की जान चली गयी। 1000 से अधिक लोगों को गिरफ्तार किया गया जिनमें से अधिकांश को 5 से 7 वर्ष की सजायें सुनायी गईं। बलिया पर सेना की सहायता से पुन: अधिकार कर भारत की ब्रिटिश सरकार ने लंदन को यह सूचित किया कि बलिया को पुनर्विजित कर लिया गया।

सरकार की दमन नीति के विरुद्ध गांधी ने 10 फरवरी 1943 को 21 दिन का उपवास प्रारम्भ कर दिया। इस उपवास में गांधी की हालत अत्यन्त खराब हो गई थी परन्तु उन्होंने 3 मार्च को 21 दिन पूरे होने पर ही उपवास तोड़ा। जनता और सरकार दोनों ने राहत की साँस ली। इस समय पूरे देश में लगभग 1 लाख लोगों को जेलों में बन्द किया जा चुका था। पुलिस का दमन बढ़ने के बाद अब गुप्त रूप से चलने वाले इस आन्दोलन का नेतृत्व जयप्रकाश नारायण, राममनोहर लोहिया तथा अरुणा आसफ अली जैसे युवा समाजवादी करने लगे थे। यह आन्दोलन ब्रिटिश भारत के साथ-साथ देशी रियासतों में भी फैल चुका था। 1857, 1920 और 1930 के बाद भारतीय स्वतंत्रता संग्राम का यह चौथा महान विस्फोट था।

1943 के अन्त तक भारत छोड़ो आन्दोलन पूरी तरह बिखर चुका था। चारों तरफ निराशा का वातावरण छा गया था। इस वर्ष

बंगाल में अकाल से होने वाली 40,000 लोगों की मौत ने निराशा के इस माहौल को और अधिक धूमिल कर दिया था। तभी जुलाई 1943 में सिंगापुर पहुँच चुके नेताजी ने स्वतंत्र भारत की अस्थायी सरकार बनाने की घोषणा कर लोगों में एक नयी जान फूँक दी। यहीं पर उन्होंने **"दिल्ली चलो"** का नारा भी दिया। दिसम्बर 1943 में उन्होंने अण्डमान पहुँचकर इस द्वीप का नाम शहीद व स्वराज रख दिया। एक विमान दुर्घटना में उनकी अचानक मौत हो गई। इस समय तक मित्र राष्ट्रों को सभी मोर्चों पर विजय मिलनी प्रारम्भ हो गई थी।

15 अगस्त 1945 को जापान ने मित्र राष्ट्रों के समक्ष आत्मसमर्पण कर दिया। युद्धोपरान्त ब्रिटेन में मजदूर दल सत्ता में आ गया। प्रधानमंत्री एटली ने भारत को सत्ता हस्तांतरण के सम्बन्ध में ब्रिटिश नीतियों की घोषणा कर दी। 2 सितम्बर 1946 को जवाहरलाल नेहरू के नेतृत्व में अन्तरिम सरकार गठित हुई जिसमें शामिल होने की घोषणा मुस्लिम लीग ने भी 15 अक्टूबर को कर दी। 24 मार्च 1947 को लार्ड माउण्टबेटन को भारत का वायसराय बनाकर भेजा गया। नये वायसराय ने अत्यन्त चतुराई से कांग्रेस और लीग की कटुता का लाभ उठाकर भारत विभाजन की नींव पक्की कर दी। 15 अगस्त 1947 को भारत आजाद तो हो गया लेकिन यह आजादी भारत विभाजन की कीमत पर प्राप्त हो सकी।

आजादी के इस पूरे संघर्ष काल में संयुक्त प्रान्त की जनता ने 1857 से लेकर आजादी तक बढ़-चढ़कर हिस्सा लिया। 1857 का संग्राम हो, क्रान्तिकारियों का गुप्त आन्दोलन हो या गांधी का सत्याग्रह, इस प्रान्त की जनता ने उसमें अग्रणी भूमिका निभाई। आजादी के बाद इस देश के प्रथम प्रधानमंत्री बनने वाले कांग्रेस के नेता पं. जवाहरलाल नेहरू इसी प्रदेश के थे। आजादी के बाद भी, आज तक भारत की राष्ट्रीय मुख्यधारा का नेतृत्व उत्तर प्रदेश ही करता रहा है।

❑❑❑

4 उत्तर प्रदेश के सुविख्यात स्वतन्त्रता सेनानी एवं व्यक्तित्व

उत्तर प्रदेश के सुविख्यात स्वतन्त्रता सेनानी

उत्तर प्रदेश का इतिहास भारत के इतिहास के समकालीन माना जाता है और भारत के स्वाधीनता संग्राम और उसके पश्चात राष्ट्र निर्माण में इसकी बहुत ही महत्वपूर्ण भूमिका रही है। इस प्रदेश ने स्वतंत्र भारत को एक या दो नहीं बल्कि आठ प्रधानमंत्री दिए हैं और वर्तमान प्रधानमंत्री नरेंद्र मोदी भले ही गुजरात से आते हों लेकिन वे बनारस से ही सांसद बन कर प्रधानमंत्री के पद तक पहुंचे हैं। यह इस तथ्य को भी दर्शाता है कि उत्तर प्रदेश देश के हर व्यक्ति को अंगीकार करने की चेष्टा करता है।

देश के स्वतन्त्रता संग्राम में उत्तर प्रदेश की भूमिका कितनी है, इसका अंदाजा इसी बात से लगाया जा सकता है कि कंपनी के शासन के समय से ही यहाँ स्वतन्त्रता की भावनाएं हिलोरें मारती रही हैं और इस भूमि ने ऐसे वीर सेनानियों को जन्म दिया है जिन्होंने भारत के लिए प्राणों की आहुति देने में भी झिझक नहीं दिखाई। ऐसे कुछ स्वतन्त्रता सेनानी निम्नलिखित हैं–

1. **बख्त खान** – मुहम्मद बख्त खान का जन्म बिजनौर के नजीबाबाद में रोहिला पठान नजीबुद्दौला के भाई अब्दुल्ला खान के यहां हुआ था। उन्होंने 1857 के प्रथम स्वतंत्रता संग्राम में नायकों तथा नायिकाओ को कुशल नेतृत्व प्रदान करते हुए ईस्ट-इंडिया कम्पनी की सेना के खिलाफ **कमांडर-इन-चीफ** की भूमिका निभाई थी। जब मेरठ में सैनिक विद्रोह हुआ उस समय 1 जुलाई 1857 को बख्त खान अपने लाव लश्कर के साथ दिल्ली को रवाना हुए और बहादुर शाह जफर को देश का सम्राट घोषित कर दिया। सम्राट बहादुर शाह जफर ने उन्हें वास्तविक अधिकार और **साहेब-ए-आलम बहादुर** का खिताब दिया। इसके बाद बख्त खान के नेतृत्व में लंबी जंग लड़ी गई। बख्त खान ने बहादुर शाह जफर को सुरक्षा प्रदान की। अपने दुश्मनों को हराने के लिए जनरल बख्त खान हमेशा नए-नए तरीके अपनाते थे,जिससे दुश्मनों को उनके अगले कदम का अंदाजा नहीं लग पाता था। 1857 की क्रांति के बाद बख्त खान के नेपाल चले जाने की खबरे आई,और ये अफवाह उड़ाई गयी कि उन्हें अंग्रेजों ने वहाँ मार गिराया हैं। 20 सितंबर 1857 को अंग्रेजों ने बहादुर शाह जफर को गिरफ्तार कर **रंगून** जेल भेज दिया। तब बख्त खान ने दिल्ली छोड़ दी और लखनऊ और शाहजहांपुर में विद्रोही बलों में शामिल हो अंग्रेजों के विरुद्ध युद्ध लड़ते रहे। अंतिम दिनों में बख्त खान स्वात घाटी में बस गए थे जहां 1859 में उनकी मृत्यु हो गयी।

2. **बेगम हजरत महल** – बेगम हजरत महल उन महिलाओं में से थी जिन्होंने 1857 के स्वतन्त्रता संग्राम में बढ़ चढ़ कर हिस्सा लिया था और अंग्रेजों को खुल कर चुनौती दी थी। शादी से पहले उनका नाम मुहम्मदी खानुम था। उनका जन्म 1820 में फैजाबाद में हुआ था। बेगम हजरत महल ने परीखाना संगीत स्कूल से संगीत की शिक्षा ली थी। इसी वजह से उन्हें **'महकपरी'** भी कहा जाता था। बेगम हजरत महल की खूबसूरती और कला को देखकर **वाजिद अली शाह** ने उनसे निकाह कर लिया था। 1850 में अंग्रेजों ने जब अवध पर कब्जा कर लिया था तब वाजिद अली शाह, को अवध छोड़ कर भागना पड़ा। विद्रोह की लहर धीरे-धीरे पूरे अवध में फैल गयी और हजरत महल ने इसका नेतृत्व किया। इसी क्रम में अंग्रेजों और बेगम के सैनिकों के बीच युद्ध हुआ था, जिसमें बड़ी संख्या में अंग्रेज मारे गए थे। तीन महीने तक सभी अंग्रेज रेजीडेंसी में ही छिपे रहे थे। तीन महीने तक घेराबंदी के बाद बेगम हजरत महल और क्रांतिकारियों ने रेजीडेंसी पर जीत हासिल कर ली और अपने बेटे **बिरजिस कादिर** को अवध का नया शासक घोषित कर दिया था। हालांकि उनके बेटे नाबालिग थे तो ऐसे में सारी जिम्मेदारी उन पर ही थी। इस

लड़ाई में बेगम का साथ नाना साहिब, राजा जयलाल, राजा मानसिंह ने भी दिया था। एक साल बाद अंग्रेजों ने महल पर दोबारा कब्जा करने के लिए फिर से हमला किया और इस बार बेगम हजरत महल कैसरबाग को बचाने में असफल रहीं। अंग्रेजों के साथ लड़ाई के दौरान मौलाना अहमद शाह की हत्या कर दी गई जिससे हजरत महल की हिम्मत और भी टूटने लगी। उन्होंने कैसरबाग से निकलकर मूसाबाग को अपना नया ठिकाना बनाया था। उन्होंने अंग्रेजों के खिलाफ यहीं से लड़ाई लड़ी, लेकिन इस लड़ाई में उनके कई सैनिक मारे गए और हजरत महल को पीछे हटना पड़ा। वह अपने सैनिकों के साथ नेपाल चली गई और वहीं रहने लगीं। उन्होंने नेपाल में ही 1879 में अपनी आखिरी सांस ली। काठमांडु की जामा मस्जिद में बेगम हजरत महल के शव को दफना दिया गया। वहीं बेगम का मकबरा बना है।

3. **मंगल पांडे** – 1857 के स्वतन्त्रता संग्राम में मंगल पांडे का नाम सबसे ऊपर रखा जाता है। भारत में ऐसा कोई नहीं होगा जो मंगल पांडे के नाम से अपरिचित हो। मंगल पांडे का जन्म एक सामान्य ब्राह्मण परिवार में 19 जुलाई 1827 को बलिया जिले के नगवा गांव में हुआ था। उनके पिता दिवाकर पांडे तथा माता का नाम अभय रानी था। वे 18 साल की उम्र में ईस्ट इंडिया कंपनी की 34वीं बंगाल नेटिव इन्फैन्ट्री में सिपाही के तौर पर भर्ती हुए थे। नौकरी के करीब 1 साल बाद ही उनकी कंपनी में नई एनफील्ड राइफल लाई गई। कथित तौर पर इस राइफल की कारतूस में गाय और सुअर की चर्बी मिली होती थी। इस कारतूस को चलाने के लिए मुँह से काटकर राइफल में लोड करना होता था, जो भारतीय सैनिकों को मंजूर नहीं था। आखिरकार इसी के विरोध में मंगल पांडे ने 29 मार्च 1857 को विद्रोह कर दिया। परिणामस्वरूप उनकी गिरफ्तारी हुई और मुकदमा चलाया गया। उन्हें इस विद्रोह के लिए फांसी की सजा सुनाई गई थी। बैरकपुर से मेरठ, दिल्ली, कानपुर और लखनऊ तक सिपाही विद्रोह शुरू हो गया। मंगल पांडे के प्रयासों की वजह से ही अंग्रेज घुटने टेकने पर मजबूर हुए। हालांकि मंगल पांडे के इस विद्रोह के लिए उन्हें जेल में डाल दिया गया और मौत की सजा सुनाई गई। यद्यपि उनकी फांसी की सजा का दिन 18 अप्रैल 1857 तय किया गया था मगर देश में उनके प्रति बढ़ती हुई सहानुभूति और राष्ट्रवाद की भावना तथा अंग्रेजों के प्रति रोष को देखते हुए उन्हें 10 दिन पहले यानि 8 अप्रैल 1857 को ही फांसी दे दी गयी। देखा जाए तो मंगल पांडे विद्रोह के लगभग 10 दिन के अंदर ही वीरगति को प्राप्त हो गए मगर उन्होने आजादी की जो मशाल जलायी वो पूरे भारत में फैल गयी और कई मोर्चों पर अंग्रेजों को विद्रोह का सामना पड़ा।

4. **रानी लक्ष्मीबाई** – रानी लक्ष्मीबाई का जन्म 19 नवंबर, 1835 को काशी के पुण्य व पवित्र क्षेत्र अस्सी घाट, वाराणसी में हुआ था। इनके पिता का नाम **'मोरोपंत तांबे'** और माता का नाम **'भागीरथी बाई'** था। इनका बचपन का नाम **'मणिकर्णिका'** था। सन् 1850 में मणिकर्णिका का विवाह झाँसी के राजा गंगाधर राव से हुआ। विवाह के उपरांत उन्हें एक संतान भी हुई मगर चार माह की अवस्था में ही उसका निधन हो गया। इसके बाद उन्होंने दामोदर राव को गोद ले लिया। मगर राजा गंगाधर राव का स्वास्थ्य ठीक नहीं रहता था और 1853 में उनकी भी मृत्यु हो गयी। अंग्रेजों की नज़र बहुत दिन से झाँसी के समृद्ध राज्य पर थी और अपनी **'हड़प नीति' (doctrine of lapse)** के तहत उन्होने 31 मई 1854 को झाँसी को अंग्रेजी शासन के अधीन कर लिया। अंग्रेजों ने लक्ष्मीबाई के लिए पेंशन की व्यवस्था की जिसे उन्होंने अस्वीकृत कर दिया। 1857 की क्रांति के बाद मार्च 1858 में अंग्रेजों ने सर ह्यूरोज के नेतृत्व में झाँसी पर हमला कर दिया। दो हफ्ते तक चले युद्ध के बाद अंग्रेज सेना किले की दीवारों को तोड़ने में सफल रही और रानी लक्ष्मीबाई को झाँसी से निकलना पड़ा। वहाँ से निकल कर वे काल्पी पहुंची मगर कुछ ही दिनों बाद अंग्रेजों ने वहाँ भी हमला कर दिया। पहली बार तो रानी लक्ष्मीबाई की मदद से वहाँ के पेशवा ने अंग्रेजों को पीछे धकेल दिया लेकिन अंग्रेजों ने दोबारा काल्पी पर हमला किया और एक बार फिर लक्ष्मीबाई को वह से भागना पड़ा। वहाँ से निकल कर वे ग्वालियर पहुंची मगर अंग्रेजों ने वहाँ भी उनका पीछा किया। 3 दिन तक चले युद्ध के बाद रानी लक्ष्मीबाई बुरी तरह घायल हो चुकी थी। उनके विश्वासपात्र सैनिकों ने उन्हें वहाँ से बाहर निकाला मगर उनकी जान नहीं बचा सके।

5. **तात्या टोपे** – तात्या टोपे का वास्तविक नाम रामचंद्र पांडुरंग टोपे था। बाजीराव द्वितीय जब पुणे से निकलकर उत्तर भारत में कानपुर के निकट बिठुर आए तो पुणे से कई परिवार उनके साथ वहां पहुंचे इनमें पांडुरंग परिवार भी शामिल था। बिठुर में तात्या टोपे पेशवा नाना साहेब और मोरोपंत तांबे के संपर्क में आए। 1857 में नाना साहेब पेशवा, तात्या टोपे, रानी लक्ष्मीबाई,

अवध के नवाब और मुगल शासकों ने बुंदेलखंड में ब्रिटिश शासकों के खिलाफ विद्रोह कर दिया। तात्या टोपे पेशवा की सेवा में थे। उन्हें सैन्य नेतृत्व का कोई अनुभव नहीं था लेकिन अपनी कोशिशों के चलते उन्होंने यह भी हासिल कर लिया। 1857 के बाद वे अपने आखिरी पल तक लगातार युद्ध में ही रहे या फिर यात्रा करते रहे। तात्या ने 18 जून 1858 को रानी लक्ष्मीबाई के वीरगति के पश्चात गुरिल्ला युद्ध पद्धति की रणनीति अपनाई। तात्या टोपे द्वारा गुना जिले के चंदेरी, ईसागढ़ के साथ ही शिवपुरी जिले के पोहरी, कोलारस के वनों में गुरिल्ला युद्ध करने की अनेक दंतकथाएं हैं। 7 अप्रैल 1859 को तात्या शिवपुरी-गुना के जंगलों में सोते हुए धोखे से पकड़े गए। बाद में अंग्रेजों ने शीघ्रता से मुकदमा चलाकर 15 अप्रैल को 1859 को राष्ट्रद्रोह में तात्या को फांसी की सजा सुना दी। 18 अप्रैल 1859 की शाम ग्वालियर के पास शिप्री दुर्ग के निकट क्रांतिवीर के अमर शहीद तात्या टोपे को फांसी दे दी गई। तात्या टोपे को कई भूमिकाओं में रखा जा सकता है, वे नाना साहेब के दोस्त, दीवान, प्रधानमंत्री और सेना प्रमुख जैसे पदों पर रहे।

6. **नाना साहब** – नाना साहब का जन्म 19 मई 1824 को वेणुग्राम (कानपुर) में हुआ था। इनके पिता का नाम माधव नारायण भट्ट और माता का नाम गंगाबाई था। इनके पिता माधव नारायण भट्ट पेशवा बाजीराव द्वितीय के सगे भाई थे। उनका मूल नाम **'धोंडूपंत'** था। स्वतंत्रता संग्राम में नाना साहेब ने कानपुर में अंग्रेजों के विरुद्ध विद्रोहियों का नेतृत्व किया। पेशवा बाजीराव बल्लाल भट्ट द्वितीय ने नाना साहब को गोद ले लिया था। इतिहास में नाना साहेब को बालाजी बाजीराव के नाम से भी संबोधित किया गया है। इस समय तक अंग्रेजों ने भारत के एक बड़े हिस्से पर कब्जा कर लिया था। इसी दौरान 28 जनवरी 1851 ई को पेशवा बाजीराव की मौत हो गई। इसके बाद दत्तक पुत्र होने के कारण डलहौजी ने उन्हें राजा मानने से माना कर दिया और पेंशन भी रोक दी। जब मई 1857 में प्रथम स्वतंत्रता संग्राम की ज्वालायें उठीं, नाना साहब भी राष्ट्र मुक्ति संघर्ष में कूद पड़े थे। उन्होंने कानपुर पर अधिकार कर लिया। कानपुर पर फिर से अधिकार करने के लिए हेवलॉक ने विशाल सेना के साथ आक्रमण किया। उन्होंने कुछ समय तक शत्रु सेना से वीरता के साथ संघर्ष किया। अन्त में उनकी पराजय हुई। नाना साहब ने अपना साहस नहीं खोया और उन्होंने कई स्थानों में शत्रु सेना से संघर्ष किया। अन्त में जब 1857 का प्रथम संग्राम असफल हुआ, तब नाना साहब को सपरिवार नेपाल की शरण लेनी पड़ी। 6 अक्टूबर 1858 को तीव्र बुखार के कारण मात्र 34 वर्ष की उम्र में नेपाल के **'देवखारी'** गांव में नाना साहेब का देहांत हो गया। कुछ इतिहासकार यह भी मानते हैं कि अपने आखिरी दिनों में नाना साहेब गुजरात में थे। वहां वे **'सिहोर'** में अपना नाम बदलकर रह रहे थे। उन्होंने अपना नाम स्वामी दयानंद योगेंद्र रख लिया था और बीमारी की वजह से उनका देहांत हो गया।

7. **राव कदम सिंह** – राव कदम सिंह मेरठ के पूर्वी क्षेत्र के क्रांतिकारियों के नेता थे, इनमें से ज्यादातर क्रांतिकारी मवाना, हस्तिनापुर और बहसूमा क्षेत्र के थे। राव कदम सिंह परीक्षितगढ़ रियासत के अंतिम राजा थे, 1818 में राजा नैन सिंह के निधन के बाद अंग्रेजों ने इस रियासत पर कब्जा कर लिया था। उस वक्त यहां तकरीबन साढ़े 350 गांव थे जो अंग्रेजों के शासन से त्रस्त हो चुके थे और अपना राज चाहते थे, इसीलिए सबने मिलकर कदम सिंह को अपना राजा घोषित कर दिया। कदम सिंह ने क्रांति की शुरुआती दिनों में ही परीक्षितगढ़ पुलिस पर हमला बोल दिया और उन्हें मेरठ भागने पर मजबूर कर दिया। आसपास के गांवों से अंग्रेजों के सहयोगियों को उन्होने सज़ा भी दिलाई। उन्होने सबसे पहले अंग्रेजों के यातायात और संचार साधनों को नष्ट कर दिया और बिजनौर के विद्रोहियों के साथ मिल कर अंग्रेजों के खिलाफ विद्रोह की खुली घोषणा कर दी। अंग्रेजों की जवाबी कार्रवाई के बाद वे परीक्षितगढ़ से निकल कर बिजनौर आ गए और नवाब महमू खान के साथ उन्होंने थाना भवन, मीरापुर थाने और चौकियों पर हमला किया और उसे नष्ट कर दिया। चौकियों पर हमले में लगातार सफलता मिल रही थी, ऐसे में क्रांतिकारियों ने मेरठ पर हमले की योजना बनाई। लेकिन अंग्रेजों को इस बारे में पहले ही पता चल गया और 28 और 29 जुलाई 1858 को अंग्रेजों ने राजा कदम सिंह के परिवार जो कि बहसूमा में रहता था पर हमला बोल दिया। इस घटना के बाद कदम सिंह का मन उद्वेलित हो गया। 19 सितंबर 1858 को राजा साहब ने अपने साथियों के साथ मेरठ में अंग्रेजों की छावनी पर हमला किया और उसी हमले में राजा कदम सिंह शहीद हो गए उनके सभी साथी शहीद हो गए

अंग्रेजों ने उनकी मृत्यु की घोषणा नहीं की अंग्रेजों को डर था कि कदम सिंह राजा है और जनप्रिय है अगर उनकी शहादत की घोषणा करेंगे तो लोग भड़क जाएंगे।

8. **खान बहादुर खाँ** – नवाब खान बहादुर खां 1857 के स्वतंत्रता संग्राम के पहले बरेली में अंग्रेजी सरकार के **'सद्रर-ए-आला'** या डेप्युटी थे। खान बहादुर खां का जन्म 1791 में हुआ था। खान बहादुर खां रूहेला सरदार हाफिज रहमत खां के वंशज थे। रहमत खां के बेटों में जुल्फिकार अली खां, इनके पिता थे। इनका विवाह शाहजहांपुर के मीरनपुर कटरा में कमाल की बेटी मुमताज से हुआ था। क्रांति का समाचार 14 मई को बरेली पहुंचा और बख्त खान के नेतृत्व में यहाँ भी विद्रोह की शुरुआत हो गयी। शाम होते होते बरेली पर क्रांतिकारियों का कब्जा हो गया और खान बहादुर खाँ को राजा घोषित किया गया। उन्होंने बड़े निर्णयों के लिए एक कोर कमेटी बनाई। इसमें हिंदू-मुस्लिम दोनों पक्षों के लोग शामिल थे। तहसीलदार और थानेदारों की नियुक्ति के बाद सैनिक भर्ती किए गए और शोभाराम को रियासत का दीवान बनाया। राजा घोषित होने के बाद उन्होने बहादुर शाह जफर को बादशाह मान लिया और शासन करने लगे। लेकिन उन्हें सबसे बड़ी समस्या धन की हुई जो राज काज और सैन्य बल के लिए बहुत जरूरी था। इसी क्रम में अगस्त 1857 में अंग्रेजों ने रूहेलखण्ड पर हमला कर दिया। इसके बाद वे नेपाल चले गए लेकिन राणा जंग बहादुर ने इनके साथ धोखा करते हुए उन्हें अंग्रेजों के हवाले कर दिया। पकड़े जाने के बाद उन्हें तरह-तरह की यातनाएँ दी गईं और 24 मार्च 1860 को उन्हें फांसी दे दी गईं। उनके मरने के बाद भी अंग्रेजों को यह डर था की कहीं लोग उनका स्मारक बनाकर उनकी इबादत ना करने लगें, इसलिए उनके शव को जेल परिसर में ही बेड़ियों समेत दफना दिया गया।

9. **मौलवी लियाकत अली** – मौलाना लियाकत अली का जन्म 5 अक्टूबर, 1817 को उत्तर प्रदेश के कौशांबी जिले के महगांव में एक बुनकर परिवार में हुआ था। उनकी मां अमीनाबी और पिता सैयद मेहर अली थे। उन्होंने बचपन से ही ब्रिटिश विरोधी रवैया अपना लिया था। वह ब्रिटिश सेना में शामिल हो गए और भारतीय सैनिकों के मन में ब्रिटिश विरोधी विचारों को शामिल करना शुरू कर दिया। ईस्ट इंडिया कंपनी के अधिकारियों ने इसे भांप लिया और उन्हें सेना से निष्कासित कर दिया गया था। लियाकत अली व्यूह रचना के माहिर खिलाड़ी थे। तब खुसरोबाग से उन्होंने अंग्रेजों के समानांतर सरकार चलाई थी। शहर को आजाद कराने के बाद 10 दिनों तक मौलवी लियाकत अली के क्रांतिकारी साथी तहसीलदार, नायब और कोतवाल की भूमिका में तैनात रहे। खुसरोबाग में रहकर लियाकत ने शहर और आसपास के इलाकों में अपने अधिकारी नियुक्त कर दिए थे। सैफुल्ला और सुखराम को चायल का तहसीलदार बनाया तो कासिम अली और नियामत अशरफ को कोतवाल की जिम्मेदारी दी थी। मौलाना लियाकत अली को बाद में मुंबई से गिरफ्तार किया गया और उनको काला पानी की सजा सुनाई गई। वहां की सेल्यूलर जेल में वह बंद रहे। वहां 17 मार्च 1881 को उनकी मृत्यु हुई, जहां अंग्रेजों ने उन्हे दफन करने के बाद उनकी मजार बनवाई और फोटो और वीडियो परिजनों को भेजा।

10. **राव उमराव सिंह भाटी** – राव उमराव सिंह भाटी भटनेर रियासत के राजा थे। इनका जन्म सन् 1832 में दादरी के निकट ग्राम कटेहड़ा में राव किशन सिंह भाटी के पुत्र के रूप में हुआ था। 1857 की जनक्रान्ति में राव रोशन सिंह भाटी, उनके बेटे राव बिशन सिंह भाटी व उनके भतीजे राव उमराव सिंह भाटी का महत्वपूर्ण योगदान था। राष्ट्रीय भावना से ओतप्रोत उमराव सिंह भाटी ने आसपास के ग्रामीणों को प्रेरित कर 12 मई, 1857 को सिकन्द्राबाद तहसील पर धावा बोल दिया। वहाँ के हथियार और खजानों को अपने अधिकार में कर लिया। इसके बाद अंग्रेजों ने भी प्रतिकार किया और सात दिनों तक भीषण युद्ध हुआ। अंत में 19 मई को सथस्त्र सेना के सामने क्रान्तिकारी वीरों को हथियार डालने पड़े। 46 लोगों को बंदी बनाया गया मगर उमराव सिंह किसी तरह बच निकले। 21 मई को वे बुलन्दशहर पहुँचे एवं जिला कारागार पर धावा बोलकर अपने सभी राजबंदियों को छुड़ा लिया। मगर इसके बावजूद उनका 31 मई को अंग्रेजों से भीषण युद्ध हुआ जिसमें कम सेना होने के कारण उन्हें हार का सामना करना पड़ा। इस जनक्रान्ति के विफल हो जाने पर बुलंदशहर के कालेआम पर दादरी बुलंदशहर क्षेत्र के बहुत से गुर्जर क्रान्तिवीरों के साथ राजा राव उमराव सिंह भाटी, राव रोशन सिंह भाटी,राव बिशन सिंह भाटी को बुलन्दशहर में कालेआम के चौराहे पर फाँसी पर लटका दिया गया।

11. **राजा देवी सिंह आर्य –** राजा देवी सिंह जी का जन्म राया (मथुरा) तहसील के अचरु ग्राम के एक जाट क्षत्रिय परिवार में हुआ था। राया की स्थापना उनके पूर्वज राजा रायसेन गोदर जी ने करवाई थी। उनके पूर्वजों का इस क्षेत्र पर राज रहा। देवी सिंह जी के पास 14 गांवों की जागीर भी थी जिससे प्राप्त आमदनी को वे धर्म और जरूरतमंदों के लिए लगाते थे। वे कई दिनों से अंग्रेजों के खिलाफ विद्रोह की तैयारी कर रहे थे और 10 मई 1857 को शुरू हुई क्रांति के दिन ही राया में विद्रोह कर दिया। उन्होंने अनेकों अंग्रेजों को मौत के घाट उतार दिया। मथुरा का अंग्रेज मजिस्ट्रेट मार्क थोर्नबिल यह सब देखकर राया छोड़कर जैसे-तैसे करके भाग निकला। राया के सब अंग्रेज अधिकारी भाग गए या मारे गए। राया के किले पर राजा देवी सिंह जी का कब्जा हो गया। उनके बढ़ते हुए बल को दबाने के लिए अंग्रेजों ने एक बड़ी सेना भेजी और दुर्भाग्यवश देवी सिंह का गोला बारूद भी खत्म हो गया था। मगर उन्होने आत्मसमर्पण करने से मना कर दिया और अपनी सेना के साथ अंग्रेजों से लाठी डंडों और हाथों से ही भिड़ गए। राजा साहब को बन्दी बना लिया गया और 15 जून 1858 को उन्हें सबके सामने खुलेआम फांसी पर लटका दिया गया।

12. **अजीमुल्लाह खान –** अजीमुल्लाह खान यूसुफजई जिन्हें दीवान अजीमुल्लाह खान भी कहा जाता है, नाना साहिब के सचिव थे और बाद में वे नाना साहिब के प्रधानमंत्री भी बने। उनका जन्म एक बेहद गरीब परिवार में हुआ था और उनके सर से पिता का साया भी बचपन में ही उठ गया था। 1837-38 के अकाल के बाद वे कानपुर आ गए थे जहां उन्होने प्रारम्भिक शिक्षा ग्रहण की। वहीं पर उन्होंने अंग्रेजी और फ्रेंच भाषा का ज्ञान प्राप्त किया जिसके बाद मौलवी निसार अहमद से फारसी, उर्दू और पंडित गजानन मिश्र से हिंदी और संस्कृत भाषा भी सीखी। जब अंग्रेजों ने नाना साहब की पेंशन रोक दी थी तो उसे दोबारा बहाल करवाने के लिए उन्होने अजीमुल्लाह खान को इंग्लैंड भेजा था। 1857 के विद्रोह को व्यापक रूप देने में अजीमुल्लाह खान की बहुत ही महत्वपूर्ण भूमिका थी। उन्होंने नाना साहेब के साथ मिल कर उत्तर और उत्तर-पश्चिमी भारत के कई छोटे राजाओं से मुलाकात की और उनको विद्रोह में शामिल होने का न्योता दिया। 'मादरे वतन भारत की जय' का नारा बुलंद करने वाले इस क्रांतिदूत की मृत्यु महज 29 साल की उम्र में 18 मार्च सन् 1859 में कानपुर में विद्रोह को कुचले जाने के बाद हुई।

13. **झलकारी बाई –** झलकरी बाई का जन्म 22 नवम्बर 1830 को झाँसी में हुआ था। झलकारी बाई इतिहास की उन वीरांगनाओं में शुमार की जाती हैं जिन्होंने अंग्रेजों को धूल चटाई थी। झलकारी बाई एक जनजातीय समूह से आती थीं और रानी लक्ष्मीबाई के बेहद करीबी थीं और उनकी सेना में भी शामिल थीं। उनके पिता ने उन्हें तलवार चलाने का प्रशिक्षण दिया था। जब ब्रिटिश सेना के जनरल ह्यूज रोज ने 1857 के विद्रोह के दौरान एक बड़ी सेना के साथ झांसी पर हमला किया था, तब वह झलकारी बाई ही थी, जिन्होंने रानी लक्ष्मीबाई को भागने में मदद की थी। जब झांसी के किले को जनरल ह्यूरोज की सेना द्वारा घेर लिया था, तब झलकारी बाई ने एक योजना के अनुसार, रानी लक्ष्मीबाई का भेष बदलकर किले के सामने के गेट पर सेना की एक टुकड़ी के साथ अंग्रेजी सेना का सामना किया, ताकि दुश्मन उनके साथ लड़ाई करते रहें और दूसरी तरफ से रानी लक्ष्मीबाई किले से सुरक्षित भाग सकें। हालांकि अंग्रेजों ने उन्हें पकड़ कर बंदी बना लिया मगर वे वहाँ से भी भागने में कामयाब रहीं। वर्तमान में विभिन्न कोली संगठन झलकारी बाई की पुण्यतिथि को शहीदी दिवस (शहीद दिवस) के रूप में मनाते हैं।

14. **धन सिंह गुर्जर –** धन सिंह का जन्म मेरठ के पांचली गांव में हुआ था। जब 1857 का विद्रोह हुआ तब उस वक्त धन सिंह कोतवाली (थाना) के मुखिया थे। शहर की रक्षा करना क्षेत्र के कोतवाल के रूप में उनका कर्तव्य था। लेकिन, उन्होंने प्रदर्शनकारियों से हाथ मिलाते हुए 800 से अधिक कैदियों को मुक्त करवाया था। इसे **"दिल्ली की घेराबंदी"** के रूप में जाना जाता है। इसे आजादी की पहली जंग का सबसे अहम हिस्सा माना जाता है। क्रांतिकारियों ने, शहर भर में अंग्रेजों से जुड़ी हर वस्तु को लूटा और नष्ट कर दिया। ईस्ट इंडिया कंपनी के अत्याचारों और अन्यायपूर्ण शासन के विरोध में लूट, चोरी और हत्याएँ होने लगीं। मगर ब्रिटिश सेना ने अपनी पूरी शक्ति और सत्ता के बल पर, विद्रोह को दबा दिया। धन सिंह गुर्जर को मुख्य आरोपी और उस विद्रोह का प्रमुख नेता घोषित किया गया। जो विद्रोह हुआ था उसका बदला लेने के लिए, अंग्रेजों ने धन सिंह के गाँव पांचली पर हमला कर दिया, जिसमें 400 ग्रामीणों की मौत हो गई। धन सिंह को, अंग्रेजों

के खिलाफ साजिश रचने के लिए, मौत की सजा सुनाई गई और 04 जुलाई 1857 को, उनको फाँसी दे दी गई।

15. आचार्य नरेंद्र देव – आचार्य नरेंद्र देव का जन्म 31 अक्टुबर 1889 को उत्तर प्रदेश के सीतापुर में हुआ था। उनका पूरा नाम अविनाशी लाल था, जिसे बदलकर उन्होंने नरेंद्र देव रख लिया। अपनी शिक्षा पूरी करने के बाद नरेन्द्र देव ने अपने व्यावसायिक जीवन के तहत सन 1920 तक फैजाबाद में वकालत की, परन्तु राष्ट्रपिता महात्मा गांधी का **'असहयोग आंदोलन'** आंरभ होते ही इन्होंने वकालत त्याग दी। नरेन्द्र देव को पहले काशी विद्यापीठ के उपाध्यक्ष और सन् 1926 में भगवान दास जी के इस्तीफे के बाद काशी विद्यापीठ के अध्यक्ष (कुलपति) बनाए गए। देश के स्वाधीनता आंदोलन के सबसे विद्वान नेताओं में एक आचार्य नरेंद्र देव 17 मई 1934 में कांग्रेस सोशलिस्ट पार्टी के अध्यक्ष चुने गए। काशी विद्या पीठ से उनका जुड़ाव सन 1921 से रहा। सन 1930, 1932 और 1942 के आंदोलनों में आचार्य नरेन्द्र देव ने जेल यात्राएँ कीं। वे 1942 से 1945 तक जवाहरलाल नेहरू जी आदि के साथ अहमदनगर किले में भी बंद रहे। कांग्रेस को समाजवादी विचारों की ओर ले जाने के उद्देश्य से सन 1934 में जयप्रकाश नारायण, राममनोहर लोहिया तथा अन्य सहयोगियों के साथ मिलकर आचार्य नरेन्द्र देव ने **'कांग्रेस सोशलिस्ट पार्टी'** की स्थापना की और सन 1934 में प्रथम अधिवेशन के अध्यक्ष भी रहे। जब कांग्रेस पार्टी ने यह निश्चय किया कि कांग्रेस के अंदर कोई अन्य दल नहीं रहेगा, तब उन्होंने अपने साथियों के साथ कांग्रेस पार्टी छोड़ दी। भारत में समाजवादी आंदोलन में आचार्य नरेंद्रदेव का बहुत महत्वपूर्ण स्थान रहा है। दमे के कारण 19 फरवरी, 1956 को एडोर में उनका निधन हो गया।

16. चंद्रशेखर आजाद – चंद्रशेखर आजाद का जन्म 23 जुलाई, 1906 को मध्य प्रदेश के झाबुआ जिले के भाबरा नामक स्थान पर हुआ। उनके पिता का नाम पंडित सीताराम तिवारी एवं माता का नाम जगरानी देवी था। जब सन् 1922 में चौरी-चौरा की घटना के बाद गांधीजी ने अपना आंदोलन वापस ले लिया तो आजाद का कांग्रेस से मोहभंग हो गया। इसके बाद वे पंडित रामप्रसाद बिस्मिल और शचीन्द्रनाथ सान्याल तथा योगेश चन्द्र चटर्जी द्वारा सन 1924 में गठित हिन्दुस्तान रिपब्लिकन एसोसिएशन से जुड़ गए। रामप्रसाद बिस्मिल के नेतृत्व में आजाद ने काकोरी षड्यंत्र (1925) में सक्रिय भाग लिया। इसके बाद चंद्रशेखर ने सन 1928 में लाहौर में ब्रिटिश पुलिस ऑफिसर एसपी सॉन्डर्स को गोली मारकर लाला लाजपत राय की मौत का बदला लिया। इन सफल घटनाओं के बाद उन्होंने अंग्रेजों के खजाने को लूट कर संगठन की क्रांतिकारी गतिविधियों के लिए धन जुटाना शुरू कर दिया। चंद्रशेखर जब 15 साल के थे तब उन्हें किसी केस में एक जज के सामने पेश किया गया। वहां पर जब जज ने उनका नाम पूछा तो उन्होंने कहा, **'मेरा नाम आजाद है, मेरे पिता का नाम स्वतंत्रता और मेरा घर जेल है'**। जज यह सुनने के बाद भड़क गए और चंद्रशेखर को 15 कोड़ों की सजा सुनाई, यहीं से उनका नाम आजाद पड़ गया। 27 फरवरी 1931 को वे इलाहाबाद के अल्फ्रेड पार्क में सुखदेव के साथ बैठ कर आगे की योजना बना रहे थे जब अंग्रेजों ने उन पर हमला कर दिया। उन्होंने सुखदेव को तो वहाँ से भगा दिया लेकिन खुद वहीं रहकर मुक़ाबला करने लगे। अंततः उन्होंने इसी पार्क में खुद को गोली मार कर सदैव आज़ाद रहने का अपना संकल्प पूरा किया।

17. चित्तू पांडेय – चित्तू पांडेय का जन्म बलिया के एक गांव रत्तचूक में हुआ था। चित्तू पांडेय को प्यार से बलिया का शेर कहा जाता है। उन्होने बलिया में भारत छोड़ो आंदोलन में एक महत्वपूर्ण भूमिका निभाई। चिंतू पांडेय ने 1942 में ब्रिटिश विरोधी आंदोलन में स्थानीय लोगों की फौज बनाकर अंग्रेजों को खदेड़ा था। बलिया के स्थानीय कांग्रेस नेता चित्तू पांडेय ने 1942 के भारत छोड़ो आंदोलन के दौरान 10 अगस्त,1942 को बलिया में स्थापित अस्थाई सरकार का नेतृत्व किया था। 19 अगस्त 1942 को वहां स्थानीय सरकार बनी तब कुछ दिनों तक बलिया में चित्तू पांडेय का शासन भी रहा। लेकिन बाद में कुछ दिनों के बाद अग्रेजों ने इसे दबा दिया। यह सरकार बलिया के कलेक्टर को सत्ता त्यागने और सभी गिरफ्तार कांग्रेसियों को रिहा कराने में सफल रही। चितू पांडेय जी अपने आप को गांधीवादी मानते थे। उनका निधन स्वतन्त्रता से एक साल पहले 1946 में हो गया।

18. गणेश शंकर विद्यार्थी – गणेश शंकर विद्यार्थी का जन्म 26 अक्टूबर, 1890 में प्रयाग (आधुनिक इलाहाबाद) में हुआ था। इनके पिता का नाम श्री जय नारायण था। इनके पिता एक स्कूल में अध्यापक के पद पर नियुक्त थे। आर्थिक तंगी

के कारण वे विधिवत शिक्षा सिर्फ स्कूल तक ही हासिल कर सके लेकिन उन्होने खुद अपने आप को शिक्षित करने का कार्य जारी रखा। उन्होने कुछ स्थानों पर नौकरी भी की लेकिन हर जगह उनकी अंग्रेज अधिकारियों से मनमुटाव होता रहा। इसके बाद वे विभिन्न समाचार पत्र और पत्रिकाओं से जुड़ कर पत्रकारिता और सम्पादन के कार्य करने लगे। वे एक क्रांतिकारी पत्रकार थे और उन्हें हिन्दी पत्रकारिता का प्रमुख स्तंभ माना जाता है। विद्यार्थी जी ने **'सरस्वती'**, **'अभ्युदय'**, **'प्रभा'** और प्रताप जैसे पत्रों में अपना योगदान दिया। गणेश शंकर विद्यार्थी की मृत्यु कानपुर के हिन्दू-मुस्लिम दंगे में निस्सहायों को बचाते हुए 25 मार्च सन् 1931 ई. में हो गई। विद्यार्थी जी साम्प्रदायिकता की भेंट चढ़ गए थे।

19. अशफाक़ उल्ला खान – अशफाक उल्ला खान का जन्म उत्तर प्रदेश के शाहजहांपुर के मोहल्ला एमन जई जलाल नगर के पठान परिवर में 22 अक्टूबर 1900 को हुआ था। पिता शफीक उल्ला खान और मां मजरूहन्निसा बेगम की संतानों में वे सबसे छोटे थे। उन्हें बचपन से ही शायरी का बहुत शौक था। उनके पिता पुलिस में कार्यरत थे मगर अशफाक बचपन से ही देश के लिए कुछ करना चाहते थे। बहुत जल्द ही वे रामप्रसाद बिस्मिल के संपर्क में आए और दोनों में गहरी दोस्ती हो गयी। शुरुआती दिनों में वे महात्मा गांधी से बहुत प्रभावित थे और असहयोग आंदोलन में उन्होने बढ़-चढ़ कर हिस्सा लिया था। लेकिन चौरी-चौरा की घटना के बाद जब महात्मा गांधी ने अनायास आंदोलन वापस लेने की घोषणा कर दी तो गांधी से उनका मोहभंग हो गया। इसके बाद उन्होने क्रांतिकारियों के साथ मिल कर अंग्रेजों को सबक सिखाने की योजना बनाई। साल 1925 में काकोरी में ट्रेन लूटने की घटना में उनका अहम योगदान रहा। इसके बाद वे भाग कर बनारस आ गए और एक इंजीनियरिंग कंपनी में काम करने लगे। वे यहाँ से निकल कर लाला हरदयाल से मिलने विदेश जाना चाहते थे लेकिन एक अफगान दोस्त ने उन्हें धोखा दे दिया और उनकी गिरफ्तारी हो गयी। आखिरकार 19 दिसम्बर, 1927 को अशफाक उल्ला खां को फैजाबाद जेल में फांसी दे दी गई।

20. राम प्रसाद बिस्मिल – पं. राम प्रसाद बिस्मिल का जन्म 11 जून, 1897 को उत्तर प्रदेश में स्थित शाहजहांपुर में हुआ। राम प्रसाद बिस्मिल ब्रिटिश उपनिवेशवाद के खिलाफ लड़ने वाले सबसे उल्लेखनीय भारतीय क्रांतिकारियों में से थे। उन्होंने 19 साल की उम्र से ही बिस्मिल के नाम से उर्दू और हिंदी में देशभक्ति की कविताएँ लिखनी शुरु कर दी थी। उन्होंने भगत सिंह और चंद्रशेखर आजाद जैसे नेताओं के साथ हिंदुस्तान रिपब्लिकन एसोसिएशन का गठन किया और 1918 के मैनपुरी षड्यंत्र और 1925 के काकोरी षड्यंत्र में भाग लिया। वह आर्य समाज के सदस्य थे और स्वामी दयानंद सरस्वती की किताबों से प्रेरित थे। धन की कमी के कारण उन्हें स्कूल छोड़ने के लिए मजबूर होना पड़ा था। बिस्मिल 1918 के मैनपुरी षडयंत्र में शामिल थे जिसमें पुलिस ने बिस्मिल सहित कुछ युवाओं को किताबें बेचते हुए पाया, जिन पर सरकार ने प्रतिबंध लगा दिया था। उन्होंने अहमदाबाद में भारतीय राष्ट्रीय कांग्रेस के 1921 के अधिवेशन में भी भाग लिया। बिस्मिल को शायद काकोरी षडयंत्र मामले के लिए सबसे ज्यादा याद किया जाता है। सरकारी पैसे लेकर ट्रेन लूटने की योजना के पीछे वह मास्टरमाइंड था। यह घटना 9 अगस्त 1925 को लखनऊ के पास काकोरी में हुई थी। जिसके बाद ब्रिटिश सरकार क्रांतिकारियों पर भारी पड़ी और काकोरी षडयंत्र मामले के संबंध में 40 से अधिक लोगों को गिरफ्तार किया गया। इस पूरे मामले पर 18 महीने तक कानूनी प्रक्रिया चली। जिसके बाद बिस्मिल समेत लाहिड़ी, खान और ठाकुर रोशन सिंह को मौत की सजा दी गई। बिस्मिल को मात्र 30 साल की उम्र में 19 दिसंबर 1927 को गोरखपुर जेल में फांसी दी गई थी।

21. राजेन्द्रनाथ लाहिड़ी – राजेन्द्रनाथ लाहिड़ी का जन्म बंगाल के पाबना ज़िले के भड़गा नामक ग्राम में 23 जून, 1901 को हुआ था। इनके पिता का नाम क्षिति मोहन शर्मा और माता का नाम बसंत कुमारी था। बाद के समय में इनका परिवार 1909 ई. में बंगाल से वाराणसी चला आया था, अत: राजेन्द्रनाथ की शिक्षा-दीक्षा वाराणसी से ही हुई। जिस समय राजेन्द्रनाथ लाहिड़ी एम. ए. में पढ़ रहे थे, तभी उनका संपर्क क्रांतिकारी शचीन्द्रनाथ सान्याल से हुआ। **'काकोरी ट्रेन कांड'** में जिन क्रांतिकारियों ने प्रत्यक्ष भाग लिया, उनमें राजेन्द्रनाथ भी थे। बाद में वे बम बनाने की शिक्षा प्राप्त करने और बंगाल के क्रांतिकारी दलों से संपर्क बढ़ाने के उद्देश्य से कोलकाता गए। वहाँ दक्षिणेश्वर बम फैक्ट्री कांड में पकड़े गए और इस मामले में दस वर्ष की सजा हुई। काकोरी की घटना के

बाद अंग्रेजी हुकूमत ने उनकी पार्टी 'हिन्दुस्तान रिपब्लिकन ऐसोसिएशन' के कुल 40 क्रान्तिकारियों पर क्रउन के विरुद्ध सशस्त्र युद्ध छेड़ने, सरकारी खजाना लूटने व मुसाफिरों की हत्या करने का मुकदमा चलाया, जिसमें राजेन्द्रनाथ लाहिड़ी समेत रामप्रसाद बिस्मिल, अशफाक उल्ला खाँ तथा ठाकुर रोशन सिंह को मृत्यु दण्ड की सजा सुनायी गयी। अंग्रेजी सरकार ने डर से राजेन्द्रनाथ लाहिड़ी को गोण्डा कारागार भेजकर अन्य क्रांतिकारियों से दो दिन पूर्व ही 17 दिसम्बर, 1927 को फाँसी दे दी। शहीद राजेन्द्रनाथ लाहिड़ी ने हंसते-हंसते फाँसी का फन्दा चूमने से पहले **'वन्देमातरम्'** की जोरदार हुंकार भरकर जयघोष करते हुए कहा - मैं मर नहीं रहा हूँ बल्कि स्वतंत्र भारत में पुर्नजन्म लेने जा रहा हूँ।

22. **शचींद्रनाथ सान्याल** - 03 अप्रैल 1893 को, बनारस के उत्तर-पश्चिमी प्रांत में जन्में शचींद्रनाथ, बहुत छोटी उम्र से ही अपने स्वतंत्र और क्रांतिकारी विचारों के लिए जाने जाते थे। उन्होंने पटना में अनुशीलन समिति नाम के संगठन की एक शाखा की स्थापना की थी। यह अखाड़ों के स्थानीय युवाओं का एक समूह था जिसने भारत में ब्रिटिश शासन के खिलाफ हिंसक उपायों का समर्थन किया। अपने अध्ययन काल में उन्होंने काशी के प्रथम क्रांतिकारी दल का गठन 1908 में किया। वर्ष 1923 में उनके द्वारा खड़े किए गये **"हिन्दुस्तान रिपब्लिकन एसोसिएशन"** को ही भगत सिंह एवं अन्य साथियों ने **"हिन्दुस्तान समाजवादी प्रजातांत्रिक संघ"** के रूप में विकसित किया। शचीन्द्रनाथ सान्याल को जीवन में दो बार **'काला पानी'** की सज़ा मिली। उन्होंने **'हिन्दुस्तान रिपब्लिकन एसोसिएशन'** के गठन के साथ ही देश बन्धुओं के नाम एक अपील जारी की थी, जिसमें उन्होंने भारत के पूर्ण स्वतंत्रता के लक्ष्य के साथ और सम्पूर्ण एशिया का महासंघ बनाने की परिकल्पना भी प्रस्तुत की थी। फरवरी, 1916 में उन्हें **"काला पानी"** की सजा सुनाई गयी। इसमें उन्हें आजन्म कारावास एवं सारी सम्पत्ति जब्त करने का आदेश हुआ। अपने दूसरे कारावास के दौरान, उन्हें तपेदिक (टीबी) की बीमारी हो गई, जो अंततः घातक साबित हुई। अपने जीवन के अंतिम दिनों में, उनके खराब स्वास्थ्य के कारण उन्हें 1937 में रिहा कर दिया गया लेकिन साथ हीं उन्हें घर में नजरबंद भी कर दिया गया। इसके बाद वे लगभग असक्रिय हो गए और 7 फरवरी 1942 को उनका निधन हो गया।

23. **पंडित मदन मोहन मालवीय** - पंडित मदन मोहन मालवीय का जन्म 25 दिसंबर, 1861 को उत्तर प्रदेश के इलाहाबाद (अब प्रयागराज) में हुआ था। वे महान शिक्षाविद्, बेहतरीन वक्ता और एक प्रसिद्ध राष्ट्रीय नेता थे। मालवीय जी ने सन् 1884 में उच्च शिक्षा समाप्त की। शिक्षा समाप्त करते ही उन्होंने अध्यापन का कार्य शुरू किया पर जब कभी अवसर मिलता वे किसी पत्र इत्यादि के लिये लेख लिखते थे। 1885 ई. में वे एक स्कूल में अध्यापक हो गये, परन्तु शीघ्र ही वक़ालत का पेशा अपना कर 1893 ई. में इलाहाबाद हाईकोर्ट में वक़ील के रूप में अपना नाम दर्ज करा लिया। उन्होंने पत्रकारिता के क्षेत्र में भी प्रवेश किया और 1885 तथा 1907 ई. के बीच तीन पत्रों-हिन्दुस्तान, इंडियन यूनियन तथा अभ्युदय का सम्पादन किया। सन् 1886 में कोलकाता में कांग्रेस के दूसरे सत्र में अपने पहले विचारोत्तेजक भाषण के बाद ही वे राजनीति में छा गए थे। वह 1909 और 1918 में भारतीय राष्ट्रीय कांग्रेस के अध्यक्ष रहे। मालवीय जी ने वर्ष 1916 में बनारस हिंदू विश्वविद्यालय की स्थापना की थी। उन्होंने स्वतंत्रता संग्राम आंदोलनों, उद्योगों को बढ़ावा देने, देश के आर्थिक और सामाजिक विकास में योगदान देने, शिक्षा, धर्म, सामाजिक सेवा, हिंदी भाषा के विकास और राष्ट्रीय महत्त्व से संबंधित कई अन्य गतिविधियों में हिस्सा लिया। महात्मा गांधी ने उन्हें **'महामना'** की उपाधि दी थी और भारत के दूसरे राष्ट्रपति डॉ. एस. राधाकृष्णन ने उन्हें **'कर्मयोगी'** का दर्जा दिया था।

24. **गोविंद वल्लभ पंत** - गोविंद वल्लभ पंत का जन्म 10 सितम्बर, 1887 ई. में वर्तमान उत्तराखंड राज्य के अल्मोड़ा जिले के खूंट (धामस) नामक गाँव में ब्राह्मण परिवार में हुआ था। इस परिवार का सम्बन्ध कुमाऊँ की एक अत्यन्त प्राचीन और सम्मानित परम्परा से है। 1905 की बनारस कांग्रेस में वे स्वयंसेवक के रूप में सम्मिलित हुए थे। वहा अध्यक्ष गोपाल कृष्ण गोखले के भाषण का उन पर बहुत प्रभाव पड़ा। वकालत की परीक्षा पास करने के बाद पंत जी ने कुछ दिन अल्मोड़ा और रानीखेत में वकालत की , फिर काशीपुर (नैनीताल) आ गये। रौलेट एक्ट" के विरोध में जब गांधीजी ने 1920 में असहयोग आन्दोलन आरम्भ किया तो पंत जी ने अपनी चलती वकालत छोड़ दी। वे नैनीताल जिला बोर्ड के तथा काशीपुर नगर पालिका के अध्यक्ष चुने गये। स्वराज्य पार्टी के उम्मीदवार के रूप में 1923 में पंत जी उत्तर

प्रदेश विधान परिषद के चुनाव में सफल हुए और स्वराज्य पार्टी के नेता के रूप में वहां उन्होंने अपनी धाक जमा दी। 17 जुलाई, 1937 को गोविंद वल्लभ पंत **'संयुक्त प्रान्त'** के पहले मुख्यमंत्री बने जिसमें नारायण दत्त तिवारी संसदीय सचिव नियुक्त किये गये थे। गोविंद वल्लभ पंत जी 1946 से दिसम्बर 1954 तक उत्तर प्रदेश के मुख्यमंत्री रहे। पंत जी को भूमि सुधारों में पर्याप्त रुचि थी। उन्होंने 21 मई, 1952 को जमींदारी उन्मूलन कानून को प्रभावी बनाया। मुख्यमंत्री के रूप में उनकी विशाल योजना नैनीताल तराई को आबाद करने की थी। गोविंद वल्लभ पंत जी की हार्ट अटैक के कारण 7 मार्च, 1961 को मृत्यु हो गई।

25. **हसरत मोहानी** – हसरत मोहानी का नाम सय्यद फजल-उल-हसन तखल्लुस हसरत था। वह कस्बा मोहान जिला उन्नाव में 1875 को पैदा हुए। मौलाना हसरत मोहानी कालेज के जमाने में ही आजादी की लड़ाई में शामिल हो गये थे। कालेज से निकलने के बाद उन्होंने एक उर्दू मैगजीन **'उर्दू ए मोअल्ला'** निकालना शुरू की जिसमें वे जंगे आजादी की हिमायत में सियासी लेख लिखा करते थे। सन 1904 में वे भारतीय राष्ट्रीय कांग्रेस में शामिल हो गये और सूरत सत्र 1907 में प्रतिनिधि के रूप में उपस्थित रहे। सूरत के कांग्रेस सेशन 1907 में जब शान्ति पसन्द लोगों के नरम दल और भारत की पूरी आजादी की हिमायत करने वाले गरम दल का विवाद उठ खड़ा हुआ तो उन्होंने तिलक के साथ कांग्रेस छोड़ दी। वह भारतीय कम्युनिस्ट पार्टी के संस्थापकों में से एक थे। हसरत मोहानी की मृत्यु 13 मई, सन 1951 ई. को कानपुर में हुई थी। इनके इन्तकाल के बाद 1951 में कराची पाकिस्तान में हसरत मोहानी मेमोरियल सोसायटी, हसरत मोहानी मेमोरियल लाईब्रेरी और ट्रस्ट बनाये गये।

26. **पुरुषोत्तम दास टंडन** – भारत के प्रमुख स्वाधीनता सेनानी राजर्षि पुरुषोत्तम दास टंडन का जन्म इलाहाबाद (उत्तर प्रदेश) में 1 अगस्त 1882 को हुआ था। उनकी प्रारंभिक शिक्षा सिटी एंग्लो वर्नाक्यूलर विद्यालय में हुई। तत्पश्चात उन्होंने लॉ की डिग्री हासिल कर 1906 में इलाहाबाद हाईकोर्ट में (लॉ की प्रैक्टिस के लिए) काम करना शुरू किया। सन् 1899 में अपने विद्यार्थी जीवन से ही वे कांग्रेस पार्टी के सदस्य थे तथा 1906 में भारतीय राष्ट्रीय कांग्रेस के प्रतिनिधि (इलाहाबाद से) चुने गए। 1921 में सामाजिक कार्यों तथा गांधीजी के आह्वान पर स्वतंत्रता संग्राम में काम के लिए हाईकोर्ट का काम छोड़ कर वे इस संग्राम में कूद पड़े। भारत की आजादी के बाद उन्होंने विधानसभा (उत्तर प्रदेश) के प्रवक्ता के रूप में 13 वर्षों तक काम किया। इस दौरान 1937 से 1950 के लंबे कार्यकाल में कई बार विधानसभा को संबोधित किया था। भारत सरकार द्वारा सन् 1961 में उन्हें **'भारत रत्न'** की उपाधि से विभूषित किया गया। पुरुषोत्तम दास टंडन का 1 जुलाई 1962 को निधन हो गया।

27. **मोहम्मद अली जौहर** – मोहम्मद अली जौहर का जन्म 10 दिसम्बर, 1878 ई. में रामपुर, उत्तर प्रदेश में हुआ था। ये मौलाना शौकत अली के भाई थे। मोहम्मद अली और मौलाना शौकत अली भारतीय राजनीति में **'अली बन्धुओं'** के नाम से प्रसिद्ध थे। मोहम्मद अली ने बरेली, आगरा और इंग्लैण्ड में शिक्षा प्राप्त की। सन 1896 ई. में इन्होंने बी.ए. की डिग्री इलाहाबाद से प्राप्त की थी। उन्होने 1911 में कलकत्ता से कामरेड नाम का अख़बार निकाला। उसी वक्त हिंदुस्तान की राजधानी को कलकत्ता से दिल्ली स्थानांतरित किया गया, मोहम्मद अली ने भी अपने अख़बार को दिल्ली स्थानांतरित कर दिया और दिल्ली में हमदर्द नाम से अख़बार निकाला। उन्होने अलीगढ़ मुस्लिम यूनिवर्सिटी और जामिया मिलिया इस्लामिया विश्वविद्यालय की संस्थापना में महत्वपूर्ण भूमिका निभाई थी। वे मुस्लिम लीग के संस्थापक सदस्यों में से भी एक थे। 1923 ई. में वे भारतीय राष्ट्रीय कांग्रेस के अध्यक्ष निर्वाचित हुए। उन्होंने नेहरू रिपोर्ट का विरोध किया तथा 1931 में संपन्न गोलमेज सम्मेलन में मुस्लिम लीग के प्रतिनिधि के रूप में भाग लिया। 4 फरवरी,1931 ई. को लंदन में गोलमेज सम्मेलन के तुरंत बाद उनका निधन हो गया तथा उनकी इच्छा के अनुसार उन्हें जेरूसलम में दफनाया गया।

28. **स्वामी सहजानन्द सरस्वती** – स्वामी सहजानन्द सरस्वती का जन्म 22 फरवरी 1889 को महाशिवरात्रि के दिन हुआ था। वह सत्यनिष्ठ विचारक, जिज्ञासु, कर्मशील, क्रान्तिकारी, सक्रिय वेदांत के मर्मज्ञ, मीमांसा के ज्ञाता, बहुपठित शास्त्रज्ञ, वर्ग-संघर्ष के पैरोकार, राष्ट्रवादी-वेदांती मार्क्सवादी थे। वर्ष 1919 में, बाल गंगाधर तिलक की मृत्यु से उपजी संवेदना के कारण स्वामी जी राजनीति की ओर अग्रसर हुए, जिसके चलते उन्होंने तिलक स्वराज्य फंड के लिए कोष इकट्ठा करना शुरू किया। वर्ष 1927 में, स्वामी जी ने पश्चिमी किसान सभा की

नींव रखी। वर्ष 1929 में, सोनपुर मेले के अवसर पर स्वामी जी ने बिहार प्रान्तीय किसान सभा की नींव रखी, जिसके अध्यक्ष स्वामी सहजानन्द और सचिव डॉ. श्रीकृष्ण सिंह थे। 17 नवंबर 1929 को, उन्होंने गठित बिहार प्रान्तीय किसान सभा को विस्तारित कर 11 अप्रैल 1936 को अखिल भारतीय किसान सभा को पुनर्गठित किया। जमींदारी प्रथा के खिलाफ लड़ते हुए स्वामी जी का 26 जून 1950 को मुजफ्फरपुर में उच्च रक्तचाप से निधन हो गया था।

29. **महावीर त्यागी** – महावीर त्यागी का जन्म 31 दिसम्बर, 1899 को मुरादाबाद जिले के धाबर्सी में हुआ था। मेरठ में पढ़ाई पूरी करने के बाद उन्होंने अंग्रेजी फौज ज्वॉइन कर ली और उनकी नियुक्ति पर्सिया यानी ईरान में कर दी गई। लेकिन जलियां वाला बाग कांड के बाद देश में अंग्रेजों के खिलाफ नफरत का ज्वार उठा कि महावीर त्यागी भी फौज की नौकरी से इस्तीफा देकर चले आए, सेना ने उनका कोर्ट मार्शल कर दिया, उसके बाद वो गांधी जी के साथ देश की आजादी के आंदोलन में कूद गए। अंग्रेजों द्वारा वो 11 बार गिरफ्तार किए गए। चुनावी राजनीति में होने के बावजूद महावीर के रिश्ते कांग्रेस के विरोधी क्रांतिकारियों के साथ भी थे, उनके सबसे करीबी थे शचींद्रनाथ सान्याल, जिनके संगठन हिंदुस्तान रिपब्लिकन एसोसिएशन (एचआरए) ने ही चंद्रशेखर आजाद, भगत सिंह, बटुकेश्वर दत्त और सुखदेव जैसे क्रांतिकारियों को आगे बढ़ाया था। देश की आजादी के बाद वो लोकसभा के लिए चुने गए और नेहरू केबिनेट में उन्हें मिनिस्टर ऑफ रेवेन्यू एंड एक्सपेंडीचर बनाया गया। महावीर त्यागी जी का स्वर्गवास 22 मई 1980 को नई दिल्ली में हो गया।

30. **तेज बहादुर सप्रू** – तेज बहादुर सप्रू का जन्म 8 दिसंबर 1875 को उत्तर प्रदेश के अलीगढ़ में हुआ था। उन्होंने 1892 में भारतीय राष्ट्रीय कांग्रेस के अधिवेशन में भाग लिया था। उन्होंने गोपाल कृष्ण गोखले की उदारवादी नीतियों को आगे ले जाने में महत्वपूर्ण भूमिका निभाई। 1916 से 1920 के बीच वह इंपीरियल लेजिस्लेटिव काउंसिल के सदस्य रहे और 1920 से 1923 के दौरान वह वायसराय की काउंसिल में लॉ मेंबर रहे। 1918 में वह इंडियन नेशनल कांग्रेस से अलग हो गए थे और नेशनल लिबरल फेडरेशन ऑफ इंडिया के संस्थापक सदस्य बने। तेज बहादुर सप्रू ने 1923 में लंदन में इंपीरियल कॉन्फ्रेंस में भारत का प्रतिनिधित्व किया और 1927 में वह नेशनल लिबरल फेडरेशन के प्रेसिडेंट रहे और लगभग सभी भारतीय संवैधानिक सुधार के विमर्शों में वह शामिल रहे। तेज बहादुर सप्रू का निधन 20 जनवरी, 1949 को इलाहाबाद में हुआ था।

31. **सुचेता कृपलानी** – सुचेता कृपलानी का जन्म 25 जून, 1908 को भारत के हरियाणा राज्य के अम्बाला शहर में हुआ। उनकी शिक्षा लाहौर और दिल्ली में हुई थी। 1963 से 1967 तक वह उत्तर प्रदेश की मुख्यमंत्री रहीं। सुचेता कृपलानी देश की पहली महिला मुख्यमंत्री थीं। वे बंटवारे की त्रासदी में महात्मा गांधी के बेहद करीब रहीं। भारत छोड़ो आंदोलन में सुचेता कृपलानी ने लड़कियों को ड्रिल और लाठी चलाना सिखाया। 1 दिसंबर, 1974 को उनका निधन हो गया।

32. **राम मनोहर लोहिया** – राम मनोहर लोहिया का जन्म 23 मार्च 1910 को फैजाबाद में हुआ था। उनके पिताजी गांधी के भक्त थे और उनसे मिलने अक्सर अपने बेटे को साथ ले जाते थे। बनारस से इंटरमीडिएट और कोलकता से स्नातक तक की पढ़ाई करने के बाद वे उच्च शिक्षा के लिए बर्लिन चले गए। उन्होंने अर्थशास्त्र में डॉक्टरेट की उपाधि केवल दो वर्षों में ही प्राप्त कर ली। 1933 में मद्रास पहुंचने पर लोहिया गांधीजी के साथ मिलकर देश को आजाद कराने की लड़ाई में शामिल हो गए। सन 1942 को महात्मा गांधी ने भारत छोड़ो आंदोलन का ऐलान किया जिसमें उन्होंने बढ़ – चढ़ कर हिस्सा लिया और संघर्ष के नए शिखरों को छूआ। इसी दौरान वे भूमिगत हो गये और उन्होंने **"कांग्रेस रेडियो"** नामक गुप्त रेडियो की स्थापना और संचालन भी किया, जिसे उन्होंने कलकत्ता और बम्बई से गुप्त रूप से चालू रखा। आजादी के समय उनमें और पंडित जवाहर लाल नेहरू में कई मतभेद पैदा हो गए थे, जिसकी वजह से दोनों के रास्ते अलग हो गए। बाद के दिनों में 12 अक्टूबर 1967 को लोहिया का 57 वर्ष की आयु में देहांत हो गया।

33. **रोशन सिंह** – 22 जनवरी 1892 को, नवादा गाँव के ठाकुर परिवार में कौशल्या देवी और जंगी सिंह के घर जन्मे, ठाकुर रोशन सिंह एक प्रबल राष्ट्रवादी थे, जो भारत को ब्रिटिश उपनिवेशवादियों के चंगुल से मुक्त कराना चाहते थे। असहयोग आंदोलन के दौरान प्रदर्शन करते हुए उन्हें बरेली में गिरफ्तार कर लिया गया और दो वर्ष की सज़ा सुनाई गयी। 1924 में वे रामप्रसाद बिस्मिल से मिले हिंदुस्तान सोशलिस्ट रिपब्लिकन

एसोसिएशन से जुड़ गए। हालांकि वे काकोरी रेल लूट की घटना में शामिल नहीं थे लेकिन फिर भी अंग्रेजों ने उन्हें पकड़ लिया और उन्हें रामप्रसाद बिस्मिल, अशफ़ाक उल्ला खान और राजेंद्र नाथ लाहिड़ी के साथ मौत की सज़ा सुना दी। यद्यपि उन्होने न्यायाधीश को समझाने की कोशिश की लेकिन उनके सभी तर्कों को खारिज कर दिया गया और ठाकुर रोशन सिंह को 19 दिसंबर 1927 को इलाहाबाद (प्रयागराज) ज़िले की मालका/नैनी जेल में फाँसी दे दी गई।

प्रमुख व्यक्तिव

जवाहर लाल नेहरू – पंडित जवाहर लाल नेहरू का जन्म 14 नवम्बर 1889 को इलाहाबाद में हुआ था। उन्होंने अपनी स्कूली शिक्षा हैरो और कॉलेज की शिक्षा ट्रिनिटी कॉलेज, लंदन से पूरी की थी। नेहरू जी शुरू से ही गांधीजी से प्रभावित रहे और 1912 में कांग्रेस से जुड़े। 1920 के प्रतापगढ़ के पहले किसान मोर्चे को संगठित करने का श्रेय उन्हीं को जाता है। 1928 में लखनऊ में साइमन कमीशन के विरोध में नेहरू घायल हुए और 1930 के नमक आंदोलन में गिरफ्तार हुए। उन्होंने कुल 9 बार जेल यात्राएं कीं। 1942 के **'भारत छोड़ो'** आंदोलन में नेहरू जी 9 अगस्त 1942 को बंबई में गिरफ्तार हुए और अहमदनगर जेल में रहे, जहां से 15 जून 1945 को रिहा किए गए। 1947 में स्वतंत्र भारत के पहले प्रधानमंत्री बने। आजादी से पहले गठित अंतरिम सरकार में और आजादी के बाद 1947 में भारत के प्रधानमंत्री बने और 27 मई 1964 को उनके निधन तक इस पद पर बने रहे। एक प्रधानमंत्री के रूप में नेहरू ने अपने मंत्रिमंडल के सहयोगियों के प्रति उदार और लोकतांत्रिक दृष्टिकोण अपनाया। उनके पहले मंत्रिमंडल में 14 मंत्रियों में से पांच गैर-कांग्रेसी थे। देश के उत्कृष्ट संस्थानों के निर्माण में उन्होंने महत्वपूर्ण योगदान दिया। उनके कार्यकाल में एम्स, आईआईटी दिल्ली, परमाणु ऊर्जा संयंत्र, इस्पात उद्योग इत्यादि की स्थापना की गयी। वे रूस की कम्यूनिस्ट विचारधारा से बेहद प्रभावित थे और एक समाजवादी ढांचे के भीतर आर्थिक विकास के महत्व में विश्वास करते थे।

लाल बहादुर शास्त्री – लाल बहादुर शास्त्री का जन्म 2 अक्टूबर 1904 को उत्तर प्रदेश के वाराणसी से सात मील दूर एक छोटे से रेलवे टाउन, मुगलसराय में हुआ था। उनके पिता की मौत बचपन में ही हो गयी थी और उनका बचपन बेहद गरीबी में बीता। असहयोग आंदोलन के समय वे सिर्फ 16 साल के थे तभी इस आंदोलन से जुड़ गए। इसके बाद वे गांधीजी के पीछे चलने लगे और हर आंदोलन में बढ़-चढ़ कर भाग लेने लगे। स्वतंत्र भारत में यह उत्तर प्रदेश की संसद के सचिव नियुक्त किये गये। उन्होंने 1952, 1957, 1962 के चुनाव में पार्टी के लिए बहुत काम कर प्रचार-प्रसार किया, और काँग्रेस को भारी बहुमत से विजयी बनाया। शास्त्री जी की काबिलियत को देखते हुए, इन्हें जवाहरलाल नेहरु की आकस्मिक मौत के बाद प्रधानमन्त्री नियुक्त किया गया, परन्तु इनका कार्यकाल बहुत कठिन था। भारत-पाक युद्ध के दौरान विकट परिस्थितियों में शास्त्री जी ने सराहनीय नेतृत्व किया और **"जय-जवान जय-किसान"** का नारा दिया, जिससे देश में एकता आयी और भारत ने पाक को धूल चटाई। रूस एवं अमेरिका के दबाव पर शास्त्री जी शान्ति-समझौते पर हस्ताक्षर करने हेतु पाकिस्तान के राष्ट्रपति अयूब खान से ताशकंद में मिले। समझोते की रात को ही 11 जनवरी 1966 को उनकी रहस्यपूर्ण तरीके से मृत्यु हो गई।

अटल बिहारी वाजपेयी – अटल बिहारी वाजपेयी का जन्म 25 दिसंबर 1924 को हुआ। वाजपेयी 1942 में राजनीति में उस समय आए, जब भारत छोड़ो आंदोलन के दौरान उनके भाई 23 दिनों के लिए जेल गए। 1951 में आरएसएस के सहयोग से भारतीय जनसंघ पार्टी का गठन हुआ तो श्यामा प्रसाद मुखर्जी जैसे नेताओं के साथ अटल बिहारी वाजपेयी की अहम भूमिका रही। चुनावी राजनीति में उनको पहली सफलता 1957 में मिली जब बलरामपुर से जीत कर वे लोक सभा के सदस्य बने। अपने राजनीतिक सफर में वे कई जगहों से चुनाव लड़े लेकिन 1996 के बाद वे लखनऊ में बस गए। 1977 में जब देश में पहली गैर कांग्रेसी सरकार बनी तब मोरारजी देसाई प्रधानमंत्री और अटल बिहारी वाजपेयी विदेश मंत्री बने। वाजपेयी पहले ऐसे नेता थे जिन्होंने संयुक्त राष्ट्र महासंघ को हिन्दी भाषा में संबोधित किया। 1980 में वे भारतीय जनता पार्टी के संस्थापक सदस्य बने और पार्टी के पहले अध्यक्ष भी। साल 1996 में उन्हें पहली बार प्रधानमंत्री बनने का मौका मिला मगर उनकी सरकार 13 दिन में ही गिर गयी। इसके बाद 1998 में वे फिर से प्रधानमंत्री बने मगर इस बार उनकी सरकार सिर्फ 13 महीने चली। 1999 में तीसरी बार प्रधानमंत्री बने और 5 साल तक एक बड़े गठबंधन की सरकार चलायी। उनके प्रधानमंत्री रहते हुए राजस्थान के पोखरण में सन् 1998 में 11 मई और 13 मई को पांच भूमिगत परमाणु परीक्षण विस्फोट करके हमारे देश को परमाणु शक्ति संपन्न देश बनाया। उन्होंने 19 फरवरी 1999 में दिल्ली से लाहौर तक की बस सेवा शुरू की, जिसे**सदा-ए-सरहद** का नाम दिया गया। लंबी बीमारी के बाद 16 अगस्त 2018 को दिल्ली में उनका निधन हो गया।

पंडित रवि शंकर – पंडित रवि शंकर का जन्म काशी में 7 अप्रैल, सन् 1920 को हुआ था। इनका पूरा नाम पंडित रवीन्द्र शंकर चौधरी था। इनका जन्म एक सम्पन्न परिवार में हुआ था। इनके पिता एक प्रतिष्ठित वकील थे और राजघराने में उच्च पद पर कार्यरत थे। पंडित रविशंकर एक भारतीय संगीतकार और कंपोजर थे, जिन्हें पूरी दुनिया में भारतीय शास्त्रीय वाद्ययंत्र सितार को लोकप्रिय बनाने के लिए जाना जाता है। इनकी ख्याति सिर्फ भारत ही नहीं बल्कि पश्चिमी देशों में भी फैली है। 1950 में, रविशंकर को नई दिल्ली रेडियो स्टेशन में ऑल-इंडिया रेडियो के निर्देशक बनने का मौका मिला, और इस पद को उन्होंने 1956 तक संभाला। 1986 में, भारतीय संगीत में उनके महान योगदान के लिए, उन्हें तत्कालीन भारतीय प्रधानमंत्री राजीव गांधी द्वारा राज्यसभा के लिए नामित किया गया था। साल 1999 में उन्हें देश के सर्वोच्च नागरिक सम्मान '**भारत रत्न**' से सम्मानित किया गया। रविशंकर का 11 दिसंबर, 2012 को सैन डिएगो, कैलिफोर्निया में 92 वर्ष की आयु में निधन हो गया।

उस्ताद बिस्मिल्ला खाँ – उस्ताद बिस्मिल्ला खाँ एक प्रख्यात शहनाई वादक थे, जिन्हें शहनाई को लोकप्रिय बनाने का श्रेय दिया जाता है। उस्ताद बिस्मिल्ला खान का जन्म 21 मार्च 1916 को डुमरांव, बिहार में हुआ था। उनका जन्म एक ऐसे परिवार में हुआ था जिसकी संगीत पृष्ठभूमि थी और उनके पूर्वज भोजपुर की रियासत में संगीतकार थे। उनके पिता बिहार में डुमरांव एस्टेट के महाराजा केशव प्रसाद सिंह के दरबार में कार्यरत एक दरबारी संगीतकार थे। छह साल की उम्र में, वह शहनाई वादन का प्रशिक्षण लेने के लिए वाराणसी, उत्तर प्रदेश आ गए। बिस्मिल्ला खान को वर्ष 1947 में भारत की स्वतंत्रता की पूर्व संध्या पर अपनी शहनाई बजाने का दुर्लभ सम्मान मिला था। संगीत के क्षेत्र में उनके महत्वपूर्ण योगदान के लिए साल 2001 में उन्हें भारत के सर्वोच्च नागरिक पुरस्कार भारत रत्न से सम्मानित किया गया था। 21 अगस्त 2006 को हृदय गति रुकने से उनका निधन हो गया। उनके निधन पर सरकार ने राष्ट्रीय शोक की घोषणा की और उनके दफन समारोह में 21 तोपों की सलामी दी गयी।

मेजर ध्यानचंद सिंह – मेजर ध्यानचंद सिंह भारतीय फील्ड हॉकी के भूतपूर्व खिलाड़ी एवं कप्तान थे। उन्हें भारत एवं विश्व हॉकी के क्षेत्र में सबसे बेहतरीन खिलाड़ियों में शुमार किया जाता है। वे तीन बार ओलम्पिक में स्वर्ण पदक जीतने वाली भारतीय हॉकी टीम के सदस्य रहे हैं जिनमें 1928 का एम्सटर्डम ओलम्पिक, 1932 का लॉस एंजेल्स ओलम्पिक एवं 1936 का बर्लिन ओलम्पिक शामिल है। मेजर ध्यानचंद का जन्म 29 अगस्त सन् 1905 ई. को इलाहाबाद में हुआ था। साधारण शिक्षा प्राप्त करने के बाद 16 वर्ष की अवस्था में 1922 ई. में दिल्ली में प्रथम ब्राह्मण रेजीमेंट सेना में एक साधारण सिपाही की हैसियत से भरती हो गए। ध्यानचंद को हॉकी खेलने के लिए प्रेरित करने का श्रेय रेजीमेंट के एक सूबेदार मेजर तिवारी को है। मेजर तिवारी स्वयं भी प्रेमी और खिलाड़ी थे। उनकी देख-रेख में ध्यानचंद हॉकी खेलने लगे देखते ही देखते वह दुनिया के एक महान खिलाड़ी बन गए। ध्यानचंद ने 42 वर्ष की आयु तक हॉकी खेलने के बाद वर्ष 1948 में हॉकी से संन्यास ग्रहण कर लिया। कैंसर जैसी लंबी बीमारी को झेलते हुए वर्ष 1979 में मेजर ध्यानचंद का देहांत हो गया। उनकी जन्म तिथि को भारत में **"राष्ट्रीय खेल दिवस"** के तौर पर मनाया जाता है।

हरिवंश राय बच्चन – हरिवंश राय बच्चन हिंदी भाषा के कवि थे, ऐसा माना जाता हैं इनकी कविताओं ने भारतीय साहित्य में परिवर्तन किया था, इनकी शैली पूर्व कवियों से भिन्न थी. इसलिए इन्हें नयी सदी का रचियता कहा जाता हैं। हरिवंश राय बच्चन का जन्म 27 नवंबर 1907 को इलाहाबाद के पास प्रतापगढ़ जिले के छोटे से गाँव बाबूपट्टी में हुआ था। इन्हें छाया वाद का कवी कहा जाता हैं। भारतीय सिनेमा जगत के सुपर स्टार श्री अमिताभ बच्चन के पिता के तौर पर इनकी ख्याति और भी अधिक प्रभावशील हैं। 1966 में इनका नाम राज्य सभा के लिए लिया गया था। 3 साल बाद भारत सरकार द्वारा इनको साहित्य अकादमी अवार्ड दिया गया। 1976 में हिंदी साहित्य में इनके योगदान के लिए इन्हे पद्म भूषण से सम्मानित किया गया। हरिवंशराय जी को सरस्वती सम्मान, नेहरु अवार्ड, लोटस अवार्ड से भी सम्मानित किया गया था। हरिवंशराय जी ने शेक्सपियर की **Macbeth and Othello** को हिंदी में रूपांतरित किया जिसके लिए उन्हें सदैव स्मरण किया जाता है। 1984 में हरिवंशराय जी ने इंदिरा गाँधी की मौत के बाद अपनी आखिरी रचना **"1 नवम्बर 1984"** को लिखी थी। हरिवंशराय जी का 18 जनवरी 2003 में 95 वर्ष की आयु में बम्बई में निधन हो गया।

अमिताभ बच्चन – अमिताभ बच्चन का जन्म 11 अक्टूबर, 1942 को इलाहाबाद, उत्तर प्रदेश राज्य में हुआ था। उनके पिता प्रसिद्ध कवि श्री हरिवंश राय बच्चन हैं और इनकी माँ का नाम तेजी बच्चन है। अमिताभ बच्चन ने दो बार एम. ए. की उपाधि ग्रहण की है। अमिताभ बच्चन ने अपने अभिनय की शुरुआत '**ख्वाजा अहमद अब्बास**' द्वारा निर्देशित फिल्म सात हिंदुस्तानी (1969) से की थी।

इसके बाद कई दिनों तक उन्हें कोई काम नहीं मिला लेकिन फिल्मों में छोटे-मोटे रोल मिलते रहे। फिल्म **'जंजीर'** उनके करियर का टर्निंग प्वाइंट साबित हुई। इसके बाद उन्होंने लगातार हिट फिल्मों की झड़ी तो लगाई ही, इसके साथ ही साथ वे हर दर्शक वर्ग में लोकप्रिय हो गए और फिल्म इंडस्ट्री में अपने अभिनय का लोहा भी मनवाया। 70 और 80 के दौर में फिल्मी सीन्स में अमिताभ बच्चन का ही आधिपत्य था। इस वजह से फ्रेंच डायरेक्टर फ्राँस्वा त्रुफ़ो ने उन्हें **'वन मैन इंडस्ट्री'** तक करार दिया था। उन्हें भारत सरकार की तरफ से 1984 में पद्मश्री, 2001 में पद्मभूषण और 2015 में पद्मविभूषण जैसे सम्मान मिल चुके हैं।

मजरूह सुल्तानपुरी - मजरुह सुल्तानपुरी हिन्दी फिल्मों के एक प्रसिद्ध गीतकार और प्रगतिशील आंदोलन के उर्दू के सबसे बड़े शायरों में से एक थे। उन्होंने अपनी रचनाओं के जरिए देश, समाज और साहित्य को नयी दिशा देने का काम किया। उनका जन्म 1 अक्टूबर 1919 को उत्तर प्रदेश में स्थित जिला सुल्तानपुर में हुआ था और उनका असली नाम **"असरार उल हसन खान"** था। मजरूह ने लखनऊ के **"तकमील उल तीब कॉलेज"** से यूनानी पद्धति की मेडिकल की परीक्षा उर्त्तीण की थी। इसके बाद में वे एक हकीम के रूप में काम करने लगे थे। इसके बाद जिगर मुरादाबादी की सलाह पर फिल्मों के लिए गीत लिखने लगे। अपनी वामपंथी विचार धारा के कारण मजरूह सुल्तानपुरी को कई बार कठिनाइयों का भी सामना करना पड़ा। कम्युनिस्ट विचारों के कारण उन्हें जेल भी जाना पड़ा। मजरूह सुल्तानपुरी को सरकार ने सलाह दी कि अगर वे माफी मांग लेते हैं, तो उन्हें जेल से आजाद कर दिया जाएगा, लेकिन मजरूह सुल्तानपुरी इस बात के लिए राजी नहीं हुए और उन्हें दो वर्ष के लिए जेल भेज दिया गया। जेल में रहने के कारण मजरूह सुल्तानपुरी के परिवार की माली हालत काफी खराब हो गई। वर्ष 1993 में उन्हें फिल्म जगत् के सर्वोच्च सम्मान **'दादा साहब फाल्के पुरस्कार'** से नवाजा गया। मजरूह सुल्तानपुरी ने अपने चार दशक से भी अधिक लंबे सिनेमा कैरियर में लगभग 300 फिल्मों के लिए 4000 गीतों की रचना की। 24 मई 2004 को मजरूह सुल्तानपुरी का निधन हो गया।

संत कबीर दास - संत-कवि कबीर दास का जन्म 15वीं शताब्दी के मध्य में काशी (वाराणसी, उत्तर प्रदेश) में हुआ था। वे मध्यकालीन भारत के स्वाधीनचेता महापुरुष थे और इनका परिचय, प्राय: इनके जीवनकाल से ही, इन्हें सफल साधक, भक्त कवि, मतप्रवर्तक अथवा समाज सुधारक मानकर दिया जाता रहा है तथा इनके नाम पर कबीरपंथ नामक संप्रदाय भी प्रचलित है। कबीरपंथी इन्हें एक अलौकिक अवतारी पुरुष मानते हैं और इनके संबंध में बहुत-सी चमत्कारपूर्ण कथाएँ भी सुनी जाती हैं। संत कबीर दास हिंदी साहित्य के भक्ति काल के इकलौते ऐसे कवि हैं, जो आजीवन समाज और लोगों के बीच व्याप्त आडंबरों पर कुठाराघात करते रहे। वह कर्म प्रधान समाज के पैरोकार थे। कबीर ने काशी के पास मगहर में देह त्याग दी। ऐसी मान्यता है कि मृत्यु के बाद उनके शव को लेकर विवाद उत्पन्न हो गया था। हिन्दू कहते थे कि उनका अंतिम संस्कार हिन्दू रीति से होना चाहिए और मुस्लिम कहते थे कि मुस्लिम रीति से। इसी विवाद के चलते जब उनके शव पर से चादर हट गई, तब लोगों ने वहाँ फूलों का ढ़ेर पड़ा देखा। बाद में वहाँ से आधे फूल हिन्दुओं ने ले लिए और आधे मुसलमानों ने। मुसलमानों ने मुस्लिम रीति से और हिंदुओं ने हिंदू रीति से उन फूलों का अंतिम संस्कार किया।

तुलसीदास - तुलसीदास एक हिंदू कवि-संत थे जो हिंदी, भारतीय और विश्व साहित्य में सबसे महान कवियों में गिने जाते थे। वह भक्ति काल के रामभक्ति शाखा के महान कवि भी थे। वह भगवान राम की भक्ति के लिए मशहूर थे और वे **'रामचरितमानस'** महाकाव्य के लेखक के रूप में हनुमान चालीसा के रचयिता के रूप में भी जाने जाते हैं। तुलसीदास के जन्म के वर्ष के बारे में मतभेद है हालांकि कहा जाता हैं की उनका जन्म संवत 1589 में हुआ है। तुलसीदास जी ने रामचरितमानस के अलावा, वाल्मीकि ऋषि, गीतावली, दोहावली, संस्कृत रामायण आदि काव्यों की रचना की थी। मुग़ल शासक अकबर को तुलसीदास जी का समकालीन सम्राट माना जाता है। तुलसीदास जी ने अपने 112 वर्ष के लम्बे जीवन काल में अनेकों काव्य रचनाएं की थी।

सूरदास - हिंदी के इतिहासकार और साहित्य के प्रकाण्ड विद्वानों के अनुसार सूरदास जी का जन्म 1478 ईस्वी में मथुरा और आगरा के रस्ते के बीच पड़ने वाले रुनकता नामक स्थान के किरोली गांव में हुआ था। कवि सूरदास जी के पिता का नाम पंडित रामदास बैरागी था। जो उस समय के प्रसिद्ध कवि और गायक थे। कुछ लोग मानते हैं की सूरदास जी बचपन से ही अंधे थे तो कुछ का मानना है की नहीं सूरदास जी किसी दुर्घटनावश बाद में अंधे हुए होंगे क्योंकि सूरदास की कुछ रचनाओं में जिस तरह की कल्पना शक्ति मिलती है वह कोई जन्म से अंधा व्यक्ति कर ही नहीं सकता। सूरदास जी ने अपनी कृष्ण भक्ति में लीन रहते हुए बहुत सी रचनायें की जिनमें से सूरसागर , साहित्य-लहरी विश्वप्रसिद्ध हैं। यह सभी

रचनायें सूरदास जी ने मथुरा की ब्रज भाषा में की थी। अधिकतर विद्वानों की सहमति है वह यह की सूरदास जी की मृत्यु 1642 विक्रमी (1580 ईस्वी) में गोवर्धन स्थान के पास पारसौली ग्राम में हुई थी। सूरदास जी जिस स्थान पर अपना देहवसान किया था वहां लोगों के द्वारा सूरश्याम मंदिर (सूर कुटी) की स्थापना की गई।

काका हाथरसी – काका हाथरसी भारत के प्रसिद्ध हिन्दी हास्य कवि थे। उन्हें हिन्दी हास्य व्यंग्य कविताओं का पर्याय माना जाता है। काका हाथरसी का जन्म 18 सितंबर, 1906 में उत्तर प्रदेश के हाथरस जिले में हुआ था। उनका वास्तविक नाम प्रभु लाल गर्ग था। एक नाटक में उन्होंने 'काका' का किरदार निभाया, और बस तभी से प्रभूलाल गर्ग 'काका' नाम से प्रसिद्ध हो गए। उन्होने अपने एक साथी के सहयोग से संगीत कार्यालय की नींव रखी। इसी कार्यालय से संगीत पर 'संगीत पत्रिका' प्रकाशित हुई। उसका प्रकाशन आज भी अनवरत जारी है। 1966 में बृजकला केंद्र के कार्यक्रम में काका को सम्मानित किया गया। काका हाथरसी को 'कला रत्न' से नवाजा गया। 1985 में उन्हें तत्कालीन राष्ट्रपति ज्ञानी जैल सिंह ने 'पद्मश्री' की उपाधि से नवाजा। काका कई बार विदेश में काव्य पाठ करने गए। 1989 में काका को अमेरिका के वाल्टीमौर में 'आनरेरी सिटीजन' के सम्मान से सम्मानित किया गया। 18 सितंबर, 1906 को जन्म लेने वाले काका हाथरसी की मृत्यु भी 18 सितंबर को ही 1995 में हुई। काका हाथरसी नाम पर ही कवियों के लिये 'काका हाथरसी पुरस्कार' और संगीत के क्षेत्र में 'काका हाथरसी संगीत' सम्मान भी शुरू किये गए।

प्रेमचंद – प्रेमचंद का जन्म वाराणसी से लगभग चार मील दूर, लमही नाम के गाँव में 31 जुलाई, 1880 को हुआ। प्रेमचंद का वास्तविक नाम धनपत राय श्रीवास्तव था। वे एक सफल लेखक, देशभक्त नागरिक, कुशल वक्ता, जिम्मेदार संपादक और संवेदनशील रचनाकार थे। मुंशी प्रेमचंद भारत के उपन्यास सम्राट माने जाते हैं जीवन की प्रतिकूल परिस्थितियों में प्रेमचंद ने मैट्रिक पास कि। उन्होंने इलाहाबाद विश्वविद्यालय से अंग्रेजी साहित्य, पर्सियन और इतिहास विषयों से स्नातक की उपाधि द्वितीय श्रेणी में प्राप्त की थी। उन्होंने उपन्यास, कहानी, नाटक, समीक्षा, लेख, सम्पादकीय, संस्मरण आदि अनेक विधाओं में साहित्य की सृष्टि की, किंतु प्रमुख रूप से वह कथाकार हैं। उन्हें अपने जीवन काल में ही उपन्यास सम्राट की पदवी मिल गई थी। उन्होंने कुल 15 उपन्यास, 300 से कुछ अधिक कहानियां, 3 नाटक, 10 अनुवाद, 7 बाल-पुस्तकें तथा हजारों पृष्ठों के लेख, सम्पादकीय, भाषण, भूमिका, पत्र आदि की रचना की। उनका पूरा समय वाराणसी और लखनऊ में गुजरा, जहां उन्होंने अनेक पत्र-पत्रिकाओं का संपादन किया और अपना साहित्य-सृजन करते रहे। 8 अक्टूबर, 1936 को जलोदर रोग से उनका देहावसान हुआ।

पंडित दीनदयाल उपाध्याय – पंडित दीनदयाल उपाध्याय का जन्म 25 सितम्बर, 1916 को वर्त्तमान उत्तर प्रदेश की पवित्र ब्रजभूमि में मथुरा में नँगला चंद्रभान नामक गाँव में हुआ था। उन्होंने अपनी हाई स्कूल की शिक्षा वर्तमान राजस्थान के सीकर में प्राप्त की। पंडित दीनदयाल उपाध्याय का मानना था की भारत को औद्योगीकरण के रास्ते पर चलते हुए अनाज के मामले में भी आत्मनिर्भर बनना चाहिए। वे कृषि को भारत की आर्थिक उन्नति का चालक मानते थे। पंडित दीनदयाल उपाध्याय आर. एस. एस. के संगठन के लिए भी कार्य करते थे और उन्होंने हिंदुत्व की विचारधारा पर भी जोर दिया। दीनदयाल उपाध्याय जी 1937 में राष्ट्रीय स्वयंसेवक संघ से जुड़े और 1942 से उन्होंने इसके लिए काम करना शुरू किया। वे भारतीय जन संघ के संस्थापक थे जो बाद में जाकर भारतीय जनता पार्टी नाम से बना। दिसंबर 1967 में उपाध्याय को भारतीय जन संघ का अध्यक्ष बनाया गया था। उन्होंने भारत की सनातन विचारधारा को युगानुकूल रूप में प्रस्तुत करते हुए देश को एकात्म मानववाद जैसी प्रगतिशील विचारधारा दी। एकात्मक मानववाद की विचारधारा का मूल सांस्कृतिक राष्ट्रवाद है जो समाजवाद और व्यक्तिवाद से अलग सोचने की आजादी देता हैं। 11 फरवरी, 1968 को पंडित दीनदयाल उपाध्याय की रहस्यमय तरीके से मौत हो गई। वे लखनऊ से पटना के लिए सियालदह एक्सप्रेस में सवार हुए लेकिन उनकी लाश मुग़लसराय स्टेशन पर पायी गयी। किसी ने उनकी हत्या रास्ते में ही कर दी थी लेकिन वो कौन था या कौन थे, यह आज तक एक रहस्य है।

❑❑❑

5 उत्तर प्रदेश में ग्रामीण, शहरी एवं जनजातीय मुद्दे : सामाजिक संरचना, त्योहार, मेले, संगीत, लोकनृत्य, भाषा एवं साहित्य/बोली, सामाजिक प्रथाएँ

उत्तर प्रदेश में सामाजिक संरचना

राज्य और क्षेत्रफल की दृष्टि के आधार पर उत्तर प्रदेश भारत का चौथा सबसे बड़ा राज्य है। उत्तर प्रदेश का अधिकतर हिस्सा सघन आबादी वाले गंगा और यमुना दोआब क्षेत्र में आता है। राज्य का क्षेत्रफल लगभग **2,40,928 वर्ग किलोमीटर** है तथा देश की लगभग **17 प्रतिशत** जनसंख्या उत्तर प्रदेश में निवास करती है। राज्य के 5 सबसे बड़े महानगर लखनऊ, कानपुर, आगरा, गाजियाबाद तथा वाराणसी हैं। राज्य की 80 प्रतिशत से अधिक जनसंख्या ग्रामीण क्षेत्रों में रहती है। राज्य के पश्चिमी हिस्से में पाए जाने वाले ग्रामीण क्षेत्रों में घने बसे हुए गाँव, पूर्वी क्षेत्र में पाए जाने वाले छोटे गाँव और मध्य क्षेत्र में दोनों का समूह होता है। मकानों की छत फूस या मिट्टी के खपरैल से बनी होती है। लेकिन शहरों के पास बसे कुछ गाँवों में आधुनिकीकरण की प्रक्रिया दिखाई देती है। यहाँ सीमेण्ट से बने पक्के घर, पक्की सड़कें, बिजली, रेडियो, टेलीविजन जैसी वस्तुएँ पारम्परिक ग्रामीण जीवन को बदल रही हैं।

शहरी जनसंख्या का आधे से अधिक हिस्सा एक लाख से अधिक जनसंख्या वाले शहरों में रहता है। उत्तर प्रदेश भारत का सर्वाधिक जनसंख्या वाला राज्य है। यह विश्व की सर्वाधिक जनसंख्या वाली उप राष्ट्रीय इकाई है। शहरी जनसंख्या का आधे से अधिक हिस्सा एक लाख से अधिक जनसंख्या वाले शहरों में रहता है। 1991 से लेकर 2001 तक राज्य की जनसंख्या में **26%** से अधिक की वृद्धि हुई। राज्य का जन घनत्व 828 व्यक्ति प्रति वर्ग किलोमीटर है, जो इसे देश के सबसे सघन जनसंख्या वाले राज्यों में से एक बनाता है। यहाँ निवास करने वाली जनसंख्या में सर्वाधिक प्रतिशत **(80%)** हिन्दुओं का है उसके बाद 19% मुस्लिमों के अतिरिक्त 0.32% सिख, 0.18% इसाई 0.10% बौद्ध तथा 0.11% जैन समुदाय के लोग रहते हैं। उत्तर प्रदेश में अनुसूचित जाति की जनसंख्या सबसे अधिक है तथा अनुसूचित जनजाति की जनसंख्या कुल जनसंख्या के 1 प्रतिशत से भी कम है। सांप्रदायिक हिंसा की घटनाओं में भी उत्तर प्रदेश शीर्ष पर है लेकिन प्रदेश की सामाजिक संरचना पर राज्य में निवास करने वाले लोगों का पारस्परिक जुड़ाव, एक दूसरे पर निर्भरता तथा सुख दु:ख में एक दूसरे को सहयोग देने की प्रवृत्ति का प्रभाव सपष्ट दिखाई देता है। भारतीय रिज़र्व बैंक द्वारा 2011-12 में जारी अनुमानों के अनुसार उत्तर प्रदेश में **5.1 करोड़** लोग गरीबी रेखा से नीचे हैं, जो भारत के किसी भी राज्य के लिए सबसे अधिक हैं। विशेष रूप से राज्य के मध्य और पूर्वी जिलों में गरीबी का स्तर बहुत अधिक है। चूँकि गरीबी ही सबसे बड़ा अभिशाप या अपराध है ऐसे में राष्ट्रीय **अपराध रिकॉर्ड ब्यूरो** के अनुसार यदि भारत के किसी भी अन्य राज्य की तुलना में उत्तर प्रदेश में सबसे अधिक अपराध होते हैं, तो यह कोई आश्चर्य की बात नही है।

उत्तर प्रदेश की पारिवारिक संरचना पर नजर डालें तो ग्रामीण क्षेत्रों में अधिकतर संयुक्त परिवार दिखाई देते हैं । हालंकि शहरी संरचना में एकल परिवार का चलन बढ़ा है। राज्य की सामाजिक संरचना की विशिष्टता वंश परंपरा एवं नातेदारी व्यवस्था है । इसके अंतर्गत सभी परिवार एक विशिष्ट गोत्र से जुड़े हैं और एक वंश परंपरा का निर्वाह करते हैं । इसके अतिरिक्त अलग अलग वंश परंपरा का निर्वाह करने वाले समूहों में वैवाहिक सम्बन्ध स्थापित नही हो सकते हैं।

पिछले कुछ दशकों से उत्तर प्रदेश की सबसे बड़ी समस्या कानून और व्यवस्था की थी। दुष्कर्म, हत्या, लूटपाट, भ्रष्टाचार ने राज्य को अपने शिकंजे में कस रखा था। हालाँकि वर्त्तमान सरकार में यूपी में बड़े फेरबदल देखे गए साथ ही जुर्म पर भी जंजीर कसी। पुलिस द्वारा कानून व्यवस्था में तमाम सुधार किए गए जिनसे राज्य की छवि सुधरी। यूपी में जिस तरह का बदलाव दिखाई दे रहा है उससे प्रदेश में कानून व्यवस्था की स्थिति मजबूत हुई है और इन्वेस्टमेंट के लिए एक विश्वास पैदा हुआ है, जिसकी आज से 6-7

साल पहले तक कल्पना करना भी मुश्किल था। कानून-व्यवस्था मजबूत होने से अपराधों में कमी आई है। राज्य सरकार ने आर्थिक विकास के साथ कानून व्यवस्था, सामाजिक समरसता, सांस्कृतिक विरासत को बढ़ावा देने की दिशा में भी कार्य किया है।

पांच साल में उत्तर प्रदेश में निवेश का बेहतर माहौल तैयार हुआ है। प्रदेश में भ्रष्टाचार को रोकने के लिए भी सरकार ने अनेक कार्य किए है। राज्य सरकार समय-समय पर चलाया जाने वाला छापेमारी अभियान द्वारा राज्य में विभिन्न स्तरों पर फैले भ्रष्टाचार का खात्मा करने के लिए निरंतर काम कर रही है।

उत्तर प्रदेश की अर्थव्यवस्था कृषि आधारित है जो राज्य के आर्थिक विकास में महत्वपूर्ण भूमिका निभाती है। कला और शिल्प के क्षेत्र में भी उत्तर प्रदेश न केवल भारत में बल्कि पूरे विश्व में प्रसिद्ध हैं। रेशमी साड़ियों से लेकर मिट्टी के बर्तनों, कालीन बुनाई से लेकर चिकनकारी कढ़ाई तक, कलाकृतियों में उत्तर प्रदेश सदैव आगे रहा है।

शिक्षा के क्षेत्र में यद्यपि उत्तर प्रदेश में प्रगति हुई है परन्तु सुधार की काफी संभावनाएं अभी भी बाकी है। शिक्षा किसी भी राष्ट्र/राज्य की सर्वाधिक मूल्यवान पूँजी है। **2011** की जनगणना के अनुसार उत्तर प्रदेश का सबसे अधिक साक्षर जिला **गौतम बुद्ध** नगर है। जबकि न्यूनतम साक्षरता वाला जिला **श्रावस्ती** है। उत्तर प्रदेश के 100 में से करीब 68 लोग साक्षर हैं, जबकि दिल्ली की 86.2 फीसदी आबादी साक्षर है। और बिहार तथा पंजाब और हरियाणा के क्रमश: 100 में से 62 तथा 75 फीसदी लोग साक्षर हैं। उत्तर प्रदेश में शैक्षिक स्तर की निम्नता का कारण प्राथमिक शिक्षा में नियुक्त शिक्षको की अनुपस्थिति, अभिभावकों की गरीबी के कारण बच्चों का बाल श्रम की ओर विस्थापन, आवश्यक वित्त तथा सहायक सामग्री जैसे किताबें, वेशभूषा के मिलने में देरी तथा मध्यान्ह भोजन में भ्रष्टाचार आदि हैं। हालाँकि कुछ सकारात्मक प्रयासों जैसे प्राथमिक शिक्षा में पंजीकरण का बढ़ना, बेहतर छात्र-शिक्षक अनुपात तथा सरकारी योजनाओं में अनियमितताओं में सुधार के द्वारा शिक्षा के प्रसार में बढोतरी की जा सकती है।

सामाजिक समस्याएँ एवं समाधान

उत्तर प्रदेश की जनसंख्या का लगभग दो-तिहाई भाग प्रत्यक्ष या अप्रत्यक्ष रूप से कृषि क्षेत्र पर निर्भर है, लेकिन कृषि ऋण संकट तथा किसान आत्महत्या जैसी घटनाओं से उत्तर प्रदेश की अर्थव्यवस्था की रीढ़ कहा जाने वाला कृषि क्षेत्र निरंतर चर्चा में बना रहता है। कृषि क्षेत्र की प्रमुख समस्या भूमि का असमान वितरण और भूमि का छोटे-छोटे टुकड़ों में विभाजित होना है जिससे उत्पादन लागत में वृद्धि तथा उत्पादन में कमी की समस्या उभरती है। साथ ही उपज के मुकाबले कम मूल्य का मिलना भी किसानों की दयनीय स्थिति का कारण है। इसके अतिरिक्त आर्थिक उदारीकरण के पिछले दो दशक के दौरान कृषि क्षेत्र की उपेक्षा तथा कृषि क्षेत्र में सार्वजनिक निवेश की मात्रा में गिरावट भी एक कारण है।

कृषि विविधीकरण का अभाव भी कृषकों के पिछड़ेपन का कारण है। इसके लिए सरकार की **न्यूनतम समर्थन मूल्य** (एमएसपी) नीति जिम्मेदार है, जो खाद्यान्न फसलों के पक्ष में है। एक अन्य वजह किसानों द्वारा परम्परागत खेती किया जाना और नवीन तकनीक अपनाने में कम रूचि रखना हैं। इसके पीछे की वजह किसानों की कमजोर आर्थिक स्थिति तथा नुकसान झेलने की क्षमता का अभाव है।

इसके समाधान हेतु सरकार द्वारा कृषि को बढ़ावा दिया जाना चाहिए तथा कृषि की उत्पादकता दोगुनी करने की दिशा में भी प्रयास किया जाना चाहिए। इसके लिए ऐसी विधियाँ अपनाना कारगर होगा जिनसे उत्पादकता बढ़े, पारिस्थितिकी प्रणालियों के संरक्षण में मदद मिले तथा भूमि एवं मिटटी की गुणवत्ता में सुधार हो। खाद्य सुरक्षा बढ़ाने की दिशा में सरकार ने कई आवश्यक कदम उठाये भी हैं इनमें **सार्वजनिक वितरण प्रणाली,** राष्ट्रीय पोषाहार मिशन तथा राष्ट्रीय खाद्य सुरक्षा कानून शामिल हैं।

जीवन के बेहतर तौर-तरीके, यातायात व अन्य सुविधाओं के अभाव में लोगों, खासतौर से युवाओं का शहर की ओर पलायन। रोजगार भी एक बड़ी वजह रही है। इसका एक ही विकल्प है कि सरकार पलायन को रोकने का प्रयास करे तथा गांव में वह सब सुविधाएं व रोजगार के अवसर पैदा करे जिनके अभाव में एक तरफ गांव खाली होते जा रहे हैं और दूसरी तरफ शहर में जनसंख्या असंतुलन बढ़ता जा रहा है। प्रगति की दिशा में अवश्य ही कदम बढ़ाये हैं लेकिन सिर्फ शहरों में बेहतर शिक्षा व संस्कृति को विकसित करने से ही काम नहीं चलने वाला। किसी भी बेहतर जीवन के लिए हवा-पानी के अलावा संतुलित परिस्थितियां पैदा करना भी बहुत जरूरी है। प्रदेश की बड़ी आबादी का शहरी क्षेत्रों में पलायन शहरी मूलभूत सुविधाओं पर अतिरिक्त दबाव बना रहा है जिससे नयी समस्याएं उत्पन्न हो रही हैं तथा जीवन स्तर में गिरावट आ रही है।

सांप्रदायिक हिंसा की घटनाओं में उत्तर प्रदेश शीर्ष पर था, जिसका कारण है अशिक्षा, आत्मकेंद्रित गुटों का अपने फायदे के लिए प्रयास करना, संप्रदाय आधारित राजनीतिक तत्वों द्वारा धर्म के नाम पर उकसाया जाना तथा संकीर्ण मनोवृत्ति का होना तथा प्रदेश में **मोब लिंचिंग** और महिलाओं का दहेज के लिए उत्पीड़न तथा पारिवारिक झगड़े में महिलाओं के प्रति हिंसा की घटनाएँ भी प्रदेश में सामान्य थीं।

हालाँकि 2017 के बाद से तस्वीर में कुछ बदलाव आया है NCRB के ताजे आंकड़ों में महिलाओं और बच्चों के खिलाफ अपराधों में UP में कमी आई है। इतना ही नही **NCRB** की रिपोर्ट मे यूपी को दंगा-मुक्त प्रदेश बताया गया है। अपराधी या अपराध के खिलाफ सरकार की सख्ती इसका प्रमुख कारण है यूपी में साल 2019 में बच्चों के खिलाफ 18943 मामलें रजिस्टर्ड हुए थे जबकि साल 2021 में यह घटकर 16838 हो गए है। महिला अपराधों में भी साल 2019 की तुलना में 2021 में 6.2 फीसदी की कमी आई है।

इसके अतिरिक्त प्रदेश में बढ़ती **नशाखोरी** भी एक समस्या है, जो गांवों से लेकर शहरों तक सामान रूप से फैली हुई है। प्रदेश का युवा दिग्भ्रमित है तथा अवसाद एवं कुंठा का शिकार हो रहा है और आपराधिक गतिविधियों में उसकी संलग्नता बढ़ रही है। प्रदेश सरकार को इस और ध्यान देकर भटकते युवा वर्ग के लिए रोजगार के साधन मुहैया करने चाहिए ताकि वे नशे की गिरफ्त में न पड़कर अपना भविष्य संवार सकें।

समाज कल्याण/सशक्तिकरण

लोक कल्याणकारी राज्य का मुख्य उद्देश्य सामाजिक एवं आर्थिक परिस्थितियों के परिप्रेक्ष्य में निर्बल वर्गों के चतुर्दिक विकास की योजनाएँ बनाना एवं उनको उक्त वर्ग के हितार्थ क्रियान्वित करना है ताकि समाज के पिछड़े एवं कमजोर वर्ग के आर्थिक, सामाजिक तथा शैक्षिक स्तर में सुधार लाते हुए उन्हें समाज की मुख्य धारा के समतुल्य लाया जा सके।

वर्ष 2015 में संयुक्त राष्ट्र महासभा के ऐतिहासिक शिखर सम्मेलन में सतत विकास लक्ष्य अपनाए गए जिसमें राष्ट्रों के अंदर एवं उनके बीच असमानता को कम करना दसवें लक्ष्य के रूप में शामिल किया गया। इस लक्ष्य के अंतर्गत वर्ष **2030** तक हर व्यक्ति को सामाजिक, आर्थिक एवं राजनीतिक रूप से सशक्त करना और बढ़ावा देना है, चाहे वह किसी लिंग, वर्ण, प्रजाति, मूल, धर्म अथवा आर्थिक व अन्य स्थिति के हों। उनके लिए समान अवसर सुनिश्चित करना तथा आय की असमानता को कम करना जिसके लिए उपयुक्त विधान, नीतियों और कार्यवाहियों को प्रोत्साहित करने का लक्ष्य भी रखा गया है।

इसी उद्देश्य की पूर्ति हेतु राज्य सरकार द्वारा समाज के विभिन्न वर्गों यथा अनुसूचित जाति, अनुसूचित जनजाति, अन्य पिछड़ा वर्ग, विमुक्त जाति, अल्पसंख्यक, दिव्यांगजनों तथा महिलाओं हेतु छात्रवृत्ति, छात्रावास, आश्रम पद्धति विद्यालय, पेंशन, शोषण के विरुद्ध सहायता एवं भरण-पोषण संबंधी विभिन्न कल्याणकारी योजनाओं का संचालन किया जा रहा है। ये योजनाएँ समाज कल्याण, पिछड़ा वर्ग कल्याण, अल्पसंख्यक कल्याण, विकलांग कल्याण, महिला कल्याण तथा महिला एवं बाल विकास विभाग द्वारा संचालित की जा रही हैं।

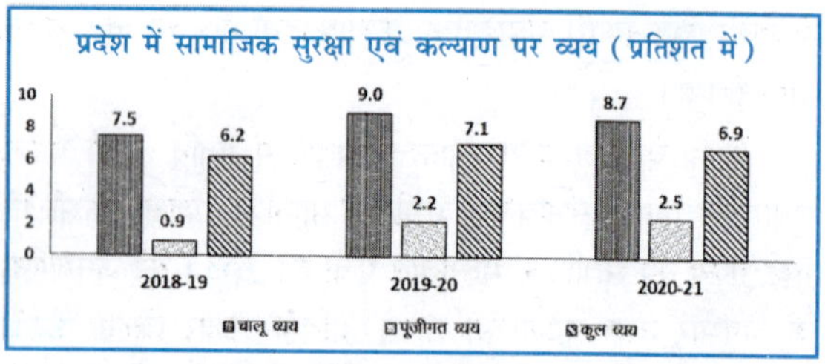

उपर्युक्त विवरण से स्पष्ट है कि सामाजिक सुरक्षा एवं कल्याण पर वर्ष 2020-21 (आय-व्ययक अनुमान) में कुल चालू व्यय तथा पूँजीगत व्यय सरकार के कुल चालू व्यय तथा पूँजीगत व्यय का क्रमशः 8.7 प्रतिशत तथा **2.5 प्रतिशत** रहा। वर्ष 2019-20 (पुनरीक्षित अनुमान) में सामाजिक सुरक्षा एवं कल्याण पर कुल चालू व्यय तथा पूँजीगत व्यय सरकार के कुल चालू व्यय तथा पूँजीगत व्यय का क्रमशः 9.0 प्रतिशत तथा 2.2 प्रतिशत रहा। वर्ष 2018-19 (वास्तविक अनुमान) में सामाजिक सुरक्षा एवं कल्याण पर कुल चालू व्यय तथा पूँजीगत व्यय सरकार के कुल चालू व्यय तथा पूँजीगत व्यय का क्रमशः 7.5 प्रतिशत तथा 0.9 प्रतिशत रहा। तालिका से स्पष्ट है कि सामाजिक सुरक्षा एवं कल्याण पर सरकार का चालू व्यय पूँजीगत व्यय की तुलना में अधिक है।

समाज कल्याण संबंधी प्रमुख योजनाएँ

राष्ट्रीय वृद्धावस्था/किसान पेंशन योजना- वृद्धावस्था/किसान पेंशन योजनांतर्गत 60 वर्ष या उससे अधिक आयु वर्ग के समस्त पात्र वृद्धजन, जिनका नाम बी.पी.एल. सूची 2002 में सम्मिलित है अथवा जो **बी.पी.एल. श्रेणी** के लाभार्थी हैं

अर्थात् जिनकी आय ग्रामीण क्षेत्र में ₹ 46080/- वार्षिक एवं शहरी क्षेत्र में ₹ 56460/- वार्षिक से कम है, पात्रता की श्रेणी में आते हैं। इन वृद्धजनों को राज्य सरकार के संसाधन से ₹ 300/- मासिक राज्यांश के रूप में तथा भारत सरकार द्वारा प्रतिमाह ₹ 200/- प्रति लाभार्थी केंद्रांश के रूप में अर्थात् कुल ₹ 500/- प्रतिमाह पेंशन दी जाती है। इसी प्रकार 80 वर्ष या इससे अधिक आयु के पात्र वृद्धजनों को ₹ 500/- प्रति लाभार्थी प्रति माह पेंशन दी जाती है जो शत-प्रतिशत केंद्र सरकार द्वारा वहन की जाती है।

वर्ष 2019-20 में 4696670 लाभार्थियों को पेंशन के रूप में ₹ 262899.99 लाख धनराशि दी गई। वित्तीय वर्ष 2020-21 में **4987054** लाभार्थियों के लिए **₹ 271000.00** लाख बजट का प्रावधान है जिसमें से जुलाई, 2020 तक ₹ 170596.88 लाख धनराशि व्यय की जा चुकी है।

राष्ट्रीय पारिवारिक लाभ योजना-राष्ट्रीय पारिवारिक लाभ योजनांतर्गत गरीबी रेखा से नीचे निवासरत परिवार के मुख्य कमाऊ मुखिया की मृत्यु होने पर आर्थिक सहायता दिए जाने का प्रावधान है। योजनांतर्गत भारत सरकार द्वारा ₹ 20,000 एवं राज्य सरकार द्वारा ₹ 10,000/-(कुल ₹ 30,000/-) का एक मुफ्त अनुदान, सहायता राशि के रूप में दिया जाता है।

वर्ष 2019-20 में 146526 लाभार्थियों को ₹ 43958 लाख धनराशि अनुदान में दी गई। वित्तीय वर्ष 2020-21 में ₹ 50000.00 लाख बजट का प्रावधान है। जुलाई, 2020 तक ₹ 8574.60 लाख धनराशि व्यय कर 28582 परिवारों को लाभान्वित किया जा चुका है।

मुख्यमंत्री सामूहिक विवाह योजना-समाज में सर्वधर्म समभाव तथा सामाजिक समरसता को बढ़ावा देने तथा विवाह उत्सव में होने वाले अनावश्यक प्रदर्शन एवं अपव्यय को समाप्त करने के उद्देश्य से राज्य में **'मुख्यमंत्री सामूहिक विवाह योजना'** संचालित है जिसके अंतर्गत विभिन्न समुदाय एवं धर्मों के गरीबी रेखा के नीचे जीवनयापन करने वाले जरूरतमंद, निराश्रित परिवारों की कन्याओं का रीति-रिवाजों के अनुसार वैवाहिक कार्यक्रम सम्पन्न कराया जाता है। योजनांतर्गत विधवा, परित्यक्ता, तलाकशुदा महिलाओं के विवाह की भी व्यवस्था है। योजना में दाम्पत्य जीवन में खुशहाली एवं गृहस्थी की स्थापना हेतु कन्या के खाते में **₹ 35,000/-** की धनराशि का अनुदान एवं **₹ 10,000/-** की धनराशि से विवाह संस्कार के लिए आवश्यक सामग्री, यथा-कपड़े, बिछिया, पायल, बर्तन आदि क्रय करके प्रदान की जाती है तथा प्रत्येक जोड़े के विवाह आयोजन पर **₹ 6,000/-** की धनराशि व्यय किए जाने की व्यवस्था है।

पं. दीनदयाल उपाध्याय राजकीय आश्रम पद्धति विद्यालयों का संचालन- समाज कल्याण विभाग, उत्तर प्रदेश शासन द्वारा संचालित राजकीय आश्रम पद्धति विद्यालयों में ग्रामीण एवं शहरी क्षेत्र के निर्धन एवं प्रतिभावान छात्रों को उत्कृष्ट आवासीय शिक्षा निःशुल्क प्रदान की जाती है। शिक्षा के साथ-साथ निःशुल्क छात्रावास, पाठ्य- पुस्तक, यूनिफॉर्म एवं खेलकूद आदि की व्यवस्था भी राज्य सरकार करती है। इन विद्यालयों में 60 प्रतिशत अनुसूचित जाति/जनजाति, 25 प्रतिशत अन्य पिछड़ा वर्ग तथा 15 प्रतिशत सामान्य वर्ग के छात्रों को प्रवेश की व्यवस्था है। बालक एवं बालिकाओं के लिए पृथक-पृथक विद्यालय खोले गए हैं। वर्तमान में इन विद्यालयों को माध्यमिक शिक्षा परिषद्, उत्तर प्रदेश प्रयागराज द्वारा संबद्धता प्रदान की गई है। समाज कल्याण विभाग द्वारा संचालित 94 राजकीय आश्रम पद्धति विद्यालयों में से 45 सी.बी.एस.ई. बोर्ड से संबद्ध हैं एवं शेष 49 माध्यमिक शिक्षा परिषद्, उत्तर प्रदेश प्रयागराज से संबद्ध है इन्हें भी सी.बी.एस.ई. बोर्ड से संबद्ध किए जाने की कार्यवाही प्रक्रियाधीन है।

उत्तर प्रदेश माता-पिता और वरिष्ठ नागरिकों का भरण-पोषण एवं वृद्धाश्रमों का संचालन- माता-पिता एवं वरिष्ठ नागरिकों का भरण-पोषण तथा कल्याण अधिनियम-2007 की धारा 32 के अधीन उत्तर प्रदेश माता-पिता एवं वरिष्ठ नागरिकों के भरण-पोषण तथा कल्याण नियमावली-2014 में दी गई। व्यवस्था के अनुसार प्रदेश के समस्त 75 जनपदों में वृद्धाश्रमों का संचालन किया जा रहा है जिनकी क्षमता 150 वृद्ध संवासियों की है। **पी.पी.पी. मॉडल** पर स्थापित इन वृद्धाश्रमों में निवासरत वृद्धों को निःशुल्क भोजन, वस्त्र, औषधि, मनोरंजन तथा आवासीय सुविधा उपलब्ध कराई जा रही है।

अनुसूचित जाति/सामान्य वर्ग के निर्धन व्यक्तियों की पुत्रियों की शादी हेतु अनुदान योजना- समाज कल्याण विभाग द्वारा अनुसूचित जाति/सामान्य वर्ग के निर्धन व्यक्तियों की पुत्रियों की शादी हेतु आर्थिक सहायता दिए जाने की

योजना संचालित है। निर्धन व्यक्तियों की पुत्रियों की शादी अनुदान योजना में ₹ 20,000.00 (₹ बीस हजार) का अनुदान आवेदक के खाते में भेजा जाता है। योजनांतर्गत गरीबी रेखा के नीचे जीवनयापन करने वाले ऐसे परिवार जिनकी वार्षिक आय शहरी क्षेत्र में ₹ 56,460/- तथा ग्रामीण क्षेत्र में ₹ 46,080/- हो एवं वर की आयु 21 वर्ष तथा कन्या की आयु 18 वर्ष हो, पात्र होते हैं। योजनांतर्गत ऑनलाइन आवेदन करने की व्यवस्था है।

विमुक्त जातियों के लिए औद्योगिक प्रशिक्षण योजना- विमुक्त जातियों के लिए 1 अप्रैल, 1986 से लालगंज, प्रतापगढ़ में औद्योगिक प्रशिक्षण केंद्र चलाया जा रहा है। इस केंद्र में विमुक्त जातियों को तीन व्यवसायों में प्रशिक्षण दिया जाता है:-

1. हैंडलूम से सूती वस्त्रों की बुनाई,
2. सिलाई का प्रशिक्षण,
3. हिंदी टंकण का प्रशिक्षण।

प्रत्येक ट्रेड में 15-15 प्रशिक्षणार्थियों को प्रशिक्षण दिया जाता है। प्रशिक्षण के दौरान 150 ₹ प्रति माह की दर से प्रशिक्षणार्थियों को छात्रवृत्ति दी जाती है। वित्तीय वर्ष 2020-21 में ₹ 40.11 लाख का प्रावधान है।

पिछड़ा वर्ग कल्याण- धर्मनिरपेक्षता और प्रजातांत्रिक प्रणाली को आधार मानकर भारतीय संविधान में देश के सभी नागरिकों को समानता का अधिकार दिया गया है। समाज के कमजोर और अन्य पिछड़े वर्गों के लोगों को समानता के स्तर पर लाने के लिए संविधान की धारा 14, 15, 16, 335, 338, 339, 340, 341 तथा 342 का प्रावधान किया गया है जिससे कि इस वर्ग को सामाजिक, आर्थिक एवं शैक्षिक रूप से उन्नत किया जा सके। वर्ष 1995-96 तक उत्तर प्रदेश शासन द्वारा अन्य पिछड़े वर्ग के हितार्थ विभिन्न कार्यक्रम प्रदेश के समाज कल्याण विभाग द्वारा चलाए जाते थे। उत्तर प्रदेश में पिछड़े वर्ग की लगभग 54 प्रतिशत (सामाजिक न्याय समिति के अनुसार) जनसंख्या के विकास एवं कल्याण हेतु वर्ष 1995-96 में पिछड़ा वर्ग कल्याण विभाग की स्वतंत्र रूप से स्थापना की गई। इसके अंतर्गत वर्तमान में पिछड़ा वर्ग कल्याण निदेशालय, उत्तर प्रदेश पिछड़ा वर्ग वित्त एवं विकास निगम तथा राज्य पिछड़ा वर्ग आयोग स्थापित हैं।

छात्रवृत्ति वितरण योजना- छात्रवृत्ति वितरण में पारदर्शिता एवं समयबद्धता हेतु छात्रों द्वारा छात्रवृत्ति आवेदन पत्र ऑनलाइन भरने की अनिवार्य व्यवस्था लागू है। पूर्वदशम् (अनुसूचित जाति एवं सामान्य वर्ग) एवं दशमोत्तर (सामान्य वर्ग) की कक्षाओं में अध्ययनरत छात्र जिनके अभिभावकों/माता-पिता की आय सीमा ₹ 2.00 लाख वार्षिक तक होती है एवं दशमोत्तर (अनुसूचित जाति) कक्षाओं में अध्ययनरत छात्र, जिनके अभिभावकों/माता-पिता की आय सीमा ₹ 2.50 लाख वार्षिक तक होती है, को पी.एफ.एम.एस. प्रणाली पर आधारित ई-पेमेंट के माध्यम से कोर बैंकिंग सिस्टम द्वारा छात्रवृत्ति सीधे छात्रों के बैंक खातों में अंतरित की जाती है।

पूर्वदशम् छात्रवृत्ति योजना- उत्तर प्रदेश स्थित समस्त राजकीय विद्यालय, राजकीय सहायता प्राप्त एवं निजी क्षेत्र के मान्यता प्राप्त शिक्षण संस्थाओं में अध्ययनरत् ऐसे छात्र/छात्राओं, जो उत्तर प्रदेश के मूल निवासी हों तथा जिनके माता-पिता/अभिभावक की वार्षिक आय ₹ 2.00 लाख या उससे कम हो, को पूर्वदशम् छात्रवृत्ति बजट की उपलब्ध सीमा तक दिए जाने का प्रावधान है। इस हेतु छात्र को छात्रवृत्ति प्रबंधन प्रणाली की वेबसाइट पर निर्धारित समय में ऑनलाइन आवेदन करना होता है। वर्तमान में कक्षा 1-8 की छात्रवृत्ति योजना स्थगित है तथा केवल कक्षा 9-10 हेतु संचालित है। कक्षा 9 व 10 तक ₹ 150/- प्रति माह, अधिकतम 10 माह हेतु एवं वार्षिक तदर्थ अनुदान ₹ 750/-एकमुश्त, अधिकतम ₹ 2250/-वार्षिक पी.एफ.एम.एस. पोर्टल के माध्यम से सीधे छात्रों के बैंक खातों में दिए जाने का प्रावधान है।

दशमोत्तर छात्रवृत्ति/शुल्क प्रतिपूर्ति योजना- उत्तर प्रदेश स्थित समस्त राजकीय विद्यालय, राजकीय सहायता प्राप्त एवं निजी क्षेत्र के मान्यता प्राप्त शिक्षण संस्थाओं में अध्ययनरत ऐसे छात्र/छात्राओं, जो उत्तर प्रदेश के मूल निवासी हों तथा जिनके माता-पिता/अभिभावक की वार्षिक आय ₹ 2.00 लाख या उससे कम हो, को दशमोत्तर छात्रवृत्ति बजट की उपलब्ध सीमा तक दिए जाने का प्रावधान है। इस हेतु छात्र को छात्रवृत्ति प्रबंधन प्रणाली की वेबसाइट पर निर्धारित समयांतर्गत ऑनलाइन आवेदन करना होता है। कोर्स ग्रुप समूह-1 में बी.टेक, एम.बी.ए, एम.बी.बी.एस, समूह-2 में एम.एस.सी, एम.ए, बी.बी.ए, पी.जी.डिप्लोमा आदि कोर्स, समूह-3 में बी.ए., बी.एस.सी, बी.काम. आदि तथा समूह-4 में इंटरमीडिएट, आई.टी.आई, पॉलीटेक्निक आदि कोर्स सम्मिलित हैं। वे कोर्स ग्रुपवार निर्धारित दरों के अनुसार छात्रवृत्ति/शुल्क प्रतिपूर्ति का भुगतान पी.एफ.एम.एस. पोर्टल के माध्यम से सीधे छात्रों के बैंक खातों में किए जाने का प्रावधान है।

शादी अनुदान योजना- योजनांतर्गत गरीबी रेखा से नीचे (शहरी क्षेत्र हेतु अधिकतम आय सीमा ₹ 56,460/- प्रति वर्ष व ग्रामीण क्षेत्र हेतु अधिकतम आय सीमा ₹ 46,080/- प्रति वर्ष) जीवनयापन करने वाले अन्य पिछड़े वर्ग के परिवारों की पुत्रियों की शादी हेतु अनुदान के रूप में ₹ 20,000/- की सहायता प्रति शादी दिए जाने का प्रावधान है। शादी योजना में लड़की की न्यूनतम उम्र 18 वर्ष एवं लड़के की 21 वर्ष होना आवश्यक है। योजनांतर्गत विकलांग, विधवा, दैवी आपदा से ग्रसित एवं भूमिहीनों को प्राथमिकता दी जाती है। योजना वर्ष 2016-17 से पूर्णतया ऑनलाइन है जिसमें लाभार्थी पुत्री की शादी की तिथि के 90 दिन पूर्व तक अथवा 90 दिन बाद तक ऑनलाइन आवेदन कर सकता है।

कंप्यूटर प्रशिक्षण योजना- अन्य पिछड़े वर्ग के इंटरमीडिएट पास ऐसे बेरोजगार युवक/युवतियों, जिनके माता-पिता/अभिभावकों की वार्षिक आय एक लाख रुपए तक अथवा उससे कम है, को भारत सरकार की डोयक सोसाइटी नीलिट से मान्यता प्राप्त संस्थाओं के माध्यम से प्रशिक्षण प्रदान किए जाने का प्रावधान है। 'ओ' लेवल कंप्यूटर प्रशिक्षण हेतु भुगतान की जाने वाली धनराशि अधिकतम ₹ 15,000/- प्रति प्रशिक्षार्थी तथा सी.सी.सी. कंप्यूटर प्रशिक्षण हेतु ₹ 3,500/- अधिकतम सीधे संस्था को भुगतान किए जाने की व्यवस्था है। यदि लाभार्थी द्वारा संस्था को पूरी फीस जमा कर दी गई हो तो जमा रसीद को संस्था से सत्यापित कराने के बाद भुगतान विभाग द्वारा सीधे लाभार्थी को किए जाने की व्यवस्था है। 'ओ' लेवल कंप्यूटर प्रशिक्षण की अवधि 1 वर्ष तथा 'सी.सी.सी.' कंप्यूटर प्रशिक्षण की अवधि 3 माह होती है। कंप्यूटर प्रशिक्षण हेतु संस्थाओं के चयन की कार्यवाही निदेशक की अध्यक्षता में एवं लाभार्थियों का चयन जनपद स्तर पर जिलाधिकारी की अध्यक्षता में गठित समिति द्वारा किया जाता है।

छात्रावास निर्माण योजना- अन्य पिछड़े वर्ग के निर्धन छात्र/छात्राओं को आवासीय सुविधा उपलब्ध कराने के उद्देश्य से शैक्षिक संस्था के परिसर में छात्रावासों का निर्माण किया जाता है। वर्तमान में 100/50 छात्र/छात्राओं की क्षमता के छात्रावासों का निर्माण कराया जाता है। वर्तमान में 100 छात्र क्षमता के 1 छात्रावास की निर्माण लागत ₹ 207.74 लाख एवं 50 छात्र क्षमता के छात्रावास की निर्माण लागत ₹ 131.73 लाख निर्धारित है। यह केंद्र/राज्य पोषित योजना है। राजकीय शिक्षण संस्थाओं में वित्त पोषण का अनुपात छात्राओं के लिए छात्रावास हेतु 90:10 केंद्रांश व राज्यांश है और छात्रों के लिए छात्रवास हेतु 60:40 केंद्रांश व राज्यांश है। योजनांतर्गत 33 प्रतिशत छात्रावासों का निर्माण छात्राओं हेतु किए जाने का प्रावधान है।

दिव्यांगजन सशक्तिकरण

भारत की जनगणना वर्ष 2011 के अनुसार उत्तर प्रदेश में विभिन्न नि:शक्तताओं से ग्रसित कुल व्यक्तियों की संख्या 4157514 है जो प्रदेश की कुल जनसंख्या का लगभग 2.08 प्रतिशत है। इसमें दृष्टि नि:शक्तता, वाक् नि:शक्तता, श्रवण नि:शक्तता, अस्थि नि:शक्तता, मानसिक मंदित, मानसिक रुग्ण, बहु नि:शक्तता एवं अन्य नि:शक्तता से ग्रसित व्यक्ति शामिल हैं। समाज के असहाय, सुविधाविहीन एवं कमजोर वित्तीय स्थिति वाले दिव्यांगजनों के सर्वांगीण विकास एवं उनके लाभ तथा सहायता के लिए बनाई गई योजनाओं के सुचारू संचालन हेतु प्रदेश सरकार द्वारा 20 सितंबर, 1995 को दिव्यांगजन सशक्तिकरण का गठन किया गया।

प्रमुख योजनाएँ

दिव्यांग व्यक्तियों हेतु भरण-पोषण अनुदान (दिव्यांग पेंशन)- ऐसे दिव्यांगजन जिनके जीवनयापन के लिए स्वयं का न तो कोई साधन है और न ही वे किसी प्रकार का परिश्रम कर सकते हैं उनके भरण-पोषण हेतु दिव्यांगजन सशक्तीकरण विभाग द्वारा दिव्यांग भरण-पोषण अनुदान योजना अंतर्गत ₹ 500/- प्रति माह प्रति लाभार्थी की दर से अनुदान दिया जाता है।

कुष्ठावस्था पेंशन योजना- कुष्ठ रोग के कारण दिव्यांग हुए दिव्यांगजन को ₹ 2500/- प्रति माह प्रति लाभार्थी की दर से अनुदान दिया जाता है।

शारीरिक रूप से अक्षम व्यक्तियों को कृत्रिम अंग एवं सहायक उपकरण क्रय हेतु अनुदान योजना- प्रदेश में 40 प्रतिशत या उससे अधिक की दिव्यांगता वाले दिव्यांगजन जिनकी आय गरीबी रेखा के अन्दर हों, को अधिकतम ₹ 10,000/- के कृत्रिम अंग/सहायक उपकरण प्रदान किए जाते हैं।

दिव्यांग व्यक्तियों को शादी करने पर प्रोत्साहन पुरस्कार योजना- इस योजना के अंतर्गत दिव्यांगजन से विवाह करने पर प्रोत्साहनस्वरूप पुरस्कार प्रदान किया जाता

है। इस पुरस्कार के अंतर्गत दम्पत्ति में युवक के दिव्यांग होने की दशा में ₹15,000/-, युवती के दिव्यांग होने की दशा में ₹ 20000/- तथा युवक व युवती दोनों के दिव्यांग होने की दशा में ₹35,000/- की धनराशि प्रोत्साहनस्वरूप प्रदान की जाती है।

दिव्यांगजन के पुनर्वासन हेतु दुकान निर्माण/संचालन योजना- इस योजना के अंतर्गत दिव्यांग जन के पुनर्वासन हेतु ₹ 20000/- की धनराशि दुकान निर्माण हेतु अथवा ₹ 10000/-की धनराशि दुकान संचालन हेतु देने की व्यवस्था है।

दिव्यांगजन को नि:शुल्क यात्रा सुविधा प्रदान करने हेतु उत्तर प्रदेश राज्य सड़क परिवहन निगम को प्रतिपूर्ति- न्यूनतम 40 प्रतिशत या उससे अधिक की दिव्यांगता वाले दिव्यांगजन को उत्तर प्रदेश सरकार द्वारा उत्तर प्रदेश राज्य सड़क परिवहन निगम की बसों के अंतिम गंतव्य स्थल तक नि:शुल्क यात्रा सुविधा उपलब्ध कराई जाती है।

मोटराइज्ड ट्राईसाइकिल उपलब्ध कराए जाने की योजना- दिव्यांगजन सशक्तिकरण विभाग द्वारा दिनांक 22 जनवरी, 2020 को जारी शासनादेश **"नि:शुल्क मोटराइज्ड ट्राईसाइकिल उपलब्ध कराए जाने की नियमावली, 2020"** के द्वारा प्रदेश के 80 प्रतिशत या उससे अधिक दिव्यांगता वाले ऐसे दिव्यांगजन जो मोटराइज्ड ट्राईसाइकिल संचालित करने में सक्षम होंगे तथा जिनके परिवार की समस्त स्रोतों से वार्षिक आय ₹ 1,80,000/- से कम हो, के लिए प्रति दिव्यांगजन अधिकतम ₹ 25,000/- अनुदान का प्रावधान करते हुए नवीन योजना का प्रारंभ किया गया है। वित्तीय वर्ष 2020-21 में इस योजना के अंतर्गत धनराशि रुपये 32.56 करोड़ का प्रावधान किया गया है।

दिव्यांगजन हेतु विशेष

1. दिव्यांगता के क्षेत्र में उत्कृष्ट कार्य करने वाले व्यक्तियों/संस्थाओं/सेवायोजकों आदि को विश्व दिव्यांग दिवस के अवसर पर 12 श्रेणियों (₹ 30 उपश्रेणी) में ₹ 25000/- की दर से पुरस्कार प्रदान किए जाते हैं।
2. 18 मंडल मुख्यालयों पर 'बचपन' डे केयर सेंटर स्थापित हैं जिनमें मानसिक मंदित/श्रवणबाधित/ दृष्टिबाधित जैसे विभिन्न श्रेणी के दिव्यांगता वाले 3-7 वर्ष आयुवर्ग के बच्चों को प्राथमिक शिक्षा प्रदान करने के साथ-साथ मिड-डे मील भी दिया जाता है।

अल्पसंख्यक कल्याण

भारत का संविधान अल्पसंख्यकों को अपने धर्म, भाषा तथा संस्कृति के संरक्षण एवं संवर्धन का अधिकार प्रदान करने के साथ-साथ उन्हें अपनी शैक्षिक संस्थाओं को स्थापित करने और उनके प्रबंधन का अधिकार भी देता है। अल्पसंख्यक वर्गों की सामाजिक एवं आर्थिक पृष्ठभूमि के परिप्रेक्ष्य में उनकी विशिष्ट समस्याओं का निराकरण करने तथा उनका शैक्षिक, सामाजिक एवं आर्थिक विकास करने के उद्देश्य से 1995 में अल्पसंख्यक कल्याण एवं वक्फ विभाग का गठन किया गया। उत्तर प्रदेश में मुसलिम, ईसाई, सिक्ख, बौद्ध, पारसी एवं जैन समुदाय को अल्पसंख्यक समुदाय अधिसूचित किया गया है।

वर्ष 2011 की जनगणना के अनुसार भारत एवं उत्तर प्रदेश में विभिन्न अल्पसंख्यक समुदायों की जनसंख्या का प्रतिशत निम्नवत् है :-

क्रम संख्या	समुदाय का नाम	दिव्यांगजन		कुल अल्पसंख्यक समुदाय की जनसंख्या में विभिन्न समुदायों का प्रतिशत	
		भारत	उत्तर प्रदेश	भारत	उत्तर प्रदेश
1.	मुसलिम	14.23	19.26	71.27	96.40
2.	ईसाई	2.30	0.18	11.50	0.89
3.	सिक्ख	1.72	0.32	8.61	1.61
4.	बौद्ध	0.70	0.10	0.05	0.03
5.	पारसी	नगण्य	0.01	3.48	0.52
6.	जैन	0.37	0.11	1.86	0.53
	योग	19.32	19.98	96.77	99.98

राज्य पोषित प्रमुख योजनाएँ एवं कार्यक्रम

अल्पसंख्यक समुदाय के निर्धन/निराश्रित अभिभावकों की पुत्री के विवाह हेतु अनुदान योजना- यह योजना वित्तीय वर्ष 2007-08 से प्रारंभ की गई थी। योजना में किसी गरीब अभिभावक की अधिकतम दो पुत्रियों के विवाह हेतु प्रति पुत्री ₹20,000/- की दर से आर्थिक सहायता दी जाती है। वित्तीय वर्ष 2020-21 में योजना के अंतर्गत ₹ 50 करोड़ धनराशि का बजट में प्रावधान किया गया था।

अल्पसंख्यक बाहुल्य क्षेत्रों में बहुद्देशीय हब की स्थापना- योजना प्रदेश में सर्वाधिक अल्पसंख्यक जनसंख्या वाले 20 जनपदों में लागू है। चयनित जनपद में एक बालक तथा एक बालिका राजकीय मॉडल इंटर कॉलेज स्थापित किया जाएगा। स्थानीय औचित्य तथा आवश्यकता के अनुसार छात्रावास की स्थापना की भी व्यवस्था है। प्रस्तावित मॉडल इंटर कॉलेज के मानक केंद्रीय विद्यालय के अनुरूप होंगे व पाठ्यक्रम माध्यमिक शिक्षा विभाग का होगा।

वर्ष 2019-20 में योजना के लिए ₹ 2473.00 लाख की व्यवस्था की गई है। 13 जनपदों के 23 मॉडल इंटर कालेज के निर्माण के लिए द्वितीय किश्त की धनराशि निर्गत की गई है तथा निर्माण कार्य चल रहा है।

वर्ष 2020-21 में योजना के लिए ₹ 1.00 लाख का सांकेतिक प्रावधान कराया गया है।

भारत सरकार द्वारा संचालित मेरिट-कम-मीन्स छात्रवृत्ति योजना- योजना के अंतर्गत ऐसे अध्ययनरत छात्र/छात्राएँ जिनके अभिभावकों की वार्षिक आय अधिकतम ₹2.50 लाख है, जो स्नातक एवं स्नातकोत्तर स्तर के व्यावसायिक एवं तकनीकी निर्धारित पाठ्यक्रमों में अध्ययनरत हों तथा गत परीक्षा में जिनके कम-से-कम 50 प्रतिशत अंक हों, अर्ह माने जाएँगे। भारत सरकार द्वारा संचालित इस योजना में अल्पसंख्यक समुदाय के छात्रवासीय छात्रों को **₹ 10000/-** एवं दिव्यांग छात्रों को **₹ 5000/-** वार्षिक (अधिकतम) अल्पसंख्यक कार्य मंत्रालय भारत सरकार द्वारा **डी.बी.टी.** के माध्यम से सीधे छात्र/छात्राओं के बैंक खातों में दिए जाने की व्यवस्था है।

उत्तर प्रदेश के हज यात्रियों हेतु व्यवस्था- प्रदेश में यात्रियों को हज यात्रा हेतु सऊदी अरब भेजने तथा हज संबंधी कार्यों के लिए उ.प्र. राज्य हज समिति का गठन किया गया है। वर्ष 2019 में उ.प्र. से 31782 हज यात्रियों को सऊदी अरब भेजा गया था। वर्ष 2020 में वैश्विक महामारी **कोविड-19** के दुष्प्रभाव से सुरक्षित रखे जाने के उद्देश्य से सऊदी अरब प्रशासन द्वारा अंतरराष्ट्रीय उड़ानों के माध्यम से आने वाले हज यात्रियों की यात्रा पर रोक लगा दी गई है।

वर्ष 2019-20 में उ.प्र. राज्य हज समिति के लिए कुल ₹ 313.67 लाख का प्रावधान कराया गया। वर्ष 2020-21 में उ.प्र. राज्य हज समिति के लिए कुल ₹ 309.00 लाख का प्रावधान कराया गया है।

महिला कल्याण

हमारे संविधान की प्रस्तावना, मूल अधिकार, मूल कर्तव्य और नीति निदेशक तत्त्व में भी नागरिकों की समानता निहित है जिसके फलस्वरूप इस देश में लैंगिक भेदभाव के लिए कोई स्थान नहीं है परन्तु वास्तविकता यह है कि सदियों से चली आ रही सामाजिक व्यवस्थाओं के कारण अभी भी अधीनस्थ अवस्था में संविधान न केवल महिलाओं को समानता का अधिकार देता है, बल्कि राज्यों को भी यह अधिकार देता है कि समानता लाने के लिए वह महिलाओं के प्रति सकारात्मक विभेदीकरण की योजनाएँ बना सकते हैं।

स्वाधार आश्रय गृह- संकटग्रस्त महिलाओं को संस्थागत सहयोग प्रदान करने एवं उनके पुनर्वासन हेतु यह योजना चलाई जा रही है। उक्त योजना भारत सरकार के सहयोग से संचालित है जिसमें 60 प्रतिशत केंद्रांश एवं 40 प्रतिशत राज्यांश होता है। वर्तमान में कुल 14 स्वधार आश्रय गृह संचालित हैं इस योजना से लगभग 206 महिलाएँ लाभान्वित हो रही हैं।

वित्तीय वर्ष 2018-19 में कोई धनराशि स्वीकृत नहीं की गई। वर्ष 2020-21 में ₹ 500.00 लाख का आय-व्ययक स्वीकृत किया गया है जिसमें से ₹ 276.82 लाख धनराशि व्यय की गई है।

उज्जवला योजना- अनैतिक देह व्यापार से ग्रसित अथवा पीड़ित महिलाओं को पुनर्वासित किए जाने तक आश्रय प्रदान किए जाने हेतु यह योजना संचालित की जा रही है। यह योजना केंद्र सरकार के सहयोग से संचालित है। वर्तमान में कानपुर में एक संस्था संचालित है। इस योजना से लाभान्वित होने वाली महिलाओं की संख्या 23 है।

वित्तीय वर्ष **2020-21** में **₹ 150.00** लाख का आय-व्यय स्वीकृत किया गया था।

बेटी बचाओ बेटी पढ़ाओ- भारत सरकार की योजना नेशनल मिशन फॉर वूमेन के अंतर्गत **बेटी बचाओ बेटी पढ़ाओ,** बालिकाओं को अनिवार्य शिक्षा से जोड़ने तथा बाल लैंगिक अनुपात की दर में वृद्धि हेतु समेकित प्रयास के उद्देश्य से प्रदेश के **68 जनपदों** में संचालित की जा रही है। उक्त योजना में प्रावधानित धनराशि भारत सरकार द्वारा संबंधित **जिलाधिकारियों** एवं जिला प्रोबेशन अधिकारियों के संयुक्त खाते में अंतरित की जाती है। जिलों से प्राप्त सूचना के अनुसार वित्तीय वर्ष 2019-20 में भारत सरकार द्वारा प्रेषित ₹ 1700.00

लाख के सापेक्ष ₹ 900.79 लाख का व्यय किया गया तथा वर्तमान वित्तीय वर्ष 2020-21 में ₹ 1700.00 लाख के सापेक्ष ₹ 100.09 लाख का व्यय अब तक किया जा चुका है।

महिला हेल्पलाइन- महिला हेल्पलाइन के सार्वभौमीकरण की योजना, हिंसा से प्रभावित महिलाओं को 24 घंटे तत्काल सहायता प्रदान करने के लिए राष्ट्रीय महिला सशक्तिकरण मिशन के अंतर्गत भारत सरकार के सहयोग से संचालित की जा रही है। वर्तमान में यह योजना (112) उत्तर प्रदेश पुलिस के सहयोग से संचालित है। गत वर्ष इस योजनांतर्गत तकनीकी समस्या के कारण धनराशि का व्यय नहीं किया जा सका था, वर्तमान वित्तीय वर्ष में **₹ 1190.28** लाख का व्यय किया जा चुका है।

वन स्टॉप सेंटर- संकटग्रस्त महिलाओं को एक ही छत के नीचे पुलिस, विधिक, चिकित्सकीय एवं मनोवैज्ञानिक परामर्श हेतु अल्पकालिक सुविधा प्रदान किए जाने के उद्देश्य से यह योजना संचालित है। यह योजना हिंसा से प्रभावित महिलाओं को 24 घंटे तत्काल सहायता प्रदान करने के लिए राष्ट्रीय महिला सशक्तिकरण मिशन के अंतर्गत भारत सरकार के सहयोग से संचालित की जा रही है। वर्तमान वित्तीय वर्ष में अब तक प्राप्त धनराशि ₹ 1125.34 लाख के सापेक्ष ₹430.26 लाख का व्यय किया जा चुका है।

निराश्रित महिलाओं के लिए राजकीय आश्रय सदन की स्थापना- वृंदावन, मथुरा में सचालित दो आश्रय सदन लीलाकुंज एवं रास बिहारी सदन महिला कल्याण निगम द्वारा संचालित किए जा रहे हैं जिसमें विभिन्न राज्यों से आई वृद्ध माताएँ, निराश्रित तथा विधवा महिलाएँ रहती हैं। राज्य सरकार द्वारा इन्हें फूड मनी, पॉकेट मनी व औषधि आदि नि:शुल्क उपलब्ध कराई जाती हैं। निवासरत महिलाओं को कंट्रोल रेट पर राशन, आधार कार्ड, पेंशन आदि की सुविधा उपलब्ध है। आश्रय सदन में तैनात डॉक्टरों द्वारा महिलाओं की समय-समय पर जाँच कर नि:शुल्क दवाएँ उपलब्ध कराई जाती हैं।

वित्तीय वर्ष 2019-20 में ₹ 157.00 लाख के सापेक्ष ₹ 157.00 लाख का व्यय किया गया तथा वर्तमान वित्तीय वर्ष 2020-21 में **₹ 190.00** लाख के सापेक्ष **₹ 100.01** लाख का व्यय अब तक किया जा चुका है।

मुख्यमंत्री कन्या सुमंगला योजना- प्रदेश में समान लिंगानुपात स्थापित करने व कन्या भ्रूण हत्या को रोकने, बालिकाओं के स्वास्थ्य व शिक्षा को सुदृढ़ करने, बालिकाओं के परिवार को आर्थिक सहायता प्रदान करने तथा बालिकाओं के प्रति आम जन में सकारात्मक सोच विकसित करने हेतु माननीय मुख्यमंत्री द्वारा मार्च 2019 में मुख्यमंत्री कन्या सुमंगला योजना की घोषणा की गई थी जो 1 अप्रैल, 2019 से लागू की गई है। योजना के अंतर्गत मुख्यत: ऐसे लाभार्थी पात्र होते हैं जिनका परिवार उत्तर प्रदेश का निवासी हो, जिनकी पारिवारिक वार्षिक आय अधिकतम ₹ 3.00 लाख तथा जिनके परिवार में अधिकतम दो बच्चे हों। योजना के अंतर्गत बालिकाओं के जन्म के समय ₹ 2000, एक वर्ष का टीकाकरण पूर्ण करने पर ₹ 1000, कक्षा 1 में प्रवेश के समय ₹ 2000, कक्षा 6 में प्रवेश पर ₹ 2000, कक्षा 9 में प्रवेश के समय ₹ 3000 तथा दसवीं व बारहवीं परीक्षा उत्तीर्ण कर लेने पर ₹ 5000 एकमुश्त प्रदान किए जाने की व्यवस्था है। वर्तमान में इस योजना के अंतर्गत 4.96 लाख लाभार्थियों को लाभान्वित किया जा चुका है।

संस्थानों/गृहों का संचालन- अनैतिक व्यापार निरोधक अधिनियम, 1956 के अंतर्गत आपराधिक मानसिकता से जुड़े न होने पर भी विभिन्न आयु वर्ग की बालिकाएँ/किशोरियाँ अपराध की गिरफ्त में आ जाती हैं अथवा कुछ ऐसी बालिकाएँ/किशोरियाँ होती हैं जिन्हें माता-पिता अथवा अन्य संरक्षक के अभाव में विकास के समुचित अवसर प्राप्त नहीं हो पाते, उन्हें संरक्षण प्रदान करने, समाज की मुख्य धारा से जोड़ने की दृष्टि से आयु, लिंग तथा प्रकृति को दृष्टिगत रखते हुए प्रदेश में **14** राजकीय महिला शरणालयों का संचालन किया जा रहा है।

दहेज प्रथा से पीड़ित महिलाओं को सहायता- वर्ष 1990-91 से संचालित इस योजना के अन्तर्गत दहेज के कारण उत्पीड़ित महिलाओं को आर्थिक तथा कानूनी सहायता प्रदान की जाती है। योजनान्तर्गत गरीबी रेखा से नीचे जीवनयापन करने वाली महिलाएँ जिनके द्वारा थाने में प्रथम सूचना रिपोर्ट दर्ज कर दी गई हो अथवा न्यायालय में वाद विचाराधीन हो, पात्रता की श्रेणी में आती हैं। ऐसी उत्पीड़ित महिलाओं को विधिक वाद की पैरवी हेतु ₹ 2500/-की एकमुश्त राशि तथा वाद के निस्तारण होने तक ₹ 125.00 प्रतिमाह आर्थिक सहायता प्रदान की जाती है।

विधवा महिला से विवाह करने पर दम्पत्ति को पुरस्कार- योजनांतर्गत **35 वर्ष** से कम आयु की ऐसी महिला जिसके पति की मृत्यु हो चुकी हो, से विवाह करने पर दम्पत्ति

को प्रोत्साहन स्वरूप ₹ 11000.00 का अनुदान दिया जाता है, बशर्ते कि वह आयकर दाता न हो।

उ.प्र. महिला सम्मान कोष- नियमावली-2015 के अंतर्गत रानी लक्ष्मीबाई महिला सम्मान कोष की स्थापना की गई है। कोष का उपभोग जघन्य हिंसा की शिकार महिलाओं/बालिकाओं को तत्काल आर्थिक तथा चिकित्सकीय राहत सुनिश्चित करने, पीड़िताओं के भरण-पोषण, शिक्षा व स्वास्थ्य के साथ-साथ परिस्थितिवश यदि अपेक्षित हो तो ऐसी पीड़िताओं के अवयस्क बच्चों के भरण-पोषण एवं शिक्षा के लिए किया जाता है। रानी लक्ष्मीबाई वीरता पुरस्कार के अंतर्गत प्रत्येक वर्ष प्रदेश की महिलाओं व बालिकाओं द्वारा बहादुरी का कार्य करने, खेल के क्षेत्र में विशिष्ट उपलब्धि प्राप्त करने तथा उत्कृष्ट कार्य करने वाली 20 महिला प्रधानों को रानी **लक्ष्मीबाई वीरता पुरस्कार** से सम्मानित किया जाता है।

निराश्रित विधवाओं के भरण पोषण तथा उनके बच्चों को शिक्षा आदि की व्यवस्था हेतु अनुदान- पति की मृत्युपरांत निराश्रित महिला पेंशन योजना के अंतर्गत पात्र लाभार्थियों को ₹ 500 प्रति माह की दर से चार तिमाही में पेंशन का भुगतान पी.एफ.एम.एस. के माध्यम से किया जाता है। इस योजना के अंतर्गत 18 वर्ष से अधिक आयु की ऐसी महिलाएँ जो उत्तर प्रदेश की स्थायी निवासी हों व उनके पति की मृत्यु हो चुकी हो तथा उनकी पारिवारिक वार्षिक आय ₹ 2.00 लाख से अधिक न हो, पात्रता की श्रेणी में आती हैं।

निराश्रित विधवाओं की पुत्रियों के विवाह हेतु अनुदान- उक्त योजनांतर्गत विधवा पेंशन पा रही महिलाओं की पुत्रियों के विवाह हेतु एक मुश्त ₹ 10,000.00 की सहायता प्रदान की जा रही है। वित्तीय वर्ष 2019-20 में ₹ 70 लाख के सापेक्ष ₹ 15.30 लाख धनराशि व्यय की गई। वित्तीय वर्ष 2020-21 में ₹ 70.0 लाख का आय-व्ययक स्वीकृत है।

उत्तर प्रदेश बाल अधिकार संरक्षण आयोग

बच्चे देश का भविष्य हैं। बच्चों का सर्वांगीण विकास एक सार्वभौमिक आवश्यकता है। भारतीय संविधान ने बच्चों को विभिन्न प्रकार के अधिकार प्रदान किए हैं जैसे न्याय के समक्ष समानता, 6 से 14 वर्ष की आयु के बच्चों को नि:शुल्क एवं अनिवार्य प्रारंभिक शिक्षा देना, 14 वर्ष से कम आयु के बच्चों को कारखानों, खदानों तथा खतरनाक प्रकृति के उद्योगों में नियुक्त न करना। देश की प्रत्येक राज्य सरकारों को बच्चों के विकास के लिए इस प्रकार की नीतियाँ बनानी चाहिए जिससे बच्चों के बचपन का दुरुपयोग न हो सके। इसकी व्यवस्था भारतीय संविधान के नीति निदेशक तत्त्वों में भी की गई है। भारत सरकार/राज्य सरकार बच्चों के सर्वांगीण विकास के लिए कृत संकल्प है इसी परिप्रेक्ष्य में संबैधानिक एवं वैधानिक अधिकार संरक्षण आयोग अधिनियम 2005 पारित किया गया है, तदक्रम में अधिसूचना द्वारा वर्ष 2013 में राज्य आयोग का गठन किया गया जिसका मुख्य उद्देश्य बाल अधिकारों के संरक्षण के संदर्भ में विस्तृत कार्यवाही कर उनके संवैधानिक एवं वैधानिक अधिकारों को संरक्षित करना है। वित्तीय वर्ष 2019-20 में इस योजना के अंतर्गत ₹ 637.52 लाख के सापेक्ष ₹ 51.97 लाख की धनराशि व्यय की गई। वर्तमान वित्तीय वर्ष 2020-21 में ₹ 634.51 लाख का आय-व्यय स्वीकृत है।

चाइल्ड प्रोटेक्शन सर्विसेज (सी.पी.एस.) योजना

बालक ही देश का भविष्य हैं, इस परिकल्पना को साकार करने के उद्देश्य से केंद्र पुरोनिधानित बाल संरक्षण योजना चलाई जा रही है। इसका मूल उद्देश्य बालकों को एक स्वस्थ वातावरण प्रदान करना है। समाज में उपेक्षित, निराश्रित, भूले-भटके एवं आपराधिक प्रवृत्तियों में संलिप्त बालकों को स्वस्थ शैक्षिक एवं पारिवारिक वातावरण प्रदान करने के उद्देश्य से केंद्र सरकार द्वारा बाल संरक्षण योजना संचालित की गई है। इसका मूल लक्ष्य राज्य सरकार द्वारा संचालित गृहों एवं योजनाओं को अतिरिक्त सुविधा तथा संसाधन उपलब्ध कराकर बाल संरक्षण की दशा व दिशा में गुणात्मक सुधार लाना तथा बच्चों व समाज में सकारात्मक सोच विकसित करना है। इस योजना के अंतर्गत राजस्व पक्ष में कुल **9 योजनाओं** का संचालन किया जा रहा है। इनमें बाल कल्याण समिति, स्वैच्छिक संगठनों के माध्यम से शहरी तथा अर्द्धशहरी क्षेत्रों में जरूरतमंद बालकों के लिए खुले आश्रय गृह, विशेष आवश्यकता वाले बच्चों के लिए विशेषीकृत यूनिट, विशेषज्ञ दत्तक ग्रहण अभिकरण, किशोर न्याय अधिनियम के अंतर्गत संस्थाओं/गृहों का संचालन, बाल संरक्षण इकाई की स्थापना, स्वैच्छिक संगठनों के माध्यम से बाल गृह (बालक/बालिका) का संचालन, दत्तक ग्रहण संसाधन एजेंसी एवं किशोर न्याय बोर्ड की स्थापना संचालित है। जिसका फंडिंग पैटर्न 60 प्रतिशत केंद्रांश व 40 प्रतिशत राज्यांश है तथा जो योजनाएँ स्वैच्छिक संगठन के माध्यम से

संचालित हैं उनका फंडिंग पैटर्न केंद्रांश 60 प्रतिशत, राज्यांश 30 प्रतिशत तथा स्वैच्छिक संगठनों का अंश 10 प्रतिशत है। वर्तमान में इस योजना के अंतर्गत 56 राजकीय गृह तथा 127 स्वैच्छिक संगठनों के माध्यम से गृह संचालित हैं। राजकीय गृहों से लगभग 3870 बच्चे तथा स्वैच्छिक संगठनों के माध्यम से 1140 बच्चे लाभान्वित हो रहे हैं।

प्रदेश में रोजगार हेतु निम्न महत्त्वपूर्ण कार्य किए गए हैं-

1. **रोजगार मेलों का आयोजन-** निजी क्षेत्र में रोजगार के अवसरों की उपलब्धता को दृष्टिगत रखते हुए प्रदेश के सेवायोजन कार्यालयों द्वारा रोजगार मेलों के माध्यम से प्रदेश के बेरोजगारों को निजी क्षेत्र में भी रोजगार के अवसर उपलब्ध कराए जाते हैं। रोजगार मेलों के आयोजन हेतु सेवायोजन वेब पोर्टल: सेवायोजन.यूपी.एनआईसी.इन पर ऑनलाइन व्यवस्था विकसित की गई है।
2. **करियर काउंसिलिंग कार्यक्रम-** रोजगार बाजार में रोजगार के अवसरों तथा उपलब्ध श्रमशक्ति में असंतुलन को दृष्टि में रखते हुए सेवायोजन कार्यालयों द्वारा करियर काउंसिलिंग का कार्य भी किया जा रहा है। प्रदेश के सेवायोजन कार्यालयों द्वारा करियर काउंसिलिंग कार्यक्रमों का आयोजन कर बेरोजगार अभ्यर्थियों को रोजगार के अवसरों के अनुरूप विषय चयन में सहायता, रोजगार बाजार में उपलब्ध अवसरों, रोजगारपरक पाठ्यक्रमों एवं प्रशिक्षण पाठ्यक्रमों की जानकारी प्रदान की जाती है।
3. **मॉडल करियर सेंटर (केंद्र पुरोनिधानित योजना)-** महानिदेशक, रोजगार एवं प्रशिक्षण, भारत सरकार, नई दिल्ली द्वारा नेशनल करियर सर्विस प्रोजेक्ट के अंतर्गत शत-प्रतिशत केंद्र पुरोनिधानित योजना के रूप में प्रदेश में मॉडल करियर सेंटर द्वारा वर्तमान परिवेश में शिक्षण, प्रशिक्षण एवं रोजगार के नए उभरते व्यवसायों की जानकारी प्रदान करने के साथ-साथ उनकी सेवायोजकता में वृद्धि किए जाने की भी व्यवस्था है।

   वर्तमान में प्रशिक्षण एवं सेवायोजन निदेशालय, लखनऊ, जिला सेवायोजन कार्यालय, गाजियाबाद में मॉडल कैरियर सेंटर स्थापित किए गए हैं। बुंदेलखंड विश्वविद्यालय झाँसी, काशी हिंदू विश्वविद्यालय वाराणसी, क्षेत्रीय सेवायोजन कार्यालय, मेरठ, क्षेत्रीय सेवायोजन कार्यालय, मुरादाबाद एवं प्रयागराज विश्वविद्यालय, प्रयागराज में मॉडल कैरियर सेंटर स्थापित किए गए हैं।
4. **शिक्षण एवं मार्गदर्शन केंद्र-** प्रदेश के 52 जनपदों में स्थापित शिक्षण एवं मार्गदर्शन केंद्रों द्वारा समाज के निर्बल वर्गों यथा-अनुसूचित जाति, जनजाति एवं अन्य पिछड़े वर्गों के अभ्यर्थियों को मार्गदर्शन एवं प्रशिक्षण प्रदान कर उनकी सेवायोजकता में अभिवृद्धि का प्रयास किया जाता है। इन शिक्षण एवं मार्गदर्शन केंद्रों में सामान्य केंद्रों एवं अंग्रेजी भाषा, सचिवीय पद्धति, हिंदी टंकण, आशुलिपि हिंदी एवं कंप्यूटर का प्रशिक्षण प्रदान किया जाता है।

त्योहार

प्रत्येक त्योहार चाहे वह हिन्दुओं का हो या मुस्लिमों, सिखों, बौद्धों, जैनियों या ईसाइयों का, इनका स्पष्टत: अपना एक सांस्कृतिक महत्त्व है। तथापि संक्षेप में यह कहा जा सकता है कि प्रत्येक त्योहार समर्पण, श्रद्धा, आत्मत्याग, स्नेह एवं बलिदान की शिक्षा देता है। हमारे साथ बच्चे भी इन मूल्यों को ग्रहण करते हैं। ये सारे गुण ऐसे हैं, जिनका अनुकरण करना उदाहरण द्वारा ही सिखाया जा सकता है न कि उपदेश देकर। यह कहना व्यर्थ नहीं होगा कि ये मूल्य न सिर्फ परिवार के लिए बल्कि समाज के लिए भी आवश्यक हैं, क्योंकि इनसे सहभागिता तथा सेवा की भावना सशक्त होती है। इस संबंध में उत्तर प्रदेश काफी धनी है, क्योंकि राज्य के विभिन्न भागों में भिन्न-भिन्न धर्मों के लोग निवास करते हैं जहाँ वे अपने त्योहार धूमधाम तथा उत्साह से मनाते हैं। राज्य में प्रत्येक वर्ष विभिन्न धर्मों के लगभग **40 त्योहार** मनाए जाते हैं। महत्त्वपूर्ण हिन्दू त्योहार हैं-दीपावली, होली, दशहरा, कृष्ण जन्माष्टमी, रामनवमी, नागपंचमी, हल षष्ठी, हरतालिका तीज, पितृ विसर्जन अमावस्या, करवा चौथ, भाई दूज, देवउठनी एकादशी, कार्तिक पूर्णिमा, सकट चौथ, मकर संक्रान्ति, बसंत पंचमी, शीतला अष्टमी, रक्षाबंधन तथा शिवरात्रि।

बौद्ध धर्मावलम्बी बुद्ध पूर्णिमा मनाते हैं। इसी प्रकार जैन महावीर जयंती तथा सिख गुरुनानक देव का जन्मदिवस मनाते हैं।

रमजान, ईद-उल-फितर, ईद-उल-जुहा, मोहर्रम, बारावफात तथा शब-ए-बरात मुसलमानों के महत्त्वपूर्ण त्योहार हैं।

नव वर्ष, गुड फ्राइडे, ईस्टर तथा क्रिसमस ईसाइयों के मुख्य त्योहार हैं।

उत्सव-महोत्सव

- **लखनऊ महोत्सव**-इस महोत्सव में अवध के परंपरागत संगीत, नृत्य, वैभव, नजाकत एवं नफासत का दिग्दर्शन कराया जाता है।
- **बौद्ध महोत्सव**-प्रत्येक वर्ष कुशीनगर, श्रावस्ती व संकिसा में।
- **बुद्ध महोत्सव**-सारनाथ (वाराणसी में)।
- **वाराणसी उत्सव**-इस उत्सव में भारतीय धर्म एवं संस्कृति तथा ज्ञान-विज्ञान का प्रस्तुतीकरण किया जाता है। यह एक पर्यटन उत्सव है।
- **सुलहकुल उत्सव**-हिन्दू-मुस्लिम एकता का यह उत्सव आगरा में मनाया जाता है।
- **कन्नौज उत्सव**-पर्यटन विभाग द्वारा यह उत्सव प्रत्येक वर्ष कन्नौज में मनाया जाता है।
- **ताज महोत्सव**-प्रत्येक वर्ष फरवरी माह में ताजनगरी **'आगरा'** में आयोजित इस पर्यटन महोत्सव में मुगलकालीन संस्कृति तथा भारतीय ललित कलाओं का प्रदर्शन किया जाता है।
- **राम बारात उत्सव**-यह उत्सव प्रत्येक वर्ष आगरा में मनाया जाता है।
- **प्रयाग महोत्सव**-प्रदेश सरकार के संस्कृति विभाग के सहयोग से प्रतिवर्ष इस पर्यटन उत्सव का आयोजन किया जाता है।
- **त्रिवेणी महोत्सव**-प्रत्येक वर्ष फरवरी में प्रयागराज स्थित वोट क्लब पर होने वाले इस आयोजन में प्रदेश की मिश्रित संस्कृति का अवलोकन कराया जाता है।
- **कंपिल उत्सव**-फर्रुखाबाद के रामेश्वर नाथ, कामेश्वर नाथ तथा जैन मंदिरों में आयोजित इस पर्यटन उत्सव में विभिन्न धार्मिक-सांस्कृतिक कार्यक्रमों का आयोजन किया जाता है।
- **सरधाना महोत्सव**-इस महोत्सव का आयोजन प्रत्येक वर्ष मेरठ के सरधाना में किया जाता है।
- **लट्ठमार होलिकोत्सव**-प्रत्येक वर्ष फाल्गुन महीने में मथुरा (विशेषकर बरसाना में) में यह उत्सव आयोजित होता है।
- **बिठूर गंगा महोत्सव**-कानपुर के बिठूर नामक स्थान पर प्रत्येक वर्ष कार्तिक मास में गंगा के तट पर इस महोत्सव का आयोजन होता है।
- **गंगा महोत्सव**-राज्य सरकार के सहयोग से प्रत्येक वर्ष इसका आयोजन वाराणसी में किया जाता है।
- **यमुना जन्मोत्सव**-प्रत्येक वर्ष चैत छठ को मथुरा नगर के विश्राम घाट पर यह महोत्सव मनाया जाता है।
- **कबीर उत्सव**-संत कबीर विषयक जीवन दर्शन को अधिकाधिक प्रसारित करने हेतु संत कबीर नगर जनपद के मगहर में प्रत्येक वर्ष इस उत्सव/मेले का आयोजन किया जाता है।
- **झाँसी महोत्सव**-राज्य के संस्कृति विभाग द्वारा प्रत्येक वर्ष फरवरी माह में पाँच दिवसीय आयुर्वेद महोत्सव का आयोजन किया जाता है।
- **सैफई महोत्सव**-प्रत्येक वर्ष जनवरी माह में इस महोत्सव का आयोजन सैफई (इटावा) में किया जाता है।
- **कजरी महोत्सव**-यह महोत्सव प्रत्येक वर्ष मिर्जापुर में मनाया जाता है।
- **सोन महोत्सव**-यह महोत्सव प्रत्येक वर्ष सोनभद्र जिले में मनाया जाता है।
- **वाटर स्पोर्ट्स फेस्टिवल**-इसका आयोजन प्रयागराज में किया जाता है।
- **कल्कि महोत्सव**-यह महोत्सव प्रत्येक वर्ष सम्भल में मनाया जाता है।

मेले

किसी भी देश या क्षेत्र की संस्कृति से उसके अतीत की परंपरा एवं रीति-रिवाज तथा प्रचलित व्यवहार एवं परिपाटी की पहचान होती है। जैसा कि हमने देखा है कि संस्कृति के अनेक रूप होते हैं, यथा-धार्मिक संस्कृति, आध्यात्मिक संस्कृति, ऐतिहासिक संस्कृति, ग्रामीण संस्कृति तथा नगरीय संस्कृति। संस्कृति के इन सभी पहलुओं तथा इसकी रंग-बिरंगी छटा का बड़े आकर्षक एवं स्पष्ट रूप से हमारे मेलों एवं त्योहारों द्वारा वास्तविक प्रतिनिधित्व होता है।

उत्तर प्रदेश में बहुत सारे मेले एवं त्योहार हैं, जिन्हें पारंपरिक उत्साह एवं धूमधाम से मनाया जाता है, ताकि ईश्वर का आशीर्वाद प्राप्त हो सके तथा जीवन में आनंद की अनुभूति हो सके। इनमें से प्रमुख मेलों का सूक्ष्म परिचय निम्नवत है-

रामनवमी मेलाः रामनवमी का त्योहार भगवान राम के जन्मदिन पर चैत्र मास की नवमी तिथि को मनाया जाता है तथा पूरे राज्य में मेलों का आयोजन किया जाता है, किंतु भगवान राम की जन्मभूमि अयोध्या के रामनवमी मेले का विशेष महत्त्व है। इस मेले में न सिर्फ इस राज्य के बल्कि संपूर्ण भारतवर्ष के कोने-कोने से श्रद्धालु पूजा करने के लिए कनक भवन, अयोध्या में एकत्रित होते हैं तथा अपने ईश्वर की आराधना करते हैं।

देवीपाटन मेलाः पाटनदेवी को समर्पित यह मेला बलरामपुर जिले के तुलसीपुर में प्रत्येक वर्ष चैत्र की नवरात्रि को आयोजित किया जाता है। मेले में विभिन्न प्रकार के कार्यक्रम एवं धार्मिक समारोह आयोजित किए जाते हैं। बड़ी संख्या में लोग माँ के दर्शन करने के लिए इकट्ठे होते हैं तथा इन गतिविधियों में हिस्सा लेते हैं।

कुंभ मेला, प्रयागः यह मेला माघ महीने (जनवरी-फरवरी) में प्रत्येक 12 वर्ष (महाकुंभ) तथा 6 वर्ष (अर्धकुंभ) में बारी-बारी से नदियों यथा-गंगा, यमुना तथा सरस्वती के संगम के किनारे **'तीर्थराज प्रयाग'** में आयोजित किया जाता है। एक माह तक चलने वाला यह कुंभ मेला विश्व के सबसे बड़े मेलों में से एक है। इस मेले में भाग लेने न केवल इस देश अपितु विश्वभर से लाखों तीर्थयात्री खिंचे चले आते हैं। वे पवित्र संगम में स्नान करते हैं तथा धार्मिक पूजा संपन्न करते हैं। इनमें से कुछ तो (जिन्हें कल्पवासी कहा जाता है) पूरे महीने प्रतिदिन पूरी श्रद्धा तथा निष्ठा से स्नान तथा पूंजा-पाठ करते हैं। मेले के आयोजक तीर्थयात्रियों को ठहरने तथा अन्य आवश्यक सुविधाएँ उपलब्ध कराने के लिए समुचित व्यवस्था करते हैं।

कंपिल मेला, फर्रुखाबादः यह मेला प्रत्येक वर्ष मार्च माह में पाँच दिनों तक आयोजित किया जाता है। देश के प्रत्येक कोने से जैन श्रद्धालु बहुत बड़ी संख्या में यहाँ आते हैं। कंपिल का ऐतिहासिक महत्त्व है, जिसे महाभारत काल में कांपिल्य के नाम से जाना जाता था। यह द्रौपदी के पिता राजा द्रुपद की राजधानी थी। यहाँ अनेक मूल्यवान सांस्कृतिक धरोहर मौजूद हैं, जैसे-गंगा नदी के किनारे **मुगलघाट** जिसे सम्राट औरंगजेब ने बनवाया था, कपिल मुनि आश्रम, रामेश्वरधाम मंदिर, जैन दिगम्बर मंदिर, भेड़ कुंड (जहाँ अर्जुन ने द्रोपदी से विवाह करने के लिए मछली पर निशाना साधा था) आदि। इसके अलावा यह **13वें तीर्थंकर विमलनाथ** की जन्मभूमि भी है। भगवान महावीर द्वारा इस स्थल के भ्रमण के कारण यह स्थान जैन समुदाय के लोगों के लिए और भी महत्त्वपूर्ण हो गया है। आज यह फर्रुखाबाद जिले की तहसील कायमगंज में गंगा नदी के तट पर स्थित एक छोटा सा कस्बा है।

बटेश्वर मेला, आगराः आगरा जिले में यमुना नदी के किनारे स्थित बटेश्वर का नाम अधिष्ठाता देव बटेश्वर महादेव के नाम पर रखा गया है। प्रत्येक वर्ष अक्टूबर-नवंबर माह के दौरान (कार्तिक माह की षष्ठी से अग्रहायण माह की पंचमी तिथि तक) एक बहुत बड़ा मेला आयोजित किया जाता है। बड़ी संख्या में श्रद्धालु भगवान शिव की आराधना के लिए यहाँ एकत्र होते हैं। आध्यात्मिक महत्त्व के अलावा बटेश्वर एक महत्त्वपूर्ण सांस्कृतिक केंद्र भी है। यहाँ हिन्दू देवी-देवताओं के **108 मंदिर** हैं। यह मेला बड़े पैमाने पर पशुओं के क्रय-विक्रय के लिए भी प्रसिद्ध है।

श्रावण झूला मेला, अयोध्याः अयोध्या का यह एक प्रमुख मेला है जो प्रतिवर्ष श्रावण माह के शुक्ल पक्ष की तृतीया तिथि को आरंभ होता है तथा इस माह के अंत तक चलता है। देवताओं विशेषतया राम, लक्ष्मण तथा सीता की मूर्तियों को मन्दिर के झूले पर बिठाया जाता है तथा इन्हें मणि पर्वत तक भी ले जाया जाता है, जहाँ मूर्तियों को वृक्ष की शाखाओं पर झुलाया जाता है। देश के कोने-कोने से तथा विदेशों से भी श्रद्धालु यहाँ आते हैं तथा सरयू नदी में पवित्र स्नान करते हैं।

ददरी मेला, बलियाः ददरी मेला, बलिया नगर से लगभग 5 किलोमीटर दूर लगता है। यह वह जगह है जहाँ दादर मुनि जो ऋषि भृगु के शिष्य थे एवं भगवान ब्रह्मा के मानस पुत्र थे, ने तपस्या की थी। बलिया नगर निगम बोर्ड, दादर मुनि की याद में कार्तिक पूर्णिमा के अवसर पर दो सप्ताह तक चलने वाला मेला आयोजित करता है। अनुमानतः लगभग 4 लाख लोग, उत्तर प्रदेश तथा पड़ोसी राज्यों के अलग-अलग क्षेत्रों से, इस मेले में आते हैं। इतनी बड़ी संख्या में जनसमूह के अतिरिक्त मेले में पशुओं का जमावड़ा राज्य का सबसे बड़ा पशु जमावड़ा कहा जाता है।

देवा मेला, बाराबंकीः देवा मेला, बाराबंकी से लगभग 40 किलोमीटर की दूरी पर लगता है। प्रसिद्ध सूफी संत **वारिस अली शाह** के सालाना **'उर्स'** के अवसर पर प्रतिवर्ष कार्तिक

माह में एक बहुत बड़ा मेला लगता है। मुस्लिम तथा हिन्दू दोनों ही धर्मों के श्रद्धालु दूर-दूर से यहाँ आते हैं तथा उनकी मजार पर **'चादर'** चढ़ाते हैं।

पूर्णागिरी मेलाः यह टनकपुर से 24 किलोमीटर की दूरी पर स्थित है। प्रत्येक वर्ष चैत्र माह में एक बड़ा मेला यहाँ आयोजित किया जाता है। इस जगह का पौराणिक महत्त्व है। पुराणों के अनुसार जब सती ने आत्मदाह किया और भगवान शिव उनके शरीर को लेकर इस स्थान से गुजर रहे थे तो सती के शरीर के कुछ अंग यहाँ पर गिरे थे।

इनके अतिरिक्त राज्य में और भी अनेक महत्त्वपूर्ण मेले लगते हैं, जैसे– गढ़ मुक्तेश्वर मेला (हापुड़), शहीद मेला (हापुड़ तथा मैनपुरी), शिवरात्रि मेला, लोधेश्वर (बाराबंकी), राधाष्टमी मेला, बरसाना (मथुरा), दाऊजी मेला, (मथुरा), बिठूर मेला (कानपुर) आदि। प्रतिवर्ष देश के कोने-कोने से तीर्थयात्री इन मेलों में आते हैं।

उत्तर प्रदेश में **प्रति वर्ष** लगभग 2,250 **मेलों का आयोजन किया** जाता है, जो कि राज्य की समृद्ध सांस्कृतिक विरासत के प्रतीक हैं। राज्य में **सर्वाधिक 86 मेले मथुरा में, फिर कानपुर (80), हमीरपुर (79), झाँसी (78), आगरा (72) तथा फतेहपुर (70)** में लगते हैं। सबसे कम मेले पीलीभीत में लगते हैं।

संगीत

- उत्तर वैदिक कालीन सामवेद से उत्तर प्रदेश में संगीत कला के विकास का प्राचीनतम प्रमाण प्राप्त होता है।
- भरत मुनि द्वारा रचित **'नाट्यशास्त्र'** को **'संगीत का बाइबिल'** कहा जाता है।
- महात्मा बुद्ध के समकालीन कौशांबी नरेश जातक ग्रंथ के अनुसार वीणा के निपुण वादक थे।
- उत्तर प्रदेश में 6ठी-12वीं शताब्दी के बीच संगीत कला के विकास में कश्यप, दत्तिल शार्दुल, मातंगम, अभिनवगुप्त एवं हरिपाल जैसे प्रख्यात संगीतज्ञों को उल्लेखनीय योगदान है।
- उत्तर प्रदेश की मध्यकालीन संगीत परंपरा में अमीर खुसरो का महत्त्वपूर्ण स्थान है। इनका जन्म उत्तर प्रदेश में कासगंज जिले के **पटियाली गाँव** में **1223 ई.** में हुआ था।
- अमीर खुसरो ने ईरानी संगीत रागों में प्रचलित भारतीय रागों का मिश्रण करके अनेक श्रुतिमधुर रागों का आविष्कार किया था।
- हिंडोल तथा नैरेज के मिश्रण से यमन, शाहनाज एवं पटरागन के मिश्रण से जिल्फ वगारा, पतवाल और रास्ता को मिलाकर सरपरदा तथा पूर्वी गौड़ कांगली व अन्य राग के मिश्रण से साजगिरी ऐसे आविष्कारों में प्रमुख हैं।
- अमीर खुसरो ने ईरानी शैली की तरह कव्वाली, तराना, कौलकल्वाना, नक्शेगुल शैलियों का प्रचलन किया।
- अमीर खुसरो ने ही तत्कालीन ध्रुपद गायन शैली में ईरानी संगीत मिश्रण करके नई गायन शैली का निर्माण किया था, जो आगे चलकर ख्याल गायन शैली के नाम से लोकप्रिय हुई। इनके द्वारा बनाया गया झूमर ताल आज भी अति लोकप्रिय है।
- बिलावल सप्तक पर आधारित ख्याल गायन शैली ने भारतीय संगीत को दो भिन्न गायन-वादन पद्धतियों में विभाजित कर दिया-उत्तर भारत में प्रचलित हिंदुस्तानी संगीत पद्धति तथा दक्षिण भारत में प्रचलित कर्नाटक संगीत पद्धति।
- अमीर खुसरो के पौत्र **मसीत खाँ** ने **सितार की वादन शैली** का प्रचलन किया था।
- उत्तर प्रदेश में भक्ति आंदोलन के प्रादुर्भाव के साथ ही भक्ति संगीत के क्षेत्र में विविधपक्षीय उन्नति हुई।
- महाप्रभु वल्लभाचार्य ने मथुरा व वृंदावन में **'पुष्टि संप्रदाय'** की स्थापना की जिसका मुख्य विषय कृष्णलीला था।
- वल्लभाचार्य ने संगीतबद्ध भजन तथा पदों के गायन को मंदिरों में अर्चना पद्धति के रूप में प्रचलित किया।
- कृष्ण भक्ति संप्रदाय में अष्ट प्रहर उपासना का विशेष प्रचलन हुआ।
- वल्लभाचार्य के पुत्र **विट्ठलनाथ** ने कृष्णलीला गान संप्रदाय के रूप में अष्टछाप कवियों की स्थापना की।
- अष्टछाप में शामिल कवि : सूरदास, नंददास, परमानंददास, कुंभनदास, चतुर्भुजदास, छीतस्वामी, गोविन्दस्वामी एवं कृष्णदास, ये लोग कवि होने के साथ-साथ संगीतकार भी थे।
- अष्टछाप कवि गेय पदों की रचना करते थे तथा इन पदों को प्रहर के अनुकूल गाते थे।

- सूरदास **मल्हार** के प्रणेता थे।
- स्वामी **हित हरिवंश** को श्रेष्ठ संगीतज्ञ होने के कारण **कृष्ण की वंशी का अवतार** माना जाता था।
- निम्बार्क संप्रदाय के **हरिदास परंपरा** (सखी सम्प्रदाय) के प्रवर्तक स्वामी हरिदास का जन्म अलीगढ़ जिले के **हरिदासपुर** ग्राम में हुआ था। इन्होंने अपना जीवन वृंदावन के निधिवन नामक स्थान पर व्यतीत किया।
- स्वामी हरिदास ने मंदिरों में ध्रुपद गायन द्वारा अर्चना पद्धति का श्रीगणेश किया। इनकी ध्रुपद गायन शैली **गोबरहार** थी।
- ग्रंथ **'नाद विनोद'** में स्वामी हरिदास के शिष्यों (बैजू बावरा, तानसेन, गोपाल नायक, मदन राय, रामदास, दिवाकर पंडित, सोमनाथ पंडित तथा सौरसेन) का उल्लेख किया गया है।
- **स्वामी हरिदास** ने तानसेन को दीपक राग, बैजू बावरा को मेघ राग तथा गोपाल नायक को **मालकौंस राग** में सिद्धि शक्ति दी थी।
- स्वामी हरिदास को अनेक विद्धान ध्रुपद की डागर वाणी का प्रवर्तक मानते हैं।
- कुछ अन्य विद्वान डागर परिवार को स्वामी हरिदास के बाद वृंदावन के स्वामी डागुर तथा कालिदास डागुर से जोड़ते हैं।
- डागर परंपरा में नासिरूद्दीन खाँ, बहराम खाँ, अल्लाबंदे खाँ तथा डागर बंधु (जाकिरूद्दीन एवं मोइनुद्दीन) अनेक संगीतज्ञ हुए हैं।
- मीरा की भाँति ब्रज में कृष्ण भक्तिधारा की ताज बेगम का नाम प्रसिद्ध है, जिन्होंने विट्ठलनाथ से दीक्षा ली थी। वे ध्रुपद-धमार की प्रसिद्ध गायिका थीं।
- रामानंद के शिष्य **सुरसुरानंद** ने **5000** से अधिक ध्रुपद बंदिशों की रचना की जो आज भी **रामानंदी ध्रुपद** नाम से प्रचलित हैं।
- आराध्य की अष्टयाम (प्रात: जागरण से रात्रि शयन तक) संगीतात्मक उपासना का प्रचलन वल्लभ संप्रदाय के भक्तों में अभी भी प्रचलित है।
- बरेली के सुप्रसिद्ध ध्रुपद गायक राम पदारथ जी को तत्कालीन अयोध्या नरेश ददुआ ने राजाश्रय दिया था।
- अयोध्या के पुराने कथक कलाकारों में संत गोपाल मिश्र, लोटन जी और नानक जी का नाम उल्लेखनीय है।
- 15वीं शताब्दी के उत्तरार्द्ध में जौनपुर के सुल्तान हुसैन शाह शर्की ने बड़ा ख्याल जैसी नई गायन शैली का आविष्कार किया। इसने टप्पा शैली का प्रचलन किया।
- दक्षिण भारत में हिंदुस्तानी संगीत को लोकप्रियता प्रदान करने वाले प्रसिद्ध संगीतकार अब्दुल करीम खाँ का जन्म उत्तर प्रदेश में मुजफ्फरनगर जिले के कैराना नामक स्थान पर हुआ था।
- 1815 ई. में उत्तर प्रदेश के बांदा जिले में जन्मे कुदऊ सिंह भारत के प्रसिद्ध मृदंग एवं पखावज वादक थे। ये लखनऊ के नवाब वाजिद अली शाह के दरबार में भी रहे।
- ठुमरी का जन्म 19वीं शताब्दी में अवध के नवाब वाजिद अली शाह के राजदरबार में हुआ था।
- वाजिद अली शाह ने **'अख्तर पिंया'** और **'बिंदादीन'** ने **'सनद पिया'** उपनाम से ठुमरी की अनेक बन्दिशें तैयार कीं।
- वाजिद अली शाह रहस नृत्य का विशाल आयोजन करते समय कृष्ण की भूमिका स्वयं प्रस्तुत करते थे।
- अवध के महान संगीतज्ञ **बिंदादीन महाराज** ने कथक में ठुमरी गायन का समावेश किया।
- महान गायक एवं संगीतज्ञ तानसेन के दामाद हाजी सुल्तान ने **ख्याल गायकी** को नया रूप दिया।
- ख्याल गायकी को शास्त्रीय स्वरूप देने का श्रेय 18वीं शताब्दी के सदानंद नियामत खाँ को दिया जाता है।
- रामपुर के संगीतज्ञ वजीर अली खाँ ने वीणा वादन में ख्याल पद्धति का प्रयोग करके सैनिया घराना जैसे संगीत घराने को जन्म दिया।
- आधुनिक शास्त्रीय गायन के पिता उस्ताद फैयाज खाँ को **'आफताब-ए-मौसीकी'** (संगीत का सूर्य) उपाधि से सम्मानित किया गया है।
- लखनऊ के महान गायक मियाँ शैरी ने **'टप्पा गायन शैली'** प्रचलित की जो पंजाब की हीर गायन शैली पर आधारित है।

प्रदेश के प्रमुख संगीत घराने

- आगरा मुगलकाल में संगीत का सबसे बड़ा केंद्र था। मुगल बादशाह अधिकतर **आगरा घराने** से ही संबद्ध थे।
- आगरा घराने का सूत्रपात **श्यामरंग** और **सरसरंग** से माना जाता है।

- इस घराने की उत्पत्ति कुछ लोग अलखदास एवं मलूकदास से मानते हैं।
- आगरा घराने के संगीतज्ञों में घग्घे खुदाबख्श, सुप्रसिद्ध ख्याल गायक शेर खाँ, गुलाम अब्बास, गुलाम हैदर खाँ, नत्थन खाँ, नन्हें खाँ कड़क एवं चमक वाली तानों के लिए प्रसिद्ध मुहम्मद सिद्दीकी खाँ, तसहुक हुसैन खाँ, अनवर हुसैन खाँ, लताफत हुसैन खाँ, विलायत हुसैन खाँ, स्वामी वल्लभदास, भास्कर राव बखले, दिलीप चंद्र बेदी, श्रीकृष्ण रतनजनकर, जगन्नाथ बुवा पुरोहित के नाम जाने जाते हैं।
- आगरा घराने की दूसरी शाखा में ख्याल एवं ठुमरी गायन की प्रधानता थी। इस परंपरा में इमदाद खाँ, हमीद खाँ, प्यार खाँ, लतीफ खाँ के नाम लिए जा सकते हैं। आगरा घराने को **'कव्वाल बच्चा घराना'** भी कहा जाता है।
- कव्वाल बच्चा का अपना अलग घराना था, जो तानों की पेचदार फिरत, बल एवं फंदे वाली तानों के लिए प्रसिद्ध थे।
- इस घराने के प्रतिनिधियों में मुहम्मद खाँ, रहमत खाँ, मुबारक अली खाँ, सादिक अली खाँ, फजल अली खाँ, करम अली, दिलावर अली शामिल हैं।
- इस घराने के गायक अपने घराने का मूल मुगल बादशाह अकबर के दरबारी गायक **सुजान खाँ** से मानते हैं।

अतरौली घराना

- प्रदेश के अलीगढ़ जिले का अतरौली कस्बा अनेक संगीतज्ञ परिवारों के लिए प्रसिद्ध रहा है। जूनागढ़ रियासत से संबद्ध दो भाई काले खाँ और चांद खाँ इस घराने के संस्थापक माने जाते हैं।
- भूपत खाँ, इमाम बख्श, गुलाम खाँ, हस्यू खाँ, दौलत खाँ, अतरौली वाले अल्लादिया खाँ, अली अहमद खाँ, ख्वाजा अहमद खाँ, अजमत हुसैन खाँ ने ध्रुपद, धमार, होरी, ख्याल, दादरा सभी शैलियों में भागलपुर मुंगेर, बनारस, पटना, कलकत्ता, दूर-दूर तक अनेक रियासतों में यश प्राप्त किया।
- ध्रुपद गायन के लिए प्रसिद्ध इस घराने के विख्यात कलाकार- दुल्लू खाँ, छज्जू खाँ, साहब खाँ, जहूर खाँ, इमाम बख्श, केसरबाई केरकर, प. मल्लिकार्जुन मंसूर और किशोरी अमोनकर हैं।

अजराड़ा घराना व फर्रुखाबाद घराना

- इस घराने का संबंध मेरठ से है। चाँदी स्याही के अधिक प्रयोग से पेशकार कायदों, तिनक, तिन, केन, धिनगिन, धिड़ान बोलों की बहुलता के कारण मेरठ जिले के अजराड़ा घराने ने अपना विशिष्ट स्थान बना लिया।
- इस शैली के प्रवर्तकों, प्रमुख कलाकारों में मुहम्मदी बख्श, कल्लू खाँ, चाँदी खाँ, हस्सू खाँ और अबीबुद्दीन खाँ के नाम प्रमुख हैं।

इटावा घराना

- सितार वादन का यह अनूठा घराना गौरीपुर घराने के नाम से प्रसिद्ध था।
- इटावा की सितार वादन संगीत परंपरा 7 पीढ़ियों से भी अधिक पुरानी है। इमदाद खाँ, तराब खाँ, सुरजन सिंह, इनायत खाँ, वलायत खाँ एवं ध्रुवतारा जोशी इस घराने के प्रमुख वादक हैं।
- कासगंज (एटा) जिले के ख्वाजा बख्श श्रेष्ठ गायक होने के साथ प्रसिद्ध सितारवादक भी थे और दिल्ली दरबार के पतन तक बहादुरशाह जफर के दरबार में रहे।

इलाहाबाद घराना

- यहाँ पर **कोई घराना नहीं** है, फिर भी यहाँ संगीत की कई विभूतियाँ रही हैं।
- यहाँ की प्रयाग संगीत समिति देश की प्रमुख संगीत संस्थाओं में से एक है।
- यहाँ के **हरिप्रसाद चौरसिया** व **रघुनाथ सेठ बांसुरीवादन** के लिए प्रसिद्ध हैं।
- प्रयाग में गायक-गायिकाओं की अपनी परंपरा रही है। टीपदार, तेज परंतु मीठी आवाज वाली जानकीबाई (छप्पन छुरी) के मोहक संगीत को संगीत के पारखी आज तक भूल नहीं सके। जानकीबाई इलाहाबाद (प्रयागराज) की शान थीं।
- केसरबाई, कृष्ण देवी, मुनीर खातून बेगम प्रयागराज की प्रसिद्ध गायिकाएँ रहीं।
- उस्ताद यूसुफ खाँ एवं प्रोफेसर लाल जी तबलावादन में तो नजीर खाँ सारंगी वादन में उल्लेखनीय हैं।
- सरोदवादन में उस्ताद करामत उल्ला खाँ का घराना प्रसिद्ध था, जिनके शिष्यों में उस्ताद बनवारी लाल सितार में उल्लेखनीय है।

लोकगीत

- कजरी/कजली, चौलर, कराही, गारी, पूर्वी, चैती, कहरवा, चैता, बिरहा, रोपनी, सोहनी, होली, सोहर, नकटा, झूमर, दादरा, कव्वाली आदि लोकगीत पूर्वांचल में गाये जाते हैं।
- कजली **वर्षाऋतु** का लोकगीत है। इसकी उत्पत्ति **मिर्जापुर** में मानी जाती हैं। मिर्जापुर में भाद्र कृष्ण तृतीया को विंध्यवासिनी देवी का जन्मोत्सव **कजली पर्व के रूप** में मनाया जाता है। मिर्जापुर में कजली के चार अखाड़े-**पं. शिवदास मालवीय अखाड़ा, जहाँगीर अखाड़ा, बैरागी अखाड़ा व अक्खड़ अखाड़ा** हैं। थोड़े-बहुत अंतरों के साथ कजली पूर्वांचल के **वाराणसी, प्रयागराज, अवध व गोरखपुर** तक गायी जाती है।
- सोहर पूर्वांचल (विशेषत: अवध) का प्रसिद्ध लोकगीत है, जो बच्चों के जन्म आदि अवसरों पर गाया जाता है।
- नकटा, संस्कारगीत व कव्वाली विशेष रूप से अवध व सामान्य रूप से पूर्वांचल में प्रचलित है।
- विवाह गीत व होलीगीत (फगुवा) क्षेत्रीय अंतरों के साथ पूरे प्रदेश में प्रचलित हैं।
- झूला, होरी, फारा व रसिया ब्रज क्षेत्र में गाये जाते हैं। झूला सावन में व होरी फाल्गुन में गाया जाता है।
- पंवारा (नृत्य प्रधान) व हरदौल पाठा अर्थात बुंदेल क्षेत्र का लोकगीत है।
- आल्हा प्राय: पूरे प्रदेश में (विशेषत: बुंदेलखंड) में गाया जाता है। यह वीर रस में गाया जाता है।
- **ईसुरी फाग** का प्रचलन **बुंदेलखंड** क्षेत्र में है।
- लावणी व बहतरबील का प्रचलन रूहेलखंड क्षेत्र में है।
- ढोला व रागिनी का प्रचलन **पश्चिमी क्षेत्र** में है।
- पूरन भगत, भर्तृहरि, निर्गुण आदि वैराग्य एवं भक्तिपूर्ण गीत हैं, जो साधुओं द्वारा गाये जाते हैं।
- गीतों के साथ प्रयुक्त होने वाले लोक वाद्ययंत्रों में-**ढोल, नगाड़ा, रणसिंगा, रैंगड़ी, केंकड़ी, मृदंग, नाल, मंजीरा, झाँझ, चिमटा, करताल, बेला-चम्मच, हारमोनियम** तथा **थाली** आदि मुख्य हैं।

शास्त्रीय नृत्य

प्रदेश का एकमात्र नृत्य कत्थक है जिसका प्रारंभ मंदिर के पुजारियों द्वारा कथा बाँचते समय हाव-भाव के प्रदर्शन के साथ किया गया। मुस्लिम शासकों ने इस नृत्य को राजदरबार में आश्रय देना शुरू किया। वाजिद अली शाह (अवध) के दरबार में इसका विशेष विकास हुआ। 20वीं शताब्दी में कत्थक के उत्थान में लीला सोखे (मेनका) का विशेष योगदान रहा।

इस शैली के प्रतिपादक ठाकुर प्रसाद थे, जिन्होंने इसे एक नवजीवन प्रदान किया। भावों को संगीत के रूप में अभिव्यक्त करने के लिए **'ठुमरी'** तथा **'अभिनय'** में कत्थक की अवधारणा की शुरुआत ठाकुर प्रसाद के भतीजे बिंदादीन महाराज ने की थी। बिंदादीन महाराज के अतिरिक्त, कालका महाराज ने भी नृत्य की इस शैली को आगे बढ़ाने में समान रूप से अपना योगदान दिया, जिसमें आगे और सुधार किया गया तथा उनके बेटे अच्छन महाराज, लच्छू महाराज, शंभू महाराज तथा उनके पोते बिरजू महाराज द्वारा इस शैली को और भी परिष्कृत, विकसित तथा पौराणिक रूप प्रदान किया। इस परंपरा को बाद में उनके पुत्रों ने भी जारी रखा। नृत्य के इस घराने की शुरुआत करने, इसमें सुधार लाने तथा इसका विस्तार करने का श्रेय, इन सभी विशारदों को जाता है, जिसे लखनऊ घराना या **'लखनऊ स्कूल ऑफ कत्थक'** के नाम से जाना जाता है। लखनऊ के अतिरिक्त काशी भी अनेक अंतर्राष्ट्रीय ख्यातिप्राप्त संगीतकारों एवं नर्तकों का केंद्र रही है। इन कलाकारों में शहनाईवादक बिस्मिल्ला खाँ, तबलावादक गुदई महाराज तथा नर्तक सितारा देवी एवं गोपी कृष्ण सुप्रसिद्ध थे।

प्रदेश में चार संस्थानों द्वारा कत्थक में स्नातक की डिग्री दी जाती है। वे संस्थाएँ हैं-बनारस हिन्दू विश्वविद्यालय, आगरा वि.वि., भातखंडे संगीत संस्थान, लखनऊ व राष्ट्रीय कत्थक संस्थान, लखनऊ (ल.वि.वि. से संबद्ध)।

लोकनृत्य

प्रदेश के प्रत्येक अंचल में लोकगीतों में भिन्नता के साथ ही लोकनृत्य में भी भिन्नता मिलती है। प्रमुख लोकनृत्य इस प्रकार हैं-

ख्याल नृत्य- पुत्र जन्मोत्सव पर बुंदेलखंड में ख्याल नृत्य किया जाता है। इसके अंतर्गत रंगीन कागजों तथा बाँसों की

सहायता से मंदिर बनाकर फिर उसे सिर पर रखकर नृत्य किया जाता है।

राम नृत्य- यह नृत्य ब्रज क्षेत्र में रासलीला के दौरान किया जाता है। रासक दंड नृत्य भी इस क्षेत्र का एक रोचक नृत्य है।

झूला नृत्य- यह भी ब्रज क्षेत्र का नृत्य है, जिसका आयोजन श्रावण मास में किया जाता है। इस नृत्य को मंदिरों में भी किया जाता है।

मयूर नृत्य- यह नृत्य भी ब्रज क्षेत्र में किया जाता है। इस नृत्य के दौरान मोर के पंख से बना विशेष वस्त्र धारण किया जाता है।

धोबिया नृत्य- यह विवाह व संतानोत्पति पर पूर्वांचल में धोबी समुदाय द्वारा किया जाने वाला नृत्य है। इसमें नृत्य के माध्यम से धोबी व गदहे के संबंधों की जानकारी प्राप्त होती है।

चरकुला नृत्य- ब्रज क्षेत्र में होली पर 108 दीपों का चरकुला (पिंजरा) सिर पर रखकर महिलाओं द्वारा यह नृत्य किया जाता है।

घड़ा नृत्य- ब्रज क्षेत्र के लोगों द्वारा किए जाने वाले इस घड़ा नृत्य में बैलगाड़ी अथवा रथ के पहिये पर अनेक घड़े रखे जाते हैं फिर उसे सिर पर रखकर नृत्य किया जाता है।

कठघोड़वा नृत्य- यह नृत्य पूर्वांचल में मांगलिक अवसरों पर किया जाता है। इसमें एक नर्तक अन्य नर्तकों के घेरे के अन्दर कृत्रिम घोड़ी पर बैठकर नृत्य करता है।

जोगिनी नृत्य- इस नृत्य को अवध क्षेत्र में विशेषकर रामनवमी के त्योहार पर किया जाता है। इसके अंतर्गत साधु या कोई अन्य पुरुष महिला का रूप धारण करके नृत्य करते हैं।

धीवर नृत्य- पूर्वांचल में यह नृत्य अनेक शुभ अवसरों पर विशेष रूप से कहार जाति के लोगों द्वारा किया जाता है।

शौरा या सैरा नृत्य- यह नृत्य बुंदेलखंडवासी कृषक अपनी फसलों को काटते समय हर्ष प्रकट करने के उद्देश्य से करते हैं।

कर्मा व शीला नृत्य- सोनभद्र व मिर्जापुर के खरवार आदि आदिवासी लोगों द्वारा यह नृत्य किया जाता है।

पासी नृत्य- पूर्वांचल व अवध क्षेत्र के पासी समाज के लोगों द्वारा यह नृत्य किया जाता है। इस नृत्य में सात अलग-अलग मुद्राओं की एक यति तथा एक ही लय में युद्ध की भांति नृत्य किया जाता है।

घोड़ा नृत्य- यह नृत्य बुंदेलखंड क्षेत्र में मांगलिक अवसर पर बाजों की धुन पर घोड़ों द्वारा कराया जाता है।

धुरिया नृत्य- बुंदेलखंड के प्रजापति (कुम्हार) लोग इस नृत्य को स्त्री वेश धारण करके करते हैं।

छोलिया नृत्य- प्रदेश के राजपूतों द्वारा यह नृत्य विवाहोत्सव पर किया जाता है इस नृत्य को करते समय एक हाथ में तलवार तथा दूसरे हाथ में ढाल होती है।

छपेली नृत्य- एक हाथ में रूमाल तथा दूसरे में दर्पण लेकर किए जाने वाले इस नृत्य में आध्यात्मिक समुन्नति की कामना की जाती है।

नटवरी नृत्य- यह नृत्य प्रदेश के पूर्वांचल क्षेत्र के अहीरों द्वारा किया जाता है। यह नृत्य गीत व नक्कारों के सुरों पर किया जाता है।

देवी नृत्य- यह नृत्य अधिकांशतः बुंदेलखंड क्षेत्र में ही प्रचलित है। इस नृत्य में एक नर्तक देवी का स्वरूप धरकर अन्य नर्तकों के सामने खड़ा रहता है तथा उसके सम्मुख शेष सभी नर्तक नृत्य करते हैं।

राई नृत्य- यह नृत्य बुंदेलखंड की महिलाओं द्वारा बसंतोत्सव व श्रीकृष्ण जन्माष्टमी आदि अवसरों पर किया जाता है। इसको मयूर की भाँति किया जाता है। इसलिए यह मयूर नृत्य भी कहलाता है।

दीप नृत्य- बुंदेलखंड के अहीरों द्वारा अनेकानेक दीपकों को प्रज्वलित करके किसी घड़े, कलश अथवा थाली में रखकर तथा उन प्रज्वलित दीपों को सिर पर रखकर नृत्य किया जाता है।

पाई डंडा नृत्य- यह गुजरात के डांडिया नृत्य के समान है जो कि बुंदेलखंड के अहीरों द्वारा किया जाता है।

कानरा नृत्य- बुंदेलखंड के धोबी समाज के स्त्री-पुरुषों द्वारा विवाहोत्सव पर कानरा नृत्य किया जाता है।

कार्तिक नृत्य- यह बुंदेलखंड क्षेत्र में कार्तिक माह में नर्तकों द्वारा श्रीकृष्ण तथा गोपी बनकर किया जाने वाला नृत्य है।

कलाबाजी नृत्य- कलाबाजी नृत्य को अवध क्षेत्र के लोग करते हैं। इसमें नर्तक 'मोरबाजा' लेकर कच्ची घोड़ी पर बैठकर नृत्य करते हैं।

बरेंडी नृत्य- ब्रज की लट्ठमार होली की तरह बुंदेलखंड विशेषकर चित्रकूट में दीपावली के दिन ढोल-नगाड़े की तान पर आकर्षक वेशभूषा के साथ मोरपंखधारी लठैत एक-दूसरे पर ताबड़तोड़ वार करते हुए बरेंडी नृत्य व खेल का प्रदर्शन करते हैं।

ठडिया नृत्य–सोनभद्र आदि जिलों में संतान की कामना पूरी होने पर यह नृत्य सरस्वती के चरणों में समर्पित होकर किया जाता है।

चौलर नृत्य–मिर्जापुर व सोनभद्र आदि जिलों में यह नृत्य अच्छी वर्षा व अच्छी फसल के लिए किया जाता है।

ढेढिया नृत्य–इसका प्रचलन द्वाबा क्षेत्र में है। राम के लंका विजय के बाद वापस आने पर स्वागत में किया जाता है। इसे सिरपर छिद्रयुक्त मिट्टी के बर्तन में दीपक रखकर किया जाता है।

ढरकहरी नृत्य–सोनभद्र की जनजातियों द्वारा किया जाता है।

नटुवा या नकटौरा नृत्य–पूर्वांचल में लड़कों के विवाह वाले घरों में बारात जाने के बाद उन घरों की महिलाओं द्वारा पुरुषों का वेश धारण कर रातभर हास-परिहास युक्त नाटय व नृत्य किया जाता है।

नाट्य कला

ऐसा माना जाता है कि उत्तर प्रदेश में शास्त्रीय नाट्य की शुरुआत भारतेन्दु हरिश्चन्द्र द्वारा की गयी। उनको हिंदी साहित्य का प्रारम्भकर्त्ता भी माना जाता है। उनका जन्म वाराणसी में हुआ था। उनके मुख्य नाटक हैं- वैदिक हिंसा हिंसा न भवति: सत्य हरिश्चन्द्र, नीला देवी, अंधेर नगरी और भारत दुर्दशा।

हालांकि भारतेन्दु से पहले भी प्रदेश में नाट्य विधा विद्यमान थी। नवाब वाजिद अली शाह द्वारा **'राधा कन्हैया का किस्सा'** और सैय्यद आगा हसन लखनवी द्वारा **'इन्द्रसभा'** नामक नाटक 1843 में लिखे गये।

- भारतेन्दु के पिता बाबू गोपाल चन्द्र ने **'नहुष'** नामक नाटक लिखा। यह **विशुद्ध नाटक रीति** में लिखा गया पहला नाटक माना जाता है।

आधुनिक शैली में प्रदर्शित पहला नाटक जानकी मंगल था। इसकी रचना शीतल प्रसाद त्रिपाठी ने 1868 में की थी।

मोहन राकेश, सूर्य मोहन, कुलश्रेष्ठ, विनोद रस्तोगी और आलोक रस्तोगी उत्तर प्रदेश के प्रमुख नाटककार हैं।

लोक नाट्य

प्रदेश के अंचलों में लोकनाट्य की एक समृद्ध परंपरा रही है। **नागरसभा, भरथरी, स्वाँग सपेड़ा, रावला, गुलाबो-सिताबो (पुतुल नाट्य), ख्याल, स्वांग, भगत, नौटंकी (संगीत), विदेसिया, रामलीला, रासलीला** आदि प्रदेश के प्रमुख लोकनाट्य हैं, जिनका विभिन्न कारणों से 20वीं सदी के मध्य से तेजी से क्षरण होता चला जा रहा है। अब **रामलीला, रासलीला** और **नौटंकी** ही प्रदेश के प्रतिनिधि लोकनाट्य के रूप में अभिहित किए जा सकते हैं।

- प्रदेश में लोकनाट्य कठपुतली के ग्लव्स व रॉड पपेट प्रकार का अधिक प्रचलन है। गुलाबो-सिताबो प्रदेश की पहली ग्लव्स पपेट है, जो कि अवध के नवाब वाजिद अली शाह के जीवन पर आधारित कहानी है। गुलाबो-सिताबो व काबुलीवाला टैगोर की रचनाएँ हैं।
- वैसे पूरे प्रदेश में रामलीला का आयोजन किया जाता है, लेकिन रामनगर (वाराणसी) की रामलीला को प्रतिनिधि रामलीला कहा जा सकता है। रामलीला में अवधी के साथ-साथ स्थानीय भाषाओं का भी प्रभाव रहता है।
- प्रयागराज की रामलीला अपनी विशिष्ट शैली के लिए प्रसिद्ध है।
- लोकनाट्य रासलीला का मंचन अभी भी प्राय: ब्रजभाषी लोगों द्वारा ही किया जाता है। अत: इसमें पारंपरिक लय व अनुशासन विद्यमान है।
- प्रदेश में कानपुर, हाथरस आदि नौटंकी की प्रमुख शैलियाँ या घराने हैं। हाथरसी शैली में भक्ति व वीर रस की प्रधानता होती है, जबकि कानपुरी शैली मनोरंजनप्रधान है।

भाषा, साहित्य एवं पत्र-पत्रिकाएँ

उत्तर प्रदेश का क्षेत्र **'मध्य देश'** कहा जाता था। यहाँ के लोग भिन्न-भिन्न काल में अलग भाषाएँ बोलते और लिखते आए हैं। संस्कृत इस देश की सबसे पुरानी भाषा है, जिसका प्रयोग हजारों वर्ष पूर्व लोग करते थे। इसका प्राचीनतम् रूप विश्व के प्रथम ग्रन्थ **'ऋग्वेद'** में देखने को मिलता है। संस्कृत को **'आर्यभाषा'** या **'देवभाषा'** भी कहते हैं। यह लगभग 3500 वर्ष पुरानी है। हिन्दी इसी आर्यभाषा **'संस्कृत'** की उत्तराधिकारिणी है।

संस्कृत भाषा के दो रूप हैं-

1. वैदिक संस्कृत
2. लौकिक संस्कृत

- वैदिक संस्कृत के प्रयोग का समय 1500 ई. पू. से 1000 ई. पू. माना जाता है।

- लौकिक संस्कृत के प्रयोग का समय 1000 ई. पू. और उसके बाद माना गया है।
- संसार की विभिन्न भाषाओं को लिखने के लिए अनेक लिपियाँ प्रचलित हैं। हिन्दी, संस्कृत, मराठी, नेपाली आदि भाषाएँ देवनागरी लिपि में लिखी जाती हैं।
- देवनागरी लिपि का विकास ब्राह्मी लिपि से हुआ है। ब्राह्मी लिपि का प्रयोग वैदिक आर्यों ने शुरू किया।

भाषा परिवार

भारत अनेक भाषाओं की समृद्ध साहित्यिक परम्पराओं के लिए प्रसिद्ध है। यहाँ संसार की चार भाषा-परिवारों की भाषाएँ बोली जाती हैं। यही कारण है कि भारत को **'बहुभाषी'** देश कहते हैं।

हिन्दी **'भारतीय आर्यभाषा परिवार'** की भाषा है। संस्कृत भाषा से लेकर पालि, प्राकृत, अपभ्रंश आदि सोपानों से गुजरती हुई हिन्दी आज समूचे भारत की संपर्क भाषा बन चुकी है।

भारतीय आर्य भाषाएँ

भारोपीय (भारत-यूरोपीय भाषा-परिवार अत्यंत विशाल परिवार है। इस भाषा-परिवार की महत्वपूर्ण शाखा है- **भारतीय आर्य भाषा परिवार।** इस परिवार में हिन्दी, पंजाबी, सिन्धी, गुजराती, मराठी, असमिया, उड़िया, बाँग्ला, कश्मीरी आदि भाषाएँ शामिल हैं। ऐतिहासिक विकासक्रम के आधार पर भारतीय आर्य भाषा को तीन काल खंडों में विभक्त किया जाता है-

पालि भारत की प्रथम देशभाषा थी। इसे **'पुरानी प्राकृत'** भी कहते हैं। **गौतम बुद्ध ने अपने उपदेश पालि भाषा में दिये।** कालांतर में उत्तर भारत के भिन्न-भिन्न भागों में जिस भाषा का विकास एवं व्यवहार्य रूप देखने को मिला उसे **'प्राकृत'** भाषा कहते हैं। जैन तीर्थंकर महावीर **स्वामी ने अपने उपदेश प्राकृत में दिये।**

मध्यकालीन भारतीय आर्यभाषा का चरम विकास **'अपभ्रंश'** में हुआ। अपभ्रंश से हिन्दी, बांग्ला, गुजराती, मराठी, पंजाबी आदि कई भाषाओं का विकास हुआ। अपभ्रंश की अंतिम अवस्था **अवहट्ट** थी, जिससे हिन्दी (पुरानी हिंदी) का उद्‌भव हुआ।

उत्तर प्रदेश की प्रमुख बोलियाँ एवं उनका क्षेत्र

खड़ी बोली-खड़ी बोली का मूलनाम **'कौरवी'** है। यह नाम वर्ष 1801 तक अस्तित्व में रहा। **'कौरवी' नाम राहुल सांकृत्यायन ने दिया।** खड़ी बोली का क्षेत्र सहारनपुर, मुजफ्फरनगर, बागपत, बिजनौर, हापुड़, गाजियाबाद, मेरठ, शामली, अमरोहा, सम्भल, मुरादाबाद, रामपुर है। इनमें मेरठ की खड़ी बोली आदर्श और मानक मानी जाती है।

'प्रिय- प्रवास' खड़ी बोली का प्रथम महाकाव्य है। खड़ी बोली के प्रथम कवि अमीर खुसरो थे।

सर्वप्रथम खड़ी बोली शब्द का प्रयोग 'लल्लू लाल' और 'सदल मिश्र' ने किया।

ब्रजभाषा-आगरा, मथुरा, फिरोजाबाद, अलीगढ़, मैनपुरी, एटा, हाथरस, बदायूं, बरेली इसके क्षेत्र हैं। रीतिकाल में इसी भाषा की प्रधानता थी। नैनीताल के तराई क्षेत्र में प्रचलित ब्रजभाषा का नाम **बुक्सा** (भुक्सा) पड़ा। **भुक्सा** (बुक्सा), डांगी, अन्तर्वेदी, भरतपुरी इसकी उपबोलियां हैं।

बुन्देली-यह बुंदेलखण्ड की बोली है। झांसी, जालौन, हमीरपुर, ओरछा, उरई, महोबा इसके क्षेत्र हैं।

कन्नौजी-इटावा, फर्रूखाबाद, शाहजहाँपुर, हरदोई, पीलीभीत, एवं कानपुर क्षेत्र में यह बोली जाती है।

अवधी-कानपुर, उन्नाव, लखनऊ, बाराबंकी, रायबरेली, सीतापुर, फतेहपुर, लखीमपुर खीरी, अयोध्या, गोंडा, प्रयागराज, प्रतापगढ़, सुल्तानपुर, जौनपुर एवं मिर्जापुर इस भाषा के क्षेत्र हैं। अवधी भाषा के दो रूप मिलते हैं- 1. ठेठ अवधी, 2. साहित्यिक अवधी

ठेठ अवधी में सूफी कवियों की रचनाएं आती हैं, जबकि साहित्यिक अवधी के अंतर्गत गोस्वामी तुलसीदास द्वारा रचित **'रामचरितमानस'** जैसी रचनाओं को सम्मिलित किया जाता है। **'फिजी'** में अवधी बोली जाती है। गहोरा, जूड़र अवधी भाषा की उपबोलियां हैं।

बघेली-यह बोली सोनभद्र, प्रयागराज, मांडला, बालाघाट, बाँदा, फतेहपुर, हमीरपुर में बोली जाती है।

भोजपुरी-यह वाराणसी, जौनपुर, गाजीपुर, मऊ, बलिया, चंदौली, गोरखपुर, देवरिया, कुशीनगर, आजमगढ़, बस्ती, सिद्धार्थनगर, संतकबीर नगर, अम्बेडकर नगर आदि क्षेत्रों में बोली जाती है। हिन्दी प्रदेश में सर्वाधिक लोगों द्वारा प्रयोग की जाने वाली बोली भोजपुरी है।

- भोजपुरी शब्द का प्रथम प्रयोग रेमण्ड ने किया। भारत के अतिरिक्त कई अन्य देशों-सूरीनाम, फिजी, मॉरीशस, गुयाना, त्रिनिडाड एण्ड टोबैगो में भी भोजपुरी बोली जाती है।

उत्तर प्रदेश का साहित्य

साहित्य के क्षेत्र में उत्तर प्रदेश का योगदान सदैव श्रेष्ठ रहा है। वैदिक साहित्य के बड़े भाग की रचना इसी क्षेत्र में हुई। यही कारण है कि वैदिक ग्रंथों में यहां के नगरों, नदियों और शासकों के नाम प्रमुखता से मिलते हैं। 'शतपथ ब्राह्मण' की विदेध माधव कथा में 'सदानीरा' नदी का उल्लेख मिलता है, जो वर्तमान गोरखपुर और देवरिया (कुशीनगर) से गुजरकर बिहार जाने वाली नदी 'गण्डक' का पुराना नाम है। यह स्थापित सत्य है कि उत्तर वैदिक काल में आर्यों का निवास 'सदानीरा' के तट तक था। यहां रहकर उन्होंने वैदिक साहित्य की रचना की।

वर्तमान उत्तर प्रदेश के गुन्दफर्न अथवा गोनर्द (वर्तमान गोण्डा) के निवासी पतंजलि ने योगसूत्र के अतिरिक्त संस्कृत व्याकरण के महान ग्रन्थ 'महाभाष्य' की रचना की।

अयोध्या के निकट बहने वाली 'तमसा' नदी के तट पर वाल्मीकि को 'रामायण' के सृजन का विचार आया और वे विश्व के 'प्रथम कवि' कहलाये। इसके अतिरिक्त सम्राट हर्षवर्धन (606-647 ई) के दरबारी कवि बाणभट्ट ने कन्नौज में रहकर हर्षचरित एवं कादम्बरी जैसी कालजयी ग्रन्थों की रचना की। साकेत (वर्तमान 'अयोध्या') में जन्में अश्वघोष ने महायान सम्प्रदाय से जुड़े 'बुद्धचरित', 'सौन्दरानन्द' और 'सारिपुत्र प्रकरण' जैसे महान ग्रन्थों की रचना की।

भक्ति काल (14वीं से 17वीं शताब्दी)

वीरगाथा काल के काव्य से भिन्न भक्ति काल के रचना कार्य में भक्ति, शांति तथा सामाजिक सुधार के संदेश होते थे, क्योंकि लोग अनवरत सामाजिक अव्यवस्था तथा तुर्की आक्रमणकारियों की बेलगाम नृशंसता से तंग आ चुके थे। यही कारण था कि इस काल के कवि जैसे–तुलसीदास, सूरदास, कबीर तथा नानक महान भक्ति संत होने के साथ-साथ समाज सुधारक भी थे। तुलसीदास सगुण विचारधारा की राम भक्ति शाखा के कवि थे, जिन्होंने 'रामचरितमानस', 'विनय पत्रिका', 'कवितावली' आदि की रचना की, जबकि सूरदास कृष्ण भक्ति शाखा के मुख्य कवि थे, जिनके कार्य को 'सूरसागर' में संकलित किया गया है। वे दोनों ही उत्तर प्रदेश के निवासी थे। कबीर, जो कि निर्गुण भक्तिधारा की ज्ञानाश्रयी शाखा के विख्यात संत कवि थे, का संबंध भी इस राज्य से ही था। वे धार्मिक अनुष्ठानों तथा बाहरी दिखावों के विरुद्ध थे। उन्होंने मानवता तथा मानव और हिंदूवाद तथा मोहम्मदवाद के बीच सामंजस्य स्थापित करने हेतु शिक्षा दी। इसी प्रकार रविदास, दरिया शाह तथा गुरु गोरखनाथ ऐसे अन्य महान संत थे, जिन्होंने उस काल के जीवन तथा संस्कृति को नई दिशा दी। इसके अतिरिक्त केशवदास, भूषण, मतिराम, घनानंद, बिहारी, देव और गिरधर कविराज उन अन्य प्रसिद्ध कवियों में थे, जिन्होंने उत्तर प्रदेश की प्रतिष्ठा बढ़ाई।

प्रेमाश्रयी शाखा के कवि सूफी संतों के दर्शन से बहुत अधिक प्रभावित थे। 'पद्मावत' महाकाव्य के लेखक मलिक मोहम्मद जायसी उत्तर प्रदेश के जिला रायबरेली के जायस नगर के रहने वाले थे। इस काल के दौरान अन्य कई कवियों ने भी हिन्दी तथा उर्दू साहित्य को समृद्ध बनाया। अब्दुर्रहीम जो कि बैरम खान के पुत्र और सम्राट अकबर के प्रतिशासक एवं संरक्षक भी थे, वे अकबर के दरबार में खान-ए-खाना (प्रमुख कुलीन पुरुष) थे। उन्होंने उपदेशात्मक हिन्दी कविताओं की रचना की। उनके द्वारा रचित 'मदनाष्टक' ने उन्हें व्यापक पहचान दिलाई। राधा-कृष्ण के प्रति उनकी अगाध भक्ति की छाप उनकी कविताओं में मिलती है। संस्कृत, हिन्दी तथा उर्दू का जैसा सौम्य संगम उन्होंने प्रस्तुत किया है, अन्य किसी हिन्दी कवि के लिए वैसा कर पाना संभव नहीं है। उन्होंने उत्तर प्रदेश में रहकर ही कार्य किया। सुल्तान फिरोजशाह तुगलक ने भी असाधारण योगदान दिया। उन्होंने संस्कृत भाषा की रचनाओं का पर्शियन में अनुवाद कराया। उन्होंने प्रसिद्ध मुस्लिम इतिहासकार जियाउद्दीन बरनी को संरक्षण प्रदान किया जिनकी रचना 'तारीख-ए-फिरोजशाही' एक बहुत बड़ा योगदान मानी जाती है। उत्तर प्रदेश के जौनपुर नगर की नींव सुल्तान फिरोजशाह तुगलक ने रखी थी और इसका नाम उनके पूर्व शासक मोहम्मद-बिन-तुगलक, जिन्हें जौना खान भी कहा जाता है, के सम्मान में रखा गया था। शर्की राजवंश के अंतर्गत जौनपुर कला और संस्कृति के एक बहुत बड़े केंद्र के रूप में विकसित हुआ और यहाँ इसने एक विशेष प्रकार की वास्तुकला विकसित हुई। शर्की सुल्तान इब्राहिम शाह शर्की द्वारा बनवायी अटाला मस्जिद इसका स्पष्ट साक्ष्य है।

रीति काल (17वीं से 19वीं शताब्दी)

मध्यकालीन युग में उत्तर काल के हिन्दी काव्य को आमूल परिवर्तन देखने पड़े, क्योंकि भक्ति का स्थान श्रृंगार ने ले लिया था। कविताओं में शिल्प के परिवर्तन के साथ

अलंकारों की भी प्रधानता हो गई। इस काल के कवियों ने ऐसा वातावरण उत्पन्न कर दिया था कि सब तरफ न केवल काव्य छा गया बल्कि शादियों तथा ऐसे ही अन्य अवसरों पर लोगों के लिए स्वतंत्र रूप से अपनी काव्य कला दिखाना एक परंपरा ही बन गया। इस काल के कई नामी कवि उत्तर प्रदेश के ही हैं। यथा-बिहारी (मथुरा), देव (इटावा), भूषण (कानपुर), मतिराम (प्रतापगढ़), पद्माकर (बांदा), ग्यास (मथुरा), तोष (प्रयागराज), कुलपति मिश्र (आगरा), बेनी (फतेहपुर), श्रीधर उपाध्याय (प्रयागराज), रसलीन (हरदोई), बेनी प्रवीण (लखनऊ), गुरुदत्त भूपति (सुल्तानपुर), सेनापति (बुलंदशहर) आदि। प्रसिद्ध कवि रसखान भी इसी काल के थे। राजदरबारों से संतों तथा महात्माओं की कुटिया में काव्य का सुखद स्थानांतरण अधिक दिनों तक नहीं चला और यह एक बार फिर से वहीं पर स्थापित हो गई।

आधुनिक काल (19वीं शताब्दी से आगे)

19वीं शताब्दी के मध्य के आस-पास विद्यमान राजनीतिक, सामाजिक तथा सांस्कृतिक परिदृश्य से हिन्दी काव्य को एक बार फिर से बड़े परिवर्तन से गुजरना पड़ा। इसकी विषयवस्तु जो कि राजा-रानी, पौराणिक नायकों अथवा पौराणिक प्रसंगों के आस-पास घूमती थी, अब उसका स्थान यथार्थवाद ने ले लिया, जिसका केंद्रबिंदु सामान्य जन तथा देशभक्ति था। आधुनिक काल के दौरान न केवल काव्य में चतुर्दिक विकास हुआ, अपितु साहित्य में गद्य का प्रादुर्भाव हुआ। भारतेन्दु हरिश्चंद्र हिन्दी साहित्य के पुनर्जागरण काल में गद्य, काव्य तथा नाटक की शैली में नए-नए प्रयोग करने वाले पहले साहित्यकार थे।

भारतेन्दु के पश्चात् मैथिलीशरण गुप्त (चिरगाँव, झाँसी), रामनरेश त्रिपाठी, अयोध्या सिंह उपाध्याय **'हरिऔध'** तथा श्रीधर पाठक जैसे कवि इस परंपरा को और आगे ले गए। हिन्दी पुनर्जागरण काल के महान कवि तथा **'छायावाद'** के समर्थकों में सूर्यकांत त्रिपाठी **'निराला'**, सुमित्रानन्दन पन्त तथा महादेवी वर्मा ने हिन्दी के साथ-साथ उत्तर प्रदेश को एक तरह का स्थायित्व प्रदान किया। माखनलाल चतुर्वेदी, रामधारी सिंह दिनकर, गजानंद माधव **'मुक्तिबोध'**, बालकृष्ण शर्मा **'नवीन'**, गया प्रसाद शुक्ला **'स्नेही'**, सुभद्रा कुमारी चौहान, सियारामशरण गुप्त, सोहनलाल द्विवेदी तथा हरिवंश राय बच्चन जैसे कवियों ने भी हिन्दी काव्य को समृद्ध बनाने में महत्त्वपूर्ण भूमिका निभाई। इनमें से अधिकांश प्रतिष्ठित व्यक्ति या तो यहाँ के निवासी थे या उन्होंने यहाँ रहकर कार्य किया।

इस काल में काव्य के अतिरिक्त गद्य के अलग-अलग रूपों यथा-उपन्यास, नाटक, निबन्ध, कहानी, आलोचना, अनुच्छेद, लेख, संवाद, आत्मकथा, संस्मरण आदि में अब तक हुए अद्वितीय विकास ने हिन्दी साहित्य को विश्व की सर्वाधिक विकसित भाषाओं के समकक्ष ला खड़ा किया। हिन्दी गद्य जो पहले केवल धार्मिक व्याख्याओं तथा फरमानों तक ही सीमित था, को व्यावहारिक प्रयोग के लिए विकसित करने का श्रेय मुंशी अल्ला खान (लखनऊ) लालूजी मल (आगरा) तथा सुखलाल नियाजी (प्रयाग) को जाता है। भारतेन्दु हरिश्चंद्र ने हिन्दी भाषा को संस्कृति की विभिन्न शाखाओं से जोड़ने का अद्भुत प्रयास किया। आगरा, बरेली, वाराणसी तथा प्रयाग में स्थित संस्थानों, सभाओं तथा संघों ने राष्ट्रीय जागरूकता के लिए हिन्दी का प्रयोग करने के भरसक प्रयास किए। प्रयाग के बालकृष्ण भट्ट तथा काशीनाथ खत्री, मथुरा के राधाचरण गोस्वामी तथा निवास दास, राधे मोहन गोकुल जी (आगरा), राधाकृष्ण दास (वाराणसी), रतननाथ (इटावा), राम गोपाल विद्यांत (लखनऊ), प्रतापनारायण मिश्र (कानपुर) बद्री नारायण चौधरी **'प्रेमघन'** (मिर्जापुर) तथा तोताराम वर्मा (अलीगढ़) भारतेन्दु के समकालीनों में प्रमुख थे, जिन्होंने हिन्दी गद्य को अधिक समृद्ध तथा अलंकृत किया। महावीर प्रसाद द्विवेदी, श्यामसुन्दर दास, आचार्य रामचंद्र शुक्ल, प्रेमचन्द, जयशंकर प्रसाद, हजारी प्रसाद द्विवेदी, जैनेंद्र कुमार तथा डॉ. सम्पूर्णानन्द ने हिन्दी साहित्य की निबन्ध शैली को और सँवारा।

सही अर्थों में इसी राज्य में हिन्दी कथा लेखन की विद्या अंकुरित, पल्लवित एवं पुष्पित हुई तथा जब भी कथा साहित्य लेखन की चर्चा होती है, प्रेमचन्द का नाम महान कहानी सम्राट के रूप में उभरता है। उन्हें **हिन्दी का मैक्सिम गोर्की** कहा जाता है। उन्होंने कथा साहित्य को देश के स्वतंत्रता आंदोलन के साथ जोड़ दिया तथा हिन्दी में प्रगतिशील लेखन का शुभारम्भ किया। प्रेमचन्द से अखिलेश तक कथा लेखन इतिहास सृजनात्मकता से परिपूर्ण है। प्रेमचन्द, प्रसाद, यशपाल, अशोक, अज्ञेय, आदि के बाद यह विधा विभिन्न आंदोलनों तथा परिवर्तनों से गुजरी है। मार्कंडेय, राजेन्द्र यादव, कमलेश्वर, शैलेश मटियानी, गिरिराज किशोर, गोविन्द मिश्र, शिवानी, मुद्राराक्षस, रघुवीर सहाय, अमृत लाल नागर, के.पी. सक्सेना

तथा उत्तर प्रदेश के अन्य कई लेखकों ने न केवल रचनात्मक प्रवृत्ति जारी रखी, अपितु कथा लेखन को नए आयाम प्रदान किए।

हिन्दी साहित्य का इतिहास इस बात के पर्याप्त प्रमाण प्रस्तुत करता है कि साहित्यिक क्षेत्र के अतिरिक्त उत्तर प्रदेश ने चलायमान साहित्य, जिसे पत्रकारिता भी कहते हैं, के उत्सर्जन एवं उन्नयन में भी अद्वितीय एवं अविस्मरणीय योगदान दिया है। पहला समाचार पत्र **'बनारस अखबार'** था तथा यह एक साप्ताहिक समाचार पत्र था जो 1 जनवरी, 1845 को काशी (वाराणसी) से प्रकाशित हुआ था। इसके बाद से राज्य में हिन्दी पत्रकारिता लगातार आगे ही बढ़ती गई तथापि, प्रथम भारतीय स्वतंत्रता आंदोलन (1857) तक इसकी प्रगति आशानुकूल नहीं थी। 1861 से ही सम्भव हो सका कि यह पहले से अधिक तीव्र गति से और प्रत्येक क्षेत्र में सुधारों के साथ लगातार प्रगति करती रही। इसकी विषयवस्तु पहले साहित्य तथा राजनीति तक ही सीमित थी, लेकिन बाद में इसका क्षेत्र अधिक व्यापक हो गया जिसमें धार्मिक, सामाजिक, आर्थिक, ऐतिहासिक, सांस्कृतिक, नैतिक, विधिक, राष्ट्रीय, पर्यावरणीय, चिकित्सकीय तथा वैज्ञानिक पहलू भी सम्मिलित हुए। गुणात्मक सुधारों के अतिरिक्त हिन्दी दैनिक तथा साप्ताहिक समाचार पत्रों के साथ-साथ पाक्षिक तथा मासिक पत्रिकाएँ भी उत्तरोत्तर बढ़ने लगीं। परिणामत: इन्हें पढ़ने वालों की संख्या में भी वृद्धि होने लगी और स्वतंत्रता प्राप्ति (1947) के पश्चात् पढ़ने वालों की संख्या में और अधिक तीव्र गति से वृद्धि हुई। उनकी सूची इतनी बड़ी है कि उन सबका उल्लेख यहाँ कर पाना सम्भव नहीं है। तथापि, हिन्दी पत्रकारिता के क्षेत्र में उत्तर प्रदेश के कतिपय महत्त्वपूर्ण मील के पत्थर निम्नवत हैं-

हिन्दी पत्रकारिता

- उत्तर प्रदेश से 1 जनवरी, 1845 को प्रकाशित प्रथम हिन्दी समाचार पत्र **'बनारस अखबार'** (साप्ताहिक) का संपादन गोविंद रघुनाथ द्वारा तथा प्रकाशन काशी में राजा शिव प्रसाद **'सितारेहिंद'** द्वारा किया गया।
- राज्य में दैनिक समाचार पत्र **'हिंदुस्तान'** वर्ष 1887 में प्रकाशित हुआ। इसके संपादक पंडित मदन मोहन मालवीय थे और कालाकांकर के राजा रामपाल सिंह इसके मालिक थे।
- प्रथम हिन्दी सार-संग्रह (डाइजेस्ट) **'सरस्वती'** नागरी प्रचारिणी सभा, वाराणसी द्वारा सन् 1900 में प्रकाशित किया गया। यह एक सचित्र पत्रिका थी जिसका पंडित महावीर प्रसाद द्विवेदी ने लगभग 15 वर्ष तक संपादन किया। इस अवधि को द्विवेदी युग का नाम दिया गया। **'सरस्वती'** का प्रकाशन लगभग 80 वर्ष तक जारी रहा। इसके अन्य मुख्य सम्पादकों में पदुमलाल पुन्नालाल बख्शी, पंडित देवीदत्त शुक्ल तथा पंडित श्रीनारायणन चतुर्वेदी थे।
- वर्ष 1847 में प्रथम महिला पत्रिका **'बाला बोधिनी'** प्रकाशित करने का श्रेय भी इस राज्य को जाता है। इसके संपादक विख्यात लेखक एवं कवि भारतेन्दु हरिश्चंद्र थे।
- पंडित युगल किशोर शुक्ल, जो कि कानपुर (उत्तर प्रदेश) के निवासी थे, को प्रथम हिन्दी साप्ताहिक समाचार-पत्र **'उदन्त मार्तंड'** का प्रथम संपादक बनने का श्रेय मिला जो 1826 में कलकत्ता से प्रकाशित हुआ।
- उत्तर प्रदेश के सपूत मुंशी प्रेमचन्द न केवल अग्रणी उपन्यासकार थे, अपितु उन्होंने पत्रकारिता के क्षेत्र में भी हिन्दी भाषा को सम्मान दिलाया। उन्होंने अनेक पत्रिकाओं यथा-जागरण, हंस, मर्यादा तथा माधुरी का संपादन किया।
- एक क्रान्तिकारी एवं उत्कृष्ट साप्ताहिक समाचार-पत्र जो कि बाद में दैनिक बन गया, भी कानपुर (उत्तर प्रदेश) में प्रकाशित होता था। इसके संपादक एक युवा उत्साही बाबू गणेश शंकर विद्यार्थी थे। यह समाचार पत्र युवाओं को स्वतंत्रता आंदोलन में भाग लेने के लिए प्रेरित करने का एक माध्यम बन गया था। एक प्रसिद्ध क्रान्तिकारी सरदार भगत सिंह इसके संवाददाताओं में से एक थे। नीति उन्मुख आदर्शों तथा उद्देश्यों से प्रतिज्ञाबद्ध इस समाचार पत्र ने ब्रिटिश प्रशासन के सामने चुनौती खड़ी कर दी, जिसका मूल्य भी इसे चुकाना पड़ा था। विधि की विडम्बना देखिए कि विद्यार्थी जी उस समय मारे गए, जब वे दंगा प्रभावित मुस्लिमों को सुरक्षा उपलब्ध करवा रहे थे।
- हिन्दी पत्रकारिता को मजबूती तथा ठोस आधार प्रदान करने एवं स्वतंत्रता संग्राम के महायज्ञ में पूर्ण आहुति डालने के उद्देश्य से 5 सितंबर, 1920 को कृष्ण जन्माष्टमी के दिन एक हिन्दी दैनिक समाचार पत्र का शुभारम्भ किया गया। इसके प्रवर्तक शिव प्रसाद गुप्ता थे जो कि इसे **'टाइम्स ऑफ लंदन'** के समकक्ष लाना चाहते थे। इसके पहले

संपादक श्री प्रकाश थे। अन्य प्रसिद्ध विभूतियों में बाबूराव विष्णु पराड़कर, पं. कमलापति त्रिपाठी, श्रीकांत ठाकुर, रायकृष्ण, रघुनाथ खाडिलकर, विद्या भास्कर, सतेन्द्र कुमार गुप्ता तथा शार्दूल विक्रम गुप्ता इसके सम्पादक रहे। 1920 से 1947 के स्वतंत्रता आंदोलन के दौरान 'आज' समाचार पत्र एक महत्त्वपूर्ण दस्तावेज बना। 1920 से अब तक काशी के अतिरिक्त यह अब राज्य के दर्जनों स्थानों से प्रकाशित होता है। यह हिन्दी पत्रकारिता की सभी आवश्यकताओं की पूर्ति कर रहा है।

- उत्तर प्रदेश में 1947 से प्रकाशित होने वाले प्रतिष्ठित हिन्दी समाचार पत्र जो अभी भी प्रकाशित हो रहे हैं, उनमें हैं- आज, स्वतंत्र भारत, नवजीवन, अमर उजाला, नवभारत टाइम्स, राष्ट्रीय सहारा, दैनिक जागरण, हिंदुस्तान, अमृत प्रभात, जनसत्ता-एक्सप्रेस, गांडीव, जनमोर्चा आदि।

हिन्दी के विकास की दिशा में राज्य के उपरोक्त कवियों तथा लेखकों के अमूल्य योगदान के अतिरिक्त इसके संगठनात्मक ढाँचे यथा उत्तर प्रदेश हिन्दी संस्थान, लखनऊ नागरी प्रचारिणी सभा, वाराणसी; हिन्दी साहित्य सम्मेलन, प्रयागराज ने भी इस भाषा का प्रचार करने एवं इसे लोकप्रिय बनाने में समान रूप से प्रशंसनीय कार्य किया है। इन संगठनों के कार्यकलाप पहले राष्ट्रीय एकीकरण विभाग, उच्चतर शिक्षा तथा सांस्कृतिक विभाग द्वारा देखे तथा नियंत्रित किए जाते थे, लेकिन अब राज्य का भाषा विभाग इन्हें देखता है।

उत्तर प्रदेश ऐसा पहला राज्य था जहाँ अक्टूबर, 1947 में हिन्दी को राजभाषा घोषित किया गया तथा 26 जनवरी, 1968 से सभी सरकारी कार्यों में हिन्दी के प्रयोग को कानूनी रूप से आवश्यक बना दिया गया।

उर्दू भाषा

उर्दू भाषा तथा इसका साहित्य उत्तर प्रदेश की महत्त्वपूर्ण परिसंपत्ति है, जो कि अधिकांशतः साहित्यिक रचयिताओं का घर रहा है तथा अभी भी है। उर्दू साहित्य का इतिहास इस राज्य के महत्त्वपूर्ण योगदानों के बारे में जानकारी देता है। इस भाषा की उत्पत्ति में 13वीं शताब्दी का विशेष महत्त्व है। इसी अवधि में अमीर खुसरो ने पहली गजल उर्दू में संगीतबद्ध की थी। धीरे-धीरे लगभग 500 वर्षों में यह भाषा साहित्य के रूप में विकसित हुई। यह केवल 18वीं शताब्दी के दौरान ही था कि इसका ऊर्ध्वाकार तथा क्षैतिज दोनों ही रूप में विस्तार हुआ। इस संबंध में आगरा मुख्य सहयोगी बनकर उभरा जिसने महानतम उर्दू कवि मिर्जा गालिब तथा मीर तकी मीर जैसे उत्कृष्ट कवियों को जन्म दिया। इसी प्रकार आम जनों के कवि नजीर अकबराबादी भी आगरा में रहते थे और वहीं उनका देहावसान हुआ। लखनऊ ने भी इस दिशा में उतनी ही महत्त्वपूर्ण भूमिका निभाई। मुगल शासनकाल का विघटन हो जाने के कारण दिल्ली से प्रवासित कई कवियों यथा-फुगन, मीर सौदा, मीर जहीक, मीर हसन, मुनाफी, इंशा एवं जर्रत को नवाब आसफुद्दौला का आश्रय एवं संरक्षण प्राप्त हुआ। इन कवियों की रचनाओं में समय तथा स्थान परिवर्तन का प्रभाव स्पष्ट तौर पर दिखता था। दिल्ली स्कूल ऑफ उर्दू पोएट्री में जहाँ निराशावाद तथा व्यंग्य की प्रधानता थी, का स्थान सहजता, से अलंकार तथा कृतित्व ने ले लिया था। लखनऊ स्कूल ऑफ उर्दू पोएट्री की ये मूलभूत विशेषताएँ थीं। बाद की शैली के कवियों में नासिक तथा आतिश प्रमुख थे। लखनऊ को गजल तथा उर्दू काव्य के अन्य रूप यथा मर्सिया, मसनवी, रेख्ती आदि का विकास करने का सम्मान प्राप्त है जबकि अनीस तथा डाब्बर जैसे कवियों ने उत्कृष्ट 'मर्सिया' का सृजन किया। दयाशंकर, नसीम नवाब मिर्जा, 'शौक' तथा अहमद अली 'शौक किदवई' ने मसनवियों में व्यापक पहचान बनाई तथा जेब साहेब ने रेख्ती में महारत हासिल की। लखनऊ का अनुकरण कर, रामपुर दरबार ने भी दाग असर, आमीर, जलाल तथा अवध के तसलीम नवाब को संरक्षण प्रदान किया था। वाजिद अली शाह तथा आगा हसन अमानत ने उर्दू काव्य में एक नया मुकाम हासिल किया था। उनकी प्रसिद्ध कृतियाँ क्रमशः 'राधा-कन्हैया का रहस्त' तथा 'इन्द्र सभा' थी।

19वीं शताब्दी के आरंभ में उर्दू गजलों एवं गीतों को नवीन कलेवर तथा आयाम मिला। इस संबंध में ब्रिज नारायण चकबस्त, सफी, अजीज साकिब तथा जलाल के नाम उल्लेखनीय हैं। सुरूर जहानाबादी, बिशन नारायण धर, नौबत राय नज़र, द्वारिका प्रसाद उफक, हसरत मोहानी, अशगर गोंडवी, अकबर प्रयागराजी, जोश मलीहाबादी, मजाज, जिगर मुरादाबादी, आरजू लखनवी, फनी बदायूँनी, रियाज़ खैराबादी, फिराक गोरखपुरी, जफ़र अली खान 'असर' तथा सिराज लखनवी उत्तर प्रदेश के अन्य ऐसे कवि थे, जिन्होंने उर्दू काव्य को यथेष्ट रूप से समृद्ध एवं अलंकृत किया था।

उत्तर प्रदेश को विशेषतः लखनऊ ने उर्दू गद्य में भी भरपूर योगदान दिया है। यही वह राज्य था जहाँ न केवल उर्दू काव्य

में व्यंग्य शैली का श्रीगणेश हुआ, अपितु उसे प्रोत्साहन देकर प्रचलन में भी लाया गया। प्रारंभ में अकबर प्रयागराजी तथा जरीफ लखनवी एवं उसके बाद रशीद अहमद सिद्दीकी तथा शौकत थानवी ने इस शैली को विकसित करने में भरपूर योगदान दिया। 19वीं शताब्दी के उत्तरार्द्ध में व्यंगात्मक कविताओं तथा लेखों आदि को 'अवध पंच' में प्रकाशित किया जाता था।

उर्दू गद्य के अग्रणी लेखक के रूप में उभरे लखनऊ के रजब अली बेग 'सुरूर' की अनदेखी नहीं की जा सकती है। उनकी कृतियों में 'फसाना-ए-अजायब' जो कि नसीरूद्दीन हैदर के शासनकाल के दौरान लिखी गई थी, को बहुत प्रसिद्धि मिली, हालाँकि उनके लिखने की शैली अलंकारिक, कठिन तथा शब्दबहुल है। स्वतंत्रता की पहली लड़ाई (1857) के पश्चात् ही उर्दू गद्य, सरल, स्पष्ट और सुबोध हो पाया। इस संदर्भ में मुख्य योगदान मौलाना अब्दुल हलीम 'शरद' तथा पंडित रतन नाथ सरशार के उपन्यासों का रहा। मिर्जा मुहम्मद हदी 'रुस्वा', मुंशी सज्जाद हुसैन, मौलाना शिबली नोमानी, मुंशी प्रेमचन्द तथा अल्लामा नियाज फतेहपुरी की रचनाओं ने उर्दू साहित्य में नई परंपराओं को स्थान उपलब्ध कराया।

अलीगढ़ मुस्लिम यूनिवर्सिटी के संस्थापक सर सैयद अहमद खान का उर्दू साहित्य हमेशा कृतज्ञ रहेगा। वे दिल्ली के रहने वाले थे, परंतु समाज सुधार, इतिहास, आत्मकथा, शिक्षा, राष्ट्रीयता तथा राजनीति जैसे नवीन विषयों को अपनी रचनाओं में स्थान देने के लिए वे उत्तर प्रदेश में बस गए थे। कमालुद्दीन हैदर, हुस्नी-अल-हुसैनी, राजा दुर्गा प्रसाद, मेहर सांदील्वी तथा मौलाना नजमुल गुनी उत्तर प्रदेश के उल्लेखनीय उर्दू साहित्यकार हैं, जिन्होंने इतिहास, विशेषत: अवध के इतिहास पर मूलभूत कार्य करते समय प्रामाणिक पुस्तकें प्रकाशित करके राज्य का सम्मान बढ़ाया।

उत्तर प्रदेश को लखनऊ, भारत में उर्दू किताबों का एक प्रमुख प्रकाशन भवन स्थापित करने का श्रेय भी जाता है। इसके संस्थापक मुंशी नवल किशोर थे, जिन्होंने 'अवध अखबार' समाचार-पत्र प्रारंभ करके इस भाषा का प्रचार एवं संवर्धन किया तथा उर्दू भाषा की वास्तव में विपत्ति में सहायता की। एक अन्य प्रसिद्ध समाचार पत्र 'हमदम' भी लखनऊ से प्रकाशित होता था। इसी प्रकार खरंग-ए-जनर, उर्दू-ए-मुअल्ला, दिलगुदाज ज़माना, अदीब निगार, मुआरिफ, किताब तथा शबखुन ऐसी स्मरणीय साहित्यिक पत्रिकाएँ हैं, जो इस राज्य से प्रकाशित होती थीं।

किसानों, श्रमिकों तथा समाज के पिछड़े वर्गों की मलभूत समस्याओं पर ध्यान केन्द्रित करने वाले प्रगतिशील साहित्य का प्रचार-प्रसार करने में उत्तर प्रदेश ने अग्रणी भूमिका निभाई। प्रगतिशील लेखकों के संघ का प्रथम सम्मेलन लखनऊ में ही हुआ था। प्रगतिशील लेखक संघ के संस्थापकों में एक सज्जाद हुसैन भी थे, जो इस राज्य से संबद्ध थे। प्रसिद्ध प्रगतिशील समालोचक सैयद एहतिशाम हुसैन भी उत्तर प्रदेश से ही थे। उत्तर प्रदेश से उर्दू भाषा के अन्य प्रमुख समालोचकों तथा साहित्यकारों में प्रोफेसर मसद हसन रिजवी, प्रोफेसर ऐजाज हुसैन, डॉ. मंशी उल-जमा, प्रो. आले अहमद सुरूर, डॉ. इबादत बरेलवी, इस्मत चुगताई, उपेन्द्र नाथ 'अश्क', काजी अब्दुल सत्तार, जाँनिसार अख्तर, वामिक जौनपुरी, अली सरदार जाफरी, मजरूह सुल्तानपुरी, कैफी आजमी, बेकल उत्साही, शहरयार आदि थे।

वर्ष 1960 में आधुनिक उर्दू साहित्य की शुरुआत भी उत्तर प्रदेश की ऋणी है, क्योंकि प्रथम साहित्यिक उर्दू पत्रिका 'शबखुन' प्रयागराज से प्रकाशित हुई थी। आधुनिक उर्दू कथा, काव्य तथा गजलों में आधुनिक मनुष्य की सांकेतिक एवं निराकार अभिव्यक्ति तथा भावनात्मक पीड़ा प्रस्तुत की गई। इस शैली से जुड़े प्रसिद्ध साहित्यकारों में डॉ. नुरूल हसन हाशमी, डॉ. ज्ञानचंद्र जैन, डॉ. जफर रजा, डॉ. मुहम्मद हसन, अली जावेद जैदी तथा शारिब रूदौलवी शामिल हैं। उत्तर प्रदेश के कतिपय आलोचकों, लेखकों तथा कवियों को उर्दू साहित्य में शीर्ष स्थान प्राप्त है।

वर्ष 1989 में उर्दू भाषा को राज्य की दूसरी राजभाषा घोषित किया गया था। उर्दू भाषा के विकास के लिए उत्तर प्रदेश सरकार द्वारा अन्य बहुत से उपाय किए गए हैं। उर्दू अकादमी की स्थापना की जा चुकी है। उर्दू में आवेदन पत्र आदि स्वीकार करने के लिए आवश्यक आदेश जारी किए जा चुके हैं। उर्दू सीखने और पढ़ाने वालों को विभिन्न प्रकार के प्रोत्साहन दिए जाते हैं। इस प्रकार यह स्पष्ट ही है कि विगत तथा वर्तमान में उर्दू भाषा के विकास में उत्तर प्रदेश की महत्त्वपूर्ण भूमिका रही है।

भाषा निधि की मदद से अन्य भाषाओं का भी प्रचार करने एवं उन्हें लोकप्रिय बनाने के लिए प्रयास किए जा रहे हैं। प्रारंभ में लखनऊ, प्रयागराज तथा देहरादून में 8 भारतीय भाषाएँ यथा-तमिल, तेलुगू, कन्नड़, मलयालम, गुजराती, मराठी, बंगाली तथा उड़िया को नि:शुल्क पढ़ाने की व्यवस्था की गई थी।

इसके पश्चात् वर्ष 1991 में चार अन्य भाषाएँ पंजाबी, सिंधी, असमी तथा कश्मीरी पढ़ाने की व्यवस्था की गई।

प्रदेश में राजभाषा हिन्दी एवं द्वितीय राजभाषा उर्दू के प्रयोग, प्रचार-प्रसार एवं विकास के साथ ही अन्य भारतीय भाषाओं के भी प्रचार-प्रसार का कार्य भाषा विभाग द्वारा किया जा रहा है। शासन स्तर पर इस विभाग द्वारा शासन के समस्त विभागों से प्राप्त अनुवाद कार्य तथा विभागीय मैनुअलों, संकलनों एवं संदर्भ ग्रन्थों आदि का प्रकाशन कार्य कराने के साथ-साथ विभिन्न भाषाओं से संबंधित कार्यकलापों तथा योजनाओं को निम्नलिखित संस्थाओं के माध्यम से संचालित किया जाता है-

(1) उत्तर प्रदेश हिन्दी संस्थान, लखनऊ
(2) उत्तर प्रदेश संस्कृत संस्थान, लखनऊ
(3) उत्तर प्रदेश उर्दू अकादमी, लखनऊ
(4) हिन्दुस्तानी एकेडमी, प्रयागराज
(5) उत्तर प्रदेश भाषा संस्थान, लखनऊ
(6) उत्तर प्रदेश सिंधी अकादमी, लखनऊ
(7) उत्तर प्रदेश पंजाबी अकादमी, लखनऊ
(8) स्व. फखरुद्दीन अली अहमद मेमोरियल कमेटी, लखनऊ।

उ.प्र. भोजपुरी अकादमी के नाम से एक नई संस्था के गठन की अधिसूचना जारी कर दी गई है। स्थापना और नियमावली का प्रख्यापन प्रक्रियाधीन है। भाषा विभाग के नियंत्रणाधीन भाषायी संस्थाओं के कार्यकलापों एवं कार्यरत स्टाफ आदि के वेतन भत्तों के लिए आवश्यक संपूर्ण वित्तीय व्यवस्था शासन द्वारा की जाती है। उक्त संस्थाओं के माध्यम से संचालित विभिन्न योजनाओं एवं कार्यकलापों के अंतर्गत हिन्दी, उर्दू तथा संस्कृत भाषाओं के उत्कृष्ट साहित्यकारों को पुरस्कृत करने के साथ-साथ साहित्यकार कल्याण कोष योजना, प्रकाशन अनुदान योजना, उत्कृष्ट ग्रन्थों का प्रकाशन, साहित्यिक समारोह, पांडुलिपियों का प्रकाशन, अभावग्रस्त साहित्यकारों को सहायता के साथ-साथ प्रचार-प्रसार हेतु विभिन्न संगोष्ठियों का आयोजन तथा संपूर्ण देश में आयोजित पुस्तक प्रदर्शनियों एवं मेलों में प्रतिभाग भी किया जाता है।

राजभाषा हिन्दी

प्रदेश में सर्वप्रथम अक्टूबर, 1947 में देवनागरी लिपि में लिखित हिन्दी को अपनी राजभाषा घोषित किया गया था। राजभाषा हिन्दी का प्रयोग प्रदेश के समस्त सरकारी कार्यालयों में 26 जनवरी, 1968 से अनिवार्य कर दिया गया तथा उक्त आदेश का अनुपालन न किया जाना अनुशासनहीनता माना है। अंग्रेजी का प्रयोग करने वाले अधिकारियों/कर्मचारियों के विरुद्ध कठोर कार्यवाही किए जाने की व्यवस्था की गई है जिससे हिन्दी की प्रगति को गतिशीलता मिल सके।

द्वितीय राजभाषा उर्दू

अल्पसंख्यकों की भावनाओं का समादर करते हुए सरकार ने वर्ष 1989 में उ.प्र. राजभाषा (संशोधन) अधिनियम, 1989 पारित करके उर्दू को निम्नांकित सात विनिर्दिष्ट प्रयोजनों हेतु प्रदेश की द्वितीय राजभाषा घोषित किया है-

(1) उर्दू में अर्जियों और आवेदन पत्रों की प्राप्ति और उर्दू में उनका उत्तर।
(2) उर्दू में लिखित दस्तावेजों को निबंधन कार्यालयों द्वारा स्वीकार किया जाना।
(3) महत्त्वपूर्ण सरकारी नियमों, विनियमों और अधिसूचनाओं का उर्दू में भी प्रकाशन।
(4) सार्वजनिक महत्त्व के सरकारी आदेशों और परिपत्रों को उर्दू में भी जारी किया जाना।
(5) महत्त्वपूर्ण सरकारी विज्ञापनों का उर्दू में भी प्रकाशन।
(6) गजट के उर्दू रूपान्तर का भी प्रकाशन।
(7) महत्त्वपूर्ण संकेत पट्टों का उर्दू में प्रदर्शन।

उक्त प्रयोजनों के कार्यान्वयन हेतु समस्त विभागाध्यक्षों/जिलाध्यक्षों को समय-समय पर शासनादेश जारी किए गए हैं।

क्षेत्रीय भारतीय भाषाओं का विकास

हिन्दी एवं उर्दू भाषा के साथ-साथ अन्य भारतीय भाषाओं के प्रचार-प्रसार की भी व्यवस्था की गई है। इन भाषाओं के प्रोत्साहन हेतु प्रदेश के पाँच जनपदों क्रमशः लखनऊ, प्रयागराज, वाराणसी, मुरादाबाद और आगरा में कुल पाँच भारतीय भाषा केंद्र संचालित किए जा रहे हैं। इन केंद्रों में कुल 13 भाषाओं यथा-तमिल, तेलुगु, कन्नड़, मलयालम, गुजराती, मराठी, बांग्ला, उड़िया, पंजाबी, सिंधी, असमिया, कश्मीरी और नेपाली के प्रशिक्षण की व्यवस्था है। केंद्रों के संचालन हेतु इस वर्ष लगभग चौंतीस लाख रुपए शासन द्वारा स्वीकृत किए गए।

प्रकाशन कार्य

सरकारी कार्यों में राजभाषा हिन्दी का प्रयोग सुनिश्चित कराने एवं तद्नुसार कार्य संचालन में सुविधा की दृष्टि से प्रदेश के सरकारी कार्यालयों एवं अधिकारियों को शासन के अद्यावधिक नियमों, विनियमों आदि से अवगत कराने व तदनुसार कार्य सम्पादन में सरकारी प्रयोगार्थ उनकी प्रतियाँ उपलब्ध कराने हेतु भाषा (प्रकाशन) अनुभाग द्वारा शासन के विभागीय मैनुअलों, हैंडबुकों, नियमावलियों, आदेशों के संकलनों आदि को संशोधित एवं अद्यावधिक कराकर उन्हें प्रकाशित कराया जा रहा है। प्रकाशन कार्यों को अधिक तत्परता से पूरा कराने हेतु संबंधित प्रशासनिक विभागों से नियमों-विनियमों, आदेशों की सामग्री संकलन हेतु निरन्तर प्रयास किया जाता है तथा सामग्री प्राप्त कर उनके संशोधन व संपादन की कार्यवाही की जाती है।

अनुवाद कार्य

शासन की भाषा नीति के अनुरूप राजभाषा हिन्दी का अधिकाधिक प्रयोग सुनिश्चित करने के उद्देश्य से शासन स्तर पर समस्त विभागों से प्राप्त होने वाले सभी प्रकार के सामान्य, प्रकीर्ण एवं विधायी प्रकृति के शासकीय प्रपत्रों/पत्रों का अंग्रेजी से हिन्दी में अनुवाद कार्य भाषा विभाग द्वारा सम्पादित किया जाता है।

भाषा विभाग द्वारा वित्तीय वर्ष 2016-17 में शासन के विभिन्न विभागों यथा-आबकारी, आयुष चिकित्सा, कार्मिक, कर एवं निबंधन, गृह खाद्य सुरक्षा एवं औषधि प्रशासन, वित्त, शिक्षा, उच्च शिक्षा, सचिवालय प्रशासन, लोक निर्माण, नियुक्ति, लघु सिंचाई एवं भूगर्भ जल, चीनी उद्योग, ग्राम्य विकास, कृषि आदि कुल 61 सेवा नियमावलियों के विधिक हिन्दी अनुवाद का कार्य किया गया।

इसके साथ ही शिक्षा विभाग, परिवहन विभाग, लघु सिंचाई एवं ग्रामीण अभियन्त्रण विभाग, कार्मिक विभाग, कारागार एवं सुधार विभाग, उ.प्र. सचिवालय प्रशासन विभाग, न्याय विभाग, राजस्व विभाग, चिकित्सा विभाग, नियोजन विभाग, कर एवं निबंधन विभाग, नगर विकास विभाग, गृह विभाग, श्रम विभाग, चिकित्सा एवं स्वास्थ्य, नगर विकास आदि विभागों से प्राप्त 37 विधेयक/अध्यादेश तथा 399 अधिसूचना/नियमावली/विनियमावली/परिनियमावली का हिन्दी अनुवाद कार्य संपन्न हुआ तथा निर्वाचन आयोग द्वारा उपलब्ध कराई गई पुस्तक एवं लघु उद्योग विभाग की पुस्तक का अनुवाद किया गया।

भाषा विभाग

प्रदेश के भाषा विभाग द्वारा उत्तर प्रदेश की राजभाषा नीति के अनुसरण में शासकीय कार्य संचालन के सभी क्षेत्रों में राजभाषा के प्रयोग, प्रचार-प्रसार एवं विकास को सुनिश्चित करने के साथ साथ अन्य भारतीय भाषाओं के समुचित प्रसार एवं संवर्धन का भी प्रयास किया जाता है।

- **भाषा विभाग के नियंत्रण में निम्न संस्थाएँ हैं-**

भाषा निधि-1982-83 में हिन्दी भाषा के संवर्धन के लिए 10 करोड़ की लागत से एक **भाषा निधि** बनाई गई है।

उत्तर प्रदेश संस्कृत संस्थान, लखनऊ

उत्तर प्रदेश संस्कृत संस्थान, लखनऊ की स्थापना 31 दिसम्बर, 1976 को संस्कृत, पालि एवं प्राकृत भाषाओं तथा उनके साहित्य के समुचित संरक्षण, प्रोत्साहन एवं विकास के लिए की गई। संस्थान के कार्यक्षेत्र एवं गतिविधियों में लगातार हो रही वृद्धि के फलस्वरूप संस्थान के बजट में भी शासन द्वारा लगातार बढ़ोतरी होती रही है। वित्तीय वर्ष 2016-17 में संस्थान को वेतन मद में ₹103.90 लाख, गैर-वेतन मद सं.-20 में ₹55.53 लाख तथा पुरस्कार मद में रु. 40.00 लाख का बजट प्राप्त हुआ था। संस्थान संस्कृत भाषा के विकास, प्रचार व प्रसार एवं संरक्षण के लिए अपने स्थापना काल से सदैव प्रयासरत है।

हिन्दुस्तानी एकेडमी, प्रयागराज

भारतीय भाषाओं सहित हिन्दी, उर्दू, ब्रजभाषा, अवधी आदि के साहित्य के संरक्षण, विकास एवं उन्नति के लिए संचालित हिन्दुस्तानी एकेडमी, प्रयागराज एक ऐतिहासिक संस्था है जिसकी स्थापना धारा सभा में पारित प्रस्ताव द्वारा 29 मार्च, 1927 को हुई थी।

हिन्दुस्तानी एकेडमी का उद्देश्य प्रारंभ से लेकर वर्तमान समय तक हिन्दी और उर्दू साहित्य की रक्षा, वृद्धि तथा उन्नति, साहित्य सृजन के कार्य में प्रोत्साहन, कला और विज्ञान के विभिन्न अंगों की पूर्ति के लिए बड़े और प्रामाणिक संकलन ग्रन्थ प्रस्तुत करना एवं साहित्यिक मानदंड स्थिर करने के मूलभूत उद्देश्यों को सार्थक बनाने का प्रयास करना रहा है।

उक्त सभी उद्देश्यों की पूर्ति के लिए हिन्दुस्तानी एकेडमी, प्रयागराज अन्य भारतीय भाषाओं से हिन्दी में उच्चकोटि के साहित्य का अनुवाद कराने का कार्य करती आई है।

उत्तर प्रदेश हिन्दी संस्थान

राष्ट्रभाषा हिन्दी के वाङ्.मय की श्रीवृद्धि में जिन संस्थाओं का विशिष्ट योगदान है, उनमें उत्तर प्रदेश हिन्दी संस्थान सर्वप्रमुख है। उत्तर प्रदेश हिन्दी संस्थान राष्ट्रभाषा के अनन्य उपासक, मनीषी व चिन्तक राजर्षि पुरुषोत्तमदास टंडन की पुण्य स्मृति का जीवंत प्रतीक है। हिन्दी भाषा व साहित्य के सर्वतोन्मुखी उन्नयन और आधुनिक ज्ञान-विज्ञान व प्रौद्योगिकी के प्रचार-प्रसार में राष्ट्रभाषा की वर्तमान भूमिका को दृष्टिगत रखते हुए 30 दिसम्बर, 1976 को उत्तर प्रदेश हिन्दी संस्थान की स्थापना हुई थी।

इस संस्थान के अंतर्गत हिन्दी के संवर्धन के लिए प्रकाशन (हिन्दी ग्रन्थ अकादमी), पत्रकारिता, साहित्य समारोह, पुस्तकालय, पुरस्कार आदि कई कार्यक्रम हैं। यहाँ से बालवाणी (द्वैमासिक) व साहित्य भारती (त्रैमासिक) पत्रिकाएँ निकलती हैं। इस संस्थान द्वारा **भारत भारती, हिन्दी गौरव, महात्मा गाँधी, साहित्य भूषण, रा. पुरुषोत्तम दास टण्डन** आदि सहित **कुल 111 पुरस्कारों का प्रतिवर्ष वितरण** किया जाता है।

इस संस्थान द्वारा प्रतिवर्ष दिसम्बर में वाराणसी में 5 दिवसीय **अखिल भारतीय व्यास महोत्सव/समारोह का आयोजन** किया जाता है।

उ.प्र. उर्दू अकादमी- उर्दू भाषा के विकास एवं प्रचार-प्रसार के लिए इसकी स्थापना 1972 में की गई। अकादमी द्वारा प्रतिवर्ष 50 से अधिक पुरस्कारों का वितरण किया जाता है। यहाँ से '**खबरनामा**' मासिक व '**अकादमी**' त्रैमासिक पत्रिकाएँ निकलती हैं। 1978 से यहाँ एक '**केंद्रीय पुस्तकालय**' भी स्थापित है।

फखरुद्दीन अली अहमद मेमोरियल कमेटी

फखरुद्दीन अली अहमद मेमोरियल कमेटी की स्थापना वर्ष 1976 में हुई थी। कमेटी के मुख्य उद्देश्यों में उर्दू साहित्यकारों को उनकी कृतियों के प्रकाशन हेतु आर्थिक सहायता प्रदान करना, उर्दू में पी.एच.डी. तथा डी.लिट्. शोधकर्त्ताओं को थीसिस की स्वच्छ प्रतियाँ तैयार करने हेतु आर्थिक सहायता प्रदान करना, महत्त्वपूर्ण साहित्यिक तथा राष्ट्रीय विषयों पर विशिष्ट विद्वानों द्वारा फखरूद्दीन अली अहमद मेमोरियल द्वारा व्याख्यानों को आयोजित करना, उर्दू के प्रतिभावान स्कॉलरों को गोल्ड मेडल प्रदान करना तथा राष्ट्रीय एकीकरण की दृष्टि से ऐसे अन्य कदम उठाना जिससे उर्दू को बढ़ावा देना सम्भव हो मुख्य रूप से सम्मिलित किए गए।

उर्दू पांडुलिपियों के प्रकाशनार्थ आर्थिक सहायता

यह योजना कमेटी की एक महत्त्वपूर्ण योजना है। इसके अंतर्गत संपूर्ण भारत में रहने वाले भारतीय नागरिको को उच्च स्तर के उर्दू में हस्तलिखित ग्रन्थों के प्रकाशन के लिए वित्तीय सहायता प्रदान की जाती है। एक वित्तीय वर्ष में आर्थिक सहायता हेतु लगभग 120 से 160 तक पांडुलिपियाँ प्राप्त होती हैं, जिन पर उनके विषय से संबंधित किसी समीक्षक से समीक्षा कराई जाती है, समीक्षक द्वारा पाण्डुलिपियों का परीक्षण करने के उपरान्त कमेटी उन पर आर्थिक सहायता प्रदान करने का निर्णय लेती है। वित्तीय वर्ष 2016-17 तक 57 पुस्तकें प्रकाशित होकर कमेटी को प्राप्त हो चुकी थीं।

उत्तर प्रदेश भाषा संस्थान, लखनऊ

हिन्दी भाषा, लोक भाषाओं तथा संविधान की अष्टम अनुसूची में निर्दिष्ट भाषाओं के प्रचार-प्रसार हेतु 24 दिसम्बर 1994 को **उ.प्र. भाषा संस्थान** की स्थापना की गई है। यह संस्थान, **भाषा निधि की** धनराशि से संचालित है। 2007 में इस संस्थान का पुनर्गठन किया गया।

उत्तर प्रदेश भाषा संस्थान, लखनऊ की स्थापना प्रदेश के हित में भारतवर्ष के विभिन्न राज्य व संघीय राज्यों में भाषाओं तथा उनके साहित्य के समुचित संरक्षण, प्रोत्साहन एवं विकास के लिए की गई। वित्तीय वर्ष 2016-17 में रुपए 67.00 लाख (सड़सठ लाख रुपए) स्वीकृत किए गए। संस्थान इंजीनियरिंग, स्वास्थ्य, चिकित्सा, तकनीकी, प्रशासनिक, प्रबंधकीय एवं विधिक तथा अन्य आधुनिक विषयों से संबंधित पाठ्यपुस्तकों एवं पत्रिकाओं के हिन्दी में मौलिक लेखन, अनुवाद एवं प्रकाशन आदि उद्देश्यों की पूर्ति हेतु कार्यरत है।

भाषा संस्थान समय-समय पर संविधान की अनुसूची-8 में उल्लिखित भाषाओं को प्रोत्साहन देने के उद्देश्य से गोष्ठियों का आयोजन करता रहा है। भाषा संस्थान द्वारा सरकारी, अर्द्ध-सरकारी, स्वायत्तशासी एवं पंजीकृत साहित्यिक स्वैच्छिक संस्थाओं को भाषा और साहित्य के विकास के लिए समारोह, कवि सम्मेलन आदि के आयोजन हेतु आर्थिक सहायता भी प्रदान की जाती है। जिसके अंतर्गत वित्तीय वर्ष 2016-17 में लखनऊ, आगरा, नोएडा, सोनभद्र एवं अलीगढ़ में कवि सम्मेलन, व्याख्यान गोष्ठी आदि आयोजित किए गए।

वित्तीय वर्ष 2019-20 में रुपए 75.00 लाख का बजट स्वीकृत किया गया। भाषा संस्थान, इंजीनियरिंग, स्वास्थ्य, चिकित्सा, तकनीकी, प्रशासनिक, प्रबंधकीय एवं विधिक तथा अन्य आधुनिक विषयों से संबंधित पाठ्यपुस्तकों एवं पत्रिकाओं का हिंदी में मौलिक लेखन, अनुवाद एवं प्रकाशन आदि के उद्देश्यों की पूर्ति हेतु कार्यरत है। भाषा संस्थान समय-समय पर संविधान की अनुसूची-8 में उल्लिखित भाषाओं को प्रोत्साहन देने के उद्‌देश्य से विभिन्न कार्यक्रमों का आयोजन करता रहा है तथा सरकारी, अर्द्धसरकारी, स्वायत्तशासी एवं पंजीकृत साहित्यिक एवं स्वैच्छिक संस्थाओं को भाषा और साहित्य के विकास के लिए समारोह, कवि सम्मेलन, संगोष्ठी आदि के आयोजन हेतु आर्थिक सहायता भी प्रदान करता है।

संस्थान द्वारा वित्तीय वर्ष 2019-20 में दिनांक 24 अगस्त, 2019 को लखनऊ में हिंदी और मराठी साहित्य की कालजयी रचनाओं में सांस्कृतिक समानता विषय पर संगोष्ठी का आयोजन किया। दिनांक 11-12 अक्टूबर, 2019 को डॉ. शकुंतला मिश्रा राष्ट्रीय पुनर्वास विश्वविद्यालय में हिंदी में विज्ञान लेखक सम्मेलन एवं परिसंवाद कार्यक्रम का आयोजन किया गया, जिसमें हिंदी, कला, साहित्य, मीडिया, चिकित्सा, विज्ञान लेखन करने जैसे व्यापक विषयों पर विभिन्न सत्रों में अपने बहुमूल्य विचार दिए। कार्यक्रम में विराट विज्ञान कवि सम्मेलन का भी आयोजन किया गया। उत्तर प्रदेश दिवस पर संस्थान द्वारा प्रदेश के 9 विद्वानों को उनके साहित्यिक योगदान के दृष्टिगत सम्मानित किया गया और हिंदी साहित्य के संवर्धन में उत्तर प्रदेश के साहित्यकारों को प्रदेश विषय पर एक संगोष्ठी का आयोजन किया गया। कार्यक्रम में उच्च शिक्षा राज्य मंत्री श्रीमती नीलिमा कटियार उपस्थित थीं, जिसमें संस्थान द्वारा प्रकाशित ''श्रीकृष्ण चरित मानस'', ''कश्मीर की पाण्डित्य परंपरा'' तथा ''अरुणाचल प्रदेश की निशी लोक कथाएं'' पुस्तकों का लोकार्पण भी किया गया।

संस्थान द्वारा 22, 23 एवं 24 फरवरी, 2020 को लखनऊ विश्वविद्यालय में त्रि-स्तरीय भारतीय भाषा महोत्सव का आयोजन भी किया गया, जिसमें विविध भारतीय भाषाओं के विद्वान आलोचकों, लेखकों आदि द्वारा प्रतिभाग किया गया। संस्थान की प्रकाशन योजना के अंतर्गत संस्थान द्वारा युवा संकल्प समिति मेरठ, श्री गुरु तेग बहादुर खालसा कॉलेज, दिल्ली, राजकीय कन्या महाविद्यालय गुरुग्राम, हिंदी सजल सर्जना समिति, मथुरा मुद्राराक्षस हिंदी साहित्य फाउंडेशन, नई दिल्ली आदि को कार्यक्रम हेतु अनुदान दिया गया।

इन्दिरा भवन के कार्यालय कक्ष 721 के बृहद् भाग में पुस्तकालय की स्थापना की गई है, जिसमें हिन्दी भाषा के साथ-साथ कई भारतीय भाषाओं की लगभग 20,000 मुद्रित पुस्तकें हैं। संस्थान के पुस्तकालय का उपयोग मुख्य रूप से इन्दिरा भवन एवं जवाहर भवन में कार्यरत विभिन्न विभागों के अधिकारी/कर्मचारी व हिन्दी भाषा में रुचि रखने वाले प्रबुद्ध नागरिक करते हैं।

इसी प्रकार वित्तीय वर्ष 2020-21 में भी आठवीं अनुसूची में वर्णित सभी भारतीय भाषाओं के प्रचार-प्रसार हेतु जनोपयोगी साहित्य का प्रकाशन, हिंदी विज्ञान लेखकों को लेखन हेतु प्रोत्साहित करने हेतु कार्यक्रम, साहित्यिक गोष्ठियां, काव्य सम्मेलन, छात्र प्रतियोगिताएं आदि आयोजित किया जाना प्रस्तावित है।

उत्तर प्रदेश पंजाबी अकादमी

उत्तर प्रदेश पंजाबी अकादमी की स्थापना दिनांक 17 मार्च, 1998 को एवं अकादमी का रजिस्ट्रेशन अधिनियम संख्या 21,1860 के अधीन दिनांक 5 मार्च, 1999 को हुआ है। अकादमी का मुख्य उद्‌देश्य पंजाबी भाषा साहित्य, कला एवं संस्कृति का प्रचार-प्रसार व संवर्द्धन करना है। पंजाबी अकादमी अपने उद्‌देश्यों की पूर्ति हेतु निरन्तर कार्य कर रही है जिसमें प्रतिवर्ष विद्वत संगोष्ठी, काव्य गोष्ठी, युवा वर्ग में पंजाबी भाषा के प्रोत्साहनार्थ छात्रों को पुरस्कृत किया जाना, प्रदेश एवं राष्ट्रीय स्तर के कवियों, विद्वानों, साहित्यकारों को आमंत्रित कर कवि सम्मेलनों का आयोजन कराया जाना तथा पंजाबी भाषा में रुचिता लाने हेतु पंजाबी नाटक, लोकगीत, लोकनृत्य जैसे सांस्कृतिक कार्यक्रमों का आयोजन कराया जाता रहा है। इसके अतिरिक्त लेखकों को प्रोत्साहन, पंजाबी भाषा गुरुमुखी लिपि सीखने हेतु सेंटर का संचालन, पुस्तकों का प्रकाशन आदि कार्य मुख्यत: किए जाते हैं।

स्थापना काल से प्रतिवर्ष अकादमी की गतिविधियों की वृद्धि के साथ-साथ अकादमी के बजट में भी निरन्तर वृद्धि हुई है।

उत्तर प्रदेश पंजाबी अकादमी के वर्ष 2019-20 में संपादित कार्यों का विवरण-

- **पंजाबी भाषा के प्रचार-प्रसार व विकास हेतु पंजाबी सरल शिक्षण कार्यक्रम का आयोजन-** उत्तर प्रदेश पंजाबी अकादमी द्वारा वित्तीय वर्ष के अंतर्गत पंजाबी

सरल शिक्षण कार्यक्रम को प्रदेश के विभिन्न जिलों में कुल 56 सेंटरों के माध्यम से बृहद रूप से संचालित किया गया है। जिसमें पंजाबी भाषा के ज्ञान हेतु प्रशिक्षुओं ने बढ़-चढ़कर हिस्सा लिया।

- **मतदाता जागरूकता अभियान अधीनस्थ निदेशालयों/संस्थानों के साथ एक ''चुनावी काव्य संस्था एवं लोकरंग'' कार्यक्रम का आयोजन-** मुख्य निर्वाचन अधिकारी कार्यालय, उत्तर प्रदेश हिंदी संस्थान, उत्तर प्रदेश संस्कृति संस्थान, उर्दू अकादमी, सिंध अकादमी, पंजाबी अकादमी, लखनऊ दूरदर्शन एवं आकाशवाणी लखनऊ, सूचना एवं जनसंपर्क विभाग उत्तर प्रदेश से संयुक्त तत्त्वावधान में उत्तर प्रदेश हिंदी संस्थान के यशपाल सभागार में दिनांक 8 अप्रैल, 2019 को लोकसभा सामान्य निर्वाचन एवं मतदाता जागरूकता कार्यक्रम का आयोजन किया गया।

उत्तर प्रदेश सिन्धी अकादमी, लखनऊ

सिन्धी भाषा, साहित्य, संस्कृति व कला के प्रचार-प्रसार, विकास, सरंक्षण एवं संवर्द्धन के लिए भाषा विभाग, उ.प्र. शासन द्वारा दिनांक 7 फरवरी, 1996 की अधिसूचना द्वारा उत्तर प्रदेश में सिन्धी अकादमी की स्थापना की गई थी। अकादमी अपने उद्देश्यों की पूर्ति हेतु निरन्तर कार्य कर रही है। अकादमी द्वारा सिन्धी भाषा के प्रचार-प्रसार के लिए प्रतिवर्ष विद्वत संगोष्ठी, सिन्धी छात्र-छात्राओं को प्रोत्साहनवृत्ति, राष्ट्रीय स्तर के सिन्धी कवि सम्मेलनों, सिन्धी नाटक, सिन्धी लोकगीत अन्य सिन्धी सांस्कृतिक कार्यक्रमों का आयोजन किया जाता है। इसके अतिरिक्त अकादमी द्वारा लेखकों को प्रोत्साहनार्थ सिन्धी पुस्तकों के लेखन एवं पुस्तकों के प्रकाशन हेतु अनुदान जैसे कार्य समय-समय पर किए जाते हैं।

स्थापना काल से प्रतिवर्ष अकादमी की गतिविधियों में वृद्धि के साथ-साथ अकादमी के बजट में भी निरंतर वृद्धि हुई है।

पत्र/पत्रिकाएँ

• प्रदेश में निकलने वाला पहला हिन्दी दैनिक पत्र (1845 में गोविन्द रघुनाथ धते द्वारा)	बनारस अखबार
• प्रदेश की जानी-मानी 'सरस्वती' पत्रिका के प्रथम (1900) संपादक थे	महावीर प्रसाद द्विवेदी
• 'कविवचन सुधा' मासिक पत्रिका (1867) के संपादक थे	भारतेन्दु हरिश्चन्द्र
• 'हिन्दोस्थान' (1885) 'नागरी नीरद' व 'अभ्युदय' पत्र के संपादक थे	पं. मदन मोहन मालवीय
• 'आज' पेपर वाराणसी से शुरू हुआ था	1920
• बालवाणी (द्वैमासिक) व साहित्य भारती (त्रैमासिक) निकलता है	उ.प्र. हिन्दी संस्थान
• वाराणसी में प्रतिवर्ष अखिल भारतीय व्यास समारोह का आयोजन करता है	उ.प्र. संस्कृत संस्थान
• खबरनामा (मासिक) व अकादमी (त्रैमासिक) निकलता है	उ.प्र. उर्दू संस्थान
• कल्याण (मासिक, सर्वाधिक प्रसार वाली धार्मिक पत्रिका)	गीताप्रेस, गोरखपुर द्वारा
• राज्य सूचना विभाग की साहित्यिक मासिक पत्रिका है	उत्तर प्रदेश सूचना विभाग
• राज्य सूचना विभाग की विकासपरक मासिक पत्रिका है	उत्तर प्रदेश संदेश

सामाजिक प्रथाएँ

जब समुदाय के अनेक व्यक्ति एक साथ एक ही तरह के उद्देश्य की पूर्ति के लिए प्रयत्न करते हैं तो वह एक सामूहिक घटना होती है जिसे 'जनरीति' (Folkways) कहते हैं। यह जनरीति एक पीढ़ी से दूसरी पीढ़ी को हस्तान्तरित होती रहती है। इस प्रकार हस्तान्तरित होने के दौरान इसे समूह की अधिकाधिक अभिमति प्राप्त होती जाती है, क्योंकि प्रत्येक पीढ़ी का सफल अनुभव इसे और भी दृढ़ बना देता है, यही 'प्रथा' (custom) है।

कभी-कभी मानव इन प्रथाओं का पालन कानूनों के समान करता है। क्योंकि उसे समाज का भय होता है, उसे भय होता है लोकनिन्दा का और उसे भय होता है सामाजिक बहिष्कार का ।

प्रथा का अर्थ एवं परिभाषा

जैसाकि उपर्युक्त विवेचना से स्पष्ट ही है कि समाज से मान्यता प्राप्त, पीढ़ी-दर-पीढ़ी हस्तान्तरित होने वाली सुव्यवस्थित, दृढ़ जनरीतियां ही 'प्रथाएं' कहलाती हैं। प्रथा वास्तव में सामाजिक क्रिया करने की,

स्थापित व मान्य विधि है। लोग इसे इसलिए मानते हैं कि समाज के अधिकतर लोग उसी विधि के अनुसार बहुत दिनों से कार्य या व्यवहार करते आ रहे हैं। इस प्रकार 'प्रथा', 'जनरीति' का ही एक प्रौढ़ रूप है, जिसके साथ सामाजिक अभिमति या स्वीकृति जुड़ी हुई होती है। 'प्रथा' का सम्बन्ध एक लम्बे समय से प्रयोग में लाई जाने वाली लोक -रीतियों से होता है। दूसरे शब्दों में, इसके अन्तर्गत वे क्रियाएँ आती हैं, जिन्हें पीढ़ियों से स्वीकार किया जाता रहा है। इन्हीं प्रथाओ के कारण हम नवीन (या भिन्न) क्रियाओं को करने में कुछ हिचकिचाहट का अनुभव करते हैं। व्यक्ति का व्यवहार प्रथाओं से प्रभावित होता है।

- मैकाइवर और पेजके अनुसार, समाज से मान्यता प्राप्त कार्य करने की विधियाँ ही समाज की प्रथाएं हैं।
- प्रो. बोगार्डस ने प्रथाओं और परम्पराओं को एक ही मानते हुए उनकी परिभाषा देते हुए कहा है, प्रथाएं और परम्पराएं समूह द्वारा स्वीकृत नियन्त्रण की वह प्रविधियां हैं जोकि खूब सुप्रतिष्ठित हो गई हों, जिन्हें स्वीकार कर लिया गया हो और जो पीढ़ी-दर-पीढ़ी हस्तान्तरित हो रही हों।
- सेपीरने भी लिखा है, प्रथा शब्द का प्रयोग आचरण के उन सभी प्रतिमानों (norms) के लिए किया जाता है, जो परम्पराओं द्वारा अस्तित्व मे आते है और समूह में स्थायित्व पाते हैं।
- प्रो. बोगार्डसकी उपरोक्त परिभाषा से यह न समझ लेना चाहिए कि प्रथा और परम्परा (tradition) एक ही हैं। वास्तव में इनमें पर्याप्त भिन्नता है। इन दोनों के अन्तर को स्पष्ट करते हुए रॉस ने लिखा है कि, परन्तु प्रथा का अर्थ क्रिया करने के एक तरीके का हस्तान्तरण है; परम्परा का अर्थ सोचने या विश्वास करने के एक तरीके का हस्तान्तरण है।

प्रथा की प्रकृति

प्रथा की प्रकृति को स्पष्ट करने के लिए इसकी विशेषताओं को जानना आवश्यक है-

(1) 'प्रथा' का आधार समाज है, पर इसे जानबूझकर नहीं बनाया जाता, अपितु सामाजिक अन्तः क्रिया के दौरान इसका विकास होता है।

(2) 'प्रथा' वह जनरीति है, जो पीढ़ी-दर-पीढ़ी हस्तान्तरित होती रहती है। इसका पालन केवल इसलिए किया जाता है कि एक लम्बे समय से अनेक व्यक्ति इसका पालन करते आ रहे हैं।

(3) 'प्रथा' व्यवहार की वे रीतियाँ हैं जो अनेक पीढ़ियों से चलती आती हैं और इस प्रकार समूह में स्थायित्व प्राप्त कर लेती हैं। इसके पीछे समूह या समाज की अधिकाधिक अभिमति होती है। वास्तव में अनेक पीढ़ियों का सफल अनुभव ही इसे दृढ़ बनाता है।

(4) 'प्रथा' रूढ़िवादी होती है, इस कारण इसे सरलता से बदला नहीं जा सकता और परिवर्तन की गति बहुत ही धीमी होती है।

(5) 'प्रथा' को बनाने, चलाने तथा इसे तोड़ने वालों को दण्ड देने के लिए कोई संगठन या शक्ति नहीं होती। समाज ही इसे जन्म देता और लागू करता है।

(6) मानव के हर प्रकार के व्यवहार को नियन्त्रित करने की क्षमता, प्रथाओं में बहुत बड़ी मात्रा में होती है। मानव के जीवन में, बचपन से लेकर मृत्युकाल तक, इनका प्रभाव पड़ता रहता है।

(7) प्रथा की प्रकृति को स्पष्ट करने के लिए जिन्सबर्ग ने 'प्रथा' और 'आदत' (habit) में अन्तर करना आवश्यक समझा है। आपने लिखा है कि,

"मनोवैज्ञानिक दृष्टि से, 'प्रथा' कुछ बातों में 'आदत' की तरह होती है; अर्थात् प्रथा ऐसी आदत है, जिसका अनुसरण न केवल एक व्यक्ति करता है, बल्कि समुदाय के अधिक से अधिक लोग करते हैं । फिर भी प्रथा और आ बिलकुल समान नहीं हैं। प्रथा में एक आदर्श नियम होता है और उसमें बाध्यता होती है। आदर्श नियम से प्रथा के दो महत्वपूर्ण लक्षण प्रकट होते हैं-

(क) प्रथा कार्य या व्यवहार की एक व्यापक आदत मात्र नहीं है, बल्कि उसमें कार्य या भलाई-बुराई का भी निर्णय छिपा रहता है;

(ख) यह निर्णय सामान्य तथा अवैयक्तिक होता है। प्रथा का बाध्यतामूलक स्वभाव उसे कार्यप्रणाली से अलग करता है। कार्यप्रणाली में वे कार्य सम्मिलित रहते हैं जिनको करने की किसी समुदाय के सदस्यों को आदत है, लेकिन जिनका स्वरूप आदर्शमूलक नहीं होता, अर्थात जिनको करने की नैतिक बाध्यता नहीं होती। इस प्रकार 'प्रथा' नैतिक स्वीकृति प्राप्त कार्यप्रणाली होती है। "

(8) जिन्सबर्ग के अनुसार 'प्रथा' की प्रकृति को भलीभांति समझने के लिए 'प्रथा' का 'फैशन' से भी अन्तर समझ लेना होगा।

कभी-कभी यह कहा जाता है कि फैशन क्रिया की तात्कालिक समानता है; अर्थात् इसके प्रभाव से प्रत्येक व्यक्ति वही करता है जो हर दूसरा आदमी कर रहा है; और इस तरह यह अनुकरण पर आधारित होता है। पर 'प्रथा' तो क्रिया की क्रमिक समानता है। दूसरे शब्दों में, प्रथा के अनुसार काम करते हुए प्रत्येक व्यक्ति वही करता है जो सदैव से किया जाता रहा है और इस तरह प्रथा अनिवार्य रूप से आदत पर आधारित होती है। लेकिन दोनों में (प्रथा और फैशन में) इससे कहीं अधिक महत्वपूर्ण अन्तर भी है। सर्वप्रथम प्रथा, समाज की सदा बनी रहने वाली मौलिक आवश्यकताओं से सम्बन्धित मालूम पड़ती है; जबकि फैशन का प्रभाव जीवन के कम मार्मिक और कम सामान्य क्षेत्रों में दिखाई देता है। फैशन अनिवार्य रूप से गतिशील और परिवर्तनशील होता है। वास्तव में फैशन बार-बार होने वाले परिवर्तनों का एक सिलसिला होता है और प्रायः अनुकरण और नवीनता इसकी विशेषता होती है। इसके विपरीत, प्रथा अनिवार्य रूप से सुस्थिर और बगैर टूटे चलने वाली होती है। और उसमें परिवर्तन सदैव धीमे-धीमे ही होता है। इसमें सन्देह नहीं कि कुछ फैशन ऐसे भी होते हैं जो बदलते नहीं हैं, लेकिन ऐसा होने पर वास्तव में वे फैशन नहीं रहते, बल्कि प्रथा बन जाते हैं। दूसरे शब्दों में, उनको अतीत और वर्तमान दोनों का ही सम्मान प्राप्त होता है। दूसरी बात यह है कि प्रथा और फैशन में प्रेरक (Motive) तत्व पृथक-पृथक होते हैं। ... प्रथा का अनुसरण इसलिए होता है कि भूतकाल में प्रायः इसका अनुसरण हुआ है, जबकि फैशन का इसलिए कि वर्तमान में उसका अनुसरण हो रहा है। इसके अतिरिक्त, फैशन एक तरह से नवीनता का द्योतक होता है और इसका अनिवार्य आधार अपने को दूसरे से पृथक करने की उत्कट इच्छा में पाया जाता है। इसके विपरीत, प्रथा का जोर बहुत कुछ इस तथ्य पर आधारित होता है कि इसके द्वारा समाज नवीनता के खतरों से अपना बचाव कर सकता है। अर्थात् प्रथा का आधार अपने को दूसरों के अतीत के और पुरातन के समान कर लेने की इच्छा होती है।

प्रथा और जनरीति में अंतर

साधारणतया प्रथाओं और जनरीतियों को एक ही माना जाता है। परन्तु वास्तव में ये दोनों ही भिन्न-भिन्न विचार हैं। प्रथाएँ वास्तव में जनरीतियाँ न होकर उनका ही विकसित रूप हैं। समूह का कोई भी व्यवहार तब तक प्रथा का रूप धारण नहीं कर सकता, जब तक कि उसे सामाजिक स्वीकृति प्राप्त न हो। इसे रूप में जनरीतियों को सामूहिक व्यवहार का प्रथम पग कहा जा सकता है और प्रथाओं को दूसरा पग । इसके अतिरिक्त प्रथाएँ जनरीतियों की तुलना में अधिक स्थायी और शक्तिशाली भी होती हैं। इतना ही नहीं, सामाजिक नियन्त्रण के एक साधन के रूप में, प्रथाओं का महत्व जनरीतियों से कहीं अधिक बढ़कर हैं।

प्रथा की उत्पत्ति

प्रथा की उत्पत्ति एकाएक या एक दिन में नहीं होती । किसी भी प्रथा का विकास धीरे-धीरे और काफी समय में होता है। दैनिक जीवन में मनुष्य के सामने अनेक नवीन आवश्यकताएँ आती रहती हैं। इनमें से कुछ ऐसी होती हैं जो समूह के अधिकतर लोगों से सम्बन्धित होती हैं। इसलिए इस प्रकार की सामान्य आवश्यकताओं की पूर्ति के साधनों को ढूँढ़ निकालने का प्रयत्न किया जाता है। यह साधन सर्वप्रथम एक विचार (Concept) या अवधारणा के रूप में एक व्यक्ति कें दिमाग में आता है। व्यक्ति अपने इस विचार के अनुसार कार्य करता है और यह जानने की कोशिश करता है कि उस तरीके से उस आवश्यकता की पूर्ति हो सकती है या नहीं। यदि वह अपने इस प्रयास में सफल होता है तो भविष्य में भी वैसी ही आवश्यकता आ पड़ने पर उसे वह बार-बार दोहराता है। बार-बार दोहराने से वह उसकी व्यक्तिगत आदत बन जाती है। जब दूसरे लोग प्रथम व्यक्ति के सफल व्यवहार या क्रिया की विधि को देखते हैं; तो वे भी उस विधि को अपना लेते हैं। जब व्यवहार की वह विधि समाज में फैल जाती है तो उसे जनरीति (Folkways) कहते हैं। जब जनरीति एक पीढ़ी से दूसरी पीढ़ी को हस्तान्तरित होती रहती है तो उसे प्रथा कहते हैं। इस प्रकार एक विचार से व्यक्तिगत आदत, व्यक्तिगत आदत से जनरीति और जनरीति से प्रथा की उत्पत्ति या विकास होता है। इस प्रकार प्रथा की उत्पत्ति में अतीत और वर्तमान दोनों काही योगदान रहता है। वुण्ट ने लिखा है,

"जहाँ तक हम जानते हैं, प्रथा के विकास का रास्ता केवल एक ही है और वह है समान परिस्थितियों वाली पहले की प्रथा से कार्यप्रणाली, फैशन और आदत; दूसरी ओर नए रूपों और बहुत पहले के विनष्ट अतीत के अवशेषों का मिला-जुला रूप ही प्रथा बन जाता है । प्रथा में कितना अतीत से आया है और कितना गया है, यह अन्तर कर सकना काफी कठिन है। लेकिन एकाएक ही नई प्रथा की कल्पना सम्भव नहीं।"

यह कथन श्री जिन्सबर्ग के अनुसार इस अर्थ में सही है कि रिवाज एक सम्मिलित सृष्टि और हजारों अन्तः क्रियाओं की उपज

होता है। लेकिन इससे यह न समझना चाहिए कि प्रथा के पीछे किसी महामस्तिष्क (Super mind) या समाज की सामान्य आत्मा का अस्तित्व होता है। अन्तिम रूप में किसी व्यक्तिगत आदत के साथ अन्य व्यक्तिगत आदतों के मिलने से ही प्रथा का जन्म होता है। उनमें से प्रत्येक की आदत का दूसरे से प्रभावित होते रहने और दूसरे को प्रभावित करते रहने का ही फल है कि अन्त में एक संयुक्त उपज के रूप में उसका स्वरूप स्थिर हो जाता है। इसी को हम प्रथा कहते हैं। जैसाकि **हॉबहाउस** ने लिखा है-

.....किसी व्यक्तिगत केन्द्र (मस्तिष्क) से मत या निर्णय बाहर प्रकट होते हैं, दूसरे के मतों से उनका सम्पर्क होता है; फिर, वह मत या निर्णय दूसरे मतों से टकराता है या उसको पुष्ट करता है; वह उनको परिवर्तित करता या उनसे परिवर्तित होता है; और अन्त में विचारों और प्रभावों की इस टक्कर से न्यूनधिक स्थायी मत या निर्णय का उदय होता है जो दूसरे लोगों के विचारों को ढालने के लिए भविष्य में एक प्रभाव के रूप में काम करने लगता है।" यही प्रथा है; और यही उसकी उत्पत्ति का **'रहस्य'**।

प्रथाओं का सामाजिक महत्त्व या कार्य

सामाजिक जीवन में प्रथा के महत्व को किसी भी रूप में अस्वीकार नहीं किया जा सकता। वास्तव में आदिकालीन अथवा सरल समाजों में इनका महत्व राजकीय कानून से भी अधिक होता है। इसका एक विशेष कारण है और वह यह है कि सरल समाजों में व्यक्तियों का जीवन अत्यधिक रूढ़िवादी होता है, साथ ही धर्म दवारा अत्यधिक प्रभावित होता है। अत: वे प्रथा का उल्लंघन किसी भी रूप में नहीं कर पाते। इसके अतिरिक्त, चूँकि प्रथा पीढ़ी-दर-पीढ़ी हस्तान्तरित होती रहती है, अत: इनका उल्लंघन पूर्वजों का अपमान माना जाता है। निम्नलिखित विवेचना से प्रथा का यह महत्व और भी स्पष्ट हो जाएगा।

- **प्रथाएँ सीखने की प्रक्रिया में मदद करती हैं:** जीवन में जिन क्रियाओं से व्यक्ति की सामाजिक समस्याओं का समाधान होता है, मनुष्य उन्हीं क्रियाओं को चुन लेता है और व्यर्थ व हानिप्रद क्रियाओं का त्याग कर देता है। इस प्रकार चुनी गई सफल क्रियाएं जब पीढ़ी-दर-पीढ़ी हस्तान्तरित होती रहती हैं तो वे 'प्रथा' बन जाती हैं। अर्थात् प्रथा में कई पीढ़ियों का सफल अनुभव तथा व्यवहार विधि का समावेश रहता है, जिससे सीखने की प्रक्रिया सरल हो जाती है। इस प्रकार प्रथाएँ मनुष्य के मानसिक परिश्रम में कमी करती हैं; क्योंकि पूर्वजों ने अपने अनुभव के आधार पर जो कुछ सीखा है, मनुष्य को उन्हीं क्रियाओं को नए सिरे से सीखना नहीं पड़ता। दूसरे शब्दों में, नई पीढ़ियाँ प्रयत्न और भूल की महंगी विधि से किसी चीज को दोबारा सीखने के कष्ट से बच जाती हैं, जिसे पुरानी पीढ़ियाँ पहले ही सीख चुकी हैं। इसको दूसरे रूप में इस प्रकार भी कहा जा सकता है कि पुरानी पीढ़ी के व्यवहार की प्रथाओं के माध्यम से नई पीढ़ी के व्यवहार बन जाते हैं।
- **प्रथाएँ अनेक सामाजिक परिस्थितियों से अनुकूलन में मदद करती हैं:** पिछली पीढ़ियों के सफल अनुभवों से समृद्ध प्रथा अनेक समस्याओं का एक बना-बनाया (ready-made) हल व्यक्ति के सामने प्रस्तुत करती है। इसलिए प्रथा की सहायता से व्यक्ति कठिन परिस्थिति में भी, अधिक सोच-विचार किए बिना ही, समस्या का समाधान कर लेता है। यह सच है कि सभी मानवीय समस्याओं का, विशेषकर आधुनिक जटिल सामाजिक समस्याओं का, समाधान प्रथाओं के आधार पर नहीं किया जा सकता। उसके लिए नवीन विधियों को भी अपनाना पड़ता है। फिर भी नवीन विधियों को विकसित करने में प्रथाओं का विशेष हाथ हो सकता है, क्योंकि इनमें कई पीढ़ियों का सफल अनुभव सम्मिलित रहता है। नए तरीकों को विकसित करने में इन पुराने अनुभवों के महत्व से कोई इनकार नहीं कर सकता।
- **प्रथाएँ व्यक्तित्व-निर्माण में सहायता करती हैं:** व्यक्तित्व-निर्माण में वास्तव में प्रथाओं का अत्यधिक महत्व (3) होता है। मानव-प्राणी का जन्म ही एक प्रथा से आरम्भ होता है, इसके उपरान्त प्रथाओं में ही वह चलता है, बड़ा होता है और प्रथाओं के अनुसार ही उसका मृत्यु- संस्कार भी होता है। इस प्रकार जन्म से लेकर मृत्यु पर्यन्त वह प्रथाओं से घिरा रहता है। उसका समाजीकरण होता है इन प्रथाओं के ही सन्दर्भ में; और इस प्रकार उसका व्यक्तित्व भी प्रथाओं से पर्याप्त रूप में प्रभावित होता है। यदि यह कहा जाए कि प्रथाएँ व्यक्तित्व निर्माण का एक आवश्यक पहलू हैं तो अतिशयोक्ति न होगी। चूँकि प्रथाओं के आधार पर मनुष्य के व्यक्तित्व का निर्माण होता है अत: एक समाज के व्यक्तियों के व्यक्तित्व में थोड़ी-बहुत एकरूपता के कारण सामाजिक संगठन पनपता है और सामाजिक संघर्ष की भावनाएं कम हो जाती है।
- **प्रथाएँ समाज के लिए कल्याणकारी होती हैं :** प्रथाएँ व्यर्थ के अन्धविश्वासों और कुसंस्कारों का केवल संग्रह मात्र नहीं हैं। वास्तव में इनकी कुछ अपनी उपयोगिताएँ होती हैं। यह सच है कि प्रथाएँ तर्कविहीन होती हैं, अर्थात् प्रथाओं द्वारा संचालित क्रियाओं को तार्किक आधार पर नहीं समझा जा सकता, फिर भी इनका विकास किसी सामाजिक हित को दृष्टि में रखकर

ही किया जाता है । कम-से-कम इतना तो निश्चित रूप से ही कहा जा सकता है कि जिस समय किसी प्रथा का प्रादुर्भाव होता है, उस समय वह समाज के सभी व्यक्तियों के हितों की पूर्ति करती है। यह हो सकता है कि भविष्य की परिवर्तित अवस्थाओं के साथ अपनी रूढ़िवादी प्रकृति के कारण कुछ प्रथाएँ अपना अनुकूलन करने में असफल रहें और इसीलिए उनके द्वारा सामाजिक आवश्यकताओं की पूर्ति न हो। ऐसी प्रथाएँ बहुधा समाज की प्रगति में बाधक भी हो जाती हैं। परन्तु कुछ अनुपयोगी प्रथाओं का चलन देखकर हमें इस भ्रम में नहीं पड़ना चाहिए कि प्रथाएँ अर्थहीन व निरर्थक होती हैं।

- **प्रथाएँ सामाजिक जीवन में एकरूपता उत्पन्न करती हैं:** प्रथाएँ विभिन्न सामाजिक परिस्थितियों से संबंधित कुछ निश्चित व्यवहार--प्रतिमानों (behavioral norms) को प्रस्तुत करती हैं और समाज के सदस्यों पर यह दबाव डालती हैं कि वे उनको व्यवहार में लाएँ। इसका परिणाम यह होता है कि समाज के लोग अनेक परिस्थितियों में एक- सा व्यवहार करते हैं। इससे सामाजिक जीवन में एकरूपता पनपती है।
- **प्रथाएँ सामाजिक संगठन का स्वरूप हैं:** प्रथाएँ सामाजिक संगठन को भी बढ़ावा देती हैं। उदाहरणत: विवाह प्रथा सामाजिक संगठन को सहायता प्रदान करती हैं। इस प्रथा को न मानने से व्यक्ति विशेष की सामाजिक निन्दा होती है।

सामाजिक नियन्त्रण में प्रथाओं की भूमिका

प्रथाओं का सामाजिक नियंत्रण में अत्यधिक महत्व है। प्रथाएँ व्यक्ति के व्यवहारों को काफी सीमा तक नियन्त्रित करती हैं। यद्यपि इनके पीछे ऐसी कोई कानूनी शक्ति नहीं होती जिसके द्वारा व्यक्तियों पर उनके मनवाने के लिए दबाव डाला जा सके, फिर भी मनुष्य सामाजिक निन्दा के भय से प्रथाओं का उल्लंघन नहीं कर पाता । प्रथाएँ चूँकि पिछली पीढ़ियों का सफल अनुभव होती हैं, अत: व्यक्ति इन्हें जल्दी ही मान लेता है क्योंकि नए व्यवहारों को करने में उसे हिचकिचाहट तथा भय की अनुभूति भी होती है। प्रथाओं का प्रभाव आदिम और सरल समाजों में तो कानूनों से भी अधिक होता है।

इसका एक विशेष कारण यह है कि इस प्रकार के समाजों में व्यक्तियों का जीवन अत्यधिक रूढ़िवादी होता है, साथ ही धर्म दद्वारा अधिक प्रभावित होता है। अत: वे प्रथा का उल्लंघन किसी भी रूप में नहीं कर पाते। इसके अतिरिक्त, चूँकि प्रथाएँ पौढ़ी-दर-पीढ़ी हस्तान्तरित होती हैं, अत: इनका उल्लंघन पूर्वजों का अपमान माना जाता है। प्रथाओं के इसी व्यापक प्रभाव को दे खते हए शेक्सपीयर ने प्रथाओं को **'क्रूर प्रथा'**, मॉन्टेन ने **'गुस्सेबाज व दगाबाज स्कूल मास्टरनी'**, बेकन ने 'मनुष्य के जीवन का प्रधान न्यायाधीश' और लॉक ने **'प्रकृति से भी बड़ी शक्ति'** कहा है। जिन्सबर्ग ने प्रथाओं की सामाजिक नियन्त्रण में भूमिका के वर्णन की व्याख्या करते हुए लिखा है,

निश्चय ही आदिम युग के समाजों में प्रथा जीवन के सभी क्षेत्रों में व्याप्त रहती है और व्यवहार की सूक्ष्म से सूक्ष्म बातों में भी उसका हस्तक्षेप होता है; और सभ्य समाजों में प्रथा का प्रभाव साधारणतया जितना समझा जाता है, उससे कहीं अधिक होता है। प्रथा की शक्ति इसी बात में निहित है कि यह कार्य की समरूपता से प्राप्त होने वाली उपयोगिता से समाज को समृद्ध करती है। सामाजिक विकास की प्रारम्भिक अवस्था में, जैसा कि बेगहॉट का कहना है, कि इस बात का बहुत ही अधिक महत्व रहा होगा कि कुछ ऐसे सामान्य नियम बनाए जाएँ जो लोगों को एक सूत्र में बाँधे, उनको एक ही प्रकार का व्यवहार करने के लिए मजबूर करें, और उनको यह बताएँ कि वे एक-दूसरे से क्या आशा करें। इसमें कोई भी सन्देह नहीं कि प्रथा को जो कुछ अधि-सामाजिक प्रभुत्व प्राप्त था और उनको तोड़ने या उनकी उपेक्षा करने के लिए जो कठोर दण्ड दिया जाता था, वह बहुत-कुछ इसी कारण कि लोग सहज ही प्रथा के महत्व का अनुभव करते हैं।

इसीलिए तो प्रथाओं को सामाजिक अभिमति प्राप्त होती है और इसके बल पर ही ये व्यक्ति के व्यवहारों को नियन्त्रित व संचालित करती हैं और इस प्रकार सामाजिक नियन्त्रण में सहायक होती हैं।

आधुनिक समाज में प्रथा की अपर्याप्तता

प्राचीन समाज छोटा और सरल होता था और प्रत्येक व्यक्ति एक-दूसरे को बहुत कुछ व्यक्तिगत रूप से जानता - पहचानता था। साथ ही, सामाजिक जीवन में न तो परिवर्तन शीघ्रता से होता था और न ही सामाजिक समस्याएँ गम्भीर थीं। इसलिए प्रथाओं के द्वारा ही सामाजिक नियन्त्रण का कार्य सरलता से हो जाता था। परन्तु आधुनिक समाज में प्रथाएँ बिलकुल अपर्याप्त हैं और केवल इनके द्वारा सामाजिक नियन्त्रण आज असम्भव है। इसके चार प्रमुख कारण हैं-

(1) आधुनिक समाज बहुत जटिल होता है। आज के समाज में कितनी ही विशेष - विशेष प्रकार की समिति और संस्थाएँ हैं और सभी अपने-अपने स्वार्थों की अधिकतम पूर्ति करना चाहती हैं। इसी कारण आधुनिक समाज में संघर्ष की सम्भावनाएँ भी अधिक हैं। प्रथाओं के द्वारा इन पर नियन्त्रण रखना असम्भव है।

(2) आधुनिक समाज में परिवर्तन बहुत जल्दी-जल्दी होता है, इस कारण सामाजिक आवश्यकताएँ भी शीघ्रता से बदलती हैं। पर प्रथाएँ रूढ़िवादी होती हैं, इसलिए इनके द्वारा बदलती हुई आवश्यकताओं की पूर्ति नहीं हो सकती ।

(3) आधुनिक समाज में अनेक प्रकार के समूह पास-पास रहते हैं। हो सकता है कि इनमें से प्रत्येक की प्रथाएँ अलग- अलग हों। ऐसी अवस्था में प्रथाओं के आधार पर सामाजिक संगठन व एकता कदापि स्थापित नहीं हो सकती।

(4) आधुनिक समाज में अनेक समूह ऐसे होते हैं जोकि बहुत ही शक्तिशाली होते हैं। उन पर प्रथा का कोई प्रभाव नहीं पड़ता है। अतः इन पर नियन्त्रण रखन प्रथा का कार्य नहीं है।

इस प्रकार यह स्पष्ट है कि आधुनिक समाज के लिए प्रथाएँ अपर्याप्त हैं और इनके द्वारा सामाजिक नियन्त्रण का सम्पूर्ण कार्य कदापि नहीं किया जा सकता है; यही कारण है कि आज प्रथाओं का महत्व दिन-प्रतिदिन घटता जा रहा है और कानून का महत्व बढ़ रहा है।

उत्तर प्रदेश की प्रमुख सामाजिक प्रथाएँ/कुप्रथाएँ

(1) **दहेज प्रथा:** दहेज प्रथा प्राचीन काल से ही भारत में विद्यमान है। वर्तमान में भी यह प्रथा न केवल उत्तर प्रदेश के विभिन्न भागों में प्रचलित है, बल्कि स्म्पूर्ण भारत में किसी न किसी रूप में विद्यमान है। विवाह में लड़की पक्ष द्वारा दिए गए सामान को दहेज कहते हैं। वैसे तो दहेज मांगना कानूनन जुर्म है, परन्तु उत्तर प्रदेश के अनेक जनपदों में आज भी यह प्रथा बदस्तूर जारी है। दहेज न मिलने के कारण ससुराल में बहुओं का जलाकर मार देने की घटनाएँ भी आये दिन होती रहती हैं।

(2) **बाल विवाह:** बाल विवाह भी भारत में प्राचीन काल से ही विद्यमान प्रथा है। उत्तर प्रदेश के विभिन्न जनपद भी इससे अछूते नहीं थे। वर्तमान में शिक्षा के प्रसार के कारण इस प्रथा में कमी देखने को मिली है, परन्तु उत्तर प्रदेश के दूर-दराज क्षेत्र जहाँ शिक्षा एवं आधुनिकता का प्रसार कम हुआ है, वहाँ आज भी बाल विवाह जैसी प्रथाएँ देखने को मिल जाती हैं।

(3) **डाकन प्रथा:** उत्तर प्रदेश के आदिवासी क्षेत्रों में ऐसी कुप्रथा देखने को मिल जाती है। इसमें किसी स्त्री को डायन घोषित करके उसका सामाजिक बहिष्कार कर दिया जाता है।

(4) **मृत्यु भोज:** यह प्रथा आज भी न केवल उत्तर प्रदेश बल्कि सम्पूर्ण भारत में प्रचलित है। परिवार में किसी की मृत्यु हो जाने पर उसकी आत्मिक शान्ति के लिए मृत्यु भोज दिया जाता है।

(5) **बलि प्रथा:** उत्तर प्रदेश के आदिवासी इलाकों में यह प्रथा देखने को मिल जाती है।

(6) **अन्य:** इसके अतिरिक्त उत्तर प्रदेश में विवाह, बच्चे के जन्म पर, विभिन्न पर्वों पर, कोई शुभ कार्य करने पर तथा धार्मिक तौर पर अनेक रीति-रिवाजों (प्रथाओं) को करने की परंपरा है।

❑❑❑

6 उत्तर प्रदेश की राजव्यवस्था-शासन प्रणाली, राज्यपाल, मुख्यमंत्री, मंत्रिपरिषद्, विधानसभा एवं विधान परिषद्, केन्द्र-राज्य सम्बन्ध

स्थापना एवं नाम

ब्रिटिश शासन के शुरुआती दिनों में वर्तमान उत्तर प्रदेश (संयुक्त प्रांत) और आस-पास के क्षेत्रों पर बंगाल प्रेसीडेंसी, दिल्ली और अवध के नवाबों का नियंत्रण था। 1936 में यह प्रांत ईस्ट इंडिया कंपनी के अधीन 'उत्तर-पश्चिमी प्रांत' (North-Western Provinces) के रूप में परिवर्तित हो गया, जिसका मुख्यालय आगरा को बनाया गया। सन् 1856 में डलहौजी ने अवध पर आधिपत्य कर इसे कंपनी का हिस्सा बना दिया।

सन् 1857 की क्रांति के बाद, सन् 1858 में दिल्ली परिक्षेत्र को 'उत्तर-पश्चिम प्रांत' से अलग कर दिया गया तथा इसका मुख्यालय आगरा से प्रयागराज (इलाहाबाद) कर दिया गया। सन् 1877 में 'उत्तर-पश्चिम प्रांत' और 'अवध' का आपस में विलय करते समय इस संपूर्ण क्षेत्र का नाम 'उत्तर-पश्चिम प्रांत, आगरा एवं अवध' कर दिया गया। सन् 1902 में यह नाम पुन: परिवर्तित कर 'संयुक्त प्रांत आगरा एवं अवध' कर दिया गया। सन् 1921 में इसे 'गवर्नर का प्रांत' घोषित करते इसका मुख्यालय या राजधानी प्रयागराज से लखनऊ कर दी गई। सन् 1937 में प्रांत का नाम संक्षिप्त करते हुए 'संयुक्त प्रांत' (United Provinces) कर दिया गया।

24 जनवरी, 1950 को भारत के गवर्नर जनरल द्वारा पारित 'यूनाईटेड प्रोविंस' (अल्टरनेशन ऑफ नेम) आदेश-1950 के अनुसार संयुक्त प्रांत का नाम 'उत्तर प्रदेश' कर दिया गया। प्रदेश ने आने वाले समय में विभिन्न परिवर्तनों को देखा है। 9 नवंबर, 2000 को उत्तर प्रदेश के पर्वतीय क्षेत्र उत्तराखंड को उत्तर प्रदेश से अलग किए जाने के बाद प्रदेश ने वर्तमान भौगोलिक स्वरूप को प्राप्त किया। उत्तर प्रदेश सरकार प्रतिवर्ष 24 जनवरी को "उत्तर प्रदेश दिवस" मनाती है।

प्रशासनिक व्यवस्था

भारतीय संविधान में देश की राजव्यवस्था को संचालित करने के लिए संसदीय प्रणाली की व्यवस्था दी गई है। संसदीय प्रणाली की यह व्यवस्था न केवल केंद्र वरन् राज्य स्तर पर भी लागू है। संविधान का भाग -6 राज्यों के शासन-प्रशासन से संबंधित है। संविधान के अनुसार उत्तर प्रदेश शासन प्रणाली के तीन अंग हैं-

1. कार्यपालिका (Executive)
2. विधायिका (Legislature)
3. न्यायपालिका (Judiciary)

कार्यपालिका

भारतीय संविधान के भाग-6 के अनुच्छेद-153 से 167 तक राज्य कार्यपालिका का विवरण दिया गया है। इसमें निम्नलिखित पदाधिकारी सम्मिलित हैं जो इस प्रकार है-

i. राज्यपाल ii. मुख्यमंत्री

iii. मंत्रिपरिषद् iv. महाधिवक्ता

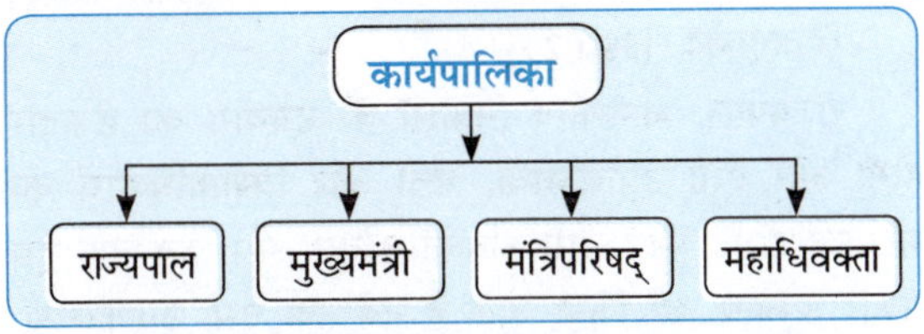

उत्तर प्रदेश में प्रशासनिक व्यवस्था

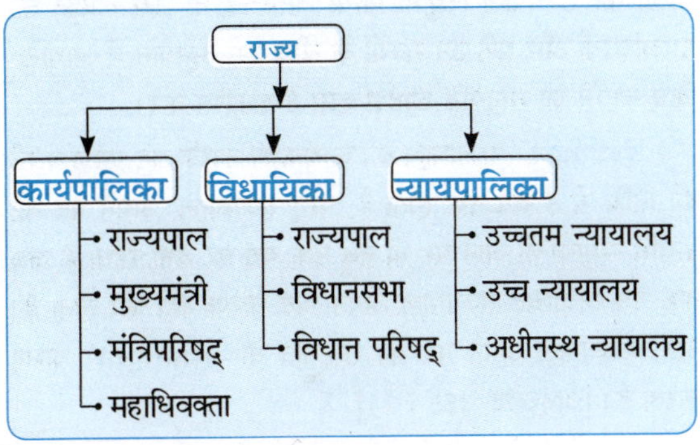

राज्यपाल

राज्यपाल राज्य का संवैधानिक प्रमुख होता है। वह केंद्र सरकार के प्रतिनिधि के रूप में संघ एवं राज्य सरकार के बीच एक सेतु का कार्य करता है। राज्य कार्यपालिका के समस्त निर्णय राज्यपाल के नाम से लिए जाते हैं। प्रत्येक राज्य का एक राज्यपाल होता है। (अनुच्छेद-153) राज्य की कार्यपालिका शक्ति राज्यपाल में निहित होती है (अनुच्छेद-154) और इसका उपयोग वह संविधान के अनुसार या तो स्वयं अथवा अपने अधीनस्थ अधिकारियों के माध्यम से करता है। सातवें संविधान संशोधन अधिनियम, 1956 के अनुसार एक व्यक्ति को दो या दो से अधिक राज्यों का राज्यपाल भी नियुक्त किया जा सकता है।

नियुक्ति एवं योग्यताएँ- भारतीय संविधान के अनुच्छेद, 155 के अनुसार राज्य में राज्यपाल को राष्ट्रपति द्वारा मनोनीत अथवा नियुक्त किया जाता है, उसका निर्वाचन नहीं होता है।

- व्यक्ति भारत का नागरिक हो और उसकी आयु **35 वर्ष** पूरी हो चुकी हो। (अनुच्छेद-157)
- वह संसद अथवा राज्य की विधायिका के किसी सदन का सदस्य नही होना चाहिए। यदि ऐसे किसी व्यक्ति की नियुक्ति राज्यपाल के रूप में हो जाती है तो उसे राज्यपाल के कार्यालय में पद सँभालने की तिथि से अपनी उक्त सदस्यता को त्यागना होगा। [अनुच्छेद- 158 (1)]
- उसे किसी अन्य लाभ के पद पर नहीं होना चाहिए। [(अनुच्छेद-158 (2)]

राज्यपाल, शासकीय निवासों के उपयोग का हकदार होगा और ऐसी उपलब्धियों, भत्तों और विशेषाधिकारों का भी जो संसद विधि द्वारा अवधारित करे और जब तक इस प्रकार उपबन्ध नहीं किया जाता है तब तक ऐसी उपलब्धियों, भत्तों और विशेषाधिकारों का जो दूसरी अनुसूची में विनिर्दिष्ट हैं, का हकदार होगा। जब एक ही व्यक्ति को दो या अधिक राज्यों का राज्यपाल नियुक्त किया जाता है तो उस व्यक्ति को उपलब्धियाँ और भत्ते उन राज्यों के बीच ऐसे अनुपात में आवंटित किए जाएँगे जो राष्ट्रपति आदेश द्वारा अवधारित करे।

कार्यकाल- राज्यपाल का कार्यकाल उसके पद ग्रहण करने की तिथि से 5 वर्ष तक होता है, परंतु राज्यपाल, अपने पद की अवधि समाप्त हो जाने पर भी तब तक पद पर बना रहता है जब तक नव निर्वाचित राज्यपाल अपना पद धारण नहीं कर लेता है। अत: राज्यपाल अपने पद को राष्ट्रपति के **'प्रसादपर्यंत'** धारण करता है। [अनुच्छेद-156 (1)]

- भारतीय संविधान में राष्ट्रपति के प्रसादपर्यंत को परिभाषित नहीं किया गया है और सुप्रीम कोर्ट ने भी इसे **'न्यायप्रद'** नहीं माना है।
- राष्ट्रपति द्वारा राज्यपाल को कभी-भी पदच्युत या एक प्रांत से दूसरे प्रांत में स्थानांतरित किया जा सकता है। इसके अलावा राज्यपाल राष्ट्रपति को संबोधित अपने हस्ताक्षर सहित पत्र द्वारा भी अपना पद त्याग सकता है।
- राज्य की विधायिका एवं उच्च न्यायालय द्वारा राज्यपाल को नहीं हटाया जा सकता है।

राज्यपाल द्वारा शपथ या प्रतिज्ञान- राज्यपाल को पद की शपथ संबंधित राज्य के उच्च न्यायालय के मुख्य न्यायाधीश या उसकी अनुपस्थिति में उस न्यायालय में उपलब्ध ज्येष्ठतम न्यायाधीश द्वारा दिलाई जाती है। (अनुच्छेद-159)

वेतन एवं भत्ते- फरवरी, 2018 में संसद द्वारा पारित अधिनियम के अनुसार राज्यपाल को **₹ 3,50,000** मासिक वेतन प्राप्त होता है। इसके अलावा उसे संसद द्वारा निर्धारित नि:शुल्क आवास, अन्य भत्ते एवं सुविधाएँ प्राप्त होती हैं।

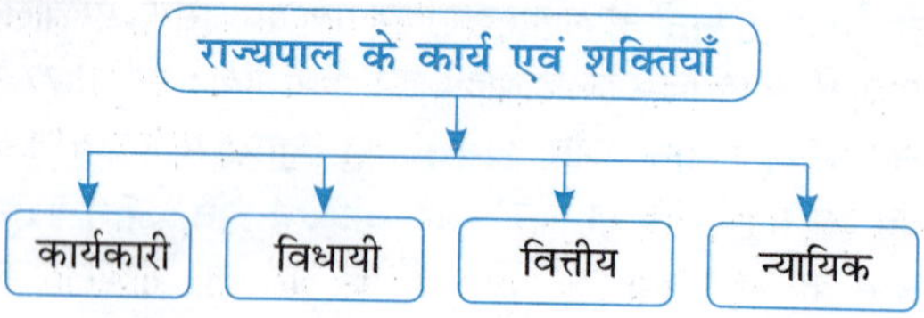

कार्यकारी शक्तियाँ- राज्यपाल राज्य प्रशासन का अध्यक्ष होता है। राज्य सरकार के कार्यपालिका संबंधी समस्त कार्य औपचारिक रूप से राज्यपाल के नाम से किए जाते हैं। (अनुच्छेद-166), राज्यपाल की शक्तियाँ राज्य सूची के विषयों तक सीमित होती है।

- राज्यपाल मुख्यमंत्री की नियुक्ति करता है और मुख्यमंत्री के परामर्श से मंत्रिपरिषद् के अन्य सदस्यों की नियुक्ति करता है। तथा मंत्री राज्यपाल के प्रसादपर्यंत पद धारण करते हैं।
- राज्यपाल राज्य के अन्य बड़े अधिकारियों जैसे-महाधिवक्ता, राज्य निर्वाचन आयुक्त और लोक सेवा आयोग के सदस्यों आदि की नियुक्ति करता है।
- राज्यपाल ही मंत्रियों के कार्यों का विभाजन करता है। राज्यपाल को मुख्यमंत्री से राज्य के विषय में समस्त जानकारी प्राप्त करने का अधिकार है। मुख्यमंत्री का कर्तव्य है कि वह राज्यपाल को मंत्रिपरिषद् के निर्णयों से अवगत कराए। वह

मुख्यमंत्री से प्रशासनिक मामलों एवं विधायी प्रस्तावों के संबंध में सूचना माँग सकता है।

- राज्यपाल राज्य के विश्वविद्यालयों का कुलाधिपति होता है वह कुलपतियों की नियुक्ति भी करता है।
- राज्य में संवैधानिक आपातकाल के लिए राज्यपाल राष्ट्रपति से सिफारिश कर सकता है।

विधायी शक्तियाँ- जिस प्रकार राष्ट्रपति संसद का अभिन्न अंग है उसी प्रकार राज्य विधानसभा का सदस्य न होते हुए भी राज्यपाल राज्य विधान मंडल का प्रमुख अंग होता है। उसे राज्य विधान मंडल के सत्र को बुलाने, स्थगित करने एवं राज्य विधानसभा को भंग करने का अधिकार होता है। वह आम चुनावों के पश्चात एवं प्रत्येक वर्ष के पहले सत्र में विधान मंडल की बैठक को सम्बोधित करता है।

- राज्य विधान मंडल द्वारा पारित कोई भी विधेयक राज्यपाल की अनुमति के पश्चात ही अधिनियम बनता है। वह विधान मंडल द्वारा पारित विधेयक को अस्वीकृत भी कर सकता है। धन विधेयक के अलावा वह अन्य किसी भी विधेयक को पुनर्विचार हेतु विधान मंडल को वापस लौटा सकता है या किसी भी विधेयक को राष्ट्रपति के विचारार्थ सुरक्षित रख सकता है।
- राज्यपाल विधान परिषद् के कुल सदस्यों के छठे भाग को नामित कर सकता है। ये सदस्य ऐसे व्यक्ति होगें जिन्हें कला, विज्ञान, साहित्य, समाज सेवा और सहकारी आन्दोलन का ज्ञान हो या इनका व्यावहारिक अनुभव हो और ऐसी किसी स्थिति जब विधानसभा अध्यक्ष और उपाध्यक्ष का पद रिक्त हो, तो वह विधानसभा के एक सदस्य को कार्यवाही जारी रखने के लिए नियुक्त कर सकता है। राज्य विधान मंडल के किसी सदस्य की निर्हर्ता संबंधी प्रश्न उठता है तो वह निर्वाचन आयोग से विचार-विमर्श के पश्चात् उस पर निर्णय कर सकता है।
- राज्य विधान मंडल के सत्र में न होने की स्थिति में राज्यपाल आवश्यकतानुसार किसी विषय पर अध्यादेश जारी कर सकता है। इस अध्यादेश पर राज्य के विधानमंडल द्वारा छह सप्ताह के भीतर अनुमति मिलना आवश्यक है।
- राज्यपाल केवल **राज्यसूची** एवं **समवर्ती सूची** पर अध्यादेश जारी कर सकता है तथा उसके द्वारा जारी अध्यादेश मात्र छह माह तक प्रभावी रहता है। विधानमंडल से पारित कोई भी विधेयक राज्यपाल की स्वीकृति से ही अधिनियम बन सकता है। साधारण विधेयक तथा धन विधेयक के संबंध में निर्णय प्रक्रिया अलग-अलग है। संविधान संशोधन विधेयक पर निर्णय का अधिकार राष्ट्रपति के पास होता है।
- राज्यपाल राज्य से संबंधित भारत के नियंत्रक एवं महालेखा परीक्षक, राज्य वित्त आयोग एवं राज्य लोक सेवा आयोग की रिपोर्ट राज्य विधान सभा के समक्ष प्रस्तुत करवाता है।

वित्तीय शक्तियाँ

- धन विधेयक को राज्यपाल की स्वीकृति के बिना विधान सभा में प्रस्तुत नहीं किया जा सकता। इसके अतिरिक्त किसी भी अनुदान की माँग उसकी सहमति के बाद ही की जा सकती है।
- राज्यपाल यह सुनिश्चित करता है कि वार्षिक वित्तीय विवरण (बजट) को राज्य विधान मंडल के समक्ष प्रस्तुत किया जाए।
- राज्यपाल की अनुमति के बिना राज्य की आकस्मिक निधि से कोई व्यय नहीं किया जा सकता तथा कोई ऐसा विधेयक जो संचित निधि से धन निकालने की बात करता हो राज्यपाल की अनुमति के बिना वह विधानमंडल में पारित नहीं हो सकता है।
- आपात शक्ति-राज्यपाल को **अनुच्छेद 356** के अनुसार यह शक्ति प्राप्त है कि यदि राज्य का शासन संविधान के नियमों के अनुसार नहीं चलाया जाता है, तो वह राष्ट्रपति को प्रतिवेदन भेज सकता है और राष्ट्रपति शासन लगाने की गुहार कर सकता है।

न्यायिक शक्तियाँ

- राष्ट्रपति द्वारा राज्य के उच्च न्यायालय के न्यायाधीशों की नियुक्ति के सम्बन्ध में राज्य के राज्यपाल से परामर्श कर निर्णय लिया जाता है।
- राज्यपाल राज्य के उच्च न्यायालय के न्यायाधीश के साथ परामर्श कर जिला न्यायाधीशों एवं अन्य अधीनस्थ न्यायालयों के न्यायाधीशों की नियुक्ति, स्थानांतरण एवं प्रोन्नति कर सकता है।
- राज्य न्यायिक आयोग के पदाधिकारियों की नियुक्ति राज्यपाल राज्य उच्च-न्यायालय और राज्य लोक सेवा आयोग के विचार-विमर्श के उपरांत करता है।
- राष्ट्रपति की तरह राज्यपाल को किसी अपराध में दोष सिद्ध अपराधी के दंड को क्षमा करने, स्थगित करने तथा दूसरे दंड में परिवर्तित करने या पूर्णत: माफ करने का अधिकार प्राप्त है। ये शक्ति राज्यपाल को संविधान के **अनुछेद-161** के अंतर्गत प्राप्त है। किंतु राज्यपाल मृत्युदंड को माफ नहीं कर सकता।

अन्य शक्तियाँ

- संविधान का अनुच्छेद-174 राज्यपाल को यह शक्ति देता है कि वह व्यवस्थापिका के किसी भी सदन का अधिवेशन बुलाए और उसे संबोधित करे।
- राज्यपाल को विधानसभा के विघटन की शक्ति भी प्राप्त है।
- संविधान के अनुच्छेद-175 के अनुसार राज्यपाल विधानमंडल में लंबित किसी विधेयक के संबंध में संदेश भेज सकता है।

राज्यपाल से संबंधित विवाद के निपटारे हेतु गठित प्रमुख समितियों की सिफारिशें

- सन् 1966 में मोरार जी देसाई की अध्यक्षता में गठित प्रथम **प्रशासनिक सुधार आयोग (ARC)** ने राज्यपाल पद पर अराजनैतिक व्यक्ति की नियुक्ति का सुझाव दिया था।
- सन् 1970 में तत्कालीन तमिलनाडु सरकार द्वारा गठित राजमन्नार समिति ने भारतीय संविधान के अनुच्छेद 356 एवं 357 के विलोपन की सिफारिश करते हुए सुझाव दिया था कि राज्यपाल की नियुक्ति प्रक्रिया में राज्यों को भी सम्मिलित किया जाना चाहिए। समिति ने यह भी सिफारिश की थी कि राज्यपाल को एक ही बार पद धारण करना चाहिए।
- राज्यपालों के चयन के संबंध में वर्ष 2000 में अटल बिहारी बाजपेयी सरकार द्वारा संविधान के कामकाज की समीक्षा पर गठित राष्ट्रीय आयोग ने सुझाव दिया कि राज्य के राज्यपाल की नियुक्ति उस राज्य के मुख्यमंत्री के परामर्श के बाद राष्ट्रपति द्वारा की जानी चाहिए।

वर्ष 2007 में भारत के पूर्व मुख्य न्यायाधीश मदन मोहन पुंछी की अध्यक्षता में केंद्र-राज्य संबंधों पर गठित आयोग ने सिफारिश की कि राज्यपाल का चयन प्रधानमंत्री, गृहमंत्री, उपराष्ट्रपति, लोकसभा के अध्यक्ष और संबंधित राज्य के मुख्यमंत्री की एक समिति द्वारा किया जाना चाहिए।

- पुंछी आयोग ने संविधान से प्रसादपर्यंत के सिद्धांत को हटाने तथा राज्य सरकार की सलाह के खिलाफ आचरण करने वाले मंत्रियों पर मुकदमा चलाने की मंजूरी पर राज्यपाल के अनुमोदन के अधिकार का समर्थन किया।
- इस समिति ने राज्य विधानमंडल द्वारा राज्यपाल पर महाभियोग लगाने के प्रावधान का समर्थन किया।
- केंद्र-राज्य संबंधों पर वर्ष 1980 में गठित सरकारिया आयोग ने 1988 में अपनी रिपोर्ट प्रस्तुत करते हुए सिफारिश की कि राज्यपालों के चयन में भारत के उपराष्ट्रपति एवं लोकसभा अध्यक्ष और प्रधानमंत्री के बीच परामर्थ किया जाना चाहिए।

राज्यपाल पद से जुड़े प्रमुख विवाद

राज्यपाल के पद को लेकर सामने आए विवादों के मूल में राज्यपाल को मिली विवेकाधिकार की शक्ति का प्रमुख स्थान है। वर्ष 1959 में केरल सरकार की बर्खास्तगी के बाद राज्यपाल को दिया गया यह अधिकार अभी तक अनवरत जारी है। भारतीय संविधान राज्यपाल को कुछ विवेकाधिकार शक्तियां प्रदान करता है।

1. राज्यपाल राज्य विधान मंडल द्वारा पारित किसी विधेयक को राष्ट्रपति की स्वीकृति हेतु संरक्षित कर सकता है।
2. वह राज्य में राष्ट्रपति शासन लगाए जाने की अनुशंसा कर सकता है।
3. साथ ही उसके पास मंत्रिपरिषद् के किसी प्रशासनिक निर्णय एवं विधायी प्रस्ताव के विषय में सूचना मांगने की शक्ति विद्यमान है।

अनुच्छेद 163 (2) के अंतर्गत राज्यपाल के विवेकाधिकार पर कोई प्रश्न उठने पर राज्यपाल का निर्णय अंतिम होगा और उस पर कोई प्रश्नचिन्ह नहीं लगाया जा सकता। हालाँकि उच्चतम न्यायालय के विभिन्न निर्णयों एवं आदेशों के अनुसार राज्यपाल का विवेकाधिकार न्यायिक पुनरीक्षा के अधीन है।

कम्पोजिट फ्लोर टेस्ट

जब एक से अधिक व्यक्ति सरकार बनाने का दावा करते हैं एवं किसी भी दावेदार का बहुमत का दावा स्पष्ट न हो, इस स्थिति में राज्यपाल विधानसभा का विशेष सत्र बुलाकर यह तय कर सकता है कि बहुमत किसके पास है।

एस. आर. बोम्मई वाद 1994 राज्यपाल की विवेकाधिकार शक्तियों को परिभाषित करने की दिशा में एक 'मील का पत्थर' है। इसके अनुसार किसी भी राज्य सरकार के बहुमत का निर्णय विधान मंडल में सदन के भीतर होना चाहिए, न कि राजभवन में। राज्य में राष्ट्रपति शासन लगाने से पूर्व राज्य सरकार को शक्ति परीक्षण का मौका मिलना चाहिए।

राज्यपाल एवं राष्ट्रपति की शक्ति में अंतर

राज्यपाल	राष्ट्रपति
• राज्यपाल राज्य कार्य-पालिका का प्रमुख एवं राज्य का प्रथम व्यक्ति होता है। • राज्यपाल की नियुक्ति या मनोनयन होता है। इस पद के लिए निर्वाचन का प्रावधान नहीं है। • राज्यपाल राज्य विधान मंडल के सत्र में न होने की स्थिति में अध्यादेश जारी कर सकता है। (अनुच्छेद-213) • राज्यपाल को राज्य विधि के अंतर्गत किसी अपराध में दोषी पाए गए व्यक्ति को क्षमादान देने, दंड कम करने, स्थगित करने अथवा दूसरे दंड में बदलने का अधिकार है, किंतु वह मृत्युदंड के संबंध में क्षमादान नहीं दे सकता। • राज्यपाल राष्ट्रपति के प्रसादपर्यंत बना रहता है। इसके खिलाफ महाभियोग जैसी प्रक्रिया का प्रावधान नहीं है।	• राष्ट्रपति भारतीय गणराज्य का प्रमुख एवं राष्ट्र का प्रथम नागरिक होता है। • राष्ट्रपति निर्वाचित होता है। उसका निर्वाचन संसद एवं राज्य की विधानसभाओं के निर्वाचित सदस्यों द्वारा किया जाता है। • राष्ट्रपति ससंद के दोनों सदनों के सत्र में न होने की स्थिति में अध्यादेश जारी कर सकता है (अनुच्छेद-123) • राष्ट्रपति केंद्रीय विधि के अंतर्गत किसी अपराध में दोषी पाए गए व्यक्ति को क्षमादान दे सकता है। इसके अतिरिक्त वह मृत्युदंड को भी माफ कर सकता है। • राष्ट्रपति को संसद द्वारा महाभियोग की प्रक्रिया द्वारा हटाया जा सकता है।

स्वतंत्रता पूर्व उत्तर प्रदेश के राज्यपाल व उनका कार्यकाल

क्रमांक	महामहिम राज्यपाल	कार्यकाल
1.	सर हैरी ग्राहम हेग	06-12-1934 से 16-05-1938
2.	सर मौरिस गार्नर हैलेट	17-05-1938 से 16-09-1938
3.	सर हैरी ग्राहम हेग	17-09-1938 से 05-12-1939
4.	सर मौरिस गार्नर हैलेट	06-12-1939 से 06-12-1945
5.	सर फ्रांसिस वेरनर वायली	07-12-1945 से 14-08-1947
स्वतंत्रता के पश्चात् उत्तर प्रदेश के राज्यपाल		
6.	श्रीमती सरोजनी नायडू	15-08-1947 से 02-03-1949
7.	श्री विधुभूषण मलिक (कार्यकारी)	03-03-1949 से 01-05-1949
8.	श्री हारमसजी पेरोशा मोदी	02-05-1949 से 01-06-1952
9.	श्री कन्हैयालाल माणिकलाल मुंशी	02-06-1952 से 09-06-1957
10.	श्री वराहगिरी वेंकट गिरी	10-06-1957 से 30-06-1960
11.	डॉ. बुर्गुला रामकृष्ण राव	01-07-1960 से 15-04-1962
12.	श्री विश्वनाथ दास	16-04-1962 से 30-04-1967
13.	डॉ. बेजवाड़ गोपाल रेड्डी	01-05-1967 से 30-06-1972
14.	श्री शशिकांत वर्मा (कार्यकारी)	01-07-1972 से 13-11-1972
15.	श्री अकबर अली खाँ	04-11-1972 से 24-10-1974
16.	डॉ. मर्री चेन्ना रेड्डी	25-10-1974 से 01-10-1977

17.	श्री गणपतराव देवजी तपासे	02-10-1977 से 28-02-1980
18.	श्री चंद्रेश्वर प्रसाद नारायण सिंह	28-02-1980 से 30-03-1985
19.	श्री मोहम्मद उस्मान आरिफ	31-03-1985 से 12-02-1990
20.	श्री बी. सत्यनारायण रेड्डी	12-02-1990 से 26-05-1993
21.	श्री मोतीलाल वोरा	26-05-1993 से 03-05-1996
22.	श्री मुहम्मद शफी कुरैशी (कार्यकारी)	03-05-1996 से 18-07-1996
23.	श्री रोमेश भंडारी	19-07-1996 से 17-03-1998
24.	श्री मुहम्मद शफी कुरैशी (कार्यकारी)	17-03-1998 से 19-04-1998
25.	श्री सूरज भान	20-04-1998 से 23-11-2000
26.	श्री विष्णुकांत शास्त्री	24-11-2000 से 02-07-2004
27.	श्री सुदर्शन अग्रवाल (कार्यकारी)	03-07-2004 से 08-07-2004
28.	श्री टी. वी. राजेश्वर	08-07-2004 से 27-07-2009
29.	श्री बी.एल. जोशी	28-07-2009 से 23-06-2014
30.	श्री अजीज कुरैशी (कार्यकारी)	23-06-2014 से 22-07-2014
31.	श्री राम नाईक	22-07-2014 से 28-07-2019
32.	श्रीमती आनंदीबेन पटेल	29-07-2019 से पदासीन

मुख्यमंत्री

- राज्यपाल राज्य का संवैधानिक प्रमुख होता है तथा मुख्यमंत्री राज्य सरकार एवं कार्यपालिका का वास्तविक प्रमुख होता है। मुख्यमंत्री की नियुक्ति राज्यपाल द्वारा की जाती है (अनुच्छेद 164)। राज्यपाल विधानसभा में बहुमत प्राप्त दल के नेता को मुख्यमंत्री के रूप में नियुक्त करता है।
- मुख्यमंत्री के परामर्श से राज्यपाल मंत्रिपरिषद् के अन्य सदस्यों की नियुक्ति करता है। यदि कोई व्यक्ति जो विधान मंडल का सदस्य नहीं है, और उसकी नियुक्ति मुख्यमंत्री पद पर होती है ऐसे में उसका छः माह के भीतर विधान मंडल का सदस्य निर्वाचित होना अनिवार्य है, अन्यथा उसे मुख्यमंत्री के पद से त्याग पत्र देना होगा।
- मुख्यमंत्री विधान मंडल के दोनों सदनों (विधान सभा एवं विधान परिषद्) में से किसी भी सदन का सदस्य हो सकता है।
- मुख्यमंत्री को पद एवं गोपनीयता की शपथ राज्यपाल दिलाता है। विधानसभा में बहुमत रहने तक वह राज्यपाल के प्रसादपर्यंत अपने पद पर बना रहता है। इसका अर्थ यह नहीं है कि राज्यपाल मुख्यमंत्री को उसके पद से हटा सकता है। राज्यपाल मुख्यमंत्री को अपने पद से तब तक बर्खास्त नहीं कर सकता, जब तक कि उसे विधानसभा में बहुमत प्राप्त है। राज्य में संवैधानिक व्यवस्था के सुचारू न रहने पर अनुच्छेद 356 के अंतर्गत राज्यपाल की सिफारिश पर राष्ट्रपति शासन लागू कर मुख्यमंत्री को पद से हटाया जा सकता है। यदि मुख्यमंत्री विधानसभा में अपना विश्वास मत खो देता है तो उसे त्यागपत्र दे देना चाहिए अन्यथा राज्यपाल उसे बर्खास्त कर सकता है।
- मुख्यमंत्री के वेतन एवं भत्तों का निर्धारण राज्य विधान मंडल द्वारा निर्मित विधि के अनुसार किया जाता है।

मुख्यमंत्री के कार्य एवं शक्तियाँ

मंत्रिपरिषद् के सदस्यों की नियुक्ति राज्यपाल द्वारा मुख्यमंत्री के परामर्श पर की जाती है। मुख्यमंत्री ही मंत्रियों के मध्य विभागों का वितरण करता है। जब भी वह चाहे उन विभागों में परिवर्तन कर सकता है।

- इसके अतिरिक्त भी किसी मंत्री को पद से बर्खास्त करने की सिफारिश मुख्यमंत्री राज्यपाल से कर सकता है।

यदि मुख्यमंत्री की मृत्यु हो जाए या वह अपने पद से त्यागपत्र दे दे तो मंत्रिपरिषद् विघटित हो जाती है। विघटन की यह स्थिति

मंत्रिपरिषद् के किसी अन्य सदस्य की आकस्मिक मृत्यु या त्यागपत्र से नहीं होती है।

मुख्यमंत्री, राज्यपाल एवं मंत्रिपरिषद् के बीच संवाद की कड़ी के रूप में कार्य करता है। मुख्यमंत्री राज्यपाल को विधानसभा का सत्र बुलाने, स्थगित करने एवं किसी भी समय विधानसभा को विघटित करने का भी परामर्श दे सकता है।

व्यक्ति के रूप में योगी आदित्यनाथ उत्तर प्रदेश के 21वें मुख्यमंत्री हैं।

उत्तर प्रदेश के मुख्यमंत्री एवं उनका कार्यकाल

क्रमांक	मुख्यमंत्री/प्रीमियर	कार्यकाल
1.	सर नवाब मुहम्मद अहमद सईद खाँ (नवाब छतारी)	03-04-1937 से 16-07-1937 (प्रीमियर)
2.	पंडित गोविंद वल्लभ पंत	17-07-1937 से 02-11-1939 (प्रीमियर) 01-04-1946 से 25-01-1950 (प्रीमियर) 26-01-1950 से 20-05-1952 20-05-1952 से 27-12-1954
3.	डॉ. संपूर्णानंद	28-12-1954 से 09-04-1957 10-04-1957 से 06-12-1960
4.	श्री चंद्रभानु गुप्त	07-12-1960 से 14-03-1962 14-03-1962 से 01-10-1963
5.	श्रीमती सुचेता कृपलानी	02-10-1963 से 13-03-1967
6.	श्री चंद्रभानु गुप्त	14-03-1967 से 02-04-1967
7.	चौधरी चरण सिंह	03-04-1967 से 25-02-1968
8.	श्री चंद्रभानु गुप्त	26-02-1969 से 17-02-1970
9.	चौधरी चरण सिंह	18-02-1970 से 01-10-1970
10.	श्री त्रिभुवन नारायण सिंह	18-10-1970 से 04-02-1971
11.	श्री कमलापति त्रिपाठी	04-04-1971 से 12-06-1973
12.	श्री हेमवती नंदन बहुगुणा	08-11-1973 से 04-03-1974 05-03-1974 से 29-11-1975
13.	श्री नारायण दत्त तिवारी	21-01-1976 से 30-04-1977
14.	श्री राम नरेश यादव	23-06-1977 से 28-02-1979
15.	श्री बनारसी दास	28-02-1979 से 17-02-1980
16.	श्री विश्वनाथ प्रताप सिंह	09-06-1980 से 19-07-1982
17.	श्री श्रीपति मिश्र	19-07-1982 से 02-08-1984
18.	श्री नारायण दत्त तिवारी	03-08-1984 से 10-03-1985 11-03-1985 से 24-09-1985
19.	श्री वीर बहादुर सिंह	24-09-1985 से 24-06-1988
20.	श्री नारायण दत्त तिवारी	25-06-1988 से 04-12-1989
21.	श्री मुलायम सिंह यादव	05-12-1989 से 24-06-1991
22.	श्री कल्याण सिंह	24-06-1991 से 06-12-1992

23.	श्री मुलायम सिंह यादव	04-12-1993 से 03-06-1995
24.	सुश्री मायावती	03-06-1995 से 18-10-1995 21-03-1997 से 21-09-1997
25.	श्री कल्याण सिंह	21-09-1997 से 12-11-1999
26.	श्री राम प्रकाश	12-11-1999 से 28-10-2000
27.	श्री राजनाथ सिंह	28-10-2000 से 08-03-2002
28.	सुश्री मायावती	03-05-2002 से 29-08-2003
29.	श्री मुलायम सिंह यादव	29-08-2003 से 13-05-2007
30.	सुश्री मायावती	13-05-2007 से 15-03-2012
31.	श्री अखिलेश यादव	15-03-2012 से 19-03-2017
32.	श्री योगी आदित्य नाथ	19-03-2017 से 25-03-2022
33.	श्री योगी आदित्य नाथ	25-03-2022 से वर्तमान

राज्य मंत्रिपरिषद्

मंत्रिपरिषद् के सदस्यों की नियुक्ति मुख्यमंत्री के परामर्श पर राज्यपाल द्वारा की जाती है (अनुच्छेद 164(a))। मंत्रिपरिषद् में सामान्यत: राज्य विधानसभा अथवा विधान परिषद् के सदस्य शामिल होते हैं, परन्तु विशेष परिस्थितियों में मंत्रिपरिषद् में ऐसे व्यक्तियों को भी शामिल किया जा सकता है जो राज्य विधानसभा अथवा विधान परिषद् के सदस्य न भी हों। मंत्रिपरिषद् के ऐसे सदस्य को छह माह के भीतर दोनों में से किसी एक सदस्यता की सदस्यता लेनी होगी, अन्यथा उसे मंत्रिपरिषद् की सदस्यता का त्याग करना होगा।

91 वें संविधान संसोधन अधिनियम, 2003 के अनुसार यदि दसवीं अनुसूची के तहत राज्य विधानसभा (यदि राज्य में एक ही सदन है) के सदस्य को उस सदन की सदस्यता के अयोग्य सिद्ध कर दिया गया है तो उसे पुनर्मतदान तक मंत्री नियुक्त नहीं किया जा सकता।

इसके अतिरिक्त **91वें संशोधन अधिनियम, 2003** के अनुसार राज्य में मंत्रिपरिषद् के सदस्यों की अधिकतम संख्या विधानसभा की कुल सदस्य संख्या की 15 प्रतिशत से अधिक और मुख्यमंत्री समेत मंत्रियों की न्यूनतम संख्या 12 से कम नहीं होगी। यह अधिनियम जुलाई-2004 से प्रभावी हो गया।

- संविधान के **अनुच्छेद 164(a)** के अनुसार राज्य मंत्रिपरिषद् के सभी मंत्री राज्यपाल के प्रसादपर्यंत अपने पद पर रह सकते है। लेकिन फिर भी मंत्रिपरिषद् सामूहिक रूप से राज्य विधानसभा के प्रति उत्तरदायी होती है। अपनी स्वयं की इच्छा के अनुसार राज्यपाल मंत्री पद से बर्खास्त नहीं कर सकता इस शक्ति का प्रयोग राज्यपाल केवल मुख्यमंत्री के परामर्श से ही कर सकता है। कोई भी मंत्रीपरिषद् उस समय तक अपने पद पर बनी रह सकती है, जब तक विधान सभा में समर्थन प्राप्त है।
- मंत्रिपरिषद् को पद एवं गोपनीयता की शपथ राज्यपाल दिलाता है।
- मंत्रिपरिषद् के प्रत्येक मंत्री को राज्य के दोनों सदनों (विधानसभा एवं विधान परिषद्) की कार्यवाही में भाग लेने तथा बोलने का अधिकार तो है, किंतु वोट देने का अधिकार केवल उसी सदन में है जिसका वह सदस्य है।

  मंत्रिपरिषद् में मंत्रियों की तीन श्रेणियाँ होती हैं-

  1. कैबिनेट मंत्री
  2. राज्यमंत्री
  3. उपमंत्री
- प्रथम श्रेणी के मंत्रियों के समूह को मंत्रिमंडल, जबकि तीनों श्रेणियों के मंत्रियों के समूह को सामूहिक रूप से मंत्रिपरिषद् कहा जाता है।
- संवैधानिक रूप से मुख्यमंत्री विभागों का बँटवारा करने के लिए स्वतंत्र होता है क्योंकि मुख्यमंत्री पर संविधान द्वारा कोई प्रतिबंध नहीं लगाया गया है परंतु व्यवहार में वह सदस्यों की योग्यताओं और राजनीतिक महत्त्व को दृष्टि में रखकर ही विभागों का बँटवारा करता है। मुख्यमंत्री मंत्रियों के विभागों में परिवर्तन भी कर सकता है।
- मंत्रिपरिषद् सामूहिक रूप से राज्य विधानसभा के प्रति उत्तरदायी होती है **अनुच्छेद-164 (b)**। ऐसे में यदि

विधानसभा किसी मंत्री के विरुद्ध अविश्वास प्रस्ताव पारित कर दे तो संपूर्ण मंत्रिपरिषद् को त्यागपत्र देना पड़ता है।

- मुख्यमंत्री, मंत्रिपरिषद् का पुनर्गठन भी कर सकता है। यदि कोई मंत्री मुख्यमंत्री की नीतियों से सहमत नहीं है तो मुख्यमंत्री उस मंत्री को त्यागपत्र देने के लिए कह सकता है, यदि कोई मंत्री त्यागपत्र देने से इंकार करता है तो मुख्यमंत्री उस मंत्री को राज्यपाल द्वारा बर्खास्त करा सकता है।
- किसी मंत्री के व्यक्तिगत कार्यों के लिए मात्र संबंधित मंत्री ही उत्तरदायी होता है, न कि संपूर्ण मंत्रिपरिषद। मुख्यमंत्री के त्यागपत्र देने अथवा बर्खास्त होने की स्थिति में मंत्रिपरिषद् का विघटन स्वत: हो जाता है।
- कैबिनेट मंत्रिपरिषद् का वह भाग है जो राज्य सरकार की वास्तविक कार्यकारिणी होती है। इसका राज्य की राजनीतिक-प्रशासनिक व्यवस्था संबंधी नीति निर्धारण में सर्वाधिक योगदान होता है। यह विभिन्न प्रकार की समितियों के माध्यम से कार्य करती है, जिन्हें कैबिनेट स्तर की समितियां कहते हैं।

राज्य विधानमंडल

उत्तर प्रदेश का विधानमंडल राज्यपाल, विधानसभा एवं विधान परिषद् से मिलकर बना है।

राज्य का विधानमंडल द्विसदनात्मक व्यवस्था पर आधारित है, जिसकी शुरुआत भारत सरकार अधिनियम, 1935 के तहत 1937 में हुई थी। **द्विसदनात्मक व्यवस्था** में विधानसभा के साथ विधान परिषद् भी होती है।

संविधान के अनुसार भारत के प्रत्येक राज्य में एक विधानमंडल की व्यवस्था है जिसकी संरचना एवं कार्यों का उल्लेख **अनुच्छेद-168** से 212 (भाग-6) तक किया गया है।

जिस प्रकार भारत के संविधान द्वारा भारत के संघ विधि निर्माण के संबंध में अधिकार दिए गए हैं उसी प्रकार राज्यों को भी विधायी शक्ति दी गई है जिसके अंतर्गत राज्य के विधान मंडल राज्यों के लिए विधि का निर्माण करते हैं।

> विधानसभा निम्न सदन है, जिसे **'जनता का सदन'** भी कहते हैं। इसके सदस्य जनता द्वारा निर्वाचित होते हैं जबकि विधान परिषद् उच्च सदन है। इसे **'वरिष्ठजनों का सदन'** भी कहते हैं। इसके सदस्य अप्रत्यक्ष चुनाव द्वारा चुने जाते है। कुछ सदस्यों को राज्यपाल द्वारा मनोनीत किया जाता है।

राज्य विधानमंडल एक सदनात्मक हो या द्विसदनात्मक, इसका निर्णय करने का अधिकार राज्य में निर्वाचित प्रतिनिधियों के पास होता है।

अनुच्छेद-169 के तहत राज्य में विधान परिषद् स्थापित करने एवं समाप्त करने का अधिकार संसद को है। लेकिन इसके लिए राज्य की विधानसभा द्वारा अपने कुल बहुमत यानी उपस्थित व मतदान करने वाले सदस्यों के दो तिहाई बहुमत द्वारा इस आशय का प्रस्ताव पास करना आवश्यक है।

विधानसभा

विधानसभा जनता के प्रतिनिधियों का सदन है जिसकी न्यूनतम सदस्य **संख्या 60** तथा अधिकतम सदस्य **संख्या 500** है। इस का कार्यकाल 5 वर्ष होता है। लेकिन राज्यपाल 5 वर्ष से पूर्व भी विधानसभा को भंग कर सकता है। विधानसभा के सदस्यों का चयन जनता द्वारा प्रत्यक्ष रूप से वयस्क मताधिकार के आधार पर होता है, जिसके लिए प्रदेश को विभिन्न विधानसभा क्षेत्रों में विभाजित किया जाता है।

अपने कार्यों तथा प्रक्रिया के संचालन के लिए विधान सभा नियम बनाने का अधिकार है, जिसका उद्देश्य है सदन की कार्यवाही का सुचारू रूप से संचालन। विधानसभा के समक्ष लाए गए समस्त मामलों का निर्णय बहुमत के आधार पर होता है। सदन की कार्यवाही के सुचारू संचालन के लिए **गणपूर्ति** (Quorum) का होना अनिवार्य है। गणपूर्ति वह न्यूनतम संख्या होती है जिसके अभाव में सदन की कार्यवाही का संचालन नहीं किया जा सकता। यह संख्या अध्यक्ष सहित 1/10 होती है।

> **126वां संविधान संशोधन अधिनियम 2019**
>
> यह अधिनियम संविधान द्वारा प्रदत्त अनुसूचित जाति एवं जनजाति आरक्षण को अगले 10 वर्षों तक जारी रखने का प्रस्ताव करता है। यह अधिनियम पारित होने पर आंग्ल भारतीयों को लोकसभा एवं राज्य विधानसभा में पर्याप्त प्रतिनिधित्व न मिलने की स्थिति में राष्ट्रपति एवं राज्यपाल द्वारा नामित करने संबंधी नियम को जारी नहीं रखेगा।
>
> यदि भारत सरकार आंग्ल भारतीयों के प्रतिनिधित्व संबंधी आरक्षण के लिए नहीं लाती है तो उत्तर प्रदेश विधानसभा की संख्या वर्तमान 404 से घटकर 403 रह जायेगी।

विधानसभा का प्रमुख कार्य है-कानून बनाना, सरकारी कार्यों के संपादन हेतु वित्त की संस्तुति करना एवं कार्यपालिका के कार्यों

को प्रश्नकाल, संकल्पों और प्रस्तावों के माध्यम से नियंत्रित करना, जिससे लोकहितकारी कार्यों को बढ़ावा मिल सके।

विधानसभा की कार्यवाही हिन्दी भाषा एवं देवनागरी लिपि में संपादित की जाती है। बिना सदन की अनुमति के कोई भी विधेयक (व्यक्तिगत या सरकारी) प्रस्तुत नहीं किया जा सकता। विधेयक प्रस्तुत करने पर सदन में उस पर चर्चा होती है एवं मतदान द्वारा उसे पारित किया जाता है, या फिर किसी चयन समिति/संयुक्त चयन समिति के सम्मुख भेज दिया जाता है।

किसी भी विधेयक को विधानमंडल से अनुमोदित तभी माना जाएगा, जब दोनों सदनों के द्वारा उसे बिना किसी संशोधन के अपनी स्वीकृति दी गई हो। यह जानना आवश्यक है कि विधानसभा के पास विधान परिषद् से लोकसभा के सापेक्ष अधिक शक्तियाँ हैं।

वर्तमान में उत्तर प्रदेश विधानसभा में सदस्यों की संख्या 404 है, जिनमें 403 सदस्य जनता द्वारा चुने जाते हैं एवं 1 सदस्य आंग्ल-भारतीय समुदाय से राज्यपाल द्वारा उस स्थिति में नामित किया जाता है, जब वह संतुष्ट हो कि विधानसभा में आंग्ल-भारतीय समाज का उचित प्रतिनिधित्व नहीं है। वर्तमान में डेंजिल गोडिन आंग्ल-भारतीय समुदाय से उत्तर प्रदेश विधानसभा में नामित सदस्य हैं।

विधानसभा सदस्यों के लिए योग्यताएँ

1. वह भारत का नागरिक हो।
2. न्यूनतम आयु 25 वर्ष हो।
3. संसद द्वारा निर्धारित की गई योग्यता रखता हो।
4. पागल या दिवालिया न हो।
5. सरकार के अधीन किसी लाभ के पद पर न हो।

प्रत्येक राज्य की विधानसभा के दो प्रमुख पदाधिकारी होते हैं, जिनके द्वारा विधानसभा की कार्यवाही संचालित की जाती है। वे हैं- अध्यक्ष तथा उपाध्यक्ष।

विधानसभा अध्यक्ष: निर्वाचन, कार्यकाल एवं शक्तियाँ

- सभापति विधानसभा के सदस्यों द्वारा निर्वाचित किया जाता है जिसे अध्यक्ष कहा जाता है। सदन की कार्यवाही को सुचारू रूप से संचालित करना उसका दायित्व है। सदन की बैठकों का सभापतित्व भी वही करता है।
- विधानसभा अध्यक्ष अगली विधान सभा के गठित होने तक अपने पद पर बना रहता है। वह त्यागपत्र देकर पदमुक्त हो सकता है तथा उसे विधानसभा द्वारा प्रस्ताव पारित करके भी हटाया जा सकता है, जिसकी सूचना उसे चौदह दिन पूर्व मिल जानी चाहिए। अध्यक्ष अपना त्यागपत्र उपाध्यक्ष को देता है।
- विधानसभा अध्यक्ष का पद अत्यंत महत्वपूर्ण होता है, क्योंकि विधानसभा सदस्यों के दल-बदल कानून के अंतर्गत अयोग्यता का निर्धारण विधानसभा अध्यक्ष द्वारा किया जाता है।
- कोई विधेयक धन विधेयक है या नहीं इसका निर्धारण विधानसभा अध्यक्ष करता है।
- वह विधेयकों तथा अन्य प्रस्तावों पर मतदान करता है तथा परिणाम घोषित करता है।
- साथ ही मत बराबर होने की स्थिति में निर्णायक मत दे सकता है। वह सदन के नेता की सिफारिश पर वह गुप्त बैठक भी बुला सकता है।

वर्ष 1985 में भारतीय संविधान में 52वां संशोधन कर दल-बदल कानून के अंतर्गत अनुसूची 10 जोड़ी गई तथा विधानसभा अध्यक्ष को अधिकार दिया गया कि दल-बदल की स्थिति में वह विधानसभा के सदस्यों की सदस्यता समाप्त कर सकता है। इस कानून के प्रभाव में आने के बाद विधानसभा अध्यक्ष के निर्णयों को लेकर कई बार विवाद हो चुका है। हालाँकि इन सभी विवादों का मूल विधानसभा अध्यक्ष पर निष्पक्ष न होने का आरोप है।

विधानसभा उपाध्यक्ष: निर्वाचन एवं कार्यकाल

विधानसभा सदस्यों द्वारा बहुमत के आधार पर चयनित सदस्यों में से किसी एक को उपाध्यक्ष चुना जाता है। विधानसभा अध्यक्ष की अनुपस्थिति में वह उसके स्थान पर कार्य करता है। विधानसभा उपाध्यक्ष का कार्यकाल एवं पद से हटाने की प्रक्रिया आदि विधानसभा अध्यक्ष के समान ही होती है।

उत्तर प्रदेश विधानसभा अध्यक्ष

क्र. सं.	अध्यक्ष	कार्यकाल
1.	श्री पुरुषोत्तमदास टण्डन	31 जुलाई, 1937 से 10 अगस्त, 1950
2.	श्री नफीसुल हसन	21 दिसंबर, 1950 से 19 मई, 1952
3.	श्री आत्माराम जी. खेर	20 मई, 1952 से 10 अप्रैल, 1957
4.	श्री आत्माराम जी. खेर	10 अप्रैल, 1957 से 26 मार्च, 1962
5.	श्री मदन मोहन वर्मा	26 मार्च, 1962 से 16 मार्च, 1967

6.	श्री जे. एस. अग्रवाल	17 मार्च, 1967 से 16 मार्च, 1969
7.	श्री आत्माराज जी. खेर	17 मार्च, 1969 से 18 मार्च, 1974
8.	श्री वासुदेव सिंह	18 मार्च, 1974 से 12 जुलाई, 1977
9.	श्री बनारसी दस	12 जुलाई, 1977 से 26 फरवरी, 1979
10.	श्री श्रीपति मिश्र	07 जुलाई, 1980 से 18 जुलाई, 1982
11.	श्री धरम सिंह	25 अगस्त, 1982 से 15 मार्च, 1985
12.	श्री नियाज हसन	15 मार्च, 1985 से 09 जनवरी, 1990
13.	श्री एच. के. श्रीवास्तव	09 जनवरी, 1990 से 30 जुलाई, 1991
14.	श्री केशरी नाथ त्रिपाठी	30 जुलाई, 1991 से 15 दिसंबर, 1993
15.	श्री धनीराम वर्मा	15 दिसंबर, 1993 से 20 जून, 1995
16.	श्री बरखू राम वर्मा	18 जुलाई, 1995 से 26 मार्च, 1997
17.	श्री केशरी नाथ त्रिपाठी	27 मार्च, 1997 से 14 मई, 2002
18.	श्री केशरी नाथ त्रिपाठी	14 मई, 2002 से 19 मई, 2004
19.	श्री माता प्रसाद पांडेय	26 जुलाई, 2004 से 18 मई, 2007
20.	श्री सुखदेव राजभर	18 मई, 2007 से 13 अप्रैल, 2012
21.	श्री माता प्रसाद पांडेय	13 अप्रैल, 2012 से 30 मार्च, 2017
22.	श्री एच. एन. दीक्षित	30 मार्च, 2017 से 29 मार्च, 2022
23.	श्री सतीश महाना	29 मार्च, 2022 से अब तक

क्र.सं.	कार्यकारी अध्यक्ष	
1.	श्री जगन्नाथ प्रसाद	27 फरवरी, 1997 से 17 फरवरी, 1980
2.	श्री यादवेंद्र सिंह	19 जुलाई, 1982 से 24 अगस्त, 1982
3.	श्री बरखू राम वर्मा	20 जून, 1995 से 17 जुलाई, 1995
4.	डॉ. वकार अहमद शाह	19 मई, 2004 से 26 जुलाई, 2004

विधान परिषद्

भारत शासन अधिनियम, 1935 के अंतर्गत उत्तर प्रदेश में द्विसदनीय विधानमंडल का गठन किया गया था जिसमें विधान परिषद् को द्वितीय सदन के रूप में स्वीकार किया गया। इसे **'उच्च सदन'** भी कहा जाता है। विधानसभा की अपेक्षा यह एक स्थायी सदन है, जिसका विघटन नहीं होता। इसके सदस्यों का चुनाव अप्रत्यक्ष रूप से होता है, तथा उनका कार्यकाल 6 वर्ष का होता है। इसके एक तिहाई सदस्य प्रत्येक 2 वर्ष पश्चात अवकाश ग्रहण करते हैं।

विधान परिषद् सदस्यों के चयन की प्रक्रिया–विधान परिषद् की कुल सदस्य संख्या के 5/6 सदस्य निर्वाचित और 1/6 सदस्यों को राज्यपाल द्वारा नामित किया जाता है। इन सदस्यों का निर्वाचन इस प्रकार होता है–

1. एक तिहाई सदस्यों का चुनाव शहरी निकाय एवं जिला परिषद् सदस्यों द्वारा किया जाता है।
2. एक तिहाई सदस्य विधानसभा सदस्यों द्वारा चुने जाते हैं।
3. कुल सदस्यों में से **1/12 सदस्य** उस राज्य के पंजीकृत स्नातकों द्वारा निर्वाचित होते हैं, जिन्हें स्नातक परीक्षा उत्तीर्ण किए हुए कम-से-कम तीन वर्ष हो गये हों।
4. विधान परिषद् की कुल सदस्य संख्या के **1/12 सदस्य** राज्य की माध्यमिक पाठशाला या उससे उच्च स्तर के विद्यालयों में तीन वर्ष से अधिक समय तक अध्यापन करने वाले अध्यापकों के निर्वाचक मंडल द्वारा निर्वाचित होते हैं।
5. शेष **1/6 सदस्य** राज्यपाल द्वारा नामित या मनोनीत किए जाते हैं।

विधान परिषद् के सभापति एवं उपसभापति–विधान परिषद् के सदस्यों द्वारा ही एक सभापति और एक उपसभापति का निर्वाचन किया जाता है। सभापति एवं उपसभापति सदन

के सदस्यों के बने रहने तक अपने पद पर बने रहते हैं। विशेष परिस्थिति में सभापति अपना त्यागपत्र उपसभापति को दे सकता है। इसी प्रकार उप सभापति अपना त्यागपत्र सभापति को देकर पदमुक्त हो सकते है।

उत्तर प्रदेश विधान परिषद् के पीठासीन अधिकारी

क्र. सं.	सभापति	कार्यकाल
1.	डॉ. सर सीताराम	19 अगस्त, 1925 से 12 मार्च,1937 12 जुलाई, 1937 से 09 मार्च,1949
2.	श्री चंद्रभाल	10 मार्च,1949 से 25 जनवरी, 1950 तक 26 जनवरी, 1950 से 5 मई, 1958 तक
3.	श्री रघुनाथ विनायक धुलेकर	20 जुलाई, 1958 से 5 मई, 1964 तक
4.	श्री दरबारी लाल शर्मा	05 अगस्त,1964 से 5 मई, 1968 तक
5.	श्री वीरेंद्र स्वरूप	15 मार्च, 1969 से 5 मई, 1974 तक 11जून, 1974 से 26 फरवरी, 1980 तक
6.	श्री वीरेन्द्र बहादुर सिंह चंदेल	6 अक्टूबर, 1980 से 05 मई, 1982 तक 3 मार्च, 1983 से 05 मई, 1988 तक
7.	श्री जगदीश चन्द्र दीक्षित	6 अप्रैल, 1989 से 07 मार्च, 1990 तक
8.	श्री शिव प्रसाद गुप्ता	05 जुलाई, 1990 से 06 जुलाई, 1992 तक
9.	श्री नित्यानन्द स्वामी	25 अप्रैल, 1997 से 08 नवम्बर, 2000 तक
10.	चौधरी सुखराम सिंह यादव	03 अगस्त, 2004 से 15 जनवरी, 2010 तक
11.	श्री गणेश शंकर पाण्डेय	21 जनवरी, 2010 से 15 जनवरी, 2016 तक
12.	श्री रमेश यादव	11 मार्च, 2016 से 30 जनवरी, 2021 तक
13.	श्री कुंवर मानवेन्द्र सिंह	22 मई, 2022 से अब तक

क्र. सं.	प्रोटेम सभापति (अस्थायी अध्यक्ष)	कार्यकाल
1.	श्री दरबारी लाल शर्मा	6 मई, 1964 से 4 अगस्त, 1964 तक 6 मई, 1968 से 1 मार्च 1969 तक
2.	श्री वीरेन्द्र बहादुर सिंह चंदेल	18 जून, 1980 से 5 अक्टूबर, 1980 तक
3.	श्री जगदीश चन्द्र दीक्षित	6 मई, 1988 से 5 अप्रैल, 1989 तक
4.	श्री शिव प्रसाद गुप्ता	13 मार्च, 1990 से 8 अप्रैल, 1990 तक 09 अप्रैल, 1990 से 4 जुलाई, 1990 तक
5.	श्री नित्यानन्द स्वामी	23 मई, 1996 से 24 अप्रैल, 1997 तक
6.	श्री ओम प्रकाश शर्मा	17 नवम्बर, 2000 से 5 मई, 2002 तक
7.	श्री कुंवर मानवेन्द्र सिंह	6 मई, 2002 से 2 अगस्त, 2004 तक
8.	श्री कमला कान्त गौतम	16 जनवरी, 2010 से 21-01-2010 की मध्यान्त तक
9.	श्री ओम प्रकाश शर्मा	16 जनवरी, 2016 से 11 मार्च, 2016 तक
10.	श्री कुँवर मानवेन्द्र सिंह	31 जनवरी, 2021 से वर्तमान

क्र. सं.	कार्यकारी सभापति	कार्यकाल
1.	श्री निजामुददीन	06 मई, 1958 से 19 जुलाई, 1958 तक
2.	श्री वीरेन्द्र स्वरूप	02 मार्च, 1969 से 14 मार्च, 1969 तक

3.	श्री देवेन्द्र प्रताप सिंह	06 मई, 1974 से 10 जून, 1974 तक
4.	श्री शिव प्रसाद गुप्ता	06 मई, 1982 से 02 मार्च 1983 तक
5.	श्री नित्यानन्द स्वामी	07 जुलाई, 1992 से 09 मई, 1996 तक

सभापति एवं उपसभापति को बहुमत द्वारा पारित प्रस्ताव से हटाया जा सकता है, जिसकी सूचना उन्हें प्रस्ताव प्रस्तुत करने से चौदह दिन पूर्व देनी होती है।

विधान परिषद् की बैठक-विधान परिषद् की बैठक वर्ष में दो बार अवश्य होनी चाहिए। दो बैठकों के बीच छः माह से अधिक का अंतराल नहीं होना चाहिए।

विधान परिषद की शक्तियाँ एवं कार्य

- साधारण विधेयक राज्य विधानमंडल के किसी भी सदन में प्रस्तुत किया जा सकता हैं। और विधानसभा से पारित किसी विधेयक को विधान परिषद् के पास भेजा जाता है। यदि विधान परिषद् 3 माह तक प्रस्तुत विधेयक को पारित नहीं करती है तो विधानसभा उस विधेयक को पुन: पारित कर विधान परिषद् के पास भेजती है। इसके बाद विधान परिषद् उक्त विधेयक को यदि एक माह तक पारित नहीं करती तो विधेयक को फिर दोनों सदनों से पारित मान लिया जाता है। अतः विधान परिषद् साधारण विधेयक को मात्र 4 माह तक ही रोक कर रख सकती है।
- विधान परिषद् को 'विलम्बकारी सदन' भी कहा जाता है।
- विधान परिषद् धन विधेयक को मात्र 14 दिन तक ही अपने पास रोक सकती है। विधानसभा द्वारा पारित धन विधेयक जब विधान परिषद् के पास भेजा जाता है तो उसे 14 दिन में उस विधेयको को वापस करना होता है, अन्यथा विधेयक स्वतः पारित हो जाता है।
- विधान परिषद् के सदस्य मंत्रिपरिषद् के सदस्य नियुक्त हो सकते हैं।

विधानसभा तथा विधान परिषद: में तुलना- धन विधेयक के संबंध में विधान सभा की अपेक्षा विधान परिषद् के अधिकार सीमित हैं। विधान परिषद् के पास धन विधेयक में संशोधन या उसे अस्वीकृत करने की शक्ति नहीं होती। और साधारण विधेयक विधानमंडल के दोनों सदनों में लाया जा सकता है, लेकिन इसे पारित कराने का अंतिम अधिकार विधानसभा के पास होता है। विधान परिषद् साधारण विधेयक के संबंध में अधिकतम चार माह तक विलम्बित कर सकती है।

यदि कोई विधेयक विधान परिषद् से पारित होकर इसकी संस्तुति हेतु विधानसभा में भेजा जाता है तो विधानसभा का अधिकार है कि उसे नकार दे तो वह समाप्त हो जाता है। और यदि स्वीकार कर ले तो वह कानून का रूप ग्रहण करता है।

बजट (वार्षिक वित्तीय विवरण) के संदर्भ में विधान परिषद् में चर्चा हो सकती है, किन्तु इस पर मतदान करने का अधिकार उसे नहीं है। और विधान परिषद् अविश्वास प्रस्ताव द्वारा मंत्रिपरिषद् को हटा नहीं सकता। यह अधिकार मात्र विधानसभा को है। इसीलिए मंत्रिपरिषद् विधानसभा के प्रति ही उत्तरदायी होती है।

राष्ट्रपति एवं राज्यसभा के सदस्यों के निर्वाचन के संदर्भ में भी विधान परिषद् के सदस्य भाग नहीं ले सकते। इसलिए कहा जाता है कि विधान परिषद् का अपना अस्तित्व भी विधानसभा पर निर्भर करता है।

वेतन एवं भत्ता-विधानमंडल के सदस्यों का वेतन एवं भत्तों का निर्धारण समय-समय पर विधानमंडल द्वारा किया जाता है। तथा विधानमंडल के सदस्यों के वेतन एवं भत्ते का भुगतान राज्य की संचित निधि से किया जाता है। विधानमंडल के दोनों सदनों के अपने सचिवालय होते हैं, जो स्वतंत्र रूप से, बिना किसी राज्य सरकार के हस्तक्षेप के कार्य करते हैं। अतः विधानमंडल के सदस्यों की सुविधा के लिए उत्तर प्रदेश में एक विधानमंडल पुस्तकालय का निर्माण किया गया है, जो देश के किसी अन्य राज्य के पुस्तकालय से बृहद है।

समितियाँ

संविधान के **अनुच्छेद-174 (2)** के अधीन विधानसभा के प्रति मंत्रिपरिषद् के सामूहिक उत्तरदायित्व और कार्यपालिका के कृत्यों पर प्रभावी नियंत्रण रखने के लिए संविधान के **अनुच्छेद-208** के अंतर्गत बनायी गई उत्तर प्रदेश विधानसभा की प्रक्रिया तथा कार्य संचालन नियमावली, 1958 के अंतर्गत विभिन्न स्थायी प्रकृति की वित्तीय एवं गैर-वित्तीय समितियों का गठन किया जाता है। सदन की तीन महत्वपूर्ण वित्तीय समितियां हैं-

1. **प्राक्लन समिति**-इसका कार्य सदन के समक्ष प्रस्तुत प्राक्लनों की समीक्षा एवं लोक-व्यय को किफायती बनाने संबंधी सुझाव देना होता है।

2. **लोक लेखा समिति**-यह समिति भारत के नियंत्रक एवं महालेखा परीक्षक द्वारा प्रस्तुत राज्य संबंधी प्रतिवेदनों का अध्ययन करती है एवं उस पर अपनी रिपोर्ट विधान मंडल को प्रस्तुत करती है।
    - इस समिति का अध्यक्ष पारंपरिक रूप से विपक्ष का सदस्य होता है। परन्तु मंत्रिपरिषद् के सदस्य इस समिति के सदस्य नहीं हो सकते।
    - उत्तर प्रदेश इस परम्परा को शुरू करने वाला प्रथम राज्य है। इस समिति के सदस्यों का चयन एक वर्ष के लिए होता है।
3. **सार्वजनिक उपक्रम एवं निगम समिति**-यह समिति सार्वजनिक उपक्रमों की कार्यप्रणाली की समीक्षा करती है।

विशेष समितियां-अन्य समितियों की तरह विशेष समितियों का उद्देश्य है सदन के कार्य संचालन को प्रभावी बनाना। इन समितियों में प्रमुख हैं-

आश्वासन समिति-यह समिति सदन में समय-समय पर दिए गए आश्वासनों की जांच करती है।

विशेषाधिकार समिति-यह समिति सदन एवं इसके सदस्यों के विशेषाधिकार हनन संबंधी विषय की समीक्षा करती है और उस पर अपना सुझाव देती है। इस समिति की प्रकृति अर्ध न्यायिक होती है।

नेता प्रतिपक्ष-नेता प्रतिपक्ष का पद कैबिनेट मंत्री के समतुल्य है। यद्यपि नेता प्रतिपक्ष कौन होगा इसका स्पष्ट उल्लेख संविधान में नहीं है, लेकिन परंपरागत रूप से सदन में सर्वोच्च संख्याबल वाली विपक्षी पार्टी के नेता को 'नेता प्रतिपक्ष' चुना जाता है, बशर्ते यह संख्या सदन की कुल संख्या के 1/10 से कम न हो।

राज्य वित्त आयोग

भारतीय संविधान के अनुच्छेद-243 (आई) तथा 243 (वाई) में राज्य वित्त आयोग के गठन का उपबंध किया गया है। उत्तर प्रदेश पंचायती राज अधिनियम 1947 की धारा 32 (क) के प्रावधानों के अंतर्गत राज्यपाल पंचायती राज एवं स्थानीय निकाय हेतु प्रत्येक पाँच वर्ष पर एक राज्य वित्त आयोग का गठन करेंगे।

राज्य सूचना आयोग

इस आयोग का गठन सूचना का अधिकार अधिनियम, 2005 की धारा 15 के अंतर्गत उत्तर प्रदेश सरकार द्वारा 14 सितम्बर, 2005 को किया गया।

- सूचना का अधिकार अधिनियम की धारा 16 (1) के अनुसार राज्य मुख्य सूचना आयुक्त तथा राज्य सूचना आयुक्त का कार्यकाल 5 वर्ष या 65 वर्ष (जो भी पहले हो) तक होगा। राज्य सूचना आयुक्त की पुन: नियुक्ति नहीं की जा सकेगी। 16 (3) तथा राज्य सूचना आयुक्त मुख्य सूचना आयुक्त के पद हेतु नियुक्ति के पात्र है।
- राज्य के तीसरे राज्य मुख्य सूचना आयुक्त श्री जावेद उस्मानी थे, जो 16 फरवरी, 2020 तक इस पद पर बने रहे।
- भवेश कुमार सिंह को फरवरी, 2021 में उत्तर प्रदेश के नए मुख्य सूचना आयुक्त नियुक्त किया गया है। तथा न्यायमूर्ति एमं. ए. खान राज्य के प्रथम सूचना आयुक्त थे जो 22 मार्च 2006 से 9 जुलाई 2008 तक इस पद पर रहें।

राज्य महिला आयोग

यह आयोग महिलाओं के उत्पीड़न संबंधी शिकायतों के निवारण तथा महिला सशक्तिकरण के लिये आवश्यक कदम उठाने के उद्देश्य से उत्तर प्रदेश राज्य महिला आयोग अधिनियम, 2004 (यथासंशोधित 2013) के अंतर्गत उत्तर प्रदेश राज्य महिला आयोग का गठन 26 अप्रैल, 2013 को किया गया।

- इस आयोग की वर्तमान अध्यक्ष श्रीमती विमला बाथम (नोएडा महानगर सीट से विधायक) एवं उपाधयक्ष श्रीमती सुषमा सिंह एवं श्रीमती अंजु चौधरी हैं।
- इस आयोग को सिविल न्यायालय की तरह सम्मन जारी करना, दस्तावेज मंगाना, लोक अभिलेख प्राप्त करना, साक्ष्यों और अभिलेखों के परीक्षण के लिए कमीशन जारी करना आदि शक्तियां प्राप्त हैं।

राज्य लोक सेवा आयोग-केंद्र के संघ लोक सेवा आयोग की तरह उत्तर प्रदेश में राज्य लोक सेवा आयोग का प्रावधान उपबंध किया गया। राज्य लोक सेवा आयोग की स्थापना भारत सरकार अधिनियम, 1935 के अंतर्गत 1 अप्रैल, 1937 को की गई। इसके प्रथम अध्यक्ष **सर डीएल ड्रेक ब्रोकमैन** थे। वर्तमान में इसके अध्यक्ष डॉ. प्रभात कुमार हैं।

- संविधान के भाग 14वें में अनुच्छेद 315 से 323 तक में राज्य लोक सेवा आयोग की शक्तियां, गठन तथा इसके सदस्यों की नियुक्तियां एवं बर्खास्तगी आदि का उल्लेख किया गया है।
- राज्यपाल आयोग के अध्यक्ष एवं सदस्यों की नियुक्ति करते हैं। संविधान में आयोग के सदस्यों की संख्या का उल्लेख नहीं है, राज्यपाल के विवेक पर छोड़ दिया गया है।

- आयोग के अध्यक्ष व सदस्यों का कार्यकाल पदग्रहण करने की तिथि से 6 वर्ष की अवधि या 62 वर्ष आयु, जो भी पहले हो, तक होता है। और कोई भी व्यक्ति जिसने एक बार लोकसेवा आयोग के सदस्य के रूप में पद धारण किया है, पुनर्निमुक्ति का पात्र नहीं होगा। राज्य लोक सेवा आयोग के अध्यक्ष या अन्य सदस्य को भारत के राष्ट्रपति के आदेश द्वारा ही उनके कार्यकाल से निष्कासित या निलंबित किया जा सकता है।
- राज्य लोक सेवा आयोग का प्रमुख कार्य राज्य की सिविल सेवाओं के लिए परीक्षाओं का आयोजन एवं कार्मिक प्रबंधन से संबंधित विषयों पर परामर्श प्रदान करना है।

राज्य मानवाधिकार आयोग

राज्य में मानवाधिकार आयोग का गठन मानवाधिकार संरक्षण अधिनियम, 1993 की धारा 21 के अंतर्गत 7 अक्टूबर 2002 को किया गया। तथा मानवाधिकार संरक्षण अधिनियम 1993 में वर्ष 2019 में हुए संशोधन के बाद अब राज्य मानवाधिकार आयोग के अध्यक्ष और सदस्यों का कार्यकाल 3 वर्ष या 70 वर्ष की आयु तक जो भी पहले ही तक होता है। तथा ये पुनर्नियुक्ति के पात्र होते है।

इसके वर्तमान अध्यक्ष न्यायमूर्ति बाल कृष्ण नारायण हैं।

- उत्तर प्रदेश राज्य मानवाधिकार आयोग के अध्यक्ष एवं सदस्यों को क्रमशः उच्च न्यायालय के मुख्य न्यायाधीश एवं न्यायाधीश के समतुल्य समस्त सुविधायें एवं वेतन भत्ते मिलते हैं। यदि आयोग के अध्यक्ष उच्चतम न्यायालय के पूर्व न्यायाधीश रह चुके हैं तो उन्हें उच्चतम न्यायालय के न्यायाधीश के समान समस्त सुविधायें, वेतन एवं भत्ते प्राप्त होंगे।

राज्य निर्वाचन आयोग- भारतीय संविधान में राज्य के नीति-निदेशक तत्वों के अंतर्गत अनुच्छेद 40 में उल्लेखित पंचायतों की स्थापना हेतु संयुक्त प्रांत पंचायती राज अधिनियम 1947 पारित कर वर्ष 1949 में ग्राम सभा की स्थापना की गई।

- पंचायती राज संस्थाओं एवं नगर निकायों को संवैधानिक दर्जा (73वें व 74वें संविधान संशोधन, अधिनियम, 1992) प्राप्त होने के बाद 23 अप्रैल, 1994 को राज्य में एक राज्य निर्वाचन आयोग की स्थापना की गई।
- इस मुख्य कार्य पंचायतों एवं नगर निकायों के चुनाव को सम्पन्न कराना, मतदाता सूची तैयार करना, आदर्श चुनाव आचार संहिता तैयार करना आदि है।
- पंचायती का चुनाव राज्य निर्वाचन आयोग द्वारा वर्ष 1995 से ही कराया जा रहा है।
- वर्तमान में श्री मनोज कुमार (18 जनवरी 2018 से) उत्तर प्रदेश राज्य निर्वाचन आयुक्त हैं।

केंद्र-राज्य विधायी, वित्तीय व प्रशासनिक संबंध

संघवादी व्यवस्था निर्धारण में केन्द्र-राज्य संबंध अत्यंत महत्त्वपूर्ण है। यह संघवादी व्यवस्था को चलाने की गति के साथ-साथ उसकी दिशा के भी निर्धारक हैं। संविधान द्वारा विधायी, प्रशासनिक व वित्तीय अधिकार दोनों सरकारों को दिए गए हैं। यद्यपि सभी महत्त्वपूर्ण विषयों पर केन्द्र की अधिकारिता है। अतः वह इन्हें माध्यम बनाकर राज्य प्रणाली में अपने राजनीतिक हित साधकर सदैव हस्तक्षेप करता है। इन्हीं हस्तक्षेपवादी कार्यकलापों से केन्द्र के एकात्मक लक्षण संघवादी व्यवस्था में दृष्टिगत होते हैं। इस संदर्भ में विधायी अधिकार सर्वप्रमुख हैं।

केन्द्र व राज्यों के बीच विधाई शक्तियों के रूप में तीन प्रकार की सूचियां संविधान में उपस्थित हैं। प्रथम संघ सूची इसमें महत्त्वपूर्ण विषयों का उल्लेख है जिसमें रक्षा, संचार, विदेश नीति इत्यादि जहाँ सिर्फ केन्द्र के कानून प्रभावी हैं। द्वितीय राज्य सूची इसमें राज्य सरकार को कानून बनाने की अग्रता है लेकिन केन्द्र के कानून से मतभेद की स्थिति पर राज्य कानूनों के ऊपर केन्द्रीय कानून की वरीयता होगी। तीसरी समवर्ती सूची जहाँ केन्द्र व राज्य दोनों कानून बना सकते हैं। लेकिन केन्द्र द्वारा बनाए गए कानून से राज्य के कानूनों में विरोध नहीं होना चाहिए अन्यथा केन्द्र के कानून प्रभावी होंगे। इसके अतिरिक्त विभिन्न संवैधानिक धाराएं हैं जो केन्द्र को राज्यों के सापेक्ष शक्ति प्रदान करती हैं। इन अनुच्छेदों को हम सामान्य व विशिष्ट स्थितियों में अलग कर सकते हैं।

साधारण परिस्थिति में केंद्र-राज्य संबंध

सामान्य स्थिति में अनु. 246, 248, 254 केन्द्र के राज्य पर प्रभाव को स्पष्ट करते हैं। अनु. 246 के अनुसार केन्द्र व राज्य सूची में मतभेद पर केन्द्र सूची का प्रभावी होगा। अनुच्छेद 248 के अनुसार अवशिष्ट शक्ति केन्द्र में निहित होगी तथा अनु. 254 के अनुसार समवर्ती सूची पर राज्य के सापेक्ष केन्द्र के कानून प्रभावी होंगे। अनु. 368 के तहत संविधान संशोधन में राज्यों के पास कोई अधिकार नहीं है। अनु. 2, 3 के अनुसार संघ राज्यों का पुनर्गठन कर सकता है। अनुच्छेद 169 के तहत संसद राज्यों की विधान परिषदों को निर्मित तथा उत्सादित कर सकती है। ये सामान्य प्रावधान हैं जिनके

माध्यम से सामान्य परिस्थितियों में केन्द्र राज्य की गतिविधियों को संचालित करता है। इसके अतिरिक्त कुछ विशिष्ट स्थितियाँ भी केन्द्र के अधिकारों को सशक्त करती हैं।

विशिष्ट स्थिति में केंद्र-राज्य संबंध

असाधारण परिस्थितियों में विभिन्न अनुच्छेदों के माध्यम से केन्द्र की एकात्मक पद्धति झलकती है। अनु. 249 द्वारा राज्य सूची पर राज्यसभा द्वारा कानून बनाने की पहल करना। अनु. 250 में आपातकाल के समय राज्यों की सभी विधायी शक्तियों का संसद में निहित हो जाना, अनु. 252 के अनुसार दो या दो से अधिक राज्यों द्वारा अनुमोदित विषय पर केन्द्र का कानून बनाया जाना, अनु. 253 के अनुसार अंतर्राष्ट्रीय विषय पर कानून बनाने की शक्ति सिर्फ संघ के पास होना आदि। प्रारंभ से ही केन्द्र ने इन विषयों को आधार बनाकर राज्य प्रणाली में अवरोध उत्पन्न किया है। जिससे संघवाद में एकात्मकता के लक्षण प्रदर्शित होते हैं। इनके अतिरिक्त केन्द्र के पास प्रशासनिक शक्तियाँ भी हैं जो सामान्य व विशिष्ट स्थितियों में लागू होती हैं और राज्यों पर नियंत्रण स्थापित करती हैं।

राज्य का संवैधानिक पद राज्यपाल है जिसकी नियुक्ति व पदमुक्ति का अधिकार केन्द्र के पास है। चूंकि राज्यपाल की नियुक्ति राष्ट्रपति द्वारा मंत्रिपरिषद् के परामर्श से होती है और सामान्यत: यह केन्द्र के प्रारूप सत्ताधारी दलों के ही व्यक्ति होते हैं अत: ये राज्यों के संवैधानिक मुखिया होने के बजाय राज्य में केन्द्र के एजेंट होने की भूमिका निभाते हैं।

इसके अलावा कुछ अन्य अनुच्छेह भी केन्द्र-राज्य तनाव का आधार हैं वैसे अनु. 256 व 257(a) के तहत संघ के निर्देश राज्य द्वारा पालन न किए जाने पर संघ अनु. 365 के अधीन अनु. 356 का प्रयोग कर सकता है। प्रशासनिक शक्तियों के इस्तेमाल की प्रमुख समस्या अर्धसैनिक बलों की तैनाती के संदर्भ में है। चूंकि संघ सरकार के पास अधिकार है कि कानून व संघ की संपत्ति के लिए वह देश में कहीं भी अर्धसैनिक बल तैनात कर सकती है। चूंकि कानून व व्यवस्था राज्य सूची का विषय है अत: यह प्रक्रिया एकात्मकता प्रदर्शित करती है। इसके अतिरिक्त विवाद का मुख्य विषय अखिल भारतीय सेवकों की कार्यप्रणाली व कार्यवाहियों को लेकर भी है।

अनु. 312 के अधीन अखिल भारतीय सेवा के लोगों की नियुक्ति व वेतन केन्द्र द्वारा तय होते हैं जबकि ये कार्य राज्यों में करते हैं। जब इनके विरुद्ध अनुशासनात्मक कार्यवाही की बात होती है तो सिर्फ केन्द्र ही इनके खिलाफ कार्यवाही कर सकता है इसमें राज्यों को कोई अधिकार नहीं हैं। ऐसे में राज्यों का आरोप है कि ये केंद्र के एजेंट के रूप में कार्य करते हैं। राज्यों का दूसरा आरोप इनके संदर्भ में हैं कि ये उच्चशिक्षित लोग हैं तथा भाषा एवं संस्कृति के दृष्टि में राज्य की जनता से अलग हैं। चूंकि यह राज्य की जनता के साथ संबंध स्थापित नहीं कर पाते अत: यह एक अलग उच्च वर्ग के रूप में स्थापित होकर केवल अपने स्वार्थों को आगे बढ़ाते हैं।

इसके अतिरिक्त कुछ विशिष्ट स्थितियाँ हैं जहाँ केन्द्र का आच्छादन राज्यों की नीतियों व कानून व्यवस्था में हो जाता है इसमें सर्वप्रमुख अनु. 352, 356 व 360 हैं। अनु. 352 के अधीन राष्ट्रीय आपात व्यवस्था है जिसमें केन्द्र-राज्य सूची के किसी भी विषय पर कानून बना सकता है। राष्ट्रपति राज्य के राज्यपाल की अनुशंसा पर या आत्मसंतुष्टि के आधार पर कि राज्य का प्रशासन संविधान की धाराओं के अनुरूप नहीं चल रहा है, संविधान की धाराओं की उद्घोषणा के साथ राज्य की सभी कार्यकारी शक्ति केन्द्र को सौंप सकता है (अनु. 356)। इस प्रकार अनु. 360 की वित्तीय आपात की स्थिति में राज्य के धन विधेयक या वित्तीय गतिविधि को रोक सकता है तथा सभी अधिकार केन्द्र में निहित कर सकता है। इस प्रकार उपरोक्त आपातकालीन संवैधानिक अधिकार का प्रयोग केन्द्र सरकार लगातार स्वतंत्रता के बाद से राज्यों को नियंत्रित करने में करती रही है इसके माध्यम से संघ सरकार ने एकात्मक लक्षणों को प्रदर्शित किया है। इन प्रावधानों के अतिरिक्त कुछ वित्तीय अधिकार भी हैं जो राज्यों पर केन्द्र का नियंत्रण स्थापित करते हैं। केन्द्र इन अधिकारों तथा वित्तीय संस्थाओं के माध्यम से एकात्मक लक्षणों को प्रदर्शित करता है।

राजस्व स्रोतों का वितरण केन्द्र व राज्यों के संबंधों को निर्धारित करने में महत्त्वपूर्ण भूमिका निभाता है। संविधान में कराधान की शक्ति राज्य व केन्द्र सूची में जोड़ी गई है। जहाँ राजस्व के बंटवारे तथा उसके हस्तांतरण के संबंध में केन्द्र व राज्यों के लिए प्रावधान है लेकिन केन्द्र सरकार वित्त के मामले में प्रमुख भूमिका निभाता है क्योंकि संसाधनों पर मुख्यत: उसका नियंत्रण है तथा वह राज्यों को अनुदान तथा संचित निधि से धन प्रदान करता है। अनु. 275 के अधीन संघीय सरकार, संसद द्वारा कानूनी प्रावधान से संचित निधि से राज्यों को सहायता अनुदान दे सकती है। अनु. 282 के अनुसार यह व्यवस्था है भले ही किसी उद्देश्य के संबंध में संसद ने कानून न बनाया हो, संघ किसी भी राज्य को अनुदान या सहायता दे सकता है। अनु. 280 के तहत वित्त आयोग का प्रावधान है जो राज्यों व संघ में वित्त बंटवारे को सुनिश्चित करता है, जो संचित

निधि के प्रयोग के सिद्धांतों के साथ राष्ट्रपति द्वारा प्रदत्त अन्य वित्तीय कार्य करता है। लेकिन वर्तमान समय में योजना आयोग का महत्त्व बढ़ रहा है।

योजना आयोग एक गैर-संवैधानिक निकाय है जिसका कार्य स्थानीय स्तर पर संसाधनों का अनुमान करना, योजनाओं का निर्माण करना व उसे लागू करने की कार्यकारी व वित्तीय व्यवस्था करना है। भारत के प्रधानमंत्री योजना आयोग के पदेन अध्यक्ष होते हैं। वह केन्द्र सरकार के भी मुखिया हैं ऐसे में राज्यों का आरोप कि केन्द्र की नीति राज्यों पर आरोपित करके राज्यों के साथ पक्षपातपूर्ण व्यवहार किया जाता है। यद्यपि राज्यों के आरोप कुछ हद तक सही हैं क केन्द्र योजना आयोग के माध्यम से एकात्मक लक्षण प्रदर्शित कर रहा है। लेकिन वर्तमान उदारीकरण के युग में विकास मुख्य मुद्दा है और बहुलवादी समाज में सामाजिक-आर्थिक विकास तीव्रता के साथ पहुंचाने में योजना आयोग की भूमिका महत्त्वपूर्ण होगी।

चूंकि वैश्वीकरण के दौर में आर्थिक गतिविधियों का एकीकरण वैश्विक स्तर पर हो रहा है ऐसे में राष्ट्रीय आर्थिक क्रियाओं को जोड़ने का मुद्दा प्रमुख है। इस प्रकार क्षेत्रीय इकाइयों की अपेक्षा राष्ट्रीय इकाइयों की भूमिका महत्त्वपूर्ण हो गई है। निवेश व व्यापार के संदर्भ में कानून बनाने का अधिकार केन्द्र के पास है। अत: केन्द्र द्वारा नीतियों व परियोजना को लागू करने पर राज्यों पर दबाव स्थापित होता है। राज्यों का आरोप है कि वर्तमान में विकास की चुनौतियाँ बढ़ती जा रही हैं और उनके अनुपात में उन्हें संसाधन नहीं मिल पा रहे हैं।

दूसरी तरफ शिक्षा, नियोजन, पर्यावरण समवर्ती सूची का विषय है जहाँ केन्द्र द्वारा कानून की प्रभाविता बढ़ी है अत: योजना आयोग का प्रभाव बढ़ा है। साथ ही वैश्विक परिदृश्य में उदारीकरण ने लोगों में जागरुकता का संचार किया है। ऐसे में विकास के लिए क्षेत्रीय दलों की अक्षमता ने जनता को राष्ट्रीय नेतृत्व की ओर मुखातिब किया है ताकि वे अपने स्थानीय विकास को राष्ट्रीय विकास से जोड़ सकें। ऐसे में योजना आयोग एक केन्द्रीय तंत्र के रूप में कार्य करता है। एक स्थान से दूसरे स्थान के बीच प्रवास के तत्त्व प्रभावी हुए है और लोगों ने अपनी उपक्षेत्रीय भावना का त्याग किया है तथा राष्ट्रीय तत्त्वों से जुड़ाव आर्थिक विकास व राजनीतिक स्तर ऊपर उठाने के संदर्भ में करना शुरू कर दिया है। अत: केन्द्र सरकार द्वारा राज्यों पर इसके माध्यम से समय-समय पर हस्तक्षेप करके एकात्मक लक्षण प्रदर्शित किए जाते हैं।

केंद्र-राज्य संबंधों के बदलते स्वरूप

वर्तमान में संघवाद के स्वरूप में परिवर्तन को सहकारी संघवाद के रूप में देख सकते हैं। इस समय तक संघ में किसी एक दल का बहुमत स्थापित नहीं हो पाया। केन्द्र सरकार के निर्माण में क्षेत्रीय दलों की भूमिका बढ़ गई जिससे गठबंधन सरकारों का उदय हुआ। साथ ही इन क्षेत्रीय दलों ने अपने विकास व राजनीतिक हित तथा लाभ व सहायता के संदर्भ में केन्द्रीय सरकार से सौदेबाजी के संदर्भ में करनी प्रारंभ की। यही लक्षण केन्द्र-राज्य संबंधों को नया आयाम प्रदान करता है।

इसमें किसी एक का प्रभुत्व स्थापित नहीं हो पाया तथा जनता के कल्याण के लिए योजनाओं में केन्द्र व राज्य की भागीदारी समन्वय व सहयोग पर आधारित हुई, यही सौदेबाजी का संघवाद कहलाया। फिर भी कुछ ऐसे मुद्दे उभरे जिन्होंने संघवाद को दिशा देने का कार्य प्रारंभ किया। केन्द्र को राज्यों के संदर्भ में अधिक अधिकारों के कारण एकात्मकता के लक्षण प्रदर्शित हुए। इसमें प्रमुख कारक भूमंडलीकरण स्वयं है।

भूमंडलीकरण ने प्रवसन को तीव्र किया। लोगों में क्षेत्रीयता के स्थान पर राष्ट्रीयता का तत्त्व प्रभावी हुआ। वे अपने हित राष्ट्रीय तत्त्व के साथ अंतर्राष्ट्रीय तत्त्वों से जोड़ने लगे। अत: केंद्र महत्त्वपूर्ण माध्यम बनकर उभरा। वहीं निवेश व व्यापार केन्द्र सरकार के अधीन है, अत: वैश्विक संस्थाओं से जुड़ने व अंतर्राष्ट्रीय कंपनियों के संदर्भ में कानून बनाने का अधिकार (अनु. 253) केन्द्र के पास है। केंद्र द्वारा नीति तय करने के कारण राज्यों पर दबाव पड़ा तथा दूसरी तरफ राज सरकारों पर जनता के दबाव ने उसे केन्द्र के साथ अधिक सहयोग की नीति के लिए दबाव डाला।

वर्तमान युग तकनीकी प्रौद्योगिकी व विकास का है। ऐसे में विशेषज्ञों की मांग बढ़ी है। प्रशासन व प्रबंधन को चलाने में, अत: क्षेत्रीय राजनीतिक नेतृत्व की अपेक्षा विशेषज्ञ लोगों की राजनीति तथा प्रशासन में मांग के कारण केन्द्रीयता का तत्त्व प्रभावी होता है। क्योंकि इससे राजनीति में तकनीक व प्रबंधन का महत्त्व बढ़ता तथा जनाधार व जनसहभागिता का तत्त्व गौण हो जाता है। परियोजना के परिचालन व क्रियान्वयन में वैश्विक विकास के स्तर का मुद्दा मुख्य हो जाता है। जैसे बजट में विभिन्न नीतियों का प्रभावी क्रियान्वयन वह वित्तमंत्रि आसानी से कर सकता है जिसे अर्थशास्त्र का ज्ञान हो बजाए सामान्य नेता के। इसके अलावा सामाजिक समस्याओं के निवारण में केन्द्र की भूमिका प्रभावी है।

गरीबी, बेरोजगारी, एड्स, पर्यावरण, आतंकवाद वैश्विक चुनौतियों के रूप में उभरे हैं जहाँ समस्या के समाधान के लिए राज्य की अपेक्षा केन्द्र की महत्त्वपूर्ण भूमिका है अतः राज्यों पर दबाव बढ़ा है। साथ ही राज्यों के मध्य विकास व राजनीतिक सहायता व अनुदान के लिए प्रतिस्पर्धा व्याप्त है। अतः केन्द्र मध्यस्थ के साथ अगुआ की भूमिका में भी सामने आया है। इन सभी कारणों ने संघवादी व्यवस्था एक सशक्त केन्द्र की रचना करने का प्रयास में किया है। परन्तु सशक्त केन्द्र के साथ सशक्त राज्य की अवधारणा का उदय भी साथ- साथ हुआ है। संघ की अंतर्राष्ट्रीय संधियों को लागू करने तथा निवेश को आमंत्रित करने के लिए राज्यों का सहयोग अत्यंत आवश्यक है आर्थिक विकास की प्रक्रिया को तीव्र करने के लिए कानून व व्यवस्था का प्रभावी होना तथा आधारभूत संरचनाओं का सशक्त होना आवश्यक है। ऊर्जा, सड़क, संचार जैसी बड़ी परियोजनाओं को शुरू करने करने के लिए भूमि अधिग्रहण आदि तकनीकी समस्याओं का समाधान राज्य सरकारों द्वारा ही किया जाता है।

चूंकि केंद्रीय गठबंधन सरकार के निर्माण में क्षेत्रीय दलों ने महत्त्वपूर्ण भूमिका निभानी शुरू कर दी है अतः वर्तमान में केन्द्र और राज्य मिलकर गरीबी, बेरोजगारी, आतंकवाद, पर्यावरण जैसी समस्याओं का समाधान कर रहे हैं। इस प्रकार भारत में सहकारी संघवाद की धारणा विकसित हो रही है जहाँ केन्द्र व राज्य सशक्त होते हुए परस्पर निर्भरता के आधार पर देश को विश्व के मानचित्र पर सशक्त करने का प्रयास कर रहे हैं।

❑❑❑

7 उत्तर प्रदेश में लोक सेवाएँ, लोक सेवा आयोग, लेखा परीक्षा, महान्यायवादी, उच्च न्यायालय एवं उसका अधिकार क्षेत्र

उत्तर प्रदेश लोक सेवाएँ

- एक सार्वजनिक सेवा एक ऐसी सेवा है जो सरकार द्वारा अपने अधिकार क्षेत्र में रहने वाले लोगों को सीधे या सेवाओं के निजी प्रावधान के वित्तपोषण द्वारा प्रदान की जाती है। सरकार द्वारा प्रदान किए जाने वाले स्वास्थ्य, शिक्षा, बुनियादी ढांचे और कानून और व्यवस्था से लेकर दिन-प्रतिदिन के जीवन के सभी पहलू सार्वजनिक सेवा के दायरे में आते हैं। सार्वजनिक सेवा को विकासशील समाजों में राजनीतिक आधुनिकीकरण का एक महत्वपूर्ण साधन माना जाता है।
- सार्वजनिक सेवा सरकार से जुड़ी हुई है और यह प्रशासनिक निकायों द्वारा अपने क्षेत्र में रहने वाले लोगों को दी जाती है। इसलिए सार्वजनिक सेवा को कल्याणकारी राज्य का मूल उद्देश्य कहा जा सकता है क्योंकि सरकारी हस्तक्षेप सार्वजनिक सेवा सुनिश्चित करने के लिए डिजाइन किए गए हैं।

उत्तर प्रदेश की कुछ प्रमुख लोक सेवाओं का उल्लेख निम्नवत हैं:-

- **स्वास्थ्य देखभाल:** राज्य सरकार स्वास्थ्य सुविधाओं का एक विशाल नेटवर्क संचालित करती है, जिसमें सरकारी अस्पताल, सामुदायिक स्वास्थ्य केंद्र, प्राथमिक स्वास्थ्य केंद्र और उप स्वास्थ्य केंद्र शामिल हैं। ये सुविधाएं जनता को चिकित्सा सेवाएँ, टीकाकरण कार्यक्रम, मातृ एवं शिशु स्वास्थ्य देखभाल और आपातकालीन सेवाएँ प्रदान करती हैं।
- **शिक्षा सेवाएँ:** उत्तर प्रदेश में एक व्यापक शिक्षा प्रणाली है, जो प्राथमिक, माध्यमिक और उच्च शिक्षा के अवसर प्रदान करती है। राज्य सरकार प्राथमिक विद्यालयों, माध्यमिक विद्यालयों, मध्यवर्ती महाविद्यालयों और विश्वविद्यालयों सहित सरकारी विद्यालयों और महाविद्यालयों का प्रबंधन करती है। इसके अतिरिक्त, आर्थिक रूप से कमजोर वर्गों के छात्रों को समर्थन देने के लिए विभिन्न छात्रवृत्ति योजनाएं लागू की जाती हैं।
- **पुलिस सेवाएँ:** उत्तर प्रदेश पुलिस विभाग राज्य में कानून व्यवस्था बनाए रखने के लिए जिम्मेदार है। यह सार्वजनिक सुरक्षा, अपराध की रोकथाम और आपराधिक गतिविधियों की जांच सुनिश्चित करता है। विभाग पुलिस स्टेशनों, अपराध शाखाओं, यातायात पुलिस इकाइयों और आतंकवाद विरोधी दस्ते जैसी विशेष इकाइयों का संचालन करता है।
- **परिवहन सेवाएँ:** उत्तर प्रदेश राज्य सड़क परिवहन निगम (UPSRTC), राज्य में सार्वजनिक परिवहन का प्राथमिक प्रदाता है। यह प्रमुख शहरों, कस्बों और गांवों को जोड़ने वाली बसों का एक व्यापक बेड़ा संचालित करता है। इसके अतिरिक्त, राज्य में अंतर-राज्य और अंतर्राज्यीय यात्रा के लिए यात्री और मालगाड़ियों सहित रेलवे सेवाएँ हैं।
- **विद्युत आपूर्ति:** उत्तर प्रदेश पावर कॉर्पोरेशन लिमिटेड (UPPCL) राज्य में बिजली के उत्पादन, संचरण और वितरण का प्रबंधन करता है। यह शहरी और ग्रामीण क्षेत्रों में विश्वसनीय बिजली आपूर्ति सुनिश्चित करता है, विद्युतीकरण योजनाओं को लागू करता है, और बिलिंग और उपभोक्ता सेवाओं की सुविधा प्रदान करता है।
- **जल आपूर्ति और स्वच्छता:** राज्य सरकार स्वच्छ पेयजल और स्वच्छता सुविधाएं प्रदान करने के लिए पहल करती है। यह स्वच्छ भारत अभियान (स्वच्छ भारत अभियान) जैसे स्वच्छता कार्यक्रमों को बढ़ावा देने के साथ-साथ जल आपूर्ति प्रणालियों, जैसे-जल उपचार संयंत्रों, जलाशयों और पाइपलाइनों के निर्माण और रखरखाव पर ध्यान केंद्रित करता है।
- **समाज कल्याण:** उत्तर प्रदेश समाज के वंचित वर्गों के उत्थान के लिए विभिन्न सामाजिक कल्याण कार्यक्रमों की पेशकश करता है। इन कार्यक्रमों में बुजुर्गों के लिए पेंशन, विधवाओं और विकलांग व्यक्तियों के लिए वित्तीय सहायता, आर्थिक

रूप से कमजोर वर्गों के छात्रों के लिए छात्रवृत्ति और बेघरों के लिए आवास योजनाएं शामिल हैं।

- **कृषि और ग्रामीण विकास:** एक कृषि प्रधान राज्य के रूप में, उत्तर प्रदेश कृषि विकास और ग्रामीण कल्याण पर जोर देता है। सरकार सब्सिडी वाले बीज, उर्वरक, सिंचाई सुविधाओं और कृषि विस्तार सेवाओं जैसी पहलों के माध्यम से किसानों को सहायता प्रदान करती है। ग्रामीण विकास योजनाओं का उद्देश्य ग्रामीण क्षेत्रों में बुनियादी ढांचे, रोजगार के अवसरों और जीवन की गुणवत्ता में सुधार करना है।
- **सिविल सेवाएँ:** उत्तर प्रदेश लोक सेवाओं में सिविल सेवाओं के पद शामिल हैं, जैसे कि उत्तर प्रदेश प्रांतीय सिविल सेवा (पीसीएस) और संयुक्त राज्य/प्रवर अधीनस्थ सेवाएँ। ये सेवाएँ विभिन्न सरकारी विभागों में प्रशासनिक, कार्यकारी और प्रबंधकीय भूमिकाओं को कवर करती हैं।
- **इंजीनियरिंग सेवाएँ:** उत्तर प्रदेश लोक सेवा में इंजीनियरिंग सेवाएँ शामिल हैं, जिसमें राज्य में बुनियादी ढांचे के विकास, सार्वजनिक कार्यों, सिंचाई, जल आपूर्ति और अन्य इंजीनियरिंग परियोजनाओं के लिए जिम्मेदार विभिन्न इंजीनियरिंग विभागों में पद शामिल हैं।
- **राजस्व सेवाएँ:** उत्तर प्रदेश लोक सेवाओं में राजस्व सेवाओं में राजस्व अधिकारियों, तहसीलदारों और भूमि प्रशासन, राजस्व संग्रहण और भूमि अभिलेखों के रखरखाव के लिए जिम्मेदार अन्य अधिकारियों सहित राजस्व विभागों में पद शामिल हैं।
- **न्यायपालिका सेवाएं:** लोक सेवाओं में न्यायिक प्रणाली के पद भी शामिल हैं, जैसे अधीनस्थ और जिला अदालतों में न्यायाधीश, मजिस्ट्रेट और न्यायिक अधिकारी। ये सेवाएँ न्याय सुनिश्चित करने, कानून के शासन को बनाए रखने और कानूनी विवादों को सुलझाने में महत्वपूर्ण भूमिका निभाती हैं।
- **वन एवं पर्यावरण सेवाएँ:** उत्तर प्रदेश लोक सेवाओं में वन संरक्षण, वन्य जीव संरक्षण, पर्यावरण विनियमन और सतत विकास पर ध्यान केंद्रित करते हुए वन और पर्यावरण विभागों में पद शामिल हैं।

उत्तर प्रदेश में सार्वजनिक सेवाओं का महत्व

- **बुनियादी जरूरतों का प्रावधान:** सार्वजनिक सेवाएँ बुनियादी जरूरतों जैसे स्वास्थ्य देखभाल, शिक्षा, जलापूर्ति, स्वच्छता और बिजली के प्रावधान को सुनिश्चित करती हैं। ये सेवाएँ निवासियों के समग्र विकास और जीवन की गुणवत्ता के लिए आवश्यक हैं। गुणवत्तापूर्ण स्वास्थ्य देखभाल और शिक्षा तक पहुंच एक स्वस्थ और कुशल कार्यबल बनाने, आर्थिक विकास और सामाजिक प्रगति को बढ़ावा देने में मदद करती है।
- **समाज कल्याण:** उत्तर प्रदेश में सार्वजनिक सेवाओं का उद्देश्य समाज के वंचित वर्गों का उत्थान करना और सामाजिक कल्याण सुनिश्चित करना है। बुजुर्गों के लिए पेंशन, विधवाओं और विकलांग व्यक्तियों के लिए वित्तीय सहायता और आर्थिक रूप से कमजोर छात्रों के लिए छात्रवृत्ति जैसे कार्यक्रम गरीबी को कम करने, सामाजिक समावेश को बढ़ावा देने और सामाजिक-आर्थिक अंतर को पाटने में मदद करते हैं।
- **अवसंरचना विकास:** सार्वजनिक सेवाओं में सरकार का निवेश राज्य में अवसंरचना विकास में योगदान देता है। सड़कों, पुलों, परिवहन प्रणालियों और बिजली नेटवर्क का निर्माण और रखरखाव कनेक्टिविटी में सुधार करता है और व्यापार, वाणिज्य और पर्यटन को सुविधाजनक बनाता है। यह बुनियादी ढांचा विकास आर्थिक विकास को बढ़ावा देता है, निवेश आकर्षित करता है और रोजगार के अवसर पैदा करता है।
- **कानून और व्यवस्था:** सार्वजनिक सेवाएँ, विशेष रूप से पुलिस विभाग, कानून और व्यवस्था बनाए रखने में महत्वपूर्ण भूमिका निभाते हैं। सार्वजनिक सुरक्षा सुनिश्चित करना, अपराधों को रोकना और जांच करना, और नियमों को लागू करना निवासियों के लिए एक शांतिपूर्ण और सुरक्षित वातावरण में योगदान देता है। यह सामाजिक सद्भाव को बढ़ावा देता है, आर्थिक गतिविधियों को प्रोत्साहित करता है और जीवन की समग्र गुणवत्ता को बढ़ाता है।
- **ग्रामीण विकास और कृषि:** उत्तर प्रदेश मुख्य रूप से ग्रामीण है, और सार्वजनिक सेवाएँ ग्रामीण विकास और कृषि के लिए महत्वपूर्ण हैं। कृषि पद्धतियों में सुधार, सिंचाई की सुविधा, ग्रामीण बुनियादी ढांचा और रोजगार के अवसर प्रदान करने पर ध्यान केंद्रित करने वाली पहलें ग्रामीण समुदायों के उत्थान, गरीबी को कम करने और खाद्य सुरक्षा सुनिश्चित करने में योगदान करती हैं।
- **शासन और जवाबदेही :** सार्वजनिक सेवाएँ प्रभावी शासन और जवाबदेही के लिए एक रूपरेखा प्रदान करती हैं। प्रशासनिक संरचनाओं के माध्यम से, सार्वजनिक सेवाएँ लोगों के लाभ के लिए नीतियों, विनियमों और योजनाओं के कार्यान्वयन की सुविधा प्रदान करती हैं। वे नागरिकों की

भागीदारी, प्रतिक्रिया और शिकायत निवारण के लिए तंत्र भी प्रदान करते हैं, पारदर्शिता, जवाबदेही और उत्तरदायी शासन सुनिश्चित करते हैं।

- **मानव विकास:** सार्वजनिक सेवाएँ शिक्षा, स्वास्थ्य सेवा और अन्य आवश्यक सेवाओं तक पहुंच प्रदान करके मानव विकास को बढ़ावा देने में महत्वपूर्ण भूमिका निभाती हैं। वे व्यक्तियों के समग्र कल्याण, सशक्तिकरण और सामाजिक गतिशीलता में योगदान करते हैं। मानव विकास में निवेश करके, उत्तर प्रदेश अपनी मानव पूंजी क्षमता को अनलॉक कर सकता है और सतत विकास और समृद्धि को आगे बढ़ा सकता है।

उत्तर प्रदेश विभिन्न सार्वजनिक सेवाएँ प्रदान करता है, उसके बावजूद इन सेवाओं को प्रभावी ढंग से प्रदान करने में राज्य के सामने कई चुनौतियां है, जो निम्नलिखित है:

- **जनसंख्या घनत्व:** उत्तर प्रदेश तेजी से बढ़ती तथा सबसे अधिक आबादी वाला राज्य है। बढ़ती आबादी की जरूरतों को पूरा करने के लिए उच्च जनसंख्या घनत्व पर्याप्त बुनियादी ढांचा, स्वास्थ्य सुविधाएं और शैक्षणिक संस्थान प्रदान करने में चुनौती पेश करता है।
- **अवसंरचना की कमी:** राज्य को विशेष रूप से ग्रामीण क्षेत्रों में महत्वपूर्ण अवसंरचना की कमी का सामना करना पड़ता है। अपर्याप्त सड़क नेटवर्क, अपर्याप्त सार्वजनिक परिवहन, बिजली, पानी की आपूर्ति और स्वच्छता जैसी बुनियादी सुविधाओं तक सीमित पहुंच सार्वजनिक सेवाओं को प्रभावी ढंग से प्रदान करने में चुनौतियां पैदा करती हैं।
- **शिक्षा की गुणवत्ता:** हालांकि उत्तर प्रदेश में शैक्षणिक संस्थानों का एक विशाल नेटवर्क है, शिक्षा की गुणवत्ता एक चुनौती बनी हुई है। यह सुनिश्चित करने के लिए कि छात्रों को गुणवत्तापूर्ण शिक्षा प्राप्त हो, इसलिए बुनियादी ढांचे और सीखने के परिणामों की गुणवत्ता में सुधार करने की आवश्यकता है।
- **स्वास्थ्य देखभाल की अभिगम्यता:** हालांकि उत्तर प्रदेश में काफी संख्या में हेल्थ केयर सुविधाएं हैं, लेकिन अभिगम्यता एक चुनौती बनी हुई है, खासकर ग्रामीण और दूरदराज के इलाकों में। डॉक्टरों और नर्सों सहित स्वास्थ्य पेशेवरों की कमी है, और अच्छी तरह से सुसज्जित अस्पतालों और प्राथमिक स्वास्थ्य केंद्रों की कमी है। यह आबादी के लिए गुणवत्तापूर्ण स्वास्थ्य सेवाओं तक समय पर पहुंच को बाधित करता है।
- **गरीबी और सामाजिक असमानता:** उत्तर प्रदेश गरीबी और सामाजिक असमानता से संबंधित महत्वपूर्ण चुनौतियों का सामना करता है। आबादी के कई वर्ग, विशेष रूप से ग्रामीण क्षेत्रों और सीमांत समुदायों में, आर्थिक कठिनाइयों का सामना करते हैं और बुनियादी सेवाओं तक उनकी पहुंच नहीं है। सार्वजनिक सेवाओं तक समान पहुंच सुनिश्चित करने के लिए गरीबी को दूर करना और सामाजिक असमानता को कम करना महत्वपूर्ण है।
- **भ्रष्टाचार और शासन के मुद्दे:** भ्रष्टाचार और शासन के मुद्दे सार्वजनिक सेवाओं के प्रभावी वितरण में चुनौतियां पेश करते हैं। भ्रष्टाचार और पारदर्शिता की कमी के उदाहरण कल्याणकारी योजनाओं के उचित कार्यान्वयन में बाधा डाल सकते हैं और अक्षम सेवा वितरण की ओर ले जा सकते हैं।
- **कानून और व्यवस्था:** उत्तर प्रदेश अपराध दर और सार्वजनिक सुरक्षा चिंताओं सहित कानून और व्यवस्था से संबंधित चुनौतियों का सामना करता है। सार्वजनिक सेवाओं के प्रभावी वितरण और सामाजिक और आर्थिक विकास के लिए अनुकूल माहौल को बढ़ावा देने के लिए एक सुरक्षित वातावरण सुनिश्चित करना महत्वपूर्ण है।
- **जागरूकता और नागरिक भागीदारी:** उपलब्ध सार्वजनिक सेवाओं और उनके अधिकारों के बारे में नागरिकों में जागरूकता की कमी प्रभावी सेवा वितरण में बाधा बन सकती है। इस चुनौती से निपटने के लिए नागरिक जागरूकता बढ़ाना और शासन प्रक्रिया में सक्रिय भागीदारी को प्रोत्साहित करना आवश्यक है।

प्रभावी लोक सेवा वितरण हेतु उत्तर प्रदेश सरकार के उपाय

- **ई- जिला:** ई- जिला पहल का उद्देश्य एकल खिड़की प्रणाली के माध्यम से नागरिकों को विभिन्न सरकारी सेवाएँ प्रदान करना है। इसका उद्देश्य पूरी प्रक्रिया को डिजिटाइज करके जन्म प्रमाण पत्र, मृत्यु प्रमाण पत्र, जाति प्रमाण पत्र, आय प्रमाण पत्र आदि जारी करने जैसी सेवाओं की डिलीवरी को सुव्यवस्थित करना है।
- **ई-गवर्नेंस सेवाएँ:** उत्तर प्रदेश पहुंच और पारदर्शिता बढ़ाने के लिए ई-गवर्नेंस सेवाओं के विस्तार पर सक्रिय रूप से काम कर रहा है। नागरिकों को सरकारी सेवाओं का उपयोग करने, आवेदन जमा करने, बिलों का भुगतान करने और अपने आवेदनों की स्थिति को ट्रैक करने में सक्षम बनाने के लिए ऑनलाइन पोर्टल और मोबाइल एप्लिकेशन विकसित किए गए हैं।

- **एकीकृत शिकायत निवारण प्रणाली:** उत्तर प्रदेश ने नागरिक शिकायतों को प्रभावी ढंग से दूर करने के लिए एक एकीकृत शिकायत निवारण प्रणाली (आईजीआरएस) शुरू की है। प्रणाली ने शिकायतों को दर्ज करने, उनकी प्रगति को ट्रैक करने और समय पर समाधान सुनिश्चित करने के लिए एक केंद्रीकृत मंच प्रदान किया।
- **सामान्य सेवा केंद्र (सीएससी):** राज्य सरकार ने राज्य भर में सामान्य सेवा केंद्र स्थापित करने के लिए सीएससी ई-गवर्नेंस सर्विसेज इंडिया लिमिटेड के साथ सहयोग किया। ये केंद्र विशेष रूप से ग्रामीण क्षेत्रों में नागरिकों को विभिन्न सरकारी सेवाएँ और ई-गवर्नेंस सुविधाएं प्रदान करने के लिए पहुंच बिंदुओं के रूप में कार्य करते हैं।
- **डिजिटल भूमि अभिलेख:** उत्तर प्रदेश ने पारदर्शिता को बढ़ावा देने और भ्रष्टाचार को कम करने के लिए भूमि अभिलेखों के डिजिटलीकरण की शुरुआत की। डिजिटलीकरण प्रक्रिया का उद्देश्य भूमि अभिलेखों का एक व्यापक डेटाबेस तैयार करना है, जिससे नागरिकों के लिए सूचना तक पहुंच और प्रासंगिक दस्तावेज प्राप्त करना आसान हो जाए।
- **ऑनलाइन कर भुगतान:** राज्य सरकार ने नागरिकों को संपत्ति कर, वाणिज्यिक कर और वाहन कर जैसे विभिन्न करों और शुल्कों का भुगतान करने के लिए ऑनलाइन प्लेटफॉर्म की शुरुआत की। इस पहल का उद्देश्य कर भुगतान प्रक्रिया को सरल बनाना और सरकारी कार्यालयों में भौतिक यात्राओं की आवश्यकता को कम करना है।

- उत्तर प्रदेश में सार्वजनिक सेवाएँ जनसंख्या की बुनियादी जरूरतों को पूरा करने, सामाजिक कल्याण को बढ़ावा देने, बुनियादी ढांचे के विकास को सुविधाजनक बनाने, कानून व्यवस्था सुनिश्चित करने, ग्रामीण विकास को बढ़ावा देने, सुशासन को बढ़ावा देने और मानव विकास को बढ़ावा देने के लिए आवश्यक हैं। वे राज्य और इसके निवासियों की समग्र प्रगति और समावेशी विकास के लिए महत्वपूर्ण हैं।

उत्तर प्रदेश लोक सेवाओं के लिए भर्ती और चयन प्रक्रिया उत्तर प्रदेश लोक सेवा आयोग (यूपीपीएससी) और अन्य संबंधित आयोगों द्वारा आयोजित प्रतियोगी परीक्षाओं के माध्यम से पूर्ण की जाती है। उत्तर प्रदेश लोक सेवाओं का उद्देश्य जनता की सेवा करना, सुशासन के सिद्धांतों को बनाए रखना और राज्य और इसके निवासियों के समग्र विकास और कल्याण की दिशा में काम करना है।

उत्तर प्रदेश लोक सेवा आयोग

भारतीय संविधान के भाग-14 में अनुच्छेद-315 से 323 के मध्य संघ एवं राज्य लोक सेवा आयोग का प्रावधान है। उत्तर प्रदेश राज्य लोक सेवा आयोग भी इन्ही प्रावधानों के अधीन है जो निम्नलिखित हैं:-

अनुच्छेद	संबद्ध प्रावधान
अनुच्छेद-315	संघ और राज्यों के लिए लोक सेवा आयोगों (PSC) का गठन
अनुच्छेद-316	सदस्यों की नियुक्ति और कार्यकाल
अनुच्छेद-317	सदस्य को बर्खास्त और निलंबित करना
अनुच्छेद-318	आयोग के सदस्यों और कर्मचारी की सेवा की शर्तों के लिए नियम बनाने की शक्ति
अनुच्छेद-319	सदस्यता समाप्ति के पश्चात पद धारण करने का निषेध
अनुच्छेद-320	लोक सेवा आयोग के कार्य
अनुच्छेद-321	लोक सेवा आयोग के कार्य क्षेत्र को विस्तारित करने की शक्ति
अनुच्छेद-322	लोक सेवा आयोग के व्यय
अनुच्छेद-323	लोक सेवा आयोग के प्रतिवेदन

गठन:- संविधान में राज्य लोक सेवा आयोग के सदस्य संख्या का उल्लेख नहीं है, ये राज्यपाल के विवेक पर निर्भर करता है। आयोग में अध्यक्ष एवं अन्य सदस्यों की नियुक्ति एवं सेवा शर्तों का निर्धारण राज्यपाल द्वारा ही किया जाता है। **41वें संविधान संशोधन** से अध्यक्ष एवं सदस्यों का कार्यकाल **6 वर्ष** की अवधि या **62 वर्ष** की आयु, इनमे से जो पहले हो तक किया गया है।

हालाँकि सदस्य कभी भी अपना त्यागपत्र लिखित रूप में राज्यपाल को दे सकते है।

सदस्यों की बर्खास्तगी या निलंबन: राज्य लोक सेवा आयोग के सदस्यों की नियुक्ति तो राज्यपाल करता है किन्तु उन्हें बर्खास्त या निलंबित करने का अधिकार राष्ट्रपति के पास है। राष्ट्रपति अध्यक्ष एवं सदस्यों को उन्ही रीतियों से हटा सकता है जिन रीतियों से संघ लोक सेवा आयोग के सदस्यों को हटाता है।

स्वतंत्रता एवं निष्पक्षता: राज्य लोक सेवा आयोग की स्वतंत्रता एवं निष्पक्षता को बनाये रखने के लिए संविधान में निम्नलिखित प्रावधान किये गए है:

- बर्खास्तगी या निलंबन का अधिकार राष्ट्रपति को है वो भी उन्ही रीतियों से जिनसे वह संघ लोक सेवा आयोग के सदस्यों को हटाता है।
- नियुक्ति के पश्चात उनमे कोई अलाभकारी परिवर्तन नहीं किया जाता।
- राज्य लोक सेवा आयोग के अध्यक्ष एवं सदस्यों के सभी खर्च राज्य की संचित निधि से मिलते हैं।
- राज्य लोक सेवा आयोग के अध्यक्ष एवं सदस्य कार्यकाल के पश्चात पुनर्नियुक्ति के पात्र नहीं होते है।

राज्य लोक सेवा आयोग के कार्य

राज्य लोक सेवा आयोग राज्य में वही कार्य करता है जो कार्य केंद्र में संघ लोक सेवा आयोग द्वारा किया जाता है

परीक्षा आयोजित कराना

- राज्य लोक सेवा आयोगों का कर्तव्य है कि वह राज्य की सेवाओं में नियुक्तियों हेतु परीक्षाओं का आयोजन करवाएँ।

परामर्श

राज्य लोक सेवा आयोग और संघ लोक सेवा आयोग निम्नलिखित मामलों पर विचार विमर्श करती है:

- सिविल सेवाओं और सिविल पदों हेतु भर्ती के तरीकों से संबंधित सभी मामलों पर।
- उम्मीदवारों की उपयुक्तता के आधार पर सिविल सेवाओं और पदों पर नियुक्ति करने तथा एक सेवा से दूसरी सेवा में पदोन्नति और स्थानांतरण में।
- भारत सरकार या किसी राज्य की सरकार के अधीन सेवारत व्यक्ति को प्रभावित करने से संबंधित सभी अनुशासनात्मक मामलों पर।

लोक सेवा आयोग का यह कर्तव्य होगा कि वह भारत के राष्ट्रपति या राज्य के राज्यपाल द्वारा उन्हें भेजे गए किसी भी मामले पर सलाह दे।

संबद्ध महत्वपूर्ण प्रावधान	
सदस्यों की नियुक्ति	राज्य लोक सेवा आयोग के अध्यक्ष और अन्य सदस्यों की नियुक्ति संबंधित राज्य के राज्यपाल द्वारा की जाती है।
कार्यकाल	राज्य लोक सेवा आयोग के सदस्य छह साल की अवधि के लिये या 62 वर्ष की आयु तक, जो भी पहले हो, अपना पद धारण करते हैं।
पुनर्नियुक्ति	कोई भी व्यक्ति जिसने एक बार लोक सेवा आयोग के सदस्य के रूप में पद धारण किया है, पुनर्नियुक्ति का पात्र नहीं होगा।
त्यागपत्र	राज्य लोक सेवा आयोग का कोई सदस्य राज्य के राज्यपाल को लिखित रूप में अपना त्यागपत्र दे सकता है।
सदस्यों का बर्खास्तगी/निलंबन	राज्य लोक सेवा आयोग के अध्यक्ष या किसी अन्य सदस्य को भारत के राष्ट्रपति के आदेश द्वारा ही उनके पद से हटाया जाएगा।
सेवा शर्तों का विनियमन	राज्य लोक सेवा आयोग के मामले में राज्यों के राज्यपाल उन्हीं कर्तव्यों का पालन करते हैं जो संघ लोक सेवा आयोग के मामले में भारत के राष्ट्रपति द्वारा किये जाते हैं।
खर्च	राज्य लोक सेवा आयोग के सभी खर्च राज्य की संचित निधि पर भारित होते हैं।
प्रतिवेदन	राज्य लोक सेवा आयोग अपने कार्य की वार्षिक रिपोर्ट राज्य के राज्यपाल के समक्ष प्रस्तुत करता है।

उत्तर प्रदेश लोक सेवा आयोग के समक्ष चुनौतियां एवं उपाय

उत्तर प्रदेश लोक सेवा आयोग (यूपीपीएससी) राज्य में लोक सेवाओं के लिए प्राथमिक भर्ती और चयन निकाय के रूप में अपनी भूमिका में कई चुनौतियों का सामना करता है। कुछ चुनौतियों निम्नलिखित हैं:

- **बड़ी संख्या में आवेदकों का प्रबंधन:** यूपीपीएससी विभिन्न पदों के लिए प्रतियोगी परीक्षाओं का आयोजन करता है और इन परीक्षाओं में बड़ी संख्या में आवेदक आते हैं। आवेदन प्रक्रिया का प्रबंधन, परीक्षा आयोजित करना और उम्मीदवारों के एक बड़े समूह का मूल्यांकन करना आयोग के लिए एक तार्किक चुनौती है।

- **पारदर्शिता और निष्पक्षता बनाए रखना:** यूपीपीएससी को अपनी भर्ती प्रक्रियाओं में पारदर्शिता और निष्पक्षता सुनिश्चित करने की आवश्यकता है । अतीत में ऐसे उदाहरण सामने आए हैं जहां भ्रष्टाचार और कदाचार के आरोप सामने आए हैं जिसमें नकल माफियाओं ने सिस्टम के लूप होल का लाभ उठाने का प्रयास किया और आयोग की विश्वसनीयता पर प्रश्न चिन्ह लगाने का प्रयत्न किया। उम्मीदवारों और जनता के बीच विश्वास बनाने के लिए निष्पक्ष और पारदर्शी चयन प्रक्रिया बनाए रखना महत्वपूर्ण है।
- **समय पर और कुशल भर्ती सुनिश्चित करना:** यूपीपीएससी सरकारी विभागों में रिक्त पदों के लिए उम्मीदवारों की भर्ती में महत्वपूर्ण भूमिका निभाता है। परीक्षाएं, साक्षात्कार आयोजित करने और चयन प्रक्रिया को अंतिम रूप देने में देरी से लंबी रिक्तियां हो सकती हैं और सरकारी विभागों के कामकाज पर असर पड़ सकता है। एक अच्छी तरह से कार्य करने वाली नौकरशाही सुनिश्चित करने के लिए समय पर और कुशल भर्ती आवश्यक है।
- **परीक्षा प्रक्रियाओं का उन्नयन:** प्रौद्योगिकी में प्रगति और मूल्यांकन पद्धतियों में परिवर्तन के साथ, यूपीपीएससी को अपनी परीक्षा प्रक्रियाओं को लगातार उन्नत करने की आवश्यकता है। कम्प्यूटर आधारित परीक्षणों को अपनाना, मूल्यांकन विधियों का आधुनिकीकरण, और कुशल प्रशासन के लिए प्रौद्योगिकी का उपयोग करना एक चुनौती हो सकती है जिसके लिए निवेश और विशेषज्ञता की आवश्यकता होती है।

सामाजिक-आर्थिक असमानताओं को दूर करना

- उत्तर प्रदेश महत्वपूर्ण सामाजिक-आर्थिक असमानताओं वाला एक विविधतापूर्ण राज्य है। सभी पृष्ठभूमि और क्षेत्रों के उम्मीदवारों के लिए समान अवसर सुनिश्चित करना एक चुनौती हो सकती है। यूपीपीएससी को सीमांत समुदायों तक पहुंचने और भर्ती प्रक्रियाओं में समावेशिता को बढ़ावा देने के लिए रणनीति विकसित करने की आवश्यकता है।
- **एक योग्य और सक्षम कार्यबल को बनाए रखना:** यूपीपीएससी को विभिन्न सरकारी पदों पर सेवा देने के लिए योग्य और सक्षम उम्मीदवारों का चयन करने की चुनौती का सामना करना पड़ता है। आयोग को मजबूत चयन मानदंड और परीक्षाओं को डिजाइन करने की आवश्यकता है जो विभिन्न भूमिकाओं के लिए आवश्यक ज्ञान, कौशल और योग्यता का प्रभावी ढंग से आकलन करें।
- **बदलती जरूरतों और मांगों के अनुकूल होना:** जैसे-जैसे समाज और शासन विकसित होता है, यूपीपीएससी को बदलती जरूरतों और मांगों के अनुकूल होने की आवश्यकता पड़ती है । इसमें उभरते क्षेत्रों, तकनीकी प्रगति और कौशल आवश्यकताओं को ध्यान में रखना शामिल है। परीक्षा पैटर्न और पाठ्यक्रम की नियमित समीक्षा और संशोधन यह सुनिश्चित करने के लिए आवश्यक है कि चयनित उम्मीदवार सार्वजनिक सेवा की उभरती चुनौतियों का सामना करने के लिए तैयार हैं।

उपरोक्त चुनौतियों का सामना लोक सेवा आयोग करता रहा है किन्तु उनका दृढ़तापूर्वक सामना भी करता है, यही कारण है कि पिछले कुछ वर्षों में परीक्षा के प्रारूप और पाठ्यक्रमों में विशेष परिवर्तन देखने को मिला है। वर्ष 2023 में वैकल्पिक विषय को हटाना और राज्य विशेष को सम्मिलित करना वर्तमान समय की मांग थी जिसके अनुरूप आयोग ने परिवर्तन को लागू किया है। अतः तमाम चुनौतियों के बावजूद आयोग के प्रयासों और इसकी भूमिका को नकारा नहीं जा सकता है।

उत्तर प्रदेश लेखा परीक्षा

- लेखा परीक्षा का अर्थ लेखा परीक्षक द्वारा खातों की विभिन्न पुस्तकों की जांच या निरीक्षण से है। लेखा परीक्षा संगठन द्वारा प्रदान किए गए वित्तीय विवरणों की सटीकता का पता लगाने के लिए किया जाता है।
- लेखा परीक्षा आंतरिक रूप से कर्मचारियों या किसी विशेष विभाग के प्रमुखों द्वारा और बाहरी रूप से किसी बाहरी फर्म या स्वतंत्र ऑडिटर द्वारा किया जा सकता है।
- उत्तर प्रदेश में लेखा परीक्षा, सटीकता, कानूनों और विनियमों के अनुपालन, और किसी संगठन या सरकार के समग्र वित्तीय स्वास्थ्य को सुनिश्चित करने के लिए वित्तीय रिकॉर्ड, विवरण और अन्य प्रासंगिक जानकारी की जांच और मूल्यांकन करने की प्रक्रिया को संदर्भित करता है। लेखा परीक्षा प्रक्रिया उन पेशेवरों द्वारा की जाती है जिन्हें ऑडिटर के रूप में जाना जाता है जो आमतौर पर स्वतंत्र और उद्देश्यपूर्ण होते हैं।
- उत्तर प्रदेश में सार्वजनिक क्षेत्र में पारदर्शिता, जवाबदेही और सुशासन को बढ़ावा देने में लेखा परीक्षा महत्वपूर्ण भूमिका निभाती है। राज्य सरकार यह सुनिश्चित करने के लिए अपने विभिन्न विभागों, एजेंसियों और निकायों का ऑडिट करती है कि सार्वजनिक धन का उचित और कुशलता से उपयोग किया

जाता है। इसके अतिरिक्त, राज्य में संचालित निजी संगठनों में उनके वित्तीय प्रदर्शन, कानूनी आवश्यकताओं के पालन और आंतरिक नियंत्रण प्रणाली का आकलन करने के लिए लेखा परीक्षा भी आयोजित की जाती है।

- उत्तर प्रदेश में लेखा परीक्षा प्रक्रिया विभिन्न कानूनों, विनियमों और मानकों द्वारा शासित है। भारत का नियंत्रक और महालेखा परीक्षक (CAG), जो एक स्वतंत्र संवैधानिक प्राधिकरण है, सरकारी खातों का ऑडिट करता है और सीधे राज्य विधानमंडल को रिपोर्ट करता है। CAG के ऑडिट वित्तीय लेनदेन की वैधता, नियमितता और औचित्य के साथ-साथ आंतरिक नियंत्रण प्रणालियों की प्रभावशीलता पर ध्यान केंद्रित करते हैं।
- कैग के अलावा, उत्तर प्रदेश में लेखा परीक्षा में शामिल अन्य लेखा परीक्षा निकाय भी हैं। कार्यालय महालेखाकार (AG) सरकारी विभागों, कार्यालयों और संस्थानों का ऑडिट करता है। सरकारी कार्यक्रमों और योजनाओं की दक्षता और प्रभावशीलता का आकलन करने के लिए एजी के ऑडिट में वित्तीय विवरण, कानूनों और विनियमों का अनुपालन और प्रदर्शन ऑडिट शामिल हैं।
- इसके अतिरिक्त, उत्तर प्रदेश में निजी ऑडिट फर्म और पेशेवर काम कर रहे हैं जो निजी कंपनियों, गैर-लाभकारी संगठनों और अन्य संस्थाओं को अंकेक्षण सेवाएँ प्रदान करते हैं। ये ऑडिट आम तौर पर स्वीकृत अंकेक्षण मानकों और भारतीय लेखाकार संस्थान (आईसीएआई) जैसे पेशेवर निकायों द्वारा जारी दिशानिर्देशों के अनुसार आयोजित किए जाते हैं।
- उत्तर प्रदेश में अंकेक्षण एक महत्वपूर्ण प्रक्रिया है जो सार्वजनिक और निजी दोनों क्षेत्रों में वित्तीय जवाबदेही, पारदर्शिता और विनियमों के अनुपालन को सुनिश्चित करती है। राज्य में संचालित संगठनों के वित्तीय प्रदर्शन और शासन का आकलन और सत्यापन करने के लिए, CAG, AG, और निजी ऑडिट फर्मों सहित विभिन्न निकायों द्वारा अंकेक्षण कार्य किया जाता है।

उत्तर प्रदेश में अंकेक्षण के लिए संगठन

- उत्तर प्रदेश में, वित्तीय पारदर्शिता, जवाबदेही और अनुपालन सुनिश्चित करने के लिए, सरकारी और निजी दोनों तरह के कई संगठनों द्वारा अंकेक्षण की जाती है।

उत्तर प्रदेश में लेखा परीक्षा में शामिल प्रमुख संगठन

- **भारत के नियंत्रक और महालेखा परीक्षक (CAG):** CAG एक स्वतंत्र संवैधानिक प्राधिकरण है जो विभिन्न स्तरों पर सरकार के खातों के ऑडिट के लिए जिम्मेदार है। CAG वित्तीय लेनदेन की वैधता, नियमितता और औचित्य सुनिश्चित करने के लिए उत्तर प्रदेश में सरकारी विभागों, एजेंसियों और निकायों का ऑडिट करता है।
- **महालेखाकार कार्यालय (AG):** AG उत्तर प्रदेश में सरकारी विभागों, कार्यालयों और संस्थानों के खातों और वित्तीय विवरणों का ऑडिट करता है। सरकारी कार्यक्रमों और योजनाओं की दक्षता और प्रभावशीलता का मूल्यांकन करने के लिए AG के ऑडिट कानूनों और विनियमों, वित्तीय प्रबंधन और प्रदर्शन ऑडिट के अनुपालन पर ध्यान केंद्रित करते हैं।
- **उत्तर प्रदेश राज्य लेखा परीक्षा निदेशालय:** राज्य लेखा परीक्षा निदेशालय एक सरकारी संगठन है जो विभिन्न राज्य सरकार के विभागों, एजेंसियों और स्थानीय निकायों के लेखा परीक्षा करने के लिए जिम्मेदार है। इसका उद्देश्य सार्वजनिक धन के उपयोग में उचित वित्तीय प्रबंधन, पारदर्शिता और जवाबदेही सुनिश्चित करना है।
- **निजी ऑडिट फर्म:** उत्तर प्रदेश में कई निजी ऑडिट फर्म काम करती हैं, जो निजी कंपनियों, गैर-लाभकारी संगठनों और अन्य संस्थाओं को अंकेक्षण सेवाएँ प्रदान करती हैं। ये फर्म आमतौर पर चार्टर्ड अकाउंटेंसी फर्म हैं जो इंस्टीट्यूट ऑफ चार्टर्ड अकाउंटेंट्स ऑफ इंडिया (ICAI) के साथ पंजीकृत हैं और आम तौर पर स्वीकृत अंकेक्षण मानकों और दिशानिर्देशों का पालन करती हैं।
- **आंतरिक लेखा परीक्षा इकाईयाँ:** उत्तर प्रदेश में कई सरकारी विभागों और संगठनों की अपनी आंतरिक लेखा परीक्षा इकाईयाँ हैं। ये इकाईयां वित्तीय संचालन, आंतरिक नियंत्रण और नीतियों और प्रक्रियाओं के अनुपालन का आकलन करने के लिए आंतरिक लेखा परीक्षा करने के लिए जिम्मेदार हैं।

सामाजिक अंकेक्षण

शासन और विकास प्रक्रियाओं में पारदर्शिता, जवाबदेही और नागरिक भागीदारी को बढ़ावा देने के लिए सामाजिक अंकेक्षण एक महत्वपूर्ण उपकरण है। उत्तर प्रदेश में हाशिए पर विद्यमान समुदायों को सशक्त बनाने, सार्वजनिक संसाधनों का उचित उपयोग सुनिश्चित करने और सरकारी कार्यक्रमों की प्रभावशीलता बढ़ाने की क्षमता के कारण सोशल ऑडिट विशेष महत्व रखता है।

उत्तर प्रदेश में सोशल ऑडिट का महत्व

- **अधिकारहीन समुदायों को सशक्त बनाना:** सामाजिक अंकेक्षण सीमांत समुदायों को निर्णय लेने की प्रक्रियाओं में सक्रिय रूप से भाग लेने और सरकारी एजेंसियों को उनके कार्यों के लिए जवाबदेह ठहराने का अवसर प्रदान करता है। यह कमजोर समूहों की आवाज को बढ़ाने में मदद करता है और यह सुनिश्चित करता है कि नीति निर्माण और कार्यान्वयन में उनकी जरूरतों और चिंताओं को दूर किया जाए।
- **पारदर्शिता और जवाबदेही बढ़ाना:** सोशल ऑडिट सरकारी कार्यक्रमों, योजनाओं और परियोजनाओं के कार्यान्वयन का मूल्यांकन करके सार्वजनिक संसाधनों के उपयोग में पारदर्शिता लाता है। यह भ्रष्टाचार, कुप्रबंधन और धन के दुरुपयोग का पता लगाने और रोकने में मदद करता है, यह सुनिश्चित करता है कि सार्वजनिक धन का उपयोग अपने इच्छित उद्देश्यों के लिए किया जा सके।
- **सेवा वितरण में सुधार:** सोशल ऑडिट के माध्यम से, नागरिक स्वास्थ्य सेवा, शिक्षा, स्वच्छता और बुनियादी ढांचे जैसी सार्वजनिक सेवाओं की गुणवत्ता और प्रभावशीलता का आकलन कर सकते हैं। यह प्रतिक्रिया तंत्र को अनुमति देता है जो कमियों, अंतरालों और सुधार के क्षेत्रों की पहचान कर सकता है, जो अंततः बेहतर सेवा वितरण की ओर ले जाता है।
- **नागरिक-सरकार संबंधों को मजबूत करना:** सोशल ऑडिट नागरिकों में अपने समुदायों के प्रति स्वामित्व और जिम्मेदारी की भावना को बढ़ावा देता है। यह नागरिकों और सरकारी अधिकारियों के बीच सहयोग और संवाद को प्रोत्साहित करता है, जिससे संबंधों, विश्वास और सहयोग में सुधार होता है।

चुनौतियां

- **जागरूकता और क्षमता की कमी:** कई नागरिक, विशेष रूप से ग्रामीण और सीमांत समुदायों में, सामाजिक लेखा परीक्षा प्रक्रियाओं में भाग लेने के उनके अधिकारों के बारे में जागरूकता और समझ की कमी हो सकती है। सोशल ऑडिट में प्रभावी ढंग से संलग्न होने के लिए उनके ज्ञान और कौशल को बढ़ाने के लिए क्षमता निर्माण के प्रयासों की आवश्यकता है।
- **सूचना तक सीमित पहुंच:** सामाजिक अंकेक्षण करने के लिए प्रासंगिक जानकारी की उपलब्धता और पहुंच महत्वपूर्ण है। उत्तर प्रदेश में, सूचना तक सीमित पहुंच, दस्तावेजीकरण की कमी, और भाषा अवरोध जैसी चुनौतियां सामाजिक अंकेक्षण पहलों की प्रभावशीलता में बाधा बन सकती हैं।
- **राजनीतिक हस्तक्षेप और प्रतिरोध:** सामाजिक अंकेक्षण प्रक्रियाओं को प्रतिरोध या राजनीतिक हस्तक्षेप का सामना करना पड़ सकता है, खासकर जब वे सरकारी कार्यक्रमों में अनियमितताओं, भ्रष्टाचार या अक्षमताओं को उजागर करते हैं। इन चुनौतियों पर काबू पाने के लिए सामाजिक अंकेक्षण तंत्र की स्वतंत्रता और स्वायत्तता सुनिश्चित करने की आवश्यकता है।
- **कमजोर संस्थागत तंत्र:** सरकारी विभागों के भीतर मजबूत संस्थागत ढांचे और समर्पित सामाजिक लेखा परीक्षा इकाइयों की स्थापना सामाजिक लेखा परीक्षा प्रक्रियाओं के प्रभावी कार्यान्वयन के लिए महत्वपूर्ण है। इन तंत्रों को मजबूत करने के लिए क्षमता निर्माण, स्पष्ट भूमिकाओं और जिम्मेदारियों को परिभाषित करने और पर्याप्त संसाधन उपलब्ध कराने की आवश्यकता होगी।

उपाय

- **जागरूकता और क्षमता निर्माण:** जागरूकता अभियान और प्रशिक्षण कार्यक्रम आयोजित करने से नागरिकों को सामाजिक अंकेक्षण के महत्व, उनके अधिकारों और शामिल प्रक्रियाओं के बारे में शिक्षित किया जा सकता है। सामाजिक अंकेक्षण पद्धतियों में नागरिकों, नागरिक समाज संगठनों और सरकारी अधिकारियों की क्षमता का निर्माण उनकी प्रभावशीलता को बढ़ा सकता है।
- **सूचना प्रसार को मजबूत करना:** सरकारी कार्यक्रमों, बजट और व्यय के सक्रिय प्रकटीकरण के लिए तंत्र स्थापित करके प्रासंगिक जानकारी की उपलब्धता और पहुंच में सुधार के प्रयास किए जाने चाहिए। प्रौद्योगिकी का उपयोग, जैसे ऑनलाइन पोर्टल और मोबाइल एप्लिकेशन, समय पर और उपयोगकर्ता के अनुकूल तरीके से सूचना तक पहुंच की सुविधा प्रदान कर सकते हैं।
- **स्वतंत्रता और भागीदारी सुनिश्चित करना:** सामाजिक अंकेक्षण संस्थानों और प्रक्रियाओं की स्वतंत्रता और स्वायत्तता सुनिश्चित करना महत्वपूर्ण है। नागरिकों की भागीदारी को प्रोत्साहित किया जाना चाहिए और खुली बातचीत, प्रतिक्रिया और शिकायत निवारण के लिए जगह बनाने की सुविधा प्रदान की जानी चाहिए।

- **संस्थागतकरण:** मौजूदा शासन ढांचे और नीति प्रक्रियाओं के भीतर सामाजिक लेखा परीक्षा तंत्र को एकीकृत करने से सामाजिक लेखा परीक्षा प्रथाओं को संस्थागत बनाने में मदद मिल सकती है। इसमें सरकारी विभागों के भीतर सामाजिक लेखा परीक्षा इकाइयों की स्थापना, कार्यक्रम के डिजाइन में सामाजिक लेखा परीक्षा आवश्यकताओं को शामिल करना और निगरानी और मूल्यांकन ढांचे शामिल हैं।
- **सहयोग और भागीदारी:** सरकार, नागरिक समाज संगठनों और समुदाय आधारित समूहों के बीच साझेदारी का निर्माण सामाजिक लेखा परीक्षा पहलों की प्रभावशीलता को बढ़ा सकता है। सहयोग तकनीकी विशेषज्ञता प्रदान कर सकता है।

अंकेक्षण के लिए विशिष्ट चुनौतियां

- **जटिलता और आकार :** उत्तर प्रदेश भारत में सबसे अधिक आबादी वाला राज्य है और इसकी एक विविध और जटिल संगठनात्मक संरचना है। लेखा परीक्षकों को बड़ी संख्या में सरकारी विभागों, एजेंसियों और संस्थाओं से निपटने में चुनौतियों का सामना करना पड़ सकता है, जिनमें से प्रत्येक की अपनी वित्तीय प्रणाली और प्रक्रियाएं हैं। विशाल आकार और जटिलता जानकारी एकत्र करने, लेखा परीक्षा समन्वयित करने और व्यापक कवरेज सुनिश्चित करने में कठिनाइयां पैदा कर सकती है।
- **अपर्याप्त बुनियादी ढाँचा:** उत्तर प्रदेश के कुछ क्षेत्रों में, विशेष रूप से दूरस्थ या ग्रामीण स्थानों में, पर्याप्त बुनियादी ढाँचे की कमी हो सकती है, जिसमें विश्वसनीय इंटरनेट कनेक्टिविटी और कंप्यूटर सिस्टम शामिल हैं। ये सीमाएँ डेटा विश्लेषण और संचार के लिए प्रौद्योगिकी और डिजिटल प्लेटफॉर्म पर निर्भर अंकेक्षण प्रक्रियाओं की दक्षता और प्रभावशीलता में बाधा डाल सकती हैं।
- **भ्रष्टाचार और धोखाधड़ी:** उत्तर प्रदेश, भारत के अन्य हिस्सों की तरह, लोक प्रशासन में भ्रष्टाचार और धोखाधड़ी से संबंधित चुनौतियों का सामना कर रहा है। लेखा परीक्षकों को प्रतिरोध, असहयोग, या वित्तीय रिकॉर्ड और लेनदेन में हेरफेर करने के प्रयासों का सामना करना पड़ सकता है। इन मुद्दों से निपटने के लिए लेखा परीक्षकों को सतर्क रहने और अनियमितताओं और धोखाधड़ी गतिविधियों का पता लगाने के लिए मजबूत तकनीकों का उपयोग करने की आवश्यकता है।
- **कर्मचारी और विशेषज्ञता:** प्रशिक्षित और अनुभवी लेखा परीक्षकों की उपलब्धता उत्तर प्रदेश में एक चुनौती हो सकती है। संपूर्ण और प्रभावी लेखा परीक्षा करने के लिए पर्याप्त कर्मचारी और एक कुशल कार्यबल महत्वपूर्ण हैं। हालांकि, योग्य लेखा परीक्षकों की कमी हो सकती है, विशेषकर दूरस्थ क्षेत्रों में, इससे ऑडिट प्रक्रियाओं में देरी हो सकती है या ऑडिट की गुणवत्ता में समझौता हो सकता है।
- **भाषा और सांस्कृतिक विविधता:** उत्तर प्रदेश एक भाषाई और सांस्कृतिक रूप से विविध राज्य है जिसमें कई भाषाएँ और क्षेत्रीय विविधता हैं। लेखा परीक्षकों को प्रभावी ढंग से संचार करने और स्थानीय प्रथाओं और रीति-रिवाजों को समझने में चुनौतियों का सामना करना पड़ सकता है। भाषा की बाधाएं वित्तीय जानकारी के संग्रह और व्याख्या में बाधा डाल सकती हैं, संभावित रूप से ऑडिट रिपोर्ट की सटीकता और व्यापकता को प्रभावित कर सकती हैं।
- **राजनीतिक हस्तक्षेप:** उत्तर प्रदेश में अंकेक्षण प्रक्रियाओं में राजनीतिक हस्तक्षेप का जोखिम हो सकता है, खासकर जब ऑडिट में सरकारी विभाग और सार्वजनिक अधिकारी शामिल हों। निष्पक्ष मूल्यांकन करने के लिए लेखा परीक्षकों के लिए स्वतंत्रता और निष्पक्षता महत्वपूर्ण हैं। हालांकि, राजनीतिक दबाव या प्रभाव ऑडिट प्रक्रिया की अखंडता से समझौता कर सकता है और वित्तीय अनियमितताओं को उजागर करने की क्षमता को प्रभावित कर सकता है।

इन चुनौतियों का समाधान करने के लिए, अंकेक्षण इंफ्रास्ट्रक्चर को मजबूत करना, ऑडिटर्स के प्रशिक्षण और क्षमता निर्माण में निवेश करना, पारदर्शिता और जवाबदेही तंत्र को बढ़ाना और अंकेक्षण निकायों की स्वतंत्रता और स्वायत्तता सुनिश्चित करना आवश्यक है।

लेखा परीक्षा में सुधार के लिए उत्तर प्रदेश सरकार की पहल

- **डिजिटलीकरण और स्वचालन:** उत्तर प्रदेश सरकार ने अपनी वित्तीय प्रणालियों और प्रक्रियाओं को डिजिटल और स्वचालित बनाने पर ध्यान केंद्रित किया है। इसमें ई-गवर्नेंस पहलों को लागू करना शामिल है, जैसे बजट तैयार करने के लिए ऑनलाइन पोर्टल, वित्तीय रिपोर्टिंग और इलेक्ट्रॉनिक भुगतान प्रणाली। प्रौद्योगिकी के उपयोग का उद्देश्य अंकेक्षण प्रक्रियाओं को सुव्यवस्थित करना, मैन्युअल त्रुटियों को कम करना और दक्षता में वृद्धि करना है।
- **आंतरिक लेखा परीक्षा तंत्र को मजबूत करना:** सरकार ने सरकारी विभागों और संगठनों के भीतर आंतरिक लेखा

परीक्षा तंत्र को मजबूत करने पर जोर दिया है। इसमें समर्पित आंतरिक लेखा परीक्षा इकाईयों की स्थापना और लेखा परीक्षा तकनीकों और प्रथाओं में कर्मचारियों का प्रशिक्षण शामिल है। प्रभावी आंतरिक ऑडिट सिस्टम जोखिमों की पहचान करने, वित्तीय नियंत्रण में सुधार करने और नियमों और विनियमों का अनुपालन सुनिश्चित करने में मदद करते हैं।

- **क्षमता निर्माण:** सरकार ने लेखा परीक्षकों और वित्तीय अधिकारियों के कौशल और ज्ञान को बढ़ाने के लिए क्षमता निर्माण पहलों में निवेश किया है। नवीनतम अंकेक्षण मानकों, तकनीकों और प्रथाओं पर ऑडिटरों को अपडेट करने के लिए प्रशिक्षण कार्यक्रम और कार्यशालाएं आयोजित की जाती हैं। यह राज्य में किए गए ऑडिट की गुणवत्ता और प्रभावशीलता में सुधार करने में मदद करता है।
- **ऑडिट संस्थानों के साथ सहयोग:** सरकार अंकेक्षण प्रक्रियाओं को मजबूत करने के लिए भारत के नियंत्रक और महालेखा परीक्षक (CAG) और महालेखाकार (AG) के कार्यालय जैसे संस्थानों के साथ सहयोग करती है। ऑडिट की विश्वसनीयता और प्रभावशीलता बढ़ाने के लिए नियमित बातचीत, ज्ञान साझा करना और सर्वोत्तम प्रथाओं का आदान-प्रदान होता है।
- **सोशल ऑडिट:** सरकार ने सोशल ऑडिट के महत्व को नागरिक जुड़ाव और जवाबदेही के एक उपकरण के रूप में मान्यता दी है। सामाजिक लेखापरीक्षा प्रक्रियाओं को संस्थागत रूप दिया गया है और शासन ढांचे में एकीकृत किया गया है। यह नागरिकों को सरकारी कार्यक्रमों के अंकेक्षण में सक्रिय रूप से भाग लेने की अनुमति देता है, यह सुनिश्चित करता है कि वे प्रभावी ढंग से लागू होते हैं और लोगों की जरूरतों को पूरा करते हैं।
- **पारदर्शिता और प्रकटीकरण:** सरकार ने पारदर्शिता और वित्तीय जानकारी के प्रकटीकरण में सुधार के लिए कदम उठाए हैं। ऑनलाइन पोर्टल के माध्यम से बजट दस्तावेज, व्यय विवरण और लेखा परीक्षा रिपोर्ट जनता के लिए आसानी से उपलब्ध कराई जाती है। यह पारदर्शिता को बढ़ावा देता है और नागरिकों को सार्वजनिक धन के उपयोग की निगरानी करने की अनुमति देता है।
- **निगरानी और मूल्यांकन:** सरकार ने सरकारी कार्यक्रमों और योजनाओं के प्रभाव और प्रभावशीलता का आकलन करने के लिए मजबूत निगरानी और मूल्यांकन प्रणाली लागू की है। नियमित मूल्यांकन आयोजित किए जाते हैं, और निष्कर्षों का उपयोग कार्यक्रम के कार्यान्वयन में सुधार करने और किसी भी पहचाने गए मुद्दों को हल करने के लिए किया जाता है।

उत्तर प्रदेश महाधिवक्ता

भारतीय संविधान अनुच्छेद-165 राज्यों के महाधिवक्ता का प्रावधान करता है। केंद्र में जो भूमिका महान्यायवादी की होती है राज्यों में वही भूमिका महाधिवक्ता की है। उत्तर प्रदेश का महाधिवक्ता उत्तर प्रदेश के राज्यपाल द्वारा नियुक्त एक संवैधानिक पद है। महाधिवक्ता राज्य सरकार का मुख्य कानून अधिकारी होता है और इसके प्राथमिक कानूनी सलाहकार के रूप में कार्य करता है।

महत्वपूर्ण अनुच्छेद	सम्बन्ध प्रावधान
अनुच्छेद-165	राज्यों का महाधिवक्ता
अनुच्छेद-177	राज्य विधानमंडल के सदनों एवं इसकी समितियों से जुड़े महाधिवक्ता के अधिकार
अनुच्छेद-194	महाधिवक्ता की शक्तियां, विशेषाधिकार एवं प्रतिरक्षा

उत्तर प्रदेश के महाधिवक्ता की भूमिका, कार्य और शक्तियों का अवलोकन निम्नलिखित बिंदुओं के तहत किया जा सकता है:

- **सरकार का कानूनी सलाहकार:** महाधिवक्ता उत्तर प्रदेश सरकार के कानूनी सलाहकार के रूप में कार्य करता है। वे विधायी प्रस्तावों, सरकारी नीतियों और राज्य को प्रभावित करने वाले कानूनी मुद्दों सहित विभिन्न मामलों पर कानूनी राय, सलाह और मार्गदर्शन प्रदान करते हैं।
- **न्यायालय में प्रतिनिधित्व:** महाधिवक्ता अदालतों और न्यायाधिकरणों के समक्ष कानूनी कार्यवाही में राज्य सरकार का प्रतिनिधित्व करता है। वे राज्य के हितों की रक्षा करते हुए दीवानी, फौजदारी और संवैधानिक मामलों में सरकार की तरफ से पक्ष रखता हैं।
- **राय और कानूनी शोध:** महाधिवक्ता कानूनी शोध, कानूनी मुद्दों का विश्लेषण और सरकार द्वारा उन्हें संदर्भित मामलों पर शोध एवं राय प्रदान करता है। वे राज्य के लिए प्रासंगिक कानूनों, नियमों और विनियमों की व्याख्या में सहायता करते हैं।
- **मुकदमेबाजी प्रबंधन:** महाधिवक्ता राज्य सरकार से जुड़े मुकदमेबाजी के प्रबंधन में महत्वपूर्ण भूमिका निभाते हैं। वे

कानूनी मामलों की समीक्षा और पर्यवेक्षण करते हैं, सरकारी विभागों और अन्य कानूनी अधिकारियों के साथ समन्वय करते हैं और प्रभावी प्रतिनिधित्व के लिए रणनीति विकसित करते हैं।

- **कोर्ट का हस्तक्षेप:** महाधिवक्ता महत्वपूर्ण मामलों में हस्तक्षेप कर सकते हैं जो राज्य सरकार या सार्वजनिक हित के लिए निहितार्थ हैं। वे सरकार की स्थिति को प्रस्तुत करने के लिए आवेदन, याचिकाएं दायर कर सकते हैं या ऐसे मामलों में पक्षकार बनने की मांग कर सकते हैं।
- **संवैधानिक कर्तव्य:** महाधिवक्ता के संवैधानिक मामलों से संबंधित विशिष्ट कर्तव्य होते हैं। उन्हें अदालत में चुनौती दी गई राज्य कानूनों या नीतियों की संवैधानिक वैधता की रक्षा के लिए बुलाया जा सकता है। वे संवैधानिक व्याख्या और आवेदन से संबंधित मामलों में भी सहायता करते हैं।
- **विधायी मामलों के लिए कानूनी परामर्शदाता:** महाधिवक्ता कानून से संबंधित मामलों पर राज्य विधानमंडल को कानूनी परामर्श प्रदान करता है। वे प्रस्तावित विधेयकों पर सलाह दे सकते हैं, कानूनों की संवैधानिक वैधता की जांच कर सकते हैं और विधायी उपायों का मसौदा तैयार करने में सहायता कर सकते हैं।
- **अवमानना की शक्ति:** एडवोकेट जनरल, अन्य कानून अधिकारियों की तरह, जानबूझकर अवज्ञा या अदालत के आदेशों का अनादर करने के लिए अदालत में अवमानना कार्यवाही शुरू करने की शक्ति रखता है। हालांकि, इस शक्ति का संयम से और स्थापित कानूनी सिद्धांतों के अनुसार प्रयोग किया जाता है।

यह ध्यान रखना महत्वपूर्ण है कि महाधिवक्ता के विशिष्ट कार्य, शक्तियां और जिम्मेदारियां राज्य के कानूनों और संवैधानिक प्रावधानों के आधार पर भिन्न हो सकती हैं। उत्तर प्रदेश के महाधिवक्ता राज्य सरकार के कानूनी हितों की रक्षा सुनिश्चित करने और सरकार को विशेषज्ञ कानूनी सलाह प्रदान करने में महत्वपूर्ण भूमिका निभाते हैं।

उत्तर प्रदेश उच्च न्यायालय

इलाहाबाद उच्च न्यायालय जिसे इलाहाबाद में न्यायिक उच्च न्यायालय के रूप में भी जाना जाता है, प्रयागराज (इलाहाबाद) में स्थित उच्च न्यायालय है जिसका भारतीय राज्य उत्तर प्रदेश पर अधिकार क्षेत्र है। यह **17 मार्च 1866** में स्थापित किया गया था, इसकी मुख्य पीठ प्रयागराज में, जबकि इसकी एक खण्डपीठ लखनऊ में स्थापित है।

उच्च न्यायालय के कार्य एवं उनके गठन से संबंधित विषय संविधान के अनुच्छेद 214 से 231 (भाग 6) में उल्लखित हैं। वर्तमान में इलाहाबाद उच्च न्यायालय के न्यायाधीशों की स्वीकृत संख्या 160 है। यह संख्या समय-समय पर राष्ट्रपति द्वारा परिवर्तनीय है।

उच्च न्यायालय के न्यायाधीशों की नियुक्ति-उच्च न्यायालय के न्यायाधीशों की नियुक्ति राष्ट्रपति द्वारा की जाती है। राष्ट्रपति द्वारा उच्च न्यायालय के मुख्य न्यायाधीश की नियुक्ति भारत के मुख्य न्यायाधीश एवं राज्य के राज्यपाल के परामर्श पर एवं अन्य न्यायाधीशों की नियुक्ति राष्ट्रपति द्वारा भारत के मुख्य न्यायाधीश, राज्य के राज्यपाल एवं उच्च न्यायालय के मुख्य न्यायाधीश के परामर्श से की जाती है।

- उच्च न्यायालय के न्यायाधीश के रूप में नियुक्ति के लिए न्यूनतम आयु की कोई सीमा निर्धारित नहीं की गई है।
- उच्च न्यायालय के न्यायाधीशों की नियुक्ति **'कॉलेजियम प्रणाली'** के अंतर्गत होती है।

न्यायाधीशों की योग्यता-उच्च न्यायालय का न्यायाधीश बनने हेतु निम्न योग्यताएं होनी चाहिए-

1. वह भारत का नागरिक होना चाहिए।
2. उसे भारत के न्यायिक पद पर न्यूनतम 10 वर्ष का कार्य अनुभव अथवा वह किसी उच्च न्यायालय (अथवा न्यायालयों) में एक अधिवक्ता के रूप में लगातार 10 वर्ष कार्य कर चुका हो।

न्यायाधीशों की शपथ

उच्च न्यायालय के प्रत्येक न्यायाधीश के लिए पदभार ग्रहण करने से पूर्व राज्यपाल या उसके द्वारा नामित किसी व्यक्ति के समक्ष शपथ लेना आवश्यक होता है। (अनुच्छेद 219) अक्टूबर, 2020 में जारी आदेश के अनुसार इलाहाबाद उच्च न्यायालय में स्थायी न्यायाधीशों की संख्या 76 से बढ़कर 120 हो गई है। इस प्रकार अब यहां कुल स्वीकृत 160 पदों में से 120 न्यायाधीश स्थायी जबकि 40 अतिरिक्त न्यायाधीशों के पद हैं। वर्ष 2014 में इलाहाबाद उच्च न्यायालय में न्यायाधीशों के पद 160 से बढ़ाकर 200 करने और स्थायी न्यायाधीशों के पद 75 करने पर पुनर्विचार किया गया था। उस समय तत्कालीन मुख्य न्यायाधीश द्वारा आधारभूत संरचना की कमी होने की बात स्वीकारी गयी थी, जिसके कारण उनके निर्णय को स्थगित कर दिया गया था। लेकिन अब इलाहाबाद उच्च न्यायालय के वर्तमान मुख्य न्यायाधीश के परामर्श से यहां स्थायी न्यायाधीशों के पद 120 करने के निर्णय को तत्काल प्रभाव से लागू कर दिया गया।

उच्च न्यायालय के न्यायाधीशों का कार्यकाल-भारतीय संविधान ने उच्च न्यायालय के न्यायाधीश के कार्यकाल की कोई अवधि निर्धारित नहीं की गई है परन्तु यह प्रावधान है कि उच्च न्यायालय का न्यायाधीश अधिकतम 62 वर्ष की उम्र तक अपने पद पर बने रह सकते है। उच्च न्यायालय का न्यायाधीश किस भी समय राष्ट्रपति को संबोधित करते हुए अपने पद से त्यागपत्र दे सकता है। इन न्यायाधीशों को पद से हटाने का संकल्प यदि संसद के दोनों सदनों द्वारा एक विशेष बहुमत (दो तिहाई) से पास किया गया हो तो राष्ट्रपति उसे पद से हटा सकते हैं।

महाभियोग की प्रक्रिया-राष्ट्रपति उच्च न्यायालय के न्यायाधीशों को उनके पद से हटाया जा सकता है जिसके निम्नलिखित आधार है-

1. सिद्ध कदाचार एवं 2. अक्षमता

न्यायाधीश जांच अधिनियम, 1968 के अंतर्गत न्यायाधीशों के महाभियोग की प्रक्रिया को परिभाषित किया गया है। इसके अनुसार-

- किसी उच्च न्यायालय के न्यायाधीश को पद से हटाने हेतु लोकसभा एवं राज्यसभा में प्रस्ताव प्रस्तुत किया जा सकता है। इस प्रस्ताव को सदन में प्रस्तुत करने के लिए लोकसभा के 100 अथवा राज्यसभा के 50 सदस्यों का हस्ताक्षरयुक्त प्रस्ताव सदन के अध्यक्ष/सभापति को देना होता है।
- यह लोकसभा अध्यक्ष एवं राज्यसभा के सभापति के विवेकाधिकार पर निर्भर करता है कि वह इस प्रस्ताव को स्वीकार करे अन्यथा न करे।
- यदि यह प्रस्ताव स्वीकृत होता है तो लोकसभा अध्यक्ष/ राज्यसभा सभापति (जिस सदन में स्वीकृत हुआ हो) की जिम्मेदारी होती है कि वह इसकी जाँच के लिए एक तीन सदस्यीय समिति का गठन करेगें। इस समिति में सदस्य होंगे-

i. उच्चतम न्यायालय के मुख्य न्यायाधीश या कोई न्यायाधीश।

ii. उच्च न्यायालय का मुख्य न्यायाधीश।

iii. कोई विशिष्ट न्यायविद्/विधिवेत्ता

यह तीन सदस्यीय समिति न्यायाधीश पर लगाए गए आरोपों की जाँच करेगी और अपनी रिपोर्ट संबंधित सदन को सौंपेगी।

iv. यदि समिति सम्बन्धित न्यायाधीश को दोषी पाती है तो सदन उस न्यायाधीश के खिलाफ महाभियोग की प्रक्रिया प्रारम्भ कर सकता है।

v. यदि संसद के दोनों सदन विशेष बहुमत (दो तिहाई बहुमत) से इस प्रस्ताव को पारित करते हैं तो राष्ट्रपति द्वारा उस न्यायाधीश को पद से हटाया जा सकता है।

- भारत में अभी तक किसी भी उच्च न्यायालय या उच्चतम न्यायालय के न्यायाधीश को महाभियोग द्वारा पद से हटाया नहीं किया गया है।

उच्च न्यायालय की स्वतंत्रता-न्यायपालिका का निष्पक्ष एवं स्वतंत्रा किसी भी लोकतंत्र की निरंतरता, गतिशीलता एवं सफलता के लिए अति आवश्यक होती है। इसको ध्यान में रखते हुए संविधान निर्माताओं ने संविधान में निम्न प्रावधान किए हैं-

- उच्च न्यायालय के न्यायाधीशों की नियुक्ति राष्ट्रपति द्वारा की जाती है, परंतु राष्ट्रपति यह नियुक्ति उच्चतम न्यायालय के मुख्य न्यायाधीश की सलाह से करते है।
- उच्च न्यायालय के न्यायाधीश राष्ट्रपति के प्रसादपर्यन्त पद पर नहीं होते हैं। उन्हें उनके पद से महाभियोग की कठिन प्रक्रिया द्वारा ही निष्कासित किया जा सकता है।
- उच्च न्यायालय के न्यायाधीश एवं कर्मचारियों के वेतन-भत्ते आदि राज्य की संचित निधि पर भारित होते हैं। उन पर विधानमंडल में मतदान नहीं हो सकता। परन्तु उच्च न्यायालय के न्यायाधीशों को पेंशन भारत की संचित निधि से मिलती है।
- उच्च न्यायालय को यह अधिकार है कि वह अपनी अवमानना के लिए किसी को दण्डित कर सकता है।
- उच्च न्यायालय के न्यायाधीश के वेतन एवं भत्तों में कार्यकाल के दौरान कोई अलाभकारी परिवर्तन नहीं किया जा सकता है, केवल वित्तीय आपातकाल को छोड़कर।
- उच्च न्यायालय का सेवानिवृत्त न्यायाधीश उस न्यायालय में बहस अथवा कार्य नहीं कर सकता, जहां वह न्यायाधीश रहा हो।
- उच्च न्यायालय के न्यायाधीश के आचरण पर संसद अथवा विधानमंडल में कोई टिप्पणी नहीं की जा सकती, जब तक की उसके खिलाफ महाभियोग की प्रक्रिया चल रही हो।

उच्च न्यायालय का क्षेत्राधिकार एवं शक्तियाँ

संविधान द्वारा उच्च न्यायालय को व्यापक शक्तियां प्रदान की गई हैं, जिससे वह नागरिकों के मौलिक अधिकारों की रक्षा एवं कानून का शासन स्थापित कर सके।

उच्च न्यायालय संविधान की व्याख्या से लेकर विधायिका द्वारा लाए गए किसी कानून की संविधान के दायरे में समीक्षा कर सकता है। उच्च न्यायालय को किसी मामले की सुनवाई का अधिकार है, जो उसके समक्ष प्रत्यक्ष या अपील द्वारा लाए जाते हैं। कुछ मामलों में उच्च न्यायालय स्वतः संज्ञान भी ले सकता है।

संविधान के अनुच्छेद 225 के अनुसार उच्च न्यायालय की शक्ति एवं न्यायिक क्षेत्रों को इस प्रकार विभिन्न भागों में बांट सकते हैं-

1. प्रारंभिक क्षेत्राधिकार
2. अपीलीय क्षेत्राधिकार
3. प्रशासनिक क्षेत्राधिकार
4. अभिलेख क्षेत्राधिकार

प्रारंभिक क्षेत्राधिकार-प्रारंभिक क्षेत्राधिकार से तात्पर्य है कुछ मामलों की प्रथम सुनवाई सीधे उच्च न्यायालय में हो, न कि किसी अन्य न्यायालय के आदेश के पश्चात अपील के आधार पर। संसद सदस्यों एवं राज्य विधानमंडल सदस्यों के निर्वाचन सम्बन्धी विवाद, नागरिकों के मूल अधिकार एवं न्यायालयों के अवमानना सम्बन्धी मामलों में सीधे उच्च न्यायालय सुनवाई कर सकता है।

रिट अधिकारिता-उच्च न्यायालय को यह अधिकार है कि वह अनुच्छेद 226 के अंतर्गत नागरिकों के मूल अधिकारों के हनन एवं अन्य मामलों में रिट (बंदी प्रत्यक्षीकरण, परमादेश, उत्प्रेषण, प्रतिषेध, अधिकार प्रेच्छा) जारी कर सकता है।

उच्च न्यायालय की रिट अधिकारिता क्षेत्र, सर्वोच्च न्यायालय के रिट अधिकारिता क्षेत्र से व्यापक है, क्योंकि उच्च न्यायालय रिट अधिकारिता के अंतर्गत मूल अधिकारों के साथ-साथ सामान्य कानून के प्रवर्तन हेतु भी रिट जारी कर सकता है, जबकि सर्वोच्च न्यायालय की रिट अधिकारिता केवल मूल अधिकारों तक सीमित है।

तलाक, वसीयत, जल सेना विभाग, न्यायालय का अपमान, कम्पनी कानून आदि से संबंधित अभियोग भी उच्च न्यायालय के अधिकार क्षेत्र में आते हैं।

अपीलीय क्षेत्राधिकार-उच्च न्यायालय में अधीनस्थ न्यायालयों द्वारा दिए गए निर्णयों को अपील के माध्यम से चुनौती दी जा सकती है। यह व्यवस्था सिविल एवं फौजदारी दोनों मामलों में दिए गए निर्णयों के खिलाफ हो सकती है। अन्य अपीलों में बिक्रीकर आयकर शासकीय कर भूमि प्राप्ति, उत्तराधिकारी, दिवालियापन, पेटेण्ट व डिजाइन आदि विषयों से संबंधित निर्णयों तथा श्रम न्यायालयों राजस्व न्यायालयों के निर्णय के खिलाफ उच्च न्यायालय को न्यायिक पुनरावलोकन की शक्ति प्राप्त है।

अभिलेखीय न्यायालय अनुच्छेद 215 के अंतर्गत-उच्च न्यायालय अभिलेखीय न्यायालय होता है। इसके फैसले एवं आदेश अभिलेख (रिकॉर्ड) के रूप में रखे जाते है एवं अधीनस्थ न्यायालयों में कार्यवाही के समय इस पर प्रश्नचिन्ह नहीं उठाया जा सकता है।

अभिलेखीय न्यायालय के रूप में उच्च न्यायालय के पास अपनी अवमानना के लिए दंडित करने का भी अधिकार है।

न्यायिक पुनर्विलोकन का अधिकार-उच्च न्यायालय को संविधान के अनुच्छेद 13 एवं 226 के तहत राज्य एवं केंद्र सरकार के विधिक एवं शासकीय आदेशों की संवैधानिकता के परीक्षण का अधिकार है।

प्रशासनिक क्षेत्राधिकार-संविधान के अनुच्छेद 227 की व्यवस्था के अनुसार उच्च न्यायालय की न्याय संबंधी अधिकारों के अलावा, प्रशासकीय अधिकार भी प्राप्त है। जिसके द्वारा वह अधीनस्थ न्यायालयों पर नियत्रंण रखता है।

1. वह अपने अधीनस्थ न्यायालयों की कार्यप्राणाली से संबंधित नियम बना सकता है।
2. वह जिला-न्यायाधीशों की नियुक्ति, पदावनति, पदोन्नति, अवकाश से संबंधित नियम बना सकता है। और वह किसी विवाद को एक न्यायालय से दूसरे न्यायालय में भेज सकता है।
3. अधीनस्थ न्यायालयों का निरीक्षण भी कर सकता है।

अधीनस्थ न्यायालय-राज्य की न्यायपालिका एक उच्च न्यायालय एवं अधीनस्थ न्यायालयों से मिलकर निर्मित हुई है। संविधान के भाग 6 में अनुच्छेद 233 से 237 तक अधीनस्थ न्यायालयों से संबंधित प्रावधानों का उल्लेख किया गया है। जो निम्न है।

- जिला न्यायालय या अधीनस्थ न्यायालय
- जिला मुंसिफ न्यायालय
- प्रथम श्रेणी न्यायिक मजिस्ट्रेट का न्यायालय द्वितीय श्रेणी न्यायिक मजिस्ट्रेट का न्यायालय

जिला न्यायालय-संबंधित जिलों में जिला न्यायालय शीर्ष न्यायालय होता है। इसका प्रमुख न्यायाधीश जिला एवं सत्र न्यायाधीश होता है। सिविल एवं आपराधिक मामलों में जिला एवं सत्र न्यायाधीश का पद सर्वोपरि होता है।

संविधान के अनुच्छेद 233 (1) के अनुसार प्रत्येक जिले में जिला न्यायाधीश की नियुक्ति राज्यपाल द्वारा राज्य के उच्च न्यायालय की सलाह पर की जाती है। जिले में यह सर्वोच्च न्यायिक पदाधिकारी होता है। और जिला न्यायाधीश दो भूमिकाओं में कार्य करता है-

- जिला न्यायाधीश जब आपराधिक फौजदारी मामलों की सुनवाई करता है तो **'वह सत्र न्यायाधीश'** (Sessions Judge) कहलाता है।
- जब वह सिविल दीवानी मामलों की सुनवाई करता है तब उसे **'जिला न्यायाधीश'** (District Judge) कहा जाता है।
- अर्हताएँ-अनुच्छेद 233 के अंतर्गत जिला न्यायाधीश की अर्हताएँ निम्नलिखित हैं-
- जिला न्यायाधीश नियुक्त होने वाला व्यक्ति सरकारी कर्मचारी नहीं होना चाहिए।

- एक अधिवक्ता के रूप में न्यूनतम सात वर्षों का अनुभव।
- उच्च न्यायालय से उसकी नियुक्ति की सिफारिश हो।
- संविधान के अनुच्छेद 234 के अनुसार जिला न्यायाधीशों से भिन्न व्यक्ति को भी जिला न्यायाधीश के रूप में नियुक्त कर सकता है किन्तु वैसे व्यक्ति राज्य लोक सेवा आयोग द्वारा अथवा उच्च न्यायालय के परामर्श के बाद ही राज्यपाल द्वारा जिला न्यायाधीश के पद पर नियक्त किए जाएगें।
- अधीनस्थ न्यायालयों की स्वतंत्रता- संविधान में अधीनस्थ न्यायालयों की स्वतंत्रता की व्यवस्था की गई है। जिला न्यायाधीशों की नियुक्ति, स्थानांतरण, पदोन्नति आदि राज्यपाल द्वारा उच्च न्यायालय से परामर्श के बाद की जाती है।

परिवार न्यायालय-इसकी स्थापना परिवार न्यायालय अधिनियम, 1984 द्वारा की गई हैं, इन न्यायालयों का प्रमुख उद्देश्य विवाह एवं अन्य पारिवारिक मामलों का समाधान करना होता है। इसकी स्थापना राज्य सरकार द्वारा उन क्षेत्रों में की जाती है जहाँ पर 10 लाख से अधिक जनसंख्या हो या ऐसा करना राज्य सरकार उचित समझे। इन न्यायालयों की स्थापना का प्रमुख अर्थ यह है कि पारिवारिक वातावरण में सौहार्दपूर्ण स्थिति उत्पन्न करना और साथ ही यदि कोई पारिवारिक समस्या उत्पन्न हुई है तो इसका यथाशीघ्र समाधान हो सके।

फास्ट ट्रेक कोर्ट-इनकी स्थापना आपराधिक न्याय प्रणाली में लंबित मामलों को कम करने के उद्देश्य से आपराधिक मामलों को शीघ्रता से निपटाने के लिए की गई।

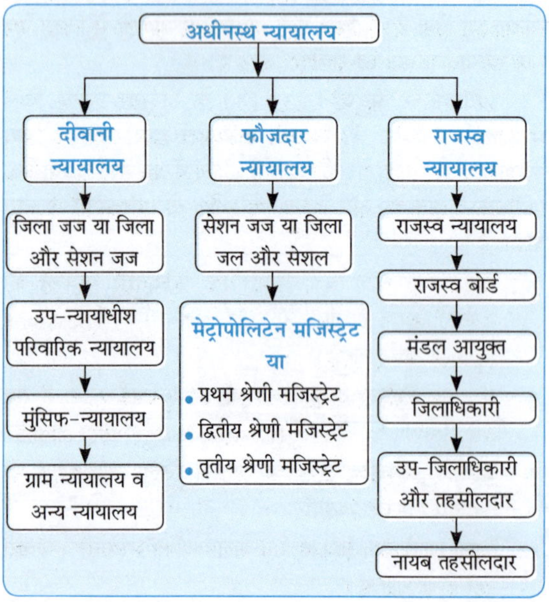

11 वें वित्त ओयाग ने लंबित मामलों को निपटाने के लिए 1927 फॉस्ट ट्रैक अदालतें स्थापित करने की सिफारिश की। इन अदालतों की स्थापना सांविधिक होती है और यह न्यायालयों की कठोर प्रक्रिया से बाध्य नहीं होती है। फॉस्ट ट्रैक अदालतों को सेवानिवृत्त, जिला न्यायाधीशों, अतरिक्त जिला न्यायाधीशों द्वारा संचालित किया जाता है।

उत्तर प्रदेश सरकार ने प्रदेश में 218 नए फास्ट ट्रैक खोलने की मंजूरी दी है। इनमें से 144 नई अदालतें केवल रेप/बलात्कार मामले की सुनवाई करेगी जबकि 74 अदालतें पॉक्सों एक्ट वाले केस सुनेंगी।

राष्ट्रीय विधिक सेवा प्राधिकरण (NALSA)

विधिक सेवा प्राधिकरण अधिनियम 1987 द्वारा राष्ट्रीय विधिक सेवा प्राधिकरण को एक सांविधिक संस्था का दर्जा दिया गया। जिसे 9 नवंबर, 1995 को स्थापित किया गया। इसका उद्देश्य पूरे देश में एक समान मुफ्त एवं सक्षम न्यायिक सेवा को समाज के कमजोर वर्गों तक पहुंचाना है। यह प्राधिकरण कानून सहायता कार्यक्रमों के कार्यान्वयन की निगरानी और मूल्यांकन के लिए देशभर में इस अधिनियम के अंतर्गत कानूनी सेवाएँ उपलब्ध कराने के लिए नीति और सिद्धांत और प्रत्येक राज्य में राज्य विधिक सेवा प्राधिकरण स्थापित होना चाहिए। भारत का मुख्य न्यायाधीश इस प्राधिकरण का मुख्य संरक्षक होता है।

राष्ट्रीय विधिक सेवा प्राधिकरण के प्रमुख कार्यों में योग्य लोगों को मुफ्त और सक्षम कानूनी सेवाएँ प्रदान करना, लोक अदालतों का आयोजन करना एवं कानूनी जागरूकता शिविरों को आयोजन करना। विधिक सेवा प्राधिकरण अधिनियम 1987 के अनुसार, राज्य वैधानिक सेवा प्राधिकरण या जिला वैधानिक सेवा प्राधिकरण या सवौच्च न्यायालय वैधानिक सेवा समिति या तालुक कानूनी सेवाएँ लोक अदालत का आयोजन कर सकती है।

लोक अदालत-लोक अदालतें राष्ट्रीय विधिक सेवा प्राधिकरण द्वारा संचालित होती हैं। इनकी स्थापना वैधानिक सेवा अधिकारिता अधिनियम-1987 द्वारा की गई है। जिन्हें व्यावहारिक रूप से वर्ष 1995 में लागू किया गया है। लोक अदालतें किसी न्यायालय में लंबित मामले अथवा अन्य विवाद जो अभी न्यायालय के समक्ष नहीं लाए गए हैं, ऐसे विवादों का सौहार्दपूर्ण ढंग से समाधान करती हैं।

लोक अदालतों की स्थापना का विचार सर्वप्रथम भारत के पूर्व मुख्य न्यायाधीश पी. एन. भगवती द्वारा दिया गया था। देश में प्रथम लोक अदालत वर्ष 1982 में गुजरात में आयोजित की गई।

वर्ष 2002 में संसद द्वारा विधिक सेवा प्राधिकरण अधिनियम पारित कर लोक अदालतों को स्थाई बना दिया गया।

इसका अध्यक्ष जो कि जिला न्यायाधीश या अतिरिक्त जिला न्यायाधीश रहा हो या जिला न्यायाधीश से भी उच्चतर श्रेणी के न्यायिक सेवा में रहा हो।

- इसका आर्थिक क्षेत्राधिकार लगभग 10 लाख तक होता है। एक या एक से अधिक उपयोगिता सेवाएँ परिवहन, टेलीफोन सेवा आदि इसके अधिकार क्षेत्र के अंतर्गत होगी।
- लोक अदालतों द्वारा दिए गए फैसले अंतिम एवं बाध्यकारी होते हैं।

इन न्यायालयों की स्थापना ग्राम न्यायालय अधिनियम 2008 द्वारा की गई है। ये 2 अक्टूबर, 2009 से प्रभाव में आये। इनका उद्देश्य न्याय की समयबद्ध उपलब्धता को सुनिश्चित करना होता है।

ग्राम न्यायालयों का न्यायाधीश **'न्यायाधिकारी'** कहलाता है, जिसकी शक्तियां एवं अर्हताएँ प्रथम श्रेणी के न्यायिक मजिस्ट्रेट के समकक्ष होती हैं। न्यायाधिकारी की नियुक्ति राज्यपाल द्वारा उच्च न्यायालय के परामर्श से की जाती है। ग्राम न्यायालयों के पास दीवानी एवं फौजदारी दोनों प्रकार के मामलों की सुनवाई करने का अधिकार होता है।

- ग्राम न्यायालय चलते-फिरते न्यायालय (Mobile Courts) होते हैं, जो अपने निकटवर्ती गांवों में जाकर भी मामलों की सुनवाई कर सकते हैं। और ये न्यायालय प्रत्येक पंचायत में खण्ड स्तर पर स्थापित किये जायेंगे। न्यायालय द्वारा फैसला देने के 30 दिनों के अंदर उस फैसले को चुनौती देने का प्रावधान किया गया है। इस प्रकार की चुनौती दीवानी मामलों में जिला न्यायालय एवं फौजदारी मामलों में सत्र न्यायालय में अपील की जा सकती है तथा 6 माह के भीतर जिला एवं सत्र न्यायालय को इन पर अपना फैसला देना होगा। अत: उत्तर प्रदेश सरकार ने वर्ष 2019 में ग्राम न्यायालयों के प्रभावी प्रबंधन हेतु 72 नए पद सृजित किए हैं।

ई-कोर्ट/ई-न्यायालय-ई-न्यायालय परियोजना न्यायिक प्रक्रिया और उत्पादकता को गुणात्मक एवं मात्रात्मक तरीके से बढ़ाने तथा न्याय प्रणाली को सस्ती, सुलभ एवं नागरिकों के लिए पारदर्शी बनाने में सहायता करता है।

सुलभ परियोजना विधि मंत्रालय, भारत सरकार द्वारा संचालित एवं वित्त पोषित है। तथा इसके अंतर्गत ई-न्यायालय में सूचना एवं प्रौद्योगिकी के माध्यम से मामलों को ऑनलाइन सुलझाया जाता है।

सचल न्यायालय/मोबाइल कोर्ट-इन न्यायालयों से तात्पर्य ऐसे कोर्ट से है जो एक स्थान से दूसरे स्थान पर जाकर सुनियोजित एवं समयबद्ध तरीके से ग्रामीण क्षेत्रों में न्याय उपलब्ध कराते हैं। इसकी परिकल्पना सर्वप्रथम पूर्व राष्ट्रपति डॉ. ए.पी.जे. अब्दुल कलाम ने की थी। इस परियोजना का उद्देश्य है कि न्याय व्यवस्था को जनता के घर-घर पहुंचाना। सचल न्यायालय दीवानी एवं फौजदारी दोनों मामलों की सुनवाई कर सकते हैं। इन्हें जमानत देने, सम्मन जारी करने, पुलिस रिपोर्ट प्राप्त करने, साक्ष्य अभिलेखन, फैसला देने, सजा देने तथा जेल भेजने तक का अधिकार प्राप्त है।

राजस्व न्यायालय-राजस्व सम्बन्धी मामलों की सुनवाई के लिए इन न्यायालयों की स्थापना की जाती है । इस श्रेणी में सबसे ऊपर राजस्व बोर्ड का न्यायालय और सबसे निचले स्तर पर नायब तहसीलदार का न्यायालय होता है । दोनों के मध्य में जिलाधिकारी (District Magistrate), उपजिलाधिकारी (SDM) तथा तहसीलदार के न्यायालय होते हैं।

उच्च न्यायालय

- भारतीय संविधान में प्रत्येक राज्य के लिए एक उच्च न्यायालय के गठन की व्यवस्था की गयी है किन्तु 7वें संविधान संशोधन ने संसद को यह अधिकार दिया है कि वह अगर चाहे तो दो या दो से अधिक राज्यों या केंद्र शासित प्रदेशों के लिए संयुक्त उच्च न्यायालय का गठन कर सकता है।

इलाहाबाद उच्च न्यायालय

- भारतीय उच्च न्यायालय अधिनियम 1861 के तहत भारत के चौथे न्यायालय के रूप में इलाहाबाद उच्च न्यायालय की स्थापना 17 मार्च 1866 को ब्रिटिश राज में आगरा में की गयी थी। सर वाल्टर मॉर्गन इसके पहले मुख्य न्यायाधीश थे । 1869 में इसे आगरा से इलाहाबाद स्थानांतरित कर दिया गया। 11 मार्च 1919 को इसका नाम इलाहाबाद उच्च न्यायालय किया गया।
- वर्ष 2000 में उत्तराखंड राज्य के गठन के पश्चात उत्तराखंड के तेरह जिलों को उच्च न्यायालय के अधिकार क्षेत्र से बाहर कर दिया गया और नैनीताल में उत्तराखंड उच्च न्यायालय स्थापित कर इससे संबद्ध कर दिया गया।

उच्च न्यायालय का गठन

- प्रत्येक उच्च न्यायालय में एक मुख्य न्यायाधीश और आवश्यकतानुसार अन्य न्यायाधीशों की नियुक्ति राष्ट्रपति करता है। उच्च न्यायालय के सदस्य का निर्धारण संविधान में

नहीं किया गया है, राष्ट्रपति विवेकानुसार एवं आवश्यकतानुसार सदस्यों की संख्या का निर्धारण करता है।

न्यायाधीशों की बर्खास्तगी या निलंबन

- उच्च न्यायालय के न्यायाधीशों को बर्खास्त या निलंबित करने का अधिकार राष्ट्रपति के पास है। राष्ट्रपति न्यायाधीशों को उन्ही रीतियों से हटा सकता है जिन रीतियों से सर्वोच्च न्यायालय के न्यायाधीशों को हटाता है यथा: सिद्ध कदाचार एवं अक्षमता।

न्यायाधीशों की स्वतंत्रता एवं निष्पक्षता

उच्च न्यायालय के न्यायाधीशों की स्वतंत्रता एवं निष्पक्षता को बनाये रखने के लिए संविधान में निम्नलिखित प्रावधान किये गए है:

- बर्खास्तगी या निलंबन का अधिकार राष्ट्रपति को है वो भी उन्ही रीतियों से जिनसे वह सर्वोच्च न्यायालय के न्यायाधीशों को उनके पद से हटाता है।
- उच्च न्यायालय के न्यायाधीशों को कार्यकाल की सुरक्षा प्रदान की गयी है अर्थात वह किसी के प्रसाद पर्यन्त पद धारण नहीं करता है।
- नियुक्ति के पश्चात उनमे कोई अलाभकारी परिवर्तन नहीं किया जाता।
- उच्च न्यायालय के न्यायाधीशों के सभी खर्च राज्य की संचित निधि से मिलते हैं।
- जब तक न्यायाधीशों पर महाभियोग नहीं लगाया गया हो तब तक संविधान विधान मंडल में न्यायाधीशों के आचरण पर चर्चा का प्रतिबंध लगाता है।
- उच्च न्यायालय के न्यायाधीश कार्यकाल के पश्चात भारत में उच्चतम न्यायालय एवं अन्य उच्च न्यायालयों के आलावा पुनर्नियुक्ति के पात्र नहीं होते है।
- **बेंच:** इलाहाबाद उच्च न्यायालय की इलाहाबाद (प्रयागराज) में मुख्य सीट है। मुख्य सीट के अलावा, उच्च न्यायालय की लखनऊ में स्थायी बेंच हैं यह बेंच अपने संबंधित क्षेत्र में मामलों की सुनवाई करती हैं।
- **क्षेत्राधिकार:** इलाहाबाद उच्च न्यायालय के पास मूल, अपीलीय और रिट जैसे क्षेत्राधिकार है। इसका अधिकार क्षेत्र पूरे उत्तर प्रदेश राज्य तक फैला हुआ है। अदालत के पास सिविल और आपराधिक दोनों मामलों पर शक्ति है।
- **मूल क्षेत्राधिकार:** इलाहाबाद उच्च न्यायालय के पास संवैधानिक कानून, राजस्व मामलों, भूमि अधिग्रहण और सरकारी अधिकारियों से जुड़े विवादों सहित कुछ मामलों में मूल अधिकार क्षेत्र है।
- **अपीलीय क्षेत्राधिकार :** इलाहाबाद उच्च न्यायालय के पास उत्तर प्रदेश के अधीनस्थ न्यायालयों पर अपीलीय क्षेत्राधिकार है। यह जिला अदालतों, अधीनस्थ सिविल और आपराधिक अदालतों और राज्य के भीतर स्थित अन्य न्यायाधिकरणों द्वारा पारित निर्णयों और आदेशों के खिलाफ अपील सुनता है।
- **पर्यवेक्षी क्षेत्राधिकार:** इलाहाबाद उच्च न्यायालय के पास उत्तर प्रदेश के अधीनस्थ न्यायालयों पर व सहायक न्यायालयों पर पर्यवेक्षण का अधिकार है।
- **रिट क्षेत्राधिकार:** इलाहाबाद उच्च न्यायालय को अनुच्छेद 226 के अपने महत्वपूर्ण रिट अधिकार प्राप्त हुए है। इसके पास बंदी प्रत्यक्षीकरण, परमादेश, उत्प्रेषण, निषेध, और अधिकार-पृच्छा सहित रिट जारी करने की शक्ति है। ये रिट मौलिक अधिकारों की रक्षा और कानून के शासन को लागू करने के लिए जारी की जाती हैं।
- **सर्वोच्च न्यायालय में अपील:** इलाहाबाद उच्च न्यायालय के निर्णयों के खिलाफ अपील भारत के सर्वोच्च न्यायालय में की जा सकती है। सर्वोच्च न्यायालय के पास उच्च न्यायालय से उत्पन्न होने वाली अपीलों को सुनने और निर्णय लेने का अधिकार है।

इलाहाबाद उच्च न्यायालय को अपनी समृद्ध कानूनी विरासत और भारतीय न्यायशास्त्र के विकास में अपने योगदान के लिए जाना जाता है। यह उत्तर प्रदेश राज्य में न्याय प्रशासन और कानूनी अधिकारों के संरक्षण में महत्वपूर्ण भूमिका निभाता है।

इलाहाबाद उच्च न्यायालय द्वारा दिए गए कुछ ऐतिहासिक निर्णय

- **इंदिरा गांधी पर फैसला :** भारत की पूर्व प्रधान मंत्री, इंदिरा गांधी ने रायबरेली निर्वाचन क्षेत्र से वर्ष 1971 में संसदीय चुनाव जीता था। उन्होंने समाजवादी नेता राजनारायण को हराया जिन्होंने इंदिरा गांधी के चुनाव को चुनावी कदाचार के साथ-साथ जनप्रतिनिधित्व अधिनियम, 1951 के उल्लंघन के आधार पर इलाहाबाद उच्च न्यायालय में चुनौती दी।
  - जून, 1975 को इलाहाबाद उच्च न्यायालय द्वारा फैसला सुनाया गया, न्यायमूर्ति जगमोहन लाल सिन्हा के एकल न्यायाधीश की पीठ ने इंदिरा गांधी को सभी आरोपों का दोषी पाया और उनके चुनाव को अमान्य घोषित कर दिया। फैसले के बाद उन पर किसी भी चुनावी पद को संभालने से भी रोक लगा दी गई और छह साल के लिए चुनाव लड़ने पर भी प्रतिबंध लगा दिया गया। बाद

में सुप्रीम कोर्ट ने फैसले पर रोक लगा दी। हालांकि, आगे चलकर शीर्ष अदालत ने फैसले को पलट दिया।

- **बाबरी मस्जिद-राम जन्मभूमि का फैसलाः** बाबरी फैसले की सुनवाई छह साल तक चली जब इलाहाबाद उच्च न्यायालय की एक विशेष पीठ ने फैसला किया कि जिस भूमि पर मुगल युग की मस्जिद गिराए जाने से पहले 500 साल तक खड़ी थी, उसे चुनाव लड़ने वाले पक्षों के बीच तीन भागों में विभाजित किया जाना चाहिए, अर्थात्, रामलला, निर्मोही अखाड़ा और वक्फ बोर्ड। फैसले में यह भी स्वीकार किया गया कि ध्वस्त मस्जिद के केंद्रीय गुंबद के नीचे की जमीन वास्तव में हिंदू धर्म के अनुसार भगवान राम की जन्मभूमि थी।
- **कास्ट रैलियों पर प्रतिबंधः** इलाहाबाद उच्च न्यायालय ने जुलाई 2013 में उत्तर प्रदेश में जाति आधारित रैलियों पर प्रतिबंध लगाने का ऐतिहासिक फैसला सुनाया था। इस संबंध में चुनाव आयोग, सभी राजनीतिक दलों और केंद्र को नोटिस जारी किए गए थे। पीठ ने कहा कि जाति आधारित रैलियां संविधान की भावना के विरुद्ध हैं। राज्य के दो प्रमुख राजनीतिक दलों बसपा और सपा द्वारा आयोजित जाति आधारित रैलियों के तुरंत बाद यह फैसला आया।
- **सरकारी कर्मचारी अपने बच्चों को सरकारी स्कूलों में भेजनाः** एक सुधारक बनते हुए इलाहाबाद उच्च न्यायालय ने अगस्त 2015 में सभी सरकारी कर्मचारियों को अपने बच्चों को सरकारी स्कूलों में भेजने का आदेश दिया। अदालत ने सरकारी स्कूलों की दयनीय स्थिति को देखने के बाद यह फैसला सुनाया। पीठ ने कहा कि स्कूलों की जर्जर स्थिति में तभी सुधार होगा जब कर्मचारी अपने बच्चों को वहां पढ़ने भेजेंगे।
- **ट्रिपल तलाक पर शासनः** 2017 में, इलाहाबाद उच्च न्यायालय ने तीन तलाक की प्रथा को असंवैधानिक घोषित करने का ऐतिहासिक फैसला सुनाया। यह फैसला न्यायमूर्ति सुनीत कुमार की अध्यक्षता वाली एकल-न्यायाधीश की पीठ ने दिया, जिन्होंने कहा कि यह प्रथा न केवल क्रूर है, बल्कि अपमानजनक भी है।
- **समलैंगिक जोड़े, अंतर-धार्मिक विवाह और साथी चुनने का अधिकारः** इलाहाबाद उच्च न्यायालय ने कहा कि "पसंद का साथी चुनने का अधिकार एक मौलिक अधिकार"।

न्यायालय के समक्ष चुनौतियां एवं उपाय

भारत के सबसे पुराने और प्रतिष्ठित उच्च न्यायालयों में से एक, इलाहाबाद उच्च न्यायालय को अपने कामकाज में कई चुनौतियों का सामना करना पड़ता है। यहां कुछ सामान्य चुनौतियां और संभावित समाधान दिए गए हैं:

- **लंबित मामलों का ढेरः** प्रमुख चुनौतियों में से एक लंबित मामलों की बड़ी संख्या है। उच्च न्यायालय में लंबित मामलों की संख्या अत्यधिक है, जिसके परिणामस्वरूप न्याय वितरण में देरी हो सकती है। इस चुनौती से निपटने के लिए, उच्च न्यायालय न्यायाधीशों की संख्या बढ़ाने और मामलों के निपटान की सुविधा के लिए बुनियादी ढांचे में सुधार पर ध्यान केंद्रित कर सकता है। इसके अतिरिक्त, अदालत पर बोझ को कम करने के लिए मध्यस्थता जैसे वैकल्पिक विवाद समाधान तंत्र को बढ़ावा दिया जा सकता है।
- **इंफ्रास्ट्रक्चर और टेक्नोलॉजीः** इलाहाबाद हाईकोर्ट को अपर्याप्त इंफ्रास्ट्रक्चर और टेक्नोलॉजी से जुड़ी चुनौतियों का सामना करना पड़ता है। अपर्याप्त कोर्टरूम, पुरानी तकनीक और सीमित संसाधन अदालत के कुशल कामकाज में बाधा बन सकते हैं। अदालतों और प्रौद्योगिकी उन्नयन सहित बुनियादी ढांचे के विकास के लिए पर्याप्त धन आवंटित करने से इन चुनौतियों को कम करने में मदद मिल सकती है।
- **अदालती कार्यवाही में देरीः** अदालती कार्यवाही में देरी चिंता का विषय है, जिससे लंबे समय तक मुकदमेबाजी हो सकती है और वादियों में असंतोष हो सकता है मामले की सुनवाई के लिए यथार्थवादी समय सीमा निर्धारित करने, सख्त मामले प्रबंधन और तत्काल मामलों को प्राथमिकता देने जैसे उपाय देरी को कम करने में मदद कर सकते हैं। ई-फाइलिंग और रिकॉर्ड के डिजिटलाइजेशन को बढ़ावा देने से भी प्रक्रियाओं को व्यवस्थित किया जा सकता है और समय की बचत की जा सकती है।
- **कानूनी जागरूकता और न्याय तक पहुंचः** कानूनी जागरूकता की कमी और न्याय तक सीमित पहुंच का सामना वादियों को करना पड़ता है, खासकर हाशिए के समुदायों को अदालत कानूनी सहायता संगठनों के साथ सहयोग कर सकती है, जागरूकता अभियान चला सकती है और न्याय तक पहुंच में सुधार के लिए सरलीकृत कानूनी जानकारी प्रदान कर सकती है। कानूनी उपायों तक समान पहुंच सुनिश्चित करने के लिए समाज के कमजोर वर्गों को लक्षित करने वाली विशेष पहल की जा सकती है।
- **व्यावसायिक विकास और प्रशिक्षणः** अदालत की दक्षता और प्रभावशीलता को बढ़ाने के लिए न्यायाधीशों, अदालत के कर्मचारियों और कानूनी पेशेवरों के पेशेवर विकास और

निरंतर प्रशिक्षण को सुनिश्चित करना महत्वपूर्ण है। कानूनी ज्ञान को अद्यतन करने, मामला प्रबंधन कौशल में सुधार करने और निर्णय में निरंतरता को बढ़ावा देने के लिए नियमित प्रशिक्षण कार्यक्रम, कार्यशालाएं और सेमिनार आयोजित किए जा सकते हैं।

- **मामला प्रबंधन और प्रशासन:** अदालत के सुचारू कामकाज के लिए कुशल मामला प्रबंधन और प्रशासन आवश्यक है। अदालत आधुनिक मामला प्रबंधन तकनीकों को अपना सकती है, मानकीकृत प्रक्रियाओं को लागू कर सकती है, और वर्कफ्लोज को कारगर बनाने और समग्र दक्षता में सुधार करने के लिए प्रौद्योगिकी- संचालित समाधानों का उपयोग कर सकती है।
- **वैकल्पिक विवाद समाधान (एडीआर) को मजबूत करना:** मध्यस्थता जैसे वैकल्पिक विवाद समाधान तंत्र के उपयोग को प्रोत्साहित करने से अदालत पर बोझ कम करने और विवाद समाधान में तेजी लाने में मदद मिल सकती है। अदालत एडीआर विधियों को बढ़ावा दे सकती है, मध्यस्थों के लिए प्रशिक्षण कार्यक्रम आयोजित कर सकती है और गैर-विरोधात्मक तरीकों से विवादों को हल करने के लाभों के बारे में जागरूकता पैदा कर सकती है।
- **निचली अदालतों के साथ सहयोग:** इलाहाबाद उच्च न्यायालय और निचली अदालतों के बीच प्रभावी समन्वय और सहयोग सुनिश्चित करने से मामलों के निपटान में तेजी लाने में मदद मिल सकती है। निचली अदालत के न्यायाधीशों और कर्मचारियों के लिए नियमित बातचीत, सर्वोत्तम प्रथाओं को साझा करना और क्षमता निर्माण की पहल समग्र न्याय वितरण प्रणाली को मजबूत कर सकती है।

इन चुनौतियों से निपटने के लिए विभिन्न हितधारकों, पर्याप्त संसाधनों और चल रहे सुधारों के बीच समन्वय को शामिल करते हुए बहुआयामी दृष्टिकोण की आवश्यकता है। निरंतर मूल्यांकन, प्रतिक्रिया तंत्र और नियमित निगरानी से सुधार के क्षेत्रों की पहचान करने और इलाहाबाद उच्च न्यायालय के प्रभावी कामकाज को सुनिश्चित करने में मदद मिल सकती है।

❑❑❑

8 उत्तर प्रदेश विशेष राज्य चयन मानदंड, राजभाषा, संचित निधि एवं आकस्मिक निधि, राजनीतिक दल एवं राज्य निर्वाचन आयोग

विशेष राज्य चयन मानदंड

हमारे संविधान में किसी राज्य को विशेष श्रेणी राज्य का दर्जा देने का कोई प्रावधान नहीं है, लेकिन देश के कुछ हिस्से अन्य राज्यों की तुलना में संसाधनों के मामले में पिछड़े हुए हैं, इसलिये ऐसे राज्यों को केंद्र ने विशेष श्रेणी राज्य का दर्जा दिया है। राष्ट्रीय विकास परिषद् कम जनसंख्या घनत्व या बड़ा आदिवासी बहुल इलाका, पहाड़ी और दुर्गम क्षेत्र, अंतरराष्ट्रीय सीमा, कम प्रति व्यक्ति आय और गैर कर राजस्व की कमी के आधार पर ऐसे राज्यों की पहचान करती है। संविधान के **भाग 21** के **अनुच्छेद 371** से लेकर 371 J तक 12 राज्यों (यथा-महाराष्ट्र, गुजरात, असम, नागालैंड, मणिपुर, आंध्र प्रदेश, तेलंगाना, सिक्किम, मिज़ोरम, अरुणाचल प्रदेश, कर्नाटक और गोवा के बारे में विशेष प्रावधान किये गए हैं। विशेष राज्य का दर्जा मिलने के बाद राज्यों को कई तरह के लाभ होते हैं। इसमें सबसे महत्त्वपूर्ण है- केन्द्रीय सहायता में बढ़ोतरी। केंद्र अपनी अनेक योजनाओं को लागू करने के लिए राज्यों को वित्तीय मदद देते हैं।

केंद्र द्वारा जो राज्यों को संसाधन उपलब्ध कराये जाते थे, उनमें कोई भी विशेष नियमों का पालन नहीं होता था। इसके चलते अलग-अलग क्षेत्रों का विकास एक समान नहीं हो पा रहा था। विशेष श्रेणी के राज्य के दर्जे का मुद्दा 1969 में सर्वप्रथम राष्ट्रीय विकास परिषद् की बैठक में **डॉक्टर गाडगिल फॉर्मूला** के अनुमोदन के बाद सामने आया। इस फॉर्मूला में यह कहा गया कि राष्ट्रीय विकास परिषद् की ओर से कुछ राज्यों को विकास के लिए विशेष राज्य का दर्जा दिया जाना चाहिए। इससे पहले तक केंद्र के पास राज्यों को अनुदान देने का कोई विशेष फॉर्मूला नहीं था। उस समय तक सिर्फ योजना आधारित अनुदान ही दिए जाते थे। डॉ गाडगिल समिति ने जो रिपोर्ट दी, उसे राष्ट्रीय विकास परिषद् ने ही स्वीकृति प्रदान की थी इस रिपोर्ट में कहा गया कि-

1. असम, जम्मू और कश्मीर तथा नागालैंड को विशेष राज्य का दर्जा दिया जाए और केंद्र से मिलने वाले अनुदान में प्राथमिकता दी जाए।
2. इसके अलावा इन तीन राज्यों की आवश्यकताओं को पूरा करने के बाद जो संसाधन बच जायेंगे, उन्हें 60% जनसंख्या के आधार पर 7.5% उस राज्य से मिलने वाले कर के आधार पर, 25% उस राज्य की प्रति व्यक्ति आय के आधार पर और 7.5% उस राज्य की विशेष परिस्थितियों के आधार पर धन वितरित किये जाएँ।

राष्ट्रीय विकास परिषद् ने राज्यों को विशेष दर्जा देने के लिए निम्न मापदंडों को बनाया है।

1. जिस प्रदेश में संसाधनों की कमी हो
2. कम प्रति व्यक्ति आय हो
3. राज्य की आय कम हो
4. जनजातीय आबादी का बड़ा हिस्सा हो
5. पहाड़ी और दुर्गम इलाके में स्थित हो
6. कम जनसंख्या घनत्व
7. प्रतिकूल स्थान
8. अंतरराष्ट्रीय सीमा के पास स्थित होना

किसी राज्य को विशेष राज्य का दर्जा मिलने पर निम्न लाभ केंद्र सरकार की तरफ से प्राप्त होते हैं।

1. विशेष दर्जा प्राप्त राज्यों को उत्पादन कर (Excise duty), सीमा कर (Custom duty), निगम कर (Corporation tax), आयकर (Income tax) के साथ अन्य करों में भी छूट दी जाती है।

2. जिन राज्यों को विशेष राज्य का दर्जा दिया जाता है उनको जितनी राशि केंद्र सरकार द्वारा दी जाती है उसका 90% अनुदान (grant) के रूप में और बकाया 10% बिना ब्याज के कर्ज के रूप में दिया जाता है। इसके अलावा अन्य राज्यों को केंद्र की आर्थिक सहायता का 70% हिस्सा कर्ज के रूप में (इस धन पर ब्याज देना पड़ता है) और बकाया का 30% अनुदान के रूप में दिया जाता है। जो राशि केंद्र सरकार से राज्य सरकार को अनुदान के रूप में दी जाती है उस राशि को केंद्र सरकार को वापस लौटाना नही पड़ता है, लेकिन जो राशि उधार के तौर पर राज्यों को दी जाती है उस पर राज्य सरकार को ब्याज देना पड़ता है।
3. केन्द्र के सकल बजट में नियोजित खर्च (planned expenditure) का लगभग 30% हिस्सा उन राज्यों को दिया जाता है जिनको विशेष श्रेणी के राज्यों में रखा गया है।
4. विशेष दर्जा प्राप्त राज्यों को ऋण स्वैपिंग स्कीम और ऋण राहत योजनाओं का लाभ भी मिलता है।
5. विशेष दर्जा प्राप्त जो राज्य एक वित्त वर्ष में पूरा आवंटित पैसा खर्च नही कर पाते हैं उनको यह पैसा अगले वित्त वर्ष के लिए जारी कर दिया जाता है।

वर्तमान में विशेष राज्य का दर्जा प्राप्त राज्य निम्नलिखित है –

मणिपुर, मेघालय, मिजोरम, अरुणाचल प्रदेश, त्रिपुरा, सिक्किम, उत्तराखंड, हिमाचल प्रदेश, असम, नागालैंड।

अनुच्छेद 371 : महाराष्ट्र और गुजरात के लिए प्रावधान

1. कुछ प्रावधानों के साथ विदर्भ, मराठवाड़ा और पूरे महाराष्ट्र तथा सौराष्ट्र और कच्छ एवं गुजरात के लिए अलग विकास बोर्ड की स्थापना करना तथा प्रत्येक बोर्ड द्वारा किये गये कार्यों की रिपोर्ट को प्रत्येक वर्ष राज्य विधानसभा में प्रस्तुत करना।
2. एक राज्य की आवश्यकताओं के अनुरूप राज्य द्वारा चिह्नित किये गये क्षेत्रों के विकास व्यय के लिए अवमुक्त धनराशि का न्यायसंगत आवंटन करना।
3. तकनीकी शिक्षा और व्यावसायिक प्रशिक्षण के लिए पर्याप्त सुविधाएं उपलब्ध कराने हेतु एक समान व्यवस्था लागू करना और राज्य सरकार के नियंत्रण के अधीन सेवाओं में रोजगार के लिए पर्याप्त अवसर उपलब्ध कराना। उपरोक्त चिह्नित क्षेत्रों के संदर्भ में राज्य पूरी आवश्यकताओं के लिए जिम्मेदार है।

अनुच्छेद 371-A : नागालैंड के लिए प्रावधान

1. नागालैंड में नागाओं की धार्मिक या सामाजिक प्रथाओं, नागा प्रथागत कानून और प्रक्रियाओं, सिविल और आपराधिक न्याय के प्रशासन, स्वामित्व और भूमि हस्तातंरण तथा इसके स्त्रोतों पर जब तक नागालैंड की विधानसभा द्वारा लाये गये प्रस्तावों पर कोई फैसला नहीं करती, तब तक नागालैंड के राज्यपाल के पास राज्य में कानून एवं व्यवस्था के संबंध में विशेष जिम्मेदारी होंगी।
2. अनुदान के लिए किसी भी मांग के संबंध में राज्यपाल की सिफारिश कर सकता है। नागालैंड के राज्यपाल यह सुनिश्चित करेगे कि किसी भी विशिष्ट सेवा या प्रयोजन के लिए भारत की संचित निधि से भारत सरकार द्वारा प्रदान की जाने वाली धनराशि जो अनुदान से संबंधित भी हो सकती है, का प्रयोग किसी अन्य मांग के लिए नहीं होना चाहिए बल्कि उससे संबधित प्रायोजन या सेवा के लिए ही होना चाहिए।
3. नागालैंड के राज्यपाल द्वारा इस संबंध में लोक अधिसूचना के माध्यम से पैंतीस सदस्यों से मिलकर तुएनसांग जिले के लिए एक क्षेत्रीय परिषद् की स्थापना की जाएगी जिसके लिए राज्यपाल संविधान के अनुसार अपने विवेकानुसार नियम बना सकतें हैं।

अनुच्छेद 371-B : असम के लिए प्रावधान

असम राज्य के संबंध में राष्ट्रपति एक आदेश द्वारा राज्य विधानसभा के संविधान और कार्यों के लिए एक समिति का गठन कर सकते हैं जिसमें अनुसूचित क्षेत्रों से निर्वाचित विधायक शामिल होते हैं जिसका विवरण छठी अनुसूची के पैरा 20 में संलग्न तालिका के भाग में दिया गया है। इस प्रकार विधानसभा के अन्य सदस्यों का विवरण भी आदेश में हो सकता है। राज्य में नियम कानूनों में संशोधनों के लिए विधानसभा समुचित कार्य कर सकती है।

अनुच्छेद 371-C : मणिपुर के लिए प्रावधान

1. मणिपुर राज्य के संबंध में राष्ट्रपति एक आदेश द्वारा राज्य विधानसभा के संविधान और कार्यों के लिए एक समिति का गठन कर सकते हैं जिसमें पर्वतीय क्षेत्रों से निर्वाचित विधायक शामिल होते हैं। सरकार के कार्यों के नियमों में संशोधनों और राज्य विधानसभा की नियम प्रक्रिया से संबंधित नियमों में इस तरह की समिति के कार्यों की देखरेख की जिम्मेदारी विशेष रूप से राज्यपाल के पास होती है।

2. राज्यपाल, राष्ट्रपति को वार्षिक रूप में या जब भी आवश्यक हो, मणिपुर राज्य में पहाड़ी क्षेत्रों के प्रशासन के संबंध में राष्ट्रपति को एक रिपोर्ट प्रस्तुत करेंगें। और कार्यकारी शक्ति के रूप में केंद्र चिह्नित क्षेत्रों के प्रशासन के लिए राज्य को दिशा निर्देश देगा।

अनुच्छेद 371-D : आंध्र प्रदेश के लिए प्रावधान

1. आंध्र प्रदेश राज्य के संबंध में राष्ट्रपति, सार्वजनिक रोजगार और शिक्षा, तथा विभिन्न प्रावधानों के मामले में राज्य के विभिन्न भागों से संबंधित लोगों के लिए समान अवसर और सुविधाएं प्रदान करने का आदेश जारी कर सकते हैं तथा राज्य के विभिन्न भागों के लिए अलग प्रावधानों का भी निर्माण कर सकते हैं।
2. एक विशेष रूप में भी आदेश हो सकता है-
   - सिविल सेवा या सिविल पदों में किसी भी वर्ग या वर्गों के लिए पदों का सृजन करना राज्य सरकार की आवश्यकता होती है, राज्य के विभिन्न भागों के लिए अलग-अलग स्थानीय कॉडर तय किये गये हैं और उसके अनुसार सिद्धांतों और व्यवस्था को निर्धारित किया जाता है।
   - राष्ट्रपति, आदेश द्वारा आंध्र प्रदेश को अधिकार क्षेत्र, शक्तियों और अधिकारों का प्रयोग करने के लिए एक प्रशासनिक न्यायाधिकरण उपलब्ध करा सकते हैं।

अनुच्छेद 371-E : आंध्र प्रदेश में केंद्रीय विश्वविद्यालय की स्थापना करना।

संसद कानून द्वारा आंध्र प्रदेश राज्य में एक विश्वविद्यालय की स्थापना कर सकती है।

अनुच्छेद 371-F : सिक्किम के लिए प्रावधान

1. सिक्किम राज्य की विधान सभा कम से कम तीस सदस्यों से मिलकर बनेगी।
2. संविधान अधिनियम 1975 (36 वां संशोधन) के प्रारंभ होने की तिथि से ही (इसके बाद इस अनुच्छेद को नियुक्ति दिन जाना जाएगा)

अनुच्छेद 371-G : मिजोरम के लिए प्रावधान

1. निम्न के संबंध में संसद का कोई अधिनियम लागू नहीं होगा-
   - मिजो के धार्मिक या सामाजिक प्रथाओं,
   - मिजो के प्रथागत कानून और प्रक्रिया,
   - सिविल और आपराधिक न्याय के प्रशासन में निर्णय मिजो प्रथागत कानून के अनुसार होंगे।
   - भूमि के स्वामित्व और हस्तांतरण मिजोरम राज्य में तभी लागू होगा जब तक मिजोरम की विधानसभा इस पर कोई फैसला नहीं ले लेती है।
2. मिजोरम की राज्य विधान सभा कम से कम चालीस सदस्यों से मिलकर बनेगी।

अनुच्छेद 371-H : अरुणाचल प्रदेश के लिए प्रावधान

1. अरुणाचल प्रदेश के राज्यपाल के पास अरुणाचल प्रदेश में कानून एवं व्यवस्था के संबंध में विशेष जिम्मेदारी होगी और मंत्रियों की परिषद् से परामर्श करने के बाद वह इस संबंध में अपने कार्यों का निर्वहन करेगा।
2. अरुणाचल प्रदेश के राज्य की विधान सभा कम से कम तीस सदस्यों से मिलकर बनेगी।

अनुच्छेद 371-I : गोवा के लिए प्रावधान

गोवा राज्य की विधान सभा कम से कम तीस सदस्यों से मिलकर बनेगी।

अनुच्छेद 371-J : कर्नाटक के लिए प्रावधान

राष्ट्रपति, कर्नाटक राज्य के संबंध में अपने आदेश द्वारा राज्यपाल को निम्न के संबंध में विशेष जिम्मेदारी प्रदान सकते हैं-

1. हैदराबाद-कर्नाटक क्षेत्र के लिए एक अलग विकास बोर्ड की स्थापना।
2. चिह्नित क्षेत्रों के विकास के लिए आबंटित धन का न्यायसंगत वितरण।
3. सार्वजनिक रोजगार, शिक्षा और व्यावसायिक प्रशिक्षण से संबंधित मामलों में चिह्नित क्षेत्रों के लिए एक समान अवसर और सुविधाएं प्रदान करना।

राजभाषा

राजभाषा किसे कहते हैं ?

राजभाषा का शाब्दिक अर्थ है - राज्य की भाषा अर्थात राज - काज की भाषा। अन्य शब्दों में कहा जाए तो जो भाषा किसी देश अथवा राज्य के राजकीय कार्यों के लिए प्रयुक्त की जाती है उसे राजभाषा

कहा जाता है। राजभाषा का इतिहास उतना ही पुराना है जितना की मनुष्य और उसके शासकीय प्रणाली का। प्राचीन काल में राजभाषा को आधिकारिक रूप से दरबारी भाषा भी कहा जाता था।

राजभाषा का इतिहास

प्राचीन काल में यहां की राजभाषा संस्कृत (500 ईसा पूर्व) थी, कालांतर में राजकाज में पाली (500 ई. पूर्व से 1 ई.) एवं प्राकृत (1 ई. से 500 ई.) का भी प्रयोग हुआ। इसके पश्चात अपभ्रंश का विकास हुआ और 1000 ई. तक आते-आते हिंदी एवं अन्य आधुनिक भारतीय भाषाओं के अंकुर दिखाई पड़ने लगे। 12वीं शताब्दी में तुर्कों एवं अफगानों के आगमन से मध्य देश की राजभाषा फारसी बन गई, लेकिन कोई भी शासन बिना जनता की जुबान को अपनाए नहीं चल सकता, इसलिए आवश्यकतावश स्वभावत: ही हिंदी सह-राजभाषा के रूप में व्यवहृत होने लगी। अंग्रेजों द्वारा हिंदुस्तान का शासन सूत्र संभाल लिए जाने के बाद फारसी राजभाषा के मुख्य पद से हटी एवं उसका स्थान 1935 में अंग्रेजी ने ग्रहण किया, लेकिन जन भाषा हिंदी को अस्वीकार कर शासन संचालन संभव नहीं था, इसलिए अधिकांश क्षेत्रों में संपर्क भाषा के रूप में कायम हिंदी की ओर ध्यान दिया गया।

स्वतंत्रता आंदोलन की गति तेज होने के साथ ही जन आंदोलनों, जनसभाओं, पत्र-पत्रिकाओं एवं जन साहित्य का अविरल प्रवाह होने लगा। इस प्रवाह की भाषा हिंदी बनी। उत्तर से दक्षिण तक एवं पूर्व से पश्चिम तक संपर्क का माध्यम हिंदी हो गई। महात्मा गांधी ने दक्षिण अफ्रीका के आंदोलन के दौरान ही भाषा के महत्व को रेखांकित किया था और 'हिंद स्वराज' में उन्होंने स्पष्ट भाषा नीति घोषित की एवं हिंदुस्तानी को अपनाने का आग्रह किया। अंतत: कांग्रेस ने भी 1925 में कानपुर में आयोजित अधिवेशन में महासमिति और कार्यकारिणी का कार्य हिंदी में करने का प्रस्ताव पारित किया। स्वतंत्रता प्राप्ति के पश्चात संविधान सभा में भाषा के संबंध में 12, 13 एवं 14 सितंबर, 1949 को चर्चा हुई, जिसमें देश के स्वनाम धन्य विद्वान एवं अनेक भाषाओं से जुड़े लोग शामिल हुए। इसी चर्चा के पश्चात हिंदी को 14 सितंबर, 1949 को संघ की राजभाषा के रूप में स्वीकार किया गया एवं अन्य भारतीय भाषाओं के साथ संविधान की अष्टम अनुसूची में स्थान दिया गया। संविधान लागू होने के साथ ही भाषा संबंधी प्रावधान भी लागू हो गए।

उस समय में प्रशासन के कार्य की पूर्ति के लिए हिंदी में पर्याप्त शब्दावली नहीं थी यह ध्यान में लेते हुए तथा कुछ गैर - हिंदी प्रांतों के नेताओं के आग्रह पर हिंदी को राजभाषा का दर्जा देने के साथ-साथ 15 वर्षों तक अंग्रेजी के सहप्रयोग का प्रावधान भी रखा गया।

मुंशी अय्यंगार फॉर्मूला

राजभाषा के रूप में हिन्दी को स्वीकार करने के पक्ष और विपक्ष में सभी सदस्य अपने-अपने तर्क दे रहे थे और इसके कारण एक गतिरोध की स्थिति उत्पन्न होने लगी थी। इसी गतिरोध को दूर करने के लिए कन्हैया लाल मुंशी और गोपाल कृष्ण अय्यंगार ने एक फॉर्मूला तैयार किया जिसे मुंशी अय्यंगार फॉर्मूला कहा गया। इसके प्रावधान निम्नलिखित हैं-

पहला प्रावधान - अनुच्छेद-120 - संसद की कार्यवाही हिन्दी या अंग्रेजी में होगी परन्तु यदि कोई सांसद उपर्युक्त दोनों भाषाओं में बोलना नहीं जानता , तो अपनी मातृभाषा में बोल सकता है।

दूसरा प्रावधान - अनुच्छेद-210 - प्रत्येक राज्य के विधान मंडल की कार्यवाही उस राज्य की राज्यभाषा में, हिन्दी में अथवा अंग्रेजी में हो सकती है। परन्तु कोई सदस्य (MLA) इन तीनों भाषाओं को नहीं जानता, तो अपनी मातृभाषा में बोल सकता है।

तीसरा प्रावधान - अनुच्छेद-343 से 351 - इन 9 अनुच्छेदों में संसद , विधान मंडल , न्यायालय तथा प्रशासन में हिन्दी भाषा के प्रयोग के बारे में तथा अंग्रेजी और प्रान्तीय भाषाओं के प्रयोग के बारे में निर्देश दिये गए हैं। गैर हिन्दी प्रान्त अपनी प्रांतीय भाषा अथवा अंग्रेजी का प्रयोग कर सकते हैं।

चोथा प्रावधान - संविधान के भाग-17 के अनुच्छेद-344 और 351 के परिशिष्ट में अष्टम अनुसूची का उल्लेख किया गया है। प्रारम्भ में इसमे 14 भाषाओं को स्थान दिया गया था जिन्हें आधिकारिक भाषा का दर्जा दिया गया है। समय के साथ संविधान संशोधनों के माध्यम से इसमे और भी भाषाएँ जोड़ी गयी हैं। वर्तमान में आधिकारिक भाषाओं की संख्या 23 है।

राजभाषा अधिनियम 1963

अनुच्छेद-343 के अनुसार 1965 के बाद देश का सारा कामकाज हिन्दी भाषा में होना था, परन्तु राजनीति के चलते गैर-हिन्दी प्रदेशों में, विशेषकर तमिल नाडु में 15 वर्ष बाद अंग्रेजी को हटाने का विरोध हुआ और 25 अप्रैल 1963 के एक विधेयक के अनुसार राजभाषा अधिनियम 1963 बना, जिसके अनुसार 1965 के बाद भी हिन्दी के साथ-साथ अंग्रेजी भाषा का प्रयोग जारी रखने का निर्णय हुआ।

राजभाषा संबंधी संविधानिक उपबंध

अनुच्छेद 120 - (संसद में प्रयोग की जाने वाली भाषा)

भाग-17 में किसी बात के होते हुए भी, किंतु अनुच्छेद 348 के उपबंधों के अधीन रहते हुए, संसद में कार्य हिंदी में या अंग्रेजी में किया जाएगा, परंतु यथास्थिति, राज्य सभा का सभापति या लोक सभा का अध्यक्ष अथवा उस रूप में कार्य करने वाला व्यक्ति किसी सदस्य को, जो हिंदी में या अंग्रेजी में अपनी पर्याप्त अभिव्यक्ति नहीं कर सकता है, अपनी मातृ-भाषा में सदन को संबोधित करने की अनुज्ञा दे सकेगा। जब तक संसद विधि द्वारा अन्यथा उपबंध न करे तब तक इस संविधान के प्रारंभ से पंद्रह वर्ष की अवधि की समाप्ति के पश्चात यह अनुच्छेद ऐसे प्रभावी होगा मानो **"या अंग्रेजी में"** शब्दों का उसमें से लोप कर दिया गया हो।

अनुच्छेद 343 (संघ की राजभाषा)

संघ की राजभाषा हिंदी और लिपि देवनागरी होगी। संघ के शासकीय प्रयोजनों के लिए प्रयोग होने वाले अंकों का रूप भारतीय अंकों का अंतर्राष्ट्रीय रूप होगा। खंड (1) में किसी बात के होते हुए भी, इस संविधान के प्रारंभ से पंद्रह वर्ष की अवधि तक संघ के उन सभी शासकीय प्रयोजनों के लिए अंग्रेजी भाषा का प्रयोग किया जाता रहेगा जिनके लिए उसका ऐसे प्रारंभ से ठीक पहले प्रयोग किया जा रहा था। परन्तु राष्ट्रपति उक्त अवधि के दौरान, आदेश द्वारा, संघ के शासकीय प्रयोजनों में से किसी के लिए अंग्रेजी भाषा के अतिरिक्त हिंदी भाषा का और भारतीय अंकों के अंतर्राष्ट्रीय रूप के अतिरिक्त देवनागरी रूप का प्रयोग प्राधिकृत कर सकेगा।

अनुच्छेद 345 (राज्य की राजभाषा या राजभाषाएं)

अनुच्छेद-345 के उपबंधों के अधीन रहते हुए, किसी राज्य का विधान-मंडल, विधि द्वारा, उस राज्य में प्रयोग होने वाली भाषाओं में से किसी एक या अधिक भाषाओं को या हिंदी को उस राज्य के सभी या किन्हीं शासकीय प्रयोजनों के लिए प्रयोग की जाने वाली भाषा या भाषाओं के रूप में अंगीकार कर सकेगा परंतु जब तक राज्य का विधान-मंडल, विधि द्वारा, अन्यथा उपबंध न करे तब तक राज्य के भीतर उन शासकीय प्रयोजनों के लिए अंग्रेजी भाषा का प्रयोग किया जाता रहेगा जिनके लिए उसका इस संविधान के प्रारंभ से ठीक पहले प्रयोग किया जा रहा था।

अनुच्छेद 346 (एक राज्य और दूसरे राज्य के बीच या किसी राज्य और संघ के बीच पत्रादि की राजभाषा)

संघ में शासकीय प्रयोजनों के लिए प्रयोग किए जाने के लिए तत्समय प्राधिकृत भाषा, एक राज्य और दूसरे राज्य के बीच तथा किसी राज्य और संघ के बीच पत्रादि की राजभाषा होगी परंतु यदि दो या अधिक राज्य यह करार करते हैं कि उन राज्यों के बीच पत्रादि की राजभाषा हिंदी भाषा होगी तो ऐसे पत्रादि के लिए उस भाषा का प्रयोग किया जा सकेगा।

संसदीय राजभाषा समिति

राजभाषा अधिनियम 1963 की धारा-4 के उपबन्धों के अनुसार संसदीय राजभाषा समिति का गठन किया गया। इस समिति में 20 लोक सभा के और 10 राज्य सभा के सदस्य होते हैं। केन्द्र सरकार के कार्यालयों बैंको तथा निगमों आदि में हिंदी को प्रभावी ढंग से लागू करने हेतु संसदीय राजभाषा समिति अब तक महामहिम राष्ट्रपति जी को 9 प्रतिवेदन (रिपोर्ट) प्रस्तुत कर चुकी है और राष्ट्रपति जी द्वारा आदेश भी जारी किए जा चुके हैं। समिति संघ के सरकारी प्रयोजनों के लिए हिंदी के प्रयोग में हुई प्रगति की समीक्षा करती है और उस पर सिफारिश करते हुए राष्ट्रपति को अपना प्रतिवेदन प्रस्तुत करती है। राष्ट्रपति द्वारा राजभाषा अधिनियम,1963 की धारा 4(4) के अनुसार समिति के प्रतिवेदन पर विचार करके निदेश जारी किया जाता है। 04 मार्च 1976 की अपनी बैठक में समिति ने मंत्रालयों, विभागों और उनके कार्यालयों तथा कंपनियों आदि में हिंदी के प्रयोग के पुनरीक्षण के लिए तीन उप समितियां बनाई हैं।

आठवीं अनुसूची

आठवीं अनुसूची में संविधान द्वारा मान्यताप्राप्त 22 प्रादेशिक भाषाओं का उल्लेख है। इस अनुसूची में आरम्भ में 14 भाषाएँ (असमिया, बांग्ला, गुजराती, हिन्दी, कन्नड़, कश्मीरी, मराठी, मलयालम, उड़िया, पंजाबी, संस्कृत, तमिल, तेलुगु, उर्दू) थीं। आठवीं अनुसूची का उद्देश्य हिन्दी के प्रगतिशील प्रयोग को बढ़ावा देना था। 1967 में सिंधी भाषा जोड़ी गई। बाद में तीन और भाषाओं : कोंकणी, मणिपुरी और नेपाली को 1992 में शामिल किया गया। 2004 में, बोडो, डोगरी, मैथिली और संथाली को जोड़ा गया। आठवीं अनुसूची में अन्य भाषाओं को शामिल करने की मांग की गई है। इन भाषाओं में अंगिका, बंजारा, बजिका, भोजपुरी, भोटी, भोटिया, बुंदेलखंडी, छत्तीसगढ़ी, धातकी, अंग्रेजी, गढ़वाली (पहाड़ी), गोंडी, गुर्जर/गुज्जरी, हो, कच्छी, कामतापुरी, कार्बी, खासी, कोडवा (कूर्ग), कोक, बराक, कुमाऊँनी (पहाड़ी), कुराक, कुरमाली, लेप्चा, लिम्बु, मिज़ो (लुशाई), मगही, मुंडारी, नागपुरी, निकोबारी, पहाड़ी (हिमाचली), पाली, राजस्थानी, संबलपुरी/कोसली, शौरसेनी (प्राकृत), सरायकी, तेनीदी और तुलु शामिल हैं।

उत्तर प्रदेश की राजभाषा

उत्तर प्रदेश में लगभग 29 भाषाएँ बोली जाती हैं, हिंदी राज्य की आधिकारिक भाषा है तथा उर्दू को उत्तर प्रदेश राज्य की सह-आधिकारिक भाषा घोषित किया गया है, और जनगणना के आंकड़ों के अनुसार, राज्य की आधिकारिक भाषा, हिन्दी 91.32% आबादी द्वारा बोली जाती है। वर्ष 1968 में उत्तर प्रदेश की सरकार ने प्रदेश के सभी कार्यालयों में राजभाषा हिंदी के प्रयोग को अनिवार्य बना दिया। उत्तर प्रदेश में हिंदी भाषा को बढ़ावा देने हेतु राज्य सरकार की ओर से 10 करोड़ की लागत से वर्ष 1982 में भाषा निधि का गठन किया गया। वर्ष 1989 में प्रदेश की सरकार ने उर्दू भाषा को राज्य की द्वितीय राजभाषा घोषित किया।

उत्तर प्रदेश में बोली जाने वाली भाषाएँ

उत्तर प्रदेश में निम्नलिखित भाषाएं एवं बोलियां प्रचलित हैं-

- खड़ी बोली/कौरवी-इसका उद्‌भव शौरसेनी अपभ्रंश के उत्तरी रूप से हुआ है।
- इसका क्षेत्र सहारनपुर, मुजफ्फरनगर, मेरठ, बिजनौर, रामपुर तथा मुरादाबाद है।
- ब्रजभाषा का विकास शौरसेनी अपभ्रंश के मध्यवर्ती रूप से हुआ है। यह आगरा, मथुरा, अलीगढ़, धौलपुर, मैनपुरी, एटा, बदायूं, बरेली तथा उनके आसपास के क्षेत्रों में बोली जाती है।
- ब्रजभाषा कृष्ण भक्ति की एकमात्र भाषा है। लगभग सारा रीतिकालीन साहित्य ब्रजभाषा में लिखा गया है। यह हिंदी भाषा की सर्वाधिक महत्वपूर्ण बोली है। साहित्यिक महत्व के कारण ही इसे ब्रज बोली नहीं, ब्रजभाषा कहा जाता है। सूरदास, नंददास, रहीम, रसखान, बिहारी, मतिराम, भूषण, देव, भारतेंदु हरिश्चंद्र, जगन्नाथदास रत्नाकर' इत्यादि ब्रजभाषा के अमर कवि है।
- तुलसीदास जी ने भी अपनी कुछ रचनाएँ ब्रजभाषा में की हैं, जैसे कवितावली, विनय पत्रिका आदि।
- बुन्देली का विकास शौरसेनी अपभ्रंश से हुआ है। उत्तर प्रदेश में इसका क्षेत्र, झांसी, हमीरपुर तथा उनके आसपास के क्षेत्र हैं।
- कन्नौजी का भी विकास शौरसेनी अपभ्रंश से हुआ है। इसके क्षेत्र इटावा, फर्रुखाबाद, शाहजहांपुर, कानपुर, हरदोई, पीलीभीत है।
- अवधी का उद्‌भव अर्द्धमागधी अपभ्रंश से हुआ है। इसके क्षेत्र लखनऊ, इलाहाबाद, फतेहपुर, मिर्जापुर (अंशत:), उन्नाव, रायबरेली, सीतापुर, खीरी, फैजाबाद, गोंडा, बस्ती, बहराइच, बाराबंकी, सुल्तानपुर, प्रतापगढ़ आदि हैं।
- अवधी में साहित्य तथा लोक साहित्य पर्याप्त मात्रा में उपलब्ध है। प्रबंध काव्य परंपरा का विकास विशेष रूप से अवधी में ही हुआ है। सूफी काव्य तथा रामभक्ति काव्य की रचना अवधी में हुई है।
- मुल्ला दाऊद, कुतुबन, मंझन, जायसी, तुलसीदास, नारायण दास, जगजीवन साहब, रघुनाथ दास, रामसनेही आदि इसके सुप्रसिद्ध साहित्यकार हैं। अवधी में लिखा गया सर्वप्रसिद्ध ग्रंथ रामचरितमानस है। भारत के बाहर फिजी में अवधी बोलने वालों की संख्या अच्छी खासी है।
- भोजपुरी मागधी अपभ्रंश के पश्चिमी रूप से विकसित हुई है।
- उत्तर प्रदेश में बनारस, जौनपुर, मिर्जापुर, गाजीपुर, बलिया, गोरखपुर, देवरिया, आजमगढ़, बस्ती, तथा उसके आसपास के क्षेत्रों में भोजपुरी बोली जाती है।
- भोजपुरी हिंदी की वह बोली है जिसमें सर्वाधिक फिल्में बनी हैं। वर्तमान में दूरदर्शन द्वारा इसके अनेक धारावाहिक प्रसारित हो रहे हैं।
- भोजपुरी अंतर्राष्ट्रीय महत्व की बोली है, भारत के बाहर सूरीनाम, फिजी, मॉरीशस, युगाना, त्रिनिदाद में इस बोली का प्रसार है।
- भिखारी ठाकुर को **'भोजपुरी का शेक्सपियर'** तथा **'भोजपुरी का भारतेंदु'** कहा जाता है।

संचित निधि एवं आकस्मिक निधि

संचित निधि

भारतीय संविधान के अनुच्छेद 266 के तहत स्थापित है यह ऐसी निधि है जिस में समस्त एकत्र कर/राजस्व जमा, लिये गये ऋण जमा किये जाते है यह भारत की सर्वाधिक बड़ी निधि है जो कि संसद के अधीन रखी गयी है। कोई भी धन इसमें बिना संसद की पूर्व स्वीकृति के निकाला/जमा या भारित नहीं किया जा सकता है अनुच्छेद 266 प्रत्येक राज्य की समेकित निधि का वर्णन भी करता है।

संविधान के अनुच्छेद 266 के अनुसार, भारत की संचित निधि में प्रत्यक्ष और अप्रत्यक्ष करों से प्राप्त सभी राजस्व, भारत सरकार द्वारा लिए गए सभी ऋण और सरकार द्वारा प्राप्त सभी ऋणों की पुनर्भुगतान राशि शामिल हैं। संक्षेप में, इसमें सरकार की लगभग सभी प्रमुख कमाई होती है और भारत सरकार की ओर से सभी कानूनी तौर पर अधिकृत भुगतान भी इस निधि से चुकाए जाते हैं।

इस निधि से किसी भी विनियोजन के लिए केंद्रीय संसद के पूर्व अनुमोदन की आवश्यकता होती है।

इसी तरह राज्य के संदर्भ में, ये राज्य की सबसे बड़ी निधि होती है जो कि राज्य विधानमंडल के अधीन होती है, और कोई भी धन इसमें बिना विधानमंडल की पूर्व स्वीकृति के निकाला/जमा या भारित नहीं किया जा सकता है। संचित निधि में से सरकारें जो भी पैसा निकालती है उसे एक उधारी की तरह समझा जाता है जिसे सरकार को वापस उसमें जमा करवाना पड़ता है। संचित निधि से धन निकालने के लिए जिस विधेयक का प्रयोग किया जाता है उसे **'विनियोग विधेयक'** (Appropriation Bill) कहा जाता है।

संचित निधि पर भारित व्यय

इसके लिए संसद में मतदान नहीं होता है क्योंकि संसद को ये पता होता है कि ये धन खर्च करना ही पड़ेगा। ऐसा इसीलिए क्योंकि ये पहले से संसद द्वारा तय कर दिया गया होता है। हालांकि उस पर चर्चा जरूर होती है। भारित व्यय में निम्नलिखित व्यय आते हैं;

1. राष्ट्रपति की परिलब्धियाँ एवं भत्ते तथा उसके कार्यालय के अन्य व्यय।
2. उपराष्ट्रपति, लोकसभा अध्यक्ष, राज्यसभा के उपसभापति, लोकसभा के उपाध्यक्ष के वेतन एवं भत्ते।
3. उच्चतम न्यायालय के न्यायाधीशों के वेतन, भत्ते एवं पेंशन।
4. उच्च न्यायालय के न्यायाधीशों की पेंशन (यहाँ ये याद रखिए कि उच्च न्यायालय के न्यायाधीशों का वेतन उस राज्य के संचित निधि पर भारित होता है।)
5. भारत के नियंत्रक एवं महालेखा परीक्षक के वेतन, भत्ते एवं पेंशन।
6. संघ लोक सेवा आयोग के अध्यक्ष एवं सदस्यों के वेतन, भत्ते एवं पेंशन।
7. उच्चतम न्यायालय, भारत के नियंत्रक एवं महालेखा परीक्षक के कार्यालय एवं संघ लोक सेवा आयोग के कार्यालय के प्रशासनिक व्यय, जिनमें इन कार्यालयों में कार्यरत कर्मियों के वेतन, भत्ते एवं पेंशन भी शामिल होते हैं।
8. ऐसे ऋण भार, जिनका दायित्व भारत सरकार पर है, जिनके अंतर्गत ब्याज, निक्षेप, निधि भार और तथा उधार लेने और ऋण सेवा और **ऋण मोचन** (Debt redemption) से संबन्धित अन्य व्यय हैं।
9. किसी न्यायालय के निर्णय, डिक्री या पंगर की तुष्टि के लिए अपेक्षित राशियाँ।
10. संसद द्वारा विहित कोई अन्य व्यय।

आकस्मिक निधि

1. संविधान के **अनुच्छेद 267 (1)** के तहत स्थापित भारत की आकस्मिकता निधि एक विशिष्ट उद्देश्य के लिए रखी गई धनराशि है जिसे राष्ट्रपति के निपटान में रखा जाता है ताकि वह तत्काल अप्रत्याशित व्यय को पूरा करने के लिए अग्रिम कर सकें, जब तक कि प्राधिकरण द्वारा प्राधिकरण लंबित न हो।
2. इसे भारतीय संविधान में भारतीय आकस्मिकता निधि अधिनियम, 1950 के माध्यम से जोड़ा गया था, आकस्मिक निधि एक ऐसे कोष को संदर्भित करती है जिसे आपात स्थिति और आर्थिक संकट के लिए अलग रखा जाता है।
3. यह कोष राष्ट्रपति की ओर से वित्त सचिव के पास होता है।
4. 2005 में, इसे 50 करोड़ से बढ़ाकर 500 करोड़ कर दिया गया था और भारत की आकस्मिकता निधि से पैसे निकालने के लिए संसद की मंजूरी की आवश्यकता होती है।
5. प्रत्येक राज्य सरकार की आकस्मिकता निधि की स्थापना संविधान के **अनुच्छेद 267(2)** के तहत की जाती है।
6. राज्य निधि की आकस्मिकता निधि राज्य के राज्यपाल के निपटान में रखी जाएगी संघ और राज्यों के बीच राजस्व के वितरण के अनुच्छेद 205 या अनुच्छेद 206 के तहत कानून द्वारा राज्य के विधानमंडल द्वारा इस तरह के व्यय के प्राधिकरण के लंबित अप्रत्याशित व्यय को पूरा करने के प्रयोजनों के लिए ऐसी निधि से उसके द्वारा अग्रिमों को सक्षम करने के लिए।

अनुच्छेद 267(2) के अनुसार राज्य की आकस्मिकता निधि के स्थापना के लिए किसी राज्य का विधानमंडल उत्तरदायी है। राज्य की आकस्मिक निधि राज्यपाल के व्ययनाधीन होती है तथा राज्य के किसी आकस्मिक और अप्रत्याशित व्यय की पूर्ति, इस निधि से की जाती है। राज्य की आकस्मिक निधि से खर्च की गई धनराशि की बाद में राज्य विधान की अनुमति से , राज्य की संचित निधि से पूर्ति कर दी जाती है। इस निधि में कितना धन होगा, इसका निर्णय विधान मण्डल द्वारा किया जाता है।

राजनीतिक दल

प्रजातंत्र मे राजनीतिक दलों का होना बहुत आवश्यक और अनिवार्य हैं। आमतौर से एक ही राजनीतिक विचारधारा के समर्थन मिलकर राजसत्ता पाने के उद्देश्य से जो संगठन बनाते हैं, उसे राजनीतिक दल कहा जाता हैं। राजनीतिक दल जनमत के निर्माण और अभिव्यक्ति का अति महत्वपूर्ण साधन है। यदि कोई नागरिकों की संस्था किसी

सुधार या कानून विशेष में रूचि रखती है तो उसे राजनीतिक दल नही कहा जा सकता। राजनीतिक दल व्यक्तियों का वह संगठित रूप है, जिसके सदस्य राजनीतिक इकाई के रूप मे राजनीतिक उद्देश्यों की प्राप्ति के लिए एक साथ प्रयत्नशील रहते है। जिस प्रकार सामाजिक या आर्थिक उद्देश्यों की प्राप्ति के लिए दल संगठित होते है, इसी प्रकार व्यक्ति अपने राजनीतिक उद्देश्यों को भी संगठन के माध्यम से प्राप्त कर सकता है। जब किसी संगठन का उद्देश्य राजनीतिक होता है तो उसे राजनीतिक दल कहा जाता है। आधुनिक राजनीति में महत्त्वपूर्ण अभिकर्त्ता आज राजनीतिक दल हैं। आधुनिक शासन व्यवस्था के सभी रूपों में राजनीतिक दल अनिवार्य से हो गए है सिवाय तानाशाही को छोड़कर, परन्तु यहाँ भी राजनीतिक दल पाये जा सकते हैं, जिनके बिना शासन-संचालन व अन्य राजनीतिक गतिविधियाँ करना असंभव सा दिखाई पड़ता है। इसलिए आज भले भारत, संयुक्त राज्य अमरीका, कनाडा, ब्रिटेन, फ्रांस, नॉर्वे, स्वीडन जैसे लोकतांत्रिक देश हो। चीन उत्तर कोरिया जैसे कम्युनिस्ट देश हो या सिंगापुर जैसे अर्द्ध-लोकतान्त्रिक देश हो। सभी में राजनीतिक दल की उपस्थिति एक अनिवार्य शर्त हो गयी हैं।

राजनीतिक दलों की विशेषताएं

संगठन - दल को मजबूत एवं स्थायी बनाने के लिए उसमे संगठन का होना अत्यंत आवश्यक है। संगठन से तात्पर्य है कि दल के कुछ अपने लिखित एवं अलिखित नियम, उपनियम, कार्यलय, पदाधिकारी होने चाहिए। ये दल के सदस्यों को अनुशासित रखते है। संगठन के अभाव मे दलीय अनुयायी एक बिखरी हुई भीड़ मात्र होंगे और वे अपने उद्देश्यों को पूरा नही कर पाएंगे। वस्तुत: संगठन ही राजनीतिक दल की शक्ति का रहस्य है।

मूलभूत सिद्धांतों की एकता - दल व्यक्तियों का एक ऐसा समूह होता है जिसके सदस्य सार्वजनिक प्रश्नों पर एक से विचार रखते है। इन प्रश्नों की बारीकियों पर उनमे मतभेद हो सकता है, लेकिन वे सब मौलिक सिद्धांतों पर एकमत होते है। सिद्धांतों की एकता ही दल को ठोस आधार प्रदान करती है। सैद्धांतिक एकता के अभाव मे दल की जड़ें हिल जाएंगी और उसका विघटन हो जाएगा।

संवैधानिक उपायों का प्रयोग - राजनीतिक दलों को अपने लक्ष्य (सत्ता प्राप्ति) की प्राप्ति के लिए सदा संवैधानिक उपायों का सहारा लेना चाहिए। जो असंवैधानिक उपायों का अनुसरण करते है अथवा हिंसात्मक साधनों को अपनाते है, उन्हें राजनीतिक दल नही कहा जा सकता।

राष्ट्रीय हित की वृद्धि - राजनीतिक दल एक ऐसा समुदाय है जो उच्च आदर्शों से अनुप्राणित होता है और जिसके कार्यक्रमों और नीतियों का देशव्यापी आधार होता है क्षेत्रीय अथवा साम्प्रदायिक नही। उसे किसी विशेष जाति, धर्म, सम्प्रदाय या वर्ग के हित की अपेक्षा राष्ट्रीय हित की अभिवृद्धि हेतु चेष्टा करनी चाहिए। यदि कोई संगठन वर्ग, जाति या सम्प्रदाय विशेष का हित साधन करते है तो यथार्थ मे उन्हें राजनीतिक दल नही कहा जा सकता।

राजनीतिक दलों के प्रमुख कार्य

राजनीतिक दलों का प्राथमिक लक्ष्य सार्वजनिक पदों के लिए उम्मीदवारों को नामांकित करना और उनमें से अधिक से अधिक लोगों का चुनाव करना है। एक बार चुने जाने के बाद, ये अधिकारी कानून और कार्यक्रम पहलों के माध्यम से अपनी पार्टी के लक्ष्यों को प्राप्त करने के लिए काम करते हैं। राजनीतिक दलों के कुछ प्रमुख कार्य निम्नलिखित हैं-

1. जनमत तैयार करना
2. जनता को राजनीतिक शिक्षा देना
3. नीतियों के बनने में जनता का पक्ष रखना
4. लोगों और सरकार के बीच की कड़ी बनना
5. विपक्ष की राजनीतिक दल का कार्य सरकार की आलोचना करना भी होता है।

राजनीतिक दल के प्रकार

भारत के प्रशासनिक व्यवस्था बहुदलीय है। इसका अर्थ यह है कि देश में दो से अधिक राजनीतिक दल प्रभावशाली हैं और सरकार के गठन में उनकी भूमिका होती है। दुनिया के कई देशों में द्विदलीय या एकदलीय प्रणाली आम है। जैसे अमेरिका में द्विदलीय प्रणाली है तो चीन और उत्तर कोरिया में एकदलीय।

भारत में राजनैतिक दल कुल मिलाकर 3 प्रकार के होते हैं।

1. राष्ट्रीय राजनैतिक दल (national party)
2. क्षेत्रीय या राज्य स्तरीय राजनैतिक दल (state party)
3. पंजीकृत राजनैतिक दल (registered party)

राष्ट्रीय राजनीतिक दल - राजनीतिक दल लोगों की एक संगठित संस्था है जिनके देश की राजनीतिक व्यवस्था के संबंध में सर्वमान्य सिद्धांत और लक्ष्य होते हैं। राजनीतिक दलों का मुख्य उद्देश्य राजनीतिक सत्ता को प्राप्त करना और उसे बनाए रखना होता है। सरकार चलाने वाले राजनीतिक दल को शासक दल कहते हैं। एक संयुक्त (मिली-जुली) सरकार में एक से अधिक

शासक दल हो सकते हैं। विपक्ष में बैठने वाले और शासक दल के कार्यों की आमतौर पर अथवा विशिष्ट मुद्दों पर आलोचना एवं विश्लेषण करने वाले राजनीतिक दल को विपक्षी दल कहते हैं। भारत के निर्वाचन आयोग ने किसी दल को राष्ट्रीय दल के रूप में मान्यता देने के लिये कुछ मानदंड निर्धारित किये हैं। निर्वाचन आयोग के **'राजनीतिक दल और चुनाव चिह्न, 2019'** हैंडबुक के अनुसार, एक राजनीतिक दल को एक राष्ट्रीय दल माना जाएगा यदि -

1. किसी दल को चार या अधिक राज्यों में 'राज्यस्तरीय दल के रूप में मान्यता प्राप्त हो, या
2. किसी दल को लोकसभा चुनाव या न्यूनतम चार राज्यों के विधानसभा चुनावों में कुल वैध मतों का कम से कम 6% मत प्राप्त हुआ हो और लोकसभा चुनाव में कम से कम चार सीटें प्राप्त हुई हों, या
3. इसने कम से कम तीन राज्यों में लोकसभा की कुल सीटों में से कम से कम 2% सीटें जीती हों।

राष्ट्रीय/राज्य घोषित किये जाने के महत्त्व

1. आयोग द्वारा दलों को प्रदान की गई मान्यता उनके लिये कुछ विशेषाधिकारों के अधिकार का निर्धारण करती है, जैसे चुनाव चिह्न का आवंटन, राज्य नियंत्रण, टेलीविजन और रेडियो स्टेशनों पर राजनीतिक प्रसारण हेतु समय का उपबंध एवं निर्वाचन सूचियों को प्राप्त करने की सुविधा।
2. इन दलों को चुनाव के समय 40 **"स्टार प्रचारक"** (पंजीकृत-गैर-मान्यता प्राप्त दलों को 20 **"स्टार प्रचारक"** रखने की अनुमति है) रखने की अनुमति है।
3. प्रत्येक राष्ट्रीय दल को एक चुनाव चिह्न प्रदान किया जाता है जो पूरे देश में विशिष्टत: उसी के लिये आरक्षित होता है। यहाँ तक कि उन राज्यों में भी जहाँ वह चुनाव नहीं लड़ रही है।
4. एक राज्य दल के लिये आवंटित चुनाव चिह्न विशेष रूप से उस राज्य/राज्यों में इसके उपयोग के लिये आरक्षित है जिसमें इसे मान्यता प्राप्त है।

भारत के निर्वाचन आयोग ने वर्तमान में 6 राजनीतिक दलों को राष्ट्रीय राजनीतिक दल का दर्जा दिया हुआ है। ये दल इस प्रकार हैं -

1. बहुजन समाज पार्टी (Bahujan Samaj Party, BSP)
2. भारतीय जनता पार्टी (Bharatiya Janta Party, BJP)
3. कम्यूनिस्ट पार्टी ऑफ इंडिया (Communist Party of India, CPI)
4. कम्यूनिस्ट पार्टी ऑफ इंडिया (मार्कसिस्ट) (Communist Party of India (Marxist), CPI (M))
5. भारतीय राष्ट्रीय काँग्रेस (Indian National Congress, INC)
6. आम आदमी पार्टी (AAP)

क्षेत्रीय या राज्य स्तरीय राजनीतिक दल

राष्ट्रीय दलों के अलावा भारत में कुछ अन्य दल भी हैं जो राष्ट्रीय स्तर पर प्रभावशाली नहीं हैं लेकिन एक या एक से अधिक राज्य अथवा क्षेत्र में काफी प्रभाव रखते हैं। इन दलों की विचारधारा और आवश्यकताएँ सीमित होती हैं। इनकी मांगे मुख्य रूप से अपने राज्य या क्षेत्र की जरूरतों तक सीमित रहते हैं। हालांकि राष्ट्रीय राजनीति में इनकी उपस्थिति को पूरी तरह से नकारा नहीं जा सकता। ये दल ना तो कमजोर कहे जा सकते हैं और ना हीं अल्पजीवी। अपने क्षेत्र में तो ये शक्तिशाली होते ही हैं, राष्ट्रीय स्तर पर गठबंधन की सरकार बनने पर इनकी भूमिका वहाँ भी महत्वपूर्ण हो जाती हैं। भारत के लगभग हर राज्य में एक या एक से अधिक राज्य स्तरीय राजनीतिक दल कार्यरत हैं।

राज्य स्तरीय राजनीतिक दल का दर्जा प्राप्त करने के मानदंड

किसी राजनीतिक दल को राज्य स्तरीय दल के रूप में तब मान्यता दी जाएगी जब वह निम्नलिखित अहर्ताओं में से किसी एक को पूरा करता हो -

1. यदि किसी पार्टी ने लोक सभा की प्रत्येक 25 सीटों में से कम से कम एक सीट जीती हो या लोकसभा के चुनाव में उस सम्बंधित राज्य में उसे विभाजन से कम से कम इतनी सीटें प्राप्त की हों।
2. यदि कोई पार्टी राज्य विधानसभा की कुल सीटों में से कम-से-कम 3% सीट या कम-से-कम 3 सीटें, जो भी ज्यादा हो प्राप्त करती है।
3. यदि कोई पार्टी लोकसभा या राज्य विधानसभा के चुनाव में कुल वैध मतों में से कम से कम 6% मत प्राप्त करती है और साथ ही कम से कम 1 लोकसभा सीट या 2 विधानसभा सीट जीतती है। या
4. यदि कोई पार्टी लोकसभा या राज्य विधानसभा के आम चुनाव में किसी राज्य में एक भी सीट जीतने में विफल रहती है लेकिन वह उस राज्य में डाले गए कुल वैध मतों में से 8% मत प्राप्त

करती है, तो उस राज्य में उस पार्टी को क्षेत्रीय पार्टी का दर्जा दिया जा सकता है। (यह शर्त 2011 में जोड़ी गयी थी)।

ध्यान देने वाली बात यह है कि राष्ट्रीय/राज्य/क्षेत्रीय दलों की स्थिति लोकसभा और राज्य विधानसभा चुनावों में उनके प्रदर्शन के आधार पर बदलती रहती है। किसी रजनीतिक दल को नेशनल या स्टेट पार्टी के रूप में मान्यता मिलने का मतलब है कि नेशनल पार्टी को मिले चुनाव चिन्ह का उपयोग पूरे देश में कोई अन्य पार्टी नहीं कर सकती है जबकि राज्य के राजनीतिक दल के चुनाव चिन्ह का उपयोग उस राज्य में कोई अन्य पार्टी नहीं कर सकती है जिस राज्य में उसे राज्य स्तरीय राजनीतिक दल के रूप में मान्यता मिली हुई है।

भारत में क्षेत्रीय दलों के अस्तित्व का इतिहास बहुत पुराना है। पंजाब में 1920 से अकाली दल की क्षेत्रीय राजनीति चलती आ रही है। 1949 में, तमिलनाडु में द्रविड़ मुनेत्र कड़गम दल का गठन किया गया था। पहला मुस्लिम सम्मेलन कश्मीर में आयोजित किया गया था। आजादी के बाद से क्षेत्रीय दलों की संख्या काफी बढ़ी है। क्षेत्रीय दलों के उदय के मुख्य कारण इस प्रकार हैं-

भौगोलिक परिस्थिति - भारत की विविध भौगोलिक संरचना क्षेत्रीय दलों के फलने फूलने के लिए पर्याप्त अवसर और ईंधन प्रदान करती है। इस भौगोलिक परिस्थितियों के कारण कुछ क्षेत्रों को देश के अन्य क्षेत्रों से अलग कर दिया गया। परिणामस्वरूप, एक राज्य में रहने वाले लोगों में एकता की भावना नहीं उत्पन्न हो सकी। परिणामस्वरूप, जो राष्ट्र की मुख्यधारा से अलग हो गए, वहां क्षेत्रीय दलों का उदय होना स्वाभाविक था।

जातिवाद - जातिवाद एक ऐसा कारक है जो हमारे देश के मानस को प्राचीन काल से संचालित करता आ रहा है। राजनीति में भी इसका असर दिख जाता है। जहां एक ही क्षेत्र या राज्य में कई जातियों के लोग एक साथ रहते हों, वहाँ जातीय प्रतिस्पर्धा होना बहुत ही स्वाभाविक है और इसी परिस्थिति में लोग अपनी-अपनी जाति आधारित दल बना कर अपनी जाती के लोगों का समर्थन हासिल करने की कोशिश करते हैं। परिणामस्वरूप, कई नेता, जातिगत समर्थन के आधार पर,अपने को महत्व को बनाए रखने के लिए क्षेत्रीय दलों का निर्माण करते हैं।

धर्म - क्षेत्रीय दलों के गठन में धर्म भी एक महत्वपूर्ण कारक है। जब किसी विशेष क्षेत्र में किसी विशेष धर्म के लोग बड़ी संख्या में ईर्ष्या करते हैं, तो राजनीतिक आकांक्षाएं आसानी से उनमें विकसित हो सकती हैं। यह समर्थन के आधार पर है कि कई लोग अपने स्थायी महत्व को बनाए रखने के लिए क्षेत्रीय दलों का गठन करते हैं।

भाषा - भारत एक बहुभाषीय राष्ट्र है, यानि यहाँ कई प्रकार की भाषाएँ बोली जाती हैं और उनकी बोलियाँ तो और भी ज्यादा हैं। एक ही राज्य में हमें कई प्रकार की भाषाएँ सुनने को मिलती हैं, और इसी वजह से क्षेत्रीय दलों को अपनी पहचान के नाम पर राजनीति करने का अवसर भी मिल जाता है। भारत में क्षेत्रवाद से जुड़े कई सवाल भाषा विवाद के इर्द-गिर्द घूमते हैं। **नॉर्मन डी. पाल्मर** (Norman D.Palmar) के अनुसार, **"भारत की अधिकांश क्षेत्रीय राजनीति भाषा के सवाल के इर्द-गिर्द घूमती है।"** एक भाषा बोलने वाले लोगों में क्षेत्रीय भावनाओं को विकसित करने की शक्ति है।

आर्थिक कारण - भारत के लोगों में व्याप्त आर्थिक असमानता ने भी क्षेत्रीय दलों के उदय में महत्वपूर्ण भूमिका निभाई है। भारत ने जिस तरह से विकास किया है, उसमें बहुत असमानता है। कुछ क्षेत्र अधिक विकसित हुए हैं और कुछ क्षेत्र कम विकसित हुए हैं। इसका कारण यह माना जा सकता है कि सत्ता में रहने वालों ने अपने क्षेत्रों के विकास पर अधिक ध्यान दिया है। उन्होंने अपने संसाधनों के विकास पर अधिक ध्यान दिया। इसलिए, इन सभी क्षेत्रों में क्षेत्रीयता की भावना जागृत हुई और परिणामस्वरूप क्षेत्रीय दलों का विकास हुआ।

राजनीतिक कारण - कई बार किसी बड़े दल से जुड़े राजनेता अपने हितों के लिए अपना दल बना लेते हैं और इसके लिए वे ऊपर उल्लिखित किसी भी कारक को अपना हथियार बना लेते हैं। जब उन्हें यह लगता है कि बड़े दल में रह कर उनकी महत्वाकांक्षा पूर्ण नहीं हो रही तो वे अपने जनाधार को साथ लेकर अपनी पार्टी बना लेते हैं और फिर एक क्षेत्रीय दल की भूमिका निभाने लगते हैं। भारत में क्षेत्रीय पार्टियों के उदय का सबसे बड़ा कारण इसे ही माना जा सकता है।

पंजीकृत राजनीतिक दल

ऐसे राजनीतिक दल जो निर्वाचन आयोग में पंजीकृत तो हैं लेकिन जो राज्य स्तरीय दल बनने के लिये विधानसभा या आम चुनावों में पर्याप्त प्रतिशत वोट हासिल नहीं कर पाए हैं, या जिन्होंने पंजीकृत होने के बाद से कभी चुनाव नहीं लड़ा है, उन्हें गैर-मान्यता प्राप्त दल माना जाता है। ऐसे दलों को मान्यता प्राप्त दलों को दी गई सभी सुविधाओं का लाभ नहीं मिलता है।

उत्तर प्रदेश के राजनीतिक दल

उत्तर प्रदेश राजनीतिक दृष्टिकोण से भारत का सबसे बड़ा राज्य है। यहाँ लोक सभा की 80 सीटें हैं और राज्य सभा के लिए 31

सीटें निर्धारित हैं। राज्य की राजनीति की बात करें तो विधान सभा में कुल 403 सीटें हैं जबकि विधान परिषद् में 100 सीटें हैं। उत्तर प्रदेश में लगभग 474 छोटे-बड़े दल पंजीकृत हैं। वैसे तो प्रदेश में की सियासत में प्रभावकारी दलों की संख्या मुख्य रूप से लगभग 10 से 15 के बीच है। सबसे खास बात यह है, कि इन छोटे दलों का प्रभाव मुख्य रूप से जातीय स्तर से जुड़ा होता है, जो बड़ी राजनीतिक पार्टियों को जिताने अथवा हराने में निश्चित रूप से प्रभावित करती है इनमे से कुछ इस प्रकार हैं-

भारतीय जनता पार्टी (चुनाव चिन्ह-कमल का फूल) - हालांकि भारतीय जनता पार्टी की स्थापना तो 1980 में हुई लेकिन इसकी जड़ें आज़ादी के आसपास के समय से ही मिलती हैं। साल 1951 में श्यामा प्रसाद मुखर्जी ने भारतीय जनसंघ के नाम से एक राजनीतिक दल की स्थापना की जो भारत में काँग्रेस का एक विकल्प बनने की राह तलाश रही थी। शुरुआती दिनों में जनसंघ को कोई खास सफलता नहीं मिली लेकिन इसके कुछ नेता धीरे धीरे आम भारतीयों की पसंद बनने लगे। इसमे सबसे अग्रणी नाम अटल बिहारी वाजपेयी का है। वाजपेयी संसदीय राजनीति के एक वट वृक्ष थे। यद्यपि जनसंघ को चुनावों में सफलता नहीं मिल रही थी लेकिन 70 का दशक आते आते काँग्रेस कमजोर होने लगी और 1975 में आपातकाल के बाद भारत में एक एकीकृत विपक्ष का उदय हुआ। जय प्रकाश नारायण के नेतृत्व में जनता पार्टी का गठन हुआ और जनसंघ का उसमे विलय हो गया। 1977 में जनता पार्टी की सरकार बनी लेकिन अलग अलग विचारधाराओं का मेल ज्यादा दिन तक नहीं चल सका और 6 अप्रैल 1980 को अटल जी की अध्यक्षता में भारतीय जनता का गठन हुआ।

देश के अलग अलग राज्यों में भाजपा को समर्थन मिलता रहा लेकिन उत्तर प्रदेश में पहली बार उसे 2002 में सफलता मिली जब बहुजन समाजवादी पार्टी के साथ मिलकर उसने राज्य में सरकार बनाई। हालांकि, यह सरकार सिर्फ एक साल ही चल पायी और 2003 में यह सरकार गिर गयी। इसके बाद भाजपा को प्रदेश की राजनीति में लगभग 15 वर्षों तक कोई सफलता नहीं मिली। वर्ष 2017 में पार्टी को एक विशाल जनादेश मिला जब इसे 403 विधान सभा सीटों में से 325 पर जीत हासिल हुई और महंत आदित्यनाथ प्रदेश के मुख्यमंत्री बने। इसके बाद 2022 के चुनावों में भी पार्टी ने बेहतरीन प्रदर्शन किया और 255 सीटों पर जीत दर्ज की। इसके साथ ही भाजपा 1985 के बाद पहली ऐसी पार्टी बन गयी जो 5 साल सरकार चलाने के बाद दोबारा चुन कर सत्ता में आयी।

भारतीय राष्ट्रीय काँग्रेस (चुनाव चिन्ह-हाथ का निशान)- भारतीय राष्ट्रीय काँग्रेस भारत की सबसे पुरानी राजनीतिक पार्टी है। इस पार्टी का गठन 28 दिसम्बर 1885 को एक अंग्रेज़ अधिकारी एलेन ओक्टेवियन हयूम, व्योमेश चंद्र बनर्जी और दादा भाई नौरोजी ने तत्कालीन बंबई (वर्तमान मुंबई) में किया था। एलन ओक्टेवियन हयूम सेवानिवृत्त होने से पहले उत्तर प्रदेश के इटावा जिले के मजिस्ट्रेट रह चुके थे। उन्हें पार्टी का पहला महासचिव जबकि व्योमेश नाथ बनर्जी को पहला अध्यक्ष नियुक्त किया गया। शुरुआती दिनों में काँग्रेस को कुलीन वर्ग की पार्टी माना जाता था और आम जन का समर्थन इसे नहीं मिल पा रहा था। लेकिन काँग्रेस ने स्वतन्त्रता के लिए अपना संघर्ष जारी रखा और धीरे धीरे आम जनता भी इसके साथ जुड़ने लगी। स्थापना के लगभग 60 वर्षों के बाद इसने भारत को स्वतंत्र करने में सफलता हासिल की और जवाहर लाल नेहरू देश के पहले प्रधानमंत्री बने।

आजादी के समय काँग्रेस एक मात्र ऐसी पार्टी थी जिसे देश के हर कोने में जन समर्थन हासिल था इसलिए उसे प्रदेश में भी सरकार बनाने में कोई मुश्किल नहीं हुई। साल 1952 में हुए पहले प्रादेशिक चुनावों में काँग्रेस को सफलता मिली और गोविंद वल्लभ पंत प्रदेश के पहले मुख्य मंत्री बने। इतना ही नहीं देश की पहली महिला मुख्यमंत्री बनने का गौरव भी उत्तर प्रदेश को मिला जब 1963 में सुचेता कृपलानी को प्रदेश का मुख्यमंत्री नियुक्त किया गया।

आजादी से लेकर 80 के दशक तक, यानि लगभग 40 वर्षों तक उत्तर प्रदेश के मुख्यमंत्री काँग्रेस पार्टी से ही बने थे। हालांकि इसके बाद पार्टी की स्थिति प्रदेश में खराब होती चली गयी और क्षेत्रीय दलों ने इसे हशिये पर धकेल दिया। वर्तमान परिस्थिति में काँग्रेस के पास 403 में से सिर्फ 2 सीटों पर ही जीत हासिल हुई है। हालांकि एक ट्रेंड यह भी है कि काँग्रेस पार्टी के अध्यक्ष आम तौर पर उत्तर प्रदेश से ही चुनाव जीत कर आते हैं। एक समय था फूलपुर, अमेठी और रायबरेली की लोक सभा सीटें काँग्रेस की गढ़ मानी जाती थी, लेकिन धीरे-धीरे यह चलन भी टूट गया और वर्तमान में काँग्रेस के पास सिर्फ रायबरेली की सीट बची है।

बहुजन समाजवादी पार्टी (चुनाव चिन्ह-हाथी) - बहुजन समाज पार्टी देश की तीसरी सबसे बड़ी राष्ट्रीय पार्टी है। इसकी वर्तमान अध्यक्ष मायावती हैं, जो चार बार उत्तर प्रदेश की मुख्यमंत्री रह चुकी हैं। पार्टी का लक्ष्य बहुजन, जिनमें अन्य पिछड़ा वर्ग, अनुसूचित जाति, अनुसूचित जनजाति और अल्पसंख्यक शामिल हैं, उनको समाज में उचित स्थान दिलाना है। पार्टी की विचारधारा

भीमराव आंबेडकर के मानवतावादी दर्शन के साथ ही बौद्ध दर्शन से भी प्रेरित है। पार्टी का गठन कभी दलितों के करिश्माई नेता रहे कांशीराम ने 14 अप्रैल 1984 को किया था। इसका चुनाव चिन्ह हाथी है। हालांकि इस पार्टी का गठन पंजाब में हुआ था लेकिन इसे सबसे अधिक राजनीतिक सफलता उत्तर प्रदेश में ही मिली। जहां 2012 में प्रतिद्वंद्वी समाजवादी पार्टी से हारने से पहले मायावती ने चार बार मुख्यमंत्री के रूप में कार्य किया। उत्तर प्रदेश में पार्टी का सबसे अच्छा प्रदर्शन 2007 में रहा जब पार्टी ने बसपा सुप्रिमो मायावती के नेतृत्व में पूर्ण बहुमत से सरकार बनाई। पार्टी का सबसे बुरा प्रदर्शन 2017 के भी विधानसभा चुनावों में रहा जब पार्टी को बुरी हार का सामना करना पड़ा। कभी पूर्ण बहुमत पाने वाली बसपा इस चुनाव में सिर्फ 19 सीटों पर सिमट गई। भारत के निर्वाचन आयोग द्वारा अनुमोदित बीएसपी का चुनाव है **'हाथी'**। असम और सिक्किम को छोड़कर सभी राज्यों में बीएसपी द्वारा इस चुनाव चिह्न का उपयोग किया जाता है, क्योंकि असम और सिक्किम में पार्टी को दूसरा चिह्न चुनना है। वर्तमान में इन दो राज्यों में चुनाव में बसपा की उपस्थिति नहीं है, इसलिए इन दोनों राज्यों में इस्तेमाल होने वाले चिह्न का अभी तक फैसला नहीं किया गया है।

समाजवादी पार्टी (चिनाव चिन्ह-साइकल) - समाजवादी पार्टी (सपा), जो लगभग सामाजिक पार्टी के रूप में समझी जाती है, भारत की एक क्षेत्रीय राजनीतिक पार्टी है। इसका जन आधार मुख्य रूप से उत्तर प्रदेश राज्य में है, हालांकि कर्नाटक, बिहार, उत्तराखंड और मध्य प्रदेश जैसे राज्यों में भी इसकी उपस्थिति है। इसकी राजनीतिक स्थिति केन्द्रीय है और यह लोकतांत्रिक समाजवाद, लोकप्रियता और सामाजिक रूढ़िवाद की राजनीतिक विचारधाराओं पर चलती है। उत्तर प्रदेश में मुख्यधारा के हशिये पर रहने वाले समाज के सामाजिक रूप से उत्पीड़ित वर्गों के लिए सपा अपनी पूर्ण निष्ठा और राजनीतिक संघर्ष का दावा करती है। दूसरे शब्दों में, लोकतांत्रिक समाजवादी पार्टी होने का दावा करते हुए समाजवादी पार्टी अल्पसंख्यकों, विशेष रूप से अन्य पिछड़ा वर्ग (ओबीसी) और मुसलमानों के उत्थान एवं आर्थिक प्रगति की बात करती है। पार्टी धर्मनिरपेक्षता के मार्गदर्शक सिद्धांतों पर भी काम करती है और सभी सांप्रदायिक ताकतों के खिलाफ संघर्ष करती है। मुलायम सिंह यादव द्वारा लखनऊ में अक्टूबर 1992 में गठित सपा मूल संगठन जनता दल से अलग होने वाले कई राजनीतिक दलों में से एक थी। समाजवादी पार्टी के प्रगतिशील विचारक, लेखक और महान सांसद राम मनोहर लोहिया के पद चिन्हों पर अग्रसर है, जिन्हें सपा के कार्यकलापों के लिए मार्गदर्शक माना जाता है। मूल स्तर की राजनीति में शामिल होने के लिए लोहिया का लोकतांत्रिक दृष्टिकोण और लोकप्रियता, अहिंसक प्रदर्शनों और सत्याग्रह के उनके गांधी वादी सिद्धांत और देश में पूंजीवादी और सामंती प्रवृत्तियों के सभी रूपों को समाप्त करने में उनकी धारणा ने समाज के सबसे गरीब और सबसे दु:खी वर्गों, निचली जातियों और अन्य अल्पसंख्यकों तक पहुँच बनाने में मुलायम और समाजवादी पार्टी के अन्य सदस्यों को बहुत प्रेरित किया है। लोहिया की **'करो या मरो'** भावना पार्टी के लिए एक महान प्रेरणा है, जो देश के सामाजिक रूप से उपेक्षित लोगों के बीच आशा और आत्मविश्वास पैदा करती है।

राष्ट्रीय लोक दल (चुनाव चिन्ह-हैंड पम्प) - लोकदल का इतिहास शुरू होता है 1974 से जब चौधरी चरण सिंह ने भारतीय लोक दल नाम से अपनी पार्टी बनाई थी। तब इसका चुनाव निशान **'हलधर किसान'** था। इमरजेंसी के बाद 1977 में इंदिरा गांधी का मुकाबला करने के लिए कई नेताओं ने अपनी-अपनी पार्टियों का विलय कराकर जनता पार्टी बनाई। कई पार्टियों को मिलाकर बनाई गई जनता पार्टी का चुनाव निशान भी हलधर किसान बना। 1977 में कांग्रेस पार्टी को हराकर जनता पार्टी ने केंद्र में सरकार बनाई। मोरारजी देसाई के बाद चौधरी चरण सिंह जनता पार्टी की तरफ से प्रधानमंत्री भी बने। लेकिन 1980 में आपसी मतभेदों के कारण जनता पार्टी टूट गई और चौधरी चरण सिंह भी उससे अलग हो गए। तब उन्होंने जो पार्टी बनाई उसका नाम **'लोकदल'** था और चुनाव निशान था 'हल जोतता हुआ किसान'। लोकदल नाम कि ये पार्टी 1987 में चौधरी चरण सिंह के देहांत तक ठीक से चलती रही। एक समय देवी लाल, नीतीश कुमार, बीजू पटनायक, शरद यादव और मुलायम सिंह यादव भी इसी लोक दल के नेता होते थे। 1984 के लोकसभा चुनाव में जब भारतीय जनता पार्टी के सिर्फ दो सांसद थे तब लोकदल के चार सांसद होते थे। लेकिन चौधरी चरण सिंह के देहांत के बाद लोकदल पर कब्जे की लड़ाई छिड़ गई। कुछ दिनों तक हेमवती नंदन बहुगुणा इसके अध्यक्ष रहे। लेकिन बाद में यह लड़ाई चुनाव आयोग पहुंच गई। उस समय भी पार्टी पर दावा करने वालों में खुद चौधरी चरण सिंह के बेटे अजीत सिंह भी शामिल थे। लेकिन भारतीय चुनाव आयोग ने फैसला सुनाया कि अजीत सिंह बेटे होने के नाते चरण सिंह की संपत्ति के वारिस तो हो सकते हैं, मगर पार्टी की विरासत उन्हें नहीं मिल सकती है। तब अजीत सिंह ने राष्ट्रीय लोक दल नाम की अपनी अलग पार्टी बना ली। हालांकि

इस पार्टी को चुनावी सफलता नहीं मिली लेकिन फिर भी प्रदेश के कुछ हिस्सों में इसे विशाल जन समर्थन मिलता रहा है।

अपना दल (चुनाव चिन्ह-चाय का प्याला) - अपना दल उत्तर प्रदेश का एक राजनीतिक दल हैं, जिसकी स्थापना 4 नवम्बर 1995 को डॉ॰ सोनेलाल पटेल ने इंजिनियर बलिहारी पटेल के साथ मिलकर किया था। डॉ. सोनेलाल पटेल पूर्व में बहुजन समाज पार्टी में थे। कांशी राम से मतभेद के चलते उन्होंने समाज के दबे कुचले कमजोरों और पिछड़ों को लेकर अपना दल की नींव रखी। अपना दल के गठन के पूर्व उन्होंने लखनऊ के बेगम हजरत महल पार्क में एक कुर्मी क्षत्रीय महारैली का आयोजन किया, जिसमें अपार जनता जुटी। इस रैली को बी.बी.सी. न्यूज ने सबसे बड़ी जातीय रैली कहा था। यही रैली अपना दल के गठन का आधार बनी। डॉ. सोनेलाल पटेल ने अपना दल को उठाने में पूरी ताकत लगा दी। उनके साथ अनेक लोगों का कारवाँ जुड़ता गया और दल को जनाधार मिलता गया। डॉ. पटेल ने कई विधानसभा एवं लोकसभा चुनाव पार्टी की ओर से लड़ा पर उन्हें जीत नहीं मिल सकी। फूलपुर लोकसभा उनकी पसंदीदा सीट थी, जिस पर 2009 के लोकसभा चुनाव में उन्हें तीसरा स्थान प्राप्त हुआ। कुछ वर्ष बाद उनका 17 अक्टूबर, 2009 को निधन हो गया। अब अपना दल दो धड़ों में बँट चुका है, एक पत्नी कृष्णा पटेल का और दूसरा बेटी अनुप्रिया पटेल का। दोनों दलों का दावा है कि वे डॉ. पटेल के सपनों को साकार करने का काम करेंगें। अनुप्रिया पटेल पहले रोहनिया से विधायक बनीं उसके बाद बीजेपी से गठबंधन करके 2014 से लगातार दूसरी बार सांसद चुनी गई है। सन 2022 के विधानसभा चुनाव में अनुप्रिया पटेल के अपना दल ने भाजपा के साथ मिलकर चुनाव लड़ा। इनको अन्य छोटे दलों की अपेक्षा अच्छी सफलता प्राप्त हुई।

अन्य राजनीतिक दल

आम आदमी पार्टी, चुनाव चिन्ह - झाड़ू

जन अधिकार पार्टी, चुनाव चिन्ह - कैंची

ऑल इंडिया मजलिस - ए - इत्तिहादुल - मुस्लिमीन, चुनाव चिन्ह - पतंग

निर्वाचन आयोग

भारतीय निर्वाचन आयोग एक स्वायत्त संवैधानिक संस्था है जो संविधान के **अनुच्छेद 324** के तहत भारत में होने वाले चुनावों और चुनावी प्रक्रिया के लिए जिम्मेदार है। आयोग लोकसभा, राज्यसभा, विधानसभा, विधान परिषद, राष्ट्रपति और उपराष्ट्रपति के चुनाव कराता है। देश की उच्च न्यायपालिका, केंद्रीय लोक सेवा आयोग और भारत के कॉम्प्ट्रोलर और ऑडिटर जनरल के अलावा निर्वाचन आयोग ही ऐसी संस्था है जो स्वायत्त और स्वतंत्र है।

संविधान में चुनावों से संबंधित अनुच्छेद

- 324-चुनाव आयोग में चुनावों के लिये निहित दायित्व: अधीक्षण, निर्देशन और नियंत्रण।
- 325-धर्म, जाति या लिंग के आधार पर किसी भी व्यक्ति विशेष को मतदाता सूची में शामिल न करने और इनके आधार पर मतदान के लिये अयोग्य नहीं ठहराने का प्रावधान।
- 326-लोकसभा एवं प्रत्येक राज्य की विधानसभा के लिये निर्वाचन वयस्क मताधिकार के आधार पर होगा।
- 327-विधायिका द्वारा चुनाव के संबंध में संसद में कानून बनाने की शक्ति।
- 328-किसी राज्य के विधानमंडल को इसके चुनाव के लिये कानून बनाने की शक्ति।
- 329-चुनावी मामलों में अदालतों द्वारा हस्तक्षेप करने के लिये बार (BAR)

चुनाव आयोग की संरचना

1. संविधान में निर्वाचन आयोग की संरचना से सम्बंधित निम्न प्रावधान शामिल किए गये हैं -
2. निर्वाचन आयोग एक मुख्य निर्वाचन आयुक्त और उसके अन्य निर्वाचन आयुक्तों से, यदि कोई हों, जितने समय पर राष्ट्रपति नियत करे, मिलाकर बनता है।
3. मुख्य निर्वाचन आयुक्त व अन्य निर्वाचन आयुक्तों की नियुक्ति राष्ट्रपति द्वारा की जाएगी।
4. यदि एक से अधिक निर्वाचन आयुक्त नियुक्त किये जाते है तो ऐसी स्थिति में मुख्य निर्वाचन आयुक्त, निर्वाचन आयोग के अध्यक्ष के रूप में कार्य करेंगें।
5. निर्वाचन आयोग से सलाह लेने के बाद राष्ट्रपति उतनी संख्या में प्रादेशिक निर्वाचन आयुक्तों की नियुक्ति भी कर सकता है जितने की निर्वाचन आयोग को सहायता देने के लिए आवश्यक हों।
6. निर्वाचन आयुक्तों और प्रादेशिक निर्वाचन आयुक्तों की सेवा की शर्तें और पदावधि ऐसी होगीं जो राष्ट्रपति, नियम द्वारा तय करे।

हालाँकि,मुख्य निर्वाचन आयुक्त निर्वाचन आयोग का अध्यक्ष होता है लेकिन उसकी शक्तियां अन्य निर्वाचन आयुक्तों के समान ही होती हैं। आयोग द्वारा सभी मसलों पर बहुमत से निर्णय लिए जाते है। मुख्य निर्वाचन आयुक्त और अन्य दो निर्वाचन आयुक्त समान वेतन,भत्ते व अन्य सुविधाएँ प्राप्त करते हैं।

शक्तियां एवं कार्य

1. यह परिसीमन आयोग अधिनियम के अनुरूप निर्वाचन क्षेत्रों का परिसीमन करता है।
2. यह निर्वाचक नामावलियों को तैयार करता है और समय-समय पर उनमें सुधार करता है। यह सभी योग्य मतदाताओं को पंजीकृत करता है।
3. यह चुनावों कार्यक्रम निर्धारित करता है और उसे अधिसूचित करता है।
4. यह चुनाव हेतु प्रत्याशियों के नामांकन स्वीकार करता है उनकी जाँच करता है।
5. यह राजनीतिक दलों को पंजीकृत करता है और उन्हें चुनाव चिन्ह प्रदान करता है।
6. यह चुनावों में विभिन्न राजनीतिक दलों द्वारा किये गए प्रदर्शन के आधार पर उन्हें राष्ट्रीय व राज्य स्तरीय दलों का दर्जा प्रदान करता है।
7. यह राजनीतिक दलों की पहचान और चुनाव चिन्ह से सम्बंधित विवादों में न्यायालय की भूमिका निभाता है।
8. यह निर्वाचन व्यवस्था से सम्बंधित विवादों की जाँच के लिए अधिकारियों की नियुक्ति करता है।
9. यह राजनीतिक दलों को दूरदर्शन व रेडियो पर अपनी नीतियों व कार्यक्रमों के प्रचार के लिए समय सीमा का निर्धारण करता है।
10. यह सुनिश्चित करता है कि आदर्श आचार संहिता का सभी दलों व प्रत्याशियों द्वारा पालन किया जाये।
11. यह संसद सदस्यों की अयोग्यता से सम्बंधित मामलों में राष्ट्रपति को सलाह प्रदान करता है।
12. यह राज्य विधानमंडल के सदस्यों की अयोग्यता से सम्बंधित मामलों में राज्य के राज्यपाल को सलाह प्रदान करता है।
13. यह राष्ट्रपति या राज्यपाल के पास चुनाव को सम्पन्न कराने के लिए जरुरी स्टाफ को उपलब्ध करने के लिए निवेदन करता है।
14. यह चुनाव कार्यप्रणाली का सर्वेक्षण करता है और स्वतंत्र व निष्पक्ष चुनाव को संपन्न कराना सुनिश्चित करता है।
15. यह अनियमितता व दुरूपयोग के आधार पर किसी निर्वाचन क्षेत्र के मतदान को रद्द कर सकता है।
16. यह राष्ट्रपति को इस सम्बन्ध में सलाह देता है कि किसी राज्य में चुनाव कराये जा सकते है या नहीं।

राज्य निर्वाचन आयोग

संविधान के **अनुच्छेद 243-य-क** में यह उपबन्ध है कि नगरपालिकाओं के लिये कराए जाने वाले सभी निर्वाचनों के लिए निर्वाचक नामावली तैयार कराने का और उन सभी निर्वाचनों के संचालन का अधीक्षण, निदेशन और नियंत्रण संविधान के **अनुच्छेद 243-ट** के अन्तर्गत गठित राज्य निर्वाचन आयोग में निहित होगा। **अनुच्छेद 243-ट** के अनुसार राज्य निर्वाचन आयेग में राज्यपाल द्वारा नियुक्त एक राज्य निर्वाचन आयुक्त होगा, राज्य निर्वाचन आयुक्त को उसके पद से उसी रीति से और उन्हीं आधारों पर हटाया जा सकेगा जो उच्च न्यायालय के न्यायाधीश के मामले में निर्धारित है। राज्य निर्वाचन आयुक्त की सेवा शर्तों में नियुक्ति के पश्चात् उसके लिए अलाभकारी परिवर्तन नहीं किए जायेंगे। यह भी उपबन्ध है कि जब राज्य निर्वाचन आयोग ऐसे अनुरोध करे तब उसे अपने कर्तव्यों के निर्वहन के लिए राज्यपाल द्वारा आवश्यक कर्मचारी उपलब्ध कराये जाएँगे।

राज्य निर्वाचन आयोग के कार्य

1. आयोग राज्य के स्थानीय निकाय (पंचायतों एवं नगर पालिकाओं) के चुनावों के लिए मतदाता सूची को तैयार करता है।
2. आयोग राज्य के स्थानीय निकाय (पंचायतों और नगर पालिकाओं) के लिए चुनाव करवाता है।

उत्तर प्रदेश राज्य निर्वाचन आयोग

भारत के संविधान के 73वें और 74वें संशोधनों के पारित होने के बाद अप्रैल 1994 में उत्तर प्रदेश सरकार द्वारा आयोग का गठन किया गया था, जिसमें ग्रामीण और शहरी क्षेत्रों में अधिकतम पांच साल की अवधि के लिए एक स्थायी अघुलनशील स्थानीय निकायों के लिए अनिवार्य किया गया था, और नए शामिल किए गए **अनुच्छेद 243-K** के तहत स्थानीय-स्वशासन निकायों के चुनाव कराने के लिए सभी राज्यों में राज्य चुनाव आयोगों के निर्माण की अनुमति दी गई।

पंचायत राज निकायों का कामकाज दो अलग-अलग अधिनियमों द्वारा शासित होता है, एक ग्राम पंचायतों के लिए और दूसरा क्षेत्र पंचायतों और जिला पंचायतों के लिए। यूपी पंचायत राज अधिनियम, 1947 की धारा 12BB के अनुसार, ग्राम पंचायत के

प्रधान और सदस्य के चुनाव के संचालन के लिए अधीक्षण, दिशा और नियंत्रण राज्य चुनाव आयोग में निहित है। धारा 12BB के तहत, राज्य चुनाव आयोग के पर्यवेक्षण और नियंत्रण के अधीन, जिला मजिस्ट्रेट जिलों में प्रधानों और ग्राम पंचायतों के सदस्यों के सभी चुनावों के संचालन का पर्यवेक्षण करता है। इसी प्रकार उत्तर प्रदेश क्षेत्र पंचायत एवं जिला पंचायत अधिनियम, 1961 की धारा 264-B के अनुसार अध्यक्ष एवं जिला पंचायत के सदस्य एवं प्रमुख एवं क्षेत्र पंचायत के सदस्य के निर्वाचन के संचालन का अधीक्षण, निर्देशन एवं नियंत्रण राज्य निर्वाचन आयोग में निहित है।

ग्रामीण स्थानीय निकायों की तरह, राज्य में शहरी स्थानीय निकाय दो अलग-अलग अधिनियमों द्वारा शासित होते हैं, एक नगर पालिका परिषदों और नगर पंचायतों के लिए और दूसरा नगर निगमों के लिए। उत्तर प्रदेश नगरपालिका अधिनियम, 1916 की धारा 13-B एवं उत्तर प्रदेश नगर निगम अधिनियम, 1959 की धारा 45 के अनुसार अध्यक्षों, सदस्यों, महापौरों एवं पार्षदों के निर्वाचन के संचालन का अधीक्षण, निर्देशन एवं नियंत्रण राज्य चुनाव आयोग में निहित है।

संबंधित अधिनियमों के प्रावधानों, दिशा-निर्देशों और राज्य निर्वाचन आयोग द्वारा दिए गए निर्देशों के तहत नियमों के अनुसार मतदाता सूची तैयार की जाती है। उत्तर प्रदेश पंचायत राज अधिनियम, 1947 की धारा 9 के तहत इस प्रयोजन से विशिष्ट प्रावधान किए गए हैं। उत्तर प्रदेश क्षेत्र पंचायत और जिला पंचायत अधिनियम, 1961 की धारा 6B क्षेत्र पंचायत के लिए मतदाता सूची तैयार करने से संबंधित है और उपरोक्त अधिनियम की धारा 18B जिला पंचायत के लिए मतदाता सूची तैयार करने से संबंधित है। इसी तरह उत्तर प्रदेश नगरपालिका अधिनियम, 1916 की धारा 12A से 12G नगर पालिका परिषदों और नगर पंचायतों की मतदाता सूची तैयार करने से संबंधित है। उत्तर प्रदेश नगर निगम अधिनियम, 1959 की धारा 35 से 40 तक नगर निगम की मतदाता सूची तैयार करने से संबंधित है।

राज्य सरकार ने पंचायत चुनाव के संबंध में निम्नलिखित नियम बनाए हैं-

1. उत्तर प्रदेश राज्य चुनाव आयोग (पंचायत राज और स्थानीय निकाय) (नियुक्ति और सेवा की शर्तें) नियम, 1994।
2. उत्तर प्रदेश पंचायत राज (निर्वाचकों का पंजीकरण) नियम, 1994।
3. उत्तर प्रदेश पंचायत राज (सदस्यों, प्रधानों और उप-प्रधानों का चुनाव) नियम, 1994।
4. उत्तर प्रदेश पंचायत राज (निर्वाचन विवादों का निपटारा) नियम, 1994।
5. उत्तर प्रदेश पंचायत राज (निर्वाचन विवादों का निपटारा) नियम, 1994।
6. उत्तर प्रदेश क्षेत्र पंचायत एवं जिला पंचायत (सदस्यों का निर्वाचन) नियम, 1994।
7. उत्तर प्रदेश जिला पंचायत (अध्यक्ष एवं उपाध्यक्ष का चुनाव एवं निर्वाचन विवादों का निपटारा) नियमावली, 1994
8. उत्तर प्रदेश क्षेत्र पंचायत (प्रमुख और उप - प्रमुख का चुनाव और चुनाव विवादों का निपटारा) नियम, 1994।

राज्य सरकार ने शहरी स्थानीय निकाय चुनाव कराने के लिए निम्नलिखित नियम बनाए हैं -

1. उत्तर प्रदेश नगरपालिका (निर्वाचक नामावली तैयार करना एवं पुनरीक्षण) नियमावली, 1994।
2. उत्तर प्रदेश नगर निगम (निर्वाचक नामावली तैयार करना एवं पुनरीक्षण) नियमावली, 1994।
3. उत्तर प्रदेश नगरपालिका (सदस्यों, पार्षदों, अध्यक्षों और महापौरों का चुनाव) नियमावली, 2010।
4. उत्तर प्रदेश नगर पालिका (सदस्यों, पार्षदों, अध्यक्षों और महापौरों का चुनाव) (प्रथम संशोधन) नियम, 2013।

उत्तर प्रदेश राज्य निर्वाचन आयोग के वर्तमान अध्यक्ष श्री मनोज कुमार हैं। वे 1984 बैच के आईएएस अधिकारी हैं और उन्होने 18 जुलाई 2018 को अपना कार्यभार संभाला।

9 उत्तर प्रदेश में स्थानीय स्वशासन : शहरी एवं पंचायती राज, लोकनीति, अधिकार संबंधी मुद्दे

स्थानीय स्वशासन का इतिहास

- **'पंचायत'** शब्द का अर्थ है एक सभा (आयत) या पाँच (पंच) लोग जो शासन (राज) करते हैं। निर्वाचित स्थानीय स्वशासन निकाय 1882 के बाद अस्तित्व में आए, जब स्थानीय स्वशासन के जनक लॉर्ड रिपन ने इन निकायों के निर्माण की पहल की।
- पंचायती राज को ग्रामीण क्षेत्रों में **'तालुका'** या **'तहसील'** के रूप में जाना जाता था।
- **लॉर्ड रिपन** ने चुनाव के माध्यम से शहरी और ग्रामीण स्थानीय निकायों में गैर-अधिकारियों को शामिल करने की पहल की। प्रारंभ में केवल वही लोग चुनाव में भाग ले सकते थे जो किराया देते थे।
- गैर-अधिकारियों को तब चुना जाता था जब अधिकारियों को किसी भी समय कहीं भी चुनाव कराने का मन करता था।
- 1882 के संकल्प के बाद, गैर-अधिकारी स्थानीय निकायों में अध्यक्ष का पद धारण कर सकते थे तथा मनोनीत सदस्य कुल सदस्य संख्या के अधिकतम एक-तिहाई होते थे। सदस्य निर्वाचित और मनोनीत दोनों होते थे। अत: निर्वाचित गैर-अधिकारियों की संख्या में वृद्धि हुई।
- पहला **नगर निगम 1688 में मद्रास के पूर्व प्रेसीडेंसी टाउन में स्थापित किया गया था** और उसके बाद 1726 में तत्कालीन बॉम्बे और कलकत्ता में इसी तरह के निगमों का गठन किया गया था।

स्थानीय स्वशासन के विषय में भारतीय संविधान क्या कहता है ?

- स्थानीय सरकार भारत के संविधान की सातवीं अनुसूची की सूची II में **प्रविष्टि** 5 के रूप में एक राज्य का विषय है। भारतीय संविधान का **अनुच्छेद 243 जी** स्थानीय निकायों को शक्ति के हस्तांतरण के लिए मूल सिद्धांत को स्थापित करता है।
- आर्थिक शक्ति बनने की देश की यात्रा में, स्थानीय निकाय नागरिकों को उपलब्ध बुनियादी ढांचे को सक्षम बनाने में एक आवश्यक भूमिका निभाते हैं।
- भारत के संविधान ने संसद और राज्य विधानसभाओं में लोकतंत्र की सुरक्षा सुनिश्चित करने के लिए विस्तृत प्रावधान किए हैं। हालाँकि, संविधान ने शहरी क्षेत्रों में स्थानीय स्वशासन को एक स्पष्ट संवैधानिक दायित्व नहीं बनाया।
- शहरी स्थानीय निकायों के लिए एक सामान्य ढांचा प्रदान करने और स्वशासन की प्रभावी लोकतांत्रिक इकाइयों के रूप में निकायों के कामकाज को मजबूत करने में मदद करने के लिए, संसद ने 1992 में नगर पालिकाओं से संबंधित **74वां संविधान संशोधन अधिनियम, 1992 अधिनियमित किया था।** इस अधिनियम को 20 अप्रैल 1993 को राष्ट्रपति की स्वीकृति मिली। भारत सरकार ने 1 जून 1993 को उक्त अधिनियम के लागू होने की तिथि के रूप में अधिसूचित किया।
- संविधान में **एक नया भाग IX-A** शामिल किया गया है, इसमें अन्य बातों के अलावा, तीन प्रकार की नगर पालिकाओं का गठन, अर्थात, ग्रामीण क्षेत्रों से शहरी क्षेत्रों में संक्रमण वाले क्षेत्रों के लिए नगर पंचायत, शहरी क्षेत्रों के लिए नगर परिषद, बड़े शहरी क्षेत्रों और छोटे शहरी क्षेत्र के लिए नगर निगम, नगर पालिकाओं का निश्चित कार्यकाल, राज्य चुनाव आयोग की नियुक्ति, राज्य वित्त आयोग की नियुक्ति और महानगरीय तथा जिला योजना समितियों का गठन करने और राज्यों/केंद्र शासित प्रदेशों द्वारा अपने चुनाव आयोगों की स्थापना करने का प्रावधान किया गया है।
- संविधान का **अनुच्छेद 40,** जो राज्य के नीति निदेशक सिद्धांतों में से एक को स्थापित करता है, यह बताता है कि राज्य ग्राम पंचायतों को संगठित करने के लिए कदम उठाएगा और उन्हें ऐसी शक्तियाँ और अधिकार प्रदान करेगा जो उन्हें स्वशासन की इकाइयों के रूप में कार्य करने में सक्षम बनाने के लिए आवश्यक हों।

- पंचायतों से संबंधित एक नया भाग IX, अन्य बातों के अलावा, गाँव या गाँवों के समूह में ग्राम सभा, गाँव और विभिन्न स्तरों पर पंचायतों के गठन के लिए प्रावधान करने के लिए संविधान में शामिल किया गया है; ग्राम और मध्यवर्ती स्तर पर पंचायतों की सभी सीटों के लिए, यदि कोई हो, और ऐसे स्तरों पर पंचायतों के अध्यक्षों के कार्यालयों के लिए प्रत्यक्ष चुनाव प्रत्येक स्तर पर पंचायतों की सदस्यता और पंचायतों में अध्यक्षों के पद के लिए अनुसूचित जातियों और अनुसूचित जनजातियों के लिए उनकी जनसंख्या के अनुपात में सीटों का आरक्षण; महिलाओं के लिए कम से कम एक-तिहाई सीटों का आरक्षण; पंचायतों के लिए पांच साल का कार्यकाल तय करना और किसी पंचायत के अधिक्रमण की स्थिति में छह महीने के भीतर चुनाव कराना आदि कार्य भी इसी भाग के तहत किए जाते हैं।

स्थानीय स्वशासन

- स्थानीय स्वशासन ऐसे स्थानीय निकायों द्वारा स्थानीय मामलों का प्रबंधन है जिन्हें स्थानीय लोगों ने चुना है। स्थानीय स्वशासन में ग्रामीण और शहरी दोनों सरकारें शामिल हैं। यह सरकार का तीसरा स्तर है। दो प्रकार की स्थानीय सरकारें कार्यरत हैं- ग्रामीण क्षेत्रों में पंचायत और शहरी क्षेत्रों में नगर पालिका।

स्थानीय स्वशासन की संरचना

- भारत के प्रशासनिक ढांचे के भीतर, लोकतांत्रिक रूप से चुने गए स्थानीय शासन निकायों को शहरी क्षेत्रों में "नगर पालिका" और ग्रामीण क्षेत्रों में "पंचायती राज संस्थान" कहा जाता है।

जनसंख्या के आधार पर तीन प्रकार की नगरपालिका

1. दस लाख से अधिक जनसंख्या वाला नगर निगम (नगर निगम)
2. 25,000 से अधिक और 1 मिलियन से कम जनसंख्या वाली नगर पालिका परिषदें
3. 10,000 से अधिक और 25,000 से कम जनसंख्या वाली नगर पालिका समिति (नगर पंचायत)।

पंचायती राज संस्थाएं

ग्रामीण क्षेत्रों में पंचायतों के तीन पदानुक्रम हैं।

1. ग्राम स्तर पर ग्राम पंचायतें
2. ब्लॉक स्तर पर मंडल या ब्लॉक पंचायतें
3. जिला स्तर पर जिला पंचायतें

पंचायतों में भारत की लगभग 96% आबादी, लगभग 580,000 गाँव और लगभग 99.6% ग्रामीण आबादी शामिल है। 2020 तक, लगभग 3 मिलियन निर्वाचित प्रतिनिधि सभी पंचायत स्तरों पर थे, और लगभग 1.3 मिलियन महिलाएं। ये सदस्य 240,000 से अधिक ग्राम पंचायतों का प्रतिनिधित्व करते हैं; लगभग 6,672 ब्लॉक स्तर पर मध्यवर्ती स्तर की पंचायत समिति और जिला स्तर पर 500 से अधिक जिला परिषद् हैं।

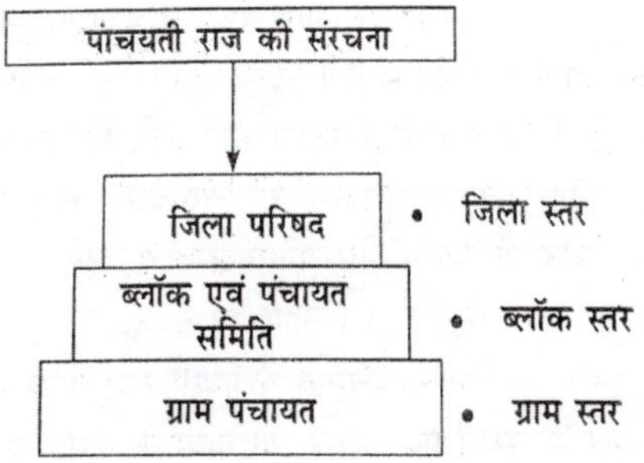

उत्तर प्रदेश में पंचायती राज

- स्वतंत्रता के बाद, पंचायती राज अधिनियम 1947 के पारित होने के साथ, उत्तर प्रदेश में 15 अगस्त 1947 को पंचायती राज व्यवस्था शुरू की गई थी।
- यह 73वें संवैधानिक संशोधन अधिनियम 1992 के माध्यम से प्रभावी है।
- इस त्रिस्तरीय पंचायती राज प्रणाली में ग्राम पंचायत, ब्लॉक पंचायत और जिला पंचायत शामिल हैं।
- राज्य सरकार ने उत्तर प्रदेश क्षेत्र समिति एवं जिला परिषद् अधिनियम 1961 पारित कर इसकी स्थापना की।
- यह बलवंत राय मेहता समिति की सिफारिश पर आधारित है।
- उत्तर प्रदेश सरकार ने इसे 1961-1962 में केंद्र सरकार के निर्देशन में पारित किया।
- **उत्तर प्रदेश में 17 नगर निगम और 200 नगर निगम बोर्ड 59163-ग्राम सभा** और 822 विकासखंड हैं।

उत्तर प्रदेश में पंचायती राज व्यवस्था स्थानीय स्वशासन की एक विकेन्द्रीकृत प्रणाली है जो ग्रामीण क्षेत्रों को सशक्त बनाती है और जमीनी लोकतंत्र को बढ़ावा देती है। इसमें ग्राम पंचायत, ब्लॉक पंचायत और जिला पंचायत जैसे विभिन्न स्तरों पर पंचायतों की स्थापना और कार्य करना शामिल है।

पंचायती राज का वित्त

- केंद्र सरकार से अनुदान संविधान के अनुच्छेद 280 के अनुसार केंद्रीय वित्त आयोग की सिफारिशों पर आधारित है।
- अनुच्छेद 243-I के अनुसार राज्य वित्त आयोग की सिफारिशों के आधार पर राज्य सरकार को विचलन।
- राज्य सरकार से ऋण या अनुदान।
- केंद्र प्रायोजित योजनाओं और अतिरिक्त केंद्रीय सहायता के तहत कार्यक्रम-विशिष्ट आवंटन।
- आंतरिक संसाधन उत्पादन (कर और गैर-कर)।

ग्राम पंचायत: ग्राम स्तर पर, ग्राम पंचायत पंचायती राज की मूल इकाई होती है। इसमें सरपंच (ग्राम प्रधान) सहित निर्वाचित प्रतिनिधि होते हैं जिन्हें पंचायत सदस्य कहा जाता है। ग्राम पंचायत विभिन्न ग्रामीण विकास कार्यक्रमों को लागू करने और गाँव को स्वच्छता, स्वास्थ्य, शिक्षा और बुनियादी ढाँचे जैसी आवश्यक सेवाएँ प्रदान करने के लिए जिम्मेदार है।

ब्लॉक पंचायत: ब्लॉक पंचायत पंचायती राज व्यवस्था का अगला स्तर है। इसमें एक ब्लॉक या गांवों के समूह के भीतर विभिन्न ग्राम पंचायतों के निर्वाचित प्रतिनिधि शामिल होते हैं। ब्लॉक पंचायत ब्लॉक स्तर पर विकास परियोजनाओं और कार्यक्रमों के कार्यान्वयन का समन्वय और पर्यवेक्षण करती है। यह ग्राम पंचायतों और उच्च स्तरीय जिला पंचायत के बीच एक मध्यस्थ है।

जिला पंचायत: जिला स्तर पर जिला पंचायत पंचायती राज की सर्वोच्च संस्था है। इसमें एक जिले के भीतर विभिन्न ब्लॉक पंचायतों के निर्वाचित प्रतिनिधि शामिल होते हैं। जिला पंचायत जिले में समग्र ग्रामीण विकास के लिए योजनाएं और नीतियां बनाती है, धन आवंटित करती है और कार्यक्रमों के कार्यान्वयन की निगरानी करती है। यह निचले स्तर की पंचायतों के प्रदर्शन की निगरानी और मूल्यांकन में भी महत्वपूर्ण भूमिका निभाती है।

उत्तर प्रदेश में पंचायती राज प्रणाली का उद्देश्य सत्ता और निर्णय लेने की प्रक्रिया का विकेंद्रीकरण करना, स्थानीय समुदायों को सशक्त बनाना और शासन की सक्रिय भागीदारी सुनिश्चित करना है। प्रत्येक स्तर पर निर्वाचित प्रतिनिधि अपने घटकों के हितों का प्रतिनिधित्व करने, स्थानीय मुद्दों को संबोधित करने और ग्रामीण क्षेत्रों में सतत विकास को चलाने के लिए जिम्मेदार हैं।

उत्तर प्रदेश में पंचायती राज प्रणाली को **कई चुनौतियों का सामना करना पड़ता है** जो इसके कामकाज और प्रभावशीलता को प्रभावित करती हैं। यहाँ कुछ सामान्य चुनौतियाँ हैं:

- **सीमित वित्तीय संसाधन:** पंचायतों को अक्सर अधिक वित्तीय संसाधनों की आवश्यकता होती है क्योंकि संसाधनों की कमी विकास परियोजनाओं को प्रभावी ढंग से लागू करने की उनकी क्षमता में बाधा डालता है। अपर्याप्त धन ग्रामीण क्षेत्रों में बुनियादी सेवाएं और बुनियादी ढांचा प्रदान करने में बाधा बन सकता है।
- **जागरूकता और क्षमता की कमी:** कई निर्वाचित प्रतिनिधियों और पंचायत पदाधिकारियों को शासन, वित्तीय प्रबंधन और परियोजना कार्यान्वयन के बारे में अधिक जागरूकता और क्षमता की आवश्यकता है। यह अक्षमताओं और उप-इष्टतम निर्णय लेने का कारण बन सकता है।
- **राजनीतिक हस्तक्षेप:** स्थानीय स्तर पर राजनीतिक हस्तक्षेप पंचायतों की स्वायत्तता और निर्णय लेने के अधिकार को कमजोर कर सकता है। इस हस्तक्षेप से संसाधनों का विषम आवंटन, पक्षपात और भ्रष्टाचार हो सकता है, जिससे पंचायती राज व्यवस्था के समग्र कामकाज में बाधा आ सकती है।
- **लैंगिक असमानता:** आरक्षण नीतियों के बावजूद, पंचायतों में महिलाओं की भागीदारी और प्रतिनिधित्व अभी भी चुनौतियों का सामना कर रहा है। लिंग आधारित भेदभाव, पितृसत्तात्मक दृष्टिकोण और सीमित नेतृत्व अवसर पंचायतों में महिलाओं की सक्रिय भागीदारी और निर्णय लेने की भूमिका में बाधा डालते हैं।
- **ढांचागत कमियां :** उत्तर प्रदेश में कई पंचायतों को पर्याप्त कार्यालय स्थान, कनेक्टिविटी और तकनीकी सहायता सहित अधिक बुनियादी ढांचे की आवश्यकता है। ये कमियाँ प्रशासनिक प्रक्रियाओं और सूचना प्रबंधन में बाधा बन सकती हैं।
- **सामाजिक असमानता और जाति की गतिशीलता:** सामाजिक-आर्थिक असमानता और जाति की गतिशीलता पंचायतों के भीतर निर्णय लेने की प्रक्रिया को प्रभावित कर सकती है। कुछ मामलों में, प्रमुख जाति समूहों के पास अनुपातहीन शक्ति और प्रभाव हो सकता है, जिससे कुछ समुदायों का हाशिए पर जाना और उप- इष्टतम विकास के परिणाम सामने आते हैं।

इन चुनौतियों से निपटने के लिए क्षमता निर्माण कार्यक्रम, वित्तीय सशक्तिकरण, निगरानी तंत्र को मजबूत करने, लैंगिक समानता को बढ़ावा देने और पंचायत स्तर पर पारदर्शी और जवाबदेह शासन के लिए एक सक्षम वातावरण बनाने सहित एक बहुआयामी दृष्टिकोण की आवश्यकता है।

दूसरी एआरसी की सिफारिशें

- सहायकता का सिद्धांत, लोकतांत्रिक विकेंद्रीकरण, कार्यों का चित्रण, वास्तविक शर्तों में विचलन, अभिसरण और नागरिक केंद्रित शासन।
- एक स्थानीय निकाय लोकपाल का गठन किया जाना चाहिए। स्थानीय निकायों के लिए राज्य विधानमंडल की अलग स्थायी समिति।
- स्थानीय सरकार के प्रत्येक स्तर के लिए कार्यों का स्पष्ट चित्रण।
- राज्यपाल को कॉलेजियम की अनुशंसा पर राज्य निर्वाचन आयुक्त की नियुक्ति करनी चाहिए।
- ग्रामीण विकास शहरी विकास का समर्थन करता है और शहरी विकास ग्रामीण विकास का समर्थन करता है।

उत्तर प्रदेश में पंचायती राज से जुड़ी योजनाएं

मुख्यमंत्री पंचायत प्रोत्साहन पुरस्कार योजना

- पंचायतों को उनके उत्कृष्ट कार्य के लिए प्रोत्साहित एवं पुरस्कृत करने के लिए वर्ष 2017-18 में मुख्यमंत्री पंचायत प्रोत्साहन पुरस्कार योजना का संचालन किया गया, जिसके तहत ग्राम पंचायतों को प्रथम, द्वितीय, तृतीय, चतुर्थ एवं पंचम श्रेणी में प्रत्येक वर्ष राशि की उपलब्धता के अनुसार पुरस्कृत किया जाता है।
- पुरस्कार के लिए ग्राम पंचायतें पंचायती राज के 'हमारी पंचायत' वेब पोर्टल पर ऑनलाइन आवेदन करती हैं। जिला स्तर पर स्वीकृति के बाद ऑनलाइन आवेदन को राज्य स्तर पर भेजा जाता है।

डॉ. राम मनोहर लोहिया पंचायत सशक्तिकरण योजना

- डॉ. राम मनोहर लोहिया पंचायत सशक्तिकरण योजना वर्ष 2016-17 में पंचायतों में ई-गवर्नेंस स्थापित करने के उद्देश्य से प्रारंभ की गई थी। यह योजना राज्य सरकार द्वारा शत-प्रतिशत वित्तपोषित योजना है, जिसके अंतर्गत मुख्य रूप से पंचायतों में ई-गवर्नेंस की स्थापना के लिए राज्य में तकनीकी परामर्शदाताओं/कार्मिकों की सेवाओं के साथ सॉफ्टवेयर विकास एवं ई-गवर्नेंस कार्य हेतु प्रशिक्षण का कार्य किया जाता है।

निर्मल भारत अभियान

- ग्रामीण क्षेत्रों में सामान्य जीवन स्तर में सुधार करना।
- 2022 तक निर्मल भारत के लक्ष्य को प्राप्त करने के लिए स्वच्छता कवरेज में तेजी लाने के लिए, देश की सभी ग्राम पंचायतों को निर्मल का दर्जा प्राप्त करना।
- ग्रामीण क्षेत्रों में सर्व शिक्षा अभियान के तहत कवर नहीं किए गए स्कूलों और आंगनबाड़ी केंद्रों को उचित स्वच्छता सुविधाओं के साथ कवर करना और छात्रों के बीच स्वास्थ्य शिक्षा और स्वच्छता की आदतों को बढ़ावा देना।
- ग्रामीण क्षेत्रों में संपूर्ण स्वच्छता के लिए ठोस और तरल अपशिष्ट प्रबंधन पर विशेष ध्यान देने के साथ एक समुदाय-प्रबंधित पर्यावरणीय स्वच्छता प्रणाली विकसित करना।

पंचायत सशक्तिकरण और प्रोत्साहन योजना (पीईएआईएस)

- पंचायत अधिकारिता और जवाबदेही प्रोत्साहन योजना (पीईएआईएस) 2005-06 से पंचायती राज मंत्रालय द्वारा कार्यान्वित एक केंद्रीय क्षेत्रक योजना है।
- इस योजना के लिए 2005-06 के लिए 5.00 करोड़ रुपये आवंटित किए गए थे, जिसे बाद के वर्षों के लिए बढ़ाकर 10.00 करोड़ रुपये कर दिया गया।
- राज्य सरकारों/केंद्र शासित प्रदेशों को 3एफ (निधि, कार्य और कार्यकर्ता) के उनके हस्तांतरण का आकलन करने के बाद 100% अनुदान के आधार पर धन जारी किया जाता है।
- यह योजना 10.00 करोड़ रुपये के वार्षिक आवंटन के साथ 11वीं पंचवर्षीय योजना अवधि से जारी है।

राष्ट्रीय ग्राम स्वराज अभियान

- पंचायतों एवं ग्राम सभाओं की क्षमता एवं प्रभावशीलता को बढ़ाने एवं सुदृढ़ करने के उद्देश्य से राष्ट्रीय ग्राम स्वराज अभियान योजना को वर्ष 2018-19 से 60:40 (केंद्र : राज्य) के वित्तीय अनुपात में केन्द्र प्रायोजित योजना के रूप में क्रियान्वित किया जा रहा है।

उत्तर प्रदेश में पंचायती राज प्रणाली को जमीनी स्तर पर स्थानीय स्वशासन को सशक्त बनाने के लिए लागू किया गया है। इसने विकास को बढ़ावा देने और ग्रामीण क्षेत्रों में जीवन की गुणवत्ता में सुधार के लिए विभिन्न क्षेत्रों में विभिन्न कार्यक्रमों और पहलों की शुरुआत की है। उत्तर प्रदेश में पंचायती राज की कुछ प्रमुख पहल इस प्रकार हैं:

- **ग्रामीण विकास:** उत्तर प्रदेश में पंचायती राज संस्थाएँ ग्रामीण विकास में महत्वपूर्ण भूमिका निभाती हैं। ग्रामीण क्षेत्रों में वे सड़कों, पेयजल आपूर्ति, स्वच्छता सुविधाओं और विद्युतीकरण जैसे बुनियादी ढांचे में सुधार के लिए विभिन्न कार्यक्रमों और योजनाओं को लागू करती हैं। वे ग्रामीण आजीविका कार्यक्रमों, कौशल विकास पहलों और रोजगार सृजन योजनाओं को भी बढ़ावा देती हैं।

  उदाहरण: श्यामा प्रसाद मुखर्जी रुर्बन मिशन योजना, स्वामित्व योजना, स्वच्छ भारत मिशन, मनरेगा, राष्ट्रीय ग्रामीण पेयजल मिशन और राष्ट्रीय ग्रामीण आजीविका मिशन (एनआरएलएम), सखी कार्यक्रम आदि।

- **शिक्षा:** उत्तर प्रदेश में पंचायती राज संस्थान ग्रामीण क्षेत्रों में शिक्षा के सुधार की दिशा में काम करते हैं। वे स्कूल भवनों के निर्माण और रखरखाव की सुविधा प्रदान करते हैं, शिक्षकों की उपलब्धता सुनिश्चित करते हैं और गुणवत्तापूर्ण शिक्षा तक पहुंच बढ़ाने की पहल को बढ़ावा देते हैं। वे स्कूल प्रबंधन में सामुदायिक भागीदारी को भी प्रोत्साहित करते हैं और स्कूलों के कामकाज की निगरानी करते हैं।

  उदाहरण: ई – शिक्षा, सर्व शिक्षा अभियान, मध्याह्न भोजन आदि।

- **स्वास्थ्य और सफाई:** पंचायती राज संस्थाएँ ग्रामीण क्षेत्रों में स्वास्थ्य सुविधाओं में सुधार और स्वच्छता एवं सफाई प्रथाओं को बढ़ावा देने पर ध्यान केंद्रित करती हैं। वे स्वास्थ्य केंद्रों के निर्माण और रखरखाव, स्वास्थ्य पेशेवरों और चिकित्सा कर्मचारियों की उपलब्धता को सुविधाजनक बनाने और स्वास्थ्य और स्वच्छता पर जागरूकता कार्यक्रमों को बढ़ावा देने के लिए काम करती हैं।

  उदाहरण: राष्ट्रीय स्वास्थ्य मिशन, स्वच्छता और सफाई संवर्धन, स्वच्छ भारत मिशन, जननी सुरक्षा योजना (JSY) आदि।

- **कृषि और ग्रामीण अर्थव्यवस्था:** उत्तर प्रदेश में पंचायती राज संस्थान विभिन्न पहलों के माध्यम से कृषि और ग्रामीण अर्थव्यवस्था का समर्थन करते हैं। वे कृषि योजनाओं के कार्यान्वयन की सुविधा प्रदान करते हैं, किसानों को प्रशिक्षण और तकनीकी सहायता प्रदान करते हैं, जैविक खेती के तरीकों को बढ़ावा देते हैं और कृषि आदानों और संसाधनों की उपलब्धता सुनिश्चित करते हैं। वे स्वयं सहायता समूहों की स्थापना को भी प्रोत्साहित करते हैं और ग्रामीण उद्यमिता को बढ़ावा देते हैं।

  उदाहरण: प्रधानमंत्री कृषि सिंचाई योजना (पीएमकेएसवाई), प्रधानमंत्री फसल बीमा योजना, मृदा स्वास्थ्य कार्ड, ग्रामीण उद्यमिता विकास, किसान उत्पादक संगठनों (एफपीओ) आदि को बढ़ावा देना।

- **महिला अधिकारिता:** उत्तर प्रदेश में पंचायती राज संस्थाएं महिला सशक्तिकरण और लैंगिक समानता को बढ़ावा देने में महत्वपूर्ण भूमिका निभाती हैं। वे निर्णय लेने की प्रक्रियाओं और नेतृत्व की भूमिकाओं में महिलाओं की भागीदारी को प्रोत्साहित करते हैं। वे महिलाओं के आर्थिक सशक्तिकरण के लिए कार्यक्रमों और पहलों को लागू करते हैं, कौशल विकास का समर्थन करते हैं और महिलाओं के अधिकारों और मुद्दों के बारे में जागरूकता पैदा करते हैं।

  उदाहरण: प्रधानमंत्री महिला शक्ति केंद्र (पीएमएमएसके), स्वयं सहायता समूह, बेटी बचाओ-बेटी पढ़ाओ, उज्ज्वला योजना आदि।

- **समाज कल्याण:** उत्तर प्रदेश में पंचायती राज संस्थाएँ विभिन्न सामाजिक कल्याण योजनाओं और कार्यक्रमों को लागू करने में विशेष भूमिका निभाती हैं। वे हाशिए पर पड़े समुदायों, जैसे अनुसूचित जाति, अनुसूचित जनजाति और अन्य वंचित समूहों के कल्याण के लिए काम करते हैं। वे सामाजिक सुरक्षा योजनाओं के कार्यान्वयन की सुविधा प्रदान करते हैं, सरकारी कल्याणकारी कार्यक्रमों तक पहुंच को बढ़ावा देते हैं और सामुदायिक लामबंदी के माध्यम से सामाजिक मुद्दों का समाधान करते हैं।

नगर निगम

ऐतिहासिक पृष्ठभूमि

- **अंग्रेजों के आक्रमण से पहले भी भारत में स्थानीय स्वशासन की व्यवस्था थी।**
- भारत में पहला नगर निगम 1688 में मद्रास में बनाया गया था, इसके बाद 1726 में बम्बई और कलकत्ता में नगर निगम बनाए गए।
- क्षेत्रीय भाषा विभिन्नता के कारण विभिन्न राज्यों में नगर निगम को अलग-अलग नामों से जाना जाता है, यथा-
- राज्यों में नगर निगमों की स्थापना राज्य विधानसभाओं द्वारा की जाती है, जबकि संघ राज्य क्षेत्रों में संसद के अधिनियमों के माध्यम से।

- नगरपालिका सरकारें अपने संचालन के लिए संपत्ति कर राजस्व पर बहुत अधिक निर्भर करती हैं।
- नगर निगम (दिल्ली, उत्तर प्रदेश, उत्तराखंड, बिहार, झारखंड, राजस्थान और हरियाणा)
- नगर निगम (पंजाब),
- महानगर पालिका (गोवा और महाराष्ट्र),
- महानगर पालिका (कर्नाटक),
- महानगर सेवा सदन (गुजरात)
- पौर निगम (असम)
- पौर परिषद् या पौर निगम (ओडिशा)
- पौर निगम (पश्चिम बंगाल)
- पुर पोरीशोद (त्रिपुरा)
- नगर पालिका निगम (छत्तीसगढ़ और मध्य प्रदेश)
- नगर पालिक संस्था या महानगर पालिक संस्था (आंध्र प्रदेश और तेलंगाना)
- नगर सभा (केरल)
- मानागरची (तमिलनाडु)

नगर निगम के निर्माण की आवश्यकता

भारत की प्रशासनिक संरचना

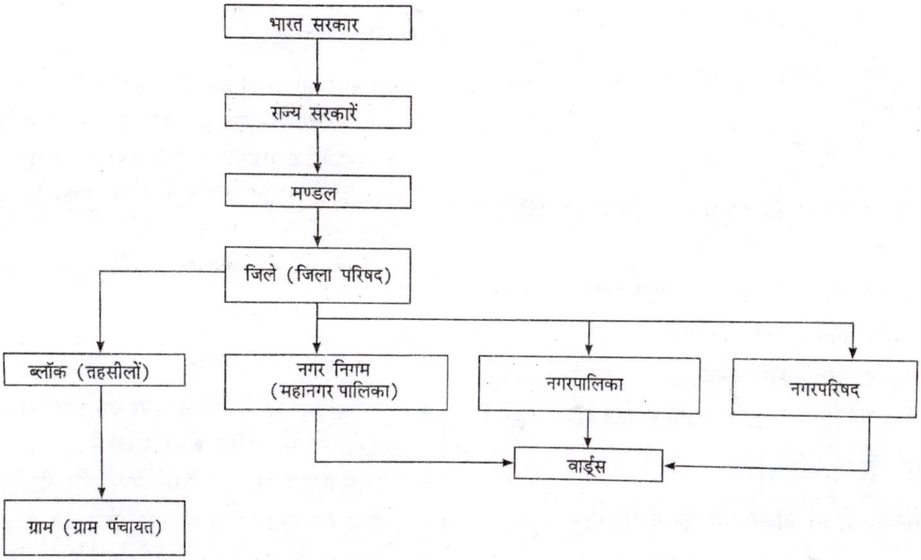

भारत के शहरों में बढ़ती जनसंख्या और शहरीकरण के लिए आवश्यक सामुदायिक सेवाएं जैसे स्वास्थ्य देखभाल, शिक्षा, आवास और परिवहन प्रदान करने के लिए राज्य सरकार से संपत्ति कर और निश्चित अनुदान एकत्र करने में सक्षम स्थानीय शासी निकाय की स्थापना की आवश्यकता थी।

- **74वें संशोधन अधिनियम ने** शहरी स्थानीय सरकारों के गठन और उनकी गतिविधियों को परिभाषित किया। नगर निगम भारत में एक प्रकार की स्थानीय सरकार है जो दस लाख से अधिक आबादी वाले शहरी क्षेत्रों का प्रशासन करती है। विभिन्न भारतीय शहरों की बढ़ती आबादी और शहरीकरण ने एक स्थानीय शासी निकाय की आवश्यकता पर प्रकाश डाला, जो संपत्ति करों को एकत्र करके और राज्य सरकार से अनुदान प्राप्त करके स्वास्थ्य सेवा, शिक्षा, आवास और परिवहन जैसी सेवाएं प्रदान कर सके।
- नगर निगम अपना कार्य सुसंगठित विभागों के माध्यम से करते हैं। उदाहरण के लिए, जल आपूर्ति और सीवेज निपटान उपक्रम, हाउसिंग बोर्ड, शिक्षा विभाग और बिजली विभाग।

नगर निगम की संरचना

दस लाख से अधिक आबादी वाले महानगर के विकास के लिए जो नगरीय स्थानीय सरकार कार्य करती है उसे **'नगर निगम'** कहा जाता है। नगर निगम के सदस्य सीधे जनता द्वारा चुने जाते हैं, इन्हें सभासद कहा जाता है। नगर निगम शहरी क्षेत्र में प्रशासन की सर्वोच्च इकाई है।

योग्यता

1. भारत का नागरिक होना चाहिए।
2. 21 वर्ष की आयु प्राप्त कर ली हो।
3. उनका नाम वार्ड की मतदाता सूची में दर्ज है।
4. पहले नगर निगम चुनाव लड़ने के लिए अयोग्य नहीं था।
5. भारत में किसी नगर निगम का कर्मचारी नहीं होना चाहिए।

चुनाव

अनुच्छेद 243(K) के तहत नियुक्त राज्य चुनाव आयोग के पास मतदाता सूची तैयार करने और नगर निगम के सभी चुनावों के संचालन के अधीक्षण, निर्देशन और नियंत्रण की शक्ति होगी।

कार्यकाल

उन्हें उनकी पहली बैठक की शुरुआत से पांच साल के लिए नियुक्त किया जाता है।

अयोग्यता

1. यदि राज्य को लगता है कि निगम अपनी जिम्मेदारी नहीं निभा रहा है।
2. यदि राज्य तय करता है कि निगम ने अपनी शक्ति का उल्लंघन किया है या उसका दुरुपयोग किया है,
3. यदि राज्य के नगर निकाय चुनाव शून्य घोषित किये जाते हैं तो पूरे वार्ड को नगर निगम के कार्यों से हटा दिया जाएगा।

नगर निगम के प्राधिकारी

नगर निगम में चार अलग-अलग प्राधिकरण होते हैं:

परिषद्

- परिषद् के सदस्य सीधे लोगों द्वारा चुने जाते हैं, इन्हें पार्षद कहते हैं।
- इसके अलावा निर्वाचित पार्षदों द्वारा नगर के वयोवृद्ध अनुभवी व्यक्तियों, महिलाओं तथा अन्य वर्गों से कुछ सदस्य चयनित होते हैं जिन्हें **'एल्डरमैन'** कहा जाता है।

महापौर

- महापौर बोर्ड के लिए जिम्मेदार है और राज्य के कानून उसके चुनाव का निर्धारण करते हैं।
- अप्रत्यक्ष चुनावों में महापौर का चुनाव परिषद् के सदस्यों द्वारा किया जाता है।
- महापौर नगर का प्रथम नागरिक होता है और प्रशासन का प्रबंधक होता है।
- नगर निगम अधिनियम 1888 के अनुसार (संशोधन के बाद), महापौर उपमहापौर की नियुक्ति करेगा।

स्थायी समितियां

- परिषद् लोकतंत्रीय पद्धति के अनुरूप अपनी नीतियों के सफल संचालन और क्रियान्वयन या पर्यवेक्षण के लिए दो प्रकार की समितियाँ नियुक्त करती है, यथा-सांविधानिक समितियाँ और गैर-सांविधानिक समितियाँ।
- परिषद् के काम को सुविधाजनक बनाने के लिए पीपुल्स कमेटी की स्थापना की गई थी।
- प्रतिनिधिमंडल सार्वजनिक कार्यों, शिक्षा, स्वास्थ्य और कर में निर्णय लेता है।

नगर आयुक्त

- वह नगर का प्रमुख होता है और परिषद् तथा प्रतिनिधि समिति द्वारा लिए गए निर्णयों को लागू करने के लिए जिम्मेदार होता है। इसे राज्य सरकार द्वारा नियुक्त किया जाता है। आमतौर पर आईएएस अधिकारियों को नगर आयुक्त के रूप में नियुक्त किया जाता है।
- वह परिषद् और प्रतिनिधि सभा के फैसलों को लागू करने के लिए जिम्मेदार है।

उत्तर प्रदेश नगर निगम

- यह पांच लाख से अधिक और दस लाख से कम आबादी वाले क्षेत्र में स्थापित किया जाता है।
- इसमें एक मेयर, एक डिप्टी मेयर और तीन पार्षद होते हैं।
- मेयर का चुनाव पांच साल के लिए होता है।
- ऐसा व्यक्ति महापौर बनाया जाता है जो 21 वर्ष की आयु प्राप्त कर चुका हो और विधायक सदस्य होने के योग्य हो।
- नगर आयुक्त नगर निगम का बजट तैयार करते हैं।

उत्तर प्रदेश में 17 नगर निगम हैं जो शहरी क्षेत्रों के शासन और प्रशासन के लिए जिम्मेदार स्थानीय स्वशासन निकायों के रूप में कार्य करते हैं। ये नगर निगम विभिन्न सार्वजनिक सेवाएं प्रदान करने और अपने संबंधित अधिकार क्षेत्र में विकास परियोजनाओं को लागू करने के लिए जिम्मेदार हैं। उत्तर प्रदेश के कुछ उल्लेखनीय नगर निगम हैं:

- **लखनऊ नगर निगम (LMC) :** लखनऊ नगर निगम उत्तर प्रदेश की राजधानी लखनऊ के लिए शासी निकाय है। यह लखनऊ में शहरी नियोजन, बुनियादी ढांचे के विकास, अपशिष्ट प्रबंधन, जल आपूर्ति और अन्य आवश्यक सेवाओं के लिए जिम्मेदार है।

- **कानपुर नगर निगम (केएमसी) :** कानपुर नगर निगम उत्तर प्रदेश के सबसे बड़े शहरों में से एक, कानपुर पर शासन करने के लिए जिम्मेदार है। यह कानपुर में शहरी विकास, स्वच्छता, जल आपूर्ति, अपशिष्ट प्रबंधन और अन्य नगरपालिका सेवाओं का कार्य करता है।
- **गाजियाबाद नगर निगम (जीएमसी) :** गाजियाबाद नगर निगम राष्ट्रीय राजधानी क्षेत्र (एनसीआर) के एक प्रमुख शहर गाजियाबाद के लिए शासी निकाय है। यह गाजियाबाद के शहरी बुनियादी ढांचे, सार्वजनिक स्वास्थ्य, स्वच्छता और अन्य नागरिक सुविधाओं का प्रबंधन करता है।
- **नोएडा नगर निगम (एनएमसी) :** नोएडा नगर निगम नोएडा, एनसीआर में एक तेजी से विकासशील शहर के शासन के लिए जिम्मेदार है। यह नोएडा में शहरी नियोजन, बुनियादी ढांचे के विकास, अपशिष्ट प्रबंधन और अन्य नागरिक सेवाओं पर केंद्रित है।
- **इलाहाबाद नगर निगम :** इलाहाबाद नगर निगम उत्तर प्रदेश के एक ऐतिहासिक शहर इलाहाबाद के प्रशासन और शासन की देखरेख करता है। यह इलाहाबाद में शहरी विकास, सार्वजनिक स्वास्थ्य, जल आपूर्ति, अपशिष्ट प्रबंधन और अन्य नगरपालिका कार्यों के लिए जिम्मेदार है।
- **आगरा नगर निगम :** आगरा नगर निगम आगरा को नियंत्रित करता है, जहां प्रतिष्ठित ताजमहल स्थित है। यह आगरा में शहरी नियोजन, बुनियादी ढांचे के विकास, अपशिष्ट प्रबंधन और अन्य नागरिक सेवाओं की देखरेख करता है।

ये उत्तर प्रदेश में नगर निगमों के कुछ उदाहरण हैं। अन्य शहरों में भी नगर निगम हैं जो स्थानीय शासन और सार्वजनिक सेवा वितरण को संभालते हैं। प्रत्येक नगर निगम अपने अधिकार क्षेत्र में काम करता है और इसका नेतृत्व एक महापौर, एक नगर आयुक्त, निर्वाचित प्रतिनिधि और प्रशासनिक कर्मचारी करते हैं।

उत्तर प्रदेश में नगर निगम और गठन का वर्ष

नगर निगम	गठन का वर्ष
आगरा	1994
अलीगढ़	1959
अयोध्या	1994
बरेली	1994
फिरोजाबाद	2014
गाजियाबाद	1994
गोरखपुर	1994
झांसी	2002
कानपुर	1959
लखनऊ	1959
मेरठ	1994
मुरादाबाद	1994
प्रयागराज	1994
सहारनपुर	2009
शाहजहांपुर	2018
वाराणसी	1982
मथुरा-वृंदावन	2017

कार्य

संविधान की बारहवीं अनुसूची उन विषयों को सूचीबद्ध करती है जिनके लिए नगर निगम जिम्मेदार है। बारहवीं अनुसूची में सूचीबद्ध मामलों के संबंध में (कार्यों सहित) कार्यों को करने और योजनाओं को लागू करने के लिए निगमों को सौंपा जा सकता है।

1. भूमि उपयोग और भवनों के निर्माण का विनियमन।
2. शहरी नियोजन, नगर नियोजन सहित।
3. आर्थिक और सामाजिक विकास के लिए योजना।
4. घरेलू, औद्योगिक और वाणिज्यिक प्रयोजनों के लिए जलापूर्ति।
5. सार्वजनिक स्वास्थ्य, स्वच्छता संरक्षण और ठोस अपशिष्ट प्रबंधन।
6. अग्निशमन सेवाएं।
7. शहरी वानिकी, पर्यावरण की सुरक्षा और पारिस्थितिक पहलुओं को बढ़ावा देना।
8. विकलांग और मानसिक रूप से विकलांग सहित समाज के कमजोर वर्गों के हितों की रक्षा करना।
9. स्लम सुधार और उन्नयन।
10. स्ट्रीट लाइट की मरम्मत करना।
11. शहरी गरीबी उन्मूलन।

12. शहरी सुविधाओं और पार्कों, बगीचों और खेल के मैदानों जैसी सुविधाओं का प्रावधान।
13. सांस्कृतिक, शैक्षिक और सौंदर्य संबंधी पहलुओं को बढ़ावा देना।
14. कब्रगाह और कब्रिस्तान; श्मशान, श्मशान भूमि और विद्युत शवदाह गृह।
15. मवेशियों और पशुओं के प्रति क्रूरता की रोकथाम।
16. जन्म और मृत्यु के पंजीकरण सहित महत्वपूर्ण आँकड़े।
17. स्ट्रीट लाइटिंग, पार्किंग स्थल, बस स्टॉप और सार्वजनिक सुविधाओं सहित सार्वजनिक सुविधाएं।
18. बूचड़खानों और चर्म शोधन कारखानों का विनियमन

राजस्व के स्रोत

जल आपूर्ति कर, संपत्ति कर, नगर निगम के स्वामित्व वाले बाजारों, घरों, प्लाजा आदि से किराया, शहर में पंजीकृत वाणिज्यिक वाहनों से कर, संबंधित राज्य सरकारों द्वारा प्रदान किया गया अनुदान।

नगर परिषद् (नगर पालिका)

- भारत के संविधान में स्थानीय स्वशासन की स्थापना के संबंध में कोई प्रावधान नहीं है, सिवाय **अनुच्छेद 40** के।
- 1992 के 74वें संशोधन द्वारा 'नगर पालिका प्रशासन और नगर पालिकाओं पर संविधान में एक नया खंड IXA जोड़ा गया था। (धारा 243 पी से 243ZG)।
- 74वें संशोधन में कहा गया है कि प्रत्येक राज्य में तीन नगरपालिकाएं होनी चाहिए और नगरपालिका के गठन को मान्यता देनी चाहिए। क्षेत्र में क्षेत्रीय योजना बोर्ड [अनुच्छेद 243ZD], हर शहरी क्षेत्र में एक मेट्रोपॉलिटन प्लानिंग बोर्ड [अनुच्छेद 243ZB] होने चाहिए।

ऐतिहासिक पृष्ठभूमि

- सामुदायिक विकास कार्यक्रम 2 अक्टूबर 1952 को शुरू किया गया था।
- दूसरा प्रयोग 1953 में राष्ट्रीय विस्तार योजना की शुरुआत थी। हालांकि, यह कार्यक्रम असफल रहा। भारत में लोकतांत्रिक विकेंद्रीकरण की समस्या को देखने के लिए कुछ समितियों का गठन किया गया था। उदाहरण: बलवंत राय मेहता समिति, 1957; अशोक मेहता समिति, 1977; जीवीके राव समिति, 1985 एलएम सिंघवी समिति, 1986।
- इन समितियों की रिपोर्ट के आधार पर, भारत सरकार ने 1989 में संसद में स्थानीय सरकार पर 64वां संशोधन विधेयक पेश किया, लेकिन यह आवश्यक समर्थन पाने में विफल रहा।
- यह विधेयक पास करने के लिए 1990 में दूसरा प्रयास किया गया; हालाँकि, यह संसद के विघटन के कारण समाप्त हो गया। अंत में, विधेयक को 1992 में 73वें और 74वें संशोधन अधिनियम 1992 के रूप में पारित किया गया। इसे प्रधान मंत्री के रूप में पीवी नरसिम्हा राव के कार्यकाल के दौरान पारित किया गया था।

नगर पालिकाओं का गठन

अनुच्छेद 234K प्रावधान करता है कि प्रत्येक राज्य में, सामान्य नाम **"नगर पालिकाओं"** से बुलाए जाने वाले स्वशासन के संस्थानों का गठन किया जाएगा।

नोटः शहरी स्थानीय निकाय अरुणाचल प्रदेश में मौजूद नहीं हैं।

नगर पालिकाओं के तीन प्रकार

1. **नगर पंचायतः** संक्रमणकालीन क्षेत्र, यानी ग्रामीण से शहरी में परिवर्तित क्षेत्र।
2. एक छोटे शहरी क्षेत्र के लिए **नगर परिषद**।
3. बड़े शहरी क्षेत्र के लिए **नगर निगम**।

अनुच्छेद 243Q प्रत्येक राज्य के लिए ऐसी इकाइयों का गठन करना अनिवार्य बनाता है। शब्द **'एक संक्रमणकालीन क्षेत्र'**, **'एक छोटा शहरी क्षेत्र'** या **'एक बड़ा शहरी क्षेत्र'** का अर्थ ऐसे क्षेत्र से है जिसे राज्यपाल निर्धारित कर सकते हैं।

यह क्षेत्र की जनसंख्या, जनसंख्या का घनत्व, स्थानीय प्रशासन के लिए उत्पन्न राजस्व, गैर-कृषि गतिविधियों में रोजगार का प्रतिशत, आर्थिक महत्व या अन्य कारकों के संबंध में निर्धारित किया जा सकता है।

नगर पालिकाओं की संरचना

अनुच्छेद 243R नगर पालिकाओं की संरचना के बारे में बात करता है।

- नगर पालिका के सदस्य आमतौर पर क्षेत्रीय निर्वाचन क्षेत्रों से नगरपालिका क्षेत्र के लोगों द्वारा सीधे चुने जाते हैं।
- अध्यक्ष का चुनाव विधानमंडल द्वारा प्रदान किए गए तरीके से किया जाएगा।

किसी राज्य की विधायिका कानून द्वारा नगर पालिका की बैठकों में मतदान के अधिकार के बिना निम्नलिखित लोगों को नगरपालिका में प्रतिनिधित्व प्रदान कर सकती है:

- नगरपालिका प्रशासन में विशेष ज्ञान या अनुभव रखने वाले व्यक्ति।
- वार्ड समितियों के अलावा गठित समितियों के अध्यक्ष।

वार्ड समिति

अनुच्छेद 243 एस वार्ड समितियों के गठन की बात करता है। इसमें एक या अधिक वार्ड होते हैं जिनकी आबादी तीन लाख या उससे अधिक होती है।

राज्य विधायिका इसकी संरचना, पुरस्कार समिति के क्षेत्रीय क्षेत्र और पुरस्कार समिति में सीटों को भरने के तरीके के संबंध में प्रावधान करेगी।

सीटों का आरक्षण

अनुच्छेद 243T अनुसूचित जाति, अनुसूचित जनजाति और महिलाओं के लिए सीटों के आरक्षण के बारे में बात करता है–

- **महिलाएं :** प्रत्यक्ष चुनाव द्वारा भरी जाने वाली कुल सीटों में से कम से कम एक-तिहाई सीटें महिलाओं के लिए आरक्षित होंगी, जिसमें अनुसूचित जाति और अनुसूचित जनजाति की महिलाओं के लिए आरक्षित सीटों की संख्या भी शामिल हैं। 112 वें संविधान संशोधन विधेयक, 2009 के कारण नगर पालिका में महिलाओं के लिए सभी स्तरों पर आरक्षण का प्रतिशत 33% से बढ़कर 50% हो गया और यह संसद में लंबित है।
- **अनुसूचित जाति और अनुसूचित जनजाति:** भाग IX के अनुसार, प्रत्येक नगर पालिका में अनुसूचित जाति और अनुसूचित जनजाति के पक्ष में उनकी जनसंख्या के अनुपात में सीटों का आरक्षण किया जाना है।
- **अध्यक्ष:** नगर पालिकाओं के अध्यक्षों के पदों के आरक्षण के तरीके को कानून द्वारा निर्धारित करने के कार्य को राज्य विधानमंडल पर छोड़ दिया गया है।
- **पिछड़ा वर्ग:** राज्य विधायिका पिछड़े वर्गों के पक्ष में सीटों या अध्यक्षों के पदों को आरक्षित करने का प्रावधान कर सकती है।

नगर पालिकाओं का कार्यकाल (अनुच्छेद 243Q)

- प्रत्येक नगरपालिका का कार्यकाल पाँच वर्ष का होता है और प्रत्येक नगरपालिका को उसके विघटन से पहले सुनवाई का उचित अवसर दिया जाता है।
- नगर पालिका के गठन के लिए चुनाव 5 वर्ष की अवधि समाप्त होने से पहले पूरे किए जाएंगे, और पहले विघटन के मामले में, चुनाव विघटन के छह महीने के भीतर आयोजित किए जाने चाहिए।

सदस्यता के लिए योग्यता

अनुच्छेद 243(V) प्रावधान करता है कि राज्य विधानमंडल के लिए चुने जाने के योग्य सभी व्यक्ति एक नगर पालिका के सदस्य होने के लिए योग्य होंगे। चुनाव लड़ने की न्यूनतम आयु 21 वर्ष है।

अयोग्यता

सभी अयोग्यता वाले प्रश्न ऐसे प्राधिकरण को भेजे जाएगे जैसा कि राज्य विधानमंडल निर्धारित करता है।

नगर पालिका की शक्तियाँ, प्राधिकार और उत्तरदायित्व

- **अनुच्छेद 243 (W)** के अनुसार, राज्यों के विधानमंडलों को नगर पालिका को ऐसी सभी शक्तियाँ और अधिकार प्रदान किए गए हैं, जो उन्हें स्वशासन की संस्थाओं के रूप में कार्य करने में सक्षम बनाने के लिए आवश्यक हो सकते हैं।
- यह उल्लेख किया गया है कि वे आर्थिक विकास और सामाजिक न्याय की योजनाएँ तैयार करने और योजनाओं का कार्यान्वयन के लिए उत्तरदायी हैं जैसा उन्हें भारतीय संविधान की 12वीं अनुसूची में सूचीबद्ध मामलों के संबंध में सौंपा जा सकता है।
- **कर और वित्तीय संसाधन लगाने की शक्ति:** एक राज्य विधानमंडल एक नगर पालिका को करों, शुल्कों, टोलों आदि को लगाने, एकत्र करने और उचित रूप से व्यय करने के लिए अधिकृत कर सकता है। यह राज्य सरकार द्वारा एकत्र किए गए विभिन्न करों, शुल्कों आदि को भी नगरपालिका को सौंप सकता है।

राज्य वित्त आयोग

- अनुच्छेद 243I के तहत गठित वित्त आयोग नगर पालिकाओं (अनुच्छेद 234Y) की वित्तीय स्थिति की भी समीक्षा करेगा और सिफारिशें करेगा : राज्य द्वारा करों, शुल्कों, टोलों और शुल्क की शुद्ध आय का राज्य और नगर पालिकाओं के बीच वितरण जो उनके बीच विभाजित किया जा सकता है और नगर पालिकाओं के विभिन्न स्तरों के बीच शेयरों का आवंटन कैसे किया जा सकता है।
- कर, शुल्क, टोल और फीस नगर पालिकाओं को सौंपे जा सकते हैं। नगरपालिकाओं को सहायता अनुदान दिया जाएगा।
- **अनुच्छेद 234Z** नगर पालिकाओं के खातों की लेखा परीक्षा के लिए प्रावधान करता है।

नगर पालिकाओं का चुनाव

- **अनुच्छेद 243K** के तहत नियुक्त राज्य चुनाव आयोग के पास मतदाता सूची तैयार करने और नगर पालिकाओं के सभी चुनावों के संचालन के अधीक्षण, निर्देशन और नियंत्रण की शक्ति होगी। राज्य विधायिका नगर पालिका के चुनाव से संबंधित सभी मामलों के संबंध में प्रावधान कर सकती है।
- चुनावी मामलों में अदालतों के हस्तक्षेप पर रोक : निर्वाचन क्षेत्रों के परिसीमन या अनुच्छेद 243 के तहत किए गए सीटों के आवंटन से संबंधित कानून की वैधता की जांच करने के लिए अदालतों के पास कोई अधिकार क्षेत्र नहीं होगा। नगरपालिका के चुनाव को केवल एक चुनाव याचिका द्वारा प्रश्नगत किया जा सकता है जिसे ऐसे प्राधिकरण के समक्ष प्रस्तुत किया जाना चाहिए और इस तरह से राज्य विधानमंडल द्वारा बनाए गए किसी भी कानून द्वारा या उसके तहत निर्धारित किया जा सकता है।

शहरी सरकार के प्रकार

भारत में आठ प्रकार की शहरी सरकारें हैं।

नगर निगम

एक नगर निगम में तीन अलग-अलग प्राधिकरण होते हैं।

नगर परिषद, स्थायी समितियाँ, और नगर आयुक्त

परिषद् में लोगों द्वारा सीधे चुने गए पार्षद होते हैं। एक महापौर इसका प्रमुख होता है, जबकि राज्य सरकार आयुक्त की नियुक्ति करती है, जो आमतौर पर एक आईएएस अधिकारी होता है।

नगर पालिका

नगर पालिकाएं छोटे शहरों और कस्बों के प्रशासन के लिए जिम्मेदार हैं। इनकी संरचना नगर निगमों के समान होती हैं, सिवाय इसके कि अध्यक्ष, अध्यक्ष परिषद् के प्रमुख हैं। एक आयुक्त के बजाय, उनके पास एक मुख्य कार्यकारी अधिकारी/मुख्य नगरपालिका अधिकारी होता है।

इसके कई अन्य नाम हैं जैसे नगरपालिका परिषद, नगरपालिका समिति, नगरपालिका बोर्ड, नगर पालिका, शहरी नगरपालिका और अन्य।

अधिसूचित क्षेत्र समिति

अधिसूचित क्षेत्र समिति की स्थापना उन तेजी से उभरते कस्बों और इलाकों के प्रशासन की निगरानी के लिए की गई थी जो अभी तक नगर पालिका के गठन के लिए सभी आवश्यकताओं को पूरा नहीं करते हैं। नगर पालिका के विपरीत, इसे एक अधिसूचना के परिणामस्वरूप स्थापित किया गया था। यह न तो वैधानिक है और न ही लोकतांत्रिक रूप से निर्वाचित प्राधिकरण है। राज्य प्रशासन ने पूरे निकाय को मनोनीत कर दिया है।

राज्य विधायिका का एक अलग अधिनियम इसे एक छोटे शहर के प्रशासन के लिए स्थापित करता है। यह नागरिक जिम्मेदारियों के सीमित सेट के साथ एक अर्ध-नगरपालिका इकाई है। राज्य के कानून के आधार पर, यह पूरी तरह से निर्वाचित, पूरी तरह से नामांकित, आंशिक या आंशिक रूप से नामांकित हो सकता है।

छावनी बोर्ड का उद्देश्य छावनी क्षेत्रों (ऐसे क्षेत्र जहां सैन्य बल और सैनिक स्थायी रूप से तैनात हैं) में रहने वाले नागरिकों के लिए नगरपालिका प्रशासन प्रदान करना है। इसे छावनी अधिनियम, 2006 के प्रावधानों के तहत केंद्र सरकार टाउन एरिया कमेटीमैन द्वारा स्थापित किया गया था और यह केंद्र सरकार के रक्षा मंत्रालय द्वारा प्रशासित है। यह आंशिक रूप से निर्वाचित और आंशिक रूप से नामित निकाय है जिसका पदेन अध्यक्ष स्टेशन का कमांडिंग सैन्य अधिकारी होता है। बोर्ड के निर्वाचित सदस्यों में से उपाध्यक्ष का चुनाव किया जाता है। भारत के राष्ट्रपति छावनी बोर्ड के कार्यकारी अधिकारी की नियुक्ति करते हैं।

बस्ती

बड़े सार्वजनिक निगम इसका निर्माण अपने कर्मचारियों को नगरपालिका सुविधाएं प्रदान करने के लिए करते हैं जो कंपनी के पास बनी हाउसिंग कॉलोनियों में रहते हैं। यह एक निर्वाचित निकाय नहीं है; उद्यम नगर प्रशासक सहित सभी सदस्यों की नियुक्ति करता है।

पोर्ट ट्रस्ट

पोर्ट ट्रस्ट मुंबई, कोलकाता, चेन्नई जैसे क्षेत्रों में दो उद्देश्यों के लिए स्थापित किए गए हैं: बंदरगाहों का प्रबंधन और सुरक्षा करना; नागरिक सुविधाएं प्रदान करना। संसद का एक अधिनियम इसे स्थापित करता है, जिसमें निर्वाचित और मनोनीत सदस्य शामिल होते हैं।

विशेष प्रयोजन एजेंसी

ये एक राज्य विधायिका अधिनियम या एक विभाग के कार्यकारी आदेश द्वारा स्थापित की जाती है। वे नागरिक निकायों से स्वतंत्र

एक विशिष्ट क्षेत्र में, एक विशिष्ट कार्य करते हैं। ये कार्य-आधारित हैं, क्षेत्र-आधारित नहीं। वे राज्य विधानमंडल के एक अधिनियम द्वारा या एक कार्यकारी प्रस्ताव द्वारा विभागों के रूप में वैधानिक निकायों के रूप में स्थापित किए गए हैं। वे स्वायत्त निकायों के रूप में कार्य करते हैं और स्थानीय नगरपालिका निकायों के अधीनस्थ एजेंसियां नहीं हैं। उदाहरण: मुंबई मेट्रो रेल कॉर्पोरेशन।

उत्तर प्रदेश की नगर परिषद

- उत्तर प्रदेश में, नगरपालिका परिषद् स्थानीय स्वशासन निकाय है जो छोटे शहरी क्षेत्रों के प्रशासन और शासन के लिए जिम्मेदार है।
- नगर परिषदों के पास नगर निगमों की तुलना में अधिक सीमित क्षेत्राधिकार हैं और आमतौर पर कस्बों और छोटे शहरों की जरूरतों को पूरा करती हैं।
- वे आवश्यक सार्वजनिक सेवाएं प्रदान करने, बुनियादी ढांचे के विकास और अपने संबंधित क्षेत्रों में नागरिक सुविधाओं को बनाए रखने के लिए जिम्मेदार हैं।
- यूपी में 200 नगर निगम बोर्ड हैं।
- प्रत्येक नगरपालिका परिषद् की संरचना और कार्य अलग-अलग हो सकते हैं, लेकिन वे सभी अपने-अपने समुदायों के विकास और भलाई के लिए काम करते हैं।

नगरपालिका समिति (नगर पंचायत)

भारत में **एक नगर पंचायत या अधिसूचित क्षेत्र परिषद् (एनएसी) या नगर परिषद् एक परिषद् है जो ग्रामीण से शहरी परिवर्तन में मदद करती है।** इसे ऐसे इलाकों में स्थापित किया जा सकता है जहां जनसंख्या 10,000 से अधिक और 25,000 से कम हो।

भारत के संविधान के 74 वें संशोधन ने शहरी स्थानीय सरकार से संबंधित कानून बनाए। त्रिस्तरीय संरचना एक नगर निगम, नगर परिषद् और नगर पंचायत है। प्रत्येक नगर पंचायत में एक समिति होती है जिसमें एक अध्यक्ष/ महापौर और वार्ड/ परामर्शदाता सदस्य होते हैं।

कम से कम दस निर्वाचित वार्ड सदस्य और तीन मनोनीत सदस्य होते हैं। सीटें अनुसूचित जाति, जनजाति, पिछड़े वर्ग और महिलाओं के लिए आरक्षित हैं। वार्ड सदस्यों के पार्षदों को नगर पंचायत में चुनावी वार्डों से सीधे चुनाव द्वारा चुना जाता है।

नगर पंचायत (नगर निगम) के बारे में केंद्र सरकार अधिनियम

भारत के संविधान में **अनुच्छेद 243Q नगर पंचायत के बारे में दिशा-निर्देश देता है।**

1. प्रत्येक राज्य में, इस भाग के उपबंधों के अनुसार-

(क) किसी संक्रमणशील क्षेत्र के लिए, अर्थात, ग्रामीण क्षेत्र से नगरीय क्षेत्र में संक्रमणगत क्षेत्र के लिए कोई नगर पंचायत का (चाहे वह किसी भी नाम से ज्ञात हो);

(ख) किसी लघुतर नगरीय क्षेत्र के लिए नगरपालिका परिषद् का; और

(ग) किसी वृहत्तर नगरीय क्षेत्र के लिए नगर निगम का गठन किया जाएगा:

परंतु इस खंड के अधीन कोई नगरपालिका ऐसे नगरीय क्षेत्र या उसके किसी भाग में गठित नहीं की जा सकेगी जिसे राज्यपाल, क्षेत्र के आकार और उस क्षेत्र में किसी औद्योगिक स्थापन द्वारा दी जा रही या दिए जाने के लिए प्रस्तावित नगर पालिका सेवाओं और ऐसी अन्य बातों को, जो वह ठीक समझे, ध्यान में रखते हुए, लोक अधिसूचना द्वारा, औद्योगिक नगरी के रूप में विनिर्दिष्ट करे।

2. इस अनुच्छेद में, **"संक्रमणशील क्षेत्र"**, **"लघुतर नगरीय क्षेत्र"** या **"वृहत्तर नगरीय क्षेत्र"** से ऐसा क्षेत्र अभिप्रेत है जिसे राज्यपाल, इस भाग के प्रयोजनों के लिए, उस क्षेत्र की जनसंख्या, उसमें जनसंख्या की सघनता, स्थानीय प्रशासन के लिए उत्पन्न राजस्व, कृषि से भिन्न क्रियाकलापों में नियोजन की प्रतिशतता, आर्थिक महत्व या ऐसी अन्य बातों को, जो वह ठीक समझे, ध्यान में रखते हुए, लोक अधिसूचना द्वारा, विनिर्दिष्ट करे।

नगर पंचायत (नगर निगम) के कार्य

1. शहरी क्षेत्र के लिए आवश्यक सेवाएं और सुविधाएं। स्वच्छता कार्यक्रम।
2. स्ट्रीट लाइटिंग और शहर की सड़कें को उपलब्ध कराना।
3. शहरी क्षेत्रों में स्कूल।
4. प्रौढ़ साक्षरता के लिए कार्यक्रम और शहरी पुस्तकालय चलाना।
5. शहरी क्षेत्रों के हर वार्ड में पानी की आपूर्ति।
6. शहर से ठोस और तरल कचरे को साफ करने के लिए ड्रेनेज सिस्टम।
7. जन्म और मृत्यु के रिकॉर्ड को बनाए रखना।

उत्तर प्रदेश और नगर निगम

- 2011 की जनगणना के अनुसार, भारत में कुल 6166 शहरी स्थानीय निकाय हैं, जिनमें से सबसे अधिक 707 उत्तर प्रदेश में हैं, जो शहरी स्थानीय निकायों की कुल संख्या का लगभग 11 प्रतिशत है। उत्तर प्रदेश में भारत की सबसे बड़ी आबादी और शहरी स्थानीय निकायों की सबसे बड़ी संख्या है।
- राज्य के इन 734 शहरी स्थानीय निकायों में 17 नगर निगम, 200 नगर परिषद् एवं 517 नगर पंचायतें हैं, जिनमें राज्य की 24 प्रतिशत से अधिक जनसंख्या निवास करती है। शहरी स्थानीय निकायों के क्षेत्र में रहने वाली आबादी के लिए स्वच्छ पेयजल आपूर्ति, सड़कों/गलियों, जल निकासी, सफाई व्यवस्था, कचरा निपटान, सीवरेज सिस्टम, स्ट्रीट लाइटिंग, पार्क, स्वच्छ पर्यावरण आदि जैसी बुनियादी नागरिक सुविधाएं प्रदान करना।

स्थानीय निकायों के कर्तव्य और उत्तरदायित्व

- राज्य के नगरीय स्थानीय निकायों के कार्यों पर प्रशासनिक नियंत्रण के साथ-साथ नगरीय क्षेत्रों में अधोसंरचना सुविधाओं के विकास एवं विस्तार हेतु विभिन्न योजनाओं/कार्यक्रमों के माध्यम से आवश्यक वित्तीय सहायता प्रदान करने हेतु नगर विकास विभाग का गठन किया गया।
- उपरोक्त कार्यों के अतिरिक्त नगरीय विकास विभाग नदियों/झीलों आदि में स्वच्छता, पर्यावरण संरक्षण एवं प्रदूषण नियंत्रण का कार्य भी कर रहा है।
- स्वतंत्रता पूर्व राज्य सरकार के स्तर पर इस विभाग का नाम लोक स्वास्थ्य विभाग था, जिसे बाद में स्थानीय स्वशासन विभाग का नाम दिया गया। बाद में इसे आवास एवं शहरी विकास विभाग कहा जाने लगा। बाद में इस विभाग को दो अलग-अलग विभागों में विभाजित किया गया। आवास और शहरी नियोजन और नगर विकास विभाग। शासन स्तर पर नगर विकास विभाग का कार्यालय बापू भवन में स्थित है। कार्यों के निष्पादन हेतु विभाग को 09 अनुभागों में विभाजित किया गया है।
- इसके अलावा गंगा प्रकोष्ठ एवं लेखा अनुभाग भी है। वर्तमान में इस विभाग के अधीन निम्नलिखित संगठन/संस्थाएं कार्य कर रही हैं।

स्थानीय निकाय निदेशालय

- भारत सरकार द्वारा गठित ग्रामीण-शहरी संबंध समिति की सिफारिशों के आधार पर उत्तर प्रदेश सरकार ने सर्वप्रथम वर्ष 1971 में स्थानीय निकाय निदेशालय के गठन की परिकल्पना की, जिसका गठन व्यावहारिक रूप से वर्ष 1973 में हुआ।
- स्थानीय निकाय निदेशालय में एक निदेशक होता है, जो अन्य अधीनस्थ कर्मियों की सहायता से शहरी स्थानीय निकायों की गतिविधियों, वित्तीय स्थिति और धन के उचित रखरखाव पर नजर रखता है और सरकार व शहरी स्थानीय निकाय के बीच संपर्क स्थापित करने का माध्यम है।
- इन निकायों में कार्यरत केन्द्रीकृत सेवा कार्मिकों के स्थापना सम्बन्धी प्रकरण एवं गैर केन्द्रीकृत सेवा कार्मिकों के विभिन्न प्रकार के प्रकरणों का निस्तारण निदेशालय द्वारा किया जाता है। भारत सरकार द्वारा कार्यान्वित जेएनएनयूआरएम कार्यक्रम के लिए यूआईजी निदेशालय और यूआईडीएसएसएमटी को राज्य स्तरीय नोडल एजेंसी नामित किया गया है। राज्य सरकार की आदर्श नगर योजना भी निदेशालय के माध्यम से क्रियान्वित है।

उत्तर प्रदेश जल निगम

- जलापूर्ति एवं सीवर प्रणाली के संचालन हेतु 1927 में लोक स्वास्थ्य यांत्रिकी विभाग का गठन किया गया, जिसे 1946 में स्वायत्तशासी शासकीय यांत्रिकी विभाग में परिवर्तित कर दिया गया। 1975 में वर्तमान उत्तर प्रदेश जल निगम की स्थापना उत्तर प्रदेश जल आपूर्ति एवं सीवर प्रणाली अधिनियम, 1975 द्वारा की गई।
- उक्त अधिनियम के तहत 05 शहरों, बुंदेलखंड, गढ़वाल और कुमाऊं क्षेत्र के लिए एक-एक जल संस्थान की स्थापना की गई। बुन्देलखण्ड क्षेत्र के लिए स्थापित झाँसी एवं चित्रकूट जल संस्थान राज्य में कार्यरत हैं तथा गढ़वाल एवं कुमाऊं जल संस्थान उत्तराखंड राज्य में सम्मिलित हैं।
- राज्य के नगरों एवं ग्रामीण क्षेत्रों में जलापूर्ति/जल निकासी/नदियों के प्रदूषण नियंत्रण का निर्माण कार्य जल निगम द्वारा किया जाता है, जिसका रखरखाव संबंधित स्थानीय निकाय/जल संस्थान द्वारा किया जाता है। बुंदेलखंड क्षेत्र में जल संस्थान और राज्य के अन्य क्षेत्रों में जल निगम द्वारा ग्रामीण पेयजल योजनाओं का रखरखाव किया जाता है। उत्तर प्रदेश जल निगम भारत सरकार के जेएनएनयूआरएम कार्यक्रम के यूआईजी और यूआईडीएसएसएमटी कार्यों के तहत परियोजनाओं के लिए नामित कार्यकारी एजेंसी है।

निर्माण और डिजाइन सेवाएं (सी एंड डीएस)

सी एंड डीएस जल निगम की एक व्यावसायिक इकाई है, जो 1989 में अस्तित्व में आई थी। इसके मुख्य कार्य परामर्श सेवाएं, परियोजना प्रबंधन, भूमि विकास, निर्माण आदि हैं। यह विंग 01 निदेशक, यूपी जल निगम के मुख्य अभियंता स्तर के अधिकारी के अधीन कार्यों को निष्पादित करता है। इस विंग में वर्तमान में 05 मुख्य महाप्रबंधक, अधीक्षण यंत्री, 13 महाप्रबंधक एवं कार्यपालन यंत्री स्तर के अधिकारी भी कार्यरत हैं, जिनके अधीन उत्तर प्रदेश में 51 इकाइयां तथा राज्य के बाहर 04 इकाइयां कार्यरत हैं। ये इकाइयां सहायक इंजीनियरों के स्तर के परियोजना प्रबंधकों के प्रभारी हैं जिनके तहत जूनियर इंजीनियर काम करते हैं।

शहरी और पर्यावरण अध्ययन के लिए क्षेत्रीय केंद्र

शहरी विकास मंत्रालय, भारत सरकार द्वारा लखनऊ विश्वविद्यालय के अन्तर्गत 1968 में स्थापित इस केंद्र को राज्य सरकार द्वारा 1976 से वित्तीय अंशदान दिया जाता रहा है। इस केंद्र के माध्यम से राज्य के जनप्रतिनिधियों, नागरिक निकायों और केंद्रीकृत सेवाओं के अधिकारियों के क्षमता विकास हेतु विभिन्न प्रशिक्षण कार्यक्रम आदि आयोजित किये जाते हैं। यह केंद्र भारत सरकार के शहरी विकास और आवास और गरीबी उन्मूलन मंत्रालय के तत्वावधान में चलाई जा रही सभी योजनाओं के तहत राज्य के अधिकारियों के लिए प्रशिक्षण कार्यक्रम आयोजित करता है। इसके अलावा, यह राज्य सरकार और नागरिक निकायों को परामर्श सेवाएं और अनुसंधान अध्ययन प्रदान करके नीति निर्माण और शहरी विकास कार्यक्रमों के प्रभावी कार्यान्वयन में सक्रिय रूप से योगदान देता है।

उत्तर प्रदेश राज्य गंगा नदी संरक्षण प्राधिकरण

गंगा नदी उत्तर प्रदेश में बिजनौर की सीमा से प्रवेश करती है और राज्य के 23 जिलों से होकर गुजरती है, और बलिया जिले की सीमा से बिहार राज्य में बहती है। इसके तट पर राज्य के 26 नगर स्थित हैं। इसके अलावा इसकी सहायक नदियों जैसे यमुना, गोमती, काली, रामगंगा आदि के तट पर दस प्रमुख नगर स्थित हैं।

- जनसंख्या वृद्धि के परिणामस्वरूप, इन शहरों से उत्पन्न घरेलू और औद्योगिक अपशिष्टों के कारण इन नदियों में प्रदूषण बढ़ रहा है। पर्यावरण (संरक्षण) अधिनियम 1986 (1986 का 29) की धारा-3 की उपधारा (1) एवं उपधारा (3) के तहत भारत सरकार द्वारा गंगा नदी को राष्ट्रीय नदी घोषित किया गया है और इस नदी के संरक्षण के उपाय करने के लिए पर्यावरण और वन मंत्रालय की अधिसूचना दिनांक 20.02.2009 द्वारा गंगा नदी और राष्ट्रीय गंगा नदी बेसिन प्राधिकरण (एनजीबीआरए) का गठन किया गया है। पर्यावरण (संरक्षण) अधिनियम, 1986 (1986 का 29) की धारा-3 की उपधारा (3) के अन्तर्गत उत्तर प्रदेश राज्य गंगा नदी संरक्षण प्राधिकरण के गठन हेतु अधिसूचना दिनांक 30 सितम्बर, 2009 भी जारी की गई थी।

माननीय मुख्यमंत्री इस प्राधिकरण के अध्यक्ष हैं, और माननीय मंत्री, पर्यावरण, वन, वित्त, शहरी विकास, सिंचाई, लोक निर्माण विभाग, आवास और यूपी सरकार पदेन सदस्य हैं। इसके अलावा महापौर, कानपुर, वाराणसी, इलाहाबाद व अध्यक्ष राज्य सलाहकार बोर्ड को पदेन सदस्य बनाया गया है। शहरी विकास विभाग के प्रमुख सचिव प्राधिकरण के परियोजना निदेशक हैं, जिनके अधीन वर्तमान में 01 अपर परियोजना निदेशक, तकनीकी सलाहकार एवं मुख्य अभियंता, नदी विशेषज्ञ, तकनीकी प्रबंधक एवं सहायक जीआईएस विशेषज्ञ कार्यरत हैं।

जल संस्थान/जलकल

नगरीय विकास विभाग के अन्तर्गत 07 जलकल/जल संस्थान हैं, जिनके नाम हैं- लखनऊ, कानपुर, इलाहाबाद, वाराणसी, आगरा, झाँसी एवं चित्रकूट बांदा। इनका मुख्य उत्तरदायित्व शहरी क्षेत्रों में पेयजल एवं सीवरेज की आपूर्ति सुनिश्चित करना है।

शहरी स्थानीय निकायः उत्तर प्रदेश में 707 शहरी स्थानीय निकाय हैं, जिनमें 17 नगर निगम, 200 नगर परिषद् और 490 नगर पंचायत शामिल हैं।

विकास मण्डलः भारत सरकार के 13वें वित्त आयोग द्वारा प्रस्तावित सुधारों के दृष्टिगत उत्तर प्रदेश सरकार द्वारा **'उत्तर प्रदेश नगरपालिका वित्तीय संसाधन विकास बोर्ड अधिनियम, 2011'** अधिनियमित किया गया तथा इसकी धारा-4 के उपधारा-1 के अन्तर्गत, अधिसूचना संख्या-649/9-9-2011-16J/2011 दिनांक 30 मार्च, 2011 द्वारा उत्तर प्रदेश नगरपालिका वित्तीय संसाधन विकास बोर्ड की स्थापना की गई। बोर्ड में 01 अध्यक्ष, 04 सदस्य एवं 01 पदेन सदस्य हैं।

बोर्ड के उद्देश्य और कर्तव्य इस प्रकार हैं

1. विभिन्न नगर पालिकाओं की वित्तीय क्षमता की समीक्षा करना और राजस्व के विभिन्न स्रोतों की दक्षता का मूल्यांकन करना, जिसमें इसे बढ़ाया जा सकता है, और नए स्रोत भी बनाए जा सकते हैं।

2. राज्य में नगर पालिकाओं की सभी संपत्तियों की गणना करना और एक डेटाबेस विकसित करना।
3. संपत्ति और जल कर तथा अन्य राजस्व संसाधन प्रणालियों की समीक्षा करना, नगरपालिकाओं की संपत्तियों का मूल्यांकन करना और 'कर' दरों और गैर-कर मदों के लिए उपयुक्त आधार का सुझाव देना।
4. संपत्तियों के मूल्यांकन के लिए एक पारदर्शी प्रक्रिया तैयार करना।
5. संपत्ति कर विवादों का न्याय निर्णयन।
6. मूल्यांकन प्रक्रिया में पारदर्शिता सुनिश्चित करना और निष्पक्ष तुलना को सक्षम करने के लिए मूल्यांकन के प्रकटीकरण की सुविधा प्रदान करना।
7. समय-समय पर कर प्रणाली में संशोधन के तौर-तरीकों की सिफारिश करना।
8. राज्य सरकार के आधिकारिक बजट में वार्षिक कार्य योजनाओं का प्रकाशन।
9. नगर पालिकाओं की संपत्तियों के मूल्यांकन और नगर निगम के राजस्व में वृद्धि के लिए राज्य सरकार को सलाह देना। राज्य सरकार द्वारा अपेक्षित या नगर पालिकाओं द्वारा अनुरोध किए जाने पर संसाधनों की वृद्धि आदि से संबंधित अन्य कार्य करना।

लोकनीति

सामाजिक समस्याओं को दूर करने या विशिष्ट उद्देश्यों को प्राप्त करने के लिए सरकार और अन्य सार्वजनिक संस्थानों द्वारा लिए गए **निर्णयों, कार्यों और कार्रवाई के तरीकों** को देखना। इसमें उन नीतियों की पहचान करना, तैयार करना, लागू करना और मूल्यांकन करना शामिल है जो जनता को प्रभावित करती हैं और समाज के कामकाज को आकार देती हैं।

सार्वजनिक नीति में सामाजिक कल्याण, स्वास्थ्य देखभाल, शिक्षा, और आर्थिक विकास, पर्यावरण संरक्षण, बुनियादी ढांचे के विकास, अन्य सहित कई मुद्दें शामिल हैं। इसमें समस्याओं का विश्लेषण करना, विभिन्न नीति विकल्पों पर विचार करना, निर्णय लेना, संसाधनों का आवंटन करना और चुनी हुई नीतियों का कार्यान्वयन और मूल्यांकन करना शामिल है।

सार्वजनिक नीति के प्रमुख तत्वों में शामिल हैं

- **समस्या की पहचान:** सामाजिक मुद्दों या चुनौतियों को पहचानना और परिभाषित करना जिनके लिए नीतिगत हस्तक्षेप की आवश्यकता होती है।
- **नीति निर्माण:** पहचानी गई समस्याओं के समाधान के लिए संभावित नीति विकल्पों और रणनीतियों का विकास और आकार देना। इसमें अनुसंधान करना, डेटा का विश्लेषण करना, विभिन्न दृष्टिकोणों पर विचार करना और प्रत्येक विकल्प के संभावित प्रभाव का आकलन करना शामिल है।
- **नीति कार्यान्वयन:** चुनी हुई नीति को संसाधनों के आवंटन, नियमों की स्थापना, हितधारकों के समन्वय और प्रगति की निगरानी के द्वारा क्रियान्वित करना।
- **नीति मूल्यांकन:** व्यवस्थित मूल्यांकन और प्रतिक्रिया तंत्र के माध्यम से नीतियों की प्रभावशीलता, दक्षता और प्रभाव का आकलन करना। यह निर्धारित करने में मदद करता है कि क्या वांछित परिणाम प्राप्त किए गए हैं और सुधार के लिए क्षेत्रों की पहचान करता है।

राजनीतिक विचारधाराओं, जनमत, आर्थिक विचारों, कानूनी ढांचे, और हित समूहों, व्यवसायों और नागरिक समाज संगठनों जैसे विभिन्न हितधारकों के प्रभाव सहित विभिन्न कारक सार्वजनिक नीति को प्रभावित कर सकते हैं।

प्रभावी सार्वजनिक नीति का उद्देश्य सार्वजनिक हित को बढ़ावा देना, सामाजिक आवश्यकताओं को पूरा करना और समाज की भलाई और विकास में योगदान देना है। यह सुनिश्चित करने के लिए सावधानीपूर्वक विश्लेषण, साक्ष्य-आधारित निर्णय लेने, पारदर्शिता और उत्तरदायित्व की आवश्यकता है कि नीतियों को अच्छी तरह से डिजाइन, कार्यान्वित और मूल्यांकन किया गया है।

उ.प्र. नगर निगम द्वारा संचालित महत्वपूर्ण योजनाएं/कार्यक्रम

यातायात

1. **मेट्रो सर्विसेज एमटीपी प्लांट :** उत्तर प्रदेश मेट्रो रेल कॉरपोरेशन (यूपीएमआरसी) एक संयुक्त उद्यम कंपनी है जो लखनऊ मेट्रो और कानपुर मेट्रो का संचालन करती है। यूपीएमआरसी वाराणसी मेट्रो, इलाहाबाद मेट्रो, गोरखपुर मेट्रो और बरेली मेट्रो के विचाराधीन आगरा मेट्रो और मेरठ मेट्रो का भी निर्माण कर रहा है। कंपनी का मुख्यालय विपिन खंड,

गोमती नगर लखनऊ में है, नोएडा मेट्रो, हालांकि उत्तर प्रदेश में स्थित है, यूपीएमआरसी द्वारा संचालित नहीं है और इसके बजाय नोएडा मेट्रो रेल कॉर्पोरेशन द्वारा संचालित है।

2. पार्क स्वच्छ भारत अभियान
3. शौचालय
4. आत्मनिर्भर भारत
5. मुफ्त वाई-फाई
6. गरीबों के लिए आवास
7. स्ट्रीट लाइट
8. जल वितरण प्रणाली
9. इलेक्ट्रिक बस

सुधार योजनाएँ

उत्तर प्रदेश शहरी नियोजन और विकास अधिनियम, 1973, निलंबित है और उस अधिनियम की धारा 58 के तहत प्राधिकरण के विघटन पर पुनर्जीवित होगा। सुधार योजनाओं के प्रकार। शहर में सुधार लाने के उद्देश्य से, सुधार योजना निम्न में से किसी एक प्रकार की हो सकती है या दो या दो से अधिक ऐसे प्रकारों या उनकी विशेषताओं को संयोजित कर सकती है, अर्थात-

(क) सामान्य विकास योजना (सामान्य सुधार योजना);
(ख) बस्ती सुधार योजना (स्लम क्लीयरेंस एंड री-बिल्डिंग स्कीम);
(ग) गृह पुनर्निर्माण योजना (पुनर्वास योजना)
(घ) एक सड़क योजना (सड़क योजना);
(ड) एक भावी सड़क योजना (अस्थगित सड़क योजना);
(च) गृह स्थान योजना (आवास विकास योजना); और
(छ) नगर प्रसार योजना (नगर विस्तार योजना)।

सामान्य विकास योजना

- सामान्य विकास योजना (SVY), जिसे सामान्य सुधार योजना के रूप में भी जाना जाता है, भारत में एक सरकारी योजना है जिसका उद्देश्य ग्रामीण क्षेत्रों में जीवन की गुणवत्ता में सुधार करना है।
- **उद्देश्य:** ग्रामीण क्षेत्रों में बुनियादी सुविधाओं जैसे सड़कें, स्कूल, स्वास्थ्य केंद्र और पेयजल सुविधाएं प्रदान करना। इस योजना का उद्देश्य किसानों, कारीगरों और छोटे व्यवसायों को वित्तीय सहायता प्रदान करके ग्रामीण क्षेत्रों में आर्थिक विकास को बढ़ावा देना है।
- सामान्य विकास योजना (SVY) एक **केंद्र प्रायोजित योजना** है, जिसमें केंद्र सरकार योजना के लिए 90% धन मुहैया कराती है, जबकि राज्य सरकारें और केंद्र शासित प्रदेश शेष 10% प्रदान करते हैं। यह योजना राज्य सरकारों और केंद्र शासित प्रदेशों द्वारा अपने संबंधित ग्रामीण विकास विभागों के माध्यम से लागू की जाती है।
- **समिति का विकास:**
  - जब किसी भी क्षेत्र में कोई भवन जो उपयोग किया जाता है या निवास स्थान के रूप में उपयोग किया जाना है या रहने की संभावना है, मानव निवास के लिए अनुपयुक्त है, तो विकास समिति इस आशय का एक संकल्प पारित कर सकती है कि ऐसा क्षेत्र एक अस्वच्छ क्षेत्र है, और यह एक सामान्य विकास है। ऐसे क्षेत्र के संबंध में योजना (सामान्य सुधार योजना) बनाई जाए।
  - जब किसी क्षेत्र में या आसपास के किसी भवन की सँकरी गली या खराब व्यवस्था, सड़कों या भवनों की स्थिति और किसी क्षेत्र में स्वच्छता संबंधी दोषों के कारण भवनों के निवासियों के स्वास्थ्य के लिए खतरा हो। फिर ऐसे क्षेत्रों के संबंध में सामान्य विकास योजना (सामान्य सुधार योजना) बनाई जाएगी।
- **चुनौतियां:**
  - एक चुनौती यह है कि योजना को हमेशा प्रभावी ढंग से लागू नहीं किया जाता है। यह कई कारकों के कारण है, **जैसे केंद्र और राज्य सरकारों के बीच समन्वय की कमी**, योजना को लागू करने के लिए राज्य सरकारों की क्षमता की कमी और भ्रष्टाचार।
  - यह योजना हमेशा ग्रामीण आबादी के सबसे कमजोर वर्गों तक पहुंचने में सक्षम नहीं होती है। ऐसा इसलिए है क्योंकि योजना को अक्सर टॉप-डाउन दृष्टिकोण के माध्यम से कार्यान्वित किया जाता है, जो जनसंख्या के सबसे कमजोर वर्गों की जरूरतों को ध्यान में नहीं रखता है।

बस्ती सुधार योजना

- बस्ती सुधार योजना (BSY), जिसे **स्लम क्लीयरेंस एंड री- बिल्डिंग स्कीम** के रूप में भी जाना जाता है, भारत में एक सरकारी योजना है जिसका उद्देश्य स्लम निवासियों की रहने की स्थिति में सुधार करना है।

- **उद्देश्य:** बीएसवाई का मुख्य उद्देश्य मलिन बस्तियों में सड़क, जलापूर्ति, स्वच्छता और आवास जैसी बुनियादी सुविधाएं प्रदान करना है। इस योजना का उद्देश्य झुग्गीवासियों को अपना व्यवसाय शुरू करने के लिए वित्तीय सहायता प्रदान करके मलिन बस्तियों में आर्थिक विकास को बढ़ावा देना है।
- बस्ती सुधार योजना (स्लम क्लीयरेंस एंड री-बिल्डिंग स्कीम) प्रदान कर सकती है–
  - सड़कों, पिछली गलियों और खुली जगहों का आरक्षण और मौजूदा गलियों, पीछे की गलियों और खुली जगहों का विस्तार।
  - ऐसे किसी भी आरक्षण या वृद्धि के संबंध में मुआवजे का भुगतान
  - मालिकों द्वारा मौजूदा इमारतों का विध्वंस और उनका स्वरूप।
  - स्वामियों को अग्रिम, ऐसे नियमों और शर्तों पर जैसे कि ब्याज और निक्षेप निधि और अन्यथा, जैसा कि योजना के तहत निर्धारित किया जा सकता है, ऐसी मलिन बस्तियों की, जो योजना के अनुसार नए भवनों के निर्माण में उनकी सहायता करने के लिए आवश्यक हो सकती हैं।
- **लाभ:**
  - मलिन बस्तियों में रहने वालों के लिए रहने की बेहतर स्थिति।
  - बुनियादी सुविधाओं और बुनियादी ढांचे तक पहुंच में वृद्धि।
  - मलिन बस्तियों में आर्थिक विकास को बढ़ावा दिया।
  - झुग्गीवासियों के लिए रोजगार और आय के अवसरों में वृद्धि हुई।
- **चुनौतियाँ:**
  - हमेशा प्रभावी ढंग से लागू नहीं किया गया।
  - झुग्गी आबादी के सबसे कमजोर वर्गों तक हमेशा पहुंचने में सक्षम नहीं।
  - मलिन बस्तियों में रहने वालों का विस्थापन हो सकता है।

गृह पुनर्निर्माण योजना

- गृह पुनर्निर्माण योजना (GPY), जिसे पुनर्वास योजना के रूप में भी जाना जाता है, भारत में एक सरकारी योजना है जिसका उद्देश्य बेघरों और अपर्याप्त आवास में रहने वालों को किफायती आवास प्रदान करना है।
- **उद्देश्य:** बेघर और अपर्याप्त आवास में रहने वालों को किफायती आवास उपलब्ध कराना। इस योजना का उद्देश्य नए घरों के निर्माण में हरित भवन प्रथाओं का उपयोग करके सतत विकास को बढ़ावा देना है।
- योजना के लिए पात्र होने के लिए आवेदकों को निम्नलिखित **मानदंडों** को पूरा करना चाहिए:
  - भारत के नागरिक हों
  - 3 लाख रुपये प्रति वर्ष से कम की घरेलू आय है।
  - न अपना मकान है न जमीन।
  - एक नई हाउसिंग कॉलोनी में स्थानांतरित करने के लिए तैयार रहें
- **लाभ:**
  - बेघर और अपर्याप्त आवास में रहने वालों को किफायती आवास उपलब्ध होगा।
  - भारत में लाखों लोगों के रहने की स्थिति में सुधार हुआ।
  - नए घरों के निर्माण में हरित भवन प्रथाओं का उपयोग करके सतत विकास को बढ़ावा दिया।
- **चुनौतियाँ:**
  - हमेशा प्रभावी ढंग से लागू नहीं किया गया।
  - हमेशा आबादी के सबसे कमजोर वर्गों तक पहुंचने में सक्षम नहीं।
  - लागू करना महंगा पड़ सकता है।
  - लोगों का विस्थापन हो सकता है।

सड़क योजना

- प्रधानमंत्री ग्राम सड़क योजना (पीएमजीएसवाई), जिसे सड़क योजना के रूप में भी जाना जाता है, भारत में एक सरकारी योजना है जिसका उद्देश्य असंबद्ध गांवों को सभी मौसम की सड़क (आवश्यक और क्रॉस ड्रेनेज संरचनाओं के साथ) कनेक्टिविटी प्रदान करना है।
- PMGSY एक **केंद्र प्रायोजित योजना** है, जिसमें केंद्र सरकार योजना के तहत सड़कों के निर्माण के लिए 100% धन उपलब्ध कराती है। राज्य सरकारें योजना को लागू करने और यह सुनिश्चित करने के लिए जिम्मेदार हैं कि सड़कों का निर्माण आवश्यक मानकों के अनुसार किया गया है।
- मार्च 2023 तक, इस योजना ने 1.7 लाख से अधिक गांवों को बारहमासी सड़कों से जोड़ दिया है। इसने ग्रामीण भारत में लाखों लोगों के लिए बाजारों, स्कूलों, अस्पतालों और

अन्य आवश्यक सेवाओं तक पहुंचना आसान बनाकर उनके जीवन को बेहतर बनाने में मदद की है।

- पीएमजीएसवाई ने ग्रामीण भारत में गरीबी को कम करने में भी मदद की है। लोगों के लिए बाजारों और अन्य स्थानों पर जाना आसान बनाकर जहां वे अपनी उपज बेच सकते हैं, इस योजना ने उनकी आय बढ़ाने में मदद की है। इससे ग्रामीण भारत में लाखों लोगों के लिए गरीबी कम करने और जीवन की गुणवत्ता में सुधार करने में मदद मिली है।
- PMGSY **केवल ग्रामीण क्षेत्रों** को कवर करेगा।
- शहरी सड़कों को इस कार्यक्रम के दायरे से बाहर रखा गया है।
- ग्रामीण क्षेत्रों में भी, पीएमजीएसवाई में केवल ग्रामीण सड़कें शामिल हैं, अर्थात वे सड़कें जिन्हें पूर्व में **'अन्य जिला सड़कें' (ओडीआर) और 'ग्रामीण सड़कें' (वीआर)** के रूप में वर्गीकृत किया गया था।

> **अन्य जिला सड़कें (ओडीआर)** उत्पादन के ग्रामीण क्षेत्रों की सेवा करने वाली सड़कें हैं और उन्हें बाजार केंद्रों, तालुका (तहसील) मुख्यालय, ब्लॉक मुख्यालय या अन्य मुख्य सड़कों को आउटलेट प्रदान करती हैं। ग्रामीण सड़कें (वीआर) ऐसी सड़कें हैं जो गांवों/ बस्तियों या बसावटों के समूहों को एक-दूसरे से और उच्च श्रेणी की निकटतम सड़क से जोड़ती हैं।

- प्रमुख जिला सड़कें, राज्य राजमार्ग और राष्ट्रीय राजमार्ग पीएमजीएसवाई के अंतर्गत कवर नहीं किए जा सकते, भले ही वे ग्रामीण क्षेत्रों में हों। यह **नई सम्पर्क सड़कों के साथ-साथ उन्नयन कार्यों** पर भी लागू होता है।
- **लाभ:**
  - **बेहतर कनेक्टिविटी:** पीएमजीएसवाई ने गांवों और कस्बों के बीच कनेक्टिविटी को बेहतर बनाने में मदद की है, जिससे लोगों के लिए यात्रा करना और आवश्यक सेवाओं तक पहुंचना आसान हो गया है।
  - **आर्थिक गतिविधि में वृद्धि:** पीएमजीएसवाई ने ग्रामीण क्षेत्रों में किसानों के लिए अपनी उपज को बाजारों तक पहुंचाना और व्यवसायों के लिए दुकान स्थापित करना आसान बनाकर आर्थिक गतिविधियों को बढ़ाने में मदद की है।
  - **गरीबी में कमी:** पीएमजीएसवाई ने लोगों को बाजारों, नौकरियों और अन्य अवसरों तक पहुंच प्रदान करके ग्रामीण क्षेत्रों में गरीबी को कम करने में मदद की है।
  - **बेहतर सामाजिक कल्याण:** पीएमजीएसवाई ने लोगों के लिए स्कूलों, अस्पतालों और अन्य आवश्यक सेवाओं तक पहुंच को आसान बनाकर ग्रामीण क्षेत्रों में सामाजिक कल्याण में सुधार करने में मदद की है।

गृह स्थान योजना

गृह स्थान योजना भारत में सरकार द्वारा प्रायोजित आवास योजना है। इसे **आवास और शहरी मामलों के मंत्रालय** द्वारा लॉन्च किया गया था। इस योजना का उद्देश्य शहरी क्षेत्रों में कम आय वाले परिवारों को किफायती आवास उपलब्ध कराना है।

- **उद्देश्य:** योजना के तहत, सरकार पात्र परिवारों को घर बनाने या खरीदने के लिए वित्तीय सहायता प्रदान करती है। प्रदान की जा सकने वाली सहायता की अधिकतम राशि ₹ 2.5 लाख (US$34,000) है। ऋण पर ब्याज दर सरकार द्वारा अनुदानित है।
- यह योजना शहरी क्षेत्रों में बड़ी संख्या में कम आय वाले परिवारों को किफायती आवास उपलब्ध कराने में सफल रही है। योजना के पहले पांच वर्षों में, योजना के तहत 1 करोड़ (10 मिलियन) से अधिक घर बनाए या खरीदे गए हैं।
- **योग्यता:**
  - उनकी वार्षिक आय ₹ 3 लाख (US$42,000) से कम होनी चाहिए।
  - उनके पास किसी अन्य आवासीय संपत्ति का स्वामित्व नहीं होना चाहिए।
  - उन्हें घर की लागत का कम से कम 10% योगदान करने के लिए तैयार होना चाहिए।
- **लाभ:**
  - यह पात्र परिवारों को घर बनाने या खरीदने के लिए वित्तीय सहायता प्रदान करता है।
  - ऋण पर ब्याज दर सरकार द्वारा अनुदानित है।
  - यह योजना शहरी क्षेत्रों में बड़ी संख्या में कम आय वाले परिवारों को किफायती आवास उपलब्ध कराने में सफल रही है।

नगर प्रसार योजना (शहर विस्तार योजना)

- **नगर प्रसार योजना (शहर विस्तार योजना)** भारत में सरकार द्वारा प्रायोजित योजना थी। इस योजना का उद्देश्य शहरी क्षेत्रों के विस्तार के लिए राज्य सरकारों को वित्तीय सहायता प्रदान करना है।

- **लाभ:**
  - इसने भारत में शहरी क्षेत्रों का विस्तार करने में मदद की।
  - इसने राज्य सरकारों को नई आवास कॉलोनियों, बुनियादी सुविधाओं और सामाजिक सुविधाओं के विकास के लिए वित्तीय सहायता प्रदान की।
  - इसने शहरी क्षेत्रों में रहने वाले लोगों के जीवन की गुणवत्ता में सुधार करने में मदद की।
- **चुनौतियाँ:**
  - **वित्तीय बाधाएं:** वित्तीय बाधाओं के कारण 1991 में इस योजना को बंद कर दिया गया था।
  - **समन्वय की कमी:** योजना को लागू करने में केंद्र सरकार और राज्य सरकारों के बीच समन्वय की कमी थी।
  - **भ्रष्टाचार:** योजना के क्रियान्वयन में भ्रष्टाचार के आरोप लगे थे।

महानगर योजना समिति

1. प्रत्येक महानगर क्षेत्र में समग्र रूप से महानगर क्षेत्र के लिए एक विकास योजना का प्रारूप तैयार करने के लिए महानगर योजना समिति का गठन किया जाएगा।

2. मेट्रोपॉलिटन प्लानिंग कमेटी, उपधारा (ए) में संदर्भित, एक अध्यक्ष से मिलकर बनेगी, जिसे इस तरह से चुना जाएगा जैसा कि नियमों द्वारा निर्धारित किया जा सकता है।

3. उप-धारा (2) के तहत निर्दिष्ट सदस्यों की कुल संख्या में से

(ए) दो-तिहाई सदस्यों का चुनाव नगर पालिकाओं के निर्वाचित सदस्यों और महानगर क्षेत्र में पंचायतों के अध्यक्षों द्वारा और उनमें से नगर पालिकाओं और पंचायतों की जनसंख्या के अनुपात में किया जाएगा; और

(ख) एक तिहाई सदस्य राज्य सरकार द्वारा इनमें से मनोनीत किए जाएंगे-

(i) एक अधिकारी, जो शहरी विकास मंत्रालय में केंद्र सरकार के उप सचिव के पद से नीचे का न हो;

(ii) एक अधिकारी, जो शहरी विकास विभाग में राज्य सरकार के संयुक्त सचिव के पद से नीचे का न हो;

(iii) एक अधिकारी जो वन विभाग में राज्य सरकार के संयुक्त सचिव के पद से नीचे का न हो;

(iv) मुख्य नगर एवं ग्राम नियोजक, उत्तर प्रदेश;

(v) निदेशक, पर्यावरण, उत्तर प्रदेश;

(vi) उत्तर प्रदेश जल आपूर्ति एवं सीवरेज अधिनियम, 1975 के अधीन स्थापित जल निगम के प्रबंध निदेशक;

(vii) महानगर क्षेत्र में स्थित उत्तर प्रदेश जल आपूर्ति एवं सीवरेज अधिनियम, 1975 के अधीन स्थापित जल संस्थान का महाप्रबंधक;

(viii) लोक निर्माण विभाग का अधीक्षण अभियंता;

(ix) उत्तर प्रदेश राज्य विद्युत बोर्ड का अधीक्षण अभियंता;

(x) विकास प्राधिकरण के उपाध्यक्ष

4. उप-धारा (3) के खंड (ए) में निर्दिष्ट मेट्रोपॉलिटन प्लानिंग कमेटी के निर्वाचित सदस्य के रूप में पद पर बने रहना बंद हो जाएगा, जिसके कारण वह ऐसा सदस्य बन गया।

5. उपखण्ड (3) के खण्ड (ख) के उपखण्ड (एक) में निर्दिष्ट सदस्य सचिव, भारत सरकार, नगर विकास विभाग की अनुशंसा पर मनोनीत किया जायेगा।

6. सदस्यों की कोई भी रिक्ति मेट्रोपॉलिटन प्लानिंग कमेटी के गठन या पुनर्गठन के लिए कोई बाधा नहीं होगी।

7. महानगर योजना समिति, प्रारूप विकास योजना तैयार करने के संबंध में-

(i) महानगर क्षेत्र में नगर पालिकाओं और पंचायतों द्वारा तैयार की गई योजनाएं;

(ii) नगर पालिकाओं और पंचायतों के बीच सामान्य हित के मामले, जिसमें क्षेत्र की समन्वित स्थानिक योजना, पानी और अन्य भौतिक और प्राकृतिक संसाधनों को साझा करना, बुनियादी ढांचे का एकीकृत विकास और पर्यावरण संरक्षण शामिल है।

(iii) भारत सरकार और राज्य सरकार द्वारा निर्धारित समग्र उद्देश्य और प्राथमिकताएं।

(iv) भारत सरकार की एजेंसियों और अन्य उपलब्ध संसाधनों, चाहे वे वित्तीय हों द्वारा महानगर क्षेत्र में किए जाने वाले संभावित निवेश की सीमा और प्रकृति।

(बी) ऐसे संस्थानों और संगठनों से परामर्श करें जो राज्यपाल आदेश द्वारा निर्दिष्ट कर सकते हैं।

8. महानगर योजना समिति का अध्यक्ष ऐसी समिति द्वारा अनुशंसित विकास योजना को राज्य सरकार को अग्रेषित करेगा। **"नगर पालिकाओं"** का अर्थ इस खंड के लिए नगर निगम, नगर परिषद् और नगर पंचायत है।

उत्तर प्रदेश में मानव अधिकारों से संबंधित मुद्दे

मानवाधिकार :

- मानव अधिकार हमारे अधिकार हैं क्योंकि हम मनुष्य के रूप में रहते हैं।
- ये सार्वभौमिक अधिकार हैं जिनका हम सभी आनंद ले सकते हैं, चाहे वे किसी भी जाति, लिंग, नस्ल या जातीयता, रंग, धर्म, भाषा या किसी अन्य स्थिति में हों।
- जीवन जीने योग्य बनाने वालों के लिए उनके पास जीवन का सबसे महत्वपूर्ण अधिकार हैं, जैसे पोषण, शिक्षा, काम, स्वास्थ्य और स्वतंत्रता का अधिकार।
- अंतरराष्ट्रीय समुदाय हर साल 10 दिसंबर को अंतरराष्ट्रीय मानवाधिकार दिवस मनाता है।
- इसे 1948 में मनाया गया था जब संयुक्त राष्ट्र (यूएन) महासभा ने मानवाधिकारों की सार्वभौमिक घोषणा (यूडीएचआर) को अपनाया था। यूडीएचआर मानव अधिकारों की अंतर्राष्ट्रीय घोषणा का हिस्सा है।
- मानवाधिकार के लिए उच्चायुक्त, जिनेवा में मुख्यालय और कई क्षेत्रीय कार्यालय हैं, संयुक्त राष्ट्र प्रणाली में मानवाधिकारों को बढ़ावा देने और उनकी रक्षा करने के लिए जिम्मेदार हैं।
- द्वितीय विश्व युद्ध (1939-45) के बाद, अंतरराष्ट्रीय मानवाधिकारों को बढ़ावा देने वाली घोषणाएं और सम्मेलन शुरू हुए।
- 1948 में, राज्य पहली बार अपरिहार्य मानवाधिकारों की व्यापक सूची पर सहमत हुए।
- उसी वर्ष दिसंबर में, संयुक्त राष्ट्र महासभा ने मानवाधिकारों की सार्वभौमिक घोषणा (यूडीएचआर) को अपनाया, जिसका अंतर्राष्ट्रीय मानवाधिकार कानून की स्थापना पर महत्वपूर्ण प्रभाव पड़ेगा।
- यूडीएचआर का अनुच्छेद 30 वर्तमान और भविष्य की मानवाधिकार संधियों और अन्य कानूनी दस्तावेजों के लिए सामग्री और संरचना प्रदान करता है।
- दिसंबर 1966 में, संयुक्त राष्ट्र महासभा ने अंतर्राष्ट्रीय मानवाधिकारों को बढ़ावा देने वाले दो अंतर्राष्ट्रीय समझौतों को अपनाया: आर्थिक, सामाजिक और सांस्कृतिक अधिकारों पर अंतर्राष्ट्रीय अनुबंध (ICESCR), जिसकी देखरेख आर्थिक, सामाजिक और सांस्कृतिक अधिकारों की समिति करती है। नागरिक और राजनीतिक अधिकारों पर अंतर्राष्ट्रीय अनुबंध (आईसीसीपीआर)- मानवाधिकार समिति द्वारा निगरानी की जाती है।
- इन्हें अक्सर **"अंतर्राष्ट्रीय सम्मेलनों"** के रूप में जाना जाता है। मानव अधिकारों की सार्वभौम घोषणा और इन दोनों सम्मेलनों को मानव अधिकारों की अंतर्राष्ट्रीय घोषणा कहा जाता है।

मानव अधिकारों से संबंधित संधियाँ

- अंतर्राष्ट्रीय मानवतावादी कानून (IHL) और अंतर्राष्ट्रीय मानवाधिकार कानून विशिष्ट उद्देश्यों वाले अंतर्राष्ट्रीय कानून के संयुक्त अंग हैं।
- अंतर्राष्ट्रीय मानवतावादी कानून एक ऐसा कानून है जिसका उद्देश्य मानवीय कारणों से युद्ध के शांतिपूर्ण तरीकों पर रोक लगाना है। यह उन लोगों की सुरक्षा करता है जो हिंसा में शामिल नहीं हैं या अब शामिल नहीं हैं और युद्ध के तरीकों और साधनों को सीमित करता है। अंतर्राष्ट्रीय मानवीय कानून को युद्ध के कानून के रूप में भी जाना जाता है।

1. नस्लीय भेदभाव के सभी रूपों के उन्मूलन पर सम्मेलन (1965)
2. महिलाओं के खिलाफ सभी प्रकार के भेदभाव के उन्मूलन पर सम्मेलन (1979)
3. अत्याचार और अन्य क्रूर, अमानवीय या अपमानजनक व्यवहार या सजा के खिलाफ कन्वेंशन (1984)
4. बाल अधिकारों पर सम्मेलन (1989)
5. सभी प्रवासी श्रमिकों के अधिकारों के संरक्षण पर अंतर्राष्ट्रीय सम्मेलन और उनके परिवारों के सदस्य (1999)
6. सभी व्यक्तियों को जबरन लापता होने से बचाने के लिए अंतर्राष्ट्रीय सम्मेलन (2006)
7. विकलांग व्यक्तियों के अधिकारों पर कन्वेंशन (2006)
8. 2011 में संयुक्त राष्ट्र मानवाधिकार परिषद् (यूएनएचआरसी) ने व्यापार और मानव अधिकारों पर सिद्धांत (यूएनजीपी) पर गाइलाइंस जारी की।

परिभाषा

भारत के राष्ट्रीय मानवाधिकार आयोग के अनुसार, मानवाधिकार व्यक्ति के जीवन, स्वतंत्रता, समानता और सम्मान से संबंधित संविधान द्वारा गारंटीकृत अधिकार हैं। यह कानून अंतरराष्ट्रीय सम्मेलनों में मौजूद है और भारतीय अदालतों द्वारा लागू किया जा सकता है।

- **राष्ट्रीय मानवाधिकार आयोग:**
  - भारत का राष्ट्रीय मानवाधिकार आयोग (NHRC) 1993 में स्थापित किया गया था।
  - जिस कानून के तहत इसे स्थापित किया गया है वह मानवाधिकार अधिनियम (PHRA), 1993 का संरक्षण है।
  - यह अधिनियम राज्य मानवाधिकार आयोगों की स्थापना का प्रावधान करता है।
- **भारतीय कानूनों में शामिल मानव अधिकार:**
  - भारतीय संविधान में मानवाधिकारों के कई प्रावधानों को शामिल किया गया है।
  - मौलिक अधिकारों का भाग-4 अनुच्छेद 14 से 32 तक।
  - संविधान के अनुच्छेद 14 से 18 भारत के प्रत्येक नागरिक को समानता के अधिकार की गारंटी देते हैं।
  - अनुच्छेद 19 भाषण और अभिव्यक्ति की स्वतंत्रता से संबंधित है, और अनुच्छेद 21 जीवन और स्वतंत्रता का अधिकार प्रदान करता है।
  - मौलिक मानवाधिकारों के उल्लंघन के मामले में नागरिक अनुच्छेद 32 के तहत उच्चतम न्यायालय और अनुच्छेद 226 के तहत उच्च न्यायालय जा सकते हैं।
  - राज्य नीति के निदेशक सिद्धांत अनुच्छेद 36 से 51 तक।

भारत मानवाधिकारों की सार्वभौम घोषणा का हस्ताक्षरकर्ता है और उसने ICESCR और ICCPR की पुष्टि की है।

- भारत ने नस्लीय भेदभाव के सभी रूपों को समाप्त करने पर अंतर्राष्ट्रीय सम्मेलन पर हस्ताक्षर किए है।
- महिलाओं के खिलाफ सभी प्रकार के भेदभाव के उन्मूलन पर सम्मेलन।
- बाल अधिकारों पर कन्वेंशन विकलांग व्यक्तियों के अधिकारों पर कन्वेंशन।

मानव अधिकार का महत्व

- मानवाधिकार किसी व्यक्ति को दुर्व्यवहार या भेदभाव से बचाते हैं क्योंकि सभी को शारीरिक और बौद्धिक रूप से विकसित होने का समान अवसर मिलना चाहिए।
- व्यक्ति समाज में प्रचलित सामाजिक अन्याय और बुरी प्रथाओं के खिलाफ बोल सकते हैं।
- मानवाधिकार गारंटी देता है कि लोगों की मूलभूत आवश्यकताओं को संबोधित किया जाए।
- भाषण और अभिव्यक्ति की स्वतंत्रता को मानव अधिकारों द्वारा बढ़ावा दिया जाता है।
- मानवाधिकार से धार्मिक स्वतंत्रता संभव है।
- मानवाधिकार सरकार की जवाबदेही के लिए एक समान मानदंड प्रदान करते हैं।

मानव अधिकारों से जुड़े मुद्दों पर उत्तर प्रदेश की स्थिति

- राज्यों में मानवाधिकारों के उल्लंघन से संबंधित डेटा गृह मंत्रालय द्वारा राज्यसभा में प्रदान किया गया था, इस बात पर प्रकाश डालते हुए कि 31 अक्टूबर (2021) तक पिछले तीन वित्तीय वर्षों में राष्ट्रीय मानवाधिकार आयोग (NHRC) द्वारा सालाना मानवाधिकार उल्लंघन के लगभग 40% मामले उत्तर प्रदेश से दर्ज किए गए थे।
- मानवाधिकारों का उल्लंघन विचार और आंदोलन की स्वतंत्रता की अस्वीकृति है, जिस पर सभी मनुष्यों का कानूनी रूप से अधिकार है। जबकि व्यक्ति इन अधिकारों का उल्लंघन कर सकते हैं, सभ्यता का नेतृत्व या सरकार अक्सर हाशिए पर पड़े व्यक्तियों को नीचा दिखाती है। बदले में, यह इन लोगों को गरीबी और उत्पीड़न के चक्र में डाल देता है। जो व्यक्ति जीवन को इस दृष्टिकोण के साथ देखते हैं कि सभी मानव जीवन समान मूल्य के नहीं हैं, वे इस चक्र को कायम रखते हैं।

उदाहरण

- लोगों को उनके घरों से जबरन बेदखल करना (पर्याप्त आवास का अधिकार)।
- पानी को दूषित करना, उदाहरण के लिए, राज्य के स्वामित्व वाली सुविधाओं (स्वास्थ्य का अधिकार) से अपशिष्ट के साथ।
- एक सभ्य जीवन (काम पर अधिकार) के लिए न्यूनतम मजदूरी सुनिश्चित करने में विफलता।
- देश में सभी क्षेत्रों और समुदायों में भुखमरी को रोकने में विफलता (भूख से मुक्ति)।

मानवाधिकारों के उल्लंघन के प्रकार

सीधे या जानबूझकर

- उल्लंघन या तो जानबूझकर राज्य द्वारा किया जा सकता है और या राज्य द्वारा उल्लंघन को रोकने में विफल होने के परिणामस्वरूप हो सकता है।

- जब कोई राज्य मानवाधिकारों का उल्लंघन करता है, तो विभिन्न अभिकर्त्ता शामिल हो सकते हैं, जैसे कि पुलिस, न्यायाधीश, अभियोजक, सरकारी अधिकारी, और अन्य।
- उल्लंघन शारीरिक रूप से हिंसक हो सकता है, जैसे कि पुलिस की क्रूरता, जबकि अधिकारों, जैसे निष्पक्ष विचारण के अधिकार का भी उल्लंघन किया जा सकता है, जहां कोई शारीरिक हिंसा शामिल नहीं है।

अधिकारों की रक्षा करने में राज्य की विफलता

- यह तब होता है जब समाज के भीतर व्यक्तियों या समूहों के बीच संघर्ष होता है।
- यदि राज्य कमजोर लोगों और समूहों को हस्तक्षेप करने और उनकी रक्षा करने के लिए कुछ नहीं करता है, तो वह उल्लंघन में भाग ले रहा होता है।

यातना और अन्य क्रूर, अमानवीय, या अपमानजनक व्यवहार या सजा, और अन्य संबंधित दुर्व्यवहार

- कानून यातना और अन्य दुर्व्यवहारों पर रोक लगाता है, लेकिन विश्वसनीय रिपोर्ट थीं कि सरकारी अधिकारियों ने उन्हें इस्तेमाल किया है। कानून अधिकारियों को जबरदस्ती की स्वीकारोक्ति को सबूत के रूप में स्वीकार करने की अनुमति नहीं देता है, लेकिन कुछ गैर-सरकारी संगठनों (एनजीओ) ने बताया कि अधिकारियों ने जबरदस्ती स्वीकारोक्ति करवाने के लिए यातना का इस्तेमाल किया।
- ऐसे प्राधिकारी कथित तौर पर पैसे ऐंठने के लिए या संक्षिप्त सजा के रूप में यातना का भी इस्तेमाल करते हैं। सरकार ने राष्ट्रीय मानवाधिकार आयोग (NHRC) को अधिकृत किया है कि वह पुलिस अधिकारियों से जुड़े बलात्कार के मामलों की जांच करें।
- कायदे से राष्ट्रीय मानवाधिकार आयोग (NHRC) सैन्य और अर्धसैनिक बलों से जुड़े मामलों के बारे में भी जानकारी का अनुरोध कर सकता है, लेकिन इसके पास उन मामलों की जांच करने का कोई अधिकार नहीं है। एनजीओ ने एनएचआरसी के आंकड़ों के बारे में सूचना दी है पुलिस हिरासत में किए गए बलात्कारों की संख्या को कम गिना जाता है । कुछ बलात्कार पीड़ित सामाजिक कलंक और प्रतिशोध के डर के कारण अपराधों की रिपोर्ट करने को तैयार नहीं थे, अगर अपराधी एक पुलिस अधिकारी था। पुलिस को सूचना मिली थी कि अधिकारियों ने रेप का मामला दर्ज करने से भी इनकार कर दिया।
- ऐसी खबरें थीं कि पुलिस द्वारा कैदियों की पिटाई के कारण हिरासत में मौतें हुई। गार्ड और कैदियों द्वारा जेल के दुर्व्यवहार की खबरें थीं और पुलिस द्वारा बंदियों के बलात्कार की खबरें थीं।
- मानवाधिकार एनजीओ के अनुसार, पुलिस ने जबरदस्ती या झूठी स्वीकारोक्ति प्राप्त करने के लिए यातना, अन्य दुर्व्यवहार और मनमानी हिरासत का इस्तेमाल किया। कुछ मामलों में, पुलिस कथित तौर पर संदिग्धों को उनकी गिरफ्तारी दर्ज किए बिना रखा और बंदियों को पर्याप्त भोजन और पानी देने से इनकार किया।

जेल और डिटेंशन सेंटर की शर्तें

जेल की स्थिति अक्सर जीवन के लिए खतरनाक होती थी, विशेष रूप से चरम के कारण भीड़भाड़, अपर्याप्त स्वच्छता की स्थिति, और चिकित्सा देखभाल की कमी।

- **अपमानजनक शारीरिक स्थितियाँ:** जेलें अक्सर अत्यधिक भीड़भाड़ वाली होती थीं। पीएसआई 2021 की रिपोर्ट के अनुसार, देश में 1,319 जेलें थीं 425,609 व्यक्तियों की कुल अधिकृत क्षमता। वास्तविक कैद आबादी 554,034 थी। विचारण की प्रतीक्षा कर रहे व्यक्तियों की संख्या लगभग 77 प्रतिशत जेल के कैदी थे। कानून में किशोरों को पुनर्वास सुविधाओं में रखने की आवश्यकता है, लेकिन अधिकारियों ने कभी-कभी किशोरों को वयस्क जेलों में हिरासत में लिया, विशेष रूप से ग्रामीण इलाकों की जेलों में। अधिकारियों ने अक्सर सजायाफ्ता कैदियों के साथ विचार का इंतजार कर रहे बंदियों को रखा।
- इंडिया जस्टिस रिपोर्ट के मुताबिक दिसंबर 2021 तक 36 में से 19 राज्य और केंद्र शासित प्रदेशों में 185 प्रतिशत से लेकर 100 प्रतिशत तक भीड़भाड़ थी। भोजन, चिकित्सा देखभाल, स्वच्छता और पर्यावरण की स्थिति जेलों में अक्सर अपर्याप्त होती थी। पीने योग्य पानी सार्वभौमिक रूप से उपलब्ध नहीं था। जेल और निरोध केंद्र कम वित्तपोषित और कम कर्मचारी की समस्या से जूझ रहे थे और आधारभूत संरचना की पर्याप्त कमी थी। कभी-कभी कैदियों के साथ शारीरिक दुर्व्यवहार किया जाता था।
- जुलाई में, सुप्रीम कोर्ट ने कोविड-19 महामारी के दौरान रिहा किए गए कैदियों को सुप्रीम कोर्ट के आदेश तक अधिकारियों के सामने आत्मसमर्पण नहीं करने का आदेश दिया।

मनमानी गिरफ्तारी या नजरबंदी

कानून मनमाने ढंग से गिरफ्तारी और हिरासत पर रोक लगाता है और व्यक्तियों को उनकी गिरफ्तारी या निरोध की वैधता को चुनौती देने के लिए अधिकार प्रदान करता है। सरकार आम तौर पर इन कानूनों का पालन करती है। लेकिन मनमानी गिरफ्तारी की कई खबरें हैं। ऐसे उदाहरण जब पुलिस ने गिरफ्तारी की न्यायिक समीक्षा को स्थगित करने के लिए विशेष सुरक्षा कानूनों का इस्तेमाल किया।

निजता, परिवार, घर या पत्राचार में मनमाना या गैरकानूनी हस्तक्षेप

- कानून, कुछ अपवादों के साथ, ऐसे कार्यों पर रोक लगाता है, और ऐसी रिपोर्ट थीं कि सरकार इन निषेधों का पालन करने में विफल रही। जबकि संविधान में निजता का स्पष्ट अधिकार नहीं है, सुप्रीम कोर्ट ने 2017 में फैसला सुनाया कि निजता एक **"मौलिक अधिकार"** है। कानून में यह अनिवार्य किया गया है कि पुलिस तलाशी और जब्ती करने के लिए वारंट प्राप्त करने की आवश्यकता होती है, उन मामलों को छोड़कर जिनमें ऐसी कार्रवाइयों से अनुचित देरी होगी। पुलिस को अपराध पर अधिकार क्षेत्र के साथ निकटतम मजिस्ट्रेट को लिखित में वारंट रहित खोजों का औचित्य सिद्ध करना चाहिए।
- केंद्र और राज्य दोनों सरकारों ने कानूनी रूप से संचार बाधित किया। केंद्र सरकार द्वारा 2018 में बुलाई गई गोपनीयता पर विशेषज्ञों के एक समूह ने नोट किया। देश में व्यापक उपभोक्ता डेटा-सुरक्षा ढांचे का अभाव था। यूएपीए कथित आतंकवाद के मामलों में बाधित संचार से प्राप्त सबूतों के उपयोग की भी अनुमति देता है। ऐसी रिपोर्टें थीं कि सरकारी अधिकारियों ने निजी संचार को मनमाने ढंग से या गैरकानूनी रूप से या उचित कानूनी अधिकार के बिना एक्सेस, एकत्र या उपयोग किया था और ऐसे अभ्यास विकसित किए जो गोपनीयता के साथ मनमानी या गैरकानूनी हस्तक्षेप की अनुमति देते हैं, जिसमें मनमाने ढंग से या गैरकानूनी रूप से सर्वेक्षण करने या व्यक्तियों की गोपनीयता में हस्तक्षेप करने के लिए तकनीक का उपयोग करना शामिल है।
- कानून सरकार को देश की संप्रभुता और अखंडता की रक्षा, राज्य की सुरक्षा, विदेशी राज्यों के साथ मैत्रीपूर्ण संबंधों, सार्वजनिक व्यवस्था के लिए, या किसी अपराध के लिए उकसावे को रोकने के लिए कॉल को बीच में रोकने की अनुमति देता है। सरकार ने उल्लंघन करने वाली निगरानी गतिविधियों का संचालन करने से इनकार किया। कानून या औपचारिक रूप से स्थापित प्रक्रियाओं का अक्सर पालन नहीं किया जाता है।

प्रेस और अन्य मीडिया के सदस्यों सहित अभिव्यक्ति की स्वतंत्रता

संविधान अभिव्यक्ति की स्वतंत्रता प्रदान करता है लेकिन स्पष्ट रूप से प्रेस की स्वतंत्रता का उल्लेख नहीं करता है। लोगों ने नियमित रूप से ऑनलाइन प्लेटफॉर्म, टेलीविजन, रेडियो या प्रिंट मीडिया के माध्यम से सार्वजनिक और निजी तौर पर सरकार की आलोचना की। सरकार आमतौर पर अभिव्यक्ति की स्वतंत्रता का सम्मान करती थी, लेकिन ऐसे उदाहरण थे जिनमें सरकार या सरकार के करीबी माने जाने वाले एक्टरों ने कथित रूप से सरकार की आलोचना करने वाले मीडिया आउटलेट्स पर दबाव डाला या उन्हें परेशान किया, जिसमें ऑनलाइन ट्रोलिंग भी शामिल थी। सरकार की आलोचना करने वाले पत्रकारों के खिलाफ आतंकवादियों और चरमपंथियों द्वारा हत्याओं, हिंसा और डराने-धमकाने की भी खबरें थीं। ह्यूमन राइट्स वॉच वर्ल्ड रिपोर्ट 2022 में कहा गया है, "अधिकारियों ने पत्रकारों और सरकार की आलोचना करने वाले समाचार आउटलेट्स को राजनीतिक रूप से प्रेरित मुकदमों और टैक्स छापों के माध्यम से डराना और परेशान करना जारी रखा।"

महिलाओं के साथ भेदभाव और सामाजिक दुर्व्यवहार

बलात्कार और घरेलू हिंसा: देश में यौन हिंसा से निपटने के लिए कई कानून बनाए गए हैं, जिसमें भारतीय दंड संहिता में बलात्कार, यौन उत्पीड़न, ताक-झांक और पीछा करने के प्रावधान शामिल हैं, जिन्हें कानून प्रवर्तन द्वारा प्रभावी रूप से लागू किया गया था। इसके अतिरिक्त, बाल यौन शोषण, प्रौद्योगिकी के उपयोग और तस्करी पर विशेष कानून, व्यापक परिभाषाओं के साथ मुख्य रूप से घरेलू हिंसा और कार्यस्थल पर यौन उत्पीड़न पर नागरिक कानून, आपराधिक प्रक्रिया संहिता में प्रक्रियात्मक मामलों पर विशिष्ट मार्गदर्शन, साथ ही केस लॉ, सरकारी योजनाओं, साक्ष्य संग्रह से संबंधित दिशानिर्देश और प्रोटोकॉल, चिकित्सा परीक्षण, गवाहों की परीक्षा, पीड़ित मुआवजा, और अन्य प्रासंगिक विषय इस ढांचे में योगदान करते हैं।

- कानून ज्यादातर मामलों में बलात्कार को अपराध मानता है, लेकिन जब महिला की उम्र 15 वर्ष से अधिक हो तो वैवाहिक बलात्कार अवैध नहीं है। कानूनी विशेषज्ञों के अनुसार, कानून वयस्क पुरुषों के बलात्कार को अपराध नहीं मानता है।

यौन अपराधों से बच्चों का लिंग-तटस्थ संरक्षण अधिनियम नाबालिगों के बलात्कार को कवर करता है। बलात्कार के लिए न्यूनतम अनिवार्य सजा दस साल कारावास है। 16 साल से कम उम्र की लड़की से बलात्कार के लिए न्यूनतम सजा 20 साल और आजीवन कारावास के बीच है, 12 साल से कम उम्र की लड़की से सामूहिक बलात्कार के लिए न्यूनतम सजा या तो आजीवन कारावास या मृत्युदंड है। यौन अपराधों के लिए जांच ट्रैकिंग प्रणाली यौन उत्पीड़न की जांच की निगरानी करती है।

- एनसीआरबी की 2021 की भारत में अपराध रिपोर्ट में कहा गया है कि 2021 में महिलाओं के खिलाफ 4,28,278 अपराध दर्ज किए गए, जिनमें बलात्कार और घरेलू हिंसा शामिल है।

बच्चों का जन्म पंजीकरण: कानून जन्म पंजीकरण के लिए राज्य सरकार की प्रक्रियाओं को स्थापित करता है, जो बिना किसी भेदभाव के किया जाता है। 2015-16 के सरकारी आंकड़ों के विश्लेषण से पता चलता है कि पांच वर्ष से कम उम्र के लगभग 62 प्रतिशत बच्चों का जन्म पंजीकृत था, और उनके माता-पिता को जन्म प्रमाण पत्र प्राप्त हुआ था। जिन बच्चों के पास नागरिकता या पंजीकरण नहीं है, वे जीवन में बाद में सार्वजनिक सेवाओं तक पहुँच बनाने, स्कूल में दाखिला लेने, या पहचान संबंधी दस्तावेज प्राप्त करने में असमर्थ हो सकते हैं।

शिक्षा: संविधान छह से 14 वर्ष की आयु के सभी बच्चों के लिए 15 वर्ष की आयु तक अनिवार्य शिक्षा के साथ मुफ्त शिक्षा प्रदान करता है, लेकिन सरकार ने हमेशा इस आवश्यकता का पालन नहीं किया। चूंकि काम के लिए न्यूनतम आयु अनिवार्य शिक्षा की आयु से कम है, बच्चों को अनिवार्य शिक्षा पूरी होने से पहले स्कूल छोड़ने के लिए प्रोत्साहित किया जा सकता है।

बाल शोषण: कानून बाल शोषण पर रोक लगाता है, लेकिन यह देखभाल करने वालों द्वारा शारीरिक शोषण, उपेक्षा, या मनोवैज्ञानिक दुर्व्यवहार को दंडनीय अपराध नहीं मानता है। जनवरी में, उच्च न्यायालय ने एक आरोपी व्यक्ति को फोरेंसिक साक्ष्य के बिना भी बाल शोषण का दोषी ठहराया था, यह एक ऐसा निर्णय है जो यौन शोषण के मामलों में साक्ष्य की कमी और सबूत दर्ज करने और बनाए रखने में समस्याओं को स्वीकार करता है। जुलाई में केंद्रीय जांच ब्यूरो इंटरपोल के अंतर्राष्ट्रीय बाल यौन शोषण डेटाबेस में शामिल हो गया, ताकि ऑडियोविजुअल डेटा का उपयोग करके पीड़ितों, दुराचारियों और अपराध दृश्यों के क्रॉस रेफरेंसिंग की सुविधा मिल सके।

हिंसा, अपराधीकरण और अन्य दुर्व्यवहार के अपकृत्य

राज्य सरकारें विवाह के लिए जबरन धर्म परिवर्तन संबंधी कानून पारित करती रहीं है। ये कानून विवाह द्वारा जबरन धर्म परिवर्तन को एक आपराधिक अपराध बनाने का प्रयास करते हैं। कानूनों के समर्थकों ने कभी-कभी उन्हें **"लव जिहाद"** या मुस्लिम पुरुषों को धर्म परिवर्तन के लिए हिंदू महिलाओं से शादी करने का प्रयास करने से रोकने के रूप में चिह्नित किया। नागरिक समाज समूहों ने धर्म की स्वतंत्रता पर संवैधानिक सुरक्षा के उल्लंघन के रूप में कानूनों की आलोचना की, लेकिन कुछ सर्वेक्षण के आंकड़ों ने सुझाव दिया कि धार्मिक अल्पसंख्यक समुदायों ने कभी-कभी धर्मांतरण विरोधी उपायों के लिए समर्थन व्यक्त किया। पुलिस ने फरवरी में उत्तर प्रदेश में पारित एक धर्मांतरण विरोधी कानून का उल्लंघन करने के लिए ज्यादातर मुस्लिम पुरुषों की गिरफ्तारी की सूचना दी। 2021 में, इलाहाबाद उच्च न्यायालय ने उत्तर प्रदेश के धर्मांतरण विरोधी कानून के उल्लंघन में जिले के अधिकारियों की मंजूरी के बिना अंतरजातीय जोड़ों के विवाह करने के अधिकार को रेखांकित किया और जिला पुलिस को 17 अंतरजातीय जोड़ों की सुरक्षा करने का आदेश दिया। उत्तर प्रदेश, किसी भी अन्य राज्य की तरह, मानवाधिकारों से संबंधित विभिन्न मुद्दों का सामना करता है। उत्तर प्रदेश में मानवाधिकार की कुछ प्रमुख चुनौतियाँ इस प्रकार हैं:

- **पुलिस की बर्बरता और असाधारण हत्याएं:** उत्तर प्रदेश में पुलिस की बर्बरता, हिरासत में मौत और मुठभेड़ों की खबरें आई हैं, जिससे मानवाधिकारों के उल्लंघन और जवाबदेही की कमी के बारे में चिंता बढ़ गई है।
- **जाति आधारित भेदभाव और हिंसा:** उत्तर प्रदेश के कई हिस्सों में जाति-आधारित भेदभाव और हिंसा जारी है। दलित और हाशिए पर रहने वाले समुदायों को अक्सर जातिगत पहचान के आधार पर सामाजिक बहिष्कार, असमान व्यवहार और हिंसा का सामना करना पड़ता है।
- **लिंग आधारित हिंसा:** उत्तर प्रदेश बलात्कार, घरेलू हिंसा और दहेज संबंधी अपराधों सहित लिंग आधारित हिंसा की उच्च दर से जूझ रहा है। न्याय तक पहुंच सुनिश्चित करने और बचे लोगों को सहायता सेवाएं प्रदान करने में चुनौतियां बनी हुई हैं।
- **धार्मिक और साम्प्रदायिक तनाव:** उत्तर प्रदेश धार्मिक और साम्प्रदायिक तनाव का गवाह रहा है, जिसके कारण धार्मिक अल्पसंख्यकों को हिंसा की धमकियां मिली हैं। धार्मिक स्वतंत्रता की सुरक्षा और सांप्रदायिक सद्भाव सुनिश्चित करना महत्वपूर्ण मानवाधिकार चिंताएं हैं।

- **बाल अधिकार:** बाल श्रम, बाल विवाह, बाल तस्करी, और गुणवत्तापूर्ण शिक्षा तक पहुंच की कमी उत्तर प्रदेश में बच्चों के अधिकारों और कल्याण को प्रभावित कर रही है।
- **स्वास्थ्य और स्वच्छता का अधिकार:** उत्तर प्रदेश में विशेषकर ग्रामीण क्षेत्रों में स्वास्थ्य सेवा तक पहुंच एक चुनौती बनी हुई है। स्वास्थ्य के अधिकार की रक्षा के लिए पर्याप्त स्वास्थ्य देखभाल बुनियादी ढांचा, आवश्यक दवाओं की उपलब्धता और सुरक्षित पेयजल और स्वच्छता सुविधाओं तक पहुंच महत्वपूर्ण हैं।
- **अभिव्यक्ति की स्वतंत्रता और मीडिया की स्वतंत्रता:** उत्तर प्रदेश में मीडिया और पत्रकारों पर प्रतिबंध सहित अभिव्यक्ति की स्वतंत्रता पर अंकुश लगाने के उदाहरण सामने आए हैं। प्रेस की स्वतंत्रता सुनिश्चित करना और अभिव्यक्ति के अधिकार की रक्षा करना एक लोकतांत्रिक समाज के लिए आवश्यक है।

इन मानवाधिकारों की चुनौतियों का समाधान करने के लिए एक व्यापक दृष्टिकोण की आवश्यकता है जिसमें कानूनी सुधार, प्रभावी कानून प्रवर्तन, जागरूकता अभियान, क्षमता निर्माण और नागरिक समाज संगठनों की भागीदारी शामिल है। मानव अधिकार शिक्षा को बढ़ावा देना, जवाबदेही तंत्र को मजबूत करना, और कमजोर समूहों के संरक्षण और सशक्तिकरण को सुनिश्चित करना एक ऐसे समाज का निर्माण करने के लिए महत्वपूर्ण है जो सभी के लिए मानवाधिकारों का समर्थन करता है और उनका सम्मान करता है।

पहल

उत्तर प्रदेश ने मानव अधिकारों की रक्षा को बढ़ावा देने के लिए विभिन्न योजनाओं और पहलों को लागू किया है। यहां **राज्य में कुछ उल्लेखनीय योजनाएं हैं:**

- **उत्तर प्रदेश मानवाधिकार आयोग:** उत्तर प्रदेश मानवाधिकार आयोग (यूपीएचआरसी) राज्य में मानवाधिकारों की रक्षा को बढ़ावा देने के लिए स्थापित एक स्वतंत्र वैधानिक निकाय है। यह मानवाधिकारों के उल्लंघन की शिकायतों का समाधान करता है, पूछताछ करता है और मानवाधिकारों की रक्षा के लिए आवश्यक कारवाई की सिफारिश करता है।
- **एंटी ह्यूमन ट्रैफिकिंग यूनिट्स:** राज्य सरकार ने पुलिस और अन्य हितधारकों के सहयोग से एंटी ह्यूमन ट्रैफिकिंग यूनिट्स (AHTUs) की स्थापना की है। ये इकाईयां मानव तस्करी को रोकने और मुकाबला करने, पीड़ितों को बचाने और तस्करों पर मुकदमा चलाने की दिशा में काम करती हैं। वे जीवित बचे लोगों को सहायता सेवाएं और पुनर्वास भी प्रदान करती हैं।
- **वन-स्टॉप सेंटर (सखी):** हिंसा से प्रभावित महिलाओं की सहायता और समर्थन के लिए उत्तर प्रदेश में वन-स्टॉप सेंटर, जिन्हें सखी केंद्र भी कहा जाता है, स्थापित किए गए हैं। ये केंद्र घरेलू हिंसा, यौन उत्पीड़न और अन्य लिंग आधारित हिंसा से बचे लोगों को चिकित्सा, कानूनी परामर्श और पुनर्वास सेवाएं प्रदान करते हैं।
- **बेटी बचाओ, बेटी पढ़ाओं:** बेटी बचाओ, बेटी पढ़ाओं (सेव द गर्ल चाइल्ड एजुकेट द गर्ल चाइल्ड) अभियान का उद्देश्य लैंगिक भेदभाव को दूर करना, लड़कियों की स्थिति में सुधार करना और उनकी शिक्षा को बढ़ावा देना है। यह पहल कन्या भ्रूण हत्या का मुकाबला करने, शिक्षा तक पहुंच में सुधार लाने और लड़कियों और महिलाओं को सशक्त बनाने पर केंद्रित है।
- **महिला शक्ति केंद्र:** महिला शक्ति केंद्र योजना का उद्देश्य महिलाओं को सशक्त बनाना और लैंगिक समानता को बढ़ावा देना है। यह कौशल विकास, प्रशिक्षण, परामर्श, स्वास्थ्य जागरूकता और महिला उद्यमिता और स्वयं सहायता समूहों के लिए सहायता सहित विभिन्न सेवाएं प्रदान करता है।
- **जन सुविधा केंद्र:** नागरिकों को जन्म प्रमाण पत्र, मृत्यु प्रमाण पत्र और जाति प्रमाण पत्र जैसे दस्तावेज जारी करने सहित सरकारी सेवाओं तक आसान पहुंच प्रदान करने के लिए जन सुविधा केंद्र स्थापित किए गए हैं। ये केंद्र पहचान और अधिकारों के अधिकार को सुनिश्चित करने में मदद करते हैं।
- **समाज कल्याण योजनाएँ:** उत्तर प्रदेश सरकार अनुसूचित जातियों, अनुसूचित जनजातियों और अन्य पिछड़े वर्गों सहित हाशिए पर पड़े समुदायों को लक्षित करने वाली विभिन्न सामाजिक कल्याण योजनाओं को लागू करती है। इन योजनाओं का उद्देश्य इन समुदायों की शिक्षा, स्वास्थ्य देखभाल, आवास, आजीविका के अवसरों और सामाजिक सुरक्षा तक पहुंच में सुधार करना है।

यह ध्यान रखना महत्वपूर्ण है कि इन योजनाओं की उपलब्धता और प्रभावशीलता भिन्न हो सकती है, और यह सलाह दी जाती है कि इन पहलों पर सबसे अद्यतित जानकारी और विवरण के लिए आधिकारिक वेबसाइटों या संबंधित सरकारी प्राधिकरणों से परामर्श करें।

- **स्थानीय स्वशासन**
  - **स्थानीय स्वशासन का इतिहास**
    - रिपिंग (1882) को स्थानीय निकाय का जनक कहा जाता है
    - पहला नगर निगम 1688 में मद्रास के प्रेसिडेंसी टाउन के रूप में स्थापित किया गया
    - इसके बाद 1726 में मुंबई और कोलकाता द्वारा स्थापित किया गया
  - **संवैधानिक प्रावधान**
    - अनुच्छेद 40 : राज्य ग्राम पंचायतों को संगठित करने के लिए प्रावधान
    - 73 वा और 74 वा संविधान संशोधन
    - अनुच्छेद 243 से 243 'o' → ग्राम पंचायत (पार्ट 9) आर्टिकल 243 'p' से 243'zg' → नगरीय निकाय पार्ट 9 A
    - संविधान की अनुसूची 11 एवं 12
  - **पंचायती राज संस्थान**
    - **संरचना**
      - ग्राम पंचायत (गांव स्तर)
      - ब्लॉक समिति (ब्लॉक स्तर)
      - जिला परिषद (जिला स्तर)
    - **यूपी में पंचायती राज**
      - 15 अगस्त 1947 को शुरुआत
      - त्रिस्तरीय निकाय
      - यूपी क्षेत्र समिति एवं जिला परिषद अधिनियम 1961
      - कुल 17 नगर निगम 200 नगर पालिका बोर्ड तथा 59163 ग्राम सभा
    - **यूपी में चुनौतियां**
      - सीमित वित्तीय संसाधन
      - जागरूकता और क्षमता का अभाव
      - राजनैतिक हस्तक्षेप
      - लैगिक असमानता
      - अधोसंरचना में कमी
      - सामाजिक असमानता और जातीय समीकरण
    - **यूपी में पंचायती राज से संबंधित योजनाएं**
      - मुख्यमंत्री पंचायत प्रोत्साहन अवार्ड
      - डॉ. राम मनोहर लोहिया सशक्तिकरण योजना
      - निर्मल भारत अभियान
      - राजीव गांधी पंचायत सशक्तिकरण अभियान
  - **नगरीय स्वशासन**
    - **संरचना**
      - नगर निगम → जनसंख्या 10 लाख से अधिक
      - नगर पालिका → जनसंख्या 25000 से 1000000 के बीच
      - नगर पंचायत नगर परिषद → जनसंख्या 10000 से 25000 के बीच
    - **नगर निगम**
      - ऐतिहासिक पृष्ठभूमि
      - संगठन
      - प्राधिकारी
        - नगर पालिका परिषद
        - स्थाई समितियां
        - नगरपालिका आयोग
      - यूपी में नगर निगम
      - कार्य
    - **नगर पालिका/ नगर परिषद**
      - ऐतिहासिक पृष्ठभूमि
      - प्रकार
    - **नगर पंचायत**

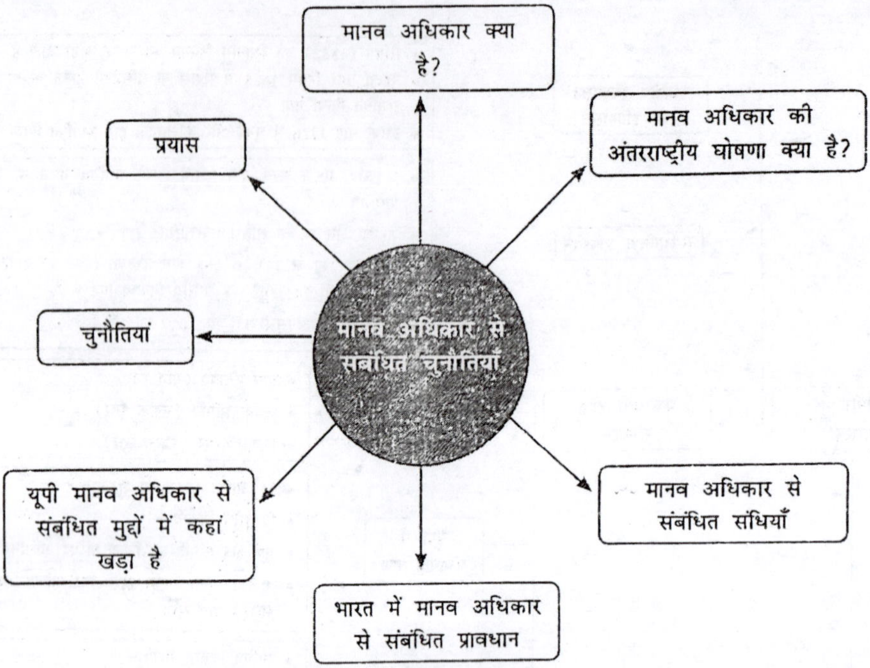
मानव अधिकार क्या है?
मानव अधिकार की अंतरराष्ट्रीय घोषणा क्या है?
प्रयास
चुनौतियां
मानव अधिकार से सबंधित चुनौतियाँ
यूपी मानव अधिकार से संबंधित मुद्दों में कहां खड़ा है
मानव अधिकार से संबंधित संधियाँ
भारत में मानव अधिकार से संबंधित प्रावधान

❑❑❑

10 उत्तर प्रदेश-सुशासन, भ्रष्टाचार निवारण, लोकायुक्त, सिटीजन चार्टर, ई-गवर्नेंस, सूचना का अधिकार

नागरिक चार्टर

नागरिक चार्टर एक दस्तावेज है जो **सेवाओं के मानक, सूचना, विकल्प और परामर्श, गैर-भेदभाव और पहुंच, शिकायत निवारण, शिष्टाचार और धन के मूल्य के संबंध में** अपने नागरिकों के प्रति संगठन की प्रतिबद्धता पर ध्यान केंद्रित करने के लिए एक व्यवस्थित प्रयास का प्रतिनिधित्व करता है। इसमें संगठन की प्रतिबद्धता को पूरा करने के लिए नागरिकों से संगठन की अपेक्षाएं भी शामिल हैं।

- नागरिक चार्टर कार्यक्रम 1991 में U.K. में शुरू किया गया था जिसका उद्देश्य सेवा प्रदायगी के मानक को बढ़ाना और गवर्नेंस को अधिक कुशल और पारदर्शी बनाना था।
- यह अन्य देशों जैसे ऑस्ट्रेलिया, कनाडा, बेल्जियम, स्पेन, भारत आदि को समान कदम उठाने के लिए प्रभावित करता है।
- भारत में नागरिक चार्टर को अपनाने की प्रक्रिया 'सभी राज्यों और केंद्र शासित प्रदेशों के मुख्य सचिवों के सम्मेलन' के मुख्य उद्देश्य से शुरू हुई।

भारत सरकार के प्रशासनिक सुधार और लोक शिकायत विभाग (डीएआरपीजी) ने नागरिक चार्टरों के समन्वय, निर्माण और संचालन का कार्य शुरू किया। विभिन्न सरकारी विभागों/संगठनों को चार्टर तैयार करने के साथ-साथ क्या करें और क्या न करें की सूची के बारे में दिशा-निर्देश दिए गए थे ताकि वे केंद्रित और प्रभावी चार्टर तैयार कर सकें।

नागरिक चार्टर की विशेषताएं

नागरिक चार्टर एक ऐसा दस्तावेज है जो किसी सरकारी विभाग, एजेंसी या संगठन की अपने नागरिकों या सेवा उपयोगकर्ताओं के प्रति प्रतिबद्धताओं, मानकों और अपेक्षाओं को रेखांकित करता है। इसका उद्देश्य सार्वजनिक सेवाओं की गुणवत्ता और दक्षता में सुधार करना तथा जवाबदेही और पारदर्शिता को बढ़ावा देना है। नागरिक चार्टर की कुछ सामान्य विशेषताएं निम्नलिखित हैं:

- **सेवा मानक:** नागरिक चार्टर विशिष्ट सेवा मानकों को निर्धारित करता है जिसकी अपेक्षा नागरिक किसी संगठन से कर सकते हैं। यह सेवा की गुणवत्ता, समयबद्धता और दक्षता को परिभाषित करता है, सेवा प्रदायगी के लिए समय-सीमा निर्दिष्ट करता है।
- **अधिकार और उत्तरदायित्व:** चार्टर स्पष्ट रूप से नागरिकों या सेवा उपयोगकर्ताओं के अधिकारों और पात्रताओं को बताता है। यह सेवा प्रदायगी और नियमों और विनियमों का पालन करने में उनकी जिम्मेदारियों को भी रेखांकित करता है।
- **जानकारी और पहुंच:** चार्टर पात्रता मानदंड, आवेदन प्रक्रिया और प्रासंगिक संपर्क विवरण सहित दी जाने वाली सेवाओं के बारे में जानकारी प्रदान करता है। यह सेवाओं को सभी नागरिकों के लिए सुलभ बनाने, समावेशिता और गैर-भेदभाव सुनिश्चित करने पर जोर देता है।
- **शिकायत निवारण तंत्र:** चार्टर नागरिकों की शिकायतों और समस्याओं को दूर करने के लिए एक शिकायत निवारण तंत्र स्थापित करता है। यह शिकायत दर्ज करने की प्रक्रियाओं, समाधान के लिए समय-सीमा, और शिकायत निवारण न होने पर उसे आगे बढ़ाने के चैनलों की रूपरेखा तैयार करता है।
- **फीडबैक और मूल्यांकन:** चार्टर सेवा की गुणवत्ता का आकलन करने के लिए नागरिकों या सेवा उपयोगकर्ताओं से फीडबैक को प्रोत्साहित करता है। इसमें फीडबैक एकत्र करने के तंत्र शामिल हैं, जैसे सर्वेक्षण, सुझाव बॉक्स या ऑनलाइन प्लेटफॉर्म। सुधार के क्षेत्रों की पहचान करने के लिए चार्टर के क्रियान्वयन का नियमित मूल्यांकन और समीक्षा की जाती है।
- **पारदर्शिता और उत्तरदायित्व:** चार्टर संगठन की संरचना, कार्यों और निर्णय लेने की प्रक्रियाओं के बारे में जानकारी प्रदान करके पारदर्शिता को बढ़ावा देता है। यह चार्टर में उल्लिखित प्रतिबद्धताओं के साथ अधिकारियों के उत्तरदायित्वों और गैर-अनुपालन के परिणामों को निर्दिष्ट करके उत्तरदायित्व पर भी जोर देता है।

- **निरंतर सुधार:** चार्टर सेवा प्रदायगी में निरंतर सुधार की प्रतिबद्धता को दर्शाता है। इसमें सेवा निष्पादन की निगरानी और मूल्यांकन करना, फीडबैक और शिकायतों से सबक लेना और सेवा की गुणवत्ता और दक्षता बढ़ाने के लिए आवश्यक परिवर्तन लागू करना शामिल है।
- **सार्वजनिक जागरूकता और भागीदारी:** चार्टर नागरिकों में उनके अधिकारों, हकदारों और सेवाओं के बारे में जागरूकता पैदा करना चाहता है। यह निर्णय लेने और नीति निर्माण में नागरिकों को शामिल करने के लिए परामर्श, जन सुनवाई या नागरिक मंचों के माध्यम से सार्वजनिक भागीदारी को प्रोत्साहित करता है।

नागरिक चार्टर की विशिष्ट विशेषताएं और विषयवस्तु संगठन या विभाग और इसके द्वारा प्रदान की जाने वाली सेवाओं के आधार पर भिन्न हो सकती हैं। इसका व्यापक लक्ष्य नागरिक संतुष्टि को बढ़ाना, सेवा प्रदायगी में सुधार करना और लोक प्रशासन में उत्तरदायित्व और पारदर्शिता की संस्कृति को बढ़ावा देना है।

नागरिक चार्टर का कार्यान्वयन

नागरिक चार्टर को लागू करने में इसके प्रभावी निष्पादन को सुनिश्चित करने के लिए कई महत्वपूर्ण कदम और रणनीतियाँ शामिल हैं। नागरिक चार्टर को लागू करने के कुछ महत्वपूर्ण पहलू यहां दिए गए हैं:

- **विकास और अंगीकरण: पहला कदम नागरिकों, सेवा उपयोगकर्ताओं और कर्मचारियों** सहित हितधारकों के परामर्श से नागरिक चार्टर दस्तावेज बनाना है। चार्टर को संगठन के **उद्देश्य, लक्ष्य और मूल्य** के साथ संरेखित किया जाना चाहिए। एक बार बन जाने के बाद, संगठन के प्रबंधन को औपचारिक रूप से इसे अपनाना और स्वीकृत करना चाहिए।
- **संचार और जागरूकता:** नागरिक चार्टर के बारे में नागरिकों, सेवा उपयोगकर्ताओं और कर्मचारियों को सूचित करने के लिए प्रभावी संचार महत्वपूर्ण है। चार्टर को विभिन्न चैनलों के माध्यम से व्यापक रूप से प्रचारित किया जाना चाहिए, जिसमें वेबसाइट, पोस्टर, ब्रोशर और सोशल मीडिया प्लेटफॉर्म शामिल हैं। लोगों को जागरूक करने और अनुपालन सुनिश्चित करने के लिए **जागरूकता अभियान, कार्यशालाएं और प्रशिक्षण सत्र भी आयोजित किए जा सकते हैं।**
- **सेवा प्रदायगी संरेखण:** संगठन को नागरिक चार्टर में उल्लिखित प्रतिबद्धताओं और मानकों के साथ संरेखित करने के लिए अपनी मौजूदा प्रक्रियाओं, प्रणालियों और कार्यविधि की समीक्षा करनी चाहिए। यह सुनिश्चित करने के लिए आवश्यक परिवर्तन किए जाने चाहिए कि सेवाओं को परिभाषित मानकों, समय-सीमा और गुणवत्ता मानकों के अनुसार प्रदान किया जाए।
- **क्षमता निर्माण:** कर्मचारियों को नागरिक चार्टर, इसके उद्देश्यों और इसके कार्यान्वयन में उनकी भूमिकाओं और जिम्मेदारियों से परिचित कराने के लिए उनके लिए प्रशिक्षण और क्षमता निर्माण कार्यक्रम आयोजित किए जाने चाहिए। कर्मचारियों को दक्षतापूर्वक सेवाएं प्रदायगी करने और चार्टर में निर्धारित मानकों का पालन करने के लिए आवश्यक **ज्ञान, कौशल और साधनों से लैस होना चाहिए।**
- **निगरानी और मूल्यांकन:** नागरिक चार्टर के कार्यान्वयन का आकलन करने के लिए नियमित निगरानी और मूल्यांकन तंत्र स्थापित किया जाना चाहिए। मुख्य प्रदर्शन संकेतकों (केपीआई) को चार्टर में उल्लिखित प्रतिबद्धताओं के अनुरूप संगठन के प्रदर्शन को मापने के लिए परिभाषित किया जाना चाहिए। प्रगति की निगरानी करने और सुधार के क्षेत्रों की पहचान करने के लिए डेटा संग्रह, विश्लेषण और रिपोर्टिंग की जानी चाहिए।
- **शिकायत निवारण:** नागरिकों या सेवा उपयोगकर्ताओं की शिकायतों और समस्याओं को दूर करने के लिए एक प्रभावी शिकायत निवारण तंत्र लागू किया जाना चाहिए। संगठन को शिकायतों को दर्ज करने और समाधान निकालने के लिए स्पष्ट प्रक्रियाएं स्थापित करनी चाहिए, जिसमें समाधान और आगे के चैनलों के लिए समय-सीमा शामिल है। नियमित फीडबैक लिया जाना चाहिए, और शिकायतों से सबक लेने और आवश्यक सुधार करने के लिए तंत्र स्थापित किया जाना चाहिए।

कुल मिलाकर, नागरिक चार्टर के सफल कार्यान्वयन के लिए संगठन के नेतृत्व, प्रभावी संचार, प्रशिक्षण और क्षमता निर्माण, मजबूत निगरानी और मूल्यांकन तंत्र और निरंतर सुधार और उत्तरदायित्व पर ध्यान केंद्रित करने के लिए एक मजबूत प्रतिबद्धता की आवश्यकता होती है। यह एक सतत प्रक्रिया है जिसके लिए

नियमित समीक्षा और अनुकूलन की आवश्यकता होती है ताकि बढ़ती हुई नागरिक आवश्यकताओं और अपेक्षाओं को पूरा किया जा सके।

नागरिक चार्टर का महत्व

नागरिक चार्टर सुशासन को बढ़ावा देने, सेवा प्रदायगी में सुधार लाने और नागरिक केंद्रित प्रशासन को बढ़ाने में महत्वपूर्ण है। यहां कुछ प्रमुख कारण बताए गए हैं कि नागरिक चार्टर क्यों महत्वपूर्ण है:

- **पारदर्शिता और उत्तरदायित्व:** नागरिक चार्टर नागरिकों या सेवा उपयोगकर्ताओं के प्रति संगठन की प्रतिबद्धताओं, मानकों और अपेक्षाओं को स्पष्ट रूप से बताते हुए पारदर्शिता को बढ़ावा देता है। यह सुनिश्चित करता है कि जनता को सार्वजनिक रूप से प्रदान की गई सेवाओं, शामिल प्रक्रियाओं और सेवा प्रदायगी के लिए समय-सीमा के बारे में जानकारी उपलब्ध है। यह पारदर्शिता चार्टर में उल्लिखित प्रतिबद्धताओं को पूरा करने के लिए संगठन को जिम्मेदार ठहराकर उत्तरदायित्व को बढ़ावा देती है।
- **नागरिक अधिकारिता:** नागरिक चार्टर नागरिकों को उनके अधिकारों, हकों और सेवाओं के बारे में सूचित करके उन्हें सशक्त बनाता है जिसके लिए वे पात्र हैं। यह नागरिकों को उन सेवाओं को कुशलतापूर्वक और प्रभावी ढंग से प्रदान करने के लिए संगठन को उत्तरदायी ठहराने के लिए एक तंत्र प्रदान करता है। नागरिक यह जानने के लिए चार्टर का संदर्भ ले सकते हैं कि वे संगठन से क्या उम्मीद कर सकते हैं और यदि उनकी प्रतिबद्धताएं पूरी नहीं होती हैं तो वे उचित निवारण की मांग कर सकते हैं।
- **बेहतर सेवा प्रदायगी:** नागरिक चार्टर सेवा प्रदायगी के लिए स्पष्ट सेवा मानक, गुणवत्ता मानदंड और समय-सीमा निर्धारित करता है। यह सार्वजनिक सेवा के दक्षता, प्रभावशीलता और स्थिरता में सुधार करने में मदद करता है। अपेक्षाओं और कार्य निष्पादन मानक को स्पष्ट रूप से परिभाषित करके, चार्टर संगठनों को उनके सेवा प्रदायगी तंत्र को बढ़ाने और नागरिकों को प्रदान की जाने वाली सेवाओं की गुणवत्ता में लगातार सुधार करने के लिए एक रूपरेखा प्रदान करता है।
- **ग्राहक-केंद्रित दृष्टिकोण:** नागरिक चार्टर नागरिकों या सेवा उपयोगकर्ताओं को लोक प्रशासन के केंद्र में रखता है। यह उनकी जरूरतों, प्राथमिकताओं और अपेक्षाओं को समझने के महत्व पर जोर देता है। नागरिक प्रतिक्रिया को शामिल करके और सेवाओं को उनकी आवश्यकताओं के साथ संरेखित करके, संगठन ग्राहक-केंद्रित दृष्टिकोण अपना सकते हैं, जिसके परिणामस्वरूप बेहतर संतुष्टि और उच्च स्तर की सेवा गुणवत्ता प्राप्त होती है।
- **शिकायत निवारण:** नागरिक चार्टर एक शिकायत निवारण तंत्र स्थापित करता है जो नागरिकों को अपनी शिकायतों को दर्ज कराने और समाधान की तलाश करने की अनुमति देता है। यह सुनिश्चित करता है कि नागरिकों को शिकायत होने या स्तरहीन सेवा मिलने पर इनका सहारा है। चार्टर शिकायतों को दूर करने के लिए प्रक्रियाओं और समय-सीमा की रूपरेखा तैयार करता है, नागरिक शिकायतों को हल करने के लिए एक निष्पक्ष और पारदर्शी प्रक्रिया की सुविधा प्रदान करता है।

नागरिक चार्टर के अंतर्गत अधिकार

- एफआईआर/एनसीआर दर्ज की जाती है, एफआईआर की एक प्रति नि:शुल्क प्रस्तुत की जाती है और आपके द्वारा पुलिस स्टेशन में दी गई जानकारी के आधार पर त्वरित कार्रवाई की जाती है।
- पुलिस स्टेशन में आपके द्वारा दर्ज की गई जानकारी/आवेदन की एक प्रति प्राप्त करें।
- पुलिस किसी भी एफआईआर/एनसीआर को इस आधार पर दर्ज करने से इनकार नहीं कर सकती है कि घटना किसी अन्य पुलिस स्टेशन से संबंधित है या गलत जानकारी प्रदान की गई है।
- आपके द्वारा दायर मामले की जांच के परिणाम मुफ्त में प्रदान किए जाने चाहिए।
- मृतक के परिजन पोस्टमार्टम रिपोर्ट की कॉपी जिले के एसपी कार्यालय से प्राप्त कर सकते हैं।
- बिना कारण बताए पुलिस आपको गिरफ्तार नहीं कर सकती है।
- गिरफ्तारी के दौरान एक वकील मौजूद रहने का अधिकार है, और पुलिस को गिरफ्तारी के बारे में रिश्तेदारों को सूचित किया जाना चाहिए।
- पुलिस महिलाओं को सूर्योदय से पहले या सूर्यास्त के बाद गिरफ्तार नहीं कर सकती है। (ऐसी गिरफ्तारी केवल अपरिहार्य परिस्थितियों में और कानून के प्रावधानों के अनुसार हो सकती है)
- बच्चों और महिलाओं को पूछताछ के लिए थाने नहीं बुलाया जाएगा।

- जिले के कार्यरत अधिकारियों को उचित पुलिस ड्रेस में होना चाहिए, और आपकी पूछताछ के दौरान उनके नेमप्लेट ठीक से दिखाई देने चाहिए। पूछताछ के दौरान पुलिस अधिकारी के पास उसका पहचान पत्र होना चाहिए।

ई-गवर्नेंस

ई-गवर्नेंस, या इलेक्ट्रॉनिक गवर्नेंस, सरकारी सेवाओं की प्रदायगी, प्रक्रियाओं और नागरिकों, व्यवसायों और अन्य सरकारी संस्थाओं के साथ बातचीत को सुधारने और बढ़ाने के लिए सूचना और संचार प्रौद्योगिकी (आईसीटी) का उपयोग करने को संदर्भित करता है। इसमें शासन की दक्षता, पारदर्शिता और पहुंच में सुधार के लिए डिजिटल तकनीकों का अनुप्रयोग शामिल है।

ई-गवर्नेंस की प्रमुख विशेषताओं और लाभों में शामिल हैं

- **डिजिटल सेवा प्रदायगी:** ई-गवर्नेंस इलेक्ट्रॉनिक रूप से सरकारी सेवाएं प्रदान करता है, जिससे नागरिक कहीं से भी और किसी भी समय ऑनलाइन सेवाओं का उपयोग और लाभ उठा सकते हैं। यह कागजी कार्रवाई, नौकरशाही और समय लेने वाली प्रक्रियाओं को कम करते हुए सरकारी कार्यालयों के चक्कर काटने की आवश्यकता को समाप्त करता है।
- **दक्षता और उत्पादकता में वृद्धि:** हाथ से काम करने की प्रक्रियाओं को स्वचालित करके, कार्यप्रवाहों को सुव्यवस्थित करके और प्रणालियों को एकीकृत करके, ई-गवर्नेंस सरकारी कार्यों की दक्षता और उत्पादकता में सुधार करता है। यह **प्रशासनिक बोझ को कम करता है, अनावश्यक कार्यों को समाप्त करता है, और आवेदनों, अनुमोदनों और अन्य सरकारी कामकाज के तेजी से प्रसंस्करण को सक्षम बनाता है।**
- **बढ़ी हुई पारदर्शिता और उत्तरदायित्व:** ई-गवर्नेंस ऑनलाइन पोर्टल और आंकड़ों के माध्यम से सूचना, नीतियों, कानूनों और विनियमों तक पहुंच प्रदान करके पारदर्शिता को बढ़ावा देता है। यह नागरिकों को उनके आवेदनों की स्थिति को ट्रैक करने, सार्वजनिक रिकॉर्ड देखने और निर्णय लेने की प्रक्रिया में भाग लेने में सक्षम बनाता है। यह पारदर्शिता सरकारी कार्यों में जवाबदेही को बढ़ावा देती है और **भ्रष्टाचार और कदाचार** के अवसरों को कम करती है।
- **लागत बचत:** ई-गवर्नेंस के माध्यम से सरकारी प्रक्रियाओं को डिजिटल करने से लागत में महत्वपूर्ण बचत हो सकती है। यह कागजी कार्रवाई, भंडारण लागत और दस्तावेजों की मैनुअल हैंडलिंग को कम करता है। यह बेहतर वित्तीय प्रबंधन प्रणालियों के माध्यम से संसाधन अनुकूलन और सरकारी निधियों के बेहतर आवंटन को भी सक्षम बनाता है।
- **नागरिक जुड़ाव और भागीदारी:** ई-गवर्नेंस फीडबैक, सुझाव और सहयोग मंच प्रदान करके नागरिक भागीदारी को प्रोत्साहित करता है। यह नागरिकों को परामर्श, सार्वजनिक सुनवाई और ऑनलाइन सर्वेक्षण जैसी गवर्नेंस प्रक्रियाओं में भाग लेने में सक्षम बनाता है। नागरिक भागीदारी अधिक समावेशी निर्णय लेने और नीतियों की ओर ले जाती है जो जनता की जरुरतों और आकांक्षाओं को बेहतर ढंग से दर्शाती हैं।
- **डेटा चालित निर्णय प्रक्रिया:** ई-गवर्नेंस बड़ी मात्रा में आंकड़े उत्पन्न करता है जिसका विश्लेषण किया जा सकता है और साक्ष्य-आधारित निर्णय लेने के लिए उपयोग किया जा सकता है। सेवा प्रदायगी, नागरिक फीडबैक और प्रदर्शन मेट्रिक्स पर डेटा एकत्र और विश्लेषण करके, सरकारें सुधार के लिए क्षेत्रों की पहचान कर सकती हैं, संसाधनों को प्रभावी ढंग से आवंटित कर सकती हैं और लक्षित नीतियों और उपायों को लागू कर सकती हैं।
- **डिजिटल पहचान और प्रमाणीकरण:** ई-गवर्नेंस नागरिकों के लिए डिजिटल पहचान के निर्माण और उपयोग की सुविधा प्रदान करता है, जो ऑनलाइन सेवाओं तक सुरक्षित और सुविधाजनक पहुंच को सक्षम बनाता है। डिजिटल प्रमाणीकरण विधियाँ, जैसे कि बायोमेट्रिक या विशिष्ट पहचान संख्या, सुरक्षा को बढ़ाती हैं और धोखाधड़ी को रोकती हैं।
- **नवाचार और सहयोग :** ई-गवर्नेंस सरकारी एजेंसियों, निजी क्षेत्र के भागीदारों, नागरिक समाज संगठनों और नागरिकों के बीच नवाचार और सहयोग को प्रोत्साहित करता है। यह आंकड़ों, ज्ञान और सर्वोत्तम प्रथाओं को साझा करने में सक्षम बनाता है, जिससे नवीन समाधान और क्रॉस-सेक्टोरल परियोजनाओं का कार्यान्वयन होता है।

ई-गवर्नेंस एक सतत प्रक्रिया है जिसके लिए आईसीटी अवसंरचना, क्षमता निर्माण और साइबर सुरक्षा उपायों में निरंतर निवेश की आवश्यकता होती है। यह लोक प्रशासन को बदलने, सेवा प्रदायगी में सुधार करने और अधिक उत्तरदायी और नागरिक केंद्रित सरकार बनाने में मदद कर सकता है।

ई-गवर्नेंस के अनुप्रयोग

हम अनुप्रयोगों को चार व्यापक श्रेणियों में वर्गीकृत कर सकते हैं-

1. **सरकार से उपभोक्ताओं के लिए (G to C)**
   - a. **ई-सिटिजनः** इसके अंतर्गत सेवा के लिए एकीकृत केंद्र बनाए गए हैं। यह राशन कार्ड, प्रमाणपत्र जारी करना, पासपोर्ट आदि जैसी सेवाएं प्रदान करता है।
   - b. **ई-ट्रांसपोर्टः** इसमें वाहनों का पंजीकरण, ड्राइविंग लाइसेंस जारी करना, चालान संग्रह आदि शामिल हैं।
   - c. **ई-मेडिसिनः** यह देश के विभिन्न हिस्सों में अस्पतालों को लिंकेज प्रदान करता है जहां वे चिकित्सा सेवाएं प्रदान कर सकते हैं।
   - d. **ई-एजुकेशनः** कई ऑनलाइन प्लेटफॉर्म से उन्नत तकनीकों के साथ विभिन्न शिक्षा पहल।
2. **उपभोक्ता से सरकार के लिए (C to G)**
   - a. **ई-डेमोक्रेसीः** इलेक्ट्रॉनिक डेमोक्रेसी इंटरएक्टिव टूल्स की एक विस्तृत श्रृंखला है जो मौजूदा और उभरते मीडिया स्रोतों को जनता को राय व्यक्त करने और अपने समुदाय, राज्य, देश या विश्व स्तर पर लिये जाने वाले निर्णय को प्रभावित करने की अनुमति देने के लिए एक मंच के रूप में कार्य करता है।
3. **सरकार से सरकार के लिए (G to G)**
   - a. **ई-पुलिसः** ई-पुलिस प्रणाली एक ऐसी प्रक्रिया है जहां पुलिस कर्मियों को सूचना तक पहुंचने और सड़क पर होने वाली घटनाओं, दुर्घटनाओं और अपराधों की रिपोर्ट करने की आवश्यकता होती है, और उनकी रिपोर्टिंग में न केवल आंकड़े बल्कि लाइव छवियां और चित्र भी शामिल होते हैं।
   - b. **ई-कोर्टः** ई-कोर्ट, या इलेक्ट्रॉनिक कोर्ट, न्यायिक प्रणाली के भीतर विभिन्न प्रक्रियाओं को कारगर बनाने और बढ़ाने के लिए प्रौद्योगिकी और डिजिटल सिस्टम के उपयोग को संदर्भित करता है। इसमें अदालती मामलों, दस्तावेजों और कार्यवाही के इलेक्ट्रॉनिक प्रबंधन की सुविधा के लिए सूचना और संचार प्रौद्योगिकी (आईसीटी) का अनुप्रयोग शामिल है।
4. **सरकार से व्यवसायों के लिए (G to B)**
   - a. **ई-कराधानः** ई-कराधान, जिसे इलेक्ट्रॉनिक कराधान के रूप में भी जाना जाता है, कराधान प्रक्रियाओं के प्रबंधन और प्रशासन के लिए इलेक्ट्रॉनिक प्रणालियों और प्रौद्योगिकियों का उपयोग करना है। इसमें करों से संबंधित विभिन्न गतिविधियों को डिजिटल करना शामिल है, **जैसे कर विवरणी दाखिल करना, भुगतान करना और कर अधिकारियों के साथ संवाद करना।**

ई-गवर्नेंस के उद्देश्य

ई-गवर्नेंस, या इलेक्ट्रॉनिक गवर्नेंस के उद्देश्य, किसी सरकार या संगठन के संदर्भ और विशिष्ट लक्ष्यों के आधार पर भिन्न हो सकते हैं। हालांकि, ई-गवर्नेंस पहल के कुछ सामान्य उद्देश्यों में शामिल हैं।

- **बढ़ी हुई सेवा प्रदायगीः** ई-गवर्नेंस का प्राथमिक उद्देश्य नागरिकों और व्यवसायों को सरकारी सेवाओं की प्रदायगी में सुधार करना है। इसका उद्देश्य ऑनलाइन एप्लीकेशन, डिजिटल लेनदेन और स्वयं सेवा विकल्पों को सक्षम करके सार्वजनिक सेवाओं को अधिक सुलभ, कुशल और उपयोगकर्ता के अनुकूल बनाना है। लक्ष्य सरकारी सेवाओं तक समय पर और सुविधाजनक पहुंच सुनिश्चित करना है, नौकरशाही और प्रशासनिक बाधाओं को कम करना है।
- **दक्षता और उत्पादकता में वृद्धिः** ई-गवर्नेंस का उद्देश्य सरकारी प्रक्रियाओं और विधियों को सुव्यवस्थित करना, अनावश्यक कागजी कार्रवाई, मानवीय हस्तक्षेप और अनावश्यक कार्यों को समाप्त करना है। कार्य प्रक्रिया को स्वचालित और डिजिटाइज करने से सरकारी कार्यों में दक्षता और उत्पादकता बढ़ती है। इस उद्देश्य में प्रसंस्करण समय कम करना, सटीकता में सुधार करना और संसाधन आवंटन का अनुकूलन करना शामिल है।
- **डिजिटल समावेशन और पहुंचः** ई-गवर्नेंस का उद्देश्य डिजिटल खाई को पाटना है और यह सुनिश्चित करना है कि समाज के सभी वर्गों की डिजिटल सेवाओं तक पहुंच हो। इसका लक्ष्य कम सेवा वाले क्षेत्रों और सीमांत आबादी को कनेक्टिविटी, डिजिटल बुनियादी ढांचा और प्रशिक्षण प्रदान करना है। इसका उद्देश्य समावेशिता और सरकारी सेवाओं तक समान पहुंच सुनिश्चित करना, असमानताओं को कम करना और डिजिटल साक्षरता को बढ़ावा देना है।
- **सहयोग और साझेदारीः** ई-गवर्नेंस सरकारी एजेंसियों, निजी क्षेत्र की संस्थाओं, नागरिक समाज संगठनों और नागरिकों के बीच सहयोग और साझेदारी को प्रोत्साहित करता है। इसका उद्देश्य नवाचार, ज्ञान साझाकरण और समाधानों के सह-निर्माण को बढ़ावा देना है। इसका उद्देश्य बेहतर सेवाएं

प्रदान करने और समग्र विकास के लिए विभिन्न हितधारकों की सामूहिक विशेषज्ञता और संसाधनों का लाभ उठाना है।

ये उद्देश्य संपूर्ण नहीं हैं और विभिन्न क्षेत्रों और संदर्भों में ई-गवर्नेंस पहलों की विशिष्ट प्राथमिकताओं और लक्ष्यों के आधार पर भिन्न हो सकते हैं।

उत्तर प्रदेश की ई-गवर्नेंस पहल

भारत के सबसे बड़े राज्यों में से एक उत्तर प्रदेश ने सेवा प्रदायगी को बढ़ाने, प्रशासन में सुधार करने और डिजिटल समावेशन को बढ़ावा देने के लिए कई ई-गवर्नेंस पहलों को लागू किया है। उत्तर प्रदेश की कुछ उल्लेखनीय ई-गवर्नेंस पहलों में शामिल हैं:

- **ई-डिस्ट्रिक्ट:** ई-डिस्ट्रिक्ट परियोजना का उद्देश्य नागरिकों को सरल और सुलभ तरीके से सरकारी सेवाएं प्रदान करना है। यह आय, जाति और जन्म प्रमाण पत्र जैसे विभिन्न प्रमाणपत्रों और दस्तावेजों के ऑनलाइन आवेदन और प्रसंस्करण को सक्षम बनाता है। नागरिक इन सेवाओं के लिए ऑनलाइन आवेदन कर सकते हैं, अपने आवेदनों की स्थिति को ट्रैक कर सकते हैं और डिजिटल रूप से प्रमाणपत्र प्राप्त कर सकते हैं।
- **निवेश मित्र:** उत्तर प्रदेश सरकार ने यूपी में उद्यम स्थापित करने के इच्छुक उद्यमियों के लिए एक वेब आधारित ऑनलाइन सुविधा **'निवेश मित्र'** लॉन्च किया है। निवेश प्रोत्साहन के लिए एक सरकारी एजेंसी, उद्योग बंधु, इस परियोजना के कार्यान्वयन के लिए एक नोडल एजेंसी के रूप में कार्य करती है। लघु, मध्यम और बड़े पैमाने पर उद्योग स्थापित करने वाले उद्यमियों को इस प्रणाली के माध्यम से अनिवार्य रूप से आवेदन पत्र दाखिल करना होता है। निवेश मित्र उद्यमियों द्वारा विभिन्न अनुमोदनों के लिए आवश्यक सभी प्रपत्रों को ऑनलाइन जमा करने और अद्यतन करने की सुविधा प्रदान करता है।
- **भूलेख:** भूलेख एक ऑनलाइन भूमि रिकॉर्ड प्रबंधन प्रणाली है जो उत्तर प्रदेश में भूमि रिकॉर्ड को डिजिटाइज करती है। यह भूमि संबंधी दस्तावेजों तक ऑनलाइन पहुंच प्रदान करती है, जिसमें अधिकारों के रिकॉर्ड, नक्शे और स्वामित्व विवरण शामिल हैं। नागरिक भू-अभिलेखों को देख और सत्यापित कर सकते हैं, राजस्व कार्यालयों के चक्कर लगाने की आवश्यकता को समाप्त कर सकते हैं और धोखाधड़ी और विवादों की संभावना को कम करते हैं।
- **ई-निविदा:** उत्तर प्रदेश का ई-निविदा पोर्टल सरकारी निविदाओं और अनुबंधों के डिजिटल प्रसंस्करण और प्रबंधन की सुविधा प्रदान करता है। यह विक्रेताओं और ठेकेदारों को अपनी बोलियां इलेक्ट्रॉनिक रूप से जमा करने, कागजी कार्रवाई को कम करने और खरीद प्रक्रिया में पारदर्शिता बढ़ाने की अनुमति देता है। पोर्टल निविदा सूचनाओं, बोली मूल्यांकन और अनुबंध आवंटन विवरण के बारे में जानकारी प्रदान करता है।
- **एकीकृत शिकायत निवारण प्रणाली (IGRS) :** IGRS एक ऑनलाइन मंच है जो नागरिकों को विभिन्न सरकारी विभागों और एजेंसियों के साथ अपनी शिकायतों को दर्ज करने और उनकी निगरानी करने में सक्षम बनाता है। यह शिकायत दर्ज करने, उसकी प्रगति पर नजर रखने और समाधान प्राप्त करने के लिए एक केंद्रीकृत तंत्र प्रदान करता है। प्रणाली पारदर्शिता, जवाबदेही और नागरिक शिकायतों के समय पर निवारण को बढ़ाती है।
- **ई-निबंधन:** ई-निबंधन उत्तर प्रदेश में एक वेब आधारित विवाह पंजीकरण प्रणाली है। यह विवाह पंजीकरण प्रक्रिया को सरल करती है और मैनुअल कागजी कार्रवाई की आवश्यकता को समाप्त करता है। जोड़े विवाह पंजीकरण के लिए ऑनलाइन आवेदन करते हुए, आवश्यक दस्तावेज अपलोड कर सकते हैं और डिजिटल रूप से अपना विवाह प्रमाणपत्र प्राप्त कर सकते हैं। प्रणाली सटीकता, पारदर्शिता और पंजीकरण में आसानी सुनिश्चित करती है।
- **परीक्षा:**
  - **(परीक्षा) पेपरलेस रिक्रूटमेंट फॉर इंटेलीजेंट, नॉलेज, स्किल्ड एंड हाईली एबल कैंडिडेट** उत्तर प्रदेश के सरकारी विभागों में रिक्त पदों पर प्रत्यक्ष परीक्षा मोड के अन्तर्गत भर्ती के लिए **एक पूर्ण समाधान है।**
  - यह उम्मीदवारों को आवेदन पत्र भरने में सक्षम बनाता है और आयोग की आंतरिक प्रक्रियाओं को पूरा करने के लिए पूर्ण तकनीकी समाधान प्रदान करता है। इनमें विज्ञापनों का प्रकाशन, जमा किए गए आवेदन पत्रों की छंटाई और जांच, अपलोड किए गए दावा दस्तावेजों और उनकी शैक्षणिक और व्यावसायिक योग्यता के सत्यापन के आधार पर साक्षात्कार का समय निर्धारित करना और सरकार को अंतिम सिफारिश देने के लिए प्रारंभिक और मुख्य परीक्षा आयोजित करना शामिल है।
  - आयोग ने सीधी भर्ती माध्यम के अंतर्गत आवेदकों से आवेदन पत्र आमंत्रित करने के लिए **2015 में परीक्षा सॉफ्टवेयर को अपनाया था।**

- **ई-कल्याणः** ई-कल्याण उत्तर प्रदेश में छात्रों के लिए एक ऑनलाइन छात्रवृत्ति प्रबंधन प्रणाली है। यह छात्रों को छात्रवृत्ति के लिए आवेदन करने, उनके आवेदन की स्थिति की निगरानी करने और डिजिटल रूप से छात्रवृत्ति संवितरण के लिए एक मंच प्रदान करता है। प्रणाली छात्रवृत्ति आवेदन प्रक्रिया को सुव्यवस्थित करती है और छात्रवृत्ति के कुशल और पारदर्शी वितरण को सुनिश्चित करती है।
- **ई-नगरसेवाः** ई-नगरसेवा एक ऑनलाइन प्लेटफॉर्म है जो नागरिकों को नगरपालिका सेवाओं का लाभ उठाने और बिलों का ऑनलाइन भुगतान करने में सक्षम बनाता है। यह नागरिकों को जन्म और मृत्यु प्रमाण पत्र के लिए आवेदन करने, संपत्ति कर का भुगतान करने, व्यापार लाइसेंस प्राप्त करने और अन्य नगर पालिका सेवाओं तक आसानी से पहुंचने की अनुमति देता है। यह मंच नगरपालिका कार्यालयों के चक्कर काटने की आवश्यकता को कम करता है और स्थानीय स्तर पर डिजिटल गवर्नेंस को बढ़ावा देता है।

ये उत्तर प्रदेश में लागू की गई कुछ उल्लेखनीय ई-गवर्नेंस पहलें हैं। कुशल सेवा प्रदायगी और नागरिक सशक्तिकरण के लिए प्रौद्योगिकी का लाभ उठाने के लिए राज्य सरकार नई पहल शुरू कर रही है और मौजूदा का विस्तार कर रही है।

भारत में ई-गवर्नेंस पहल

- **डिजिलॉकरः** यह सार्वजनिक दस्तावेजों की पेपरलेस उपलब्धता की सुविधा प्रदान करता है। डिजिटल लॉकर के 11.7 करोड़ से अधिक उपयोगकर्ता हैं और 2,167 जारीकर्ता संगठनों से 532 करोड़ से अधिक दस्तावेज डिजिलॉकर के माध्यम से उपलब्ध हैं।
- **यूनिफाइड पेमेंट इंटरफेस (यूपीआई)-** यह अग्रणी डिजिटल भुगतान प्लेटफॉर्म है। यह 330 बैंकों के साथ एकीकृत है और इसने जून 2022 के लिए 10 लाख करोड़ रुपये से अधिक के 586 करोड़ मासिक लेनदेन की सुविधा प्रदान की है।
- **को-विन-** यह कोविड-19 के लिए पंजीकरण, टीकाकरण हेतु समय-निर्धारण और टीकाकरण प्रमाणपत्रों के प्रबंधन के लिए एक खुला मंच है। को-विन द्वारा 203 करोड़ से अधिक टीकाकरण खुराक और 110 करोड़ पंजीकरण की सुविधा प्रदान की गई है।
- **MyGov-** यह एक नागरिक जुड़ाव मंच है जिसे सहभागी शासन की सुविधा के लिए विकसित किया गया है। 2.48 करोड़ से अधिक उपयोगकर्ता **MyGov** का सक्रिय रूप से उपयोग कर रहे हैं।
- **मेरी पहचान-** मेरी पहचान नामक नेशनल सिंगल साइन-ऑन प्लेटफॉर्म को जुलाई 2022 में लॉन्च किया गया था ताकि नागरिकों को सरकारी पोर्टलों तक आसानी से पहुंच प्रदान की जा सके।
- **दीक्षा-** दीक्षा एक राष्ट्रीय स्तर का शैक्षिक मंच है जो छात्रों और शिक्षकों को देश के लिए बड़े पैमाने पर सीखने के लक्ष्यों को प्राप्त करने के लिए एक सामान्य मंच में भाग लेने, योगदान करने और लाभ उठाने में मदद करता है। इस पर 27 जुलाई 2022 तक 7,633 पाठ्यक्रम उपलब्ध हैं और 15 करोड़ से अधिक नामांकन किए जा चुके हैं।
- **ई-क्रांति-** ई-क्रांति डिजिटल इंडिया पहल का एक प्रमुख स्तंभ है क्योंकि यह देश में ई-गवर्नेंस, मोबाइल गवर्नेंस और गुड गवर्नेंस की महत्वपूर्ण आवश्यकता पर विचार करता है, दृष्टिकोण और सरकार ने ई-क्रांति के प्रमुख घटकों को मंजूरी दे दी है। ई-क्रांति ढांचा मिशन मोड़ परियोजनाओं के एक पोर्टफोलियो के माध्यम से सेवाओं की इलेक्ट्रॉनिक प्रदायगी की सुविधा उपलब्ध कराता है जो कई सरकारी विभागों को जोड़ता है।

ई-गवर्नेंस की चुनौतियां

जबकि ई-गवर्नेंस के कई लाभ हैं, फिर भी इसके सफल कार्यान्वयन के लिए कई चुनौतियों का समाधान किया जाना चाहिए। ई-गवर्नेंस से जुड़ी कुछ प्रमुख चुनौतियां इस प्रकार हैं:

- **डिजिटल खाईः** डिजिटल विभाजन डिजिटल प्रौद्योगिकियों तक पहुंच और अंगीकरण में अंतर को संदर्भित करती है। सभी नागरिकों की कंप्यूटर, इंटरनेट कनेक्टिविटी और डिजिटल साक्षरता तक समान पहुंच नहीं है। इसके परिणामस्वरूप ई-गवर्नेंस पहलों में बहिष्करण और सीमित भागीदारी हो सकती है। डिजिटल विभाजन को पाटने के लिए व्यापक कनेक्टिविटी, प्रौद्योगिकी तक सस्ती पहुंच और डिजिटल साक्षरता कार्यक्रमों को सुनिश्चित करने की आवश्यकता है।
- **बुनियादी ढांचा और कनेक्टिविटीः** प्रभावी ई-गवर्नेंस मजबूत आईसीटी बुनियादी ढांचे और भरोसेमंद इंटरनेट कनेक्टिविटी पर निर्भर करता है। कई क्षेत्रों में, विशेष रूप से ग्रामीण और दूरदराज के क्षेत्रों में, अपर्याप्त बुनियादी ढांचा और कनेक्टिविटी महत्वपूर्ण चुनौतियां पेश करते हैं। ई-गवर्नेंस सेवाओं तक सभी नागरिकों की निर्बाध पहुंच सुनिश्चित करने के लिए बुनियादी ढांचे में सुधार और कनेक्टिविटी का विस्तार आवश्यक है।

- **आंकड़ों की गोपनीयता और सुरक्षा:** ई–गवर्नेंस में संवेदनशील नागरिक आंकड़ों का संग्रह, भंडारण और प्रसंस्करण शामिल है। सार्वजनिक विश्वास बनाए रखने और अनधिकृत पहुंच, उल्लंघनों और व्यक्तिगत जानकारी के दुरुपयोग को रोकने के लिए आंकड़ों की गोपनीयता और सुरक्षा महत्वपूर्ण हैं। नागरिक आंकड़ों की सुरक्षा के लिए मजबूत सुरक्षा उपाय, आंकड़े सुरक्षा नीतियां और साइबर सुरक्षा ढांचे आवश्यक हैं।
- **बदलाव का प्रतिरोध:** ई–गवर्नेंस के कार्यान्वयन के लिए अक्सर मौजूदा प्रक्रियाओं, कार्यप्रवाहों और मानसिकता में बदलाव की आवश्यकता होती है। सरकारी अधिकारियों, कर्मचारियों और हितधारकों द्वारा बदलाव का प्रतिरोध ई–गवर्नेंस पहलों को अपनाने और प्रभावशीलता में बाधा बन सकता है। सफल कार्यान्वयन के लिए प्रशिक्षण, जागरूकता कार्यक्रमों और हितधारक जुड़ाव के माध्यम से प्रतिरोध को समाप्त करना महत्वपूर्ण है।
- **क्षमता निर्माण:** ई–गवर्नेंस को डिजिटल पहलों के प्रबंधन और कार्यान्वयन के लिए एक कुशल कार्यबल की आवश्यकता है। नई तकनीकों को अपनाने, ई–गवर्नेंस टूल्स का उपयोग करने और डिजिटल प्रक्रियाओं को प्रभावी ढंग से प्रबंधित करने के लिए सरकारी अधिकारियों और कर्मचारियों के बीच आवश्यक क्षमता का निर्माण आवश्यक है। डिजिटल कौशल और ज्ञान को बढ़ाने के लिए प्रशिक्षण कार्यक्रम और क्षमता निर्माण पहलों को लागू किया जाना चाहिए।
- **अंत: क्रियाशीलता और एकीकरण:** सरकारी विभाग और एजेंसियां अक्सर अपनी प्रणाली और डेटाबेस के साथ संयुक्त रूप से काम करती हैं। विभिन्न ई–गवर्नेंस प्रणालियों और मंचों की निर्बाध अंत: क्रियाशीलता और एकीकरण करना एक महत्वपूर्ण चुनौती है। कुशल सेवा प्रदायगी और प्रभावी गवर्नेंस के लिए विभागों में संगतता, डेटा साझाकरण और सिस्टम एकीकरण सुनिश्चित करना महत्वपूर्ण है।
- **जागरूकता और उपयोगकर्ता स्वीकृति:** जागरूकता और उपयोगकर्ता स्वीकृति की कमी ई–गवर्नेंस पहलों के सफल कार्यान्वयन में बाधा बन सकती है। नागरिकों को उपलब्ध सेवाओं, लाभों और प्रक्रियाओं को जानने की आवश्यकता होती है। जागरूकता अभियान को बढ़ावा देना, उपयोगकर्ता प्रशिक्षण आयोजित करना और उपयोगकर्ता के अनुकूल इंटरफेस डिजाइन करना उपयोगकर्ता स्वीकृति बढ़ाने और ई–गवर्नेंस की सेवाओं को अपनाने के लिए महत्वपूर्ण हैं।

इन चुनौतियों का समाधान करने के लिए बुनियादी ढांचे के विकास, क्षमता निर्माण, नीतिगत सुधारों, हितधारक जुड़ाव और निरंतर मूल्यांकन को शामिल करते हुए एक समग्र दृष्टिकोण की आवश्यकता है। इन चुनौतियों को प्रभावी ढंग से हल करके, ई–गवर्नेंस की बाधाओं को दूर कर सकता है और गवर्नेंस में सुधार करने, सेवा प्रदायगी को बढ़ाने और नागरिक सशक्तिकरण को बढ़ावा देने की अपनी क्षमता को विकसित कर सकता है।

सूचना का अधिकार

सूचना का अधिकार अधिनियम 2005 सरकारी सूचनाओं हेतु नागरिकों के अनुरोधों का समय पर प्रतिउत्तर देना अनिवार्य करता है। यह कार्मिक और प्रशिक्षण विभाग, लोक शिकायत और पेंशन मंत्रालय द्वारा की गई एक पहल है, जो नागरिकों को प्रथम अपीलीय प्राधिकरणों, पीआईओ आदि के विवरणों पर जानकारी की त्वरित अन्वेषण के लिए एक आरटीआई पोर्टल गेटवे प्रदान करने के अलावा, भारत सरकार के तहत विभिन्न लोक प्राधिकरणों के साथ–साथ राज्य सरकारों द्वारा वेब पर प्रकाशित आरटीआई से संबंधित जानकारी/प्रकटीकरण तक पहुंच प्रदान करता है।

सूचना का अधिकार अधिनियम के उद्देश्य

- **पारदर्शिता को बढ़ावा देना:** आरटीआई अधिनियम का उद्देश्य नागरिकों को सार्वजनिक प्राधिकारियों द्वारा उपलब्ध करायी गई जानकारी तक पहुँचने का अधिकार देकर सरकारी कामकाज में पारदर्शिता और उत्तरदायित्व को बढ़ाना है। यह सुनिश्चित करता है कि नागरिक सरकार की नीतियों, निर्णयों और कार्यों के बारे में जानकारी प्राप्त कर सकते हैं।
- **नागरिकों को सशक्त बनाना:** अधिनियम नागरिकों को सार्वजनिक प्राधिकारियों से जानकारी प्राप्त करने का अधिकार देता है। यह लोगों को लोकतांत्रिक प्रक्रिया में सक्रिय रूप से भाग लेने, सूचित निर्णय लेने और सरकार को उसके कार्यों के लिए उत्तरदायी ठहराने में सक्षम बनाता है।
- **भ्रष्टाचार से मुकाबला:** आरटीआई अधिनियम पारदर्शिता और उत्तरदायित्व को बढ़ावा देकर भ्रष्टाचार से लड़ने में मदद करता है। नागरिक इस अधिनियम का उपयोग सरकारी संस्थानों के भीतर भ्रष्ट प्रथाओं, अनियमितताओं और शक्ति के दुरुपयोग को उजागर करने के लिए कर सकते हैं।
- **गुड गवर्नेंस को बढ़ावा:** अधिनियम नागरिक भागीदारी, उत्तरदायित्व और निरीक्षण तंत्र की स्थापना करके गुड गवर्नेंस को बढ़ावा देता है। यह सार्वजनिक प्राधिकरणों को सक्रिय

रूप से सूचनाओं का खुलासा करने के लिए प्रोत्साहित करता है, जिससे सरकार लोगों की जरूरतों और चिंताओं के प्रति अधिक उत्तरदायी और जिम्मेदार बनती है।

- **लोकतंत्र को मजबूत करना:** आरटीआई अधिनियम यह सुनिश्चित करके देश के लोकतांत्रिक ताने–बाने को मजबूत करता है कि नागरिकों के पास सूचित निर्णय लेने और सार्वजनिक मामलों में सक्रिय भागीदारी के लिए आवश्यक जानकारी तक पहुंच है। यह गवर्नेंस में खुलेपन, उत्तरदायित्व और जवाबदेही की संस्कृति को बढ़ावा देता है।
- **मौलिक अधिकारों की रक्षा करना:** अधिनियम भारतीय संविधान के अनुच्छेद 19 (1) (क) के अंतर्गत सूचना तक पहुँचने के नागरिकों के मौलिक अधिकार को मान्यता देता है। यह भाषण और अभिव्यक्ति की स्वतंत्रता की रक्षा करता है, जो एक लोकतांत्रिक समाज का अभिन्न अंग है।
- **सूचना अंतराल को पाटना:** आरटीआई अधिनियम का उद्देश्य सरकार और नागरिकों के बीच सूचना के अंतर को पाटना है। यह नागरिकों को ऐसी सूचनायें प्राप्त करने के लिए एक तंत्र प्रदान करता है जो आसानी से उपलब्ध नहीं हैं या अन्य माध्यमों से आसानी से उपलब्ध नहीं हो सकती हैं।

चुनौतियां

- **जागरूकता की कमी:** प्राथमिक चुनौतियों में से एक नागरिकों के बीच उनके अधिकारों और आरटीआई आवेदन दाखिल करने की प्रक्रियाओं के बारे में अधिक जागरूकता की आवश्यकता है। बहुत से लोगों को अधिनियम के प्रावधानों के बारे में या जानकारी को प्रभावी ढंग से प्राप्त करने के लिए इसका उपयोग करने के तरीके से अवगत कराने की आवश्यकता है।
- **विलंबित प्रतिउत्तर:** सार्वजनिक प्राधिकारियों द्वारा अक्सर आरटीआई आवेदनों के लिए समय पर प्रतिउत्तर की अधिक आवश्यकता होती है, जो अधिनियम की प्रभावशीलता को बाधित करती है। सूचना प्रदान करने के लिए 30 दिनों की निर्धारित समय सीमा का कभी–कभी ही पालन किया जाता है, जिससे आवेदकों में निराशा उत्पन्न होती है।
- **अपर्याप्त रिकॉर्ड प्रबंधन:** सार्वजनिक प्राधिकारियों को कभी–कभी उचित रिकॉर्ड प्रबंधन प्रणाली को बनाए रखने में सहायता की आवश्यकता होती है। यह आरटीआई आवेदनों के उत्तर में देरी और अक्षमताओं के साथ–साथ अग्रणी, त्वरित और कुशलता से जानकारी एकत्रित करना और प्रदान करना मुश्किल बना सकता है।
- **दुरुपयोग और क्षुद्र आवेदन:** आरटीआई अधिनियम के दुरुपयोग के उदाहरण सामने आए हैं, कुछ लोगों ने लोक अधिकारियों या व्यक्तियों को प्रताड़ित करने के लिए क्षुद्र या प्रताड़ित करने वाले आवेदन दाखिल किए हैं। यह दुरुपयोग तंत्र पर बोझ डाल सकता है और संसाधनों को वास्तविक अनुरोधों पर सूचना उपलब्ध कराने से पथान्तरित कर सकता है।

उपाय

- **जागरूकता अभियान:** सरकार, नागरिक समाज संगठनों और मीडिया ने आरटीआई अधिनियम और इसके प्रावधानों के बारे में जागरूकता बढ़ाने के लिए पहल की है। कार्यशालाओं, अभियानों और सूचना प्रसार के माध्यम से नागरिकों को उनके अधिकारों और आवेदन दाखिल करने की प्रक्रिया के बारे में शिक्षित करने का प्रयास किया गया है।
- **जन सूचना अधिकारियों (पीआईओ) का प्रशिक्षण:** आरटीआई अधिनियम के अन्तर्गत पीआईओ को उनकी भूमिकाओं और जिम्मेदारियों के बारे में शिक्षित और संवेदनशील बनाने के लिए प्रशिक्षण कार्यक्रम आयोजित किए गए हैं। इस प्रशिक्षण का उद्देश्य अधिनियम के बारे में लोगों की समझ बढ़ाना, पारदर्शिता को बढ़ावा देना और आरटीआई आवेदनों पर समय पर और सटीक उत्तर देना सुनिश्चित करना है।
- **अभिलेख प्रबंधन प्रणाली को मजबूत बनाना:** सार्वजनिक प्राधिकरणों की अभिलेख प्रबंधन प्रणाली में सुधार के प्रयास किए जा रहे हैं। सूचनाओं की कुशल पुनर्प्राप्ति और प्रदायगी हेतु अभिलेखों का डिजिटलीकरण, प्रक्रियाओं का कम्प्यूटरीकरण, और सूचना प्रबंधन प्रणालियों की स्थापना की जा रही है।
- **दुरुपयोग पर अंकुश:** आरटीआई अधिनियम के दुरुपयोग को रोकने के उपाय किए गए हैं। अनावश्यक आवेदनों को रोकने के लिए दिशा–निर्देश जारी किए गए हैं और अधिनियम का दुरुपयोग करने वाले आवेदकों पर जुर्माना लगाया जा सकता है। इन उपायों का उद्देश्य दुरुपयोग को रोकना और आरटीआई प्रणाली की सत्यनिष्ठा को बनाए रखना है।
- **ऑनलाइन आरटीआई पोर्टल:** नागरिकों को आरटीआई आवेदन दाखिल करने और उनकी अद्यतन स्थिति की ऑनलाइन निगरानी करने में सक्षम बनाने के लिए ऑनलाइन प्लेटफॉर्म विकसित किए गए हैं। ये पोर्टल आवेदन प्रक्रिया को सरल बनाते हैं और आवेदकों को उनके अनुरोधों की प्रगति की निगरानी करने की अनुमति देकर पारदर्शिता प्रदान करते हैं।

यह ध्यान रखना महत्वपूर्ण है कि आरटीआई अधिनियम को लागू करने और चुनौतियों का हल करने के लिए किए गए उपाय अलग-अलग क्षेत्रों और सार्वजनिक प्राधिकरणों में भिन्न हो सकते हैं। इसकी प्रभावशीलता सुनिश्चित करने के लिए नियमित निगरानी, मूल्यांकन और निरंतर सुधार महत्वपूर्ण हैं।

कुल मिलाकर, आरटीआई अधिनियम का उद्देश्य पारदर्शिता को बढ़ावा देना, नागरिकों को सशक्त बनाना, भ्रष्टाचार का मुकाबला करना, सुशासन को बढ़ावा देना, लोकतंत्र को मजबूत करना, मौलिक अधिकारों की रक्षा करना और सूचना उपलब्धता के अंतर को कम करना है।

सूचना का अधिकार (आरटीआई) अधिनियम भारत में केंद्रीय कानून है, और इसके प्रावधान उत्तर प्रदेश सहित सभी राज्यों पर लागू होते हैं। आरटीआई अधिनियम का उद्देश्य सार्वजनिक प्राधिकरणों द्वारा उपलब्ध करायी गई जानकारी तक पहुंच प्रदान करके पारदर्शिता, उत्तरदायित्व और नागरिक अधिकारिता को बढ़ावा देना है। जबकि आरटीआई अधिनियम एक केंद्रीय कानून है, राज्य सरकारें इसके प्रावधानों को लागू करने और सुगम बनाने में महत्वपूर्ण भूमिका निभाती हैं।

उत्तर प्रदेश में आरटीआई अधिनियम से संबंधित कुछ पहलों में शामिल हैं:

- **कार्यान्वयन और अनुपालन:** उत्तर प्रदेश सरकार ने आरटीआई अधिनियम के प्रभावी कार्यान्वयन को सुनिश्चित करने के लिए अनेक कदम उठाए हैं। इसमें आरटीआई आवेदनों और अपीलों को निपटाने के लिए विभिन्न सरकारी विभागों में नामित जन सूचना अधिकारी (पीआईओ) और प्रथम अपीलीय प्राधिकरण (एफएए) नियुक्त करना शामिल है।
- **सक्रिय प्रकटीकरण:** राज्य सरकार ने सार्वजनिक प्राधिकरणों द्वारा सूचना के सक्रिय प्रकटीकरण को बढ़ावा दिया है। आरटीआई अधिनियम के प्रावधानों के अनुसार, सार्वजनिक प्राधिकरणों को विशिष्ट आरटीआई आवेदन की आवश्यकता के बिना अपनी वेबसाइटों पर या अन्य माध्यमों से कुछ श्रेणियों की जानकारी का खुलासा करना चाहिए। उत्तर प्रदेश सरकार ने नागरिकों के लिए आसान पहुंच को सुविधाजनक बनाने के लिए सूचना के सक्रिय प्रकटीकरण को बढ़ाने की दिशा में काम किया है।
- **आरटीआई जागरूकता अभियान:** सरकार ने आरटीआई अधिनियम के अंतर्गत नागरिकों को उनके अधिकारों के बारे में शिक्षित करने के लिए जागरूकता अभियान और कार्यशालाएं आयोजित की हैं। इन पहलों का उद्देश्य सूचना प्राप्त करने के लिए आरटीआई प्रक्रिया, विधियों और अधिनियम का उपयोग करने के महत्व के बारे में जागरूकता बढ़ाना है।
- **शिकायत निवारण तंत्र:** उत्तर प्रदेश सरकार ने आरटीआई अधिनियम से संबंधित शिकायतों को दूर करने के लिए तंत्र स्थापित किया है। इसमें नागरिकों को शिकायत दर्ज कराने या आरटीआई आवेदन प्रक्रिया के दौरान आने वाली किसी भी समस्या के समाधान के लिए एक मंच प्रदान करना शामिल है।
- **क्षमता निर्माण:** राज्य सरकार ने आरटीआई अधिनियम को लागू करने में शामिल लोक अधिकारियों के लिए क्षमता निर्माण और प्रशिक्षण कार्यक्रमों पर ध्यान केंद्रित किया है। इन कार्यक्रमों का उद्देश्य आरटीआई प्रावधानों और प्रक्रियाओं की समझ को बढ़ाना और आरटीआई आवेदनों के लिए अधिक कुशल और प्रभावी प्रतिक्रिया को बढ़ावा देना है।
- **निगरानी और मूल्यांकन:** सरकार ने उत्तर प्रदेश में आरटीआई अधिनियम के कार्यान्वयन और प्रभावशीलता का आकलन करने के लिए निगरानी और मूल्यांकन तंत्र स्थापित किया है । नियमित निगरानी सुधार के क्षेत्रों की पहचान करने में मदद करती है और अधिनियम के प्रावधानों का अनुपालन सुनिश्चित करती है।

उत्तर प्रदेश में ये पहलें शासन प्रक्रियाओं में पारदर्शिता, उत्तरदायित्व और नागरिक भागीदारी को बढ़ावा देने के लिए आरटीआई अधिनियम के व्यापक उद्देश्यों के अनुरूप हैं। इन पहलों के प्रभावी कार्यान्वयन से सूचना तक पहुंच बढ़ सकती है, नागरिकों को सशक्त बनाया जा सकता है और राज्य में लोकतांत्रिक शासन को मजबूत किया जा सकता है।

लोकायुक्त

- लोकायुक्त भारत में एक भ्रष्टाचार विरोधी लोकपाल संस्था है, जो केंद्र और राज्य दोनों स्तरों पर स्थापित है। "लोकायुक्त" शब्द का हिंदी अनुवाद **"जनप्रतिनिधि"** या **"लोकपाल"** के रूप में किया जाता है।
- केंद्रीय स्तर पर, लोकायुक्त को **लोकपाल** के रूप में जाना जाता है। संसद **सदस्यों, मंत्रियों और केंद्रीय स्तर पर उच्च पदस्थ नौकरशाहों सहित लोक अधिकारियों से** जुड़े भ्रष्टाचार के मामलों की जांच और मुकदमा चलाने के लिए एक स्वतंत्र निकाय के रूप में लोकपाल की स्थापना लोकपाल और लोकायुक्त अधिनियम 2013 के अंतर्गत की गयी है।

- राज्य स्तर पर, लोकायुक्त एक संस्था है जो एक राज्य विशेष के भीतर लोक अधिकारियों और निर्वाचित प्रतिनिधियों के खिलाफ भ्रष्टाचार के आरोपों की जांच करती है। प्रत्येक राज्य का लोकायुक्त अधिनियम इसके कामकाज और शक्तियों को नियंत्रित करता है।
- लोकायुक्त संस्था भ्रष्टाचार का मुकाबला करने, पारदर्शिता को बढ़ावा देने और सरकार के कामकाज में उत्तरदायित्व सुनिश्चित करने के लिए एक प्रहरी के रूप में कार्य करती है। यह नागरिकों को भ्रष्टाचार के मामलों की रिपोर्ट करने की अनुमति देता है और ऐसे मामलों की निष्पक्ष और स्वतंत्र जांच के लिए एक तंत्र के रूप में कार्य करता है।

लोकायुक्त अधिनियम 2013

- लोकपाल और लोकायुक्त अधिनियम, 2013, जिसे अक्सर लोकपाल अधिनियम के रूप में जाना जाता है, का उद्देश्य केंद्र के लिए लोकपाल और प्रत्येक राज्य के लिए एक लोकायुक्त स्थापित करना है, ताकि सरकारी अधिकारियों के खिलाफ कुशासन या भ्रष्टाचार के आरोपों की जांच की जा सके। यह अधिनियम पूरे भारत में लागू है देश के अंदर और बाहर दोनों जगह "लोक सेवकों" पर लागू होता है।
- लोकायुक्त, आयकर विभाग और भ्रष्टाचार निरोधक ब्यूरो के साथ, हमारे लोकतांत्रिक ढांचे में एक प्रहरी के रूप में कार्य करेगा, भ्रष्टाचार के मामलों की रिपोर्टिंग में नागरिकों की सहायता करेगा और राज्यों में संरचना के पैटर्न और विभिन्न क्षेत्रों में लोकायुक्तों की भूमिका में एक बड़ा अंतर है।

लोकायुक्त की संगठनात्मक संरचना

लोकायुक्त की संरचना सभी राज्यों में एक सुसंगत पैटर्न का पालन नहीं करती है, और कुछ राज्यों जैसे कि राजस्थान, कर्नाटक, आंध्र प्रदेश और महाराष्ट्र में लोकायुक्त और उप लोकायुक्त दोनों की स्थापना की गयी है। अन्य राज्यों, जैसे उत्तर प्रदेश और हिमाचल प्रदेश में केवल लोकायुक्त की स्थापना की गयी है; जम्मू-कश्मीर में उप-लोकायुक्त नियुक्त नहीं किया गया है।

संगठनात्मक संरचना

लोकायुक्त और उप-लोकायुक्त की सहायता के लिए, संगठन को निम्नलिखित चार कार्यात्मक विंग्स में विभाजित किया गया है:

- **प्रशासनिक और जांच अनुभाग**
  - इस संगठन का प्रमुख एक सचिव होता है जो एक वरिष्ठ आईएएस होता है और पूरे संगठन के लिए विभाग के प्रमुख के रूप में कार्य करता है। उसकी सहायता के लिए एक उप सचिव, अवर सचिव, लेखा अधिकारी, अनुभाग अधिकारी और अधीनस्थ कर्मचारी होते हैं।
- **विधि अनुभाग**
  - विधिक मामलों से निपटने और जांच करने में लोकायुक्त और उप-लोकायुक्त की सहायता के लिए, जिला न्यायाधीश के स्तर के अधिकारियों को विधिक सलाहकार के रूप में तैनात किया जाता है, और मुख्य न्यायिक मजिस्ट्रेट रैंक के एक अधिकारी को उप विधिक सलाहकार के रूप में तैनात किया जाता है और वे उच्च न्यायालय से प्रतिनियुक्ति पर होते हैं।
- **विशेष पुलिस स्थापना (एसपीई)**
  - एसपीई का गठन कुछ ऐसे अपराधों की जांच के लिए किया जाता है जो लोक प्रशासन को प्रभावित करते हैं और जो भ्रष्टाचार निवारण अधिनियम के प्रावधानों के अंतर्गत आते हैं जो एक केंद्रीय अधिनियम है और इसका नेतृत्व महानिदेशक करते हैं, जो उत्तर प्रदेश पुलिस महानिदेशक या अतिरिक्त निदेशक के पद पर होता है।
  - पुलिस महानिरीक्षक, पुलिस उप महानिरीक्षक, पुलिस अधीक्षक, पुलिस उपाधीक्षक, निरीक्षक और अन्य रैंक के कार्मिक उसकी मदद करते हैं। यह ध्यान दिया जाना चाहिए कि उत्तर प्रदेश एसपीई द्वारा जांच की निगरानी का अधिकार लोकायुक्त के पास होता है।
- **तकनीकी प्रकोष्ठ:**
  - तकनीकी प्रकोष्ठ तकनीकी प्रकृति की जांच से संबंधित है, और इसका नेतृत्व मुख्य अभियंता करता है, जिसके अधीन कार्यकारी अभियंता, सहायक अभियंता और तकनीकी सहायक होते हैं। जिला सतर्कता समितियाँ उत्तर प्रदेश में सात संभागीय समितियाँ हैं जो लोकायुक्त या उप-लोकायुक्त द्वारा उल्लिखित शिकायतों की जाँच करती हैं और संबंधित प्राधिकारी को एक रिपोर्ट प्रस्तुत करती हैं।

लोकायुक्त की नियुक्ति

- लोकायुक्त और उप-लोकायुक्त लोक सेवकों के व्यवहार और निर्णयों की जांच करने वाले स्वतंत्र और निष्पक्ष निकाय हैं। इन प्राधिकरणों को सर्वोच्च न्यायालय और उच्च न्यायालय के न्यायाधीशों के समान स्तर पर रखा जाता है और वे विधायिका और कार्यपालिका से स्वतंत्र होते हैं।

- राज्यपाल उन्हें नियुक्त करता है और नियुक्तियां करते समय राज्यपाल राज्य के उच्च न्यायालय के मुख्य न्यायाधीश और राज्य विधान सभा में विपक्ष के नेता से परामर्श लेता है।

योग्यता और कार्यकाल

- उत्तर प्रदेश, हिमाचल प्रदेश, आंध्र प्रदेश, गुजरात और ओडिशा में लोकायुक्त के लिए न्यायिक योग्यता अनिवार्य है।
- हालाँकि, बिहार, महाराष्ट्र और राजस्थान राज्यों में कोई औपचारिक योग्यता अनिवार्य नहीं है।
- अधिकांश राज्यों में, लोकायुक्त का कार्यकाल पाँच वर्ष या 70 वर्ष की आयु, जो पहले हो, निर्धारित है, और लोकायुक्त पुनर्नियुक्ति के लिए पात्र नहीं होता है।

क्षेत्राधिकार

- लोकायुक्त के क्षेत्राधिकार के मामले में और अधिक निरंतरता की आवश्यकता है।
- उदाहरण के लिए, मुख्यमंत्री हिमाचल प्रदेश, आंध्र प्रदेश, मध्य प्रदेश और गुजरात में लोकायुक्त के अधिकार क्षेत्र पर सवाल उठा सकते हैं, लेकिन महाराष्ट्र, उत्तर प्रदेश, राजस्थान या बिहार में नहीं।
- अधिकांश राज्यों में, मंत्री और उच्च सरकारी अधिकारी लोकायुक्त के क्षेत्राधिकार में आते हैं, और महाराष्ट्र में पूर्व मंत्रियों और सिविल अधिकारियों को भी शामिल किया गया है।
- लोकायुक्त राज्य विधानमंडल के प्रति उत्तरदायी होता है। इसकी वार्षिक रिपोर्ट विधायिका में प्रस्तुत की जाती है, और अनुमानित रूप से इसकी सिफारिशें सदन द्वारा स्वीकार कर ली जाती हैं।

लोकायुक्त की शक्तियां

- हिमाचल प्रदेश, आंध्र प्रदेश, मध्य प्रदेश और गुजरात जैसे राज्यों में, मुख्यमंत्री को लोकायुक्त के अधिकार क्षेत्र में शामिल किया गया है, जबकि उड़ीसा, बिहार, राजस्थान, उत्तर प्रदेश और महाराष्ट्र राज्यों में उन्हें लोकायुक्त के दायरे से बाहर कर दिया गया है।
- लगभग सभी राज्यों में लोकायुक्त के दायरे में मंत्री और उच्च लोक सेवक भी शामिल हैं।
- इसके पास राज्य स्तर के भ्रष्ट अधिकारियों के घरों और कार्यालयों पर छापा मारने की शक्ति है, और यह राज्य सरकार के विभागों से संबंधित फाइलों और दस्तावेजों की मांग कर सकता है।
- इसके पास जांच के अधीन सरकारी संगठनों की जांच करने और दौरा करने का अधिकार भी होता है।
- लोकायुक्त लोक सेवक द्वारा की जाने वाली किसी भी कार्रवाई की जांच कर सकता है यदि राज्य सरकार इसका उल्लेख करती है।
- इसके पास प्रशासन को अपराधी के खिलाफ सजा का सुझाव देने का अधिकार है, लेकिन सुझावों को स्वीकार करना या संशोधित करना राज्य पर निर्भर है।

लोकायुक्त के कार्य

- लोकायुक्त को राजनेताओं और सरकारी सेवा के अधिकारियों के खिलाफ जनता की शिकायतों के तत्काल निवारण का काम सौंपा गया है। यह राज्य स्तर के जन पदाधिकारियों के खिलाफ भ्रष्टाचार, सत्ता के दुरुपयोग, कुशासन, या ईमानदारी की कमी के आरोपों की जांच करता है और साबित होने पर कार्रवाई की सिफारिश करता है।
- लोकायुक्त और उप-लोकायुक्त राज्य के राज्यपाल को अपने उद्देश्यों के बारे में एक समेकित रिपोर्ट पेश करते हैं, जो राज्य विधानमंडल के प्रति उत्तरदायी है।
- इसका अन्य महत्वपूर्ण कार्य भ्रष्टाचार विरोधी एजेंसियों और अधिकारियों की जांच पर नजर रखना है, और विशेष जांच अधिकारी की सहायता से आरोपी व्यक्ति के खिलाफ तथ्यों के आधार पर स्वतंत्र और निष्पक्ष जांच करना है।
- यदि राज्य सरकार उल्लेख करती है तो लोकायुक्त लोक सेवक द्वारा की जाने वाली किसी भी कार्रवाई की जांच कर सकता है और उसे लोक शिकायतों के त्वरित निवारण का काम सौंपा जाता है।
- यदि दायर की गयी शिकायत का वैकल्पिक समाधान और जांच की प्रक्रिया उपलब्ध है और यह लोकपाल के समान है तो शिकायत पर विचार नहीं किया जाएगा।
- लोकायुक्त एवं उप लोकायुक्त अपने कार्यों की संयुक्त रिपोर्ट राज्यपाल को प्रस्तुत करते हैं।

- न्यायमूर्ति विश्म्भर दयाल उत्तर प्रदेश के पहले लोकायुक्त (1977-1982) थे।
- वर्तमान लोकायुक्त न्यायमूर्ति संजय मिश्रा हैं।
- बहुचर्चित बाबरी मस्जिद विध्वंस मामले में फैसला सुनाने वाले सेवानिवृत्त न्यायाधीश सुरेंद्र कुमार यादव ने उत्तर प्रदेश में उप लोकायुक्त के तौर पर शपथ ली।

उत्तर प्रदेश में लोकायुक्त से जुड़ी कुछ चुनौतियाँ

- **विलंबित नियुक्तिः प्रमुख चुनौतियों में से एक,** लोकायुक्त की नियुक्ति में देरी रही है। उत्तर प्रदेश में लोकायुक्त का पद एक लंबी अवधि के लिए खाली रहा, जिसके कारण उत्तरदायित्व की कमी और भ्रष्टाचार की शिकायतों को प्रभावी ढंग से हल करने में असमर्थता रही।
- **अपर्याप्त शक्तियां:** उत्तर प्रदेश में लोकायुक्त की सीमित शक्तियों के लिए आलोचना की गई है। संस्था को स्वतंत्र रूप से जांच शुरू करने के लिए और अधिक शक्ति की आवश्यकता थी, क्योंकि यह किसी मामले में जांच की स्वीकृति के लिए सरकार पर निर्भर थी। इसने भ्रष्टाचार से निपटने में इसकी स्वतंत्रता और प्रभावशीलता को सीमित कर दिया।
- **मामलों का बैकलॉग:** लंबित मामलों का बैकलॉग लोकायुक्त के लिए एक महत्वपूर्ण चुनौती रहा है। संस्था को समयबद्ध तरीके से शिकायतों को संशोधित करने और निपटाने में मदद की आवश्यकता होती है, जिससे न्याय प्रदायगी में देरी होती है और जनता का विश्वास कम होता है।
- **जागरूकता की कमी:** लोकायुक्त की भूमिका और कार्यों के बारे में आम जनता में अधिक जागरूकता की आवश्यकता होती है। इसके परिणामस्वरूप कम शिकायतें दायर की जा रही हैं और संस्था के संभावित लाभों की समझ कम हो रही है।

कुछ उपाय

- **स्वतंत्रता को सुदृढ़ करना:** लोकायुक्त संस्था की स्वतंत्रता सुनिश्चित करना महत्वपूर्ण है। इसे राजनीतिक हस्तक्षेप और प्रभाव से बचाने के उपाय किए जाने चाहिए। यह लोकायुक्त और इसके सदस्यों के लिए एक पारदर्शी और मजबूत नियुक्ति प्रक्रिया स्थापित करके प्राप्त किया जा सकता है, जिसमें न्यायपालिका, नागरिक समाज और विपक्षी दलों जैसे कई हितधारक शामिल हों।
- **पर्याप्त संसाधन:** लोकायुक्त के कार्यालय को सुचारू रूप से कार्य करने के लिए पर्याप्त वित्तीय और मानव संसाधन उपलब्ध कराना आवश्यक है। काम के बोझ को प्रभावी ढंग से संभालने के लिए कुशल जांचकर्ताओं, विधि विशेषज्ञों और सहायक कर्मचारियों की भर्ती के लिए पर्याप्त धन आवंटित किया जाना चाहिए। यह सत्यापन प्रक्रिया में तेजी लाने और देरी को कम करने में मदद कर सकता है।
- **सुव्यवस्थित शिकायत तंत्र:** शिकायत दर्ज करने की प्रक्रिया को सरल और सुव्यवस्थित करने से अधिक लोग आगे आने और भ्रष्टाचार की रिपोर्ट करने के लिए प्रोत्साहित हो सकते हैं। एक ऑनलाइन शिकायत पंजीकरण प्रणाली को लागू करने, विभिन्न स्थानों पर शिकायत केंद्र स्थापित करने और नागरिकों तक आसान पहुंच सुनिश्चित करने से प्रक्रिया को अधिक प्रयोगकर्ता के अनुकूल और कुशल बना सकता है।
- **व्हिसल ब्लोअर की सुरक्षा:** भ्रष्टाचार की रिपोर्ट करने वाले व्हिसल ब्लोअर के लिए मजबूत सुरक्षा सुनिश्चित करना महत्वपूर्ण है। मौजूदा व्हिसल ब्लोअर सुरक्षा कानूनों और तंत्रों को मजबूत करने से लोगों को प्रतिशोध के डर के बिना आगे आने के लिए प्रोत्साहित किया जा सकता है। शिकायतों को प्राप्त करने, दावों की जांच करने और मुखबिरों की पहचान की रक्षा करने के लिए लोकायुक्त कार्यालय के भीतर एक समर्पित मुखबिर सुरक्षा प्रकोष्ठ स्थापित करके ऐसा किया जा सकता है।
- **पारदर्शिता और उत्तरदायित्व:** लोकायुक्त के कामकाज में पारदर्शिता और उत्तरदायित्व को बढ़ावा देने से जनता का विश्वास बनाने में मदद मिल सकती है। जाँच-पड़ताल, निष्कर्ष और कार्रवाइयों पर नियमित रिपोर्ट प्रकाशित करने से प्रक्रिया में पारदर्शिता आ सकती है। इसके अतिरिक्त, नागरिक समाज संगठनों को शामिल करते हुए सार्वजनिक परामर्श आयोजित करना और समय-समय पर लोकायुक्त के कार्य निष्पादन की समीक्षा और मूल्यांकन करना उत्तरदायित्व को बढ़ा सकता है।
- **अन्य एजेंसियों के साथ सहयोग:** लोकायुक्त और अन्य भ्रष्टाचार विरोधी एजेंसियों के बीच प्रभावी समन्वय और सहयोग स्थापित करने से भ्रष्टाचार विरोधी प्रयासों की प्रभावशीलता बढ़ सकती है। इसमें सूचना साझा करना, जांच का समन्वय करना और भ्रष्टाचार के मामलों की अधिक व्यापक रूप से संबोधित करने के लिए संसाधनों का लाभ उठाना शामिल है।
- **जन जागरूकता और आउटरीच:** लोकायुक्त की भूमिका और कार्यों के बारे में जनता को शिक्षित करने के लिए जागरूकता अभियान चलाने से अधिक लोगों को संस्था के साथ जुड़ने के लिए प्रोत्साहित किया जा सकता है। शिकायत दर्ज करने की प्रक्रिया, मुखबिर सुरक्षा, और भ्रष्टाचार की सूचना देने के महत्व के बारे में जानकारी का प्रसार करने के लिए सार्वजनिक आउटरीच कार्यक्रम, कार्यशालाएं और सेमिनार आयोजित किए जा सकते हैं।

उपर्युक्त उपायों को लागू करने से उत्तर प्रदेश में लोकायुक्त प्रणाली की चुनौतियों का समाधान करने में मदद मिल सकती है, भ्रष्टाचार के खिलाफ लड़ाई को मजबूत किया जा सकता है, और शिकायतों को प्रभावी ढंग से संबोधित करने की संस्था की क्षमता में जनता का विश्वास बढ़ सकता है।

गुड गवर्नेंस या सुशासन

सुशासन संस्थानों और प्रक्रियाओं को नियंत्रित करने वाली सभी प्रक्रियाओं को संदर्भित करता है। इसके माध्यम से जनहित के मुद्दों पर निर्णय लिया जाता है और उन्हें विनियमित किया जाता है। गुड गवर्नेंस गवर्नेंस की प्रक्रिया के लिए एक मानक या मूल्यांकन संबंधी विशेषता का उल्लेख करता है।

मानवाधिकार के दृष्टिकोण से, यह मुख्य रूप से उस प्रक्रिया को संदर्भित करता है जिसके द्वारा लोक संस्थान जनहित **मामलों का संचालन करते हैं, सार्वजनिक संसाधनों का प्रबंधन करते हैं और मानवाधिकारों की प्रदायगी की गारंटी देते हैं।**

गुड गवर्नेंस का संबंध राजनीति और संस्थाओं की प्रक्रिया से है। इसके परिणाम विकास के लक्ष्यों को प्राप्त करने के लिए आवश्यक होते हैं। गुड गवर्नेंस की सबसे अच्छी कसौटी यह है कि वह किस हद तक मानव अधिकारों के वादे को पूरा करती है: इसमें **नागरिक, सांस्कृतिक, आर्थिक, राजनीतिक और सामाजिक अधिकार शामिल हैं।**

गुड गवर्नेंस के प्रमुख गुण

मानवाधिकार परिषद ने गुड गवर्नेंस की निम्नलिखित प्रमुख विशेषताओं की पहचान की है:

- पारदर्शिता,
- उत्तरदायित्व,
- जवाबदेही
- भागीदारी
- अनुक्रियाशीलता

गुड गवर्नेंस और मानवाधिकार के बीच अंतर्संबंध-

गुड गवर्नेंस और मानवाधिकारों के बीच अंतर्संबंध को चार क्षेत्रों के आसपास व्यवस्थित किया जा सकता है:

1. **लोकतांत्रिक संस्थाएं**
   - मानवाधिकार मूल्यों के नेतृत्व में, लोकतांत्रिक संस्थानों के जब गुड गवर्नेंस सुधार औपचारिक संस्थानों या अनौपचारिक परामर्श के माध्यम से नीति निर्माण में भाग लेने हेतु जनता के लिए अवसर पैदा करते हैं।
   - वे विशेषकर स्थानीय रूप से निर्णय लेने में कई सामाजिक समूहों को शामिल करने के लिए तंत्र का निर्माण करते हैं।
2. **लोक सेवा प्रदायगी**
   - जनता को राज्य सेवाएं प्रदायगी की वास्तविकता में, गुड गवर्नेंस सुधार मानव अधिकारों को आगे बढ़ाते हैं जब वे सार्वजनिक सेवाएं प्रदान करने की अपनी जिम्मेदारी को पूरा करने की राज्य की क्षमता में सुधार करते हैं, जो शिक्षा, स्वास्थ्य और भोजन के अधिकार जैसे कई मानवाधिकारों की सुरक्षा के लिए आवश्यक हैं।
3. **कानून का शासन**
   - कानून के शासन के संबंध में, मानवाधिकार-संवेदनशील गुड गवर्नेंस की पहल कानून में सुधार करती है और दंड प्रणालियों से लेकर अदालतों और संसदों तक के संस्थानों को उस कानून को बेहतर ढंग से लागू करने में सहायता करती है।
   - गुड गवर्नेंस की पहल में कानूनी सुधार के लिए वकालत, राष्ट्रीय और अंतरराष्ट्रीय कानूनी ढांचे पर जन जागरूकता बढ़ाने और क्षमता निर्माण या संस्थानों में सुधार शामिल हो सकते हैं।
4. **भ्रष्टाचार विरोधी**
   - भ्रष्टाचार से लड़ने में, गुड गवर्नेंस के प्रयास भ्रष्टाचार विरोधी उपायों को आकार देने के लिए जवाबदेही, पारदर्शिता और भागीदारी जैसे सिद्धांतों पर निर्भर करते हैं।
   - पहलों में भ्रष्टाचार विरोधी आयोगों जैसे संस्थानों की स्थापना, **सूचना-साझाकरण तंत्र बनाना** और सरकारों के सार्वजनिक निधियों के उपयोग और नीतियों के कार्यान्वयन की निगरानी करना शामिल हो सकता है।

2022 के लिए डिजिटल गवर्नेंस के लिए राष्ट्रीय ई-गवर्नेंस पुरस्कार प्रदान किए गए

गुड गवर्नेंस देश की प्रगति की कुंजी है। **"अधिकतम गवर्नेंस और न्यूनतम सरकार"** प्राप्त करने के लिए गवर्नेंस संरचना को अधिक पारदर्शी, कुशल और नागरिक अनुकूल बनाने के लिए निम्नलिखित उपाय किए गए हैं।

गुड गवर्नेंस सप्ताह–2022

- 19–25 दिसंबर 2022 तक सुशासन सप्ताह के दौरान जन शिकायतों के निवारण और लोगों को उनके दरवाजे पर सेवाएं प्रदान करने के उद्देश्य से "प्रशासन गांव की ओर" पर एक राष्ट्रव्यापी अभियान आयोजित किया गया था।

लंबित मामलों के निपटान पर विशेष अभियान (एससीडीपीएम)

- स्वच्छता और सरकारी कार्यालयों में लंबित मामलों को कम करने के लिए 2 से 31 अक्टूबर 2022 तक देश भर में केंद्र सरकार के अन्तर्गत 1 लाख से अधिक कार्यालयों और विदेशों में भारतीय मिशनों और चौकियों पर विशेष अभियान 2.0 सफलतापूर्वक आयोजित किया गया था।

नागरिकों की आवाज की सशक्तिकरण–लोक शिकायतों का निवारण

- 2022 में, सीपीग्राम पर 17.50 लाख शिकायतें प्राप्त हुई, जिनमें से 96.94% का निपटान केंद्रीय मंत्रालयों/विभागों का औसत निपटान समय पर किया गया।
- सभी 90 केंद्रीय मंत्रालयों/विभागों को सीपीग्राम 7.0 पर ऑन–बोर्ड कर दिया गया है, जिससे ऑटो–फॉरवर्डिंग, तेज संचालन और शिकायतों का कुशल निवारण सक्षम हो गया है। नागरिकों से सीधे फीडबैक लेने के लिए सीपीजीआरएएमएस पर फीडबैक कॉल सेंटर स्थापित किया गया है।
- एआई/एमएल तकनीक का लाभ उठाने वाला एक इंटेलिजेंट शिकायत प्रबंधन डैशबोर्ड विकसित किया गया है, और रणनीतिक निर्णय लेने और नीतिगत सुधारों को सक्षम करने वाली एक विश्लेषणात्मक अंतर्दृष्टि बनाने के लिए एक डेटा रणनीति इकाई की स्थापना की गई।

बेंच–मार्किंग गवर्नेंस

- 10 शासन क्षेत्रों और 58 संकेतकों को शामिल करते हुए जम्मू और कश्मीर के लिए पहला जिला गुड गवर्नेंस सूचकांक (डीजीजीआई) 22 जनवरी 2022 को जारी किया गया था। प्रशासन और गवर्नेंस के लिए बुनियादी इकाई, जिलों में शासन की बेंचमार्किंग का यह पहला प्रयास था।
- नेशनल ई–गवर्नेंस सर्विस डिलीवरी असेसमेंट (एनईएसडीए) जून 2022 में जारी किया गया था। एनईएसडीए फ्रेमवर्क राज्यों/केंद्र शासित प्रदेशों और केंद्रीय मंत्रालयों के ई–सर्विस डिलीवरी एप्लिकेशन की प्रभावशीलता का आकलन करता है।

विजन इंडिया/2047 डीएआरपीजी

- डीएआरपीजी ने गवर्नेंस पर विजन इंडिया @2047 का रोडमैप तैयार करने के लिए वर्किंग ग्रुप और एडवाइजरी ग्रुप का गठन किया।
- इसने युवा सिविल सेवकों, युवा संकाय और उद्यमियों **को शामिल करके ऊर्जा, स्वास्थ्य देखभाल, बुनियादी ढांचे, शिक्षा, पानी, शहरीकरण, ग्रामीण विकास और फिनटेक में शासन के 10 विषयगत क्षेत्रों में भविष्योन्मुखी भारत के लिए लक्ष्यों को तैयार करने के लिए आईआईटी मद्रास के साथ सहयोग किया।**

भारत का गुड गवर्नेंस सूचकांक

- गुड गवर्नेंस सूचकांक, जीजीआई 2021 फ्रेमवर्क में दस **क्षेत्र और 58 संकेतक शामिल हैं।** जीजीआई 2020–21 क्षेत्र **कृषि और संबद्ध क्षेत्र, वाणिज्य और उद्योग, मानव संसाधन विकास, सार्वजनिक स्वास्थ्य, सार्वजनिक अवसंरचना** और उपयोगिताएँ, आर्थिक शासन, कल्याण और विकास, न्यायिक और जन सुरक्षा, पर्यावरण और नागरिक–केंद्रित शासन हैं।
- **गुजरात, महाराष्ट्र और गोवा दस क्षेत्रों को कवर करते हुए समग्र सूची में शीर्ष पर हैं।** गुजरात ने दस क्षेत्रों में से 5 में जोरदार प्रदर्शन किया है: ये हैं आर्थिक शासन, मानव संसाधन विकास, सार्वजनिक बुनियादी ढांचा और उपयोगिताओं, सामाजिक कल्याण और विकास, न्यायपालिका और जन सुरक्षा।
- गुड गवर्नेंस सूचकांक 2021 के अनुसार **उत्तर प्रदेश ने** जीजीआई 2019 के प्रदर्शन की तुलना में 8.9% की वृद्धिशील वृद्धि दिखाई है। **वाणिज्य और उद्योग क्षेत्र में यूपी ने शीर्ष स्थान हासिल किया है और समाज कल्याण और विकास और न्यायपालिका और जन सुरक्षा में भी वृद्धि दिखाई है।**
- **लोक शिकायत निवारण सहित नागरिक केन्द्रित गवर्नेंस में भी उत्तर प्रदेश ने अच्छा प्रदर्शन किया है।**

उत्तर प्रदेश का गुड गवर्नेंस सूचकांक

सभी दस क्षेत्रों के लिए, **निम्नलिखित जिलों की पहचान शीर्ष पांच उपलब्धिकर्ताओं के रूप में की गई:**

- कृषि और संबद्ध क्षेत्र में उपलब्धि हासिल करने वाले शीर्ष पांच जिले **अलीगढ़, बुलंदशहर, हरदोई, गोरखपुर और आगरा थे।**

- उद्योग और वाणिज्य क्षेत्र में शीर्ष पांच उपलब्धिकर्ता जिले गौतमबुद्ध नगर, गाजियाबाद, लखनऊ, आगरा और कानपुर नगर थे।
- मानव संसाधन विकास क्षेत्र में उपलब्धि हासिल करने वाले शीर्ष पांच जिले अंबेडकर नगर, सोनभद्र, सुल्तानपुर, बिजनौर और महोबा थे।
- सार्वजनिक स्वास्थ्य क्षेत्र में उपलब्धि हासिल करने वाले शीर्ष पांच जिले चित्रकूट, श्रावस्ती, सहारनपुर, बलरामपुर और बहराइच थे।
- सार्वजनिक अवसंरचना और उपयोगिता क्षेत्र में उपलब्धि हासिल करने वाले शीर्ष पाँच जिले गाजियाबाद, लखनऊ, वाराणसी, मेरठ और हापुड़ थे।
- आर्थिक गवर्नेंस और वित्तीय समावेशन क्षेत्र में उपलब्धि हासिल करने वाले शीर्ष पांच जिले गौतमबुद्ध नगर, भदोही, वाराणसी, गोरखपुर और आगरा थे।
- समाज कल्याण और विकास क्षेत्र में उपलब्धि हासिल करने वाले शीर्ष पांच जिले गौतम बुद्ध नगर, सुल्तानपुर, मुरादाबाद, कौशांबी और प्रयागराज थे।
- न्यायपालिका और सार्वजनिक सुरक्षा क्षेत्र में, उपलब्धि हासिल करने वाले शीर्ष पांच जिले आजमगढ़, ललितपुर, अंबेडकर नगर, बिजनौर और देवरिया थे।
- पर्यावरण के क्षेत्र में उपलब्धि हासिल करने वाले शीर्ष पांच जिले जालौन, चित्रकूट, प्रयागराज, महोबा और सहारनपुर थे। नागरिक केंद्रित गवर्नेंस क्षेत्र में, शीर्ष पांच उपलब्धि हासिल करने वाले जिले शामली, मुजफ्फरनगर, मुरादाबाद, हापुड़ और अमेठी थे।

उत्तर प्रदेश में गुड गवर्नेंस की सफलता की कुछ कहानियां

- **मिशन शक्तिः** यूपी सरकार द्वारा महिलाओं की सुरक्षा, सम्मान और आत्मनिर्भरता के लिए चलाई जा रही महत्वाकांक्षी योजना, जिसके माध्यम से महिलाओं और लड़कियों को जिले के सभी पुलिस स्टेशनों में महिला कर्मियों द्वारा विभिन्न आपातकालीन सेवाएं के बारे में जागरूक किया जाता है, इसके साथ ही महिलाओं से संबंधित शिकायतों को दर्ज कराने के लिए जगह–जगह **पिंक बूथ** स्थापित किए गए हैं। इसके लिए कार्ड भी बांटे जा रहे हैं।
- **यूपी 112:** किसी घटना की सूचना मिलते ही उपलब्ध कार्मिक आवश्यक सहायता प्रदान करने के लिए एक बहुत कम प्रतिक्रिया समय के भीतर घटनास्थल पर पहुंच जाते हैं। यह यूपी 112 के माध्यम से पुलिस प्रतिक्रिया वाहन उपलब्ध कराकर संभव बनाया गया है। विभिन्न मौजूदा हेल्पलाइन नंबरों के बारे में महिलाओं और लड़कियों को जागरूक करने के लिए महिला कांस्टेबल विभिन्न शैक्षणिक संस्थानों, ग्राम सभाओं और इलाकों में जाकर जानकारी देती हैं।

"जन स्वास्थ्य" कोविड नियंत्रण प्रणाली

- मार्च 2020 में, जब पूरी दुनिया वैश्विक महामारी कोविड–19 से प्रभावित थी, लखनऊ में प्रदेश का पहला मामला दर्ज किया गया। अपनी विविधता, समृद्ध शहरी आबादी, एक अंतरराष्ट्रीय नेटवर्क और देश के विभिन्न क्षेत्रों के साथ सीधे संपर्क के कारण, लखनऊ कोविड–19 से सबसे अधिक प्रभावित जिलों में से एक बन गया।

भ्रष्टाचार उन्मूलन

भ्रष्टाचार सत्ता के पदों पर बैठे लोगों का बेईमान आचरण है। भ्रष्टाचार का अर्थ, विशेष रूप से उन लोगों द्वारा जो सरकार में हैं और, व्यक्तिगत लाभ के लिए, या तो आर्थिक लाभ के लिए या किसी पक्ष के लिए सत्ता के दुरुपयोग करते हैं। यह प्रशासनिक आचरण और व्यवहार में अवैधता, अनैतिकता, व्यक्तिपरकता, असमानता, अन्याय, बर्बादी, अक्षमता और असंगति को बढ़ावा देता है।

ट्रांसपेरेंसी इंटरनेशनल द्वारा जारी किए गए 2022 करप्शन परसेप्शन इंडेक्स के अनुसार, भारत 180 देशों में से 85वां सबसे कम भ्रष्ट देश है।

भ्रष्टाचार उन्मूलन एक जटिल और बहुपक्षीय चुनौती है इसके लिए सरकारी संगठनों और आम जनता सहित कई हितधारकों से ठोस प्रयासों की आवश्यकता होती है।

भ्रष्टाचार के कारण

- **पारदर्शिता और उत्तरदायित्व की कमीः** जब सरकारी प्रक्रियाओं में निर्णय लेने में पारदर्शिता की कमी होती है, तो यह भ्रष्टाचार के लिए अनुकूल वातावरण बनाता है। अपर्याप्त जवाबदेही तंत्र भी भ्रष्ट प्रथाओं में योगदान कर सकते हैं।
- **कमजोर विधिक और नियामक ढांचेः** अपर्याप्त कानून, नियम और प्रवर्तन तंत्र भ्रष्टाचार के लिए स्थान और अवसर पैदा कर सकते हैं। कमजोर दंड और धीमी न्यायिक प्रक्रिया व्यक्तियों को भ्रष्ट प्रथाओं में शामिल होने से रोकने में विफल हो सकती है।

- **गरीबी और असमानता:** गरीबी, आय असमानता और बुनियादी सेवाओं तक पहुंच की कमी जैसे सामाजिक आर्थिक कारक भ्रष्टाचार में योगदान कर सकते हैं। जब लोग अपनी बुनियादी जरूरतों को पूरा करने के लिए संघर्ष करते हैं, तो वे नौकरशाही बाधाओं को दूर करने या आवश्यक सेवाएं पाने के लिए रिश्वतखोरी या अन्य भ्रष्ट प्रथाओं का सहारा ले सकते हैं।
- **सत्ता का दुरुपयोग:** अधिकार प्राप्त पदों का, चाहे सार्वजनिक क्षेत्र में हो या निजी क्षेत्र में, व्यक्तिगत लाभ के लिए दुरुपयोग किया जा सकता है। भ्रष्टाचार तब हो सकता है जब व्यक्ति अपने अधिकार का दुरुपयोग करते हैं, भाई–भतीजावाद में लिप्त होते हैं, या रिश्वत या घूस लेने की कोशिश करते हैं।
- **सांस्कृतिक कारक:** कुछ सांस्कृतिक मानदंड और प्रथाएं जो भ्रष्टाचार को सहन करते हैं या प्रोत्साहित करते हैं, भ्रष्ट व्यवहारों को जारी रख सकते हैं। इन मानदंडों में पक्षपात, ग्राहकवाद, या अवैध भुगतान की अपेक्षा शामिल हो सकती है।

उत्तर प्रदेश में सरकार ने भ्रष्टाचार पर अंकुश लगाने के लिए कई पहल की हैं। कुछ उल्लेखनीय उदाहरण यहाँ दिए गए हैं:

- **भ्रष्टाचार निरोधक ब्यूरो (एसीबी):** उत्तर प्रदेश सरकार ने भ्रष्टाचार के मामलों की जांच करने और भ्रष्ट आचरण में लिप्त सरकारी अधिकारियों के खिलाफ उचित कार्रवाई करने के लिए एक भ्रष्टाचार निरोधक ब्यूरो की स्थापना की है।
- **व्हिसल ब्लोअर संरक्षण:** राज्य सरकार ने भ्रष्टाचार की रिपोर्ट करने वाले व्हिसल ब्लोअर की सुरक्षा के लिए उपाय लागू किए हैं। इसमें उनकी जानकारी गुप्त रखने के प्रावधान और उत्पीड़न या प्रतिशोध के खिलाफ सुरक्षा उपाय शामिल हैं।
- **पारदर्शिता और जवाबदेही सुधार:** सरकारी कामकाज में पारदर्शिता और जवाबदेही बढ़ाने की पहल शुरू की गई है। इसमें डिजिटाइजिंग प्रक्रियाएं, सार्वजनिक सेवाओं के लिए ऑनलाइन पोर्टल, और मानव हस्तक्षेप को कम करने और भ्रष्टाचार के अवसरों को कम करने के लिए प्रौद्योगिकी का उपयोग करना शामिल है।
- **नागरिक चार्टर्स:** सरकार ने नागरिक चार्टर्स की शुरुआत की है जो सरकारी विभागों के साथ काम पड़ने पर नागरिकों के अधिकारों और हकदारियों को रेखांकित करते हैं। ये चार्टर सेवा प्रदायगी में पारदर्शिता, दक्षता और जवाबदेही को बढ़ावा देते हैं।
- **लोक शिकायत निवारण:** उत्तर प्रदेश सरकार ने जनता की शिकायतों और समस्याओं को तुरंत दूर करने के लिए शिकायत निवारण तंत्र स्थापित किया है। यह जवाबदेही सुनिश्चित करके और नागरिकों के सामने आने वाली समस्याओं को हल करके भ्रष्टाचार पर अंकुश लगाने में मदद करता है।
- **ई-टेंडरिंग:** राज्य सरकार ने ठेकों और खरीद के लिए ई–टेंडरिंग प्रक्रिया लागू की है। डिजिटलीकरण की इस पहल का उद्देश्य पारदर्शिता और निष्पक्ष प्रतिस्पर्धा को बढ़ावा देकर और रिश्वतखोरी के अवसरों को समाप्त करके भ्रष्टाचार को कम करना है।

यह ध्यान रखना महत्वपूर्ण है कि इन पहलों की प्रभावशीलता भिन्न हो सकती है, और भ्रष्टाचार को रोकने के लिए सरकार के प्रयास एक सतत प्रक्रिया है जिसके लिए निरंतर मूल्यांकन, संस्थाओं को मजबूत करने और नागरिकों और नागरिक समाज संगठनों की सामूहिक भागीदारी की आवश्यकता होती है।

यहाँ कुछ प्रमुख उपाय दिए गए हैं जो भ्रष्टाचार के उन्मूलन में योगदान कर सकते हैं:

- **पादर्शी और उत्तरदायी गवर्नेंस:** सरकारों को अपने कामकाज में पारदर्शिता और उत्तरदायित्व को प्राथमिकता देनी चाहिए। इसमें मजबूत भ्रष्टाचार विरोधी उपायों को लागू करना, खुली और निष्पक्ष खरीद प्रक्रियाओं को बढ़ावा देना, वित्तीय प्रबंधन प्रणालियों को मजबूत करना और लोक अधिकारियों की सत्यनिष्ठा सुनिश्चित करना शामिल है।
- **प्रभावी विधायन और प्रवर्तन:** सरकारों को व्यापक भ्रष्टाचार विरोधी कानून बनाने और इसके प्रभावी प्रवर्तन को सुनिश्चित करने की आवश्यकता है। इसमें भ्रष्टाचार के खिलाफ कड़े कानून, व्हिसल ब्लोअर सुरक्षा, स्वतंत्र जांच एजेंसियां और भ्रष्ट व्यक्तियों को जवाबदेह ठहराने के लिए एक निष्पक्ष और कुशल न्यायिक प्रणाली शामिल है।
- **संस्थाओं को मजबूत बनाना:** भ्रष्टाचार का मुकाबला करने के लिए मजबूत और स्वतंत्र संस्थाओं का निर्माण महत्वपूर्ण है। इसमें लोकपाल संस्थाओं (जैसे, लोकायुक्त), भ्रष्टाचार विरोधी आयोगों और कानून प्रवर्तन एजेंसियों के भीतर विशेष भ्रष्टाचार विरोधी इकाइयों जैसे भ्रष्टाचार विरोधी निकायों की स्थापना और उन्हें सशक्त बनाना शामिल है। इन संस्थाओं के पास पर्याप्त संसाधन, स्वायत्तता और भ्रष्टाचार के मामलों की जांच और मुकदमा चलाने की क्षमता होनी चाहिए।

- **पारदर्शिता और सूचना तक पहुंच को बढ़ावा देना:** सरकारों को बजट, सार्वजनिक खरीद और निर्णय लेने की प्रक्रियाओं से संबंधित जानकारी को सक्रिय रूप से प्रकट करके प्रशासन में पारदर्शिता को बढ़ावा देना चाहिए। सूचना के अधिकार कानूनों को लागू करने और प्रवर्तन करने से नागरिकों को जानकारी प्राप्त करने और लोक अधिकारियों को उत्तरदायी ठहराने में मदद मिलती है।
- **व्हिसल ब्लोइंग और संरक्षण को प्रोत्साहित करना:** व्हिसल ब्लोइंग तंत्र के माध्यम से भ्रष्टाचार की रिपोर्ट करने के लिए लोगों को प्रोत्साहित करना आवश्यकता है। सरकारों को भ्रष्टाचार की रिपोर्ट करने के लिए सुरक्षित और गोपनीय चैनल स्थापित करने चाहिए, मुखबिरों को कानूनी सुरक्षा प्रदान करनी चाहिए और उनके द्वारा दर्ज करायी गयी शिकायतों की त्वरित और प्रभावी जांच सुनिश्चित करनी चाहिए।
- **नैतिक और सत्यनिष्ठा को बढ़ावा देना:** नैतिकता और सत्यनिष्ठा की संस्कृति को बढ़ावा देना भ्रष्टाचार को रोकता है। इसमें नैतिक आचरण को बढ़ावा देना, लोक अधिकारियों के लिए नैतिक मानकों पर प्रशिक्षण प्रदान करना और सार्वजनिक और निजी दोनों क्षेत्रों में सत्यनिष्ठा की संस्कृति को बढ़ावा देना शामिल है।
- **अंतर्राष्ट्रीय सहयोग:** भ्रष्टाचार उन्मूलन के लिए देशों के बीच साझेदारी और सहयोग आवश्यक है, विशेष रूप से अंतरराष्ट्रीय रिश्वतखोरी और मनी लॉन्ड्रिंग के मामलों में सरकारों को अंतर्राष्ट्रीय पहलों में सक्रिय रूप से भाग लेना चाहिए और भ्रष्टाचार का मुकाबला करने के लिए मिलकर काम करना चाहिए, सर्वोत्तम प्रथाओं को साझा करना चाहिए और चोरी की संपत्तियों को जब्त करना चाहिए।
- **जन जागरूकता और भागीदारी:** भ्रष्टाचार के नकारात्मक प्रभावों के बारे में जन जागरूकता बढ़ाना और भ्रष्टाचार विरोधी प्रयासों में नागरिकों को शामिल करना महत्वपूर्ण है। सरकारों और नागरिक समाज संगठनों को जागरूकता अभियान चलाना चाहिए, नागरिक शिक्षा को बढ़ावा देना चाहिए और गवर्नेंस प्रक्रियाओं में जन भागीदारी को प्रोत्साहित करना चाहिए।

यह नोट करना महत्वपूर्ण है कि भ्रष्टाचार उन्मूलन एक दीर्घकालिक और सतत प्रक्रिया है जिसके लिए निरंतर प्रतिबद्धता, राजनीतिक इच्छाशक्ति और सभी हितधारकों के सामूहिक प्रयासों की आवश्यकता होती है।

- **विधिक ढांचे को मजबूत बनाना:** भ्रष्टाचार विरोधी कड़े कानूनों और विनियमों को बनाना और लागू करना। इसमें विशेष भ्रष्टाचार विरोधी अदालतों की स्थापना, भ्रष्टाचार के अपराधों के लिए दंड बढ़ाना और त्वरित और निष्पक्ष जांच सुनिश्चित करना शामिल है।
- **जन जागरूकता अभियान:** नागरिकों को उनके अधिकारों, भ्रष्टाचार के नकारात्मक प्रभावों और भ्रष्टाचार की सूचना देने के लिए उपलब्ध तंत्र के बारे में शिक्षित करने के लिए जागरूकता अभियान चलाना । यह नागरिकों को भ्रष्टाचार के खिलाफ लड़ाई में सक्रिय रूप से भाग लेने के लिए सशक्त बनाता है।
- **डिजिटलीकरण और ई-गवर्नेंस:** नागरिकों और सरकारी अधिकारियों के बीच सीधे संपर्क को कम करने के लिए डिजिटल तकनीकों और ई-गवर्नेंस पहलों के उपयोग को बढ़ावा देना, जिससे भ्रष्टाचार के अवसरों को कम किया जा सके। इसमें सरकारी प्रक्रियाओं को स्वचालित करना और कर भुगतान, लाइसेंस नवीनीकरण और सार्वजनिक प्रापण जैसी सेवाओं के लिए ऑनलाइन प्लेटफॉर्म की शुरुआत शामिल है। जैसे, **ई-न्यायालय, ई-कराधान आदि**
- **स्वतंत्र भ्रष्टाचार विरोधी एजेंसियां:** भ्रष्टाचार के मामलों की जांच और मुकदमा चलाने के लिए पर्याप्त संसाधनों, जांच शक्तियों और स्वायत्तता के साथ स्वतंत्र और सशक्त भ्रष्टाचार विरोधी एजेंसियों की स्थापना करना । ये एजेंसियां भ्रष्ट प्रथाओं का पता लगाने और उन्हें दंडित करने में महत्वपूर्ण भूमिका निभाती हैं। **जैसे, लोकायुक्त।**

निवारण नीति

निवारण नीति, जिसे शिकायत निवारण नीति या शिकायत निष्पादन नीति के रूप में भी जाना जाता है, लोगों या संस्थाओं द्वारा उठाई गई शिकायतों या समस्याओं को दूर करने के लिए प्रक्रियाओं और तंत्रों की रूपरेखा तैयार करती है। यह निष्पक्ष, पारदर्शी और समय पर समस्याओं को निष्पादित और हल करने के लिए एक ढांचा प्रदान करती है। निवारण नीति के विशिष्ट विवरण संगठन या संस्था के आधार पर भिन्न हो सकते हैं, लेकिन कुछ सामान्य तत्वों में निम्नलिखित शामिल हैं

- **शिकायत की परिभाषा:** नीति को स्पष्ट रूप से परिभाषित करना चाहिए कि शिकायत या समस्या क्या है, जिसमें उन मुद्दों के प्रकार शामिल हैं जिन्हें उठाया जा सकता है और वे पक्ष भी शामिल हैं जो शिकायत दर्ज करने के लिए पात्र हैं।

- **शिकायत दर्ज करने के चैनल:** नीति में उन उपलब्ध चैनलों को निर्दिष्ट करना चाहिए जिनके माध्यम से लोग अपनी शिकायत दर्ज कर सकते हैं। इसमें निर्दिष्ट ईमेल पते, शिकायत प्रपत्र, हेल्पलाइन नंबर या ऑनलाइन पोर्टल शामिल हो सकते हैं। यह सुनिश्चित करना महत्वपूर्ण है कि शिकायत दर्ज करने की प्रक्रिया आसानी से सुलभ और प्रयोक्ता अनुकूल हो।
- **शिकायत निपटान प्रक्रिया:** नीति में शिकायत निपटान हेतु चरण-दर-चरण प्रक्रिया की रूपरेखा होनी चाहिए। इसमें आम तौर पर शिकायतकर्ता को परिणाम की स्वीकृति, जांच, प्रस्ताव और संचार के चरण शामिल होते हैं। इसमें प्रत्येक चरण के लिए अपेक्षित समय सीमा भी शामिल होनी चाहिए।
- **गोपनीयता और डेटा संरक्षण:** नीति को शिकायत निपटान प्रक्रिया की गोपनीयता और डेटा संरक्षण पहलुओं को संबोधित करना चाहिए। इसे शिकायतकर्ताओं की निजता और गोपनीयता और प्रक्रिया के दौरान साझा की गई किसी भी व्यक्तिगत या संवेदनशील जानकारी की सुरक्षा सुनिश्चित करनी चाहिए।
- **स्वतंत्र और निष्पक्ष व्यवहार:** नीति में शिकायतकर्ताओं के स्वतंत्र और निष्पक्ष व्यवहार के महत्व पर जोर दिया जाना चाहिए। इसे नैसर्गिक न्याय के सिद्धांतों को रेखांकित करना चाहिए और यह सुनिश्चित करना चाहिए कि शिकायतों की निष्पक्ष और पूर्वाग्रह के बिना जांच की जाए।
- **एस्केलेशन और अपील:** यदि कोई शिकायतकर्ता प्रारंभिक समाधान से संतुष्ट नहीं है तो नीति को एस्केलेशन प्रक्रिया के बारे में जानकारी प्रदान करनी चाहिए। इसमें उन कदमों और प्राधिकारियों की रूपरेखा होनी चाहिए जिनसे अपील की जा सकती है।
- **रिकॉर्ड कीपिंग और दस्तावेजीकरण:** नीति में शिकायत के दस्तावेजीकरण, जांच और समाधान प्रक्रियाओं सहित शिकायतों के रिकॉर्ड अनुरक्षण आवश्यकताओं को निर्दिष्ट करना चाहिए। इससे शिकायतों की प्रगति पर नजर रखने, पैटर्न का विश्लेषण करने और समय के साथ निवारण प्रक्रिया में सुधार करने में मदद मिलती है।
- **समीक्षा और सुधार:** नीति में निवारण प्रक्रिया की आवधिक समीक्षा और मूल्यांकन के प्रावधान शामिल होने चाहिए। यह सुधार के लिए क्षेत्रों की पहचान करने, प्रणालीगत मुद्दों को संबोधित करने और शिकायत निवारण तंत्र की प्रभावशीलता सुनिश्चित करने में मदद करता है।

शिकायतों को दूर करने के लिए उपलब्ध प्रक्रियाओं के बारे में जागरूकता और समझ सुनिश्चित करने के लिए संगठनों और संस्थानों को कर्मचारियों, ग्राहकों, या प्रयोक्ताओं सहित हितधारकों को अपनी निवारण नीति के बारे में बताने की आवश्यकता है।

उत्तर प्रदेश में, एक प्रभावी निवारण नीति को लागू करने में कई चुनौतियाँ हैं। कुछ प्रमुख चुनौतियों में शामिल हैं:

- **अकुशल शिकायत प्रबंधन:** शिकायतों को निपटाने और समय पर समाधान प्रदान करने में अक्सर दक्षता की कमी होती है। यह नौकरशाही विलंब, जवाबदेही की कमी और लंबित मामलों के बैकलॉग के कारण हो सकता है।
- **अभिगम्यता:** निवारण तंत्र तक पहुंच एक महत्वपूर्ण चुनौती है, विशेष रूप से हाशिए पर रहने वाले समुदायों और ग्रामीण क्षेत्रों के लिए। शिकायत दर्ज कराने के लिए लोगों को शिकायत केंद्रों तक पहुंचने या लंबी दूरी की यात्रा करने में कठिनाइयों का सामना करना पड़ सकता है।
- **भ्रष्टाचार और राजनीतिक हस्तक्षेप:** भ्रष्टाचार और राजनीतिक हस्तक्षेप निवारण प्रक्रिया की प्रभावशीलता और निष्पक्षता को कमजोर कर सकते हैं। यह पक्षपातपूर्ण निर्णय की ओर ले जा सकता है और आम नागरिकों के लिए न्याय में बाधा उत्पन्न कर सकता है।
- **जागरूकता की कमी:** प्रमुख चुनौतियों में से एक आम जनता के बीच उपलब्ध निवारण तंत्र के बारे में जागरूकता की कमी है। बहुत से लोग अपने अधिकारों और शिकायतों को दर्ज करने या निवारण की प्रक्रिया के बारे में नहीं जानते हैं।

इन चुनौतियों का समाधान करने और उत्तर प्रदेश में निवारण नीति में सुधार करने के लिए, यहाँ कुछ नवीन उपाय दिए गए हैं जिन पर विचार किया जा सकता है:

- **प्रौद्योगिकी-सक्षम निवारण:** निवारण प्रक्रिया को सुव्यवस्थित करने और इसे अधिक सुलभ बनाने के लिए प्रौद्योगिकी का लाभ उठाना। इसमें ऑनलाइन शिकायत पोर्टल, मोबाइल एप्लिकेशन और टोल-फ्री हेल्पलाइन स्थापित करना शामिल हो सकता है ताकि लोग शिकायत दर्ज करा सकें और उसकी अद्यतन स्थिति की आसानी से निगरानी कर सकें।
- **फास्ट-ट्रैक समाधान तंत्र:** तत्काल और महत्वपूर्ण मामलों के समाधान को प्राथमिकता देने और तेजी से निपटाने के लिए फास्ट ट्रैक समाधान तंत्र स्थापित करना। यह लंबित मामलों बैकलॉग को कम करने में मदद कर सकता है और पीड़ित पक्षों को समय पर न्याय प्रदान कर सकता है।

- **जन जागरूकता अभियानः** नागरिकों को उनके अधिकारों, उपलब्ध निवारण तंत्र और शिकायत दर्ज करने की प्रक्रियाओं के बारे में शिक्षित करने के लिए व्यापक जन जागरूकता अभियान शुरू करना। यह टीवी, रेडियो, सोशल मीडिया और सामुदायिक आउटरीच कार्यक्रमों जैसे विभिन्न माध्यमों से किया जा सकता है।
- **स्वतंत्र निरीक्षण निकायः** निवारण प्रक्रिया में पारदर्शिता, जवाबदेही और निष्पक्षता सुनिश्चित करने के लिए एक स्वतंत्र निरीक्षण निकाय की स्थापना करना। यह निकाय विभिन्न निवारण एजेंसियों के कामकाज की निगरानी कर सकता है और किसी भी कदाचार या भ्रष्टाचार के मामले में उचित कार्रवाई कर सकता है।
- **व्हिसल ब्लोअर सुरक्षा को मजबूत करनाः** लोगों को प्रतिशोध के डर के बिना भ्रष्टाचार या कदाचार की रिपोर्ट करने के लिए प्रोत्साहित करने के लिए मजबूत व्हिसल ब्लोअर सुरक्षा तंत्र को लागू करना। इससे भ्रष्टाचार पर अंकुश लगाने और निष्पक्ष निवारण प्रक्रिया सुनिश्चित करने में मदद मिल सकती है।
- **क्षमता निर्माणः** निवारण प्रक्रिया में शामिल अधिकारियों के लिए प्रशिक्षण और क्षमता निर्माण कार्यक्रम आरंभ करना। इसमें हाशिए पर पड़े समुदायों की जरूरतों के बारे में उन्हें संवेदनशील बनाना, उनके संचार और विवाद-समाधान कौशल में सुधार करना और प्रयोक्ता-केंद्रित दृष्टिकोण को शामिल करना शामिल है।
- **सामुदायिक भागीदारीः** निवारण में नागरिक समाज संगठनों, सामुदायिक नेताओं और स्थानीय स्वशासन संस्थानों की सक्रिय भागीदारी को प्रोत्साहित करना। इससे यह सुनिश्चित करने में मदद मिल सकती है कि समाज के विभिन्न वर्गों की चिंताओं को पर्याप्त रूप से संबोधित किया जाए और निवारण तंत्र के सामुदायिक स्वामित्व को बढ़ावा दिया जाए।

इन चुनौतियों का समाधान करके और नवीन उपायों को लागू करके, उत्तर प्रदेश अपनी निवारण नीति में सुधार कर सकता है, जनता का विश्वास बढ़ा सकता है और शिकायतों का समय पर और उचित समाधान सुनिश्चित कर सकता है।

दायरा

- शिकायत एक निश्चित प्रकार का असंतोष है जो एक कार्रवाई या इसके न होने से उत्पन्न होता है जिससे कर्मचारी को कुशलतापूर्वक कार्य करने में सक्षम बनाने के लिए संबोधित करने की आवश्यकता होती है। मोटे तौर पर, इसे संगठन के किसी भी पहलू से असंतोष या असंतुष्ट कहा जा सकता है।
- कोई कर्मचारी अपने रोजगार से संबंधित किसी भी मामले की शिकायत कर सकता है। इसमें निम्नलिखित शामिल हो सकते हैं लेकिन यह नीचे सूचीबद्ध लोगों तक ही सीमित नहीं है:
- उनके पद के कर्तव्य।
- रोजगार की स्थानीय रूप से सहमत नियम और शर्तें।
- काम करने की स्थिति और वातावरण।
- विभागीय प्रक्रिया, छुट्टी आदि।
- कार्यस्थल उत्पीड़न का कोई उदाहरण।

प्रक्रिया

अनौपचारिक चरण

- कर्मचारी को, सर्वप्रथम मामले में, अपनी लाइन प्रबंधक/केंद्र प्रमुख के पास मौखिक रूप से शिकायत करनी चाहिए। यदि प्रतिक्रिया संतोषजनक नहीं है, तो शिकायत को मानव संसाधन प्रमुख को सूचना के साथ कार्यकारी निदेशक/उप कार्यकारी निदेशक के पास भेजा जा सकता है।
- यदि शिकायत में लाइन मैनेजर शामिल है, तो कर्मचारी को केंद्र प्रमुख/कार्यकारी निदेशक/उप कार्यकारी निदेशक से संपर्क करने की आवश्यकता होती है।
- यदि कोई केंद्र प्रमुख शिकायत करना चाहता है तो उसे अपने लाइन प्रबंधक, उप कार्यकारी निदेशक, या कार्यकारी निदेशक जिसकी कार्रवाई या निर्णय के कारण शिकायत उत्पन्न हुई है, मौखिक रूप से ऐसा करना चाहिए।
- चर्चा के माध्यम से शिकायत के सफल समाधान के अभाव में, एक औपचारिक लिखित शिकायत को शिकायत समाधान समिति को भेजा जा सकता है, और उसकी प्रति मानव संसाधन प्रमुख को भेजी जा सकती है।

औपचारिक चरण

- यदि शिकायत, लिखित शिकायत या शिकायत पत्र के द्वारा हल करने में सफल नहीं होता है तो मामले को अनौपचारिक स्तर पर उठाए जाने के 14 कार्य दिवसों के भीतर शिकायत समाधान समिति को अग्रेषित किया जाना चाहिए।

द्वितीय एआरसी की सिफारिशें

- संगठन में एक मजबूत और प्रभावी आंतरिक शिकायत निवारण तंत्र की आवश्यकता,
- सरकार को उन संबंधित क्षेत्रों का विश्लेषण करना चाहिए जिनमें हस्तक्षेप की आवश्यकता,
- लोक अदालत का सदुपयोग करना,
- उचित राज्य- समाज सहयोग की आवश्यकता,
- शिकायत निवारण तंत्र में महिलाओं और दिव्यांगों की भागीदारी।

उत्तर प्रदेश में निवारण नीति

समाधान

- यह उत्तर प्रदेश में सभी हितधारकों को शामिल करते हुए नवीनतम तकनीक का उपयोग करके गुड गवर्नेंस के लक्ष्य को प्राप्त करने हेतु शिकायत निवारण के लिए एक एकीकृत प्रणाली है।
- एक नागरिक स्वतंत्र रूप से और आसानी से शिकायत दर्ज कर सकता है, सभी महत्वपूर्ण प्लेटफार्मों पर दर्ज की गई शिकायतों की निगरानी कर सकता है और गुणवत्ता और समय के मामले में अपनी संतुष्टि के अनुसार उत्तर प्राप्त कर सकता है।

जनसुनवाई-समाधान एंड्रॉइड एप्लिकेशन

- समाधान एंड्रॉइड ऐप को मोबाइल गवर्नेंस के लक्ष्य को प्राप्त करने के लिए विकसित किया गया है।
- यह मोबाइल ऐप नागरिकों को स्वतंत्र रूप से और सुगमता से शिकायत दर्ज करने और उनकी निगरानी करने की सुविधा देता है। विभागीय अधिकारी भी इस ऐप के माध्यम से उन्हें भेजी जाने वाली शिकायतों को आसानी से खोज सकते हैं और उन पर काम कर सकते हैं।

एंटी-करप्शन पोर्टल, उत्तर प्रदेश सरकार

- यह भ्रष्टाचार के खिलाफ लड़ाई में उत्तर प्रदेश सरकार का भागीदार बन गया है।
- राज्य का कोई भी नागरिक इस पोर्टल के माध्यम से किसी भी विभाग या अधिकारी के खिलाफ शिकायत दर्ज करा सकता है। जिसके बाद ऐसे भ्रष्ट विभागों या अधिकारियों के विरुद्ध जांच की जाएगी. और अगर वह दोषी पाया जाता है तो उसके खिलाफ सख्त कार्रवाई की जाएगी।

संदेश मोबाइल ऐप

- गवर्नमेंट इंस्टेंट मैसेजिंग सिस्टम (संदेश) सरकार और आम जनता दोनों के लिए त्वरित संचार के लिए एक संदेश प्लेटफॉर्म है। यह मंच त्वरित संदेश भेजने के लिए एक मोबाइल एप्लिकेशन और प्रशासन और डैशबोर्ड सेवाओं के लिए एक पोर्टल प्रदान करता है। इसको सरकार के विभिन्न संगठनों में विभिन्न प्रकार के संदेश और संचार के अन्य रूपों को प्रबंधित करने के लिए अनुकूलित किया जा सकता है।

सीपीग्राम (केंद्रीकृत लोक शिकायत निवारण और निगरानी प्रणाली) के बारे में

- यह सेवा प्रदायगी से संबंधित किसी भी विषय पर सार्वजनिक प्राधिकरणों के पास अपनी शिकायतें दर्ज कराने के लिए नागरिकों के लिए 24×7 उपलब्ध एक ऑनलाइन मंच है। यह भारत सरकार और राज्यों के सभी मंत्रालयों/विभागों से जुड़ा एक एकल पोर्टल है। प्रत्येक मंत्रालय और राज्य की इस प्रणाली तक भूमिका-आधारित पहुंच है।सीपीग्राम नागरिकों के लिए गूगल प्ले स्टोर के माध्यम से डाउनलोड किए जा सकने वाले स्टैंडअलोन मोबाइल एप्लिकेशन और **उमंग के साथ एकीकृत मोबाइल एप्लिकेशन के माध्यम से भी उपलब्ध है।**
- सीपीग्राम में दायर शिकायत की स्थिति की शिकायतकर्ता के पंजीकरण के समय प्रदान की गयी विशिष्ट पंजीकरण आईडी से निगरानी की जा सकती है। शिकायत अधिकारी द्वारा समाधान से संतुष्ट नहीं होने पर सीपीग्राम नागरिकों को एक अपीलीय सुविधा भी प्रदान करता है। शिकायत के निपटान के बाद, यदि शिकायतकर्ता समाधान से संतुष्ट नहीं है, तो वह फीडबैक प्रदान कर सकता/सकती है। यदि रेटिंग 'खराब' है, तो अपील दायर करने का विकल्प भी उपलब्ध होता है। याचिकाकर्ता द्वारा शिकायत पंजीकरण संख्या के माध्यम से अपील की स्थिति की निगरानी भी की जा सकती है।

शिकायत निवारण तंत्र को एक चुनौती के रूप में नहीं बल्कि बेहतर नीतिगत परिणामों और गुड गवर्नेंस के लिए प्राथमिकता के रूप में देखा जाना चाहिए। शिकायत निवारण चैनल मुक्त और व्यवहार्य होने चाहिए। इसे बढ़ावा देने के लिए एक जागरूकता अभियान भी चलाया जाना चाहिए जिसके लिए सरकार ग्राम सभा का उपयोग कर सकती है।'न्यूनतम गवर्नेंस' की आधारशिला के रूप में, लोक शिकायतों का निवारण भविष्य के उत्तर प्रदेश राज्य का एक महत्वपूर्ण घटक है।

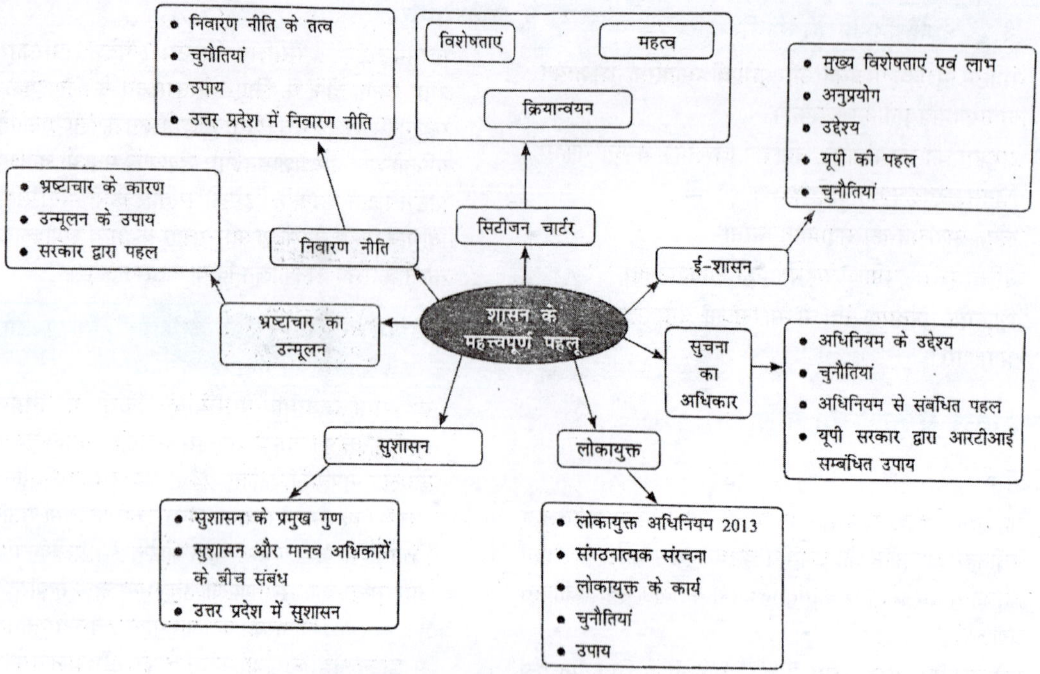
शासन के महत्त्वपूर्ण पहलू
निवारण नीति
• निवारण नीति के तत्व
• चुनौतियां
• उपाय
• उत्तर प्रदेश में निवारण नीति
सिटीजन चार्टर
विशेषताएं
महत्व
क्रियान्वयन
ई-शासन
• मुख्य विशेषताएं एवं लाभ
• अनुप्रयोग
• उद्देश्य
• यूपी की पहल
• चुनौतियां
भ्रष्टाचार का उन्मूलन
• भ्रष्टाचार के कारण
• उन्मूलन के उपाय
• सरकार द्वारा पहल
सुचना का अधिकार
• अधिनियम के उद्देश्य
• चुनौतियां
• अधिनियम से संबंधित पहल
• यूपी सरकार द्वारा आरटीआई सम्बंधित उपाय
सुशासन
• सुशासन के प्रमुख गुण
• सुशासन और मानव अधिकारों के बीच संबंध
• उत्तर प्रदेश में सुशासन
लोकायुक्त
• लोकायुक्त अधिनियम 2013
• संगठनात्मक संरचना
• लोकायुक्त के कार्य
• चुनौतियां
• उपाय

❑❑❑

11 उत्तर प्रदेश में भूमि सुधार एवं इनका प्रभाव

भारत में जमींदारी प्रथा की शुरुआत अंग्रेजों के जमाने में लॉर्ड कैनिंग द्वारा की गयी थी। लॉर्ड कैनिंग भारत के पहले वायसरॉय थे और जमींदारी प्रथा को उनके ही दिमाग की उपज माना जाता है। अंग्रेजों ने जमींदारी प्रथा को इसलिए आगे बढ़ाया क्योंकि इससे उन्हें प्रशासनिक कामों को करने में आसानी भी होती थी और इससे काम तेजी से पूरे किए जा सकते थे। उनके लिए जमीन पर अधिकार जमाना या उसका उपयोग करने के लिए एक आदमी को अपनी तरफ करना ज्यादा आसान होता था बजाय इसके कि वे कई लोगों से एक-एक कर बात करें। अत: जमींदार एक प्रकार से अंग्रेजों के लिए कामगार वर्ग पर आधिपत्य जमाने में सहायक साबित हो रहे थे और साथ हीं हिंदुस्तान के कामगार वर्ग पर उनका शासन भी सुगम तरीके से स्थापित हुआ जा रहा था। यह परंपरा अंग्रेजों के भारत छोड़ कर जाने तक यानि भारत को आज़ादी मिलने तक कायम रही और ना सिर्फ कायम रही बल्कि जमींदारों का बाहुबल और धनबल दोनों बढ़ता रहा। लेकिन आज़ादी मिलने के बाद स्वतन्त्रता के नायकों ने जो सबसे पहला निर्णय लिया उसमे से एक जमींदारी प्रथा को पूरी तरह खत्म करना भी था। उनका मानना था कि यदि भारत के हर व्यक्ति तक विकास पहुंचाना है, हर व्यक्ति को इस विकास की प्रक्रिया में भागीदार बनाना है और देश में समानता को लागू करना है तो जमींदारी प्रथा उस राह में सबसे बड़ा रोड़ा है। इसी उद्देश्य से सन् 1951 में भारत सरकार ने जमींदारी प्रथा उन्मूलन अधिनियम पारित किया जो 1952 से लागू कर दिया गया। इस अधिनियम को लागू करने में उत्तर प्रदेश देश के पहले राज्यों में से एक था। उत्तर प्रदेश सरकार ने राज्य के जमींदारों से उनकी आधिक्य भूमि जब्त कर ली।

ऐसा नहीं था कि जमींदारों ने सरकार के इस कदम का विरोध नहीं किया। दरअसल जब मूल संविधान तैयार हुआ था तो उसमे संपत्ति के अधिकार को मौलिक अधिकार माना गया था और इसी को आधार बना कर उस समय के जमींदार सर्वोच्च न्यायालय चले गए और यह मांग रखी कि सरकार उनसे जो भूमि ले रही है यह उनके मौलिक अधिकार का हनन है। उस समय सर्वोच्च न्यायालय ने उनके तर्क को सही ठहराते हुए इस अधिनियम को असंवैधानिक घोषित कर दिया। लेकिन सरकार अपने इस कदम को लेकर प्रतिबद्ध थी और बहुत जल्द संपत्ति के अधिकार को मौलिक अधिकारों की श्रेणी से बाहर कर दिया गया और इसे वैधानिक अधिकारों की सूची में डाल दिया गया।

इस वर्तमान स्थिति के बदलते ही अचानक कई किसान जो अब तक काश्तकार थे वे अब जमीन के मालिक बन गए। लगभग दो करोड़ छोटे काश्तकारों को इस अधिनियम का सीधा लाभ मिला और कल तक वे जिस जमीन पर सिर्फ खेती कर सकते थे, आज उसके मालिक बन गए। इसके अलावा सरकार ने जमीन के आधिपत्य की अधिकतम सीमा भी निर्धारित कर दी और जिसके पास भी उस सीमा से ज्यादा भूमि होती थी, उसे सरकार खुद जब्त कर लेती थी और बाद में उस जमीन को भूमिहीन और छोटे किसानों में बाँट दिया जाता था। इस अधिकतम सीमा के लागू होने के कारण जमीन का मालिकाना अधिकार कुछ उच्च वर्गीय संभ्रांत लोगों तक ही सीमित नहीं रह गया बल्कि इसके कारण कई भूमिहीन और छोटे किसानों को भी जमीन पर मालिकाना हक मिल गया।

उत्तर प्रदेश जमींदारी उन्मूलन एवं भूमि सुधार अधिनियम 1950 को 24 जनवरी 1951 को राष्ट्रपति द्वारा स्वीकृति मिल गयी। इस अधिनियम से निहित आदेश को 1 जुलाई 1952 को लागू कर दिया गया। इस अधिनियम के लागू होने के दिन से ही ना सिर्फ जमींदारी प्रथा को खत्म कर दिया गया बल्कि इसके साथ ही सभी मध्यस्थों के स्वामित्व, अधिकार और हितों को भी समाप्त कर दिया गया। इसके बदले उस मध्यस्थ को जमीन पर स्वामित्व का अधिकार दे दिया गया जो या तो अपनी भूमि को साझेदारी में जोत रहा था या अपनी जोत के लिए किराया दे रहा था। हालांकि इस अधिनियम में जमींदारों के हितों को भी पूरी तरह अनदेखा नहीं किया गया था और उनके लिए व्यक्तिगत तौर पर कृषि कार्यों के लिए कितनी भूमि होनी चाहिए, इस पर कोई अधिकतम सीमा निर्धारित नहीं की गयी थी। इस प्रकार यह कहा जा सकता है कि इस अधिनियम के लागू होने से जमींदारों, संरक्षित और असंरक्षित किसानों द्वारा जोती

जाने वाली भूमि का स्वामित्व उन्हीं के पास रहा जिनके पास यह अधिनियम के लागू होने से पहले थे। इस अधिनियम में कुल 344 खंड और 7 अनुसूचियाँ हैं लेकिन इसके प्रभाव को अच्छी तरह से समझने के लिए इसे दो भागों में बाँट कर देखा जाना चाहिए-

- पहला भाग-अध्याय 1 से 6 तक और
- दूसरा भाग अध्याय 6 से 12 तक

उत्तर प्रदेश जमींदारी उन्मूलन और भूमि सुधार अधिनियम, 1950 की प्रमुख विशेषताएँ-

जमींदारी प्रथा का उन्मूलन- 1 जुलाई 1952 को जमींदारी उन्मूलन एवं भूमि सुधार अधिनियम के लागू होते ही राज्य में जमींदारी प्रथा खत्म हो गयी और इसी दिन से जमींदारों के सभी स्वामित्व, अधिकार और हित सरकार के पास चले गए। जमींदारों के अधिकार ना सिर्फ मिट्टी के ऊपर बल्कि इसके निचले भाग से भी खत्म कर दिये गए। हालांकि भूमि स्थानांतरण करते समय जमींदारों के भी हितों को ध्यान में रखा गया और उनकी निजी खेती की जमीन उनके पास ही रही। इस प्रकार यह कहा जा सकता है कि यह अधिनियम राज्य के भूमि संसाधन के एक न्यायोचित वितरण को महत्व देता था। इसका एक लाभ यह भी हुआ कि जो किसान अपनी जमीन पर पहले सिर्फ किराए पर खेती करता था वह उस भूमि का स्वामी हो चुका था और उसे खेती के लिए किसी और पर आश्रित नहीं रहना पड़ रहा था। इस संदर्भ में यह अधिनियम पूर्णत: सफल प्रतीत होता है।

मध्यवर्तीओं की समाप्ति-अधिनियम के पूर्व जोतदार और सरकार के मध्य सीधा संबंध नहीं था दोनों के मध्य में जमींदार, तालुकदार इलाकेदार और जागीरदार का वर्ग था। यह बिचौलिया वर्ग जोतदारो से लगान आदि वसूल करता था और उसका कुछ भाग सरकार को मालगुजारी के रूप में देता था। यह मध्यवर्ती वर्ग इस अधिनयम के लागू होने से पहले शायद सबसे ज्यादा लाभ वाला वर्ग था क्योंकि यह खुद खेती नहीं करते थे किंतु भूमि के स्वामी थे और लगान वसूल कर खेती की उपज का अधिकांश हिस्सा अपने पास रख लिया करते थे। यह मध्यवर्ती जोतदारो से लगान के अतिरिक्त और भी धन की अवैध वसूली करते थे। अधिनियम का मुख्य उद्देश्य था शोषक और परोपजीवी वर्ग को हटाकर जोतदार और सरकार के मध्य सीधा संबंध स्थापित करना था। इस उद्देश्य की पूर्ति में अधिनियम पूर्णतया सफल हुआ अधिनियम में भूमि विधि से सारे मध्यवर्तियों को हटाकर किसानों और सरकार के मध्य सीधा संबंध स्थापित किया जिससे किसान अपनी समस्याओं और आवश्यकताओं के लिए सीधे सरकार का दरवाजा खटखटा सकें। मगर ऐसा भी नहीं है की इस कानून में सिर्फ किसानों के हितों का ध्यान रखा गया हो। मध्यवर्तियों की जमींदारी समाप्त कर उन्हें प्रतिकर और पुनर्वास अनुदान भी दिया गया ताकि वह समाज में अपने को स्थापित कर सके और कोई अन्य जीविका या वृत्ति को अपना सकें।

प्रतिकर-यह अधिनियम सिर्फ भूमिहीनों को भूमि उपलब्ध करवाने या जमींदारों को उनकी भूमि से वंचित करने के उद्देश्य से लागू नहीं किया गया था। इस अधिनियम का उद्देश्य तत्कालीन समाज में व्याप्त आर्थिक असमानता को इस प्रकार दूर करना था जिससे समाज के एक वर्ग की संपत्ति छिन कर दूसरे वर्ग को देने की बजाय, दोनों वर्गों के बीच एक न्यायोचित वितरण करना था। इसीलिए इस अधिनियम में जमींदारों को यह अधिकार भी दिया गया कि जिन जमींदारों से उनकी भूमि का स्वामित्व, अधिकार या हित अधिग्रहित कर लिया गया हो, वे भी सरकार से एक न्यायोचित प्रतिकर पाने के हकदार होंगे। यह प्रतिकर उनकी संपत्ति के बाजार मूल्य से आठ गुना तक निर्धारित की गयी थी। इसके अलावा इस अधिनियम में यह भी प्रावधान किया गया कि प्रतिकर की पात्रता निर्धारित करते समय जमींदार की प्रतिष्ठा या हैसियत कोई मानक नहीं होगा। चाहे वह जमींदार छोटा हो या बड़ा या मझोला या फिर वे कोई ठेकेदार या कोई अन्य मध्यवर्ती हो, या फिर वह व्यक्ति किसी वक्फ से संबन्धित हो, या किसी न्यास अथवा संस्थान से संबन्धित हो, प्रतिकर सबको एक समान ही दिया जाएगा।

पुनर्वास अनुदान-इसके अलावा इस अधिनियम में इस बात का प्रावधान भी किया गया है कि जमींदारों को पुनर्वास अनुदान भी दिया जाएगा। हालांकि इस अनुदान के लिए केवल जमींदारों को ही पात्रता दी गयी थी। प्रावधान के अनुसार ऐसे जमींदार जो प्रतिवर्ष कम से कम दस हजार रुपये का भूमि कर अदा करते हैं, वे ही प्रतिकर के साथ साथ पुनर्वास अनुदान के लिए भी पात्र होंगे। पुनर्वास अनुदान जमींदार की शुद्ध आय के एक से बीस गुना के बीच श्रेणीबद्ध दरों पर दिया जाता है, जबकि प्रतिकर शुद्ध संपत्ति के आठ गुना की एक समान दर पर दिया जाता है। अनुदान जमींदार की आय के अनुपात में होता है और यह कम आय वाले लोगों के लिए सबसे अधिक और तुलनात्मक रूप से अधिक आय वाले लोगों के लिए सबसे कम है।

कृषि के अधिकार का संरक्षण-इस अधिनियम को लागू करने के पीछे एक वृहत विचार यह भी था कि जो जमीन पर खेती कर रहा है, जमीन का मालिकाना हक भी उसी के पास होना चाहिए। इस अधिनियम से यह विचार पूरी तरह से परिलक्षित भी होता है। यह अधिनियम सभी के कृषि के अधिकारों की रक्षा करता है चाहे वह एक जमींदार हो, ठेकदार हो, गिरवी पर कृषि करता हो, काश्तकार हो या सिर्फ जोत करने वाला हो। जमींदारों को वह भूमि अपने पास रखने का भी अधिकार दिया गया जिस पर वह स्वयं

खेती करते थे यानि जो भूमि खुद-काश्त हो और किसी को पट्टे या काशत पर नहीं दी गयी हो। खुद-काश्त भी में वह भूमि वर्गीकृत की गयी थी जिस पर जमींदार खुद खेती करता हो या खुद मजदूर लगा कर खेती करवाई जा रही हो अथवा जिस पर उसके परिवार के सदस्य खुद मजदूर लगा कर खेती करवा रहे हों। मजदूरों में उनके व्यक्तिगत नौकर-चाकर तथा खेती के लिए विशेष रूप से परिश्रमिक दे कर मंजदूरी कर रहे व्यक्तियों को भी शामिल किया गया है। ऐसी भूमि के जमींदार को भूमिदार कहा गया और जो लोग उस पर काश्त कर रहे थे या उसे किराए-पट्टे पर ले कर फिर खेती कर रहे थे, उन्हें अधिवासी कहा गया है। इस प्रकार इस अधिनियम के माध्यम से यह सुनिश्चित किया गया है कि समाज में समानता हो और ऐसे सभी लोगों को भूमि पर मालिकाना अधिकार मिल सके जो खेती कर रहे हैं।

सरल जोतदारी व्यवस्था -जमींदारी उन्मूलन एवं भूमि सुधार अधिनियम के पूर्ववर्ती भूमि अधिनियम में 14 किस्म की जोतदारियो का वर्णन किया गया है और वे सभी क्लिष्ट एवं भ्रामक थी। इन जटिल एवं प्रमुख जोतदारियो को समाप्त करके एक सरल एवं समाज व्यवस्था करना भी अधिनियम का एक मुख्य उद्देश्य था। इस उद्देश्य को प्राप्त करने में भी अधिनियम पूर्णतया सफल रहा। अधिनियम ने जमींदारी उन्मूलन के साथ-साथ इन 14 किस्म के जोतदारियो को समाप्त करके उन्हें मूलत: चार जोतदारियो में व्यवस्थित कर दिया यह चार जोतदारी थे भूमिधर, सीरधर, आसामी और आदिवासी। जमींदारी उन्मूलन के 2 वर्ष 3 माह के बाद ही आदिवासी को भी सिरधर बना दिया गया और इस प्रकार 30 अक्टूबर 1954 के बाद से इस भूमि अधिनियम में केवल तीन ही जोतदार रहे हैं-भूमिधर, सीरधर और आसामी।

इस अधिनियम के लागू होने के पांच साल बाद आदिवासी वर्ग को बंद कर दिया गया क्योंकि आदिवासी भूमि काश्तकारी से संक्रमणकालीन था। आदिवासियों को एक अस्थायी अधिकार के रूप में बनाया गया था, शुरुआत में, उन लोगों के लिए जो सर या उप-किरायेदारों या कब्जाधारियों और अतिचारियों के वास्तविक कब्जे में थे। यह अधिकार जमींदारी उन्मूलन अधिनियम के पारित होने के बाद पांच साल की अवधि के लिए जारी रहना था और उन्हें पहले भुगतान किए गए किराए के 15 गुना भुगतान पर भूमिधारी में परिवर्तित किया गया। इसके बाद, सभी आदिवासियों को सिरधर घोषित कर दिया गया।

किराए-पट्टे पर भूमि देने पर प्रतिबंध - अधिनियम, पट्टेदारों को किसी भी अवधि के लिए पूर्ण या आंशिक रूप से किसी को भी अपनी होल्डिंग को किराए पर देने पर प्रतिबंध लगाता है। यदि कोई भूमि मालिक अपनी जमीन किसी को देता है तो काश्तकार का अधिकार स्वत: समाप्त मान लिया जाता है। हालांकि इस नियम में भी कुछ अपवाद हैं- जैसे- काश्तकार को कुछ मानवीय आधारों पर अपनी भूमि देने का अधिकार है, उदाहरण के लिए, मानसिक या शारीरिक बीमारी से पीड़ित किसी व्यक्ति को या किसी कानूनी अक्षमता वाले व्यक्ति को जो अपने दम पर भूमि पर खेती करने में सक्षम नहीं है अपनी जमीन किसी अन्य व्यक्ति को दे सकते हैं और काश्तकारी का अधिनियम फिर भी जारी माना जाएगा। ऐसे व्यक्तियों में महिलाएं, मूर्ख, पागल, अवयस्क, नेत्रहीन व्यक्ति, छात्र या नजरबंद या कैद व्यक्ति शामिल हैं। इस स्पष्टीकरण का लाभ उठाकर बड़े-बड़े जोतदारों ने अपनी भूमि भूमिहीन खेतिहार मजदूरों को साझेदारी में देना चालू किया और उनसे उपज का आधा भाग प्राप्त करने लगे। व्यावहारिक रूप में यह बटाई का ही एक दूसरा स्वरूप था जिसमें कि असल काश्तकार ना तो श्रम लगाता था और ना ही पूंजी मगर फिर भी उपज का आधा भाग ले लेता था। अत: इस संदर्भ में यह अधिनियम भूमि को लगान पर उठाने की मनाही करने में पूर्णतया सफल नहीं हो पा रहा था। प्रदेश भूमि विधि संशोधन अधिनियम 1975 के माध्यम से इस अधिनियम में संशोधन करके बटाई प्रथा को हटाने का प्रयत्न किया गया। इस संशोधन द्वारा धारा 156 (1) कैमूर स्पष्टीकरण के स्थान पर यह स्पष्टीकरण रखा गया कि यदि किसी जोतदार ने अपने स्वामित्व वाली भूमि का कब्जा किसी साझीदार को इस शर्त पर दे दिया कि वह जोतदार को जोत का आधा भाग देगा तो इसे भूमि को लगान पर उठाना माना जाएगा। उत्तर प्रदेश भूमि विधि संशोधन अधिनियम 1976 द्वारा धारा 156 का यह संशोधित स्पष्टीकरण भी निकाल दिया गया है ताकि बटाई प्रथा की कोई गुंजाइश ही न बचे और तदनुसार अब बटाई की प्रथा लगभग खत्म हो गई और भूमि में साझेदार की गुंजाइश भी खत्म हो चुकी है। इस प्रकार अब हम कह सकते हैं कि अधिनियम भूमि को उठाने के रूप में सफल हो रहा है।

भूमि के संचय पर प्रतिबंध - उत्तर प्रदेश जमींदारी उन्मूलन और भूमि सुधार की धारा 154 (1), भूमि के संचय को प्रतिबंधित करने के लिए एक सीमा निर्धारित करती है। एक काश्तकार खरीद या उपहार के माध्यम से 12.5 एकड़ से अधिक भूमि का अधिग्रहण नहीं कर सकता है, यहां तक कि अपने पति या पत्नी या नाबालिग बच्चों के साथ भी नही। यह प्रावधान कुछ लोगों के हाथों में भूमि की सघनता से बचने के लिए लाया गया था, जिससे जमींदारी की व्यवस्था फिर से शुरू हो सकती थी। 12.5 एकड़ से अधिक वाले व्यक्ति उपहार में खरीद कर कोई अन्य भूमि नहीं रख सकते हैं, लेकिन वे अपनी जोत बनाए रखेंगे।

अनार्थिक जोत के निर्माण पर प्रतिबंध–यह अधिनियम अदालत को ऐसे एक या एक से अधिक जोत को विभाजित करने से प्रतिबंधित करता है, जिसका क्षेत्रफल 3 –1/8 एकड़ या उससे कम है। जब भी बंटवारे के मुकदमे में अदालत को पता चलता है कि विभाजित की जाने वाली भूमि का कुल क्षेत्रफल 3–1/8 एकड़ से अधिक नहीं है, तो अदालत भूमि को विभाजित करने के लिए आगे बढ़ने के बजाय, उसकी बिक्री का निर्देश देगी और संबन्धित पार्टियों के हिस्से के अनुपात में बिक्री की आय को वितरित करेगी। 2004 में, इस प्रावधान को पहले निर्दिष्ट सीमाओं के नीचे भी भूमि के हस्तांतरण की अनुमति देने के लिए संशोधित किया गया था।

उत्तराधिकार का एक समान नियम – बिचौलियों और जमींदारों के साथ–साथ यह अधिनियम भूमि कानूनों से धर्म को भी हटा देता है। इस अधिनियम के धारा 171 से 175 के अनुसार यदि किसी पट्टेदार की मृत्यु हो जाती है, तो उसकी सारी संपत्ति स्वत: उसके उत्तराधिकारियों के पास चली जाएगी। उत्तराधिकार के इस नियम का कोई अपवाद नहीं रखा गया है। यह भूस्वामियों के सभी वर्गों पर लागू होता है चाहे वह भूमिधर हो, सरदार हो या असामी हो और यह सभी धर्मों पर लागू होता है चाहे वह हिंदू हो, मुस्लिम हो या इनके अलावा किसी अन्य धर्म का पालन करने वाला व्यक्ति हो।

ग्रामीण गणतन्त्र की स्थापना–इस अधिनियम का प्रमुख उद्देश्य गांवों के स्तर पर एक गणतन्त्र की स्थापना करना भी था। उत्तर प्रदेश पंचायत अधिनियम 1947 ने उत्तर प्रदेश जमींदारी उन्मूलन और भूमि सुधार अधिनियम 1950 के अधिनियमन से पहले दो संस्थाओं, गाँव सभा और गाँव पंचायत की स्थापना की थी। उत्तर प्रदेश जमींदारी उन्मूलन और भूमि सुधार अधिनियम ने दो नए संस्थानों, गाँव समाज और भूमि प्रबंधन समिति की स्थापना की। इस अधिनियम ने उन सभी सम्पदाओं को निहित कर दिया जो राज्य सरकार में गाँव सभा और भूमि प्रबंधन समिति में निहित थीं, जो कि गाँव सभा की विशेष कार्यकारी संस्था थी। ग्राम सभा में सामान्य उपयोगिता की सभी भूमि जैसे **'आबादी स्थल'** (आबादी भूमि कृषि के अलावा अन्य उद्देश्यों के लिए उपयोग की जाने वाली भूमि है, उदाहरण के लिए, औद्योगिक उद्देश्य, आवासीय या सार्वजनिक उपयोग जैसे स्कूल), रास्ते, बंजर भूमि, मत्स्य पालन, गाँव के जंगल , टोपी, बाज़ार और मेला इत्यादि को निहित कर दिया गया। यह प्रणाली एक गांव को एक छोटा गणराज्य बनाती है। इस अधिनियम का उद्देश्य एक सहकारी समुदाय बनाना है जो आर्थिक और सामाजिक विकास की सुविधा प्रदान कर सके और सामाजिक जिम्मेदारी और सामुदायिक भावना को भी प्रोत्साहित कर सके। 250 या उससे अधिक जनसंख्या वाले प्रत्येक गांव में उनकी स्थापना हुई इसकी कार्यकारणी को गांव पंचायत कहते हैं परंतु गांव समाज की स्थापना प्रत्येक गांव में हुई चाहे उसकी जनसंख्या 250 से कम ही क्यों ना हो इस की कार्यकारिणी का नाम भूमि प्रबंधन समिति रखा गया। संपत्ति का परीक्षण, प्रबंधन, संरक्षण और नियंत्रण का जिम्मा गांव सभा को सौंप दिया गया परंतु भूमि का प्रबंध और बंदोबस्त को भूमि प्रबंधक के सुपुर्द कर दिया गया। उत्तर प्रदेश सरकार इस निष्कर्ष पर पहुंची कि गांव समाज का रहना अनावश्यक है इसलिए उत्तर प्रदेश क्षेत्र समिति एवं जिला परिषद अधिनियम 1961 में जमीदारी एवं भूमि व्यवस्था अधिनियम से गांव समाज संबंधी प्रावधानों को निकाल दिया और गांव समाज के स्थान पर गांव सभा को स्थान दिया गया। इस प्रकार अब गांव में केवल तीन ही जनतंत्र ये संस्थाएं–गांव सभा उसकी कार्यकारिणी गांव पंचायत और विशेष कार्यकारिणी भूमि प्रबंध समिति कार्यरत हैं।

गांव के सभी वयस्क लोग यानि वे लोग जो 18 वर्ष की आयु को प्राप्त कर चुके हैं, आमतौर पर गांव सभा में सदस्य होते हैं और वह गांव सभा का प्रधान को और सभा की कार्यकारिणी गांव पंचायत को गुप्त मतदान द्वारा चुनते हैं। ग्राम पंचायत को गांव प्रशासन के लिए व्यापक शक्तियां एवं अधिकार प्रदान किए गए हैं। ग्राम पंचायत की ओर से भूमि प्रबंध समिति की सभी भूमियों आबादी स्थल मार्ग जंगल तलाब पोखरा जलस्रोत हाट बाजार और मेला आदि का परीक्षण प्रबंध और नियंत्रण करती है।

सहकारी कृषि को प्रोत्साहन–इस अधिनियम का उद्देश्य यह भी था कि सहकारी कृषि को प्रोत्साहन दिया जाए इसलिए अधिनियम में एक पूरा 11 अध्याय सहकारी कृषि की स्थापना के विषय में था सहकारी कृषि को बहुत सी सुविधाएं प्रदान की गई इसके बावजूद भी सहकारी कृषि फार्म बहुत कम संख्या में स्थापित हो सके सन 1965 में सहकारी कृषि फार्म संबंधी कानून उत्तर प्रदेश जमींदारी विनाश एवं भूमि व्यवस्था अधिनियम में से निकाल दिया गया और उसे उत्तर प्रदेश सहकारी समिति अधिनियम 1965 में रखा गया था।

भूमि पर बनी संरचनाएँ मौजूदा मालिक के पास ही रहीं– जमींदारी भूमि पर पहले से बने हुए सभी ढांचों को वर्तमान मालिक के स्वामित्व में ही रहने दिया गया था। इन संरचनाओं में शामिल थे–भूमि की **'आबादी'** में मौजूद सभी पेड़ और कुएं और जमींदार भूमि में स्थित सभी इमारतें।

उत्तर प्रदेश जमींदारी उन्मूलन अधिनियम के तहत काश्तकारों का वर्गीकरण–

यूपी जमींदारी उन्मूलन और भूमि सुधार अधिनियम 1950 के लागू होने से पहले काश्तकारी को 14 प्रकार के वर्गीकरण में विभाजित किया गया था। ये श्रेणियां बहुत भ्रामक और जटिल थीं। इसलिए,

नए अधिनियम द्वारा भू-काश्तकारी के सभी पुराने वर्गों को समाप्त कर दिया गया और इन वर्गों को भू-काश्तकारों के चार नए वर्गों के साथ प्रतिस्थापित किया गया-

1. भूमिधर
2. सिरधर अथवा संक्रामक अधिकारों वाले भूमिधर
3. आसामी
4. अधिवासी

अधिनियम के लागू होने के पांच साल बाद आदिवासी वर्ग को बंद कर दिया गया क्योंकि आदिवासी भूमि काश्तकारी से संक्रमणकालीन था। आदिवासियों को एक अस्थायी अधिकार के रूप में बनाया गया था, शुरुआत में, उन लोगों के लिए जो सिर के किरायेदार थे या उप-किरायेदार थे या जोत के वास्तविक कब्जे में रहने वाले और अतिचारी थे। यह अधिकार जमींदारी उन्मूलन अधिनियम के पारित होने के बाद पांच साल की अवधि के लिए जारी रहना था और उन्हें पहले भुगतान किए गए किराए के 15 गुना भुगतान पर भूमिधारी में परिवर्तित किया जाना था। इसके बाद, सभी आदिवासियों को सिरधर घोषित कर दिया गया। इसके साथ ही उत्तर प्रदेश जमींदारी उन्मूलन और भूमि सुधार संशोधन अधिनियम 1958 द्वारा धारा 133 (A) जोड़ा गया जिसमें **"सरकारी पट्टों"** नामक एक और श्रेणी जोड़ी गई थी। लेकिन, अधिनियम के प्रावधान सरकारी पट्टों के अधिकारों और देनदारियों को नियंत्रित नहीं करते हैं बल्कि ये पट्टे के नियमों और शर्तों द्वारा शासित होते हैं।

1977 में, इस अधिनियम में एक और संशोधन किया गया जिसके बाद, सभी सिरधरों को दो नए वर्गों में परिवर्तित कर दिया गया; (क) भूमिधर हस्तांतरणीय अधिकारों के साथ और (ख) भूमिधर गैर-संक्रमणीय अधिकारों के साथ। असामी की श्रेणी में कोई बदलाव नहीं किया गया। 1977 में किए गए संशोधनों के बाद, उत्तर प्रदेश जमींदारी उन्मूलन और भूमि सुधार अधिनियम के अनुसार काश्तकारों की तीन श्रेणियां हो गयी थीं-

5. संक्रमणीय अधिकारों के साथ भूमिधर
6. असंक्रमणीय अधिकारों के साथ भूमिधर
7. आसामी

संक्रमणीय अधिकारों वाले भूमिधर-

उत्तर प्रदेश जमींदारी उन्मूलन और भूमि सुधार अधिनियम की धारा 130, संक्रमणीय अधिकारों वाले भूमिधरों को चार वर्गों में विभाजित करती है

- प्रत्येक व्यक्ति जिसने अधिनियम द्वारा जमींदारी के उन्मूलन के बाद भूमि का स्वामित्व प्राप्त किया या भूमिधर बन गया।
- प्रत्येक व्यक्ति जो 1950 में जमींदारी के उन्मूलन के बाद सिरदार बन गया और उसने भूमिधारी अधिकार प्राप्त करने के लिए भू-राजस्व का दस गुना भुगतान किया।
- कोई भी व्यक्ति जो उत्तर प्रदेश भूमि कानून (संशोधन) अधिनियम, 1977 के लागू होने से पहले सिरधर था और भू-राजस्व का दस गुना भुगतान करके भूमिधारी अधिकार प्राप्त करने का अधिकार रखता था।
- उपरोक्त श्रेणियों के अलावा कोई भी व्यक्ति, जो उत्तर प्रदेश जमींदारी उन्मूलन और भूमि सुधार अधिनियम के प्रावधानों के अनुसार हस्तांतरणीय अधिकारों के साथ किसी अन्य तरीके से भूमिधारी अधिकार प्राप्त करता है।

1977 के संशोधन के अनुसार, संक्रमण अधिकारों वाले भूमिधर के पास सबसे सुरक्षित और उच्चतम प्रकार का स्वामित्व या उच्चतम प्रकार की भूमि है। उसका/उसकी संपत्ति संरक्षित, स्थायी, हस्तांतरणीय और विरासत में मिली हुई हो।

असंक्रमणीय अधिकारों वाले भूमिधर-

उत्तर प्रदेश जमींदारी उन्मूलन एवं भूमि सुधार अधिनियम की धारा 131 एवं धारा 131A के अनुसार असंक्रमणीय अधिकारों वाले भूमिधर को पांच श्रेणियों में विभाजित किया गया है। ये इस प्रकार हैं-

- उत्तर प्रदेश जमींदारी उन्मूलन और भूमि सुधार अधिनियम की धारा 195 के अनुसार सिरदार के रूप में भर्ती किया गया कोई भी व्यक्ति, जो भूमि प्रबंधन समिति को किसी भी व्यक्ति को गैर-संक्रमणीय अधिकारों के साथ भूमिधर के रूप में स्वीकार करने का अधिकार देता है, उक्त शर्तों के अधीन 1977 से पहले धारा संशोधन अपनाया गया।
- अधिनियम में वह व्यक्ति भी शामिल किया गया है जिसने उत्तर प्रदेश भूदान योजना अधिनियम, 1952 के प्रावधानों के अनुसार भूमिधारी अधिकार प्राप्त किया है।
- धारा 26 A के तहत या धारा 26 A की उपधारा (3) के तहत अधिशेष भूमि वाले प्रत्येक व्यक्ति के पास अधिशेष भूमि है जिसे बंदोबस्त कर दिया गया है।
- इसमें कैमूर रेंज के दक्षिण में सोनभद्र जिले का प्रत्येक व्यक्ति शामिल है, जो कृषक है और 30 जून, 1978 से पहले गाँव सभा में निहित या राज्य सरकार की भूमि के कब्जे में है।
- इसमें उपर्युक्त श्रेणियों के अलावा वह व्यक्ति भी शामिल है जिसने अधिनियम के प्रावधानों के अनुसार किसी अन्य तरीके से असंक्रमणीय भूमिदारी अधिकार प्राप्त किया है।

आसामी-

1977 का संशोधन अधिनियम आसामी काश्तकारों को चार वर्गों में विभाजित करता है। वे इस प्रकार हैं:

- प्रत्येक व्यक्ति जिसने जमींदारी के उन्मूलन के बाद आसामी अधिकारों को प्राप्त किया।
- प्रत्येक व्यक्ति जिसे भूमि प्रबंधन समिति द्वारा किसी भूमिधर के अधीन भूमि के पट्टेदार के रूप में भर्ती किया गया हो।
- कोई भी व्यक्ति जिसे भूमि प्रबंधन समिति या हकदार व्यक्ति द्वारा धारा 132 के तहत भूमि के पट्टेदार के रूप में भर्ती किया जाता है।
- कोई भी जिसने अधिनियम या किसी अन्य कानून के तहत किसी अन्य तरीके से आसामी के अधिकार प्राप्त किए हैं।

ग्राम सभा

उत्तर प्रदेश पंचायत राज अधिनियम, 1947 ने ग्राम स्तर पर ग्राम सभा और ग्राम पंचायत नामक दो संस्थाओं की स्थापना की। उत्तर प्रदेश जमींदारी उन्मूलन और भूमि सुधार अधिनियम 1950 ने दो नए संस्थानों की स्थापना की ग्राम सभा और भूमि प्रबंधन समिति जिसे **'भूमि प्रबंधक समिति'** भी कहा जाता है। उत्तर प्रदेश पंचायत राज अधिनियम में 1994 के संशोधन के बाद, इन संस्थाओं के भीतर शक्तियों, अधिकारों और कर्तव्यों में परिवर्तन शामिल किए गए थे। ग्राम सभा या गाँव सभा की स्थापना पंचायत राज अधिनियम 1947 की धारा 3 के तहत की गई थी। गाँव सभा एक निर्वाचित निकाय है जिसका एक स्थायी उत्तराधिकार और आम मुहर है। ग्राम सभा को खरीद, उपहार या किसी अन्य कानूनी प्रावधान के माध्यम से संपत्ति का अधिग्रहण करने की शक्ति दी गयी है। इसके पास चल या अचल संपत्ति को रखने, प्रशासित करने और स्थानांतरित करने का अधिकार है। यह एक अनुबंध में प्रवेश कर सकता है, यह मुकदमा कर सकता है और इस पर मुकदमा चलाया जा सकता है।

उत्तर प्रदेश जमींदारी उन्मूलन और भूमि सुधार अधिनियम की धारा 117 ग्राम सभा को कुछ भूमि रखने का अधिकार देती है। उक्त खंड राज्य सरकार को आधिकारिक राजपत्र में एक अधिसूचना के माध्यम से घोषणा द्वारा ग्राम सभा में सभी या किसी भी भूमि को पुनः प्राप्त करने की शक्ति देता है। राज्य सरकार द्वारा निम्नलिखित प्रकार की भूमि को ग्राम सभा में निहित किया गया है-

- भूमि (खेती योग्य या खेती योग्य नहीं)।
- कोई भी वन भूमि जो ग्राम सभा के क्षेत्र में आती है।
- बिखरे पेड़, जो किसी की जोत पर नहीं हैं।
- ऐसी भूमि जिस पर मछली पालन हो रहा हो।
- धारा 119 के तहत जिला पंचायत में निहित लोगों और भूमिदारों या भूमि के अन्य मालिकों से संबंधित लोगों को छोड़कर, सभी झोपड़ियां, बाजार और मेले गांव सभा में निहित हैं।
- सभी पानी के टैंक, तालाब, पानी के चैनल, निजी घाट, आबादी स्थल और पैदल रास्ते।

ग्राम सभा का अधिकार क्षेत्र

ग्राम सभा का अधिकार क्षेत्र उसकी क्षेत्रीय सीमाओं के भीतर स्थित सभी सार्वजनिक संपत्ति पर विस्तृत है। राज्य सरकार के पास ऐसी ग्राम सभा को सार्वजनिक समृद्धि देने की शक्ति है जो उसकी क्षेत्रीय सीमा के भीतर स्थित नहीं है। ऐसे मामले में, ग्राम सभा या उसकी भूमि प्रबंधन संपत्ति के पास उस भूमि को प्रशासित करने की शक्ति होती है। यह यूपी जमींदारी उन्मूलन और भूमि सुधार अधिनियम या यूपी पंचायत अधिनियम द्वारा दिए गए अनुसार उस भूमि पर अपने सभी कार्यों और कर्तव्यों का प्रयोग कर सकता है। लेकिन ये शक्तियां अधिनियम के प्रावधानों के अनुसार संशोधनों या शर्तों के अधीन हैं।

ग्राम सभा के कार्य, कर्तव्य और शक्तियाँ

ग्राम सभा के कार्यों को दो श्रेणियों में विभाजित किया जा सकता है:

- जमीन से संबंधित कर्त्तव्य।
- सामान्य शक्तियां और कर्तव्य।

ग्राम सभा में निहित भूमि के अलावा अन्य सामान्य कृत्यों का सौंपना ग्राम सभा और ग्राम पंचायत द्वारा लिया जाता है। भूमि प्रबंधन समिति भूमि से संबंधित कार्यों और कर्तव्यों के लिए जिम्मेदार है।

भूमि-प्रबंधन समिति

उत्तर प्रदेश पंचायत राज अधिनियम 1947 की धारा 28 A के अनुसार, ग्राम सभा को भूमि प्रबंधन समिति के साथ समन्वय में काम करना चाहिए और उत्तर प्रदेश जमींदारी उन्मूलन और भूमि सुधार अधिनियम की धारा 117 के प्रावधान या प्रावधानों के माध्यम से ग्राम सभा में निहित सभी संपत्ति की सुरक्षा और पर्यवेक्षण के अपने कर्तव्य में समिति की सहायता करनी चाहिए। भूमि प्रबंधन समिति के सभी सदस्य ग्राम सभा के भी सदस्य होते हैं। ग्राम सभा का लेखपाल भूमि प्रबंधन समिति का सचिव होता है। समिति में ग्राम या ग्राम पंचायत के सदस्य भी होते हैं। भूमि प्रबंधन समिति में

ग्राम पंचायत के सभी सदस्य शामिल होते हैं। ग्राम सभा का प्रधान ग्राम पंचायत का पदेन प्रधान होता है और भूमि प्रबंधन समिति का अध्यक्ष भी होता है।

भूमि प्रबंधन समिति में निहित शक्तियाँ

- समिति किसी भी व्यक्ति को भूमि के मालिक के रूप में या किसी को भी भूमि के धारक के रूप में स्वीकार कर सकती है जो ग्राम सभा या किसी अन्य भूमि के अधिकार क्षेत्र में है जो कानून के प्रावधान के माध्यम से समिति के कब्जे में है।
- समिति को ग्राम सभा की किसी भी संपत्ति के नुकसान या हेराफेरी के मामले में सहायक जिला कलेक्टर के अनुमोदन से मुकदमा शुरू करने का अधिकार है। क्षति की वसूली एवं क्षतिपूर्ति की कार्यवाही सहायक कलेक्टर द्वारा प्रारम्भ की जायेगी।
- उत्तर प्रदेश जमींदारी उन्मूलन और भूमि सुधार अधिनियम की धारा 212 के तहत कोई भी भूमि जिसे या तो "सार्वजनिक उपयोगिता" के लिए इस्तेमाल किया जा सकता है या भूमि प्रबंधन समिति द्वारा बेदखल किया जा सकता है। उक्त धारा के अन्तर्गत समिति का कोई भी सदस्य आवेदन कर सकता है।
- राज्य सरकार भू - राजस्व एकत्र करने के लिए भूमि प्रबंधन समिति को शक्ति दे सकती है। समिति द्वारा एकत्र किए गए और वसूल किए गए भू-राजस्व पर 6.25% का कमीशन प्राप्त होगा।
- समिति के पास असंक्रमणीय अधिकार वाले भूमिधर की ओर से असामी को भर्ती करने की शक्ति है, यदि भूमिधर अवयस्क है, या पागल है या कृषि, पशुपालन, बागवानी, मुर्गीपालन और मत्स्यपालन के लिए भूमि का उपयोग नहीं करता है। दो लगातार फसली वर्ष (उत्तर प्रदेश काश्तकारी अधिनियम 1939 की धारा 3 के अनुसार, कृषि वर्ष का अर्थ जुलाई के पहले दिन से शुरू होकर जून के 30 वें दिन समाप्त होने वाला वर्ष है। इस शब्द की व्याख्या फसली वर्ष के पर्यायवाची के रूप में की गई है)।

निम्नलिखित परिस्थितियों में भूमि प्रबंधन समिति के पास जमीन के स्वामित्व का अधिग्रहण करने की भी शक्तियाँ होती हैं-

- ऐसे मामले में जहां हस्तांतरणीय अधिकारों वाले भूमिधर की मृत्यु कानूनी उत्तराधिकारी के बिना और कानूनी वसीयत किए बिना हो जाती है।
- ऐसे मामले में जहां असंक्रमणीय अधिकारों वाले भूमिधर की मृत्यु बिना उत्तराधिकारी के हो जाती है। एक भूमिधर के मामले में, जिसके पास गैर-हस्तांतरणीय अधिकार हैं, वह अपनी जोत छोड़ने का फैसला करता है।
- यदि किसी भूमिदार को इस अधिनियम या कानून के किसी अन्य प्रावधान में निर्धारित प्रावधानों के अनुसार उसकी संपत्ति से बेदखल कर दिया गया है।
- ऐसे मामले में जिसमे किसी असामी भूमि धारक को बेदखल कर दिया गया है या वारिस के बिना उसकी मृत्यु हो गई है।
- समिति के पास अनुसूचित जाति या अनुसूचित जनजाति के सदस्यों या भूमिहीन मजदूरों या ग्रामीण कारीगरों के लिए घर बनाने के लिए भूमि आवंटित करने की शक्ति भी है, लेकिन समिति को अनुमंडल के सहायक कलेक्टर की पूर्व स्वीकृति प्राप्त करनी होगी।
- ग्राम में बंजर भूमि, वन भूमि तथा बिखरे हुए वृक्षों का कब्जा एवं निस्तारण का कार्य भूमि प्रबंधन समिति को दिया जाता है।

भूमि प्रबंधन समिति का उत्तरदायित्व-

उत्तर प्रदेश जमींदारी और भूमि सुधार अधिनियम की धारा 123 A प्रत्येक सदस्य को उनके कार्यों के लिए उत्तरदायी बनाती है। उक्त खंड प्रदान करता है कि कोई भी सदस्य किसी भी कदाचार या उपेक्षा का दोषी पाया जाता है, जिसके कारण नुकसान या गलत आवेदन होता है तो उस नुकसान के लिए वह व्यक्ति उत्तरदायी होगा। ग्राम सभा और समिति को जिला कलेक्टर की अनुमति से दोषी सदस्य के खिलाफ मुआवजे के लिए मुकदमा शुरू करने का अधिकार है।

गाँव निधि

धारा 132 के तहत उत्तर प्रदेश पंचायत राज अधिनियम प्रत्येक गाँव सभा के लिए एक गाँव निधि स्थापित करता है। क्षति एवं मुआवजे को छोड़कर ग्राम सभा, ग्राम पंचायत एवं भूमि प्रबंधन समिति के नाम पर प्राप्त होने वाले समस्त धन ग्राम निधि में प्राप्त होते हैं। गाँव निधि का उपयोग गाँव सभा, गाँव पंचायत और भूमि प्रबंधन समिति द्वारा अपने दैनिक कर्तव्यों और दायित्वों को पूरा करने के लिए किया जाता है।

उत्तर प्रदेश जमींदारी उन्मूलन एवं भूमि सुधार अधिनियम के अंतर्गत पुनर्वास अनुदान एवं मुआवजा-

उत्तर प्रदेश जमींदारी उन्मूलन एवं भूमि सुधार अधिनियम के अध्याय 4 (धारा 65-84) में मुआवजे से संबंधित सभी प्रावधान शामिल हैं, और अध्याय 5 (धारा 85-105) में पुनर्वास अनुदान

के सभी प्रावधान शामिल हैं। उत्तर प्रदेश जमींदारी अधिनियम और भूमि सुधार अधिनियम ने भूमि कानून को बदल दिया और जमींदारी प्रथा को समाप्त कर दिया। सभी ज़मींदारों से उनके सभी भूमि अधिकार छीन लिए गए, और उनकी सभी सम्पदाएँ राज्य सरकार द्वारा ले ली गईं। राज्य सरकार ने सरकार द्वारा ली गई भूमि के बदले में सभी जमींदारों या बिचौलियों को मुआवजा और पुनर्वास अनुदान दिया। मुआवजा देने का उद्देश्य उन जमींदारों को मुआवजा देना है जिन्हें अपनी संपत्ति छोड़नी पड़ी थी। पूर्व के बिचौलियों को एक नई आजीविका खोजने और पुनर्वास के लिए अन्य विकल्प खोजने का अवसर देने के लिए पुनर्वास अनुदान की शुरुआत की गई थी।

पुनर्वास अनुदान के लिए आवेदन

धारा 79 के अनुसार अनुदान भुगतान का हकदार मध्यस्थ धारा 74 के तहत देय होने की तिथि से तीन वर्ष के भीतर अथवा उत्तर प्रदेश भूमि सुधार (संशोधन) अधिनियम, 1958 के लागू होने की तिथि से तीन वर्ष के भीतर, जो भी बाद में हो, अनुदान के निर्धारण और भुगतान के लिए पुनर्वास अनुदान अधिकारी को लिखित में आवेदन कर सकता है।

पुनर्वास अनुदान की राशि का निर्धारण

धारा 97 के अनुसार धारा 92 के अन्तर्गत विवरणी तैयार होने के उपरान्त पुनर्वास अनुदान अधिकारी प्रत्येक मध्यस्थ को पुनर्वास अनुदान के रूप में देय राशि का निर्धारण करेगा। धारा 98 के अनुसार, अनुदान की राशि उस तरह के मामूली समायोजन के अधीन होगी जैसा कि निर्धारित किया जा सकता है। किसी मध्यस्थ को पुनर्वास अनुदान के रूप में देय राशि, वक्फ, ट्रस्ट या बंदोबस्ती के मामले को छोड़कर, धारा 92 के तहत तैयार किए गए विवरण में उल्लिखित शुद्ध संपत्ति का ऐसा गुणक होगा जो अनुसूची I में दी गई तालिका के अनुसार लागू हो सकता है।

मुआवजे और पुनर्वास अनुदान के बीच अंतर

मुआवजे और पुनर्वास अनुदान के बीच अंतर हैं; उन्हें निम्नानुसार संक्षेपित किया जा सकता है-

- पुनर्वास अनुदान केवल जमींदार या बिचौलिए को दिया जाता है, जबकि मुआवजा बिचौलियों और ठेकेदार दोनों को दिया जाता है।
- अनुदान राशि, जब पुनर्वास अनुदान दिया जाता है, जमींदार की शुद्ध संपत्ति के एक से बीस गुना के बीच हो सकती है, जबकि मुआवजा जमींदार या ठेकेदार की शुद्ध संपत्ति के आठ गुना की निश्चित दर पर दिया जाता है।
- पुनर्वास अनुदान प्राप्त करने के लिए आवेदन प्रक्रिया अनिवार्य है, लेकिन मुआवजे के भुगतान के मामले में यह अनिवार्य नहीं है।
- पुनर्वास अनुदान उस तिथि से दिया जाता है जिस दिन मुआवजे की राशि निर्धारित की जाती है। वक्फ, ट्रस्ट या बंदोबस्ती को छोड़कर, निहित होने की तारीख से मुआवजा दिया जाता है।
- कोई अंतरिम पुनर्वास अनुदान का प्रावधान नहीं है, लेकिन अंतरिम मुआवजा दिया जाता है।
- पुनर्वास की राशि का निर्धारण करते समय बिक्री या उपहार द्वारा भूमि के हस्तांतरण पर विचार नहीं किया जाता है जबकि मुआवजे पर निर्णय लेते समय बिक्री या उपहार के माध्यम से भूमि के हस्तांतरण पर विचार किया जाता है।
- पुनर्वास अनुदान से भू-राजस्व और विशिष्ट सरकारी बकाया राशि की वसूली नहीं की जा सकती; उन्हें केवल मुआवजे के माध्यम से वसूल किया जाना है।
- **"जमींदारी उन्मूलन पुनर्वास अनुदान बांड"** ब्याज से संबन्धित बांड नहीं हैं, जबकि **"जमींदारी उन्मूलन मुआवजा बांड"** निहित होने की तारीख से 2.5% प्रति वर्ष की ब्याज दर पर दिए जाते हैं।
- मुआवजे के मामले में, पहली अपील मुआवजा अधिकारी के आदेश से जिला न्यायाधीश के पास होती है और दूसरी अपील उच्च न्यायालय में होती है। जबकि पुनर्वास अनुदान अधिकारी के आदेश पर जिला जज के पास अपील की जा सकती है। पुनर्वास अनुदान के लिए, कोई दूसरी अपील नहीं है केवल उच्च न्यायालय में पुनरीक्षण याचिका की अनुमति है।

उत्तर प्रदेश जमींदारी उन्मूलन और भूमि सुधार अधिनियम 1950, 24 जनवरी 1951 को राष्ट्रपति द्वारा हस्ताक्षरित किया गया था। अधिनियम के लिए निहित आदेश 1 जुलाई 1952 को जारी किया गया था। निहित होने की तिथि से, सभी मध्यस्थों के सभी शीर्षक, अधिकार और हित समाप्त कर दिया गया और समाप्त कर दिया गया। लेकिन एक मध्यस्थ जो अपनी भूमि को बटाई के रूप में जोतता था या स्वयं खेती करता था, उसे भूमि का स्वामित्व दिया जाता था।

जमींदारी उन्मूलन अधिनियम ने फिर से शुरू करने का अधिकार नहीं दिया, न ही यह उस क्षेत्र पर एक सीमा प्रदान करता है जो एक जमींदार व्यक्तिगत खेती के लिए उपयोग कर सकता

है। इसलिए, भूमि के सभी कब्जाधारियों, जमींदारों और सुरक्षित या असुरक्षित किरायेदारों को सुधारों को लागू किए जाने के समय उस भूमि पर कब्जा जारी रखना था जिस पर वे खेती कर रहे थे।

अधिनियम को दो भागों में विभाजित किया जा सकता है। पहले भाग में 1 से 6 अध्याय हैं, और दूसरे भाग में अध्याय 6 से 12 हैं। अधिनियम में सात अनुसूचियाँ और 344 धाराएँ हैं। सभी जमींदारों से उनके सभी भूमि अधिकार छीन लिए गए, और उनकी सभी सम्पदाएँ राज्य सरकार द्वारा ले ली गईं। राज्य सरकार ने सरकार द्वारा ली गई भूमि के बदले में सभी जमींदारों या बिचौलियों को मुआवजा और पुनर्वास अनुदान दिया।

मुआवजा देने का उद्देश्य उन जमींदारों को मुआवजा देना है जिन्हें अपनी संपत्ति छोड़नी पड़ी थी। पूर्व बिचौलियों को एक नई आजीविका खोजने और पुनर्वास के लिए अन्य विकल्प खोजने का अवसर देने के लिए पुनर्वास अनुदान की शुरुआत की गई थी।

भारत में भूमि सुधार

देश की स्वतंत्रता के समय भूमि का स्वामित्व केवल कुछ ही लोगों के हाथों में केंद्रित था। इससे किसानों का शोषण बढ़ता गया और साथ ही साथ ग्रामीण आबादी के सामाजिक-आर्थिक विकास की दिशा में भी यह कारण एक प्रमुख बाधा बना रहा। स्वतंत्र भारत की सरकार का मुख्य ध्यान देश में समान भू वितरण करना था। 1950 से 60 के दशक में भू स्वामित्व के कानून विभिन्न राज्यों में अधिनियमित किए गए जिन्हें 1972 में केंद्र सरकार के निर्देश पर संशोधित किया गया।

भूमि सुधारों के अन्तर्गत सरकार ने निम्न कदम उठाए हैं-

1. भूस्वामित्व सुधार-

इसके अन्तर्गत सरकार ने पूर्व से चली आ रही जमींदारी, रैयतवाड़ी, महलवाड़ी इत्यादि व्यवस्थाओं को समाप्त कर दिया है इसके अन्तर्गत सरकार ने तीन कार्य किए हैं-

(क) बिचैलिया की समाप्ति करना,

(ख) काश्तकारों को प्रत्यक्ष भू-स्वामित्व प्रदान करना, तथा

(ग) लगान का नियमन।

2. जोतों की चकबंदी-

यत्र-तत्र बिखरे खेतों को एक साथ व्यवस्थित कर सिंचाई के साधनों सहित अन्य प्रकार की सुविधाओं के विकास द्वारा भूमि की उत्पादकता बढ़ाई गई ।

3. सहकारी कृषि का प्रारम्भ,
4. जोतों की निम्नतम सीमा का निर्धारण,
5. कृषि-जलवायु प्रादेशिक नियोजन,
6. बरानी कृषि/शुष्क कृषि का विकास,
7. सीढ़ीनुमा खेतों का विकास,
8. मेड़बन्दी,
9. बीहड़ों का समतलीकरण,
10. ऊसर भूमि (पायराइट अथवा जिप्सम खादों का प्रयोग करके) का विकास,
11. मृदा सर्वेक्षण एवं संरक्षण कार्यक्रम, तथा
12. सिंचाई का विकास (विशेषकर शुष्क क्षेत्रों में)।

1949 में भारतीय संविधान के तहत, राज्यों को भूमि सुधार अधिनियमित (और लागू) करने के अधिकार प्रदान किए गये हैं। यह स्वायत्तता यह सुनिश्चत करती है कि राज्यों में भू सुधारों की संख्या और उनके प्रकारों के लिहाज से जो कई महत्वपूर्ण परिवर्तन किए गए हैं उन्हें अधिनियमित किया जाए। अपने मुख्य उद्देश्य के अनुसार हम भूमि सुधार के कानूनों को तीन मुख्य श्रेणियों में वर्गीकृत कर सकते हैं।

1. पहली श्रेणी किरायेदारी के सुधारों से संबंधित कार्य करती है। इसमें पंजीकरण और अनुबंध की शर्त, दोनों के माध्यम से काश्तकारों के अनुबंध को विनयमित करने के प्रयास शामिल हैं। इस तरह के हिस्से काश्तकारों के अनुबंध में शेयरों के साथ-साथ किरायेदारी को खत्म करने और काश्तकारों को स्वामित्व हस्तांतरण करने के प्रयासों का एक रूप हैं।
2. भूमि सुधार के कानूनों की दूसरी श्रेणी बिचौलियों को समाप्त करने का एक प्रयास है। ये वो बिचौलिये थे जो अंग्रजों के लिए सामंती शासकों (जमींदारी) के नीचे कार्य करते थे। भूमि अधिशेष के एक बड़े हिस्से से किराया लेने के लिए इन्हें अधिकृत किया गया था। अधिकतर राज्यों ने 1958 से पहले बिचौलियों को खत्म करने के लिए कानून पारित कर दिया था।
3. भूमि सुधार कानूनों की तीसरी श्रेणी में भूमिहीनों को अधिशेष भूमि पुनर्वितरण के साथ जमीन पर छत उपलब्ध कराने से संबंधित प्रयासों का विवरण है।

अतः हमारे पास वह कानून है जो असमान भूमि जोत के समेकन की अनुमति देने का प्रयास करता है। हालांकि ये सुधार, विशेष रूप से कृषि के क्षेत्र में दक्षता प्राप्त करने के मामले में आंशिक रूप से उचित थे। राजनैतिक घोषणापत्रों द्वारा पहले तीन सुधारों का मुख्य उद्देश्य गरीबी में कमी करना था।

भूमि सुधारों का आकलन

जो भू-स्वामी राजनीतिक रूप से प्रभावशाली थे, वे इन सुधारों के प्रयोजन को नष्ट करने में कामयाब रहे। तथापि, जैसा कि पी.एस. अप्पू ने 1996 की अपनी चर्चित पुस्तक **'लैंड रिफॉर्म्स इन इंडिया'** में लिखा है,1992 तक महज 4 प्रतिशत जमीन के जोतदारों को स्वामित्व का अधिकार मिल पाया था। इन जोतदारों में से भी 97 प्रतिशत सिर्फ सात राज्यों-असम, गुजरात, हिमाचल प्रदेश, कर्नाटक, केरल, महाराष्ट्र और पश्चिम बंगाल के थे।

स्वामित्व का अधिकार जोतदार को हस्तांतरित करने की कोशिश करने पर, कई राज्यों ने काश्तकारी को ही समाप्त कर दिया। लेकिन भूमि हस्तांतरण भले न्यूनतम हो पाया हो, किंतु इस नीति का एक परोक्ष परिणाम यह अवश्य हुआ कि जहां कहीं भी काश्तकारी किसी रूप में बची थी,उसको संरक्षण दिया जाना समाप्त हो गया और भविष्य में काश्तकारी की गुंजाइश खत्म हो गई। कई राज्यों ने काश्तकारी की अनुमति तो दी, लेकिन यह शर्त लगाई कि भूमि किराया उत्पाद के एक-चौथाई से पांचवे हिस्से तक के बराबर होगा। किंतु चूंकि यह दर बाजार-दर से काफी कम थी, इसलिए इन राज्यों में भी ठेका जबानी तौर पर चलता रहा जिसके लिए काश्तकार उत्पाद का लगभग 50 प्रतिशत बतौर किराया देता था।

इन विभिन्न सुधारों का मौजूदा प्रभावशाली आकलन मिलाजुला रहा है। 1949 तक भूमि सुधार राज्य का विषय था हांलाकि इसे विभिन्न पंचवर्षीय योजनाओं के माध्यम से केंद्र द्वारा आगे बढ़ाया गया। अधिनियमन और कार्यान्वयन राज्य सरकारों की राजनीतिक इच्छाशक्ति पर निर्भर था। जमींदारों के कथित दमनकारी चरित्र और अंग्रेजों के साथ उसके करीबी गठबंधन को समाप्त करने तथा बिचौलियों के वर्चस्व को व्यापक राजनीतिक समर्थन ने ही इन सुधारों के कार्यान्वयन के लिए प्रेरित किया और इनमें से अधिकांश 1960 के दशक में पूरे कर लिए गए। काश्तकारी सुधारों के मुद्दे पर केंद्र और राज्य के अधिकारों को बहुत कम स्पष्ट किया गया था। कई राज्य विधायिकाओं पर जमींदारों का नियंत्रण था और इन सुधारों से इस वर्ग को नुकसान हुआ था। हालांकि भूमि सुधार कानूनों के कार्यान्वयन में काश्तकारों को पर्याप्त राजनीतिक प्रतिनिधित्व की अच्छी सफलता मिली थी।

अधिनियम के पर्याप्त प्रचार होने के बावजूद भी, भूमि हदबंदी के मामलों में इसे लागू करने के लिए राजनीतिक विफलता जिम्मेदार रही। अधिशेष भूमि को जब्त करने से बचाने के लिए जमीन मालिकों ने अपनी जमीनों को अपने संबंधियों, दोस्तों और आश्रितों को हस्तांतरित कर दी थीं। भूमि समेकन कानून को अन्य सुधारों की तुलना में कम अधिनियमित किया गया था और आंशिक रूप से भूमि रिकार्ड की कमी के कारण इसका कार्यान्वयन कुछ राज्यों को ही प्रभावित कर पाया था। गांव स्तर के अध्ययन में भी विभिन्न भूमि सुधारों द्वारा गरीबी पर पड़े प्रभाव का एक बहुत ही मिश्रित मूल्यांकन किया गया है।

भूदान आंदोलन

आचार्य विनोबा भावे ने भूदान आन्दोलन की शुरुआत की थी. विनोबा जी ने गांधीजी के साथ स्वतंत्रता संग्रामा में भाग लिया था और लगभग 5 वर्ष जेल में बिताये थे। गाँधीजी की हत्या के बाद भावे को ही उनका उत्तराधिकारी माना जा रहा था लेकिन उनके उद्देश्य काफी अलग थे, उन्होंने देश के गरीब और भूमि विहीन वर्ग के हितों की रक्षा की जिम्मेदारी ली थी। भावे ने उनके आदर्शों और सिद्धांतों को आगे बढाते हुए भूमि सुधार कार्यों में विशेष योगदान दिया था। 1951 में भूदान आंदोलन के लिए विनोबा भावे ने हजारों मीलों की पदयात्रा की थी और भू-दाताओं से जमीन दान करने की अपील की थी। भावे की प्रेरणा से जयप्रकाश नारायण जैसे कई बड़े समाजवादी नेता इस आंदोलन से जुड़े।

भूदान आंदोलन का उद्देश्य

भूदान आंदोलन का उद्देश्य पूरे देश का उद्धार करना था जिसमें समाज में सबको साथ लेकर आगे बढना था। भूदान आंदोलन सिर्फ भूमि का वितरण नही था बल्कि एक प्रक्रिया थी जिसके अतंर्गत समाज के सभी वर्गों के हितों की रक्षा की गयी थी। भावे ने कहा था कि हम समाज की आर्थिक समस्याओं को कम करना चाहते हैं। भूदान आन्दोलन का लक्ष्य देश के पिछड़े और शोषित वर्ग को मुख्यधारा में लाना था। सामाजिक और राजनीतिक परिप्रेक्ष्य में देखा जाए तो इस आंदोलन का घोषित उद्देश्य शक्ति का विकेंद्रीकरण करना था, जिसमें गाँव-गाँव तक शक्ति की पहुँच हो, सबका संपति पर अधिकार हो और मजदूरी इत्यादि मामलों में किसी भी तरह की असमानता नहीं हो।

❑❑❑

12 उत्तर प्रदेश में सुरक्षा से जुड़े मुद्दे

उत्तर प्रदेश में सुरक्षा से जुड़े मुद्दे

i. उग्रवाद के प्रसार एवं विकास के बीच संबंध।

ii. बाह्य राज्य एवं अंतरराज्यीय सक्रियकों से आन्तरिक सुरक्षा के लिए चुनौतियां पैदा करने में संचार नेटवर्क, मीडिया एवं सोशल नेटवर्किंग साइट्स की भूमिका।

iii. साइबर सुरक्षा के बुनियादी नियम कालेधन को वैध बनाना एवं इसकी रोकथाम।

iv. विभिन्न सुरक्षा बल एवं एजेंसियां और उनके शासनादेश/अधिकार पत्र।

v. सीमावर्ती क्षेत्रों में सुरक्षा चुनौतियो एवं उनका प्रबंधन, संगठित अपराधों का आतंकवाद से संबंध।

(i) उग्रवाद के प्रसार एवं विकास के बीच संबंध

संप्रभुता और अखंडता किसी भी राज्य या राष्ट्र की प्राथमिकता में सबसे ऊपर होता है। अपने नागरिकों में सुरक्षा की भावना बनाए रखना और किसी भी प्रकार के बाह्य तथा आंतरिक संकटों से उनकी रक्षा करना एक राज्य की जिम्मेदारी होती है। जहां एक तरफ बाह्य सुरक्षा में किसी विदेशी शक्ति द्वारा आक्रमण अथवा अतिक्रमण को शामिल किया जाता है तो आन्तरिक सुरक्षा में ऐसे मुद्दे आते हैं जो देश के भीतर से ही पनपते हैं। इस आंतरिक संकट के कई स्वरूप हो सकते हैं जैसे नक्सलवाद, उग्रवाद, आतंकवाद इत्यादि। जहां बाह्य सुरक्षा के लिए देश की सीमाओं को सुरक्षित करना आवश्यक है, वहीं दूसरी तरफ आंतरिक सुरक्षा सुनिश्चित करने के लिए यह आवश्यक है की राज्य अपनी सीमा के भीतर पनप रहे कटुता, असमानता, द्वेष इत्यादि के कारणों को खोज कर उनका निवारण करे।

आजादी के बाद से ही भारत आंतरिक असंतोष के कई प्रकार की चुनौतियों का सामना करता आ रहा है। इनमे से सबसे पुराना और सबसे प्रभावशाली स्वरूप उग्रवाद का है। अपनी आज़ादी के बाद से ही भारत उग्रवाद का सामना कर रहा है। भारत में उग्रवाद को तीन किस्मों में विभाजित किया जा सकता है- कश्मीर में पाकिस्तान द्वारा प्रायोजित **'छद्म युद्ध (proxy war)'** और आतंकवाद, वामपंथी उग्रवाद और अलगाववाद। हालांकि कश्मीर में हाल के दिनों में आतंकवादी घटनाओं में काफी कमी आयी है और वहाँ सुरक्षा बलों की उपस्थिती दिन प्रतिदिन मजबूत होती जा रही है और ऐसा माना जा रहा है कि आने वाले समय में यह क्षेत्र पूरी तरह से आतंकवाद से मुक्त हो जाएगा।

उग्रवाद एक ऐसी चुनौती है जो आज भी देश के सुदूर इलाकों में मौजूद है और इसके कारण आज भी सरकार की कल्याणकारी योजनाएँ वहाँ के आम लोगों तक पहुँच नहीं पाती है। उग्रवाद और प्रगति के बीच का संबंध बहुत जटिल है और इसे समझने के लिए उग्रवाद के कारणों को समझना जरूरी है।

किसी भी देश के नागरिक अपनी सरकार से यह अपेक्षा रखते हैं की उनके जीवन यापन की आवश्यक सुविधाओं जैसे, जमीन, सड़क, शिक्षा, चिकित्सा, रोजगार इत्यादि का ध्यान रखेगी। लेकिन अक्सर यह भी देखा गया है की देश का शासन तंत्र उनकी आकांक्षाओं को पूरा करने में कहीं ना कहीं असमर्थ रह जाता है। सरकार के इस रवैये से उनके अंदर एक रोष की भावना पनपती रहती हैं जिसका फायदा अलगाववादी गिरोह उठा ले जाते हैं और उन्हे अपनी ही सरकार और शासन व्यवस्था के खिलाफ लामबंद होने के लिए प्रेरित करते रहते हैं।

भारत में उग्रवाद का इतिहास-भारत में उग्रवाद की जड़े बहुत गहरी हैं। स्वतन्त्रता के बाद जब देश बदहाली की स्थिति से बाहर निकलने की कोशिश कर रहा था तभी से कुछ लोगों ने आम जन के मन में यह भावना भरनी शुरू कर दी थी की यह देश गरीबों के लिए कुछ नहीं कर रहा है और यदि उन्हें न्याय चाहिए तो इसके लिए उन्हें खुद ही हथियार उठाने पड़ेंगे। उग्रवाद को पोषण देने में वामपंथी विचारधारा की हिंसक प्रवृत्ति का भी बहुत योगदान रहा है।

वामपंथी उग्रवाद और नक्सलवाद

वामपंथी उग्रवाद या नक्सलवाद एक वामपंथी उग्रवादी विचारधारा है। यह अपने विचारों को साम्यवाद से प्राप्त करता है और एक वर्गहीन समाज बनाने के लिए सशस्त्र क्रांति के माध्यम से लोगों के सामाजिक और आर्थिक जीवन की प्रगति पर जोर देता है। नक्सलवाद की उत्पत्ति 1967 में पश्चिम बंगाल के नक्सलबाड़ी शहर में एक कृषि आंदोलन के रूप में हुई थी। कम्युनिस्ट आंदोलन से प्रेरित उत्पीड़ित किसानों ने नक्सलबाड़ी में सामंती जमींदारों के खिलाफ अपनी आवाज और हथियार उठाए। नक्सलवाद की उत्पत्ति पूर्वी भारत के ग्रामीण हिस्सों में स्थानीय स्तर पर विकास की कमी और गरीबी के खिलाफ विद्रोह के रूप में हुई। यह समझना भी महत्वपूर्ण है कि नक्सलवाद का उद्भव समय के साथ भारत में साम्यवादी विचारधाराओं के विभिन्न विखंडनों का परिणाम है।

भारत में वामपंथी विचारधारा का उद्भव

1920 के दशक में भारतीय कम्युनिस्ट पार्टी (सीपीआई) के निर्माण ने देश में कम्युनिस्ट विचारधारा की उपस्थिति को मजबूत किया। उस समय दुनिया भर में कम्युनिस्ट आंदोलनों ने सीपीआई को अंग्रेजों के खिलाफ राष्ट्रीय आंदोलन में इस भावना का उपयोग करने के लिए प्रेरित किया।

रूस में अक्टूबर क्रांति की सफलता भारत में उभरते कम्युनिस्ट आंदोलन के लिए प्रेरणा का स्रोत बन गई। कृषि क्रांति पश्चिम बंगाल में 1967 में शुरू हुई जब मार्क्सवादी कम्युनिस्ट पार्टी (सीपीएम) से अलग हुए एक चरमपंथी गुट ने आंदोलन शुरू किया। 1969 में, सीपीआई ने एक नई मार्क्सवादी-लेनिनवादी (सीपीआई-एमएल) पार्टी का गठन किया. इस गुट के नेतृत्व में **'वर्ग विनाश'** के नाम पर पश्चिम बंगाल, आंध्र प्रदेश, केरल, बिहार और उत्तर प्रदेश के साथ-साथ उड़ीसा, मध्य प्रदेश और पंजाब राज्यों में हिंसा की घटनाएं शुरू हुईं। 2004 में, सीपीआई-माओवादी का निर्माण हुआ, जिसमें माओवादी विचारधारा का समर्थन करने वाले सुदूर वामपंथी कट्टरपंथी थे। नक्सलियों ने इसी विचारधारा का पालन किया जो अंततः हथियारों और गोला-बारूद के इस्तेमाल से हिंसक हो गई। प्रारंभ में, आंदोलन का केंद्र पश्चिम बंगाल में था। इसके बाद, यह भारतीय कम्युनिस्ट पार्टी (माओवादी) जैसे भूमिगत समूहों की गतिविधियों के माध्यम से ग्रामीण मध्य और पूर्वी भारत के कम विकसित क्षेत्रों, जैसे छत्तीसगढ़, झारखंड, ओडिशा और आंध्र प्रदेश में फैल गया।

माओवाद-माओवाद की उत्पत्ति चीन में चीनी राजनीतिक नेता माओत्से तुंग की शिक्षाओं से प्राप्त कम्युनिस्ट सिद्धांत के एक रूप में हुई। इसे 1977-78 तक चीन की कम्युनिस्ट पार्टी की राजनीतिक और सैन्य मार्गदर्शक विचारधारा के रूप में व्यापक रूप से लागू किया गया था। इसने सशस्त्र क्रांति के माध्यम से वर्गहीन समाज की स्थापना करके लोगों के सामाजिक और आर्थिक जीवन की उन्नति पर जोर दिया। यह साम्राज्यवाद-विरोधी संघर्ष में निहित था और राजनीतिक परिवर्तन प्राप्त करने के लिए सशस्त्र क्रांति का समर्थन करता था। नक्सलवाद भारत में समान परिवर्तन लाने के लिए माओवाद के सिद्धांतों पर आधारित है।

लाल गलियारा (Red Corridor)-रेड कॉरिडोर (red corridor), जिसे रेड जोन या आम बोल-चाल की भाषा में **'लाल गलियारा'** के रूप में भी जाना जाता है, भारत के पूर्वी, मध्य और दक्षिणी हिस्सों में स्थित नक्सली-माओवादी चरमपंथ (extremism) से प्रभावित क्षेत्र है। यह क्षेत्र आंतरिक सुरक्षा की एक बहुत बड़ी चिंता का विषय है, क्योंकि यहाँ पर्यावरण, प्राकृतिक कानून और मानवाधिकारों से संबंधित गंभीर चुनौतियाँ हैं। इसके अंतर्गत ओडिशा, बिहार, छत्तीसगढ़, झारखंड, मध्य प्रदेश, आंध्र प्रदेश, प. बंगाल इत्यादि समेत कुल 10 राज्य आते हैं। भारत का यह क्षेत्र आर्थिक रूप से अपेक्षाकृत कम विकसित रहा है और इस क्षेत्र में रहने वाले लोगों का एक बड़ा तबका जीवन की न्यूनतम आवश्यकताओं के बिना व आर्थिक रूप से पिछड़े हुए हैं। चरम पंथ के उदय का यह एक सबसे बड़ा कारण माना जाता रहा है। 2019 में, सरकारी आंकड़ों के अनुसार माओवादी प्रभाव वाले जिलों की संख्या 180 से घटाकर 90 कर दी गई थी मगर यह क्षेत्र आज भी जबरदस्त सामाजिक, आर्थिक और राजनीतिक चुनौतियों का सामना कर रहा है, जिन पर ध्यान दिए जाने की आवश्यकता है।

उग्रवाद के प्रसार और विकास संबंध

विकास प्रक्रियाओं के बिना असंतोष, अशांति और उग्रवाद के कारणों का कोई साध्य अंत नहीं है। विकास और सुरक्षा मिलकर स्थायी शांति की नींव रखते हैं। यह एक सच्चाई है कि अल्प विकास अक्सर लोगों के बीच उग्रवाद और चरमपंथी विचारधाराओं के प्रसार के लिए स्थितियां पैदा करता है, जो यह समझते हैं कि सरकार द्वारा उनकी जरूरतों का ध्यान नहीं रखा जा रहा है। जबकि आज दुनिया भर की सरकारों की नीति रही है कि वे **"समावेशी विकास"** पर जोर दें, हर राज्य में हमेशा ऐसे समूह होते हैं जो खुद को अलग-थलग महसूस करते हैं क्योंकि उन्हें लगता है कि वे विकास के प्रयासों से छूट गए हैं। अक्षम और भ्रष्ट शासन के साथ इस तरह की धारणाएं उग्रवाद और उग्रवाद के लिए एक आदर्श स्थिति पैदा करती हैं। विकास की कमी से अधिक, यह अन्याय, कुशासन और

प्रणाली की अक्षमता की धारणा है जो लोगों को हिंसा और उग्रवाद की ओर ले जाती है।

विकास संबंधी मुद्दे जो उग्रवाद के प्रसार से संबंधित हैं, आजीविका को बनाए रखने के लिए बुनियादी संसाधनों तक पहुंच की कमी से जुड़े हैं।

वन नीति-विकास के नाम पर प्रमुख आदिवासी समुदायों के आवास को आरक्षित वन घोषित कर दिया गया और वन संरक्षण अधिनियम 1980 के अनुसार, किसी भी वन भूमि को बिना अनुमति के गैर-वन उपयोग में नहीं बदला जा सकता है। आदिम वनवासियों के अधिकारों को प्रतिबंधित कर दिया गया जिसके परिणामस्वरूप भूमि तक उनकी पहुंच समाप्त हो गई। बड़े पैमाने पर आक्रोश उग्रवादी गतिविधियों की ओर ले जाता है।

भूमि अलगाव-40% ग्रामीण परिवारों के पास कोई भूमि नहीं है या आधे एकड़ से कम भूमि है, सीमांत भूमि जोत में वृद्धि हुई है, कोई भूमि सुधार नहीं है, असुरक्षा और किरायेदारों का शोषण और अशांति चरमपंथ की ओर ले जाती है। विशेष आर्थिक क्षेत्र (एसईजेड) के लिए भूमि अधिग्रहण ने फिर से गरीबों को उनकी जमीन से वंचित कर दिया। एसईजेड के लिए अधिग्रहित उत्पादक भूमि के एक बड़े खंड के रूप में खाद्य उत्पादन की हानि; आजीविका संसाधन में बड़ा प्रभाव, संघर्ष की ओर ले जाता है।

विस्थापन और पुनर्वास-लोगों का विस्थापन/जबरन बेदखली विकास परियोजनाओं जैसे सिंचाई, औद्योगिक परियोजनाओं, खनन परियोजनाओं, बिजली संयंत्रों आदि के कारण होती है। यह शारीरिक, भावनात्मक या सांस्कृतिक हो सकता है। विस्थापन का सबसे अधिक खतरा जनजातीय लोगों को होता है क्योंकि आदिवासी बहुल क्षेत्र जैसे कि उड़ीसा, झारखंड जैसे खनिज संसाधनों से समृद्ध हैं। यह उन पर बहुआयामी आघात को प्रभावित करता है जिसके गंभीर परिणाम होते हैं।

श्रम, बेरोजगारी और मजदूरी-बेरोजगारी और आजीविका की असुरक्षा शहरी और ग्रामीण दोनों क्षेत्रों में युवाओं में असंतोष और गुस्से का कारण बन रही है। कृषि कार्य के लिए न्यूनतम मजदूरी लागू नहीं की जाती है, असंगठित क्षेत्र में असंगठित श्रमिकों की हिस्सेदारी में वृद्धि होती है, श्रम कल्याण कानूनों का कोई प्रभावी कवरेज नहीं होता है। इसलिए किसी भी विकासात्मक प्रचार के अभाव में शोषण का यह बहुआयामी रूप उग्रवाद के प्रसार का प्रमुख कारण बनता है।

इसके अलावा, इस विकास परिदृश्य में पर्यटन उद्योग मौजूदा जनजातीय जीवन के लिए एक बड़ा खतरा पैदा कर रहा है जो पारिस्थितिकी के साथ जुड़ा हुआ है। विदेशी प्रभाव और व्यावसायीकरण की शुरूआत आदिवासी समाज के विघटन की प्रक्रिया को उग्रवादी गतिविधियों की ओर ले जा रही है।

उग्रवाद की समस्या के समाधान

कौशल विकास-2011-12 से कार्यान्वयन के तहत वामपंथी उग्रवाद से प्रभावित 34 जिलों में कौशल विकास का लक्ष्य वामपंथी उग्रवाद से प्रभावित जिलों में आईटीआई और कौशल विकास केंद्र स्थापित करना है।

कानून का प्रभावी क्रियान्वयन-पेसा, मनरेगा, अनुसूचित जनजाति और अन्य पारंपरिक वनवासी अधिनियमों को प्रभावी ढंग से लागू किया जाना चाहिए।

भूमि संबंधित उपाय-भूमिहीन गरीबों के सबसे कमजोर वर्ग के बीच वितरण के लिए भूमि सीमा के मुद्दों को लगातार लागू करने के लिए गंभीर प्रयास किए जाने चाहिए। सरकार द्वारा सेज के लिए किसानों को उचित मुआवजा देकर भूमि का अधिग्रहण किया जाना चाहिए। भूमि सीलिंग मामलों के त्वरित निपटान के लिए भूमि न्यायाधिकरण या फास्ट ट्रैक कोर्ट स्थापित किए जाने चाहिए। संबंधित राज्य के सीलिंग कानूनों में खामियों को ठीक किया जाना चाहिए।

बुनियादी सुविधाएं और बुनियादी ढांचा- राष्ट्रीय मानदंडों के अनुसार बुनियादी ढांचा और सेवाएं प्रदान करने में विफलता चरमपंथ प्रभावित क्षेत्रों में शासन की भेदभावपूर्ण अभिव्यक्तियों में से एक है। इन क्षेत्रों में लोगों के बीच मानकों की बुनियादी सेवाओं को सर्वोच्च प्राथमिकता दी जानी चाहिए। वामपंथी उग्रवाद प्रभावित जिलों में सड़क संपर्क, संचार को तेजी से बढ़ाने की जरूरत है। जैसे: दूरदराज के इलाकों में मोबाइल टावर लगाए जा रहे हैं।

शासन के मुद्दे-मध्य भारत के क्षेत्र जहां अशांति व्याप्त है, आंध्र प्रदेश, उड़ीसा, छत्तीसगढ़, मध्य प्रदेश, झारखंड और महाराष्ट्र के कुछ हिस्सों जैसे कई राज्य शामिल हैं। विकास और कानून व्यवस्था दोनों के लिए राज्य का हस्तक्षेप काफी कम है। आदिवासी क्षेत्रों में मौजूद स्थानीय आबादी का अमीर लोगों द्वारा शोषण किया जा रहा है। सरकार को इन लोगों की सुरक्षा के लिए आवश्यक कार्रवाई करनी चाहिए। इस दिशा में आवश्यक बुनियादी कदमों में सरकार की विश्वसनीयता और विश्वास की स्थापना, लोगों की दृष्टि की पूर्ति के लिए निरंतर निगरानी रखना, प्रभावी सुरक्षा, शांति और सुशासन शामिल है; जनजातीय क्षेत्रों में समानता के साथ सतत विकास जनजातीय क्षेत्रों में उग्रवाद को कम करेगा।

आजीविका सुरक्षा-कृषि मंत्रालय के सख्त दिशानिर्देशों के तहत बागवानी, मुर्गी पालन, मत्स्य पालन, पशुपालन में सहायक और सहायक गतिविधियों को ग्रामीण स्तर पर गुणवत्ता बुनियादी ढांचे और कुशल बाजार लिंकेज की स्थापना के माध्यम से मजबूत करना चाहिए। चरमपंथ प्रभावित क्षेत्रों के लोगों के बीच बुनियादी सामाजिक सेवाओं को मानकों के अनुरूप बनाना ताकि शासन की भेदभावपूर्ण अभिव्यक्तियों को हटाया जा सके।

केंद्र-राज्य सहयोग के लिए संस्थागत व्यवस्था-चूंकि उग्रवाद विरोधी नीति तैयार करने में और साथ ही दिन-प्रतिदिन के आधार पर इस मुद्दे से निपटने में समस्याएं केंद्र-राज्य सहयोग की कमी के कारण होती हैं। उभरते मतभेदों को दूर करने के लिए समन्वय केंद्र के रूप में एक स्थायी संस्थागत तंत्र स्थापित किया जा सकता है। वर्तमान में गृह मंत्रालय के भीतर एक समन्वय केंद्र मौजूद है, लेकिन सुगम समन्वय सुनिश्चित करने के लिए राज्य प्रतिनिधियों की सक्रिय भागीदारी की आवश्यकता है

राज्यों में प्रमुख उग्रवाद विरोधी उपाय

आंध्र प्रदेश ने नक्सली नेताओं पर सफलतापूर्वक नकेल कसने के लिए ग्रेहाउंड्स नामक विशिष्ट बल की स्थापना की। इसने नागरिक **"सतर्कता"** समूहों के माध्यम से बड़े पैमाने पर संगठन की गतिविधियों को भी कुचल दिया, जिन्हें आत्मसमर्पण और पुनर्वास पैकेज के माध्यम से प्रोत्साहित किया गया था।

पश्चिम बंगाल सरकार ने माओवाद प्रभावित जंगलमाहा क्षेत्र में रहने वाले लोगों के साथ विश्वास बहाली के उपाय लागू किए। इसने लोगों और संस्था के बीच संबंध बनाया।

ओडिशा और छत्तीसगढ़ ने कई स्थानीय आदिवासी युवाओं को माओवादी विद्रोह के खिलाफ विशेष पुलिस अधिकारियों के रूप में प्रशिक्षित किया।

बिहार ने उग्रवाद विरोधी अभियानों के लिए 400 सदस्यीय विशेष कार्य बल और विशेष सहायक पुलिस की स्थापना की थी। वर्तमान में नक्सली प्रभाव 22 जिलों से घटकर 4 जिलों पर आ गया है।

महाराष्ट्र ने C-60 कमांडो नामक एक जिला स्तरीय बल बनाया।

सलवा जुडूम एक मिलिशिया था जिसे छत्तीसगढ़ में उग्रवाद विरोधी अभियानों के हिस्से के रूप में संगठित और तैनात किया गया था, जिसका उद्देश्य क्षेत्र में नक्सली हिंसा का मुकाबला करना था।

(ii) बाह्य राज्य एवं अंतर-राज्यीय सक्रियकों से आन्तरिक सुरक्षा के लिए चुनौतियां पैदा करने में संचार नेटवर्क, मीडिया एवं सोशल नेटवर्किंग साइट्स की भूमिका

महान कूटनीतिज्ञ चाणक्य के शब्दों में किसी भी प्रकार के आक्रमण से अपनी प्रजा की रक्षा करना प्रत्येक राजसत्ता का सर्वप्रथम उद्देश्य होता है। "प्रजा का सुख ही राजा का सुख और प्रजा का हित ही राजा का हित होता है।" चाणक्य ने अर्थशास्त्र में लिखा है कि एक राज्य को निम्नलिखित चार अलग-अलग प्रकार के खतरों का सामना करना पड़ सकता है- 1) आंतरिक, 2) वाह्य, 3) वाह्य रूप से सहायता प्राप्त आंतरिक, 4) आंतरिक रूप से सहायता प्राप्त बाहरी। भारत में आंतरिक सुरक्षा के परिदृश्य में उपर्युक्त खतरों के लगभग सभी रूपों का मिश्रण है।

आंतरिक सुरक्षा का सामान्य अर्थ एक देश की अपनी सीमाओं के भीतर की सुरक्षा से है। आंतरिक सुरक्षा एक बहुत पुरानी शब्दावली है लेकिन समय के साथ ही इसके मायने बदलते रहे हैं। स्वतंत्रता से पूर्व जहाँ आंतरिक सुरक्षा के केंद्र में धरना-प्रदर्शन, रैलियाँ, सांप्रदायिक दंगे, धार्मिक उन्माद थे तो वहीं स्वतंत्रता के बाद विज्ञान एवं तकनीकी की विकसित होती प्रणालियों ने आंतरिक सुरक्षा को अधिक संवेदनशील और जटिल बना दिया है।

आंतरिक सुरक्षा में संचार नेटवर्क की भूमिका

आंतरिक सुरक्षा को बनाए रखने के लिए प्रभावी संचार नेटवर्क महत्वपूर्ण हैं। संचार नेटवर्क कंप्यूटर, लैपटॉप, मोबाइल फोन और टेलीफोन जैसे इलेक्ट्रॉनिक उपकरणों के माध्यम से संचार के अंतर्संबंध की सुविधा प्रदान करते हैं जो अधिकारियों को आवाज, डेटा, वीडियो और इंटरनेट नेटवर्क जैसे अन्य सभी क्षेत्रों से महत्वपूर्ण और गोपनीय जानकारी भेजने की अनुमति देता है। कंप्यूटर नेटवर्क जैसे लोकल एरिया नेटवर्क और वाइड एरिया नेटवर्क को संचार नेटवर्क के साथ भ्रमित नहीं किया जाना चाहिए क्योंकि वे संचार नेटवर्क का केवल एक रूप हैं।

- आंतरिक सुरक्षा को बनाए रखने के लिए प्रभावी संचार नेटवर्क महत्वपूर्ण हैं। परिणामस्वरूप, संचार प्रणालियाँ आंतरिक और बाह्य सुरक्षा के साथ-साथ आपातकालीन तैयारियों में भी महत्वपूर्ण भूमिका निभाती हैं।
- इसके अलावा, संचार नेटवर्क जटिल तरीके से एक-दूसरे पर बहुत अधिक निर्भर होते हैं। यदि एक संचार नेटवर्क विफल

हो जाता है, तो इसका अन्य उद्योगों पर नकारात्मक प्रभाव पड़ सकता है।

- संचार नेटवर्क में डेटा उल्लंघन, धोखाधड़ी, सेवा से इनकार (डॉस), हैकिंग और साइबरयुद्ध, आतंकवादी और राष्ट्र-विरोधी अपराध जैसे गंभीर सुरक्षा खतरे हो सकते हैं।
- एक साइबर हमला जो बुनियादी ढांचे पर नियंत्रण कर सकता है, सिस्टम में खराबी का कारण बन सकता है और संचार नेटवर्क बाधित हो सकता है।
- वायरस, मैलवेयर, ट्रोजन हॉर्स, हैकिंग, नेटवर्क स्कैनिंग, प्रोबिंग और फिशिंग हमले के सभी संभावित तरीके हैं।
- इसके अलावा, सोशल नेटवर्क पर हमले भविष्य में हमलों का एक प्रमुख स्रोत बन सकते हैं क्योंकि बड़ी संख्या में लोग वेबसाइटों पर व्यक्तिगत जानकारी प्रस्तुत करने के लिए इन नेटवर्क का उपयोग करते हैं।

संचार नेटवर्क में, डेटा चोरी, धोखाधड़ी और सेवा हमलों से इनकार, हैकिंग और साइबर युद्ध, आतंकवादी और राष्ट्रविरोधी गतिविधियों जैसे गंभीर सुरक्षा हमले हो सकते हैं। एक साइबर हमला जो बुनियादी ढांचे को नियंत्रित कर सकता है, सिस्टम को नुकसान पहुंचा सकता है और संचार नेटवर्क को बाधित कर सकता है। हमले वायरस, मैलवेयर, ट्रोजन, हैकिंग, नेटवर्क स्कैनिंग, जांच और फिशिंग के माध्यम से हो सकते हैं। इसके अलावा, सोशल नेटवर्क हमले भविष्य में हमलों के प्रमुख स्रोतों में से एक हो सकते हैं क्योंकि इसका उपयोग बड़ी संख्या में उपयोगकर्ताओं द्वारा किया जाता है और वे इन नेटवर्क के माध्यम से साइटों पर अपनी व्यक्तिगत जानकारी पोस्ट करते हैं।

तकनीकी रिपोर्टों में बताया गया है कि नेटवर्क सुरक्षा नेटवर्क का एक प्रमुख हिस्सा है जिसे बनाए रखने की आवश्यकता है क्योंकि जानकारी कंप्यूटरों के बीच पारित की जा रही है और हमले के लिए अतिसंवेदनशील है। पिछले दशक से, नेटवर्क सुरक्षा का प्रबंधन करने वाले विशेषज्ञों ने बड़ी संख्या में हैकरों और अपराधियों को देखा है जिन्होंने दुर्भावनापूर्ण खतरे पैदा किए जिससे दुनिया भर में संचार बाधित हो गया।

ऐसे कई नेटवर्क खतरे हैं जो संचार नेटवर्क पर प्रतिकूल प्रभाव डाल सकते हैं-

1. **वायरस और वर्म्स-**वायरस एक "प्रोग्राम या कोड होता है जो उपयोगकर्ता की जानकारी के बिना कंप्यूटर पर लोड किया जाता है और उसकी इच्छा के विरुद्ध चलता है। वायरस कंप्यूटर को भारी नुकसान पहुंचा सकते हैं। नेटवर्क के संबंध में, यदि कोई वायरस डाउनलोड किया जाता है तो नेटवर्क के सभी कंप्यूटर प्रभावित होंगे क्योंकि वायरस खुद की प्रतियां बना लेगा और नेटवर्क में फैल जाएगा। एक वर्म एक वायरस के समान है लेकिन एक वर्म खुद को चला सकता है जबकि एक वायरस को चलाने के लिए एक होस्ट प्रोग्राम की आवश्यकता होती है। वर्म से बचाने के लिए, एक सुरक्षा सूट स्थापित करना आवश्यक है।
2. **ट्रोजेन हॉर्सेज-** ट्रोजन हॉर्स "एक ऐसा प्रोग्राम है जिसमें दुर्भावनापूर्ण या हानिकारक कोड स्पष्ट रूप से हानिरहित प्रोग्रामिंग या डेटा के अंदर इस तरह से निहित होता है कि यह सिस्टम पर नियंत्रण प्राप्त कर सकता है और अपने प्रकार की क्षति कर सकता है, जैसे कि उपयोगकर्ता की हार्ड डिस्क पर फाइल आवंटन तालिका को बर्बाद करना। किसी नेटवर्क में यदि ट्रोजन हॉर्स कंप्यूटर पर स्थापित है और फाइल आवंटन तालिका में हस्तक्षेप करता है तो यह उस नेटवर्क के सभी कंप्यूटरों को भारी नुकसान पहुंचा सकता है।
3. **स्पैम-**स्पैम का अर्थ है "उन लोगों पर संदेश थोपने के प्रयास में एक ही संदेश की कई प्रतियों के साथ इंटरनेट को भर देना जो अन्यथा इसे प्राप्त करना नहीं चाहेंगे। स्पैम-फिल्टर स्पैम को रोकने का एक प्रभावी तरीका है, ये फिल्टर ऑनलाइन अधिकांश ई-मेल प्रदाताओं द्वारा उपलब्ध कराये जाते हैं।
4. **फिशिंग-**फिशिंग भी एक सुरक्षा खतरा है जो उपयोगकर्ता की बहुमूल्य जानकारी का दुरुपयोग करता है। फिशिंग को एक ई-मेल धोखाधड़ी विधि के रूप में माना जाता है जिसमें अपराधी प्राप्तकर्ताओं से व्यक्तिगत और वित्तीय जानकारी इकट्ठा करने के प्रयास में वैध दिखने वाले ई-मेल भेजता है। फ़िशिंग किसी नेटवर्क पर सबसे खतरनाक सुरक्षा खतरों में से एक है क्योंकि नेटवर्क से जुड़े कंप्यूटरों का उपयोग करने वाले बहुत से लोग कम जानकार होते हैं और फिशिंग के प्रति भेदद्य होते हैं जो धन की चोरी या पहचान की चोरी जैसी स्थितियों का कारण बन सकते हैं।
5. **पैकेट स्निफर-**पैकेट स्निफर एक उपकरण या प्रोग्राम होता है जो नेटवर्क वाले कंप्यूटरों के बीच यात्रा करने वाले ट्रैफिक की जासूसी करने की अनुमति देता है। पैकेट खोजी डेटा अन्य मशीनों को संबोधित डेटा कैप्चर करेगा, इसे बाद के विश्लेषण के लिए सहेजेगा। किसी नेटवर्क में एक पैकेट खोजी व्यक्ति व्यक्तिगत जानकारी को फिल्टर कर सकता है और इससे पहचान की चोरी जैसे क्षेत्र हो सकते हैं, इसलिए यह नेटवर्क के लिए एक बड़ा सुरक्षा खतरा है।

6. **मैलवेयर**–मैलवेयर "प्रोग्रामिंग कोड है जो कंप्यूटर सिस्टम में उपलब्धता, कोड या डेटा की अखंडता, या गोपनीयता को नुकसान पहुंचाने में सक्षम है।
7. **पासवर्ड आक्रमण**–पासवर्ड हमले हैकर्स द्वारा किए गए हमले हैं जो पासवर्ड को विनियमित करने या विभिन्न संरक्षित इलेक्ट्रॉनिक क्षेत्रों में पासवर्ड ढूंढने में सक्षम हैं। नेटवर्क पर कई सिस्टम पासवर्ड से सुरक्षित होते हैं और इसलिए हैकर के लिए सिस्टम को हैक करना और डेटा चुराना आसान होगा। यह निजी जानकारी प्राप्त करने का सबसे आसान तरीका हो सकता है क्योंकि लोग ऑनलाइन सॉफ्टवेयर प्राप्त करने में सक्षम हैं जो पासवर्ड प्राप्त करता है। वर्तमान में, ऐसा कोई सॉफ्टवेयर नहीं है जो पासवर्ड हमलों को रोकता हो।
8. **हार्डवेयर हानि और अवशिष्ट डेटा टुकड़े**–हार्डवेयर हानि और अवशिष्ट डेटा टुकड़े भी कंपनियों और सरकारों के लिए प्रमुख सुरक्षा खतरे हैं। मान लीजिए, यदि किसी बैंक से कई लैपटॉप चोरी हो जाते हैं जिन पर ग्राहकों का विवरण है, तो इससे लुटेरों को ग्राहकों से व्यक्तिगत जानकारी प्राप्त करने में मदद मिलेगी और शायद ग्राहकों की पहचान चुरा ली जाएगी। यह एक बढ़ती हुई चिंता है और वर्तमान में इसका एकमात्र समाधान डेटा और हार्डवेयर को कड़ी निगरानी में रखना है।
9. **साझा कंप्यूटर**–साझा कंप्यूटर भी खतरा पैदा करते हैं। साझा कंप्यूटर में एक या अधिक लोगों के साथ कंप्यूटर साझा करना शामिल है। जब कोई साझा कंप्यूटर का उपयोग कर रहा हो तो उसे थोड़ा अधिक सतर्क रहने की आवश्यकता है। कोई भी निजी जानकारी साझा करने से जहां तक संभव हो बचें, इस्तेमाल करने के बाद वहाँ से पूरी तरह साइन आउट करें, अपनी ब्राउजर कैशे को पूरी तरह से मिटा दें, किसी भी प्रकार की संवेदनशील सूचनाओं के आदान प्रदान से बचें।
10. **जोंबी कंप्यूटर**–एक जोंबी कंप्यूटर या **"ड्रोन"** एक ऐसा कंप्यूटर है जिसे हैकिंग टूल द्वारा गुप्त रूप से समझौता किया गया है जो किसी तीसरे पक्ष को कंप्यूटर और उसके संसाधनों को दूर से नियंत्रित करने की अनुमति देता है। एक हैकर किसी कंप्यूटर को हैक कर सकता है और कंप्यूटर को नियंत्रित कर सकता है और डेटा प्राप्त कर सकता है।
11. **बॉटनेट**–बॉटनेट कई इंटरनेट कंप्यूटर का समूह हैं, जिनके मालिकों को इसके बारे में पता नहीं है और उन्हें इंटरनेट पर अन्य कंप्यूटरों पर ट्रांसमिशन (स्पैम या वायरस सहित) अग्रेषित करने के लिए स्थापित किया गया है। यह किसी नेटवर्क पर एक बड़ा सुरक्षा खतरा है क्योंकि नेटवर्क, किसी के लिए अज्ञात, एक हब के रूप में कार्य कर सकता है जो दुर्भावनापूर्ण फाइलों को अन्य कंप्यूटरों पर अग्रेषित करता है।

मीडिया और सोशल नेवर्किंग साइट्स

मीडिया और सोशल नेटवर्किंग प्लेटफॉर्म (जैसे YouTube, Twitter, Facebook और अन्य) आंतरिक सुरक्षा से संबंधित मामलों सहित विभिन्न मुद्दों के बारे में सार्वजनिक धारणा और सार्वजनिक राय को आकार देने में महत्वपूर्ण भूमिका निभाते हैं। आंतरिक सुरक्षा को रखने का मतलब कानून और व्यवस्था को बनाए रखना, राष्ट्रीय एकीकरण रखना और विद्रोहियों को कम करना है। भारत में विद्रोह, भाषाई विभाजन, जाति प्रभाग, वामपंथी चरमपंथ और प्रतिस्पर्धी राजनीति जैसे कई सुरक्षा चुनौतियां हैं।

आंतरिक सुरक्षा में मीडिया और सोशल नेटवर्किंग की सकारात्मक और नकारात्मक दोनों भूमिकाएँ हैं।

आंतरिक सुरक्षा में मीडिया और सोशल नेटवर्किंग की भूमिका

सूचना संचलन–मीडिया और सोशल नेटवर्किंग आंतरिक सुरक्षा सहित विभिन्न मुद्दों के बारे में लोगों के लिए सूचना के प्राथमिक स्रोत हैं। वे सुरक्षा खतरों, आतंकवादी गतिविधियों, कानून और व्यवस्था की स्थितियों से संबंधित समाचारों और अपडेट को फैलाने में भूमिका को प्रसारित करने में महत्वपूर्ण भूमिका निभाते हैं। इससे लोगों को सूचित किया जा सकता है और उनकी सुरक्षा सुनिश्चित करने के लिए आवश्यक सावधानी बरतने में मदद मिलती है।

गलत सूचना, प्रचार और अफवाहों का मुकाबला करना–गलत सूचना, प्रचार और अफवाहें भी आंतरिक गड़बड़ी का कारण बनती हैं और सुरक्षा चुनौतियों का कारण बनती हैं। मीडिया और सोशल नेटवर्किंग प्लेटफार्मों का उपयोग गलत सूचना और प्रचार का मुकाबला करने के लिए भी किया जाता है जो जनता के बीच भय और घबराहट पैदा कर सकता है। तथ्य की जाँच करना और सूचना के सत्यापन के माध्यम से, मीडिया सटीक जानकारी प्रदान करके अफवाहों को रोकने में मदद कर सकता है।

पारदर्शिता और जवाबदेही को बढ़ावा देना- प्रणाली में भ्रष्टाचार और अक्षमता देश में असमानता को बढ़ाती है, जिससे विद्रोही समूहों (जैसे माओवादियों) में वृद्धि होती है जो आंतरिक सुरक्षा को चुनौती देती है। मीडिया और सोशल नेटवर्किंग पारदर्शिता, जवाबदेही और सरकारी संगठनों के कुशल कामकाज को सुनिश्चित करने में महत्वपूर्ण भूमिका निभाते हैं। मीडिया रिपोर्ट सिस्टम में

भ्रष्टाचार और अक्षमता को उजागर करने में मदद करती है, जिससे सरकारी कामकाज में आवश्यक सुधार होता है।

सार्वजनिक जागरूकता और सतर्कता- मीडिया और सोशल नेटवर्किंग प्लेटफॉर्म सुरक्षा खतरों के बारे में जागरूकता पैदा करने और लोगों को सतर्क रहने के लिए प्रोत्साहित करने में मदद करता है।

आंतरिक और बाह्य सुरक्षा पर मीडिया और सोशल नेटवर्किंग के कुछ नकारात्मक प्रभाव भी हैं क्योंकि उनका उपयोग झूठी जानकारी फैलाने, प्रचार फैलाने, हिंसा को उकसाने और चरमपंथी समूहों में सदस्यों की भर्ती करने के लिए किया जाता है।

आंतरिक सुरक्षा और बाह्य सुरक्षा में सही जानकारी के लिए मीडिया और सोशल नेटवर्किंग प्लेटफार्मों की कई सकारात्मक भूमिकाएं हैं, जो अफवाहें और गलत सूचनाओं का मुकाबला करते हैं, जो पारदर्शिता और सार्वजनिक जागरूकता और सतर्कता को बढ़ावा देते हैं। आंतरिक सुरक्षा पर मीडिया और सोशल नेटवर्किंग की एक नकारात्मक भूमिका भी है क्योंकि उनका उपयोग झूठी जानकारी फैलाने, प्रचार फैलाने, हिंसा को फैलाने और चरमपंथी समूहों में सदस्यों की भर्ती के लिए भी किया जाता है। हालांकि, सोशल मीडिया प्लेटफार्मों की निगरानी और विनियमन द्वारा मीडिया और सोशल नेटवर्किंग की नकारात्मक भूमिका को कम से कम किया जा सकता है।

(iii) साइबर सुरक्षा के बुनियादी नियम, कालेधन को वैध बनाना एवं इसकी रोकथाम

डिजिटल युग ने हमें बड़े पैमाने पर तकनीकी नवाचार का उपहार दिया है, विभिन्न संगठनों और कंपनियों ने नए ग्राहकों तक पहुंचने और अपनी डिजिटल उपस्थिति बढ़ाने के लिए पिछले कई दशकों में आक्रामक रूप से अपनी ऑनलाइन उपस्थिति बढ़ाई है। फिर, यह आश्चर्य की बात नहीं है कि इन संगठनों और कंपनियों के ऑनलाइन विस्तार के साथ-साथ साइबर अपराध भी बढ़ गया। इंटरनेट की सर्वव्यापकता और इसकी बढ़ती पहुंच ने साइबर अपराधियों के लिए व्यवसायों को लक्षित करना और उनके ग्राहकों या कर्मचारियों के बारे में व्यक्तिगत जानकारी तक पहुंच हासिल करना पहले से कहीं अधिक आसान बना दिया है।

इंटरनेट के युग में, संगठन साइबर हमलों से खुद को सुरक्षित रखने के लिए आईटी बुनियादी ढांचे पर बहुत अधिक भरोसा कर रहे हैं। जैसे-जैसे अधिक से अधिक संगठन डिजिटल परिवर्तन को अपना रहे हैं, साइबर अपराध का खतरा तेजी से बढ़ रहा है।

साइबर सुरक्षा को साइबर हमलों या अनांधिकृत पहुंच के खिलाफ कंप्यूटर सिस्टम, नेटवर्क और डेटा की गोपनीयता, अखंडता और उपलब्धता की रक्षा करने में मदद करने के लिए सामूहिक तरीकों, प्रौद्योगिकियों और प्रक्रियाओं के रूप में वर्णित किया जा सकता है। साइबर सुरक्षा का मुख्य उद्देश्य सभी संगठनात्मक संपत्तियों को बाहरी और आंतरिक दोनों खतरों के साथ-साथ प्राकृतिक आपदाओं के कारण होने वाले व्यवधानों से बचाना है। चूँकि संगठनात्मक संपत्तियाँ कई अलग-अलग प्रणालियों से बनी होती हैं, एक प्रभावी और कुशल साइबर सुरक्षा स्थिति के लिए इसकी सभी सूचना प्रणालियों में समन्वित प्रयासों की आवश्यकता होती है।

साइबर सुरक्षा की आवश्यकता

इंटरनेट का बढ़ता उपयोग- आज कल हर चीज कहीं ना कहीं ऑनलाइन प्लैट्फार्म के माध्यम से संचालित हो रही है। कोविड-19 के बाद से यह चलन और भी अधिक बढ़ गया है। ऐसी स्थिति में संवेदनशील साइट्स और संगठन साइबर हमले के प्रति भेद्य बन जाते हैं।

बढ़ते साइबर अपराध-राष्ट्रीय अपराध रिकॉर्ड ब्यूरो (NCRB) के अनुसार, 2016 में उनके पास 12,317 साइबर अपराध के मामले दर्ज किए गए थे, और 2020 में उनके पास 50,035 दर्ज किए गए थे। 2021 में एक चौथाई भारतीय कंपनियां रैनसमवेयर हमलों की चपेट में आई हैं। यह वैश्विक औसत 21% से ऊपर है।

महत्वपूर्ण क्षेत्रों की सुरक्षा के लिए-विभिन्न क्षेत्रों के बीच बढ़ती अंतरसंबद्धता और इंटरनेट के प्रवेश बिंदुओं के प्रसार को देखते हुए यह विशेष रूप से महत्वपूर्ण है। 5G की परिनियोजन के साथ यह और बढ़ सकता है। कंप्यूटर इमरजेंसी रिस्पांस टीम ऑफ इंडिया (सीईआरटी-इन) द्वारा रिपोर्ट और ट्रैक की गई जानकारी के अनुसार, 2020 के पहले आठ महीनों में 6.97 मिलियन साइबर सुरक्षा घटनाएं दर्ज की गईं। यह लगभग पिछले चार वर्षों का योग है। स्थानीय, राज्य या केंद्र सरकारें देशों (भौगोलिक, सैन्य रणनीतिक संपत्ति, आदि) और उनके नागरिकों से संबंधित बड़ी मात्रा में संवेदनशील डेटा का प्रबंधन करती हैं।

साइबर हमलों के प्रकार

साइबर हमलों की संख्या बढ़ती जा रही है। यह साइबर हमले कुछ गलत प्रोग्राम व उपयोगकर्ता के कार्यों द्वारा कम्प्यूटर सिस्टम और

डाटाबेस में प्रवेश कर जाते हैं। जिसके बाद यह उस कम्प्यूटर से डाटा को चुरा कर या गलत प्रयोग करके पूरे कम्प्यूटर सिस्टम और उपयोगकर्ता को हानि पहुँचाते हैं। साइबर हमले मुख्यत: निम्न प्रकार के होते हैं:

साइबर हमलों के प्रकार

मैलवेयर- मैलवेयर एक प्रकार का गलत प्रोग्राम किया गया सॉफ्टवेयर होता है, जिसके द्वारा हैकर कम्प्यूटर सिस्टम में प्रवेश कर के डाटा की चोरी करता है या उनका गलत इस्तेमाल करता है। इंटरनेट पर अलग-अलग प्रकार के मैलवेयर उपलब्ध हैं, जिन्हें हम वायरस, रैनसमवेयर, स्पाइवेयर, ऐडवेयर नामों से जानते हैं। इस प्रकार के प्रोग्राम को फैलाने के लिए लिंक, ईमेल और डाउनलोड साइट का प्रयोग किया जाता है। जब कोई व्यक्ति इन लिंक पर क्लिक करता है, उस समय यह मैलवेयर कम्प्यूटर में इंस्टॉल हो जाता है जो कम्प्यूटर सिस्टम के लिए बहुत हानिकारक होता है।

फिशिंग- फिशिंग एक साइबर हमला होता है। इस प्रकार के हमलों में साइबर अपराधी एक नकली वेब पेज को बनाते है, जो देखने में बिल्कुल असली वेब पेज की तरह लगता है। इस वेब पेज को ईमेल व लिंक की सहायता से शेयर किया जाता है। अगर गलती से कोई व्यक्ति इस लिंक पर क्लिक कर देता है, तो साइबर अपराधी उस वेब पेज की सहायता से कुछ निजी जानकारियाँ चुरा लेते हैं। जैसे- क्रेडिट कार्ड, खाता, एटीएम कार्ड का विवरण।

मैन इन द मिडिल अटैक-साइबर हमले में साइबर अपराधी किन्हीं दो व्यक्तियों के नेटवर्क संचार के बीच हस्तक्षेप करता है। जिसके द्वारा नेटवर्क से जुड़े दोनों व्यक्तियों के बीच हो रहे सभी डाटा ट्रांसफर को चुराया जा सकता है। इस हमले को करने के लिए साइबर अपराधी असुरक्षित वाई-फाई का प्रयोग करते हैं।

साइबर सुरक्षा की बुनियादी शब्दावली

1. **इंटरनेट प्रोटोकॉल (आईपी) पता-** नेटवर्क पर हार्डवेयर उपकरणों की पहचान आईपी पते (इंटरनेट प्रोटोकॉल पते) द्वारा की जाती है। स्थानीय नेटवर्क या इंटरनेट पर, ये उपकरण एक दूसरे के साथ संचार कर सकते हैं और डेटा स्थानांतरित कर सकते हैं। प्रत्येक पते में संख्याओं को अवधियों द्वारा अलग किया जाता है। इसमें 0 से 255 की सीमा के साथ चार अंक शामिल हैं। एक आईपी पता इस तरह दिख सकता है: 192.159.1.98। इंटरनेट कंप्यूटर, राउटर और वेबसाइटों को पहचानने के लिए अरबों अद्वितीय आईपी पते की आवश्यकता होती है क्योंकि कोई उन्हें दोहरा नहीं सकता है। IPv6 एक नया प्रोटोकॉल है जिसे उस दिन की जरूरतों को पूरा करने के लिए डिज़ाइन किया गया है जब सिस्टम में भविष्य में अद्वितीय पते समाप्त हो जाते हैं।
2. **वीपीएन (वर्चुअल प्राइवेट नेटवर्क)-** वर्चुअल प्राइवेट नेटवर्क, जिसे वीपीएन के नाम से जाना जाता है, उपयोगकर्ताओं को इंटरनेट ब्राउज करते समय अपनी गोपनीयता और गुमनामी बनाए रखने की अनुमति देता है। वीपीएन इंटरनेट प्रोटोकॉल (आईपी) पते को छिपाकर ऑनलाइन गतिविधियों को वस्तुत: अप्राप्य बना देते हैं। सुरक्षित वाई फाई हॉटस्पॉट की तुलना में अधिक गोपनीयता प्रदान करने के अलावा, वीपीएन सेवाएं सुरक्षित और अत्यधिक एन्क्रिप्टेड कनेक्शन स्थापित करती हैं। वीपीएन के साथ, ऑनलाइन गतिविधि साइबर अपराधियों, व्यवसायों, सरकारों और अन्य जासूसों से छिपी रहती है जो उपयोगकर्ताओं को गुमनाम लिंक पर क्लिक करने के लिए लुभाते हैं।
3. **फायरवॉल-** फायरवॉल कंपनी की सुरक्षा नीतियों के अनुसार सिस्टम के इनकमिंग और आउटगोइंग नेटवर्क ट्रैफिक की निगरानी और फिल्टर करता है। फायरवॉल एक निजी आंतरिक नेटवर्क और प्राथमिक स्तर पर इंटरनेट के बीच एक बाधा है। फायरवॉल वर्चुअल ट्रैफिक को रोकता है, जो विनाशकारी दिखता है, और सुरक्षित और गैर-खतरनाक ट्रैफिक को निर्बाध रूप से प्रवाहित करने की अनुमति देता है।
4. **डोमेन नाम सर्वर (डीएनएस)-**डोमेन नाम सर्वर (डीएनएस) इंटरनेट की वर्चुअल फोन बुक के रूप में काम करता है। जैसा कि इंटरनेट पर प्रत्येक ब्राउजर को उसके आईपी पते से जाना जाता है जो उपयोगकर्ताओं को डिवाइस का पता लगाने की अनुमति देता है, डीएनएस डोमेन नाम को आईपी पते में परिवर्तित करता है। उदाहरण के लिए, DNS www.mycompany123.com के URL को संख्यात्मक IP पते 204.0.6.42 में परिवर्तित करता है। ब्राउजर DNS सर्वर द्वारा पाए गए आईपी पते का उपयोग करके सामग्री वितरण नेटवर्क (सीडीएन) पर मूल सर्वर को डेटा भेजते हैं।
5. **एन्क्रिप्शन और डिक्रिप्शन-** एन्क्रिप्शन सिफरटेक्स्ट नामक एन्क्रिप्शन एल्गोरिदम का उपयोग करके सादे पाठ (पठनीय संदेश) को कोड में परिवर्तित करने की एक प्रक्रिया है। जबकि, डिक्रिप्शन सिफरटेक्स्ट को सादे टेक्स्ट में बदलने की एक प्रक्रिया है।

6. **एन्क्रिप्शन की-** जिस डेटा को एन्क्रिप्ट किया गया है उसे एन्क्रिप्शन कुंजी का उपयोग करके डिक्रिप्ट और अनस्क्रेम्बल किया जाता है। कुंजियाँ अद्वितीय और दोहराने के लिए जटिल हैं क्योंकि वे विशिष्ट एन्क्रिप्शन कोड से जुड़ी होती हैं।

साइबर हमलों से बचने के उपाय

1. साइबर हमलों से बचने के लिए हमेशा अपने सिस्टम सॉफ्टवेयर को अपडेट रखना चाहिए। क्योंकि सॉफ्टवेयर को मजबूत बनाने के लिए उसे समय-समय पर अपडेट किया जाता है, जिससे पिछले वर्जन में रही कमियों को हटाया जा सके।
2. कम्प्यूटर में हमेशा एंटीवायरस का प्रयोग करना चाहिए। एंटीवायरस एक सॉफ्टवेयर प्रोग्राम होता है, जो सिस्टम को सभी प्रकार के मैलवेयर हमलों से बचाता है और यह समय-समय पर सिस्टम की जांच भी करता रहता है। कम्प्यूटर के एंटीवायरस को हमेशा अपडेट रखना चाहिए।
3. इंटरनेट का प्रयोग करते समय हमें किसी गलत साइट पर जाकर किसी फाइल या सॉफ्टवेयर को डाउनलोड नहीं करना चाहिए क्योंकि इससे कम्प्यूटर सिस्टम में अनचाहे प्रोग्राम प्रवेश कर सकते हैं जो कम्प्यूटर पर साइबर हमले का कारण बन सकते हैं।
4. कम्प्यूटर में कई बार साइबर हमलों द्वारा स्टोर किए हुए डाटा को डिलीट कर दिया जाता हैं। इसलिए अपने स्टोर डाटा का सुरक्षित बैकअप अवश्य रखना चाहिए।
5. ऑपरेटिंग सिस्टम में उपलब्ध फायरवॉल को कभी भी डिसेबल नहीं करें। क्योंकि यह फायरवॉल नेटवर्क हमलों को कम्प्यूटर में प्रवेश नहीं करने देता है।
6. इंटरनेट उपयोग करते समय कभी भी किसी अनचाहे व अनआधारित लिंक पर क्लिक नहीं करें। इन लिंक पर जाकर व्यक्तिगत विवरण कभी नहीं भरना चाहिए, क्योंकि यह लिंक किसी साइबर अपराधी द्वारा बनाया गया हो सकता है।
7. डिजिटल उत्पादों व इंटरनेट के उपयोगकर्ता रोजाना अपने सोशल अकाउंट या अन्य अकाउंट एक्सेस करते हैं। अपने सिस्टम एवं अकाउंट का पासवर्ड हमेशा मजबूत बनाएं एवं उसे समय-समय पर बदलते रहें। कभी भी किसी सरल पासवर्ड जैसे- 123456, 1234, अपना नाम, जन्मदिन इत्यादि का प्रयोग न करें।
8. डिजिटल उत्पादों के उपयोगकर्ता को अपना ओटीपी, पिन, खाता का विवरण, एटीएम/क्रेडिट कार्ड का विवरण आदि कभी भी किसी को नहीं बताना चाहिए।
9. अपने सिस्टम में कभी भी किसी पायरेटेड सॉफ्टवेयर का प्रयोग न करें। यह आपके सिस्टम पर साइबर हमलों का कारण बन सकता हैं।

बैंकिंग के लिए जरूरी है कि सभी लोग डिजिटल बैंकिंग के फायदे को समझें और डिजिटल बैंकिंग के उपयोग के सुरक्षित तरीकों को समझने के साथ ही साइबर सुरक्षा के प्रति जागरूक भी रहें। किसी भी दशा में फोन पर या अन्य साधन से अपने बैंक अकाउंट संबंधी जानकारी किसी को नहीं देनी चाहिए और न ही अपने से जुड़े निजी दस्तावेजों (पैन कार्ड, आधार कार्ड) के विषय में किसी को जानकारी देनी चाहिए ।

काले धन को वैध बनाना एवं उसकी रोकथाम

आर्थिक सिद्धांत में काले धन की कोई आधिकारिक परिभाषा नहीं है, काले धन हेतु कई अलग-अलग शब्द जैसे समानांतर अर्थव्यवस्था, काला धन, काला आय, बेहिसाब अर्थव्यवस्था, अवैध अर्थव्यवस्था और अनियमित अर्थव्यवस्था सभी का कमोबेश समान रूप से उपयोग किया जा रहा है।

नैशनल इंस्टिट्यूट ऑफ पब्लिक फाइनैंस ऐंड पॉलिसी (एनआईपीएफपी) के मुताबिक, काला धन वह इनकम होती है जिस पर टैक्स की देनदारी बनती है लेकिन उसकी जानकारी टैक्स डिपार्टमेंट को नहीं दी जाती है।

काले धन का अनुमान कैसे लगाया जा सकता है-

इसका पता लगाने का एक तरीका इनपुट आउटपुट रेशियो है। किसी देश में खास रकम के इनपुट पर खास मात्रा में सामान का प्रॉडक्शन होता है। अगर आउटपुट कम है तो माना जाता है कि आउटपुट की अंडर-रिपोटिंग हो रही है। हालांकि, अर्थव्यवस्था के अवसंरचना में बदलाव, क्षमता में बढ़ोतरी और टेक्नॉलजी अपग्रेडेशन होने पर यह तरीका कारगर नहीं होता है। इसका पता लगाने का दूसरा तरीका अर्थव्यवस्था के आकार के हिसाब से मुद्रा संचालन की तुलना है। यह तरीका इस सोच पर आधारित है कि मुद्रा का इस्तेमाल सामान्य और समानांतर अर्थव्यवस्था दोनों में होता है। छोटी अर्थव्यवस्था में बहुत ज्यादा मुद्रा संचालन होने का मतलब यह होता है कि वहां एक समानांतर अर्थव्यवस्था भी काम कर रही है। लेकिन इस तरह के अनुमान में असंगठित क्षेत्र की अर्थव्यवस्था को नियमित अर्थव्यवस्था में शामिल नहीं किया जाता है।

काले धन के स्रोत

यह कहने की जरूरत नहीं कि आयकर, राज्य कर, निगम कर, उत्पाद शुल्क और सीमा शुल्क सहित विभिन्न प्रकार के करों की

चोरी काले धन को पैदा करने की कुंजी है। यहां काले धन के विभिन्न स्रोतों पर एक नजर डाली गई है:

निर्यात के माध्यम से काली आय- बहुत सारा काला धन उन व्यवसायों द्वारा उत्पन्न होता हैं जो अपने सामान को निर्यात करते हैं।

ब्लैक मार्केट- ब्लैक मार्केट में अच्छी आपूर्ति काले धन का एक अन्य स्रोत है।

शेयर बाजार- शेयर मार्केट ट्रेड के माध्यम से बहुत अधिक लाभ उत्पन्न होता है और इसमें से अधिकांश बेहिसाब लाभ हो जाता है। इस तरह का बेहिसाब लाभ काले धन के संग्रह को बढ़ावा देता है।

अवैध कमीशन- कई सरकारी अधिकारी सामान्य सेवाओं के लिए अवैध कमीशन लेते हैं। इस माध्यम से अर्जित आय काले धन को बढ़ावा देती है।

रिश्वत- सरकार और निजी क्षेत्र के विभिन्न स्तरों पर रिश्वतखोरी चलती है जो प्रत्यक्ष रूप से काले धन को बढ़ावा देती है।

घोटाले- राजनेताओं और सत्ता में रहने वाले अन्य लोगों द्वारा किए गए घोटाले नि:संदेह काले धन का एक प्रमुख स्रोत है।

काले धन का प्रभाव

राजस्व हानि- काला धन राजस्व कर के एक हिस्से को समाप्त कर देता है और इस प्रकार सरकार का घाटा बढ़ जाता है। सरकार को इस घाटे को करों में वृद्धि, सब्सिडी में कमी और उधार में वृद्धि करके संतुलित करना होता है। उधार लेने से ब्याज के बोझ के कारण सरकार के ऋण में और वृद्धि होती है। अगर सरकार घाटे को संतुलित करने में असमर्थ है, तो उसे खर्च कम करना होगा, जो कि विकास को प्रभावित करता है।

धन संचलन- आमतौर पर लोग काले धन को सोने के तौर पर, अचल संपत्ति और अन्य गुप्त तरीकों के रूप में रखते हैं। ऐसा पैसा मुख्य अर्थव्यवस्था का हिस्सा नहीं बनता है और इसलिये आमतौर पर प्रचलन से बाहर रहता है। काला धन अमीरों के बीच संचालित होता रहता है और उनके लिये अधिक अवसर पैदा करता है।

उच्च मुद्रास्फीति- अर्थव्यवस्था में बेहिसाब काला धन होने से मुद्रास्फीति की स्थिति अधिक देखी जाती है, जो गरीबों को सबसे ज्यादा प्रभावित करती है। यह अमीर और गरीब के बीच असमानता को भी बढ़ाता है।

काले धन की रोकथाम के लिए किए गए प्रयास

आपराधिक कानून संशोधन अध्यादेश- यह केवल कुछ अपराधों जैसे भ्रष्टाचार, विश्वासघात और धोखाधड़ी से प्राप्त आय को कवर करता है, भारतीय दंड संहिता के तहत सभी अपराधों को नहीं।

तस्कर और विदेशी मुद्रा हेराफेरी करने वाले (संपत्ति की जब्ती) अधिनियम, 1976- इसमें तस्करों और विदेशी मुद्रा हेराफेरी करने वालों की अवैध रूप से अर्जित संपत्तियों का जुर्माना और उससे जुड़े और प्रासंगिक मामलों को शामिल किया गया है।

स्वापक औषधि और मन:प्रभावी पदार्थ अधिनियम, 1985- यह मादक द्रव्यों के अवैध व्यापार से प्राप्त या उपयोग की गई संपत्ति पर जुर्माने का प्रावधान करता है।

धन शोधन निवारण अधिनियम, 2002 (पीएमएलए)- यह मनी लॉन्ड्रिंग से निपटने के लिए भारत द्वारा स्थापित कानूनी ढांचे का मूल है। इस अधिनियम के प्रावधान सभी वित्तीय संस्थानों, बैंकों (आरबीआई सहित), म्यूचुअल फंड, बीमा कंपनियों और उनके वित्तीय मध्यस्थों पर लागू होते हैं। पीएमएलए (संशोधन) अधिनियम, 2012 में **'रिपोर्टिंग इकाई'** की अवधारणा को जोड़ा गया है जिसमें एक बैंकिंग कंपनी, वित्तीय संस्थान, मध्यस्थ आदि शामिल होंगे। पीएमएलए, 2002 में 5 लाख रुपये तक का जुर्माना लगाया गया था, लेकिन संशोधन अधिनियम ने इस ऊपरी सीमा को हटा दिया है। इसमें ऐसी गतिविधियों में शामिल किसी भी व्यक्ति की संपत्ति की अस्थायी कुर्की और जब्ती का प्रावधान किया गया है।

वित्तीय खुफिया इकाई आईएनडी- यह एक स्वतंत्र निकाय है जो सीधे वित्त मंत्री की अध्यक्षता वाली आर्थिक खुफिया परिषद (ईआईसी) को रिपोर्ट करता है।

प्रवर्तन निदेशालय (ईडी)- यह एक कानून प्रवर्तन एजेंसी और आर्थिक खुफिया एजेंसी है जो भारत में आर्थिक कानूनों को लागू करने और आर्थिक अपराध से लड़ने के लिए जिम्मेदार है। ईडी का एक मुख्य कार्य धन शोधन निवारण अधिनियम, 2002 (पीएमएलए) के प्रावधानों के तहत धन शोधन के अपराधों की जांच करना है। यदि यह संपत्ति को पीएमएलए के तहत अनुसूचित अपराध से प्राप्त अपराध की आय के रूप में निर्धारित किया जाता है, और मनी लॉन्ड्रिंग के अपराध में शामिल व्यक्तियों पर मुकदमा चलाने के लिए संपत्ति को जब्त करने जैसी कार्रवाई कर सकता है।

(iv) विभिन्न सुरक्षा बल एवं एजेंसियां और उनके शासनादेश/अधिकार पत्र

भारत की सुरक्षा एजेंसियां

केंद्रीय अन्वेषन ब्यूरो (सीबीआई)- यह पूरे भारत की जांच एजेंसी है, देश और विदेश स्तर पर होने वाले अपराधों जैसे हत्या,

घोटालों और भ्रष्टाचार के मामलो और राष्ट्रीय हितों से संबंधित अपराधों की भारत सरकार की तरफ से जांच करती है। सीबीआई की स्थापना 1963 में हुई थी। भारत सरकार राज्य सरकार की सहमति से किसी भी आपराधिक मामले की जांच करने कि जिम्मेदारी सीबीआई को देती है। केंद्र सरकार उच्च न्यायालय और सर्वोच्च न्यायालय की सहमति के बिना भी इससे किसी भी मुद्दे पर जांच करा सकती है।

इंटेलिजेंस ब्यूरो (आईबी)- आसूचना ब्यूरो या इंटेलिजेंस ब्यूरो, भारत की आन्तरिक खुफिया एजेन्सी हैं और ख्यात रूप से दुनिया की सबसे पुरानी खुफिया एजेंसी है, इसे प्राय: 'आईबी (IB)' कहा जाता है। इसका गठन 1887 ई. में किया गया था इसे 1947 में गृह मंत्रालय के अधीन केन्द्रीय खुफिया ब्यूरो के रूप में पुनर्निर्मित किया गया। इसका मुख्य कार्य भारत के अंदर से सुरक्षा संबंधी गुप्त जानकारियां प्राप्त करना, भारत पर होने वाले किसी भी अतांकवादी हमले का पता लगान और सुरक्षा संबंधी गुप्त जानकारियां हमारी सेना बल को देना ताकि बाहरी सुरक्षा भी बनी रहे।

रिसर्च एंड एनालिसिस विंग (रॉ)- रिसर्च एंड एनालिसिस विंग (RAW) भारत की अंतर्राष्ट्रीय गुप्तचर संस्था है। इसका गठन सितंबर 1968 में किया गया था जब अन्वेषण ब्यूरो (जो पहले घरेलु व अन्तर्राष्ट्रीय मामले संभालती थी) 1962 के भारत-चीन युद्ध व 1965 के भारत-पाकिस्तान युद्ध में अच्छी तरह कार्य नहीं कर पाई थी जिसके चलते भारतीय सरकार को एक ऐसी संस्था की जरूरत महसूस हुई जो स्वतन्त्र और सक्षम तरीके से बाहरी जानकारियाँ जमा कर सके। रॉ का मुख्य कार्य जानकारी इकट्ठा करना, आतंकवाद को रोकना व गुप्त ऑपरेशनों को अंजाम देना है। यह विदेशी सरकारों कंपनियों व इंसानों से मिली जानकारी पर कार्य करता है, ताकि भारतीय नीति निर्माताओं को सलाह दी जा सके। रॉ का मुख्यालय नई दिल्ली में है।

नेशनल इन्वेस्टिगेशन एजेंसी (एनआईए)- नेशनल इन्वेस्टिगेशन एजेंसी (एनआईए) का गठन 2008 के मुंबई हमलों के बाद हुआ। यह एजेंसी आतंकवाद से संबंधित मामलों को हैंडल करती है। आतंकी हमलों की घटनाओं, आतंकवाद को धन उपलब्ध कराने एवं अन्य आतंक संबंधित अपराधों का अन्वेषण के लिए एनआईए का गठन किया गया जबकि सीबीआई आतंकवाद को छोड़ भ्रष्टाचार, आर्थिक अपराधों एवं गंभीर तथा संगठित अपराधों का अन्वेषण करती है।

नेशनल टेक्निकल रिसर्च ऑर्गनाइजेशन (एनटीआरओ)- साल 2004 में टेक्निकल इंटेलिजेंस एजेंसी का गठन हुआ था। यह अन्य एजेंसियों को खुफिया जानकारी मुहैया कराती है और देश-विदेश में खुफिया सूचनाएं एकत्रित करने में समन्वय करती है। 2014 में इसने आईसीजी को खुफिया जानकारी दी थी जिसकी मदद से 2014 में नए साल की पूर्व संध्या पर पाकिस्तानी जहाज को उड़ाने में मदद मिली थी। यह इसका एक अहम ऑपरेशन था।

नारकोटिक्स कंट्रोल ब्यूरो (एनसीबी)- एनसीबी का गठन 1986 में हुआ था। एनसीबी भारत में मादक पदार्थों की तस्करी और इसके दुरुपयोग को रोकने के लिए काम करती है। इसने ऑपरेशनों में बीएसएफ पंजाब बॉर्डर के साथ समन्वय, बीएसएफ/आर्मी भारत-म्यांमार सीमा पर ऑपरेशनों में अहम भूमिका निभाई।

डिफेंस इंटेलिजेंस एजेंसी (डीआईए)- डीआईए का गठन 2002 में किया गया था। यह देश-विदेश में डिफेंस से जुड़ी खुफिया जानकारी जुटाने का काम करती है। यह सिविल इंटेलिजेंस एजेंसियों पर सशस्त्र बलों की निर्भरता को कम करती है। डायरेक्टोरेट ऑफ सिगनल्स इंटेलिजेंस, डिफेंस इमेज प्रोसेसिंग ऐंड अनैलिसिस सेंटर और डिफेंस इन्फर्मेशन वारफेयर इसके नियंत्रण में हैं।

डायरेक्टोरेट ऑफ एयर इंटेलिजेंस- यह वायु सेना से संबंधित इंटेलिजेंस एजेंसी है। इसने 1965 और 1971 के भारत-पाक युद्ध में अहम भूमिका निभाई थी। यह देश के आंतरिक और सीमा से सटे इलाकों की निगरानी करती है। एयरस्पेस एरिया पर नजर रखने के लिए यह इंटेलिजेंस एजेंसी अवाक्स और ड्रोन्स का इस्तेमाल करती है।

डायरेक्टोरेट ऑफ नेवल इंटेलिजेंस- यह भारतीय नौसेना का खुफिया अंग है जो सामुद्रिक क्षेत्र में सूचनाएं एकत्रित करने का काम करती है। कराची बंदरगाह पर बमबारी में इसने अहम भूमिका निभाई थी।

डायरेक्टोरेट ऑफ मिलिट्री इंटेलिजेंस- यह भारतीय थल सेना की इंटेलिजेंस विंग है। इसका गठन 1941 में किया गया था। आजादी के बाद इसे सेना में भ्रष्टाचार की जांच का अधिकार दिया गया। एजेंसी ने कारगिल युद्ध में अहम भूमिका निभाई।

जॉइंट साइफर ब्यूरो (जेसीबी)- जेसीबी गठन 2002 में किया गया था। यह सिगनल अनैलिसिस और क्रिप्टअनैलिसिस को हैंडल करती है। यह संवेदनशील डेटा का इन्क्रिप्शन करती है। इसकी जिम्मेदारी साइबर क्राइम से संबंधित मामलों को हैंडल करने की है।

नेशनल कैडेट कोर (एनसीसी)- इसकी स्थापना 1948 ई. में की गई थी। इसका मुख्य उद्देश्य था भारत की रक्षा के प्रति

युवकों तथा युवतियों को जागरूक करना तथा उन्हें अंतिम रक्षा पंक्ति के लिए तैयार रखना । इसका आदर्श वाक्य 'एकता और अनुशासन' है।

प्रादेशिक सेना- इसका गठन रक्षा की द्वितीय पंक्ति के रूप में किया गया है। इसमें 18 वर्ष से 35 वर्ष के नौजवान नागरिक भर्ती किए जाते हैं। इन्हें पार्ट टाइम में सैनिक प्रशिक्षण दिया जाता है और आपात आयु स्थिति में इस सेना को बुलाया जाता है।

गृह रक्षावाहिनी- इसकी स्थापना 1962 ई. में की गई। इसका मुख्य कार्य आंतरिक सुरक्षा में पुलिस की सहायता करना, हवाई हमले के दौरान सहायता करना, आग तथा बीमारी के दौरान हर प्रकार की सहायता करना है।

सीमा सुरक्षा बल- इसकी स्थापना 1965 ई. में की गई थी। इसका प्रमुख कार्य शत्रु सेना की घुसपैठ तथा सीमा-उल्लंघन से अपने देश की सीमा को सुरक्षित बनाना है।

असम रायफल्स- पूर्वोत्तर में भारत म्यांमार सीमा और भारत चीन सीमा की सुरक्षा असम रायफल्स द्वारा की जाती है। देश की इस प्राचीनतम अर्द्धसैनिक बल की स्थापना 1835 ई. में कछार लेवी के नाम से की गयी थी। यह केंद्रीय सशस्त्र बल है जिसकी 46 बटालियने हैं। इसका मुख्यालय शिलांग में है। इस बल को प्यार से **'पूर्वोतर का प्रहरी'** और **'पर्वतीय लोगों का मित्र'** कहा जाता है।

राष्ट्रीय सुरक्षा गाड्र्स (एनएसजी)- देश में आंतकवाद की चुनौती का सामना करने के लिए 1984 में राष्ट्रीय गार्ड्स की स्थापना की गई। एनएसजी यूके के एसएस और जर्मनी के जीएस्त्रजी-9 कमांडो बलों के पैटर्न पर आधारित है। इसके दो समूह हैं- स्पेशल एक्शन ग्रुप (एस. ए. जी.) जिसमें सैन्य कर्मचारी होते हैं और स्पेशल ग्रुप (एस. आर. जी) जिसमें राज्य पुलिस बलों के कर्मचारी होते हैं। एनएसजी कमांडो को आमतौर पर ब्लैक बेल्ट कमांडो के नाम से जाना जाता है। इनकी ट्रेनिंग मानेसर, हरियाणा में होती है।

केन्द्रीय औद्योगिक सुरक्षा बल (सीआईएसएफ)- इसकी स्थापना 1969 ई. में की गयी थी। इस बल पर केंद्रीय सरकार के औद्योगिक परिसरों में काम करने वाले कारीगरों और वहां की संपत्ति को सुरक्षा प्रदान करने की जिमीदारी है। इस बल के अधिकारियों को हकीमपेट (हैदराबाद) में स्थित राष्ट्रीय औद्योगिक सुरक्षा अकादमी में प्रशिक्षण दिया जाता है।

केंद्रीय रिजर्व पुलिस बल (सीआरपीएफ)- इसकी स्थापना 1939 ई. में की गई। इसका मुख्यालय दिल्ली में है। इसे पहले क्राउन रिप्रेजेंटेटिव पुलिस कहा जाता है। 28 दिसंबर, 1949 के बाद इसे सीआरपीएफ कहा जाने लगा। राजस्थान में माउन्ट आबू एकेडमी है जहां इस बल के अधिकारीयों को ट्रेनिंग दी जाती है। इसके अलावा नीमच (म.प्र.), कोयम्बटूर (तमिलनाडू) और नांदेड (महाराष्ट्र) में सीआरपीएफ के तीन प्रशिक्षण कॉलेज हैं जहाँ अधीनस्थ अधिकारीयों के लिए पाठ्यक्रम चलाए जाते हैं। **त्वरित कार्य बल (रैपिड एक्शन फोर्स)** सीआरपीएफ का ही भाग है जिसकी स्थापना दंगों जैसी स्थितियों में निपटने के लिए 1992 में की गई थी।

सशस्त्र सीमा बल (एसएसबी)- 15 दिसंबर, 2003 से पहले तक इसका नाम स्पेशल सर्विस ब्यूरो था। इसका गठन 1963 में किया गया था। इसके गठन का मुख्य उद्देश्य 1962 के भारत चीन युद्ध के बाद सीमावर्ती क्षेत्रों के लोगों में विश्वास पैदा करना और देशभक्ति की भावना का विकास करना था। एसएसबी इससे पहले भारत-चीन के सीमावर्ती क्षेत्रों के अलावा राजस्थान, गुजरात, मिजोरम, नागालैंड, मणिपुर, मेघालय और सिक्किम की सीमाओं में अपनी सेवा दे चुका है।

भारत तिब्बत सीमा पुलिस (आईटीबीपी)- भारत तिब्बत सीमा पुलिस का गठन चीन आक्रमण के बाद आक्टूबर 1962 को किया गया था। इसका गठन खुफिया/सिग्नल/पायनियर/इंजीनियरिंग/चिकित्सा और छापामार की एकीकृत इकाई के रूप में किया गया था और इसका नियंत्रण प्रारंभ में खुफिया ब्यूरो के हाथों में क्या गया था। वर्ष 1975 में इसके कार्यक्षेत्र की पुनः व्याख्या की गई जिसके तहत इन पर सीमा पार से घुसपैठ और अपराध को रोकने का उत्तरदायित्व सौंपा गया। भारत तिब्बत सीमा पुलिस का मुख्यालय नई दिल्ली में है और इसका अध्यक्ष महानिदेशक होता है। आईटीबीपी का आदर्श वाक्य **'शौर्य-दृढ़ता : कर्मनिष्ठ'** है। यह बल वर्तमान में मध्य और पश्चिमी हिमालय क्षेत्र में आपदा प्रबंधन की नोडल एजेंसी का दायित्व संभालने के साथ-कैलाश मानसरोवर यात्रा के दौरान तीर्थ यात्रियों को सुरक्षा क्षेत्र में आपदा प्रबंधन की नोडल एजेंसी का दायित्व संभालने के साथ-साथ कैलाश मानसरोवर यात्रा के दौरान तीर्थ यात्रियों को सुरक्षा संचार और स्वास्थ्य सुविधाएँ भी उपलब्ध करवाता है। चार विशेष बटालियनों सहित भारत तिब्बत सीमा पुलिस में कुल 29 बटालियन हैं।

(v) सीमावर्ती क्षेत्रों में सुरक्षा चुनौतियाँ एवं उनका प्रबंधन, संगठित अपराधों का आतंकवाद से संबंध

भारत दक्षिण एशिया के लगभग सभी देशों के साथ अपनी सीमाएँ साझा करता है। इसके अलावा भारत की हिंद महासागर से लगी एक लंबी समुद्री सीमा भी है। भारत के लिये सुदृढ सीमा प्रबंधन

राष्ट्रीय एवं क्षेत्रीय सुरक्षा के साथ-साथ आर्थिक विकास के लिये भी आवश्यक है। भारत जब भी अपनी लंबी भू-सीमा और समुद्री सीमा की रक्षा और प्रबंधन बेहतर ढंग से नहीं करता, तब-तब उसे जोखिम का सामना करना पड़ता है।

भारतीय सीमाएँ काफी जटिल हैं और लगभग हर प्रकार का चरम भूगोल विभिन्न सीमाओं पर मौजूद है। इसकी सीमा रेगिस्तान से लेकर उपजाऊ भूमि, दलदली मिट्टी या उष्णकटिबंधीय सदाबहार जंगल तक सीमित हैं। इसकी भूमि सीमा 14818 किलोमीटर और तट रेखा 7516.6 किलोमीटर है। मध्य प्रदेश, छत्तीसगढ़, झारखंड, तेलंगाना, दिल्ली और हरियाणा को छोड़कर सभी राज्यों की अंतर्राष्ट्रीय सीमा या तट रेखा है। भारत के 593 जिलों में से 92 जिले 17 राज्यों के सीमावर्ती जिले हैं। भारत की सीमा पाकिस्तान (3323 किमी), चीन (3488 किमी), नेपाल (1751 किमी), भूटान (699 किमी), म्यांमार (1643 किमी) और बांग्लादेश (4096.7 किमी) के साथ है।

भारतीय सीमा क्षेत्रों की कुछ विशेषताएँ

i. भारत की सीमा बांग्लादेश के साथ 4096 किलोमीटर, पाकिस्तान के साथ 3323 किलोमीटर, चीन के साथ 3488 किलोमीटर, नेपाल के साथ 1751 किलोमीटर, भूटान के साथ 699 किलोमीटर और म्यांमार के साथ 1643 किलोमीटर है।
ii. पड़ोसी अक्सर शत्रुतापूर्ण हो जाते हैं।
iii. सीमाई इलाके विविध और कठिन हैं।
iv. सीमावर्ती क्षेत्र अविकसित हैं।
v. देश के भीतरी इलाकों और अन्य देशों के साथ कनेक्टिविटी खराब है।
vi. सीमावर्ती आबादी खुद को असुरक्षित महसूस करती है।
vii. दूरदराज के इलाकों में सीमावर्ती इलाके आबादी रहित होते जा रहे हैं।
viii. अवैध पलायन, इलाके के जनसांख्यिकीय अनुपात को बदलते हैं, वे एक बड़ी चुनौती पेश करते हैं।
ix. प्रतिबंधित सामग्री, हथियार और गोला-बारूद आदि की तस्करी बड़े पैमाने पर होती है।

विभिन्न देशों के साथ भारत की सीमा क्षेत्र की चुनौतियाँ

भारत-पाकिस्तान सीमा चुनौतियाँ

- पाकिस्तान के साथ सीमा पर सीमा सुरक्षा बल (बीएसएफ) तैनात है और नियंत्रण रेखा पर सेना और बीएसएफ संयुक्त रूप से तैनात हैं।
- तनावपूर्ण भारत-पाक रिश्ते और अस्थिर सीमाएँ चिंता का प्राथमिक कारण हैं। **सर क्रीक और नियंत्रण रेखा** (LOC) जैसे विवादित क्षेत्र हैं।
- ये अस्थिर सीमाएँ बार-बार संघर्ष विराम उल्लंघन और गोलाबारी गतिविधियों के लिए जमीन के रूप में कार्य करती हैं।
- राष्ट्रविरोधी तत्वों द्वारा भारतीय क्षेत्र में लगातार घुसपैठ भी संकट को बढ़ाती है। बीएसएफ द्वारा सीमा पर खाइयों की एक श्रृंखला का पता लगाया गया है।
- पाक अधिकृत कश्मीर (पीओके) का इस्तेमाल आतंकी लॉन्च पैड के रूप में किया जाता रहा है।
- **स्वर्ण वर्धमान** (Golden crescent) की निकटता संकट को बढ़ाती है। इस सीमा पर मादक पदार्थों की तस्करी भी बड़े पैमाने पर होती है।
- इन सभी मानव निर्मित चुनौतियों के साथ, प्रकृति भी कई बाधाएँ डालती है। ऊबड़ खाबड़ स्थलाकृति कभी-कभी भौतिक गश्त को लगभग असंभव बना देती है। थार के बदलते रेत के टीले, कच्छ के खारे दलदल और सीमा के उत्तरी भाग में हिमालय का विस्तार सीमा प्रबंधन को एक चुनौतीपूर्ण कार्य बनाता है।

भारत-अफगानिस्तान सीमा चुनौतियाँ

- भारत की सीमा अफगानिस्तान से 100 किलोमीटर से भी कम लंबी है। यह क्षेत्र **पाक अधिकृत कश्मीर** (पीओके) से घिरा है।
- अफगानिस्तान में हालिया राजनीतिक उथल पुथल भारत के लिए सुरक्षा चुनौती साबित होती है। **अल-कायदा** (AL-Qaeda) जैसे आतंकी समूह पीओके को आतंकी लॉन्च पैड के रूप में इस्तेमाल करते हैं।
- चूंकि यह पीओके क्षेत्र में आता है, इसलिए इस क्षेत्र में कोई भी सुरक्षा बल सक्रिय रूप से तैनात नहीं है, लेकिन एलओसी पर बीएसएफ और सेना की भारी तैनाती है।

भारत-चीन सीमा प्रबंधन चुनौतियाँ

- यह क्षेत्र कई कारकों के कारण तनावपूर्ण रहा है। लंबी सीमाओं पर आईटीबीपी और सेना संयुक्त रूप से तैनात हैं। तय सीमा पर आईटीबीपी तैनात है, जबकि वास्तविक नियंत्रण रेखा (LAC) पर आईटीबीपी और सेना संयुक्त रूप से तैनात है।
- सीमा के पश्चिमी और पूर्वी हिस्से मध्य क्षेत्र की तुलना में अपेक्षाकृत अधिक तनावपूर्ण हैं।

- अस्थिर सीमाएँ और अक्साई चिन जैसे विवादित क्षेत्र गंभीर सुरक्षा खतरा पैदा करते हैं। जॉनसन रेखा इसे भारत के प्रशासनिक नियंत्रण में रखती है जबकि मैकडॉनल्ड्स रेखा इस क्षेत्र को चीन के अधीन रखती है।
- हिमालय से जुड़े खतरनाक इलाके और चीन की विस्तारवादी नीतियों के कारण इस क्षेत्र में सुरक्षा बलों के बीच लगातार टकराव की स्थिति बनी रहती है। गलवान झड़प एक ऐसी घटना थी जिसमें कई लोग हताहत हुए थे।

भारत-नेपाल और भारत-भूटान सीमा प्रबंधन चुनौतियाँ

- यह क्षेत्र तुलनात्मक रूप से शांतिपूर्ण है और क्षेत्र में सुरक्षा के मामलों को एसएसबी (सशस्त्र सीमा बल) द्वारा नियंत्रित किया जाता है।
- हालाँकि, शांतिपूर्ण और खुली सीमाएँ कई चुनौतियाँ लेकर आती हैं। नेपाल और भूटान दोनों भूमि से घिरे हुए हैं। भारत के साथ सीमा चौकियाँ आवश्यक आपूर्ति के लिए उनके प्रवेश बिंदु के रूप में काम करती हैं।
- बल का कोई भी प्रयोग द्विपक्षीय संबंधों को गंभीर रूप से प्रभावित कर सकता है।
- नेपाल के साथ विवादित क्षेत्रों में कालापानी और सुस्ता क्षेत्र शामिल हैं।

भारत-बांग्लादेश सीमा प्रबंधन चुनौतियाँ

- 1971 के युद्ध ने पूर्वी पाकिस्तान क्षेत्र को अलग कर दिया और परिणामस्वरूप बांग्लादेश का निर्माण हुआ। यह क्षेत्र बीएसएफ द्वारा संचालित है।
- यह सीमा गंभीर शरणार्थी संकट का सामना करती है। पश्चिम बंगाल से रोहिंग्या अल्पसंख्यकों की आमद चिंता का कारण है।
- मलेरिया एक और चिंता का विषय है जिसका जमीनी सैनिकों को सामना करना पड़ता है। दलदली दलदल लगभग दुर्गम हैं और एनोफिलीज मच्छरों से संक्रमित हैं।
- इसके अलावा, ऊबड़-खाबड़ स्थलाकृति और ब्रह्मपुत्र नदी का लगातार बदलता मार्ग सुरक्षा संबंधी चिंताएँ पैदा करता है।
- सीमा पर मवेशियों की तस्करी भी बड़े पैमाने पर हुई है, ऐसे उदाहरण थे जब सुरक्षा बलों को स्थिति को शांत करने और अपराधियों को पकड़ने के लिए वैध बल का उपयोग करना पड़ा।
- पश्चिम बंगाल के सिलीगुड़ी में भारत का चिकन नेक कॉरिडोर भूमि के माध्यम से मुख्य भूमि भारत और पूर्वोत्तर क्षेत्र के बीच कनेक्टिविटी का एकमात्र स्रोत के रूप में कार्य करता है।
- इस प्रकार भूमि की यह संकीर्ण पट्टी रणनीतिक रूप से महत्वपूर्ण है और इसलिए सुरक्षा बलों को क्षेत्र की सुरक्षा सुनिश्चित करने के लिए काफी मात्रा में बल तैनात करना पड़ता है।

भारत म्यांमार सीमा प्रबंधन चुनौतियाँ

- इस सीमा की निगरानी असम राइफल्स द्वारा की जा रही है। यह बल अपने आप में अनोखा है। यह एकमात्र सीमा सुरक्षा बल है जिसके पास अपना कोई अधिकारी कैडर नहीं है। असम राइफल्स का प्रत्येक अधिकारी भारतीय सेना से प्रतिनियुक्ति पर आता है।
- भारत की वर्तमान में म्यांमार के साथ मुक्त आवाजाही व्यवस्था है। यह एक दूसरे क्षेत्र में 10 किमी तक की वीजा मुक्त यात्रा की अनुमति देता है। पूर्वोत्तर क्षेत्र में विद्रोहियों द्वारा अक्सर इसका फायदा उठाया गया है। म्यांमार के क्षेत्र से नागा विद्रोहियों को बाहर निकालने के लिए भारतीय सेना द्वारा **'ऑपरेशन हॉट परस्यूट'** नामक एक ऑपरेशन चलाया गया था।
- म्यांमार अफीम व्यापार के लिए कुख्यात स्वर्ण त्रिभुज के बगल में स्थित है। यह एक गंभीर सुरक्षा चुनौती भी है।

तटीय सीमाएं

- तटीय सीमाओं का प्रबंधन पूरी तरह से एक अलग पैमाने की समस्या है। मुंबई आतंकवादी हमलों ने तटीय निगरानी को मजबूत करने की आवश्यकता को महूसस कराया है। तटरक्षक बल प्रादेशिक समुद्र में गश्त करते हैं जबकि नौसेना उच्च समुद्र में काम करती है। समुद्री मार्गों का उपयोग लोगों, हथियारों, नशीली दवाओं और अन्य प्रतिबंधित वस्तुओं की तस्करी के लिए किया जाता है। हालांकि भारत ने समुद्री तटों की निगरानी में सुधार करने में कुछ प्रगति की है, लेकिन कुल सफलता हासिल करना अभी मुश्किल है। बड़ी सीमाओं के प्रबंधन में प्रौद्योगिकी का उपयोग अनिवार्य हो जाता है, चाहे वह भूमि पर हो या समुद्र या नदियों पर, विशेष रूप से जीपीएस में, उपग्रह निगरानी महत्त्वपूर्ण हो जाती है।
- लाखों नावें और जहाज भारतीय समुद्रों से होकर गुजरते हैं। उनकी निगरानी के लिए प्रौद्योगिकी के उपयोग के आधार पर एक समन्वित दृष्टिकोण की आवश्यकता है। भारतीय नौसेना ने समुद्री क्षेत्र के प्रति जागरूकता पैदा करने के लिए व्हाइट शिपिंग और तटीय निगरानी रडार के लिए एक संलयन केंद्र स्थापित किया है।

- सरकार तटीय सुरक्षा से निपटने के लिए एक समुद्री आयोग गठित करने पर विचार कर रही है। इससे समस्या पर आवश्यक ध्यान देने में मदद मिलेगी, उसके समन्वय में सुधार होगा और विभिन्न परियोजनाओं की निगरानी में मदद मिलेगी। इसके साथ ही, तटीय पुलिस को मजबूत करने की जरूरत है। द्वीप क्षेत्रों की समस्याओं पर विशेष ध्यान देने की आवश्यकता है। अंडमान और निकोबार द्वीप समूह अत्यधिक रणनीतिक क्षेत्र होने के साथ-साथ पारिस्थितिकी रूप से नाजुक भी हैं। हमें इन द्वीपों के विकास के लिए विशेष नीतियों की आवश्यकता है। लक्षद्वीप द्वीप समूह के बारे में भी यही कहा जा सकता है।
- दक्षिण एशिया दुनिया का सबसे कम एकीकृत क्षेत्र है। यह दुर्भाग्यपूर्ण है क्योंकि इस क्षेत्र के लोगों के बीच स्वाभाविक समानताएं हैं लेकिन आधिपत्य में अस्थिरता ने एकीकरण को प्रभावित किया है। भारत के पास दक्षिण एशिया को एक संपूर्ण अर्थव्यवस्था में एकीकृत करने का दृष्टिकोण है। **'दक्षिण एशियाई क्षेत्रीय सहयोग संगठन'** (सार्क), दि वे ऑफ बंगाल मल्टी-सेक्टोरल टेक्नीकल एंड इकोनॉमिक को-आपरेशन (बिम्सटेक में बांग्लादेश, भारत, श्रीलंका, थाइलैंड, म्यांमार, नेपाल एवं भूटान शामिल हैं।) और बीबीआइएन जैसे बहु-देशीय संगठन उस दिशा में प्रयास कर रहे हैं। इसके लिए कनेक्टिविटी और अपेक्षाकृत मुक्त आवाजाही सुनिश्चित करने की आवश्यकता होगी।
- सीमा प्रबंधन के लिए एक समग्र रणनीति और बहु-हितधारक दृष्टिकोण की आवश्यकता होती है। कारगिल संघर्ष के मद्देनजर, सरकार ने देश में राष्ट्रीय प्रबंधन प्रणाली की समीक्षा के लिए चार टास्क फोर्स का गठन किया था। इनमें से एक सीमा प्रबंधन पर भी था। यह पहली बार था जब हमने राष्ट्रीय सुरक्षा प्रबंधन के हिस्से के रूप में सीमाओं को समग्र रूप में देखा था। इस टास्क फोर्स की दी गई सिफारिशों को मंत्रियों के एक समूह द्वारा स्वीकार किया गया था।
- केंद्रीय गृह मंत्रालय में सीमा प्रबंधन विभाग (DBM) स्थापित किया गया था। यह डीबीएम देश में सीमा प्रबंधन प्रयासों का नेतृत्व कर रहा है। इसके द्वारा किए गए कुछ कार्य हैं- सीमा सुरक्षा बुनियादी ढांचे का निर्माण, व्यापार और लोगों की आवाजाही को सुविधाजनक बनाने के लिए एकीकृत चेक पोस्ट का निर्माण तथा सीमावर्ती क्षेत्रों का सामाजिक-आर्थिक विकास। गृह मंत्रालय सीमा सुरक्षा बलों को सुसज्जित और प्रशिक्षित भी करता है। सीमा सुरक्षा बलों की तैनाती को कारगर बनाने के लिए एक सीमा एक बल के सिद्धांत को स्वीकार किया गया है।
- सीमा सुरक्षा प्रबंधन में केंद्र और राज्य एजेंसियों के बीच घनिष्ठ समन्वय आवश्यक है। पर अक्सर ऐसा नहीं होता है। चूंकि भूमि राज्य का विषय है। इसलिए बुनियादी ढांचे के निर्माण के लिए, भूमि एवं पर्यावरण मंजूरी की एवं कई अन्य अनुमोदनों की आवश्यकता होती है। लेकिन केंद्र-राज्य संबंधों की जटिलता सीमा प्रबंधन को और अधिक कठिन बना देती है। वे सीमावर्ती क्षेत्रों में केंद्रीय एजेंसियों की मौजूदगी को अस्वीकृति के साथ देखते हैं।
- सीमावर्ती क्षेत्रों को अधिक संपर्क और अधिक सामाजिक-आर्थिक गतिविधियों की आवश्यकता है। वे जहां रहते हैं, वहीं रहने के लिए उन्हें अधिक सुरक्षा और ऐसे ही अधिक कारणों को सुलभ किए जाने की आवश्यकता है।
- सीमावर्ती क्षेत्रों से अवैध घुसपैठ अत्यधिक अस्थिर करने वाला कारक हो सकता है। सीमा प्रबंधन की जिम्मेदार संस्थाओं को इसे ध्यान में रखना चाहिए।
- भारत का पूर्वोत्तर आसियान का प्रवेश द्वार है, जो अपेक्षाकृत समृद्ध क्षेत्र है। भारत आसियान के साथ अपने संबंध-संपर्क में सुधार के लिए प्रतिबद्ध है। आसियान को भारत के माध्यम से एशिया से जोड़ने का विजन प्रशंसनीय है लेकिन इसमें कई समस्याएं हैं। प्रमुख मुद्दा कनेक्टिविटी और क्षेत्र की विकास क्षमता का है। दूसरा मुद्दा उत्तर-पूर्व में विकास की सापेक्ष कमी का होना है। ऐसी आशंका है कि म्यांमार के साथ भारत की सीमाएं खोलने से हमारा पूर्वोत्तर चीनी सामानों से भर जाएगा। समस्या यह है कि यह पहले से ही अवैध तरीकों से हो रहा है। असुरक्षित सीमाओं के चलते पूर्वोत्तर में ड्रग्स, हथियार और अन्य प्रतिबंधित पदार्थ आते रहते हैं। म्यांमार के साथ लगी हमारी सीमा झरझरी है और यह म्यांमार की तरफ से होने वाले उग्रवाद से पीड़ित है। यह स्थिति सीमा प्रबंधन को और अधिक कठिन बना देती है।

संगठित अपराध

संगठित अपराध का आतंक से संबंध

संगठित अपराध केंद्रीकृत संगठनों का एक स्थानीय, राष्ट्रीय या अंतर्राष्ट्रीय समूह है जो पैसे के लिए अवैध गतिविधियों को अंजाम देने के लिए अपराधियों द्वारा चलाया जाता है। संगठित अपराध आतंकवादी समूहों, विद्रोही ताकतों और अलगाववादियों के अलावा राजनीतिक एजेंडे से भी प्रेरित हो सकता है। आपराधिक संगठनों

के लिए गिरोह, माफिया, भीड़, गिरोह या सिंडिकेट जैसे विभिन्न शब्दों का उपयोग किया जाता है। सबसे पुराने सिसिली माफिया पर समाजशास्त्रीय अध्ययन के साथ-साथ **रूसी माफिया, चीनी ट्रायड, हांगकांग ट्रायड** और **जापानी याकुजा** जैसे संगठित अपराध समूहों पर आर्थिक अध्ययन भी हुए हैं।

ऐसा माना जाता है कि संगठित अपराध एक बदलती और लचीली परिघटना होती है। वैश्वीकरण के कई लाभों जैसे कि आसान और तेज संचार, वित्त की आवाजाही और अंतर्राष्ट्रीय यात्रा ने अंतर्राष्ट्रीय संगठित आपराधिक समूहों के लिए फलने-फूलने, विविधता लाने और अपनी गतिविधियों का विस्तार करने के अवसर भी पैदा किए हैं। धीरे-धीरे पारंपरिक क्षेत्रीय आधारित आपराधिक समूह विकसित हुए या आंशिक रूप से कई न्यायालयों में शाखाओं वाले छोटे और अधिक लचीले नेटवर्क द्वारा प्रतिस्थापित किए गए हैं। जांच के दौरान, पीड़ितों, संदिग्धों, संगठित आपराधिक समूहों और अपराध से प्राप्त आय का पता कई राज्यों में लगाया जा सकता है। इसके अलावा, संगठित अपराध सभी राज्यों को प्रभावित करता है, चाहे आपूर्ति, पारगमन या मांग के देश हों। इस प्रकार, आधुनिक संगठित अपराध एक वैश्विक चुनौती है जिसका ठोस, वैश्विक प्रतिक्रिया से सामना किया जाना चाहिए।

आतंकवाद

इंटरपोल के अनुसार, आतंकवाद में जटिल खतरों की एक श्रृंखला शामिल है- संघर्ष क्षेत्रों में संगठित आतंकवाद, विदेशी आतंकवादी लड़ाके, कट्टरपंथी 'अकेले आतंकवादी (लोन-वुल्फ़) और रासायनिक, जैविक, रेडियोलॉजिकल, परमाणु (सीबीआरएन), और विस्फोटक सामग्री का उपयोग करके किए गए हमले।

अंतर्राष्ट्रीय आतंकवाद- व्यक्तियों और/या समूहों द्वारा किए गए हिंसक, आपराधिक कृत्य, जो नामित विदेशी आतंकवादी संगठनों या राष्ट्रों (राज्य प्रायोजित) से प्रेरित हैं या उनसे जुड़े हैं।

घरेलू आतंकवाद- राजनीतिक, धार्मिक, सामाजिक, नस्लीय या पर्यावरणीय प्रकृति जैसे घरेलू प्रभावों से उत्पन्न वैचारिक लक्ष्यों को आगे बढ़ाने के लिए व्यक्तियों और/या समूहों द्वारा किए गए हिंसक, आपराधिक कृत्य।

आतंकवाद और संगठित अपराध में अंतर

i. आतंकवादी किसी भी सत्तारूढ़ सरकार की यथास्थिति में परिवर्तन कर उसे गिराने का उद्देश्य रखते हैं। आतंकवाद मुख्यत: भय एवं डर फैलाने की रणनीति पर काम करता है और आम जनता में भय फैलाकर इसका प्रसार करता है जबकि संगठित अपराध का उद्देश्य मौजूदा सरकार के साथ-साथ एक समानांतर सरकार की स्थापना करना है। सरकार की यथास्थिति में कोई भी बदलाव परिस्थितिजन्य होता है और यह संशोधित नीति के बजाए सुगमता से पनपता है।
ii. आतंकवादी मुख्य रूप से हिसंक तरीकों का सहारा लेता है जबकि संगठित अपराध हिंसक और गैर-हिंसक गतिविधियों को तरजीह देता है।
iii. आतंकवाद अपने उद्देश्यों को हासिल करने के लिए क्षेत्रीय, राष्ट्रीय एवं धार्मिक भावनाओं को भुनाने के बावजूद मुख्य रूप से राजनीतिक उद्देश्यों से प्रेरित होता है। इसके विपरीत आर्थिक उद्देश्य, संगठित अपराध के संचालनात्मक कारक होते हैं।

आतंकवाद और संगठित अपराध के बीच समानताएँ

i. दोनों अत्यधिक हिंसा और प्रतिशोध की धमकी का इस्तेमाल करते हैं।
ii. दोनों अपहरण, हत्या और जबरन वसूली का उपयोग करते हैं।
iii. दोनों गुप्त रूप से काम करते हैं, हालांकि कभी-कभी सार्वजनिक रूप से मैत्रीपूर्ण क्षेत्र में भी।
iv. दोनों राज्य और कानून के शासन की अवहेलना करते हैं।
v. किसी सदस्य के लिए किसी भी समूह को छोड़ना दुर्लभ और अक्सर घातक होता है।
vi. दोनों ही राष्ट्रों के लिए एक विषम खतरा प्रस्तुत करते हैं।
vii. दोनों में **"विनिमेय भर्ती"** पूल हो सकते हैं।
viii. दोनों अत्यधिक अनुकूलनीय, नवोन्मेषी और लचीले हैं।
ix. दोनों के पास बैकअप नेता और पैदल सैनिक हैं।
x. दोनों ने सामाजिक सेवाएं प्रदान की हैं, हालांकि आतंकवादी समूहों के साथ ऐसा अक्सर देखा जाता है।

संगठित अपराधों का आतंकवाद से संबंध

कई कारक संगठित अपराध के विकास में मदद करते हैं जो अंतत: आतंकवाद के बड़े पैमाने पर सहायता करते हैं-

i. वैश्विक बाजार में अवैध वस्तुओं की माँग बढ़ रही है जैसे मानव अंगों का व्यापार, लुप्तप्राय वन्य जीवन, ड्रग्स आदि।
ii. भौगोलिक भू-भाग और खुली सीमाएँ।
iii. वैश्वीकरण ऐसे समूहों की अवैध गतिविधियों के लिए नए अवसर और बाजार लेकर आया है।

iv. राजनेताओं, नौकरशाहों और अपराधियों के बीच अवैध संबंध।

v. राजनीति का अपराधीकरण।

vi. प्रौद्योगिकी ने भी उन्हें सुरक्षित रूप से काम करने में मदद की।

vii. अर्थव्यवस्था के वैश्वीकरण ने अपराध सिंडिकेट को सीमाओं के पार अपनी अवैध गतिविधियों को बड़ी आसानी से अंजाम देने में मदद की है। डिजिटल मुद्रा की घटना ने इसे और भी सुविधाजनक बना दिया है। ऐसे संगठन बड़ी आसानी से देश के बाहर सुरक्षित ठिकाने ढूंढ लेते हैं।

आतंकवाद के साथ संगठित अपराध के संबंधों के विभिन्न पहलू

नार्कोटिक्स + आतंकवाद = नार्को - आतंकवाद- एक संगठित अपराध के रूप में शुरू हुई मादक पदार्थों की तस्करी आतंकवादी समूहों के साथ संबंध के कारण राष्ट्र राज्यों के लिए खतरा बनकर उभरी है। नशीली दवाएँ सबसे अधिक लाभदायक वस्तु हैं क्योंकि यह त्वरित धन उत्पन्न करती हैं। अफगानिस्तान में तालिबान कथित तौर पर अफगानों और उनके गठबंधन सहयोगियों पर सफल युद्ध करते हुए अफगानिस्तान में नशीली दवाओं से प्रति वर्ष लगभग 100 मिलियन डॉलर कमा रहा है।

मादक पदार्थों की तस्करी के विरुद्ध कानून और विनियम

i. नार्कोटिक्स ड्रग्स एंड साइकोट्रोपिक सब्सटेंस एक्ट 1985 न्यूनतम 10 साल की सजा का प्रावधान करता है।

ii. भारतीय स्वापक औषधि और मन: प्रभावी पदार्थ अधिनियम, 1985-नशीले पदार्थों के दुरुपयोग को रोकने और मुकाबला करने के उद्देश्य से आवश्यक समझे जाने वाले नियंत्रित वितरण तंत्र के उपाय या व्यय करने का प्रावधान करता है।

iii. नार्कोटिक्स कंट्रोल ब्यूरो (एनसीबी)-नशीली दवाओं और मनोदैहिक पदार्थों से संबंधित कानूनों को लागू करने के लिए नोडल एजेंसी।

iv. भारत ने 'ड्रग कंट्रोल के लिए संयुक्त राज्य अमेरिका, ब्रिटेन, म्यांमार, अफगानिस्तान, संयुक्त अरब अमीरात, मॉरीशस, जाम्बिया और रूस के साथ द्विपक्षीय समझौतों पर हस्ताक्षर किए।

v. भारत नशीली दवाओं और मन:प्रभावी पदार्थों पर संयुक्त राष्ट्र और सार्क सम्मेलन का एक हस्ताक्षरकर्ता है।

अवैध आग्नेयास्त्रों की तस्करी- 2006 की ऑक्सफैम रिपोर्ट के अनुसार, दुनिया भर में प्रचलन में लगभग 75 मिलियन में से 40 मिलियन से अधिक अवैध छोटे हथियार भारत में प्रचालन में हैं।

बिहार, छत्तीसगढ़, उत्तर प्रदेश, झारखंड, ओडिशा और मध्य प्रदेश में अवैध हथियारों की समस्या गंभीर है। उत्तर प्रदेश और बिहार में विभिन्न अवैध हथियार कारखानों में बड़ी मात्रा में अवैध छोटे हथियार बनाए जाते हैं और सस्ते दामों पर काले बाजार में बेचे जाते हैं।

भारत में अवैध छोटे हथियारों के बाजार में चीनी पिस्तौल की मांग है क्योंकि वे आसानी से उपलब्ध हैं और सस्ती भी हैं।

यह प्रवृत्ति उन राज्यों के लिए एक बड़ी समस्या है, जहां नक्सलवाद का प्रभाव है। छिद्रपूर्ण भारत-नेपाल सीमा भारत में चीनी पिस्तौल, एके-47 और एम-16 राइफलों के लिए एक प्रवेश बिंदु है क्योंकि इन हथियारों का उपयोग नक्सलियों द्वारा किया जाता है जिनके नेपाल में माओवादियों से संबंध हैं।

मानव तस्करी- आतंकवाद एक महंगा व्यवसाय है, और बेहतर तकनीक ने पैसे को ऑनलाइन ट्रैक करना आसान बना दिया है, और आतंकवादी संगठन न केवल वित्तीय सहायता के लिए मानव तस्करी का उपयोग करते हैं, बल्कि वे देशों में प्रवेश बिंदु प्राप्त करने के लिए भी इसका उपयोग करते हैं। दास व्यापार वर्तमान में एकल उत्पाद यानी साथी मनुष्यों की मांग पर निर्मित एक बहु अरब उद्योग है। मानव तस्कर आतंकवादियों को कई **'उत्पाद'** प्रदान करते हैं: बाल सैनिक, घरेलू नौकर, विदेशी नर्तक, बलात्कार, जबरन विवाह, वेश्यालयों में यौन दासता, आदि।

भारत को महिलाओं की तस्करी का उद्गम और गंतव्य दोनों देश माना गया है। मानव तस्करी न केवल अंतर्राष्ट्रीय और ट्रांस-आपराधिक वित्तीय नेटवर्क में पहला वित्तीय कदम है, बल्कि यह इन आपराधिक सिंडिकेट का आधार भी है। यह नशीली दवाओं या हथियारों की तस्करी से कहीं अधिक लाभदायक है और कभी-कभी आतंकवादी और/या विद्रोही समूहों द्वारा कुछ धन जुटाने और खुद को बनाए रखने के लिए फिरौती के लिए अपहरण के विभिन्न रूपों का उपयोग किया जाता था।

काले धन को वैध बनाना- मनी लॉन्ड्रिंग सभी आतंकवादी गतिविधियों के केंद्र में है, क्योंकि यह अन्य सभी कृत्यों का सामान्य विभाजक है, चाहे उद्देश्य लाभ कमाना हो या उन्हें अन्य उद्देश्यों के लिए उपयोग करना हो, जैसे कि धर्मार्थ या धार्मिक फाउंडेशनों के माध्यम से दान के साथ-साथ विभिन्न आय आपराधिक गतिविधियाँ

जैसे क्रेडिट कार्ड धोखाधड़ी, मानव तस्करी और नशीली दवाओं से संबंधित अपराध।

साइबर अपराध और आतंकवाद- हमारे दिन-प्रतिदिन के जीवन में कंप्यूटर की बढ़ती निर्भरता के साथ-साथ कंप्यूटर से संबंधित अपराध की तेजी से वृद्धि ने आतंकवादियों के लिए आतंकवाद फैलाने का एक और उपकरण तैयार कर दिया है।

i. आतंकवादी विचारधाराओं एवं विचारों का प्रचार-प्रसार,
ii. धन हस्तांतरण के माध्यम से आतंकवादी वित्तपोषण के लिए धन जुटाना,
iii. नए सदस्यों की भर्ती करना और एक-दूसरे को ढूंढना,
iv. सिर कलम करने की धमकी या डराने-धमकाने वाले अभियान चलाना,
v. सदस्यों के बीच संचार पी2पी, एसएमएस, वीओआइपी और एन्क्रिप्शन,
vi. परिचालन सूचना लक्ष्यीकरण प्राप्त करना,
vii. आतंकवादी कार्रवाइयों का समन्वय, योजना बनाना और चर्चा करना,
viii. रसद आदेश आपूर्ति, कार किराए पर लेना,
ix. विस्फोटक, रासायनिक जैविक घटक डिजाइन करना।

सूचना प्रौद्योगिकी अधिनियम, 2000 साइबर अपराधों को रोकने के लिए कानूनी ढांचा प्रदान करता है। इसके अलावा, फिशिंग, स्पैमिंग, ऑनलाइन धोखाधड़ी और पहचान की चोरी जैसे कंप्यूटर अपराधों के समाधान के साथ-साथ डेटा सुरक्षा के प्रावधानों को शामिल करने के लिए अधिनियम में संशोधन किया गया है।

जाली मुद्रा- मुद्रा जालसाजी संगठित सफेदपोश अपराधों में से एक है जिसने वैश्विक स्तर पर बढ़ते आतंकवाद में गंभीर भूमिका निभाई है। बौद्धिक संपदा की चोरी और उपभोक्ता सुरक्षा के मुद्दों से परे, यह धारणा है कि नकली बिक्री सीधे आतंकवादी संगठनों को वित्त पोषित करती है।

संगठित अपराध से निपटने के उपाय

i. आतंकवाद और संगठित अपराध के प्रति नीति को एकीकृत करने के प्रयास बढ़ाएँ, सरकार की जाँच और प्रतिक्रिया क्षमताओं को बढ़ाना, प्रशिक्षण राष्ट्रों के बीच महत्वपूर्ण कौशल और कौशल के आदान-प्रदान पर केंद्रित होना चाहिए।
ii. व्यापक परामर्श के माध्यम से आतंकवाद विरोधी सहयोग में सुधार, राष्ट्रीय और क्षेत्रीय स्तर पर समन्वित दृष्टिकोण।
iii. मजबूत उप-क्षेत्रीय सहयोग-आतंकवाद पर अनुसंधान अध्ययन और विशेषज्ञता का आदान-प्रदान करना और प्रत्येक सदस्य देश में सुरक्षित संचार लिंक स्थापित करना।
iv. क्षेत्रीय प्रयासों के समन्वय, क्षमता निर्माण, संसाधन जुटाने के समन्वय और क्षेत्रीय डेटा बैंक के निर्माण और रखरखाव के लिए एक क्षेत्रीय केंद्र की स्थापना करना।
v. समन्वित संस्थागत ढाँचा।
vi. आतंकवाद के प्रभाव के बारे में समुदायों और नागरिक समाजों को संवेदनशील बनाकर सार्वजनिक जागरूकता बढ़ाना और मास मीडिया और अन्य चैनलों के माध्यम से गलतफहमियों को दूर करना।
vii. आतंकवाद के वित्तपोषण को रोकने के लिए उचित कानून बनाकर आतंकवाद के वित्तपोषण पर अंकुश लगाना
viii. तंत्र का समर्थन करने और अंतर्राष्ट्रीय भागीदारों का सहयोग हासिल करने के लिए राजनीतिक इच्छाशक्ति हासिल करने के लिए राजनयिक प्रयासों को बढ़ाना।
ix. सूचना और खुफिया जानकारी का समय पर आदान प्रदान।

❑❑❑

13 उत्तर प्रदेश में कानून व्यवस्था एवं नागरिक अधिकार सुरक्षा

पुलिस और सार्वजनिक व्यवस्था राज्य का विषय है, जो भारतीय संविधान की सातवीं अनुसूची के अन्तर्गत आता है। इसमें प्रदेश सरकारों को राज्य में कानून और सार्वजनिक व्यवस्था बनाये रखने का दायित्व दिया गया है।

संविधान के **अनुच्छेद 355** के अनुसार बाहरी आक्रमण और आंतरिक अशांति की स्थिति में हर राज्य अपनी रक्षा के लिये संघ का सहारा ले सकता है तथा संघ यह सुनिश्चित करता है कि राज्य में सरकार संविधान के प्रावधान के अनुसार चले। केन्द्र सरकार राज्य पुलिस बलों के आधुनिकीकरण की योजना के अन्तर्गत हथियार, संचार उपकरण, यातायात के साधन, प्रशिक्षण और अन्य बुनियादी सुविधाओं के लिये वित्तीय सहायता प्रदान कर राज्य सरकारों की मदद करती है।

केन्द्र सरकार विभिन्न एजेंसियों के साथ मिलकर अपराध को रोकने तथा कानून-व्यवस्था की स्थिति को बनाये रखने के लिये राज्यों से अपनी खुफिया इनपुट साझा करती है। सार्वजनिक आदेश और कानून-व्यवस्था राज्य सरकार का कार्य है। सार्वजनिक व्यवस्था और कानून व्यवस्था के विफल होने पर नागरिकों में सरकार के प्रति विश्वास कम होता है। किसी राज्य में हिंसा या दंगे उसके सामाजिक ताने-बाने तथा राष्ट्रीय एकता को खतरे में डाल सकते हैं। साथ ही इससे राज्य के आर्थिक विकास को भी हानि होती है।

उत्तर प्रदेश में प्रशासन

1. **विभागीय प्रशासन-** उत्तर प्रदेश में 75 जिले हैं, जो 18 मण्डलों (सम्भाग) में विभाजित हैं। प्रत्येक मण्डल में 3 से 7 जिले सम्मिलित हैं। एक आईएएस अधिकारी प्रत्येक मण्डल (Division) का डिवीजनल कमिश्नर होता है, जो सम्पूर्ण मण्डल के प्रशासन, कानून-व्यवस्था तथा राजस्व के लिये जिम्मेदार होता है।
2. **जिला प्रशासन-** जिला प्रशासन का नेतृत्व जिलाधिकारी करता है, जो एक आईएएस अधिकारी होता है। जिला मजिस्ट्रेट अपने जिले में विभिन्न विभागों के बीच काम के समन्वय और कानून-व्यवस्था को बनाये रखने के लिये जिम्मेदार होता है। जिला मजिस्ट्रेट को एक कार्यकारी मजिस्ट्रेट की शक्ति प्राप्त होती है।

सार्वजनिक एवं कानून-व्यवस्था के बीच अन्तर

उच्चतम न्यायालय ने बड़े पैमाने पर एक समुदाय से सम्बन्धित व्यक्तिगत अपराध और सार्वजनिक व्यवस्था से सम्बन्धित कानून व्यवस्था के बीच विशिष्ट अंतर स्पष्ट किया है।

- **कानून व्यवस्था-** इसमें पुलिस द्वारा किया जाने वाला किसी क्षेत्र की स्थिति का विश्लेषण, आपराधिक कानून के तहत दृढ़ता तथा दण्ड के लिये उनकी प्रतिबद्धता शामिल है।
- **सार्वजनिक व्यवस्था-** यह जिला मजिस्ट्रेट का दायित्व है। सम्बन्धित क्षेत्र में हिंसा रोकने, सामुदायिक तनाव को कम करने तथा कानून-व्यवस्था भंग हुई है या नहीं, इसका आंकलन करने के लिए जिला मजिस्ट्रेट जवाबदेह है।
- **न्यायतंत्र**-उत्तर प्रदेश की न्यायपालिका में इलाहाबाद उच्च न्यायालय-प्रयागराज और उसकी लखनऊ पीठ, प्रत्येक जिला या सत्र मण्डल में सत्र न्यायालय और तहसील स्तर पर निचली अदालतें शामिल हैं। सब-ऑर्डिनेट न्यायिक सेवाओं को दो वर्गों में विभाजित किया गया है-उत्तर प्रदेश सिविल न्यायिक सेवाएं तथा उत्तर प्रदेश उच्चतर न्यायिक सेवाएं।

न्यायपालिका राज्य में कानून व्यवस्था को प्रभावी ढंग से लागू करने तथा सही करने में महत्वपूर्ण भूमिका निभाती है। न्यायपालिका राज्य में समय-समय पर कानून व्यवस्था में सुधार के लिये राज्य सरकार और उत्तर प्रदेश पुलिस को निर्देश देती रहती है।

- **उत्तर-प्रदेश पुलिस-** लगभग **2,40,928 वर्ग किमी क्षेत्रफल** और 20 करोड़ से अधिक आबादी (2011 की

जनगणना) के साथ उत्तर प्रदेश न केवल देश बल्कि दुनिया में सबसे बड़ा एकल पुलिस बल रखने वाला राज्य है। उत्तर प्रदेश पुलिस राज्य में प्राथमिक कानून प्रवर्तन एजेंसी है, जिसकी स्थापना 1863 में पुलिस महानिरीक्षक एकीकृत कार्यालय के रूप में, 1861 के पुलिस अधिनियम के तहत हुई थी। वर्ष 1860 में एच. एम. कोर्ट के नेतृत्व में गठित पुलिस आयोग की अनुशंसाओं के परिणामस्वरूप 1861 में पुलिस एक्ट अधिनियमित हुआ था।

उत्तर प्रदेश पुलिस विभाग का मुख्यालय प्रयागराज में है, जिसे अब प्रदेश की राजधानी लखनऊ की सिग्नेचर बिल्डिंग में स्थानांतरित किया जा रहा है। इससे पूर्व 1937 में मुख्यालय-पुलिस महानिरीक्षक का शिविर कार्यालय लखनऊ स्थानांतरित किया गया था और पुलिस मुख्यालय का काम देखने के लिए एक डीआईजी को वहां नियुक्त किया गया। पहले डीआईजी मुख्या थे-आर. एन. नरेश। बाद में डीआईजी का पद बढ़ाकर 1983 में आईजी, फिर 1992 में एडीजी स्तर का कर दिया गया।

वर्ष 1861 से आज तक पुलिस अधिनियम में कई संशोधन हो चुके हैं, जिसने राज्य में पुलिस की वर्तमान स्थिति और संरचना को आकार दिया है। उत्तर प्रदेश पुलिस में 1400 से अधिक राजपत्रित अधिकारी और 2.38 लाख से अधिक गैर-राजपत्रित अधिकारी कार्यरत हैं। उत्तर-प्रदेश पुलिस का नेतृत्व पुलिस महानिदेशक (DGP) द्वारा किया जाता है, जो राज्य के सर्वोच्च रैंकिंग (आईपीएस कैडर) का अधिकारी होता है। एच. एम. कोर्ट उत्तर-पश्चिम प्रांत और अवध, जो वर्तमान में उत्तर प्रदेश का क्षेत्र है, के प्रथम पुलिस महानिरीक्षक नियुक्त हुए थे। स्वतंत्रता के बाद **बी. एन. लाहिड़ी** प्रदेश के पहले भारतीय पुलिस महानिदेशक बने।

उत्तर प्रदेश पुलिस : संगठन एवं संरचना

राज्य में कानून-व्यवस्था को बनाये रखने के लिये राज्य को 8 पुलिस जोन में वर्गीकृत किया गया है। यह जोन हैं- आगरा, प्रयागराज, बरेली, गोरखपुर, कानपुर, लखनऊ, मेरठ तथा वाराणसी। प्रत्येक जोन का नेतृत्व अतिरिक्त पुलिस महानिदेशक (ADG) रैंक का अधिकारी करता है। प्रत्येक पुलिस जोन को दो से तीन पुलिस रेंज द्वारा गठित किया जाता है। प्रत्येक रेंज का नेतृत्व पुलिस महानिरीक्षक (IG) या पुलिस उप महानिरीक्षक रैंक (DIG) के एक अधिकारी द्वारा किया जाता है। प्रत्येक रेंज का गठन लगभग दो से चार जिलों में होता है।

यहाँ राज्य में कुल 75 जिले हैं। प्रत्येक जिले का नेतृत्व (लखनऊ और गौतमबुद्ध नगर को छोड़कर) पुलिस अधीक्षक या उप-पुलिस अधीक्षक द्वारा किया जाता है। उप-पुलिस अधीक्षक को पुलिस अधीक्षक, डिप्टी पुलिस अधीक्षक (DSP) या सह-पुलिस अधीक्षक (ASP) सहायता प्रदान करते हैं। जिले में पुलिस अधीक्षकों व डिप्टी पुलिस अधीक्षकों की संख्या, जिले के आकार, जनसंख्या तथा पुलिस के कार्यक्षेत्र पर निर्भर करती है। लखनऊ, कानपुर नगर, आगरा, गोरखपुर, वाराणसी, मेरठ, प्रयागराज में पुलिस अधीक्षकों एवं उप पुलिस अधीक्षकों की संख्या अन्य जिलों की तुलना में अधिक हैं।

पुलिस डिवीजन आगे पुलिस उपखण्डों एवं पुलिस क्षेत्रों (Circles) में विभाजित होता है। पुलिस सर्किल आमतौर पर उप-पुलिस अधीक्षक और सहायक पुलिस अधीक्षक रैंक के अधिकारी के नेतृत्व में होता है। पुलिस सर्किल उपखण्ड को नेतृत्व करने वाले अधिकारी को **'सर्किल ऑफिसर'** (CO) के रूप में नामित किया जाता है। आमतौर पर 2 से 4 पुलिस स्टेशनों पर एक पुलिस सर्किल का गठन किया जाता है। पुलिस स्टेशन के प्रमुख पुलिस अधिकारी स्टेशन अधिकारी (SO) या स्टेशन हाउस ऑफिसर (SHO) होते हैं। कानून व्यवस्था को बनाये रखने में उन्हें विभिन्न सब-इंसपेक्टर, हेड कान्सटेबल तथा कान्स्टेबलों द्वारा सहायता प्राप्त होती है। पुलिस स्टेशन के क्षेत्र में कई पुलिस चौकियाँ भी होती हैं, जो सब-इंस्पेक्टर के नेतृत्व में कार्य करती हैं।

प्रदेश के 4 शहरों में पुलिस कमिश्नर प्रणाली

राज्य सरकार ने कानून व्यवस्था को चुस्त-दुरुस्त एवं लोकप्रिय बनाने के लिए प्रदेश के 4 शहरों-लखनऊ, गौतम बुद्ध नगर, वाराणसी और कानपुर में पुलिस कमिश्नर प्रणाली को लागू किया है। इसके अतिरिक्त प्रदेश सरकार राज्य के 10 लाख से अधिक आबादी वाले 4 अन्य शहरों में यह प्रणाली लागू करने पर विचार कर रही है। ये शहर हैं- आगरा, मेरठ, गाजियाबाद तथा प्रयागराज।

पुलिस कमिश्नर प्रणाली वाले जनपदों में अपर पुलिस महानिदेशक स्तर का एक पुलिस आयुक्त तैनात किया जायेगा।

- लखनऊ में लखनऊ नगर और लखनऊ ग्रामीण नामक दो पुलिस जनपदों के गठन का निर्णय लिया गया है।
- उत्तर प्रदेश के सभी नगरों में अब तक दोहरी पुलिस प्रणाली (Duality) की व्यवस्था रही है, जो पुलिस अधिनियम 1861 पर आधारित है। औपनिवेशिक प्रणाली के तहत, एक जिला या समग्र क्षेत्र का प्रभारी जिलाधिकारी होता है एवं पुलिस अधीक्षक द्वारा सम्पूर्ण सूचना जिलाधिकारी को ही सौंपी जाती है। कार्यकारी मजिस्ट्रेट की शक्ति, जैसे निवारक गिरफ्तारी के

लिये आदेश जारी करना या धारा 144, सीआरपीसी लागू करने का अधिकार जिला मजिस्ट्रेट में निहित रहा है। यह पुलिस प्रशासन की दोहरी प्रणाली क्या है पुलिस कमिश्नर प्रणाली?

- कमिश्नर प्रणाली में पुलिस आयुक्त एकीकृत पुलिस कमान्ड का प्रमुख होता है। इसमें आयुक्त, जिला मजिस्ट्रेट को रिपोर्ट नहीं करता है।
- कार्यालय के पास विनिमय, नियंत्रण तथा लाइसेंसिंग के साथ मजिस्ट्रियल शक्तियाँ भी होती हैं।
- पुलिस आयुक्त को डीआईजी (डिप्टी इंस्पेक्टर जनरल) रैंक या उसके ऊपर से लिया जाता है तथा इसे विशेष/संयुक्त/अतिरिक्त/डिप्टी कमिश्नर द्वारा सहायता प्रदान की जाती है।

कमिश्नर प्रणाली के लाभ

- पुलिस कमिश्नर प्रणाली में कोई **'दोहरी व्यवस्था' (Duality)** नहीं होती, अतः यह जटिल शहरी केन्द्रित समस्याओं को अतिशीघ्र हल करने में सहायक बनती है। पुलिस अधिकारी कोई भी निर्णय लेने के लिए स्वतंत्र होते हैं।
- यह एक एकीकृत कमांड संरचना प्रस्तुत करता है।
- कमिश्नर प्रणाली लागू होने पर पुलिस अधिकारियों की जवाबदेही बढ़ जाती है।

उत्तर प्रदेश पुलिस के यूनिट विंग

- क्रिमिनल इन्वेस्टिगेशन डिपार्टमेंट (सीआईडी)
- भ्रष्टाचार निरोधी संगठन (एसीओ)
- मानवाधिकार आयोग (एचआरसी)

SPOCXO- S

हेल्पलाइन नम्बर-112

एकीकृत स्वास्थ्य आपातकालीन हेल्पलाइन नंबर - 112 उत्तर प्रदेश में नवम्बर, 2019 से शुरू हुई।

यह पुलिस, चिकित्सा, आग, आपदा, महिलाओं की मदद, रेलवे पुलिस जैसी आपातकालीन सेवायें प्रदान करेगा।

अब लोगों को कई आपातकालीन नंबर याद रखने की जरूरत नहीं, वे सीधे घटना के सम्बन्ध में डॉयल 112 पर कॉल कर सकते हैं।

इसे आपातकालीन प्रतिक्रिया समर्थन प्रणाली (ईआरएसएस) के तहत लागू किया गया है।

- आतंकवाद निरोधी दस्ते (एटीएस)
- खुफिया विभाग (आईडी)
- विशेष हथियार व रणनीति (एसडब्ल्यूएटी)
- विशेष जाँच दल (एसआईटी)
- उत्तर-प्रदेश होमगार्ड
- राज्य आपदा प्रतिक्रिया बल (एसडीआरएफ)
- उत्तर-प्रदेश अग्निशमन सेवा
- यातायात निदेशालय इत्यादि।

उत्तर प्रदेश में पुलिस सुधार

उत्तर प्रदेश में पुलिस व्यवस्था एक औपनिवेशिक विरासत है। देश में पहला भारतीय पुलिस अधिनियम 1861 में, 1857 के विद्रोह के तुरन्त बाद बनाया गया था। भारत के लोग अभी भी 1861 के इसी अधिनियम द्वारा शासित हैं। 1977 में सरकार द्वारा नियुक्त राष्ट्रीय पुलिस आयोग ने कहा कि आजादी के बाद देश में कई परिवर्तन हुए हैं, किन्तु देश में राजनीतिक, सामाजिक और आर्थिक स्थिति में आमूल-चूल परिवर्तन होने के बावजूद स्वतंत्र पुलिस व्यवस्था की व्यापक समीक्षा नहीं हुई। एनपीसी की अधिकांश सिफारिशें अभी तक उत्तर प्रदेश में लागू नहीं की गई हैं। उत्तर प्रदेश पुलिस में समस्याएँ एवं मुद्दे

- पुलिस प्रणाली पर राजनीतिक नियन्त्रण।
- पुलिस बल पर अनेक अतिरिक्त बोझ।
- सुविधाओं में कमी (आदमी एवं सामग्री दोनो के संदर्भ में)।
- राजनीति का अपराधीकरण एवं पुलिस के साथ उसकी सांठगांठ।
- आंतरिक प्रबंधन प्रणाली निष्पक्ष एवं पारदर्शी नहीं है।
- जनता की शिकायतों को ठीक से संयोजित नहीं किया जाता है।
- निचले स्तर के पुलिस वालों के रहने की खराब स्थिति।
- रिक्तियों का पूर्ण रूप से न भरना।
- जनता का कम भरोसा।
- जांच-पड़ताल की कमजोर तथा अप्रचलित तकनीक।

केन्द्रीय पुलिस विश्वविद्यालय

- देश का पहला केन्द्रीय पुलिस विश्वविद्यालय ग्रेटर नोएडा में केन्द्रीय मंत्रालय द्वारा स्थापित किया जा रहा है।
- राज्य सरकार ने इस विश्वविद्यालय के लिये यमुना एक्सप्रेस-वे के पास 100 एकड़ की भूमि आवंटित की है।
- विश्वविद्यालय पुलिसिंग, आंतरिक सुरक्षा, साइबर अपराध और फॉरेंसिक विज्ञान पर स्नातक तथा स्नातकोत्तर पाठ्यक्रम प्रदान करेगा।

- इस विश्वविद्यालय का मुख्य ध्यान पुलिसिंग के क्षेत्र में अनुसंधान और विकास पर होगा। यह व्यवहारिक विज्ञान से सम्बंधित कौशल तथा ज्ञान के आधार के विकास पर ध्यान केन्द्रित करने में मदद करेगा।
- साइबर क्राइम, कृत्रिम अपराध, उपकरणों के उपयोग जैसी नई सेवाओं के प्रशिक्षण में भारी कमी।
- पुलिस में प्रचलित भ्रष्टाचार।

पुलिस सुधार : उच्चतम न्यायालय के निर्देश

उच्चतम न्यायालय ने वर्ष 2006 में प्रकाश सिंह बनाम भारत संघ मामले में केन्द्र तथा राज्य सरकार को यह निर्देश दिया कि नीचे लिखे सात निर्देशों का पालन करें, जिससे पुलिस सुधारों को शुरू करने के लिये व्यवहारिक तंत्र का विकास हो सके-

1. एक राज्य सुरक्षा कमीशन का गठन कर व्यापक नीति, दिशा निर्देशों का पालन करना तथा यह सुनिश्चित करना कि राज्य सरकार पुलिस पर आवांछित प्रभाव या दबाव न डाले।
2. डीजीपी (डायरेक्टर जनरल ऑफ पुलिस) के लिये दो साल की शर्तें तय करना तथा योग्यता के आधार पर पारदर्शी प्रक्रिया के माध्यम से नियुक्ति।
3. पुलिस अधीक्षकों एवं स्टेशन हाउस अधिकारियों (एसएचओ) के लिये न्यूनतम दो वर्षों तक किसी भी एक जिले अथवा पुलिस स्टेशनों पर नियुक्ति तय करना।
4. पुलिस अधिकारियों के ट्रांसफर, पोस्टिंग, प्रमोशन और सेवा सम्बंधी अन्य मामलों तथा डीएसपी पद के नीचे तथा ऊपर के रैंक के अधिकारियों की पोस्टिंग तथा ट्रांसफर पर सिफारिश करने के लिये पुलिस स्थापना बोर्ड का गठन करना।
5. पुलिस की अलग जाँच तथा कानून व्यवस्था।
6. राज्य व जिलों के लिये पुलिस शिकायत प्राधिकरण का गठन।
7. केन्द्रीय पुलिस संगठन के प्रमुख के चयन और नियुक्ति के लिये एक पैनल तैयार करने हेतु केन्द्र स्तर पर राष्ट्रीय सुरक्षा आयोग का गठन।

उच्चतम न्यायालय के निर्देश के बाद केन्द्र सरकार **'मॉडल पुलिस बिल 2006'** लेकर आयी। इसे पूरे राज्य में प्रसारित किया गया। इसमें यह उत्तर प्रदेश विधि विरुद्ध धर्म संपरिवर्तन प्रतिषेध अध्यादेश - 2020 उत्तर प्रदेश सरकार ने 24 नवंबर, 2020 को कैबिनेट की बैठक में **'उत्तर प्रदेश विधि विरुद्ध धर्म संपरिवर्तन प्रतिषेध अध्यादेश - 2020'** को मंजूरी दी। अध्यादेश के महत्वपूर्ण तथ्य इस प्रकार हैं-

- शादी करने के लिए बलपूर्वक या दबाव डालकर अथवा धोखा देकर धर्म परिवर्तन कराने पर 10 वर्ष तक की सजा का प्रावधान होगा।
- यह सिद्ध होने पर कि महिला का धर्म परिवर्तन किसी दबाव, धोखे, लालच या मात्र शादी करने के लिए नहीं कराया गया है, तो आरोपी को ₹15 हजार के जुर्माने के साथ 1 से 5 साल तक की सजा हो सकती है।
- अगर महिला अनुसूचित जाति या अनुसूचित जनजाति समाज से है, तो ऐसी दशा में न्यूनतम 3 वर्ष और अधिकतम 10 वर्ष तक की सजा और ₹25 हजार जुर्माने का प्रावधान है।
- सामूहिक तौर पर धर्म परिवर्तन कराये जाने के मामले में न्यूनतम 3 वर्ष और अधिकतम 10 वर्ष तक की सजा और ₹ 50 हजार जुर्माने का प्रावधान है।
- धर्म परिवर्तन के इच्छुक व्यक्ति को जिला मजिस्ट्रेट को 2 माह पूर्व सूचना देनी होगी। उल्लंघन किए जाने पर न्यूनतम 6 माह और अधिकतम 3 वर्ष की सजा का प्रावधान है।

उम्मीद व्यक्त की गयी थी कि राज्य सरकारें वास्तव में मॉडल पुलिस बिल 2006 और उच्चतम न्यायालय के पुलिस सुधारों के निर्देशों से सर्वोत्तम तत्वों को लेकर अपने स्वयं के पुलिस कानून का पालन करेंगी। हालांकि यह राज्य सरकार की राजनीतिक इच्छाशक्ति की कमी के कारण कभी सम्भव नहीं हुआ।

प्रदेश पुलिस व्यवस्था में सुधार के सुझाव

- मॉडल पुलिस बिल 2006 को उत्तर प्रदेश सरकार द्वारा अक्षरशः लागू किया जाना चाहिए।
- राजनीति और आपराधिक गठजोड़ को तोड़ा जाना चाहिए तथा सुधारों को राजनीतिक प्रणाली के साथ शुरू किया जाना चाहिए।
- कानून व्यवस्था और जांच को अलग करने की जरूरत है।
- साइबर क्राइम, डॉटा बेस, कृत्रिम बुद्धिमता आदि में प्रशिक्षण की आवश्यकता के अनुसार पुलिस बलों को आधुनिक बनाने की आवश्यकता है।
- बलात्कार, हत्या जैसे मामलों के दौरान जनता के साथ पूछ-ताछ करते समय पुलिस की संवेदनशीलता विशेष रूप से होनी चाहिए।
- राज्य सरकार को बुनियादी ढांचे में सुधार करने और भ्रष्टाचार पर
- अंकुश लगाने के लिये पुलिस के वित्त पोषण में वृद्धि करनी चाहिए।

- राज्य सरकार को पुलिस में व्याप्त कदाचार के मामले को देखने के लिये स्वतंत्र शिकायत प्राधिकरण स्थापित करना चाहिए।

सीआईएसएफ की तर्ज पर उत्तर प्रदेश में यूपीएसएसएफ के गठन का निर्णय

राज्य सरकार ने 13 सितंबर, 2020 को एक **'उत्तर प्रदेश विशेष सुरक्षा बल'** (Uttar Pradesh Special Security Force-UPSSF) गठित करने का निर्णय लिया है।

- यह उच्च न्यायालय, जिला अदालतों, प्रशासनिक कार्यालयों और भवनों, मेट्रो रेल, हवाई अड्डों, बैंकों, वित्तीय संस्थानों, शैक्षणिक संस्थानों और औद्योगिक इकाइयों को सुरक्षा प्रदान करेगा।
- इस विशेष बल में 9,919 कर्मी होंगे। पहले चरण में पांच बटालियनों का गठन किया जाएगा और इसकी अध्यक्षता एडीजी रैंक के अधिकारी करेंगे। पहले चरण में इस पर लगभग ₹1,747 करोड़ खर्च होंगे।
- विशेष बल के गठन का प्रस्ताव पिछले वर्ष दिसंबर में अदालत परिसरों में हिंसा की घटनाओं के बाद इलाहाबाद उच्च न्यायालय के निर्देश पर आया था।
- **मेनन कमेटी** (2007) और **मलीमथ कमेटी** (2001-03) की सिफारिश के अनुसार एक लॉ बोर्ड का गठन कर राज्य में आपराधिक न्याय प्रणाली को पुनर्जीवित करने की आवश्यकता है।
- पुलिस सुधारों पर प्रकाश सिंह मामले से सम्बन्धित 2006 में उच्चतम न्यायालय के दिशा-निर्देशों को राज्य सरकार द्वारा लागू किया जाना चाहिए।

निष्कर्ष

राज्य में हाल की उत्तर प्रदेश पुलिस की एनकाउण्टर की घटनाओं, विशेषकर विकास दुबे मामले, के पश्चात पुलिस की नैतिकता तथा उसके राजनीतिक नियंत्रण पर गम्भीर सवाल उठे हैं। कानून-व्यवस्था तथा लोकतन्त्र में नागरिकों के विश्वास को बनाये रखने तथा कानून के शासन के लिये पुलिस व्यवस्था में सुधार का यह एक सही समय है।

उत्तर प्रदेश में कानून व्यवस्था की स्थिति

राष्ट्रीय अपराध रिकॉर्ड ब्यूरो (NCRB) द्वारा अक्टूबर, 2021 में जारी रिपोर्ट में बताया गया है कि विभिन्न सुधारवादी उपायों के बावजूद उत्तर प्रदेश अपराध के अनेक क्षेत्रों में आज भी देश के राज्यों में ऊंचे स्थान पर है। वर्ष 2016 से 2020 तक यहां सर्वाधिक हत्याएं हुईं, जिनकी संख्या 20 हजार से अधिक बताई गई है। इस अवधि में प्रदेश में अपहरण के 58 हजार मामले दर्ज हुए, यद्यपि इसमें लगभग 22 प्रतिशत की कमी दर्ज की गई।

एनसीआरबी के अनुसार वर्ष 2021 में सम्पूर्ण देश में महिलाओं के विरूद्ध लगभग 31 हजार मामले दर्ज किए गए, जिनमें लगभग 50 प्रतिशत मामले अकेले उत्तर प्रदेश से हैं। नेशनल कमीशन फॉर वुमन (NCW) के आंकड़ों के अनुसार वर्ष 2020 की अपेक्षा 2021 में महिलाओं के विरूद्ध अपराध में लगभग 30 प्रतिशत की वृद्धि हुई ।

राष्ट्रीय खुफिया ग्रिड (NATGRID)

- इस परियोजना का उद्देश्य एजेंसियों जैसे- आयकर विभाग, बैंकों, बीमा कम्पनियों, भारतीय रेलवे, क्रेडिट कार्ड लेन-देन और एजेंसियों के साथ संग्रहित डेटा से वास्तविक समय की जानकारी का उपयोग करने के लिये एजेंसियों में जांच तथा कानून की अनुमति देना है।
- यह 2008 के मुम्बई हमले के बाद अस्तित्व में आया तथा अब इसका इस्तेमाल आतंकवाद के खिलाफ लड़ाई के लिये भी किया जा रहा है।

उत्तर-प्रदेश पुलिस ऑनलाइन नागरिक सेवायें

उत्तर-प्रदेश पुलिस अपने नागरिकों को निम्नलिखित ऑनलाइन सेवायें प्रदान करती है-

1. शिकायत पंजीकरण
2. ई-एफआईआर (e-FIR)
3. चरित्र सत्यापन
4. किरायेदार/पीजी/घरेलू मदद/कर्मचारी सत्यापन
5. ईवेन्ट / प्रोग्राम का अनुरोध
6. हड़ताल/धरना/प्रसंस्करण निवेदन
7. पोस्टमॉर्टम रिपोर्ट अनुरोध
8. साइबर क्राइम
9. आपातकालीन हेल्पलाइन
10. लापता व्याक्ति/अज्ञात शव की पहचान इत्यादि ।

दूसरी तरफ उत्तर प्रदेश में वर्ष 2019 में 2018 की अपेक्षा अपराध के कम मामले दर्ज हुए। वर्ष 2019 में प्रदेश में बलात्कार के 3065 मामले दर्ज किए गए, जिनमें पीड़िताओं की संख्या 3131 रही। यानि प्रतिदिन औसत लगभग 8 मामले दर्ज हुए।

प्रदेश में प्रति लाख जनसंख्या पर यदि अपराध के आंकड़े देखे जाएं तो दर 2.8 प्रतिशत है। इस विधि से एनसीआरबी की सूची

में उत्तर प्रदेश का स्थान देश के कुल 36 राज्यों और केन्द्रशासित प्रदेशों में 24वां है।

दूसरी तरफ राष्ट्रीय अपराध रिकॉर्ड ब्यूरो (NCRB) द्वारा जनवरी, 2020 में जारी रिपोर्ट के अनुसार 2017 के मुकाबले 2018 में उत्तर प्रदेश में आपराधिक मामले अधिक दर्ज किए गए। रिपोर्ट के अनुसार उत्तर प्रदेश पुलिस प्रत्येक दो घण्टे में बलात्कार का एक मामला दर्ज करती है, जबकि राज्य में हर 90 मिनट में एक बच्चे के खिलाफ अपराध की सूचना दी जाती है।

- रिपोर्ट के अनुसार वर्ष 2018 में प्रदेश में हत्या के 29017 मामले दर्ज हुए। देश की 13.8 प्रतिशत हत्याएं मात्र उत्तर प्रदेश में हुईं। हत्याओं में दूसरे स्थान पर बिहार रहा है।

साइबर अपराध में वर्ष 2018 में तेजी से वृद्धि हुई। इस दौरान उत्तर प्रदेश में साइबर अपराध के 6280 मामले दर्ज हुए। इन अपराधों में इस

मिशन शक्ति

उत्तर प्रदेश में महिलाओं के विरुद्ध अपराधों की रोकथाम के लिए विशेष अभियान के रूप में **'मिशन शक्ति'** की शुरुआत अक्टूबर, 2020 में की गई। इस अभियान के पहले चरण में इच्छुक स्वयं-सेवी संस्थाओं एवं व्यावसायिक संगठनों आदि का सहयोग लेते हुए महिला सुरक्षा व सशक्तिकरण के संबंध में व्यापक जागरूकता कार्यक्रमों का आयोजन पुलिस द्वारा किया गया। इस मिशन के दूसरे चरण में कड़ी कार्यवाही **'ऑपरेशन शक्ति'** के अंतर्गत की जाएगी।

दौरान देश में 25 प्रतिशत वृद्धि हुई, जबकि उत्तर प्रदेश में यह वृद्धि 26.34 प्रतिशत दर्ज की गयी।

- एनसीआरबी की रिपोर्ट के अनुसार वर्ष 2018 में बलात्कार के 4322 मामले दर्ज किये गये थे। राज्य में महिलाओं के खिलाफ 59445 अपराध के मामले दर्ज किये गये हैं जिनमें प्रतिदिन 162 मामले सामने आए हैं।
- बच्चों के मामले में वर्ष 2018 में 144 नाबालिग लड़कियों के साथ बलात्कार के मामले तथा 2017 में 137 नाबालिग लड़कियों के साथ बलात्कार के मामले दर्ज किये गये।
- इसके साथ ही 2018 में राज्य में 19936 बच्चों के खिलाफ अत्याचार के मामले दर्ज किये गये, जो 55 अपराध प्रतिदिन थे।
- उत्तर प्रदेश में दहेज के कारण मृत्यु के सबसे ज्यादा मामले दर्ज किये गये, किंतु 2017 की तुलना में 3 प्रतिशत की कमी देखी गई।
- 21 अक्टूबर, 2019 को **'भारत में अपराध-2017'** शीर्षक से रिपोर्ट जारी की गयी। रिपोर्ट के अनुसार देश में कुल 30,62,579 मामले भारतीय दण्ड संहिता (IPC) के अंतर्गत पंजीकृत किये गये, जिसमें सर्वाधिक उत्तर प्रदेश (10.1 प्रतिशत), महाराष्ट्र (9.4 प्रतिशत) तथा मध्य प्रदेश (8.8 प्रतिशत) में पंजीकृत किये गये।
- एनसीआरबी की रिपोर्ट के अनुसार महिलाओं के विरूद्ध किये गये अपराधों की कुल संख्या में सर्वाधिक क्रमशः उत्तर प्रदेश (15.6 प्रतिशत), महाराष्ट्र (8.9 प्रतिशत) एवं पश्चिम बंगाल (8.6 प्रतिशत) में दर्ज किये गये।

उ. प्र. पुलिस : अपराध नियंत्रण के प्रयास, उपलब्धियां उत्तर पुलिस की प्रमुख नीति राज्य में कानून व्यवस्था को मजबूत एवं अपराधियों में कानून का भय पैदा करना है। राज्य सरकार ने इसके लिये निम्न कदम उठाये हैं-

अपराधियों के खिलाफ जीरो टॉलरेंस नीति

यूपी पुलिस द्वारा अपराधियों के खिलाफ जीरो टॉलरेंस नीति के तहत प्रभावी एवं त्वरित कार्यवाही की गयी है। परिणामस्वरूप, 18000 से ज्यादा अपराधियों ने मार्च 2017 से अगस्त, 2019 के बीच न्यायालय में समर्पण किये तथा कोर्ट द्वारा ज़मानत को खारिज कर उन्हें जेल भेज दिया गया है।

- मार्च, 2017 से अगस्त, 2019 के बीच 430 लोगों पर राष्ट्रीय सुरक्षा अधिनियम (NSA) के तहत मामले दर्ज किए गए।
- मार्च, 2017 से अगस्त, 2019 के बीच पुलिस एवं अपराधियों के बीच 4600 से ज्यादा मुठभेड़ हुई, जिनमें 10,000 से अधिक अपराधियों की गिरफ्तारी हुई है तथा 94 अपराधी मारे गये हैं।
- राज्य सरकार द्वारा प्रदेश को 100 प्रतिशत अपराध मुक्त बनाने का निर्देश दिया गया है। पहली बार ऐसा हुआ है कि पुलिस अधीक्षक के कार्यालय में एफआईआर रजिस्टर करने के लिये एक काउंटर की स्थापना की गई है।
- राज्य पुलिस ने अवैध हथियार रखने के खिलाफ कदम उठाये हैं तथा इसके तहत अवैध सम्पत्तियों को जब्त भी किया गया।
- उत्तर प्रदेश पुलिस राज्य में नक्सली दस्तक गतिविधियों को नियंत्रित करने में सफल रही है। इसके लिए पड़ोसी राज्यों के साथ उचित समन्वय स्थापित किया गया है। नेपाल की सीमा पर माओवादी गतिविधियों पर कड़ी निगरानी रखी जा रही है।

एंटी-रोमियों स्क्वॉयड

- महिलाओं एवं लड़कियों से छेड़-छाड़ की घटनाओं को कम करने के लिये राज्य सरकार ने एंटी रोमियों स्क्वॉयड

की स्थापना की है। मार्च, 2017 से सितम्बर, 2019 के बीच इसके तहत 4500 से अधिक मामले रजिस्टर हुए तथा 7400 से अधिक लोगों के ऊपर इसके तहत कार्यवाही की गयी है।

- वर्ष 2019 के जुलाई महीने में महिलाओं एवं लड़कियों में सुरक्षा की जागरूकता के लिये **"महिला सम्मान प्रकोष्ठ"** को लांच किया गया। इस कार्यक्रम में 30 लाख से ज्यादा लड़कियों ने हिस्सा लिया था।
- तीन महिला बटालियन को लखनऊ, गोरखपुर एवं बदायूँ में स्थापित करने का निर्णय लिया गया है।
- **"महिला सम्मान प्रकोष्ठ"** द्वारा राज्य स्तर पर महिलाओं के सुरक्षा के लिये तीन ऑपरेशन–ऑपरेशन मुस्कान, ऑपरेशन आत्मरक्षा और ऑपरेशन विध्वंस को स्थापित किया गया है।
- विशेष किशोर पुलिस इकाईयों एवं मानव तस्करी विरोधी इकाईयों के सम्बंध में मासिक समीक्षा बैठक की एक प्रणाली विकसित की गई है।
- राज्य में महिला सुरक्षा के लिये **'महिला शक्ति लाइन 1090'** को एफआईसीसीआई (FICCI) विशेष पुलिसिंग अवार्ड 2019 में, विशेष ज्यूरी अवार्ड से सम्मानित किया गया है।

एटीएस तथा एसटीएफ का सुदृढ़ीकरण

- आतंकी गतिविधियों एवं अपराधियों के खिलाफ ए.टी.एस. को और अधिक प्रभावी बनाने के लिये विशेष पुलिस ऑपरेशन टीम (एसपीओटी) का गठन किया गया है।
- राज्य में अपराधिक गतिविधियों पर अंकुश लगाने के लिये केन्द्रित लाइन अपराधिक डेटाबेस पहचान ऐप **'त्रिनेत्र'** विकसित किया गया है। यह ऐप कृत्रिम इंटेलिजेंस, बड़े डाटा नेटवर्क तार एवं चेहरा पहचानने वाले टूल्स से सुसज्जित है। यह राज्य के 5 लाख से अधिक अपराधियों का डाटा संरक्षित करता है। यह ऐप यूपी पुलिस द्वारा विकसित किया गया है। इसे एफसी सीआई स्मार्ट पुलिसिंग पुरस्कार 2019 से सम्मानित किया गया है।
- सामान्य नागरिकों सुविधाओं की दृष्टि से **'यूपी कॉप'** मोबाइल ऐप लाँच किया गया है।

सोशल मीडिया पर सतर्क नजर

- उत्तर प्रदेश पुलिस द्वारा सोशल मीडिया के माध्यम से, फैलाई जा रही अफवाहों को रोकने के उद्देश्य से प्रदेश के सभी पुलिस स्टेशनों में **'डिजिटल वॉलंटियर'** नाम से एक व्हाट्सऐप ग्रुप का गठन किया गया है।
- महिलाओं एवं बच्चों के खिलाफ साइबर अपराध की रोकथाम के लिये साइबर फॉरेंसिक लैब सह प्रशिक्षण केन्द्र क्षमता के निर्माण के लिये ₹470.85 लाख की राशि मंजूर की गयी है।
- मार्च, 2018 से जुलाई, 2019 के मध्य प्रदेश के विभिन्न जिलों से ट्विटर के माध्यम से 6400 से ज्यादा एफआईआर दर्ज किये गये।
- अप्रवासी भारतीयों के लिये एक अलग ट्विटर हैंडल **'यूपी पीओएल एनआरआई'** को लांच किया गया है।

❑❑❑

14 उत्तर प्रदेश में स्वास्थ्य एवं चिकित्सीय मुद्दे

स्वास्थ्य एवं चिकित्सा

लोक कल्याणकारी राज्य की मुख्य प्राथमिकता जनसाधारण को बेहतर चिकित्सा एवं स्वास्थ्य सेवाएँ उपलब्ध कराना है। प्रदेश में सरकारी एवं निजी क्षेत्र के सम्मिलित प्रयासों के फलस्वरूप चिकित्सा एवं स्वास्थ्य सेवाओं का निरंतर विस्तार हो रहा है।

स्वास्थ्य सेवा के अंतर्गत उन समस्त प्रयासों को सम्मिलित किया जाता है, जिससे जीवन प्रत्याशा, शारीरिक शक्ति व योग्यता तथा कार्यक्षमता आदि की वृद्धि होती है। स्वास्थ्य, पोषण, स्वच्छता एवं आवास की दशाएँ, मानव विकास को प्रभावित कर अंततः प्रदेश के नागरिकों के जीवन स्तर एवं स्वास्थ्य में सुधार लाने में स्वास्थ्य एवं परिवार कल्याण विभाग, उत्तर प्रदेश की अहम भूमिका है। वर्ष 1921 में इसकी स्थापना होने के बाद से ही यह विभाग मानव जाति की सेवा में शामिल रहा है। प्रारम्भिक काल में यह विभाग **"प्रांतीय अधीनस्थ चिकित्सा एवं प्रांतीय चिकित्सा सेवा"** के नाम से अपनी सेवाएं प्रदान करता था। उत्तर प्रदेश जैसे घनी आबादी वाले प्रदेश में जो 2,36,286 वर्ग किलोमीटर के क्षेत्र में फैला हुआ है यह विभाग चिकित्सा, स्वास्थ्य एवं परिवार कल्याण से संबंधित सेवाओं को प्रदान करने के लिए उत्तरदायी है। शहरी एवं ग्रामीण क्षेत्रों में स्वास्थ्य सेवाएं प्रदान करने के उद्देश्य से विभाग द्वारा उत्तर प्रदेश में तीन स्तरीय चिकित्सा सेवाएं प्रदान करी जा रही हैं। इसके तहत, पहले स्तर पर शहरी क्षेत्रों में तथा दूसरे व तीसरे स्तर पर ग्रामीण क्षेत्रों में स्वास्थ्य सेवाएं प्रदान की जा रही हैं।

जन सेवा केंद्रों द्वारा नागरिकों को त्वरित एवं प्रभावी सेवाएं प्रदान करना ई-डिस्ट्रिक्ट उत्तर प्रदेश का उद्देश्य है। विभिन्न विभागों की सेवाएं को एकत्र कर एक ही स्थान से नागरिकों को उपलब्ध कराना इस परियोजना का मुख्य कार्य है। उत्तर प्रदेश सरकार ने इस परियोजना को 75 जनपदों में लागू कर दिया है। इसके तहत वर्तमान में कई सेवाओं को नागरिकों तक ऑनलाइन उपलब्ध कराया जा रहा है। इन सेवाओं की वितरण प्रक्रिया को सक्षम बनाने के लिए बैकएंड कंप्यूटरीकरण का उपयोग किया जाता है तथा सेवाओं के प्रभावी एवं कुशल वितरण के लिए पारदर्शिता सुनिश्चित की जा रही है। इस ऑनलाइन एप्लिकेशन को एनआईसी, उत्तर प्रदेश द्वारा तकनीकी रूप से समन्वयित एवं डेवलप किया जा रहा है। ई-डिस्ट्रिक्ट द्वारा जारी किए गए प्रमाणपत्र डिजिलॉकर से भी एकीकृत किए गए हैं।

प्रदेश में जन्म दर- जन्म दर, जनसंख्या वृद्धि का एक महत्त्वपूर्ण निर्धारक है। वर्ष 2009 एवं वर्ष 2018 की अवधि राज्य में प्रदेश स्तर पर जन्म दर में 3.1 की कमी दर्ज की गई है। ग्रामीण क्षेत्र में 3.1 और शहरी क्षेत्रों में 2.2 की कमी हुई, इसके बावजूद देश के बड़े राज्यों में बिहार (26.2) के बाद उत्तर प्रदेश जन्म दर में दूसरे स्थान पर है।

मृत्यु दर- मृत्यु दर जनसंख्या परिवर्तन के मूल घटकों में से एक है, जो सार्वजनिक स्वास्थ्य प्रशासन के लिए आवश्यक है। प्रदेश में मृत्यु दर वर्ष 2009 में 8.2 से घटकर 2018 में 6.6 पर आ गई। शहरी क्षेत्रों में 1.2 और ग्रामीण क्षेत्रों में 1.6 की कमी आई है। इस कारण राज्य की प्राकृतिक वृद्धि दर में 1.5 की कमी आई है, शहरी क्षेत्र में प्राकृतिक वृद्धि दर में 1.1 की और ग्रामीण क्षेत्र में 1.5 की कमी आई है।

शिशु मृत्यु दर- शिशु मृत्यु दर (आईएमआर) को व्यापक रूप से किसी देश या क्षेत्र के समग्र स्वास्थ्य परिदृश्य के मूल संकेतक के रूप में स्वीकार किया जाता है, शिशु मृत्यु दर के मामले में राज्य ने उल्लेखनीय उपलब्धि प्राप्त की है। वर्ष 2009 में 63 से कम होकर 2018 में यह 43 पर आ गई किन्तु अभी भी राज्य शिशु मृत्यु दर के मामले में देश के बड़े राज्यों में मध्य प्रदेश (48) के पश्चात् दूसरे स्थान पर है। शहरी क्षेत्र में 12 और ग्रामीण क्षेत्र में 20 की कमी दर्ज हुई है, इसके बावजूद भी दोनों क्षेत्रों में क्रमशः 35 और 46 के साथ राज्य दूसरे स्थान पर है।

प्रदेश में स्वास्थ्य सेवाओं पर व्यय

(लाख रुपए)

वर्ष	चालू व्यय	पूँजीगत व्यय	कुल व्यय
2018-19	1906279 (7.3%)	72708 (0.8%)	1978987 (5.5%)
2019-20	2288859 (7.4%)	109757 (0.9%)	2398616 (5.6%)
2020-21	2620977 (7.8%)	120343 (0.9%)	2741320 (5.8%)

स्रोतः- उ.प्र. के आय-व्यय का आर्थिक एवं कार्यात्मक वर्गीकरण 2020-21

नोट-कोष्ठक में प्रतिशत दर्शाया गया है जो क्रमशः प्रदेश के चालू व्यय, पूँजीगत व्यय एवं कुल व्यय के सापेक्ष दिया गया है।

तालिका से स्पष्ट है कि स्वास्थ्य सेवाओं पर वर्ष 2020-21 (आय व्यय-अनुमान) में कुल चालू व्यय तथा पूँजीगत व्यय, सरकार के कुल चालू व्यय तथा पूँजीगत व्यय का क्रमशः 7.8% प्रतिशत तथा 0.9% प्रतिशत रहा। वर्ष 2019-20 (पुनरीक्षित अनुमान) में स्वास्थ्य सेवाओं पर कुल चालू व्यय तथा पूँजीगत व्यय, सरकार के कुल चालू व्यय तथा पूँजीगत व्यय का क्रमशः 7.4% प्रतिशत तथा 0.9% प्रतिशत रहा। वर्ष 2018-19 (वास्तविक अनुमान) में स्वास्थ्य सेवाओं पर कुल चालू व्यय तथा पूँजीगत व्यय, सरकार के कुल चालू व्यय तथा पूँजीगत व्यय का क्रमशः 7.3% प्रतिशत तथा 0.8% प्रतिशत रहा। स्पष्ट है कि स्वास्थ्य सेवाओं पर सरकार का चालू व्यय पूँजीगत व्यय की तुलना में अधिक है। स्वास्थ्य सेवाओं के भावी विकास को दृष्टिगत रखते हुए पूँजीगत व्यय को बढ़ाया जाना अपेक्षित है।

ई-डिस्ट्रिक्ट परियोजना- जनसेवा केंद्रों द्वारा नागरिकों को त्वरित एवं प्रभावी सेवाएँ प्रदान करना इसका उद्देश्य है। जनमानस को किफायती, पारदर्शी एवं सहज-सुलभ रीति से सेवाएँ उपलब्ध कराना सरकार की प्रतिबद्धता है। इसलिए विभिन्न विभागों की सेवाओं को एकत्र कर एक ही स्थान से नागरिकों को उपलब्ध कराना इस परियोजना का मुख्य कार्य है। इस परियोजना को 75 जनपदों में लागू कर दिया गया है, इसके तहत वर्तमान में निम्नवत् 9 सेवाओं को **ई-डिस्ट्रिक्ट** पोर्टल के माध्यम से जनसामान्य को उपलब्ध कराया जा रहा है-

1. क्लीनिकल/मेडिकल अधिष्ठानों का पंजीकरण।
2. मेडिकल सर्टिफिकेट का निर्गमन।
3. विकलांगता प्रमाण-पत्र का निर्गमन।
4. असफल परिवार नियोजन के क्लेम का भुगतान।
5. सफल टीकाकरण प्रमाण-पत्र का निर्गमन।
6. आयु प्रमाण-पत्र का निर्गमन।
7. अस्पताल में मृत्यु होने पर मृत्यु प्रमाण-पत्र का निर्गमन।
8. सरकारी कर्मचारियों हेतु चिकित्सा प्रतिपूर्ति शुल्क का निर्गमन।
9. मेडिको-लीगल (इंजरी) प्रमाण पत्र का निर्गमन।

चिकित्सा एवं स्वास्थ्य संबंधी प्रमुख योजनाएँ

राष्ट्रीय अंधता नियंत्रण कार्यक्रम- इस कार्यक्रम के अंतर्गत साठ वर्ष से अधिक के वृद्धजनों में दृष्टि पीड़ितों को मुफ्त चश्मा और मोतियाबिंद ऑपरेशन के लिए आई.ओ.एल. विधि द्वारा सर्जरी की जाती है। मोतियाबिंद के अतिरिक्त होने वाले नेत्र रोगों (डायबिटिक, रेटिनोपैथी, ग्लूकोमा मैनेजमेंट, लेजर टेक्नीक, कॉर्निया ट्रांसप्लान्टेशन, विट्रियो रेटिनल सर्जरी तथा ट्रीटमेंट ऑफ चाइल्डहुड ब्लाइंडनेस) के ऑपरेशन एवं इलाज की सुविधा, बड़ी स्वैच्छिक संस्थाओं के चिकित्सालयों के माध्यम से उपलब्ध कराते हुए आने वाले व्यय को सरकार द्वारा वहन किया जाता है।

राष्ट्रीय वृद्धावस्था स्वास्थ्य देखभाल कार्यक्रम- इस कार्यक्रम का उद्देश्य सामुदायिक स्वास्थ्य केंद्रों पर फिजियोथेरेपिस्ट द्वारा फिजियोथेरेपी एवं परामर्श प्रदान करना है। समस्त जिला चिकित्सालय में वरिष्ठ नागरिकों के लिए रोगी सेवा केंद्र और 10 शैया वाले वार्ड स्थापित किए गए हैं।

आयुष्मान भारत-प्रधानमंत्री जन आरोग्य योजना- यह योजना अब वैश्विक स्वास्थ्य सेवा क्षेत्र के लिए एक बेंचमार्क बन गई है। इसका उद्देश्य वर्ष 2025 तक संपूर्ण देश को रोगमुक्त करके विकास के पथ पर ले जाना है। नेशनल सैंपल सर्वे ऑर्गेनाइजेशन के 71वें दौर में पाया गया कि 85.9 फीसदी ग्रामीण घरों में और 82 फीसदी शहरी घरों में स्वास्थ्य बीमा जैसी कोई सुविधा मौजूद नहीं है। 17 फीसदी भारतीय अपने घर के बजट का 10 फीसदी स्वास्थ्य सेवाओं पर खर्च करते हैं। इन्हीं आकस्मिक खर्चों की वजह से ग्रामीण भारत में 24 फीसदी और शहरी क्षेत्रों में 18 फीसदी

लोग कर्ज के जाल में फँस जाते हैं। केंद्र एवं प्रदेश सरकार के साझा प्रयास से आयुष्मान योजना का लाभ अब सभी गरीब और सुविधाओं से वंचित लोगों को मिल रहा है व चिकित्सा सुविधा अब बिना किसी भेदभाव के लोगों के लिए उपलब्ध है। आयुष्मान भारत पर आने वाले व्यय को केंद्र एवं राज्य सरकारें 60-40 के अनुपात में वहन करेंगी। इसमें प्रदेश के 1.18 करोड़ परिवारों के छह करोड़ लोगों को चुना गया है, साथ ही शहरी क्षेत्र की 11 कामगार श्रेणियों को भी योजना का लाभ मिलेगा। इन सभी परिवारों को पाँच लाख रुपये तक प्रतिवर्ष चिकित्सा बीमा कवर दिया जाएगा। आयुष्मान योजना के क्रियान्वयन के लिए प्रदेश को चार जोन में बाँटा गया है। हर जोन के लिए इंप्लीमेंटेशन सपोर्ट एजेंसी का चयन किया गया है, जो क्लेम की जाँच करेगी। आयुष्मान योजना के तहत इलाज के लिए सरकार ने कुल 1425 सर्जिकल व मेडिकल पैकेज निर्धारित किए हैं, जिनमें 67 तरह के उपचार केवल राजकीय अस्पतालों में मिलेंगे। अल्ट्रासाउंड व एमआरआई जैसी सुविधाएँ भी मुफ्त मिलेंगी।

मुख्यमंत्री जन आरोग्य योजना- आयुष्मान भारत योजना के दायरे में नहीं आने वाले गरीबी रेखा के नीचे जीवनयापन करने वालों के लिए मुख्यमंत्री जन आरोग्य अभियान की शुरुआत मार्च 2019 में की गई। इसमें हीमोग्लोबिन, मूत्र द्वारा गर्भ की जाँच, यूरिन डिपेस्टिक द्वारा एल्बुमिन एवं ग्लूकोज, ग्लूकोमीटर द्वारा ब्लड ग्लूकोज आदि की जाँच की सुविधा मिलेगी।

राष्ट्रीय मानसिक स्वास्थ्य कार्यक्रम-गंभीर मानसिक विकारों में **'स्किट्जोफ्रेनिया', बाई पोलर विकार, ऑर्गेनिक साइकोसिस** और **गहन अवसाद** से एक हजार की जनसंख्या में बीस व्यक्ति पीड़ित हैं, जिनके उपचार के लिए सभी जिला अस्पतालों में उपचार और संदर्भन की व्यवस्था की गई है। कार्यक्रम का उद्देश्य मानसिक स्वास्थ्य का ज्ञान, सामान्य स्वास्थ्य देखभाल में कुशलता और सामाजिक विकास को बढ़ावा देना है।

टेलीमेडिसन केंद्र का लोकार्पण-मुख्यमंत्री ने मार्च 2019 में गोरखपुर, हमीरपुर, मिर्जापुर एवं बहराइच में 15 टेलीमेडिसिन केंद्रों का शुभारंभ किया। इसके जरिए रोगियों को टोल फ्री नंबर पर दूरभाष के माध्यम से विशेषज्ञ चिकित्सकों द्वारा चिकित्सकीय परामर्श उपलब्ध कराया जाएगा।

पुनरीक्षित राष्ट्रीय क्षय नियंत्रण कार्यक्रम-भारत सरकार के दिशा-निर्देश एवं आर्थिक सहयोग से प्रदेश के समस्त 75 जनपदों में पुनरीक्षित राष्ट्रीय क्षय नियंत्रण कार्यक्रम चलाया जा रहा है, जिसके अंतर्गत प्रदेश में रोगियों के पंजीकरण, जाँच से लेकर उपचार तक की सभी सुविधाएँ, समस्त सरकारी स्वास्थ्य केंद्रों पर नि:शुल्क प्रदान की जा रही हैं। प्रदेश में क्षय नियंत्रण हेतु निम्न कार्य किए जा रहे हैं-

- वर्ष 2019 में सरकारी क्षेत्र में 326973 एवं निजी क्षेत्र में 488172, कुल 272995 क्षय रोगी एवं वर्ष 2020 में (1 जनवरी, 2020 से 18 अगस्त, 2020 तक) सरकारी क्षेत्र में 145312 एवं निजी क्षेत्र में 64632, कुल 209944 क्षय रोगी **निक्षय पोर्टल** पर पंजीकृत किए गए।
- वर्ष 2019 में प्रदेश के समस्त जनपदों में आयोजित एक्टिव केस फाइंडिंग अभियान में 20807 एवं फरवरी 2020 में 44 जनपदों में नए क्षय रोगी चिह्नित कर उपचार हेतु लाए गए।

कल्चर डी.एस.टी. लैब (मेरठ में) तथा सी.बी.नॉट मशीन क्रियाशील करा दी गई है।

- टी.बी. केस नोटिफिकेशन दर में सुधार लाने हेतु प्रदेश के 60 जनपदों में जीत प्रोजेक्ट के माध्यम से प्राइवेट सेक्टर की भागीदारी बढ़ाने की दिशा में प्रयास किया जा रहा है। आई.एम.ए., कैमिस्ट एसोसिएशन एवं अन्य व्यासायिक संगठनों की सहभागिता सुनिश्चित की जा रही है।
- अप्रैल 2018 से भारत सरकार द्वारा निक्षय पोषण योजना (न्यूट्रीशियन सपोर्ट) के अंतर्गत पंजीकृत समस्त क्षय रोगियों को डी.बी.टी. के माध्यम से ₹ 500/- प्रति माह की दर से 489886 क्षय रोगियों को 14 अगस्त, 2020 कुल धनराशि ₹ 134.12 करोड़ का भुगतान किया गया।
- 22 नोडल डी.आर.टी.बी. सेंटर में एम.डी.आर./एक्स.डी. आर. क्षय रोगियों हेतु बीडाक्यूलीन का शुभारंभ किया जा चुका है।

नेशनल प्रोग्राम फॉर प्रिवेंशन एंड कंट्रोल ऑफ कैंसर, डायबिटीज, कार्डियोवैस्कुलर डिजीजेज एंड स्ट्रोक (एन.पी. सी.डी.सी.एस.)-यह कार्यक्रम वर्ष 2016-17 से प्रदेश के समस्त जनपदों में संचालित किया जा रहा है। इसके द्वारा सामान्य गैर-संचारी रोगों पर नियंत्रण एवं रोकथाम, उपचार एवं निदान हेतु आवश्यक प्रबंधन करना है। इस कार्यक्रम के

अंतर्गत 30 वर्ष से अधिक आयु वर्ग के व्यक्तियों एवं गर्भवती महिलाओं की उपकेंद्रों, प्राथमिक स्वास्थ्य केंद्रों पर ग्लुकोस्ट्रिप एवं ग्लुकोमीटर के द्वारा मधुमेह एवं रक्तचाप की जाँच करना, सामुदायिक स्वास्थ्य केंद्रों पर उपचार एवं निदान करना, हृदय रोग, मस्तिष्क आघात आदि रोगों के उपचार हेतु उच्च चिकित्सा केंद्रों पर भेजना एवं कर्क रोग से ग्रसित मरीजों को **''टर्सरी कैंसर सेंटर''** पर भेजना आदि कार्य किए जाते हैं।

राष्ट्रीय तंबाकू नियंत्रण कार्यक्रम, उत्तर प्रदेश– भारत में प्रतिवर्ष करीब 10 लाख लोग तंबाकू के उपयोग के कारण असमय मृत्यु का शिकार हो जाते है। धूम्रपान का जितना गंभीर प्रभाव धूम्रपान करने वाले व्यक्ति पर पड़ता है, उतना ही प्रभाव उसके आस-पास रहने वाले लोगों पर भी पड़ता है। तंबाकू के उपयोग के कारण कई घातक बीमारियाँ होती है, जिसमें हृदय रोग, श्वसन रोग तथा कैंसर प्रमुखता से हैं।

प्रदेश में राष्ट्रीय तंबाकू नियंत्रण कार्यक्रम एवं सी.ओ.टी.पी.ए.-2003 का संचालन किया जा रहा है। इसके अंतर्गत प्रदेश की सामान्य जनता को विशेषकर युवा पीढ़ी को तंबाकू से होने वाली हानियों के प्रति जागरूक किया जा रहा है। कानपुर नगर प्रशासन द्वारा 31 मई, 2015 को कानपुर नगर को देश का प्रथम **तंबाकू मुक्त जनपद** घोषित किया गया। इसके पश्चात् जनपद रामपुर प्रशासन द्वारा 12 नवंबर, 2018 को रामपुर को तंबाकू मुक्त जनपद घोषित किया जा चुका है।

राष्ट्रीय बधिरता बचाव एवं रोकथाम कार्यक्रम- वर्ष 2018-19 में राष्ट्रीय बधिरता बचाव एवं रोकथाम कार्यक्रम, उ.प्र. के 56 जनपदों में संचालित था। वर्ष 2019-20 में प्रदेश के कुल 56 जनपद राष्ट्रीय बधिरता बचाव एवं रोकथाम कार्यक्रम से आच्छादित हैं। राष्ट्रीय स्वास्थ्य मिशन के अंतर्गत संचालित इस कार्यक्रम में बधिरता की जाँच एवं जिला चिकित्सालय स्तर पर कान की बीमारियों की जटिल एवं नाजुक माइक्रो सर्जरी द्वारा उपचार की सुविधा प्रदान की जा रही है।

कार्यक्रम से आच्छादित 51 जनपदों के चयनित जिला चिकित्सालयों में साउंड प्रूफ कक्ष का निर्माण किया जा चुका है। बधिरता के निदान के लिए डायग्नोस्टिक उपकरण तथा कान की सर्जरी हेतु सर्जिकल उपकरणों का क्रय संबंधित जिला चिकित्सालयों द्वारा किया जा रहा है। कार्यक्रम के प्रभावी संचालन हेतु 54 जनपदों के चयनित ई.एन.टी. विशेषज्ञों का प्रशिक्षण राज्य स्तर पर करा लिया गया है। 51 जनपदों में बाल रोग विशेषज्ञ, महिला रोग विशेषज्ञ तथा 54 जनपदों में स्वास्थ्य केंद्रों के चिकित्सा अधिकरियों का प्रशिक्षण पूर्ण कर लिया गया है तथा ब्लॉक स्तरीय प्रशिक्षण प्रक्रियाधीन है। वित्तीय वर्ष 2019-20 में कुल 84975 मरीज देखे गए एवं 1441 का शल्य क्रिया द्वारा उपचार किया गया। वित्तीय वर्ष 2020-21 के अंतर्गत कार्यक्रम से आच्छादित जनपदों में संविदा मानव संसाधन की भर्ती प्रक्रिया राष्ट्रीय स्वास्थ्य मिशन द्वारा राज्य स्तर से प्रक्रियाधीन है। प्राथमिकता के आधार पर आच्छादित जनपदों के चयनित जिला चिकित्सालयों में साउंड प्रूफ कक्ष का निर्माण किया जाना प्रस्तावित है।

जे.ई. अभियान- प्रदेश सरकार, पूर्वांचल में विद्यमान ए.ई.एस./जे.ई. रोग की समस्या को दूर करने के लिए अत्यधिक गंभीर एवं प्रतिबद्ध है। एक्यूट इंसफेलाइटिस सिंड्रोम/जापानी इंसफेलाइटिस, प्रदेश में संचारी रोगों, विशेषकर ए.ई.एस./जे.ई., डेंगू, मलेरिया तथा अन्य वेक्टर/जलजनित रोगों के संबंध में नियमित एवं अभियानपरक गतिविधियाँ संचालित कर राज्य की जनता को इन रोगों से बचाव एवं उपचार हेतु विभिन्न सुविधाएँ प्रदान की जा रही हैं।

ब्लॉक स्तर से जिला स्तर तक 104 इंसफेलाइटिस केंद्र स्थापित किए गए तथा **जापानी इंसफेलाइटिस** व **एक्यूट इंसफेलाइटिस** के विरुद्ध अभियान में 3 लाख 50 हजार लोगों को प्रशिक्षित किया गया। राष्ट्रीय स्वास्थ्य मिशन एवं प्रदेश सरकार के प्रयासों से संक्रामक रोगों की रोकथाम, बचाव एवं उपचार के संबंध में कार्यक्रमपरक एवं अभियानपरक गतिविधियाँ संचालित की गई, जिसके फलस्वरूप ए.ई.एम./जे.ई. रोगियों एवं मृतकों की संख्या में विगत दो वर्षों में निरंतर कमी आई है।

102 नेशनल एम्बुलेंस सेवा

यह सुविधा पूरे प्रदेश में गर्भवती महिलाओं एवं एक वर्ष की आयु तक के शिशुओं को नि:शुल्क घर से चिकित्सालय तथा चिकित्सालय से घर तक तथा एक चिकित्सा इकाई से दूसरे चिकित्सा इकाई तक भेजने में भी प्रयोग की जाती है। ग्रामीण क्षेत्रों में एंबुलेंस पहुँचने का अधिकतम समय 30 मिनट तथा शहरी क्षेत्रों में 20 मिनट निर्धारित किया गया है। यह सुविधा प्रदेश के सभी जनपदों में 24 घंटे उपलब्ध है।

नियमित टीकाकरण कार्यक्रम

- प्रदेश के समस्त जनपदों में 0 से 5 वर्ष तक के बच्चों को 10 जानलेवा बीमारियों (पोलियो, टी.बी., गलाघोंटू,

टिटनेस, काली खाँसी, हैपेटाइटिस-बी, निमोनिया, जे.ई., खसरा एवं डायरिया) से बचाव तथा गर्भवती महिलाओं को टिटनेस से बचाव हेतु नियमित रूप से नि:शुल्क टीकाकरण किया जाता है।

- एच.एम.आई.एस. डाटा के अनुसार वर्ष 2019-20 में पूर्ण प्रतिरक्षित बच्चों के वार्षिक लक्ष्य 5799996 के सापेक्ष 5433763 (94%) बच्चों का टीकाकरण किया गया।
- नियमित टीकाकरण मॉनीटरिंग फीडबैक के अनुसार वर्ष 2018-19 में पूर्ण प्रतिरक्षित बच्चों का प्रतिशत 81 था, जो कि वर्ष 2019-20 में बढ़कर 82 हो गया।
- प्रदेश के 73 जनपदों (गोरखपुर एवं महोबा को छोड़कर) के 425 ब्लॉकों में सघन मिशन इंद्रधनुष 2.0 अभियान चार चरणों (2 दिसंबर, 2019, 06 जनवरी, 2020, 3 फरवरी, 2020 एवं 2 मार्च 2020) में चलाया गया, जिसके अंतर्गत कुल 2087223 (116%) बच्चों का टीकाकरण किया गया। साथ की कुल 421970 (115%) गर्भवती माताओं को टी.डी. टीकाकरण से आच्छादित किया गया।
- प्रदेश के 38 जनपदों में जे.ई. से बचाव हेतु जे.ई. विशेष टीकाकरण अभियान 1 मार्च, 2020 से चलाया गया, जिसके अंतर्गत कुल 1136916 (105%) बच्चों का टीकाकरण किया गया।
- पोलियो उन्मूलन कार्यक्रम के अंतर्गत पोलियो विसंक्रमण रोकने हेतु प्रदेश में एन.आई.डी. (नेशनल इम्यूनाइजेशन डे) तथा एस.एन.आई.डी. (सब नेशनल इम्यूनाइजेशन डे) चक्र चलाए जा रहे हैं, जिसके अंतर्गत 0 से 5 वर्ष के बच्चों को पोलियो की खुराक से नि:शुल्क आच्छादित किया जा रहा है। प्रदेश के समस्त जनपदों में 19 जनवरी, 2020 को पल्स पोलियो एन.आई.डी. अभियान चलाया गया, जिसके अंतर्गत कुल 3,34,60,862 बच्चों को पोलियो ड्रॉप पिलाई गई।
- बाल स्वास्थ्य पोषण माह के अंतर्गत बच्चों में रतौंधी व रोगाणु से लड़ने की क्षमता बढ़ाने हेतु वर्ष में दो बार माह जून व दिसंबर में 9 माह से 5 वर्ष के बच्चों को विटामिन-ए की खुराक से नि:शुल्क आच्छादित किया जाता है।
- रोटा वायरस वैक्सीन को नियमित टीकाकरण कार्यक्रम में सम्मिलित कर रोटा वायरस की तीन डोज से (प्रथम डोज 6 सप्ताह, द्वितीय डोज 10 सप्ताह एवं तृतीय डोज 14 सप्ताह पर) नि:शुल्क टीकाकरण किया जा रहा है।
- प्रदेश के 19 जनपदों में पी.सी.वी. टीकाकरण किया जा रहा है, जिसके अंतर्गत पी.सी.वी की तीन डोज से (प्रथम डोज 6 सप्ताह, द्वितीय डोज 14 सप्ताह एवं बूस्टर डोज 9 माह पर) नि:शुल्क टीकाकरण किया जा रहा है।
- अगस्त 2020 को विटामिन-ए संपूर्ण कार्यक्रम एवं पी. सी.वी. का शुभारंभ किया गया, जिसके क्रम में प्रदेश के शेष 56 जनपदों में नियमित टीकाकरण कार्यक्रम के अंतर्गत पी.सी.वी. को सम्मिलित कर लिया गया है।

प्रदेश में वैक्सीन एवं सीरिंज के वितरण हेतु 9 राज्य स्तरीय वैक्सीन भंडारण केंद्र बनाए गए हैं। मंडलों से जनपद स्तरीय स्टोर को वैक्सीन वितरण किया जाता है।

परिवार नियोजन कार्यक्रम

जनसंख्या नियंत्रण के उद्देश्य से परिवार नियोजन कार्यक्रम पूरे देश में वर्ष 1955 से प्रारंभ किया गया था। यह केंद्र सरकार का शत-प्रतिशत पोषित कार्यक्रम है। प्रदेश में इसका शुभारंभ वर्ष 1957 में हुआ। परिवार कल्याण महानिदेशालय के माध्यम से संपूर्ण प्रदेश में परिवार नियोजन एवं परिवार कल्याण से संबंधित कार्यक्रम चलाया जा रहा है, जिसके अंतर्गत निम्नलिखित सेवाएँ प्रदान की जा रही हैं:-गर्भवती माताओं का पंजीकरण, टिटनेस से बचाव के दो टीके, रक्त अल्पता से बचाव एवं उपचार हेतु आयरन फोलिक एसिड की गोलियों का वितरण, प्रसव पूर्व परीक्षण, जटिल प्रसवों का चिन्हीकरण, सुरक्षित प्रसव, संस्थागत प्रसव को बढ़ावा, आपातकालीन प्रसवों का संदर्भन एवं उनकी व्यवस्था, प्रसवोत्तर देखभाल तथा दो बच्चों के बीच समयांतर हेतु गर्भ निरोधक आदि की सेवाएँ उपलब्ध कराई जाती हैं।

परिवार नियोजन कार्यक्रम एवं पी.सी.पी.एन.डी.टी. अधिनियम 1994

1. **मिशन परिवार विकास**–3 या उससे अधिक सकल प्रजनन दर वाले 57 जनपदों में 24 अप्रैल 2017 से प्रदेश में मिशन परिवार विकास योजना लागू की गई

है, जिसमें नवीन गर्भ निरोधक इंजेक्शन (अन्तरा) एवं साप्ताहिक गर्भ निरोधक गोली (छाया) के समावेश के साथ बढ़ी हुई दरों से क्षतिपूर्ति राशि का भुगतान किया जाना एवं नवविवाहितों को नई पहल किट का वितरण किया जा रहा है।

2. **गर्भ निरोधक सेवाएँ**– दो बच्चों में अंतर बनाए रखने हेतु अस्थायी गर्भ निरोधकों, जैसे- ओरल पिल्स, निरोध तथा कॉपर-टी और परिवार नियोजन की स्थायी विधि महिला तथा पुरुष नसबंदी की सेवाएँ दी जा रही हैं। महिला नसबंदी की नई लैप्रोस्कोपिक विधि तथा पुरुष नसबंदी की भी नई विधि **''नो स्केलपल वैसेक्टॉमी''** का विस्तार किया जा रहा है।
3. **गर्भधारण पूर्व एवं प्रसव पूर्व निदान तकनीक (लिंग चयन प्रतिषेध) अधिनियम 1994**– प्रदेश में लिंग चयन एवं कन्या भ्रूण हत्या की रोकथाम हेतु अधिनियम लागू है, जिसका क्रियान्वयन प्रभावी रूप से किया जा रहा है, जिसमें तीन वर्ष की कठोर सजा का प्रावधान है। राष्ट्रीय स्वास्थ्य मिशन द्वारा 1 जुलाई 2017 से **'मुखबिर योजना'** लागू की गई है।

राष्ट्रीय स्वास्थ्य मिशन

मिशन का उद्देश्य प्रदेश के सभी नागरिकों (शहरी एवं ग्रामीण) विशेषत: निर्धन वर्ग तथा समाज के संवेदनशील वर्ग, जो सामान्य स्वास्थ्य सुविधाओं से वंचित हैं, उन्हें सुलभ तथा गुणवत्तापरक स्वास्थ्य सेवाएँ प्रदान करना है। इसके अंतर्गत मुख्यतया गर्भावस्था तथा प्रसवोपरांत माताओं की मृत्यु दर घटाना, शिशु मृत्यु दर को कम करना, हर बच्चे को संपूर्ण टीकाकरण सुनिश्चित करना तथा किशोर स्वास्थ्य को बढ़ावा देना है। साथ ही परिवार नियोजन को प्रोत्साहित करना एवं माताओं, बच्चों व किशोरों में कुपोषण के स्तर में सुधार तथा विभिन्न राष्ट्रीय कार्यक्रमों के निर्धारित लक्ष्यों को प्राप्त करने का उद्देश्य भी मिशन के अंतर्गत निहित है।

- प्रदेश की मातृ मृत्यु दर 517 प्रति लाख जीवित जन्म थी, वर्तमान में प्रदेश की मातृ मृत्यु दर एस.आर.एस. सर्वे रिपोर्ट 2016-18 के अनुसार 197 प्रति लाख जीवित जन्म है, जिसे वर्ष 2030 तक 70 प्रति लाख जीवित जन्म लाने का लक्ष्य है। जननी सुरक्षा योजना के कारण संस्थागत प्रसवों में अच्छी बढ़ोतरी हुई है, जिसके फलस्वरूप मातृ मृत्यु दर घटी है।
- एन.एफ.एच.एस.-4 सर्वे रिपोर्ट 2015-16 के अनुसार सकल प्रजनन दर 2.7 है, जिसे वर्ष 2030 तक 2.1 तक लाने का लक्ष्य है।
- रिपोर्ट में उल्लेख है कि पूर्ण प्रतिरक्षीकृत बच्चों का प्रतिशत 51.1 है। वर्ष 2018-19 में एच.एम.आई.एस. रिपोर्ट के अनुसार पूर्ण प्रतिरक्षित बच्चों का प्रतिशत 87.4 हो गया। वर्ष 2019-20 में पूर्ण प्रतिरक्षित बच्चों का प्रतिशत लक्ष्य 90 रहा।

जननी सुरक्षा योजना- राष्ट्रीय ग्रामीण स्वास्थ्य मिशन के अंतर्गत वर्ष 2005 से जननी सुरक्षा योजना प्रदेश के समस्त जनपदों में संचालित की जा रही है। इस योजना के अंतर्गत राज्य स्तरीय राजकीय चिकित्सालय के जनरल वार्ड में संस्थागत प्रसव कराने वाली महिलाओं को ग्रामीण क्षेत्र में ₹ 1400/-व शहरी क्षेत्र में ₹ 1000/- एवं बी.पी.एल. श्रेणी के घरेलू प्रसव हेतु ₹ 500/-सहायता राशि के रूप में दिए जाते हैं।

जननी शिशु सुरक्षा कार्यक्रम

- जननी शिशु सुरक्षा कार्यक्रम प्रदेश के समस्त जनपदों में 22 अगस्त, 2011 से लागू है। इस योजना का मुख्य उद्देश्य प्रसव हेतु आने वाली गर्भवती महिलाओं को गारंटेड कैशलेस डिलीवरी सेवा प्रदान करना है।
- इसके अंतर्गत सभी गर्भवती महिलाओं एवं प्रसूताओं को समस्त औषधियाँ एवं जाँच आदि नि:शुल्क प्रदान की जा रही है। साथ ही चिकित्सालय में भर्ती रहने के दौरान नि:शुल्क भोजन एवं एम्बुलेंस 102 के माध्यम से सेवा प्रदान की जा रही है।

मातृ मृत्यु समीक्षा कार्यक्रम

- एस.आर.एस. सर्वे के अनुसार 2011-13 की रिपोर्ट के अनुसार प्रदेश का मातृ मृत्यु अनुपात 285 प्रति 1 लाख जीवित जन्म था। वर्ष 2016-18 की एस.आर.एस. सर्वे के अनुसार मातृ मृत्यु अनुपात घटकर 197 प्रति लाख जीवित जन्म हो गया है। राष्ट्रीय स्वास्थ्य मिशन के अंतर्गत प्रदेश में वर्ष 2030 तक इसे 70 प्रति लाख जीवित जन्म तक लाने का लक्ष्य रखा गया है।

प्रधानमंत्री सुरक्षित मातृत्व अभियान

- **''प्रधानमंत्री सुरक्षित मातृत्व अभियान''** प्रत्येक माह की 9 तारीख को ब्लॉक स्तरीय चिकित्सालयों में चलाया जाता है।

- इसका मुख्य उद्देश्य निःशुल्क स्वास्थ्य सेवाओं को सभी गर्भवती महिलाओं तक पहुँचाना और उन्हें सुरक्षित संस्थागत प्रसव के लिए प्रेरित करना है। समस्त जनपदों के 100 से अधिक प्रसव भार वाले सामुदायिक स्वास्थ्य केंद्रों पर पी.पी.पी. मोड पर गर्भवती महिलाओं के लिए अल्ट्रासाउंड की सुविधा माह सितंबर 2017 से प्रारंभ की गई है।

प्रधानमंत्री मातृ वंदन योजना

इससे आच्छादित गर्भवती और स्तनपान कराने वाली माताओं को पहले जीवित जन्म के लिए तीन किस्तों में निम्नानुसार आर्थिक सहायता प्रदान की जाएगी–

1. गर्भावस्था का शीघ्र पंजीकरण करने पर प्रथम किस्त– ₹ 1000/-

2. कम-से-कम एक प्रसव पूर्व जाँच (गर्भावस्था के 6 माह के बाद) द्वितीय किस्त ₹ 2000/-

3. बच्चे के जन्म का पंजीकरण तथा प्रथम चक्र का टीकाकरण पूर्ण होने पर तृतीय किस्त ₹ 2000/-

साप्ताहिक आयरन एंड फोलिक एसिड संपूरण कार्यक्रम

इस कार्यक्रम के अंतर्गत कक्षा 6 से 12 तक के सरकारी तथा सहायता प्राप्त स्कूलों, मदरसों, अनाथालयों, बाल अपराध गृह आदि के पंजीकृत लगभग एक करोड़ से भी अधिक किशोर/किशोरियों को आयरन की नीली गोली शिक्षकों की निगरानी में खिलाई जाती है।

राष्ट्रीय डी-वर्मिंग डे

प्रदेश के 1 से 19 वर्ष तक के समस्त बच्चों को वर्ष में दो बार, 10 फरवरी व 10 अगस्त को एल्बेंडाजॉल 400 मि. ग्रा. की गोली दिए जाने का प्रावधान किया गया है, जिससे बच्चे पेट के कीड़ों से छुटकारा पा सके तथा एनीमिया जैसी बीमारियों से बच सके।

किशोरी सुरक्षा योजना

किशोरी सुरक्षा योजना के अंतर्गत प्रदेश के समस्त जनपदों में सरकारी/परिषदीय विद्यालयों में पढ़ने वाली कक्षा 6 से 12 तक की किशोरियों को निःशुल्क सेनेटरी नैपकीन्स का वितरण स्कूल के नोडल अध्यापक/अध्यापिकाओं के द्वारा जनवरी 2016 से किया जा रहा है। इसके अंतर्गत वर्ष 2020-21 में कुल 2332714 किशोरियों को निःशुल्क सेनेटरी नैपकीन्स वितरित किए जाने का लक्ष्य है।

शिशु मृत्यु दर को कम करने की योजनाएँ

देश एवं प्रदेश में शिशु मृत्यु दर के मुख्य कारणों के रूप में प्री-टर्म बर्थ डायरिया, निमोनिया एवं बर्थ एक्सपेक्सिया इत्यादि मुख्य कारण हैं एवं इन कारणों का चिकित्सकीय प्रबंध कर ही नवजात शिशुओं की मृत्यु को रोका जा सकता है।

शिशु मृत्यु दर व नवजात मृत्यु दर में कमी लाने के दृष्टिगत राष्ट्रीय स्वास्थ्य मिशन के अंतर्गत निम्नवत् योजनाएँ संचालित की जा रही है–

- प्रदेश में वर्तमान में 1820 नवजात शिशु देखभाल स्थान, 180 नवजात शिशु स्थिरीकरण इकाई तथा कुल 67 जनपदों में 80 एस.एन.सी.यू. क्रियाशील है।
- वर्तमान में 69 जनपदों में 174 कंगारू मदर केयर (के. एम.सी.) स्थापित है जहाँ कम वजन तथा समय से पूर्व जन्मे शिशुओं की विशेष देखभाल की जा रही है। अप्रैल 2017 से मार्च 2020 तक 121677 बच्चे के.एम.सी. का लाभ प्राप्त कर चुके हैं।
- वर्तमान में 77 पोषण पुनर्वास केंद्र (एन.आर.सी.) 71 जनपदों में क्रियाशील हैं।
- नवजात शिशु एवं बच्चों में डायरिया एवं निमोनिया मृत्यु का मुख्य कारण है। डायरिया से होने वाली मृत्यु को रोकने के लिए जिंक एवं ओ.आर.एस. पैकेट बाँटे जा रहे है तथा निमोनिया को रोकने के लिए टेबलेट एमॉक्सीसिलिन उपलब्ध कराई जा रही है।

प्रसूति एवं शिशु कल्याण

इसके अंतर्गत माताओं एवं नवजात शिशुओं के स्वास्थ्य की देखभाल हेतु ग्रामीण क्षेत्रों में 20573 स्वास्थ्य उपकेंद्रों पर उपप्रसूतिकाएँ (ए.एन.एम.) कार्यरत हैं। स्वास्थ्य उपकेंद्रों पर गर्भवती माताओं की जाँच, सुरक्षित प्रसव एवं टीकाकरण तथा बच्चों की सात जानलेवा बीमारियों से बचाव हेतु टीकाकरण का कार्य भी किया जाता है, राष्ट्रीय स्वास्थ्य मिशन, चिकित्सालयों के सुदृढ़ीकरण हेतु मशीनों आदि हेतु 60:40 के अनुपात में भारत सरकार से वित्त पोषित है।

स्वास्थ्य इंफ्रास्ट्रक्चर के क्षेत्र में नई पहल

- अटल बिहारी वाजपेयी चिकित्सा विश्वविद्यालय, लखनऊ का निर्माण कार्य प्रारंभ।
- गोरखपुर व रायबरेली जनपद में एम्स (AIIMS) की स्थापना का कार्य प्रगति पर है।
- गोरखपुर में महायोगी गुरु गोरखनाथ आयुष विश्वविद्यालय का निर्माण कार्य प्रारंभ।
- प्रदेश के 16 जनपदों में पीपीपी मॉडल पर मेडिकल कॉलेजों की स्थापना की प्रक्रिया प्रारंभ।
- 5 जिला चिकित्सालयों-1. अयोध्या 2. बहराइच 3. बस्ती 4. फिरोजाबाद 5. शाहजहाँपुर को उच्चीकृत कर मेडिकल कॉलेज बनाया गया। एटा, हरदोई, प्रतापगढ़, फतेहपुर, सिद्धार्थ नगर, देवरिया, गाजीपुर एवं मिर्जापुर में नए मेडिकल कॉलेजों का निर्माण। इन कॉलेजों में अकादमिक सत्र 2021-2022 से MBBS की पढ़ाई प्रारंभ।
- पहले मैटरनल I.C.U. की स्थापना।
- मेडिकल कॉलेज झाँसी, गोरखपुर, मेरठ, प्रयागराज, कानपुर, आगरा में सुपर स्पेशिएलिटी विभाग की स्थापना।
- प्रदेश के 1104 जन औषधि केंद्रों में सस्ती दर पर दवाएँ उपलब्ध।
- 102 व 108 एंबुलेंस सेवा के तहत 4,470 एंबुलेंस संचालित तथा एंबुलेंस सेवा में रिस्पांस टाइम को 15 मिनट करने के लिए 108 का विस्तार कर 2,200 एंबुलेंस संचालित।
- गंभीर रोगियों के लिए 250 ए.एल.एस. एंबुलेंस संचालित।
- 8,424 हेल्थ एंड वेलनेस सेंटर संचालित।
- 55 जनपदों में नि:शुल्क डायलिसिस की सुविधा।
- 68 जनपद चिकित्सालयों में नि:शुल्क सी.टी. स्कैन की सुविधा।
- 170 मोबाइल मेडिकल यूनिट सेवा संचालित।

प्रमुख बीमारियों के निवारण हेतु सफल प्रयास

- रोटा वायरस वैक्सीन एवं मीजल्स रुबेला वैक्सीन को नियमित टीकाकरण में शामिल करते हुए 7 करोड़ 57 लाख बच्चों का टीकाकरण।
- मिशन इंद्रधनुष के तहत 93.7% बच्चे प्रतिरक्षित।
- प्रदेश सरकार ने अन्य संक्रमण पर समय रहते काबू पाने के लिए लखनऊ में 'इंस्टीट्यूट ऑफ वायरोलॉजी एंड इन्फेक्शन डिजीजेज' के तहत बायो सेफ्टी लेवल-4 लैब की स्थापना का निर्णय लिया।
- प्रदेश में मधुमेह रोग पर लगाम लगाने के लिए SGPGI में उन्नत मधुमेह केंद्र की स्थापना की गई।

स्वास्थ्य क्षेत्र की योजनाओं में सफलता

- प्रधानमंत्री मातृ वंदना योजना से 40 लाख से अधिक माताएँ लाभान्वित।
- गरीबों के नि:शुल्क इलाज हेतु मुख्यमंत्री स्वास्थ्य सुरक्षा कोष का गठन।
- प्रधानमंत्री सुरक्षित मातृत्व अभियान के अंतर्गत प्रदेश सरकार द्वारा वित्तीय वर्ष 2017 से जुलाई 2021 तक कुल 1581 कैंप आयोजित किए गए, जिनमें 3,99,348 उच्च जोखिम वाली गर्भवती महिलाओं का चिह्नीकरण किया गया।
- प्रत्येक माह की 21 तारीख को प्रदेश सरकार द्वारा खुशहाल परिवार दिवस का आयोजन किया जा रहा है, जिसका उद्देश्य दंपतियों को परिवार नियोजन की स्थायी व अस्थायी, दोनों प्रकार की विधियों से परिवार नियोजन की सेवाएँ उपलब्ध कराना है।
- आयुष्मान योजना के तहत योगी सरकार ने लाखों की संख्या में गरीब परिवारों को लाभान्वित किया है। इस योजना के अंतर्गत अब तक प्रदेश के लगभग 6 करोड़ 25 लाख से अधिक लाभार्थियों को लाभ दिया जा चुका है। वहीं 1 करोड़ 44 लाख से अधिक लोगों को आयुष्मान भारत प्रधानमंत्री जन आरोग्य योजना का गोल्डन कार्ड जारी किया जा चुका है।

स्वास्थ्य क्षेत्र में नवीन तकनीकों का अनुप्रयोग

- SGPGI लखनऊ में स्टेम सेल रिसर्च सेंटर, बोन मैरो ट्रांसप्लांट सेंटर, लीवर ट्रांसप्लांट सेंटर एवं 60 बेड का ट्रॉमा सेंटर क्रियाशील है।
- प्रदेश में रोबोटिक सर्जरी की शुरुआत, इमरजेंसी मेडिसिन एवं रीजनल ट्रांसप्लांट सेंटर निर्माणाधीन स्थिति में है।

- SGPGI में इंस्टीट्यूट ऑफ डायबिटीज एंड इंडोक्राइनोलॉजी विभाग के नाम से एक नए विभाग की स्थापना।
- KGMU में प्रदेश का प्रथम **इंटीग्रेटेड स्पाइन सेंटर** एवं **स्पोर्ट्स मेडिसन विभाग**, **ऑर्थोप्लांट यूनिट** एवं **पीडियाट्रिक ऑर्थोपीडिक** विभाग की स्थापना।
- प्रदेश के पहले **ह्यूमन मिल्क बैंक** की स्थापना KGMU लखनऊ में की गई।
- KGMU में प्लास्टिक सर्जरी विभाग के अंतर्गत बर्न एंड रिकंस्ट्रक्टिव यूनिट की स्थापना की गई।
- KGMU में **रोबोट सर्जरी यूनिट** की स्थापना शीघ्र।
- कैंसर के इलाज हेतु सुपर स्पेशिएलिटी कैंसर संस्थान, लखनऊ की स्थापना, जिसमें 54 बेड की सुविधा है। भविष्य में बेड की संख्या 500 व उसके पश्चात् 1200 तक किए जाने का प्रावधान किया गया है।
- **ई-संजीवनी टेलीमेडिसन एंड्रायड बेस एप्लीकेशन** के माध्यम से कोविड-19 महामारी के दौर में रोगियों को घर बैठे चिकित्सकों से नि:शुल्क परामर्श की सेवा उपलब्ध कराई गई।

निश्चित तौर पर प्रदेश सरकार ने जिस तरीके से चिकित्सकीय सेवाओं के क्षेत्र में नए कीर्तिमान रचे हैं, उससे उत्तर प्रदेश चिकित्सा पर्यटन का एक नया केंद्र बनकर उभरा है।

❑❑❑

15 उत्तर प्रदेश में शिक्षा प्रणाली

उत्तर प्रदेश में शिक्षा

- प्राचीन शिक्षा पद्धति गुरुकुल प्रणाली में निहित थी। उत्तर प्रदेश में आधुनिक शिक्षा का प्रबन्ध अंग्रेजी शासकों द्वारा 1858 में प्रयागराज में म्योर सेंट्रल कॉलेज की स्थापना की गई। इस कॉलेज को प्राथमिक से लेकर विद्यालयी स्तर तक शिक्षा के संचालन का अधिकार था।
- 1882 में स्थापित हंटर कमीशन ने स्थानीय भाषाओं में प्राथमिक शिक्षा को पढ़ाने पर जोर दिया। इसी की सिफारिशों पर प्राथमिक शिक्षा को अलग कर दिया गया।
- 1917 में **'सैडलर कमीशन'** की संस्तुतियों के आधार पर विश्वविद्यालयी शिक्षा को माध्यमिक स्तर तक की शिक्षा के प्रबंधन से अलग रखा गया। सन् 1921 में माध्यमिक शिक्षा अधिनियम पारित हुआ और **'डायरेक्टर उत्तर प्रदेश'** शासन का गठन किया गया, जिसे **'डायरेक्टर ऑफ एजुकेशन'** और बाद में निदेशक किया गया। वर्ष 1972 में प्राथमिक शिक्षा, माध्यमिक शिक्षा तथा उच्च शिक्षा के लिए अलग-अलग निदेशालय बना दिये गए।
- प्राथमिक से माध्यमिक तथा शैक्षिक शोध, सेवा पूर्व व सेवारत शिक्षकों को अकादमिक निर्देशन, प्रशिक्षण व प्रकाशन के लिए वर्ष 1981 में राज्य शैक्षिक अनुसंधान एवं प्रशिक्षण परिषद् की स्थापना की गई। इस परिषद के अंतर्गत अनेक इकाइयाँ क्रियाशील हैं।
- 1982 से प्रौढ़ शिक्षा के लिए अलग से व्यवस्था की गई है। बेसिक शिक्षा को अधिक प्रभावी एवं गतिशील बनाने के उद्देश्य से वर्ष 1985 में पृथक बेसिक शिक्षा निदेशालय की स्थापना की गई।
- उच्च माध्यमिक स्तर की संस्कृत शिक्षा हेतु संस्कृत शिक्षा परिषद का गठन किया गया। डिग्री स्तर से ऊपर की शिक्षा का प्रबंध संस्कृत विश्वविद्यालय, वाराणसी करता है। उर्दू शिक्षा के निर्देशन तथा नियंत्रण के लिए 1989-90 में उर्दू निदेशालय की स्थापना लखनऊ में की गई।

प्राथमिक शिक्षा

- उत्तर प्रदेश में प्राथमिक शिक्षा की देखरेख 25 जुलाई, 1972 को गठित उत्तर प्रदेश बेसिक शिक्षा परिषद द्वारा की जाती है। प्राथमिक शिक्षा के सार्वभौमीकरण के लक्ष्य को पाने के लिए इस समय राज्य में सर्वशिक्षा अभियान, मध्यान्ह भोजन योजना व कस्तूरबा गाँधी बालिका विद्यालय कार्यक्रम संचालित है। कस्तूरबा गाँधी योजना को 2007-08 से सर्वशिक्षा अभियान में ही शामिल कर लिया गया है।

प्राथमिक व उच्च प्राथमिक शिक्षा

- संविधान के अनुच्छेद 45 में राज्य के नीति निदेशक तत्त्वों के अंतर्गत यह व्यवस्था बनाई गई थी कि संविधान को अंगीकृत करके 10 वर्षों के अन्दर 6-14 आयु के सभी बालक/बालिकाओं के लिए निःशुल्क एवं अनिवार्य शिक्षा की व्यवस्था की जायेगी। वर्ष 1986 में जब राष्ट्रीय शिक्षा नीति बनी थी तब से अब तक शिक्षा में विशेष रूप से प्राथमिक शिक्षा के क्षेत्र में काफी सुधार हुआ है। प्रत्येक पंचवर्षीय योजना में प्राथमिक शिक्षा को विशेष महत्त्व दिया गया है। प्रारम्भिक शिक्षा के लक्ष्य की पूर्ति के लिए प्रदेश के सभी जनपदों में सर्वशिक्षा अभियान संचालित है। इस योजना के अंतर्गत सभी बच्चों को स्कूलों तथा वैकल्पिक शिक्षा केंद्रों में पंजीकृत करना है।
- सर्वशिक्षा अभियान को सफल बनाने के लिए संविधान में संशोधन की आवश्यकता थी, जिसके लिए भारतीय संविधान का **86वाँ संशोधन विधेयक** संसद में पारित

किया गया व इसके साथ ही एक ऐसी क्रांतिकारी व्यवस्था का सूत्रपात हुआ जिसके अंतर्गत 6-14 आयु वर्ग के बालक-बालिकाओं को नि:शुल्क और अनिवार्य रूप से शिक्षा दिये जाने की व्यवस्था करना राज्य सरकार का कर्त्तव्य हो गया।

- 6-14 वर्ष की आयु के बच्चों को नि:शुल्क एवं अनिवार्य शिक्षा के मौलिक अधिकार के फलस्वरूप संसद द्वारा दिनांक 4 अगस्त, 2009 को बच्चों को नि:शुल्क एवं अनिवार्य शिक्षा का अधिकार अधिनियम 2009 पारित किया गया। यह अधिनियम 6-14 वर्ष की आयु के प्रत्येक बच्चे को नि:शुल्क एवं अनिवार्य शिक्षा प्रदान करने के लिए केंद्र और राज्य सरकार के दायित्वों को निर्धारित करता है।
- नि:शुल्क व बाल शिक्षा का अधिकार अधिनियम-2009 के अंतर्गत राज्य सरकार द्वारा प्रत्येक 300 की जनसंख्या और 1 किमी की दूरी पर प्राथमिक विद्यालय की सुविधा तथा 3 किमी की दूरी एवं 800 की जनसंख्या पर एक उच्च प्राथमिक विद्यालय की स्थापना का मानक निर्धारित करते हुए विद्यालय स्थापना की कार्यवाही गतिमान है।
- अनुसूचित जातियों, अनुसूचित जनजातियों तथा पिछड़े वर्गों के बालक बालिकाओं को विद्यालय में प्रवेश दिलाने पर विशेष बल दिया जाता है। कक्षा 1 से 8 तक के सभी वर्ग के शिक्षार्थियों के लिए नि:शुल्क पाठ्यपुस्तक एवं नि:शुल्क 2 सेट यूनीफॉर्म वितरण की व्यवस्था है। इसके साथ ही साथ मध्यान्ह पोषाहार की व्यवस्था की जाती है।

सर्वशिक्षा अभियान

- केंद्र की पहल पर वर्ष 2001-02 में संचालित इस अभियान का मुख्य उद्देश्य सभी बच्चों का विद्यालयों में नामांकन, सामाजिक तथा जेंडर असमानता को समाप्त करना, जीवनोपयोगी गुणवत्तापरक शिक्षा देना, ड्रॉपआउट दर को समाप्त करना, जनपद व उपजनपद स्तर पर क्षमता का विकास करना है।
- इस अभियान के अंतर्गत 6-14 वर्ष के सभी बच्चों का 2005 तक शत-प्रतिशत नामांकन कराने, 2007 तक कक्षा 5 तक व 2010 तक कक्षा 8 तक की शिक्षा पूरी कराने तथा इस स्तर पर बालक-बालिकाओं के भेद को समाप्त कराने का लक्ष्य रखा गया था। जिसके लिए जीवनोपयोगी गुणवत्तापरक प्रारम्भिक शिक्षा व शतप्रतिशत ठहराव पर विशेष बल है।
- इस अभियान में निर्माण कार्य, बालिका शिक्षा, समेकित शिक्षा, मध्यान्ह भोजन हेतु केंद्र व राज्य दोनों की 65:35 भागीदारी है।

कस्तूरबा गाँधी बालिका विद्यालय कार्यक्रम

- यह योजना शैक्षिक दृष्टि से पिछड़े विकासखंडों में अपवंचित वर्ग की विद्यालय से बाहर की बालिकाओं एवं ड्रापआउट 11-14 वर्ष की बालिकाओं को कक्षा 5-8 तक की आवासीय शिक्षा उपलब्ध कराने के लिए 2004 से चलाई जा रही है।
- गरीबी रेखा से नीचे जीवनयापन करने वाले वर्ग हेतु 75 प्रतिशत तथा ऐसे परिवारों की लड़कियों को 25 प्रतिशत सीटों पर न्यूनतम आरक्षण की सुविधा होगी।

ऑपरेशन ब्लैकबोर्ड

- यह योजना भारत सरकार द्वारा सन् 1987 में शत प्रतिशत सहायता के आधार पर प्रारंभ की गई थी।
- इस योजना के अंतर्गत बच्चों को प्राथमिक विद्यालय के प्रति आकर्षित करने के लिए हर एक प्राथमिक विद्यालय को पढ़ाई, लिखाई एवं खेलकूद संबंधी सामग्रियों से पूर्ण करना था।

शिक्षा मित्र योजना

- प्राथमिक शिक्षा के सार्वभौतिकीकरण, मानक के अनुसार अध्यापक-छात्र अनुपात बनाये रखने तथा ग्रामीण युवाशक्ति को अपने ही ग्राम में शिक्षा सेना का अवसर उपलब्ध कराने के लिए यह योजना 2000-2001 में शुरू की गई।
- इस योजना में शिक्षा मित्रों का चयन ग्राम शिक्षा समिति द्वारा किया जाता है। सर्वशिक्षा अभियान के अंतर्गत शिक्षा मित्रों को चयनित करके प्रदेश के बेसिक शिक्षा परिषदीय प्राथमिक विद्यालयों में शिक्षण कार्य संपन्न कराया जा रहा है।

अनौपचारिक शिक्षा

महिला समाख्या कार्यक्रम

- राष्ट्रीय शिक्षा नीति 1986 के अंतर्गत मानव संसाधन विकास मंत्रालय द्वारा महिलाओं की समानता के लिए शिक्षा हेतु महिला समाख्या कार्यक्रम 1988-89 में 3 राज्यों

उत्तर प्रदेश, कर्नाटक व गुजरात में शुरू किया गया। महिला समाख्या कार्यक्रम भारत सरकार के मानव संसाधन विकास मंत्रालय द्वारा पूर्णतः वित्तपोषित राष्ट्रस्तरीय कार्यक्रम है।

- राष्ट्रीय शिक्षा नीति, नए मूल्यों के विकास को प्रोत्साहन देने, महिलाओं के प्रति एक विशेष रूढ़िवादी विचारधारा को दूर करने तथा समता के लक्ष्य के प्रति वचनबद्ध है। महिलाओं में सशक्तता जाग्रत करना ही इसका मूल लक्ष्य है।

मध्यान्ह भोजन योजना (मिड-डे-मील)

- राज्य के सरकारी या सरकार से सहायताप्राप्त प्राथमिक विद्यालयों में बच्चों का पोषाहार सहायता संबंधी यह राष्ट्रीय कार्यक्रम 15 अगस्त, 1995 से प्रदेश के 38 जनपदों में और 1996 से सभी जनपदों में लागू किया गया। इस योजना का उद्देश्य प्राथमिक शिक्षा के बच्चों के नामांकन में वृद्धि करना, बच्चों को स्कूल में बनाए रखना और उनकी उपस्थिति को बढ़ाकर प्राथमिक शिक्षा में सर्वसुलभीकरण को प्रोत्साहन देना तथा उसके साथ ही प्राथमिक कक्षाओं के बच्चों को अनुकूल पोषाहार प्रदान करना है।
- शुरू में इस योजना के अंतर्गत प्रत्येक बच्चे को माह में 20 दिन विद्यालय आने पर (80% उपस्थिति के आधार पर) 3 किग्रा खाद्यान्न (गेहूँ/चावल) दिया जाता था, लेकिन 1 सितंबर, 2004 से पका-पकाया भोजन दिया जाता है। 11वीं योजना में इसे उच्च प्राथमिक विद्यालयों में भी लागू कर दिया गया है।

शिक्षा का अधिकार

- भारतीय संविधान में 86वें संशोधन 2002 द्वारा शिक्षा को मौलिक अधिकार का दर्जा प्रदान किया गया।
- प्रदेश सरकार ने केंद्रीय शिक्षा अधिकार अधिनियम, 2009 के उपबन्धों के अनुसार बनी उत्तर प्रदेश निःशुल्क व अनिवार्य बाल शिक्षा का अधिकार नियमावली 2011 को 26 जुलाई, 2011 को अनुमोदित किया जिसमें राज्य सरकार व स्थानीय प्राधिकारी का दायित्व, स्कूलों व शिक्षकों की जिम्मेदारियों तथा विद्यालय प्रबन्ध समितियों का गठन करना है।
- इस अधिनियम के उपबंधानुसार वर्ष 2013 से राज्य सरकार ने प्राइवेट स्कूलों में 25% सीटों पर निर्धन बच्चों के एवज में अनुदान देने का प्रावधान किया है।

निःशुल्क पाठ्यपुस्तक की व्यवस्था

- बेसिक शिक्षा परिषदीय प्राथमिक तथा उच्च प्राथमिक विद्यालयों में प्रतिवर्ष कक्षा 1-8 तक के समस्त छात्र/छात्राओं को निःशुल्क पाठ्यपुस्तकें उपलब्ध कराने की व्यवस्था है।
- कक्षा 1-8 तक अध्ययनरत समस्त छात्राओं तथा अनुसूचित जाति एवं जनजाति के छात्रों जो निःशुल्क पाठ्यपुस्तक सर्वशिक्षा अभियान के अंतर्गत आच्छादित नहीं हो पाते हैं उन्हें निःशुल्क पाठ्यपुस्तकें राज्य सरकार के बजट से दिए जाने का प्रावधान है।

निःशुल्क यूनीफॉर्म

- बेसिक शिक्षा परिषदीय प्राथमिक तथा उच्च प्राथमिक विद्यालयों एवं अशासकीय सहायताप्राप्त उच्च प्राथमिक विद्यालयों में अध्ययनरत गरीबी रेखा के ऊपर (नॉन-बीपीएल) छात्रों को राज्य सरकार द्वारा प्रति छात्र 2 सेट निःशुल्क यूनीफॉर्म उपलब्ध कराये जाने का प्रावधान किया गया है।

जिला शिक्षा व प्रशिक्षण संस्थान

- जिला शिक्षा व प्रशिक्षण संस्थान (डायट) शिक्षक-शिक्षा कार्यक्रम को प्रभावी ढंग से क्रियान्वित करने हेतु जनपदस्तरीय महत्त्वपूर्ण कड़ी है। प्राथमिक शिक्षा के सार्वजनीकरण एवं 6-14 आयु के प्रत्येक बच्चे को गुणवत्तापूर्ण शिक्षा उपलब्ध कराने में जनपद स्तर पर जिला शिक्षा और प्रशिक्षण संस्थान की महत्त्वपूर्ण भूमिका है।

बेसिक टीचिंग सर्टिफिकेट (बी.टी.सी.)

- यह प्रशिक्षण भारत सरकार की केंद्र पुरोनिधानित योजना के अंतर्गत खोले गए जिला शिक्षा व प्रशिक्षण संस्थाओं में एन.सी.टी.ई. द्वारा आवंटित सीटों के सापेक्ष चयनित अभ्यर्थियों को प्रदान किया जाता है। इसके साथ ही प्रदेश में पहली बार एन.सी.टी.ई. से बी.टी.सी. प्रशिक्षण पाठ्यक्रम हेतु मान्यता प्राप्त निजी संस्थाओं को प्रदेश शासन द्वारा बी.टी.सी. प्रशिक्षण कार्यक्रम संचालन हेतु संबद्धता प्रदान की गई है।

माध्यमिक शिक्षा

- सभी सुशिक्षित सभ्य बनें जन-जन का कल्याण करें के सर्वमान्य सिद्धान्तों के लिए शिक्षा, एक अत्यन्त सशक्त

एवं प्रभावकारी माध्यम है। शिक्षा राष्ट्र के वर्तमान एवं भविष्य निर्माण का अनुपम साधन है। शिक्षा ही मानव को सुसंस्कृत एवं सभ्य बनाकर एक सुन्दर आदर्श समाज का निर्माण करती है जो संविधान के प्रति निष्ठा, धर्मनिरपेक्षता एवं लोकतंत्र के आदर्श मूल्यों की प्राप्ति में मार्गदर्शन कर सहायता करती है। बौद्धिक संपन्नता एवं राष्ट्रीय आत्मनिर्भरता की आधारशिला शिक्षा ही है। व्यक्ति और समाज के बहुमुखी विकास के लिए शिक्षा की उपादेयता निर्विवाद है।

- प्रदेश में माध्यमिक शिक्षा (कक्षा-9-12 तक) का संचालन 1972 में गठित माध्यमिक शिक्षा निदेशालय द्वारा किया जाता है। इसके अधीन गठित माध्यमिक शिक्षा परिषद विश्व की सबसे बड़ी परीक्षा लेने वाली संस्था है।

माध्यमिक शिक्षा सेवा चयन बोर्ड

- अशासकीय मान्यताप्राप्त माध्यमिक विद्यालयों से प्रधानचार्य/प्रधानाध्यापकों तथा अध्यापकों की नियुक्ति/प्रोन्नतियों हेतु वर्ष 1982 में माध्यमिक शिक्षा सेवा चयन बोर्ड का गठन किया गया। कालान्तर में आयोग को विघटित करते हुए क्षेत्रीय चयन बोर्डों की स्थापना प्रयागराज, वाराणसी तथा मेरठ में की गई। पुनः इन 3 स्थानों के क्षेत्रीय चयन बोर्डों को समाप्त करते हुए 22 अप्रैल, 1998 को उत्तर प्रदेश माध्यमिक शिक्षा सेवा चयन बोर्ड का गठन किया गया।

कन्या विद्याधन योजना

- प्रदेश में बालिका शिक्षा को बढ़ावा देने हेतु आर्थिक दशा से कमजोर परिवारों की ऐसी छात्राएँ जो शिक्षा की ओर उन्मुख होकर वर्ष 2012 में इंटरमीडिएट परीक्षा अथवा उसके समकक्ष परीक्षा उत्तीर्ण हों और उनके अभिभावकों की वार्षिक आय ₹35,000 से अधिक नहीं हों, को प्रोत्साहन स्वरूप ₹30,000 की धनराशि एकमुश्त प्रदान किए जाने के उद्देश्य से 22 अगस्त, 2012 को कन्या विद्याधन योजना लागू की गई।

उत्तर प्रदेश मुख्यमंत्री कन्या सुमंगला योजना

- भारत का सामाजिक तानाबाना स्वयं में जटिल और संवेदी है। सामाजिक, धार्मिक, शैक्षिक और पारिवारिक परिस्थितियाँ महिलाओं और बालिकाओं के लिए अनादिकाल से भेदभावपूर्ण रही हैं। समाज में प्रचलित कुरीतियाँ एवं भेदभाव जैसे—कन्या भ्रूण हत्या, असमान लिंगानुपात, बाल विवाह एवं बालिकाओं के प्रति परिवार की नकारात्मक सोच जैसी प्रतिकूलताओं के कारण प्रायः बालिकाएँ/महिलाएँ अपने जीवन, संरक्षण, स्वास्थ एवं शिक्षा जैसे मौलिक अधिकारों से वचित रह जाती है। इन सामाजिक कुरीतियों को दूर करने हेतु सरकारी और गैर-सरकारी स्तर पर निरन्तर प्रयास भी किए जा रहे हैं। इस परिवेश के दृष्टिगत उत्तर प्रदेश सरकार द्वारा **'मुख्यमंत्री कन्या सुमंगला योजना'** के रूप में पहल की जा रही है जो। राज्य सरकार द्वारा बालिकाओं एवं महिलाओं को सामाजिक सुरक्षा के साथ-साथ विकास हेतु नए अवसर प्रदान करने के लिए यह योजना प्रारम्भ की गई है। इसके फलस्वरूप जहाँ एक तरफ कन्या भ्रूण हत्या एवं बाल-विवाह जैसी कुरीतियों की रोकथाम के प्रयासों को बल मिलेगा वहीं दूसरी ओर बालिकाओं को उच्च शिक्षा व रोजगार के अवसरों की ओर बढ़ने का अवसर प्राप्त होगा।

विद्यावाहिनी प्रोजेक्ट

- यह प्रोजेक्ट भारत सरकार के सूचना एवं प्रौद्योगिकी विभाग द्वारा जुलाई, 2003 में शुरू किया गया। इस परियोजना के अंतर्गत छात्र-छात्राओं को कम्प्यूटर के माध्यम से विभिन्न विषयों का शिक्षण कार्य कराया जाता है।

निःशुल्क लैपटॉप/टैबलेट वितरण योजना

- माध्यमिक स्तर पर पढ़ने वाले छात्र-छात्राओं को कम्प्यूटर शिक्षा तथा कम्प्यूटर सहायतित शिक्षा प्रदान किया जाना वर्तमान समय की अनिवार्य आवश्यकता है। ज्ञान के क्षेत्र में आने वाले निरन्तर बदलाव, अध्ययन तथा अध्यापन में तकनीक के बढ़ते हुए प्रयोग तथा इसकी सहायता से छात्र-छात्राओं के शैक्षणिक उपलब्धि स्तर में समुचित वृद्धि की दृष्टि से छात्र-छात्राओं को कम्प्यूटर, लैपटॉप उपलब्ध कराया जाना आवश्यक है।
- वर्ष 2012 में आयोजित उत्तर प्रदेश माध्यमिक शिक्षा परिषद् प्रयागराज की इंटरमीडिएट परीक्षा, उत्तर प्रदेश माध्यमिक संस्कृत शिक्षा परिषद द्वारा संचालित उत्तर माध्यमिक परीक्षा, उत्तर प्रदेश मदरसा शिक्षा परिषद से

इंटरमीडिएट के समकक्ष आलिम परीक्षा अथवा सी.बी.एस.सी./आई.सी.एस.सी. से 12वीं कक्षा उत्तीर्ण कर उच्च शिक्षा हेतु उत्तर प्रदेश में विधि द्वारा स्थापित उच्च शैक्षणिक संस्थाओं में अध्ययनरत छात्र-छात्राओं को नि:शुल्क टैबलेट उपलब्ध कराना योजना का उद्देश्य रहा।

- लैपटॉप तथा टैबलेट के क्रय हेतु उत्तर प्रदेश इलेक्ट्रॉनिक कॉरपोरेशन लिमिटेड को कार्यदायी संस्था नामित किया गया था।
- छात्रों में समसामयिक विषयों के प्रति जागरूकता एवं व्यक्तित्व में दृढ़ विचारशीलता के साथ प्रभावशाली अभिव्यक्ति विकसित किए जाने के उद्देश्य से मान्यताप्राप्त विद्यालयों के कक्षा 8, 9 एवं कक्षा 10 के छात्र-छात्राओं के लिए महीयशी महादेवी वाद-विवाद प्रतियोगिता तथा कक्षा-11 एवं 12 के छात्र/छात्राओं के लिए डॉ. सम्पूर्णानन्द वाद-विवाद प्रतियोगिता आयोजित किए जाने की व्यवस्था है।

साक्षर भारत कार्यक्रम

- राष्ट्रपति द्वारा 4 जून, 2009 को संसद के संयुक्त अधिवेशन में अपने उद्‌बोधन में देश में महिलाओं की साक्षरता में सुधार एवं उन्हें प्राथमिकता के आधार पर साक्षर बनाये जाने पर बल दिया गया है। भारत सरकार द्वारा उक्त के परिप्रेक्ष्य में साक्षर भारत मिशन 2012 कार्यक्रम प्रारंभ किया गया है। योजना का औपचारिक रूप से 8 सितंबर, 2009 को अंतर्राष्ट्रीय साक्षरता दिवस के अवसर पर शुभारम्भ किया गया तथा भारत सरकार द्वारा 1 अक्टूबर, 2009 से देश में लागू किया गया।
- साक्षर भारत योजना के अंतर्गत देश के उन 365 जनपदों का चयन किया गया, जहाँ वर्ष 2001 की जनगणना के आधार पर महिला साक्षरता दर 50 प्रतिशत से कम है। उत्तर प्रदेश में उपर्युक्त आधार पर 66 जनपदों (औरैया, गाजियाबाद, लखनऊ एवं कानपुर नगर को छोड़कर) का चयन किया गया। योजना के अंतर्गत मुख्यत: 15 वर्ष की आयु के निरक्षरों को बेसिक साक्षरता प्रदान करने का लक्ष्य रखा गया। उक्त में से प्रथम चरण में 26 जनपदों का चयन किया गया है, जिसमें पूर्व में सतत् शिक्षा कार्यक्रम संचालित किया गया था।

साक्षर भारत कार्यक्रम के प्रमुख लक्ष्य:

- 80% साक्षरता दर प्राप्त करना।
- जेंडर गैप के वर्तमान अंतर को 10% तक लाना।
- सामाजिक या क्षेत्रीय जेंडर भेदभाव में कमी लाना।

व्यावसायिक शिक्षा योजना

- यह योजना वर्ष 1989-90 से संचालित है। इस योजना में 10+2 स्तर पर कक्षा 11 व 12 के छात्रों एवं छात्राओं को विभिन्न तकनीकी विषयों में रोजगारपरक शिक्षा प्रदान की जा रही है।

पत्राचार शिक्षा संस्थान, प्रयागराज

- दूरस्थ शिक्षा विद्या में समाज के प्रत्येक स्तर के व्यक्ति को उसकी आवश्यकता एवं आकांक्षा के अनुसार स्तरीय शिक्षा प्रदान करने की व्यापक व्यवस्था है, और अपनी इसी उदारता के कारण दूर शिक्षा, शिक्षार्थी को उसके घर पर शिक्षा प्रदान करने में सफल सिद्ध हुई है। शिक्षा का अवसर प्रत्येक व्यक्ति को उसकी सुविधा एवं आवश्यकता के अनुसार प्रदान करने के उद्देश्य से वर्ष 1980-81 में पत्राचार शिक्षा संस्थान, उत्तर प्रदेश, प्रयागराज की स्थापना की गई थी।

उच्च शिक्षा

उच्च शिक्षा के नियंत्रण व निर्देशन हेतु 1972 में उच्च शिक्षा निदेशालय, प्रयागराज की स्थापना की गई। इस निदेशालय के अधीन इस समय 13 राज्य (सामान्य शिक्षा) वि.वि., 2 विशेष वि.वि., 1 मुक्त वि.वि. और 1 डीम्ड वि.वि. है। राज्य सरकार के ये विश्वविद्यालय केवल 10 मंडलों में हैं। अत: शीघ्र ही राज्य के शेष 8 मंडलों में एक-एक वि.वि. की स्थापना की राज्य सरकार की योजना है।

उपरोक्त वि. विद्यालयों के अलावा राज्य में अन्य कई प्रकार के वि.वि. हैं, जो निम्न प्रकार हैं-

केंद्रीय विश्वविद्यालय (सामान्य शिक्षा)		
•	बनारस हिन्दू वि.वि., वाराणसी	1916
•	अलीगढ़ मुसलिम वि.वि., अलीगढ़ (1975 से)	1921
•	डॉ. भी. अम्बेडकर वि.वि., लखनऊ (इसकी एक सेटेलाइट शाखा टीकरमाफी, अमेठी में है) (1996 से)	1989
•	प्रयागराज वि.वि., प्रयागराज (2005 से केंद्रीय)	1887

	केंद्रीय विश्वविद्यालय (अन्य)	
•	राजीव गाँधी राष्ट्रीय विमानन वि.वि., रायबरेली	2013
•	रानी लक्ष्मीबाई केंद्रीय कृषि वि.वि., झाँसी	2014
	राजकीय विश्वविद्यालय (सामान्य शिक्षा)	
•	लखनऊ वि.वि., लखनऊ	1921
•	डॉ. भीमराव अम्बेडकर वि.वि., आगरा	1927
•	पं दीनदयाल उपाध्याय वि.वि., गोरखपुर	1957
•	सम्पूर्णानन्द संस्कृत वि.वि., वाराणसी	1958
•	छत्रपति साहूजी महाराज वि.वि., कानपुर	1965
•	चौधरी चरण सिंह वि.वि., मेरठ	1965
•	महात्मा गाँधी काशी विद्यापीठ, वाराणसी	1974
•	मैथिलीशरण गुप्त बुन्देलखंड वि.वि., झाँसी	1975
•	डॉ. राममनोहर लोहिया अवध वि.वि., अयोध्या	1975
•	महा. ज्योतिबा फुले रूहेलखंड वि.वि., बरेली	1975
•	बीर बहादुर सिंह पूर्वांचल वि.वि., जौनपुर	1987
•	डॉ. राम मनोहर लोहिया राष्ट्रीय विधि वि.वि., लखनऊ 1957	
•	ख्वाजा मोइनुद्दीन चिश्ती उर्दू, अरबी-फारसी विश्वविद्यालय, लखनऊ	2010
•	सिद्धार्थ वि.वि., सिद्धार्थनगर	2015
•	प्रयाग वि.वि., प्रयागराज	2016
	राजकीय डीम्ड विश्वविद्यालय	
•	दयालबाग एजुकेशनल इंस्टीट्यूट, आगरा	1981
	विशेष राजकीय विश्वविद्यालय	
•	गौ.बु. वि.वि., गौतम बुद्ध नगर	2002
•	उ.प्र. विकलांग उद्धार डॉ. शकुन्तला मिश्रा राष्ट्रीय पुनर्वास वि.वि., लखनऊ	2009
	कृषि विश्वविद्यालय	
•	चन्द्रशेखर आजाद कृषि एवं प्रौद्योगिकी वि. वि., कानपुर	1957
•	आचार्य नरेन्द्रदेव कृषि एवं प्रौद्योगिकी वि.वि., अयोध्या	1958
•	सरदार वल्लभभाई पटेल कृषि वि.वि., मेरठ	2000
•	सैम हिगिनबॉटम इंस्टीट्यूट ऑफ एग्रीकल्चर टेक्नोलॉजी एंड साइंसेज वि.वि. नैनी/प्रयागराज (दिसंबर, 2016 से राज्य वि.वि.)	2000
•	बांदा कृषि एवं प्रौद्योगिकी वि.वि., बांदा	2010
	राज्य विधि द्वारा निर्मित पशु चिकित्सा वि. वि.	
•	पं. दीनदयाल उपाध्याय पशु चिकि. विज्ञान	2001
	राज्य विधि द्वारा निर्मित चिकित्सा वि. वि.	
•	किंग जॉर्ज मेडिकल वि.वि., लखनऊ	2002
•	उ.प्र. आयुर्विज्ञान वि.वि., सैफई (इटावा)	2016
	राज्य विधि द्वारा निर्मित तकनीकी वि. वि.	
•	डॉ. ए.पी.जे. अब्दुल कलाम टेक्निकल यूनिवर्सिटी, लखनऊ	2000
•	म.मो.मा. प्रौद्योगिकी वि.वि., गोरखपुर	2013
•	एच.बी.टी.आई वि.वि., कानपुर	2016
	अन्य डीम्ड वि. वि.	
•	पशुचिकित्सा अनुसंधान संस्थान इज्जतनगर, बरेली	1983
•	संजय गाँधी स्नातकोत्तर आयुर्विज्ञान संस्थान, लखनऊ	1983
•	केंद्रीय उच्च तिब्बती शिक्षा संस्थान, सारनाथ (वाराणसी)	1989
•	भातखंडे हिन्दुस्तानी संगीत महाविद्यालय, लखनऊ	2001
•	राष्ट्रीय सूचना प्रौद्योगिकी संस्थान, प्रयागराज	2002
•	केंद्रीय हिन्दी शिक्षण मंडल, आगरा	2008
•	नेहरू ग्राम भारती वि.वि., जमुनीपुर (प्रयागराज)	2008
	राज्य उच्च शिक्षा निदेशालयाधीन निजी वि. वि.	
•	इंटीग्रल विश्वविद्यालय, लखनऊ	2004
•	एमिटी वि.वि. नोएडा, गौतम बुद्ध नगर	2005
•	मोहम्मद अली जौहर वि.वि., रामपुर	2006
•	मंगलायतन विश्वविद्यालय, अलीगढ़	2006
•	स्वामी विवेकानन्द सुभारती वि.वि., मेरठ	2008
•	तीर्थंकर महावीर वि.वि., मुरादाबाद	2008

•	शारदा विश्वविद्यालय, ग्रेटर नोएडा	2009
•	श्री वेंक्टेश्वर वि.वि. गजरौला, अमरोहा	2010
•	बाबू बनारसी दास वि.वि., लखनऊ	2010
•	नोएडा इंटरनेशनल यूनिवर्सिटी ग्रे.नो.गौ.बु.न.	2010
•	मोनाड विश्वविद्यालय, हापुड़	2010
•	आईएफटीएम विश्वविद्यालय, मुरादाबाद	2010
•	जी.एल.ए. विश्वविद्यालय, मथुरा	2010
•	इन्वर्टिस विश्वविद्यालय, बरेली	2010
•	रामा विश्वविद्यालय रूमाक्षेत्र, कानपुर	2011
•	गलगोटियाज विश्वविद्यालय, ग्रेटर नोएडा	2011
•	शिवनादर वि.वि. दादरी, गौ.बु.नगर	2011
•	रामस्वरूप मेमोरियल वि.वि., बाराबंकी	2012
•	द ग्लोबल यूनिवर्सिटी, सहारनपुर	2012
•	शोभित विश्वविद्यालय, सहारनपुर	2012
•	जे.पी. वि.वि. अनूपशहर, बुलंदशहर	2014
•	जे.एस. वि.वि., शिकोहाबाद	2015
•	यूनाइटेड वि.वि., प्रयागराज	2015
•	बेनेट वि.वि., ग्रेटर नोएडा	2016
•	आई.आई.एम.टी.वि.वि., मेरठ	2016
•	एरा विश्वविद्यालय, लखनऊ	2016
	कुछ अन्य निजी विश्वविद्यालय	
•	महर्षि सूचना प्रौद्योगिकी वि.वि., लखनऊ	2001
•	जगद्गुरु रामभद्राचार्य विकलांग वि.वि., चित्रकूट	2001

प्राविधिक शिक्षा

स्वतंत्रता से पूर्व प्रदेश में केवल एक इंजीनियरिंग कॉलेज (रुड़की) तथा अलीगढ़ एवं वाराणसी के केंद्रीय विश्वविद्यालयों में कुछ प्राविधिक कोर्सेज थे। स्वतंत्रता के बाद 1950 में आगरा में **दयालबाग इंजीनियरिंग कॉलेज** की स्थापना की गई थी, जिसे अब दयालबाग डीम्ड विश्वविद्यालय नाम से जाना जाता है। **उत्तराखंड राज्य के गठन के बाद अब यही प्रदेश का सबसे पुराना इंजीनियरिंग कॉलेज है।**

- वर्तमान में **राज्य व्यावसायिक एवं प्राविधिक शिक्षा विभाग के अधीन 10 स्नातक/स्नातकोत्तर स्तरीय इंजीनियरिंग कालेज** संचालित हैं। इनमें से मुख्य इस प्रकार हैं- (1) इंस्टीट्यूट ऑफ इन्जीनियरिंग एण्ड टेक्नोलॉजी, **लखनऊ;** (2) लखनऊ कॉलेज ऑफ आर्किटेक्चर, **लखनऊ;** (3) हरकोर्ट बटलर, प्रौद्योगिकी संस्थान, **कानपुर;** (4) उत्तर प्रदेश वस्त्र प्रौद्योगिकी संस्थान, **कानपुर;** (5) बुंदेलखंड अभियांत्रिकी एवं प्रौद्योगिकी संस्थान, **झाँसी** व (6) कमला नेहरू इंस्टीट्यूट ऑफ टेक्नोलॉजी, **सुल्तानपुर।** इनके अलावा 4 नए कालेज **(बांदा, बिजनौर, आजमगढ़ व अम्बेडकर नगर में)** में 2010 से अध्यापन कार्य शुरू हुआ है। तीन नए कॉलेज सोनभद्र, मैनपुरी व कन्नौज में बन रहे हैं।
- राज्य में डिग्री स्तरीय तकनीकी शिक्षा के समेकित विकास के लिए **8 मई 2000 को लखनऊ में ए.पी.जे. अब्दुल कलाम प्राविधिक विश्वविद्यालय** की स्थापना की गई और 11 राजकीय व 564 निजी प्राविधिक कालेजों को इसी से संबद्ध कर दिया गया। इस वि.वि. का एक परिसर नोएडा में भी है। प्रदेश में स्थापित बीटेक/बीआर्क/एमबीए/एमसीए/होटल मैनेजमेंट आदि पाठ्यक्रम संचालित करने वाली संस्थाएँ/महाविद्यालय भी इस विश्वविद्यालय से संबद्ध हैं।
- गोरखपुर स्थित मदन मोहन मालवीय इंजीनियरिंग कॉलेज को 2013 में उच्चीकृत कर विश्वविद्यालय का दर्जा दिया गया। यह राज्य का दूसरा तकनीकी विश्वविद्यालय है।
- कानपुर स्थित एचबीटीआई को 2016 में राज्य का तीसरा प्रौद्योगिकी विश्वविद्यालय बनाया गया।
- कानपुर में केंद्र सरकार द्वारा एक **भारतीय प्रौद्योगिकी संस्थान (IIT)** और प्रयागराज में **भारतीय सूचना प्रौद्योगिकी संस्थान (IIIT)** व **मोतीलाल नेहरू राष्ट्रीय प्रौद्योगिकी संस्थान** की स्थापना की गई। जुलाई, 2008 में **काशी हिन्दू विश्वविद्यालय के प्रौद्योगिकी संस्थान को भी आईआईटी का दर्जा** दे दिया गया।
- विकलांगों को प्राविधिक शिक्षा देने के लिए 1996-97 में **कानपुर में डॉ. अम्बेडकर इन्स्टीट्यूट ऑफ टेक्नोलॉजी फार हैंडीकैप्ड** की स्थापना की गई, जो कि एक राष्ट्रीय संस्थान है।
- राज्य व्यावसायिक एवं प्राविधिक शिक्षा विभाग के अंतर्गत इस समय कुल 461 पॉलीटेक्निक संस्थाएँ हैं। इनमें 18 महिलाओं के लिए हैं।
- इस समय राज्य में **267 राजकीय व 944 निजी औद्योगिक प्रशिक्षण संस्थान (IIT) हैं।** इनमें से 11 महिलाओं के लिए, 14 अनुसूचित जाति के लिए व 25 अल्पसंख्यकों के लिए हैं।

कृषि शिक्षा

प्रदेश में कृषि संबंधी शोध, शिक्षण, प्रशिक्षण तथा अनुसंधान के लिए अनेक संस्थाएँ हैं। प्रमुख इस प्रकार हैं-

चन्द्रशेखर आजाद कृषि एवं प्रौद्योगिकी विश्वविद्यालय, कानपुर- इस कृषि विश्वविद्यालय की स्थापना मार्च, 1975 में की गई थी।

नरेन्द्र देव कृषि प्रौद्योगिकी विश्वविद्यालय, अयोध्या- इस कृषि विश्वविद्यालय की स्थापना 1976 में की गई थी।

सरदार वल्लभभाई पटेल कृषि एवं प्रौद्योगिकी विश्वविद्यालय, मेरठ- इसकी स्थापना 2 अक्टूबर, 2000 को मेरठ में की गई।

बांदा कृषि एवं प्रौद्योगिकी विश्वविद्यालय-बुंदेलखंड क्षेत्र को ध्यान में रखते हुए इस विश्वविद्यालय की स्थापना बांदा में की गई है, जो 2010 से कार्यरत है।

सैम हिगिनबॉटम कृषि, प्रौद्योगिकी एवं विज्ञान विश्वविद्यालय, प्रयागराज-प्रयागराज के नैनी में स्थित इस विद्यालय की स्थापना 1910 में **ब्रिटिश कृषि वैज्ञानिक डॉ. सैम हिगिनबाटम** द्वारा की गई थी। कृषि में स्नातक डिग्री देने वाला यह **एशिया का प्रथम संस्थान** था। सन् **2000 तक यह इ.वि.वि.** से संबद्ध था। 2000 में इसे डीम्ड वि.वि. का दर्जा मिला। सन् 2009 में इसका नाम **सैम हिगिनबॉटम इंस्टीट्यूट ऑफ टेक्नोलॉजी एण्ड साइंसेज** कर दिया गया। दिसम्बर, 2016 से इसे राज्य विश्वविद्यालय का दर्जा दिया गया है।

उत्तर प्रदेश कृषि अनुसंधान परिषद-उत्तर प्रदेश में कृषि संबंधी शोध तथा कृषि विकास को प्रोत्साहित करने के लिए उत्तर प्रदेश कृषि अनुसंधान परिषद की स्थापना जुलाई, 1989 में लखनऊ में की गई थी।

स्वास्थ्य शिक्षा

चिकित्सा व स्वास्थ्य शिक्षा हेतु प्रदेश में राज्य सरकार के 14 **एलोपैथी मेडिकल कॉलेज-प्रयागराज, कानपुर, गोरखपुर, आगरा, मेरठ, झाँसी, लखनऊ, सैफई, कन्नौज, जालौन, आजमगढ़, अम्बेडकर नगर व सहारनपुर** में कार्यरत हैं। और 6 राजकीय एलोपैथी मेडिकल कालेज (**बांदा, चंदौली, आजमगढ़ व अम्बेडकर नगर में**) निर्माणाधीन है।

1911 में स्थापित **किंग जॉर्ज मेडिकल कॉलेज, लखनऊ** को उच्चीकृत कर 2002 में वि.वि. बना दिया गया। वर्तमान में दंत संकाय सहित इसमें 46 विभाग हैं। राज्य के सभी एलोपैथिक मेडिकल कॉलेज व दंत कॉलेज इसी से नियंत्रित हैं।

2005 में सैफई, इटावा में स्थापित **उ.प्र. ग्रामीण आयुर्विज्ञान एवं अनुसंधान संस्थान** को 2016 में विश्वविद्यालय बना दिया गया।

अतिविशिष्ट विषयों में उच्च चिकित्सा सुविधा प्रदान करने, चिकित्सा में स्नातकोत्तर शिक्षा देने व चिकित्सीय शिक्षा हेतु 1983 में राज्य सरकार द्वारा **लखनऊ में संजय गाँधी स्नातकोत्तर आयुर्विज्ञान संस्थान** की स्थापना की गई। यह संस्थान भारत ही नहीं एशिया में भी अपना स्थान बनाने के लिए प्रयत्नशील है। **इस संस्थान के सुपर स्पेशिलिटी उपचार भार** को कम करने हेतु सेटेलाइट संस्थान के रूप में 2004 में **डॉ. राम मनोहर लोहिया संयुक्त चिकित्सा संस्थान, गोमतीनगर, लखनऊ** की स्थापना की गई जो 2006 से एक स्वायत्तशासी संस्था के रूप में कार्यरत है। 2012 से इस संस्थान को पीजी व पोस्ट पीजी की पढ़ाई के लिए भी अनुमति मिल गई।

- गंभीर हृदय व कैंसर रोग हेतु **कानपुर में हृदय रोग संस्थान व जे.के कैंसर संस्थान** की स्थापना की गई। इस प्रकार का एक संस्थान कन्नौज में भी बनाया जा रहा है।
- नोएडा में 2013 में राज्य का प्रथम **पोस्ट ग्रेजुएट सुपर स्पेशिलिटी बाल चिकित्सालय व शैक्षणिक संस्थान** स्थापित किया गया।
- लखनऊ में एक उच्चस्तरीय कैंसर संस्थान बनाया गया है।
- स्नातक स्तर की मेडिकल शिक्षा हेतु निजी क्षेत्र में राज्य में 28 एलोपैथ मेडिकल, 23 एलोपैथ डेंटल कालेज व 3 होम्योपैथ मेडिकल कालेज हैं।
- केंद्रीय सरकार के दो एलोपैथिक मेडिकल कालेज, **बीएचयू, अलीगढ़ मुसलिम वि.वि.** के अंतर्गत हैं।
- केंद्र द्वारा रायबरेली व गोरखपुर में भी एक-एक एम्स बनाया गया है।
- राज्य में भारतीय चिकित्सा पद्धति **आयुर्वेद के कुल 8 राजकीय कॉलेज- लखनऊ, पीलीभीत, झाँसी, बरेली, मुजफ्फरनगर, वाराणसी, हड़िया, (प्रयागराज) व अतर्रा (बांदा) में है।**
- राज्य में यूनानी पद्धति के दो राजकीय कालेज **लखनऊ व प्रयागराज** में हैं।

- राज्य होम्योपैथी निदेशालय (1981) के अंतर्गत कुल 7 राजकीय मेडिकल कालेज- लखनऊ, मुरादाबाद, कानपुर, अयोध्या, प्रयागराज, गाजीपुर व आजमगढ़ में स्थित हैं। गोरखपुर व अलीगढ़ में दो नए राजकीय कॉलेज बनाये जा रहे हैं। ग्रेटर नोएडा, आगरा व प्रयागराज में 3 निजी होम्योपैथिक मेडिकल कालेज हैं।
- चिकित्सा शिक्षा के पाठ्यक्रमों में सुधार व उनमें एकरूपता लाने के लिए लखनऊ में धनवन्तरि चिकित्सा वि.वि. की स्थापना की गई है। इसमें चिकित्सा की सभी पद्धतियों के संकाय हैं।

प्रदेश के प्रमुख शिक्षण व शोध संस्थान एवं नक्षत्रशाला	
केंद्रीय विश्वविद्यालय	1. अलीगढ़ मुस्लिम विश्वविद्यालय (अलीगढ़)
	2. बनारस हिन्दू विश्वविद्यालय (वाराणसी)
	3. प्रयागराज विश्वविद्यालय (प्रयागराज)
	4. बाबा साहेब भीमराव अंबेडकर विश्वविद्यालय (लखनऊ)
	5. राजीव गाँधी केंद्रीय उड्डयन विश्वविद्यालय (फुरसतगंज)
	6. इंदिरा गाँधी राष्ट्रीय महिला विश्वविद्यालय (रायबरेली)
राष्ट्रीय संस्थान	1. IIT-कानपुर, 2. IIT-बीएचयू, 3. IIT- प्रयागराज, 4. मोतीलाल नेहरू राष्ट्रीय प्रौद्योगिकी संस्थान (NIT)-प्रयागराज, 5. IIM- लखनऊ, 6. AIIMS- रायबरेली, 7. AIIMS-गोरखपुर
अन्य विश्वविद्यालय	1. सरदार वल्लभभाई पटेल कृषि एवं प्रौद्योगिकी विश्वविद्यालय - मेरठ
	2. ख्वाजा मोइनुद्दीन चिश्ती उर्दू-अरबी-फारसी विश्वविद्यालय - लखनऊ
	3. मंगलायतन विश्वविद्यालय - अलीगढ़
	4. तीर्थंकर महावीर विश्वविद्यालय - मुरादाबाद
	5. संपूर्णानंद संस्कृत विश्वविद्यालय - वाराणसी
	6. उत्तर प्रदेश विकलांग उद्धार डॉ. शकुंतला मिश्रा विश्वविद्यालय - लखनऊ
	7. जगद्गुरु रामभद्राचार्य विकलांग विश्वविद्यालय - चित्रकूट
शोध संस्थान	लखनऊ
	♦ नेशनल ब्यूरो ऑफ फिश जेनेटिक रिसोर्सेज
	♦ भारतीय गन्ना अनुसंधान संस्थान
	♦ इंडियन टेक्नोलॉजिकल रिसर्च सेंटर
	♦ भारतीय विष विज्ञान अनुसंधान संस्थान
	♦ बीरबल साहनी इस्टीट्यूट ऑफ पैलियोबॉटनी
	कानपुर
	♦ राष्ट्रीय चीनी अनुसंधान संस्थान
	♦ भारतीय दलहन अनुसंधान संस्थान
	वाराणसी ♦ भारतीय हैंडलूम प्रौद्योगिकी संस्थान
	नोएडा
	♦ फुटवियर डिजाइन एंड डेवलपमेंट इंस्टीट्यूट
	♦ वी.वी. गिरि राष्ट्रीय श्रम संस्थान
नक्षत्रशाला	1. इंदिरा गाँधी नक्षत्रशाला - लखनऊ
	2. जवाहर नक्षत्रशाला - आनंद भवन, प्रयागराज
	3. वीर बहादुर सिंह नक्षत्रशाला - गोरखपुर
	4. डॉ. भीमराव अंबेडकर नक्षत्रशाला - रामपुर
डीम्ड विश्वविद्यालय	1. दयालबाग एजुकेशनल इन्स्टीट्यूट, आगरा-1981
राजकीय मुक्त विश्वविद्यालय:	1. राजर्षि पुरुषोत्तम दास टंडन मुक्त विश्वविद्यालय, प्रयागराज-1998

विशेष राजकीय विश्वविद्यालय	1. गौतम बुद्ध औद्योगिक विश्वविद्यालय, गौतम बुद्ध नगर-2002
	2. उत्तर प्रदेश विकलांग उद्धार डॉ. शकुन्तला मिश्रा विश्वविद्यालय, लखनऊ-2009
कृषि विश्वविद्यालय	1. चन्द्रशेखर आजाद कृषि एवं प्रौद्योगिकी विश्वविद्यालय, कानपुर-1975
	2. आचार्य नरेन्द्र देव कृषि एवं प्रौद्योगिकी विश्वविद्यालय, अयोध्या-1976
	3. सरदार वल्लभभाई पटेल कृषि विश्वविद्यालय, मेरठ-2000
	4. सैम हिगिनबॉटम इंस्टीट्यूट ऑफ एग्रीकल्चर, टेक्नोलॉजी एण्ड साइंसेज (डीम्ड विश्वविद्यालय) नैनी, प्रयागराज-2000
	5. कांशीराम कृषि एवं प्रौद्योगिकी विश्वविद्यालय, बांदा-2010
राज्य विधि द्वारा निर्मित पशु चिकित्सा विश्वविद्यालय	1. पं. दीनदयाल उपाध्याय पशु चिकित्सा विज्ञान विश्वविद्यालय एवं गौ अनुसंधान संस्थान, मथुरा-2001
राज्य विधि द्वारा निर्मित चिकित्सा विश्वविद्यालय	1. किंग जॉर्ज मेडिकल विश्वविद्यालय, लखनऊ-2002
	2. उत्तर प्रदेश आयुर्विज्ञान विश्वविद्यालय सैफई, इटावा-2016
राज्य विधि द्वारा निर्मित तकनीकी विश्वविद्यालय	1. डॉ. एपीजे अब्दुल कलाम टेक्निकल विश्वविद्यालय, लखनऊ-2000
	2. मदन मोहन मालवीय प्रौद्योगिकी विश्वविद्यालय, गोरखपुर-2013
	3. हरकोर्ट बटलर प्राविधिक विश्वविद्यालय, कानपुर-2016
अन्य डीम्ड विश्वविद्यालय	1. पशु चिकित्सा अनुसंधान संस्थान इज्जतनगर, बरेली-1983
	2. संजय गाँधी स्नातकोत्तर आयुर्विज्ञान संस्थान, लखनऊ-1983
	3. केंद्रीय उच्च तिब्बती शिक्षा संस्थान, सारनाथ, वाराणसी-1989
	4. भातखंडे हिन्दुस्तानी संगीत महाविद्यालय, लखनऊ-2001
	5. राष्ट्रीय सूचना प्रौद्योगिकी संस्थान, प्रयागराज-2002
	6. केंद्रीय हिन्दी शिक्षण मण्डल, आगरा-2008
	7. नेहरू ग्राम भारतीय विश्वविद्यालय, जमुनीपुर, प्रयागराज-2008

उत्तर प्रदेश शैक्षिक व्यवस्थाः एक दृष्टि में

•	प्राथमिक, माध्यमिक व उच्चतर शिक्षा के अलग-अलग निदेशालय का गठन	1972
•	राज्य शैक्षिक अनुसंधान एवं प्रशिक्षण परिषद	1981
प्रयागराज		
•	माध्यमिक शिक्षा चयन बोर्ड (1982)	प्रयागराज
•	प्रदेश में सामान्य शिक्षा हेतु केंद्रीय विश्वविद्यालय संचालित हैं	4
•	प्रदेश का सबसे पुराना (1887) विश्वविद्यालय है	प्रयागराज विश्वविद्यालय
•	एशिया का सबसे बड़ा आवासीय विश्वविद्यालय	बीएचयू (1916)
•	प्रदेश में राज्य सरकार के अधीन कृषि विश्वविद्यालय है	5

•	प्रदेश में सर्वाधिक विश्वविद्यालय वाला जिला है	लखनऊ
•	प्रदेश सरकार का एकमात्र मुक्त विश्वविद्यालय (1998)	राजर्षि टंडन मुक्त विश्वविद्यालय, प्रयागराज
•	प्रदेश में दिव्यांग विश्वविद्यालय	2 (लखनऊ, चित्रकूट)
•	प्रदेश सरकार का एकमात्र दिव्यांग विश्वविद्यालय है	लखनऊ (2009)
योजना/परियोजना		
•	सर्वशिक्षा (अभियान चलो) अभियान (सभी को शिक्षा, सभी को ज्ञान)	2001-02 से
•	प्राथमिक स्कूलों में नामांकन वृद्धि हेतु अनुपूरक पोषाहार की मिड डे मील योजना	1995 से
•	शिक्षा के सार्वभौमीकरण व अध्यापक-छात्र अनुपात बनाये रखने हेतु शिक्षा मित्र योजना	2000-01 से
•	शैक्षिक दृष्टि से पिछड़े ब्लॉकों में बालिका शिक्षा हेतु कस्तूरबा गाँधी बालिका विद्यालय योजना	2004 से
•	केंद्र व राज्य के 75:25 की भागीदारी पर साक्षर भारत अभियान	सिसंबर 2009 से
•	राष्ट्रीय माध्यमिक शिक्षा अभियान	मार्च 2009 से
•	केंद्र द्वारा पारित शिक्षा अधिकार अधिनियम, 2009 को राज्य में लागू किया गया	जुलाई 2011 में
•	प्रदेश के चित्रकला विकास में ग्राफिक विद्या की शुरुआत की	ललित मोहन सेन ने
•	चमन सिंह ने चित्र व मूर्ति कला पर पुस्तकें लिखीं	50 से अधिक

❑❑❑

16 भारत के विकास में उत्तर प्रदेश की भूमिका

लगभग 200 मिलियन लोगों की आबादी वाला उत्तर प्रदेश भारत का सबसे अधिक आबादी वाला राज्य है। उत्तर प्रदेश के उत्तर में नेपाल, उत्तर-पश्चिम में भारतीय राज्य उत्तराखंड और हिमाचल प्रदेश, पश्चिम में हरियाणा, दिल्ली और राजस्थान, दक्षिण में मध्य प्रदेश, दक्षिण-पूर्व में छत्तीसगढ़ और झारखंड और पूर्व में बिहार से अपनी सीमाएं साझा करता है।

वर्तमान मूल्यों पर, 2022-23 में उत्तर प्रदेश का सकल राज्य घरेलू उत्पाद (जीएसडीपी) 20.48 ट्रिलियन रुपये (248.66 बिलियन अमेरिकी डॉलर) होने का अनुमान है।

आगरा में दुनिया के सात आश्चर्यों में से एक ताज महल अवस्थित है जिसके कारण उत्तर प्रदेश दुनिया के पसंदीदा पर्यटन स्थलों में से एक है। वर्ष 2021 में प्रदेश में आने वाले घरेलू पर्यटकों की संख्या 109.71 मिलियन थी, और यह देश में दूसरे स्थान पर था, जबकि विदेशी पर्यटकों का आगमन 44,737 था, जो देश में सातवें स्थान पर था। उत्तर प्रदेश सरकार ने राज्य में पर्यटन को बढ़ावा देने के लिए राज्य में चार नए हेलीपोर्ट स्थापित करने का निर्णय लिया है।

अगस्त 2022 तक, उत्तर प्रदेश में 29,710.43 मेगावाट की स्थापित बिजली उत्पादन क्षमता थी। इसमें से 6,902.20 मेगावाट राज्य उपयोगिताओं, 14,061.50 मेगावाट से निजी उपयोगिताओं और 8,746.73 मेगावाट केंद्रीय उपयोगिताओं से थी। थर्मल पावर ने राज्य की कुल स्थापित बिजली उत्पादन क्षमता में 21,513.05 मेगावाट का योगदान दिया, इसके अलावा मार्च 2022 तक 3,424.03 मेगावाट (जलविद्युत), 289.48 मेगावाट (परमाणु ऊर्जा) और 4,483.87 मेगावाट (अक्षय ऊर्जा) का योगदान रहा।

अगस्त 2022 में, उत्तर प्रदेश ने अपनी **सौर ऊर्जा नीति-2022** के मसौदे की घोषणा की, जो दर्शाता है कि 2026-27 तक राज्य का लक्ष्य 16,000 मेगावाट नवीकरणीय ऊर्जा उत्पादन करना है।

उत्तर प्रदेश भारत में खाद्यान्न का सबसे बड़ा उत्पादक है और 2016-17 में देश के कुल खाद्यान्न उत्पादन में इसका योगदान लगभग 17.83 प्रतिशत था। राज्य में खाद्यान्न उत्पादन 2016-17 में 49,903.1 हजार टन और 2017-18 में 51,252.7 हजार टन रहा। राज्य में उत्पादित प्रमुख खाद्यान्नों में चावल, गेहूं, मक्का, बाजरा, चना, मटर और मसूर शामिल हैं। वर्ष 2017-18 में राज्य में दलहन का उत्पादन 2,208.0 हजार टन रहा। 2021-22 में सब्जियों का उत्पादन 29,584.06 हजार मीट्रिक टन रहा।

राज्य औद्योगिक और सेवा क्षेत्र निवेश नीति, 2004 और बुनियादी ढांचा और औद्योगिक निवेश नीति, 2012 के तहत व्यवसायों के लिए सब्सिडी, नीति और वित्तीय प्रोत्साहन के साथ-साथ आईटी और जैव प्रौद्योगिकी के क्षेत्र में सहायता की एक विस्तृत शृंखला प्रदान करता है। उत्तर प्रदेश में निवेश और व्यापार को बढ़ावा देने और पर्यटन को बढ़ावा देने के लिए नई उत्तर प्रदेश नागरिक उड्डयन प्रोत्साहन नीति 2017 लाई गई थी, जबकि हवाई संपर्क के साथ-साथ सड़क संपर्क बढ़ने से रोजगार के अधिक अवसर पैदा होंगे।

अक्टूबर 2019 से जून 2022 के बीच, उत्तर प्रदेश में विदेशी प्रत्यक्ष निवेश (एफडीआई) प्रवाह 995.40 मिलियन अमेरिकी डॉलर रहा। एफडीआई प्रवाह के मामले में राज्य भारत में 11वें स्थान पर है। 2019 में, उत्तर प्रदेश में 16,799 करोड़ रुपये (2.40 बिलियन अमेरिकी डॉलर) के 147 निवेश इरादे दर्ज किए गए।

वित्त वर्ष 22 में उत्तर प्रदेश से माल निर्यात 21.03 बिलियन अमेरिकी डॉलर और वित्त वर्ष 23 में 9.53 बिलियन अमेरिकी डॉलर तक पहुंच गया

वर्ष 2020 में, राज्य सरकार ने राज्य में स्थानीय विनिर्माण और नए स्टार्ट-अप को बढ़ावा देने के लिए नई इलेक्ट्रॉनिक्स विनिर्माण नीति, 2020 और उत्तर प्रदेश स्टार्टअप नीति, 2020 शुरू की है।

प्रमुख क्षेत्रों में हाल में हुआ विकास

1. अक्टूबर 2022 में, सड़क परिवहन और राजमार्ग मंत्री श्री नितिन गडकरी ने उत्तर प्रदेश के लिए 7,000 करोड़ रुपये (8.5 बिलियन अमेरिकी डॉलर) की नई परियोजनाओं की घोषणा की।
2. अक्टूबर 2022 में मुख्यमंत्री श्री योगी आदित्यनाथ ने कहा कि अगले शैक्षणिक वर्ष से उत्तर प्रदेश के सभी कॉलेज और संस्थान हिंदी में चिकित्सा और इंजीनियरिंग कार्यक्रम चलाएंगे।
3. वर्ष 2022-23 में राज्य के बजट में-
    - सड़कों और पुलों के विकास के लिए 32,150 करोड़ रुपये (3.9 अरब अमेरिकी डॉलर) आवंटित किए गए हैं।
    - ऊर्जा क्षेत्र के लिए 37,566 करोड़ रुपये (4.56 अरब अमेरिकी डॉलर) आवंटित किए गए हैं। इसमें से 12,100 करोड़ रुपये (1.47 अरब अमेरिकी डॉलर) बिजली आपूर्ति के लिए सब्सिडी प्रदान करने के लिए आवंटित किए गए हैं।
    - शहरी विकास के लिए 27,111 करोड़ रुपये (3.29 अरब अमेरिकी डॉलर) आवंटित किए गए हैं। इसमें से 4,200 करोड़ रुपये (509.9 मिलियन अमेरिकी डॉलर) पीएम आवास योजना (शहरी) के तहत पूंजीगत संपत्ति के निर्माण के लिए अनुदान के लिए आवंटित किए गए हैं।
    - शिक्षा, खेल, कला और संस्कृति के लिए 75,165 करोड़ रुपये (9.12 बिलियन अमेरिकी डॉलर) आवंटित किए गए हैं। इसमें से 15,169 करोड़ रुपये (1.84 अरब अमेरिकी डॉलर) समग्र शिक्षा अभियान के तहत प्राथमिक शिक्षा के लिए आवंटित किए गए हैं।
    - स्वास्थ्य और परिवार कल्याण क्षेत्र के लिए 40,991 करोड़ रुपये (4.97 बिलियन अमेरिकी डॉलर) आवंटित किए गए। इसमें से 987 करोड़ रुपये (119.82 मिलियन अमेरिकी डॉलर) सार्वजनिक स्वास्थ्य सेवाओं के लिए पूंजीगत व्यय के लिए आवंटित किए गए हैं।
4. आईटी और इलेक्ट्रॉनिक्स के क्षेत्र में जून 2022 में आयोजित होने वाले उत्तर प्रदेश के तीसरे ग्राउंड-ब्रेकिंग समारोह में 21,000 करोड़ रुपये (2.71 बिलियन अमेरिकी डॉलर) की परियोजनाएं शुरू की गयी।
5. प्रधानमंत्री सूक्ष्म खाद्य प्रसंस्करण उद्यम योजना के औपचारिकीकरण के तहत 2022 में 41,336 खाद्य प्रसंस्करण इकाइयों की स्थापना/उन्नयन किया गया।
6. राज्य सरकार की खाद्य प्रसंस्करण उद्योग नीति 2017 (संशोधित) की मदद से सरकार ने 2022 में 375 बड़ी खाद्य प्रसंस्करण इकाईयां स्थापित करने की योजना बनाई है।
7. मई 2022 में नोएडा, उत्तर प्रदेश में एमिटी विश्वविद्यालय ने एमिटी विश्वविद्यालय के विभिन्न परिसरों द्वारा पर्यटन, यात्रा, आतिथ्य और विमानन के क्षेत्र में छात्रों को प्रशिक्षित करने के उद्देश्य से पर्यटन और आतिथ्य कौशल परिषद (टीएचएससी) के साथ एक समझौता ज्ञापन पर हस्ताक्षर किए जो इस समझौता ज्ञापन के तहत कार्यान्वियन कार्यक्रम के अंतर्गत किया गया था।
8. उत्तर प्रदेश अब देश का पहला **'अमृत सरोवर'** बन गया है, जिसका उद्घाटन मई 2022 में रामपुर जिले में किया गया था। यह उन 789 तालाबों में से एक है, जिन्हें उत्तर प्रदेश सरकार विकसित करेगी। इस जल निकाय के निर्माण में लगभग 60 लाख रुपये (77,384.88 अमेरिकी डॉलर) खर्च किए गए थे।
9. उत्तर प्रदेश सरकार यूपी इको पर्यटन विकास बोर्ड की स्थापना करने के लिए पूरी तरह तैयार है। पहल का मुख्य उद्देश्य प्राकृतिक विरासत के आसपास रहने वालों के लिए रोजगार सृजित करते हुए पर्यटकों की संख्या बढ़ाने के लिए वनों और आर्द्रभूमि की राज्य की समृद्ध विरासत को बढ़ावा देना है।
10. जून 2021 में, उत्तर प्रदेश को खाद्य प्रसंस्करण के क्षेत्र में 4,074 करोड़ रुपये (554.24 मिलियन अमेरिकी डॉलर) का रिकॉर्ड निवेश प्राप्त हुआ है।
11. उत्तर प्रदेश का पर्यटन प्रशासन सितंबर 2021 तक राज्य के सबसे लोकप्रिय स्थानों को जोड़ने के लिए एक हेलीकॉप्टर टैक्सी सेवा विकसित करने की योजना बना रहा है।
12. उत्तर प्रदेश में 4,248.76 मेगावॉट नवीकरणीय ऊर्जा उत्पादन की क्षमता है। राज्य सरकार ने सौर ऊर्जा की उत्पादन क्षमता को बढ़ाकर 2000 मेगावाट करने का लक्ष्य रखा है।
13. जून 2021 में, ग्रीनप्लाई इंडस्ट्रीज ने घोषणा की कि वह उत्तर प्रदेश के हरदोई में संडीला औद्योगिक क्षेत्र में एक प्लाईवुड और संबद्ध उत्पाद निर्माण इकाई स्थापित करने के लिए लगभग 75 करोड़ रुपये (10.30 मिलियन अमेरिकी डॉलर) का निवेश करेगी।
14. मई 2021 में, उत्तर प्रदेश सरकार ने घोषणा की कि वह COVID-19 वैक्सीन खरीदने के लिए 1 बिलियन अमेरिकी डॉलर खर्च करेगी।
15. जनवरी 2021 में, राज्य सरकार ने बिजनौर और बलिया जिलों में नदी के किनारे 1,038 नए गंगा आरती मंच बनाने की अपनी योजना की घोषणा की।

16. उत्तर प्रदेश राज्य के बड़े आकार के साथ-साथ क्षेत्र की उच्च उपलब्धता के कारण उर्वरकों की मजबूत मांग में है।

वर्ष 2023-24 के बजट का विश्लेषण

उत्तर प्रदेश के वित्त मंत्री श्री सुरेश खन्ना ने 22 फरवरी, 2023 को वित्तीय वर्ष 2023-24 के लिए राज्य का बजट पेश किया।

प्रमुख बिन्दु

2023-24 के लिए उत्तर प्रदेश का सकल राज्य घरेलू उत्पाद (जीएसडीपी) (वर्तमान मूल्यों पर) 24,39,171 करोड़ रुपये रहने का अनुमान है, जो 2022-23 की तुलना में 19% अधिक है।

2023-24 में व्यय (ऋण वापसी को छोड़कर) 6,59,061 करोड़ रुपये होने का अनुमान है, जो 2022-23 के संशोधित अनुमानों से 17% अधिक है। इसके अलावा, राज्य द्वारा 31,181 करोड़ रुपये का कर्ज चुकाया जाएगा।

2023-24 के लिए प्राप्तियां (ऋण को छोड़कर) 5,74,178 करोड़ रुपये होने का अनुमान है, 2022-23 के संशोधित अनुमान की तुलना में 19% की वृद्धि। 2022-23 में, प्राप्तियों (ऋण को छोड़कर) बजट अनुमान से 20,396 करोड़ रुपये कम (4% की कमी) रहने का अनुमान है।

2023-24 में राजस्व अधिशेष जीएसडीपी का 2.8% (68,512 करोड़ रुपये) होने का अनुमान है, जो 2022-23 के संशोधित अनुमान (जीएसडीपी का 2.6%) से थोड़ा अधिक है। 2022-23 में, राजस्व अधिशेष बजट अनुमान (जीएसडीपी का 2.1%) से अधिक होने की उम्मीद है।

वर्ष 2023-24 के लिए राजकोषीय घाटा जीएसडीपी के 3.5% (84,883 करोड़ रुपये) पर लक्षित है। वर्ष 2022-23 में, संशोधित अनुमानों के अनुसार, राजकोषीय घाटा जीएसडीपी का 4% रहने की उम्मीद है, जो कि वर्ष के बजट अनुमानों के बराबर है।

बजट 2023-24 के प्रमुख आंकड़े

विषय	2021-22 वास्तविक	2022-23 बजट	2022-23 संशोधित	% परिवर्तन वास्तविक 22-23 में संशोधित 22-23	2023-24 Budgeted	% परिवर्तन संशोधित 22-23 में वास्तविक 22-23
कुल व्यय	4,39,963	6,15,519	5,85,272	–4.90%	6,90,242	17.90%
(–) ऋण का भुगतान	28,726	32,563	22,565	–30.70%	31,181	38.20%
शुद्ध व्यय (E)	4,11,237	5,82,956	5,62,707	–3.50%	6,59,061	17.10%
कुल प्राप्तियाँ	4,47,702	5,90,952	5,76,129	–2.50%	6,83,293	18.60%
(–) ऋण	75,751	89,174	94,748	6.30%	1,09,115	15.20%
शुद्ध प्राप्तियाँ (R)	3,71,951	5,01,778	4,81,382	–4.10%	5,74,178	19.30%
राजकोषीय घाटा (E-R)	39,286	81,178	81,326	0.20%	84,883	4.40%
सकल राज्य घरेलू उत्पाद का प्रतिशत	2.10%	4.00%	4.00%	3.50%		
राजस्व अधिकता	33,430	43,124	53,907	25.00%	68,512	27.10%
सकल राज्य घरेलू उत्पाद का प्रतिशत	1.80%	2.10%	2.60%	2.80%		
प्राथमिक अंतर	–3,589	35,191	35,560	1.10%	34,628	–2.60%
सकल राज्य घरेलू उत्पाद का प्रतिशत	–0.20%	1.70%	1.70%	1.40%		

बजट अनुमानों की चिंताएँ-

राज्य बजट आंकड़ों के तीन सेट प्रदान करता है: (i) बजट अनुमान: आगामी वित्तीय वर्ष के लिए एक अनुमान, (ii) संशोधित अनुमान: चालू वित्तीय वर्ष के बजट अनुमानों में संशोधन, और (iii) वास्तविक: अंतिम लेखा परीक्षित राशि पिछले वर्ष के लिए। वास्तविक बजट अनुमानों से कम या अधिक हो सकते हैं। वास्तविक बजट अनुमानों की तुलना प्रस्तावित बजट की विश्वसनीयता को समझने में मदद करती है।

उत्तर प्रदेश के लिए इस तरह की तुलना 2021-22 में कम खर्च और कम राजस्व प्राप्ति का खुलासा करती है। उदाहरण के लिए, 2021-22 में एकत्र की गई शुद्ध प्राप्तियों में 12% की कमी और वास्तविक शुद्ध व्यय में 20% की कमी (बजट अनुमानों की तुलना में) हुई थी। नियंत्रक एवं महालेखा परीक्षक (कैग) ने 2016-17 और 2020-21 के बीच उत्तर प्रदेश में कम खर्च का पैटर्न देखा। 2019-20 में, कुल बजट प्रावधान का 20% अव्ययित रहा।

प्रतिबद्ध व्यय- राज्य के प्रतिबद्ध व्यय में आम तौर पर वेतन, पेंशन और ब्याज के भुगतान पर व्यय शामिल होता है। प्रतिबद्ध व्यय मदों के लिए आवंटित बजट का एक बड़ा हिस्सा पूंजी परिव्यय जैसी अन्य व्यय प्राथमिकताओं पर निर्णय लेने के लिए राज्य के लचीलेपन को सीमित करता है। 2023-24 में, उत्तर प्रदेश द्वारा प्रतिबद्ध व्यय पर 3,25,204 करोड़ रुपये खर्च करने का अनुमान है, जो इसकी अनुमानित राजस्व प्राप्तियों का 57% है। इसमें वेतन (राजस्व प्राप्तियों का 29%), पेंशन (14%), ब्याज भुगतान (9%), और सब्सिडी (5%) पर खर्च शामिल है। संशोधित चरण में 2022-23 में सब्सिडी पर व्यय में 12% की वृद्धि हुई। 2022-23 में पेंशन पर खर्च बजट अनुमान से 23% कम रहने का अनुमान है। 2021-22 में, वास्तविक के अनुसार, राजस्व प्राप्तियों का 59% प्रतिबद्ध व्यय के लिए खर्च किया गया था।

नीतियों के प्रमुख बिन्दु-

बिजली पर सब्सिडी-वर्ष 2023-24 में निजी नलकूप मालिकों की बिजली खपत पर दी जाने वाली सब्सिडी को 50% से बढ़ाकर 100% किया जाएगा। इस उद्देश्य के लिए 1,500 करोड़ रुपये आवंटित किए गए हैं।

बाढ़ नियंत्रण और सिंचाई-विभिन्न सिंचाई परियोजनाओं के लिए 10,952 करोड़ रुपये आवंटित किए गए हैं। इसमें से 3,400 करोड़ रुपये लघु सिंचाई परियोजनाओं पर खर्च किए जाएंगे।

विधवा पेंशन योजना-वर्ष 2023-24 में निराश्रित विधवा पेंशन योजना के लिए 4,032 करोड़ रुपये आवंटित किए गए हैं। योजनान्तर्गत 32.6 लाख निराश्रित विधवाओं को पेंशन प्रदान की जाती है।

ग्रामीण आवास-प्रधानमंत्री आवास योजना (ग्रामीण) के अंतर्गत 2023-24 में 12,39,877 घरों के निर्माण का लक्ष्य रखा गया है।

मुख्यमंत्री योगी आदित्यनाथ कई बार कह चुके हैं कि उनका लक्ष्य उत्तर प्रदेश को एक ट्रिलियन डॉलर की अर्थव्यवस्था बनाना है। उन्होंने यह भी आकांक्षा व्यक्त की है कि जब देश की अर्थव्यवस्था 10 ट्रिलियन डॉलर की होगी, तो उसमें राज्य की हिस्सेदारी दो ट्रिलियन डॉलर की होगी। निवेश प्रस्तावों को सेक्टर के हिसाब से देखने पर भी आशाजनक तस्वीर उभरती है।

आम तौर पर इलेक्ट्रॉनिक मैनुफैक्चरिंग पर जोर दिया जाता रहा है, लेकिन इस सम्मेलन में स्वच्छ ऊर्जा क्षेत्र के विस्तार पर बहुत फोकस रखा गया है। यह जरूरी भी है क्योंकि जलवायु संकट की चुनौतियों से निपटने, प्रदूषण नियंत्रित करने और आयातित ऊर्जा स्रोतों पर निर्भरता घटाने को सरकार ने प्रमुख प्राथमिकताओं में रखा है। राष्ट्रीय स्तर पर स्वच्छ ऊर्जा के उत्पादन में बीते वर्षों में उल्लेखनीय विकास हुआ है।

इस क्षेत्र में व्यापक निवेश की आवश्यकता है, जिसकी आंशिक पूर्ति इस सम्मेलन ने होने की आशा है। इस सेक्टर के बाद इलेक्ट्रॉनिक मैन्यूफैक्चरिंग, इंडस्ट्रियल पार्क, उच्च शिक्षा आदि में निवेश के प्रस्ताव हैं। साथ ही, मैन्यूफैक्चरिंग, वेयरहाउसिंग, रियल एस्टेट, आइटी, पर्यटन आदि के कई समझौते हुए हैं। इससे इंगित होता है कि सम्मेलन में हर क्षेत्र के विकास के लिए निवेश के प्रस्ताव आये हैं।

अभी देश में और वैश्विक स्तर पर जो आर्थिक स्थिति है, उसमें विकास पर असर पड़ना स्वाभाविक है। हालांकि हमारी वृद्धि दर अन्य अर्थव्यवस्थाओं से अधिक है, लेकिन उसे गति देना जरूरी है। इसमें निवेशक सम्मेलन जैसी पहलों की बड़ी भूमिका है। यदि अगले चार सालों में उत्तर प्रदेश में 30 लाख करोड़ रुपये से अधिक का निवेश होता है तथा देश के अन्य हिस्सों में ऐसे प्रस्तावों पर अमल होता है, तो इसमें कोई दो राय नहीं है कि अर्थव्यवस्था को बड़ा आधार मिलेगा।

इस संबंध में दो पहलुओं पर ध्यान देने की आवश्यकता है-एक, निवेश की मंशा धरातल पर उतरे तथा दो, इन प्रयासों का

उद्देश्य रोजगार और उत्पादन बढ़ाना हो। अभी हमारी सबसे बड़ी चुनौती बाजार में मांग बढ़ाना है। यह तभी संभव होगा, जब अधिक रोजगार होगा और लोगों की आमदनी बढ़ेगी। यह सुखद है कि हमारे उद्योगपति उन राज्यों में भी पैसा लगाने और उद्योग स्थापित करने के लिए आगे आ रहे हैं, जिन्हें विकास की बड़ी आवश्यकता है। आशा है कि उत्तर प्रदेश के अनुभव और प्रयास अपेक्षाकृत पिछड़े राज्यों के लिए उदाहरण बनेंगे तथा वहां भी निवेश में वृद्धि होगी।

उत्तर प्रदेश को $1 ट्रिलियन अर्थव्यवस्था के लक्ष्य को प्राप्त करने के लिए यह आवश्यक है कि राज्य के राजनीतिक और नौकरशाही नेतृत्व लीक से हटकर सोचें और विकास के नए रास्तों की पहचान करें।

इस लक्ष्य को प्राप्त करने के पांच क्षेत्र हो सकते हैं- हरित उद्योग, विशेष आर्थिक क्षेत्र, उद्योग 4.0, पर्यटन और शहरीकरण, जो विकास के पारंपरिक स्रोतों से काफी आगे जाते हैं और इसलिए अगले पांच से सात सालों में यूपी की अर्थव्यवस्था की विकास दर को बढ़ाने में योगदान देने में सक्षम होने चाहिए।

इसके अतिरिक्त, ये नए-नए रास्ते सिर्फ एक बाजार के रूप में यूपी और/या भारत पर भरोसा नहीं कर सकते हैं। इसके बजाय, यूपी को विदेशी बाजारों से भी आगे देखने की जरूरत होगी। यह सही है कि, एक लैंडलॉक राज्य होने के नाते, निर्यात के लिए एक प्रमुख मंच बनने से इसकी अपनी चुनौतियां होंगी, लेकिन कम लागत और देश का एक कुशल विनिर्माण आधार बनकर इन बाधाओं पर काबू पाया जा सकता है।

हरित उद्योग

हरित उद्योग और हरित नौकरियां भविष्य हैं और जितनी जल्दी एक अर्थव्यवस्था उन्हें अपनाती है, मध्यम से दीर्घावधि में सतत विकास और विकास के लिए उतना ही बेहतर है। इस दृष्टि से, इलेक्ट्रिक वाहन (ईवी) और सौर पैनल के उदाहरण सामने आते हैं। उत्तर प्रदेश को इन दोनों क्षेत्रों में भारत का नंबर वन हब बनने का आक्रामक प्रयास करना चाहिए।

मुख्यमंत्री योगी आदित्यनाथ के नेतृत्व में टाटा मोटर्स, महिंद्रा एंड महिंद्रा, अशोक लीलैंड, टेस्ला, टोयोटा, बीवाईडी, जनरल मोटर्स, वोक्सवैगन, एसएआईसी-जीएम-विलिंग मोटर्स, बीएमडब्ल्यू, निसान, हुंडई और फोर्ड सहित दुनिया की सबसे बड़ी ईवी कंपनियों को आकर्षित करने के लिए एक वृहत प्रयास शुरू किया जाना चाहिए।

इसी तरह सोलर पैनल के उत्पादन के लिए भी उत्तर प्रदेश को एक बड़ा प्लेटफॉर्म बनाने का लक्ष्य रखना चाहिए। भारत में अडाणी सोलर, विक्रम सोलर, वारी एनर्जीज, टाटा पावर सोलर आदि से संपर्क किया जा सकता है। भारत के बाहर से, SunPower, Zenernet Solar, Sunrun, आदि का बड़े पैमाने पर दोहन किया जा सकता है।

यूपी को इन कंपनियों के लिए एक आकर्षक और बेहतर रणनीति बनाने की जरूरत है जिससे कि यह न केवल राज्य और देश में सबसे बड़ा बाजार प्रदान करेगा, बल्कि दक्षिण एशिया, पूर्व और लैटिन अमेरिका। उप-सहारा अफ्रीका, मध्य में अन्य देशों को बिक्री के लिए एक प्रमुख निर्यात मंच भी बन सकता है। इसके अलावा, राज्य एक बहुत ही आकर्षक निवेश पैकेज, सिंगल-विंडो क्लीयरेंस, भूमि की त्वरित उपलब्धता, श्रम और अन्य सभी प्रमुख आवश्यकताओं को रिकॉर्ड समय में स्थापित करने के लिए विनिर्माण संयंत्रों की पेशकश करेगा।

विशेष आर्थिक क्षेत्र के लिए रणनीति

विनिर्माण क्षेत्र में उत्तर प्रदेश को अपनी विशेष आर्थिक क्षेत्र (एसईजेड) की रणनीति पर पुनर्विचार करने की जरूरत है। यदि यूपी को आने वाले वर्षों और दशकों में आर्थिक विकास की उच्च दर को बनाए रखना है तो एसईजेड की महत्ता को समझना अति आवश्यक हैं। एसईजेड उत्तर प्रदेश को विनिर्माण निर्यात के लिए एक मंच बनाने में एक प्रमुख भूमिका निभा सकता है, विशेष रूप से श्रम प्रधान विनिर्माण में, जो राज्य को करोड़ों नौकरियां सृजित करने, बड़े पैमाने पर प्रत्यक्ष विदेशी निवेश (एफडीआई) को आकर्षित करने और अपनी निर्यात आय को बढ़ावा देने में मदद करेगा।

राज्य को बहुत बड़ी संख्या में बहुत छोटे पैमाने के एसईजेड के लिए अनुमोदन देने के बजाय तीन-चार बड़े एसईजेड विकसित करने पर ध्यान देना चाहिए। चीन में 150 वर्ग किमी क्षेत्रफल वाले एसईजेड की तुलना में भारत मे आधी से अधिक ऐसी एसईजेड परियोजनाओं को मंजूरी दी गई है, जो 1 वर्ग किमी से कम क्षेत्र को कवर करती हैं।

यूपी में एसईजेड को उदार श्रम कानूनों और निकास नीतियों के अनुकूल ही तैयार किया जाना चाहिए अन्यथा चीनी एसईजेड की तरह सफल होने की संभावना नहीं होगी। चूंकि श्रम कानून संविधान की समवर्ती सूची के अंतर्गत आते हैं, इसलिए संघ और राज्य दोनों सरकारें इस पर कानून बना सकती हैं। हालाँकि, संघ सरकार औद्योगिक विवाद अधिनियम जैसे कानूनों में सुधार के

लिए पर्याप्त राजनीतिक इच्छाशक्ति नहीं जुटा पाई है, जिससे ऐसे निर्णय राज्य सरकारों पर छोड़ दिए गए हैं और केवल कुछ मुट्ठी भर राज्य सरकारों ने देश के कठोर श्रम कानून में मामूली बदलाव करने का प्रयास किया है। इसके साथ ही एक निकास नीति तैयार करने की भी आवश्यकता है ताकि उद्योग बाजार मे स्वतंत्र रूप से प्रवेश कर सकें और बाहर निकल सकें। जबकि नीति को कुछ सुरक्षा उपायों की आवश्यकता और संभावित योग्यता को पहचानना चाहिए, अगर गलत तरीके से डिजाइन किया गया और/या खराब तरीके से लागू किया गया, तो यह एक बाधा बन जाएगी जो उद्योगों के स्वास्थ्य पर प्रतिकूल प्रभाव डाल सकती है।

उत्तर प्रदेश में एसईजेड की सफलता के लिए, निर्यात वातावरण के सभी प्रमुख पहलुओं को सुरक्षित करने की आवश्यकता है। उदाहरण के लिए, निर्यातकों को मध्यवर्ती उत्पादों और पूंजीगत वस्तुओं को शुल्क मुक्त आयात करने की अनुमति दी जानी चाहिए। उन्हें उदार कर-अवकाश दिया जाना चाहिए। निर्यातकों को अक्सर भूमि, बिजली, भौतिक सुरक्षा, बंदरगाहों तक परिवहन आदि के प्रावधान के माध्यम से अच्छे भौतिक बुनियादी ढांचे का आश्वासन दिया जाना चाहिए।

एसईजेड में, यूपी को इलेक्ट्रॉनिक्स, परिधान, प्लास्टिक के खिलौने, soft toys, चीनी मिट्टी की चीज़ें और कई अन्य श्रम-गहन क्षेत्रों सहित कई क्षेत्रों में निर्यात प्रतिस्पर्धात्मकता प्राप्त करने के लिए पूंजी और विशेषज्ञता प्रदान करने के लिए प्रत्यक्ष विदेशी निवेशकों को आमंत्रित करना चाहिए। प्रत्येक क्षेत्र में, विदेशी निवेशक पूंजी और विशेषज्ञता को बड़ी और कम लागत वाली यूपी श्रम शक्ति के साथ जोड़ने की कुंजी होगी। विदेशी निवेशकों को उत्पाद डिजाइन, विशेष मशीन उपकरण और पूंजीगत सामान, प्रमुख मध्यवर्ती उत्पाद और विश्व विपणन चैनलों का ज्ञान लाना चाहिए।

एक आकर्षक उदाहरण यह है कि सेमीकंडक्टर्स के क्षेत्र में वैश्विक खिलाड़ी भारत पर चिप निर्माण केंद्र बनने का दांव लगा रहे हैं। यूपी को राज्य में अपने संयंत्र स्थापित करने के लिए चिप निर्माण कंपनियों को आकर्षित करने के लिए हर संभव प्रयास करना चाहिए। यदि बड़े पैमाने पर निर्यात सुनिश्चित किया जा सकता है तो शायद चिप निर्माण के लिए एक एसईजेड समर्पित किया जा सकता है। यदि एसईजेड नहीं है, तो ऐसी फर्मों के लिए एक इलेक्ट्रॉनिक क्षेत्र निर्धारित किया जा सकता है। स्वदेशी प्रौद्योगिकियों और विनिर्माण क्षमताओं का पूरी तरह से उपयोग किया जाना चाहिए और आईआईटी-कानपुर के साथ साझेदारी में, राज्य को फर्मों को आकर्षित करने के लिए सर्वोत्तम शर्तों की पेशकश करनी चाहिए। भारत का घरेलू सेमीकंडक्टर बाजार विदेशी निर्माताओं के लिए एक बड़ा आकर्षण होगा, लेकिन यूपी को कर्नाटक, महाराष्ट्र और तमिलनाडु जैसे राज्यों के साथ कड़ा मुकाबला करना होगा।

निष्कर्ष में देखा जाए तो एसईजेड निश्चित तौर पर एक ऐसा क्षेत्र है जो बड़े पैमाने पर निवेश को आकर्षित करने में मदद करता है, नौकरियां पैदा करता है और निर्यात को बढ़ावा देता है, लेकिन यह भी सच है कि जब तक ऊपर सूचीबद्ध कुछ चिंताओं को दूर नहीं किया जाता है, तब तक परिणाम बहुत उत्साहजनक होने की संभावना नहीं है।

चौथी औद्योगिक क्रांति अर्थव्यवस्था

चौथी औद्योगिक क्रांति (4th IR), (जिसमें मशीन लर्निंग, आर्टिफिशियल इंटेलिजेंस, ऑटोनॉमस ट्रांसपोर्टेशन और क्लाउड कंप्यूटिंग से लेकर टेक्नोलॉजी का उद्भव शामिल है) ने आदमी और मशीन के बीच के रिश्ते को स्थायी रूप से बदलकर आर्थिक इतिहास में एक बड़ा बदलाव ला दिया है।

चौथी औद्योगिक अर्थव्यवस्था में, जिसे कुछ विशेषज्ञों ने उद्योग 4.0 या दूसरी मशीन युग के रूप में भी संदर्भित किया है, मानव द्वारा डिजाइन की गई डिजिटल प्रक्रियाएँ सीखने की क्षमता प्राप्त करेंगी और डेटा के साथ निरंतर पुनरावृत्त बातचीत के माध्यम से खुद को परिपूर्ण करेंगी, और इससे पहले की तुलना में अधिक स्रोतों के साथ साझा किया जाएगा।

ऐसा करने में, उन्हें प्रदान किए गए डेटा के वृहत आकार और प्रकार के कारण, मशीनें तरल पदार्थ और अप्रत्याशित परिस्थितियों से बातचीत करने की क्षमता प्राप्त करेंगी जो लंबे समय से मानव ऑपरेटरों, डिजाइनरों और प्रबंधकों के लिए आरक्षित रही हैं। यह मनुष्यों को केवल रचनात्मकता, प्रबंधन और मानव संपर्क से संबंधित कार्यों के लिए जिम्मेदार छोड़ सकता है, बाकी के लिए रोबोट जिम्मेदार होंगे।

यूपी सरकार के लिए आईआईटी-कानपुर (आईआईटी-के) और आईआईएम-लखनऊ (आईआईएम-एल) के संकाय सदस्यों के साथ जुड़ना एक सार्थक प्रस्ताव हो सकता है, उदाहरण के लिए, यह पता लगाने के लिए कि यूपी को भारत में एक बड़े डेटा भंडारण और विश्लेषण के लिए एक प्रमुख हब बनने में किन चीजों की आवश्यकता होगी।

राज्य में IIT-K और IIM-L की उपस्थिति को कौशल और प्रतिभा के विशाल भंडार के रूप में देखा जाना चाहिए जिसे राज्य सरकार को किसी भी और हर पहल के लिए उपयोग करना चाहिए जहां उनकी विशेषज्ञता का लाभकारी उपयोग किया जा सके। इस दृष्टि से यूपी सरकार को एक इंटर्नशिप कार्यक्रम शुरू करना एक बेहतरीन सुझाव हो सकता है, जो इन दो बेहतरीन संस्थानों के मेधावी छात्रों को अधिक से अधिक सरकारी विभागों में काम करने और अपने विचारों को साझा करने की अनुमति देगा। एक जिला एक उत्पाद पहल में उन्हें शामिल करना भी एक अच्छा कदम हो सकता है। सरकारी तंत्र के बाहर काम करने और पढ़ने वाले युवा और उज्ज्वल दिमाग भी लीक से हटकर समाधानों के बारे में सोचने में अच्छे सहायक हो सकते हैं।

पर्यटन

यूपी का एक बड़ा हिस्सा ग्रामीण और धार्मिक पर्यटन के लिए शानदार गंतव्य प्रदान करता हैं। कला, शिल्प और संस्कृति से समृद्ध, ग्रामीण यूपी के चुनिंदा हिस्सों को प्रमुख धार्मिक केंद्रों के साथ मिलाकर घरेलू और विदेशी पर्यटकों को आकर्षित करने के उद्देश्य से विकसित किया जाना चाहिए।

यदि इस विचार के लिए एक ठोस प्रयास किया जाता है, तो यात्रा में आसानी के लिए सही संपर्क विकसित कर, अच्छे होटल, धार्मिक केंद्रों में और उसके आसपास स्वच्छता, और सबसे बढ़कर, उचित विपणन के माध्यम से आने वाले वर्षों में यह विकास का एक प्रमुख स्रोत बन सकता है।

शहरीकरण

एक लैंडलॉक राज्य के साथ-साथ , केवल 23 प्रतिशत की शहरीकरण दर और मुख्य रूप से कृषि प्रधान अर्थव्यवस्था की वजह से उत्तर प्रदेश मुख्य रूप से ग्रामीण राज्य है। हालांकि, आगे बढ़ने के लिए, उत्तर प्रदेश को ग्रामीण विकास, शहरी स्थिरता, राज्य के बुनियादी ढांचे और मानव पूंजी और जनसंख्या के क्षेत्रों में भारी चुनौतियों का सामना करना पड़ेगा। उत्तर प्रदेश आने वाले वर्षों और दशकों में अपनी शहरी अर्थव्यवस्था में करोड़ों लोगों को जोड़ेगा।

राज्य को तत्काल अधिक शहरों को विकसित करने की आवश्यकता है। अब तक, दुनिया भर से पर्याप्त अनुभवजन्य साक्ष्य मिल चुके हैं कि उच्च शहरीकरण से उच्च आर्थिक विकास होता है। भारत में भी, कई अध्ययनों में पाया गया है कि शहरीकरण एक महत्वपूर्ण कारक है, जो तमिलनाडु, महाराष्ट्र, कर्नाटक आदि जैसे राज्यों में उच्च विकास की व्याख्या करता है।

उत्तर प्रदेश के शहरों को स्मार्ट, सुरक्षित, कुशल, रहने के लिए सुखद, बुनियादी ढांचे (पानी, सीवरेज, बिजली, परिवहन, आदि) द्वारा समर्थित होना चाहिए और ऐसी नौकरियां पैदा करने में सक्षम होना चाहिए जो विश्व स्तर पर प्रतिस्पर्धी हों। संक्षेप में, राज्य को टिकाऊ शहरी नियोजन में क्रांति की जरूरत है।

एक ट्रिलियन-डॉलर की अर्थव्यवस्था के लक्ष्य तक पहुँचने के लिए इन पांच व्यापक रास्तों के अलावा, राज्य को कृषि उत्पादकता को पर्याप्त रूप से बढ़ाने के महत्व पर विचार करना चाहिए जिसमें केंद्रीय और पूर्वी उत्तर प्रदेश पर केंद्रित हरित क्रांति लाना अनिवार्य रूप से शामिल हो, कृषि आधारित उद्योग को सख्ती से बढ़ावा देना, उत्तर प्रदेश को विनिर्माण के एक प्रमुख मंच के रूप में विकसित करने के लिए आधार तैयार करना, आईटी और आईटीईएस कंपनियों और मोटे तौर पर सेवा क्षेत्र के लिए राज्य को एक प्रमुख केंद्र के रूप में विकसित करना, बुनियादी ढाँचे को विकसित करने के लिए प्रमुख और निरंतर प्रयास-कठोर (सड़क, हवाई अड्डे और एक्सप्रेसवे) और नरम (प्राथमिक स्वास्थ्य और शिक्षा), दोनों-ओर सूचना संचार प्रौद्योगिकी का व्यापक उपयोग, जिसमें विकासात्मक प्रक्रियाओं को छलांग लगाने के लिए स्मार्टफोन और प्लेटफॉर्म शामिल हैं।

उत्तर प्रदेश भारत की तीसरी सबसे बड़ी राज्य अर्थव्यवस्था है। 2020-21 में यूपी का सकल राज्य घरेलू उत्पाद (जीएसडीपी) 17 लाख करोड़ रुपए था। 2016-17 से 2018-19 तक सकल राज्य घरेलू उत्पाद में 10% की वृद्धि दर्ज करते हुए मजबूत प्रतीत हो रहा था। जहां एक तरफ 2019-20 में मंदी दिखाई दी, 2020-21 की वृद्धि स्पष्ट रूप से महामारी से बाधित हुई। भले ही, यूपी ने लगातार राष्ट्रीय सकल घरेलू उत्पाद में 8.3-8.4% का योगदान दिया है, जो कि महामारी से प्रभावित वर्ष में बढ़कर 8.6% हो गया है। प्रशासन सुधार एवं लोक शिकायत विभाग (डीएआरपीजी) द्वारा तैयार सुशासन सूचकांक (जीजीआई) 2021 के वाणिज्य एवं उद्योग श्रेणी में राज्य हाल ही में शीर्ष पर आ गया है। उत्तर प्रदेश ने आगे के वर्षों में भी 8.9% की गतिशील वृद्धि दिखाई है।

महाराष्ट्र, तमिलनाडु, कर्नाटक और गुजरात के बाद शीर्ष 5 राज्य अर्थव्यवस्थाओं में उत्तर प्रदेश का एक अनूठा स्थान है। सकल राज्य मूल्य वर्धित (जीएसवीए) में कृषि योगदान लगातार बढ़ रहा है और 2020-21 में 26% है। मगर उद्योग क्षेत्र पिछड़ रहा है, और महामारी द्वारा और भी बाधित किया गया है। इसने 2020-21 में जीएसवीए में 25% का योगदान दिया, शेष 49% सेवा क्षेत्रों से प्राप्त हुआ।

भारत और विशेष रूप से यूपी, कृषि क्षेत्र पर कार्यबल की असममित निर्भरता का सामना करता है। मगर उत्तर प्रदेश ने उच्च विकास की प्रवृत्ति का प्रदर्शन किया है। इसकी बड़ी युवा आबादी और मजबूत नेतृत्व के साथ इसे एक त्वरित विकास इंजन में परिवर्तित किया जा सकता है। 2020-21 में यूपी की जीएसडीपी यूएसडी से रुपये में बदलने पर 227 बिलियन यूएस डॉलर है। 2030 तक USD 1 ट्रिलियन का लक्ष्य प्राप्त किया जा सकता है, जो INR 75 पर डॉलर के साथ 18% नाममात्र की वृद्धि के आक्रामक YoY (Year over Year) लक्ष्य का अनुवाद करता है। हालाँकि, यूपी पहले इतनी दर से नहीं बढ़ा है, और ऐसा करने के लिए एक परिवर्तनकारी एजेंडे की आवश्यकता है। 13% की मजबूत सांकेतिक विकास दर पर, राज्य 2034 में 1 ट्रिलियन अमेरिकी डॉलर तक पहुंच जाएगा, जो अभी भी एक उल्लेखनीय उपलब्धि होगी। इसके लिए, बड़ी आबादी को गुणवत्तापूर्ण रोज़गार और मजदूरी के अवसर प्रदान करते हुए इष्टतम विकास सुनिश्चित करने के लिए तीनों क्षेत्रों में बजट आवंटन को संतुलित किया जाना चाहिए।

उच्च कार्यबल पर निर्भरता के साथ कृषि क्षेत्र में असमान रूप से निम्न आय एक चुनौती बनी हुई है। अतिरिक्त कार्यबल को कृषि से उद्योग और सेवाओं में स्थानांतरित करने की तत्काल आवश्यकता है, जिसमें उच्च मूल्य वृद्धि की क्षमता है और प्रति व्यक्ति आय वृद्धि को राष्ट्रीय औसत के करीब ले जा सकता है।

यूपी के पूर्वी और पश्चिमी जिलों के बीच बड़ी असमानता एक और चुनौती है। लेकिन अब पूर्वांचल जिलों को दिल्ली से जोड़ने वाले एक एक्सप्रेसवे के साथ, कुशीनगर में एक अंतर्राष्ट्रीय सहित दो हवाई अड्डों और स्थानीय उत्पादन और हस्तकला को बढ़ावा देने से इस क्षेत्र में निवेश और नौकरी के अवसर खुल गए हैं जो अर्थव्यवस्था को बढ़ावा देंगे। इसके अलावा, एक शहरीकरण एजेंडा जो विकासशील समूहों पर केंद्रित है, राज्य को संतुलित करने में मदद करेगा। उत्तर प्रदेश नीति आयोग के आकांक्षी जिला मॉडल जैसा कार्यक्रम शुरू कर सकता है ताकि पिछड़े राज्यों में सुधार किया जा सके और उन्हें राज्य के बाकी हिस्सों की तुलना में तेजी से बढ़ने में मदद मिल सके।

भले ही यूपी मानव संसाधन विकास जीजीआई-2021 इंडेक्स में दूसरे स्थान पर है, लेकिन इसमें अभी भी सुधार की जरूरत है। यूपी ने एक मजबूत शिक्षा पाइपलाइन का निर्माण किया है और इसे उद्योग के लिए तैयार कौशल विकास में शामिल करना चाहिए।

यूपी का विशाल युवा जनसांख्यिकीय बड़े पैमाने पर श्रम प्रधान उद्योग (एलआईआई) कार्यक्रम चलाने के लिए आदर्श है। कोविड - 19 के नतीजे के साथ, कई देश चीन से विनिर्माण और आपूर्ति श्रृंखलाओं में विविधता लाना चाह रहे हैं, और यूपी सरकार उन्हें राज्य में आमंत्रित करने के लिए कदम उठा रही है।

देश में यूपी की केंद्रीय स्थिति और डेडीकेटेड फ्रेंट कॉरिडोर इसे एंड-टू-एंड एलआईआई पारिस्थितिक तंत्र का पता लगाने के लिए और भी आकर्षक स्थान बनाते हैं। नोएडा में आने वाली नई प्रोडक्शन लिंक्ड इंसेंटिव स्कीम और इलेक्ट्रॉनिक्स इंडस्ट्री इकोसिस्टम के साथ-साथ मुख्यमंत्री योगी आदित्यनाथ की आक्रामक औद्योगिक नीतियां उम्मीद जगाती हैं। एलआईआई से परे, यूपी को विशेष उद्योगों जैसे इलेक्ट्रॉनिक्स घटक डिजाइन, रक्षा भागों के निर्माण और महत्वपूर्ण आर एंड डी और उच्च मूल्य वर्धन के लिए आईपी उत्पादन घटक के साथ फार्मास्यूटिकल्स की आवश्यकता है।

बड़ी आबादी और कम प्रति व्यक्ति आय वाले उत्तर प्रदेश में विकास, भारत के 10 ट्रिलियन अमेरिकी डॉलर के लक्ष्य तक पहुंचने और खुद को बदलने के लिए बेहद महत्वपूर्ण है। नए परिसीमन के चलते राज्य आज की तुलना में राजनीतिक रूप से अधिक महत्वपूर्ण हो जाएगा। भारत के आर्थिक पथ में इस बड़ी भूमिका को निभाने के लिए यूपी को बदलने के लिए इसके समाज और गतिशील राजनीतिक नेतृत्व के भीतर कई परतों पर ध्यान केंद्रित करते हुए विकास के एक नए पथ की आवश्यकता है। अगर उत्तर प्रदेश नेतृत्व करे तो भारत एक प्रमुख राजनीतिक शक्ति के रूप में सफल हो सकता है।

उत्तर प्रदेश देश का सबसे अधिक जनसंख्या वाला राज्य है। अगर यहां पर उद्योगों और कारोबारों का विस्तार होता है, तो इससे देश के विकास और रोजगार के अवसरों को बढ़ाने में बड़ी मदद मिलेगी। अगर हम निवेशक सम्मेलन के विवरणों को देखते हैं, तो उसमें अनेक उत्साहवर्धक बातें हैं। बीते दशकों में राज्य में विकास मुख्य रूप से पश्चिमी उत्तर प्रदेश, खासकर दिल्ली से सटे क्षेत्रों, में केंद्रित रहा है। स्वाभाविक रूप से इस सम्मेलन में सबसे अधिक निवेश की मंशा इसी हिस्से को लेकर है, पर दूसरे स्थान पर पूर्वांचल का इलाका है। यहां यह उल्लेख करना जरूरी है कि अगर पूर्वांचल में औद्योगिक विकास होता है, तो उसका कुछ लाभ उस हिस्से से सटे बिहार के जिलों को भी मिलेगा। निवेश समझौतों

में 45 प्रतिशत प्रस्ताव दिल्ली से सटे हिस्सों को लेकर हैं और 29 प्रतिशत निवेश की मंशा पूर्वांचल को लेकर व्यक्त की गयी है।

निवेशक सम्मेलन में आदित्य बिड़ला समूह के कुमारमंगलम बिड़ला ने कहा कि वे विभिन्न क्षेत्रों में 25 हजार करोड़ रुपये का निवेश करेंगे। इस समूह के हिंडालको का एक संयंत्र सोनभद्र के रेणुकूट में है. रिलायंस समूह के मुकेश अंबानी ने सम्मेलन में जानकारी दी कि उन्होंने 2018 में जो 50 हजार करोड़ रुपये लगाने का वादा किया था, उसे पूरा किया जा चुका है।

इसके हवाले से एक अहम बात हमें ध्यान में रखनी चाहिए। उत्तर प्रदेश ही नहीं, अनेक राज्यों में ऐसा देखा गया है कि निवेश के अनेक समझौते बस कागजों तक सीमित रह जाते हैं या उनमें मामूली प्रगति होती है। सरकारों और उद्यमियों को समझौतों को साकार करने के लिए लगातार कोशिश करनी चाहिए तथा इसकी प्रगति की जानकारी समय-समय पर देनी चाहिए। अंबानी का वादा पूरा करना निश्चित ही उत्साहजनक है। उन्होंने यह भी दावा किया है कि इस निवेश से प्रत्यक्ष और परोक्ष रूप से 80 हजार रोजगार के अवसर पैदा हुए हैं। उन्होंने अगले चार साल में अतिरिक्त 75 हजार करोड़ रुपये के निवेश का वादा भी किया है। टाटा समूह ने निवेश का आंकड़ा तो नहीं दिया है, लेकिन उसकी ओर से कहा गया है कि एयर इंडिया के माध्यम से वह राज्य में हवाई कनेक्टिविटी-माल ढुलाई और यात्री आवागमन-बढ़ाने में योगदान देगा। यह समूह हॉस्पिटलिटी व्यवसाय में भी है। उसके विस्तार से पर्यटन क्षेत्र को लाभ होगा।

उत्तर प्रदेश के प्रमुख उद्योग

कृषि, पशुधन, मत्स्य पालन

राष्ट्रीय खाद्यान्न भंडार में यूपी का बड़ा योगदान है। राज्य में सिंधु-गंगा के मैदान के उपजाऊ क्षेत्र शामिल हैं जो कृषि विकास का कारण है। इसमें नहरों और नलकूपों की सिंचाई की सुविधा भी है। पश्चिमी उत्तर प्रदेश सिंचाई के मामले में विकसित हुआ है। उत्तर प्रदेश में कुछ लघु उद्योग हैं लखीमपुर खीरी देश का एक प्रमुख चीनी उत्पादक क्षेत्र है। राज्य मुख्य रूप से चावल, तिलहन, दलहन और आलू, आम के उत्पादन के लिए जाना जाता है। उत्तर प्रदेश में मछली पकड़ने का एक प्रमुख क्षेत्र भी है जिसमें 170 से अधिक प्रकार की मछलियाँ हैं। कृषि उत्तर प्रदेश के प्रमुख उद्योगों में से एक है।

खनिज और भारी उद्योग

उत्तर प्रदेश कई महत्वपूर्ण खनिजों का स्रोत है। इसमें रत्न, डोलोमाइट, और कोयला, सल्फर, पाइरोफलाइट, डायस्पोर, चूना पत्थर और सिलिका बालू के भंडार हैं। सोनभद्र, मिर्जापुर, गाजियाबाद, कानपुर, गौतम बौद्ध नगर, लखनऊ और बलरामपुर उत्तर प्रदेश के प्रमुख औद्योगिक क्षेत्र हैं। यह उत्तर प्रदेश के प्रमुख उद्योगों में से एक है।

चीनी उद्योग

देश में चीनी उत्पादन में उत्तर प्रदेश का प्रथम स्थान है। यहां चीनी की 109 मिलें हैं। भारत का लगभग 30% चीनी उत्तर प्रदेश उत्पादित करता है। चीनी की मिले मुख्यत: गोरखपुर, देवरिया, गाजियाबाद, मेरठ, कानपुर, शाहजहांपुर, लखनऊ, वाराणसी, फैजाबाद, इलाहाबाद, बस्ती, और बरेली में है। इसी उद्योग के अंतर्गत दानेदार चीनी के अतिरिक्त खांडसारी शक्कर (तमार) भी बनाई जाती है। गुड़ उत्पादन में भी उत्तर प्रदेश सबसे आगे है। गुड़ बनाने के प्रमुख केंद्र सीतापुर,बरेली, मुजफ्फरनगर और मेरठ हैं।

सूती वस्त्र

उत्तर प्रदेश में सूती वस्त्र उद्योग की दृष्टि से देश में तृतीय स्थान है। यहां सूती वस्त्र की 68 मिलें हैं। ये मिलें कानपुर, आगरा, बरेली, मेरठ, गाजियाबाद, हरदोई, हाथरस, अलीगढ़, सहारनपुर, बदायूं, इलाहाबाद, मऊ, वाराणसी, रामपुर, कानपुर में मोटे और मध्यम प्रकार का कपड़ा, तंबू ढेरे और दुस्ती कपड़ा अधिक बनाया जाता है। प्रदेश में उत्तर प्रदेश राज्य वस्त्र निगम द्वारा 13 कताई मिलों का संचालन किया जा रहा है। इनमें 5.2 लाख तकुओं की क्षमता वाली मशीनें लगी है। इसके अतिरिक्त उत्तर प्रदेश सहकारी कताई मिल संघ द्वारा 11 कताई मिलों का संचालन किया जा रहा है। दरियाँ बनाने के प्रमुख केंद्रों में बरेली, आगरा, इटावा, सीतापुर, मिर्जापुर, शाहजहांपुर तथा मुरादाबाद है। गलीचे बनाने के केंद्रों में आगरा, वाराणसी, मैनपुरी और मिर्जापुर है। कपास ओटने के कारखाने प्रदेश के लगभग सभी बड़े नगरों में केंद्रित है।

ऊनी वस्त्र उद्योग

ऊनी वस्त्र उद्योग का भी प्रदेश के कुछ केंद्रों में विकास हुआ है। मिलों की संख्या 8 है जिनमें 7 कताई की तथा एक संयुक्त मिल है। प्रमुख केंद्र कानपुर है। यहां की लाल इमली मिल प्रसिद्ध है। इसके अलावा मिर्जापुर में भी एक मिल है।

दियासलाई उद्योग

इस उद्योग का प्रमुख केंद्र बरेली है। इसके अतिरिक्त सहारनपुर, लखनऊ, इलाहाबाद, मेरठ छावनी में दरामपुर में भी दिया सलाई के कारखाने हैं।

चमड़ा उद्योग

चमड़ा उद्योग प्रदेश का उन्नतिशील उद्योग है। प्रदेश का कानपुर नगर चमड़ा उद्योग के लिए संपूर्ण भारत में प्रसिद्ध है। आगरा, मेरठ, लखनऊ तथा बरेली में चमड़ा उद्योग के अन्य महत्वपूर्ण केंद्र है।

कागज उद्योग

राज्य में कागज की मिलें सहारनपुर, कानपुर, गाजियाबाद, मुरादाबाद, तथा लखनऊ में स्थित है। सर्वाधिक मिलें मुजफ्फरनगर में है। दफ्ती कागज (कार्ड-बोर्ड) बनाने की मिलें इलाहाबाद, कानपुर, सहारनपुर तथा मेरठ में है। मेरठ में गन्ने की खोई से कार्ड-बोर्ड बनाया जाता है।

कांच उद्योग

उत्तर प्रदेश राज्य का देश के कांच उद्योग में महत्वपूर्ण स्थान है। राज्य में कांच कारखाने की कुल संख्या 32 है तथा चूड़ियां बनाने के 90 कारखाने हैं। फिरोजाबाद विश्व प्रसिद्ध चूड़ियों का निर्माण केंद्र है। फैजाबाद के अतिरिक्त बहजोई, नैनी (इलाहाबाद), मेरठ, गाजियाबाद, वाराणसी, लखनऊ, बाला वर्ली, शिकोहाबाद, तथा हाथरस, कांच उद्योग के प्रमुख केंद्र है। सबसे अधिक लघु उद्योग गाजियाबाद (888) में स्थित है।

एल्युमिनियम उद्योग

प्रदेश में एल्युमिनियम उद्योग का एकमात्र केंद्र सोन नदी की घाटी में स्थित मिर्जापुर जिले में है। मिर्जापुर जिले के रेणुकूट नामक स्थान पर स्थित हिंदुस्तान एल्युमिनियम कॉरपोरेशन के कारखाने में नजदीक के वाराणसी तथा बांदा जिले से प्राप्त बॉक्साइट का उपयोग करके एल्युमिनियम धातु के पिंड और चादर बनाए जाते हैं। इसके अतिरिक्त, मेरठ, अलीगढ़, आगरा, कानपुर, तथा मथुरा आदि नगरों में एल्युमिनियम की चादरों से बर्तन बनाने के छोटे-छोटे कारखाने स्थित है।

रासायनिक उद्योग

इस उद्योग के अंतर्गत मुख्य रूप से रासायनिक क्रियाओं के द्वारा अन्य उद्योगों के लिए रासायनिक पदार्थों का निर्माण होता है। गंधक का तेजाब, हाइड्रोक्लोरिक एसिड, सोडा ऐश, अमोनिया, ब्लीचिंग पाउडर, दवाइयां, रंग-रोगन आदि इनमें प्रमुख है। उत्तर प्रदेश में गंधक का तेजाब बायो सल्फाइड बनाने का कारखाना कानपुर में सोडा ऐश और अमोनिया क्लोराइड बनाने का कारखाना वाराणसी में, कृत्रिम रबड़ का कारखाना बरेली में, गंधक का तेजाब व अन्य रसायनिक पदार्थ बनाने का कारखाना गाजियाबाद में तथा लोहे के कणों से युक्त सिलिका बालू तैयार करने के कारखाने इलाहाबाद के शंकरगढ़ में स्थित है।

स्प्रिट और शराब उद्योग

स्प्रिट और शराब बनाने के कारखाने ग़ाजियाबाद, उन्नाव, लखनऊ, रामपुर, मेरठ, सहारनपुर, दौराला, मंसूरपुर और नवाबगंज में है।

साबुन उद्योग

साबुन बनाने के कारखाने कानपुर, आगरा, मोदीनगर, गाजियाबाद, मेरठ, व अन्य नगरों में केंद्रित है।

खाद्य तेल उद्योग

उत्तर प्रदेश में तेल की आधुनिक बड़ी मिले कानपुर, आगरा, गाजियाबाद और मोदीनगर में है।

सीमेंट उद्योग

यह सीमेंट के कारखाने चुर्क (सोनभद्र), डल्ला एवं चुनार (मिर्जापुर), दादरी (गौतम बुद्ध नगर) तथा रायबरेली में स्थित है।

कृषि यंत्र निर्माण उद्योग

उत्तर प्रदेश में कृषि कार्य में प्रयुक्त होने वाले यंत्रों के निर्माण उद्योग की स्थापना आगरा, अलीगढ़, मेरठ, कानपुर, लखनऊ आदि नगरों में हुई है, जहां बोने, जुताई एवं निराई, फसल काटने, गहने और ओसने, दुग्ध शाला, कुक्कुटशाला उपस्कर, पादप संरक्षण उपस्कर, तथा फार्म परिवहन उपस्कर आदि बनाने के कारखाने हैं।

इलेक्ट्रॉनिक उद्योग

गत वर्षो में प्रदेश में इलेक्ट्रॉनिक उद्योग का काफी तीव्र गति से विकास हुआ है। इस क्षेत्र में इलेक्ट्रॉनिक उपकरणों के निर्माण के साथ साथ सहयोगी संसाधनों की भी स्थापना हुई है। कुछ लब्धप्रतिष्ठित इलेक्ट्रॉनिक औद्योगिक इकाइयों की स्थापना प्रदेश के विभिन्न नगरों में हुई है, जिनमें नोएडा, साहिबाबाद, पनकी, रायबरेली और लखनऊ प्रमुख है।

इंजीनियरिंग उद्योग

सामान्यत: सभी धातुओं के निर्माण संबंधी उद्योग इस उद्योग के अंतर्गत सम्मिलित है, लेकिन प्रदेश में इसके विकास की दृष्टि से मुख्य रूप से संरचनात्मक अभियांत्रिकी, औद्योगिक संस्थान, मशीन टूल्स, हल्की निर्माण कला तथा विद्युत उपकरणों से संबंधित उद्योगों का विकास हुआ है। इसके अंतर्गत इलाहाबाद के पास स्थित नैनी में त्रिवेणी स्ट्रक्चरल लिमिटेड कारखाना उल्लेखनीय है, जिसमें हाइड्रॉलिक, पेवेसटाक्स, ट्रांसमिशन टावर, इस्पाती पुल, एल डी कन्वर्टर तथा औद्योगिक भवनों के निर्माण में प्रयुक्त होने वाली ट्रेने तथा भारी इस्पात के ढांचे बनाए जाते हैं।

जूट उद्योग

जूट उद्योग कि राज्य में तीन मिलें हैं। इनमें से दो कानपुर में तथा एक सहजनवा (गोरखपुर) में स्थित है।

रेशमी वस्त्र उद्योग

रेशमी वस्त्र उद्योग के महत्वपूर्ण केंद्र वाराणसी, कानपुर, इटावा व मोदीनगर है। वाराणसी की रेशमी साड़ियां अपनी गुणवत्ता के लिए देश-विदेश में विख्यात है।

वनस्पति घी उद्योग

प्रदेश में मोदीनगर, कानपुर, मेरठ, इलाहाबाद, अलीगढ़, वह गाजियाबाद में वनस्पति घी बनाया जाता है।

खाद उद्योग

प्रदेश में खाद बनाने के प्रमुख कारखाने गोरखपुर के कानपुर में है। मगरवारा, कानपुर में इलाहाबाद में फास्फेट खाद भी बनाई जाती है।

सूक्ष्मयंत्र बनाने का उद्योग

इस उद्योग के अंतर्गत जलमापक मीटर, औधोगिक हीरे, अनुवीक्षण यंत्र, स्टेथेस्कोप आदि बनाए जाते हैं। इसका प्रमुख केंद्र लखनऊ है।

उत्तर प्रदेश में स्थित विभिन्न लघु एवं कुटर उद्योगों की अवस्थिति

क्रम संख्या	उद्योग का नाम	केंद्र
1	मिट्टी के खिलौने	आगरा
2	बिस्किट	मोदीनगर, आगरा और अलीगढ़
3	इत्र और सुगन्धित तेल	कन्नौज, गाजीपुर, जौनपुर, लखनऊ और प्रयागराज
4	दरी निर्माण	बरेली,आगरा,अलीगढ़,इटावा,मिर्जापुर
5	गलीचा निर्माण	आगरा, वाराणसी, भदौही, मिर्जापुर, बरेली,सहारनपुर
6	दियासलाई उद्योग	बरेली, सहारनपुर, प्रयागराज, मेरठ
7	साबुन उद्योग	कानपुर, आगरा, मोदीनगर, गाजियाबाद, मेरठ
8	लकड़ी का फर्नीचर	हाथरस, वाराणसी, सहारनपुर , बरेली
9	हथकरघा एवं सूती वस्त्र	मेरठ, देवबंद, धामपुर, सिकंदराबाद, टांडा
10	सिगरेट निर्माण	सहारनपुर, गाजियाबाद
11	रंग रोगन एवं वार्निश	कानपुर, मेरठ, गाजियाबाद, मोदीनगर
12	टॉर्च निर्माण	लखनऊ
13	औषधि निर्माण	कानपुर, झाँसी,लखनऊ, सहारनपुर
14	नल के पाइप	इलाहाबाद, कानपुर, लखनऊ
15	चीनी मिटटी के बर्तन	खुर्जा, प्रयागराज
16	हाथ के कागज बनाना	मथुरा, कालपी और कागजी सराय

17	लोहे के बाँट	सहारनपुर, आगरा
18	पीतल की मूर्तियाँ	मथुरा
19	पीतल के ताले, सरौते, चाकू, कैंचियाँ	हाथरस , मथुरा, अलीगढ़, मेरठ
20	पीतल के बर्तन	वाराणसी, मिर्जापुर, फर्रुखाबाद, हाथरस
21	खेल का सामान	आगरा और मेरठ
22	लकड़ी के खिलौने	लखनऊ और वाराणसी
23	बेंत की छड़ियाँ	बरेली

उत्तर प्रदेश के उद्योगों के बारे में कुछ अन्य जरूरी तथ्य–

1. उत्तर प्रदेश में कृषि के बाद सबसे अधिक रोजगार देने वाला उद्योग हथकरघा है.
2. उत्तर प्रदेश का प्रमुख औद्योगिक नगर कानपुर है.
3. सूती वस्त्र उद्योग की दृष्टि से उत्तर प्रदेश का देश में तृतीय स्थान है.

उत्तर प्रदेश निम्न वस्तुओं के उत्पादन में भारत में प्रथम स्थान पर है;

1. गेहूं उत्पादन
2. कुल खाद्यान्न उत्पादन
3. कुल दूग्ध उत्पादन
4. कुल गन्ना उत्पादन
5. कुल पशु धन उत्पादन
6. कुल आलू उत्पादन
7. बैंक शाखाओं की संख्या
8. डाक घरों की संख्या

❑❑❑

17 जल शक्ति योजना एवं अन्य केंद्रीय योजनाएँ तथा उनका कार्यान्वयन

जल शक्ति अभियान

पानी मनुष्य के जीवन का वह अहम हिस्सा है जिसके बिना इंसान अपने जीवन के सफर को पूर्ण नहीं कर सकता है। व्यक्ति के जीवन जीने के लिए पानी की सबसे महत्वपूर्ण भूमिका है वह अपनी आवश्यकताओं की पूर्ति को तभी पूरा कर सकता है जब उसके जीवन में पानी की सुविधा उपलब्ध है। जीवन जीने के साधनों में से एक प्रमुख तत्व के रूप में पानी के द्वारा विशेष अंग के रूप में कार्य किया जाता है। पानी की समस्या से भारत भी अछूता नहीं है और कहीं ना कहीं यह देश की उन्नति में भी एक बहुत बड़ा बाधक बनता रहा है। इसी समस्या को दूर करने के लिए प्रधानमंत्री नरेंद्र मोदी ने 15 अगस्त 2019 को जल जीवन अभियान की घोषणा की जिसका प्राथमिक उद्देश्य देश के हर घर में नल द्वारा जलापूर्ति करना है।

यह मिशन वर्ष 2024 तक **'कार्यात्मक घरेलू नल कनेक्शन'** (FHTC) के माध्यम से प्रत्येक ग्रामीण परिवार को प्रति व्यक्ति प्रतिदिन 55 लीटर पानी की आपूर्ति की परिकल्पना करता है। जल जीवन मिशन का उद्देश्य जल को आंदोलन के रूप में विकसित करना है, ताकि इसे लोगों की प्राथमिकता बनाया जा सके। यह मिशन **'जल शक्ति मंत्रालय'** के अंतर्गत आता है। इसके साथ साथ मिशन का प्रयास है कि चार सूत्रीय यथा ग्रामीण समुदाय की बेहतर स्वास्थ्य दशाएँ, महिलाओं व बालिकाओं द्वारा किए जा रहे कठिन परिश्रम में कमी तथा महिलाओं को शक्ति संपन्न बनाना, बालिकाओं द्वारा उच्च प्राथमिक स्तर से विद्यालय छोड़े जाने की घटनाओं में कमी तथा ग्रामीण समुदायों के रोजगार में वृद्धि जैसा मापा जा सकने योग्य परिणाम हासिल किया जाए। योजना के कार्यान्वयन के लिए केंद्र सरकार के द्वारा 3.50 लाख करोड़ रूपए का बजट निर्धारित किया गया है। जिसमे राज्य सरकार द्वारा 1.50 लाख करोड़ रूपए बजट देने का व केंद्र सरकार द्वारा 2 लाख करोड़ रूपए बजट देने का प्रावधान किया गया है।

15 अगस्त 2019 तक लगभग सवा तीन करोड़ घरों में ही नल से स्वच्छ जल की आपूर्ति हो पा रही थी लेकिन 10 अप्रैल 2023 की स्थिति के अनुसार अब तक लगभग बारह करोड़ घरों को नल से जलापूर्ति की जा रही है। यानि 15 अगस्त 2019 तक भारत के सिर्फ 16.65 प्रतिशत घरों में नल का जल आ रहा था जो सिर्फ 4 सालों में ही बढ़ कर 60 प्रतिशत हो गया है। गोवा देश का पहला ऐसा राज्य और दादर एवं नगर हवेली पहला संघ शासित प्रदेश बन गया है जहां सभी घरों में नल से स्वच्छ जल की आपूर्ति हो रही है। इसके अलावा अंडमान और निकोबार द्वीप समूह, हरियाणा, गुजरात, पंजाब, तेलंगाना और पुडुचेरी, में भी सभी घरों तक नल से जल की आपूर्ति की जा रही है। अन्य राज्यों में हिमाचल प्रदेश में 98.3 प्रतिशत, बिहार में 95 प्रतिशत, मिज़ोरम में 83 प्रतिशत और सिक्किम में 82 प्रतिशत घरों को आच्छादित कर दिया गया है।

उत्तर प्रदेश में जल शक्ति मिशन

नल से जल आपूर्ति वाले घरों के मामले में उत्तर प्रदेश काफी पिछड़ा हुआ था। आंकड़ों के अनुसार 15 अगस्त 2019 को प्रदेश में सिर्फ 5 लाख घरों में ही नल से जल मिल रहा था जबकि अप्रैल 2023 की स्थिति यह है की अब लगभग 1 करोड़ घरों में नल से जल आ रहा है। प्रदेश में सबसे अच्छी स्थिति वाला जिला महोबा है जहां इस योजना का आच्छादन 82 प्रतिशत तक है। इसके अलावा ललितपुर, बागपत, मिर्ज़ापुर, झाँसी ने भी इस योजना का तेजी से क्रियान्वयन किया है और इन सभी जिलों में 70 प्रतिशत से अधिक घरों में नल से जलापूर्ति की जा रही है।

वर्ष 2022–23 के बजट में राज्य सरकार द्वारा 19,500 करोड़ रूपये का बजट प्रावधान किया गया था। जबकि वर्ष 2023–2024 में जल जीवन मिशन के अन्तर्गत 25,350 करोड़ रूपये की बजट व्यवस्था प्रस्तावित है। वर्ष 2023–2024 तक इन योजनाओं के अन्तर्गत प्रदेश के समस्त 2.26 करोड़ घरों में क्रियाशील गृह नल संयोजन प्रदान कर शुद्ध एवं सत्त पेयजल उपलब्ध कराने का लक्ष्य

रखा गया है। सरकार ने राज्य ग्रामीण पेयजल कार्यक्रम के अन्तर्गत 188 योजनाओं जिनकी लागत 455.15 करोड़ रुपये है, को पूर्ण किये जाने का भी लक्ष्य निर्धारित किया है।

प्रधानमंत्री गरीब कल्याण अन्न योजना

वर्ष 2020 में जब पूरी दुनिया समेत भारत कोविड-19 की चपेट में आ गया और देश में लॉकडाउन लगाना पड़ा, तब भारत सरकार ने गरीबों के खाने पीने की व्यवस्था को ध्यान में रखते हुए प्रधानमंत्री गरीब कल्याण अन्न योजना का शुभारंभ किया था। इस योजना के अंतर्गत देश के हर गरीब परिवार को मुफ्त खाद्यान उपलब्ध करवाने का प्रावधान किया गया है। हालांकि शुरुआत में यह योजना सिर्फ लॉकडाउन की अवधि को ध्यान में रख कर ही लागू की गयी थी लेकिन बाद में इसे सामान्य काल के लिए भी जारी रखा गया। हालांकि योजना में यह विस्तार एक बार ही नहीं बल्कि थोड़े थोड़े समय के अंतराल पर किया जाता रहा है ताकि लोग अपनी जीविकोपार्जन के अन्य स्त्रोतों को भी तलाशते रहें। यह योजना शहरी गरीब और ग्रामीण गरीब दोनों के लिए समान रुप में मान्य है। इस योजना के तहत पात्र व्यक्ति को हर महीने 5 किलो गेहूं या 5 किलो चावल और प्रति परिवार हर महीने एक किलो चना नि:शुल्क दिया जाता है। इस योजना के बारें में खास बात यह है कि इस योजना के तहत एक परिवार में जितने सदस्य हैं, सभी को हर महीने 5 किलो चावल या गेंहू मिलता है। प्रधान मंत्री गरीब कल्याण योजना के तहत लाभ स्थानीय कोटेदार के द्वारा मिलता है। कोटेदार के पास सभी पात्र लोगों की लिस्ट होती है। पात्र व्यक्ति को अपना राशन कार्ड लेकर स्थानीय कोटेदार के पास जाना होता है। कोटेदार अपनी लिस्ट से मिलान करके पात्र व्यक्ति को नि:शुल्क राशन प्रदान कर देता है।

उत्तर प्रदेश में गरीब कल्याण योजना

उत्तर प्रदेश सरकार ने भी शुरुआत से ही गरीब कल्याण योजन को पूरी तरह से प्रदेश में लागू कर दिया है और जैसे जैसे केंद्र सरकार इसे विस्तार दे रही है, प्रदेश की सरकार भी उसी तरह से इसे आगे बढ़ा रही है। राज्य सरकार ने अपने लोगों के लिए केंद्र सरकार के अलावा भी खाद्यान उपलब्ध करवाया है। प्रदेश की योजना के अनुसार हर व्यक्ति को 5 किलो अतिरिक्त खाद्यान उपलब्ध कराया जा रहा है। राष्ट्रीय खाद्य सुरक्षा अधिनियम के तहत प्रदेश में 3.61 करोड़ राशन कार्डधारक हैं जिनके जरिये 14.98 करोड़ व्यक्तियों (यूनिट) के लिए अनाज दिया जाता है। उत्तर प्रदेश में हर महीने दो चक्र में राशन वितरण किया जा रहा है। एक चक्र के तहत प्रधानमंत्री गरीब कल्याण अन्न योजना के तहत लाभार्थियों को मुफ्त अनाज दिया जा रहा है। वहीं दूसरे चक्र में राष्ट्रीय खाद्य सुरक्षा अधिनियम के लाभार्थियों को उचित मूल्य पर खाद्यान्न उपलब्ध कराया जा रहा है।

स्वच्छ भारत मिशन

स्वच्छ भारत मिशन भारत में होने वाले सबसे बड़े अभियानों में से एक माना जा सकता है। प्रधानमंत्री नरेंद्र मोदी ने 2014 में स्वतन्त्रता दिवस पर लाल किले से अपने सम्बोधन में देशवासियों से भारत को 2019 तक एक स्वच्छ भारत बनाने का आह्वान किया था। इस योजना का आधिकारिक शुभारंभ 2 अक्टूबर 2014 को हुआ था।

स्वच्छ भारत अभियान के उद्देश्य-

1. खुले में मल त्याग की प्रथा को समाप्त करना।
2. हाथ से सफाई करने की प्रथा समाप्त करना।
3. नगरीय ठोस अपशिष्ट का आधुनिक और वैज्ञानिक प्रबंधन।
4. स्वस्थ स्वच्छता संबंधी आदतों के संबंध में लोगों के व्यवहार में बदलाव लाना।
5. स्वच्छता और जन स्वास्थ्य से इसके सम्बद्ध होने के बारे में जागरूकता लाना।
6. शहरी स्थानीय निकायों हेतु क्षमता संवर्द्धन।

स्वच्छ भारत अभियान का पहला चरण देश में पूरा हो चुका है। अब स्वच्छ भारत मिशन 2.0 को संचालित किया जा रहा है। पहले चरण में सरकार ने 5 साल के भीतर देश में 1.2 करोड़ शौचालय निर्माण के लक्ष्य को हासिल कर लिया है। यह अपने आप में एक विश्व रिकॉर्ड भी है। प्रधानमंत्री द्वारा मिशन के तौर पर चलाए जा रहे स्वच्छ भारत अभियान से सबसे ज्यादा फायदा ग्रामीण और शहर में रहने वाले गरीब परिवारों को हुआ है। ग्रामीण क्षेत्रों में सरकार ने गरीब परिवारों को फ्री शौचालय योजना का लाभ दिया है। शहर में नगर निगम को भी इस अभियान से जोड़ा गया है जिसके चलते अब शहरी क्षेत्र में साफ-सफाई और जागरूकता का काफी व्यापक असर दिखाई दे रहा है। स्वच्छ भारत मिशन अर्बन 2.0 की शुरुआत 2019 में हुई। इस मिशन के तहत देश के 500 शहरों को पूरी तरीके से खुले में शौच मुक्त, वेस्ट मैनेजमेंट को मजबूत करना और पीने की पानी की सुविधा को बेहतर बनाने की दिशा में काम करना है। केंद्र सरकार ने 2025-26 तक स्वच्छ भारत मिशन शहरी जारी रखने का लक्ष्य निर्धारित किया है। स्वच्छ भारत मिशन के अंतर्गत 5.5 लाख से अधिक सफाई कर्मचारी जुड़े हुए हैं। वही इस कार्यक्रम में 2 करोड़ नागरिकों की भागीदारी

का लक्ष्य रखा गया है इस मिशन के तहत 141600 करोड़ रुपए खर्च किए जाएंगे, जबकि पहले चरण में 62009 करोड़ रुपए खर्च किए गए थे।

उत्तर प्रदेश में स्वच्छ भारत मिशन

प्रदेश को स्वच्छ बनाने के लिए राज्य सरकार मिशन मोड में काम कर रही है। इसी क्रम में सरकार ने 75 जिले 75 घंटे 750 निकाय अभियान की शुरुआत की गयी है। इस अभियान के तहत प्रदेश के 750 निकायों में कूड़ा एकत्रीकरण के दृष्टिगत संवेदनशील स्थानों **'गार्बेज वल्नरेबल प्वाइंट्स'** को पूर्णतया विलोपित कर स्वच्छ स्थान में परिवर्तित करने की योजना है। स्वच्छ भारत मिशन 2.0 के अन्तर्गत शौचालय, सॉलिड वेस्ट मैनेजमेन्ट, यूज्ड वाटर मैनेजमेन्ट के लिए 1356.36 करोड़ रुपये के सापेक्ष वर्ष 2023-24 के बजट में 2707.86 करोड़ रुपये की व्यवस्था की गई है। ये लगभग 100 प्रतिशत वृद्धि को दर्शाता है।

आयुष्मान भारत प्रधानमंत्री जन-आरोग्य योजना (आयुष्मान भारत योजना)

आयुष्मान भारत योजना राष्ट्रीय स्वास्थ्य नीति द्वारा सितंबर-23-2018 को भारत सरकार द्वारा शुरू की गई एक प्रमुख योजना है। यह भारत सरकार द्वारा प्रायोजित सबसे बड़ी स्वास्थ्य योजनाओं में से एक है। इस योजना का उद्देश्य उन लोगों की मदद करना है जिन्हें स्वास्थ्य सुविधाओं की आवश्यकता है और जो लोग आर्थिक रूप से कमजोर हैं। प्रधानमंत्री ने 10 करोड़ से अधिक गरीब परिवारों को कवर करने का इरादा रखते हुए प्रधानमंत्री जन आरोग्य योजना शुरू की है। पीएमजेएवाई या आयुष्मान भारत योजना सरकारी और निजी दोनों अस्पतालों में कैशलेस उपचार प्रदान करती है। इस योजना में 3 दिनों की अवधि के लिए अस्पताल में भर्ती होने की पूर्व लागत, अस्पताल में भर्ती होने से 15 दिनों की अवधि के लिए अस्पताल में भर्ती होने के बाद के खर्च शामिल हैं।

पीएम-जेएवाई की मुख्य विशेषताएं

1. पीएम-जेएवाई दुनिया की सबसे बड़ी स्वास्थ्य बीमा/आश्वासन योजना है, जिसे पूरी तरह से सरकार द्वारा वित्तपोषित किया जाता है।
2. यह भारत में सार्वजनिक और निजी पैनल में शामिल अस्पतालों में माध्यमिक और तृतीयक देखभाल अस्पताल में भर्ती होने के लिए प्रति वर्ष प्रति परिवार 5 लाख रुपये का कवर प्रदान करती है।
3. 10.74 करोड़ से अधिक गरीब और कमजोर हकदार परिवार (लगभग 50 करोड़ लाभार्थी) इन लाभों के लिए पात्र हैं।
4. पीएम-जेएवाई सेवा के बिंदु पर लाभार्थी के लिए स्वास्थ्य देखभाल सेवाओं तक कैशलेस पहुंच प्रदान करता है, अर्थात् अस्पताल।
5. पीएम-जेएवाई ने चिकित्सा उपचार पर भयावह व्यय को कम करने में मदद करने की परिकल्पना की है जो हर साल लगभग 6 करोड़ भारतीयों को गरीबी में धकेलता है।
6. यह अस्पताल में भर्ती होने से पहले के 3 दिनों तक और अस्पताल में भर्ती होने के बाद के 15 दिनों के खर्च जैसे कि निदान और दवाओं को कवर करता है।
7. परिवार के आकार, उम्र या लिंग पर कोई प्रतिबंध नहीं है।
8. पहले से मौजूद सभी शर्तें पहले दिन से कवर की जाती हैं।
9. योजना के लाभ पूरे देश में पोर्टेबल हैं अर्थात लाभार्थी कैशलेस उपचार का लाभ उठाने के लिए भारत में किसी भी सार्वजनिक या निजी अस्पताल में जा सकता है।
10. सेवाओं में उपचार से संबंधित सभी लागतों को कवर करने वाली लगभग 1,393 प्रक्रियाएं शामिल हैं, जिनमें दवाएं, आपूर्ति, नैदानिक सेवाएं, चिकित्सक की फीस, कमरे का शुल्क, सर्जन शुल्क, ओटी और आईसीयू शुल्क आदि शामिल हैं, लेकिन यह इन्हीं तक सीमित नहीं है।
11. सरकारी अस्पतालों को स्वास्थ्य सेवाओं के लिए निजी अस्पतालों के बराबर प्रतिपूर्ति की जाती है।

उत्तर प्रदेश में आयुष्मान भारत

उत्तर प्रदेश में पीएम जेएवाई के अतिरिक्त राज्य स्तर पर वैसी ही एक योजना चलाई जा रही है जो विशेष रूप से उन लोगों पर ध्यान केन्द्रित करती है जो केंद्र सरकार की योजना से लाभान्वित नहीं हो पा रहे। इस योजना का नाम उत्तर प्रदेश मुख्यमंत्री जन आरोग्य योजना है। यूपी मुख्यमंत्री जन आरोग्य योजना का शुभारंभ उत्तर प्रदेश के मुख्यमंत्री योगी आदित्यनाथ जी के द्वारा 1 मार्च 2019 को किया गया था। इस योजना के माध्यम से प्रदेश के नागरिकों को ₹500000 तक का स्वास्थ्य बीमा कवर प्रदान किया जाता है। केंद्र सरकार द्वारा प्रधानमंत्री जन आरोग्य योजना आरंभ की गई थी जिसमें SECC 2011 के अंतर्गत आने वाले नागरिकों को स्वास्थ्य बीमा प्रदान करने का निर्णय लिया गया था। इस स्थिति में कई ऐसे नागरिक थे जिनका नाम SECC 2011 में शामिल नहीं था। ऐसे में इन सभी नागरिकों को प्रधानमंत्री जन आरोग्य योजना का लाभ

नहीं प्रदान किया जा सकता था। ऐसे सभी नागरिकों के लिए उत्तर प्रदेश सरकार ने यूपी मुख्यमंत्री जन आरोग्य योजना आरंभ की।

इस योजना के माध्यम से उन सभी परिवारों को कवर किया गया है जो प्रधानमंत्री जन आरोग्य योजना का लाभ नहीं प्राप्त कर सकते। इस योजना के माध्यम से लगभग 10 करोड़ परिवारों को लाभ पहुंचाया जा रहा है। वह सभी परिवार जिन्होंने इस योजना के अंतर्गत आवेदन करवाया है वह सरकारी एवं प्राइवेट एंपेनल्ड हॉस्पिटल के माध्यम से अपना इलाज नि:शुल्क करवा सकते हैं।

उत्तर प्रदेश मुख्यमंत्री जन आरोग्य योजना पर होने वाला पूरा खर्च राज्य सरकार द्वारा वहन किया जाएगा। इस योजना का लाभ प्रदान करने के लिए सरकार द्वारा गोल्डन कार्ड प्रदान किया जाएगा। गोल्डन कार्ड प्राप्त होने के बाद पात्र परिवार को ₹30 की धनराशि का भुगतान करना होगा।

प्रधानमंत्री आवास योजना – प्रधानमंत्री आवास योजना या हाउसिंग फॉर आल योजना केंद्र सरकार द्वारा चलाई जाने वाली योजना है इस योजना का उद्देश्य भारत में गरीब व्यक्ति को अपना स्वयं का पक्का घर उपलब्ध कराना है। यह हमारी केंद्र सरकार द्वारा चलाई जाने वाली एक योजना है, जिसे साल 2015 में शुरू किया गया था और इसका आगामी उद्देश्य साल 2022 तक भारत में विभिन्न शहरी और ग्रामीण क्षेत्रों में लगभग 2 करोड़ से अधिक पक्के घर उपलब्ध करवाना है। इस योजना का पहला भाग पिछले वर्ष 2017 में खत्म हो चुका है और इसका दूसरा भाग भी शुरू हो चुका है। प्रशासन द्वारा इस योजना को दो भागों में विभाजित किया गया है, जिनके नाम क्रमश: प्रधानमंत्री आवास योजना ग्रामीण और प्रधान मंत्री आवास योजना शहरी है।

प्रमुख बिन्दु

- **उद्देश्य**–प्रधानमंत्री आवास योजना ग्रामीण वास्तव में इंदिरा आवास योजना का संशोधित रूप है, जिसे प्रधानमंत्री नरेंद्र मोदी जी के द्वारा लांच किया गया था। इस योजना का उद्देश्य भारत में ग्रामीण इलाकों में कच्चे और असुविधा युक्त घरो में रह रहें लोगों को तीन सालो 2016–2017 से 2018–2019 तक आधारभूत सुविधाओं से युक्त लगभग 1 करोड़ पक्के घर उपलब्ध कराना है।
- **घरों का आकार**–वर्तमान में इस योजना के तहत बनाए जाने वाले घरों का आकार 25 स्क्वेयर मीटर है, जिसे की पूर्व में निर्धारित घरों के आकार 20 स्क्वेयर मीटर से बढ़ाकर निर्धारित किया गया है।
- **दी जाने वाली राशि**–इस योजना के तहत पहले मैदानी क्षेत्रों में 70,000 की राशि तय की गई थी जिसे वर्तमान में बढ़ाकर 1 लाख 20 हजार कर दिया गया है। वही इस योजना के तहत पहाड़ी इलाकों, मुश्किल क्षेत्रों में और आईएपी जिलों में पहले यह राशि 75,000 थी जिसे अब बढ़ाकर 1 लाख 30 हजार कर दिया गया है।
- इस योजना में लगने वाला खर्चा केंद्र सरकार और राज्य सरकार के द्वारा मिलकर किया जायेगा। मैदानी क्षेत्रों में इस शेयर की जाने वाली राशि का अनुपात 60:40 होगा वहीं उत्तर–पूर्व और हिमालय वाले तीन राज्यों जम्मू कश्मीर, हिमाचल प्रदेश और उत्तराखंड में यह अनुपात 90:10 होगा।
- इस योजना के तहत शौचालय के लिए 12000 रुपए की राशि का भुगतान स्वच्छ भारत मिशन ग्रामीण और उस एरिया में चलने वाले अन्य किसी सोर्स की तरफ से किया जायेगा।
- इस योजना के तहत लाभार्थियों की पहचान और उनका सिलेक्शन उनके पास घर की कमी, एसईसीसी–2011 डाटा के अनुसार सोशल स्तर और ग्राम सभा के द्वारा वेरीफाई करने पर किया जायेगा।
- इस योजना के तहत यदि लाभार्थी चाहे तो 70 हजार रुपये का ऋण भी ले सकता है जो की उसे विभिन्न फाइनेंसियल इंस्टिट्यूट से अप्लाई करके लेना होगा।
- लाभार्थी को संपूर्ण सुविधा जैसे टॉयलेट, पीने का पानी, बिजली, सफाई खाना बनाने के लिए धुआ रहित ईंधन, सोशल और तरल अपशिष्टों से निपटने के लिए इस योजना को अन्य योजनाओं से जोड़ा भी गया है।
- इस योजना के तहत दी जाने वाली संपूर्ण राशि का भुगतान लाभार्थी के बैंक एकाउंट में किया जायेगा। इसके लिए आवश्यक है की लाभार्थी का यह एकाउंट आधार कार्ड से लिंक हो।

उत्तर प्रदेश में प्रधानमंत्री आवास योजना–उत्तर प्रदेश में प्रधानमंत्री आवास योजना ग्रामीण लिस्ट यूपी के माध्यम से गरीब परिवारों को पक्के मकान की आवासीय सुविधा प्रदान करने हेतु आर्थिक सहायता प्रदान करने के साथ–साथ मूलभूत व्यवस्थाएं जैसे –स्वच्छ रसोई, शौचालय, मनरेगा से 90 और 95 दिनों की मजदूरी, पाइप के जरिए पेयजल सुविधा, बिजली के कनेक्शन, एलपीजी कनेक्शन आदि प्रदान करना भी सरकार का मौलिक लक्ष्य है। अब तक PMAY Gramin List UP 2023 के माध्यम से यूपी के 6 लाख लाभार्थियों के बैंक खाते में 2691 करोड़ रुपए ट्रांसफर किए

जा चुके हैं। पहले के मुकाबले इस योजना में बहुत से संशोधन किए गए जैसे कि पहले 20 वर्ग मीटर के आकार का घर बना कर दिया जाता था जिसे अब बढ़ाकर 25 वर्ग मीटर कर दिया गया है।

प्रमुख बिन्दु-

- यूपी आवास योजना का मुख्य उद्देश्य 2022-23 के अंत तक हर पात्र उम्मीदवार के लिए किफायती घर मुहैया कराना है।
- योजना के जनसांख्यिकी की पहुंच जो महिलाओं, अनुसूचित जनजातियों और अनुसूचित जनजातियों जैसे अल्पसंख्यकों के लोगों के साथ आर्थिक रूप से विकलांग वर्गों के रूप में सटीक हैं।
- सरकार ने कुछ ऐसे वर्गों को भी शामिल किया है, जो निम्न-आय वर्ग, विधवा, ट्रांसजेंडर, आदि की उपेक्षा करते हैं।
- देश के Senior citizens और विकलांगों को भूतल की संपत्तियों के लिए विशेष प्राथमिकता मिलती है।
- योजना का लाभ लेने के लिए व्यक्तियों को सबसे पहले आवास योजना में खुद को Register करना अनिवार्य है।

प्रधानमंत्री कृषि सिंचाई योजना - प्रधानमंत्री कृषि सिंचाई योजना की शुरुआत हमारे देश के प्रधानमंत्री श्री नरेंद्र मोदी के द्वारा किसानों को लाभ पहुंचाने के लिए की गयी है। इस योजना के अंतर्गत देश के किसानो को अपने खेतो की सिंचाई के लिए उपकरणों के लिए सब्सिडी प्रदान की जाएगी। यह सब्सिडी किसानों को उन सभी योजनाओं के लिए भी प्रदान की जायेगी। जिसमें पानी की बचत, कम महनत और साथ ही खर्चे की भी सही तरह से बचत हो सकेगी। जिससे किसानों को अपने खेतो में सिंचाई करने में सुविधा होगी। 15 दिसंबर 2021 को प्रधानमंत्री कृषि सिंचाई योजना को केंद्रीय मंत्रिमंडल द्वारा 5 वर्ष तक विस्तृत करके 2026 तक संचालित करने का निर्णय लिया गया है। जिस पर कुल खर्च 93068 करोड़ रुपए आने का अनुमान है। इस योजना के विस्तार से लगभग 22 लाख किसानों को लाभ पहुंचेगा जिसमें से 2.5 लाख अनुसूचित जाति एवं 2 लाख अनुसूचित जनजाति वर्ग से हैं। प्रधानमंत्री कृषि सिंचाई योजना के अंतर्गत ड्रिप प्लांट लगाने पर 70% सब्सिडी की राशि बागवानी किसानों को प्रदान की जाएगी एवं 50% सब्सिडी की राशि सीमांत किसानों को प्रदान की जाएगी।

प्रधानमंत्री कृषि सिंचाई योजना की विशेषताएँ-

1. सरकार द्वारा किसानों को लाभ पहुंचाने के लिए एवं उनकी आय में वृद्धि करने के लिए विभिन्न प्रकार की योजनाओं का संचालन किया जाता है। प्रधानमंत्री कृषि सिंचाई योजना भी किसानों को लाभ पहुंचाने के लिए आरंभ की गई है।
2. इस योजना के माध्यम से सभी खेतों में सिंचाई के लिए पानी उपलब्ध करवाया जाएगा।
3. सरकार इस योजना के अंतर्गत पानी के सोर्स जैसे कि जल संचयन, भूजल विकास आदि का निर्माण करवाएगी।
4. इसी के साथ यदि किसान द्वारा सिंचाई के उपकरण खरीदे जाते हैं तो उनको सब्सिडी भी प्रदान की जाएगी।
5. इस योजना के माध्यम से समय और पैसे दोनों की बचत होगी।
6. सरकार द्वारा इस योजना के माध्यम से ड्रिप सिंचाई, स्प्रिंकलर सिंचाई आदि को भी बढ़ावा दिया जाएगा।
7. यदि फसलों को सही प्रकार की सिंचाई प्राप्त होगी तो पैदावार में भी बढ़ोतरी होगी।
8. इस योजना का लाभ वे सभी किसान उठा सकते हैं जिनके पास खुद की खेती और जल का स्त्रोत है।
9. इसके अलावा वे किसान भी इस योजना का लाभ उठा सकते हैं जो कॉन्ट्रैक्ट फार्मिंग कर रहे हैं या सहकारी सदस्य हैं।
10. सेल्फ हेल्प ग्रुप भी प्रधानमंत्री कृषि सिंचाई योजना का लाभ प्राप्त कर सकते हैं।
11. इस योजना का लाभ प्राप्त करने के लिए आधिकारिक वेबसाइट पर जाकर आवेदन करना होगा।
12. सरकार द्वारा सिंचाई के उपकरण खरीदने पर इस योजना के अंतर्गत 80% से 90% तक का अनुदान प्रदान किया जाएगा।

उत्तर प्रदेश में कृषि सिंचाई योजना - प्रधानमंत्री कृषि सिंचाई योजना के अंतर्गत आवेदक किसानों को दी जाने वाली सब्सिडी पर केंद्र व राज्य सरकार दोनों मिलकर राज्य के किसानों को लाभ प्रदान करती है जिसमे दी जाने वाली आर्थिक सहायता में 75% की भागीदारी केंद्र सरकार व 25% की भागीदारी राज्य सरकार द्वारा प्रदान की जाती है। उत्तर प्रदेश राज्य में प्रधानमंत्री कृषि सिंचाई योजना के तहत पहले आओ, पहले पाओ सिद्धांत को लागू किया गया है। इसके अंतर्गत राज्य के किसान नागरिको को उनकी लागत का 80 प्रतिशत से 90 प्रतिशत तक अनुदान दिया जाता है। उत्तर प्रदेश के सभी जनपद योजना से आच्छादित हैं । प्राथमिकता वाले क्षेत्रों में अतिदोहित (111 विकास खण्ड) क्रिटिकल (68 विकास खण्ड) सेमी क्रिटिकल (82 विकास खण्ड) के अतिरिक्त पर ड्रॉप मोर क्रॉप के अंदर इन्टरवेन्शन में निर्मित/जीर्णोद्धार किये गये तालाबों के क्लस्टर सम्मिलित हैं।

प्रधानमंत्री ग्राम सड़क योजना-प्रधानमंत्री ग्राम सड़क योजना की शुरुआत पहली बार साल 2000 में तत्कालीन प्रधानमंत्री

श्री अटल बिहारी वाजपेयी जी द्वारा की गई थी। इस योजना का पूरा प्रबंधन ग्राम पंचायत, पंचायत प्रधान समिति और नगर पालिका के माध्यम से किया जाता है। इस योजना का तीसरा चरण साल 2019 मे किया गया था, जिसकी घोषणा केन्द्रीय ग्रामीण विकास मंत्री नरेन्द्र सिंह तोमर द्वारा की गई थी। केंद्रीय सरकार ने प्रधानमंत्री ग्राम सड़क योजना चरण 3 (PMGSY III) को मंजूरी दी है। लगभग 1.25 लाख किलोमीटर सड़क की लंबाई अनुमानित 5 साल की अवधि के लिए 80,250 करोड़ रुपये की लागत के साथ समेकित की जानी है, जो 2020 से 2024 तक है। लगभग 97% योग्य और व्यवहार्य आवास पहले से ही ऑल-वेदर रोड से जुड़े हुए हैं। अब तक, प्रधानमंत्री ग्राम सड़क योजना के तहत कुल 7,357.853 किलोमीटर सड़क की लंबाई का निर्माण किया जा चुका है। इसमें PMGSY-I, PMGSY-II और RCPLWEA योजना के तहत निर्मित सड़कें शामिल हैं। PMGSY-III योजना की घोषणा PM ने बजट 2018-19 में की थी।

उत्तर प्रदेश में प्रधानमंत्री ग्राम सड़क योजना-उत्तर प्रदेश में प्रधानमंत्री ग्राम सड़क योजना के अन्तर्गत फेज-3 से फेज-10 तक में स्वीकृतियों के सापेक्ष माह 12/2014 तक पूर्ण एवं निरस्तीकरण के पश्चात अवशेष नवसम्पर्कता/उच्चीकरण हेतु मार्गों की कुल संख्या 824, लम्बाई 2309 किमी. एवं लागत 999 करोड़ है जिससे नवसम्पर्कता के अधीन 451 बसावटें लाभान्वित होनी है। पीएमजीएसवाई-2 के अन्तर्गत 23 जनपदों में 116 मार्ग लम्बाई 937 किमी. एवं लागत 602 करोड़ हेतु स्वीकृति उच्चीकरण मद में प्राप्त है। इस योजना में लोक निर्माण विभाग के अन्तर्गत 42 जनपदों में से 23 जनपदों में ही कार्य की स्वीकृति भारत सरकार से प्राप्त हुई है। समस्त स्वीकृत कार्य निविदा प्रक्रिया में है अवशेष 19 जनपदों में 103 मार्ग लम्बाई 848 किमी एवं लागत 527 करोड़ के प्रस्ताव का अनुमोदन भारत सरकार की इम्पावर्ड कमेटी से हो चुका है परन्तु विधिवत् स्वीकृति भारत सरकार से अभी तक प्राप्त नहीं हुई है।

स्टार्ट-अप इंडिया-स्टार्टअप एक ऐसी उद्यम इकाई है, जो भारत में पांच साल से अधिक से पंजीकृत नहीं है और जिसका सालाना कारोबार किसी भी वित्तीय वर्ष में 25 करोड़ रुपये से अधिक नहीं है। यह एक इकाई है जो प्रौद्योगिकी या बौद्धिक सम्पदा से प्रेरित नये उत्पादों या सेवाओं के नवाचार, विकास, प्रविस्तारण या व्यवसायीकरण की दिशा में काम करती है। सरकार द्वारा इस संबंध में घोषित कार्य योजना स्टार्टअप पारिस्थितिकी तंत्र के सभी पहलुओं को संबोधित करने और इस आंदोलन के प्रसार में तेजी लाने की उम्मीद करती है।

स्टार्टअप से संबंधित सरकार की प्रमुख पहलें-

1. **स्टार्टअप इंडिया सीड फंड स्कीम (SISFS):** यह योजना स्टार्टअप्स को उनकी अवधारणा को प्रमाणित करने, प्रोटोटाइप विकसित करने, उत्पादों का परीक्षण करने और बाजार में प्रवेश हेतु मदद करने के लिये वित्तीय सहायता प्रदान करती है।
2. **राष्ट्रीय स्टार्टअप पुरस्कार:** यह कार्यक्रम नवाचार और प्रतिस्पर्द्धा को बढ़ावा देकर आर्थिक गतिशीलता में योगदान करने वाले उत्कृष्ट स्टार्टअप और पारिस्थितिक तंत्र को चिह्नित करता है और उन्हें पुरस्कृत करता है।
3. **SCO स्टार्टअप फोरम:** शंघाई सहयोग संगठन (SCO) के सदस्य देशों में स्टार्टअप पारितंत्र के विकास और सुधार के साधन के रूप में अक्टूबर 2020 में स्थापित SCO स्टार्टअप फोरम अपनी तरह का पहला प्रयास है।
4. **प्रारंभ (Prarambh):** 'प्रारंभ' शिखर सम्मेलन का उद्देश्य दुनिया भर के स्टार्टअप्स और युवा प्रतिभाओं को नए विचार, नवाचार और आविष्कार के साथ आने के लिये एक मंच प्रदान करना है।
5. **नवाचारों के विकास और दोहन के लिये राष्ट्रीय पहल (National Initiative for Developing and Harnessing Innovations-NIDHI):** यह स्टार्टअप्स के लिये एक एंड-टू-एंड (End to End) योजना है जिसका लक्ष्य पाँच वर्ष की अवधि में इनक्यूबेटरों और स्टार्टअप्स की संख्या को दोगुना करना है।
6. **स्टार्टअप पारितंत्र के समर्थन स्तर पर राज्यों की रैंकिंग (Ranking of States on Support to Startup Ecosystems-RSSSE):** वाणिज्य और उद्योग मंत्रालय के अंतर्गत उद्योग संवर्द्धन और आंतरिक व्यापार विभाग (DPIIT) वर्ष 2018 से राज्यों द्वारा स्टार्टअप पारितंत्र को दिये जाते समर्थन स्तर के आधार पर उनकी रैंकिंग कर रहा है।

उत्तर प्रदेश में स्टार्टअप की नीति-

1. **पूंजीगत अनुदान :** इंक्यूबेटर हेतु पात्र धनराशि के 50% तक की प्रतिपूर्ति।
2. व्यय आच्छादन हेतु वित्तीय सहायता 30 लाख रूपए तक, 5 वर्षों हेतु अथवा जब तक इकाई आत्मनिर्भर न हो जाए, दोनों में से जो भी इंक्यूबेटर्स हेतु कम हो।

3. पी एम आई सी द्वारा स्वीकृत के पी आई फ्रेमवर्क के अनुसार राज्य स्तर पर इंक्यूबेटर्स को वार्षिक रैंकिंग प्रदान की जाएगी। 3 सर्वश्रेष्ठ प्रदर्शनकर्ताओं को रैंकिंग के अनुसार क्रमशः विजेता, उपविजेता तथा द्वितीय उपविजेता के रूप में प्रतिवर्ष रूपए 3 लाख, 2 लाख व 1 लाख का पारितोषिक प्रदान किया जाएगा।
4. **सहायक अनुदान :** (पूंजीगत व संचलन व्यय को आच्छादित करते हुए) 10 करोड़ रूपए तक सी. ओ. ई. को स्थापना तिथि से 5 वर्षों की अवधि तक प्रदान किया जाएगा।
5. स्टार्टअप्स हेतु प्रोत्साहन।
6. **निर्वाह भत्ता :** वैचारिक स्तर पर कार्यरत स्टार्टअप्स को 15000 भारतीय रूपये प्रति माह प्रति स्टार्टअप की दर से एक वर्ष तक प्रति इंक्यूबेटर अधिकतम 10 स्टार्टअप्स के लिए।
7. **प्रारम्भिक पूंजी :** प्रति इंक्यूबेटर अधिकतम 10 स्टार्टअप्स हेतु बाजार में न्यूनतम व्यवहार्य उत्पाद (एम वी पी) के आरंभ हेतु अधिकतम 5 लाख भारतीय रूपये विपणन सहायता के रूप में।
8. **एकस्व दावा फाइलिंग प्रतिपूर्ति :** 2 लाख भारतीय रूपये घरेलू एकस्व हेतु तथा 10 लाख भारतीय रूपए अंतर्राष्ट्रीय एकस्व हेतु।

स्मार्ट सिटी मिशन-भारत की वर्तमान जनसंख्या का लगभग 31% शहरों में बसता है और इनका सकल घरेलू उत्पाद में 63% (जनगणना 2011) का योगदान हैं। ऐसी उम्मीद है कि वर्ष 2030 तक शहरी क्षेत्रों में भारत की आबादी का 40% रहेगा और भारत के सकल घरेलू उत्पाद में इसका योगदान 75% का होगा । इसके लिए भौतिक, संस्थागत, सामाजिक और आर्थिक बुनियादी ढांचे के व्यापक विकास की आवश्यकता है। ये सभी जीवन की गुणवत्ता में सुधार लाने एवं लोगों और निवेश को आकर्षित करने, विकास एवं प्रगति के एक गुणी चक्र की स्थापना करने में महत्वपूर्ण हैं। स्मार्ट सिटी का विकास इसी दिशा में एक कदम है।

स्मार्ट सिटी मिशन स्थानीय विकास को सक्षम करने और प्रौद्योगिकी की मदद से नागरिकों के लिए बेहतर परिणामों के माध्यम से जीवन की गुणवत्ता में सुधार करने तथा आर्थिक विकास को गति देने हेतु भारत सरकार द्वारा एक अभिनव और नई पहल है। स्मार्ट सिटी उनकी सबसे अहम जरूरतों एवं जीवन में सुधार करने के लिए सबसे बड़े अवसरों पर ध्यान केंद्रित करता है। बदलाव के लिए दृष्टिकोण की श्रृंखला अपनाई जाती है- डिजिटल और सूचना प्रौद्योगिकी, शहरी योजनाओं की सर्वोत्तम प्रथाओं, सार्वजनिक-निजी साझेदारी, और नीति में बदलाव। हमेशा लोगों को प्राथमकिता दी जाती है। स्मार्ट सिटी मिशन के दृष्टिकोण में, उद्देश्य ऐसे शहरों को बढ़ावा देने का है जो मूल बुनियादी सुविधाएं उपलब्ध कराएँ और अपने नागरिकों को एक सभ्य गुणवत्तापूर्ण जीवन प्रदान करे, एक स्वच्छ और टिकाऊ पर्यावरण एवं 'स्मार्ट' समाधानों के प्रयोग का मौका दें। विशेष ध्यान टिकाऊ और समावेशी विकास पर है और एक रेप्लिकेबल मॉडल बनाने के लिए है जो ऐसे अन्य इच्छुक शहरों के लिए प्रकाश पुंज का काम करेगा। स्मार्ट सिटी मिशन ऐसा उदाहरण प्रस्तुत करने के लिए है जिसे स्मार्ट सिटी के भीतर और बाहर दोहराया जा सके, विभिन्न क्षेत्रों और देश के हिस्सों में भी इसी तरह के स्मार्ट सिटी के सृजन को उत्प्रेरित किया जा सके।

उत्तर प्रदेश में स्मार्ट सिटी मिशन

केंद्र और प्रदेश सरकार के संयुक्त प्रयास से स्मार्ट सिटी मिशन के तहत लगभग 10 हजार करोड़ से यूपी के शहरों को स्मार्ट बनाने का कार्य चल रहा है। बीते 6 साल में उत्तर प्रदेश के शहरों को सभी बुनियादी सुविधाएं उपलब्ध कराने की दिशा में कई उल्लेखनीय काम हुए हैं। इसमें जलापूर्ति, विद्युत आपूर्ति, सीवरेज, ठोस अपशिष्ट प्रबंधन, स्वच्छता, सुगम परिवहन, सड़क, पार्किंग, स्ट्रीट लाइट, आईटी, कनेक्टिविटी, डिजिटलीकरण, ई-गवर्नेंस और पर्यावरण को लेकर योगी सरकार की ओर से किये गये लगातार प्रयासों ने शहरों का कायाकल्प कर दिया है। आगरा और वाराणसी देश के टॉप 10 स्वच्छ शहरों में शामिल हैं। इसके अलावा टेक्नोलॉजी के जरिए शहरों की सुरक्षा को भी पुख्ता करने में काफी मदद मिली है। यूपी के शहरों को स्मार्ट बनाने के लिए केंद्र और प्रदेश सरकार की ओर से 10,124 करोड़ रुपये की 542 परियोजनाएं चल रही हैं. इनमें से भी 4757 करोड़ रुपये के 343 कार्य पूर्ण हो चुके हैं, जबकि 199 कार्य तेज गति से पूरे किये जा रहे हैं. इसमें भी 2000 करोड़ की लागत से प्रदेश के 10 शहर, आगरा, अलीगढ़, बरेली, झांसी, कानपुर, लखनऊ, मुरादाबाद, प्रयागराज, सहारनपुर और वाराणसी में इंटीग्रेटेड कमांड एंड कंट्रोल सेंटर (आईसीसीसी) और इंटेलिजेंट ट्रैफिक मैनेजमेंट सिस्टम (आईटीएमएस) को एक्टिवेट किया गया है।

बालिका समृद्धि योजना - बालिका समृद्धि योजना भारत सरकार द्वारा बालिकाओं की सुविधा के लिए वर्ष 1997 में महिला और बाल विकास के लिए नीतियों के तहत शुरू की गई थी। यह व्यापक रूप से बालिकाओं के जन्म और शिक्षा का समर्थन

करने के लिए एक महत्वपूर्ण पहल के रूप में जानी जाती है। यह योजना भारत सरकार द्वारा परिभाषित गरीबी रेखा (बीपीएल) से नीचे रहने वाले परिवार में 15 अगस्त, 1997 को या उसके बाद पैदा हुई दो लड़कियों तक को कवर करती है। जब 15 अगस्त, 1997 को या उसके बाद पैदा हुई और योजना के तहत कवर की गई बालिका स्कूल जाना शुरू कर देती है, तो वह स्कूली शिक्षा के प्रत्येक सफलतापूर्वक पूर्ण वर्ष के लिए वार्षिक छात्रवृत्ति की हकदार हो जाएगी।

उत्तर प्रदेश सरकार की योजनाएँ

उत्तर प्रदेश बेरोजगारी भत्ता–आज भी हमारे देश में कई ऐसे लोग है जो पढ़े लिखे होने के बावजूद बेरोजगार है। ऐसे लोगों के लिए यूपी सरकार ने यूपी बेरोजगारी भत्ता योजना को शुरू किया है जिसके अंतर्गत 12th से Graduation के शिक्षित बेरोजगारों को यूपी सरकार द्वारा रोजगार न मिलने तक प्रत्येक महीने 1000 रुपयों से लेकर 1500 रुपयों तक कि राशि बेरोजगारी भत्ता के रूप में प्रदान की जाएगी। इस योजना का मुख्य उद्देश्य देश के शिक्षित बेरोजगारों को जो कि नौकरी न मिल पाने के कारणवश, अलग अलग प्रकार की सरकारी और गैर सरकारी नौकरियों हेतु निकलने वाली भर्तियों के लिए आवेदन नही कर पाते है उन्हें लाभ पहुंचाना है। आपको बता दें कि इस योजना का लाभ नौकरी न मिलने तक ही दिया जाएगा। इसके अलावा इस योजना का लाभ केवल उत्तर प्रदेश के निवासी ही उठा सकते है।

श्रमिक पंजीकरण यूपी–यूपी सरकार ने श्रमिकों के लिए श्रमिक पंजीकरण योजना को शुरू किया है। जिसके अंतर्गत यूपी के सभी मजदूर वर्ग को रजिस्टर्ड किया जाएगा और उन्हें सरकार द्वारा चलाई जाने वाली योजनाओं का लाभ दिया जाएगा। इस योजना के माध्यम से यूपी सरकार लाभार्थी को 12000 रुपयों से लेकर 1,00,000 रुपयों तक का आर्थिक सहायता प्रदान करेगी। इस योजना में पंजीकरण करवाने के लिए उत्तर प्रदेश के सभी श्रमिक आवेदन कर सकते है। इस योजना के माध्यम से श्रमिक वर्ग के लोग कुल 17 सरकारी योजनाओं का लाभ उठा सकते है। यूपी श्रमिक पंजीकरण करवाकर सभी संगठित और असंगठित क्षेत्र में कार्य करने वाले मजदूरों को सरकारी योजनाओं का लाभ मिल सकेगा। जिसमें मेधावी छात्र पुरस्कार योजना, शिशु हिट लाभ योजना, कन्या विवाह योजना, चिकित्सा सुविधा योजना, आवासीय विद्यालय योजना, मातृत्व लाभ योजना, गंभीर बीमारी सहायता योजना, पेंशन सहायता योजना, निर्माण कामगार, अंत्योष्टि योजना, अक्षमता पेंशन योजना, निर्माण कामगार मृत्यु एवं विकलांग सहायता योजना, कौशल विकास तकनीकी योजना, निर्माण कामगार बालिका विवाह योजना आदि आते है।

गन्ना पर्ची कैलेंडर यूपी–उत्तर प्रदेश सरकार द्वारा गन्ना किसानों के लिए केनयूपी पोर्टल (गन्ना पर्ची कैलेंडर पोर्टल) की शुरुआत की है, इस पोर्टल के माध्यम से राज्य के सभी गन्ना किसान अपने गन्ना विक्रय, भुगतान एवं इससे संबधित अन्य सभी जानकारियां इस पोर्टल पर प्राप्त कर सकते है। राज्य भर के गन्ना किसान अब अपने घर पर बैठकर ही अपने गन्ना विक्रय/गन्ना से संबंधित सभी विवरण की जानकारी प्राप्त कर सकते है। इस पोर्टल के शुरू हो जाने से राज्य के किसानों के लिए अब कहीं जाने की आवश्यकता नहीं है, इन्हें अब अतिरिक्त खर्च करने की आवश्यकता नहीं है। यहां पर आप गन्ना पर्ची, तौल का विवरण, चीनी मिल आदि की जानकारी प्राप्त कर सकते है।

यूपी भाग्यलक्ष्मी योजना–यूपी की सरकार ने गरीब घर की बेटियों की पढ़ाई लिखाई, विवाह आदि से संबंधित कई भिन्न भिन्न प्रकार की योजनाओं को शुरू किया है जिनमें से एक है भाग्यलक्ष्मी योजना। इस योजना के अंतर्गत गरीब घर में बेटी के जन्म होने पर 50 हजार रुपयों की आर्थिक सहायता दी जाएगी। गर्भवती महिलाओं को बेटी के जन्म लेने पर 5100 रुपये की आर्थिक मदद दी जाएगी। इस योजना के माध्यम से यूपी सरकार कुल 2 लाख रुपये की आर्थिक मदद प्रदान करेगी जो कि अलग अलग किश्तों में दी जाएगी। जब बेटी 6 वीं कक्षा में जाएगी तो 3000 रुपये की किश्त राशि दी जाएगी, आठवीं कक्षा में 5000 रुपये, कक्षा 10वीं में 7000 रुपये और 12 वीं कक्षा में 10 हजार रुपयों की धनराशि दी जाएगी। इसके अलावा लड़की के 21 साल के होते ही 2 लाख रुपयों की राशि लाभार्थी के खाते में राज्य सरकार द्वारा जमा कर दी जाएगी। इस योजना का उद्देश्य गरीब घर की लड़कियों को पढ़ने के लिए आर्थिक मदद देना तथा भ्रूण हत्या को रोकना भी है ताकि गरीब वर्ग के लोग बेटियों को बोझ न समझें और सरकार द्वारा मिलने वाली आर्थिक सहायता से उन्हें भी पढ़ने लिखने का अवसर मिल सकें।

मुख्यमंत्री युवा स्वरोजगार योजना–साल 2018 में, उत्तर प्रदेश के मुख्यमंत्री योगी आदित्यनाथ जी के द्वारा मुख्यमंत्री युवा स्वरोजगार योजना को शुरू किया गया है। इस योजना के अंतर्गत यूपी के शिक्षित लोग जिनकी उम्र 18 से 40 साल के बीच है उन्हें रोजगार के लिए सरकार द्वारा आर्थिक सहायता प्रदान की जाएगी।

जिसमें सरकार द्वारा उद्योग क्षेत्र के लिए 25 लाख की राशि एवं सर्विस क्षेत्र के लिए 10 लाख तक कि राशि दी जाएगी। इसके अलावा 25 फीसदी की मार्जिन मनी सब्सिडी भी सरकार प्रदान करेगी। जिसमें उद्योग क्षेत्रों के लिए 6.25 लाख की मार्जिन मनी और सर्विस क्षेत्रों के लिए 2.50 लाख की मार्जिन मनी युवाओं को सरकार द्वारा दी जाएगी। इस योजना का उद्देश्य देश के बेरोजगारों को वित्तीय मदद प्रदान करना है ताकि उन्हें खुद का रोजगार स्थापित करने के लिए अपनी जेब से एक भी पैसा न लगाना पड़े। आपको बताना चाहेंगे कि मुख्यमंत्री युवा स्वरोजगार योजना के तहत अनुसूचित जाति/ जनजाति, महिला, दिव्यांग एवं पिछड़ी जाति के लोगों को इस प्रोजेक्ट के तहत 5 फीसदी एवं सामान्य जाति के लोगों को 10 फीसदी का योगदान लागत देना होता है।

उत्तर प्रदेश मुख्यमंत्री सामूहिक विवाह योजना–यूपी के गरीब परिवार के बेटियों के विवाह हेतु यूपी की सरकार ने मुख्यमंत्री युवा स्वरोजगार योजना को शुरू किया है। जिसके अंतर्गत सरकार विवाहित जोड़े के विवाह पर 35 हजार रुपये खर्च करती है जिनमें से 20 हजार रुपये सीधे लाभार्थी के खाते में जमा कर दिए जाते है एवं 10 हजार रुपये के गिफ्ट्स भी दिए जाते है जिससे विवाहित जोड़ा कपड़े, जेवर या फिर अपनी गृहस्थी का सामान भी ले सकते है। गिफ्ट्स को जेम पोर्टल के माध्यम से खरीद जाता है। मुख्यमंत्री सामूहिक विवाह योजना का उद्देश्य बाल विवाह जैसी कुप्रथाओं को रोकना है ताकि गरीब वर्ग के लोग अपनी बेटियों की शादी को बोझ न समझें और उन्हें पढ़ने लिखने का मौका दें। इस योजना के अंतर्गत गरीब वर्ग की बेटियों की शादी हेतु सरकार सामूहिक विवाह करवाकर उनकी सहायता करती है। उत्तर प्रदेश के आर्थिक रूप से कमजोर एवं BPL श्रेणी वाले लोग इस योजना का लाभ उठा सकते है। इसके अलावा आवेदक को विवाह के लिए पोषाक, पायल-बिछिया, सात बर्तन, एक जोड़ी वस्त्र और एक स्मार्टफोन भी सरकार द्वारा दी जाती है। सिर्फ इतना ही नही यूपी के तलाकशुदा और विधवा महिलाएं भी इस योजना का लाभ प्राप्त कर सकती है।

मुख्यमंत्री अभ्युदय योजना–हमारे देश का भविष्य इस देश के विद्यार्थी ही है, जो कि आने वाले समय मे अपनी सफलता से देश को गौरवान्वित करेंगे। इसी बात को ध्यान में रखते हुये यूपी सरकार द्वारा मुख्यमंत्री अभ्युदय योजना का शुभारंभ किया गया है, जिसके अंतर्गत छात्रों को अब कोचिंग के लिए दूसरे राज्य नही जाना होगा बल्कि यूपी सरकार उन्हें प्रदेश के ही अंदर मुख्यमंत्री अभ्युदय स्किम के अंतर्गत मुफ्त में कोचिंग की सुविधा प्रदान करेगी। इस योजना के तहत उत्तर प्रदेश की सरकार विद्यार्थियों को Competition Exam की तैयारी के लिए नि:शुल्क कोचिंग प्रदान करेगी ताकि जो विद्यार्थी दूसरे जिले या राज्य में जाकर कोचिंग का खर्च नही उठा सकते उन्हें इस योजना के तहत, विषय विशेषज्ञों के माध्यम से फ्री में कोचिंग की सुविधा प्रदान की जाए। मुख्यमंत्री अभ्युदय योजना का उद्देश्य विद्यार्थियों को IPS, IAS, NDS, CDS, NIIT और JEE जैसी कम्पटीशन एग्जाम की तैयारी की सुविधा प्रदान करवाना है। इस योजना के माध्यम से आर्थिक रूप से कमजोर छात्रों को भी प्रतियोगिता परीक्षाओं की तैयारी के लिए कोचिंग की सुविधा मिल पाएगी। सिर्फ इतना ही नही इस योजना के अंतर्गत छात्र ऑनलाइन एवं ऑफलाइन दोनों प्रकार से कोचिंग की सुविधा हेतु आवेदन कर सकते है।

यूपी फ्री बोरिंग योजना–भारत एक कृषि प्रधान देश है, जहाँ की ज्यादातार आबादी किसान है, इनके आजीविका का मुख्य स्रोत कार्य खेती बाड़ी ही है, इसी बात को ध्यान में रखते हुए योगी सरकार ने सिंचाई हेतु प्रदेश के किसानों के लिए यूपी फ्री बोरिंग योजना की शुरुआत की है, जिससे यूपी के किसानों को सिंचाई संबंधी किसी भी प्रकार की समस्याओं का सामना न करना पड़े। इस योजना के अंतर्गत अनूसूचित जाति/जनजाति और सामान्य जाति के सीमांत एवं लघु कृषकों को सिंचाई के लिए नि:शुल्क बोरिंग की सुविधा दी जाएगी। इसके अलावा किसान, बोरिंग हेतु पम्प सेट की व्यवस्था करने के लिए बैंक से लोन भी ले सकते है। इस योजना का लाभ उठाने के लिए किसानों के पास कम से कम 0.2 हैक्टेयर की ज्योत सीमा होनी चाहिए, यदि कृषकों के पास इससे कम जोत है तो वे कृषक का समूह बनाकर भी नि:शुल्क बोरिंग योजना का लाभ उठा सकते है। UP Free Boring Yojana के द्वारा किसानों के पास बोरिंग की सुविधा होने से वे अपनी खेतों के फसलों की सही ढंग से सिंचाई कर सकेंगे।

मुख्यमंत्री बाल सेवा योजना–प्रदेश सरकार द्वारा राज्य के ऐसे बच्चे जिनके माता-पिता का कोरोना संक्रमण के कारण निधन हो गया है, उनके लिए मुख्यमंत्री बाल सेवा योजना को शुरू किया गया है, इस योजना के माध्यम से ऐसे बच्चों को आर्थिक सहायता प्रदान की जाएगी, इसके अलावा इन बच्चों की पढाई, विवाह आदि का खर्च राज्य सरकार उठाएगी। राज्य की योगी सरकार इन बच्चों/ अभिभावकों के लिए प्रति माह 4000/- रूपये की आर्थिक सहायता देगी। इस योजना की शुरुआत राज्य सरकार द्वारा मई 2021 में की गयी थी। कोविड के कारण अपनों को खोने वाले बच्चों के लिए

शुरू की गयी यह योजना यदि जमीनी स्तर पर उतरती है, तो इससे कहीं जरूरतमंदों की सहायता होगी। इस योजना के अंतर्गत बच्चे की उम्र दस वर्ष के कम होने पर, यदि उनका कोई अभिभावक नहीं है तो बच्चे को सरकारी बाल गृह में भेजा जायेगा, यहां उन्हें सभी सुविधाएँ उपलब्ध करवाई जाएगी।

यूपी पारिवारिक लाभ योजना–जिस परिवार के एकमात्र कमाने वाले व्यक्ति का असमय निधन हो गया है, ऐसे परिवारों को आर्थिक रूप से सहायता प्रदान करने के लिए राष्ट्रीय पारिवारिक लाभ योजना यूपी की शुरुआत है। इस योजाना के अंतर्गत ऐसे परिवार को 30000/– की एकमुश्त सहायता राशि प्रदान की जाती है। सरकार द्वारा इस प्रकार की सहायता राशि देने से जरूरतमंद की सहायता हो जाएगी, क्यूंकि जब किसी भी परिवार का एकमात्र कमाने वाले व्यक्ति का निधन हो जाय तो परिवार के पास तत्काल अपना गुजर बसर करने का कोई माध्यम नहीं होता है। पारिवारिक लाभ की सहायता राशि लाभार्थी व्यक्ति से बैंक खाते में ट्रांसफर की जाती है।

उत्तर प्रदेश श्रमिक भरण पोषण योजना–इस योजना के द्वारा राज्य के मजदूर वर्ग को सहायता राशि दी जाती है, सरकार द्वारा इसे मजदूर वर्ग के लाखों श्रमिकों के हित को ध्यान में रखते हुए शुरू किया गया है। प्रदेश के लगभग 15 लाख दैनिक/निर्माण क्षेत्र के मजदूर जैसे–रेहड़ी वाला, फेरी वाला, मोची, बढ़ई, लोहार, फेरी वाला आदि से जुड़े लोगों को 1000/– की आर्थिक सहायता देने की घोषणा की है। यह योजना सरकार द्वारा कोरोना काल में शुरू की थी, क्यूंकि इस समय लोगों को मजदूरी व रेहड़ी पटरी, फेरी वाला आदि सभी के छोटे आय के श्रोत बंद हो गए थे, जिससे ये सभी लोग बेरोजगार हो गए थे।

कन्या सुमंगला योजना–प्रदेश सरकार द्वारा बेटियों के भविष्य को ध्यान में रखते हुए कन्या सुमंगला योजना की शुरुआत की है। सरकार द्वारा सुमंगला योजना के अंतर्गत बेटी का जन्म से शादी तक का पूरा खर्च सरकार उठाएगी। इस योजना के तहत कन्याओं को आर्थिक सहायता के रूप में 15000/– रुपये देती है। इसके लिए सरकार द्वारा कुछ पात्रता मानदंड भी बनाये गए है, इसे पूरा करने वाले परिवार की बेटियों को इस योजना का लाभ मिलेगा। इसका लाभ केवल उन्ही परिवार की बेटियों को मिलेगा जिनकी वार्षिक आय 3 लाख रुपये से कम है। इस योजना की राशि कहीं किस्तों में दी जाती है, जिसका विवरण निम्न है–

1. पहली किस्त–लाभार्थी कन्याओं को सुमंगला योजना की पहली 2000/– की किस्त बालिका के जन्म से लेकर 6 माह की उम्र तक दी जाती है।
2. दूसरी किस्त–बालिका को अगली क़िस्त 1000/– रुपये की दी जाती है, जो पहले वर्ष में होने वाले सभी टीकाकरण के बाद दी जाएगी।
3. तीसरी किस्त–सुमंगला योजना की तीसरी किस्त बच्ची के स्कूल में एडमिशन (कक्षा 1) लेने के समय दी जाएगी, तीसरी किस्त 2000/– की दी जाएगी।
4. चौथी किस्त–बालिका के 6th कक्षा में एडमिशन के समय उन्हें योजना की चौथी किस्त 2000/– रुपये दी जाएगी।
5. पांचवी किस्त–3000/– यह किस्त इन्हे नवीं कक्षा (9th) में प्रवेश के बाद दी जाएगी।
6. छठी किस्त–बालिका जब दसवीं या बारहवीं के बाद 5000/– रुपये दिए जायेंगे।

उत्तर प्रदेश गोपालक योजना–उत्तर प्रदेश सरकार द्वारा उत्तर प्रदेश गोपालक योजना का शुभारंभ किया गया है इस योजना के माध्यम से गोपालक को ₹200000 तक का ऋण मुहैया करवाया जाएगा। यह ऋण दो किस्तों में मुहैया करवाया जाएगा। जिसके माध्यम से लाभार्थी 10 से 12 गाय का पशुपालन कर सकता है। लाभार्थी गाय या भैंस में से किसी को भी पाल सकता है। इस योजना का लाभ उठाने के लिए पशु दुधारू होना अनिवार्य है। इसके अलावा इस योजना के माध्यम से लाभार्थी अपनी खुद का डेरी फॉर्म भी खोल सकता है। यह योजना बेरोजगारी दर को घटाने में भी कारगर साबित होगी।

यूपी फ्री टेबलेट/स्मार्ट फोन योजना–यूपी फ्री टेबलेट/स्मार्ट फोन योजना के माध्यम से उत्तर प्रदेश के युवाओं को एक करोड़ मुफ्त स्मार्टफोन एवं टेबलेट मुहैया करवाए जाएंगे। इस योजना के प्रस्ताव को सरकार द्वारा मंजूरी प्रदान कर दी गई है। सभी पोस्ट ग्रेजुएशन, बीटेक, ग्रेजुएशन, पॉलिटेक्निक, मेडिकल, पैरामेडिकल और कौशल विकास मिशन की ट्रेनिंग लेने वाले अभ्यर्थियों को स्मार्ट फोन/टेबलेट मोहिया करवाए जाएंगे। इस योजना का लाभ छात्रों के अलावा अन्य नागरिकों को भी प्रदान किया जाएगा। वह सभी नागरिक जो सेवा क्षेत्र से जुड़े हैं वह भी इस योजना का लाभ उठाने के पात्र हैं। इस योजना का लाभ उठाने के लिए आधिकारिक वेबसाइट पर ऑनलाइन आवेदन करना होगा। जिलाधिकारी की अध्यक्षता में बनी 6 सदस्य कमेटी के द्वारा इस योजना का कार्यान्वयन किया जाएगा।

यूपी स्कॉलरशिप योजना–यूपी स्कॉलरशिप योजना के माध्यम से कक्षा 9, 10, 11 एवं 12 में पढ़ने वाले बच्चों को स्कॉलरशिप प्रदान की जाएगी। अब प्रदेश के वह सभी बच्चे जो आर्थिक रूप से कमजोर हैं उनको शिक्षा प्राप्त करने के लिए आर्थिक तंगी का सामना नहीं करना पड़ेगा। क्योंकि सरकार द्वारा उनकी शिक्षा का खर्च वहन किया जाएगा। वह सभी बच्चे जिनकी पारिवारिक वार्षिक आय ₹200000 या फिर से कम है वह इस योजना का लाभ प्राप्त करने के पात्र हैं। इस योजना का लाभ प्राप्त करने के लिए आवेदक द्वारा आधिकारिक वेबसाइट के माध्यम से आवेदन करना होगा। यदि आवेदक केंद्र या राज्य सरकार की किसी अन्य स्कॉलरशिप योजना का लाभ पहले से प्राप्त कर रहा है तो वह योजना का लाभ प्राप्त करने का पात्र नहीं है।

उत्तर प्रदेश शादी अनुदान योजना–उत्तर प्रदेश के मुख्यमंत्री श्री योगी आदित्यनाथ जी के द्वारा राज्य के गरीब नागरिकों के लिए उत्तर प्रदेश शादी अनुदान योजना का शुभारंभ किया गया है। इस योजना के माध्यम से कन्या की शादी होने पर ₹51000 की राशि प्रदान की जाती है। इस राशि के माध्यम से कन्या के विवाह पर होने वाले खर्च को कम करने में भी सहायता मिलती है। वह सभी नागरिक जो गरीबी रेखा से नीचे जीवन यापन करते हैं वह उत्तर प्रदेश शादी अनुदान योजना का लाभ प्राप्त करने के पात्र हैं। इस योजना का लाभ प्राप्त करने के लिए मैरिज रजिस्ट्रेशन करवाना अनिवार्य है। अब प्रदेश के नागरिकों को कन्या के विवाह के लिए चिंता करने की आवश्यकता नहीं है क्योंकि उत्तर प्रदेश सरकार द्वारा कन्याओं के विवाह पर इस योजना के माध्यम से आर्थिक सहायता प्रदान की जाएगी।

मुख्यमंत्री प्रवासी श्रमिक उद्यमिता विकास योजना–राज्य के श्रमिकों को रोजगार प्राप्त करने के लिए अन्य राज्यों में जाना पड़ता है। ऐसे सभी श्रमिकों को अपना जीवन व्यतीत करने में कई कठिनाइयों का सामना करना पड़ता है। उत्तर प्रदेश सरकार द्वारा इस समस्या का निपटान करने के लिए मुख्यमंत्री प्रवासी श्रमिक उद्यमिता विकास योजना का शुभारंभ किया गया है। इस योजना के माध्यम से प्रवासी श्रमिक नागरिकों को उद्योगों से जोड़ने का प्रयास किया जाएगा। जिससे कि नागरिकों तक रोजगार के संसाधन राज्य में ही उपलब्ध करवाए जा सकते हैं और प्रदेश के नागरिकों को किसी दूसरे राज्य में जाकर रोजगार प्राप्त करने की आवश्यकता ना पड़े।

यूपी आसान किस्त योजना–यूपी आसान किस्त योजना को मुख्यमंत्री योगी आदित्यनाथ जी के द्वारा आरंभ किया गया था। इस योजना के माध्यम से उत्तर प्रदेश के सभी नागरिक जो आर्थिक रूप से कमजोर होने की वजह से बिजली का बिल जमा करने में असमर्थ हैं उनको किस्तों में बिजली का बिल जमा करने की सुविधा उपलब्ध करवाई जाएगी। शहरी उपभोक्ता अपना बिल 12 किस्तों के माध्यम से भर सकते हैं एवं ग्रामीण उपभोक्ता अपना बिल 24 किस्तों के माध्यम से भर सकते हैं। अब प्रदेश के वह सभी नागरिक जो आर्थिक तंगी के कारण बिजली का बिल जमा करने में असमर्थ थे वह बिजली का बिल जमा कर सकेंगे। मासिक किस्त की न्यूनतम राशि 1500 रुपए होगी। प्रत्येक मासिक किस्त के साथ उपभोक्ता को वर्तमान बिल भी देना अनिवार्य होगा।

बीसी सखी योजना–उत्तर प्रदेश के मुख्यमंत्री श्री योगी आदित्यनाथ जी के द्वारा बीसी सखी योजना का शुभारंभ किया गया है। इस योजना के माध्यम से ग्रामीण क्षेत्र में महिलाओं के माध्यम से बैंकिंग सेवाएं मुहैया कराई जाएंगी। इस योजना के माध्यम से ग्रामीण नागरिकों तक बैंकिंग सुविधाएं पहुंच सकेंगी एवं महिलाओं को रोजगार प्राप्त होगा। प्रदेश के ग्रामीण क्षेत्र के नागरिक घर बैठे बैंकिंग सेवाओं का लाभ उठा सकेंगे। यह बैंकिंग सेवाएं डिजिटल डिवाइस के माध्यम से प्रदान की जाएंगी। यह डिजिटल डिवाइस खरीदने के लिए महिलाओं को ₹50000 की धनराशि मुहैया कराई जाएगी। इसके अलावा महिलाओं को 6 महीने तक प्रतिमाह ₹4000 की धनराशि भी वेतन के रूप में प्रदान की जाएगी।

वन डिस्टिक वन प्रोडक्ट योजना–उत्तर प्रदेश सरकार द्वारा वन डिस्टिक वन प्रोडक्ट योजना का शुभारंभ किया गया है। इस योजना के माध्यम से प्रदेश के 75 जनपदों के विशेष प्रोडक्ट के उत्पात तथा बढ़ावा दिया जाएगा। आने वाले 5 सालों में इस योजना के माध्यम से 25 लाख लोगों को रोजगार प्रदान किया जाएगा। यह योजना उत्तर प्रदेश के छोटे, मध्यम एवं परंपरागत उद्योगों का विकास करने में भी कारगर साबित होगी। इसके अलावा इस योजना के माध्यम से रोजगार सरजीत किए जा सकेंगे। यह योजना प्रदेश के नागरिकों की आर्थिक स्थिति को सुधारने में भी कारगर साबित होगी। वन डिस्टिक वन प्रोडक्ट के माध्यम से प्रदेश के नागरिकों को उनके जिले के विशेष प्रोडक्ट के उत्पाद के लिए कच्चा माल, डिजाइन, प्रशिक्षण, तकनीक एवं बाजार उपलब्ध करवाया जाएगा।

यूपी मिशन शक्ति अभियान–यूपी मिशन शक्ति अभियान को उत्तर प्रदेश की महिला एवं बेटियों को स्वावलंबी एवं सुरक्षित बनाने के उद्देश्य से किया गया है। इस अभियान के माध्यम से प्रदेश की महिलाओं को जागरूक किया जाता है। जिससे कि उनको

अपने अधिकारों से संबंधित जानकारी प्राप्त हो सके। इसके अलावा महिलाओं के लिए ट्रेनिंग प्रोग्राम का भी संचालन किया जाता है। प्रदेश के सभी 75 जिलों में इस योजना का संचालन किया जा रहा है। इस अभियान के माध्यम से प्रदेश की महिलाएं आत्मनिर्भर बन सकेंगी। मिशन शक्ति अभियान को 31 अगस्त 2021 को लांच किया गया था। अब तक इस योजना के दो चरण संचालित किए जा चुके हैं। वर्तमान समय में इस योजना का तीसरा चरण संचालित किया जा रहा है।

वृद्धावस्था पेंशन योजना– इस योजना के अंतर्गत उत्तर प्रदेश के 60 वर्ष या उससे अधिक आयु के वृद्धजनों को सरकार द्वारा प्रतिमाह 800 रूपये की पेंशन धनराशि आर्थिक सहायता के रूप में प्रदान की जाएगी। वृद्धावस्था पेंशन योजना के तहत पहले बूढ़े लोगो को 750 रूपये की पेंशन दी जा रही थी जिसको सरकार द्वारा बढ़कर 800 रूपये महिला कर दिया गया है। इस योजना के तहत पेंशन धनराशि प्राप्त करके सभी बूढ़े नागरिक अपनी वृद्धावस्था में अच्छे से जीवन यापन कर सकते है।

विधवा पेंशन योजना–विधवा पेंशन योजना विधवा महिलाओं के लिए है इस योजना के अंतर्गत राज्य की विधवा महिलाओ को यूपी सरकार द्वारा प्रतिमाह 500 रूपये की पेंशन धनराशि आर्थिक सहायता के रूप में प्रदान की जाएगी। जिससे महिलाये अपना भरण पोषण आसानी से कर सकती है और उन्हें किसी पर निर्भर नहीं रहना पड़ेगा। इस योजना के कार्यान्वयन से समाज के आर्थिक रूप से कमजोर वर्ग का विकास किया जाएगा। इस योजना के तहत राज्य की केवल उन विधवा महिलाओ को पात्र माना जायेगा जिनकी स्थिति आर्थिक रूप से कमज़ोर है इस योजना के तहत सरकार द्वारा दी जाने वाली धनराशि सीधे लाभार्थी विधवा महिलाओ के बैंक अकाउंट में ट्रांसफर की जाएगी।

विकलांग पेंशन योजना–इस योजना के तहत राज्य के विकलांग नागरिको को राज्य सरकार द्वारा प्रतिमाह 500 रूपये की धनराशि आर्थिक सहायता के रूप में प्रदान की जाएगी। इस धनराशि के माध्यम से विकलांग लोग अपना जीवन यापन अच्छे से कर सकेंगे। इस विकलांगता पेंशन योजना के तहत, 18 वर्ष से अधिक आयु के सभी विकलांग व्यक्तियों और जिसका नाम अखिल भारतीय अंतिम बीपीएल सूची (BPL List) में दिखाई देता है, उन्हें प्रति माह 500 रुपये दिए जायेगे। इस योजना के तहत आवेदन करने वाले व्यक्ति कम से कम 40% विकलांग होने चाहिए।

❑❑❑

18 उत्तर प्रदेश में गैर-सरकारी संगठन (एनजीओ), मुद्दे, योगदान एवं उनका प्रभाव

उत्तर प्रदेश एक उत्तरी भारतीय राज्य है। 200 मिलियन से अधिक लोगों वाला यह राज्य भारत का सबसे अधिक आबादी वाला राज्य और दुनिया का सबसे अधिक आबादी वाला देश उप-खंड है। इसकी स्थापना 1950 में भारत के गणतंत्र बनने के बाद हो गयी थी। कई गैर-लाभकारी संगठन एक बेहतर समाज जीने के लिए विभिन्न श्रेणियों के लिए कड़ी मेहनत करते हैं। उत्तर प्रदेश, कई अन्य भारतीय राज्यों की तरह, कई गैर-सरकारी संगठन (एनजीओ) शिक्षा, स्वास्थ्य, पर्यावरण, मानवाधिकार और ग्रामीण विकास सहित कई क्षेत्रों में काम कर रहे हैं। भारत में कई एनजीओ पिछले कुछ दशकों में अपने अच्छे कार्यों के माध्यम से विकसित और मजबूत हुए हैं। हालाँकि, केवल कुछ ही समाज को प्रभावित करने में सफल रहे है, और कुछ अभी भी कड़ी मेहनत कर रहे हैं और समुदाय की सेवा कर रहे हैं। उत्तर प्रदेश में कुछ शीर्ष एनजीओ उस स्तर पर पहुंच गए हैं जहां भारतीय समाज ने उनके प्रयासों को देखा है, और कुछ वहां पहुँचने के लिए प्रयासरत हैं। हमारे देश में व्याप्त तमाम परेशानियों से घिरे होने के बावजूद इसमें पारदर्शिता या भ्रष्टाचार की कमी का अभाव है।

ऐसा माना जाता है कि एनजीओ यानी गैर सरकारी संगठन दूसरे विश्व युद्ध के बाद प्रचलन में आए, क्योंकि संयुक्त राष्ट्र ने इंटर-गवर्मेंटल स्पेशलाइज़्ड एजेंसी और निजी संगठनों के बीच अंतर की मांग की थी। माना जाता है कि पहला अंतरराष्ट्रीय एनजीओ संभवत: एंटी-स्लेवरी सोसाइटी थी, जिसका गठन 1839 में हुआ था। इसमें एक रोटरी की शुरुआत 1905 में हुई। अनुमान के मुताबिक, 1914 तक 1083 गैर सरकारी संगठन (एनजीओ) बन चुके थे। हालांकि एनजीओ शब्द लोकप्रिय हुआ 1945 के बाद, जब नई गठित यूनाइटेड नेशनल ऑर्गनाइजेशन ने इसे आर्टिकल 71 के तहत यूनाइटेड नेशन चार्टर में शामिल किया। इसमें भले ही सरकार का कोई हस्तक्षेप नहीं होता, लेकिन एनजीओ सरकारी मदद मांग सकता है। 20वीं सदी के दौरान पूरे देश में इसका तेजी से विकास हुआ।

विश्व बैंक की परिचालन नियमावली एनजीओ को स्वैच्छिक संगठनों के रूप में परिभाषित करती है जो पूरी तरह से सरकार से स्वतंत्र हैं और मुख्य रूप से व्यावसायिक गतिविधियों की तुलना में सामाजिक सेवा में विशेषज्ञयता प्राप्त होती है। ये अलाभकारी संगठन हैं जो सामुदायिक विकास और बुनियादी सामाजिक सेवाओं के क्षेत्र से सम्बद्ध गतिविधियों में लगे हुए हैं। गैर-सरकारी संगठनों को **'स्वैच्छिक संगठन'** या **'नागरिक समाज संगठन'** भी कहा जाता है। एक गैर-सरकारी संगठन एक कानूनी रूप से गठित संगठन है जो निजी व्यक्तियों या संगठनों द्वारा बनाया गया है जिसमें किसी भी सरकार की भागीदारी या प्रतिनिधित्व नहीं है। एनजीओ सोसायटी रजिस्ट्रीकरण अधिनियम 1860, भारतीय न्यास (ट्रस्ट) अधिनियम 1882 अथवा कंपनी पंजीकरण अधिनियम 1956 के तहत पंजीकृत हैं।

अन्य शब्दों में कहा जाए तो एनजीओ एक ऐसा संगठन है जिसमें सरकार की कोई भूमिका नहीं होती है, यानि यह एक गैर-सरकारी संगठन है। जिन लोगों के पास अच्छा पैसा या बिजनेस होता है वो एनजीओ के जरिए लोगों की मदद करते हैं। एनजीओ नागरिकों द्वारा स्थापित संगठनों का एक उप-समूह है, जिसमें क्लब और संघ शामिल हैं जो अपने सदस्यों और अन्य लोगों को सेवाएं प्रदान करते हैं अर्थात समाज के कल्याण के उद्देश्य से स्थापित किया गया एक संगठन। गैर-सरकारी संगठन बहुत से सामाजिक कार्य करते हैं, जैसे विधवा महिलाओं को घर देना, गरीब अनाथों को पढ़ाना, महिलाओं की सुरक्षा करना आदि।

गैर-सरकारी संगठनों की भूमिका

किसी भी देश अथवा राज्य में सरकार के लिए सभी सामाजिक मुद्दों को हल कर पाना संभव नहीं होता, ऐसे में यह काम एनजीओ करता है। इसका मुख्य रूप से मानवीय मुद्दों, पर्यावरण, महिलाओं और बच्चों की सामाजिक समता, गरीबों को न्याय दिलाने, समाज के पिछड़े और ज़रूरतमंद लोगों को सामाजिक व आर्थिक मदद मुहैया

कराने तक सब काम करता है। भारत में भी बहुत से एनजीओ हैं, जो अलग-अलग तरह से समाज सेवा का काम कर रहे हैं, कोई अनाथ बच्चों को शिक्षित कर रहा है, तो कोई शोषण का शिकार महिलाओं को अपने पैरों पर खड़ा होना सिखा रहा है।

किसी भी देश में सामाजिक न्याय और समानता लाने में एनजीओ की भूमिका महत्वपूर्ण होती है। किसी भी क्षेत्र या राज्य के सही विकास के लिए लोगों को उनके अधिकार और कर्तव्यों के बारे में जागरुक करना जरूरी है और यह काम एनजीओ करता है। लिंग भेद और असमानता की खाई को कम करने के लिए लोगों को जागरुक करने और समाज में उपेक्षित महिलाओं में आत्मविश्वास जगाने से लेकर सामाजिक विकास तक में इसकी अहम भूमिका होती है।

गरीबों के लिए और उनके साथ मिल कर उनकी आवाज उठाना-एनजीओ गरीबों के प्रवक्ता के रूप में कार्य कर सकते हैं, उनकी ओर से सरकारी नीतियों और कार्यक्रमों को प्रभावित करने का प्रयास कर सकते हैं। यह प्रदर्शन और पायलट परियोजनाओं, सार्वजनिक मंचों की भागीदारी, सरकार की नीति और रणनीतियों, और अनुसंधान निष्कर्षों के प्रसार और गरीब मामले के अध्ययन सहित विभिन्न तरीकों से पूरा किया जा सकता है।

दूरियों को कम करना-गैर-सरकारी संगठन (एनजीओ) सरकारी कार्यक्रमों में देरी को कम करने के लिए काम करते हैं और उन लोगों तक पहुंचते हैं जिन्हें आम तौर पर सरकारी परियोजनाओं द्वारा अनदेखा किया जाता है। ये निम्नलिखित माध्यमों से जनता और सरकार के बीच प्रभावी गैर-राजनीतिक कड़ी के रूप में कार्य करते हैं-

- परामर्श और रणनीतिक सहयोग, जहाँ सरकार द्वारा गठित कमिटियों, टास्क फोर्स और सलाहकार पैनल में गैर सरकारी संगठनों को शामिल कर उनकी विशेषज्ञता का उपयोग किया जाता है।
- जागरूकता फैलाने, सामाजिक एकजुटता, सेवा वितरण, प्रशिक्षण, अध्ययन व अनुसंधान एवं सार्वजनिक अपेक्षा को स्वर देने में ये सहयोग करते हैं। सरकार के प्रदर्शन पर संवाद व निगरानी द्वारा वे राजनीतिक जवाबदेही सुनिश्चित कराते हैं।
- भोजन का अधिकार, शिक्षा का अधिकार या मनरेगा और सबसे महत्त्वपूर्ण सूचना का अधिकार जैसे कई प्रमुख विधेयक गैर सरकारी संगठनों के हस्तक्षेप से ही पारित हुए।

अनुसंधान और विकास-ये गैर-सरकारी संगठन (एनजीओ) अनुसंधान करते हैं और वर्तमान विषयों पर ज्ञान को आगे बढ़ाने में सहायता करते हैं। वे शोध के आधार पर सामाजिक समस्याओं का रचनात्मक समाधान निकालते हैं।

सरकार और लोगों के बीच की कड़ी-यह एक गैर-लाभकारी उद्यम है जो एक बिचौलिए के रूप में कार्य करता है और किसी भी सरकारी निकाय के नियंत्रण में नहीं है। इसका लक्ष्य नागरिकों के कल्याण में सुधार करना है। व्यक्तिगत जरूरतों का आकलन गैर-सरकारी संगठनों द्वारा किया जाता है, जो समाज और सरकार के बीच मध्यस्थ के रूप में काम करते हैं। उनका विश्व स्तर पर सम्मान किया जाता है क्योंकि वे वित्तीय क्षेत्र और कई आर्थिक, सामाजिक और राजनीतिक संरचनाओं में सहायता चाहते हैं।

राज्य संसाधनों की अपर्यप्ता के पूरक-ऐसे दो मुख्य क्षेत्रों में शिक्षा और स्वास्थ्य सेवा शामिल है। विशेष रूप से ग्रामीण क्षेत्रों में पर्याप्त सरकारी स्कूल या अस्पताल नहीं हैं। अगर वे मौजूद भी हैं, तो उनके पास संसाधन नहीं हैं। एनजीओ इसे पूरा करने की कोशिश करते हैं। एनजीओ मानवीय सहायता, क्षेत्रीय विकास हस्तक्षेप और सतत विकास जैसे विभिन्न क्षेत्रों में काम करते हैं।

कल्याणकारी योजनाओं का कार्यान्वयन-गैर-सरकारी संगठन आम जनता से निकटता के कारण सरकार और अंतिम उपयोगकर्ताओं के बीच इंटरफेस के रूप में काम करते हैं। इस प्रकार, सरकारी कल्याणकारी योजनाओं के कार्यान्वयन में गैर-सरकारी संगठन कार्यान्वयनकर्ता, उत्प्रेरक और भागीदार की तीन भूमिकाएँ निभाते हैं।

गैर-सरकारी संगठन और आपदा प्रबंधन-गैर-सरकारी संगठन आपदा प्रबंधन चक्र के विभिन्न चरणों में महत्वपूर्ण भूमिका निभाते हैं। आपदा प्रबंधन में गैर-सरकारी संगठनों की भूमिका क्षमता निर्माण, जन जागरूकता अभियान, अभ्यास, कार्यशालाओं और सम्मेलनों आदि के माध्यम से पूर्व-आपदा तैयारी और शमन को मजबूत करने के लिए आपदा के बाद राहत प्रदान करने से भिन्न होती है।

गैर-सरकारी संगठन समुदाय के पिछड़े वर्गों के उत्थान की दिशा में काम करते हैं। इसके अलावा, गैर-सरकारी संगठनों द्वारा किया जाने वाला एक प्रमुख कार्य असमानताओं और अनुचित व्यवहारों की खाई को पाटना है। इसके अतिरिक्त, वे अन्याय और गरीबी के शिकार लोगों के जीवन को बेहतर बनाने का प्रबल प्रयास करते हैं।

इसके अतिरिक्त, ये संगठन महिलाओं, बच्चों और किसी भी तरह से पीड़ित किसी भी व्यक्ति के जीवन को बेहतर बनाने के लिए काम करते हैं। इसके अलावा, इन संगठनों का प्राथमिक लक्ष्य पीड़ा और अनिश्चितताओं से मुक्त एक समृद्ध समाज बनाना है।

हमारे देश में कई स्वयंसेवी संगठन सभी क्षेत्रों में विकास कार्य एवं सामाजिक सेवा में भागीदारी निभा रहे हैं। पिछली आठवें दशक में सामाजिक सरोकार के मसले एक निर्णायक मोड़ की तरह देखते ही देखते गैर सरकारी संगठनों की बाढ़ आ गई। यह संस्थाएं उन खाली स्थान को भरने के लिए आती हैं जिनको सरकार नहीं करना चाहती या फिर कर नहीं पाती।

विश्व बैंक के वर्किंग विद एनजीओ दस्तावेज में पिछले 8 दशक के दौरान एनजीओ सेक्टर के विकासशील और विकसित देशों में समान रूप से अप्रत्याशित वृद्धि हासिल की है। एक अनुमान के अनुसार कुल विदेशी विकास संबंधी सहायता राशि का लगभग 15% से ज्यादा एनजीओ की मदद पहुंचाने के लिए दिया जा रहा है।

इन स्वैच्छिक संगठनों का मूल उद्देश्य सामाजिक न्याय विकास और मानवाधिकारों की रक्षा करना है। इनका वित्त पोषण पूर्ण रूप से या फिर आंशिक रूप से सरकार द्वारा किया जाता है। इसके लिए राष्ट्रीय अथवा अंतरराष्ट्रीय कानून के तहत वैधानिक इकाई नहीं होती।

विश्व बैंक स्वास्थ्य संगठनों को दो प्रकार से चिन्हित करता है। पहला ऑपरेशनल दूसरा एडवोकेट अर्थात क्रियात्मक संगठन और पैरोकार स्वैच्छिक संगठन। क्रियात्मक शैक्षिक संगठन का मूल उद्देश्य विकास और मुख्य परियोजनाओं की रूपरेखा तैयार करना है।

क्रियात्मक स्वैच्छिक संगठनों को राष्ट्रीय संगठन अंतरराष्ट्रीय संगठन समुदाय आधारित संगठन के रूप में वर्गीकृत किया जाता है। वही दूसरी तरफ पैरोकार स्वैच्छिक संगठन का मूल उद्देश्य अंतरराष्ट्रीय संगठनों की नीतियों एवं कार्य पद्धतियों को प्रभावित करना होता है।

समाज के विकास में लोगों की भागीदारी सुनिश्चित करने में यह संस्थाएं प्रभावी भूमिका निभा सकती हैं।

- स्वयंसेवी संस्थाओं को ग्रामीण विकास के लिए एक उत्प्रेरक अभिक्रिया के रूप में जाना जाता है।
- यह संस्थाएं गरीबी उन्मूलन में विविध भूमिका अदा कर सकती हैं। जैसे न्याय न मिल पाने वाले समूह को सामाजिक न्याय दिलाना तथा लोगों को उनके अधिकारों एवं कर्तव्यों के प्रति जागरूक करना।
- ग्रामीण क्षेत्र में सामाजिक राजनीतिक और आर्थिक पहलुओं में प्रगति को बढ़ावा देना।
- सरकारी लोगों की अपेक्षा संगठन में लोगों से अधिक नजदीकी संबंध स्थापित करना।
- ग्रामीण विकास की प्रक्रिया में भागीदारी के लिए लोगों को संगठित करना।
- ग्रामीण गरीबी को दूर करने के लिए संगठित प्रयास करना।
- गलत धन प्रवाह को रोकने और भ्रष्टाचार निवारण में मदद करना।
- स्थानी वित्तीय संसाधनों को इकट्ठा करके लोगों को आत्मनिर्भर बनाना।

एनजीओ की आवश्यकता

अक्सर देखा जाता है कि योजनाओं में कुछ लाभार्थी उपयोगिता बैंक द्वारा प्राप्त ऋण का दुरुपयोग करते हैं। यह शैक्षिक संगठन ऐसे लाभार्थियों को ऋण का प्रभावी और उत्तम उपयोग करने के लिए प्रेरित कर सकते हैं। ग्रामीण समुदायों में विकास में यह संगठन सक्रिय रूप से भाग लेकर लोगों को प्रोत्साहित और जागरूक कर सकते हैं।

गैर-सरकारी संगठनों (एनजीओ) के कार्य समाज की बेहतरी और प्रगति के लिए सामाजिक परिवर्तन लाने में महत्वपूर्ण भूमिका निभाते हैं। यह प्रदर्शित किया गया है कि ये संगठन दुनिया के विभिन्न हिस्सों में सक्रिय हैं और मानवता और अन्य महान कार्यों की सेवा करते हैं। एनजीओ के सदस्यों को संगठन के लक्ष्यों और कार्यों के बारे में अच्छी तरह से शिक्षित, समर्पित, प्रेरित और उत्साही होना चाहिए। एनजीओ की कुछ आवश्यकताएँ निम्नलिखित हैं-

- **सुरक्षा-वाल्व के रूप में कार्य**-गैर-सरकारी संगठन सामाजिक समस्याओं और आवश्यकताओं के लिए एक अधिवक्ता के रूप में कार्य करते हैं।
- **अद्वितीय समाधान प्रदान करता है**-एनजीओ हमेशा समाज की समस्याओं को संबोधित करने और उनसे निपटने के लिए अनूठे तरीके खोजने का प्रयास करते हैं।
- **अनुसंधान को बढ़ावा देता है**-यह अनुसंधान की भावना, सामुदायिक संबंध और प्रदर्शनीय मॉडलों के निर्माण को बढ़ावा देता है। गैर-सरकारी संगठन इतनी बड़ी मात्रा में डेटा एकत्र करते हैं जिसका उपयोग संस्थान और सरकारें बाद में समाज की समस्याओं से निपटने के लिए कर सकती हैं।
- **स्वयं सहायता समूहों का निर्माण**-एनजीओ विभिन्न स्वयं सहायता समूहों के गठन और विकास में सबसे आगे रहे हैं,

जिसमें किसानों और उत्पादकों के लिए कृषि समूह और महिलाओं के उत्थान के लिए महिला केंद्रित स्वयं सहायता समूह शामिल हैं।

- **सामाजिक बेड़ियों को तोड़ना**-एनजीओ अक्सर सामाजिक बेड़ियों और बाधाओं को तोड़ते हैं, विशेष रूप से भारत के मामले में, जहां जातिगत भेदभाव के मुद्दे रहे हैं, महिलाओं को समान काम के लिए असमान वेतन और स्कूल में विकलांग बच्चों की भागीदारी आदि के साथ समस्याओं का सामना करना पड़ता है।
- **कानूनों का विकास**-गैर-सरकारी संगठनों ने भारत में कानून के विकास को प्रभावित किया है। उनके लगातार प्रयासों के कारण, कई समस्याओं से निपटा गया, जैसे सूचना का अधिकार, तस्करी विरोधी, वनों का संरक्षण, विकलांग लोगों का पुनर्वास, स्कूलों में शारीरिक दंड को समाप्त करना, आदि। इनमें से कई मुद्दों पर प्रकाश डाला गया है क्योंकि एनजीओ ने बार-बार उनके बारे में चिंता जताई।
- **बुनियादी मानवीय जरूरतों को पूरा करना सुनिश्चित करना**-ये संगठन सुनिश्चित करते हैं कि लोगों की बुनियादी जरूरतें पूरी हों। एनजीओ संस्थाओं के महत्व को इस तरह से भी उजागर किया जा सकता है कि वे यह सुनिश्चित करते हैं कि लोगों को सुरक्षित पेयजल मिले, उचित स्वच्छता के लिए शौचालय बनाएं, बुनियादी चिकित्सा देखभाल प्रदान करें और लोगों को स्वास्थ्य कार्यक्रमों के बारे में शिक्षित करें।
- **आपदाओं के दौरान सहायता**-आपदाएं और प्राकृतिक आपदाएं बिना किसी चेतावनी संकेत के घटित होती हैं। लेकिन गैर-सरकारी संगठन हमेशा लोगों के बचाव, राहत और पुनर्वास में सक्रिय भूमिका निभाते हैं। वे उन्हें संकट के समय भोजन, चिकित्सा सहायता और आश्रय प्रदान करते हैं।
- **सरकार के प्रदर्शन में सुधार**-एनजीओ हमेशा लोगों की समस्याओं को हल करने के लिए दबाव डालकर सरकार को अपने पैर की उंगलियों पर रखने की कोशिश करते हैं। वे कई समस्याओं का समाधान भी प्रदान करते हैं और एकत्रित डेटा भी साझा करते हैं, और ऐसे मुद्दों पर सरकार के दृष्टिकोण में सुधार करते हैं।
- **सतत विकास**-एनजीओ यह सुनिश्चित करने के लिए काम करते हैं कि प्राकृतिक संसाधनों का दोहन न हो और वे पारिस्थितिकी तंत्र की सुरक्षा के लिए काम करते हैं।
- वे गरीब और जरूरतमंद लोगों को आवाज देने में एक आवश्यक भूमिका निभाते हैं।
- गैर सरकारी संगठनों की जिम्मेदारियों में से एक यह गारंटी देना है कि सरकार नागरिकों की चिंताओं का जवाब देती है और उनके मुद्दों को हल करती है, जिससे सरकार का काम और अधिक जिम्मेदार हो जाता है।
- एनजीओ सुझाव देते हैं और अपने शोध और अनुभव का योगदान देकर सरकारी निर्णयों में सुधार और लचीलेपन का समर्थन करते हैं।
- गैर-लाभकारी संगठन किसी भी सामाजिक, राजनीतिक, या आर्थिक समस्या के बारे में चिंतित लोगों के लिए उत्तर देने और सहायता प्रदान करने के लिए एक साधन के रूप में मदद करता है। एनजीओ संघर्ष में सहायता करते हैं, समाधान करते हैं और भरोसे और भरोसे के माहौल को बढ़ावा देते हैं।
- कोई भी अपने स्वार्थी उद्देश्यों को आगे बढ़ाने के लिए अपनी वर्तमान जरूरतों का त्याग नहीं कर रहा है या प्राकृतिक संसाधनों को नुकसान नहीं पहुंचा रहा है; इसलिए इस सेक्टर को सबसे ज्यादा देखभाल की जरूरत है।

नतीजतन, एनजीओ हर चीज पर कड़ी नजर रख रहा है और प्राकृतिक संसाधनों के अत्यधिक उपयोग को रोकने के लिए नियंत्रण तंत्र तैयार कर रहा है, जिससे पर्यावरणीय खतरे और बदले में स्वास्थ्य संबंधी समस्याएं और प्राकृतिक आपदाएं होती हैं।

मुद्दे और चुनौतियाँ

पिछले कुछ वर्षों के दौरान अनेक संगठन उभर कर सामने आए हैं जो समाज कल्याण के लिए एक स्वैच्छिक संगठन के रूप में कार्य करते हैं। हालांकि, उनमें से कई निम्नलिखित चुनौतियों का सामना करते हैं-

विश्वसनीयता की कमी-एनजीओ होने की आड़ में, कुछ एनजीओ अक्सर दानदाताओं से पैसा वसूल करते हैं और गैर कानूनी लेन देन की गतिविधियों में भी शामिल होते हैं।

पारदर्शिता की कमी-इसके अलावा, भ्रष्टाचार के आरोपों और समाज कल्याण के लिए धन की हेराफेरी के आरोपों के कारण, कई गैर-सरकारी संगठनों को धन की हेराफेरी में लिप्त पाए जाने के बाद काली सूची में डाल दिया गया।

विकास संबंधी गतिविधियों को कम करके आंकना-भारत के इंटेलिजेंस ब्यूरो की एक रिपोर्ट ने ग्रीनपीस, एमनेस्टी और एक्शन एड जैसे एनजीओ पर विकासात्मक परियोजनाओं में बाधा डालने का आरोप लगाया है।

फंड की कमी-कई एनजीओ को अपने काम के लिए पर्याप्त और लगातार फंडिंग जुटाने में मुश्किल होती है। सीएसआर भागीदारी

एक स्थिर आय प्रदान करती है, परन्तु अधिकांश एनजीओ को इससे बाहर रखा गया है। इस प्रकार, उपयुक्त दाताओं तक पहुँच प्राप्त करना इस चुनौती का एक प्रमुख घटक है।

सामरिक योजना और विकास के प्रति दृष्टिकोण का अभाव–कई एनजीओ मौजूदा प्रौद्योगिकियों के उपयोग में सहज नहीं हैं जो बेहतर संचार की सुविधा प्रदान कर सकते हैं। एक अन्य क्षेत्र जहां एनजीओ में संचार की कमी है, विभिन्न सरकारी एजेंसियों के साथ स्वस्थ संबंध बनाए रखने में उनकी अक्षमता है। एनजीओ को आमतौर पर **'सरकार के विरोध'** के रूप में देखा जाता है, जो एनजीओ को सरकार के साथ संपर्क करने और जहां भी जरूरत हो, भागीदार बनने की आवश्यकता को हतोत्साहित करता है।

युवाओं में स्वयंसेवी/सामाजिक कार्य की कमी–वर्तमान प्रवृत्ति यह है कि युवा, पेशेवर शिक्षा का चयन कर रहे हैं और गैर-सरकारी संगठनों के साथ काम करने में रुचि नहीं रखते हैं। नतीजतन, ग्रामीण समाजों में काम करने के लिए प्रशिक्षित कर्मियों को प्राप्त करना कठिन होता जा रहा है, जहां अधिकांश एनजीओ काम करते हैं।

गैर-सरकारी संगठनों का राजनीतिकरण–गैर-सरकारी संगठनों का राजनीतिकरण चिंता का एक अन्य मुद्दा है। गैर-सरकारी संगठन कभी-कभी विपरीत राजनीतिक विचारधाराओं से जुड़े पाए जाते हैं जो उनके मूल उद्देश्य में बाधा डालते हैं।

सरकारी कामों में हस्तक्षेप - इंटेलिजेंस ब्यूरो (IB) की रिपोर्ट के अनुसार कई विदेशी वित्तपोषित गैर - सरकारी संगठन देश और राज्य की सरकार के कार्यकलापों में हस्तक्षेप करते हैं और आर्थिक तथा सामाजिक विकास पर नकारात्मक प्रभाव डाल रहे हैं।

निगरानी करना मुश्किल–एनजीओ की निगरानी एक चुनौती है क्योंकि यह भेद करना बहुत मुश्किल है कि कोई संगठन किसी उद्देश्य के लिए काम करना चाहता है या सरकारी अनुदान प्राप्त करने के लिए स्थापित किया गया है।

पूर्वाग्रह–सरकार पर वित्तीय निर्भरता गैर-सरकारी संगठनों को सरकार के खिलाफ बोलने के लिए कम इच्छुक बनाती है।

अघोषित उद्देश्य–एनजीओ ने अतीत में संगठित अपराधों के लिए एक आवरण के रूप में कार्य किया है और अक्सर चरमपंथी कारणों के रूप में देखा जाता है।

विदेशी हस्तक्षेप–विदेशी स्रोतों द्वारा वित्तपोषित एनजीओ पर आंदोलन आयोजित करने और भारत में विकासात्मक परियोजनाओं को रोकने का आरोप लगाया जाता है। अक्सर यह कहा जाता है कि इन गैर-सरकारी संगठनों का उपयोग विदेशों द्वारा विकासात्मक परियोजनाओं को रोकने के लिए प्रचार करने के लिए किया जाता है। उदाहरण: कुडनकुलम विरोध।

भारत में काम कर रहे एनजीओ के लिए विश्वसनीयता की कमी शायद सबसे ज्यादा परेशान करने वाली समस्या है। पिछले कुछ वर्षों के दौरान, कई ऐसे संगठन तेजी से उभरे हैं जो गरीबों की मदद करने के लिए काम करने का दावा करते हैं और एनजीओ होने की आड़ में ये संगठन अक्सर दानदाताओं से पैसा वसूल करते हैं। किसी भी बेहतरीन एनजीओ को अपनी विश्वसनीयता स्थापित करने के लिए कुछ गंभीर काम दिखाने की जरूरत है। अपनी परियोजनाओं को निष्पादित करने के लिए सही मात्रा में धन उत्पन्न करने के लिए, गैर-सरकारी संगठनों के लिए व्यावसायिक संस्थाओं की तरह कार्य करना महत्वपूर्ण है। लेकिन एनजीओ को शुद्ध व्यवसाय भी नहीं बनना चाहिए। ऐसा इसलिए है क्योंकि दिन के अंत में, एनजीओ गैर-लाभकारी संस्थान हैं। भारत में कई एनजीओ अपने वित्त और गतिविधियों के बारे में खुलकर बात करना पसंद नहीं करते हैं। विदेशी चंदा प्राप्त करने वाले गैर-सरकारी संगठनों के मामले में ऐसा और भी अधिक होता है। इससे न केवल संभावित दानदाताओं का नुकसान हो सकता है बल्कि इससे उनकी प्रतिष्ठा को भी नुकसान पहुंच सकता है। गैर-सरकारी संगठनों के लिए एक रेटिंग प्रणाली की आवश्यकता है जो उन्हें उनके काम की गंभीरता और ऑडिट और छानबीन के लिए उनके खुलेपन के आधार पर रैंक करे।

कई एनजीओ पर हाल ही में भारत सरकार की कार्रवाई के साथ भारत सरकार की जांच के दायरे में आने के साथ, एनजीओ के लिए यह महत्वपूर्ण है कि वे न केवल अपने काम में बल्कि अपनी वित्तीय स्थिति में भी उच्च स्तर की पारदर्शिता हासिल करें और बनाए रखें। गैर-सरकारी संगठनों को अपनी आय और व्यय को सार्वजनिक जांच के लिए खुला रखने की आवश्यकता है। भारत ऐसे कई संगठनों का घर है जो एनजीओ होने की आड़ में विभिन्न अनुचित गतिविधियों में लगे हुए हैं। इस बीच सच्ची मंशा रखने वाले एनजीओ को भी परेशानी का सामना करना पड़ सकता है। इसलिए, किसी भी अच्छे एनजीओ को सही मायने में त्रुटिहीन सत्यनिष्ठा के साथ काम करना चाहिए। साथ ही, एनजीओ के लिए विभिन्न सरकारी एजेंसियों-स्थानीय, राज्य-स्तर और केंद्र सरकार के साथ स्वस्थ संबंध बनाए रखना अनिवार्य है। यह एक बहुत ही गलत धारणा है कि अपने काम के लिए एनजीओ को सरकार के खिलाफ जाने की जरूरत है। सच्चाई यह है कि गैर-सरकारी संगठनों

को सरकारी संस्थाओं के साथ अच्छी तरह से संपर्क करना चाहिए और जहां भी जरूरत हो, भागीदार बनना चाहिए।

प्रभाव

हालांकि, ऐसी चुनौतियों के बावजूद कई गैर-सरकारी संगठन उत्तर प्रदेश के गरीबों और दलितों, कमजोर वर्गों, महिलाओं और बच्चों के स्तर को प्रभावी ढंग से ऊपर उठाने के लिए सामाजिक कल्याण सेवाएं प्रदान करने में सक्षम रहे हैं। उत्तर प्रदेश में, शिक्षा, स्वास्थ्य और सामाजिक कल्याण जैसे विभिन्न क्षेत्रों में गैर-सरकारी संगठनों की भूमिका को तेजी से पहचाना जा रहा है। इसके अलावा, गैर-सरकारी संगठनों को सामाजिक कल्याण कार्यक्रमों के वितरण के प्रभावी तंत्र बने रहने के लिए निम्नलिखित बिंदुओं पर ध्यान देने की आवश्यकता है।

- निधियों के प्रबंधन में अधिक पारदर्शी होना।
- सामाजिक कार्य के वास्तविक डेटा को रिकॉर्ड करने में प्रौद्योगिकी का उपयोग करना। यह जानकारी अधिक रणनीतिक योजना बनाने और अधिक प्रभावी निर्णय लेने की प्रक्रिया के लिए महत्वपूर्ण है।
- राज्य के क्षेत्र से परे अपने नेटवर्क को व्यापक बनाने और विश्व स्तर पर प्रतिष्ठित लोकोपकार मंचों तक पहुंचने के लिए।
- सामाजिक कार्यों के लिए युवा प्रतिभाओं को आकर्षित करने और बनाए रखने पर ध्यान केंद्रित करना।
- मजबूत नीति निर्देशों के माध्यम से विभिन्न क्षेत्रों में गैर सरकारी संगठनों की भूमिका को संस्थागत बनाने की आवश्यकता है और ऐसे निर्देशों का कार्यान्वयन उत्तर प्रदेश सरकार द्वारा सुनिश्चित किया जाना चाहिए।

जिन क्षेत्रों में हम गैर सरकारी संगठनों NGO की सक्रिय और सराहनीय भूमिका देखते हैं, वे इस प्रकार हैं-

गैर-सरकारी संगठन शिक्षा को बढ़ावा देने के लिए सक्रिय हैं, विशेष रूप से आबादी के उस वर्ग के बीच, जो सरकार द्वारा अपनाए गए उपायों से लाभहीन या कम लाभान्वित रहा है। लड़कियों और अन्य वंचित लोगों, विशेष रूप से एससी और एसटी की शिक्षा, उनका लक्ष्य उद्देश्य रहा है।

महिलाएं समाज का दूसरा कमजोर वर्ग हैं। लैंगिक भेदभाव एक सर्वव्यापी सांस्कृतिक वास्तविकता है। परिवार में पालन-पोषण के तरीके में लड़कियों के साथ भेदभाव किया जाता है। कुपोषितों की बड़ी संख्या लड़कियों में है। स्कूलों में लड़कियों का प्रतिधारण लड़कों की तुलना में बहुत कम है। महिलाओं को गृहिणी के रूप में काम करने के लिए मजबूर किया जाता है और घरों के बाहर लाभकारी आर्थिक गतिविधियों में भाग लेने से इनकार किया जाता है। महिलाओं द्वारा किए गए लगभग तीन-चौथाई काम बिना मुद्रीकृत होते हैं।

पिछली शताब्दी के उत्तरार्ध के बाद से राजनीतिक, सामाजिक और आर्थिक गतिविधियों में महिलाओं की सक्रिय भागीदारी से महिलाओं की स्थिति में बदलाव शुरू हुआ, जिसमें पिछली शताब्दी की अंतिम तिमाही से तेजी आई। अधिक से अधिक महिलाएं अपने घरों की चारदीवारी से बाहर निकलने लगीं और अपने घरों के बाहर सामाजिक क्षेत्र में सक्रिय रूप से शामिल हुईं। इस प्रक्रिया में शिक्षाविदों और गैर सरकारी संगठनों की भूमिका महत्वपूर्ण रही है। ईस्टर बोसरुप (1970) की पुस्तक विमेन्स रोल इन इकोनॉमिक डेवलपमेंट इस दिशा में अग्रणी कार्य है। कुछ वर्षों के अंतराल के बाद, 1978 तक, बड़ी संख्या में रचनाएँ प्रकाशित हुईं, विशेषकर तीसरी दुनिया में महिलाओं की स्थिति पर-जहाँ उनकी स्थिति अधिक कमजोर रही है। इस दिशा में महिला स्वयंसेवी संगठनों की भूमिका अद्भुत रही है। सेवा, साथिन, एकलव्य, दिशा, पर्यावरण कार्य समूह और अग्रनी फाउंडेशन आदि कुछ ऐसे हजारों गैर-सरकारी संगठन हैं जिन्हें लोगों में जागरूकता पैदा करके और आवश्यकता पड़ने पर हस्तक्षेप करके विकास में उनकी भूमिका के लिए जाना जाता है।

कम से कम प्रौद्योगिकी के उपयोग, उत्पादन की मात्रा, उपभोग के पैटर्न और धन की उपलब्धि के मामले में विकास का दृष्टिकोण दुनिया भर में लगभग एक समान रहा है। राज्य और लोग दोनों ही इस बात से अनजान थे कि विकास की प्रकृति के पीछे क्या चल रहा है। मानव जीवन के लिए खतरा पर्यावरण प्रदूषण और असंतुलन और विकास की प्रकृति के परिणामस्वरूप प्राकृतिक संसाधनों की कमी के कारण विकसित हुआ। यहां, गैर-सरकारी संगठनों की भूमिका वास्तव में ध्यान देने योग्य और प्रशंसनीय है। पर्यावरण के क्षरण और संसाधनों की कमी के खिलाफ लोगों और सरकारों को जगाने के लिए हजारों स्वयंसेवी संगठन काम कर रहे हैं।

ऐसा नहीं है कि विकास प्रक्रिया ने मानव अस्तित्व के लिए केवल पर्यावरणीय खतरों को जन्म दिया है बल्कि कई लोग विकास परियोजनाओं के कारण विस्थापित हो गए हैं और अक्सर उन्हें उचित मुआवजा और पुनर्वास नहीं किया जाता है। लोगों के पुनर्वास की दिशा में एनजीओ की प्रमुख भूमिका है और वे इस दिशा में सराहनीय कार्य भी कर रहे हैं। बांधों, सड़क राजमार्गों और रेलवे के निर्माण जैसी परियोजनाओं ने अक्सर लोगों के कुछ वर्गों को,

विशेष रूप से ग्रामीण क्षेत्रों में, असुरक्षित बना दिया है और उचित मुआवजे के बिना विस्थापित हो गए हैं।

गैर-सरकारी संगठन भी समाज में वंचित और भेदभाव वाले लोगों जैसे लैंगिलैं क भेदभाव से पीड़ित महिलाओं, और जाति अलगाव से पीड़ित निचली जाति के लोगों और अछूत, नस्लीय और धार्मिक भेदभाव की स्थिति में लोगों के सम्मान को बहाल करने में महान सेवा प्रदान कर रहे हैं। राष्ट्रीय और अंतर्राष्ट्रीय दोनों स्तरों पर काम कर रहे स्वयंसेवी संगठनों ने सामाजिक विकास में अपनी सेवाओं के लिए प्रशंसा अर्जित की है। ये संगठन विकास परियोजनाओं में भागीदारी के लिए जागरूकता और उत्साह पैदा करने में व्यस्त हैं। मानवाधिकारों के उल्लंघन, सामाजिक बहिष्कार, घरेलू हिंसा और अन्य के खिलाफ लड़कर मानवता को सुनिश्चित करना गैर सरकारी संगठनों के सामान्य उद्देश्य रहे हैं। हाल ही में, ये संगठन आर्थिक कल्याण और जीवन स्तर के क्षेत्र में भी प्रवेश कर रहे हैं। उत्तर प्रदेश राज्य में, अग्रनी फाउंडेशन की जन सुरक्षा क्रांति (जेएसके) योजना बचत और जीवन बीमा वास्तव में इस दिशा में एक सराहनीय प्रयास है।

उत्तर प्रदेश के प्रमुख एनजीओ

- **Food for Life वृंदावन**-Food for Life वृंदावन 1991 से वृंदावन क्षेत्र में काम कर रहा है। इसके काम में मुफ्त भोजन वितरण, सफाई और वृक्षारोपण, पेपर रीसाइक्लिंग, जैविक खेती, सिलाई और कढ़ाई केंद्र (ग्रामीण महिलाओं के लिए प्रशिक्षण और रोजगार के अवसर प्रदान करना) शामिल हैं। FFLV 1500 से अधिक लड़कियों को मुफ्त शिक्षा, भोजन, कौशल प्रशिक्षण और चिकित्सा सहायता प्रदान करते हुए वृंदावन, भारत में स्कूल चलाता है।
- **दृष्टि फाउंडेशन**-दृष्टि फाउंडेशन एक सामाजिक संगठन है जो 2003 से गांवों में स्थिरता और साझा समृद्धि की दिशा में काम कर रहा है। यह शहर के भीतर सेवाओं और आजीविका के विकास को सुनिश्चित करने के लिए किसान परिवारों और स्थानीय उद्यमियों के साथ काम करता है। दृष्टि वैल्यू चेन एप्रोच के लिए फ्रैंचाइजी मॉडल के जरिए ग्रामीण और शहरी कनेक्टिविटी विकसित करने में मदद करती है और माइक्रोएन्वायरमेंट डेवलपमेंट या आजीविका सेवाएं मुहैया कराती है।
- **हिंदुस्तान लेटेक्स परिवार नियोजन संवर्धन ट्रस्ट**-हिंदुस्तान लेटेक्स फैमिली प्लानिंग प्रमोशन ट्रस्ट (HLFPPT) एक राष्ट्रीय गैर-लाभकारी स्वास्थ्य सेवा संगठन है जो RMNCH+A (प्रजनन, मातृ, नवजात, बाल और किशोर स्वास्थ्य देखभाल), H.I.V के पूरे स्पेक्ट्रम पर काम कर रहा है। रोकथाम और नियंत्रण और प्राथमिक स्वास्थ्य सेवा। HLFPPT को H.L.L द्वारा प्रवर्तित किया जाता है। लाइफकेयर लिमिटेड (स्वास्थ्य और परिवार कल्याण मंत्रालय, भारत सरकार के तहत एक मिनी रत्न पीएसयू)। 1992 में स्थापित, यह 1955 के त्रावणकोर-कोचीन साहित्यिक, वैज्ञानिक और धर्मार्थ सोसायटी पंजीकरण अधिनियम के तहत पंजीकृत किया गया था।
- **जन विकास समिति**-जन विकास समिति वर्षों से सामाजिक विकास में काम कर रही है, लेकिन इसे एक संगठन का रूप लेने में काफी समय लगा। वर्षों से, वाराणसी और उसके आसपास के हमारे क्षेत्र और अन्य भौगोलिक क्षेत्र जहां VPIMS ने सक्रिय रूप से इस **'बैंड-ऐड'** विकास को देखा है जो शोषण, असमान विकास और विभिन्न भेदभावों के घावों को ठीक नहीं कर सका। सबसे गरीब लोगों द्वारा सामना की जाने वाली इस सदियों पुरानी समस्या के रामबाण के रूप में, हमारे अग्रदूतों ने न्याय, समानता और सभी के लिए जीवन की परिपूर्णता पर आधारित एक नए समाज के लिए एक दृष्टिकोण विकसित किया। इस प्रकार जन विकास समिति (J.V.S.) अस्तित्व में आई और 1997 में एक सामाजिक सेवा समाज के रूप में पंजीकृत हुई। धीरे-धीरे, संगठन ने प्रकाश-नगरी (वाराणसी) में जड़ें जमा लीं, जो अंधेरे में एक रोशनी के रूप में चमक रहा था और बहुतों को जीवन की पूर्णता में ला रहा था। इसकी स्थापना के बाद से, लोगों का संगठन, संगठन का केंद्रीय जोर बन गया, जहां हमने कुछ **'सामाजिक पूंजी'** बनाने पर ध्यान केंद्रित किया।
- **ज्योति बाल विकास संस्था**-1990 में, डॉ एसएन दीक्षित, प्रोफेसर एमेरिटस, नॉर्थवेस्टर्न यूनिवर्सिटी, शिकागो, यू.एस.ए. ने सिर्फ दो छात्रों के साथ संचालन शुरू किया। यू.एस. में 25 साल रहने के बाद, डी.आर.एस. दीक्षित अपने जन्म नगर कानपुर को विकलांगों की मदद के लिए एक संस्था देना चाहते थे। इस प्रकार ज्योति बाल विकास संस्थान की स्थापना ज्योति चिल्ड्रन डेवलपमेंट फाउंडेशन के सहयोगी के रूप में कानपुर में हुई। फाउंडेशन का उद्देश्य विकलांग बच्चों को शिक्षित करना, उन्हें एक विशिष्ट व्यवसाय में प्रशिक्षित करना और उन्हें समाज के स्वतंत्र और स्वावलंबी सदस्य बनने के लिए रोजगार खोजने में मदद करना है।

- **कुटुंब समाजोत्थान एवम पुनर्वास संस्था**-कुटुम्ब समाजोत्थान एवम पुनर्वास संस्थान 2002 से वाराणसी में काम कर रहा है। परिवार मुख्य रूप से सड़क पर रहने वाले बच्चों, महिला सशक्तिकरण और सामुदायिक विकास के लिए काम करता है। इसके प्यार, देखभाल, समर्थन और शुभकामनाओं के साथ कुटुंब ने एक नए चरण में प्रवेश किया है, जो स्लम में एक छोटे से कमरे के केंद्र से शुरू होता है, जहां यह कुटुम्ब गांव के रूप में अपनी मूल संरचना को मजबूत करते हैं और सभी संसाधन लाखों मुस्कानों में अनुवाद करने का प्रयास करते हैं।
- **Society for Development Activities**-प्रोजेक्ट KHEL Society for Development Activities की प्रमुख और एकल परियोजना है। प्रोजेक्ट खेल (किड्स होलिस्टिक एजुकेशन एंड लाइफ - स्किल्स) **'प्ले'** और **'फन'** की अवधारणा बच्चों के साथ जुड़ने और बाल यौन शोषण (महत्वपूर्ण मुद्दों पर जागरूकता) के लिए जीवन कौशल शिक्षा (एलएसई) और नागरिक जिम्मेदारी को बढ़ावा देने का एक तरीका है।) अच्छा, बुरा और आकस्मिक स्पर्श, व्यक्तिगत स्वच्छता और आत्म-प्रस्तुति, मासिक धर्म स्वच्छता प्रबंधन, सुरक्षित हाथ धोना, साथियों का दबाव, तंबाकू और मादक द्रव्यों का सेवन, डेंगू जागरूकता आदि।
- **विद्या एंड चाइल्ड**-विद्या एंड चाइल्ड कम या बिना शिक्षा वाले बच्चों के बीच की खाई को पाटने का काम करते हैं। इसे 1998 में कमजोर बच्चों के लिए रचनात्मक सीखने का माहौल प्रदान करने के लिए शुरू किया गया था। यह नर्सरी से बारहवीं कक्षा और उससे आगे के बच्चों को पूरा करता है। अधिकांश बच्चे पहली पीढ़ी के शिक्षार्थी हैं और उनके माता-पिता घरेलू नौकर, रिक्शा चालक, औद्योगिक श्रमिक, प्लंबर और सड़क विक्रेता के रूप में काम करते हैं। विद्या एंड चाइल्ड कला और प्रदर्शन कला के माध्यम से शैक्षिक, वित्तीय, सलाह, गहन जीवन कौशल और एक समग्र दृष्टिकोण प्रदान करता है। यह प्रत्येक बच्चे को उनकी विशिष्टता को पहचानने और पहचानने में मदद करता है।
- **केयर इंडिया**-इस एनजीओ की स्थापना सन् 1946 ई. में हुई। भारत के कई बड़े शहरों में इसके ऑफिस हैं। यह एनजीओ स्वास्थ, शिक्षा, आजीविका, आपदा तैयारी और अन्य कई क्षेत्रों में कार्यरत हैं।
- **अभिनव इंडिया**-इस एनजीओ की स्थापना सन् 1993 ई. में हुआ। इनकी शुरूआत एक छोटे से एनजीओ के रूप में हुई। आज यह एनजीओ विभिन्न क्षेत्रों में बेहतरीन कार्य कर रहीं हैं। उदाहरण के लिए-महिला सशक्तिकरण, महिलाओं के लिए कौशल विकास, स्कूल के बच्चों के लिए स्वच्छता किट, शहरी गरीबों के लिए स्वच्छता कार्यक्रम, सुरक्षित पेयजल और स्वच्छता, स्वास्थ और परिवार कल्याण, कृषि स्कूल, कृषि और अन्य कई क्षेत्रों में कार्य करते हैं।
- **नीड इंडिया**-इस एनजीओ की स्थापना सन् 1995 ई. में हुआ। यह एनजीओ इन विभिन्न क्षेत्रों में काम करता हैं, जैसे कि-आजीविका उत्पादन, कार्यात्मक शिक्षा, महिला सशक्तिकरण, उचित व्यापार, स्वास्थ्य और स्वच्छता, सामाजिक उद्यम, माइक्रो क्रेडिट, क्षमता निर्माण आदि।
- **वात्सल्य**-वात्सल्य को वर्ष 1995 में मेडिकल पेशेवरों द्वारा **"स्वास्थ पर संसाधन केंद्र (Resource Center on Health)"** के रूप में स्थापित किया गया था ताकि विशेष रूप से ग्रामीण क्षेत्रों के गरीब और हाशिये वाले समुदाय को गुणवत्ता स्वास्थ सेवाओं को सुनिश्चित करने के लिए लगातार प्रयास किये जा सके। पिछले 20+ वर्षों से वात्सल्य उत्तर प्रदेश के विकास में योगदान दे रहा हैं। वात्सल्य विभिन्न क्षेत्रों में कार्य करती हैं जैसे कि एचआईवी-एड्स के बारें में जागरूकता, बालिका भ्रूणहत्या जैसे जघन्य अपराध के बारें में जागरूक करना और उचित कदम उठाना, चाइल्ड सेंटर कम्युनिटी डेवलपमेंट आदि कई कार्य इस एनजीओ के द्वारा किये जाते हैं।
- **हमसफ़र**-इस एनजीओ की स्थापना नवम्बर 2003 में हुआ। हमसफर मुख्य रूप से हिंसा से पीड़ित व्यक्ति और समुदाय के बेहतरी के लिए कार्य करती हैं, रूढ़िवादी विचारों के खिलाफ कार्य करती है और युवाओं को उनके लक्ष्य को प्राप्त करने के लिए उत्साहित करती हैं।
- **गुडिया इंडिया**-गुडिया एक गैर-लाभकारी संगठन है जो मुख्य रूप से उत्तरी भारत में बाल वेश्यावृत्ति, दूसरी पीढ़ी की वेश्यावृत्ति, जबरन श्रम या यौन संबंध के लिए महिलाओं और बच्चों की तस्करी से लड़ने के लिए समर्पित है।
- **श्रमिक भारती**-श्रमिक भारती कानपुर स्थित एक गैर सरकारी संगठन है जो ग्रामीण और शहरी दोनों समुदायों के साथ काम करता है। श्रमिक भारती महिलाओं और बच्चों पर विशेष ध्यान देने के साथ गरीबों और वंचितों के सशक्तिकरण के लिए काम करती है।
- **हरीतिका**-बुंदेलखंड के पानी की कमी वाले क्षेत्रों में हरित क्रांति लाने के लिए गठित किया गया है। विभिन्न जल स्रोतों का दोहन करके, उन्होंने जल संचयन और प्रबंधन, फसल

अनुकूलन, मृदा संरक्षण और वनीकरण से संबंधित स्थायी परियोजनाओं पर सक्रिय रूप से काम किया है।

- **होप फ़ाउंडेशन**-होप फाउंडेशन बच्चों, युवाओं और कमजोर व्यक्तियों के जीवन में बदलाव लाने के लिए काम करता है। यह संगठन बच्चों को शिक्षित करता हैं और उन्हें स्वास्थ्य सेवा प्रदान करते हैं। यह बच्चों, महिलाओं और वृद्धों को एक सुरक्षित घर देते हैं। यह एनजीओ युवाओं को जीविकोपार्जन के लिए प्रशिक्षित करते हैं। बाद में, यह उन्हें नौकरी खोजने में मदद करते हैं और अपना खुद का व्यवसाय भी शुरू करने में मदद करते हैं।
- **महिला ग्रामोद्योग सेवा समिति**-महिला ग्रामोद्योग सेवा समिति (MGSS) 1994 में गठित एक नागरिक समाज संगठन (CSO) है। MGSS सोसायटी पंजीकरण अधिनियम, 1860 के तहत पंजीकृत है। इसे एक महिला अधिकार केंद्रित संगठन के रूप में शुरू किया गया था और अभी भी उसी के साथ जारी है। वर्तमान में यह व्यापक रूप से महिलाओं के स्वास्थ्य पर ध्यान केंद्रित कर रहा है। MGSS की मुख्य पदाधिकारी, श्रीमती राधिका मिश्रा में बहुत कम उम्र से ही सामाजिक कार्यों में गहरा जोश और उत्साह था। उन्हें 1956 में सामुदायिक विकास विभाग में नियुक्त किया गया, जिसने उन्हें समाज के हाशिए और वंचित वर्ग के उत्थान की पहल करने का अवसर प्रदान किया। उनकी पहल उन सभी क्षेत्रों में फैली हुई थी जहाँ वे तैनात थीं, विशेष रूप से आजमगढ़, मऊ, बलिया, देवरिया और बस्ती।
- **रास्ता**-रास्ता एक गैर-लाभकारी संगठन है जो सोसायटी पंजीकरण अधिनियम 1860 के तहत पंजीकृत है, जिसका नंबर S/26397 है, जो 25 जुलाई, 1994 को पंजीकृत है। यह संगठन शिक्षा, कौशल विकास, महिला सशक्तिकरण और सबसे वंचितों के बीच सामुदायिक स्वास्थ्य पर केंद्रित है। वर्तमान में, रास्ता की सेवाएं दिल्ली के राष्ट्रीय राजधानी क्षेत्र (एनसीआर) में 78 से अधिक स्थानों में 1,50,000 से अधिक घरों तक पहुंचती हैं, पूर्वी दिल्ली, हरियाणा, गाजियाबाद, नोएडा और अन्य पड़ोसी क्षेत्रों में अधिक भागीदारी के साथ आवश्यक और उपयुक्त समझा जाता है।, समय-समय पर। एनसीआर, उत्तर प्रदेश और हरियाणा में भी हमारे कार्यक्रम मौजूद हैं।

पिछले 15 वर्षों से, कई गैर-सरकारी संगठन एमडीजी पर प्रगति सुनिश्चित करने में सबसे आगे रहे हैं, और हमें इसका जश्न मनाना चाहिए। लेकिन अगर हम वास्तव में अपने जीवन काल में सामाजिक समस्याओं को हल करना चाहते हैं, तो हमें और भी अधिक प्रयत्न करने की आवश्यकता है। इसके लिए निम्नलिखित तरीकों पर काम किया जाना चाहिए-

- **सरकारों की भूमिका को मजबूत करने के लिए प्रोएक्टिव बनाम रिएक्टिव प्लानिंग**-अधिकांश जगहों पर जहां एनजीओ काम करते हैं, सरकारों के पास कुछ विकास उद्देश्यों को प्राप्त करने का जनादेश होता है। एसडीजी को अपनाने के बाद से यह कभी भी अधिक सच नहीं रहा है। ये राष्ट्रीय, शहर और जिला सरकारें अब भागीदारों की तलाश कर रही हैं जो लंबे समय तक उनके साथ खड़े रहेंगे और उन्हें वहां पहुंचने में मदद करेंगे। कुछ डोनर फंडिंग की चुनौती और कुछ अपवाद भी हैं-- मगर एक तथ्य यह भी है कि यह एक विशिष्ट समय सीमा तक सीमित है एनजीओ को सरकारों के साथ एक सच्चे दीर्घकालिक भागीदार होने की आवश्यकता होती है। जब फंडिंग समाप्त हो जाती है, तो सरकार के साथ वह विशिष्ट संबंध हो सकता है। यह वह दृष्टिकोण नहीं है जो सरकारों को चाहिए। इसीलिए गैर-सरकारी संगठनों को दाता वित्तपोषण चक्रों पर निर्भर हुए बिना सरकारों के लिए विश्वसनीय भागीदार बनने के तरीके खोजने की आवश्यकता है। इसके बाद यह एनजीओ देश के कार्यालयों को उनकी स्थानीय सरकारों के लिए दीर्घकालिक प्रतिबद्धता बनाने के लिए सशक्त करेगा, ताकि सरकारों और स्थानीय संस्थानों की समयसीमा पर परिणाम प्राप्त हो सकें। किसी विशेष परियोजना से बंधे बिना, बल्कि दीर्घकालिक दृष्टि से सरकारों और स्थानीय संस्थानों के साथ सहयोग करना, हमारे काम करने के तरीके को बदल सकता है। इस तरह से खुद को स्थापित करने का मतलब यह भी हो सकता है कि स्थानीय सरकारें एनजीओ को खुद को काम पर रखने लायक भागीदार के रूप में देखेंगी।
- **निजी क्षेत्र को शामिल करना**-पिछले कई वर्षों में, हमने स्थानीय और बहुराष्ट्रीय दोनों निजी क्षेत्र की कंपनियों को देखा है, जो तथाकथित **"पिरामिड के आधार"** (बीओपी) को उत्पादों और सेवाओं को बेचने के तरीके की खोज के लिए लक्षित विशिष्ट व्यावसायिक इकाइयाँ बनाना शुरू करती हैं। सबसे गरीब सामाजिक आर्थिक वर्ग। व्यापार समुदाय के पास पारंपरिक विकास दाताओं की तुलना में अधिक संसाधन हैं, साथ ही उनकी मांग और आपूर्ति के लिए बाजार बनाकर समाधान को टिकाऊ बनाने की क्षमता भी है। लेकिन व्यापार जगत में इन बीओपी इकाइयों को मुख्यधारा में लाने से पहले अभी भी एक लंबा रास्ता तय करना है। दानदाताओं, सरकारों और गैर-सरकारी संगठनों की निजी क्षेत्र के खिलाड़ियों को

प्रभावित करने और समर्थन करने में महत्वपूर्ण भूमिका होती है, ताकि वे लंबे समय से उपेक्षित ग्राहक खंडों की सेवा की ओर बढ़ सकें।

शेयर्ड वैल्यू इनिशिएटिव जैसी साझेदारी निजी क्षेत्र की कंपनियों के साथ काम करने का एक अनूठा अवसर प्रदान करती है- दोनों बहुराष्ट्रीय और स्थानीय-एक नई तरह की साझेदारी में निजी क्षेत्र की शक्ति को उन चुनौतियों का सामना करने के लिए लाने के लिए जिनका समाधान एनजीओ करना चाहते हैं। इस कार्य के एक प्रमुख भाग में बाजार का विकास करना शामिल है, जो निजी क्षेत्र की सफलता के लिए सक्षम वातावरण बनाने में मदद कर सकता है। एक और महत्वपूर्ण पहलू यह हो सकता है कि यह कंपनियों कि विभिन्न क्षेत्रों के लिए "ट्रिपल बॉटम लाइन" के वास्तविक अर्थ को परिभाषित करने, मापने और लागू करने में मदद कर सकता है।

स्थानीय सरकारों के साथ काम करने के समान ही साझा मूल्य हासिल करने के लिए लंबे कार्यक्रम चक्रों की आवश्यकता होगी, साथ ही इस काम का समर्थन करने के लिए दानदाताओं की पहचान करना और उन्हें प्रभावित करना होगा। यह एक स्वागत योग्य संकेत है कि कुछ दाता विकास भागीदारों से इस प्रकार की प्रोग्रामिंग के लिए पूछने लगे हैं।

सबको साथ लेकर चलना-सामूहिक प्रभाव-सामूहिक प्रभाव सामाजिक परिवर्तन को बढ़ावा देने के लिए सरकार, निजी क्षेत्र और नागरिक समाज को एक साथ लाने के लिए एक सोच समझ कर तैयार किया गया और अनुशासित ढांचा है। सफल सामूहिक प्रभाव की शर्तें काफी सरल हैं, लेकिन अक्सर सभी उपलब्ध नहीं होती हैं और पारंपरिक साझेदारी प्रयासों में संरेखित होती हैं। कलेक्टिव इंपैक्ट फोरम में सूचीबद्ध ये पांच शर्तें हैं-

- **सामान्य एजेंडा:** सामूहिक रूप से समस्या को परिभाषित करने और इसे हल करने के लिए एक साझा दृष्टि बनाने के लिए एक साथ आना।
- **साझा माप:** उसी तरह प्रगति को ट्रैक करने के लिए सहमत होना, जो निरंतर सुधार की अनुमति देता है।
- **पारस्परिक रूप से सुदृढ़ करने वाली गतिविधियाँ:** अंतिम परिणाम को अधिकतम करने के लिए सामूहिक प्रयासों का समन्वय करना।
- **निरंतर संचार:** सभी प्रतिभागियों के बीच विश्वास और संबंध बनाना।
- **मजबूत रीढ़:** समूहों के काम को समायोजित करने के लिए एक समर्पित टीम का होना।

आने वाले वर्षों में, एनजीओ को विश्व स्तर पर अपने काम में सामूहिक प्रभाव के लिए चैंपियन बनना चाहिए और इसी पक्ष पर सबसे ज्यादा जोर देना चाहिए। यह आसान नहीं होगा और प्रस्तावों में सामूहिक प्रभाव के काम को लिखने के साथ-साथ लचीली फंडिंग के नए स्रोतों की पहचान करने की आवश्यकता होगी।

विकास क्षेत्र एक चौराहे पर है क्योंकि यह इस बात का पता लगा रहा है कि एसडीजी को साकार करने के लिए अलग तरीके से कैसे काम किया जाए। हमारे जीवन काल में गरीबी को समाप्त करने में सफल होने के लिए इसे अपनी प्रथाओं को कैसे अनुकूलित और विकसित करना होगा? यह स्पष्ट है कि पहेली के कई टुकड़े-मजबूत सरकारें, बाजार विकास, साझा मूल्य और सामूहिक प्रभाव-पहले से ही हमारे सामने मौजूद हैं। अगले कई वर्षों में विकास के विभिन्न क्षेत्रों में और भी अधिक परिवर्तन लाने के लिए, हमें यह सीखना होगा कि इन सबको एक साथ कैसे फिट किया जाए।

हालांकि, ऐसी चुनौतियों के बावजूद कई गैर-सरकारी संगठन उत्तर प्रदेश के गरीबों और दलितों, कमजोर वर्गों, महिलाओं और बच्चों के स्तर को प्रभावी ढंग से ऊपर उठाने के लिए सामाजिक कल्याण सेवाएं प्रदान करने में सक्षम रहे हैं। उत्तर प्रदेश में, शिक्षा, स्वास्थ्य और सामाजिक कल्याण जैसे विभिन्न क्षेत्रों में गैर-सरकारी संगठनों की भूमिका को तेजी से पहचाना जा रहा है। इसके अलावा, गैर-सरकारी संगठनों को सामाजिक कल्याण कार्यक्रमों के वितरण के प्रभावी तंत्र बने रहने के लिए निम्नलिखित बिंदुओं पर ध्यान देने की आवश्यकता है।

- निधियों के प्रबंधन में अधिक पारदर्शी होना।
- सामाजिक कार्य के वास्तविक डेटा को रिकॉर्ड करने में प्रौद्योगिकी का उपयोग करना। यह जानकारी अधिक रणनीतिक योजना बनाने और अधिक प्रभावी निर्णय लेने की प्रक्रिया के लिए महत्वपूर्ण है।
- राज्य के क्षेत्र से परे अपने नेटवर्क को व्यापक बनाने और विश्व स्तर पर प्रतिष्ठित लोकोपकार मंचों तक पहुंचने के लिए।
- सामाजिक कार्यों के लिए युवा प्रतिभाओं को आकर्षित करने और बनाए रखने पर ध्यान केंद्रित करना।

मजबूत नीति निर्देशों के माध्यम से विभिन्न क्षेत्रों में गैर-सरकारी संगठनों की भूमिका को संस्थागत बनाने की आवश्यकता है और ऐसे निर्देशों का कार्यान्वयन उत्तर प्रदेश सरकार द्वारा सुनिश्चित किया जाना चाहिए।

❑❑❑

19 उत्तर प्रदेश में पर्यटन : मुद्दे एवं सम्भावनाएँ

उत्तर प्रदेश वर्षों से भारतीय एवं विदेशी पर्यटकों के आकर्षण का केंद्र रहा है जिसका कारण प्रदेश में स्थित कई ऐतिहासिक एवं धार्मिक स्थल हैं। एक तरफ शाकम्भरी शक्तिपीठ शिवालिक की पहाड़ियों में स्थित तीर्थ स्थल है तो भारत का सबसे लोकप्रिय ऐतिहासिक पर्यटन स्थल ताजमहल आगरा में स्थित है। वाराणसी हिन्दुओं का सबसे महत्वपूर्ण धार्मिक स्थल है जो इस प्रदेश ही नहीं अपितु देश का भी प्रमुख आकर्षण स्थल है, जहाँ पर देश-विदेश से पर्यटकों का आवागमन होता है। सरयू नदी के पावन तट पर स्थित भगवान श्रीराम की जन्म स्थली अयोध्या भी इसी प्रदेश में शोभायमान है। इसी प्रदेश में माता सती के नौ रूपों में से एक माँ पाटन देवी का मंदिर भी (तुलसीपुर) है। श्रावस्ती जनपद में स्थित गौतम बुद्ध का मंदिर भी अत्यंत मनमोहक और खूबसूरत है जहां लाखों बौद्ध भिक्षु प्रति वर्ष दर्शन करने आते हैं। उत्तर प्रदेश में पर्यटन को बढ़ावा देने के लिए सन 1956 में पर्यटन विभाग की स्थापना की गई थी तथा सन 1989 में राज्य सरकार ने पर्यटन को उद्योग का दर्जा दिया था।

पर्यटन नीति 2022

16 नवंबर, 2022 को उत्तर प्रदेश के मुख्यमंत्री योगी आदित्यनाथ की अध्यक्षता में हुई कैबिनेट बैठक में राज्य की नई पर्यटन नीति-2022 को मंजूरी मिली।

- पर्यटन नीति-2022 में होटल इंडस्ट्री के लिये निवेश आधारित सब्सिडी की व्यवस्था की गई है। इसके तहत 10 करोड़ के निवेश पर 2 करोड़ और 500 करोड़ से अधिक के निवेश पर 40 करोड़ रुपए तक की सब्सिडी दी जाएगी। इसके अनुसार होटलों को उद्योग का दर्जा मिलेगा तथा पानी, बिजली, संपत्ति, सीवरेज आदि पर लगने वाले कर की दरें व्यवसायिक की जगह औद्योगिक होंगी।
- नई नीति के अनुसार भगवान राम से जुड़े सभी स्थलों को रामायण सर्किट तथा भगवान कृष्ण से जुड़े स्थलों को कृष्ण सर्किट के तौर पर विकसित किया जाएगा। जिन नए पर्यटन स्थलों का विकास किया जाना है उनमें रामायण सर्किट प्रमुख है।
- रामायण सर्किट के अंतर्गत अयोध्या, बिठूर, चित्रकूट, सहित कई अन्य धार्मिक स्थल शामिल किये जायेंगे, जिन्हें भगवान राम एवं माता सीता के प्रतीकों के तौर पर देखा जाता है।
- कृष्ण सर्किट में मथुरा, वृंदावन, गोकुल, गोवर्धन, बरसाना, नंदगाँव आदि धार्मिक स्थलों को जोड़ा जाएगा तथा बुद्धिस्ट सर्किट में कपिलवस्तु, सारनाथ, कुशीनगर, कौशांबी, श्रावस्ती, रामग्राम समेत अन्य स्थल शामिल होंगे।
- महाभारत सर्किट और शक्ति पीठ सर्किट की भी परिकल्पना नई नीति में की गई है, जिसके लिए हस्तिनापुर, कांपिल्य, अहिच्छत्र, बरनावा, मथुरा, कौशांबी, गोंडा, लाक्षागृह जैसे स्थानों को चुना गया है। शक्तिपीठ सर्किट के अंतर्गत विंध्यवासिनी देवी, अष्टभुजा से लेते हुए देवीपाटन, नैमिषारण्य, माँ ललिता देवी, माँ ज्वाला देवी, शाकंभरी देवी, सहारनपुर से शिवानी देवी चित्रकूट और शीतला माता मऊ का विस्तार किया जायगा।
- पर्यटन से जुड़ी कई गतिविधियां जो पर्यटन की श्रेणी में नहीं आती थीं, उन्हें भी पर्यटन की सूची में शामिल किया गया है। इनमें बजट होटल, हैरिटेज होटल, स्टार होटल, हैरिटेज, होमस्टे, इको टूरिज्म की इकाईयाँ, कारवाँ टूरिज्म यूनिट, पिलग्रिम डॉर्मेट्री, धर्मशालाएँ, वेलनेस रिसार्ट, ऑल वेदर सीजनल कैंप, जलाशय झील, वेलनेस टूरिज्म, एडवेंचर टूरिज्म जैसी कुल 22 एक्टिविटीज को नई नीति में स्थान मिला है।
- वाइल्डलाइफ और ईको टूरिज्म को साथ रखते हुए इसमें सेंचुरी और फॉरेस्ट रिजर्व को विकसित किया जाएगा। इनके तहत हमारे जो प्राकृतिक स्थल हैं, उनको विकसित किया जाएगा। इस प्रस्ताव के तहत प्रदेश में ऐसे क्षेत्रों को चिन्हित किया जाएगा, जहां पर इको टूरिज्म की संभावनाएं हैं। वहीं वाइल्डलाइफ से जुड़े क्षेत्रों को भी पर्यटन के लिहाज से

विकसित करते हुए यहां पर्यटकों के अनुकूल सुविधाओं में इजाफा किए जाने का प्रस्ताव है।

उत्तरप्रदेश के पर्यटन विभाग के अधिकार व कार्य

उत्तर प्रदेश पर्यटन विभाग

उत्तर प्रदेश में पर्यटन को बढ़ावा देने और विकास के लिए उत्तर प्रदेश पर्यटन विभाग केंद्रीय विभाग की श्रेणी में आता है। इसके मुख्य उद्देश्य इस प्रकार हैं-

- केंद्रीय योजना राज्य योजना और जिला योजना के माध्यम से राज्य में पर्यटन की आधारभूत संरचना के विकास हेतु योजनाएं बनाना।
- पर्यटन सर्किटों/स्थलों की पहचान करना।
- जिला योजना के अंतर्गत ऐसे पर्यटन स्थलों का विकास करना, जहां प्रतिवर्ष लगभग 50,000 पर्यटक आते हैं।

भारतीय पर्यटकों की संख्या में उत्तर प्रदेश प्रथम स्थान पर

जनसंख्या की दृष्टि से देश का सबसे बड़ा राज्य उत्तर प्रदेश अब भारतीय पर्यटकों के आगमन के लिहाज से भी देश में प्रथम स्थान पर है।

भारतीय पर्यटक सांख्यिकी-2020 (Indian Tourism Statistics 2020) के अनुसार भारतीय पर्यटकों के आगमन की दृष्टि से 23.1 प्रतिशत हिस्सेदारी लेकर उत्तर प्रदेश देश के समूचे राज्यों में प्रथम स्थान पर आ गया है। इस सम्बन्ध में 21.3 प्रतिशत हिस्सेदारी लेकर तमिलनाडु दूसरे स्थान, जबकि 10.2 प्रतिशत पर्यटक हिस्सेदारी के साथ आन्ध्र प्रदेश तीसरे स्थान पर है।

भारतीय पर्यटन सांख्यिकी-2020 के अनुसार उत्तर प्रदेश में वर्ष 2019 में 53 करोड़ 58 लाख 55 हजार 162 भारतीय पर्यटक भ्रमण के लिए आये।

विदेशी पर्यटकों के आगमन की दृष्टि से उत्तर प्रदेश देश के राज्यों में तृतीय स्थान पर है। भारतीय पर्यटन सांख्यिकी-2020 के अनुसार वर्ष 2019 में 47 लाख 45 हजार 181 विदेशी पर्यटक उत्तर प्रदेश भ्रमण करने पहुंचे। इस अवधि में तमिलनाडु में 68 लाख विदेशी पर्यटक आये। विदेशी पर्यटकों की संख्या के आधार पर तमिलनाडु देश के सभी राज्यों में प्रथम स्थान पर है, जबकि महाराष्ट्र द्वितीय स्थान पर स्थित है।

- मुख्य पर्यटन सर्किटों और पर्यटकों द्वारा वर्ष भर भ्रमण किये जाने वाले स्थलों का राज्य योजना के अंतर्गत विकास करना।
- उत्तर प्रदेश को एक आदर्श पर्यटन स्थल के रूप में विकसित करने के लिए निजी क्षेत्र को प्रोत्साहन देना।
- पर्यटकों के लिए आधारभूत संरचना का विकास करना।
- पर्यटकों को आकर्षित करने के लिए मेलों, त्यौहारों और सेमिनार का आयोजन करना।
- राज्य की ऐतिहासिक, धार्मिक और सांस्कृतिक प्रथाओं को संरक्षण और बढ़ावा देना।
- रोजगार निर्माण, गरीबी उन्मूलन, स्वच्छता मिशन और पूंजी निवेश जैसे कार्यक्रमों को बढ़ावा देकर पर्यटन को एक उद्योग के रूप में स्थापित करना।
- पर्यटकों के लिए पर्यटन से सम्बन्धित पाठ्य सामग्री उपलब्ध कराना।

उत्तर प्रदेश राज्य पर्यटन विभाग

वर्ष 1974 में यह विभाग यात्री निवास के लिए अधिसंरचना, मनोरंजक गतिविधियों और राज्य में पर्यटन को बढ़ावा देने के उद्देश्य से स्थापित हुआ। इसके मुख्य क्रियाकलाप निम्नवत हैं-

1. प्रमुख पर्यटन स्थलों पर होटलों एवं अतिथि गृह का निर्माण।
2. उत्तर प्रदेश टूअर्स का संचालन।
3. अन्य राज्यों के साथ व्यावसायिक समन्वय।
4. विभिन्न कार्यक्रमों, उत्सवों और महोत्सवों के आयोजन में सहयोग।
5. विभिन्न जिलों में गोवर्धन पूजा के दौरान मथुरा में हेलीकॉप्टर परिक्रमा के लिए हैलीपैड विकसित करना।
6. साहसिक पर्यटन को प्रोत्साहित करने के उद्देश्य से हाट एयर बैलून और पैरॉग्लाइडिंग जैसी सुविधाओं का विकास करना।
7. वन्य जीव अभयारण्यों और पक्षी विहारों में पर्यटन अधिसंरचना का विकास करना।

पर्यटन नीति 2022 की रणनीति

वाइल्ड लाइफ और इको टूरिज्म को ध्यान में रखते हुए सैंचुरी और फॉरेस्ट रिजर्व को विकसित किया जाएगा। इनके अंतर्गत प्रदेश में ऐसे क्षेत्रों को चिन्हित किया जाएगा, जहां इको टूरिज्म की संभावनाएं हैं तथा इन क्षेत्रों को पर्यटन के लिहाज से विकसित करते हुए वहां पर्यटकों के अनुकूल सुविधाओं में इजाफा किए जाने की योजना

है। उदहारण के लिए, चंबल सेंक्चुरी और सूर सरोवर पक्षी विहार ईको टूरिज्म के बड़े केंद्र बन सकते हैं। इन पक्षी विहारों में प्रवासी पक्षियों की कई प्रजातियां आती हैं। चंबल सेंक्चुरी में तो घड़ियाल, मगरमच्छ, गांगेय डाल्फिन आदि भी पर्यटकों के लिए आकर्षण का बड़ा केंद्र हैं।

प्रदेश में क्राफ्ट सर्किट बनाने का आइडिया भी इनोवेटिव है क्योंकि उत्तर प्रदेश के अनेक जिलों में हैंडीक्राफ्ट जैसे- मार्बल, ग्लास, पीतल, हथकरघा, क्रॉकरी, कालीन, टेराकोटा आदि का काम किया जाता है। इनमें से कई उत्पाद ओडीओपी में भी शामिल हैं। क्राफ्ट के क्षेत्र में आगरा के मार्बल इनले वर्क व जरदौजी को शामिल किया गया हैं। पर्यटक यहाँ से मार्बल के बने ताजमहल के मॉडल या अन्य सजावटी सामान ले जाना पसंद करते हैं।

उत्तर प्रदेश पर्यटन निति 2022 के पर्यटन गंतव्यों में ऐतिहासिक एवं आध्यात्मिक पर्यटन गंतव्यों को विशेष स्थान दिया गया है। इनमे आध्यात्मिक सर्किट में आगरा के बटेश्वर को शामिल किया गया है। यमुना किनारे बने शिव मंदिरों की शृंखला के साथ-साथ शौरीपुर स्थित जैन मंदिर भी श्रद्धालुओं की आस्था के केंद्र बनेगा।

बुद्धिस्ट सर्किट में कपिलवस्तु, सारनाथ, कुशीनगर, कौशाम्बी, श्रावस्ती, रामग्राम समेत अन्य स्थल शामिल किये जायेंगे।

सूफी सर्किट विकसित करते हुए इसे अमेठी, मगहर, संत कबीरनगर से लेकर कबीरदास की कर्मभूमि वाराणसी के लहरतारा तक ले जाने की योजना है।

इसके अतिरिक्त जैन सर्किट में देवगढ़, हस्तिनापुर से लेकर पार्श्वनाथ, दिगंबर जैन मंदिर रामनगर तक विस्तार की योजना है।

इस नीति में स्वतंत्रता संग्राम सर्किट की भी परिकल्पना की गई है जिसमें मेरठ, शाहजहांपुर, काकोरी, चौरीचौरा जैसे स्थल जिनका देश के स्वतंत्रता संग्राम अभियान में अहम स्थान है, को शामिल किया गया है।

प्रमुख पर्यटन स्थल

उत्तर प्रदेश में पर्यटन को मजबूत करने के लिये 1956 में पर्यटन विभाग की स्थापना की गयी। 1972 में पर्यटन निदेशालय की स्थापना की गयी। वर्ष 1998 में प्रदेश की पहली पर्यटन नीति लागू की गयी तथा पर्यटन को उद्योग का दर्जा दिया गया। जून 2015 में ग्रामीण पर्यटन नीति की घोषणा की गयी। विदेशी पर्यटकों को आकर्षित करने के मामले में उत्तर प्रदेश में आगरा प्रथम स्थान पर है। इसके बाद लखनऊ और वाराणसी का स्थान है।

मथुरा : मथुरा धार्मिक पर्यटन स्थल के रूप में प्रसिद्ध है। आदिकाल से ही मथुरा भारतीय संस्कृति एवं सभ्यता का केंद्र रहा है। भारतीय धर्म, दर्शन कला एवं साहित्य के निर्माण तथा विकास में मथुरा का महत्त्वपूर्ण योगदान रहा है। आज भी महाकवि सूरदास, संगीत के आचार्य स्वामी हरिदास, स्वामी दयानंद के गुरु स्वामी विरजानंद, चैतन्य महाप्रभु आदि से इस नगरी का नाम जुड़ा हुआ है। मथुरा को श्रीकृष्ण जन्म भूमि के नाम से भी जाना जाता है। प्रेम मंदिर का निर्माण जगद्गुरु कृपालु महाराज द्वारा भगवान कृष्ण और राधा के मन्दिर के रूप में करवाया गया है। इस मन्दिर के निर्माण में 11 वर्ष का समय और लगभग 100 करोड़ रुपए की धन राशि लगी है। इसमें इटैलियन शैली के संगमरमर का प्रयोग किया गया है और इसे राजस्थान और उत्तर प्रदेश के एक हजार शिल्पकारों ने तैयार किया है। इस मन्दिर का शिलान्यास 14 जनवरी 2001 को कृपालुजी महाराज द्वारा किया गया था। मन्दिर में कुल 94 स्तम्भ हैं जो राधा-कृष्ण की विभिन्न लीलाओं से सजाये गये हैं। सम्पूर्ण मन्दिर 54 एकड़ में बना है तथा इसकी ऊँचाई 125 फुट, लम्बाई हैं। संपूर्ण 122 फुट तथा चौड़ाई 115 फुट है। मथुरा का द्वारकाधीश मंदिर 1814 में सेठ गोकुल दास पारीख ने बनवाया था जो ग्वालियर रियासत के खजांची थे। यह मंदिर विश्राम घाट के नज़दीक है। यह अपने झूले के त्यौहार के लिए भी मशहूर है जो हर श्रावण महीने के अंत में आयोजित होता है और इससे बरसात की शुरुआत का भी होती है। बाँके बिहारी मंदिर भारत में मथुरा जिले के वृंदावन धाम में बिहारीपुरा में स्थित है। यह भारत के प्राचीन और प्रसिद्ध मंदिरों में से एक है। इसका निर्माण 1864 में स्वामी हरिदास ने करवाया था। श्रीबाँके बिहारी जी मन्दिर में केवल शरद पूर्णिमा के दिन श्री श्रीबाँके बिहारी जी वंशीधारण करते हैं। केवल श्रावन तीज के दिन ही ठाकुर जी झूले पर बैठते हैं एवं जन्माष्टमी के दिन ही केवल उनकी मंगला-आरती होती हैं।

इस्कॉन मंदिर का पूरा नाम इंटरनेशनल सोसाइटी फॉर कृष्णा कॉन्शियसनेस (ISKCON) है। इसकी स्थापना भक्तिवेदांत स्वामी प्रभुपाद ने 1966 में न्यूयॉर्क में की थी। माना जाता है कि स्वामी प्रभुपाद भारत में कई जगहों पर इस्कॉन मंदिर बनवाना चाहते थे। सन् 1975 में उन्होंने वृंदावन में यह मंदिर बनवाया था। इस्कॉन मंदिर में तीन वेदियां है। इस्कॉन मंदिर के मध्य वेदी में श्री कृष्ण और बलराम की पवित्र और अलंकृत-मूर्तियां रखी गई हैं।

आगरा : आगरा अपनी कई मुगलकालीन इमारतों के कारण एक प्रमुख पर्यटन स्थल है, विशेषकर ताजमहल, आगरा किला

और फतेहपुर सीकरी के लिये, इन सभी को यूनेस्को विश्व धरोहर स्थल के तोर पर शामिल किया गया है। दिल्ली और जयपुर के साथ आगरा गोल्डन ट्राइंगल टूरिस्ट सर्किट में शामिल है; और लखनऊ वाराणसी के साथ यह उत्तर प्रदेश राज्य के एक पर्यटक सर्किट, उत्तर प्रदेश हेरिटेज आर्क का हिस्सा है। सांस्कृतिक रूप से आगरा ब्रज क्षेत्र में स्थित है। आगरा स्थित ताजमहल का निर्माण चौथे मुगल सम्राट जहांगीर के पुत्र और अकबर के पोते शाहजहां ने अपनी प्रिय पत्नी की याद में करवाया था। स्मारक पूरी तरह से सफेद संगमरमर से बनाया गया था, जिसे पूरे भारत और मध्य एशिया से लाया गया था। इसके निर्माण में 17 साल लग गए। ताज के केंद्रीय कक्ष में मुमताज महल और शाहजहां के कब्र) से घिरा एक और उल्लेखनीय जटिल नक्काशी का संगमरमर स्क्रीन या जाली है।

सहारनपुर : सहारनपुर में प्राचीन शाकम्भरी देवी सिद्धपीठ मंदिर, इस्लामिक शिक्षा का केंद्र देवबन्द दारुल उलूम, देवबंद का मां बाला सुंदरी मंदिर, नगर में भूतेश्वर महादेव मंदिर, कम्पनी बाग आदि प्रसिद्ध स्थल हैं। शाकम्भरी देवी मंदिर काफी प्राचीन है। स्कंद पुराण के अनुसार इस मंदिर की स्थापना महाभारत काल से पूर्व हुई थी। इस मंदिर की मूर्तियां काफी प्राचीन हैं। देवबन्द उत्तर प्रदेश के महत्वपूर्ण नगरों में गिना जाता है जो इस्लामी शिक्षा के प्रचार व प्रसार के लिए संपूर्ण संसार में प्रसिद्ध है। सहारनपुर स्थित हुलास शुंग और कुषाण वंश से संबंधित रहा है। यहाँ पर उत्तर कालीन हड़प्पा से संबंधित अनेक तरह के अवशेष तथा मृद्भाण्ड संस्कृति के साक्ष्य भी मिले हैं।

लखनऊ : लखनऊ हमेशा से एक बहुसांस्कृतिक शहर रहा है। यहाँ के शिया नवाबों द्वारा शिष्टाचार, खूबसूरत उद्यानों, कविता, संगीत और बढ़िया व्यंजनों को हमेशा संरक्षण दिया गया। लखनऊ को **"नवाबों के शहर"** के रूप में भी जाना जाता है। इसे पूर्व के स्वर्ण नगर (गोल्डन सिटी) और **'शिराज-ए-हिंद'** के रूप में जाना जाता है। यहां कई इमामबाड़े हैं। इनमें बड़ा एवं छोटा इमामबाडा प्रमुख है। बड़े इमामबाड़े का ऐतिहासिक और सांस्कृतिक महत्व है। इस इमामबाड़े का निर्माण आसफउद्दौला ने 1784 में अकाल राहत परियोजना के अन्तर्गत करवाया था। यहां एक अनोखी भूल भुलैया स्थित है। इस इमामबाड़े में एक असफ़ी मस्जिद भी है जहां गैर मुस्लिम लोगों के प्रवेश की अनुमति नहीं है। इसके अलावा छोटा इमामबाड़ा, जिसका असली नाम हुसैनाबाद इमामबाड़ा है, मोहम्मद अली शाह की रचना है जिसका निर्माण 1837 ई. में किया गया था। इसे छोटा इमामबाड़ा भी कहा जाता है।

सआदत अली का मकबरा बेगम हजरत महल पार्क के समीप है। इसके साथ ही खुर्शीद जैदी का मकबरा भी बना हुआ है। यह मकबरा अवध वास्तुकला का शानदार उदाहरण हैं। मकबरे की शानदार छत और गुम्बद इसकी खासियत हैं। जामी मस्जिद हुसैनाबाद इमामबाड़े के पश्चिम दिशा में स्थित है। इस मस्जिद का निर्माण मोहम्मद शाह ने शुरू किया था लेकिन 1840 ई. में उनकी मृत्यु के बाद उनकी पत्नी ने इसे पूरा करवाया। मोती महल गोमती नदी की सीमा पर बनी तीन इमारतों में से प्रमुख है। इसे सआदत अली खां ने बनवाया था। इनके अलावा रूमी दरवाजा, छतर मंजिल, हाथी पार्क, बुद्ध पार्क, नीबू पार्क, मैरीन ड्राइव और इंदिरा गांधी तारामंडल भी दर्शनीय स्थलों में शामिल हैं।

वाराणसी : वाराणसी अपनी अनुपम और अद्वितीय संस्कृति के कारण संसार भर में पर्यटकों का आकर्षण बना हुआ है। शहर में अनेक 3, 4 और 5 सितारा होटल हैं। शहर के लोगों का स्वभाव भी सत्कार से परिपूर्ण है। वाराणसी बनारसी रेशम की साड़ियों और पीतल के सामान के लिये भी प्रसिद्ध है। इसके अलावा उच्च कोटि के रेशमी वस्त्र, कालीन, काष्ठ शिल्प, भित्ति सज्जा एवं प्रदीपन आदि के सामान के साथ-साथ बौद्ध एवं हिन्दू देवी-देवताओं के मुखौटे विशेष: आकर्षण का केंद्र रहे हैं। मुख्य खरीदारी बाजारों में चौक, गोदौलिया, विश्वनाथ गली, लहुराबीर एवं ठठेरी बाजार सम्मिलित हैं। जैन धर्म के छठे तीर्थांकर सुपार्श्वनाथ और तेईसवें पारसनाथ का जन्म इसी प्रदेश में हुआ था। यहाँ पर अहिल्याबाई होल्कर द्वारा निर्मित काशी विश्वनाथ मंदिर, तुलसीमानस मंदिर, काशी हिन्दू विश्वविद्यालय एवं गंगा नदी पर अनेकों घाट स्थित हैं, जिसमें अस्सी, तुलसी, दशाश्वमेध, मणिकर्णिका, अहिल्याबाई आदि घाट प्रमुख हैं।

प्रयागराज : उत्तर प्रदेश राज्य का एक प्रमुख नगर और हिन्दुओं का मुख्य तीर्थस्थल है। सन् 1583 में अकबर ने प्रयागराज में गंगा और यमुना के संगम पर प्रयागराज दुर्ग का निर्माण प्रारंभ करवाया था। इस किले में 93 महर, 3 झरोखा, 25 दरवाजें, 277 इमारतें, 176 कोठियाँ 77 तहखानें व 20 अस्तबल और 5 कुएं हैं।

उल्टा किला झूसी में स्थित है। इस किले में 93 महर, 3 झरोखे, 25 दरवाजें, 277 इमारतें, 176 कोठियाँ, 77 तहखानें व 20 अस्तबल और 5 कुएं स्थित हैं।

प्रयागराज गंगा यमुना व सरस्वती नदियों के संगम पर स्थित है। सन् 1574 में अकबर ने इसका नाम बदलकर इलाहाबाद कर दिया था, जिसे 2018 में उत्तर प्रदेश सरकार ने पुन: प्रयागराज

कर दिया। राजा हर्षवर्धन प्रत्येक 5वें वर्ष यहाँ महामोक्ष परिषद् का आयोजन करते थे। यहां हर 12 वर्ष में महाकुम्भ व महाकुम्भ के अगले 6 वर्षों में अर्द्ध कुम्भ का आयोजन किय जाता है। यहाँ प्रति वर्ष माघ मेले का आयोजन भी किया जाता है।

प्रयागराज स्थित आनंद भवन वास्तुकला की दृष्टि से अपने आप में अनोखा है। इसकी नींव वर्ष 1926 में मोतीलाल नेहरु ने रखी थी। यह दो मंजिली इमारत है ब्रिटिश शासन के दौरान हुए अनेक विरोधों, कांग्रेस के अधिवेशनों एवं राष्ट्रीय नेताओं के अनेक सम्मेलनों से इसका सम्बन्ध रहा है।

प्रयागराज शहर में सिविल लाइंस के महात्मा गांधी मार्ग और सरोजिनी नायडू मार्ग की क्रासिंग पर स्थापित ऑल सेण्ट्स कैथैड्रिल को देखने से प्रतित होता हैं कि मानों हम किसी रोमन साम्राज्य का राजगृह देख रहे हैं। वर्ष 1879 में बन कर तैयार हुये इस चर्च का नक्शा सुप्रसिद्ध अंग्रेज वास्तुविद विलियन इमरसन ने बवाया था। गंगा के तट पर स्थित शंकर विमान मण्डपम् एक आधुनिक मन्दिर हैं। यह मन्दिर चार मंजिलों का हैं। इस मन्दिर की कुल ऊँचाई लगभग 40 मीटर अर्थात 130 फुट हैं। इसकी प्रत्येक मंजिल पर अलग-अलग देवताओं का वास स्थान हैं।

प्रयागराज स्थित मनकामेश्वर मंदिर का धार्मिक महत्व हैं। इस मन्दिर की विशेषता यहाँ प्रतिदिन होने वाला शृगांर एवं भगवान शिव की दिव्य आरती हैं।

जौनपुर : जौनपुर एक ऐतिहासिक शहर है। अटाला मस्जिद का निर्माण 1393 ईसवीं में फिरोजशाह तुगलक के समय में शुरू हुआ था जो 1408 में जाकर इब्राहिम शर्की के शासनकाल में पूरा हुआ। मस्जिद के तीन तोरण द्वार हैं जिनमें सुंदर सजावट की गई है। इसकी बनावट देखकर कोई भी शर्की स्थापत्य की उच्चस्तरीय निर्माण कला का आसानी से अंदाजा लगा सकता है।

जौनपुर की जमा मस्जिद का निर्माण हुसैन शाह ने 1458-78 के बीच करवाया था। मस्जिद से लगा हुआ शरकी क्रब्रिस्तान भी आकर्षण का केंद्र है, शाही किला गोमती के बाएं किनारे पर शहर के दिल में स्थित है। इसे फिरोजशाह ने 1362 ई. में बनाया था, किले के कुछ मेहराब प्राचीन वैभव की कहानी बयान करते है। लाल दरवाजा मस्जिद बनवाने का श्रेय सुल्तान महमूद शाह की रानी बीबी राजी को जाता है। इस मस्जिद का क्षेत्रफल अटाला मस्जिद से कम है। जिले के जमैथा गावं में गोमती नदी के किनारे स्थित जमदग्नि आश्रम भी एक धार्मिक केंद्र के रूप में विख्यात है।

मेरठ : मेरठ का ऐतिहासिक नौचंदी मेला हिन्दू-मुस्लिम एकता का प्रतीक है। हजरत बाले मियां की दरगाह एवं नवचण्डी देवी (नौचन्दी देवी) का मंदिर एक दूसरे के निकट ही स्थित हैं। पांडव किला मेरठ के (बरनावा) में स्थित है। कहा जाता है कि यह किला पांडवों ने बनवाया था। दुर्योधन ने पांडवों को उनकी मां सहित यहां जीवित जलाने का षडयंत्र रचा था। मेरठ का शहीद स्मारक उन बहादुरों को समर्पित है, जिन्होंने सन् 1857 में देश के लिए **"प्रथम भारतीय स्वतंत्रता संग्राम"** में अपने प्राणों की आहुति दी थी। संग-ए-मरमर से बना यह स्मारक लगभग 30 मीटर ऊंचा है। शाहपीर मकबरा मुगलकालीन इमारत है। यह मेरठ के ओल्ड शाहपीर गेट के निकट स्थित है। शाहपीर मकबरे के निकट ही लोकप्रिय सूरजकुंड स्थित है। हस्तिनापुर तीर्थ जैनियों के लिए एक पवित्र स्थान माना जाता है। यहां का मंदिर जैन तीर्थंकर शांतिनाथ को समर्पित है। जैनियों के तीसरे तीर्थंकर आदिनाथ ने यहां 400 दिन का उपवास रखा था। सरधना स्थित रोमन कैथोलिक चर्च अपनी खूबसूरत कारीगरी के लिए चर्चित है। मदर मैरी को समर्पित इस चर्च का डिजाइन इतावली वास्तुकार एंथनी रघेलिनी ने तैयार किया था। वर्ष 1822 में इस चर्च को बनवाने की लागत 0.5 मिलियन रूपये थी। वर्ष 1819 में सेन्ट जॉन चर्च को ईस्ट इंडिया कंपनी की ओर से चेपलिन रेव हेनरी फिशर ने स्थापित किया था। इस चर्च की गणना उत्तर भारत के सबसे प्राचीन चर्चों में की जाती है। इस विशाल चर्च में दस हजार लोगों के बैठने की क्षमता है। सूरज कुंड का निर्माण एक धनी व्यापारी लावार जवाहर लाल ने 1714 ई. में करवाया था। हस्तिनापुर अभयारण्य की स्थापना वर्ष 1986 में की गई थी। 2073 वर्ग किलोमीटर के क्षेत्र में फैले इस अभयारण्य में मृग, सांभर, चीतल, नीलगाय, तेंदुआ, हैना, जंगली बिल्ली आदि पशुओं के अलावा पक्षियों की अनेक प्रजातियां देखी जा सकती हैं।

सारनाथ : सारनाथ बौद्ध धर्म के लिए प्रसिद्ध है। गौतम बुद्ध ने अपना प्रथम उपदेश यही पर दिया था। इस स्थान को ऋषिपत्तनम नाम से भी जाना जाता है। सारनाथ संग्रहालय भारतीय पुरातत्व सर्वेक्षण का प्राचीनतम संग्रहालय है, जिसमें बौद्ध मूर्तियों का विस्तृत संग्रह है। संग्रहालय में 6,832 मूर्तियाँ और कलाकृतियाँ हैं। सारनाथ स्थित चौखंड स्तूप एक महत्त्वपूर्ण बौद्ध स्तूप है जो चारों ओर से अष्टभुजीय मीनारों से घिरा हुआ है। कहा जाता है यह स्तूप मूल रूप से सम्राट अशोक द्वारा बनवाया गया था। चौखंडी स्तूप में गौतम बुद्ध से जुडे कई अवशेष हैं। बोध गया से सारनाथ जाने के क्रम में गौतम बुद्ध इसी स्थान पर अपने पहले शिष्य से मिले थे।

धर्मराजिका स्तूप का निर्माण अशोक ने करवाया था। 1794 ई. में बनारस के दीवान जगतसिंह के द्वारा खुदाई करते समय यहाँ से 8.23 मी. की गहराई पर एक प्रस्तर पात्र के भीतर संगरमरमर की मंजूषा में कुछ हड्डिया एवं सुवर्णपात्र, मोती के दाने एवं रत्न मिले थे, जिसे उन्होंने महत्त्वहीन मानकर गंगा में प्रवाहित कर दिया था। उस उत्खनन से इस स्तूप से दो मूर्तियाँ मिलीं थीं। पहली मूर्ति कनिष्क के राज्य संवत्सर में स्थापित विशाल बोधिसत्व प्रतिमा और दूसरी धर्मचक्रप्रवर्तन मुद्रा में भगवान बुद्ध की मूर्ति। ये मूर्तियाँ सारनाथ की सर्वश्रेष्ठ कलाकृतियाँ हैं। यहाँ से प्राप्त महीपाल के समय के 1026 ई. के एक लेख में यह उल्लेख है कि स्थिरपाल और बसंतपाल नामक दो बंधुओं ने धर्मराजिका और धर्मचक्र का जीर्णोद्धार किया।

मूलगंध कुटी विहार : मूलगंध कुटी विहार धर्मराजिका स्तूप से उत्तर की ओर स्थित है।सातवीं शताब्दी में भारत-भ्रमण पर आए चीनी यात्री ह्वेन त्सांग ने इसका वर्णन 200 फुट ऊँचे मूलगंध कुटी विहार के नाम से किया है। इस मंदिर पर बने हुए नक्काशीदार गोले और नतोदर ढलाई, छोटे-छोटे स्तंभों तथा सुदंर कलापूर्ण कटावों आदि से यह निश्चित हो जाता है कि इसका निर्माण गुप्तकाल में हुआ था। धमेख स्तूप एक ठोस गोलाकार बुर्ज की भाँति है। इस स्तूप की नींव अशोक के समय में पड़ी। इसका विस्तार कुषाण-काल में हुआ, लेकिन गुप्तकाल में यह पूर्णत: तैयार हुआ। स्तूप में प्रयुक्त ईंटें 14 ½ इंच × 8 ½ इंच × 2 ¼ इंच आकार की हैं। धमेक (धमेख) शब्द की उत्पत्ति के बारे में विद्वानों का मत है कि यह संस्कृत के 'धर्मेज्ञा' शब्द से निकला है।

बहराइच : बहराइच जिले के तराई में 400.6 किमी^{2} (154.7 वर्ग मील) के क्षेत्र में कतर्निया वन्यजीव अभयारण्य ऊपरी गंगा के मैदान में स्थित एक संरक्षित क्षेत्र है। 1987 में, इसे '**प्रोजेक्ट टाइगर**' के दायरे के तहत लाया गया था, और किशनपुर वन्यजीव अभयारण्य और दुधवा राष्ट्रीय उद्यान के साथ यह दुधवा टाइगर रिजर्व का निर्माण करता है। इसे 1975 में स्थापित किया गया था। यहां पाई जाने वाली कई प्रजातियों में बर्मा रॉक अजगर, पीले धब्बेदार भेड़िया-सांप और स्वर्ग उड़ान सांप आदि शामिल है। दरगाह शरीफ-ग्यारहवीं शताब्दी के एक प्रसिद्ध इस्लामिक संत हजरत गाज़ी सय्यद सलार मसूद गाज़ी की दरगाह है। सिद्धनाथ मंदिर पांडव कालीन है यह बहराइच के बीचोबीच स्थित है। यहाँ वर्ष में 2 बड़े उत्सव-भाद्रपद में कजरीतीज और होली से पहले महाशिवरात्री मनाए जाते हैं। इनमें दूर-दूर से भक्त कांवर ले कर आते है और जलाभिषेक करते हैं।

नैमिषारण्य : नैमिषारण्य सीतापुर में गोमती नदी के बाएँ तट पर स्थित एक प्रसिद्ध हिन्दू तीर्थ है। मार्कण्डेय पुराण में अनेक बार इसका उल्लेख 88000 ऋषियों की तप:स्थली के रूप में हुआ है। नैमिषारण्य स्टेशन से लगभग एक मील दूर चक्रतीर्थ है। यहां एक सरोवर है, जिसका मध्यभाग गोलाकार है और उससे बराबर जल निकलता रहता है। नैमिषारण्य के प्रमुख तीर्थों में पंचप्रयाग, ललितादेवी, व्यास-शुकदेव के स्थान, दशाश्वमेध टीला, पाण्डव किला, चारों धाम मंदिर, सूतजी का स्थान आदि 88 हजार ऋषियों की तपस्थली, वेदों और पुराणों की रचना स्थली नैमिषारण्य स्थित लिंगधारिणी मां ललिता देवी का मंदिर देश-विदेश के लाखों श्रद्धालुओं की आस्था का प्रतीक है। ललिता देवी को त्रिपुर सुंदरी के नाम से भी जाना जाता है। 108 शक्ति पीठों में शुमार इस देवी मंदिर में प्रतिदिन सैकड़ों श्रद्धालु आते हैं। शारदीय और वासंतिक नवरात्र में तो काफी भीड़ उमड़ती है।

गोण्डा : गोण्डा प्राचीन काल में कोशल महाजनपद का भाग था माना जाता है कि प्राचीन समय में अयोध्या के राजा भगवान श्रीराम की गायें इस क्षेत्र में चरा करती थी, जिससे इस क्षेत्र का नाम **"गोनर्द"** पड़ा। यही कालान्तर में अपभ्रंश होकर गोण्डा कहलाया। गोंडा शहर से 17 किलोमीटर दूर **"बाबा बालेश्वर नाथ मंदिर"** स्थित है मान्यता है कि यहाँ स्थित शिवलिंग श्वायाम्भू है। प्राचीन नगरी अयोध्या से 16 मील (लगभग 25.6 कि.मी.) की दूरी पर जमैथा ग्राम, गोंडा जिले में स्थित जमदग्निकुण्ड एक प्राचीन सरोवर है। सरोवर के पास ही भगवान शिव का मंदिर तथा देवी मंदिर हैं। पास में एक धर्मशाला भी है। यहाँ यम द्वितीया को एक मेला लगता है। कहा जाता है कि यहाँ कभी महर्षि जमदग्नि का आश्रम था। गोंडा नगर के मध्य स्थित दुखहरण नाथ मंदिर का निर्माण प्राचीन काल में गोण्डा नरेश ने कराया था। दुखहरन नाथ मन्दिर पत्थरों से निर्मित है और भगवान शिव को समर्पित है। मान्यता है कि अयोध्या में मर्यादा पुरुषोत्तम भगवान राम के जन्म पर भगवान भोलेनाथ दर्शन करने गए हुए थे। वहां से वापस होते समय वह जिस स्थल पर ठहरे थे, उसे वर्तमान में दुखहरण नाथ मंदिर के नाम से जाना जाता है। अज्ञातवास के दौरान पाण्डवों ने बाबा दुखहरन नाथ मंदिर में एक शिवलिंग की स्थापना की थी। पृथ्वीनाथ मंदिर गोंडा उत्तर प्रदेश के खरगूपुर क्षेत्र में स्थित है।

यह मंदिर वास्तुकला का सबसे अच्छा उदाहरण है। पृथ्वीनाथ को '**लिंगम**' कहा जाता है जो मंदिर में स्थापित विश्व की सबसे ऊंची शिव लिंग है, जिसे द्वापर युग में पांडवों के निर्वासन के दौरान भीम द्वारा स्थापित किया गया था। भगवान स्वामीनारायण मन्दिर

देखने में बहुत ही भव्य लगता है। बीच में बड़ा गुम्बद है और चारों तरफ गुम्बद बने हुए हैं। इस मंदिर में भगवान स्वामीनारायण की बहुत सुंदर मूर्ति स्थापित की गई हैं।

हरदोई : हरदोई में श्री बाबा मंदिर प्रमुख धार्मिक स्थान हैं। इस मंदिर के पास एक पुराना टीला भी है, जिसे हिरण्याकश्यप के महल का खंडहर कहा जाता है। इसी के पास श्रवन देवी का मंदिर है। इसके अतिरिक्त हरदोई से लगभग 36 किमी दूरी पर स्थित शाहाबाद मे दिलेर शाह का मकबरा भी दर्शनीय स्थल है। हरदोई से करीब 50 किलोमीटर पूर्व की दिशा में हत्याहरण तीर्थ है। उत्तर प्रदेश के हरदोई जिले में साण्डी पक्षी अभयारण्य की स्थापना 1990 ई. में हुई थी। यहां पक्षियों की अनेक दुर्लभ प्रजातियां देखी जा सकती है। विश्व में पक्षियों की लगभग 10000 दस हजार प्रजातियां हैं। उनमें से लगभग 1300 प्रजातियां भारत में पायी जाती हैं और उसमें से भी इस स्थान पर ही 550 देखी जा सकती हैं। पर्पल सनबर्ड जो हरदोई जिले के पश्चिम में स्थित इस पक्षी विहार की सबसे बड़ी खासियत हैं। जिस प्रकार रूमी दरवाज़ा लखनऊ शहर की पहचान है ठीक वैसे ही यह विक्टोरिया भवन जनपद हरदोई जनपद का शिल्प भवन तथा पहचान है। यहाँ लगी वेटलिफ्टिंग घड़ी में पंचरत्न घंटा लगा हुआ है। यह घड़ी 1888 में लंदन की एक मशहूर कंपनी के द्वारा बनाई गई थी। यहां रखी बिलियर्ड टेबल पूरे भारत में सिर्फ एक है। यह ऐतिहासिक और संरक्षित इमारतों में शामिल है। इमारत में एक तोप भी है।

कौशाम्बी : कौशाम्बी ऐतिहासिक एवं धार्मिक नगरी है यहाँ स्थित शीतला माता कड़ा धाम, उदहिन बुजुर्ग स्थित राजमहल एवम श्री ठाकुर द्वारा मंदिर, सिराथू तहसील, मंझनपुर मुख्यालय, प्रभासगिरी, बजहा हनुमान मंदिर आदि आकर्षण का प्रमुख केंद्र हैं। घोषिताराम विहार भी यहीं है। यहाँ से कनिष्क के काल के सिक्के प्राप्त हुए हैं। यहाँ अशोक व समुद्रगुप्त का प्रयाग स्तम्भ अभिलेख प्राप्त हुआ था। जिसे अकबर ने इलाहाबाद के अपने किले में लगवाया। कौशाम्बी स्थित कड़ा भक्त सन्त मलूकदास की जन्मस्थली भी है।

कालिंजर : कालिंजर का विशाल दुर्ग बांदा जनपद में स्थित है। यहाँ मध्यकाल के प्रारम्भ में राजपूत शासकों को शासन होता था। 1022 ईस्वी में गजनवी ने कालिंजर दुर्ग पर आक्रमण किया। यहीं पर शेरशाह सूरी की मृत्यु 1547 ईस्वी में हो गयी थी। अकबर ने यह किला यहाँ के शासक रामचन्द्र को पराजित कर हासिल किया।

बुलंदशहर : बुलंदशहर जिले का बेलोन मंदिर सर्व मंगला देवी को समर्पित है, कर्णवास, उत्तर प्रदेश प्राचीन भृगु-क्षेत्र माना गया है जहाँ कल्याणी देवी और कर्ण शिला दर्शनीय तीर्थ हैं। स्वामी दयानन्द सरस्वती ने कर्णवास में तपस्या की थी।

अतरंजीखेड़ा : एटा जिले में काली नदी के किनारे स्थित अतरंजीखेड़ा का वर्णन चीनी यात्री ह्वेनसांग ने अपनी पुस्तक में किया है। यहाँ प्राचीनकालीन लोहे के साक्ष्य, धूसर मृद्भाण्ड संस्कृति के अवशेष भी प्राप्त हुए हैं।

अहिच्छत्र : अहिच्छत्र बरेली जनपद में स्थित रामनगर में है। यहाँ से मृद्भाण्ड संस्कृति से लेकर गुप्तोत्तर युग के साक्ष्य प्राप्त हुए हैं। महाजनपदकाल में यह उत्तरी पांचाल की राजधानी था। यहाँ अशोक ने एक स्तूप का निर्माण करवाया। यहाँ से 'मित्र' उपाधि वाले सिक्के, कुषाणों के सिक्के तथा गुप्तकालीन एक यमुना की मूर्ति मिली है।

काल्पी : काल्पी जालौन में यमुना नदी के तट पर स्थित है। यहाँ दो पौराणिक टीला-व्यास टीला व नरसिंह टीला हैं। दसवीं शताब्दी ई. में काल्पी में चन्देलों का शासन स्थापित था। बारहवीं शताब्दी के अन्त में कुतुबुद्दीन ऐबक ने काल्पी को दिल्ली सल्तनत का अंग बना लिया। अकबर के काल में यह मुगल साम्राज्य का एक प्रमुख नगर था। बीरबल की जन्मस्थली भी यही है। बीरबल के रंगमहल तथा मुगल टकसाल के अवशेष भी यहीं से प्राप्त हुए हैं।

भीतरी : उत्तर प्रदेश के गाजीपुर जिले में स्थित भीतरी से गुप्तकाल के अवशेष प्राप्त हुए हैं जिनमें स्कन्दगुप्त का स्तम्भ-लेख सर्वप्रमुख है। इस लेख में स्कन्दगुप्त के शासनकाल की महत्वपूर्ण घटनाओं का उल्लेख है। यह स्तम्भ बलुआ पत्थर का बना है जिसके शीर्ष भाग पर विष्णु की प्रतिमा थी।

कानपुर : कानपुर स्थित भीतरगाँव से गुप्तकालीन शैली का ईंट से निर्मित मंदिर के अवशेष प्राप्त हुए है। यह मन्दिर चन्द्रगुप्त द्वितीय विक्रमादित्य के काल में बना था। भीतरगाँव के मन्दिर की उल्लेखनीय विशेषता इसमें शिखर का होना तथा ऊँचे चबूतरे पर निर्मित होना है। बिठूर कानपुर नगर जनपद में गंगा के किनारे स्थित है। इसका पुराना नाम ब्रह्मवर्त तीर्थ था। झाँसी की रानी लक्ष्मीबाई का पालन-पोषण भी बिठूर में पेशवा के यहाँ हुआ। महर्षि वाल्मीकि का आश्रम भी यहीं पर स्थित था।

महोबा : महोबा उत्तर प्रदेश के बुन्देल खण्ड में स्थित जनपद है। 831ई. में चन्देल राजपूतों ने इसे अपनी राजधानी बनाई थीं। चन्देलों का राज्य जेजाकभुक्ति के नाम से प्रसिद्ध था। तेरहवीं शताब्दी के प्रारम्भ में महोबा पर तुर्की का आधिपत्य स्थापित हो गया था। यहां गोखर पहाड़ी पर 24 जैन तीर्थंकरों की प्रतिमाएँ यहाँ के प्रमुख दर्शनीय स्थल हैं।

सरायनाहर राय : सरायनाहर राय प्रदेश के प्रतापगढ़ जिले में स्थित है। यहाँ से लगभग दस हजार वर्ष पूर्व मध्यपाषाण सभ्यता के साक्ष्य प्राप्त हुए है।

लखीमपुर खीरी : प्रदेश के लखीमपुर खीरी में स्थित गोला गोकर्णनाथ महादेव का प्राचीन मन्दिर है। माना जाता है कि यहाँ महायोगी गोरखनाथ जी द्वारा खिचड़ी वितरण किया जाता था। नाथ सम्प्रदाय की सिद्धपीठ यहीं पर स्थित है।

पावा : पावानगर जैन धर्म का पवित्र स्थल है। जैन धर्म के 24वें तीर्थकर महावीर स्वामी ने 468 ई. पू. में अपने शरीर का त्याग यहीं किया था। यह स्थल कुशीनगर जनपद में स्थित है। कार्तिक मास की पूर्णिमा को जैन धर्म का निर्वाण महोत्सव प्रतिवर्ष यहीं मनाया जाता है।

कपिलवस्तु : कपिलवस्तु को वर्तमान में पिपरहवा नाम से जाना जाता है यह वर्तमान में प्रदेश के सिद्धार्थनगर जनपद में है। बौद्ध काल में यह शाक्य गणराज्य की राजधानी थी यहाँ से एक प्राचीनतम बौद्ध स्तूप तथा उसके भीतर रखी हुई बुद्ध की अस्थियाँ युक्त एक पाषाण मंजूषा प्राप्त हुई है। मंजूषा पर ब्राह्मी लिपि के एक लेख में स्पष्ट लिखा हुआ है कि इसका निर्माण शाक्यों ने करवाया था। यहाँ से उत्तरी काले ओपदार मृद्भाण्ड युग के अवशेष प्राप्त हुए हैं। मौर्य सम्राट अशोक ने इस पवित्र स्थल की यात्रा की थी। यहाँ से सालारगढ़ पुरातात्विक स्थल के कुषाणों के सिक्के मिले हैं। यह श्रावस्ती-वाराणसी मार्ग तथा वैशाली-पुरूषपुर मार्ग का एक प्रमुख केंद्र स्थल था। कपिलवस्तु में आर्थिक-व्यापारिक सक्रियता के साक्ष्य मिलते हैं।

यूनेस्को सूची में शामिल उत्तर प्रदेश के धरोहर स्थल

1. **आगरा का किला-** इसे अकबर के द्वारा बनवाया गया। यह 1983 में यूनेस्को द्वारा विश्व विरासत स्थल घोषित किया गया। यह आगरा शहर में स्थित है, 1573 में अकबर ने इसका पुनर्निमाण करवाया।
2. **ताजमहल-** इसे 1983 में यूनेस्को द्वारा विश्व विरासत स्थल घोषित किया गया। इसका निर्माण कार्य 1632 में प्रारम्भ किया गया। इसे बनाने में लगभग 21 वर्ष का समय लगा। यह मुगल शासक शाहजहाँ के द्वारा सफेद संगमरमर पत्थर से यमुना नदी के किनारे बनाया गया।
3. **फतेहपुर सीकरी-** यह मुगल साम्राज्य की राजधानी रही, इस स्थान को अकबर के द्वारा बसाया गया और 1573 से 1588 तक राजधानी बनाया गया। 1986 में यूनेस्को ने इसे विश्व विरासत स्थल घोषित किया । यहाँ पर शेख सलीम चिश्ती का मकबरा, बुलंद दरवाजा, जामा मस्जिद, बीरबल का महल, मरियम का महल, जोधाबाई महल, पंचमहल आदि का निर्माण किया गया है।

हेरिटेज आर्क योजना

उत्तर प्रदेश हेरिटेज आर्क भारत में आगरा से लखनऊ और वाराणसी तक फैला एक त्रिकोणीय नेटवर्क है, जो लगभग 700 किमी के क्षेत्र को कवर करता है। राज्य में पर्यटन को बढ़ावा देने के लिए 2014 में उत्तर प्रदेश के तत्कालीन मुख्यमंत्री अखिलेश यादव के नेतृत्व में उत्तर प्रदेश सरकार द्वारा इस विचार की कल्पना की गई थी।

लक्ष्य

इस पर्यटन योजना का मुख्य लक्ष्य है, राज्य के प्रमुख तीन क्षेत्रों की आत्मा से पर्यटकों को जोड़ना।

योजना के प्रमुख आकर्षण

उत्तर प्रदेश के इन तीन शहरों को ही इस योजना में सम्मिलित करने का मुख्य कारण है, इनकी खास विशिष्टताएं। आगरा में दुनिया के सात अजूबों में से एक ताजमहल स्थित है, लखनऊ अपनी नवाबी तहज़ीब के लिए प्रसिद्ध है, जबकि वाराणसी दुनिया का सबसे पुराना शहर और हिंदुओं का प्रमुख स्थल है।

हेरिटेज अर्क के इन तीन शहरों के अलावा आगरा के आसपास स्थित फतेहपुर सीकरी, बरसाना, बटेश्वर, चम्बल अभ्यारण्य, इटावा लायन सफारी, गोकुल, नंदगाँव, मथुरा और वृन्दावन, लखनऊ के आसपास के क्षेत्र जैसे बिठूर, देवशरीफ, दुधवा, कतर्निया घाट, नैमिषारण्य और नवाबगंज पक्षी अभयारण्य तथा वाराणसी के आसपास स्थित क्षेत्र जैसे-सारनाथ, विंध्याचल,सोनभद्र, चुनार, कुशीनगर, कपिलवस्तु और श्रावस्ती आदि भी इस योजना के आकर्षण बिंदु हैं।

इस योजना को सफल बनाने के लिए लगभग 302 किलोमीटर लंबा आगरा-लखनऊ एक्सप्रेसवे तैयार किया गया है, ताकि पर्यटकों को यात्रा में सुविधा हो। योजना में शामिल वन्य जीव हेरिटेज आर्क योजना के अन्तर्गत चार वन्यजीव अभ्यारण्य और एक राष्ट्रीय उद्यान शामिल हैं।

इस योजना को बढ़ावा देने के लिए INTACH के साथ MOU (समझौता ज्ञापन) डील और फिक्की के साथ पाँच सालों का उत्तर प्रदेश ट्रेवल मार्ट बनाने का समझौता भी किया गया।

विविध धार्मिक स्थल योजना के अन्तर्गत तीनों शहरों के आसपास स्थित विविध धार्मिक स्थलों जैसे मथुरा, देवाशरीफ और श्रावस्ती को शामिल किया गया है। अगर पर्यटक अलग-अलग संस्कृतियों, धर्मों और सभ्यताओं को जानना चाहते हैं तो हेरिटेज आर्क की यात्रा अविस्मरनीय रहेगी। राज्य की पर्यटन योजनाएं एवं कार्यक्रम

पर्यटन संबंधित अन्य योजनाएं/कार्यक्रम	
योजना/कार्यक्रम	विवरण
कानपुर और लखनऊ में तितली पार्क	प्राणी उद्यानों में तितली पार्क स्थापित करने से जंतु संरक्षण के प्रयासों के साथ ही साथ पर्यावरणीय पर्यटन को भी बढ़ावा मिलेगा।
ताजगंज परियोजना	इसे 2014 में शुरू किया गया। इसके अंतर्गत ताजमहल के चारों ओर के क्षेत्र और ताजमहल को जाने वाले मार्गों का विकास और सौन्दर्यीकरण की योजना है।
गोल्ड प्रिवलेज कार्ड	सरकारी स्वामित्व वाले होटलों में विशेष छूट प्रदान कर पर्यटन को बढ़ावा देना।
हेरिटेज वाक	इसके द्वारा क्षेत्र के महत्वपूर्ण पर्यटन स्थलों की एक अनुभवी गाइड के साथ यात्रा करके स्थानीय संस्कृति और हेरिटेज को महसूस करने का प्रयास किया जाता है। योजना प्रयाग, लखनऊ और वाराणसी में सफलतापूर्वक लागू की जा चुकी है।
हॉस्पिटेलिटी एण्ड फेमिलियराइजेन विजिट	इसके द्वारा पर्यटन स्थल को यात्रा वृत्तांत लेखकों, ट्रेवल एजेंटों और पर्यटन से जुड़े अन्य लोगों के बीच बढ़ावा देने का प्रयास किया जाता है।
उत्तर प्रदेश अंतर्राष्ट्रीय पक्षी महोत्सव	यह राज्य में पर्यावरणीय पर्यटन को बढ़ावा देने के लिए आयोजित किया जाता है। 2018 में दुधवा राष्ट्रीय उद्यान में पक्षी महोत्सव का आयोजन किया गया था। इससे पहले पक्षी महोत्सव चम्बल अभयारण्य में आयोजित हुए थे।

राज्य में पर्यटन की योजनाएँ

पर्यटक पुलिस- यात्रियों की सुरक्षा के लिए राज्य में 'पर्यटक पुलिस स्थापित की गई है। इनको प्रयाग, वाराणसी, मथुरा और अयोध्या समेत लगभग सभी प्रमुख पर्यटक स्थलों पर तैनात किया जाएगा। आगरा की भांति वाराणसी, अयोध्या, मथुरा और प्रयाग में विशेष पर्यटन पुलिस चौकियां स्थापित की जायेंगी। पर्यटक पुलिस बल में महिलाओं की संख्या बढ़ाकर महिला पर्यटकों की सुरक्षा निश्चित की जाएगी।

वन स्टाप ट्रेवल सोल्युशन- इस माध्यम से एक पोर्टल के अंदर ही होटल, हवाई यात्रा, रेलयात्रा, टैक्सी, बस आदि बुक कराने की सुविधा होगी। यह जर्मन, फ्रेंच, जापानी, कोरियन, मराठी, हिन्दी और अंग्रेजी समेत कुल 8 भाषाओं में उपलब्ध होगी।

पर्यटन मेलों का आयोजन- प्रदेश में पर्यटन को प्रोत्साहन देने के लिए पर्यटन उत्सवों का आयोजन किया जा रहा है। इनमें बुंदेला महोत्सव, लखनऊ महोत्सव और अयोध्या द्वीपोत्सव प्रमुख हैं।

हेरिटेज आर्क

उत्तर प्रदेश सरकार ने पर्यटन को बढ़ावा देने के उद्देश्य से 'हेरिटेज आर्क यात्रा' की शुरूआत की है। इसका मूल उद्देश्य है- **'यात्रा का हर पल आनन्द उठाना'** । हेरिटेज आर्क के अंतर्गत सांस्कृतिक, ऐतिहासिक और प्राकृतिक हेरिटेज को महत्व दिया जाता है। इसके अंतर्गत वाराणसी, लखनऊ और आगरा क्षेत्रों और इसके चारों ओर स्थित मनोरम स्थलों की यात्रा करायी जाती है। हेरिटेज आर्क के तीन प्रमुख केंद्रों और उनसे जुड़े दर्शनीय स्थलों के नाम इस प्रकार हैं-

क्र. सं.	केंद्र का नाम	जुड़े दर्शनीय स्थल
1.	आगरा	आगरा, फतेहपुर सीकरी, बरसाना, बटेश्वर, चम्बल अभयारण्य, इटावा लायन सफारी, गोकुल, नंदगांव, मथुरा, वृंदावन

2.	लखनऊ	लखनऊ, अयोध्या, बिठूर, देवा शरीफ, दुधवा, कतरनिया घाट वन्य जीव अभयारण्य, नैमिषारण्य, नवाबगंज पक्षी विहार
3.	वाराणसी	वाराणसी, सारनाथ, विंध्याचल, सोनभद्र, चुनार, कुशीनगर, कपिलवस्तु, श्रावस्ती

उत्तर प्रदेश में पर्यटन सम्बन्धी संगठन

क्र. सं.	संस्था	स्थापना वर्ष
1.	राज्य पर्यटन निदेशालय	1972
2.	उत्तर प्रदेश राज्य पर्यटन विकास निगम	1974
3.	मान्यवर कांशीराम पर्यटन प्रबंधन संस्थान चिनहट, लखनऊ	1991
4.	ब्रज तीर्थ विकास परिषद्	2015

- योजना में वैलून फेस्टिवल, उत्तर प्रदेश ट्रैवल मार्ट, ट्रैवल राइटर्स कान्कलेब, अंतर्राष्ट्रीय साहित्य सम्मेलन और अंतर्राष्ट्रीय रामायण कान्कलेब नये जोड़े गये हैं।

उत्तर प्रदेश पर्यटन विकास परियोजना

यह विश्व बैंक की सहायता से चलायी जा रही परियोजना है। इसका उद्देश्य आगरा और ब्रज पर्यटन सर्किट में पर्यटन गतिविधियों को बढ़ावा देकर गरीबी उन्मूलन और रोजगार का सृजन करना है। परियोजना का व्यय विश्व बैंक और प्रदेश सरकार के बीच 70 : 30 के अनुपात विभाजित किया जाता है।

पेइंग गेस्ट स्कीम- इसका उद्देश्य पर्यटकों को उचित मूल्य पर अतिरिक्त निवास सुविधाएं उपलब्ध कराना है। इसे उत्तर प्रदेश के प्रमुख पर्यटन स्थलों और उनके पास के स्थलों में चलाया जा रहा है। यह स्थान लखनऊ, आगरा, वाराणसी, प्रयागराज, झांसी और गोरखपुर में हैं।

बेड-ब्रेकफास्ट योजना- केंद्र सरकार की **'इंक्रेडिबल इंडिया बेड एंड ब्रेकफास्ट'** स्कीम की भांति राज्य सरकार द्वारा 2008 में राज्य में बेड एंड ब्रेकफास्ट योजना शुरू की गयी। इसका उद्देश्य पर्यटकों के लिए उचित मूल्य पर **'होमस्टे'** उपलब्ध कराना है। यह विदेशी पर्यटकों को एक भारतीय परिवार के साथ रहने और घर में बने भारतीय व्यंजनों का लुत्फ उठाने का अनूठा मौका देती है।

नए हवाई अड्डों का विकास

राज्य सरकार ने राज्य के विभिन्न भागों में सम्पर्क बढ़ाकर, पर्यटन को बढ़ावा देने के लिए वायु सेवा संचालन नीति का निर्माण किया है। इसके द्वारा विशेष रूप से बौद्ध परिपथ पर पर्यटकों को लाभ होगा। बारह रूटों पर वायु सेवा शुरू करने का निर्णय लिया गया था। लखनऊ-कुशीनगर, लखनऊ-प्रयागराज, गोरखपुर-लखनऊ, लखनऊ-चित्रकूट, लखनऊ-मुइरपुर (सोनभद्र) प्रमुख रूट है। इसके लिए उत्तर प्रदेश पर्यटन विभाग केंद्रीय संस्था है।

डिस्कवर योर रूट्स

यह उत्तर प्रदेश के भारतीय मूल के व्यक्तित्वों के लिए है, जो दूसरे देशों फिजी, त्रिनिदाद और अन्य राष्ट्रमंडल देशों में निवास करते हैं, जहां पर उनके पूर्वज 19वीं और 20वीं सदी में जाकर बस गये थे। इन प्रवासियों में अधिकांश उत्तर प्रदेश, विशेष रूप से पूर्वी उत्तर प्रदेश, से हैं। इस योजना के अंतर्गत राज्य का पर्यटन विभाग भारतीय मूल के व्यक्ति की प्रार्थना पर उसके जन्म स्थान/मूल स्थान की तलाश करने की कोशिश करता है। इसका क्रियान्वयन उत्तर प्रदेश राज्य पर्यटन निगम और उत्तर प्रदेश राज्य इकाई द्वारा किया जाता है। राज्य न सिर्फ उनके मूल स्थान और संबंधियों की खोज करता है अपितु पैतृक गांव में निवास और यात्रा सहित मुलाकात का प्रबंध भी करता है। अभी तक 51 जिलों में प्रवास किये हुए 10,000 मजदूरों की जानकारी एकत्र की जा चुकी है।

रोप-वे परियोजना- यह योजना सरकारी और निजी भागीदारी (PPP) के अंतर्गत चलायी जा रही है। कठिन एवं ऊंची चढ़ाई वाले स्थलों तक पर्यटकों को सरलता से पहुंचाने के लिए रस्सी पर चलने वाली ट्रॉलियों का प्रयोग किया जाता है। चित्रकूट, अष्टभुजा, कालीखोह (विंध्याचल) और बरसाने (मथुरा) में रोप-वे योजना चलायी जा रही है।

नाइट सफारी- राज्य सरकार द्वारा नोएडा में निजी-सरकारी भागीदारी (PPP) के अंतर्गत देश की इकलौती नाइट सफारी बनाने की योजना है। नाइट सफारी केवल रात्रि के समय ही खुलेगी और इसमें जीव-जंतुओं के प्राकृतिक प्रवासियों की नकल की जाएगी। रात्रि में जीव-जंतुओं को देखने के लिए समुचित व्यवस्थाएं की जाएंगी। पार्क में जीव-जंतुओं की लगभग 71 प्रजातियां होंगी।

पर्यटन परिपथ

राज्य सरकार ने प्रदेश में कई पर्यटन परिपथ की पहचान की है। किसी भी परिपथ में एक समान रूचि वाले स्थल होते हैं। पर्यटन परिपथ की सूची इस प्रकार है-

- **बौद्ध परिपथ**-कपिलवस्तु, कुशीनगर, संकिसा, सारनाथ, श्रावस्ती।
- **बुंदेलखंड परिपथ**-बिठूर, चित्रकूट, झांसी, कालिंजर, महोबा।
- **ब्रज परिपथ**-आगरा, मथुरा, वृंदावन।
- **अवध परिपथ**-लखनऊ, देवा शरीफ, नैमिषारण्य, अयोध्या।
- **विंध्य**-वाराणसी परिपथ वाराणसी, चुनार, विंध्याचल।
- **पर्यावरणीय पर्यटन परिपथ**-दुधवा, पीलीभीत, कतर्निया घाट।

अन्य सांस्कृतिक परिपथ

- **महाभारत परिपथ**-हस्तिनापुर, काम्पिल्य, अहिच्छत्र।
- **कृष्ण परिपथ**-मथुरा, वृंदावन, गोकुल, बरसाना और नंदगांव।
- जैन परिपथ मेरठ, आगरा, कौशाम्बी, वाराणसी, देवरिया, अयोध्या श्रावस्ती और फर्रुखाबाद।
- **सूफी परिपथ**-फतेहपुर सीकरी, रामपुर, बदायूँ, बरेली, लखनऊ, काकोरी, देवा शरीफ, बहराइच, इलाहाबाद, किछौछा शरीफ, सैय्यद कड़कशाह दरगाह और कान्तित शरीफ दरगाह।
- **कांवड़ परिपथ**-बागपत, गाजियाबाद, गोंडा, लखीमपुर खीरी, कालिंजर और अयोध्या।
- शक्तिपीठ परिपथ-विंध्याचल, बलरामपुर, वाराणसी, प्रयागराज, सोनभद्र और सहारनपुर।
- स्वतंत्रता संग्राम परिपथ-बिठूर, काकोरी, मेरठ व अन्य छावनियां।

उत्तर प्रदेश में पर्यटन सर्किट

क्र. सं.	सर्किट	क्षेत्र
1.	रामायण सर्किट	अयोध्या, चित्रकूट एवं श्रृंग्वेरपुर
2.	बुद्धिस्ट सर्किट	कुशीनगर, कपिलवस्तु एवं श्रावस्ती
3.	स्पिरिचुअल सर्किट -1	आहर, अलीगढ़, कासगंज, उन्नाव, प्रतापगढ़, कौशाम्बी, मिर्जापुर, गोरखपुर, डुमरियागंज, बस्ती, बाराबंकी, आजमगढ़, कैराना, बागपत एवं शाहजहांपुर
4.	स्पिरिचुअल सर्किट - 2	बिजनौर, मेरठ, कानपुर, कानपुर देहात, बाँदा, गाजीपुर, सलेमपुर, घोसी, बलिया, अम्बेडकर नगर, अलीगढ़, फतेहपुर, देवरिया, महोबा, सोनभद्र, चन्दौली, मिश्रिख एवं भदोही
5.	स्पिरिचुअल सर्किट -3	गोरखपुर, देवीपाटन, डुमरियागंज
6.	स्पिरिचुअल सर्किट -4	जेवर-दादरी-सिकन्दराबाद-नोएडा खुर्जा-बांदा
7.	हेरिटेज सर्किट	कालिंजर किला (बांदा), मगहर धाम (संत कबीर नगर), चौरीचौरा शहीद स्थल (गोरखपुर), महावर स्थल (घोसी) एवं शहीद स्मारक (मेरठ)

उत्तर प्रदेश में बौद्ध पर्यटन

चार सर्वाधिक प्रमुख बौद्ध स्थलों में से दो कुशीनगर एवं सारनाथ उत्तर प्रदेश में स्थित हैं। इसके अतिरिक्त श्रावस्ती, कपिलवस्तु, कौशाम्बी और संकिसा उत्तर प्रदेश में स्थित अन्य प्रमुख बौद्ध स्थल हैं। यह स्थान अपनी विरासत के लिए बौद्धों के बीच बेहद लोकप्रिय हैं। मुख्य भारतीय शहरों से यहां तक सरलता से पहुंचा जा सकता है।

बौद्ध पर्यटन का महत्व इस बात से समझा जा सकता है कि दुनिया में लगभग 450 मिलियन बौद्ध श्रद्धालु हैं। इसके अतिरिक्त बड़ी संख्या में बौद्ध इतिहास और संस्कृति में रूचि रखने वाले लोग प्रतिवर्ष यहां पहुंचते हैं। कई बौद्ध देशों के समीप होना भी भारत के लिए एक लाभप्रद स्थिति है।

इसके बावजूद सीमित आधारभूत संरचना, गैर बौद्धों के बीच सीमित पहचान, सांस्कृतिक विरासत का नीरस व्याख्यान और अन्य पर्यटकीय गतिविधियों के अभाव जैसे कारणों से इन स्थानों की पर्यटन क्षमता का पूर्ण उपयोग नहीं हो पा रहा है।

प्रसाद योजना

प्रसाद अर्थात् **'तीर्थयात्रा कायाकल्प और आध्यात्मिक संवर्धन मुहिम'** (Pilgrimage Rejuvenation and Spiritual Augmentation Drive-PRASAD) योजना की शुरूआत

वर्ष 2014-15 में की गयी थी। इसका उद्देश्य धार्मिक पर्यटन अनुभव को समृद्ध करते हुए तीर्थस्थलों की पहचान और विकास को प्रोत्साहित करना है। इसके अतिरिक्त स्थानीय कला-संस्कृति, हस्तकला तथा व्यंजन आदि को बढ़ावा देकर पर्यटकों को आकर्षित करना इस योजना का भाग है।

तीर्थ स्थलों के विकास के लिए सामुदायिक आधारित विकास (Community Based Development) और प्रो-पुअर (Pro-Poor) पर्यटन की संकल्पना को आगे बढ़ाना योजना का उद्देश्य है।

योजना के अंतर्गत देश के पांच पर्यटक स्थलों का चयन किया गया है, जिनमें दो उत्तर प्रदेश में हैं-

1. वाराणसी 2. मथुरा

उत्तर प्रदेश में पुरातात्विक महत्व के स्थान

- **अतरंजीखेड़ा (एटा)**-यहां से गैरिक मृदभांड संस्कृति से लेकर गुप्तकाल तक की वस्तुएं अलग-अलग स्थलों से प्राप्त लौह उपयोग, चावल के उत्पादन और वैदिक काल से संबद्ध पशु हड्डियों के साक्ष्य यहां से प्राप्त हुए हैं। ह्वेनसांग ने अतरंजीखेड़ा को 'पिलोशन' कहा है। यह एक बौद्ध तीर्थ है।
- **अहिच्छत्र (बरेली)**-मृदभांड संस्कृति से लेकर गुप्त काल तक के साक्ष्य यहां प्राप्त हुए हैं। यह पांचाल महाजनपद की राजधानी थी। इसका विवरण महाभारत में भी प्राप्त होता है। अशोक ने यहां एक स्तूप का निर्माण कराया था। यहां कुषाणों के सिक्के प्राप्त हुए हैं। जैन ग्रंथों के अनुसार यह तीर्थंकर पार्श्वनाथ के कैवल्य प्राप्त करने का स्थान हैं।
- **आलमगीरपुर (मेरठ)** यह हड़प्पा सभ्यता का सबसे पूर्वी स्थल है। यहां से कपास उत्पादन के साक्ष्य प्राप्त हुए हैं। मिट्टी के बर्तन, पकी मिट्टी से बनी वस्तुएं, कीमती पत्थरों, तांबे और कांसे और हड्डियों के साक्ष्य प्राप्त हुए हैं। एक टेराकोटा निर्मित कूबड़युक्त बैल की मूर्ति यहां प्राप्त हुई है।
- **हस्तिनापुर (मेरठ)** हस्तिनापुर को महाभारत में कुरू की राजधानी के रूप में वर्णित किया गया है। तीर, भालों के शीर्ष, कुल्हाड़ी, चाकू समेत 135 लौह निर्मित वस्तुएं प्राप्त हुई हैं।
- **गढ़वा (प्रयागराज)** कुमारगुप्त के दो शिलालेख और स्कन्दगुप्त का एक अभिलेख यहां प्राप्त हुआ है। अभिलेखों में राजाओं द्वारा किये गये दस कार्यों का वर्णन है।
- **बांसखेड़ा (शाहजहांपुर)** सम्राट हर्ष का 628 ईसवी का ताम्रपत्र अभिलेख यहां प्राप्त हुआ है। इससे हर्ष के वंश, प्रशासन, कर-व्यवस्था और दानकार्यों के बारे में बहुमूल्य जानकारी प्राप्त होती है।
- **राजघाट (वाराणसी)**-यहां उत्तरी काले मृदभांड संस्कृति के भग्नावशेष प्राप्त हुए हैं। यह काशी महाजनपद की राजधानी थी। यह नगर अपने विशिष्ट शिल्प और समृद्ध व्यापार के लिए प्रसिद्ध था। पतंजलि, ह्वेनसांग और अलबरूनी ने अपनी पुस्तकों में इसका उल्लेख किया है।
- **सोहगौरा (गोरखपुर)**-यहां चन्द्रगुप्त मौर्य का अभिलेख प्राप्त हुआ है, जिसे भारत का प्राचीनतम अभिलेख माना जाता है।
- **हुलास (सहारनपुर)**-उत्तरी काले ओपदार मृदभांड संस्कृति, शुंग काल और कुषाण काल के साक्ष्य यहां से प्राप्त हुए हैं। यह स्थान हड़प्पा सभ्यता से भी संबद्ध है।
- **हुलास खेरा (लखनऊ)**-यहां कुषाण काल से गुप्त काल तक के साक्ष्य मिले हैं। कुषाण सिक्के, कार्तिकेय की स्वर्ण मूर्ति और नगरीय सभ्यता के साक्ष्य मौजूद हैं। गुप्त काल के एक दुर्ग के भग्नावशेष भी प्राप्त हुए हैं।
- **देवगढ़ (ललितपुर)**-देवगढ़ से गुप्त स्थापत्य और मूर्तिकला के साक्ष्य मिले हैं। भारत का प्रथम शिखरयुक्त मंदिर यहां विद्यमान है। दशावतार नामक इस मंदिर में विष्णु को शेषशैय्या पर लेटा दिखाया गया है।
- **भीतरगांव (कानपुर)**-यहां गुप्त शासनकालीन ईंटों से बने एक मंदिर के अवशेष प्राप्त हुए हैं। मंदिर की छत पिरामिड के आकार की है। बाहरी दीवारों पर देवी-देवताओं की मूर्तियों को उकेरा गया है।
- **सरायनहर राय (प्रतापगढ़)**-यहां 8000 ई. पूर्व की मानव बस्ती के साक्ष्य मिले हैं।
- **सालागढ़, कपिलवस्तु (सिद्धार्थनगर)**-पिपरहवा स्तूप के पास कुषाण कालीन विहार के साक्ष्य प्राप्त हुए हैं। विहार के भीतर एक छोटे स्तूप के अवशेष मिले हैं।
- **गनवरिया, कपिलवस्तु (सिद्धार्थनगर)**-पिपरहवा स्तूप के पास भव्य द्वार से युक्त दो विशाल पकी ईंटों से निर्मित भवन प्राप्त हुए हैं। बड़े भवन में 25 और छोटे भवन में 20 कमरे हैं। इन भवनों को कपिलवस्तु के राजाओं अर्थात् शाक्य शासक शुद्धोदन और उनके पूर्ववर्ती राजाओं का निवास स्थान माना गया है।
- **सनौली (बागपत)**-यहां से भूमिगत कमरे और सुसज्जित पांव युक्त ताबूतों की प्राप्ति हुई है। चावल और उड़द दाल के बर्तन, मवेशियों की हड्डियां, जंगली शूकर और नेवले को मृत शरीर के साथ दफनाया गया है।

उत्तर प्रदेश के प्राचीन तीर्थ और धार्मिक स्थान

- **सोरो (एटा)**-यह प्राचीन तीर्थ क्षेत्र है, जिसे शूकर क्षेत्र नाम से भी जाना जाता है। यहां भगवान विष्णु के तीसरे अवतार **'वाराह'** का एक मंदिर है। यहां प्रतिवर्ष भगवान वाराह के सम्मान में मार्गशीर्ष मेला आयोजित किया जाता है।
- **गढ़मुक्तेश्वर (हापुड़)**-यह गंगा के किनारे एक प्राचीन तीर्थ स्थान है। पौराणिक मान्यताओं के अनुसार यहां शिव के गणों को मुक्ति मिली थी। यहां पर मुक्तेश्वर मंदिर नामक एक प्राचीन शिव मंदिर स्थित है । प्रतिवर्ष कार्तिक पूर्णिमा पर यहां मेला लगता है। यहां श्रृंगी ऋषि को समर्पित मंदिर स्थित है। प्रतिवर्ष कार्तिक पूर्णिमा और दशहरा पर यहां मेला लगता है।
- **श्रृंगीवेरपुर (प्रयागराज)**-ऐसा माना जाता है कि श्रीराम ने वन जाते समय यहीं से गंगा को पार किया था। रामायण के अनुसार श्रीराम ने वन जाते समय यहां पर एक रात्रि विश्राम किया था।
- **नैमिषारण्य (सीतापुर)**-यह प्राचीन तीर्थ है। पौराणिक मान्यताओं के अनुसार यह स्थान महर्षि दधीचि से संबद्ध है। इसे 88,000 ऋषियों की तपोभूमि माना गया है। नैमिषारण्य में 30,000 तीर्थ स्थान हैं। चक्रतीर्थ, व्यास गद्दी, सुत गद्दी, ललिता देवी मंदिर, श्री हनुमान गढ़ी और मिश्रिख उनमें से महत्वपूर्ण हैं। नैमिषारण्य मंदिर के विषय में माना जाता है कि यहां भगवान विष्णु खुद प्रकट हुए थे, अर्थात् स्वयंव्यक्त। इसे 108 पवित्र वैष्णव पूजास्थलों में एक माने जाने के कारण 'दिव्यदेशम्' भी कहा जाता है। उत्तर प्रदेश में मात्र चार दिव्यदेशम पूजा स्थल हैं। अन्य तीन के नाम हैं- राम जन्म भूमि, कृष्ण जन्म भूमि और गोकुल।
- **बिठूर (कानपुर)**-इसे ब्रह्मवर्त तीर्थ कहते हैं। पौराणिक मान्यताओं के अनुसार इसे महर्षि वाल्मीकि के आश्रम और लवकुश स्थान के रूप में जाना जाता है। बिठूर 1857 संघर्ष के दौरान सर्वाधिक ज्वलंत स्थानों में से एक था।
- **गोला गोकर्णनाथ (लखीमपुर खीरी)**-इसे छोटी काशी भी कहते हैं। यहां पर एक प्रसिद्ध शिव मंदिर है, जहां शिवलिंग को रावण द्वारा भूलवश स्थापित किया हुआ माना जाता है। यहां पर शिवलिंग गाय के कान के आकार का है।
- **शुक्रताल (मुजफ्फरनगर)**-पौराणिक मान्यताओं के अनुसार यह स्थान महर्षि शुकदेव और राजा परीक्षित से संबंधित है। यहां प्रत्येक महीने भागवत कथा का आयोजन किया जाता है। कार्तिक माह की पूर्णमासी और एकादशी को यहां बड़ी संख्या में श्रद्धालु आते हैं।
- **बटेश्वर (आगरा)**-बटेश्वर आगरा से 70 किमी. दूर स्थित एक प्राचीन मंदिरों का नगर है। रामायण और महाभारत जैसे ग्रंथों में बटेश्वर का वर्णन है। अनेक प्राचीन मंदिरों में से 41 अभी भी यहां मौजूद हैं। कई मंदिरों की दीवारें अभी भी प्राकृतिक वनस्पति रंगों से चित्रित भित्तिचित्रों से युक्त हैं। बटेश्वर को 22वें जैन तीर्थंकर भगवान नेमिनाथ जी की जन्म स्थली माना जाता है। यहां बटेश्वर पशु मेला पिछले 400 वर्षों से लग रहा है।
- **काम्पिल्य (फर्रूखाबाद)**-काम्पिल्य जैन तीर्थंकर विमलनाथ, द्रौपदी और द्रोणाचार्य से संबंधित है। मुगलघाट, कपिल मुनि आश्रम, रामेश्वर धाम मंदिर, जैन श्वेताम्बर मंदिर और भेदकुण्ड काम्पिल्य के प्रमुख आकर्षण हैं।
- **संकिसा (फर्रूखाबाद)** संकिसा एक बौद्ध स्थल है, जहां एक टीले के ऊपर बौद्ध अवशेष पाये गये थे। गजशीर्ष युक्त स्तम्भ और अशोक स्तूप प्रमुख है। ऐसा माना जाता है कि बुद्ध स्वयं यहां पर स्वर्ग से अवतरित हुए थे। यहां पर बिसारी देवी मंदिर स्थित है।
- **बांगरमऊ (उन्नाव)**-यह राजेश्वरी मंदिर के लिए प्रसिद्ध है, जहां देवी जगदम्बा की एक अष्टधातु निर्मित मूर्ति है।
- **भृगु मंदिर (बलिया)**-यह महर्षि दरदर की तपोभूमि पर स्थित है, जो उनके गुरू महर्षि भृगु को समर्पित है। यहां पर कार्तिक पूर्णिमा पर प्रसिद्ध दादरी पशु मेला लगता है।
- **मगहर (संतकबीर नगर)**-संत कबीर ने मगहर में ही अपना शरीर त्याग किया था। यह कबीर पंथियों के लिए तीर्थ क्षेत्र है।

❑❑❑

20 उत्तर प्रदेश में विभिन्न क्षेत्रों में नवाचार, इसके मुद्दे एवं इसका समाज में रोजगार एवं सामाजिक आर्थिक विकास पर प्रभाव

उत्तर प्रदेश में विभिन्न क्षेत्रों में नवाचार, इसके मुद्दे एवं इसका समाज में रोजगार एवं सामाजिक आर्थिक विकास पर प्रभाव

नवाचार एक रचनात्मक प्रक्रिया है, जिसके अंतर्गत नई तकनीक, नए विचार एवं नए ज्ञान की बदौलत नई वस्तुओं का निर्माण, नई प्रौद्योगिकी को लागू करना, नए अवसरों की खोज करना आदि शामिल हैं। इससे व्यवसाय में नवीनता बनी रहती है जो कर्मचारियों और खुद उद्यमी को भी कार्य करने में मदद करती है या प्रेरित करती है। अलग अलग विद्वानों ने इसकी व्याख्या अलग अलग ढंग से की है।

- **मैरी कौलटर** कहते हैं कि नवाचार एक प्रक्रिया है जिसमें रचनात्मक विचार को लिया जाता है एवं उसे उपयोगी (विपरण योग्य) उत्पाद, सेवा अथवा प्रक्रिया में परिवर्तित किया जाता है।
- **एलन अफूह** के अनुसार-ग्राहकों की आवश्यकता के नए उत्पाद तथा नवीन प्रौद्योगिकी एवं बाजार ज्ञान का उपयोग करना ही नवाचार है।
- **रोजर्थ के अनुसार**-"नवाचार वह विचार है जिसकी प्रतीति, व्यक्ति नवीन विचारों के रूप में करे।
- **वारनेट के अनुसार**-नवाचार एक विचार है, व्यवहार है अथवा पदार्थ अहि जो नवीन है और वर्तमान स्वरूप में गुणात्मक दृष्टि से भिन्न है।
- **माइल्स के अनुसार**-"यह समझ बुझ कर किया जाने वाला नवीन और विशिष्ट परिवर्तन हैं, जिसे किसी प्रणाली के उद्देश्यों को प्राप्त करने हेतु अधिक प्रभावकारी समझा जाता हैं।"
- **भोला के अनुसार**-"नवाचार एक प्रत्यय है एक अभिवृद्धि हैं जिन्हें व्यक्ति या संस्कृति ने व्यवहारिक रूप में न अपनाया हो।"

नवाचार की विशेषता

1. नवाचार को सामान्यतः नए विचारों के निर्माण की संज्ञा दी जाती हैं।
2. नवाचार की उत्पत्ति का कारण आवश्यकताएं होती है और परिस्थिति भी इसकी उत्पत्ति हेतु सहायक होती हैं।
3. यह लक्ष्य की प्राप्ति को आसान बनाने का खोजपूर्ण स्वरूप हैं जो नवीन परिवर्तन को जन्म देता हैं।
4. इसमें प्रायः विशिष्टता एवं विशेष गुणवत्ता वाले तत्व विद्यमान होते हैं। जो परंपरागत परिस्थितियों से अलग होते हैं।
5. इसका जन्म क्रिया के दौरान या दार्शनिक विचारों की गहनता से होता हैं।
6. यह विद्यमान परिस्थितियों में सुधार लाने का नूतन प्रयास होता हैं।
7. नवाचार एक रचनात्मक प्रक्रिया है।
8. नवाचार एक व्यवस्थित प्रक्रिया है।
9. नवाचार सृजनात्मक क्षमता का परिणाम है।
10. नवीन बाजारों की खोज।
11. ज्ञान एवं तकनीक का प्रयोग।
12. नवाचार के माध्यम से नई, सस्ती एवं अच्छे किस्म के उत्पाद एवं सेवाएं उपलब्ध कराई जाती हैं।

उत्तर प्रदेश में नवाचार का उद्देश्य

1. आर्थिक विकास का केंद्र बनना-देश में विकासोन्मुख आर्थिक विकास को साकार करने के लिए नवाचार को बढ़ावा देना महत्वपूर्ण है।
2. रोजगार इच्छुक से रोजगार सृजकों की ओर बढ़ना-वह राज्य जो अतीत में गंभीर बेरोजगारी के मुद्दे का सामना करता था, वहां सार्थक रोजगार सृजित करने के लिए नवाचार को बढ़ावा देना आवश्यक है।

3. पूर्ण संरचनात्मक परिवर्तन-अधिशेष श्रम को प्राथमिक क्षेत्र से उद्योगों और सेवाओं में स्थानांतरित करना, इन क्षेत्रों में अधिक रोजगार सृजित करने के लिए नवाचार का अनुकरण करना महत्वपूर्ण है।
4. पलायन और ब्रेन ड्रेन पर नियंत्रण-उत्तर प्रदेश परंपरागत रूप से एक ऐसा राज्य रहा है, जहां से ज्यादा पलायन हुआ है इसलिए राज्य के लोगों को रोजगार प्रदान करने और ब्रेन ड्रेन को नियंत्रित करने के लिए विभिन्न क्षेत्रों में नवाचार की आवश्यकता है।
5. समाज कल्याण का उद्देश्य विशेष रूप से वित्त, स्वास्थ्य, शिक्षा के क्षेत्र में नवाचार का फल हमेशा लोगों की सामाजिक भलाई के लिए एक सकारात्मक शक्ति रहा है।

उत्तर प्रदेश की राज्य सरकार ने राज्य में स्टार्ट-अप संस्कृति को बढ़ावा देने के लिए 4000 करोड़ रुपये के एक इनोवेशन फंड की स्थापना की है। अपनी विभिन्न पहलों और विभिन्न क्षेत्रों के लिए काम कर रही योजनाओं के साथ, उत्तर प्रदेश देश के इनोवेशन हब के रूप में विकसित हो रहा है, जो समाज के सामाजिक-आर्थिक विकास को प्रभावित करेगा। नवाचार की चुनौतियों से निपटने के लिए उत्तर प्रदेश सरकार को कई कदम उठाने की जरूरत है। इसमें अनुसंधान एवं विकास में निवेश बढ़ाना, अधिक स्टार्ट-अप इन्क्यूबेटर स्थापित करना और नवीन कंपनियों के विकास का समर्थन करने के लिए अधिक अनुकूल नीतियां, वित्त पोषण और संसाधन प्रदान करना शामिल है। इसके अतिरिक्त, शिक्षा प्रणाली में सुधार के लिए प्रयास किए जाने चाहिए और लोगों को नवीन उद्योगों में सफल होने के लिए आवश्यक कौशल विकसित करने के अधिक अवसर प्रदान करने चाहिए। राज्य में 50 से अधिक इनक्यूबेटर और 7200 स्टार्ट-अप काम कर रहे हैं। बजट 2023 में, स्टार्ट-अप और इन्क्यूबेटरों को बढ़ावा देने के लिए सीड फंड के रूप में 100 करोड़ रुपये का प्रस्ताव किया गया है साथ ही यूपी आईटी और स्टार्ट-अप नीति-2020 के लिए 60 करोड़ रुपये का प्रस्ताव रखा गया है।

इस क्षेत्र में हासिल की गयी उपलब्धियां इस प्रकार हैं-

1. भारत सरकार द्वारा आयोजित "राज्य की स्टार्ट-अप रैंकिंग" में शीर्ष 3 राज्यों में शामिल होना।
2. राज्य के प्रत्येक जिले में न्यूनतम एक, 100 इन्क्यूबेटरों की स्थापना/समर्थन करना।
3. राज्य में कम-से-कम 10,000 स्टार्ट-अप के लिए पारिस्थितिकी तंत्र बनाना।
4. 8 अत्याधुनिक उत्कृष्टता केंद्र (सीओई) स्थापित करना।
5. लखनऊ में भारत का सबसे बड़ा इनक्यूबेटर स्थापित करना।
6. छात्रों व शिक्षकों को व्यापक-आधारित लक्ष्य को संरेखित करने के लिए प्रेरित करना अर्थात छात्रों के बीच रोजगार व उद्यमशीलता की क्षमता को बढ़ाना।
7. प्रौद्योगिकी विकास व प्रौद्योगिकी हस्तांतरण को बढ़ावा देना।
8. स्टार्ट-अप की कल्पना करने के लिए मेंटरशिप, मार्गदर्शन व समर्थन प्रदान करना।
9. नवाचार, प्रौद्योगिकी विकास व स्टार्ट-अप को बढ़ावा देने और समर्थन करने के लिए उत्तर प्रदेश सरकार के विभिन्न विभागों, अनुसंधान संगठनों, उद्योगों व वित्त पोषण एजेंसियों के साथ सामन्जस्य स्थापित करना।
10. उत्तर प्रदेश- स्टेट इनक्यूबेटर रैंकिंग फ्रेमवर्क की शुरुआत के माध्यम से राज्य में इस नीति के प्रभावी कार्यान्वयन, अनुश्रवण व मूल्यांकन के लिए एक संस्थागत ढांचा तैयार करना तथा उत्तर प्रदेश इनोवेशन अवार्ड्स के माध्यम से नवोन्मेष को सम्मानित करना।

इसका लक्ष्य सामाजिक व आर्थिक रूप से व्यवहार्य नवोन्मेषी उद्यमों व स्टार्टअप का पोषण और विकास करना, जो परामर्श, अनुदान व वित्त पोषण, निवेश, नेटवर्किंग प्रदान करके और सरकार के साथ व्यापार के अवसर पैदा करके नवाचार और उद्यमिता का समर्थन करने के लिए विभिन्न संबद्ध पारिस्थितिक तंत्रों को सक्षम करके राष्ट्र-निर्माण में योगदान कर सकते हैं।

राज्य में नवाचार को बढ़ावा देने वाले तत्व

- डिजिटलीकरण-भारत एक प्रौद्योगिकी-आधारित नवाचार हब बनने के लिए एक उपयुक्त स्थिति में है। 700 मिलियन से अधिक उपयोगकर्ताओं के साथ यह इंटरनेट उपयोग के मामले में सबसे तेजी से बढ़ने वाला देश है और 2025 तक यह संख्या बढ़कर 974 मिलियन होने का अनुमान है।
- राज्य की युवा आबादी-2011 की जनगणना के अनुसार राज्य की औसत आयु केवल 20 वर्ष है, जो देश में सबसे युवा आबादी है।
- संस्थागत सहयोग-सरकार के अखिल भारतीय उच्च शिक्षा सर्वेक्षण (एआईएसएचई) 2020-21 के अनुसार देश में सबसे अधिक कॉलेज उत्तर प्रदेश में हैं। उत्तर प्रदेश में 8,114 कॉलेज हैं और प्रत्येक एक लाख की आबादी पर 32 कॉलेज हैं। राज्य में IIT कानपुर, IIT (BHU) वाराणसी, MNNIT

प्रयागराज जैसे कई प्रतिष्ठित तकनीकी शिक्षा संस्थान हैं। इसके अलावा यूपी में कई प्रतिष्ठित शोध संस्थान भी मौजूद हैं जैसे- सीडीआरआई लखनऊ, राष्ट्रीय वनस्पति अनुसंधान संस्थान (एनबीआरआई) लखनऊ, सीडीएसी नोएडा, जीबी पंत सामाजिक विज्ञान संस्थान प्रयागराज आदि।

- **सरकार द्वारा सहयोग**-राज्य सरकार ने नवाचार आधारित अर्थव्यवस्था पर अपना ध्यान केंद्रित करते विभिन्न नीतिगत बदलाव, नवाचार निधि, निवेशक शिखर सम्मेलन आदि के रूप में कदम उठाए हैं।

नवाचार के क्षेत्र

1. **युवाओं का सशक्तिकरण-**

- उत्तर प्रदेश कौशल विकास मिशन- 14-35 आयु वर्ग के सभी पात्र युवाओं को उनकी पसंद के व्यवसायों में प्रशिक्षित करना और अकुशल और अर्ध-कुशल कार्यबल के कौशल के अधिग्रहण और उन्नयन के लिए सुविधाएं प्रदान करना।
- स्वामी विवेकानंद युवा सशक्तिकरण योजना के अधीन राज्य के पात्र छात्रों को टैबलेट और स्मार्टफोन दिया जाना।
- स्कूलों का कायाकल्प करने और बुनियादी शिक्षा के बुनियादी ढांचे में सुधार के लिए ऑपरेशन कायाकल्प योजना।

2. **कृषि-**

- राज्य में 7 कृषि विश्वविद्यालय हैं और बजट 2023 में कुशीनगर में कृषि विश्वविद्यालय स्थापित करने का प्रस्ताव है।
- बजट 2023 में एग्रीटेक स्टार्ट-अप को बढ़ावा देने के लिए 20 करोड़ रुपये के कृषि त्वरक कोष (Agriculture Accelerator fund) का प्रस्ताव है।
- जैविक खेती बोर्ड और यूपी इनोवेशन फंड प्राकृतिक खेती में स्टार्टअप्स और इनोवेटिव प्रोजेक्ट्स को फंड करने के लिए।
- यूपी ग्लोबल इन्वेस्टमेंट समिट 2023 (जीआईएस-2023)- इसमें 34 लाख करोड़ रुपये के 19,250 एमओयू साइन किए गए।
- नवीकरणीय ऊर्जा, इलेक्ट्रॉनिक्स विनिर्माण, उच्च शिक्षा, औद्योगिक पार्क, आईटी सक्षम सेवाओं जैसे नवाचार आधारित क्षेत्रों में भारी मात्रा में निवेश हो रहा है।

3. **ऊर्जा-हरित ऊर्जा**

- **सौर ऊर्जा**-सौर ऊर्जा नीति 2022 जिसके तहत अगले 5 वर्षों में 22,000 मेगावाट ऊर्जा क्षमता उत्पन्न करने का लक्ष्य है।

नवाचार को बढ़ाने के उपाय

उद्यमिता को बढ़ावा देने और उत्तर प्रदेश में इच्छुक उद्यमियों को हर संभव तरीके से समर्थन देने के लिए HEI में उद्यमिता प्रकोष्ठों में 30 से अधिक बूटकैंप आयोजित किए गए हैं।

'एक जिला एक उत्पाद' (one district one product) जैसी पहल भी राज्य में निवेश को सक्षम कर रही है और यूपी को एक जीवंत स्टार्ट अप पारिस्थितिकी तंत्र बनाने में मदद कर रही है। राज्य सरकार ने एक आदेश जारी किया है जिसमें राज्य एमएसएमई और स्टार्ट-अप को सरकारी निविदाओं में उनकी भागीदारी को प्रोत्साहित करने के लिए छूट प्रदान करता है।

यहां तक कि यूपी इनोवेशन फंड के रूप में रु. 4,000 करोड़ रुपये का कोष लॉन्च किया गया है जिसका उपयोग स्टार्ट-अप्स को वित्तीय सहायता देने के लिए किया जाएगा। सरकार ने रुपये का एक एंजेल फंड भी बनाया है। 10,000 स्टार्ट-अप स्थापित करने के लक्ष्य के साथ 1000 करोड़। कुल राज्य सरकार का समर्थन रु 5,000 करोड़ रुपये का उपयोग राज्य में एक समृद्ध स्टार्ट-अप पारिस्थितिकी तंत्र विकसित करने के लिए किया जा रहा है।

तीव्र विकास और वृद्धि उत्तर प्रदेश को तेजी से ज्ञान आधारित अर्थव्यवस्था बनने की ओर ले जा रही है और ज्ञान आधारित अर्थव्यवस्था के प्राथमिक चालक हैं-मानव पूंजी, नवाचार और प्रौद्योगिकी।

स्टार्ट-अप और नवाचार पर ध्यान देने के साथ, इसका मतलब उन्नत प्रौद्योगिकियों का विकास और उपयोग, उच्च कुशल और शिक्षित श्रमिकों की वृद्धि और अनुसंधान और विकास को बढ़ावा देना है। ज्ञान अर्थव्यवस्था में परिवर्तन जटिल होगा और उद्यमिता, नवाचार और मानव पूंजी विकास को बढ़ावा देने के उद्देश्य से नीतियों और निदेशों के रणनीतिक संयोजन की आवश्यकता होगी।

अगले कुछ वर्षों में, उत्तर प्रदेश को तेजी से बढ़ती अर्थव्यवस्था बनने के लिए 5 चरणीय प्रक्रिया का पालन करना होगा।

शिक्षा और कौशल विकास में निवेश- एक ज्ञान अर्थव्यवस्था के लिए एक सुशिक्षित और उच्च कुशल कार्यबल महत्वपूर्ण है। यह सुनिश्चित करने के लिए शिक्षा और प्रशिक्षण कार्यक्रमों में निवेश बढ़ाया गया कि श्रमिकों के पास ज्ञान-आधारित अर्थव्यवस्था में भाग लेने के लिए आवश्यक कौशल हों। भारत में 29 वर्ष की औसत आयु के साथ 522 मिलियन की दूसरी सबसे बड़ी कामकाजी आबादी है और देश में सबसे अधिक आबादी वाला राज्य होने

के नाते, 2047 तक दुनिया में। उत्तर प्रदेश को दूसरी सबसे बड़ी अर्थव्यवस्था बनने के दृष्टिकोण को प्राप्त करने के लिए इस क्षेत्र की अधिकतम भागीदारी और विकास सुनिश्चित करना होगा।

उद्यमिता और नवाचार को बढ़ावा देना- राज्य सरकार एक सक्षम वातावरण बनाकर स्टार्ट-अप और उद्यमियों को निरंतर सहायता प्रदान कर सकती है जो जोखिम लेने और नवाचार को प्रोत्साहित करती है। इसमें फंडिंग, मेंटरशिप और इन्क्यूबेशन सुविधाओं तक पहुंच प्रदान करना शामिल हो सकता है। व्यापार करने में आसानी (Ease of Doing Business, ईओडीबी) को और अधिक बढ़ाने की आवश्यकता होगी क्योंकि यूपी को ईओडीबी के लिए देश के शीर्ष 5 राज्यों में लगातार स्थान पाना होगा।

प्रौद्योगिकी आधारित उद्योगों के विकास को प्रोत्साहन-राज्य सरकार कर प्रोत्साहन और अन्य सहायता कार्यक्रमों सहित निवेश के लिए अनुकूल माहौल बनाकर प्रौद्योगिकी आधारित उद्योगों के विकास को बढ़ावा दे सकती है।

नवाचार के कुछ प्रमुख उदाहरण

गन्ने के पौधों में अंकुरण (बेनी सिंह लखीमपुर खीरी)- बेनी सिंह ने गन्ने में इन प्लांट अंकुरण की एक प्रक्रिया विकसित की है। कोई भी गन्ने के पौधे पर कली अंकुरण को प्रेरित कर सकता है, गन्ने के सेट को खेत
में बोने और फिर उन्हें अंकुरित होने देने के बजाय, सेट (नोड्स) को काटकर शुरुआती अंकुरित गांठों को बो सकता है। फसल चक्र लगभग एक महीने कम हो जाता है। यह किसानों को भी लाभान्वित करता है क्योंकि यह विकास प्रवर्तकों और ट्रैक्टर आधारित संचालन के दोहरे उपयोग की लागत को बचाता है। गन्ने की उत्तरजीविता दर लगभग उतनी ही होती है जितनी कि अंकुरण के बाद बुवाई के समय होती है। लागत कम हो जाती है क्योंकि अंकुरण सुनिश्चित होता है और एक समान रोपण किया जाता है जिससे पुनर्रोपण के लिए श्रम की बचत होती है। साथ ही गन्ने की बुवाई के लिए नर्सरी को एक उद्यम के रूप में विकसित किया जा सकता है। उनके पास कई अन्य कृषि नवाचार भी हैं, जैसे कि बिना किसी उर्वरक या कीटनाशक के 21 फीट लंबे गन्ने के डंठल विकसित करना, रासायनिक और कीटनाशक अवशेषों के खतरों को कम करने के लिए एक नई तकनीक के साथ-साथ पशुओं में पेचिश और खांसी के लिए पारंपरिक घरेलू इलाज।

गेहूं, चावल और अरहर की नई किस्में (जय प्रकाश सिंह, वाराणसी)- जय प्रकाश सिंह, एक उद्यमी किसान ने वांछनीय पौधों के बार-बार चयन और पसंदीदा माता-पिता के क्रॉसिंग के माध्यम से गेहूं, चावल और अरहर की कई उन्नत किस्में विकसित की हैं। विराट (जेपी 6) उनके द्वारा विकसित अरहर की नई किस्म है। इसमें रंग-बिरंगे फूल, लंबी पत्तियाँ और शीर्ष पर गुच्छेदार किस्म की फलियाँ होती हैं। बीज का वजन (19-20 ग्राम/100 बीज), फली/पौधे की संख्या (500-600), बड़े आकार की फली (35 इंच), बीज/फली की संख्या (5-6) और बारहमासी उपज (प्रथम वर्ष) 12-14 क्विंटल/एकड़ और दूसरे वर्ष 14-15 क्विंटल/एकड़) स्थानीय लोकप्रिय किस्म की तुलना में अधिक है। क्षेत्र में उगाई जाने वाली अन्य किस्मों की तुलना में इस किस्म को कम मात्रा में बीज (4-5 किग्रा/एकड़) और रख-रखाव की आवश्यकता होती है।

केरोसिन हीटिंग के साथ बेहतर स्टोव (समीरुल हसन लियाकती, लखीमपुर खीरी)- समीरुल ने एक संशोधित स्टोव विकसित किया है, जिसमें पंपिंग की आवश्यकता नहीं होती है। इसमें सफाई के लिए बर्नर में न्यूनतम कार्बनयुक्त जमाल के साथ दक्षता प्राप्त करने के लिए कुछ नई विशेषताएं नवीनता में निहित है। सिलेंडरों की नियुक्ति और ईंधन हीटिंग कॉइल का उपयोग जो टैंक में दबाव बनाने के लिए एक तरल गैस मिश्रण बनाता है साथ ही एक दबाव गेज और सुरक्षा वाल्व का प्रावधान जो उसने अपने स्टोव में प्रदान किया है। यह स्टोव ईंधन बचाता है और हवा को पंप करने में लगने वाला श्रम भी। यह अपने ऊपर रखे बर्तनों को काला भी नहीं करता है।

पानी पर चलने वाली साइकिल (द्वारका प्रसाद चौरसिया, मिर्ज़ापुर)- द्वारका प्रसाद चौरसिया अब सत्तर वर्ष की उम्र पार कर चुके हैं, लेकिन उन्होंने अभी तक नवाचार के लिए अपना जुनून नहीं खोया है। उन्होंने दो दशक से अधिक समय पहले नरीमन पॉइंट से चौपाटी तक समुद्र में साइकिल चलाकर अपने कौशल का प्रदर्शन किया था। वह पूरे उत्साह के साथ तैरते जूतों के साथ पानी पर चल चुके है, अपनी शारीरिक, भावनात्मक और वित्तीय क्षमताओं के किनारे पर खुद को और भी आगे धकेलते रहते है। उनके द्वारा बनाए गए पानी में चलने वाले चक्र और जूते न केवल जलीय खरपतवारों को दूर करने में मदद कर सकते हैं, बल्कि जल निकायों के आसपास रहने वाले समुदायों के लिए वेंडिंग प्रावधानों में भी मदद कर सकते हैं, नए जल क्रीड़ा कर सकते हैं और जल निकायों में चीजों को खींच सकते हैं। चौरसिया के पानी में चलने वाले जूतों की एक सबसे महत्वपूर्ण चुनौती है कि वे हल्के पदार्थ, थर्मोकोल से बने है। ग्रामीण भारत के लिए सभी हितधारकों को

साथ लेकर चलना है। चाहे एक अभिनव समाधान तैयार करना हो या शहर के अपशिष्ट प्रबंधन संकट का समाधान, प्रत्येक हितधारक को उचित प्रतिनिधित्व की आवश्यकता है। इससे यह सुनिश्चित होगा कि नवाचार का उपयोग समाज की भलाई के लिए किया जा सकता है।

नवाचार की चुनौतियाँ

पर्याप्त विकल्पों का मूल्यांकन किए बिना बाजार में उतरना–चूंकि अनुसंधान एक महंगा मामला है, इसलिए स्टार्ट-अप उद्यमियों को व्यापक दर्शकों के सामने इसकी जांच किए बिना एमवीपी बनाने का निर्णय लेना पड़ता है। बड़े उपभोक्ता आधार पर परीक्षण न करने से कम परीक्षण हो सकते हैं जिससे विकल्प कम हो जाएंगे।

फंडिंग या निवेश– फंडिंग का संचय कुछ तत्वों पर निर्भर करता है। व्यक्तिगत वित्तीय निर्भरता साझेदारों, व्यवसाय के आकार, संचयो और योगदान करने के लिए आदर्श समय खोजने की तरह ही है। हालांकि अधिकांश स्टार्ट-अप के लिए यह एक चुनौतीपूर्ण कार्य है, लेकिन कुछ भाग्यशाली लोगों को इसमें किसी समस्याओं का सामना नहीं करना पड़ता है।

सरकार की नीति– यूपी में स्पष्ट दीर्घकालिक स्टार्ट-अप रोडमैप का अभाव है, क्योंकि आर्थिक उदारीकरण उत्तर प्रदेश के लिए बिल्कुल नया है। राज्य के आकार और प्राथमिकताओं को देखते हुए, ऐसा लगता है कि सरकार जल्द ही रोड-मैप जारी करेगी और नवोन्वेषी स्टार्ट-अप को प्रोत्साहन देगी, क्योंकि वे रोजगार को बढ़ावा दे सकते हैं।

अनुपालन और व्यापार करने में आसानी– व्यापार करने में आसानी उत्तर प्रदेश में वास्तविक उद्यमियों के सामने सबसे बड़ी समस्या है। कानूनों का अनुपालन सुनिश्चित करने में समय बर्बाद हुआ, कई फॉर्म भरे बिना चीजों को सही ढंग से करना (भले ही इरादा पूरी तरह से अनुपालन करने का हो) कठिन है और इसके लिए बहुत अधिक मैन्युअल हस्तक्षेप की आवश्यकता होती है।

अधिक वीसी, हेज फंड और कम निवेशक-कंपनियां चलाने वाले और पहली बार उनका विस्तार करने वाले युवा संस्थापकों के लिए, पर्याप्त समर्थन और सलाह नहीं है और निवेशक लाभ की तुलना में अधिक नुकसान पैदा कर रहे हैं। फंड बाजार क्षेत्रों पर कब्जा करने और अगली बड़ी यूनिकॉर्न कंपनियों का हिस्सा बनने की इतनी जल्दी में हैं कि वे बाजार पर सट्टेबाजी का नजरिया अपना रहे हैं। त्वरित सफलता की उनकी हास्यास्पद अपेक्षाओं के कारण, स्टार्ट-अप को बहुत पहले ही अल्पकालिक समाधान और अनुचित पैमाने की ओर धकेला जा रहा है।

ब्रांडिंग रणनीति वैक्यूम-जब कोई स्टार्ट-अप मौलिक रूप से नई सेवा शुरू करता है या वास्तविक चुनौती पेश करता है तो एमवीपी न्यूनतम व्यवहार्य उत्पाद विकसित करना होता है। परिणामस्वरूप, कुछ अनोखा बनाने के उत्साह में ब्रांडिंग का महत्व दूसरी सीट पर चला जाता है या पूरी तरह से नजरअंदाज कर दिया जाता है। स्टार्ट-अप को बाद में गंभीर ब्रांड पहचान संकट का सामना करना पड़ता है और फिर उन्हें उत्प्रेरित करना कठिन होता है, जिससे ब्रांड का बहुत सारा पैसा नष्ट हो जाता है।

नवाचार की चुनौतियों से निपटने के लिए उत्तर प्रदेश सरकार को कई कदम उठाने की जरूरत है। इसमें अनुसंधान एवं विकास में निवेश बढ़ाना, अधिक स्टार्ट-अप इन्क्यूबेटर स्थापित करना और नवीन कंपनियों के विकास का समर्थन करने के लिए अधिक अनुकूल नीतियां, वित्त पोषण और संसाधन प्रदान करना शामिल है।

❑❑❑

21 समसामयिकी (उत्तर प्रदेश के सन्दर्भ में)

अयोध्या शहर को मॉडल सोलर सिटी के रूप में विकसित करने हेतु 40 मेगावॉट की सोलर विद्युत उत्पादन परियोजना का अनुमोदन

1 अगस्त, 2023 मंत्रिपरिषद ने उत्तर प्रदेश सौर ऊर्जा नीति-2022 के अनुसार अयोध्या शहर को मॉडल सोलर सिटी के रूप में विकसित करने हेतु 40 मेगावॉट की सोलर विद्युत उत्पादन परियोजना के लिए ग्राम माझा रामपुर हलवारा एवं ग्राम माझा सरायरासी परगना हवेली अवध तहसील सदर की 66.812 हेक्टेअर (165.10 एकड़) भूमि 01 रुपये प्रति एकड़ प्रतिवर्ष के सांकेतिक मूल्य की दर से अधिकतम 30 वर्ष के पट्टे पर जिलाधिकारी अयोध्या द्वारा अतिरिक्त ऊर्जा स्रोत विभाग को उपलब्ध कराये जाने के प्रस्ताव को स्वीकृति प्रदान कर दी है।

अयोध्या शहर में सरयू नदी के निकट चिन्हित उक्त भूमि पर 40 मेगावॉट क्षमता की सौर ऊर्जा परियोजना की स्थापना हेतु एन.टी.पी.सी. ग्रीन इनर्जी लि. को नामित किया जाना प्रस्तावित है।

इस परियोजना से उत्पादित ऊर्जा को उत्तर प्रदेश विद्युत नियामक आयोग द्वारा कॉस्ट बेसिस आधार पर निश्चित टैरिफ/दर प्रति यूनिट पर उत्तर प्रदेश पावर कॉरपोरेशन लि. द्वारा क्रय किया जाएगा। उत्पादित ऊर्जा को 25 वर्ष तक क्रय करने के लिए उत्तर प्रदेश पावर कॉरपोरेशन लि. एवं एन.टी.पी.सी. ग्रीन इनर्जी लि. के मध्य ऊर्जा क्रय अनुबन्ध निष्पादित किया जाएगा। कॉस्ट बेसिस आधार पर निश्चित टैरिफ/दर प्रति यूनिट पर उत्तर प्रदेश विद्युत नियामक आयोग का अनुमोदन प्राप्त कर लिया जाएगा।

उ.प्र. फार्मास्युटिकल एवं चिकित्सा उपकरण उद्योग नीति-2023 के प्रख्यापन का प्रस्ताव स्वीकृत

मंत्रिपरिषद ने उत्तर प्रदेश फार्मास्युटिकल एवं चिकित्सा उपकरण उद्योग नीति-2023 के प्रख्यापन के प्रस्ताव को स्वीकृति प्रदान कर दी है।

ज्ञातव्य है कि उत्तर प्रदेश शासन की अधिसूचना दिनांक 08.06.2018 द्वारा उत्तर प्रदेश फार्मास्युटिकल उद्योग नीति, 2018 प्रख्यापित की गई थी। इस नीति की अवधि 07 जून 2023 को समाप्त होने एवं राज्य की वर्तमान आवश्यकताओं के दृष्टिगत उत्तर प्रदेश फार्मास्युटिकल एवं चिकित्सा उपकरण उद्योग नीति, 2023 का प्रख्यापन प्रस्तावित है। इस नीति के प्रख्यापन से प्रदेश में फार्मास्युटिकल एवं चिकित्सा उपकरण के क्षेत्र में निवेश एवं रोजगार सृजन को बढ़ावा मिलेगा, आमजन को सस्ती एवं गुणवत्तायुक्त औषधियों की उपलब्धता होगी तथा फार्मास्युटिकल क्षेत्र में प्रदेश एवं देश को आत्मनिर्भर बनाने में मदद मिलेगी। नीति की अवधि 05 वर्षों के लिए होगी।

निजी फार्मास्युटिकल और मेडिकल डिवाइस पार्क को प्रोत्साहनः

- प्रतिवर्ष 01 करोड़ रुपये की अधिकतम सब्सिडी के अधीन 07 वर्षों के लिए भूमि खरीदने के लिए, लिए गए ऋण पर वार्षिक ब्याज के 50 प्रतिशत की ब्याज की प्रतिपूर्ति के रूप में ब्याज सब्सिडी।
- बुनियादी ढाँचे के निर्माण हेतु लिए गए ऋण पर वार्षिक ब्याज का 60 प्रतिशत तक ब्याज की प्रतिपूर्ति के रूप में 07 वर्ष के लिए प्रति वर्ष 10 करोड़ रुपये अधिकतम 50 करोड़ रुपये की सीमा के अधीन।
- सामान्य सुविधाओं हेतु लिए गए ऋण पर 05 करोड़ रुपये प्रति वर्ष तक, 07 वर्षों के लिए वार्षिक ब्याज के 60 प्रतिशत ब्याज की प्रतिपूर्ति अधिकतम 30 करोड़ रुपये।
- भूमि क्रय पर स्टाम्प ड्यूटी पर 100 प्रतिशत की छूट और व्यक्तिगत खरीदारों
- द्वारा भूखण्ड की खरीद पर प्रथम बार स्टाम्प ड्यूटी पर 50 प्रतिशत छूट।
- बुनियादी ढांचे और उपयोगिताओं को विकसित करने के लिए पूंजीगत सब्सिडी निवेश मूल्य का 15 प्रतिशत अधिकतम

25 करोड़, 05 वर्षों की अवधि में। सड़कों, पार्कों, जल निकासी व्यवस्था को छोड़कर।

इकाइयों को प्रोत्साहन :

- संयंत्र और मशीनरी की खरीद के लिए लिए गए ऋण पर प्रतिपूर्ति के रूप में 05 वर्ष के लिए 05 प्रतिशत प्रति वर्ष की दर से ब्याज सब्सिडी, अधिकतम 01 करोड़ रुपये बुन्देलखण्ड एवं पूर्वांचल के जिलों में स्थापित इकाइयों को 02 प्रतिशत वार्षिक की दर से अतिरिक्त ब्याज अनुदान 07 वर्ष तक प्रतिपूर्ति की जायेगी। स्व-उपयोग हेतु अधोसंरचनात्मक सुविधाओं हेतु लिए गए ऋण पर देय ब्याज की राशि 05 प्रतिशत की दर से अधिकतम 05 वर्ष की अवधि तक, अधिकतम 01 करोड़ रुपये।
- औद्योगिक अनुसंधान, गुणवत्ता सुधार और उत्पादों के विकास हेतु लिए गए
- ऋण पर प्रतिपूर्ति के रूप में 05 वर्षों के लिए प्रति वर्ष ब्याज राशि का 50 प्रतिशत ब्याज सब्सिडी, अधिकतम 02 करोड़ रुपये। 10 वर्ष के लिए विद्युत
- शुल्क में 100 प्रतिशत छूट। भूमि की खरीद और भूमि/शेड/भवन के पट्टे पर 100 प्रतिशत स्टाम्प शुल्क में छूट। संयंत्र और मशीनरी के निवेश पर निवेश मूल्य का 15 प्रतिशत, अधिकतम 200 करोड़ रुपये पूंजीगत सब्सिडी 05 वर्षों की अवधि में किश्तों में प्रदान की जाएगी।
- वर्तमान इकाइयों द्वारा नए पूंजी निवेश के माध्यम से कम से कम 25 प्रतिशत तक अपने सकल ब्लॉक को बढ़ाए जाने पर वर्तमान इकाइयां इस नीति के अन्तर्गत नई इकाई पर लागू होने वाले सभी प्रोत्साहन के लिए पात्र होंगी।

पर्यावरण संरक्षण सब्सिडी:

- सार्वजनिक उपयोग हेतु ई.टी.पी. की स्थापना के लिए परियोजना लागत का 40 प्रतिशत, 10 करोड़ रुपये तक।
- शून्य अपशिष्ट प्रोत्साहन वॉटर रीसाइक्लिंग, वॉटर हार्वेस्टिंग और शून्य उत्प्रवाह तकनीक हेतु लिए गए ऋण के ब्याज पर 05 वर्ष तक 50 प्रतिशत वार्षिक प्रतिपूर्ति, अधिकतम 10 लाख रुपये।
- सामान्य बॉयलर परियोजना-निश्चित स्थापना लागत के 35 प्रतिशत (ठोस ईंधन के मामले में) और 50 प्रतिशत (स्वच्छ ईंधन के मामले में) की सब्सिडी, अधिकतम 02 करोड़ रुपये।

अनुसंधान एवं विकास सहायता :

- अनुसंधान एवं विकास (आर. एण्ड डी.) संस्थानों को समर्थन-परियोजना लागत के 30 प्रतिशत तक अधिकतम 05 करोड़ रुपये। नैदानिकी परीक्षण कुल खर्च का 75 प्रतिशत, अधिकतम 02 करोड़ रुपये की प्रतिपूर्ति। स्टाम्प शुल्क में 100 प्रतिशत की छूट। संवीदीय/प्रायोजित अनुसंधान हेतु सहायता परियोजना की लागत का 50 प्रतिशत, भूमि एवं भवन लागत को छोड़कर अधिकतम 02 करोड़ रुपये प्रति परियोजना। अनुबंध अनुसंधान संगठन इस नीति के तहत व्यक्तिगत इकाइयों के लिए लागू प्रोत्साहन प्राप्त करने के पात्र होंगे।

कौशल विकास :

- श्रमिकों के कौशल उन्नयन हेतु राष्ट्रीय अप्रेंटिसशिप प्रमोशन स्कीम (एन.ए.पी.एस.) और मुख्यमंत्री अप्रेंटिसशिप प्रमोशन स्कीम (सी.एम.ए.पी.एस.) के तहत पात्र राशि के बराबर 06 माह के लिए प्रति वर्ष अधिकतम 10 प्रशिक्षु स्टाइपेंड।

उ.प्र. शिक्षा सेवा चयन आयोग विधेयक, 2023

मंत्रिपरिषद ने उत्तर प्रदेश शिक्षा सेवा चयन आयोग विधेयक, 2023 के प्रारूप को अनुमोदित कर दिया है। प्रस्तावित उत्तर प्रदेश शिक्षा सेवा चयन आयोग के गठन से उच्च शिक्षा विभाग, माध्यमिक शिक्षा विभाग, बेसिक शिक्षा विभाग, व्यावसायिक शिक्षा विभाग, अल्पसंख्यक कल्याण एवं वक्फ विभाग तथा श्रम विभाग के शिक्षकों के चयन की कार्यवाही नियमित, त्वरित, पारदर्शी एवं समयबद्ध रूप से सुनिश्चित हो सकेगी।

ज्ञातव्य है कि उत्तर प्रदेश के विभिन्न शैक्षणिक विभागों द्वारा विद्यार्थियों को शिक्षण/प्रशिक्षण प्रदान करने के लिए संगत अधिनियमों/नियमावलियों परिनियमों के अधीन संचालित शिक्षण प्रशिक्षण संस्थाओं के अध्यापकों और अनुदेशकों के चयन के लिए अलग-अलग चयन संस्थायें और पद्धतियां हैं।

यथा-राज्य विश्वविद्यालय अधिनियम, 1973 द्वारा शासित किसी विश्वविद्यालय से सम्बद्ध या सहयुक्त अशासकीय सहायता प्राप्त महाविद्यालयों के अध्यापकों का चयन करने के लिए उत्तर प्रदेश उच्चतर शिक्षा सेवा आयोग स्थापित है। राज्य विश्वविद्यालय अधिनियम, 1973 द्वारा शासित किसी सहायता प्राप्त अल्पसंख्यक महाविद्यालयों के अध्यापकों का चयन प्रबन्धतंत्र के माध्यम से करने की व्यवस्था है।

इसी प्रकार इण्टरमीडिएट शिक्षा अधिनियम, 1921 के अधीन अशासकीय सहायता प्राप्त इण्टरमीडिएट कॉलेजों, उच्चतर माध्यमिक विद्यालयों, हाईस्कूलों तथा सम्बद्ध प्राथमिक विद्यालयों के अध्यापकों का चयन उत्तर प्रदेश माध्यमिक शिक्षा सेवा चयन बोर्ड के माध्यम से किया जा रहा है। इण्टरमीडिएट शिक्षा अधिनियम, 1921 के अधीन अशासकीय सहायता प्राप्त अल्पसंख्यक इण्टरमीडिएट कॉलेजों या अल्पसंख्यक उच्चतर माध्यमिक विद्यालयों या अल्पसंख्यक हाईस्कूलों या उनसे सम्बद्ध अल्पसंख्यक प्राथमिक विद्यालयों के अध्यापकों का चयन प्रबन्धतंत्र के माध्यम से किया जा रहा है।

बेसिक तथा जूनियर हाईस्कूलों के अध्यापकों का चयन, उत्तर प्रदेश बेसिक शिक्षा अधिनियम, 1972 के अधीन बनायी गयी नियमावली के अनुसार परीक्षा नियामक प्राधिकारी के माध्यम से किया जा रहा है। श्रम विभाग के अधीन बनायी गयी अटल आवासीय विद्यालय समिति द्वारा अटल आवासीय विद्यालयों के अध्यापकों का चयन किया जा रहा है। व्यावसायिक शिक्षा एवं कौशल विकास विभाग के अधीन संचालित सर्टिफिकेट स्तरीय राजकीय औद्योगिक प्रशिक्षण संस्थानों के अनुदेशकों का चयन उत्तर प्रदेश अधीनस्थ सेवा चयन आयोग द्वारा किया जा रहा है।

उ.प्र. जल आधारित पर्यटन एवं साहसिक क्रीड़ा नीति-2023 अनुमोदित

मंत्रिपरिषद ने उत्तर प्रदेश जल आधारित पर्यटन एवं साहसिक क्रीड़ा नीति-2023 को अनुमोदित कर दिया है। यह नीति उत्तर प्रदेश में अन्तर्देशीय समस्त भू-आधारित, वायु-आधारित एवं जल मार्गों, बांधों, जलाशयों, झीलों, नदियों, तालाबों एवं राज्य के अधिकार क्षेत्र के अन्दर विभिन्न जल निकायों एवं भूमि खण्डों पर की जाने वाली सभी साहसिक गतिविधियों पर लागू होगी।

इस नीति के क्रियान्वयन हेतु उत्तर प्रदेश राज्य पर्यटन विकास निगम नोडल एजेंसी के रूप में कार्य करेगा। समुचित तकनीकी विशेषज्ञता के लिए नोडल एजेंसी द्वारा एडवेन्चर स्पोर्ट्स यूनिट का सृजन किया जाएगा। एडवेन्चर स्पोर्ट्स यूनिट में पूर्व सैनिकों को समावेशित करने हेतु उत्तर प्रदेश राज्य पर्यटन विकास निगम द्वारा उत्तर प्रदेश पूर्व सैनिक कल्याण निगम के साथ एम.ओ.यू. हस्ताक्षरित किया जाएगा। नीति के अन्तर्गत जल आधारित पर्यटन एवं साहसिक क्रीड़ा कराने हेतु अर्ह संचालकों को जिलाधिकारी द्वारा लाइसेंस निर्गत किए जाएंगे। जल आधारित पर्यटन एवं साहसिक क्रीड़ा संचालित करने के लिए यह लाइसेंस प्राप्त करना अनिवार्य होगा। यह नीति राज्य सरकार द्वारा अधिसूचित तिथि से 10 वर्षों के लिए वैध होगी।

एग्रीस्टैक (डिजिटल पब्लिक इन्फ्रास्ट्रक्चर फॉर एग्रीकल्चर) की स्थापना

मंत्रिपरिषद ने एग्रीस्टैक (डिजिटल पब्लिक इन्फ्रास्ट्रक्चर फॉर एग्रीकल्चर) को स्थापित करने हेतु जी.आई.एस. बेस रियल टाइम क्रॉप सर्वे के माध्यम से क्रॉप सोन रजिस्ट्री तैयार करने की योजना को स्वीकृति प्रदान कर दी है।

एग्रीस्टैक का उद्देश्य किसानों के लिए सस्ता ऋण, उच्च गुणवत्ता वाले कृषि इनपुट, स्थानीयकृत और विशिष्ट लक्षित सलाह, और बाजारों तक सुविधाजनक पहुंच प्राप्त करना आसान बनाना है। एग्रीस्टैक का उद्देश्य सरकार के विभिन्न हितधारकों द्वारा विभिन्न किसान और कृषि-केन्द्रित लाभदायी योजनाओं की योजना बनाना और उन्हें लागू करने की प्रक्रिया को आसान बनाना है।

अभिलेखों की डायनेमिक लिंकिंग के साथ किसानों का डेटाबेस (फार्मर रजिस्ट्री) के अन्तर्गत प्रदेश के कृषक विवरण को एग्रीस्टैक के अन्तर्गत तैयार किए जा रहे डिजिटल इन्फ्रास्ट्रक्चर में संकलित किया जाएगा। इस हेतु कृषि विभाग के दर्शन पोर्टल पर उपलब्ध पंजीकृत कृषकों के डेटाबेस एवं भूलेख के डेटाबेस को समेकित कर फार्मर रजिस्ट्री तैयार की जानी है। उपरोक्त के लिए कृषि विभाग के दर्शन पोर्टल पर नए कृषकों के पंजीकरण हेतु तैयार एप्लीकेशन सॉफ्टवेयर को मुख्यमंत्री जी द्वारा 24 मई, 2023 को लोकार्पित किया गया है, जिसके माध्यम से नए कृषक अपना पंजीकरण कर रहे हैं। इसके साथ-साथ दर्शन पोर्टल पर पूर्व से उपलब्ध 3.34 करोड़ कृषकों के डाटा को आधार ऑथेंटिकेशन द्वारा सुधारा जा रहा है, जिसे फार्मर रजिस्ट्री के लिए आवश्यकतानुरूप उपयोग किया जा सके।

जी.आई.एस. बेस रियल टाइम क्रॉप सर्वे (क्रॉप सोन रजिस्ट्री) - क्रॉप सोन रजिस्ट्री के अन्तर्गत प्रदेश के सभी खेतों में बोई गई फसलों का खरीफ, रबी एवं जायद में भारत सरकार द्वारा विकसित मोबाइल ऐप के माध्यम से फसल सर्वेक्षण/पड़ताल की कार्यवाही सम्पन्न कराई जाएगी, जिससे एग्रीटेक के अन्तर्गत क्रॉप सोन रजिस्ट्री के अन्तर्गत जी.आई.एस. बेस्ड रियल टाइम क्रॉप सर्वे का डाटा प्राप्त हो सकेगा।

जी.आई.एस. बेस रियल टाइम क्रॉप सर्वे (क्रॉप सोन रजिस्ट्री) को लागू करने हेतु प्रस्तावित क्रियान्वयन क्रॉप सोन रजिस्ट्री एग्रीस्टैक के अन्तर्गत एक बुनियादी रजिस्ट्री हैं, जिसमें जी.आई.

एस. बेस रियल टाइम क्रॉप सर्वे (डिजिटल क्रॉप सर्वे) कर प्रत्येक वर्ष खरीफ रबी एवं जायद में सभी खेतों (सर्वे प्लाट) में भारत सरकार द्वारा तैयार किये गए मोबाइल ऐप के माध्यम से पड़ताल कराए जाने का प्रस्ताव है।

वर्ष 2023-24 में डिजिटल क्रॉप सर्वे के अन्तर्गत देश के 12 राज्यों में पायलेट किया जा रहा है, जिसमें उत्तर प्रदेश भी सम्मिलित है। उत्तर प्रदेश के कुल गाटा संख्या 7.87 करोड़ के 20 प्रतिशत गाटा को सम्मिलित करते हुए पायलेट योजना के रूप में 21 जनपदों में पूर्ण रूप से तथा 54 जनपदों के 10 राजस्व ग्रामों में डिजिटल क्रॉप सर्वे का कार्य संचालित किया जाएगा तथा आगामी वर्षों में सभी जनपदों में समग्र रूप से योजना क्रियान्वित की जाएगी।

योजना के अन्तर्गत भारत सरकार द्वारा विकसित मोबाइल ऐप के माध्यम से प्रदेश के 21 जनपदों (भदोही, संतकबीरनगर, औरैया, महोबा, हमीरपुर, सुल्तानपुर, वाराणसी, जौनपुर, प्रतापगढ़, मिर्जापुर, मुरादाबाद, जालौन, चित्रकूट, फर्रुखाबाद, अयोध्या, चंदौली, झांसी, बस्ती, हरदोई, देवरिया एवं गोरखपुर) में शत-प्रतिशत जियो रिफरेन्स आधारित खेतों का खरीफ-2023-24 एवं जायद 2023-24 में खसरावार डिजिटल क्रॉप सर्वे किया जाना है। शेष 54 जनपदों मे 10-10 गांव चयनित किए जाएंगे, जिसमें पायलेट आधारित डिजिटल क्रॉप सर्वे किया जाएगा।

प्रदेश के प्राचीन धरोहर भवनों को एडेप्टिव रि-यूज के अन्तर्गत सार्वजनिक निजी सहभागिता मॉडल पर हेरिटेज पर्यटन इकाइयों के रूप में विकसित करने के प्रस्ताव को स्वीकृति

मंत्रिपरिषद ने प्रदेश के प्राचीन धरोहर भवनों को एडेप्टिव रि-यूज के अन्तर्गत सार्वजनिक निजी सहभागिता मॉडल पर हेरिटेज पर्यटन इकाइयों के रूप में विकसित करने के प्रस्ताव को स्वीकृति प्रदान कर दी है।

ज्ञातव्य है कि प्रदेश में स्थित विरासत सम्पत्तियों (ऐतिहासिक धरोहरों, किलों एवं मुख्य ऐतिहासिक पर्यटक स्थलों) का संरक्षण एवं कायाकल्प कर अनुकूली पुनः उपयोग (एडेप्टिव रि-यूज) में लाए जाने हेतु निजी पूंजी निवेश के द्वार खोले जाने से न केवल प्रदेश में निवेश को आकर्षित किया जा सकेगा, बल्कि रोजगार सृजन करते हुए पर्यटकों की संख्या में वृद्धि और भवनों का संरक्षण भी सम्भव होगा। इससे सरकार को राजस्व की प्राप्ति भी होगी।

प्रथम चरण में प्रदेश की 09 ऐतिहासिक धरोहरों/किलों को अनुकूली पुनः उपयोग के अन्तर्गत सांस्कृतिक संरक्षण एवं पर्यटन की दृष्टि से पी.पी.पी. नीति के अन्तर्गत विकसित किए जाने हेतु संस्कृति विभाग से पर्यटन विभाग को निःशुल्क हस्तांतरित किया जाएगा। इनमें छत्तर मंजिल लखनऊ, चुनार किला मीरजापुर, बरूआ सागर किला झांसी, कोठी गुलिस्तां-ए-इरम लखनऊ, कोठी दर्शन विलास लखनऊ, कोठी रोशन-उद्-दौला लखनऊ, बरसाना जल महल मथुरा, शुक्ला तालाब कानपुर देहात तथा टिकैतराय बारादरी बिठूर कानपुर शामिल हैं। इन्हें म्यूजियम, हेरिटेज होटल, रिजॉर्ट, माइस आदि पर्यटन इकाइयों के रूप में विकसित किया जाएगा।

पी.एम. मित्र पार्क योजना के अन्तर्गत टेक्सटाइल पार्क की स्थापना एवं भूमि हस्तान्तरण

मंत्रिपरिषद ने पी.एम. मेगा एकीकृत वस्त्र क्षेत्र और परिधान (पी. एम. मित्र) पार्क योजना के अन्तर्गत जनपद लखनऊ एवं हरदोई में टेक्सटाइल पार्क की स्थापना हेतु स्पेशल पर्पज वेहिकल (एस. पी.वी.) को उपलब्ध करायी जाने वाली भूमि 01 रुपये प्रति एकड़ प्रतिवर्ष प्रतीकात्मक लीज रेण्ट पर 99 वर्ष हेतु प्रदान किये जाने के प्रस्ताव को स्वीकृति प्रदान कर दी है।

मंत्रिपरिषद द्वारा पी.एम. मित्र पार्क की स्थापना हेतु एस.पी. वी. को 99 वर्षें की लीज पर दी जा रही भूमि पर देय स्टाम्प शुल्क से छूट दिए जाने का निर्णय भी लिया गया है। यदि भविष्य में राज्य सरकार द्वारा कुछ और भूमि एस.पी.वी. के विस्तार हेतु दी जाती है, तो उस पर भी देय स्टाम्प शुल्क से शत-प्रतिशत छूट दी जाएगी।

भारत सरकार के साथ 18 अप्रैल, 2023 को किए गए एम.ओ.यू. तथा इस सम्बन्ध में भारत सरकार के साथ सभी राज्यों की बैठक में यह निर्णय लिया गया कि एस.पी.वी. के निदेशक मण्डल में कुल 08 सदस्य होंगे। इसमें 03 राज्य सरकार, 03 केन्द्र सरकार तथा 02 स्वतंत्र निदेशक होंगे। अतः एस.पी.वी. में प्रस्तावित निदेशक मण्डल की संरचना में 03 राज्य सरकार, 03 केन्द्र सरकार तथा 02 स्वतंत्र निदेशक का प्राविधान किया जा रहा है। राज्य सरकार की ओर से अपर मुख्य सचिव/प्रमुख सचिव/सचिव हथकरघा एवं वस्त्रोद्योग, आयुक्त एवं निदेशक हथकरघा एवं वस्त्रोद्योग तथा अपर मुख्य सचिव वित्त विभाग अथवा उनके द्वारा नामित विशेष सचिव से अनिम्न स्तर के अधिकारी निदेशक मण्डल के सदस्य होंगे।

अमृत 2.0 योजना के अन्तर्गत लखनऊ नगर के सरोजनी नगर प्रथम एवं द्वितीय वॉर्ड तथा इब्राहिमपुर वॉर्ड में पेयजल आपूर्ति योजना से सम्बन्धित प्रायोजना तथा लागत का प्रस्ताव अनुमोदित

05 अप्रैल, 2023 मंत्रिपरिषद ने अटल नवीकरण और शहरी रूपान्तरण मिशन-2.0 (अमृत 2.0) योजना के अन्तर्गत लखनऊ नगर के पेयजल डिस्ट्रिक्ट-डी के अन्तर्गत सरोजनी नगर प्रथम एवं द्वितीय वॉर्ड तथा इब्राहिमपुर वॉर्ड में पेयजल आपूर्ति योजना से सम्बन्धित प्रायोजना तथा व्यय वित्त समिति द्वारा उसकी अनुमोदित लागत 24616.65 लाख रुपये (जी.एस.टी. एवं सेन्टेज सहित) के व्यय के प्रस्ताव को अनुमोदित कर दिया है।

लखनऊ नगर के सरोजनी नगर प्रथम एवं द्वितीय वॉर्ड तथा इब्राहिमपुर वॉर्ड के सभी परिवारों को पाइप लाइन के माध्यम से शुद्ध पेयजल उपलब्ध हो सकेगा। इस प्रायोजना में 24,363 पेयजल गृह संयोजन दिये जाएंगे, जिससे लगभग 1.17 लाख जनसंख्या लाभान्वित होगी।

व्यय-वित्त समिति द्वारा अनुमोदित लागत में 2219.70 लाख रुपये सेन्टेज एवं 177.58 लाख रुपये लेबर सेस सम्मिलित है। इस निर्धारित लागत में से भारत सरकार का 5599.24 लाख रुपये राज्य सरकार का 10078.63 लाख रुपये तथा निकाय का अंश 6719.08 लाख रुपये सम्मिलित है। यह भी उल्लेख किया जाना है कि सेन्टेज की समस्त धनराशि का वहन राज्य सरकार द्वारा ही किया जाना है।

लखनऊ नगर के पेयजल डिस्ट्रिक्ट-डी क्षेत्र के अन्तर्गत सरोजनी नगर प्रथम एवं द्वितीय वॉर्ड तथा इब्राहिमपुर वॉर्ड पेयजल योजना से वंचित है तथा इन क्षेत्रों में पेयजल की उपलब्धता इण्डिया मार्का-2 हैण्ड पम्पों एवं निजी संसाधनों पर आधारित है। अत: चयनित क्षेत्र के सभी परिवारों को पाइप लाइन के माध्यम से शुद्ध पेयजल उपलब्ध कराने हेतु इस प्रायोजना प्रस्ताव को अनुमोदित किया गया है। प्रायोजना के अन्तर्गत लखनऊ नगर पेयजल डिस्ट्रिक्ट-डी क्षेत्र के अन्तर्गत सरोजनी नगर प्रथम एवं द्वितीय वॉर्ड तथा इब्राहिमपुर वॉर्ड लाभान्वित होंगे।

अमृत-2.0 योजना के अन्तर्गत जनपद गाजियाबाद में 'गाजियाबाद सीवरेज योजना (करहैड़ा जोन)' से सम्बन्धित प्रायोजना तथा लागत का प्रस्ताव अनुमोदित

मंत्रिपरिषद ने अटल नवीकरण और शहरी रूपान्तरण मिशन-2.0 (अमृत-2.0) योजना के अन्तर्गत जनपद गाजियाबाद में 'गाजियाबाद सीवरेज योजना (करहैड़ा जोन)' से सम्बन्धित प्रायोजना तथा व्यय वित्त समिति द्वारा अनुमोदित लागत 54694.55 लाख रुपये (जी.एस.टी. एवं सेन्टेज सहित) के व्यय के प्रस्ताव को अनुमोदित कर दिया है।

नगर निगम गाजियाबाद के 10 वॉर्डों को सीवेज सुविधा से संतृप्त किये जाने हेतु प्रश्नगत परियोजना तैयार की गयी है। अटल नवीकरण और शहरी रूपान्तरण मिशन-2.0 (अमृत-2.0) के अन्तर्गत जनपद-गाजियाबाद में 'गाजियाबाद सीवरेज योजना (करहैड़ा जोन) से सम्बन्धित प्रायोजना को प्रस्तावित लागत 55013.77 लाख रुपये के सापेक्ष 54694.55 लाख रुपये (जी. एस.टी. एवं सेन्टेज सहित) की लागत पर अनुमोदित करते हुए कतिपय अन्य शर्तों के साथ यह शर्त भी लगाई गई है कि प्रशासकीय विभाग द्वारा प्रायोजना पर मंत्रिपरिषद का अनुमोदन प्राप्त करने के उपरान्त ही प्रशासकीय एवं वित्तीय स्वीकृति जारी की जाये। व्यय-वित्त समिति द्वारा अनुमोदित लागत में 5012.17 लाख रुपये सेन्टेज एवं 400.97 लाख रुपये लेबर सेस सम्मिलित है। इस निर्धारित लागत में से भारत सरकार का अंश 12420.595 लाख रुपय, राज्य सरकार का अंश 22357.071 लाख रुपये तथा निकाय का अंश 14904.714 लाख रुपये सम्मिलित है। उल्लेखनीय है कि सेन्टेज की समस्त धनराशि का वहन राज्य सरकार द्वारा ही किया जाना है।

नगर निगम, गाजियाबाद के 10 वॉर्डों (गगन विहार, भोपरा, राजीव कॉलोनी, कुती, अर्थला संजय कॉलोनी, करहैड़ा, पसौडा, गरीमा गार्डेन एवं मौसम विहार) में सीवरेज प्रणाली न होने के कारण इन क्षेत्रों का अशोधित सीवरेज विभिन्न नालों के माध्यम से यमुना एवं हिण्डन नदी में निस्तारित होता है, जो यमुना एवं हिण्डन नदी के जल को प्रदूषित कर रहा है। इसकी रोकथाम हेतु प्रस्तावित योजना की आवश्यकता है। नगर निगम, गाजियाबाद के अनसीवर्ड उपरोक्त क्षेत्रों से अशोधित सीवेज के यमुना नदी एवं हिण्डन नदी में प्रवाहित होने की रोकथाम हेतु मा. एन.जी. टी. में ओ.ए. 848/2019, 06/2012 एवं 673/2018 योजित है, जिनके दृष्टिगत मा. एन.जी.टी. द्वारा नगर निगम गाजियाबाद क्षेत्र से हिण्डन नदी में प्रवाहित हो रहे अशोधित सीवेज की रोकथाम हेतु कार्ययोजना बनाये जाने हेतु निरन्तर निर्देशित किया जा रहा है। प्रश्नगत परियोजना से नगर निगम, गाजियाबाद के 10 वॉर्डों की 3,87,861 जनसंख्या को सीवरेज सुविधा का लाभ प्राप्त होगा। इससे इन क्षेत्रों के नालों में प्रवाहित हो रहे मानव मल से जनित बीमारियों पर भी अंकुश लगेगा।

अमृत 2.0 योजना के अन्तर्गत जनपद-आगरा में 'नगर निगम आगरा पेयजल पुनर्गठन योजना (बून्दूकटरा जोन)' से सम्बन्धित परियोजना एवं लागत के व्यय का प्रस्ताव अनुमोदित

मंत्रिपरिषद ने अटल नवीकरण और शहरी रूपान्तरण मिशन-2.0 (अमृत 2.0) योजना के अन्तर्गत जनपद-आगरा में 'नगर निगम आगरा पेयजल पुनर्गठन योजना (बून्दूकटरा जोन)' से सम्बन्धित परियोजना एवं व्यय वित्त समिति द्वारा उसकी अनुमोदित लागत 26432.43 लाख रुपये (जी.एस.टी. एवं सेन्टेज सहित) के व्यय के प्रस्ताव को अनुमोदित कर दिया है।

आगरा नगर के बुन्दूकटरा जोन में स्थानीय निवासियों को शुद्ध पेयजल उपलब्ध कराये जाने हेतु प्रश्नगत परियोजना तैयार की गयी है।

अटल नवीकरण और शहरी रूपान्तरण मिशन-2.0 (अमृत-2.0) योजना के अन्तर्गत जनपद-आगरा में 'नगर निगम आगरा पेयजल पुनर्गठन योजना (बून्दूकटरा जोन) से सम्बन्धित परियोजना को प्रस्तावित लागत 26584.45 लाख रुपये के सापेक्ष 26432.43 लाख रुपये (जी.एस.टी. एवं सेन्टेज (सहित) की लागत पर अनुमोदित करते हुए कतिपय अन्य शर्तों के साथ यह शर्त भी लगाई गई है कि प्रशासकीय विभाग द्वारा प्रायोजना पर मंत्रिपरिषद का अनुमोदन प्राप्त करने के उपरान्त ही प्रशासकीय एवं वित्तीय स्वीकृति जारी की जाये। व्यय-वित्त समिति द्वारा अनुमोदित लागत में 2488.99 लाख रुपये सेन्टेज एवं 199.12 लाख रुपये लेबर सेस सम्मिलित है। इस निर्धारित लागत में से भारत सरकार का 6023.86 लाख रुपये, राज्य सरकार का 10842.95 लाख रुपये तथा निकाय का अंश 7228.63 लाख रुपये सम्मिलित है। उल्लेखनीय है कि सेन्टेज की समस्त धनराशि का वहन राज्य सरकार द्वारा ही किया जाना है।

मुख्यमंत्री हैण्डलूम एवं पावरलूम उद्योग विकास योजना (सामान्य) अनुमोदित

मंत्रिपरिषद ने मुख्यमंत्री हैण्डलूम एवं पावरलूम उद्योग विकास योजना (सामान्य) को अनुमोदित कर दिया है। योजना में किसी प्रकार के संशोधन के लिए मुख्यमंत्री जी को अधिकृत किया गया है।

मुख्यमंत्री हैण्डलूम एवं पावरलूम उद्योग विकास योजना (सामान्य) सम्पूर्ण प्रदेश के उन समस्त पावरलूम एवं हथकरघा बुनकरों के लिए संचालित की जाएगी, जो पावरलूम/हथकरघा क्षेत्र के उत्पादन में निरन्तर अपना योगदान देते आ रहे हैं। यह योजना 05 वर्षों के लिए होगी। वित्तीय वर्ष 2023-24 में बजट की उपलब्धता के आधार पर लाभार्थियों को योजना का लाभ दिया जाएगा।

प्रदेश में हथकरघा एवं पावरलूम बुनकरों के भविष्य के रोजगार के -ष्टिगत हथकरघा एवं पावरलूम उद्योग को प्रोत्साहित किया जाना नितान्त आवश्यक है। पुरानी तकनीक एवं परम्परागत हथकरघा एवं पावरलूमों द्वारा उत्पादित वस्त्रों की गुणवत्ता आधुनिक तकनीक की अपेक्षा अच्छी नहीं रहती है तथा उत्पादन भी कम होता है। अच्छी गुणवत्ता के वस्त्र उत्पादित होने से तथा उत्पादन में वृद्धि होने से हथकरघा एवं पावरलूम बुनकरों की आर्थिक स्थिति में सुधार होगा।

इस योजना का उद्देश्य हथकरघा एवं पावरलूम बुनकरों को उन्नत किस्म के हथकरघा एवं पावरलूम प्रदान कर, उनके पुराने परम्परागत हथकरघा एवं पावरलूम को आधुनिक हथकरघा एवं पावरलूमों में परिवर्तित करने की सुविधा प्रदान किया जाना है। इसके अतिरिक्त, इस उद्योग में आने के इच्छुक नवयुवकों एवं नवयुवतियों को इस रोजगार से जोड़कर नया रोजगार सृजन कराया जाएगा। ऐसे नवयुवक एवं नवयुवतियां, जो इस उद्योग में अपना स्वयं का स्वरोजगार स्थापित करने के इच्छुक हों तथा अपना अंश लगाने में सक्षम हों, इस योजना का लाभ ले सकते हैं।

प्रदेश के हथकरघा एवं पावरलूम बुनकरों द्वारा संचालित पुराने एवं परम्परागत हथकरघा एवं पावरलूम के स्थान पर उच्चीकृत हथकरघा एवं पावरलूम स्थापित कराया जाना है। पावरलूम बुनकरों के आर्थिक व सामाजिक जीवन स्तर में सुधार लाने के लिये उन्हें आधुनिक पावरलूम संचालन हेतु प्रशिक्षित कराया जायेगा। हथकरघा एवं पावरलूम बुनकर वर्तमान भारतीय बाजार एवं वैश्विक बाजार की माँग के अनुरूप नये फैशन के परिवेश में नई डिजाइन एवं नये कलर कॉम्बीनेशन के वस्त्रों का उत्पादन कर सके, इस उद्देश्य से प्रदेश में परम्परागत हथकरघा एवं पावरलूम उद्योग को आधुनिक हथकरघा एवं पावरलूम में परिवर्तित कराने एवं अधिक से अधिक रोजगार सृजन कराने के उद्देश्य से राज्य सरकार द्वारा मुख्यमंत्री पावरलूम एवं हैण्डलूम उद्योग विकास योजना (सामान्य) का क्रियान्वयन कराया जायेगा।

झलकारी बाई कोरी हथकरघा एवं पावरलूम विकास योजना अनुमोदित

मंत्रिपरिषद ने स्पेशल कम्पोनेण्ट प्लान (एस.सी.पी.) के अन्तर्गत झलकारी बाई कोरी हथकरघा एवं पावरलूम विकास योजना को अनुमोदित कर दिया है। योजना में किसी भी प्रकार के संशोधन के लिए मुख्यमंत्री जी को अधिकृत किया गया है।

झलकारी बाई कोरी हथकरघा एवं पावरलूम विकास योजना सम्पूर्ण उत्तर प्रदेश के अनुसूचित जाति के हथकरघा एवं पावरलूम बुनकरों के लिए संचालित की जाएगी, जो हथकरघा एवं पावरलूम क्षेत्र के उत्पादन में निरन्तर अपना योगदान देते आ रहे हैं अथवा इस क्षेत्र में आकर अपना स्वयं का स्वरोजगार स्थापित करना चाहते हैं। यह योजना 05 वर्षों के लिए होगी। वित्तीय वर्ष 2023-24 में बजट की उपलब्धता के आधार पर लाभार्थियों को योजना का लाभ दिया जाएगा।

हथकरघा एवं पावरलूम बुनकर वर्तमान भारतीय बाजार एवं वैश्विक मांग के अनुरूप नये फैशन के परिवेश में नई डिजाइन एवं नये कलर कॉम्बीनेशन के वस्त्रों का उत्पादन कर सके, इस उद्देश्य से प्रदेश में परम्परागत हथकरघा एवं पावरलूम उद्योग को आधुनिक हथकरघा एवं पावरलूम में परिवर्तित कराने एवं अधिक से अधिक रोजगार सृजन कराने के उद्देश्य से राज्य सरकार द्वारा 'झलकारी बाई कोरी हथकरघा एवं पावरलूम विकास योजना (एस. सी.पी.)' का क्रियान्वयन कराने का प्रस्ताव है।

प्रदेश के अनुसूचित जाति के पावरलूम बुनकर को नवीन पावरलूम/सेमी आटोमेटिक पावरलूम/ऑटोमैटिक पावरलूम चलाने का तकनीकी प्रशिक्षण प्रदान करने के उपरान्त ही उन्नत तकनीक के नवीन पावरलूम/सेमी ऑटोमैटिक पावरलूम/ऑटोमैटिक पावरलूम स्थापित कर अपनी उत्पादन क्षमता बढ़ा सकेंगे। अनुसूचित जाति के हथकरघा एवं पावरलूम बुनकरों को अधिक से अधिक रोजगार सृजित कराकर उनके सामाजिक व आर्थिक जीवन स्तर में सुधार कराने हेतु योजना का संचालन किया जायेगा।

योजना के अन्तर्गत प्रदेश के अनुसूचित जाति के पावरलूम बुनकरों अथवा इस उद्योग में नये आने वाले नवयुवकों/नवयुवतियों को आधुनिक पावरलूम के संचालन, आधुनिक डिजाइन एवं रंग संयोजन तकनीक आदि विभिन्न प्रकार के प्रशिक्षण कार्यक्रम को किसी सरकारी/मान्यता प्राप्त संस्था जैसे पावरलूम सर्विस सेन्टर अथवा निट्रा के माध्यम से कराया जायेगा। प्रशिक्षण कार्यक्रम पर प्रति प्रशिक्षणार्थी कुल धनराशि 5,000 रुपये व्यय होगी। यह सुविधा केवल व्यक्तिगत पावरलूम बुनकर को दी जायेगी। इस हेतु एक बुनकर के प्रशिक्षण के लिये 5,000 रुपये सहायता धनराशि दी जायेगी। योजना के अन्तर्गत प्रस्ताव के प्रस्तुतीकरण, योजना के संचालन एवं अनुश्रवण हेतु पोर्टल विकसित किया जायेगा।

हथकरघा बुनकर को 01 पिटलूम अनुमानित मूल्य 25,000 रुपये हेतु 80 प्रतिशत अथवा अथवा 20,000 रुपये जो भी कम हो, राज्य सरकार द्वारा अनुदान उपलब्ध कराया जायेगा एवं शेष 20 प्रतिशत धनराशि 5,000 रुपये या वास्तविक क्रय हेतु अनुदान के अतिरिक्त भुगतान की जाने वाली धनराशि लाभार्थी बुनकर द्वारा अपने निजी स्त्रोतों से वहन की जायेगी। हथकरघा बुनकर को 01 फ्रेमलूम या (जैकार्ड सह उपकरणों सहित) अनुमानित मूल्य 40,000 रुपये पर 75 प्रतिशत अथवा 30,000 रुपये जो भी कम हो, राज्य सरकार द्वारा अनुदान उपलब्ध कराया जायेगा एवं शेष 25 प्रतिशत धनराशि 10,000 रुपये या वास्तविक क्रय हेतु अनुदान के अतिरिक्त भुगतान की जाने वाली धनराशि लाभार्थी बुनकर द्वारा अपने निजी स्त्रोतों से वहन की जायेगी। एक बुनकर उपरोक्त विकल्पों मे से किसी एक श्रेणी के अधिकतम 02 हथकरघा क्रय करने हेतु शासकीय अनुदान प्राप्त कर सकता है।

योजना के अन्तर्गत हथकरघा अथवा पावरलूम बुनकरों के लिए कार्यशाला का निर्माण कराया जाना है। इस कार्यशाला हेतु भूमि पर लाभार्थी/बुनकर का स्वामित्व होना चाहिए। व्यक्तिगत हथकरघा बुनकर हेतु 80,000 रुपये, व्यक्तिगत नवीन एवं सेमी ऑटोमैटिक पावरलूम बुनकर हेतु 01 लाख 50 हजार रुपये एवं व्यक्तिगत ऑटोमैटिक पावरलूम कार्यशाला हेतु 01 लाख रुपये अनुदान दिया जाना प्रस्तावित है।

प्रदेश के अनुसूचित जाति के ऐसे व्यक्तिगत हथकरघा/पावरलूम बुनकर, जो पुराने हथकरघा/पावरलूम पर अपने घर पर कार्य कर रहे हों अथवा ऐसे हथकरघा/पावरलूम बुनकर भी पात्र होंगे, जो दूसरे के यहाँ हथकरघा/पावरलूम पर बुनाई का कार्य कर रहे हों एवं उनके पास स्वयं की भूमि उपलब्ध हो और वह योजना का लाभ लेने की इच्छा रखता हो एवं योजना के अनुरूप स्वयं का अंशदान लगाने में सक्षम हो। अनुसूचित जाति के ऐसे नवयुवकों एवं नवयुवतियों, जो इस उद्योग में अपना स्वयं का स्वरोजगार स्थापित करने के इच्छुक हों तथा अपना अंश लगाने में सक्षम हों, योजना के लिए पात्र होंगे।

अटल बिहारी बाजपेई पावरलूम बुनकर विद्युत फ्लैट रेट योजना अनुमोदित

मंत्रिपरिषद ने अटल बिहारी बाजपेई पावरलूम बुनकर विद्युत फ्लैट रेट योजना को अनुमोदित कर दिया है। योजना में किसी प्रकार के संशोधन के लिए मुख्यमंत्री जी अधिकृत होंगे।

वर्ष 2006 में ऊर्जा विभाग के अनुभाग-3 के शासनादेश संख्या-1969/24-पी- 3-2006 दिनांक 14 जून, 2006 द्वारा पावरलूम बुनकरों को फ्लैट रेट पर विद्युत आपूर्ति करायी जाने की योजना शुरू की गयी।

प्रदेश में 05 किलोवॉट के कनेक्शनों में ग्रामीण विद्युत कनेक्शनों की संख्या-0.5 हॉर्स पावर के पावरलूम की संख्या-57,510 तथा 01 हॉर्स पावर के पावरलूम की संख्या-3,131 है। 05 किलोवॉट के कनेक्शनों में शहरी विद्युत कनेक्शनों के पावरलूम की संख्या-0.5 हॉर्स पावर के पावरलूम की संख्या-1,76,066 तथा 01 हॉर्स पावर के पावरलूम की संख्या-14,115 है।

शासनादेश दिनांक 04 दिसम्बर, 2019 द्वारा नई योजना लागू की गई, जिसके अनुसार पावरलूम बुनकरों को 01 हॉर्स पावर के पावरलूम को 240 यूनिट तक तथा 0.5 हॉर्स पावर के पावरलूम बुनकरों को 120 यूनिट तक 3.50 रुपये की दर से सब्सिडी प्रदान की जा रही है।

बुनकर संगठनों ने यह प्रस्ताव रखा कि छोटे बुनकरों को फ्लैट रेट के आधार पर ही बिजली का बिल उपलब्ध कराया जाना उपयुक्त होगा, ताकि वे बिना किसी परेशानी के अपना कार्य कर सके। बुनकर संगठनों एवं अन्य सम्बन्धित संस्थाओं से सम्यक विचारोपरान्त अटल बिहारी बाजपेई पावरलूम बुनकर विद्युत फ्लैट रेट योजना का प्रस्ताव है।

योजना आर्थिक रूप से कमजोर बुनकरों के लिए है। अत: यह योजना 05 किलोवॉट तक के विद्युत कनेक्शनधारकों के लिये अनुमन्य होगी। इसमें वाराणसी कलाबत्तु, जरी निर्माण मशीन भी सम्मिलित है। 05 किलोवॉट भार की सीमा के अन्तर्गत ही सहयोगी उपकरणों व पावरलूमों हेतु आवश्यक सहयोगी प्रकाश एवं पंखे का भार भी सम्मिलित होगा। नोट :- सहयोगी उपकरण यथा बाबिन मशीन, वार्पिंग मशीन, कांनिंग मशीन, डबलिंग मशीन, वाईन्डर मशीन आदि।

यह योजना वित्तीय वर्ष 2023-24 में दिनांक 01 अप्रैल, 2023 से लागू की जानी प्रस्तावित है। प्रस्तावित नई अटल बिहारी बाजपेई पावरलूम बुनकर विद्युत फ्लैट रेट योजना हेतु ऑनलाइन बिलिंग सिस्टम पर नया सॉफ्टवेयर उ.प्र. पावर कॉरपोरेशन द्वारा तैयार कराया जायेगा। दिनांक 01 अगस्त, 2020 से 31 मार्च, 2023 तक की अवधि का विद्युत बिल का भुगतान भी इसी योजना के अन्तर्गत निर्धारित दरों से आच्छादित होगा।

मुख्यमंत्री शहरी विस्तारीकरण/नये शहर प्रोत्साहन योजना अनुमोदित

मंत्रिपरिषद ने मुख्यमंत्री शहरी विस्तारीकरण/नये शहर प्रोत्साहन योजना को अनुमोदित कर दिया है। योजना के क्रियान्वयन में भविष्य में यदि किसी संशोधन/परिमार्जन की आवश्यकता अनुभव होती है, तो उसके लिए मुख्यमंत्री जी अधिकृत होंगे। यह योजना वित्तीय वर्ष 2022-23 से अगले आदेशों तक अथवा 05 वर्षों तक, जो भी पहले हो, लागू रहेगी। इस योजना में आवेदन हेतु उत्तर प्रदेश आवास एवं विकास परिषद, विकास प्राधिकरण तथा विशेष क्षेत्र प्राधिकरण पात्र होंगे।

उत्तर प्रदेश में शहरीकरण को बढ़ाया जाना प्रदेश के आर्थिक विकास के लिए अत्यन्त आवश्यक है। इस हेतु सम्पूर्ण सुविधाओं से युक्त नई सुनियोजित टाउनशिप्स का विकास किया जाना आवश्यक होगा। टाउनशिप का न्यूनतम क्षेत्रफल 25 एकड़ होगा। परन्तु विशेष परिस्थितियों में राज्य सरकार के पूर्वानुमोदन से इसे 12.5 एकड़ किया जा सकेगा।

विकास प्राधिकरणों, विशेष क्षेत्र विकास प्राधिकरणों तथा उ.प्र. आवास एवं विकास परिषद द्वारा नई टाउनशिप्स विकसित करने की क्षमता में वृद्धि किये जाने हेतु आवास एवं शहरी नियोजन विभाग द्वारा मुख्यमंत्री शहरी विस्तारीकरण/नये शहर प्रोत्साहन योजना प्रस्तावित है।

योजना के अन्तर्गत नये शहरों का समग्र एवं समुचित विकास हेतु उ.प्र. आवास एवं विकास परिषद/विकास प्राधिकरणों/विशेष क्षेत्र विकास प्राधिकरणों को नई टाउनशिप के विकास/पूर्व विकसित टाउनशिप के विस्तारीकरण करने हेतु भूमि अर्जन की लागत में आने वाले व्यय का 50 प्रतिशत तक राज्य सरकार द्वारा सीड कैपिटल के रूप में अधिकतम 20 वर्ष की अवधि के लिए उपलब्ध कराये जाने का प्रस्ताव है।

प्रधानमंत्री फसल बीमा योजना तथा पुनर्गठित मौसम आधारित फसल बीमा योजना को प्रदेश में लागू करने का प्रस्ताव स्वीकृत

06 जून, 2023 मंत्रिपरिषद ने भारत सरकार के दिशा-निर्देशों के अनुसार खरीफ 2023 से रबी 2025-26 तक प्रधानमंत्री फसल बीमा योजना तथा पुनर्गठित मौसम आधारित फसल बीमा योजना को प्रदेश में लागू करने के प्रस्ताव को स्वीकृति प्रदान कर दी है।

प्राकृतिक आपदाओं, रोगों, कृमियों से फसल की क्षति की स्थिति में कृषकों को बीमा कवर के रूप में वित्तीय सहायता प्रदान करने के उद्देश्य से ग्राम पंचायत स्तर पर बीमित करते हुए प्रदेश के सभी जनपदों में प्रधानमंत्री फसल बीमा योजना को संचालित किया जाएगा। प्रधानमंत्री फसल बीमा योजना के माध्यम से प्रदेश के समस्त जनपदों में कुल 18 फसलों यथा खरीफ मौसम में फसल

धान, मक्का, ज्वार, बाजरा, उर्द, मूंग, मूंगफली, तिल, सोयाबीन व अरहर (10 फसलें) तथा रबी मौसम में फसल गेहूं, जौ, चना, मटर, मसूर, अलसी, लाही-सरसों तथा आलू (08 फसलें) को ग्राम पंचायत स्तर पर बीमित किया जाएगा।

प्रतिकूल मौसमीय स्थितियों यथा कम व अधिक वर्षा, तापमान, तेज हवा, आर्द्रता आदि से सम्भावित क्षति की स्थिति में फसल के उत्पादक कृषकों को बीमा कवर के रूप में वित्तीय सहायता प्रदान करने हेतु प्रदेश के चयनित 60 जनपदों के फसल बाहुल्य क्षेत्रों में पुनर्गठित मौसम आधारित फसल बीमा योजना को 07 औद्यानिकी फसलों पर लागू किया जाएगा। इसके अन्तर्गत फसल केला के 31 जनपद, फसल मिर्च के 22 जनपद, फसल पान के 07 जनपद, फसल हरी मटर के 19 जनपद, फसल टमाटर के 28 जनपद, फसल शिमला मिर्च के 08 जनपद तथा फसल आम के 20 जनपद के फसल बाहुल्य विकास खण्डों में, स्थापित मौसम केन्द्र पर, खरीफ 2023 से रबी 2025-26 तक बीमित किया जाएगा।

प्रधानमंत्री फसल बीमा योजना तथा पुनर्गठित मौसम आधारित फसल बीमा योजना के बीमित कृषक को योजनाओं के अन्तर्गत समय से अनुमन्य लाभ प्राप्त न हो पाने की स्थिति में सम्बन्धित बीमा कम्पनी के विरुद्ध आर्थिक अर्थदण्ड लगाए जाने का प्राविधान किया गया है।

फसल की बीमित धनराशि फसल की उत्पादन लागत के अनुरूप होगी। फसलों को वास्तविक प्रीमियम दर पर बीमित किया जाएगा। कृषकों द्वारा वहन किया जाने वाला प्रीमियम अंश खरीफ मौसम में बीमित राशि का 2.0 प्रतिशत तथा रबी मौसम में 1.5 प्रतिशत अथवा वास्तविक प्रीमियम दर, जो कम हो, तक सीमित रखा जाएगा। वार्षिक नकदी फसलों/वार्षिक औद्यानिकी फसलों हेतु कृषक द्वारा वहन किए जाने वाले प्रीमियम अंश को बीमित राशि का 5.0 प्रतिशत अथवा वास्तविक प्रीमियम दर, जो कम हो, तक सीमित रखा जाएगा।

कृषकों द्वारा वहन किए जाने वाले प्रीमियम अंश से अधिक एवं फसल के वास्तविक प्रीमियम दर के अन्तर की धनराशि को प्रीमियम पर अनुदान के रूप में केन्द्र व राज्य सरकार द्वारा बराबर-बराबर वहन किया जाएगा। कृषकों द्वारा प्रधानमंत्री फसल बीमा योजना में खरीफ मौसम में 31 जुलाई एवं रबी मौसम में 31 दिसम्बर की अन्तिम तिथि तक तथा पुनर्गठित मौसम आधारित फसल बीमा योजना में जोखिम प्रारम्भ होने के एक दिन पूर्व तक बीमा कराया जा सकेगा।

भारत सरकार द्वारा पैनलबद्ध बीमा कम्पनियों से ई-निविदा से प्राप्त प्रीमियम दर के आधार पर नियमानुसार चयन करते हुए प्रदेश में क्रियान्वयन अभिकरण के रूप में अधिकृत किया जाएगा।

भारत सरकार द्वारा फसल बीमा योजनाओं के संचालन के लिए विस्तृत दिशा-निर्देश अभी जारी किए जाने हैं। अन्तिम दिशा-निर्देश में यदि कोई अन्य प्राविधान किए जाने की स्थिति में आवश्यक संशोधन के सम्बन्ध में निर्णय लेने हेतु मंत्रिपरिषद द्वारा मुख्यमंत्री जी को अधिकृत किया गया है।

उ.प्र. होटल एवं अन्य पूरक आवास (नियंत्रण) विनियम, 2023 अनुमोदित

मंत्रिपरिषद ने उत्तर प्रदेश होटल एवं अन्य पूरक आवास (नियंत्रण) विनियम, 2023 को अनुमोदित कर दिया है।

ज्ञातव्य है कि राज्य में होटल एवं अन्य पूरक आवास प्रदान करने वाले व अन्य समान व्यवसायों के संचालन को विनियमित करने के लिए तथा राज्य के नागरिकों के सार्वजनिक स्वास्थ्य, सुरक्षा, नैतिकता और शालीनता की रक्षा के लिए सराय अधिनियम, 1867 की धारा 13 के अन्तर्गत राज्य सरकार की विनियम बनाने की शक्ति का प्रयोग करते हुए यह विनियम प्रवर्तित करने का निर्णय लिया गया है।

इस विनियम के महत्वपूर्ण प्राविधानों के अन्तर्गत आवास इकाई के रजिस्ट्रीकरण हेतु पोर्टल विकसित करते हुए उसे निवेश मित्र पोर्टल के साथ एकीकृत किया जाएगा। इस पोर्टल की सहायता से आवास इकाई राज्य सरकार के साथ समस्त पेट्रॉनगण का विवरण (नाम, पहचान पत्र और चेक इन-चेक आउट, दिनांक के साथ, पता) तथा समस्त कर्मचारियों का विवरण (नाम, आयु, लिंग, पहचान पत्र संख्या और पता) साझा करेगी।

रजिस्ट्रीकरण प्रमाण पत्र प्राप्त किए बिना कोई आवास इकाई संचालित नहीं होगी। पोर्टल पर (रजिस्ट्रीकरण हेतु) आवेदन के दिनांक से 45 दिनों के भीतर विहित प्राधिकारी ऐसी इकाई को रजिस्टर करेगा। 45 दिनों की इस अवधि के भीतर आवेदन पर विनिश्चय करने में विफलता को डीम्ड (मानित) रजिस्ट्रीकरण समझा जाएगा। व्यथित व्यक्ति अपीलीय प्राधिकारी के समक्ष पुनरीक्षण दायर कर सकता है। अपीलीय प्राधिकारी का विनिश्चय अन्तिम होगा।

इस विनियम द्वारा कतिपय अनिवार्य आवश्यकताओं का प्राविधान किया गया है। इसके अनुसार प्रतिष्ठान के मुख्य द्वार

पर विहित प्राधिकारी द्वारा जारी रजिस्ट्रीकरण प्रमाण पत्र प्रदर्शित करना होगा। किसी पेट्रॉन को फ्रण्ट डेस्क पर सुसंगत विवरण प्राप्त किए और अभिलेखों में प्रविष्ट किए बिना रहने की सुविधा का उपभोग करने की अनुज्ञा नहीं होगी। आवास इकाई को प्रवेश/निकास बिन्दुओं, फ्रण्ट डेस्क और पार्किंग क्षेत्रों में सी.सी.टी.वी. कैमरे स्थापित कराना होगा और कम से कम 30 दिनों के लिए सी.सी.टी.वी. फुटेज को बनाए रखना होगा। आवास इकाई प्रत्येक समय परिसर में एक पर्यवेक्षक/प्रबन्धक की उपस्थिति सुनिश्चित करेगी जब कोई पेट्रॉन प्रतिष्ठान का उपयोग कर रहा हो या यह जनसामान्य के लिए खुला हो।

यूटिलिटी सर्विसेज को सुरक्षित रूप से स्थापित करने सम्बन्धी प्रस्ताव को स्वीकृति

मंत्रिपरिषद ने प्रदेश के शहरी क्षेत्रों में निर्मित होने वाले नए मार्गों के निर्माण तथा पूर्व निर्मित मार्गों के चौड़ीकरण, सुदृढ़ीकरण, पुनर्निर्माण आदि की स्थिति में सभी

यूटिलिटी सर्विसेज को सुरक्षित रूप से स्थापित करने, सड़क सुरक्षा एवं जनसामान्य की सुविधा सम्बन्धी प्रस्ताव को स्वीकृति प्रदान कर दी है।

ज्ञातव्य है कि सम्पूर्ण राज्य में सड़कों के किनारे/नीचे विभिन्न संस्थाओं द्वारा पब्लिक यूटिलिटी सर्विस जैसे-ड्रेन, सीवर लाइन, वॉटर सप्लाई पाइप टेलीफोन/इण्टरनेटर केबिल केबिल, विद्युत केबिल्स, गैस पाइप लाइन इत्यादि को डाला जाता है एवं समय-समय पर उनका निरीक्षण/मरम्मत का कार्य कराया जाता है।

यूटिलिटी सर्विसेज की स्थापना में विभिन्न संस्थाओं में आपस में सामंजस्य के अभाव में यूटिलिटी सर्विस लेईंग के पश्चात् मार्ग का समुचित रूप से रेस्टोरेशन नहीं हो पाता है, जिसके कारण मार्ग प्रायः क्षतिग्रस्त हो जाते हैं। इससे जनसामान्य को आवागमन में असुविधा का सामना करना पड़ता है तथा दुर्घटना की सम्भावना रहती है। प्रायः यह भी देखा गया है कि समग्र रूप से नियोजन के अभाव में मार्ग के नवनिर्माण/सुदृढीकरण के तुरन्त बाद ही यूटिलिटी सर्विस बिछाने हेतु मार्ग को काटा/खोदा जाता है, जिससे सुगम यातायात के आवागमन में व्यवधान उत्पन्न हो जाता है।

प्रस्तावित व्यवस्था में प्रत्येक जनपद में जिलाधिकारी की अध्यक्षता में एक समिति गठित की जाएगी, जिसके संयोजक मार्ग से सम्बन्धित विभाग/संस्था के अधिशासी अभियन्ता से अन्यून अधिकारी होंगे। विभिन्न यूटिलिटीज से सम्बन्धित जिला स्तरीय अधिकारी समिति के सदस्य होंगे। जनपद में यूटिलिटी सर्विसेज से सम्बन्धित किसी भी विभाग द्वारा नए मार्गों/पूर्व निर्मित मार्गों पर यूटिलिटी सर्विसेज की नयी स्थापना, पूर्व में स्थापित सर्विसेज की मरम्मत/पुन:निर्माण/क्षमता बढ़ाए जाने से पूर्व समिति के समक्ष प्रस्ताव प्रस्तुत करना होगा।

उ.प्र. में निजी क्षेत्र के अन्तर्गत के.एम. (कृष्ण मोहन) विश्वविद्यालय, मथुरा की स्थापना

मंत्रिपरिषद ने उत्तर प्रदेश में निजी क्षेत्र के अन्तर्गत के.एम. (कृष्ण मोहन) विश्वविद्यालय, मथुरा, उत्तर प्रदेश की स्थापना किये जाने के सम्बन्ध में 'उत्तर प्रदेश निजी विश्वविद्यालय अधिनियम, 2019' में संशोधन किये जाने हेतु 'उत्तर प्रदेश निजी विश्वविद्यालय (चतुर्थ संशोधन) अध्यादेश, 2023' को प्रख्यापित कराये जाने एवं तत्पश्चात संचालन प्राधिकार पत्र निर्गत किये जाने के प्रस्ताव को अनुमोदित कर दिया है।

उत्तर प्रदेश राज्य में उच्च शिक्षा प्रदान करने हेतु नये निजी विश्वविद्यालयों की स्थापना करने और विद्यमान निजी विश्वविद्यालयों को निगमित करने तथा उनके कृत्यों को विनियमित करने और उससे सम्बन्धित या आनुषंगिक विषयों की व्यवस्था करने के लिए 'उत्तर प्रदेश निजी विश्वविद्यालय अधिनियम, 2019' (उत्तर प्रदेश अधिनियम संख्या-12 सन् 2019) विधायी अनुभाग-01 की अधिसूचना दिनांक 06 अगस्त, 2019 द्वारा प्रख्यापित किया गया है। उच्च शिक्षा विभाग, उत्तर प्रदेश शासन की अधिसूचना दिनांक 30 अगस्त, 2019 द्वारा इस अधिनियम को दिनांक 01 सितम्बर, 2019 से प्रवर्तित किया गया है।

प्रायोजक संस्था को निर्गत किये गये आशय-पत्र के सम्बन्ध में धारा-6 की उप धारा-2 में धारा-3 में विनिर्दिष्ट अपेक्षाओं और शर्तों को पूर्ण करने और राज्य सरकार को उसकी अनुपालन आख्या शपथ-पत्र के साथ आशय पत्र जारी किये जाने की दिनांक से अधिकतम 02 वर्ष की अवधि के भीतर प्रस्तुत किये जाने तथा उप धारा (3) में धारा 3 के उपबन्धों का अनुपालन करने में विफल रहने पर जारी किये गये आशय पत्र को वापस लेने की शक्ति राज्य सरकार में निहित की गयी है।

उ.प्र. में निजी क्षेत्र के अन्तर्गत मेजर एस.डी. सिंह यूनिवर्सिटी, फतेहगढ़, फर्रुखाबाद की स्थापना

मंत्रिपरिषद ने उत्तर प्रदेश में निजी क्षेत्र के अन्तर्गत मेजर एस.डी. सिंह यूनिवर्सिटी, फतेहगढ़, फर्रुखाबाद, उत्तर प्रदेश की स्थापना

किये जाने के सम्बन्ध में 'उत्तर प्रदेश निजी विश्वविद्यालय अधिनियम, 2019' में संशोधन किये जाने हेतु 'उत्तर प्रदेश निजी विश्वविद्यालय (पांचवां संशोधन) अध्यादेश, 2023' को प्रख्यापित कराये जाने एवं तत्पश्चात संचालन प्राधिकार पत्र निर्गत किये जाने के प्रस्ताव को अनुमोदित कर दिया है।

उत्तर प्रदेश राज्य में उच्च शिक्षा प्रदान करने हेतु नये निजी विश्वविद्यालयों की स्थापना करने और विद्यमान निजी विश्वविद्यालयों को निगमित करने तथा उनके कृत्यों को विनियमित करने और उससे सम्बन्धित या आनुषंगिक विषयों की व्यवस्था करने के लिए 'उत्तर प्रदेश निजी विश्वविद्यालय अधिनियम, 2019' (उत्तर प्रदेश अधिनियम संख्या-12 सन् 2019) विधायी अनुभाग-01 की अधिसूचना दिनांक 06 अगस्त, 2019 द्वारा प्रख्यापित किया गया है। उच्च शिक्षा विभाग, उत्तर प्रदेश शासन की अधिसूचना दिनांक 30 अगस्त, 2019 द्वारा इस अधिनियम को दिनांक 01 सितम्बर, 2019 से प्रवर्तित किया गया है।

प्रायोजक संस्था को निर्गत किये गये आशय-पत्र के सम्बन्ध में धारा-6 की उप धारा-2 में धारा-3 में विनिर्दिष्ट अपेक्षाओं और शर्तों को पूर्ण करने और राज्य सरकार को उसकी अनुपालन आख्या शपथ-पत्र के साथ आशय पत्र जारी किये जाने की दिनांक से अधिकतम 02 वर्ष की अवधि के भीतर प्रस्तुत किये जाने तथा उप धारा (3) में धारा 3 के उपबन्धों का अनुपालन करने में विफल रहने पर जारी किये गये आशय पत्र को वापस लेने की शक्ति राज्य सरकार में निहित की गयी है।

उ.प्र. में निजी क्षेत्र के अन्तर्गत अग्रवन हेरीटेज यूनिवर्सिटी, आगरा की स्थापना

मंत्रिपरिषद ने उत्तर प्रदेश में निजी क्षेत्र के अन्तर्गत अग्रवन हेरीटेज यूनिवर्सिटी, आगरा, उत्तर प्रदेश की स्थापना किये जाने के सम्बन्ध में 'उत्तर प्रदेश निजी विश्वविद्यालय अधिनियम, 2019' में संशोधन किये जाने हेतु 'उत्तर प्रदेश निजी विश्वविद्यालय (संशोधन) अध्यादेश, 2023' को प्रख्यापित कराये जाने एवं तत्पश्चात संचालन प्राधिकार पत्र निर्गत किये जाने के प्रस्ताव को अनुमोदित कर दिया है।

उत्तर प्रदेश राज्य में उच्च शिक्षा प्रदान करने हेतु नये निजी विश्वविद्यालयों की स्थापना करने और विद्यमान निजी विश्वविद्यालयों को निगमित करने तथा उनके कृत्यों को विनियमित करने और उससे सम्बन्धित या आनुषंगिक विषयों की व्यवस्था करने के लिए 'उत्तर प्रदेश निजी विश्वविद्यालय अधिनियम, 2019' (उत्तर प्रदेश अधिनियम संख्या-12 सन् 2019) विधायी अनुभाग-01 की अधिसूचना दिनांक 06 अगस्त, 2019 द्वारा प्रख्यापित किया गया है। उच्च शिक्षा विभाग, उत्तर प्रदेश शासन की अधिसूचना दिनांक 30 अगस्त, 2019 द्वारा इस अधिनियम को दिनांक 01 सितम्बर, 2019 से प्रवर्तित किया गया है।

उ.प्र. में निजी क्षेत्र के अन्तर्गत एस.डी.जी.आई. ग्लोबल विश्वविद्यालय, गाजियाबाद की स्थापना

मंत्रिपरिषद ने उत्तर प्रदेश में निजी क्षेत्र के अन्तर्गत एस.डी.जी.आई. ग्लोबल विश्वविद्यालय, गाजियाबाद, उत्तर प्रदेश की स्थापना किये जाने के सम्बन्ध में 'उत्तर प्रदेश निजी विश्वविद्यालय अधिनियम, 2019' में संशोधन किये जाने हेतु 'उत्तर प्रदेश निजी विश्वविद्यालय (तृतीय संशोधन) अध्यादेश, 2023' को प्रख्यापित कराये जाने एवं तत्पश्चात संचालन प्राधिकार पत्र निर्गत किये जाने के प्रस्ताव को स्वीकृति प्रदान कर दी है।

उत्तर प्रदेश राज्य में उच्च शिक्षा प्रदान करने हेतु नये निजी विश्वविद्यालयों की स्थापना करने और विद्यमान निजी विश्वविद्यालयों को निगमित करने तथा उनके कृत्यों को विनियमित करने और उससे सम्बन्धित या आनुषंगिक विषयों की व्यवस्था करने के लिए 'उत्तर प्रदेश निजी विश्वविद्यालय अधिनियम, 2019' (उत्तर प्रदेश अधिनियम संख्या-12 सन् 2019) विधायी अनुभाग-01 की अधिसूचना दिनांक 06 अगस्त, 2019 द्वारा प्रख्यापित किया गया है। उच्च शिक्षा विभाग, उत्तर प्रदेश शासन की अधिसूचना दिनांक 30 अगस्त, 2019 द्वारा इस अधिनियम को दिनांक 01 सितम्बर, 2019 से प्रवर्तित किया गया है।

उ.प्र. अन्तर्देशीय जलमार्ग प्राधिकरण का गठन

09 नवम्बर, 2023 मंत्रिपरिषद ने उत्तर प्रदेश अन्तर्देशीय जलमार्ग प्राधिकरण के गठन के लिए 'उत्तर प्रदेश अन्तर्देशीय जलमार्ग प्राधिकरण विधेयक, 2023' का पारण विधान मण्डल से कराये जाने के प्रस्ताव को अनुमोदित कर दिया है।

ज्ञातव्य है कि भारत सरकार द्वारा अन्तर्देशीय जलमार्ग प्राधिकरण अधिनियम, 1985 के अन्तर्गत भारतीय अन्तर्देशीय जलमार्ग प्राधिकरण (आई.डब्ल्यू.ए.आई.) का गठन किया गया है। भारत सरकार द्वारा राष्ट्रीय जलमार्ग अधिनियम, 2016 के अन्तर्गत 111 राष्ट्रीय जलमार्ग घोषित किये गये हैं, जो देश के भिन्न-भिन्न राज्यों में अवस्थित है। फलस्वरूप असम एवं आन्ध्र

प्रदेश में क्रमशः वर्ष 2018 एवं वर्ष 2023 में अन्तर्देशीय जलमार्ग प्राधिकरण अधिनियम का प्रख्यापन किया गया है। तटवतब प्रदेशों कर्नाटक, तमिलनाडु, महाराष्ट्र एवं गुजरात में जलमार्ग प्राधिकरण के स्थान पर मेरीटाइम बोर्ड का गठन किया गया है। उत्तर प्रदेश में गंगा नदी, यमुना नदी एवं अन्य प्रमुख नदियों में कुल 11 राष्ट्रीय जलमार्ग स्थित है।

उ.प्र. श्री देवीपाटन धाम तीर्थ विकास परिषद का गठन

मंत्रिपरिषद ने उत्तर प्रदेश श्री देवीपाटन धाम तीर्थ विकास परिषद के गठन हेतु उत्तर प्रदेश श्री देवीपाटन धाम तीर्थ विकास परिषद विधेयक, 2023 को विधान मण्डल में पुर:स्थापित किए जाने के प्रस्ताव को स्वीकृति प्रदान कर दी है।

देवीपाटन धाम की समस्त प्रकार की सांस्कृतिक, पारिस्थितिकीय तथा स्थापत्य सम्बन्धी सौन्दर्यपरक गुणवत्ता को परिरक्षित, विकसित तथा अनुरक्षित करने की योजना तैयार करने, ऐसी योजना के क्रियान्वयन का समन्वय एवं अनुश्रवण करने और क्षेत्र में एकीकृत पर्यटन विकास तथा विरासत संरक्षण एवं प्रबन्धन हेतु संगत नीतियां विकसित करने, जिला बलरामपुर के किसी विभाग/स्थानीय निकाय/प्राधिकरण को देवीपाटन क्षेत्र के विरासतीय संसाधनों को प्रभावित करने वाली या सम्भावित रूप में प्रभावित करने वाली किसी योजना, परियोजना या किसी विकासगत प्रस्ताव के सम्बन्ध में परामर्श एवं मार्गदर्शन प्रदान करने के लिये श्री देवीपाटन धाम तीर्थ विकास परिषद का गठन करने और उससे सम्बन्धित या आनुषंगिक विषयों का उपबन्ध करने के लिये उत्तर प्रदेश श्री देवीपाटन धाम तीर्थ विकास परिषद का गठन किया जाना प्रस्तावित है।

प्रायोजना के क्रियान्वयन से देवीपाटन धाम की पहचान अन्तरराष्ट्रीय स्तर पर स्थापित हो सकेगी तथा पर्यटन को बढ़ावा मिलेगा।

शुक तीर्थ क्षेत्र परिषद के गठन हेतु विधेयक को विधान मण्डल में पुन:स्थापित किए जाने का प्रस्ताव अनुमोदित

मंत्रिपरिषद ने शुक तीर्थ क्षेत्र परिषद के गठन हेतु विधेयक को विधान मण्डल में पुर:स्थापित किए जाने के प्रस्ताव को अनुमोदित कर दिया है।

शुक्रताल धाम की समस्त प्रकार की सांस्कृतिक, पारिस्थितिकीय तथा स्थापत्य सम्बन्धी विरासत की सौन्दर्यपरक गुणवत्ता को परिरक्षित करने, विकसित करने तथा अनुरक्षित करने की योजना तैयार करने, ऐसी योजना के क्रियान्वयन का समन्वय एवं अनुश्रवण करने और क्षेत्र में एकीकृत पर्यटन विकास तथा विरासत-संरक्षण एवं प्रबन्धन हेतु संगत नीतियां विकसित करने, जिला मुजफ्फरनगर के किसी विभाग/स्थानीय निकाय/प्राधिकरण को शुक्रताल क्षेत्र के विरासतीय संसाधनों को प्रभावित करने वाली या सम्भावित रूप में प्रभावित करने वाली किसी योजना, परियोजना या किसी विकासगत प्रस्ताव के सम्बन्ध में परामर्श एवं मार्गदर्शन प्रदान करने के लिये शुक तीर्थ क्षेत्र परिषद का गठन करने और उससे सम्बन्धित या आनुषंगिक विषयों का उपबन्ध करने के लिए शुक तीर्थ क्षेत्र परिषद का गठन किया जाना प्रस्तावित है।

प्रस्तावित परिषद के गठन से शुक्रताल की पहचान अन्तरराष्ट्रीय स्तर पर स्थापित हो सकेगी तथा पर्यटन को बढ़ावा मिलेगा।

जनपद अयोध्या में भारतीय मन्दिर वास्तुकला संग्रहालय की स्थापना

मंत्रिपरिषद ने जनपद अयोध्या की तहसील सदर के ग्राम माझा जमथरा की नजूल भूमि गाटा संख्या-57 मिनजुमला में भारतीय मन्दिर वास्तुकला संग्रहालय की स्थापना हेतु 25 एकड़ भूमि का स्वामित्व पर्यटन विभाग के पक्ष में नि:शुल्क हस्तान्तरित किए जाने के प्रस्ताव को स्वीकृति प्रदान कर दी है।

पर्यटन के लिये महत्वपूर्ण धरोहरों के मामले में उत्तर प्रदेश भारत का सबसे महत्वपूर्ण राज्य है। भारत में घरेलू एवं विदेशी पर्यटकों के आगमन की -ष्टि से उत्तर प्रदेश का क्रमशः द्वितीय एवं तृतीय स्थान है। अपनी गौरवशाली ऐतिहासिक, सांस्कृतिक एवं धार्मिक विरासतों तथा समृद्ध प्राकृतिक वनसम्पदा की -ष्टि से उत्तर प्रदेश में पर्यटन की असीम सम्भावनाएं विद्यमान हैं।

अयोध्या पवित्र सरयू नदी के तट पर बसा हुआ है। अयोध्या को साकेत, रामनगरी व कोशल नाम से भी जाना जाता है। प्रदेश की राजधानी लखनऊ से यह नगर लगभग 135 किलोमीटर दूरी पर लखनऊ-गोरखपुर 4 लेन राजमार्ग पर स्थित है। यह एक ऐतिहासिक और धार्मिक -ष्टि से महत्वपूर्ण नगर है।

इस संग्रहालय की स्थापना से प्रत्यक्ष/अप्रत्यक्ष रूप से रोजगार का सृजन होगा व सरकार को राजस्व प्राप्ति भी होगी।

अयोध्या शोध संस्थान को 'अन्तरराष्ट्रीय अयोध्या रामायण एवं वैदिक शोध संस्थान' के रूप में विकसित किए जाने का प्रस्ताव अनुमोदित

मंत्रिपरिषद ने संस्कृति विभाग के अधीन दिनांक 18 अगस्त, 1986 से संचालित अयोध्या शोध संस्थान को अन्तरराष्ट्रीय स्वरूप प्रदान करते हुए 'अन्तरराष्ट्रीय अयोध्या रामायण एवं वैदिक शोध संस्थान' के रूप में विकसित किए जाने के प्रस्ताव को अनुमोदित कर दिया है।

मर्यादा पुरुषोत्तम श्रीराम की अवतरण स्थली अयोध्या की प्रसिद्धि वैश्विक स्तर पर है। सनातन संस्कृति के मूलाधार एवं नैतिक मूल्यों की स्थापना हेतु श्रीराम को सम्पूर्ण विश्व में प्रतिष्ठा प्राप्त हुई है।

जनपद अयोध्या में अन्तरराष्ट्रीय अयोध्या रामायण एवं वैदिक शोध संस्थान की स्थापना से सम्पूर्ण विश्व में रामकथा साहित्य पर गम्भीर अध्ययन एवं शोध का कार्य किया जाएगा।

अन्तरराष्ट्रीय अयोध्या रामायण एवं वैदिक शोध संस्थान के शोध साहित्य को कम से कम मूल्य पर सर्वसाधारण को सुलभ कराया जाएगा। संस्थान को अधिक प्रभावशाली बनाये जाने के -ष्टिगत इसे देश एवं विदेश के विभिन्न विश्वविद्यालयों/संस्थाओं से एम.ओ.यू. के माध्यम से जोड़ा जाएगा, ताकि इससे अन्य विषयों का अध्ययन करने वाले छात्रों को भी जोड़ा जा सकेगा। रामकथा एवं रामायण परम्परा से जुड़े विद्वानों एवं महापुरुषों/महात्माओं/संतों के व्याख्यान व प्रवचन आदि से इस परम्परा को अक्षुण्ण बनाया जाएगा।

जनपद अयोध्या के 'मकर संक्रान्ति मेला' एवं 'बसंत पंचमी मेला' तथा जनपद बुलन्दशहर के 'कार्तिक पूर्णिमा गंगा स्नान मेला अनूपशहर' का प्रान्तीयकरण किए जाने का प्रस्ताव अनुमोदित

मंत्रिपरिषद ने जनपद अयोध्या के 'मकर संक्रान्ति मेला' एवं 'बसंत पंचमी मेला' तथा जनपद बुलन्दशहर के 'कार्तिक पूर्णिमा गंगा स्नान मेला अनूपशहर' का प्रान्तीयकरण किए जाने एवं तत्सम्बन्धी अधिसूचना निर्गत किए जाने के प्रस्ताव को अनुमोदित कर दिया है।

ज्ञातव्य है कि जिलाधिकारी अयोध्या एवं बुलन्दशहर द्वारा क्रमशः जनपद अयोध्या में 'मकर संक्रान्ति मेला एवं बसंत पंचमी मेला' तथा जनपद बुलन्दशहर के कार्तिक पूर्णिमा गंगा स्नान मेला, अनूपशहर' का प्रान्तीयकरण किए जाने हेतु प्रस्ताव उपलब्ध कराया गया है।

मकर संक्रान्ति मेला प्रतिवर्ष पौष माह के शुक्ल पक्ष की द्वितीया से प्रारम्भ होकर सप्तमी तक 05 दिनों तक आयोजित होता है। बसन्त पंचमी मेला प्रतिवर्ष माघ माह के शुक्ल पक्ष की तृतीया से प्रारम्भ होकर सप्तमी तक 05 दिनों तक आयोजित होता है। कार्तिक पूर्णिमा गंगा स्नान मेला, अनूपशहर' प्रतिवर्ष कार्तिक माह के शुक्ल पक्ष की एकादशी को प्रारम्भ होता है तथा मार्गशीर्ष माह के कृष्ण पक्ष की पंचमी तक लगभग 10 दिनों तक चलता है।

जनपद वाराणसी के देव दीपावली मेला का प्रान्तीयकरण किए जाने प्रस्ताव अनुमोदित

मंत्रिपरिषद ने जनपद वाराणसी के देव दीपावली मेला का प्रान्तीयकरण किए जाने एवं तत्सम्बन्धी अधिसूचना निर्गत करने के प्रस्ताव को अनुमोदित कर दिया है।

ज्ञातव्य है कि जिलाधिकारी, वाराणसी द्वारा 'देव दीपावली मेला' जिला वाराणसी का प्रान्तीयकरण किए जाने हेतु प्रस्ताव उपलब्ध कराया गया है। देव दीपावली मेले का आयोजन प्रतिवर्ष कार्तिक माह के शुक्लपक्ष की पूर्णिमा को किया जाता है।

ऐसी मान्यता है कि काशी में दीपावली के 15 दिन बाद कार्तिक पूर्णिमा के दिन भगवान शिव द्वारा त्रिपुरासुर के आतंक से सभी को भयमुक्त कराने के अवसर पर देवताओं द्वारा भगवान शिव की आराधना में महाआरती का आयोजन किया गया, जिसे कालान्तर में देव दीपावली के रूप में मनाया जाने लगा। ऐतिहासिक मान्यता है कि देव दीपावली के आयोजन का शुभारम्भ 18वप सदी ई. में महारानी अहिल्याबाई होल्कर द्वारा सर्वप्रथम पंचगंगा घाट पर हजार दीप युक्त प्रस्तर स्तम्भ निर्मित करवाकर किए जाने से माना जाता है, जो कालान्तर में काशी नरेश और स्थानीय जन सहयोग से वृहद से वृहत्तर होता गया।

अनुपूरक पुष्टाहार

भारत सरकार की केन्द्र पुरोनिधानित योजना के अन्तर्गत समन्वित बाल विकास योजना एक शीर्ष कार्यक्रम है। इस योजना के अर्न्तगत प्रदेश के आंगनबाड़ी केन्द्रों पर पंजीकृत लाभार्थियों को अनुपूरक पुष्टाहार प्रदान किया जाता है, जिसमें भारत सरकार व राज्य सरकार की सहभागिता 50:50 प्रतिशत निर्धारित है। अनुपूरक पुष्टाहार प्रसंस्करण सम्बन्धी कच्चे माल के मूल्यों में वृद्धि व परिचालन व्यय के दृष्टिगत ग्राम्य विकास विभाग द्वारा अनुपूरक पुष्टाहार उत्पादन इकाइयों के संचालन के प्रारम्भ से माह मार्च, 2024 तक भारत सरकार द्वारा निर्धारित कॉस्ट नॉर्म्स के अतिरिक्त धनराशि

(गैप फण्ड) 262.13 करोड़ रुपये की मांग की गयी है। इस मांग के क्रम में मंत्रिपरिषद द्वारा 262.13 करोड़ रुपये गैप फण्ड की धनराशि एकमुश्त ग्राम्य विकास विभाग को दिए जाने के प्रस्ताव को स्वीकृति प्रदान कर दी है। इसका शत-प्रतिशत वहन राज्य सरकार द्वारा किया जाएगा। इस निर्णय से अनुपूरक पुष्टाहार योजना के अन्तर्गत प्रदेश के लगभग 1.96 करोड़ लाभाथब लाभान्वित होंगे, जिससे प्रदेश को कुपोषण मुक्त करने में सहायता प्राप्त होगी।

उ.प्र. ड्रोन प्रचालन सुरक्षा नीति-2023 के प्रख्यापन का प्रस्ताव स्वीकृत

मंत्रिपरिषद ने उत्तर प्रदेश ड्रोन प्रचालन सुरक्षा नीति-2023 के प्रख्यापन के प्रस्ताव को स्वीकृति प्रदान कर दी है।

उल्लेखनीय है कि सम्प्रति राज्य में ड्रोन के बढ़ते उपयोग तथा ड्रोन संचालन के क्षेत्र में कतिपय कठिनाइयों के निवारण और नवीन उत्पन्न चुनौतियों से निपटने हेतु नीति प्रख्यापित किया जाना आवश्यक हो गया है।

ड्रोन पंजीकरण हेतु ड्रोन पोर्टल का संचालन, राज्य सरकार के नोडल विभाग एवं राज्य सरकार के राज्य नोडल अधिकारी का विनिश्चय, ड्रोन नियम 2021 के नियम-24 के अन्तर्गत अस्थाई रेड जोन घोषित करने सम्बन्धी प्राधिकार का अवधारण, नियमों के उल्लंघनकर्ताओं पर शास्ति अधिरोपण हेतु प्राधिकार, जनपद स्तर पर नोडल अधिकारी की नियुक्ति तथा इसके पर्यवेक्षणार्थ जनपद एवं राज्य स्तरीय समितियों का गठन करने हेतु उत्तर प्रदेश ड्रोन प्रचालन सुरक्षा नीति-2023 प्रस्तावित है।

इस नीति के प्रख्यापन के निम्नलिखित लाभ होंगे :

(1) भारत सरकार द्वारा प्रख्यापित ड्रोन नियम, 2021 का राज्य में प्रभावी प्रवर्तन किया जा सकेगा।

(2) ड्रोन प्रणाली के संचालन पर अधिरोपित कतिपय सुरक्षा का दायित्व यथा 'नो परमिशन नो टेकऑफ' हार्डवेयर और फर्मवेयर, रियल टाइम ट्रैकिंग बीकन, जिओ फैंसिंग क्षमता इत्यादि का अनुपालन सुनिश्चित किया जा सकेगा।

(3) प्रत्येक संचालित ड्रोन जिनका पंजीकरण और यू.आई.डी. प्राप्त करना आवश्यक बनाया गया है, उन्हें राज्य के तत्सम्बन्धी पोर्टल पर भी पंजीकृत किया जा सकेगा और इनकी गतिविधियों पर थाना स्तर से भी निगरानी की जा सकेगी।

(4) ड्रोन प्रचालन के लिए हवाई क्षेत्र सम्बन्धी लाल, पीले और हरे क्षेत्रों में ड्रोन प्रचालन नियमों का पालन कराया जा सकेगा।

(5) भारत सरकार के डिजिटल स्काई प्लेटफॉर्म तक राज्य सरकार, उसके नोडल अधिकारी तथा जनपदीय नोडल अधिकारियों की पहुंच सुनिश्चित की जा सकेगी।

(6) राज्य सरकार के प्रशासनिक नियंत्रण वाले या राज्य सरकार द्वारा मान्यता प्राप्त अनुसंधान एवं विकास संस्था, शैक्षणिक संस्थान, उद्योग संवर्धन और आन्तरिक व्यापार विभाग द्वारा मान्यता प्राप्त स्टार्टअप, प्राधिकृत प्रशिक्षण संस्था, उक्त वायुयान निर्माता, जिसके पास वस्तु एवं सेवा कर पहचान संख्या है, को अनुज्ञप्ति से छूट का लाभ प्रदान किया जा सकेगा।

यूपीडा द्वारा निर्मित एवं निर्माणाधीन एक्सप्रेस-वे के दोनों तरफ चयनित स्थलों पर औद्योगिक गलियारा विकसित किए जाने हेतु ब्याज मुक्त ऋण उपलब्ध कराने सम्बन्धी प्रस्ताव अनुमोदित

10 अक्टूबर, 2023 को मंत्रिपरिषद ने उ.प्र. एक्सप्रेसवेज इण्डस्ट्रियल डेवलपमेन्ट अथॉरिटी (यूपीडा) द्वारा निर्मित एवं निर्माणाधीन एक्सप्रेस-वे के दोनों तरफ चयनित स्थलों पर औद्योगिक गलियारा विकसित किए जाने हेतु ब्याज मुक्त ऋण उपलब्ध कराने सम्बन्धी प्रस्ताव को अनुमोदित कर दिया है।

ज्ञातव्य है कि यूपीडा द्वारा औद्योगिक केन्द्र विकसित किए जाने का कार्य प्रारम्भ किया जा रहा है। बुन्देलखण्ड औद्योगिक विकास प्राधिकरण की भांति यूपीडा के पास भी इसके लिए पूर्व से अपना कोई वित्तीय स्रोत उपलब्ध नहीं है। इस कारण वर्तमान में

यूपीडा द्वारा स्वयं के स्रोतों से शर्त के अनुसार 50 प्रतिशत का वित्त पोषण किया जाना सम्भव नहीं है। ऐसी स्थिति में यूपीडा को भी बुन्देलखण्ड औद्योगिक विकास प्राधिकरण हेतु प्राविधानित शर्तों के अनुरूप 3,000 करोड़ रुपये में से आवश्यक धनराशि तथा वित्तीय वर्ष 2023-24 एवं आगामी वित्तीय वर्षों में भी इस मद में प्राविधानित धनराशि में से आवश्यक धनराशि उपलब्ध कराये जाने के प्रस्ताव को मंत्रिपरिषद द्वारा अनुमोदित किया गया है।

इस निर्णय से राज्य सरकार पर आने वाला व्ययभार ऋण के रूप में होगा। औद्योगिक गलियारों से आर्थिक विकास को बल मिलेगा तथा प्रदेश के लाखों युवाओं को रोजगार अथवा स्वरोजगार के अवसर प्राप्त होंगे।

जनपद ललितपुर में फार्मा पार्क की स्थापना हेतु पशुपालन विभाग की 1472.33 एकड़ भूमि औद्योगिक विकास विभाग को नि:शुल्क हस्तांतरित करने का प्रस्ताव स्वीकृत

मंत्रिपरिषद ने जनपद ललितपुर में फार्मा पार्क स्थापित किए जाने हेतु पशुपालन विभाग के स्वामित्व वाली 1472.33 एकड़ भूमि औद्योगिक विकास विभाग को नि:शुल्क हस्तांतरित किए जाने के प्रस्ताव को स्वीकृति प्रदान कर दी है।

ज्ञातव्य है कि उत्तर प्रदेश ग्लोबल इन्वेस्टर्स समिट-2023 में खाद्य सुरक्षा एवं औषधि प्रशासन विभाग द्वारा विभिन्न फार्मा कम्पनियों के साथ 184 एम.ओ.यू. हस्ताक्षरित किए गए। इनके सापेक्ष 1,02,366.55 करोड़ रुपये का निवेश सम्भावित है। प्रदेश शासन द्वारा औषधि के क्षेत्र में उद्योगों की स्थापना हेतु जनपद ललितपुर में फार्मा पार्क स्थापित किए जाने का निर्णय लिया गया। फार्मा पार्क की स्थापना के लिए पशुपालन विभाग के अधीन तहसील मडावरा एवं महरौनी के विभिन्न गांवों में प्रसरित उपलब्ध 2,000 एकड़ भूमि से 1472.33 एकड़ भूमि चिन्हित करते हुए मण्डलायुक्त झांसी द्वारा अग्रेतर कार्यवाही हेतु शासन को सन्दर्भित किया गया।

राज्य सरकार द्वारा फार्मा पार्क हेतु भूमि का विकास किया जाएगा, ताकि भारत सरकार द्वारा फार्मा सेक्टर में दी गई रियायतों का पर्याप्त लाभ भी लिया जा सके। फार्मा पार्क हेतु चिन्हित भूमि का विकास यूपीसीडा द्वारा किया जाएगा।

'मुख्यमंत्री-ग्रीन रोड इन्फ्रास्ट्रक्चर डेवलपमेन्ट स्कीम (अर्बन)' के दिशा-निर्देश अनुमोदित

मंत्रिपरिषद ने 'मुख्यमंत्री-ग्रीन रोड इन्फ्रास्ट्रक्चर डेवलपमेन्ट स्कीम (अर्बन)' के दिशा-निर्देशों को अनुमोदित कर दिया है। योजना गाइडलाइंस की अंतर्वस्तु में संशोधन/परिवर्तन किए जाने की आवश्यकता होने पर आवश्यक सुसंगत संशोधन हेतु मंत्रिपरिषद ने नगर विकास मंत्री को अधिकृत किए जाने के प्रस्ताव को भी स्वीकृति प्रदान की है।

ज्ञातव्य है कि अमृत काल में एक ट्रिलियन डॉलर इकोनॉमी में योगदान देने तथा शहरी क्षेत्रों में 10 से 45 मीटर की चौड़ाई वाली सड़कों के निर्माण/पुनर्निर्माण हेतु नगर विकास विभाग ने वित्तीय वर्ष 2013-14 से संचालित "नगरीय सडक सुधार योजना' को अधिक प्रभावी बनाते हुए इसे एक प्रोत्साहन आधारित योजना के रूप में परिवर्तित करते हुए 'मुख्यमंत्री ग्रीन रोड इन्फ्रास्ट्रक्चर डेवलपमेन्ट स्कीम (अर्बन)' आरम्भ करने का निर्णय लिया है। 'मुख्यमंत्री ग्रीन रोड इन्फ्रास्ट्रक्चर डेवलपमेन्ट स्कीम (अर्बन)' के अन्तर्गत सड़क से सम्बन्धित समस्त सुविधाओं एवं अवसंरचनाओं यथा-यूटीलिटी डक्ट, फुटपाथ, ग्रीन जोन्स, सौर आधारित स्ट्रीट लाइट, बस स्टॉप, ई.वी. चार्जिंग स्टेशन, सौन्दयबकरण, पैदल यात्री अवसंरचना इत्यादि से युक्त एकीकृत सड़कों का विकास किया जायेगा।

अमृत 2.0 योजना के अन्तर्गत जनपद फतेहपुर में फतेहपुर सीवरेज एण्ड सीवेज ट्रीटमेण्ट स्कीम का प्रस्ताव स्वीकृत

मंत्रिपरिषद ने अटल नवीकरण और शहरी रूपान्तरण मिशन-2.0 (अमृत 2.0) योजना के अन्तर्गत जनपद फतेहपुर में फतेहपुर सीवरेज एण्ड सीवेज ट्रीटमेण्ट स्कीम जोन-1, फेज-1 के निर्माण एवं तत्सम्बन्धी कार्य की योजना से सम्बन्धित प्रायोजना तथा व्यय वित्त समिति द्वारा उसकी अनुमोदित लागत 29336.63 लाख रुपये (जी.एस.टी. एवं सेण्टेज सहित) के व्यय के प्रस्ताव को स्वीकृत कर दिया है।

अमृत-2.0 योजना के अन्तर्गत जनपद फतेहपुर में फतेहपुर सीवरेज एण्ड सीवेज ट्रीटमेण्ट स्कीम जोन-1, फेज-1 के निर्माण एवं तत्सम्बन्धी कार्य कराये जाने हेतु प्रश्नगत परियोजना तैयार की गयी है।

इस योजना के तहत प्रस्तावित कार्य पूर्ण होने के उपरान्त जनपद फतेहपुर में फतेहपुर सीवरेज एण्ड सीवेज ट्रीटमेण्ट स्कीम जोन-1 के अन्तर्गत आने वाले क्षेत्रों को सीवरेज व्यवस्था से आच्छादित किये जाने पर सीवेज प्रवाह को एस.टी.पी. तक शोधन हेतु पहुंचाया जा सकेगा, जिसके फलस्वरूप प्रदूषण से मुक्ति मिलेगी तथा जन स्वास्थ्य बेहतर रहेगा।

उ.प्र. में सांस्कृतिक, पौराणिक, धार्मिक एवं ऐतिहासिक महत्व के स्थलों पर अवस्थापना तथा अन्य सुविधाओं के विकास हेतु 'वंदन योजना'

मंत्रिपरिषद ने उत्तर प्रदेश में सांस्कृतिक, पौराणिक, धार्मिक एवं ऐतिहासिक महत्व के स्थलों पर अवस्थापना तथा अन्य सुविधाओं के विकास हेतु वर्तमान वित्तीय वर्ष 2023-24 में प्रारम्भ की जा रही 'वंदन योजना' हेतु विस्तृत दिशा-निर्देश निर्गत किए जाने सम्बन्धी प्रस्ताव को अनुमोदित कर दिया है।

शहरी स्थानीय निकायों का मुख्य कार्य अपने क्षेत्रान्तर्गत नागरिक सुविधाएं प्रदान करना है, जिसमें प्रकाश, पेयजल,

जलनिकासी, शौचालय एवं साफ-सफाई की व्यवस्था इत्यादि सम्मिलित है। प्रदेश के नगरीय क्षेत्रों (नगर पालिका परिषदों/नगर पंचायतों) में अवस्थित सांस्कृतिक, धार्मिक, पौराणिक एवं ऐतिहासिक महत्व के स्थलों पर आने वाले श्रद्धालुओं/आगन्तुकों को मूलभूत अवस्थापना तथा अन्य सुविधाएं उपलब्ध कराया जाना आवश्यक है।

इस उद्देश्य से प्रदेश में सांस्कृतिक, पौराणिक, धार्मिक एवं ऐतिहासिक महत्व के स्थलों पर अवस्थापना सुविधाओं के विकास हेतु वर्तमान वित्तीय वर्ष 2023-24 में एक नई योजना 'वंदन' प्रारम्भ की जा रही है। इस योजना के अन्तर्गत उन्हीं कार्यों को प्रस्तावित किया जाएगा, जो अत्यन्त आवश्यक हो तथा किसी अन्य विभाग की योजना/कार्यक्रम अथवा नगर विकास विभाग की दूसरी योजनाओं में प्रस्तावित अथवा स्वीकृत नहीं हो।

निजी क्षेत्र में वरुण अर्जुन विश्वविद्यालय, शाहजहाँपुर, उ.प्र. की स्थापना

मंत्रिपरिषद ने वरुण अर्जुन विश्वविद्यालय, शाहजहाँपुर, उत्तर प्रदेश की स्थापना किए जाने के सम्बन्ध में उत्तर प्रदेश निजी विश्वविद्यालय अधिनियम, 2019 में संशोधन किए जाने हेतु उत्तर प्रदेश निजी विश्वविद्यालय (छठवां संशोधन) अध्यादेश, 2023 को प्रख्यापित कराये जाने एवं तत्पश्चात संचालन प्राधिकार पत्र निर्गत किए जाने के प्रस्ताव को स्वीकृति प्रदान कर दी है।

उत्तर प्रदेश में उच्च शिक्षा प्रदान करने हेतु नये निजी विश्वविद्यालयों की स्थापना करने और विद्यमान निजी विश्वविद्यालयों को निगमित करने तथा उनके कृत्यों को विनियमित करने और उससे सम्बन्धित या आनुषंगिक विषयों की व्यवस्था करने के लिए

'उत्तर प्रदेश निजी विश्वविद्यालय अधिनियम, 2019' (उत्तर प्रदेश अधिनियम संख्या-12 सन् 2019) विधायी अनुभाग--01 की अधिसूचना दिनांक 06 अगस्त, 2019 द्वारा प्रख्यापित किया गया है। उच्च शिक्षा विभाग की दिनांक 30 अगस्त, 2019 की अधिसूचना द्वारा इस अधिनियम को दिनांक 01 सितम्बर, 2019 से प्रवर्तित किया गया है।

उत्तर प्रदेश निजी विश्वविद्यालय अधिनियम, 2019 की धारा-7 की उप धारा-(1) में नये विश्वविद्यालय की स्थापना अथवा निगमन के प्राविधान के अन्तर्गत गजट में प्रकाशित अधिसूचना द्वारा विश्वविद्यालय के संचालन की अनुज्ञा दिये जाने तथा उप धारा-2 में अधिनियम के अधीन स्थापित किये जाने वाले नये विश्वविद्यालयों के नाम इस अधिनियम में संशोधन करके अनुसूची में सम्मिलित किये जाने का उल्लेख है। उप धारा-3 में अधिनियम के साथ संलग्न अनुसूची-2 में अंतिम विश्वविद्यालय के नीचे अगले क्रमांक पर नये विश्वविद्यालय का नाम रखे जाने का प्राविधान है।

2×800 मे.वा. ओबरा 'द' तापीय परियोजना की स्थापना एवं परियोजना लागत 17985.27 करोड़ रु. का प्रस्ताव स्वीकृत

11 जुलाई, 2023 का मंत्रिपरिषद ने 2 × 800 मे.वा. ओबरा 'द' तापीय परियोजना की स्थापना एन.टी.पी.सी. और उ.प्र. राज्य विद्युत उत्पादन निगम लि. के 50:50 अंशधारिता के संयुक्त उद्यम मेजा ऊर्जा निगम प्रा. लि. के माध्यम से किये जाने एवं परियोजना लागत 17985.27 करोड़ रुपये के प्रस्ताव को अनुमोदित कर दिया है।

2 × 800 मे.वा. ओबरा 'द' तापीय परियोजना, ओबरा, सोनभद्र की परियोजना की स्थापना एन.टी.पी.सी. और उ.प्र. रा.वि.उ.नि.लि. के 50:50 अंशधारिता के संयुक्त उद्यम मेजा ऊर्जा निगम प्राइवेट लिमिटेड (एम.यू.एन.पी.एल.) के माध्यम से किये जाने एवं परियोजना लागत 17985.27 करोड़ रुपये पर अनुमोदन प्रदान किया गया।

मेजा ऊर्जा निगम प्राइवेट लिमिटेड (एम.यू.एन.पी.एल.) द्वारा परियोजना का 70 प्रतिशत अंश का वित्त पोषण वित्तीय संस्थानों से ऋण प्राप्त कर एवं 30 प्रतिशत अंश का 50 प्रतिशत शासकीय अंश पूंजी द्वारा एवं शेष 50 प्रतिशत का वित्त पोषण एन.टी.पी.सी. द्वारा किया जायेगा।

परियोजना निर्माण प्रारम्भ होने के 56 माह के भीतर परियोजना से 2 × 800 अर्थात् 1600 मेगावाट विद्युत उत्पादन होना अनुमानित है। परियोजना से उत्पादित शत-प्रतिशत बिजली प्रदेश को प्राप्त होगी।

परियोजना के कोल पिट हेड के समीप स्थित होने के कारण उत्पादित होने वाली विद्युत ऊर्जा की लागत भी अपेक्षाकृत सस्ती होगी। परियोजना की स्थापना से प्रत्यक्ष एवं अप्रत्यक्ष रोजगार सृजित होंगे।

रानीपुर टाइगर रिजर्व मारकुण्डी निरीक्षण गृह व उसके आसपास के स्थानों पर चिन्हित भूमि को पर्यटन विकास परियोजना के निर्माण हेतु पर्यटन विभाग को नि:शुल्क हस्तान्तरण का प्रस्ताव स्वीकृत

मंत्रिपरिषद ने तहसील मानिकपुर, जनपद चित्रकूट के क्षेत्रान्तर्गत रानीपुर टाइगर रिजर्व मारकुण्डी निरीक्षण गृह व उसके आसपास के

स्थानों पर चिन्हित भूमि को पर्यटन विकास परियोजना के निर्माण हेतु पर्यटन विभाग को नि:शुल्क हस्तान्तरण के प्रस्ताव को स्वीकृति प्रदान कर दी है। प्रकरण में आवश्यकतानुसार अग्रेत्तर निर्णय लिये जाने हेतु मुख्यमंत्री जी को अधिकृत किया गया है।

तहसील मानिकपुर, जनपद चित्रकूट के क्षेत्रान्तर्गत रानीपुर टाइगर रिजर्व मारकुण्डी निरीक्षण गृह व उसके आस-पास स्थानों पर पर्यटन विकास के कार्यों के लिए लैण्ड बैंक हेतु चिन्हांकित भूमि, जिसका कुल रकबा 49.364 हेक्टेयर है। ग्राम निहीं, गोबरहाई, इटवां डुडैला, टिकरिया जमुनहाई, बम्हिया में उपलब्ध यह भूमि खतौनी में ग्राम समाज की बंजर श्रेणी में दर्ज है।

रानीपुर टाइगर रिजर्व के आसपास पर्यटन विकास सम्बन्धी गतिविधियों के फलस्वरूप स्थानीय स्तर पर रोजगार के अवसर प्राप्त होंगे और स्थानीय लोगों के आर्थिक-सामाजिक जीवन-स्तर का भी उन्नयन होगा।

जनपद कुशीनगर में जिला कारागार निर्माण हेतु चयनित भूमि के अन्तर्गत पड़ रही 0.781 हे. भूमि के कारागार विभाग के पक्ष में नि:शुल्क हस्तांतरण का प्रस्ताव स्वीकृत

मंत्रिपरिषद ने जनपद कुशीनगर में जिला कारागार निर्माण हेतु चयनित भूमि के अन्तर्गत पड़ रही कुल 0.781 हेक्टेयर भूमि को कारागार विभाग के पक्ष में नि:शुल्क हस्तांतरित किये जाने के प्रस्ताव को स्वीकृति प्रदान कर दी है।

ज्ञातव्य है कि नवसृजित जनपद कुशीनगर में 1000 बन्दी क्षमता की कारागार के निर्माण हेतु चयनित 26.875 हेक्टेयर भूमि में से कृषकों की 24.66 हेक्टेयर व पुर्नग्रहण से ग्राम समाज की 1.434 हेक्टेयर भूमि सहित 26.094 हेक्टेयर भूमि कारागार विभाग को प्राप्त हो चुकी है। अवशेष 0.781 हेक्टेयर भूमि, जो कि कारागार के निर्माण हेतु चयनित भूमि के अन्तर्गत पड़ रही है, उसमें राजस्व विभाग की (सीलिंग की भूमि) 0.491 हेक्टेयर, लोक निर्माण विभाग की 0.068 हेक्टेयर तथा सिंचाई व जल संसाधन विभाग की 0.222 हेक्टेयर भूमि सम्मिलित है, को कारागार विभाग के पक्ष में नि:शुल्क हस्तान्तरित किये जाने को मंत्रिपरिषद द्वारा स्वीकृति प्रदान की गयी है।

'नि:शुल्क तिलहन बीज मिनी किट वितरण एवं प्रसार कार्यक्रम'

उत्तर प्रदेश के मुख्यमंत्री योगी आदित्यनाथ जी की अध्यक्षता में मंत्रिपरिषद द्वारा 12 मई, 2023 निम्नलिखित महत्वपूर्ण निर्णय लिए गए:

मंत्रिपरिषद ने नवीन योजना 'नि:शुल्क तिलहन बीज मिनी किट वितरण एवं प्रसार कार्यक्रम' संचालित किए जाने के प्रस्ताव को स्वीकृति प्रदान कर दी है। प्रदेश में तिलहनी फसलों आच्छादन, उत्पादन एवं उत्पादकता में वृद्धि, तिलहनी फसलों की खेती को बढ़ावा देने, नई प्रजातियों के प्रचार-प्रसार तथा तकनीक की जानकारी देने के उददेश्य से यह योजना वर्ष 2023-24 से वर्ष 2026-27 तक संचालित की जाएगी। 'नि:शुल्क तिलहन बीज मिनी किट वितरण एवं प्रसार कार्यक्रम' के क्रियान्वयन पर 11457.60 लाख रुपये का व्यय अनुमानित है।

ज्ञातव्य है कि प्रदेश को खाद्य तेल में आत्मनिर्भर बनाने के लिए तिलहनी फसलों के आच्छादन, उत्पादन एवं उत्पादकता में वृद्धि किया जाना अपरिहार्य है। कार्यक्रम की रणनीति के तहत कृषकों को तिलहनी फसलों के गुणवत्तायुक्त मिनी किट बीजों का नि:शुल्क वितरण कर अधिकाधिक क्षेत्रफल को आच्छादित किया जाएगा। 20 या 20 हेक्टेयर से अधिक तिलहन क्षेत्र आच्छादन वाली चयनित ग्राम पंचायतों का फसलवार चयन करते हुए उनमें तिलहनी फसलों की उन्नति खेती के सम्बन्ध में किसान पाठशाला का आयोजन एवं प्रदर्शन किया जाएगा।

संकर सरसों की खेती को प्रोत्साहित करने के लिए चयनित ग्राम पंचायतों में प्रदर्शन आयोजित किए जाएंगे। सभी जिला कृषि अधिकारियों को निर्देशित किया जाएगा कि किसानों को दिए जा रहे नि:शुल्क मिनी किट की बुवाई सुनिश्चित कराते हुए उसका भौतिक सत्यापन अवश्य कराए, जिससे अतिरिक्त रूप से तिल, राई/सरसो, अलसी तथा मूंगफली के क्षेत्र आच्छादन में वृद्धि प्रदर्शित हो सके।

'नि:शुल्क दलहन बीज मिनी किट वितरण एवं प्रसार कार्यक्रम'

मंत्रिपरिषद ने नवीन योजना 'नि:शुल्क दलहन बीज मिनीकिट वितरण एवं प्रसार कार्यक्रम' संचालित किए जाने के प्रस्ताव को स्वीकृति प्रदान कर दी है। यह योजना वर्ष 2023-24 से वर्ष 2026-27 तक संचालित की जाएगी। प्रदेश में दलहनी फसलों के आच्छादन, उत्पादन एवं उत्पादकता में वृद्धि, दलहनी फसलों की खेती को बढ़ावा देना, नई प्रजातियों का प्रसार कर दालों का उपभोग बढ़ाना, तकनीक की जानकारी देने के लिए दलहन उत्पादन वाली ग्राम पंचायतों में फसल प्रदर्शन, कृषक प्रशिक्षण तथा किसान पाठशाला का आयोजन योजना के माध्यम से किया जाएगा।

❑❑❑